2014 世界助产报告

通用路径 妇女的健康权利

序 ii

纲要 iii

第 1 章
简介 1

关于这份报告 3

第 2 章
助产现状 5

进步的证据 5
可得性 12
可及性 16
可接受性 22
质量 24
总结 31

第 3 章
《助产2030》 33

展望2030 33
卫生、卫生系统和卫生财政的驱动力 34
助产2030：政策和计划的通用路径 36
路径的实现 36
各国经验总结 42
助产2030：号召全球行动 45

第 4 章
国家概要 49

如何阅读国家概要 50

世界助产现状调查各国通讯员名单 198

参考文献 201

附录 205

1 术语 205
2 常用研究方法 208
3 模拟SRMNH 基本干预措施有效覆盖的常用方法 209
4 妇女和新生儿对46 项基本干预措施的需求评估 212
5 决策原则 216
6 人口、育龄妇女、妊娠及活产数的分布图 217
7 基于国际职业标准分类的助产士专业职责 218

栏

1 孟加拉国承认专业助产士后引进了三年独立助产教育 7
2 透过有效覆盖来窥视助产人力资源 10
3 SRMNH 地理:地理资讯系统的进步 17
4 母婴紧急照护：从设计到应急 19
5 关注最贫穷的40% 20
6 阿富汗、塞拉利昂和多哥的国别行动 21
7 孕产妇保健中的尊重性照护 22
8 问责制保障服务的可接受性 25
9 卫生系统的驱动力和改变 35
10 保护公众：新范式 40
11 为计划生育投资的影响 44
12 助产士：初级卫生服务的最划算投资 45

表

1 各国所报道的与SoWMy 2011 中指定的与重大举措相关的行动 6
2 妇女不去寻求照护的原因或者寻求照护感到不舒服的原因 23
3 Midwifery2030 如何对 SoWMy 2014.中的关键发现做出回应 42
4 在SRMNH 方面的全球行动计划和目标 48

图

1 排名倒数的75个国家中73个国家的母婴健康及卫生人力资源关键指标 2
2 73 个国家的妊娠量（1950-2099） 8
3 性生殖-母婴健康（SRMNH）访视需求量，WHO 地区［2012］ 8
4 助产人力资源:提供性生殖-母婴健康（SRMNH）服务的全职等效人员的需求预测 9
5 助产人力资源：73 个国家的分布，以及WHO 地区 11
6 助产人力资源：角色和职能 12
7 助产人力资源：总人数与全职等效人员 13
8 每年自愿离职人员百分率 14
9 被调查者关于助产士职业吸引力的认知 15
10 卫生工作者每种岗位的月平均起始工资（国际美元购买力平价法，2012） 15
11 临床指导下最低接生量 26
12 助产士的注册和管理 28
13 监管机构的功能和职责 29
14 母婴基础紧急救护（ B-EmONC）信号功能：助产士被授权及实际的角色 29
15 助产士专业协会的职能 30
16 助产人力资源：从可得性到质量 32
17 WHO 地区2012 至2030 年间，SRMNH 健康访视所需人数的预计变化 34
18 初级及高级助产照护的关键特点 37

序

当今妇女儿童的健康情况发展到了时代的转折点。我们很庆幸地看到，孕产妇死亡率、新生儿死亡率和儿童死亡率均处于历史最低水平。得益于“每一位妇女每一位儿童（Every Woman Every Child）”项目，我们为更巨大的进步做好了充分的准备，包括为实现千年发展目标所做的努力，以及目前在讨论中的全球可持续化发展目标，这些都是为了能在预定完成日期（2015年）实现千年发展目标。

这份报告将我十分关注的两个特定领域联系起来，第一方面是母婴健康；第二方面是2015年后发展纲要的首要原则及价值标准，这能为决策者提供新的依据。

在一个支持性的卫生体系内，助产队伍能够帮助妇女及女孩避免意外妊娠，在妊娠及分娩的全过程为其提供协助，并挽救早产儿的生命。

倘若有领导层的支持和充足的资源，我们能够阻止绝大多数生命的逝去，这些生命的逝去本是可以避免的，但很可悲的是目前这种现象很普遍；我们还可以克服接踵而至的贫穷带来的恶性循环。

2014世界助产报告记录下了自2011年报告的第一份行动号召之后的发展进程。每一年都有越来越多的政府、专业机构以及其他参与者加入到我们的行动中来，因为他们都意识到助产可以显著改善性、生殖和母婴健康状况，并提高全民医疗覆盖率。

我十分赞同本报告中描述的助产展望。这种状态是所有国家都可以达到的，不论处于经济和人口转型的何种阶段。它的实施将帮助政府一道保障妇女的健康权，确保母婴得到所需要的照护，并能有助于我们全球的、共同的目标——避免可预防的母婴死亡——的实现。

我将此份报告推荐给所有愿与联合国携手实现2030助产展望的同仁，并共同改善未来母婴健康。

潘基文
联合国秘书长

纲要

2014世界助产报告（SoWMy）通用之路的灵感来源于联合国秘书长发起的“每一位妇女每一位儿童”项目，以及他在2013年9月所发出的呼吁，他呼吁大家尽全力争取在2015年实现千年发展目标，并共同努力发展并采纳基于普适原则的2015年后工作议程。

经2013年5月在吉隆坡举办的第二届全球助产研讨会讨论通过，SoWMy 2014的主要目标就是提供一个2014年世界助产状况的证据基础。此证据可以为政府及其合作伙伴间的政治对话提供支持，可以加速千年发展目标的进程，可以鉴别自2011年SoWMy 出版以来的三年时间里所取得的发展，并为2015年以后的发展议程做准备并进行协商。

SoWMy 2014聚焦在75个中低收入国家中的73个国家，这73个国家是在“倒数2015”报告之列的。全球92%以上的母婴死亡和死产是发生在这73个国家。然而，这些国家的母婴所能接触到的医疗、助产和护理人员仅占全球资源的42%。

在性生殖—母婴健康（SRMNH）方面，助产士是一个关键因素，并在此报告中定义为：用来支持并照护妇女和新生儿的卫生服务和卫生人力资源，其中包括他们的性健康和生殖健康，尤其是妊娠、分娩及产后的照护。这也使得众多卫生保健专业人员及相关领域专业人员能够对助产的多种呈现方式进行分析。

SoWMy 2014是由联合国人口基金、国际助产士联盟及世界卫生组织代表73个国家的代表及30个全球发展伙伴经协商而产生的。

自SoWMy 2011颁布以来，许多国家在提高助产服务方面都取得了实质性进展：73国家中的33个国家（45%）都在偏远地区人才稳定方面上做出了积极的尝试；有20个国家（28%）已经着手增加助产士的招募与雇佣；有13个国家（18%）已出台计划来建立助产相关的监督机构；并有14个国家（20%）已有新的实践准则和（或）规章制度。也许最令人印象深刻的共同进步就是，52个国家（71%）都报告了在员工数据、信息制和问责制。

众多周知，为专业的、干劲十足的助产队伍投资将会对母婴健康有很大的影响。(Jhpiego/Kate Holt)

SoWMy 2014中呈现的证据和分析是由四个方面构架的，这四个领域决定着它的医疗卫生系统及其卫生人力资源是否有效覆盖，比如说妇女是否得到了她们想要的、需要的性生殖—母婴健康（SRMNH）服务。这四个方面包括：可得性、可及性、可接受性及质量。

可得性：SoWMy 2014对妇女及新生儿所需要的基本的性生殖-母婴健康（SRMNH）服务做出了最新的评估。在每一个国家，这种对服务的需求都能够被转化为助产人力资源的需求。

接受过助产教育并遵循国际标准的助产士有能力满足87%的上述服务需求。然而，这样的助产士只占所报告的助产人力资源的36%：并不是所有国家都有一个尽职尽责的行业骨干专注于为妇女儿童提供支持。致力于助产服务的工作人员在类型、角色职能及组成上有很大的多样性，而且这些助产工作人员并不是将100%的精力投入与性生殖-母婴健康（SRMNH）。

并不是所有国家有幸能有一个关注并持妇女儿童的领导层。.(Mamaye SierraLeone)

SoWMy 2014上呈现了多样性的新证据，这些新证据可以为政策制定及工作计划提供参考。首先，助产人员的可得性以及他们所承担的角色仅从职位上无法获得相应的信息。其次，助产全职等效人员仅占所有性生殖-母婴健康（SRMNH）服务人员的三分之二。因此，对助产人力资源与SRMNH产出这两者进行比较或关联时，都要用全职等效员工来测评助产工作的可得性。

新的证据使许多方面的发展成为可能：调整职务名称、角色和职能；加强教育和就业的关联；改善工作效率；评估并降低高水平的周转率及损耗率。尤其需要注意的是，助产士的资质认证、地位及薪酬方面的进步，可以消除性别歧视并弥补针对妇女方面政治关注的缺失。

可及性：尽管73个国家几乎都意识到经济可及性的重要地位，并建立免费提供性生殖-母婴健康（SRMNH）服务中最基本部分的政策，但只有四个国家向全国范围内提供了“最低福利保障包”，包括了性生殖-母婴健康（SRMNH）服务的所有最基本干预措施。这些最基本干预措施中包括那些确定会降低孕产妇死亡率的四大死因的方法：严重出血、感染、孕期高血压（先兆子痫和子痫）及不安全流产。

卫生机构及助产人力资源在地理分布方面数据的缺失会影响评估工作的可信度，无法可靠评估是否所有的妇女在需要帮助的时候能得到卫生工作者的服务。想要改善可及性，需要使城市和乡村都能吸引卫生工作者，并确保卫生照护的障碍因素已被祛除，这些障碍包括交通不便、药物短缺及人力资源短缺。

可接受性：众多国家都有相适应的政策，规定了所提供SMRNH 服务的方式是尊重社会文化需求的。然而，关于妇女对助产照护的认识方面，鲜有历史数据，对此国家也提出要在此方面进行更多的有力研究。SoWMy2014 的编著方指出，可接受性与歧视、妇女地位普遍联系着，不管是作为服务使用者还是卫生工作人员。

质量：通过改进助产教育质量、增强助产管理及加强专业协会的角色功能可以提高照护及照护提供者的质量。SoWMy2014指出，尽管多数国家的课程设置都是合理的、现代的，但是在教育基础设施、教育资源与教育系统尤其是独立助产教育方面，普遍存在差距。

73个国家几乎都具备助产专业基本监管制度，及与之配套的助产教育标准（包括民办教育机构在内）。照护质量的进一步提高有赖于助产注册系统的建设，依靠该系统来督促助产专业的持续发展。

专业协会的最终目的是培养一批有活力、合作、目标明确并有实践准备的卫生保健专业人员，由这些专业人员来满足妇女和儿童的健康需求。虽然绝大多数国家都有至少一个助产士专业协会或者护士助产士协会或辅助助产士协会，但是如果它们在关系到助产服务的政策讨论及重要决定方面能有更多的力量的话，那么它们能在助产服务质量提高领域会有更大的贡献。

卫生服务的有效覆盖在可得性及质量两个方面尚有巨大缺口。弥补这些缺口需要的是对员工数据的收集和更好的使用，需要领导层优先发展助产，还需要解放资源来支持助产队伍和服务计划。卫生人员方案所需的十个数据要素是：职工总数、花在SRMNH上的时间百分比、助产角色、年龄分布、退休年龄、受教育程度、教育的入学率退学率毕业率、自愿离职率。

助产2030：助产照护的质量对实现国家和全球优先目标、保障妇女和新生儿权益是及其重要的。SoWMy2014制订出了《助产2030》，成为政策与制定计划的通用路径。如果孕妇健康状况良好，没有并发症或其他情况出现，而且助产服务能提供预防性及支持性照护，必要情况下进行急救，在这样两个前提下，助产促成了以妇女为中心、助产士为主导的照护模式，这种照护模式已经展示出比医疗为主导模式更大的收益和更低的成本。

《助产2030》的关注点是增加卫生服务的质量、卫生服务及卫生服务提供者的可得性、可及性、可接受性及质量，以达到全民卫生覆盖（UHC）的三个方面：为更大比例的育龄期妇女提供服务（增加覆盖率）；增加基本的和必需的卫生服务包（增加服务内容）；解决经济困难带来的问题（增加经济保护）。授权的政治环境和授权的实践环境是很关键的，政治环境支持有效的助产教育，助产管理和协会发展；实践环境提供性生殖-母婴健康（SRMNH）相关的有效咨询与上级机构转诊。这些都应该由有效的人力资源管理为支持，包括专业发展和职业路径。

采纳《助产2030》的建议会有显著的投资回报。孟加拉国一项关于500名社区助产士（基层助产

关键信息

此报告显示:

1 报告中提到的73个倒计时国家占据了全球孕产妇和新生儿死亡率及死产率的92%但是仅享受着全球42%的医疗、助产和护理人力资源。在这些国家中，孕产妇和新生儿死亡率最高的地区往往 面临着人力资源的严重匮乏。

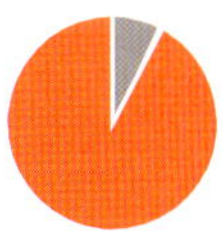

2 73个国家中，仅有4个国家拥有足够的助产人力资源来满足全国SRMNH46项基本干预措施的需求。

3 国家正在努力拓宽助产服务的覆盖范围并使其更加公平，但是目前仍没有全面的数据信息来判断助产服务的可得性、可达性、可接受性及质量。

4 受过教育并被系统管理的助产士能够为妇女和新生儿提供他们所需的87%的核心照料。

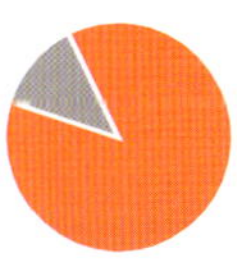

5 为了让助产士更高效地工作，卫生机构需要为助产士配备适当的服务，比如紧急情况时所需的服务(安全的血 源，剖宫术，新生儿复苏等)。

6 助产人力资源方面充足的数据信息可以使国家更有效地制定相关计划。这就要求每个国家收集数据时必须包括以下10项基本内容：人数,花费在SRMNH上的时间比例，助产士的角色，年龄分布，退休年龄，受教育年限，教育的入学、辍学及毕业情况，以及自愿离职情况。

7 助产法律、法规及认证可以允许助产士将其所学的高质量助产照护提供给广大妇女，从而保护妇女的健康。高质量的助产照护可以挽救妇女及新生儿的生命，可以成就更健康的家庭及更富有成效的社区。

8 丰厚的投资回报:

- 为助产教育及社区卫生服务投资可以收到高达16倍的投资回报，具体体现在挽救生命的数量以及剖宫产率降低带来的成本减少。

初级卫生保健领域“最好的投资”

- 为助产士投资可以使医生、护士及其他卫生人员专注于自己的领域，关心其他健康需求，这样来达到共同的目标：降低感染率，终止可预防的母婴死亡和可预防的新生儿死亡。

士）的教育、未来发展的投资评估显示这项投资在经济、效率和有效性方面都有积极作用。这项评估将投资的有益影响比作给儿童打疫苗，收益相当于投资的16倍返还，并肯定了初级卫生保健中助产是最好的投资。

将《助产2030》的愿景变为现实需要的基础包括政治意愿、有效的领导和助产骨干，在目前地区以及国际提高性生殖-母婴健康（SRMNH）的动力下，将推动这项议程的实施。

助产士可以提供除分娩照护外的，以妇女为中心的、支持性的照护。(WorldVision/Sopheak Kong)

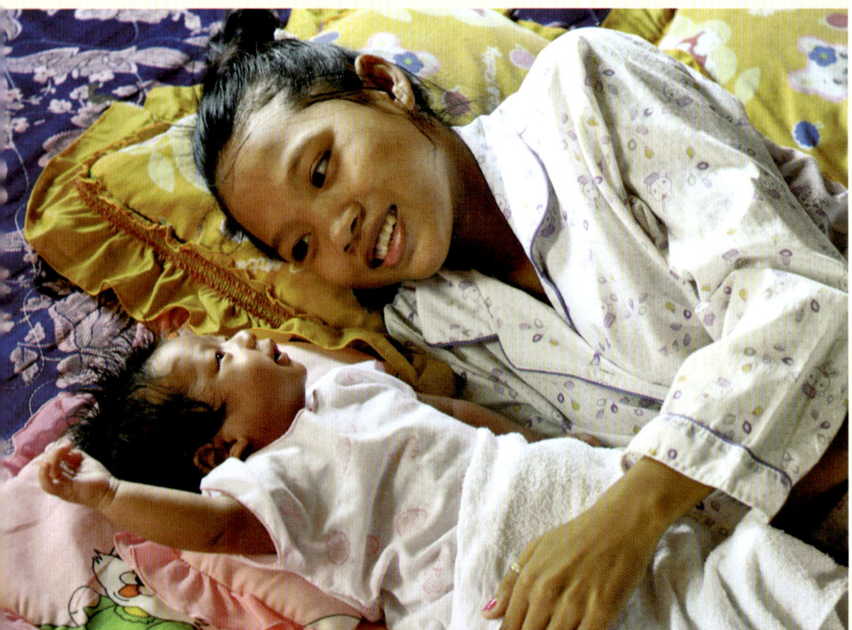

简介

2013年9月，联合国秘书长潘基文在联合国大会上做了关于推进联合国千年发展目标（MDGs）的年度工作报告[1]。在其题为“让全世界有尊严地生活”的报告中，他号召世界各国和国际社会在2015年最后期限到来之前，竭尽全力加快落实千年发展目标，同时加大力度制定2015年后的发展议程，两者并行。报告向世界人民展示了对未来的美好愿景：每一位女性都应当平等地享有包含性和生殖健康以及生育权在内的卫生服务。同样，这也是在世界卫生大会[2]和联合国大会[3]决议中提出的势在必行的医疗保健全球覆盖、易得性和可支付性的一个重要部分。

本报告“2014世界助产报告(SoWMy　2014)”正是以上文提及的联合国秘书长的行动号召及其2010年启动的“每个妇女每个儿童”项目[4]为灵感展开的。按照2013年5月于吉隆坡举办的第二届全球助产学研讨会[5]的规定，SoWMy2014的主要目标是能够根据2014年世界助产学现状在以下方面提供佐证：

- 为政府与其合作伙伴间的政策对话提供支持；
- 促进联合国千年发展目标在卫生保健方面的进展；
- 总结自SoWMy2011[6]出版以来三年间取得的进展；
- 为2015年后的发展议程的制定进行磋商和准备。

第二届全球助产学研讨会的与会人员再次申明：创建一支熟练的、积极的、有技术支持的助产队伍是有巨大收益的，并且他们承诺不断提高全世界各地区的助产服务水平[5]。他们特别承诺将“改进助产相关的数据收集和证据支持工作，并且明确行动以消除各国间助产服务的特定文化障碍”。为响应此承诺，本报告更新了2011年出版的助产报告，而2011年的报告已经被证明是助产发展相关证据的有效来源和倡导助产发展的有效工具[7]。

第二届全球助产研讨会的参会人员再次申明创建一支熟练的、积极的、有技术支持的助产队伍的收益是巨大的，并且承诺提高全世界各地区助产服务水平。

SoWMy　2014关注了“2015倒计时”报告（从现在起倒计时）[8]中包含的75个中-低收入国家。73个国家同意致力于SoWMy　2014的准备工作；赤道几内亚和菲律宾由于突发事件和日程安排不能参与。SoWMy　2014增加了助产学人员的具体信息，且为每个国家提供了平台来展示它们为实现保障性生殖-母婴健康（SRMNH）[10]基本干预[9]的全球性、持续性和公平性的覆盖所做出的努力。

准备工作包括校对助产人员*、助产教育、管理、专业协会、政策和规划纲要以及自2011年以来取得的进展等相关最新更新的数据。可能的话，参与国可以举办一场助产政策研讨会以探讨在实现助产服务方面，尤其是助产学人员的可得性，可及性，可接受性和质量（AAAQ），所面临的障碍、挑战和解决方案。鉴于此，本研究的准备工作在很多国家已经成为国家为保障妇女和新生儿获得专业保健人员服务所做出的努力的的重要元素。图一为本研究包含的73个国家的主要指标筛选。

如图一所示：此73个国家发生的孕产妇和新生儿死亡数及死产数占全部妇产和新生儿死亡数及死产数的92%以上[11-13]。2009年此73个国家的新生儿总数为1.07亿，占全世界新生儿总数的78%，但孕产妇死亡数达到了全世界的96%，死产数占全世界的91%，新生儿死亡数占全世界的93%[11-15]。全球卫生观察站统计结果显示此73个国家的医疗卫生、助产和护理专业人员仅占全世界的42%[16]。

什么是助产？SoWMy 2014通过助产学的角度看到了图一所展示的世界的不公平现状[17]。本研究中使用的“助产”一词意为：支持和照顾妇女和新生儿，包括性和生殖保健，尤其是妊娠期，分娩期和产后期护理所需要的卫生服务和卫生保健人员。这包含了全套的性和生殖保健服务，包括预防HIV的母婴传播，预防和治疗性传播疾病和HIV，避孕，处理不安全流产引起的后果以及在法律允许流产的地方提供安全流产。较之医学主题词表中1966年引入的定义——“对妇女在生产

*SoWMy研究要求各国提交所有的专业人员、准专业人员和从事妇儿卫生保健的其他健康管理人员（包含任职于公共或私人部门人员）的数据。该数据应视为任职于公共部门人员。

图一　75个倒计时国家中73个国家的孕产妇和新生儿保健及卫生保健人员的主要指标

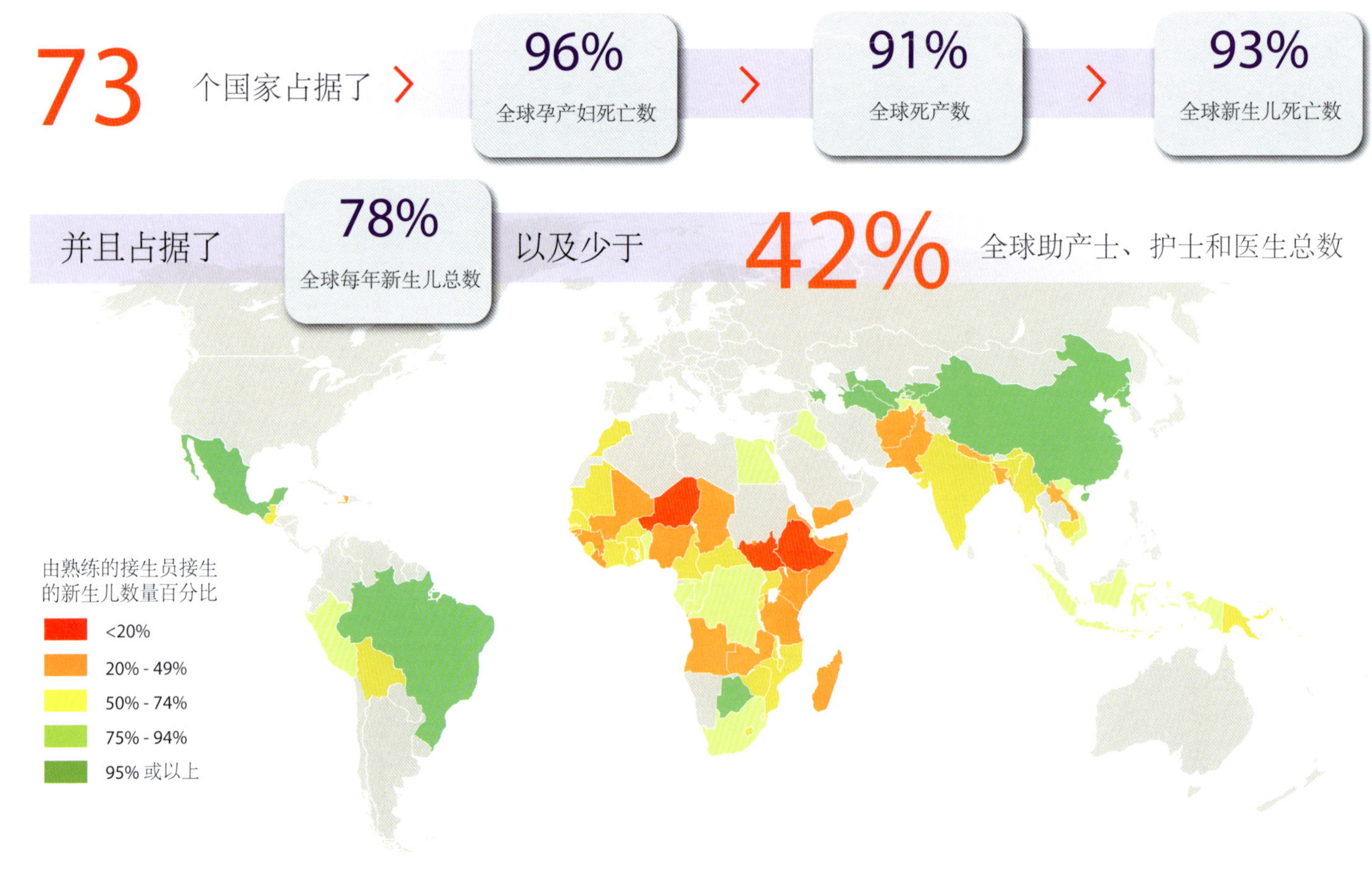

过程中的协助工作”[18]，此定义范围更广。在本报告中着重强调了助产不仅仅包括分娩过程中对产妇的照顾，而是通过支持性和预防性的照护模型[22-23]来普及以妇女为中心的照护和女性健康[19-21]。需要注意的是“以妇女为中心的照护”和“女性健康”在一定条件下包含了产妇和新生儿。

本报告中广泛使用的“助产士”一词包含了接受过助产教育，能承担助产士责任的专业人员，不论其教育途径是直接接受助产士教育还是接受基础护理学教育后接受助产学教育。这符合国际助产联盟（ICM）的推荐规范和标准[24-27]以及国际护士协会（ICN）的声明[28]。例如，ICM基础助产学实践基本能力要求提出了“一名助产士需要知道什么？”和“助产士做到了什么？”两个问题，并且指出一位助产士通过不同的教育途径获得她/他需要的知识和技能[26]。需要解释说明的是，例如在第二章，根据在提供孕产妇和新生儿卫生保健服务中花费的时间百分比和教育途径不同，本研究中使用了助产士和助产护士两种名称。

助产学一词和它的用法在世界的不同地区和不同语言下的使用是复杂的。例如：并不是所有的语言都有一个词可以对应mid-wife（例如“妇女伴随者”/“产婆”）。SoWMy 2014并不想在某些词上增加新的定义或者规定各个国家，各种语言，专业机构和/或其他定义者如何定义助产服务和助产人员。最应该考虑的事情应当是如何应用于实践，使用跨越地区和国家间障碍的词汇，以便促进政策对话并支持有质量的助产服务和保障妇女和新生儿获得有质量的医疗保健权利的行动。

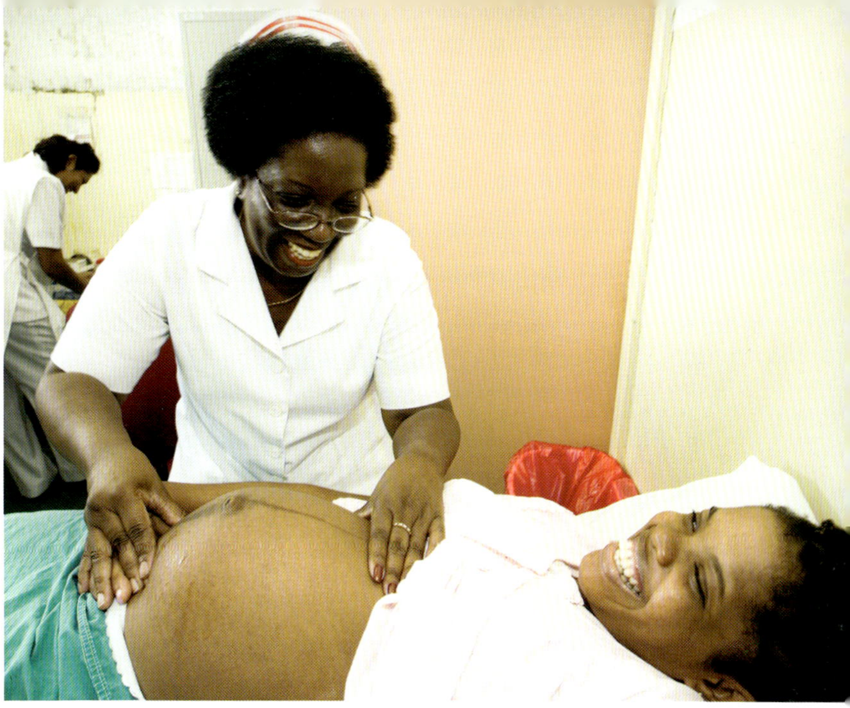

每一名女孩和女人都应当平等地享有性和生殖保健卫生服务。（ICM/ Liba Taylor）

关于本报告

国际助产联盟（ICM），联合国人口基金会（UNFPA）和世界卫生组织（WHO）合作主持了SoWMy 2014的发起和撰写工作，其中 UNFPA 和WHO代表了H4+机构(联合国艾滋病规划署，联合国人口基金会，联合国儿童基金会，联合国妇女署，世界卫生组织和世界银行）。14个合作伙伴通过指导委员会（见致谢）集合在一起。联合国人口基金会项目伙伴ICS Integrare负责管理指导委员会的秘书处，并且在南安普敦大学（英国），悉尼科技大学（澳大利亚）和其他合作伙伴（见致谢）的支持下负责数据收集、研究、编纂和成果展示。

73个国家的政府代表和UNFPA/WHO国家办事处及其发展伙伴在国家相关利益人员和专家的协助下合作制定了英文版、法文版和西班牙语版的调查问卷。数据收集工作于2013年10月至2014年2月间完成。在73个国家中，37个国家集合召开了一次研讨会，逾500名相关人员参与了政策对话，包括：卫生部和教育部的工作人员，卫生保健专业协会，卫生保健专业协会，卫生监督部门以及医学、助产学和护理院校（见198页所有贡献者名单）。UNFPA/WHO国家办事处通过网络平台向秘书处提交了各国完成的调查问卷和研讨会报告。在诸多个人和组织机构的共同努力下，数据收集和报告已经完成，他们在组织、收集、校正和分析数据中的意愿正代表了全世界对助产的承诺。然而，我们不得不承认本报告在多国研究方面有其不可避免的局限性，尤其是许多国家的可用数据的缺失。而数据缺失本身就意味着各国合作伙伴应当抓住这次机会采取行动。第2章栏6中的内容正展示了本次报告对阿富汗、塞拉利昂和多哥的行动起到的激励作用。避开报告本身的局限性，本报告在政策、计划和执行方面提供了新的分析和证据支持：

- 第二章更新了证据库并提供了73个国家在提高助产质量方面所做努力的具体分析；
- 第三章探讨了助产学将来面临的机遇和挑战并且提出了以人为本，以妇女为中心的视角，来加快在2030年之前实现助产服务普遍可及的进程；
- 第四章包含了73个国家中的每个国家各两页的“政策摘要”。

政策摘要创新性地结合了2012年数据和2030年前基于需求的预测数据。卫生保健人员的预测被认为是“政策制定的必需品”[29]。先前基于需求的劳动力预测显示了提供优先服务的人力要求[30－33]，这在政策摘要中亦有所反映，它们的主要目的是为促成各国关于“近期内采取怎样行动”[29]的政治对话和政治决策。

助产士可以在分娩之前提供以妇女为中心的支持性护理。(UNICEF/Shehzad Noorani)

所有基于需求的预测均敏感于数据质量的好坏，并且由于所使用的标准、循证参数的不同，全球性的模拟实验是存在局限性的[34]。尤其要注意的是预测是基于人力资源有效分配的理性假设的，这也许不能反映各国的实际情况。因此使用该摘要时，不是将其作为事实说明书，而是做为回顾工具和提高数据质量及各国政策选择的工具，以对个体数据进行进一步的鉴别和分析以改善基于需求的预测模型和成本计算。

本报告（含pdf，E-pub 和 Kindle格式）及其附录可以在网上登陆www.sowmy.org获得。附录提供各国团队的数据收集工具及其使用指导，研讨会报告和相关的背景资料。在该网站还可下载一个倡导和沟通工具包（包含英文、法文和西班牙文版），该工具包可提示如何利用本报告促成国家层面的政策对话。

第二章

助产现状

发展的实证

本章包含了对世界助产现状的广泛评估，包括自SoWMy 2011以来的进展报告。本章内容主要基于73个国家在SoWMy研究中的调查结果和国际研讨会的讨论记录。最终的分析深入描述了73个国家中妇女和新生儿的需求，服务于他们的人员特征以及有需求的妇女和新生儿能得到的服务的具体分类。同时也全新评估了在由母婴儿童健康合作伙伴（PMNCH）[1]（见附录4）推荐的SRMNH46项基本干预措施的可得性覆盖方面，全球面临的巨大差距和挑战。

SoWMy 2011发布以来的三年间发生了太多改变。尽管很多国家在2015年之前不能实现千年发展目标5*（MDG5*）（19个国家已经在2015年之前实现了该计划[2]），降低产妇死亡率已经成为发展的一项既定特征。已完成2014年调查的73个国家中，有72个国家都在降低产妇死亡率上取得了很大的进展，自1990年以来平均每年降低3%[2]。取得该进展的一个重要原因是很多低收入国家提高了获得助产服务的途径[3]。在这些成就的基础上，我们更深刻地认识到我们需要更努力地加强助产建设以逐步接近（并最终实现）孕产妇生存目标并且实现生殖保健全球普及，不仅仅包括在千年发展目标5（MDG 5）中涉及的目标，也包括未来可能被列入的目标（如：2030年之前实现终止可预防的孕产妇死亡这一目标[4]和/或实现普遍的性和生殖保健及权利）。

我们同样意识到降低新生儿死亡率是实现千年发展目标4**（MDG4**）的关键，参与SoWMy调查的73个国家中有69个在降低新生儿死亡率方面取得了进展，自1990年以来平均每年降低1.9%[5]。“2014每一个新生儿”：一项“终止一切可预防的死亡”的行动计划[6]正是一个里程碑式的改变。它为具有重要影响的，对降低孕产妇和新生儿死亡率及死产数有3倍回报[7，8]的干预计划提供了指导方针。该计划与实现普遍卫生保健服务的原则相一致[9]，并且要求有合格的，有奉献精神的助产人员提供服务。实现妇女、青少年、孕妇及其新生儿的高质量的性和生殖保健是全民卫生覆盖（UHC）[10]的一条基本特征并且这预示着必须要有助产服务，助产人员以及适应该目标的相应环境的发展。

2011年来的重大举措

SoWMy2011报告发布以来很多国家在助产建设方面取得了显著的成就，报告列出了政府、管理部门、助产学和护理学校、专业协会和国际机构采取的一系列重大举措。参与本次报告的73个国家的更新资料显示，列举的这些措施（见表一）已经在或即将继续开展。

* MDG 5A:1990年至2015年间孕产妇死亡率降低四分之三；并且MDG 5B:2015年之前实现普遍享有生殖保健服务。

** MDG 4A: 1990年至2015年间5岁以下死亡率降低三分之二。

表 1

各国报道的与SoWMy2011中指定的重大举措相关的行动

推荐的重大举措		2011年采取的行动
政府（包括卫生部、财政部和其他政府部门及领导）	• 促使助产成为一项有相应服务模式的事业。 • 将助产学和助产士纳入母婴健康（MNH）计划，并且为健康计划调整人力资源。 • 保障适当的人力资源管理使用相应的管理能力工具和程序。 • 对常用数据收集及从事于助产/母婴健（MNH）工作人员的监督工作进行投资。	• 6个国家（8%）提高了助产领域的教育水平，改善了事业前景。 • 18个国家（25%）增加了卫生保健人员（包括助产士）的数量，弥补了卫生保健人员的短缺；12个国家（16%）新开办了助产学校和课程；8个国家（11%）开设了新课程，主要为独立助产学。 • 33个国家（45%）为增加偏远地区的人才保留做了有力的尝试，包括结合系统和/或激励系统的引入。 • 52个国家（71%）表明拥有数据信息系统。数据收集工作包括：在外部技术和财政的支持下的能力建设，信息协调部门的建立，数据工具的修订，数据专家的征集以及信息中心的建立。此外，5个国家（7%）计划建立新的信息系统来更新现有的系统。
管理部门	• 设立进入该专业的标准。 • 设立教育标准和实践胜任力。 • 同时在公办和私立教育系统开设相关学校和教育课程。 • 助产士的认证和重新认证。 • 遵从行为和道德准则。	• 51个国家（70%）任命监管部门负责设定教育标准，并且39个国家（53%）宣布他们负责教育提供者的资格鉴定。 • 14个国家（19%）进行了实践准则的修订，完成了新立法，并建立了重新认证的机制。
学校和培训机构	• 检查课程安排以确保毕业生能够熟练掌握政府和监管机构要求的各项基本技能。 • 使用国际助产士联盟（ICM）和其他教育标准以提高质量和能力。	• 19个国家（26%）发展了他们的教育工具和指导方针，其中大多数是关乎他们的能力、课程的发展和更新及实践准则的修订。 • 8个国家（11%）争取使他们的教育达到国际助产士联盟（ICM）全球标准。
专业协会	• 完善在职培训和知识更新标准。 • 确保在服务过程中尊重病人的权利。 • 在国家政策的制定中更重视助产人员的呼声和贡献。	• 参与研究的国家表示92%的专业机构在不断提高专业发展。 • 参与研究的国家中，88%表示其专业机构为其成员在性生殖—母婴健康（SRMNH）护理的质量标准方面提供建议。 • 参与研究的国家中，77%的专业机构在最近的国家性生殖—母婴健康（SRMNH）或卫生政策文件制定上提出了宝贵的意见，并且53%的机构和他们的政府就就业和工资问题进行了磋商。
国际机构，全球伙伴关系，捐献机构和/或民间团体	• 鼓励开办国际论坛并且促进知识、好的实践和创新办法在各国间的交流沟通。 • 鼓励为助产研究（千年发展目标及以后）设立全球议程并促进其在国家水平上的实施。	• 第二届国际助产研讨会（2013年5月）将助产士、决策者和非政府机构，捐赠伙伴以及民间团体代表聚集起来，围绕加强助产学建设，展示助产学成果和创新以及发展面临的挑战等多个议题进行了深入的讨论。 • 柳叶刀助产学特刊（2014年6月）：计划巩固并提高助产学知识的可得性以促进国家水平基于实证的决策来支持有效的性生殖—母婴健（SRMNH）服务。 • H4+包括联合国人口基金会（UNFPA）和世界卫生组织（WHO）为各地区和国家在助产人员评估、服务质量和国家政策制定方面提供了技术支持。 • 民间团体机构积极参与全球性、区域性和国家性的研讨会。

例如：73个国家中有33个国家（45%）报告自2011年以来在提高偏远地区的人才保留方面做了有力的尝试。20个国家（28%）已经开始增加助产士的征募和调度，13个国家（18%）已经着手建立监管部门的计划，并且14个国家（20%）已经建立了实践和/或管理准则的框架。或许2011年以来取得的最具影响力的进步是52个国家（71%）在人员数据、信息和责任方面的提升。这包括了信息协调系统信息中心的建立以及数据专家的募集。

表一补充了一个论证，那就是2011年的报告对于转变助产角色的的叙述做出了贡献[11]，并且在政府、卫生保健专业机构、教育机构、管理部门和发展伙伴的协同配合下，报告列举了政策支持的具体实证（见栏1）。

参与到2011年报告的58个国家，在助产数据上的更新是本报告的一个重要部分，某种程度上是因为其在强调信息和责任的全球性方面的贡献[12]。但SoWMy 2014和本章不仅仅是追踪各国的进展。另外15个国家也加入到了倒计时国家的行列，更重要的是，所有参与国提供的数据比2011年的数据更具体，并且代表了我们更加地了解助产人员以及他们性生殖—母婴健康（SRMNH）服务中扮演的角色和承担的责任。

栏 1

三年独立助产学教育引入孟加拉国作为专业助产士的认证

当孟加拉国政府总理Sheikh Hasina向助产士做出培训3000名助产士的政治承诺时，孟加拉国政府在2010年成为了各界媒体关注的热点。孟加拉国从20世纪80年代就开始关注传统接生员，随后又促进了包括家庭访视员，助产护士和医生在内的广泛的助产骨干结构的形成，而这一次对孟加拉国来说更是一次阶段性的改变。孟加拉国最近开设了三年独立助产士教育课程，充分认识到助产士在降低母婴死亡率中的重要价值。

孟加拉国已经步入实现联合国千年发展目标4和5的轨道，但是人口统计学健康调查2011报道的产妇死亡率仍然保持在194/100,000活产的较高水平，新生儿死亡率为32/1000,并且只有32%的妇女在分娩的过程中接受到了熟练的助产服务。这折射出熟练助产人员的严重缺失和城市地区医生的过度集中。

2008年，在世界卫生组织(WHO)的技术支持下，政府护理服务理事会和孟加拉国护理委员会，共同发展了“加强助产护士在助产服务中的贡献，为千年发展目标4和5做出相应贡献的战略方向”。该文件清楚地指明了两条通过卫生部和家庭福利培训助产士的路径：

(i) 助产学证书：现有的注册护士进行6个月的高级助产学课程；

(ii)助产学毕业证书：新的三年的独立助产学课程

世界卫生组织（WHO）向政府提供了技术支持以发展6个月的在岗基础课程和新的三年毕业课程，并且联合国人口基金会（UNFPA）提供了额外的财政和技术支持。联合国人口基金会（UNFPA）和世界卫生组织（WHO）正在支持20个颁发助产学毕业证书的课程培训中心，而这些中心都基于现在的护理学院和教育中心。并且提供三年独立毕业证书的这27个学院是由政府通过多方资助的“健康、人口和营养部门发展项目”给予资金支持的。

关键挑战依然存在。不论是公共部门还是私立部门都面临着高能力教职人员的严重短缺。公共部门助产士新增岗位的审批正在进行，但是需要确保获得批准的毕业助产士能够进行实践。公共和私立部门之间的协调是必须的。重要的是，他们需要做更多的努力提供专业的、经济的和社会文化的支持以确保他们承诺要实现的卫生保健质量。孟加拉国在对助产学进行政治承诺，让机构、公司企业来支持政府方面是一个很好的范例。

来源：联合国人口基金会（UNFPA）和世界卫生组织（WHO）.

妇女和新生儿需要什么

本报告包含的73个国家，每年妊娠总数大约达到了1.6亿[13，14]。并且未来数十年将持续上涨（见图2）。然而，在人口统计发展趋势中各国表现出了明显的差异。1990年以来非洲国家年妊娠数以50%的速度增长，这就意味着这些国家的助产人员需要相应的大幅增长才能维持当前的人口覆盖水平。为了增加服务的覆盖率并快速降低死亡率和发病率，助产人员需要在人员供给、技术混合新思路和效率提升上有更显著的长进。相比之下亚洲国家的年妊娠数呈逐渐下降趋势，而这要求其能确定如何最好地解决人口覆盖率和卫生保健结局不公平的问题，如何使助产人员的技术混合达到最优并且改善以妇女为中心的服务。

对妊娠情况的预测和估计为更准确地评估妇女青少年和新生儿需要怎样的性生殖—母婴健康（SRMNH）照护提供了线索，但是这需要经过人口统计学和流行病学相关背景的调整。例如，HIV/AIDS和性传播疾病的影响需要额外的咨询、检查和治疗，而这对服务提供者的数量和技术混合要求都有影响。图3正是基于73个国家在计划生育，产前保健（至少4次），熟练的助产服务和产后保健（至少4次）四个方面推荐的覆盖水平上，对妇女和新生儿所需助产服务的预测。

正如《全球健康》[15]和专家们的预计，根据访视的次数，另外一项预测显示了性生殖—母婴健康（SRMNH）46项基本干预的总需求，并且用其乘以进行干预分别需要的时间。这就把对干预的需求转换成了对助产人员的需求。当助产士经过教育和管理达到国际标准时，如国际助产士联盟（ICM）和世界卫生组织（WHO）[16-20]，则有能力满足预测的73个国家总需求的87%。

图 2　73个国家的妊娠数量 (1950-2099)

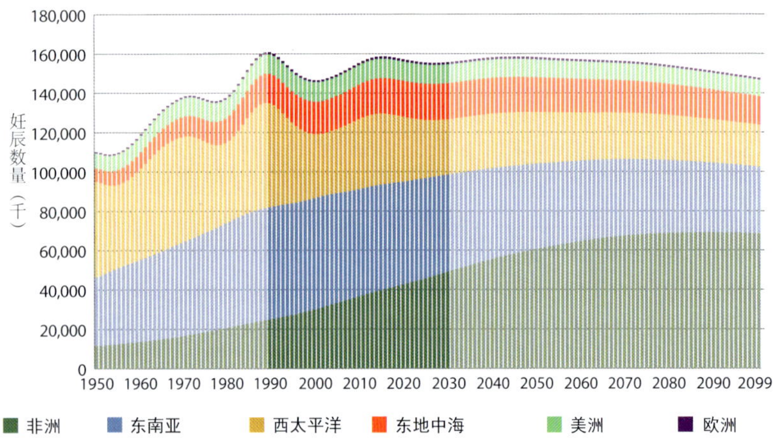

图 3　性生殖—母婴健康（SRMNH）访视需求量，WHO地区 (2012)

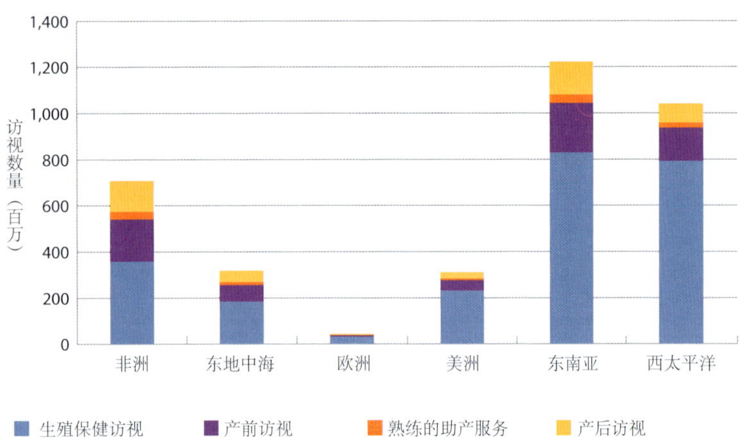

由于不同的流行病学和人口统计学依据，在每位育龄期妇女和孕妇对服务需求的规模和分布上，各国和各地区之间有非常显著的差异性。各地区间的差异。见图4：

a）性和生殖保健服务；

b）孕产妇和新生儿卫生保健服务。

实现服务全球化

千年发展目标（MDG）中包含实现普遍性和生殖健康并降低孕产妇和新生儿死亡率。本报告参照有效覆盖（见栏2）的概念，研究了一个国家助产人员促进性生殖—母婴健康（SRMNH）46项基本干预实现全球化的能力程度。有效覆盖被定义为需要、接受并且受益于干预措施的人口的比例[21,22]。它可以从卫生保健服务以及卫生保健服务人员的可得性、可达性、可接受性和质量四个维度来衡量。第二章从这四个维度检测了助产人员实现卫生保健服务全球化的准备情况。

什么是助产人员?

参与国提供了非常具体的关于从事助产工作的卫生保健人员的信息。包含了关于岗位名称，花费在性生殖—母婴健康（SRMNH）服务上的有效工作时间[33]百分比，官方的角色职能以及受教育时间等相关的新数据。这些数据显示了各国之间在相似名称下的岗位存在很大的差异。根据岗位名称对熟练的接生人员进行分类，这种简单方法可能是无效的。

各国的381项不同岗位名称被分成了8大类：助产士，助产护士，护士，辅助人员（助产士和护士），助理医师，全科医生和产科医生/妇科医生。这种分类使用每个国家岗位名称进行专门化的分类，且并不代表职称的专业识别、角色和受教育途径。本章的其余部分重点分析了这8大类，而不是每个国家各自提供的名称。

各国同样报告了非专业岗位的信息：47个国家（64%）报告了存在社区卫生工作者(CHWs)，20个国家（27%）报告了存在传统接生人员(TBAs)。社区卫生工作者（CHWs）在提供一些社区水平下的性生殖—母婴健康（SRMNH）基本干预，特别是在性健康，计划生育和产后保健中发挥的角色被认为是提高覆盖水平和实现综合卫生保健服务网

图 4　助产人力资源:提供性生殖—母婴健康（SRMNH）服务的全职等效员工需求预测

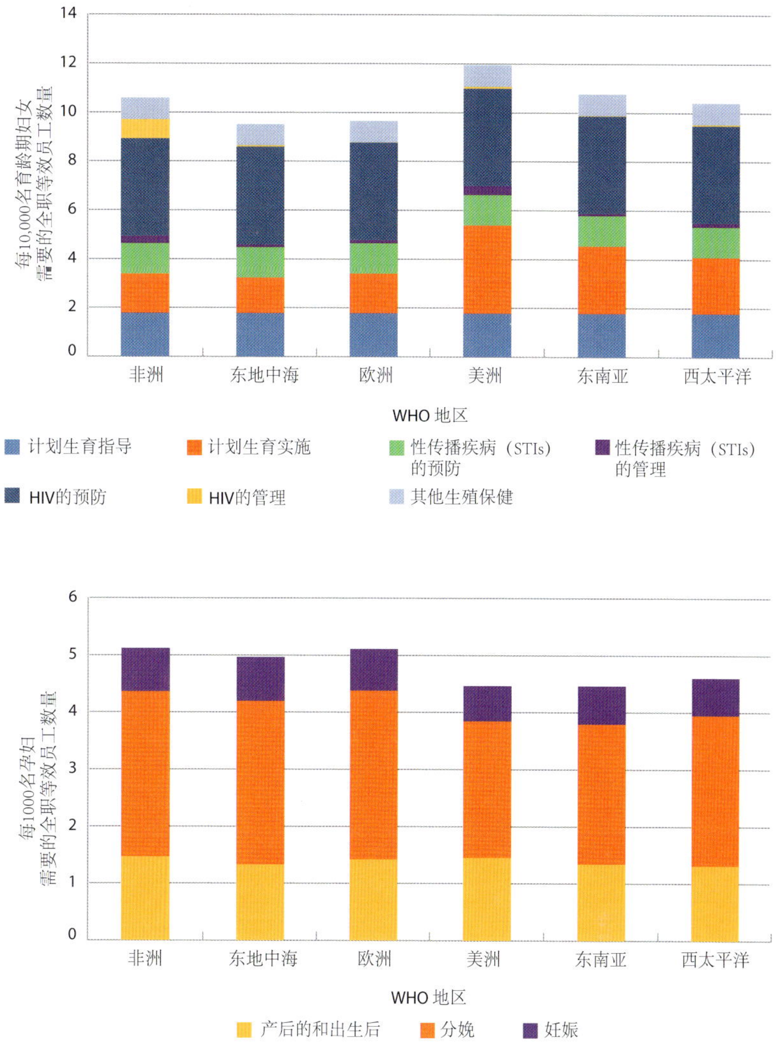

[34]的可行战略。58个国家(79%)的助产士指导社区卫生工作者（CHWs）和传统接生人员（TBAs）关于性生殖—母婴健康（SRMNH）服务的工作，建议在社区和卫生设施之间建立联系，有机会促进延续护理的实施并增强对保健服务的需求和使用。然而，数据上的缺失，连同分类上的矛盾，培训的持续时间，担任的角色以及花费在性生殖—母婴健康（SRMNH）服务中的有效工作时间的百分比，限制了本报告中可比性的、多国间的分析，但是将为未来的卫生政策和系统研究提供有价值的信息。

图5显示了在73个国家和每个世界卫生组织（WHO）地区按照卫生保健人员（社区工作人员除外）分类的助产学人员的分布状况。该数据中列出了关键的一点，即在决定哪一种职业提供了助产服务的问题时应该将每一种职业花费在性生殖—母婴保健（SRMNH）服务中的时间百分比考虑在内。全科医生和全科护士在助产人员总数中占据了相当大的比例，但是当与花费在性生殖—母婴保健（SRMNH）服务中的时间百分比相乘时他们作为全职等效员工所做的贡献则下降了。

图5同样显示了在不同世界卫生组织（WHO）地区，助产人员在构成上有根本性的不同，尽管需要注意到一些地区只有少数国家，以及中国在西太平洋地区的影响，印度在东南亚地区的影响。例如：非洲地区、欧洲地区和东南亚地区比其他三个地区拥有更多的助产士。

栏 2

透过有效覆盖来窥视助产人力资源

“有效覆盖”的概念由世界卫生组织于20世纪70年代提出，以探索卫生服务的提供情况。在1987年T. Tanahashi在世界卫生组织（WHO）公告上[23]发表了一个概念框架，该框架抓住了一个简单逻辑，那就是服务提供者和使用者之间接触的可得性，可达性，可接受性和有效性这四个领域（如质量）是如何影响公众是否得到能够满足其需求的卫生服务。Tanahashi称：该逻辑简单明了，可以应用于考量所有卫生服务或特殊服务及服务提供的组成部分的有效覆盖：例如性生殖—母婴健康（SRMNH）服务和助产人员。

关于健康权利的通用评论第14号文件[24]（发表于2000年），反映了Tanahashi提出的可得性，可达性和可接受性的三个维度并加上了质量作为第四个维度(AAAQ)。文章12声明“所有形式和水平的健康权利包含下面的两个互相联系且基本的要素，这两要素能否准确实施还取决于特定的当事国的现行情况”，之后再逐一列举可得性，可达性，可接受性，质量（AAAQ）四个维度和所有州的义务。因此可得性，可达性，可接受性，质量（AAAQ）维度的使用在探究有效覆盖及强化健康权利方面有即刻的价值。

使用Tanahashi框架来探索卫生人力资源使用处于提供服务核心位置的卫生人员的可得性，可达性，可接受性，质量（AAAQ），为各国新政策的制定带来了新的视角[25－28]。类似的视角在分析性生殖—母婴保健（SRMNH）服务[22, 29, 30]和助产人员[31]时已经实现了。因此我们有新的时机来回顾提供有效覆盖过程中的障碍、挑战和机遇，并且与测量卫生系统服务质量中用到的相似维度进行互补[32]。

下面的图表阐明了，我们有必要关注妇女们是否获得了与需求相关的卫生服务以及助产人员的可得性，可达性，可接受性，质量（AAAQ）是如何影响这种需求的。该逻辑支撑了第2、3章的讨论。

应用于性生殖—母婴健康（SRMNH） 服务和助产人员的有效覆盖

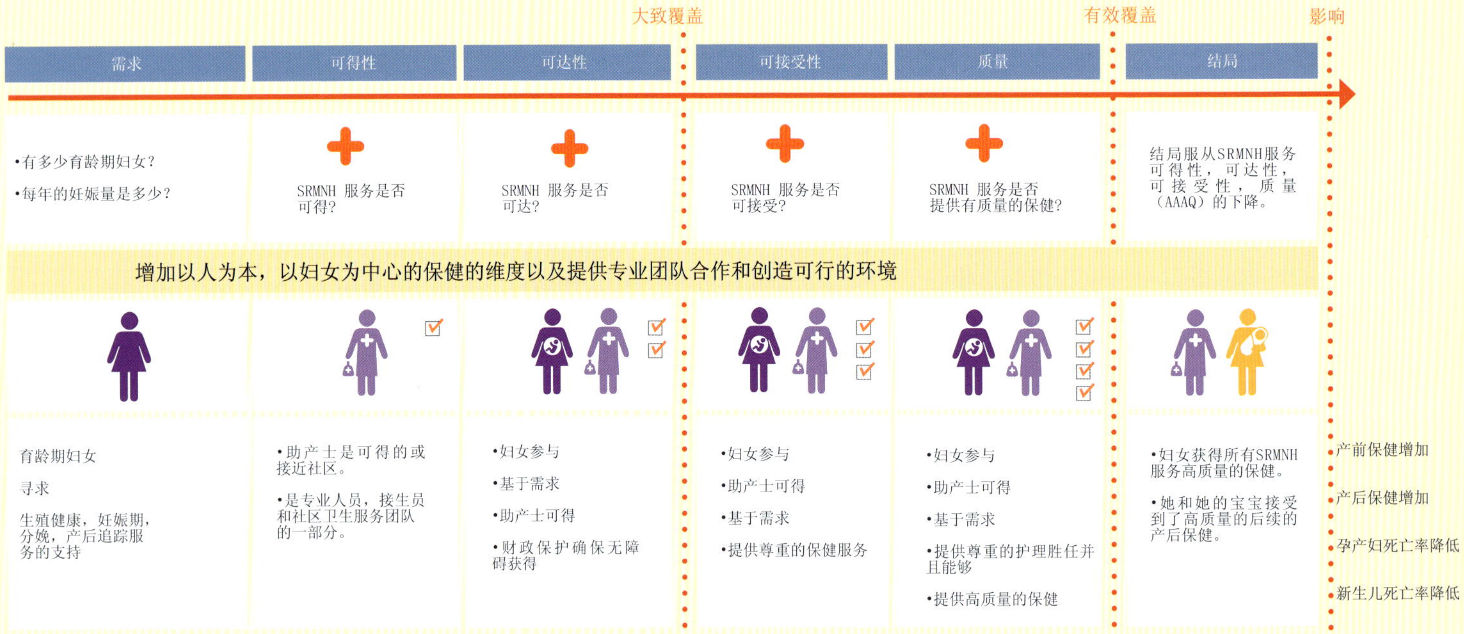

来源：Jim Campbell, ICS Integrare. 改编自Campbell et al, 2013 [25] Colston, 2011 [22].

在各国职业和大的分类中存在显著的差异，特别是相对于性生殖—母婴健康（SRMNH）服务中的母婴健康（MNH）部分所占的时间百分比，助产人员承担的角色和责任以及接受教育的时间上。绝大部分国家的分类中，助产士、助产护士、辅助人员和产科医生/妇科医生，将其全部时间投入在母婴健康（MNH）服务上。然而没有任何一个类别是所有的国家骨干都花费全部的时间在母婴健康（MNH）服务上的，甚至是在专科医生中。在助产人员中间，全科人才在服务时间上分布范围更广：护士和全科医生在母婴健康（MNH）服务中花费的时间占其总时间的5-100%，其中护士平均花费50%的时间，全科医生平均花费39%的时间。这与他们各自承担的责任相关，如疾病的预防、管理和治疗。

另外一项差异反应在各国职业骨干对助产学实践的任务范围的负责程度不同。图6中的任务分析符合国际标准职业分类(ISCO)[35]（见附录5）中表述的国际劳工组织(ILO)关于助产学专业人员范围内的工作任务的指导规定。该图显示了岗位名称并不总是每个国家助产人员被分配的相应的角色和任务的合适的标志。尽管必然存在一定的模式，助产士和助产护士比辅助人员更能承担助产实践范围内的全部工作，当然也有一些例外。这让我们不得不关注被用作国际对照的ISCO分类是否更多基于各国的称谓和教育途径而不是在该国承担的官方的角色、责任和任务。

在接受教育时间长短和教育途径方面，各大类别间也存在差异。国家骨干中隶属于助产士类别的以及报告了接受临床教育总时长的人员，接受培训时长为1-5年，或者至少接受过3年或以上的在职培训。助产护士接受专业培训时长为2-6年，或者接受至少4年的在职培训。至于那些只报道了接受护理教育后或大学后教育的人员接受助产专业教育的时间为1-2年不等，或至少接受1年半的半培训；然而助产护士教育时间为1-3年，或至少2年的半培训。

教育持续时间与助产士和助产护士教育标准的国际规定有关，因为教育时长决定了提供给学生的教育质量和学习深度，但是数据显示，在国内岗位名称的使用和经过国际标准的助产学教育[16]和管理[18]从而有资格使用“助产士”称号两者之间存在明显的不同。

图 5　助产人力资源: 73个国家的分布，以及WHO地区

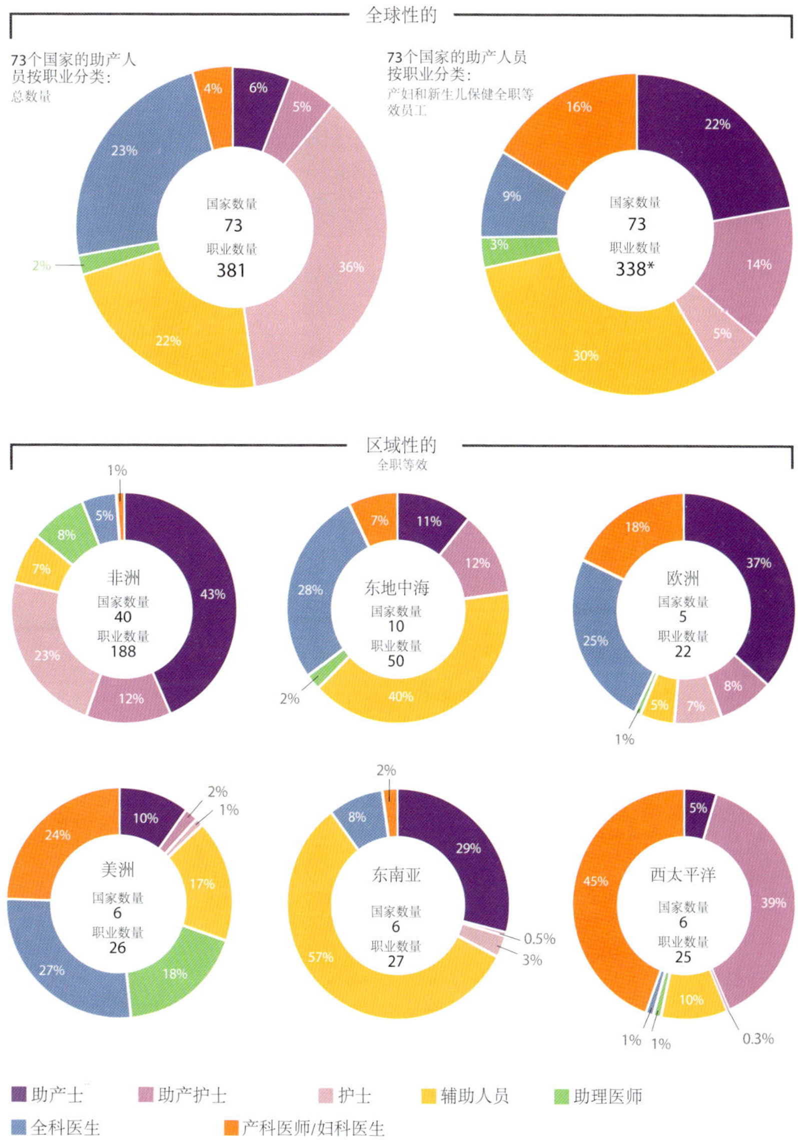

* 全职等效人员不包括11%的没有报道其花费在MNH服务的时间比例的各国职业人员

图 6 **助产人力资源: 角色和职能**

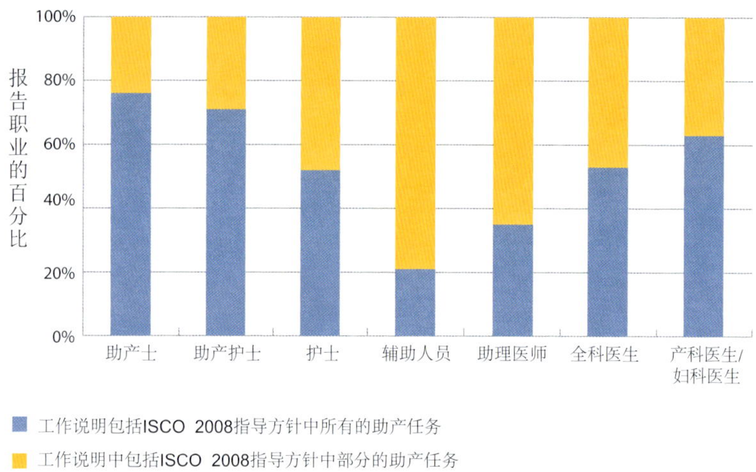

主要发现

进展实证

- 自SoWMy 2011报告以来各国及合作伙伴已经采取重要举措以提高助产水平。
- 对每年妊娠数量的变化预测为告知助产人员的构成、技术混合、发展和效率方面提供了新视角。
- 妇女们对于性生殖—母婴健康（SRMNH）46项基本干预措施的需求可以被量化：2012年，估计为计划生育、产前和产后照护和1.07亿接生数量的总共38亿次访视。
- 经教育和管理达到国际化标准的助产士可以承担73个国家预计服务需求量的87%。
- 妇女们对于性和生殖健康保健的需求同样需要与以社区为基础的服务提供者紧密相关，也需要助产士和其他专业保健人员支持性的监管。
- 各国需要考虑到助产人员的可得性，可达性，可接受性和质量以保障性生殖—母婴健康（SRMNH）服务的质量。
- 在为性生殖—母婴健康（SRMNH）服务做贡献的卫生保健人员的分类上有显著的差异，包括在各国对于岗位名称的使用与担任的角色、接受的教育和管理的国际标准之间存在的显著差异。因此，各国的岗位名称并不能为全球性的，跨越国家界限的助产人员构成或具有熟练技能的接生人员的分组提供基础。

可得性

衡量有效覆盖的首个维度就是可得性，并且同时适用于助产服务和助产人员（见词汇，附录1）。本部分关注的重点是助产人员的可得性。

可得性首先取决于助产人员的总数量。73个SoWMy国家报告有7,377,083名工作人员花费其一定比例的可用工作时间来提供性生殖—母婴健康（SRMNH）服务。然而，单纯地把报告中被选中职业的总人数和卫生保健的结局相联系（如：助产士、护士和医生的数量与死产数或孕产妇和新生儿死亡率或妇女和青少年未能满足的计划生育的需求）是不恰当的。图7显示了使用总人数评估助产人员和使用全职等效可用性评估助产人员的不同。在可以获得该信息的国家骨干中，全职等效人员代表了少于在性生殖—母婴健康（SRMNH）中所有人员所花费时间的三分之二。

这种水平的可得性就足够了吗？如果我们的目标是提供普遍的助产服务，这个问题只能根据每个国家对助产服务的需求情况回答。正如前面讨论的，由大量的人口统计学和流行病学因素导致的需求的多样性与每1,000个人口中需要的卫生保健人员的最小数量的全球基准无关，尤其是在最小数量经常被当成“目标”的情况下。与需求相关的人力规划必须与国家环境相匹配。对当前和未来助产人员基于需求性的分析已经在各个国家开展，并且在第四章各国摘要内容中进行了展示。该方式的可靠性取决于各个国家应当收集的十项信息：人员的总数、花费在性生殖—母婴健康（SRMNH）服务上的时间百分比、角色、年龄分布、退休年龄、受教育时长、注册、教育流失和毕业以及自愿离职等相关信息[36]。

提高可得性取决于对新进人员和现有人员更好的理解和管理。对新进人员的管理意味着更好的助产教育的管理，因为这直接决定着助产人员未来的可得性。各国关于注册、毕业和学生流失的数据经常是缺失的或前后矛盾的，这意味着卫生人力资源(HRH)管理和教育计划是明显分离的。

考虑到学生的选择和流失，积极的助产教育管理包括确保可用培训基地（包括公办或私立部门）数量充足，并且有足够高的质量以满足未来的需求。

医学和助产教育的管理同样包含了确保充足的中等学校的毕业生，他们熟练掌握数字计算、文学和科学知识以胜任医学和助产课程的学习。这在78%的助产教育课程（63门中的49门）中被当做是一项挑战。之后也需要激励高中毕业生参加助产教育课程的学习。举办政策制定研讨会的21个非洲国家中的9个存在对助产职业的信息缺失和偏见，这意味着这些国家需要更多的拥护助产学的积极信息。

图 7　助产人力资源: 总数与全职等效人员

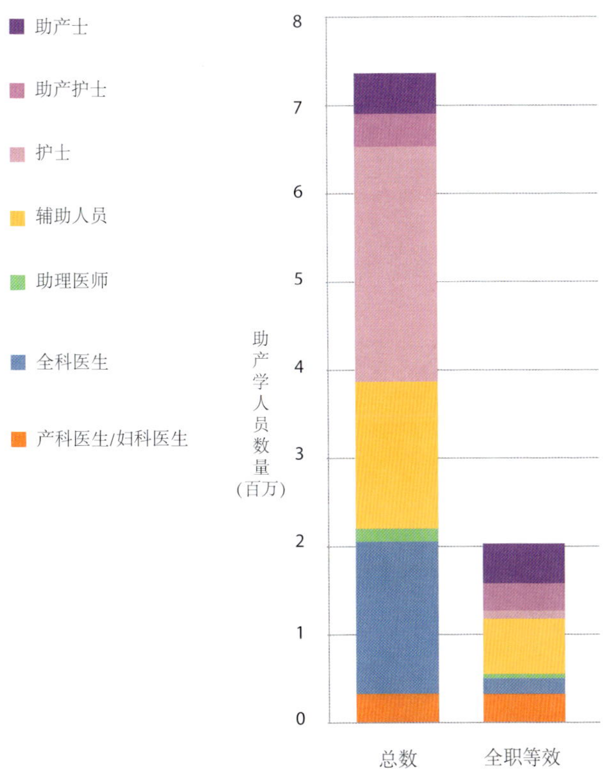

一旦在学校注册，学生需要实际的、社会文化的支持，以及必要的财政支持以保障其助产教育课程的进行。研讨会报告建议，提高教育质量并积极创建支持性环境，例如财政支持和性别敏感性，这些措施对降低学生流失率有很大帮助。

从教育课程到从业的过程也需要更好的管理。受过教育的人员却没有工作，或迟迟得不到升职的现象是一种人力资源的浪费。SoWMy数据显示在超过半数的国家中，一些毕业生从毕业到就职（除了产科医生/妇科医生）之间花费了超过一年的时间，而期间他们的临床技能水平可能因为缺乏应用而下降。研讨会报告为该问题提出了一系列的建议，包括：在毕业之前开始进行人员招聘，将招募责任下放到下级权利机构，以及对招聘政策予以更好的资金支持和强制力度。

离职人员的管理工作需要对每年选择离职人员数量（见图8）有更好的认知。超过半数的情况下，自愿离职数据是缺失的，这严重阻碍了对助产人员可得性的理解。其他的状况下离职也可能是不被报告的[37]。在研讨会上所讨论的离职的解决办法主要集中在增加工资和奖金、管理和监督，以及职业发展路径，包括额外的培训。

当前职员年龄分布对人员流失同样有重要的影响。尽管在产科医生/妇科医生中职员年龄较高是较为普遍的现象，其他国家职业如加纳的助产士和几内亚的医助也面临同样的问题，并且在未来十年将因退休因素面临高的流失率。遗憾的是，本报告中56%的国家难以获得相关信息。

探究助产士的可得性

73个国家中36%的助产人员由助产士构成：尽管占据了相当大的比重，但他们并不是在提供性生殖—母婴健康（SRMNH）服务时需要的唯一一种类型的卫生保健人员。然而，他们在自然分娩的生理过程中所做的贡献和他们对性生殖—母婴健康（SRMNH）连续照护的高度关注使他们成为必不可少的组成部分。这意味着政策制定者应当在人力规划中对他们这类专业人员给予特别关注。当前数据显示，在鼓励学生们选择或继续坚守在这个行业方面，我们还有很长的路要走。

在大多数国家中（58%），相似的教育水平下，选择助产士作为职业相较于其他可供选择的职位更具有吸引力（图9），但是将近四分之一（23%）的国家认为吸引力较低。这表明政府、行业协会和支持者需要做更多的努力促进职业的发展（见SoWMy 2011推荐的“重大举措”）。一些国家已经采取了相关的举措：

图 8　**每年自愿离职人员百分率, 按岗位**

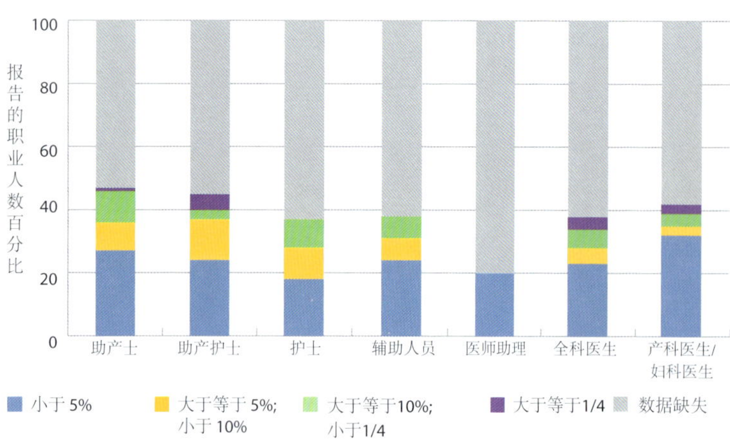

- 在柬埔寨，助产士被官方认定为是降低孕产妇和新生儿死亡率的关键，相似专业教育水平下，助产士比其他医疗保健人员享受更高的薪金，在公共卫生设施中得到财政支持，并且在政府征募卫生部的公务员时可以被优先考虑。

- 在坦桑尼亚，保护母亲安全的白丝带联盟将其对象锁定为中学生及他们的父母、政治家和“通过促进坦桑尼亚助产士职业发展增强妇女卫生保健”活动[38]团体。目的包括提高助产士的公共认知并且在中学生中把助产士发展为有吸引力的职业发展道路。结果显示，一个地区表示会考虑将助产士作为一项事业发展的学生数量达到了89.4%。

在其他情况下，通过媒体宣传和倡导也取得了一定的进展，例如通过创立奖项来认可助产士和其他人员工作，如非洲联盟的非洲妈妈奖[39]。

社会地位和认可度影响着一个职业的吸引力，部分体现在每个国家相应的薪金水平。国家提供了经过世界银行卫生人力资源（HRH）薪金*数据库认定的医疗卫生人员起薪的具体信息。助产士的薪金在低收入和中-低收入国家中是最低的，尽管在各国间薪金水平有很大不同，但与辅助助产护士的薪金是不相上下的。平均状况下，中-高收入国家，助产士薪金水平至少是低收入国家收入水平的2.5倍（见图10），并且在有认证系统的国家他们的薪金水平更高。其他与助产士更高收入的相关的因素包括行业协会和政府之间就就业与工资问题的积极协商。

图 9　被调查者关于助产士吸引力的认知（73个国家）

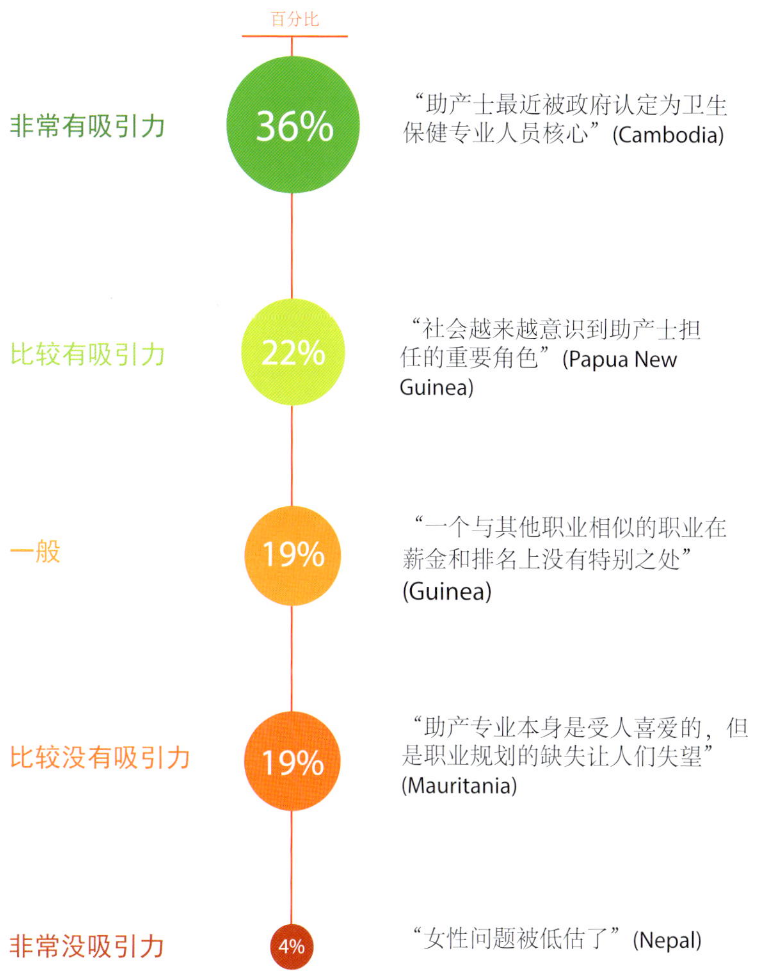

图 10　卫生工作人员每种岗位的月平均起始工资（国际美元购买力平价，2012）

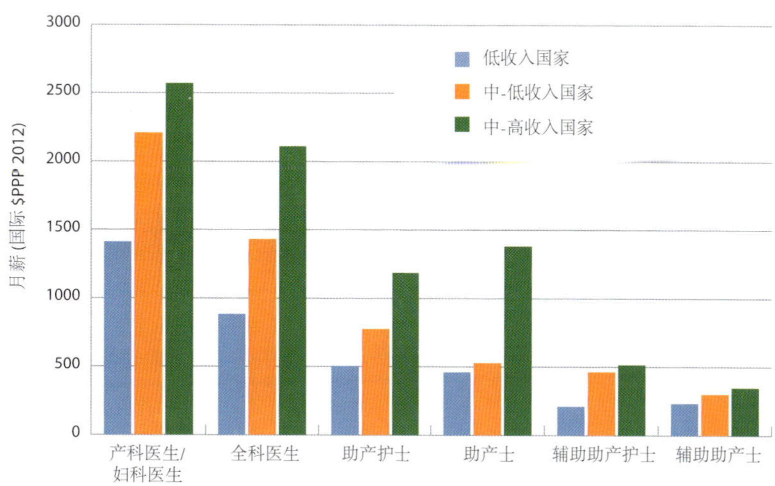

* 与Juliette Puret 和 Christophe Lemière的相符，世界银行

可得性

- 助产人员的可得性只能以全职等效为参考进行测定，而非总人数。
- 将助产人员总人数和卫生保健结局相联系将得到对真实的可得性不敏感的结果，因为全职等效助产人员只代表了少于三分之二的在性生殖—母婴健康（SRMNH）服务中花费时间的人员。
- 各国需要统计助产人员的10项信息：总人数，花费在性生殖—母婴健康（SRMNH）服务中的时间百分比，角色，年龄分布，退休年龄，受教育时间，注册，教育流失和毕业，以及自愿离职情况等。
- 为保障未来助产人员能满足未来人口的需求，我们需要对助产教育进行积极的管理。
- 在相似教育水平下选择助产士作为事业相比较于其他可选择的职业更具有吸引力，但是这并不是所有的国家的情况。
- 在低收入国家和中-低收入国家中助产士的收入在卫生保健专业人员中是最低的。

可达性

衡量有效覆盖的第二个维度为卫生服务尤其是助产人员的可达性（见词汇，附录1）。尽管有足够的卫生保健人员，充足的薪金和能力来为妇女和新生儿提供需要的持续性照护，在很多国家能否得到他们提供的照护也是一项重要的问题。妇女们需要成为积极决策者来选择何时获得助产人员服务（经常由于性别歧视常不能实现），并且能够得到和支付得起的照顾，有时在紧急情况下需要快速做决定。

提高地理方面的可达性

可达性的首要方面是物理上的可达。一个可达的保健体系的基础是医疗设施和卫生保健人员适当的地理分布，并以良好的流通、信息和沟通网为支持。实现工作人员的公平调度最起码取决于良好的信息支持和良好的计划。

根据信息，参与调查的73个国家中只有15个提供了当前准确的卫生设施列表，其中只有6个国家包含了私人机构的卫生设施。只有4个国家报告使用了卫生设备地理编码。这项基本信息的缺失使具体分析相应人口需要多少服务提供者的能力降低。

根据计划，政府决定如何根据53个国家的人口水平和现存的卫生设施的类型决定助产人员的分配。另外13个国家仅根据现存的卫生设施的种类决定，2个国家仅根据人口水平决定；4个国家使用其他方法决定，1个国家没有回应。然而，尽管效仿了其中的某个方法，对各个国家来说，引用其中使用的确切的标准也是很困难的。66个国家报道，本国助产人力资源规划部分取决于当前存在的卫生机构的类型，这其中的41个国家（62%）至少能够提供分配给每个卫生机构的助产人员数量。55个国家报告，根据人口和人口分布区域决定人力资源规划，这其中39个国家（71%）至少能够提供分配到一定规模人口的卫生保健人员的数量（如：每100,000个人口分配的医生的数量）。

由于一些国家在地理分布上存在需求的多样性，探索国家以下水平的灵活的计划模式，以实现每个地区在可得性、地理上的可达性和质量这三者的最优好组合。这些可以通过使用地理信息系统(GIS)这一种新兴的方法获得信息（见栏3）。

1997年制定的关于可达性的全球指导方针[46]推荐，每500,000人口中至少要配有5项完全运作的母婴紧急救护(EmONC)设施。尽管这是确立的基准，但是生产和妊娠信息的更新引起了当前关于校订这些可达性标准的讨论[47]。SoWMy的发现显示了许多国家希望得到母婴紧急救护（EmONC）设施准备基准并且设定其大部分的卫生设施中有提供母婴紧急救护（EmONC）的潜能（见栏4）。

栏 3

SRMNH 地理：地理咨询系统的进步

一直以来地理位置都是决定妇女和她们的新生儿能否存活或茁壮成长的关键因素。近百年来地理信息一直被应用于探索健康结局。也许最有名的例子是John Snow1854年关于伦敦霍乱爆发的流行病学研究，该研究将死亡率绘制在地图上，旁边为疾病产生原因。这是“健康数据可视化” 最早的实例之一：将健康数据集转换为图表或图像以清晰地表现研究者和决策人的发现。数字技术的发展，设计和数据管理软件使得可视化有了快速的发展。记录地理位置的全球定位系统（GPS），分析和呈现数据的地理信息系统（GIS）技术的使用正在增加。这促进了卫生系统的“硬件条件”的行动[40]，促进“公平分布”并提供“更糟糕的优先”[41]如最优需求的妇女和儿童优先。

建立战略计划的地理信息图层

图层

1 对助产服务的需求

地理咨询系统（GIS）绘图最新的技术进步为世界上的很多国家带来了描述人口估计的高分辨率数据集的产生，包括活产数和妊娠数。这些基于卫星绘图，统计和调查数据并且在报告中展现在每一个73个国家的简介中的地图，提供了战略情报[42]和计划的基础信息，并为追踪进展的低于国家水平的指标提供了共同特征。

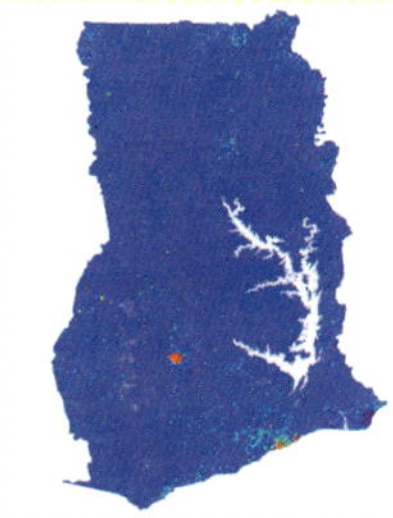

2 服务和人力资源的可得性

若综合数据存在在卫生设施上则它们可以被用作调查服务的提供。利用地区数据或设施分布区域的数据使得针对当地需求的分散和转移的监管和计划成为可能。灵活的特定情况下的员工配置需要可以根据相关的人口需求和当地特殊地形和地理特征估算出来。因此所有的国家应该力图发展和维持所有有全球卫星定位系统（GPS）坐标的卫生设施和卫生人员的精确列表。

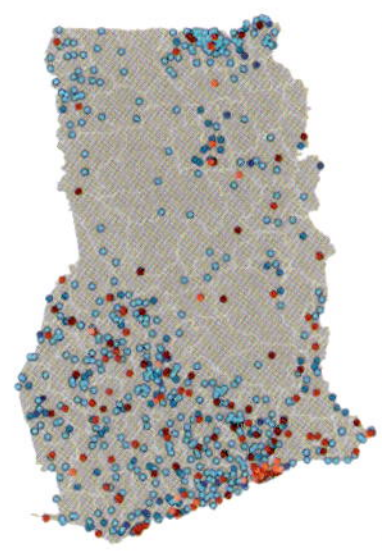

3 服务和人力资源的可达性

设施地图结合映射怀孕的数据的使用可能能够估计在任何设施自定义距离或移动时间内的妊娠的数量。很多研究已经使用一系列不同的方法对卫生设施进行了测量，测绘并模仿移动时间[43－45]。

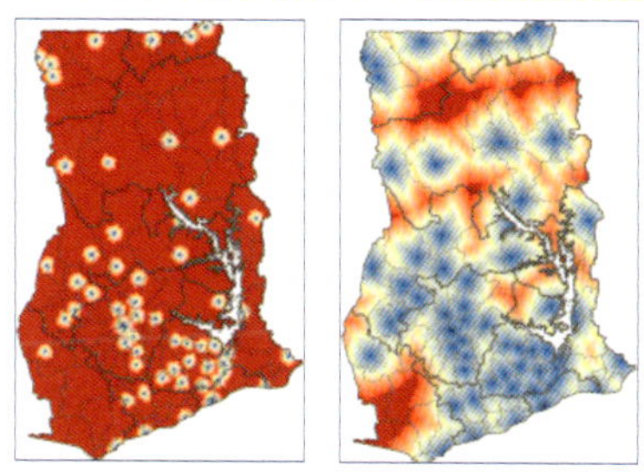

4 通过投入与产出测定服务和人力资源的质量

母婴死亡率指标显示了各国之间巨大的差距。在国内情况也是一样的，尽管该数据更难得到。然而，不利的健康结局（如产妇，围产期和新生儿死亡）可以从人口普查，调查和死亡声明的全球卫星定位系统（GPS）定位数据中提取以描绘健康结局图，并为有针对性的和卫生需求与低于国家水平的卫生人员质量相关的公平的处理提供信息。

这凸显了鼓励全国甚至全球共同探讨如何提高急救护理的政策、计划、可达性和监督等问题的必要性。更多相应的指导方针或使用基本卫生地理，如与年度妊娠数或自然分娩和难产年度总量相关的按地区和国家设计的基准，可能会有所帮助。24小时服务的实施，即需要助产人员换班和轮班，在维持母婴紧急救护（EmONC）设施可用同时，也需要被考虑。

举办了政策研讨会的37个国家，共同确定了信息和计划之外，在地理可达性上所面临若干挑战。这些挑战包括：卫生保健人员不愿意在农村地区工作；偏远地区的交通不发达/昂贵；妇女分娩早期没有充足的医疗空间以及转诊系统的缺乏。他们建议的解决办法包括：对去偏远/低服务水平地区工作的卫生保健人员给予财政和非财政上的激励；规定必须的下乡服务时间；加强农村地区基础设施建设使被委派到农村工作更具有吸引力；解决培训机构地理分布上的不平等问题以及为偏远地区提供产院。其中很多建议是与世界卫生组织指导方针和推荐规范[49,50]中包含的证据是相一致的。

提高经济上的可达性

得到卫生保健面临的障碍远远超出了服务地理位置上的可达性。毫无疑问，财政上的障碍对实现卫生保健可达性具有负面的影响[51－53]。

2014调查中一项正面的发现是，73个参与国中有70个国家都有全国性的性生殖—母婴健康（SRMNH）服务“最低福利保障”，即“一套政府承诺的全民可得，接近免费享受的卫生保健服务”。对这些国家来说，该套餐至少含有规定清单里的干预措施及服务，其他服务也可以部分加入到套餐中，但是最低保障列表必须得到保障。

有了最低福利保障套餐并不意味着妇女和新生儿在性生殖—母婴健康（SRMNH）照护中所有的基础部分都享有财政支持。只有两个国家（中国和秘鲁）拥有包含46项性生殖—母婴健康（SRMNH）基本干预的福利套餐。然而，另外10个国家的福利套餐中只是不包含其中的1-2项干预措施（巴西，科摩罗，加蓬，几内亚，莱索托，墨西哥，塞内加尔，南非，越南和津巴布韦）；45个国家（62%）提供至少40项基本干预。

缩小各个国家福利套餐中一些最常见的差距，可以挽救生命。在发展中国家，高血压，难产和不安全流产是产妇死亡的主要原因[54]。然而，只有不到一半的国家包含了补钙，使用少剂量的阿司匹林预防子痫前期，戒烟干预，使用体外头位倒转术以减少胎位不正难产，以及安全流产等干预措施。同样地，尽管早产是新生儿死亡的主要原因[55]，四分之一的国家在他们的最低福利保障中不包含预防早产和保护早产儿的干预措施。尤其是，使用产前糖皮质激素预防早产儿发生呼吸窘迫综合症，发生呼吸窘迫综合症的新生儿给予持续正压通气，以及在分娩过程中给予更多的社会支持，这些都应该被广泛地包括在最低福利套餐中。财政上可达性还包括其他一些问题：公众对于自己享有免费获得的卫生保健服务的权利的意识不强；涉及到家庭预算的决策时妇女们缺乏相应的权利；不包含在国家福利套餐之内的服务/项目（如：运输、药物）的花费；卫生设施及器械缺少或供不应求。解决这些财政障碍的建议：预付款制度和安全网保障/社会保障；将交通费用纳入最低福利保障套餐中；社区卫生保健人员与社区组织合作以促进交通的便利和费用分担；以及加强管理，确保对病人负责，倾听病人的心声，并调查贪污/敲诈勒索，如通过加强监督管理。

栏 4

母婴紧急照护：从设计到应急

大部分怀孕的和健康的妇女经历着正常的生理过程并且生产出健康的存活的宝宝。然而，当这个过程没有按照正常的过程进行，及时获得有质量的母婴紧急救护（EmONC）就变成了生死攸关的事情。母婴紧急救护（EmONC）包含了一系列挽救生命的程序和药物来处理妊娠和分娩过程中的并发症。

SoWMy 2014的发现显示几乎有一半（44%）的国家的调查对象报告他们国家分娩服务所有的卫生设施都是指定的，从政策和计划的角度，不论是母婴全面紧急救护(C-EmONC)还是母婴基础紧急救护(B-EmONC)（如国内所有的医院都被指定为C-EmONC设施，并且所有的非医院都被指定为B-EmONC设施）。然而对母婴紧急救护（EmONC）的指定，指该设施若配备有必须的工作人员，设备药物和物资则有可能提供紧急的挽救生命的干预，经常与现实中该设施是否处于准备好的或“完全运行”的状态有很大不同。

为了监督的目的，母婴紧急救护（EmONC）由重要功能的执行情况规定。若要让母婴紧急救护（EmONC）设施被认为是处于充分运行状态，则需要做到以下两个方面：

1) 必须执行过7项母婴基础紧急救（B-EmONC）或者9项母婴全面紧急救护（C-EmONC）重要功能，并且

2) 必须在最近的3个月内执行过重要功能。

下面图表使用的11个国家*的需求评估数据显示基本的显著功能的准备与实际供应之间的差异，以及哪些重要功能是最广泛执行的。它显示了阴道助产（AVD）是最不被经常执行的。仅仅有43%的卫生设施报告有能够通过使用真空吸引器或产钳执行阴道助产（AVD）的保健人员，甚至更少的（32%）卫生设施有最低必须设备，只有14%的卫生设施在过去的3个月内执行过相关程序。

各国力求扩大母婴紧急救护（EmONC）设施的容量和质量，需要将政策和计划与母婴紧急救护（EmONC）覆盖的全球指导方针[48]相结合。该指定可以被用作优先考虑资源分配和服务提高的政策工具，与覆盖需求保持一致。我们需要做积极的准备，持续确保卫生人员，设备，药物和物品都是可用的。监督设施是否可以在应用或充分运行状态以作为保障妇女和儿童需要时得到及时治疗，并提高其质量的工具。

11个国家中准备要执行或者实际执行过每一项重要功能的设施的百分比

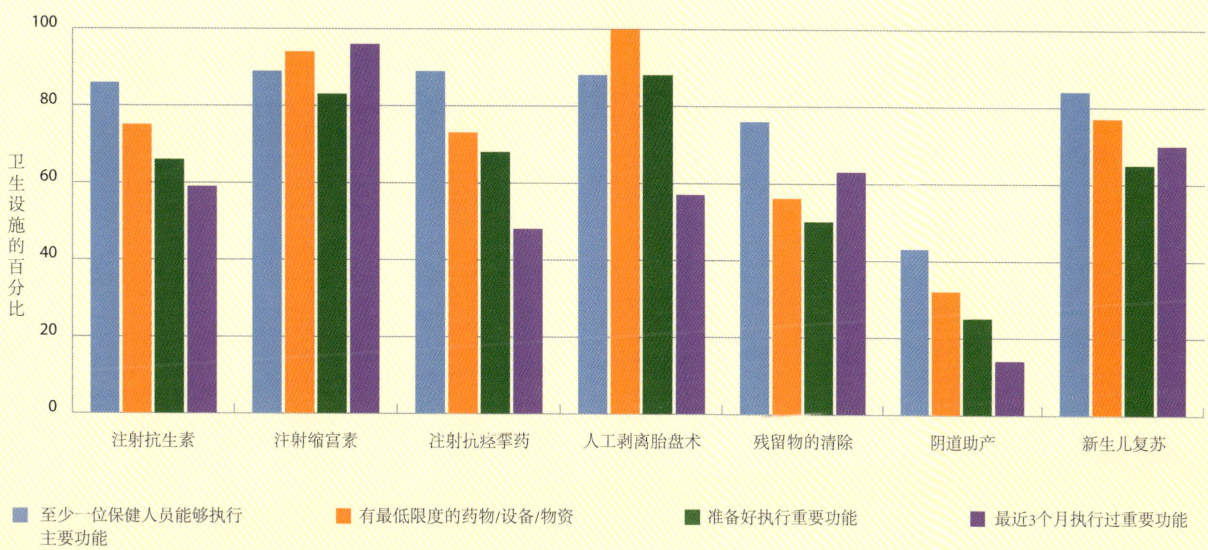

* 数据来自避免产妇死亡和残疾母婴紧急救护（EmONC）需求评估 Patricia Bailey.
来源：Patricia Bailey，避免产妇死亡和残疾

可达的平等性

除了身体和经济上的可达性问题，许多妇女在获得助产服务和助产人员上还面临其他与她们社会地位或文化背景相联系的障碍。已经有证明显示富有/贫穷和城市/乡村之间的在获得服务上存在明显的差异，并且在许多国家差异呈逐渐增大的趋势[56,57]。一个国家的某些区域，或者某些特殊边缘群体如青少年，移民或部落居民群同样被排除在服务对象之外，尤其是在生殖保健服务方面。2015年后的发展章程中的一个基本部分是保证实现公平。测定一个国家向全民卫生覆盖（UHC）发展进程的一个方法是追踪最贫穷的40%的人口获得基本卫生保健服务的情况（见栏5），包括性生殖—母婴健康（SRMNH）服务的连续性。

显然，政治策略可被应用到注重公平的计划方案上。然而，并非所有政府在进行与人口分布和需求相匹配的人员调度上都拥有政策上的优先权；大部门国家报告他们使用的是基于卫生设施的计划（每一种类型的设施分配一定比例的卫生保健人员）或者根据人口比例配备人员），而这与测量的需求及特殊需求/贫困区域不相符。2014研讨会提出了一个塞拉利昂的实例（见栏6），是由世界助产报告（SoWMy） 2014政策研讨会上的讨论提出所引发的，它强调了国家如何快速采取行动来改善关于卫生设施、助产人员实际就业情况数据的方法。

栏 5

关注最贫穷的40%

世界银行和世界卫生组织正在发展测量工具框架以追踪国家全民卫生覆盖（UHC）的进程[58,59]，“评估卫生服务和经济风险保障覆盖的分布和公平性”。作为提议的框架的一部分，它建议：

所有的测量应该按社会经济阶层分解以评估服务和财政保护覆盖的公平分布的程度。

分解将允许按人口水平（分布的目标）和在人口中最贫穷的40%中（公平的目标）测量的进展。这与2015倒计时报告中的公平性的测量相一致。

性生殖—母婴健康（SRMNH）服务公平的目标将给很多国家带来重大挑战。下面的图表显示了34个国家中最贫穷的40%和其他剩余人群由受过训练人员接生和接受四次或以上产前保健访视的覆盖水平，各国根据覆盖水平分组。

只有四个国家同时从两个指标上实现了公平的目标（亚美尼亚，哥伦比亚，多米尼加共和国，和约旦）：这些国家实现了至少90%的覆盖，且最贫穷的40%和其余人口之间的不公平微乎其微。

最贫穷的40%人群性生殖—母婴健康（SRMNH）覆盖情况（根据34个国家的整体覆盖率分组）

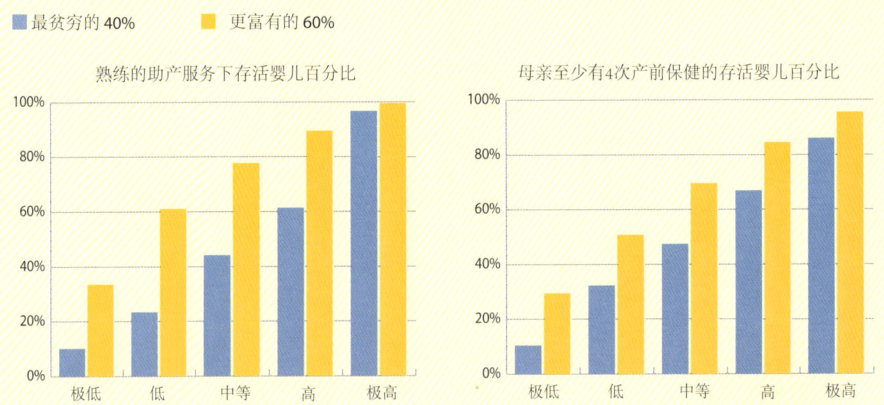

主要发现

可达性

- 大多国家分配助产人员的方法是基于设施的计划或根据人口比率；但是这些可能与实际的需求和可获得的服务情况不符。
- 与设施地理资讯系统（GIS）编码相联系的人力资源信息系统将洞悉人们是否能够享受到熟练的、有能力的医务人员的服务。
- 设计、调试和操作挽救生命的医疗设备可使母婴紧急救护（EmONC）服务从中获益。
- 我们督促各国为性生殖—母婴健康（SRMNH）建立起“最低福利保障”，并定义为“一套各国承诺的全民可得、几乎免费享有的卫生保健服务”。
- 73个响应国中有70个国家拥有了全国性的“最低福利保障”，但是在基础干预措施存在差异。
- 很多国家在保障全民覆盖上将面临重要的挑战，尤其是对于最贫穷的40%的人。
- 若要在未来实现性生殖—母婴健康（SRMNH）覆盖的全体和公平两个目标，我们在面对最贫穷部分时需要注重公平。
- 各国可以采取快速行动来促进实现其关于助产人员可得性的战略目标。

“公平”目标的一个重要特征为，这是个绝对的而非相对的目标：拥有最低覆盖率的国家需要争取最大的进步。对这些国家的分析显示了目前向更高水平覆盖率发展的速度很慢[60]。这些都是一些基础设施最薄弱的国家，并且提高性生殖—母婴健康（SRMNH）的关键技能覆盖率的举措将需要对医疗系统和卫生人员进行持续的投入。并且，随着不公平区域范围的减少，我们需要作出更大的努力降低质量上的不公平 [61,62]。

如果要在未来实现性生殖—母婴健康（SRMNH）覆盖的分布和公平，则需要将注重公平[63 - 66]，且针对最贫穷的地区[41,67]。

来源：Sarah Neal，Amos Channon and Zoë Matthews，南安普顿大学.

栏 6

阿富汗，塞拉利昂和多哥的国家行动

阿富汗的助产士协会利用世界助产报告（SoWMy）2014调查提供给的机会组织了两次利益相关者的研讨会，来进行数据的收集与确认，及政策讨论。国家关于世界助产报告（SoWMy）2014的发布和宣传已在进行，包括非正式的圆桌会议政策讨论和媒体报道[68]。

在塞拉利昂，世界助产报告（SoWMy） 2014参与者列出了以下助产人员面临的问题：恶劣的工作环境，低效率的发展机构，缺少激励，以及专业进修机会不足。新的绘图工作由政府委任，与联合国人口基金（UNFPA）合作，将核对所有从业助产士的履历表和他们所工作的设施的地理位置。

多哥是另一个例子，显示世界助产报告（SoWMy）2014进程如何加强了国家的对话。多哥助产士协会协调了国家研讨会[69]。会议和讨论产生了数据形式的结果，帮助加强了助产士协会，卫生部门，联合国人口基金（UNFPA）和世界卫生组织（WHO）之间的关系。

来源：联合国人口基金（UNFPA）和国际助产士联盟（ICM）

助产教育：仍然被忽视

世界助产报告（SoWMy）调研数据证明了：基础设施、资源和助产教育体制方面存在广泛的差距。世界助产报告（SoWMy）用快速评估未来助产教育质量的工具*（Rapid Midwifery Assessment Tool*）经调研收集了大量的信息来测量教育质量。该工具有六个部分：基础设施，教师，助教和带教医师；学生（上面可得性部分讨论到的）；临床教育；课程；以及影响因素（在下面管理和政策部分将要提及）。

不充分的基础设施建设是助产教育的关键问题。对80%的助产士，69%的助产护士和44%的护士来说，教育机构中教学设备缺乏/质量低下是个难题。缺少办学场所被认为对53%的助产士，43%的助产护士和17%的护士是教育的挑战。对教育工作者的关注也是一个普遍的问题。

图 11 **临床指导下最低接生量**

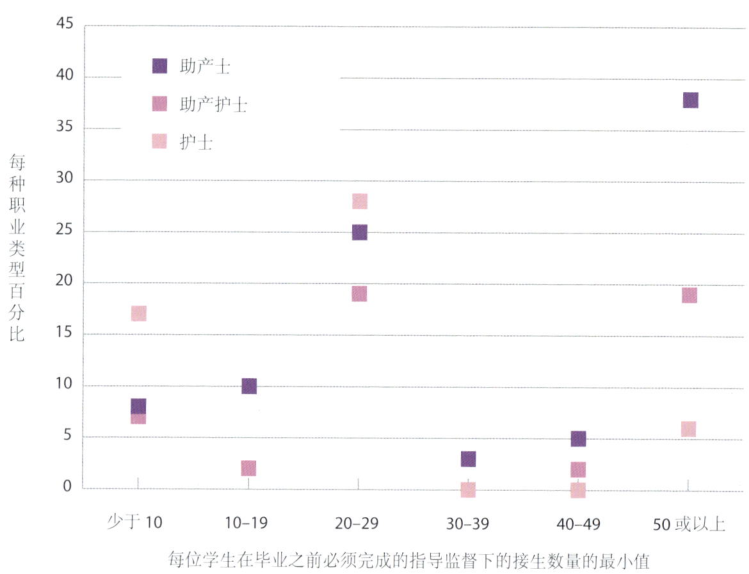

*该工具由ICM和Jhpiego制定 特别用于中低收入国家。

报告中82%的助产士，62%的助产护士和39%的护士认为招募足够的教师是困难的，77%的助产士，62%的助产护士和39%的护士招募合适、具备资格的教师是困难的。师资保留同样也是一个问题。很多国家对教育师资缺乏充分的投资，且教师不能及时更新理论知识和/或临床实践技能。这限制了教育质量，并且只是基于课本的简单学习。这对培养出能够提供全部维度服务的助产士有深远的不良影响。在招聘教师和维持独立助产专业教育课程的能力上更大的挑战可能是由于一些国家的独立助产专业教育是新近开展的，并且很难招募到掌握了教学技巧、助产学专业知识的老师。

根据教育课程中的临床实践要求，各国对于助产士在毕业前在应接生的数量要求不同（见图11）。要求助产士在监督下接生数量的中位数为34，助产护士为30，助产护士为20。这些中位数都要比在国际助产士联盟（ICM）教育标准指导方针[16]中讨论的参考指标要少（该参考指标的中位数为50）（尽管一些学生需要更多的数量进行能力展示，而另一些则不需要这么多的数量）。该参考指标鼓励在未来的计划中能够确保将充足的助产学实践经验纳入教学中。80%的助产士，62%的助产护士和61%的护士认为向学生提供充足的临床实践资源是困难的。因此在很多情况下，助产士和其他专业人员可能在没有充足的接生经验时就毕业了。

85%的助产士，64%的助产护士和78%的护士认为大部分助产士、护士都接受了国家级、且所有学校都提供的教育课程。国际助产士联盟（ICM）推荐这些课程需要每5年回顾一次[16]，且在78%的助产士，48%的助产护士和28%的护士中已经开始开展。这可能反映出最近几年开展的独立助产教育项目数量的增加。这些课程的主要内容一般不被认为是提供高质量的助产教育的挑战，但是对助产这一重要的但人数少的职业来讲这是一个问题。在一些没有标准课程的国家，只有对33%的助产士和38%的助产护士有教育质量评估的国家标准。

世界助产报告（SoWMy）研讨会成员建议提高助产教育质量潜在的方法包括：执行和定期地回顾最低课程标准（与国际助产士联盟全球标准相符），制定教员能力发展计划，包括定期的进修培训和给教师/助教/监督者正式的资格认证。其他的建议包括：促进获得模拟训练和设备；私立助产学校的管理/资格鉴定（尽管并不是所有的公立学校都经过管理或资格认定）；更多的在卫生设施的手把手培训；以及加强对以上机构的监督和评估。更多的在职培训和专业进修被认为是提高质量的好方法，并且这包括了教师/助教支持性的监督。这样的投资将使一些问题得到改善，包括：工作效率，能力和照护质量；医务人员对服务对象的责任感；工作斗志；持续的专业发展；有效的监管；以及不同专业协会的合作。助产人员参与孕产妇、围产期死亡回顾中有益于认识到有待提高的部分和需要克服的系统性的问题。

当助产士的教育、管理达到国际化水平时，她们可以提供有质量的卫生服务并且对性生殖母婴健康结局有积极的影响。(Jhpiego/Ali Khurshid)

完善立法，管理和认证机制

使用法律来支持和保护助产士（为临床实践提供合法权利）是对她们价值的重要肯定。73个响应的国家中只有35个（48%）立法承认助产为正规的专业，并且其中的5个国家法律还未开始实施。在同时参加了世界助产报告（SoWMy）2011和世界助产报告（SoWMy）2014的54个国家中，拥有类似立法的国家比例只有小幅增加（从35%升至37%）。但也取得了一定的进展：12个国家报告立法正在进行。然而，也确实还剩下26个国家既没有相应的法律也没有再构建相应的立法。

在几乎所有响应的国家中至少有一个机构负责助产实践的管理（见图12）。一半的国家（51%）声明助产由卫生部门或其他部门管理，且相似比例的国家（47%）提及了政府支持的管理机构，如理事会或委员会。

图 12

助产士的注册和管理

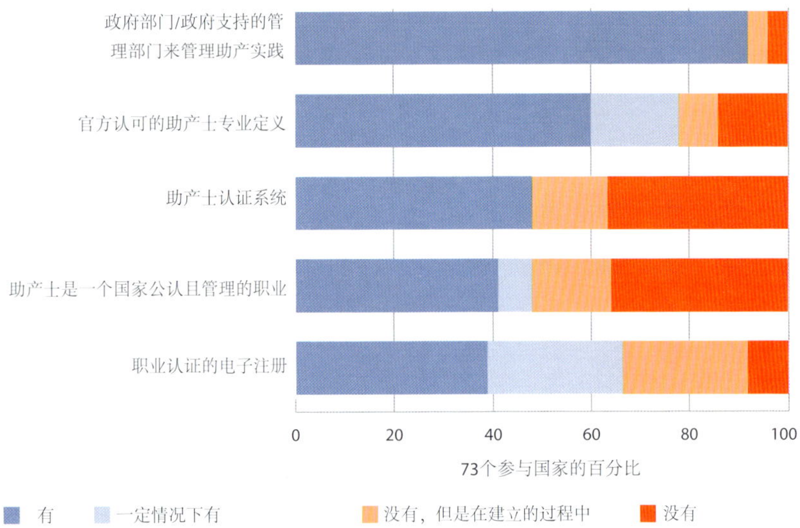

少数的国家有一个以上的监管机构。无论如何，73个国家中只有6个国家报告没有监管部门，其中3个（刚果共和国，危地马拉和南苏丹）声明正在建立监管部门。为确保有效的监管，监管部门的存在是必要的，但这并不够。调查对象被要求对监管机构的责任（促进与国际助产士联盟（ICM）全球标准[18]的对比）进行说明。图13表明监管机构当前的主要责任是：设立助产实践标准；注册；对不正当行为的制裁；以及设立道德标准。极少数国家提到了教育提供者的资格鉴定或“助产士”职业的保护。

尽管大部分国家报告了监管机构负责图13中列举的各项职责，37国研讨会上的信息显示，由于一些原因，一些国家的监管机构并不能有效地履行这些责任。原因如：缺乏对助产能力要求清晰的描述；缺少助产教育全国统一的标准（尤其是在私立学校）；缺乏有效的监管程序（由于政治不稳定或资源短缺等）。完善的资源管理体系是提升质量应优先考虑的关键问题。研讨会参与者提出了种解决该问题的方法，其中包括要确保助产的监管与其他医学专业监管相分离，但可需适当地协调配合。

助产人员中不同种执业人员的执业范围应当由监管机构确定，但现实情况是这个规定经常是无效的。例如，有的国家助产士在未被授权的情况下，部分或全部地执行了7项基本职能，这种情况的发生通常是由于在有真正需求的情况下，他们是仅有的卫生保健服务人员。世界助产报告（SoWMy）数据对与图14中展示的7项母婴基础紧急救护（B-EmONC）基本职能相关的助产士被授权的执业权和实际工作进行了比较。协助阴道分娩是被授权与实际执行不一致中最严重的一项，其中在19个国家明确规定的职责中，即使未被授权，助产士也会履行该职责。

在73个国家中有71个国家的助产士被授权提供至少一种计划生育用品，其余两个无授权的国家是中国和伊拉克。在57个国家全部的调查问卷中，助产士被授权提供以下4种产品及方法：避孕注射，避孕药，宫内节育器，紧急避孕药（EC）（一般被称为“事后药”）。当然，授权并不能保障可得性或质量；在国家层面上，未能满足的避孕需求与助产士被授权提供的计划生育产品的数量之间联系不大。调查问卷中列举的四种类型的避孕方法中，紧急事后避孕药最不应该由助产士提供，尽管73个国家中有61个报告由助产士提供。

若没有适当的监管，注册和认证，无论是妇女还是助产士都不能得到保护和支持。对于助产士，73个国家中有34个（47%）有助产士的认证系统，且另外11个国家（15%）正在建立。

在34个有认证系统的国家中，33个国家要求助产士正式工作之前必须通过认证。拥有一套完善的认证系统是关键的第一步，但这并不能保证助产士制度有效落实。有调查发现73个国家中只有26个拥有定期的再认证系统（一般每年/每五年），并且只有17个国家把再认证做为持续的专业发展状态。

响应问卷调查的国家中有48个国家有助产士的注册认证，其中28个国家使用电子注册。在同时参加世界助产报告（SoWMy） 2011和世界助产报告（SoWMy）2014的54个国家中，使用电子注册的国家增加了40%。该增幅还有可能继续：另外18个国家提出了开展电子注册的计划。纸质版的注册要比电子注册更新慢（10%的使用纸质板注册的国家，43%的使用电子注册的国家至少一个月更新一次注册信息）。

促进专业协会的发展

73个国家中除了土库曼斯坦外，都报告其至少有一个面向助产士，助产护士或辅助助产士的专业协会，学会或联盟。73个国家中有51个表示加入到国际助产士联盟（ICM）中，45个加入了国际护士会中，这提供了各国与全球机构的联系及其技术支持。73个国家列出了119个专业协会，其中有71个（60%）是在1990年之后组建的；几乎所有的都是专门为助产士和/或护士开办的。少数国家没有助产士或护士协会，但有替代性的产科医生的协会，助产士和助产护士也有资格加入。

尽管几乎所有的国家都成立了协会，但只有60个国家能够提供每个协会成员数量的数据。在这60个国家中报告了将近670,000名成员（并非所有的成员都是助产士/助产护士，因一些协会也面向其他医务人员）。

50个提供了正在执业的成员的数据，86%的成员目前在国内执业，这也表明在这50个国家中，成员列表保持着合理的更新。

图 13 监管机构的功能和职责

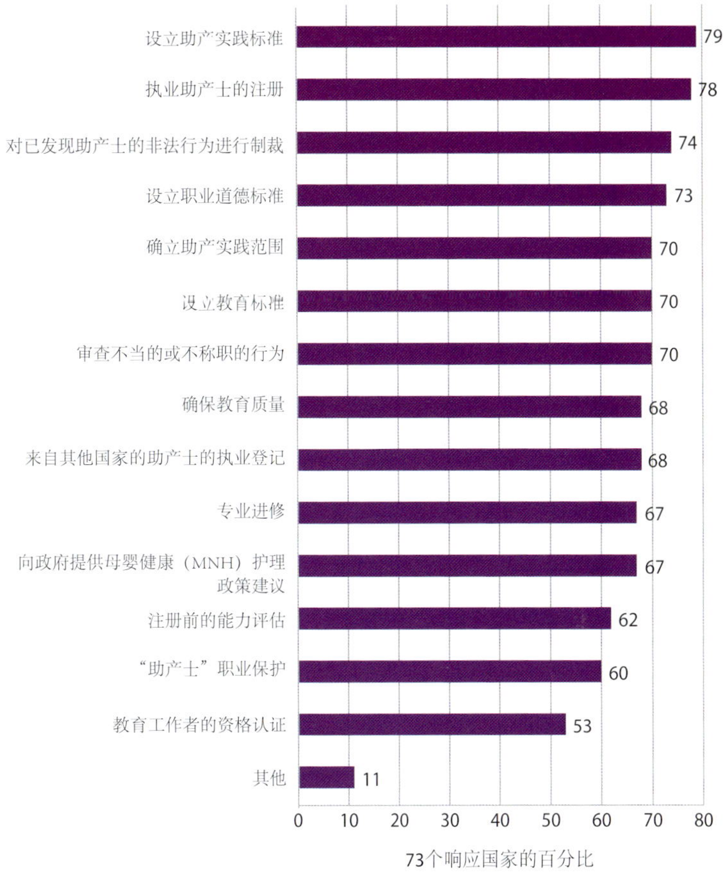

图 14 母婴基础紧急救护（B-EmONC） 主要职能: 助产士被授权及实际的角色

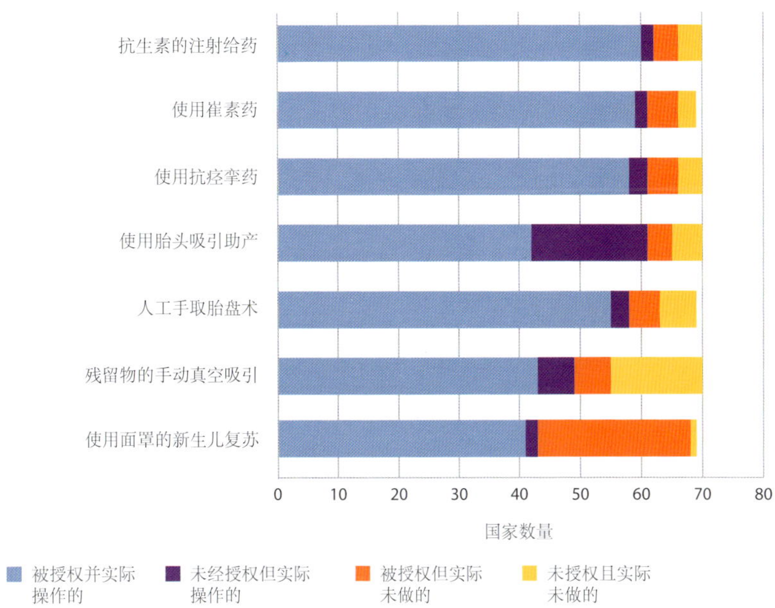

有效和清晰的管环境强化了助产士的角色并对提高照护质益。(Jhpiego/Kate Holt)

世界助产报告（SoWMy）2011推荐的专业协会的“大胆举措”包括在政治领域做出贡献和倡导更好的工作条件。图15显示了119个协会中几乎全部的协会担任了促进专业发展的角色，并且相似数量的协会为性生殖—母婴健康（SRMNH）照护推荐了达到质量标准的成员。有趣的是，53%的协会报告包含了与政府针对工作和薪金问题进行谈判的职责，而这通常是工会的职责。

图 15　**助产士专业协会的职能**

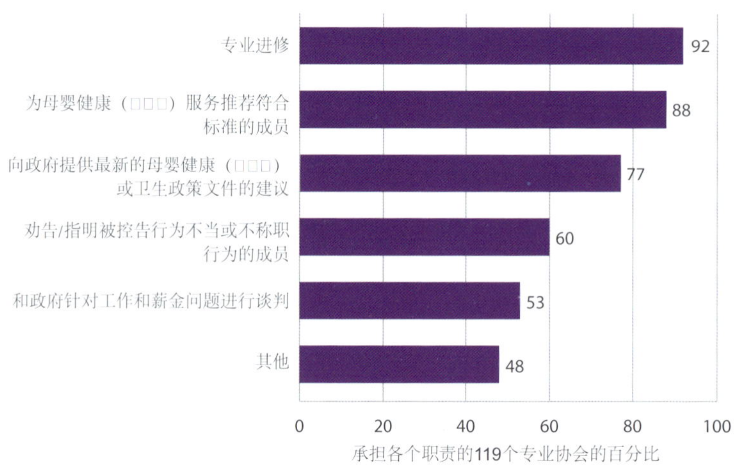

37个国家的研讨会成员关于如何加强专业协会建设提出了几点建议。助产士协会被特别指出：鼓励所有的助产士参加；确保专业协会致力贡献于政策讨论和在国家、地区的影响性生殖—母婴健康（SRMNH）服务的关键决策；倡导增加同行业间的知名度并推动助产人员的权利，如提高福利，保障安全和晋升；加强全部卫生保健专业协会和其他性生殖—母婴健康（SRMNH）利益相关者（如非政府组织，如NGOs）之间的沟通和合作；以及加强专业机构的监管和能力宣传[83]。

政策和计划

政策、计划手段、战略数据三者的“联盟”与结合在实现高质量的助产有效覆盖是必要的。

在全部的73个国家中，调查对象列出了276个适当的关于组织，实施和监管性生殖—母婴健康（SRMNH）服务的政策，计划和法规（平均每个国家有4条），并且所有的国家报道了至少一条有效的政策/计划/法规。68个国家有国家健康计划（尽管不是所有的国家都使用该名称），66个国家有国家性生殖—母婴健康（SRMNH）计划/策略/路线或类似条文，且52个国家有国家卫生人力资源（HRH）计划。在52个有HRH计划的国家中，39个（75%）声明计划中的母婴健康（MNH）人员目标是基于或相关联于国家性生殖—母婴健康（SRMNH）服务覆盖目标的。

73个国家中有25个国家提供了政策文件支持其调查问卷回答。这些文件根据2014母婴儿童健康合作伙伴（PMNCH）/世界卫生组织（WHO）多部门政策纲要[51]分类。

显而易见，这25个国家中的大部分有涵盖性生殖—母婴健康（SRMNH）和HRH的政策基础。在报告了有非正规助产职业的47个国家中，12个国家递交了政策文件，但只有4个递交了关于基层助产人员的文件。在该特殊抽样中，HRH政策可能不包含社区卫生保健人员及其在医疗卫生系统中承担的角色。然而，一些国家已经设立或正在设立特别针对社区服务与社区卫生保健人员角色的政策，并且积极建立之间的联系。

有性生殖—母婴健康（SRMNH）和/HRH计划的国家报告称，这些计划或制度更多是最近建立起来的（72%的计划是在2009年或之后发布的）。大部分是当前的，时间范围截止到2014年或之前。国家性生殖—母婴健康（SRMNH）计划比国家卫生计划和国家HRH计划更早一些：2009年前发布的数量比例分别为42%，12%和19%。

成本测算对于优先发展某地区是非常重要的。在报告的276个政策文件中，170个（62%）包含进行了完整的成本预算。国家卫生计划和国家性生殖—母婴健康（SRMNH）计划最容易进行成本预算（71%和70%，相比较于国家HRH计划60%）。在73个响应的国家中，有54个（74%）声明他们现有的政策文件特别提出国家应如何提高可得性，可达性，可接受性和服务质量（AAAQ）四个方面。然而需要注意的是政策文件的存在并不能保证它的有效执行。

主要发现

质量

- 基础设施，资源和系统的广泛差异对助产教育有不利的影响。
- 高质量的助产教育面临的挑战包括：中学教育不完善，缺少教职工，教学设备质量差，缺少实践培训的机会，缺少办学场地。
- 各国对于助产士毕业前监督下接生的数量规定不同，且可能不能满足对胜任力的要求。
- 几乎所有响应的国家都有至少一个监管部门，但很多国家缺少立法认定助产士为正规的职业、清晰描述助产能力、教育标准以及有效监管程序。
- 几乎所有国家报告至少有一个面向助产士的协会，80%的国家报告了有会员资格的助产士的数量，75%的国家了解当前在国内从业的人员。
- 同时参加世界助产报告（SoWMy）2011和世界助产报告（SoWMy）2014的54个国家中，电子注册的助产士增加了40%。
- 制定政策与计划工具之间的结合在实现高质量的助产有效覆盖过程中是必要的：75%的国家声称卫生人力资源计划中的性生殖—母婴健康（SRMNH）人力资源目标与SRMNH计划挂钩。
- 276个政策文件报告中，62%包含经费测算的计划，其中性生殖—母婴健康（SRMNH）计划比保健计划的人力资源更有可能有全部经费测算。

小结

如果我们的目标是向母婴提供普及的、有效覆盖的助产服务，无论他们财富状况，居住条件或年龄，我们必须同时致力于AAAQ这四个方面，缺少其中的任何一项都将阻碍国家卫生服务的发展，遗漏对于部分人口生存状况的关注。

很多国家已经实现必要的卫生人员的储备， 但是在填补助产人员数量、层次的缺口上来实现全民覆盖的进程中，我们需要做的还有很多。各国不同类型或层次的卫生保健人员在对性生殖—母婴健康（SRMNH）服务的贡献上的差异是显著的，但使用世界助产报告（SoWMy）研究中的信息可以评价每种职业人员的角色，能力，教育水平和每个人的贡献。

由于这些人员并不是24小时服务于性生殖—母婴健康（SRMNH）服务中，因此为了比较服务需求的可得性，计算每个国家的全职等效人员数量是非常重要的。显然我们需要此数据和最基本人员数据来为战略政策和计划进程提供信息。各国可以使用此信息来主动控制助产教育、管理助产的人力资源，以及适当的薪酬，以此有效提升助产这一职业。这能确保未来的助产人力资源能够满足未来人口的需求。

图 16　助产人力资源：从可得性到质量

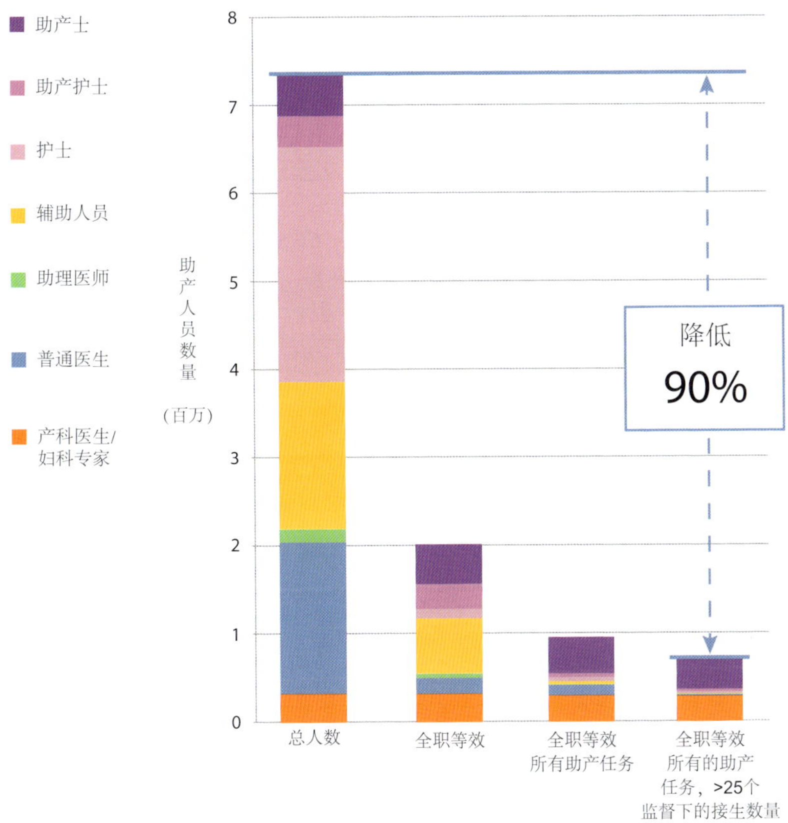

各国同样需要继续实施计划以提高卫生保健的可达性，可接受性和质量。可达性可以通过使用GIS和适当的基于公平的计划工具以及确保国家关于性生殖—母婴健康（SRMNH）中重要举措的"一揽子最低福利保障"。可接受性应该被看做是保健的一个重要元素：需要采取一些措施以减少缺乏尊重的照护，来促进对社会、文化需求敏感的需求，同时结合女性对助产人员的认知与态度进行深入研究。最后，如果不能保障服务的质量，孕产妇和新生儿死亡数就不会下降。各国需要提高助产教育、监管、协会的质量，并致力于缩小差异性以向有效覆盖迈进。

图16显示了有效覆盖中，可得性和质量水平的差距：73个世界助产报告（SoWMy）国家中助产人力资源的可得性　：全部人员、和有专门的时间、授权作为助产士角色、实践训练并有能力提供高质量来缩小服务人员之间的差距。这两个维度对覆盖率的限制性是很大的（暂时把可接受性和可达性的问题放在一边）。

缩小差距需要收集并更好地利用以下数据：能够提供全职性生殖—母婴健康（SRMNH）服务的助产人员中占多大比例，未来将有多少学生加入到助产人员队伍中来，卫生保健人员在哪里工作，女性及其社区对保健服务感受如何，以及HRH计划如何激励性生殖—母婴健康（SRMNH）策略。

为实现这个目标，需要强大的领导能力来优先关注助产，解放资源来支持助产人力和保健计划的新途径。

助产2030

第二章描述了世界助产现状，依据调查结果、研讨会成果以及对排名倒数75个国家中的73个的二手数据的分析进行阐释。它展示了自2011年以来取得的进展，并且提供了实证依据，使得各国间就各种障碍、挑战、可能的政治响应加强了政策对话。证据揭示了各个国家间的异同并且促进了性生殖—母婴健（SRMNH）服务质量的提升和助产人力资源的巩固。

本章基于各国助产的现状，展望了2030年的助产前景。向决策者、医疗卫生人员、利益相关者、支持伙伴提供了额外的循证的建议，以促进发展助产、提高性生殖—母婴健康（SRMNH）服务、加速千年发展目标（MDGs）与和全民卫生覆盖（UHC）进程。它重点关注了政府及其伙伴如何合作来履行国际职责并满足女性享有性生殖-母婴健康服务的权利。最后，本章展望了“助产2030”，描述了哪些助产服务可以被充分实施，并且陈述了10个目标和实现它们所需的政策发展计划。

展望 2030

正如第二章详细描述的，2014-2030年间全球每年妊娠数量将稳定在1.6亿，但是全球不同区域，国家及其城市/乡村将面临不同的需求，并且每一个都需要政策回应以促进不同背景下卫生服务和卫生人力资源的实施方案的制定。图17强调了人们未来对性生殖—母婴健康（SRMNH）卫生服务的需求的改变：包括计划生育，四次产前保健访视，熟练的接生、四次产后访视需求。

第二章显示了理解以下问题的重要性：卫生保健人员是否是可得的，可达的，可接受的以及能否提供高质量的保健服来确保满足母婴需求。鼓舞人心的是，16个国家（22%）计划使用具有综合能力的助产人员，向所有妇女和新生儿至少提供46项基本干预措施[1]。相反地，57个国家（78%）面临未来助产人力资源的短缺（通过全职等效和/或技术混合估算）。

访视为基础的新实践模式使母婴获得卫生保健服务。（Jhpiego/Kate Holt）

预计人数仍然不能满足普遍需求的国家[可得的助产人力相较于对性生殖—母婴健（SRMNH）服务的需求]，保障女性的性生殖健康的权利（包括孕产妇和新生儿保健）的途径还需要进一步的发展。可满足需求>90%的有16个国家必须有政策讨论，如果一个国家预测有100%可满足需求，就可能在高效的助产队伍资源的技术混合上存在不平衡（如医生太多而助产士数量不够）。一个国家显示超过90%的可满足需求那么我们就要分析：提供的数据的有效性；覆盖的公平性；医务人员的工作效率（相同资源下能提供更多的服务）；教育和就业的联系；考虑全体助产人员及服务数量和质量。研究总体需求是否掩盖了国内经济、地域或社会的差异，这一点也很重要。（如：卫生保健人员主要分布于大城市，而农村在人员分布和接受服务人群数量上与城市存在差异）。

46项基本干预措施可以挽救生命并促进健康[1]。虽然所有妇女和新生儿都享有获得此保健服务[2]的权利，但这超出了干预措施的供给，所以需要新的方法保障妇女拥有性生殖健康，包括健康的妊娠和分娩，接受被尊重的、支持性的及预防性的照护。另一部分为各国的政治决策者及其合作伙伴提供了一些信息（如他们处于该进程的哪一步，以及还需要作出多大的努力）。改进对所有国家的各个区域都是可行的。

健康、卫生系统、卫生财政的驱动力

全球健康2035：在一代人的时间内实现全球同步化。柳叶刀委员会关于健康投资的报告于2013年12月发表，报告强调：财政支持和技术可以使感染发生率、儿童和孕产妇死亡率，以及使非传染性疾病发病率降至更低水平[3]。许多中-低收入国家的经济增长与提高医疗技术可得性结合起来，使医疗卫生有望在20年之内实现“大融合”[3]。医疗卫生投资可在2035年时减少约1000万的人口死亡[3]；尤其需要强调的是，对妇女和儿童卫生保健的投资将保障民众健康、社会和经济的巨大收益[4]。为实现投资回报，各国需要对健康，医疗体系和医疗财政驱动力和全球政策局面（见栏9）的改变做出响应。

图 17　WHO地区2012-2030年间性生殖—母婴健康（SRMNH）健康访视所需人数的预计变化

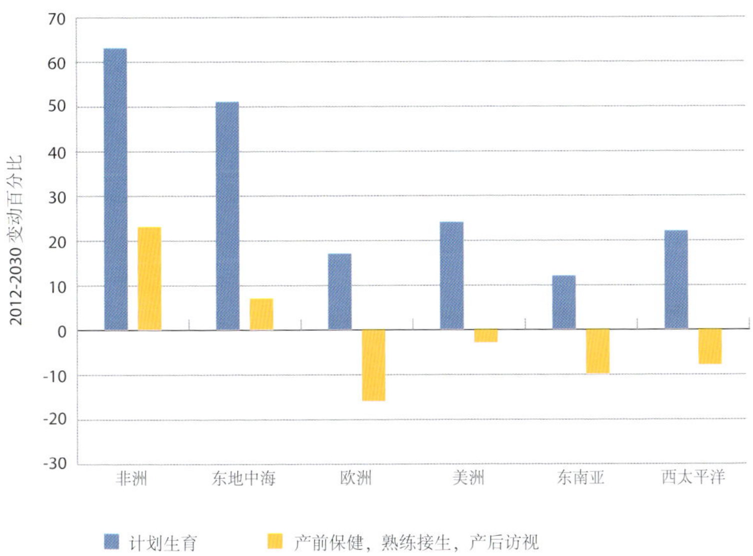

由“每一个妇女每一个儿童（Every Women Every Child）”活动[23]支持的“全球妇女和儿童健康策略”（ The Global Strategy for Women’s and Children’s Health)”简称全球策略[22]重点关注了不平等性并可能成为2030年性生殖—母婴健康（SRMNH）的关键驱动力。主要工具发展情况如下：2011年，妇女和儿童保健信息和责任全球战略委员会[24]强调了母婴儿童健康合作伙伴（PMNCH）的所有利益相关者认真收集数据和问责的需求，成立独立的妇女和儿童保健专家评审小组[25,26]。急救物资委员会2012年[27]定义了母婴儿童健康合作伙伴（PMNCH）基本的急救物资和运输策略。最后，2013年妇女和儿童保健全球投资框架[4]从财政角度列出了可以产生的卫生，社会和经济收益（高达9倍）。

医疗市场上的改变将影响医疗系统的融资和国家满足人口需求的能力，尤其是那些最贫穷和弱势的成年和青少年群体[12]。到2030年，将会出现持续的技术创新，收入提高，消费者教育和需求加强，信息可及性增强，城市化和天气相关的自然灾害增加[12,28]。公共卫生部门和私人卫生部门之间的互动（在消费者，卫生保健人员和提供者之间）和较快的经济增长影响了人们使用卫生体系和实现全民卫生覆盖（UHC）[29]。

这些改变，驱动力和举措为各国实现普遍获得高质量的性生殖—母婴健康（SRMNH）服务的权利创造了独特的条件，而助产将作为核心构成之一。

栏 9

卫生保健的驱动力和改变

主要的驱动力和改变包括:

- 人口统计学资料和疾病负担的改变，包括：流动性，城市化[5]和老龄化[5,6]的增加。人口的增加将影响多数医疗系统充足人员的提供和卫生保健人员覆盖的能力。
- 随着我们迈向全民卫生覆盖（UHC），资源得到更好的分配，得到优质的医疗服务，消除不平等和经济障碍同时还会满足人们的需求和实现目标[7-9]。
- 糖尿病，癌症，心血管疾病和抑郁症等非传染性疾病[10]越来越普遍，并且随着获得的有效治疗的增加，HIV和一些其他传染性疾病正在向慢性状态转变。
- 心理健康问题，毒瘾和基于性别的暴力[6]正在增加。
- 随着消费者受教育程度和需求的提高需要作出以下承诺：加强问责，维权，公平和授权；并且确保个人和民间团体在政策制定过程中[11]实质性的参与。
- 医疗市场环境上的改变包括技术创新，收入提高，信息可得[12]和私人卫生机构的增加。
- 很多国家对性-生殖健康和权利[14]，性别平等[15]和青少年健康[15]的承诺[13]将使妇女充分参与到和她们的性-生殖健康相关的决定中，并且能显著降低对女性的歧视[13,14]。
- 卫生服务将增加移动医疗和电子医疗[17]的使用。
- 卫生保健的质量将增加其重要性，以及消费者对其的价值认定[3]。
- 卫生事业的吸引力和就业环境的变化可能会影响卫生人员中-长期的稳定性[18,19]。
- 官方发展援助的变化将带来新的资助，包括一些非发展援助委员会成员国的慈善家和应对气候变化的捐赠者[20]，他们将使可信、高效的媒介使用增加，用于专项基金投资，如抗击艾滋病，结核病和疟疾全球基金会[21]。

来源：Caroline Homer，悉尼科技大学

"助产2030"旨在通过加强卫生保健服务的质量和覆盖面来帮助妇女和儿童维持健康。(Guifty Banka)

助产2030：政策和计划的路径

大部分的妇女和儿童是健康的，并且需要医疗系统和卫生保健工作者帮助他们维持健康。"助产2030"以健康孕妇为前提，排除了有并发症或发病迹象的部分，助产服务工作者为其提供预防性和支持性的照护并在必要时获得急诊救护。"助产2030"展现了一个清晰的政策和计划路径以指导妇女和新生儿保健服务贯穿性生殖—母婴健康（SRMNH）的两个连续方面：从性、生殖保健到妊娠期和产后保健（根据需求）；以及从社区到转诊医院。"助产2030"关注助产服务和助产人力资源的可得性、可达性、可接受性及质量（AAAQ）以及全民健康覆盖（UHC）的三个方面：实现更大的人口比例（提高覆盖率）；扩大基本卫生保健范围（增加服务）；免受财政困难（增加财政支持）的困扰，"助产2030"有以下10个目标。

1. 所有育龄期妇女，包括青少年，在需要时都能够获得助产服务（UHC第一和第二部分）。
2. 政府提供支持性的政策环境并对其负责。
3. 政府和医疗体系提供完全授权的环境并对其负责。
4. 数据的收集和分析完全包含在服务的提供和发展过程中。
5. 助产服务在国家医疗预算中应优先考虑；给予所有妇女财政支持。（UHC的第三部分）。
6. 助产服务在卫生保健专家，相关人员以及非专业卫生工作者的共同合作下实施。
7. 一级助产服务贴近妇女及其家庭，并且与下一级保健服务间可以无障碍衔接。（见图18）。
8. 社区、机构、医院的助产人员可以得到高质量的教育，有效管理和有效的人力及其他资源的支持。
9. 所有的卫生保健人员可以提供并且有能力提供高质量的服务。
10. 专业机构通过倡导、政策制定和合作领导其成员提供高质量的服务。

实现路径

从第二章描述的现实到实现"2030助产"的目标，需要各国做出变革。协同合作要求：

- 重新设计实践模式使妇女和新生儿做为助产服务的中心；
- 保障授权的专业环境，包括高质量的教育，管理和专业协会；
- 利用高效的转诊网络和人力资源管理系统来保障授权的实践环境，该人力资源系统包括有效的监管，继续教育和安全的支持性的工作环境；
- 实现从社区到三级机构各层之间，学科间和跨学科的交流和合作。

重新设计实践模式

“2030助产”提倡妇女儿童是助产服务核心的实践模型。第二章中指出了许多国家连续护理上的差距，尤其是缺乏对妊娠期护理，产后护理和计划生育的关注。“2030助产”包含了从性和生殖保健到妊娠期，分娩期和产后护理及新生儿早期护理全面的连续性护理项目[30]。它可以满足青少年女孩的需求[16]，并且让所有的女性获得符合其文化的、适当的计划生育和安全的流产服务（符合人权标准[31]且不违背法律）以及流产后照护服务。

实践模式必须尽可能贴近妇女的家庭或社区促进一级保健提供，并能保证可获得下一级保健服务的会诊或转诊。在推荐最低覆盖水平下[32]，为提高助产和产科保健服务的可及性，应该升级特定的医疗设备（如完善的设备和充足的人员）或激励那些机构使其服务达到地理上的合理分布而非仅是拥有助产服务。卫生保健人员的有效使用和与社区的非助产专业的工作者和志愿者的合作可以促使人们获得经济划算的保健服务，尤其是对那些处于偏远地区或交通不便的城市贫民区的妇女和家庭。一级妇产机构[33]可以建立在社区范围内，获得社区卫生保健人员和传统接生员的支持，协助妇女进入医疗体系并得到符合其文化的、被尊重的保健服务[34]。

实践模式必须有效地使用助产人员。世界助产报告（SoWMy2014）显示助产人员中多数人有很大一部分时间花费在其他的任务中，从而缺少对性生殖—母婴健康（SRMNH）的关注。对于大致健康和处于一般风险状态的妇女和新生儿的来说，接受过教育（无论教育途径如何），有法律支持和约束的助产士可能是最划算的选择，其可以在有能动性，安全和合作的实践环境下提供照护服务。即使人数少，但是有能力的专业母婴保健（MNH）工作者，如果使其接受继续教育、管理和监督，将会是更具有成效的。

图 18 **一级和高级助产保健服务的主要特征**

	一级助产保健服务	高级*助产保健服务
典型特征	距离妇女及其家庭较近，非医疗但是是专业的。	二级和三级的服务，可以无障碍的转诊，并且有跨学科的专业合作和专业尊重。
为谁提供?	所有的妇女和新生儿。	一级助产保健不能解决的有问题或风险因素的妇女和新生儿。
由谁提供?	最好由助产士，其次也可以由受过适当教育和管理的医生和助理医师完成。	最好由包括助产士，产科医生和妇科专家，儿科专家和其他医学专业人员等组成的团队完成；其次也可以由受过适当培训的医生，和助理医生（包括高级医师）完成。
在哪提供?	最好在助产士诊所；也可以是在开设妇产科的医院。	所有的医院。

来源：改编自世界卫生组织2005年报告［43］和 WHO优化母婴健康（MNH）［68］.

*高级助产保健服务包括需要二级或三级服务时，合适的会诊、团队、转诊。

社区卫生保健人员（CHW）和传统的接生人员（TBAs）在未来的几年中将继续提供助产服务，包括了在一些专业卫生保健人员数量严重不足的国家。在一些社区，社区卫生保健人员（CHW）和传统的接生人员（TBAs）受人尊敬，他们可以影响女性对助产保健的使用[35,36]并且他们可以提供关于健康妊娠，安全分娩方式，新生儿保健，营养，母乳喂养支持，计划生育和艾滋病预防等方面的基本信息。社区传统的接生服务和专业的卫生保健服务之间正式和非正式的联系可以促使资源和高质量、受尊重的保健服务得到有效利用。[36－38]。这样的联系同样可以通过适当的教育课程为社区工作人员进入专业助产学队伍开辟一条道路。

助产2030的目标可以通过助产主导的实践模式实现。中-高收入国家和高收入国家的实证证明助产主导的模式，尤其是那些提供连续护理的模式，可以产生了巨大的收益并且节约成本也没有出现不良效应（33,39－42）。其模式提供的服务包括：连续性护理；对妇女及其家庭的生理，心理和社会状态的监测；提供个性化的教育，咨询和产前保健；生产，分娩和产后即刻的持续性助产照护；最小化医疗技术干预；以及对需要产科和专业关注的患者进行识别和转诊[43]。助产主导服务可以在社区水平下提供，但前提是有方便的交通可以转诊以降低不必要的延误[43]。

确保被授权的专业环境

2030助产提出的目标要求有一个授权的专业环境来支持优质的教育，管理和专业协会[44]，被认为是本报告中73个国家的调查结果中缺失的部分。

全球很多助产士工作环境艰苦不安全、孤立、设备缺乏；并且他们会面临性别暴力，微薄的薪金和恶劣的工作环境，并且不能获得继续专业教育；所有的这些因素阻碍了高质量保健服务的发展[45]。恶劣的工作环境逐渐削弱了他们继续从业的能力和意愿：许多助产士由于他们的地位和角色[46]受挫或者到了随意定下的退休年龄而选择离开工作岗位。一个授权的专业环境意味着助产士可以和女性们建立有实质意义的关系，他们有职业自主权和灵活性，所以他们可以：对自己的工作进行控制，组织和合理安排；获得支持性的监管；反思与同行及同事之间的行为；分享观点和信息；优化服务[45,47]。

对教育，监管和协会的承诺

实施一个授权的专业环境包括：

1. **高质量的教育，持续职业发展和职业路径包括：**使助产专业更加吸引人；给教育提供充足的临床实践的机会；拥有精良的教师和充足的资源；发展或使用有度量标准的认证体系；提供安全有益的学习环境；促进社区的参与以确保受教育的助产士能满足社区的需求，提供尊重性和符合当地文化的卫生保健服务。

助产士的质量和继续教育必须确保助产士能够有效胜任其工作，如果渴望或接受了领导和管理培训获得了先进的性生殖—母婴健康（SRMNH）临床技能，就可以成为性生殖—母婴健康（SRMNH）领导者。通过信息与通信技术，提供了越来越多的继续教育课程。可以在教育基地或区域教学中心，使用在线学习和当面授课等混合学习方式。

2. **拥有强大功能的监管体系包括注册和认证；**结合国际标准和准则，同时满足国家特定国情；教育课程和继续教育制度的评审认证，以确保定期重新注册和继续从业能力可以得到监督。有效的监管同样包括授权人事部门根据需求承担相应的任务，如：指定职权和提供后续扩展的艾滋病服务[48,49]。

3. **充满活力、尽职的专业机构可以提供：**领导并倡导，为改善工作环境（包括灵活的时间，充足的酬劳，休假，住房，交通，安全和保障）进行呼吁；提供职业发展，晋升的机会和留职的激励，以及获得信息和通过继续教育和科研增强实践能力。有效的支持可能包括个人或协会之间的双生模型[50,51]。发展，培训和支持以确保协会的持续性并使成员可以在政策和政府层面工作，同时为女性和助产士发起倡导。

确保助产服务的持续性，建立和维持孕产妇和新生儿保健的良好势头就必须加强对高质量的教育，监管和专业协会的支持。2014年世界助产报告（SoWMy 2014）各国研讨会上的数据强调了

积极的，负责任的专业协会可以影响决策过程，对加强职业发展做出贡献。(Jhpiego/Kate Holt)

在教育，监管和专业协会能力建设上的需求，使其得到发展繁荣并在维持和支持助产2030（Midwifery2030）目标上担任关键角色。栏10列出了为更好地保护公众需要在监管层面上的发展。

保障授权的实践环境

授权的实践环境包括获得有效的，可靠的会诊和转诊网络[52]以及人力资源的发展，监管和能力建设。

获得有效的会诊和转诊网络

一级助产服务需明确其必要时向二、三级助产服务机构转诊、会诊能力及转运过程。在国家级研讨会上有一些重要议题关于缺乏交通运输，缺乏不同级别卫生机构的合作，缺乏一级和高级服务间的交流，缺乏社区水平的问责制等问题的。探寻这些问题需要：

- 获得社区参与的、对转诊的理解和支持；
- 基于实证的关于转、会诊的政策，指导方针和指示；
- 拥有不同卫生服务级别和卫生保健专业人员间有效的沟通交流系统（包括移动医疗和电子医疗）；
- 有效利用社区卫生保健人员或传统接生人员，确保及时地从社区转诊；
- 能够提供一级助产水平特有的服务教育和管理（如规范的职权及艾滋病的筛查和治疗）；
- 如果多数适合分娩的场所离家较远时，可以获得合适并且安全的处所等待分娩；
- 可以将妇女和新生儿往返转运到高级卫生服务机构；
- 产妇在转运过程中可以有人陪伴，因为社会支持是有效尊重性护理的一个关键组成部分。

栏 10

保护公众：一种新的范例

专业监管是为了保护我们服务的对象。然而，许多监管系统依然落后、过时，或者，某些情况下是完全缺失的状态。因此，利用卫生服务的人被置于危险境地，并且政府在尽力保障全民覆盖（UHC）和重新规划医疗体系时不能得到有力的支持。

在未来的20年内，政府部门、行业以及监管部门需要加快落实符合当前和未来需求的且在设计阶段积极保障公众安全的监管模型并实现现代化，而不是一味地关注以前失败的方法。

将来，监管框架的设定必须与风险水平相当。它需要在出现紧急情况时能提供解决办法，并且/或者预先采取行动以最小化风险。事后做出反应以及等待过时的立法改变等做法只是少数的例外而不是通用方法。

为了提高效率，监管部门需要成为合作者和优秀的合作伙伴。它需要理解所有人的作用并寻找协调的机会以实现公共安全。综合的监管模型同时包括了教育，实践者和实践环境。

教育标准和课程内容需要与快速发展的循证，新型照护模式以及现代教育保持一致。该过程是针对问题且注重团队。教育项目需要是基于能力并使其模块化。

从业者需要经过充分的准备和授权才能从业，他们工作范围是根据人口需求来确定的。授权，监管和问责都是明确的并且监管者将主动地参与到服务对象中，许多原则贯穿于服务的主体而且政府要确保从业者不仅要正确履行其职责，还要连贯的完成。这有助于监管机构长期紧密合作，分享好的实践形式，信息以及建立行为衡量标准。

终身学习的哲学应当从开始阶段就灌输给他们。对从业者进行与其持续胜任力相关的重新认证是必要的的。监管体系即使是在最偏远的地方也需要时时更新，最大限度地利用科技，为确保公共安全和职业发展提供支持。

全球化中流动性的现实要求系统的发展以避免不必要的延误，不胜负担的需求和为保护公众免受非专业的卫生服务带来的过多花费。为了达到此目的，我们需要发展和应用监管数据，这将提高透明化并协助行政辖区内的评估，校定和资格认证。

来源：David C Benton，国际护士协会

人力资源的发展，管理和能力建设

每个国家都应该配备助产人员最基本卫生人力资源（HRH）数据库。正如第二章中描述的包括：总数，花费在性生殖—母婴健康（SRMNH）上的时间百分比，角色，年龄分布，退休年龄，受教育时间，入学，退学和毕业，以及自愿离职。它能让人力资源规划和性生殖—母婴健康（SRMNH）团队的决议变得更加高效[53]。它可以将最适宜的技术混合的评估和配置应用到连续护理当中，同时纳入和配置选项可以使基础性生殖—母婴健康（SRMNH）的干预措施在范围和质量上得到合理公正的分配；经济和投资选项可以促进达到全民覆盖。参考基本公共卫生地理系统，如区域划分，可能也会使服务与需求协调一致。

卫生人力资源（HRH）战略应该包括对国家卫生服务计划，国家临床指南和课程体系的评估。准确的卫生人力资源（HRH）数据和基于需求的规划引导得到精准的教育和经济计划，包括课程接收的学生数量，发展机会和毕业前景。计划必须考虑到卫生人力市场的流动性，因为地区和全球的卫生保健人员的需求可能会影响国家供给。

业绩审查和开发是重要的人力资源管理项目。它将进行个体和服务需求的识别，包括维持胜任力学习的需求；认识到工作的成功及挑战；使服务满足需求符合当地文化，同样业绩审查和开发展将识别持续专业教育和素质提升的需求。

沿着职业路径发展是工作满意度的一个重要组成。专业知识和技能维持在专业水平的同时，职业的摇篮可使得人们在其职业的不同时间担任一系列不同的角色。对于一些人来说角色变化的发展机会包括：延伸的临床角色，教育，管理或研究，这就需要一些包括能力建设项目在内的正规的发展项目的出现。新技术的使用[54]将使得“虚拟”学校或在线学习课程的建立和广泛使用成为可能。

使相互尊重的团队合作成为现实

“助产2030”要求性生殖—母婴健康（SRMNH）团队在以母婴为中心的同时能高效地工作。失败的团队合作和沟通占母婴保健事件的大多数。[55,56]。

在每一名团队成员致力于其全部的实践范围时，对其角色和责任的明确和认同将避免不必要的重复和低效率。无论是一个类别上拥有过少或过多的人数，还是有过多相似的类别，都将阻碍“助产2030”目标的完全实现和连续护理中各项有效的衔接，并且将导致过度医疗化。“助产2030”意味着助产士可全部履行其服务范围，包括提供计划生育，咨询、转诊，能够弥合社区和卫生服务之间的鸿沟。

在教育和实践中跨学科的合作可能确保一批适用的人力资源的发展[57]。跨学科的团队合作包括：一起学习以培养　“随时可以合作”的人员；尊重彼此和建立在彼此学科和能力基础上；互相沟通和任务移交以确保服务的连续性和一致性；事后从失误中一起总结经验。

各国的发现

“助产2030”对应了第二章的主要发现（见表3）并响应了母婴需求。对于母婴健康问题，它是划算的，可以吸引国家领导者对全球性生殖—母婴健康（SRMNH）问题做出重要的贡献。

对妇女和新生儿需求的响应

“助产2030”建立在性生殖—母婴健康（SRMNH）服务以母婴为中心的前提下。第二章强调了由许多国家关注的照护中不尊重和恶言相向现象。女性被对待的方式以及她们对此的感知，反映着照护的质量和可接受性。朝着以人为本，或者更具体地说，以妇女为本的照护理念的转换是实现“助产2030”的必然要求。

以女性为中心的照护：

- 关注每一个女性个体的权利，需求，志向，期望和决策，而非机构或专业人员的；

表 3

“助产2030”如何响应SoWMy 2014的主要发现

国家数据和研讨会中的主要发现	助产2030:
缺乏数据支持卫生人力资源（HRH）政策和计划。	•强调了对各国助产人员最基本卫生人力资源（HRH）数据的需求。
与预测需求相关的人力资源的短缺和赤字。	•认识到使助产行业和职业更有吸引力，拥有高质量的助产教育路径，分配和增加留职，降低离职策略的重要性。
缺少对角色和任务的明晰认识并且在预期角色与和能力之间存在不协调。	•包括回顾角色，任务和责任以及提供明确性的卫生人力资源（HRH）计划。该过程关注正确的时间，正确的地点由正确的人提供正确的性生殖—母婴健康（SRMNH）服务，并降低重复率。
在服务包中产前干预供给存在差异。	•推荐实践模型以确保妇女及其新生儿能够获得连续性的护理。
有效提供计划生育指导和干预能力的差异。	•使得计划生育通过合作性助产人力资源来提供，他们包括社区卫生保健人员或者相似类别的人员。
费用和地理因素影响了保健服务的可达性。	•倡导一级保健靠近妇女家庭和社区，有转诊路径且能及时转移。
不尊重和恶言相对是妇女不接受保健服务的主要原因。	•确保将尊重性的和符合当地文化的护理教育作为就职前和在职培训的一部分。 •承认一个被授权的，设施优良的，安全的和支持性的实践环境促进尊重性护理的实现。
局限性： •接受教育和在职助产士的数量； •教育质量：教学设备，教师，标准和临床接触； •没有监管机构或者没有能够履行保护公众职责的监管机构； •专业协会有效倡导助产和性生殖—母婴健康（SRMNH）服务的能力。	•坚定于对教育，管理和协会的承诺。 •强调了授权专业环境重要性。它可以确保助产人员有准备、有授权和有能力去承担其相应的角色。

- 承认女性拥有选择，控制和从认识的照顾者或照顾者们获得连续性护理的权利；

- 围绕宝宝，产妇的家庭和产妇自己认为重要的其他人员的需求；

- 跟随产妇从社区到急诊以及返回社区；

- 致力于她的社会、经济、生理、心理和文化需求和期望[58]。

以女性为中心的照护要求一套综合性的服务方式以使女性可以在恰当的时间得到恰当的照护人员的帮助。如：有并发症时有产科医生，宝宝需要额外的照顾时有儿科专家，正常的妊娠和分娩过程中有助产士。该方法关注了特定条件下女性需要的照护人员，以及从让女性适应医务人员或体系的需求到使体系适应她的需求的转换。

以母婴为服务的中心同样需要注意性别平等和尊重的服务提供符合人权，法律和公约相一致的尊重性的护理。每一名女性都有被尊重的权利；这是分娩的女性的七项权利[59]之一并且得到很多国际标准的支持，包括：《公民权利和政治权利国际公约》（1996，条款2）[59]。

以女性为中心的照护实施方式：

- 提供尊重性的安全照护，并且女性感到安全和被支持，最大化他们获得健康生活和良好结局的机会；

- 女性可以为自己和家人选择最好的和其可承受的服务；

- 在社区提供一级助产照护服务，靠近女性居住的地方，且在其经济范围内，需要时获得更高水平保健服务。

提供划算的解决办法

“助产2030”是一项有效的投资策略，与增加计划生育服务 [60–62]，教育、配置[63]和助产士主导照护模型带来的投资回报相一致。栏11描述了投资计划生育的收益和对劳动力的影响；栏12强调了基于社区基础上的助产教育和分配的投资带来的金钱和预期回报。助产士主导服务作为一种实践模型被认为不仅划算而且节约成本[40,42,64]。因为它包含了有效地会、转诊途径同样可以为现有母婴保健模型中有风险的女性提供令其信服的选择。

参与国家的领导活动

政治意愿，领袖在实现助产2030和克服实现全民卫生覆盖（UHC）的障碍中是非常关键的。然而，其中的一些障碍是内部的并且与跨行业竞争和领导权相关。为克服障碍，卫生保健专业人士需要采取行动促进有效的合作和团队协作。

卫生保健专业协会(HCPAs)在领导其支持者方面扮演了关键的角色。在性生殖—母婴健康（SRMNH）的领域中，它代表了隶属于国际助产联盟（ICM），国际护士协会（ICN），国际妇产联盟(FIGO)和国际儿科协会（IPA）的数百个国家协会。作为变革领导者，HCPAs是提高SRMNH服务和实现“助产2030”的关键。

四个国际协会的任务宣言是相似的[72–75]。每一个都支持其成员对妇女，儿童，家庭和社区做到最好。从加强助产士联系、代表世界范围的护理队伍，到改善妇女的健康和权利，以及促进所有儿童生理，心理和社会的健康。这些任务和目标的相似性为合作形式的转变提供了基础并树立了榜样。

共同的合作将会促进宣传倡议，政策统一，管理，认证，现场注册，跨学科的教育和专业持续发展。卫生保健专业协会（HCPAs）的终极目标是培养一个充满活力的，协作的，适用的，敏捷的，能满足妇女和儿童的需求的卫生保健专业团队。

激发全球RMNCH 积极性

2014年充满着机遇，因为它拥有国家和国际良好的发展势头。自世界助产报告（SoWMy 2011）[76]在2011年6月发布以来，为促进国家和国际的参与，几项新的全球母婴儿童健康合作（RMNCH）已经启动。（见48页上的表 4）。

栏 11

投资计划生育的影响

提高孕产妇健康结局最有效的方法之一是减少未满足的计划生育需求[60]。额外的收益包括改善健康、教育、经济状况[65]。2012伦敦计划生育峰会做出承诺：在2020年前为69个世界上最贫穷的国家的1.2亿不能获得避孕工具的妇女和青少年提供有效的避孕[66]。其影响和投资回报是明确的[61]，但是劳动力的含义是什么？政策和计划的几个关键点如下：

少的妊娠数意味着在短时间（0-15年）内对孕产妇和新生儿卫生服务需求快速下降。随着人口出生率的下降，对产前保健，熟练接生，紧急产科服务和产后保健的需求也随之下降。这将使助产士和产科医生实践范围内的基本干预项目逐年稳定下降，因此为提高卫生服务的质量和覆盖率创造了条件。

少的妊娠数同样意味着长时期内育龄妇女的减少。人口统计学的的趋势决定了对助产人员的需求。从开始计划生育的前15年和之后加速发展的25年，将有更少的育龄妇女，因此对性和生殖卫生保健的需求将全部下降。

SRMNH的46项基本干预中，性-生殖卫生保健服务对卫生人力资源的需求影响最大。所有的育龄妇女需要普遍获得性-生殖卫生保健。她们之中并非每个都会怀孕且更少的人员需要急诊产科服务。今后对性-生殖卫生保健服务（以及相应的卫生保健人员的能力）的需求将超过产科急诊服务。提供计划生育在内的社区性-生殖服务的卫生工作者，其结构和技术混合理论上要符合各国的国情，并且需要时还可以确保给于HIV/AIDS服务。

女孩是广义上的“卫生工作者”的中心组成部分。强调避孕和计划生育未满足需求就要求青少年，教师，父母和社会参与到性-生殖保健中去，形成广义的“卫生工作者”。另外，接受过计划生育和卫生保健服务的妇女的孩子要比未接受过这些服务更健康，受到更好地教育[61]。因此，加强计划生育将降低每位女性的生育数量，允许更多的孩子接受教育，从而增加了高校毕业生（潜在的卫生工作者）的数量，获得了社会，经济和健康效益，并且能够减少未来对卫生服务的的需求[67]。

非专业的工作人员，辅助助产士和药剂师是满足计划生育需求和控制成本的关键。母婴保健（MNH）[68]指南的优化为实施计划生育的新模式提供了依据。根据指南，非专业的工作人员在监督和评估下可以提供注射用避孕药。辅助助产士可以高效地提供口服避孕药，避孕套，激素注射，皮下埋植避孕剂和宫内避孕工具。这些角色可以由社区内的妇女们做主导，以增加就业机会，使助产士，护士和医生付出更多时间提高性生殖—母婴健康(SRMNH)服务的质量和覆盖率，并产生更多潜在的规范改变。

栏 12

助产士：基础卫生保健"最好的投资"

2013年，以社区为基础的助产学文凭课程(CMDP)在孟加拉国启动。CMDP向挑选出来的学生，他们来自孕产妇保健需求最大的地区，提供符合国家教育标准和国际助产联盟标准和规范[69]的大学资格认证。它由一个综合系统方法的组成，结合了WHO针对农村人才稳定的指导方针和"hub and spoke"教育模型[70]以实现四个核心功能：1）课程和能力的开发；2）学生选拔；3）评估和部署；4）选取合适地点，配置优良的培训设施以确保教育模型的建立。

"hub"在BRAC大学处于中心位置；"spokes"是位于孟加拉国农村地区的六个独立的教育机构。在4年的课程中CMDP预计每年教育500名毕业生，预计每个学生花费5,300美元。相比之下，阿富汗和苏丹每年每名学生的花费分别约为7,900美元和12,700美元[71]。

2013年进行的成本-收益评估[63]从三个方面进行了报告：1）"hub and spoke"模型的经济，效率和效益；2）对生命和挽救生命年数的影响；3）投资回报（基于降低不必要剖宫产）[72]。

1 "hub and spoke"教育模型对经济、效率和效益有积极影响。与单个机构独立发展学位比较，无论在课程，能力开发，学生筛选还是培训地点的开发上都有积极的影响。

措施	经济	效率	效益
课程发展	低花费	短时间	高质量
能力开发	低花费	短时间	高度一致
学生筛选	中等花费	中等效率	有效的中心选择
培训地点开发	低花费	快速产出	稳定的质量

2 对于生命和挽救生命年数的作用与儿童免疫的作用相似。2015年毕业的助产士，在其预计的未来的30年的工作中，将可能目睹产妇死亡率从194/100,000降至35/100,000婴儿死亡率从52/1,000降至12/1,000。相同的时间间隔下，没有获得毕业证书的助产士，这些比率只能下降至154/100,000和43/1,000。500名助产士将挽救36,178条生命（一生一共2,635,164条生命），每个生命将节约219美元，或每年节约3.02美元，这与儿童计划免疫的成本收益类似（每挽救一个节约216美元）。

3 对助产士的投资可以获得16.2的投资回报率。使用避免的剖腹产数量为测量指标，并且假定在孟加拉国有剖腹产数量上涨的趋势（例如，从2015年的15%上升至2045年的45%），以社区为基础的助产士将该比例降低20%（如2045年达到25%），每年避免3,391的剖腹产数或30年减少101,719的剖腹产数。若每台剖腹产术的净花费为1,264美元，则30年可以节省1.285亿美元：仅790万美元的教育花费获得16.2倍的回报。如果以保守的降低10%的剖腹产数来计（2045年达到35%），对助产士的投资将获得6.2倍的回报。

对助产士的教育是有所裨益的。给社区助产人员有针对性的干预会对经济，效率和效益带来积极影响，它的影响类似于儿童计划免疫，能够获得16倍的投资回报。在基础卫生保健中是"最好的投资"。

来源：Tim Evans, Asiful Haidar Chowdhury, and Ismat Bhuiya, BRAC 大学.改编自物有所值评估：CMDP.2013年4月[63]。

表4中理想的状态只有通过政治支持和团结协作才能实现。每一个目标都需要加快妇女和新生儿卫生受益计划的实施速度，正如2006世界卫生报告分析中所指出的"如果没有卫生工作者，健康干预将很难实施"[83]。

助产2030：鼓舞人心的全球行动

统一政策支持下的性生殖-母婴保健结局所要求的变革与以下事实相关：助产有可能成为达成2015年后的性-生殖健康目标及加速全民卫生覆盖（UHC）的促进因素。

助产2030

通往健康之路

计划和准备 即：

- 晚婚完成中等教育
- 向男孩和女孩提供全面的性教育
- 预防自己感染HIV
- 维持一个好的健康和营养的状态
- 使用现代避孕方法计划妊娠

确保好的开始 即：

- 保持健康并且为妊娠，分娩和新婚生活做准备
- 至少接受四次产前保健访视，包括讨论分娩准备和制定紧急计划
- 要求并接受专业人员提供支持性和预防性的助产服务来帮助你和你的宝宝保持健康，以及有效处理可能出现的并发症

挑战	解决方案	影响	进展
73个国家中 只有4个 拥有充足的助产人员，这些人员能够满足对性生殖—母婴健康（SRMNH）46项基本干预的普遍需求。	助产士可以提供针对女性和新生儿的 87%的基本照护， 在教育程度和管理达到国际标准的情况下。	对助产士的投资可以收到 16倍回报。	孟加拉国正在培养 500名助产士， 她们可能拯救 36,000 条生命。

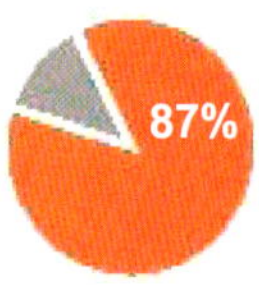

什么使它成为可能？

1 所有育龄期妇女

包括青少年在有需求时普遍可以获得助产服务。

2 政府

提供支持性的政策环境并对其负责。

3 政府

和医疗系统提供充分自主的环境并对其负责。

4 数据收集和分析

完全包含在服务提供和发展的过程中。

5 助产服务

在国家医疗预算中应优先考虑；给予所有妇女普遍的财政支持。

支持一个安全的开始 即：

- 在分娩开始时可以得到安全的自行选择的助产服务
- 找到由可胜任的助产士提供的受尊重的，支持性的、预防性的照顾，这些助产士可以获得其服务所需的设备和物品；如果有需要也能接受到急诊产科服务
- 参与到关于你和你的宝宝该如何接受照护的决定中
- 在生产过程中能保障一定的隐私和空间而没有不必要的打扰和干预
- 在你确实需要急诊产科服务的情况下能够得到助产团队的支持

为未来创建基础 即：

- 立即开始母乳喂养并且随意愿长期坚持母乳喂养
- 在最初几个月和几年里能得到如何照顾宝宝的信息和支持
- 接收到关于计划生育的信息，因此你可以有效地为下一次妊娠计划时间
- 在合适的时间可以得到助产团队家庭卫生服务以及预防接种服务

6

助产保健

在卫生保健专家，相关人员以及非专业卫生工作者的共同合作下实施。

7

一级助产保健

接近妇女及其家庭，并且与下一级保健服务间可以无障碍衔接。

8

助产学人员

通过高质量的教育，管理和有效的人力和其他资源的管理，获得支持。

9

所有的卫生保健专业人员

可以提供并且有能力提供高质量的服务。

10

专业机构

领导其成员提供高质量的保健服务

各国的领军人物们，不论政客，议员，男性，女性，男孩，女孩，私人公司还是卫生保健人员、专业协会、监督机构、决策人员与政策制定者都应当全力支持可得、可达、可接受及高质量的助产服务。为达到此效果，许多项目正在进行，并因联合支持“助产2030”项目而获益，最终会使女性的权利得以保障。

表4

全球性、生殖、母婴及儿童保健领域的倡议与目标

指导方针/活动方案	目标年*	措施/目标
死产** [77]	2020	对于现今死产率大于5‰的国家，目标定位在较2008年，死产率降低至少50%。 对于现今死产率小于5‰的国家，目标为减少所有可预防的死产数和缩小不平等差距。
预防发展中国家青少年早孕并改善其生殖健康状况 [16]	-	通过减少早期意外受孕而导致不良健康结局的机会，以改善青少年性、生殖健康。具体措施如下： • 减少十八岁以下的妊娠； • 逐步消除早婚与被迫结婚现象； • 严厉惩治对于妇女及少女的性虐待与性暴力； • 增加需避孕青少年避孕工具的可及性与使用； • 减少青少年中有不安全的流产数量； • 对于妊娠青少年，增加熟练产前、产中、产后护理的使用； • 防控包括HIV在内的性传播疾病。
至2015年，降低新发的儿童HIV感染和保证其母存活的全球性计划 [78]	2015	在22个优先国家中，每个国家儿童新发HIV感染的估计人数至少下降85%。同时HIV关联妊娠死亡数字下降50%。
2020年生育计划 [66]	2020	为世界最贫穷的国家没有满足避孕工具需求的额外的一亿两千万女性提供她们可承受的，救命的避孕信息和服务。
2025年改善产妇 、婴儿及幼儿营养状况的全球性计划 [79]	2025	• 育龄妇女贫血发生率下降50% • 低体重儿比率下降30% • 出生后6个月纯母乳喂养比率增加至少50%.
最新承诺 [80]	2035	所有国家将活产儿童的死亡率降至2%或更低。
避免可预防的产妇死亡 [81]	2030	降低产妇死亡率至0.7‰或以下。
每个新生儿：避免可预防死亡的行动计划 [82]	2030 与 2035	至2030年将新生儿死亡比例降至活产数的12‰以下，并在2035年将其降至10‰以下。 至2030年将死产比例降至总产数的12‰以下，并在2035年将其将至10‰以下。

* 目标年份从全球性的倡议中获得。
** 2014年提出的“对于每位新生儿：避免可预防死亡数的行动方案“提供了修订后的2030年，2035年的目标方案。

国家概要

2014世界助产术现状国家概要使用说明 **50**

阿富汗 52
安哥拉 54
阿塞拜疆 56
孟加拉国 58
贝宁 60
多民族玻利维亚国 62
博茨瓦纳 64
巴西 66
布基纳法索 68
布隆迪 70
柬埔寨 72
喀麦隆 74
中非共和国 76
乍得 78
中国 80
科摩罗 82
刚果 84
刚果民主共和国 86
科特迪瓦共和国 88
吉布提 90
埃及 92
厄立特里亚 94
埃塞俄比亚 96
加蓬 98
冈比亚 100
加纳 102
危地马拉 104
几内亚 106
几内亚比绍 108
海地 110
印度 112
印度尼西亚 114
伊拉克 116
肯尼亚 118
朝鲜民主主义人民共和国 120
吉尔吉斯斯坦 122
老挝人民民主共和国 124
莱索托 126
利比里亚 128
马达加斯加 130
马拉维 132
马里 134
毛里塔尼亚 136
墨西哥 138
摩洛哥 140
莫桑比克 142
缅甸 144
尼泊尔 146
尼日尔 148
尼日利亚 150
巴基斯坦 152
巴布亚新几内亚 154
秘鲁 156
卢旺达 158
圣多美与普林希比共和国 160
塞内加尔 162
塞拉利昂 164
所罗门群岛 166
索马里 168
南非 170
南苏丹 172
苏丹 174
斯威士兰 176
塔吉克斯坦 178
坦桑尼亚 180
多哥 182
土库曼斯坦 184
乌干达 186
乌兹别克斯坦 188
越南 190
越南 192
赞比亚 194
津巴布韦 196

2014世界助产现状国家概要使用说明

国家概要可以为政策讨论提供简要的信息。这些政策讨论是围绕劳动力的构成、技能混合、部署以及有利的工作环境是如何对所有妇女和新生儿需求的性生殖—母婴健康（SRMNH）服务的实施产生影响的。这个导读主要是对两页国家概要图形的描述和提供可能出现的指示性政策问题的举例。

第一页：我们目前状况如何？

在国家概要的首卷中，我们讨论为妇女和新生儿提供性生殖—母婴健康（SRMNH）服务的人力资源现状如何。我们通过有效性，可得性及质量这几个变量来推进讨论的进展。

妇女及新生儿需要什么？

概述一开始描述了如果全部覆盖，必须满足的一些需求指标，在此部分中，我们将统筹怀孕数、他们的地区分布和所需的服务量，其他一些需求包含了提供性生殖健康服务，这其中也包含了没有满足需求的计划生育服务。

指示性政策问题： *国家政策环境是否与生殖—母婴健康（SRMNH）服务全民覆盖相适应？是否满足女性及新生儿的需求？*

人力资源的有效性及需求的满足程度

概要部分接下来讨论的是有多少医护人员可用于满足此需求。工作人员总数和每人MNH服务花费的时间百分比在这部分呈现。这些信息提供了全职卫生工作者的数量，只有考虑全职卫生工作者的数目，才能呈现出有效性的真实情况。卫生工作人员按类别分组，每个国家的的骨干人员名称见注脚1。

此部分同时针对供需关系评测了人力资源的可得性。国家总计百分比总结了可得的助产士人力资源完成对所有妇女和新生儿的46项基本生殖—母婴健康（SRMNH）干预的程度，同时把不同医务工作者负责不同服务考虑在内。这些估计所得到满足的需求与护理项目（例如46项基本干预）、医务工作者数目、花费在生殖—母婴健康（SRMNH）服务上的时间百分比和他们承担的角色高度相关。

指示性政策问题： *是否所有从事助产的人力资源骨干都被叙述在内，包括岗位名称和每种骨干花费在生殖—母婴健康（SRMNH）服务上的时间百分比？评估的国家总体水平是否掩盖了局部不平衡，例如在地方水平、分解成城市和乡村，不同社会经济条件等。*

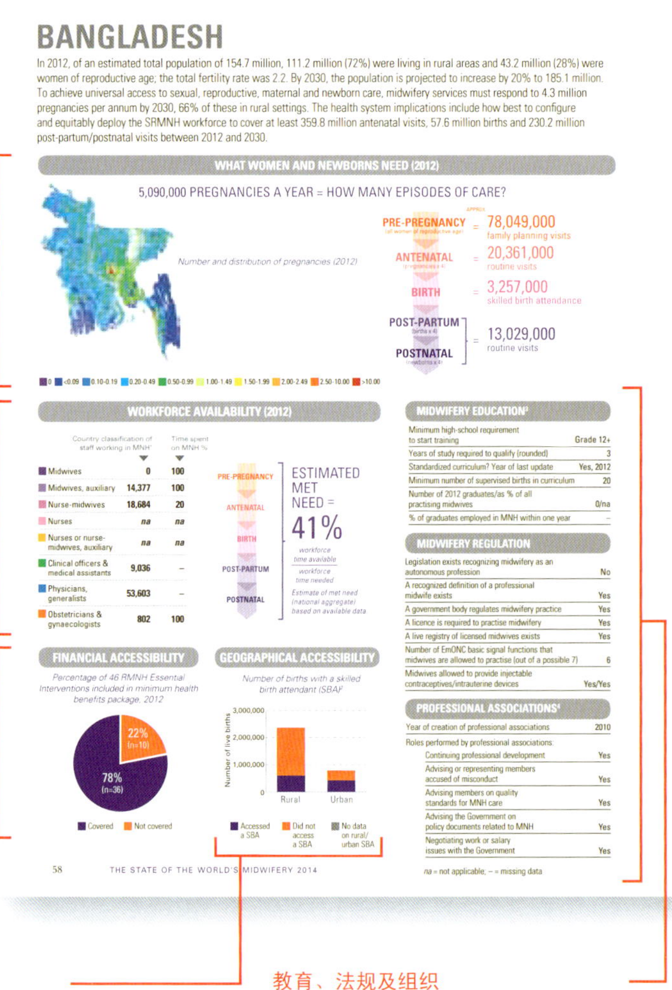

BANGLADESH

In 2012, of an estimated total population of 154.7 million, 111.2 million (72%) were living in rural areas and 43.2 million (28%) were women of reproductive age; the total fertility rate was 2.2. By 2030, the population is projected to increase by 20% to 185.1 million. To achieve universal access to sexual, reproductive, maternal and newborn care, midwifery services must respond to 4.3 million pregnancies per annum by 2030, 66% of these in rural settings. The health system implications include how best to configure and equitably deploy the SRMNH workforce to cover at least 359.8 million antenatal visits, 57.6 million births and 230.2 million post-partum/postnatal visits between 2012 and 2030.

WHAT WOMEN AND NEWBORNS NEED (2012)

5,090,000 PREGNANCIES A YEAR = HOW MANY EPISODES OF CARE?

Number and distribution of pregnancies (2012)

PRE-PREGNANCY = 78,049,000 family planning visits
ANTENATAL = 20,361,000 routine visits
BIRTH = 3,257,000 skilled birth attendance
POST-PARTUM / POSTNATAL = 13,029,000 routine visits

0 | <0.09 | 0.10-0.19 | 0.20-0.49 | 0.50-0.99 | 1.00-1.49 | 1.50-1.99 | 2.00-2.49 | 2.50-10.00 | >10.00

WORKFORCE AVAILABILITY (2012)

	Country classification of staff working in MNH[1]	Time spent on MNH %
Midwives	0	100
Midwives, auxiliary	14,377	100
Nurse-midwives	18,684	20
Nurses	na	na
Nurses or nurse-midwives, auxiliary	na	na
Clinical officers & medical assistants	9,036	–
Physicians, generalists	53,603	–
Obstetricians & gynaecologists	802	100

PRE-PREGNANCY / ANTENATAL / BIRTH / POST-PARTUM / POSTNATAL

ESTIMATED MET NEED = 41%

workforce time available / workforce time needed

Estimate of met need (national aggregate) based on available data

FINANCIAL ACCESSIBILITY

Percentage of 46 RMNH Essential Interventions included in minimum health benefits package, 2012

22% (n=10)
78% (n=36)
Covered | Not covered

GEOGRAPHICAL ACCESSIBILITY

Number of births with a skilled birth attendant (SBA)[2]

Number of live births: 3,000,000; 2,000,000; 1,000,000; 0
Rural | Urban
Accessed a SBA | Did not access a SBA | No data on rural/urban SBA

MIDWIFERY EDUCATION[3]

Minimum high-school requirement to start training	Grade 12+
Years of study required to qualify (rounded)	3
Standardized curriculum? Year of last update	Yes, 2012
Minimum number of supervised births in curriculum	20
Number of 2012 graduates/as % of all practising midwives	0/na
% of graduates employed in MNH within one year	–

MIDWIFERY REGULATION

Legislation exists recognizing midwifery as an autonomous profession	No
A recognized definition of a professional midwife exists	Yes
A government body regulates midwifery practice	Yes
A licence is required to practise midwifery	Yes
A live registry of licensed midwives exists	Yes
Number of EmONC basic signal functions that midwives are allowed to practise (out of a possible 7)	6
Midwives allowed to provide injectable contraceptives/intrauterine devices	Yes/Yes

PROFESSIONAL ASSOCIATIONS[4]

Year of creation of professional associations	2010
Roles performed by professional associations:	
Continuing professional development	Yes
Advising or representing members accused of misconduct	Yes
Advising members on quality standards for MNH care	Yes
Advising the Government on policy documents related to MNH	Yes
Negotiating work or salary issues with the Government	Yes

na = not applicable; – = missing data

58 THE STATE OF THE WORLD'S MIDWIFERY 2014

经济可达性

即便有了足够数量的医护工作者，他们提供的服务也是不足的，这个图表展现了包括在各国最少卫生福利项目和免费分娩项目中的46项基本的生殖—母婴健康（SRMNH）干预的数目，可以作为国家提供给接受生殖—母婴健康（SRMNH）服务的妇女和新生儿经济支持的程度指标

指示性政策问题： *最低福利保障是否排除了经济实力高低，囊括了所有妇女？国家计划是否提供了包含46项基本干预的生殖—母婴健康（SRMNH）服务计划或包含更多项目？*

地域可达性

医护工作者们及医疗机构的分布相较妇儿的需求来看，并不均匀，此表通过呈现城乡分娩例数的对比来表明国家生殖—母婴健康（SRMNH）服务的地理分布需求。此表还标明了可得的熟练接生数目。它也可以成为助产人力资源的估算方法。

指示性政策问题： *此国城乡地区在取得助产术服务方面是否存在显著差异？国家用什么手段来进行干预和调整？*

教育、法规及组织

教育、法规和专业组织对医护工作者们提供高质量的产科护理工作起着不可或缺的作用。在这个部分里，我们阐述国家可以提供有利环境的优势在哪里。

指示性政策问题： *这些用来提高护理质量的有利环境是否达到了国家及国际标准？如尚未达到，应如何改进？*

第二页：2030年将会呈现何种状态？

国家概要的第二页将展开相关政策讨论。. 讨论围绕未来助产术人力资源与国家人口规模的供需平衡展开。在最后的部分中，“2030年估算与推测”呈现的是各种情况下，卫生人力资源的可得性与未来生殖—母婴健康（SRMNH）服务需求的可能动向。考虑到有些国家数据的空缺，此结论更应被视为政策讨论的起始点（包括围绕国家统计数据可得性与质量），而不是一个事实陈述。

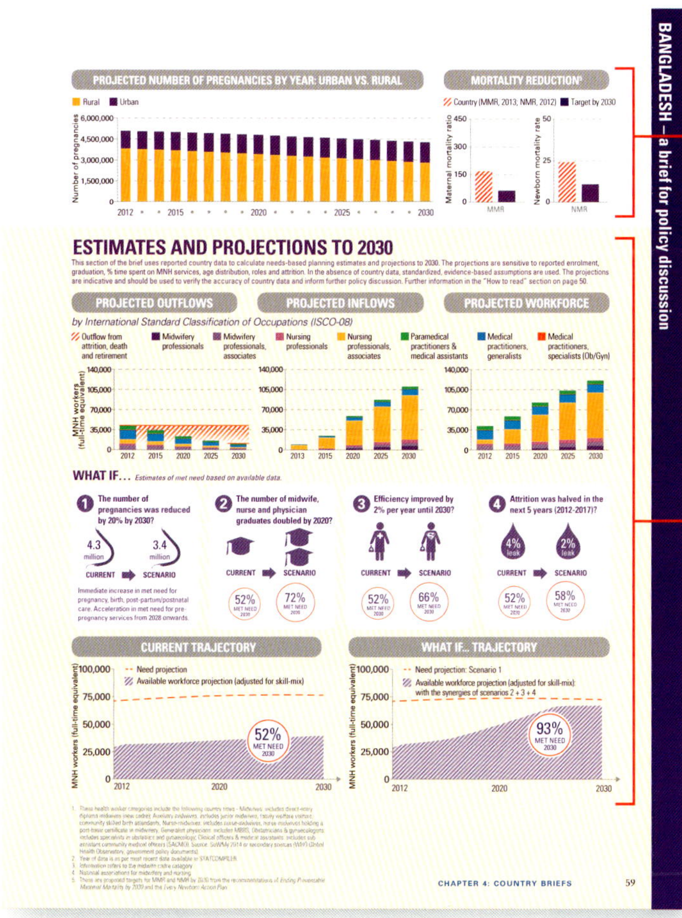

预测妊娠数及减少死亡数

达到全民覆盖意味着预料并满足未来的需求。这个章节展示了2012-2030年需求的演变（以城乡怀孕例数的年度统计数字来呈现）。其余性与生殖健康服务的需求取决于育龄妇女数目的变化，其中包括青少年的数目。

这一部分同时提供了降低产妇与新生儿死亡率的相应指示。同时也在2030年消灭可预防产妇和新生儿死亡数的行动方案中提出。这些提出的目标服从于国家政策和决定。

展望2030

此部分阐明了在常规情况下和不同政策方案下助产人力资源可能的进展方向。

三行图表中的第一行展示了在2012-2030年间将参与工作与离开岗位的医护工作者的数量。左方的表格反映了伴随年份增加，全职医护工作者将会如何减少。阴影部分表示此期间内流失的人数。中间的表格反映了通过国家教育机构培训入职人数。右方的第三张表格反映了人员进入与离开所积累的影响

“假如”部分用来举例。这些图表通过四种不同情境来表明政策可能的影响和一些可预期的需求变化：减少每年怀孕人数总数；增加助产士、护士和产科医生的数量；提高医护人员工作效率以及减少辞职人员数量。底部的两个图表强调了现今政策情况下与假设四种政策联合情况下可能出现的差异。供需关系变化参照各国统计数据与附录5中所规定的一套标准决策规则。

指示性政策问题：改进产科工作效率与管理的现状的机遇有哪些？现今产科工作的缺陷在哪？有什么机制可用来阻止人员的流失？为什么医护人员选择辞职？国家对产科劳动力混合技能与资源配置有何优先政策？这些政策如何影响供需关系平衡？

安哥拉

2012年，估计总人口数2080万人，1250万人（60%）生活在农村，460万的妇女（22%）为育龄妇女。总和生育率是5.9。至2030年，人口估计会增加67%，达到3480万人。为了使这些人普遍获得性、生殖及母婴护理，至2030年助产士服务必须适应每年180万的怀孕量。其中有60%在农村。在2012至2030年期间，给予卫生体系的启示是如何更合理地设置人力资源来适应1.174亿的产前检查，2130万的出生量，8130万的产后/出生后随访。

妇女和新生儿的需求（2012）

每年1324000的怀孕量=多少照护事件

怀孕量和地域分布2012

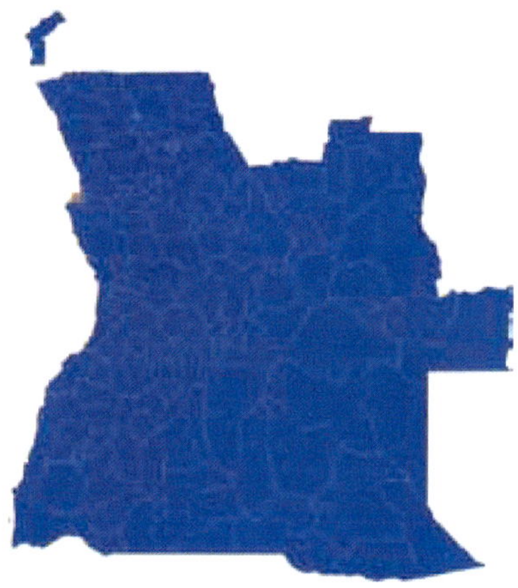

APPROX.
= 8,876,000 计划生育
= 5,295,000 日常访视
= 962,000 具有熟练技能的接生人员
= 3,847,000 日常访视

可获得的人力资源（2012）

	在MNH[1]工作的人员国家级分类	花费在MNH的时间%
助产士	30	100
助产士、辅助者	na	na
助产护士	70	100
护士	na	na
护士、助产护士	1,050	100
卫生干事和医助	15	100
开业医生、全科医生	2,956	30
产科医生、妇科医生	500	99

估计需求= **16%**

实际工作时间 / 需要工作时间

国家总需求的估算基于可得数据

助产教育[3]

高中教育为最低起点	12年级+
取得资格要求的学习数（全面的）	4
是否为标准化课程设置及最新更新时间	是
课程要求的在指导下的最低接生数	50
2012年毕业数/占总从业的助产人数百分比	—/—
1年内MNH雇佣毕业生的百分数	70%

助产法规

有承认助产是自主专业的法律	否
有承认助产是自主专业的法律	是
政府机构规范助产士行为	是
助产执照	是
执照助产士的现场注册	否
助产士拥有的EmONC要求的基本职能数（超出7个）	6
允许助产士提供可注射避孕药/宫内避孕器	是/是

专业组织[4]

专业组织创建年	2000
专业组织角色	
持续专业发展	是
建议和代表被指控不当行为的成员	是
就成员MNH的质量标准提出建议	是
就政府关于MNH的政策性文件提出建议	是
与政府协商工作和工资问题	是

经济可达性

包括最小受益计划的46项RMNH基本干预百分比

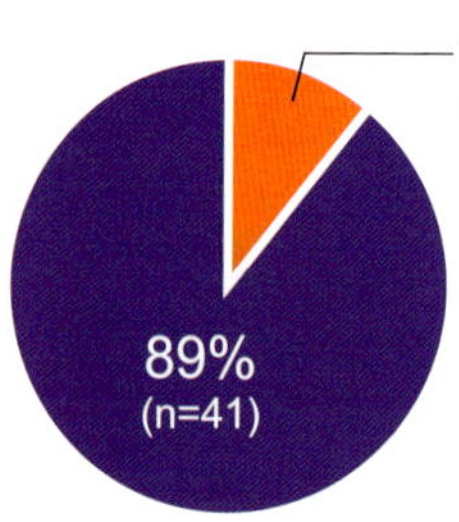

地域可达性

SBA[2]接生数目

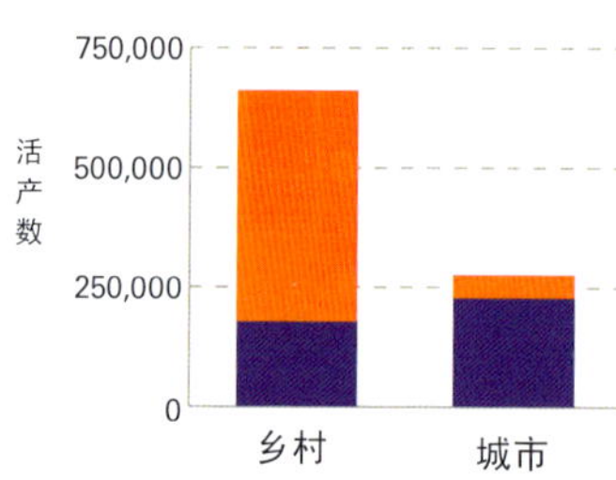

Na=不适合　　—=缺失数据

规划怀孕数：城市与乡村

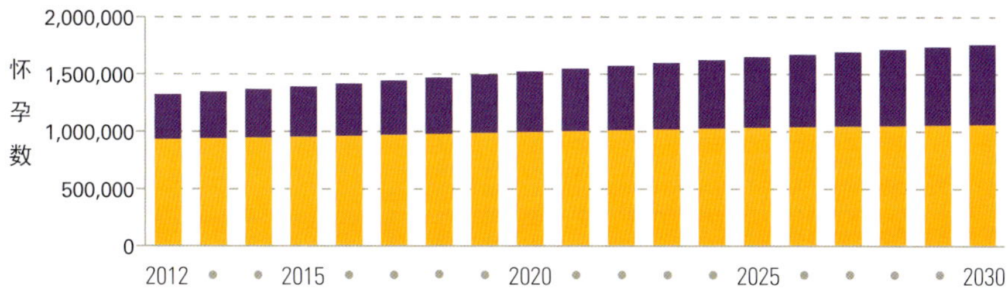

死亡率降低[5]

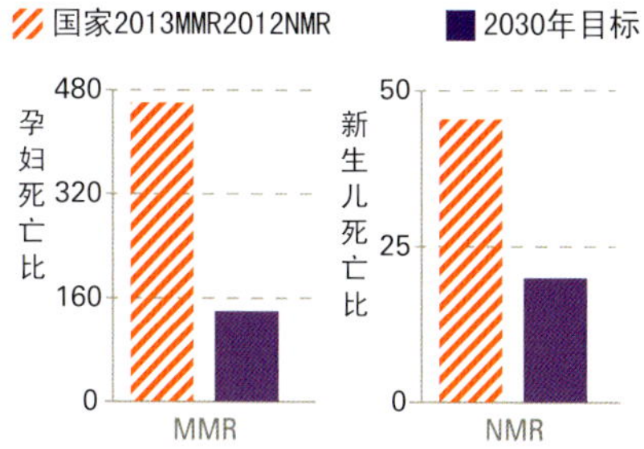

2030年预测和规划

这一部分使用简短的国家已报告数据来计算基于需求上的2030年的预测值。这些预测对记录的入学人数，毕业人数，花费在MNH上的时间百分比，年龄分布，角色和自然流失敏感。如果一些国家数据缺失，标准的、以证据为基础的假设会应用其中。这份预测具有指导意义，应该被用于核实国家数据的准确性和引发进一步的政策讨论。更多信息在50页“如何阅读”部分。

预计减少量　预计增加量　预计工作人数

ISCO-08国际职业标准分类

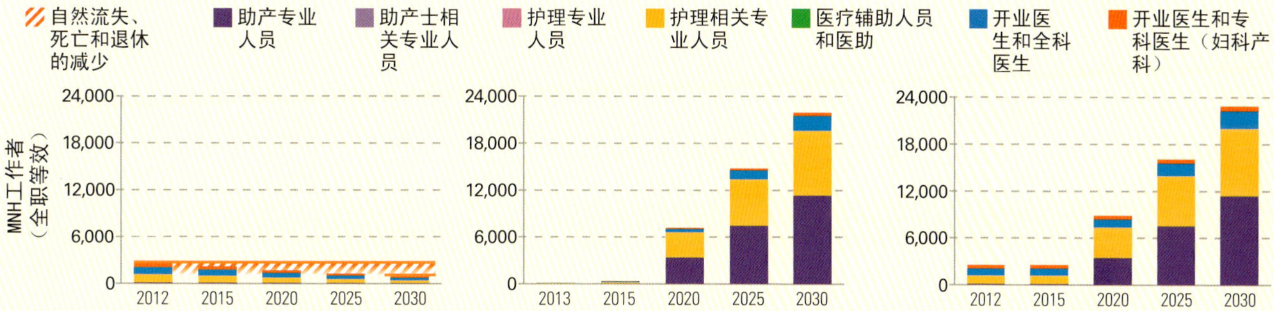

假如…

通过可获得的数据进行的需求预测

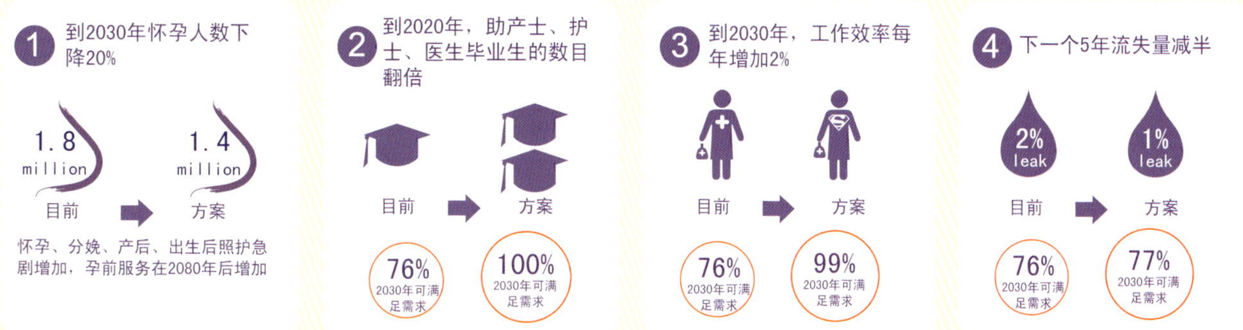

目前发展轨迹

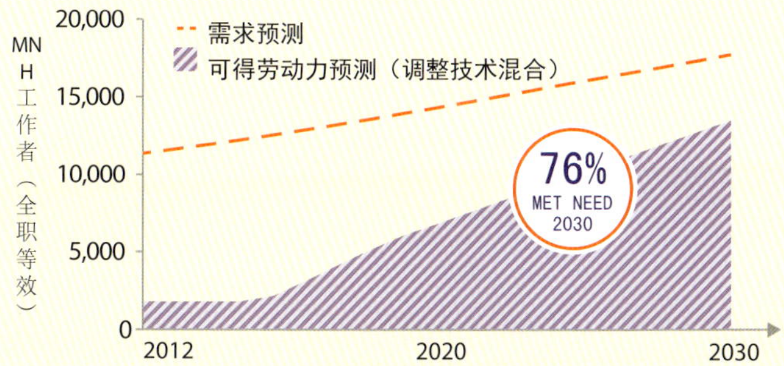

假设发展轨迹

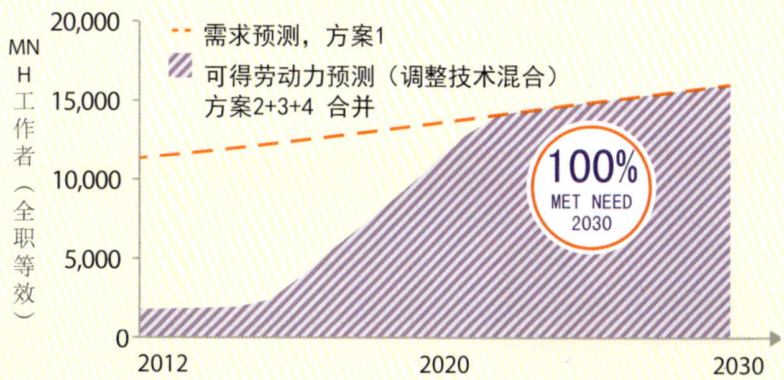

1. 医务工作者分类包含了以下国家的称呼：助产士包括助产士。辅助者包含妇女儿童健康辅助人员，护士助理：辅助助产护士包括国家登记的社区健康护士，全科医生包括卫生干事。产科/妇科医生包括妇产科专业医生。医疗干事和医疗助理包括社区健康干事，来源：2014的SoWMy或者第二来源（WHO全球健康观察、政府政策文件）
2. 年份数据是在STATCOMPILER获得的最新数据
3. 信息参考助产士骨干分类
4. 助产士、护士的国家组织
5. 提出的2030年的MMR、NMR的目标来源于2030年预防母亲死亡的计划和每位新生儿实施计划。

阿塞拜疆

2012年，估计总人口数930万人，540万人（58%）生活在农村，270万的妇女（29%）为育龄妇女。总和生育率是1.9。至2030年，人口估计会增加13%，达到1050万人。为了使这些人普遍获得性、生殖及母婴护理，至2030年助产士服务必须适应每年20万的怀孕量。其中有53%在农村。在2012至2030年期间，给予卫生体系的启示是如何更合理地设置人力资源来适应1500万的产前检查，280万的出生量，1130万的产后/出生后随访。

妇女和新生儿的需求（2012）

每年234000的怀孕量=多少照护事件

怀孕量和地域分布2012

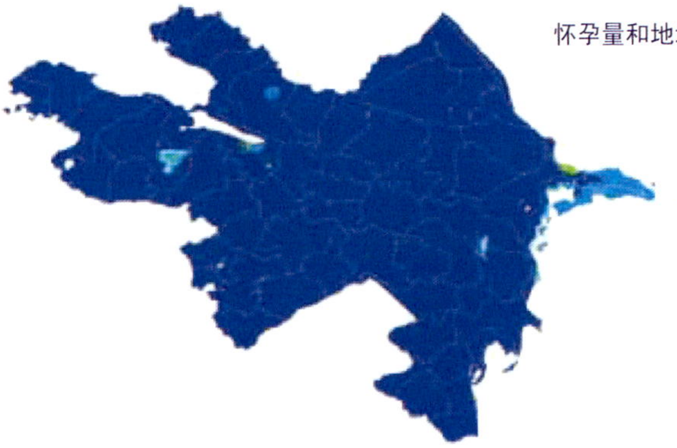

■0 ■<0.09 ■0.10-0.19 ■0.20-0.49 ■0.50-0.99 ■1.00-1.49 ■1.50-1.99 ■2.00-2.49 ■2.50-10.00 ■>10.00

APPROX.

孕前 = 4,884,000 计划生育

产前 = 936,000 日常访视

分娩 = 176,000 具有熟练技能的接生人员

产后、出生后 = 703,000 日常访视

可获得的人力资源（2012）

在MNH[1]工作的人员国家级分类		花费在MNH的时间%
助产士	5,831	100
助产士、辅助者	2,533	100
助产护士	2,200	100
护士	na	na
护士、助产护士	na	na
卫生干事和医助	na	na
开业医生、全科医生	8,604	100
产科医生、妇科医生	2,005	100

估计需求=

100%

实际工作时间
需要工作时间

国家总需求的估算基于可得数据

助产教育[3]

高中教育为最低起点	10年级+
取得资格要求的学习数（全面的）	5
是否为标准化课程设置及最新更新时间	是，2009
课程要求的在指导下的最低接生数	5
2012年毕业数/占总从业的助产人数百分比	356/6
1年内MNH雇佣毕业生的百分数	64%

助产法规

有承认助产是自主专业的法律	是
有承认助产是自主专业的法律	是
政府机构规范助产士行为	是
助产执照	是
执照助产士的现场注册	是
助产士拥有的EmONC要求的基本职能数（超出7个）	3
允许助产士提供可注射避孕药/宫内避孕器	否/是

专业组织[4]

专业组织创建年	2001，--
专业组织角色	
持续专业发展	是
建议和代表被指控不当行为的成员	是
就成员MNH的质量标准提出建议	是
就政府关于MNH的政策性文件提出建议	是
与政府协商工作和工资问题	否

经济可达性

包括最小受益计划的46项RMNH基本干预百分比

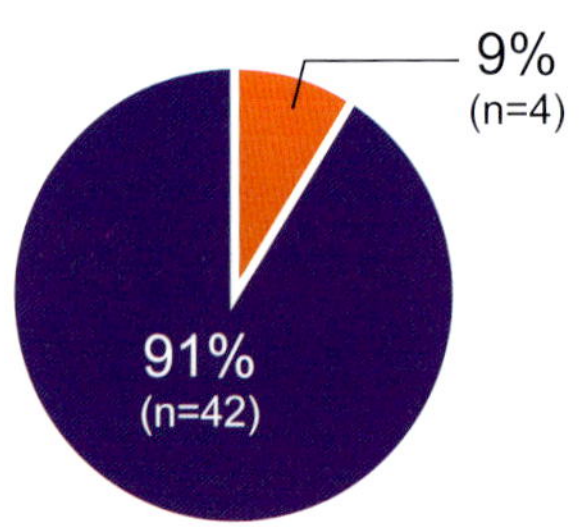

■覆盖 ■不覆盖

地域可达性

SBA[2]接生数目

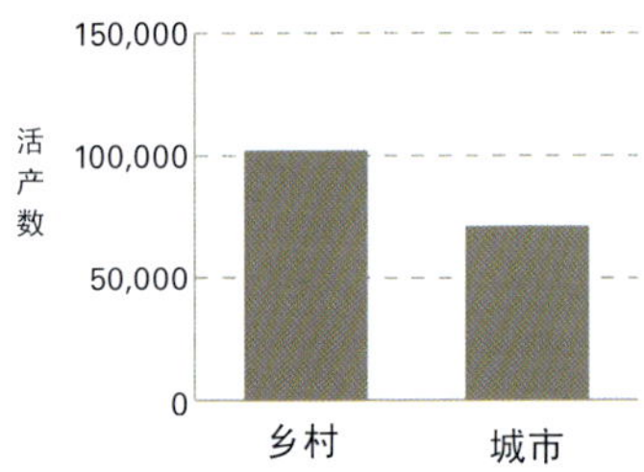

■可获得SBA ■不能获得SBA ■没有城市/乡村SBA数据

Na=不适合 —=缺失数据

规划怀孕数：城市与乡村

■ 乡村 ■ 城市

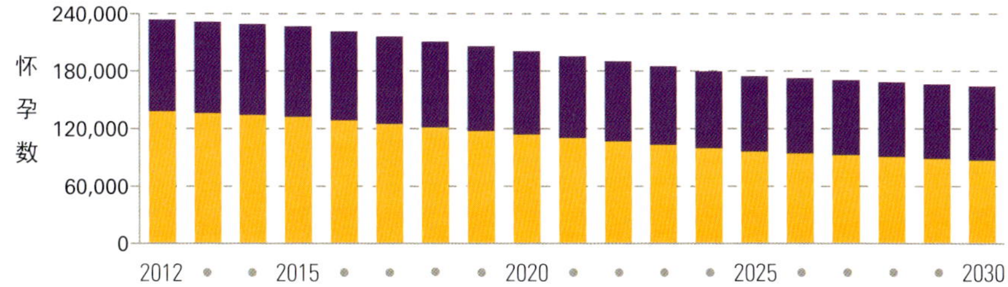

死亡率降低[5]

国家2013MMR2012NMR ■ 2030年目标

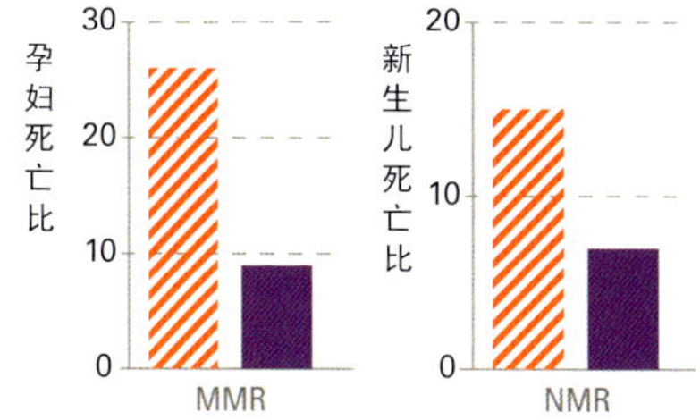

2030年预测和规划

这一部分使用简短的国家已报告数据来计算基于需求上的2030年的预测值。这些预测对记录的入学人数，毕业人数，花费在MNH上的时间百分比，年龄分布，角色和自然流失敏感。如果一些国家数据缺失，标准的、以证据为基础的假设会应用其中。这份预测具有指导意义，应该被用于核实国家数据的准确性和引发进一步的政策讨论。更多信息在50页“如何阅读”部分。

预计减少量 | 预计增加量 | 预计工作人数

ISCO-08国际职业标准分类

- 自然流失、死亡和退休的减少
- 助产专业人员
- 助产士相关专业人员
- 护理专业人员
- 护理相关专业人员
- 医疗辅助人员和医助
- 开业医生和全科医生
- 开业医生和专科医生（妇科产科）

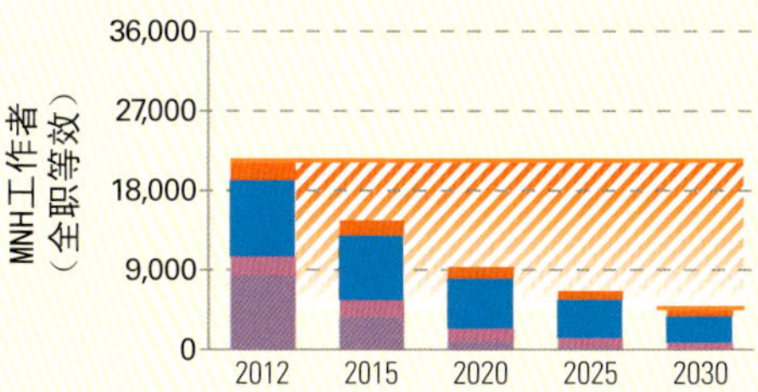

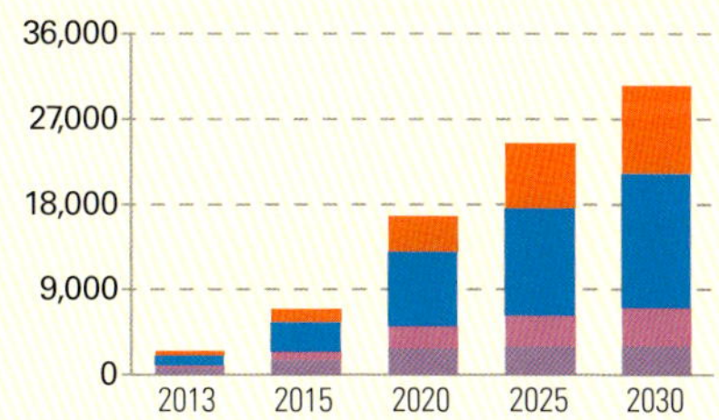

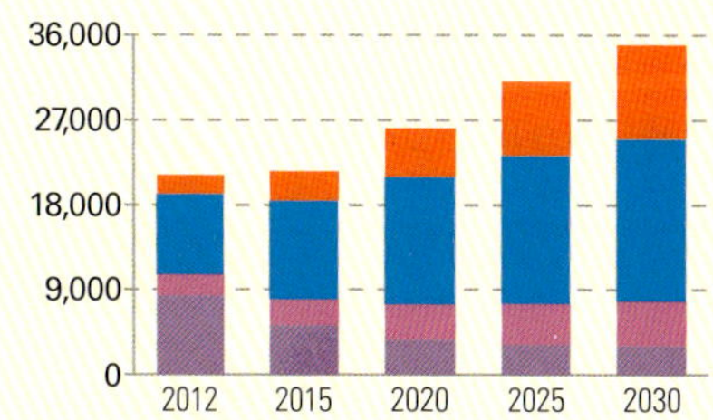

假如…

通过可获得的数据进行的需求预测

1 到2030年怀孕人数下降20%

怀孕、分娩、产后、出生后照护急剧增加，孕前服务在2080年后增加

2 到2020年，助产士、护士、医生毕业生的数目翻倍

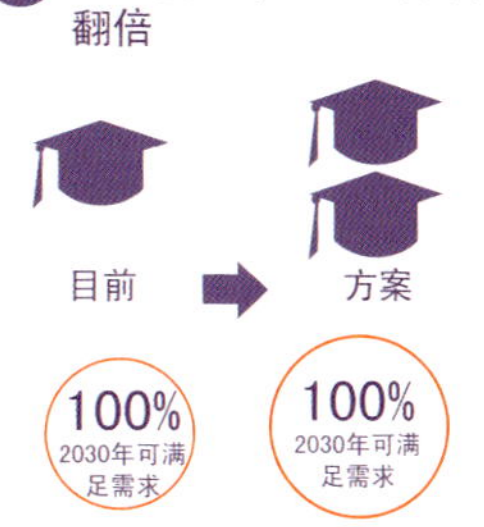

3 到2030年，工作效率每年增加2%

4 下一个5年流失量减半

目前发展轨迹

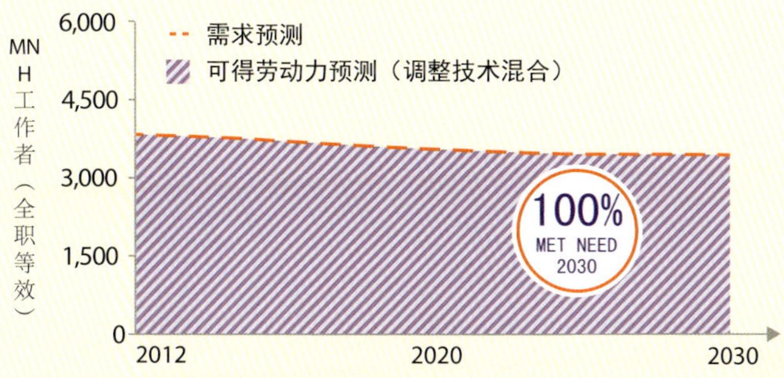

假设发展轨迹

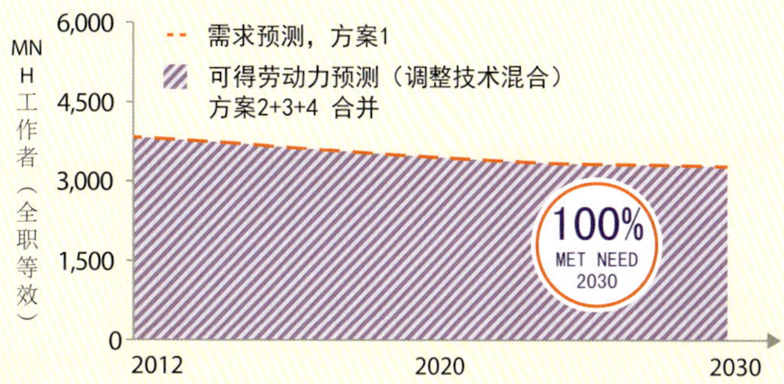

1. 医务工作者分类包含了以下国家的称呼：助产士包括助产士。辅助者包含妇女儿童健康辅助人员，护士助理；辅助助产护士包括国家登记的社区健康护士，全科医生包括卫生干事。产科/妇科医生包括妇产科专业医生。医疗干事和医疗助理包括社区健康干事，来源：2014的SoWMy或者第二来源（WHO全球健康观察、政府政策文件）
2. 年份数据是在STATCOMPILER获得的最新数据
3. 信息参考助产士骨干分类
4. 助产士、护士的国家组织
5. 提出的2030年的MMR、NMR的目标来源于2030年预防母亲死亡的计划和每位新生儿实施计划。

孟加拉国

2012年，估计总人口数1.547亿人，1.112亿人（72%）生活在农村，4320万的妇女（28%）为育龄妇女。总和生育率是2.2。至2030年，人口估计会增加20%，达到1.851亿人。为了使这些人普遍获得性、生殖及母婴护理，至2030年助产士服务必须适应每年430万的怀孕量。其中有66%在农村。在2012至2030年期间，给予卫生体系的启示是如何更合理地设置人力资源来适应3.598亿的产前检查，5760万的出生量，2.302亿的产后/出生后随访。

妇女和新生儿的需求（2012）

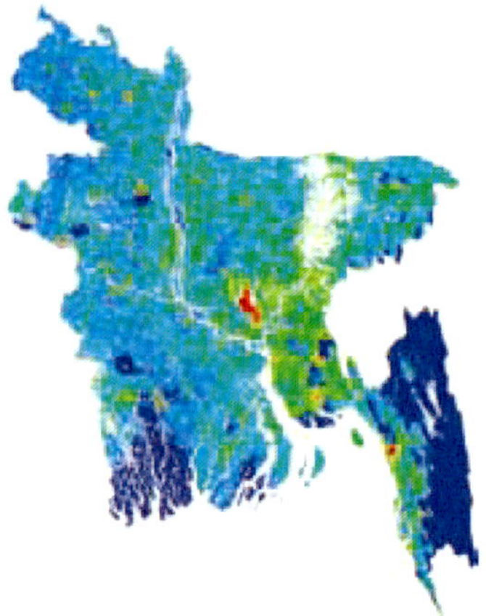

怀孕量和地域分布2012

每年5090000的怀孕量=多少照护事件

阶段	APPROX.	
孕前（所有育龄期妇女ç）	= 78,049,000	计划生育
产前（怀孕数×4）	= 20,361,000	日常访视
分娩	= 3,257,000	具有熟练技能的接生人员
产后（出生数×4） 出生后（新生儿数×4）	= 13,029,000	日常访视

可获得的人力资源（2012）

	在MNH[1]工作的人员国家级分类	花费在MNH的时间%
助产士	0	100
助产士、辅助者	14,377	100
助产护士	18,684	20
护士	na	na
护士、助产护士	na	na
卫生干事和医助	9,036	–
开业医生、全科医生	53,603	–
产科医生、妇科医生	802	100

孕前 / 产前 / 分娩 / 产后 / 出生后

估计需求= **41%**

实际工作时间 / 需要工作时间

国家总需求的估算基于可得数据

助产教育[3]

高中教育为最低起点	12年级+
取得资格要求的学习数（全面的）	3
是否为标准化课程设置及最新更新时间	是，2012
课程要求的在指导下的最低接生数	20
2012年毕业数/占总从业的助产人数百分比	0/na
1年内MNH雇佣毕业生的百分数	—

助产法规

有承认助产是自主专业的法律	否
有承认助产是自主专业的法律	是
政府机构规范助产士行为	是
助产执照	是
执照助产士的现场注册	是
助产士拥有的EmONC要求的基本职能数（超出7个）	6
允许助产士提供可注射避孕药/宫内避孕器	是/是

专业组织[4]

专业组织创建年	2010，—
专业组织角色	
持续专业发展	是
建议和代表被指控不当行为的成员	是
就成员MNH的质量标准提出建议	是
就政府关于MNH的政策性文件提出建议	是
与政府协商工作和工资问题	是

经济可达性

包括最小受益计划的46项RMNH基本干预百分比

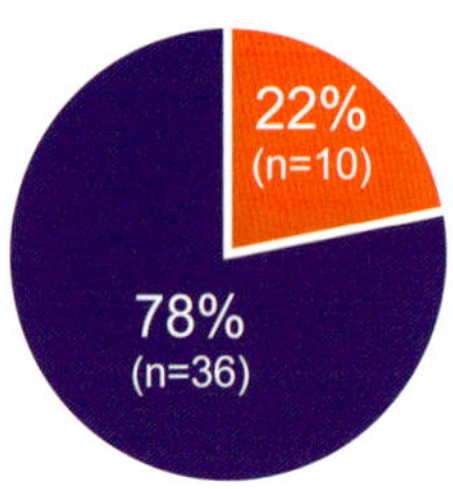

地域可达性

SBA[2]接生数目

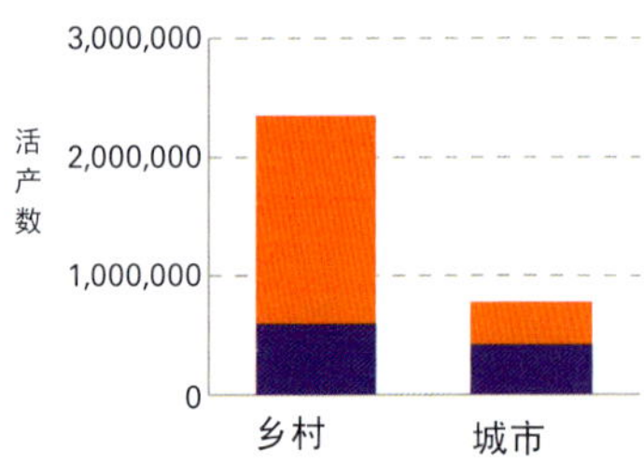

Na=不适合　　—=缺失数据

规划怀孕数：城市与乡村

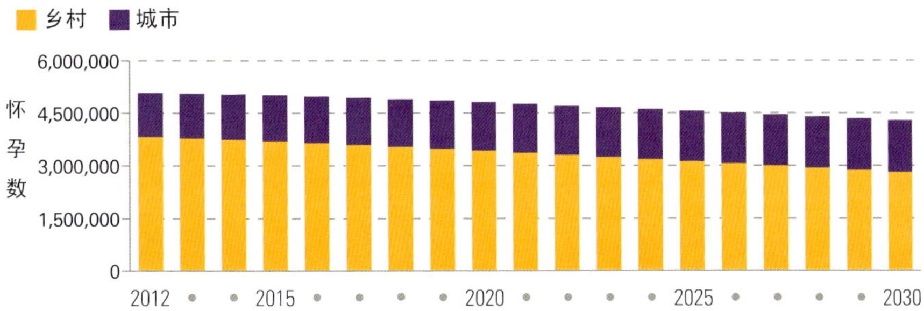

死亡率降低[5]

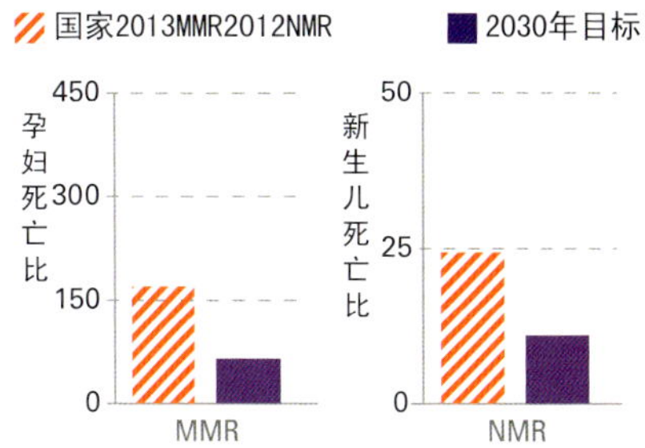

2030年预测和规划

这一部分使用简短的国家已报告数据来计算基于需求上的2030年的预测值。这些预测对记录的入学人数，毕业人数，花费在MNH上的时间百分比，年龄分布，角色和自然流失敏感。如果一些国家数据缺失，标准的、以证据为基础的假设会应用其中。这份预测具有指导意义，应该被用于核实国家数据的准确性和引发进一步的政策讨论。更多信息在50页“如何阅读”部分。

预计减少量　预计增加量　预计工作人数

ISCO-08国际职业标准分类

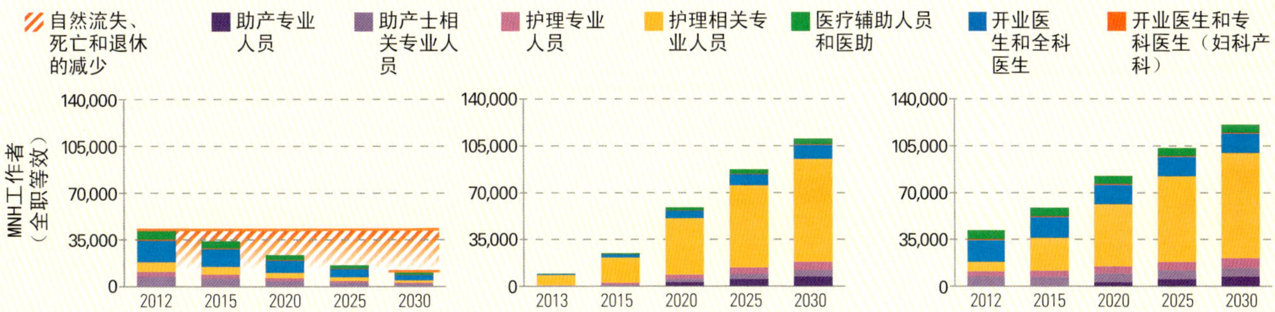

假如…

通过可获得的数据进行的需求预测

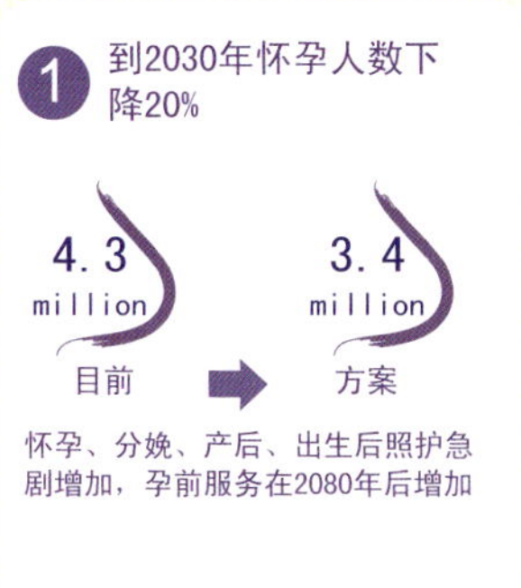

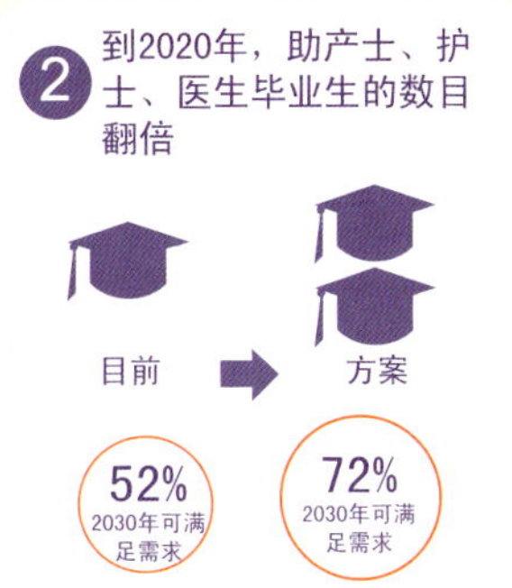

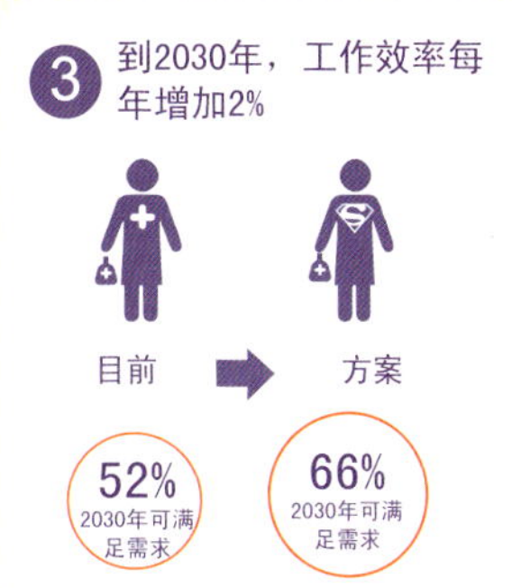

目前发展轨迹

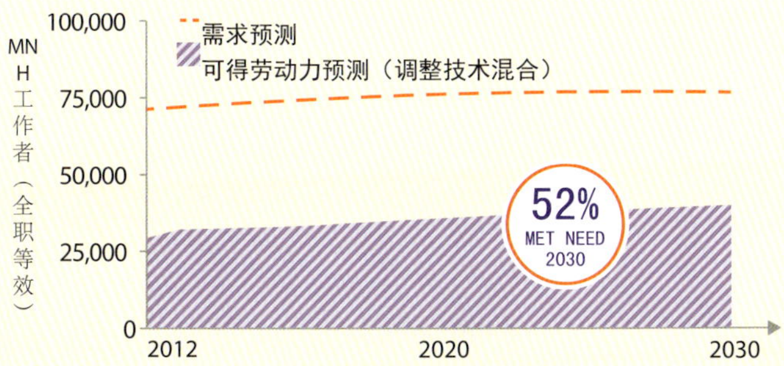

假设发展轨迹

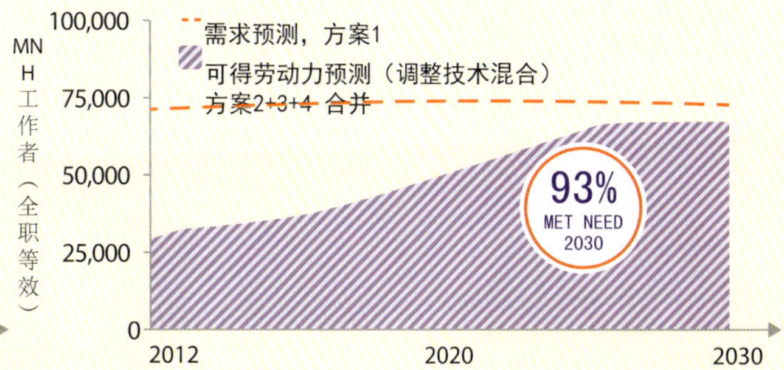

1. 医务工作者分类包含了以下国家的称呼：助产士包括助产士。辅助者包含妇女儿童健康辅助人员，护士助理：辅助助产护士包括国家登记的社区健康护士，全科医生包括卫生干事。产科/妇科医生包括妇产科专业医生。医疗干事和医疗助理包括社区健康干事。来源：2014的SoWMy或者第二来源（WHO全球健康观察、政府政策文件）
2. 年份数据是在STATCOMPILER获得的最新数据
3. 信息参考助产士骨干分类
4. 助产士、护士的国家组织
5. 提出的2030年的MMR、NMR的目标来源于2030年预防母亲死亡的计划和每位新生儿实施计划。

贝宁

2012年，估计总人口数1010万人，650万人（64%）生活在农村，240万的妇女（24%）为育龄妇女。总和生育率是4.9。至2030年，人口估计会增加54%，达到1550万人。为了使这些人普遍获得性、生殖及母婴护理，至2030年助产士服务必须适应每年60万的怀孕量。其中有59%在农村。在2012至2030年期间，给予卫生体系的启示是如何更合理地设置人力资源来适应4340万的产前检查，810万的出生量，3250万的产后/出生后随访。

妇女和新生儿的需求（2012）

怀孕量和地域分布2012

0 <0.09 0.10-0.19 0.20-0.49 0.50-0.99 1.00-1.49 1.50-1.99 2.00-2.49 2.50-10.00 >10.00

每年508000的怀孕量=多少照护事件

APPROX.

- 孕前（所有育龄期妇女ç）= 4,124,000 计划生育
- 产前（怀孕数×4）= 2,033,000 日常访视
- 分娩 = 381,000 具有熟练技能的接生人员
- 产后（出生数×4）/ 出生后（新生儿数×4）= 1,524,000 日常访视

可获得的人力资源（2012）

	在MNH[1]工作的人员国家级分类	花费在MNH的时间%
助产士	943	81
助产士、辅助者	5,462	53
助产护士	na	na
护士	1,156	51
护士、助产护士	na	na
卫生干事和医助	na	na
开业医生、全科医生	149	24
产科医生、妇科医生	26	76

孕前 产前 分娩 产后 出生后

估计需求=

38%

实际工作时间 / 需要工作时间

国家总需求的估算基于可得数据

助产教育[3]

高中教育为最低起点	12年级+
取得资格要求的学习数（全面的）	3
是否为标准化课程设置及最新更新时间	是，2012
课程要求的在指导下的最低接生数	40
2012年毕业数/占总从业的助产人数百分比	0/na
1年内MNH雇佣毕业生的百分数	100%

助产法规

有承认助产是自主专业的法律	是
有承认助产是自主专业的法律	是
政府机构规范助产士行为	是
助产执照	否
执照助产士的现场注册	是
助产士拥有的EmONC要求的基本职能数（超出7个）	7
允许助产士提供可注射避孕药/宫内避孕器	是/是

专业组织[4]

专业组织创建年	1990，2008
专业组织角色	
持续专业发展	是
建议和代表被指控不当行为的成员	是
就成员MNH的质量标准提出建议	是
就政府关于MNH的政策性文件提出建议	是
与政府协商工作和工资问题	是

经济可达性

包括最小受益计划的46项RMNH基本干预百分比

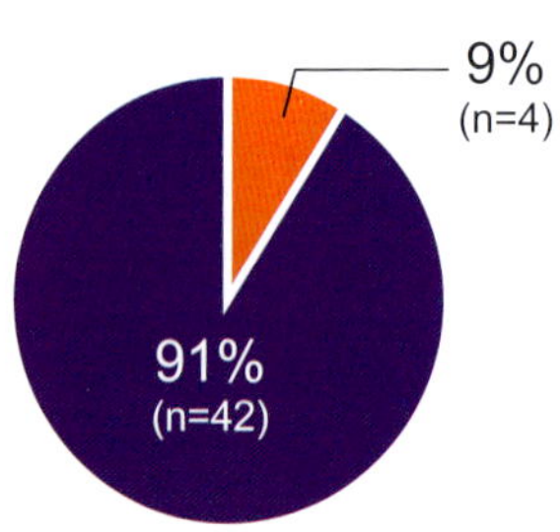

地域可达性

SBA[2]接生数目

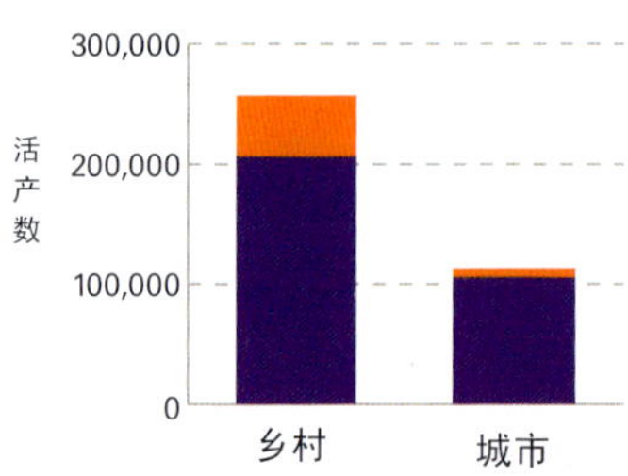

Na=不适合　—=缺失数据

规划怀孕数：城市与乡村

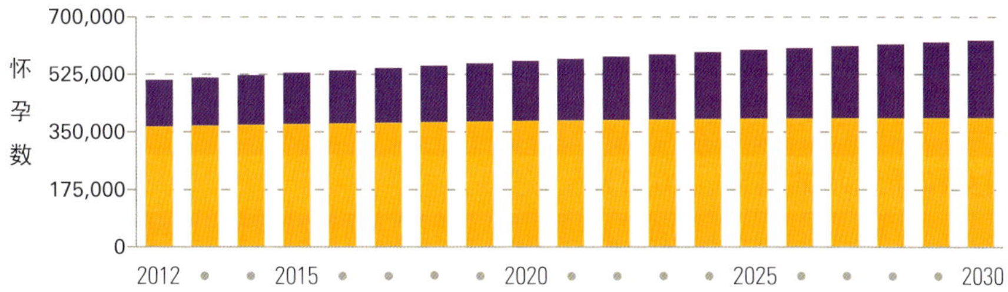

死亡率降低[5]

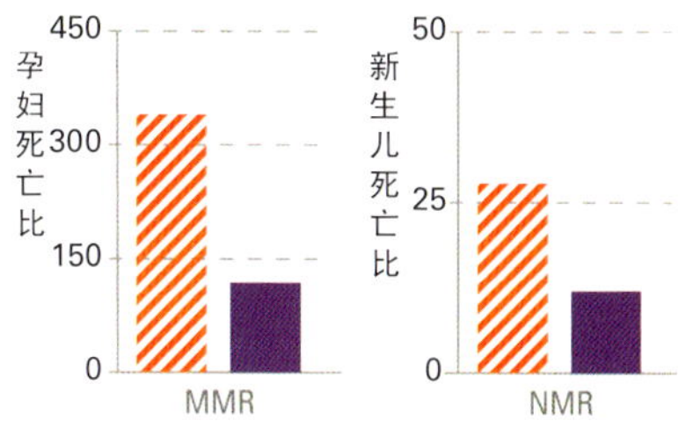

2030年预测和规划

这一部分使用简短的国家已报告数据来计算基于需求上的2030年的预测值。这些预测对记录的入学人数，毕业人数，花费在MNH上的时间百分比，年龄分布，角色和自然流失敏感。如果一些国家数据缺失，标准的、以证据为基础的假设会应用其中。这份预测具有指导意义，应该被用于核实国家数据的准确性和引发进一步的政策讨论。更多信息在50页“如何阅读”部分。

预计减少量 | 预计增加量 | 预计工作人数

ISCO-08国际职业标准分类

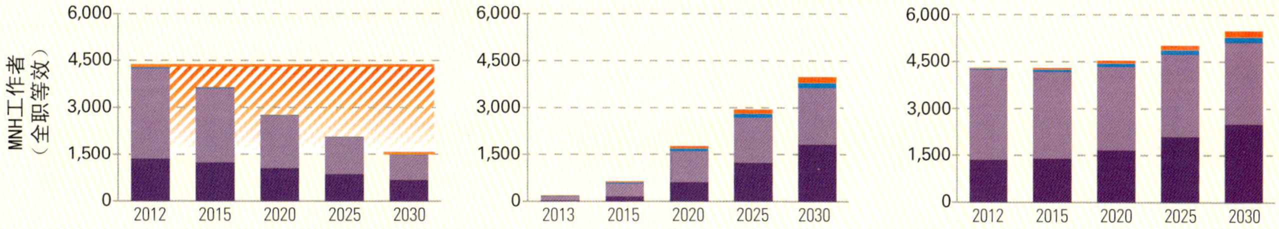

假如…

通过可获得的数据进行的需求预测

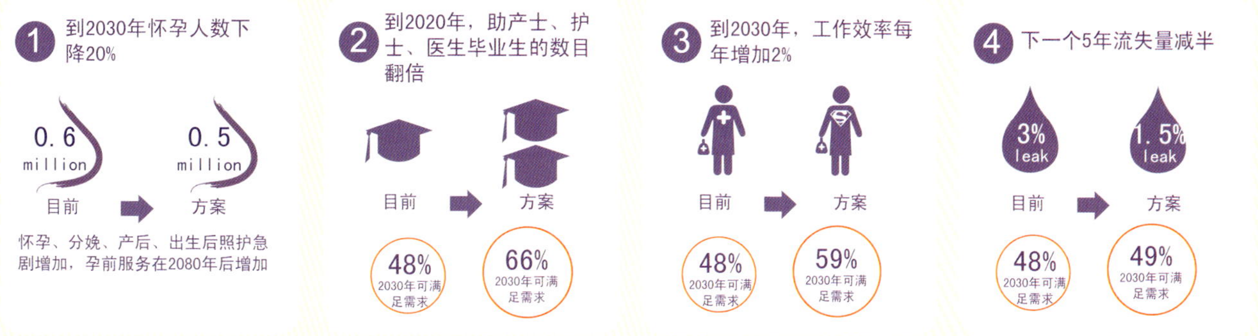

目前发展轨迹

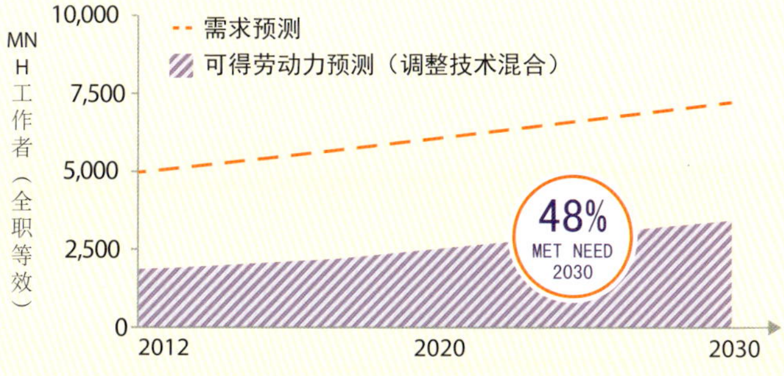

假设发展轨迹

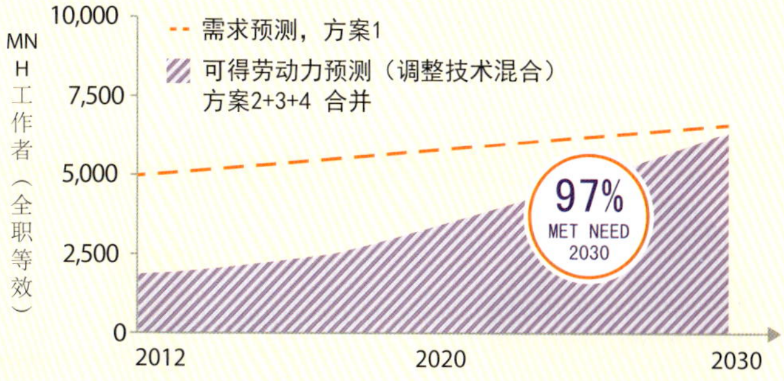

1. 医务工作者分类包含了以下国家的称呼：助产士包括助产士。辅助者包含妇女儿童健康辅助人员，护士助理：辅助助产护士包括国家登记的社区健康护士，全科医生包括卫生干事。产科/妇科医生包括妇产科专业医生。医疗干事和医疗助理包括社区健康干事，来源：2014的SoWMy或者第二来源（WHO全球健康观察、政府政策文件）
2. 年份数据是在STATCOMPILER获得的最新数据
3. 信息参考助产士骨干分类
4. 助产士、护士的国家组织
5. 提出的2030年的MMR、NMR的目标来源于2030年预防母亲死亡的计划和每位新生儿实施计划。

博茨瓦纳

2012年，估计总人口数200万人，100万人（52%）生活在农村，50万的妇女（26%）为育龄妇女。总和生育率是2.6。至2030年，人口估计会增加17%，达到230万人。为了使这些人普遍获得性、生殖及母婴护理，至2030年助产士服务必须适应每年6万的怀孕量。其中有60%在农村。在2012至2030年期间，给予卫生体系的启示是如何更合理地设置人力资源来适应480万的产前检查，90万的出生量，360万的产后/出生后随访。

妇女和新生儿的需求（2012）

每年65000的怀孕量=多少照护事件

怀孕量和地域分布2012

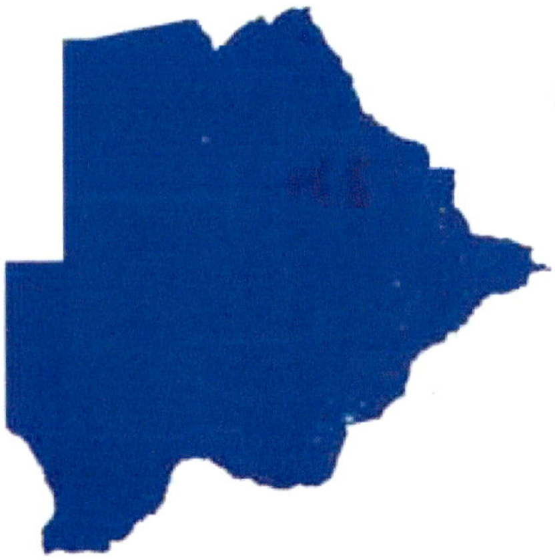

0 <0.09 0.10-0.19 0.20-0.49 0.50-0.99 1.00-1.49 1.50-1.99 2.00-2.49 2.50-10.00 >10.00

孕前（所有育龄期妇女ç） = APPROX. 1,154,000 计划生育

产前（怀孕数×4） = 260,000 日常访视

分娩 = 48,000 具有熟练技能的接生人员

产后（出生数×4）
出生后（新生儿数×4） = 194,000 日常访视

可获得的人力资源（2012）

	在MNH[1]工作的人员国家级分类	花费在MNH的时间%
助产士	1,501	80
助产士、辅助者	na	na
助产护士	na	na
护士	–	80
护士、助产护士	na	na
卫生干事和医助	na	na
开业医生、全科医生	591	60
产科医生、妇科医生	3	80

孕前 产前 分娩 产后 出生后

估计需求= 41%

实际工作时间
需要工作时间

国家总需求的估算基于可得数据

助产教育[3]

高中教育为最低起点	12年级+
取得资格要求的学习数（全面的）	2
是否为标准化课程设置及最新更新时间	是，2011
课程要求的在指导下的最低接生数	51
2012年毕业数/占总从业的助产人数百分比	98/7
1年内MNH雇佣毕业生的百分数	100%

助产法规

有承认助产是自主专业的法律	是
有承认助产是自主专业的法律	是
政府机构规范助产士行为	是
助产执照	是
执照助产士的现场注册	是
助产士拥有的EmONC要求的基本职能数（超出7个）	4
允许助产士提供可注射避孕药/宫内避孕器	是/是

专业组织[4]

专业组织创建年	2012
专业组织角色	
持续专业发展	是
建议和代表被指控不当行为的成员	是
就成员MNH的质量标准提出建议	是
就政府关于MNH的政策性文件提出建议	是
与政府协商工作和工资问题	是

经济可达性

包括最小受益计划的46项RMNH基本干预百分比

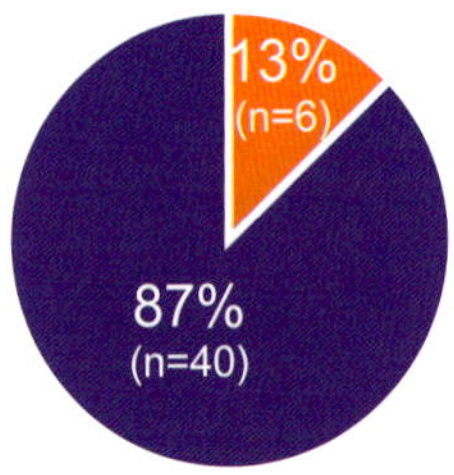

覆盖 不覆盖

地域可达性

SBA[2]接生数目

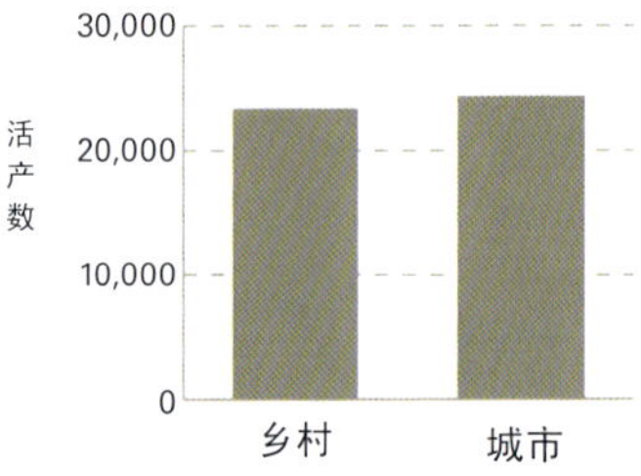

可获得SBA 不能获得SBA 没有城市/乡村SBA数据

Na=不适合 —=缺失数据

规划怀孕数：城市与乡村

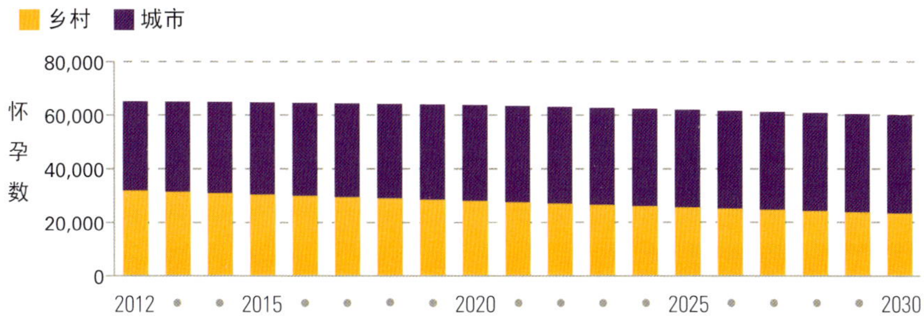

死亡率降低[5]

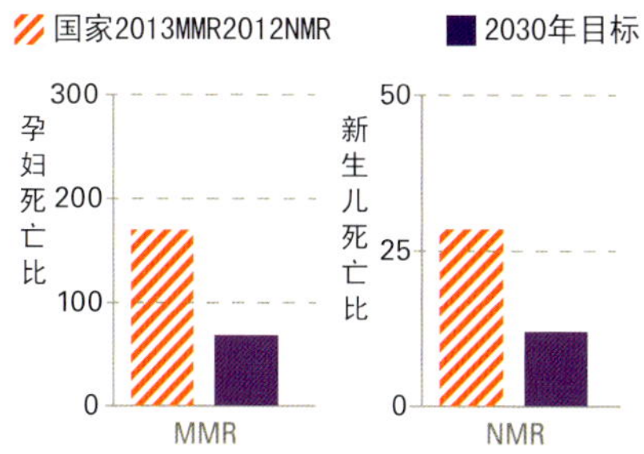

2030年预测和规划

这一部分使用简短的国家已报告数据来计算基于需求上的2030年的预测值。这些预测对记录的入学人数，毕业人数，花费在MNH上的时间百分比，年龄分布，角色和自然流失敏感。如果一些国家数据缺失，标准的、以证据为基础的假设会应用其中。这份预测具有指导意义，应该被用于核实国家数据的准确性和引发进一步的政策讨论。更多信息在50页“如何阅读”部分。

预计减少量　预计增加量　预计工作人数

ISCO-08国际职业标准分类

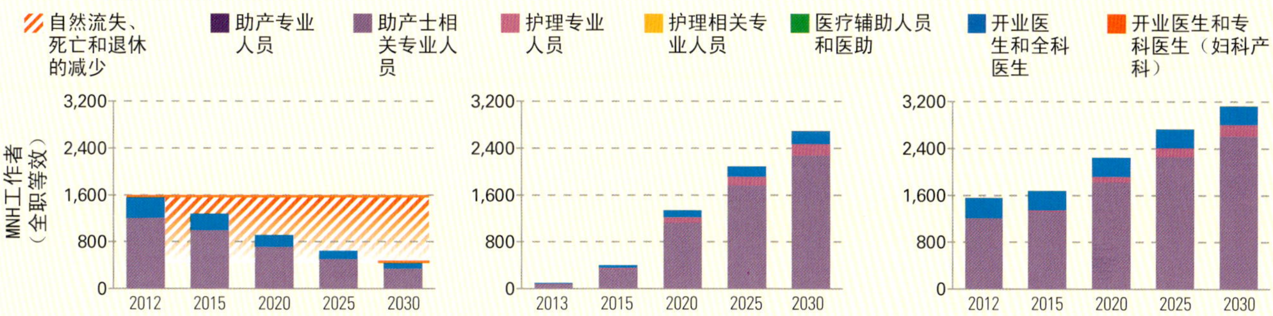

假如…

通过可获得的数据进行的需求预测

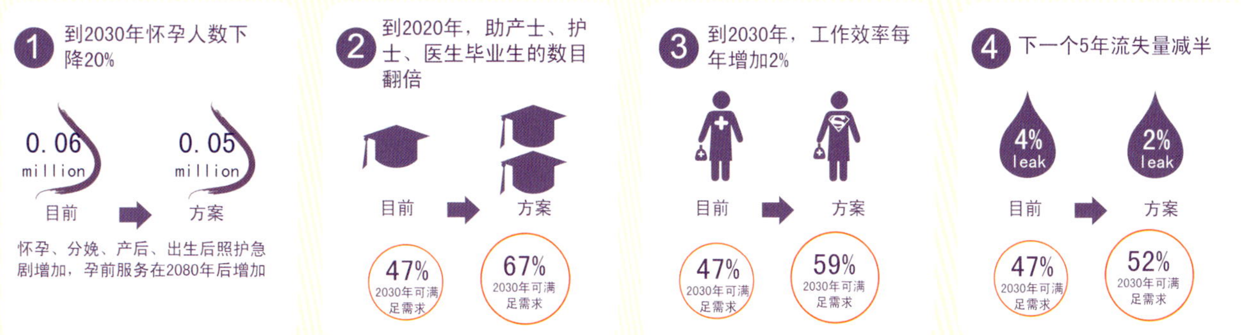

目前发展轨迹

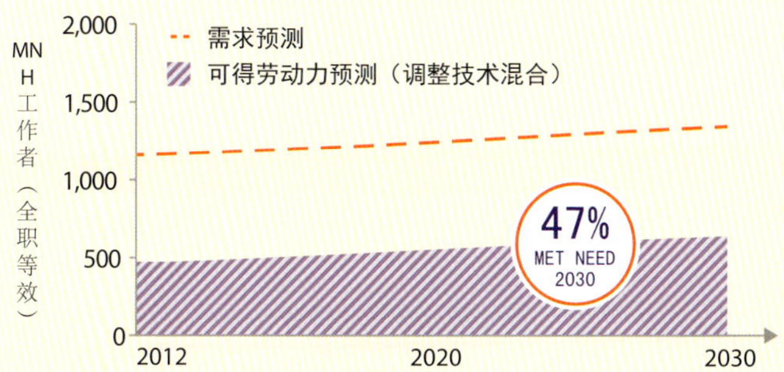

假设发展轨迹

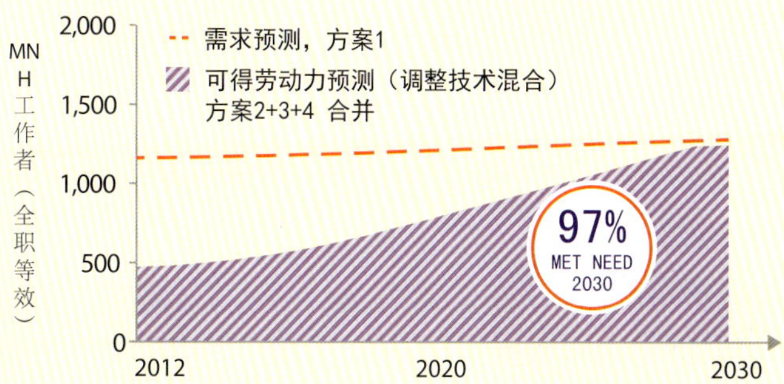

1. 医务工作者分类包含了以下国家的称呼：助产士包括助产士。辅助者包含妇女儿童健康辅助人员，护士助理；辅助助产护士包括国家登记的社区健康护士，全科医生包括卫生干事。产科/妇科医生包括妇产科专业医生。医疗干事和医疗助理包括社区健康干事，来源：2014的SoWMy或者第二来源（WHO全球健康观察、政府政策文件）
2. 年份数据是在STATCOMPILER获得的最新数据
3. 信息参考助产士骨干分类
4. 助产士、护士的国家组织
5. 提出的2030年的MMR、NMR的目标来源于2030年预防母亲死亡的计划和每位新生儿实施计划。

巴西

2012年，估计总人口数1.987亿人，7860万人（40%）生活在农村，5460万的妇女（28%）为育龄妇女。总和生育率是1.8。至2030年，人口估计会增加12%，达到2.227亿人。为了使这些人普遍获得性、生殖及母婴护理，至2030年助产士服务必须适应每年450万的怀孕量。在2012至2030年期间，给予卫生体系的启示是如何更合理地设置人力资源来适应3.691亿的产前检查，5540万的出生量，2.217亿的产后/出生后随访。

妇女和新生儿的需求（2012）

每年5151000的怀孕量=多少照护事件

怀孕量和地域分布2012

0 | <0.09 | 0.10-0.19 | 0.20-0.49 | 0.50-0.99 | 1.00-1.49 | 1.50-1.99 | 2.00-2.49 | 2.50-10.00 | >10.00

APPROX.

孕前（所有育龄期妇女ç） = 120,438,000 计划生育

产前（怀孕数×4） = 20,605,000 日常访视

分娩 = 3,094,000 具有熟练技能的接生人员

产后（出生数×4）、出生后（新生儿数×4） = 12,377,000 日常访视

可获得的人力资源（2012）

	在MNH[1]工作的人员国家级分类	花费在MNH的时间%
助产士	2,981	100
助产士、辅助者	na	na
助产护士	na	na
护士	909,610	–
护士、助产护士	528,483	–
卫生干事和医助	na	na
开业医生、全科医生	167,225	–
产科医生、妇科医生	22,815	100

孕前 / 产前 / 分娩 / 产后 / 出生后

估计需求= 100%

实际工作时间 / 需要工作时间

国家总需求的估算基于可得数据

助产教育[3]

高中教育为最低起点	12年级+
取得资格要求的学习数（全面的）	4
是否为标准化课程设置及最新更新时间	是，2011
课程要求的在指导下的最低接生数	20
2012年毕业数/占总从业的助产人数百分比	—/—
1年内MNH雇佣毕业生的百分数	—

助产法规

有承认助产是自主专业的法律	是
有承认助产是自主专业的法律	是
政府机构规范助产士行为	是
助产执照	是
执照助产士的现场注册	否
助产士拥有的EmONC要求的基本职能数（超出7个）	4
允许助产士提供可注射避孕药/宫内避孕器	是/是

专业组织[4]

专业组织创建年	1926, 1995, 2001
专业组织角色	
持续专业发展	是
建议和代表被指控不当行为的成员	否
就成员MNH的质量标准提出建议	是
就政府关于MNH的政策性文件提出建议	是
与政府协商工作和工资问题	是

经济可达性

包括最小受益计划的46项RMNH基本干预百分比

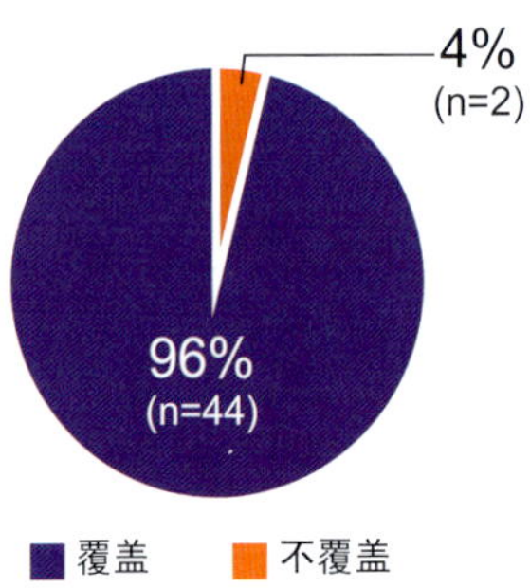

地域可达性

SBA[2]接生数目

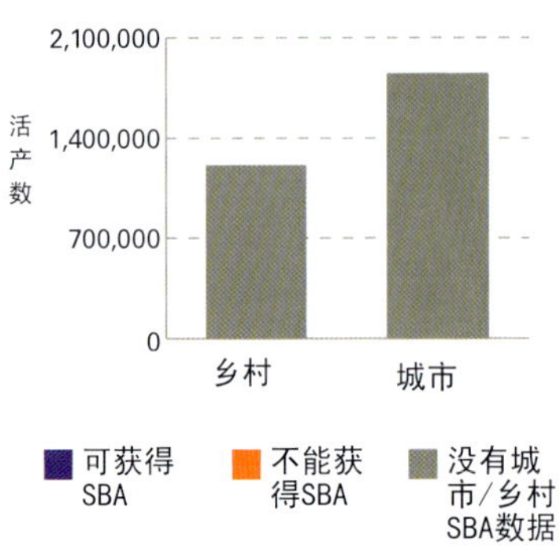

Na=不适合　　—=缺失数据

BRAZIL – a brief for policy discussion

规划怀孕数：城市与乡村

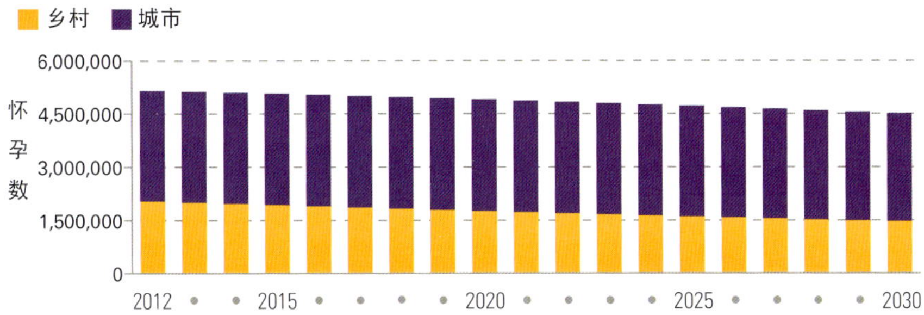

死亡率降低[5]

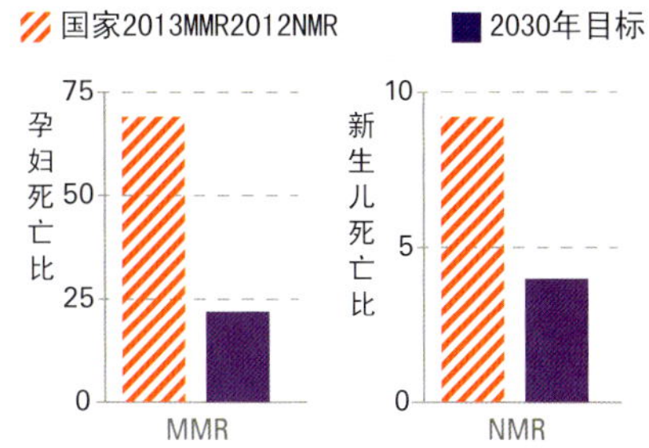

2030年预测和规划

这一部分使用简短的国家已报告数据来计算基于需求上的2030年的预测值。这些预测对记录的入学人数，毕业人数，花费在MNH上的时间百分比，年龄分布，角色和自然流失敏感。如果一些国家数据缺失，标准的、以证据为基础的假设会应用其中。这份预测具有指导意义，应该被用于核实国家数据的准确性和引发进一步的政策讨论。更多信息在50页“如何阅读”部分。

预计减少量 | 预计增加量 | 预计工作人数

ISCO-08国际职业标准分类

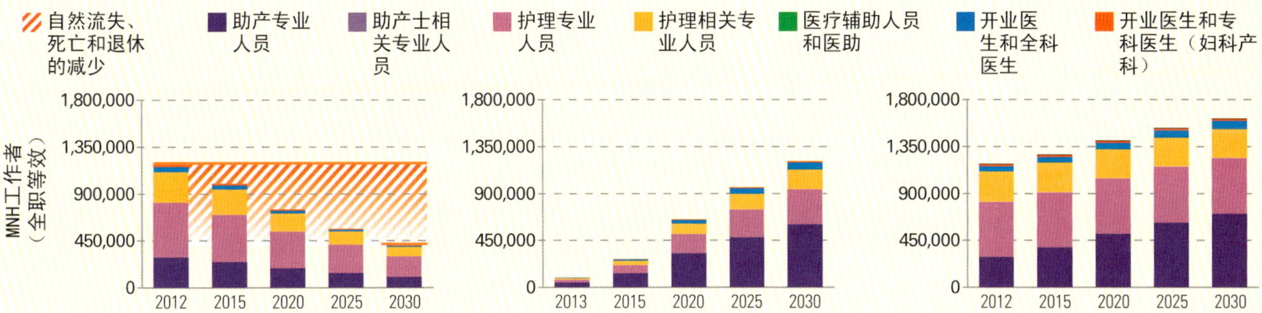

假如…

通过可获得的数据进行的需求预测

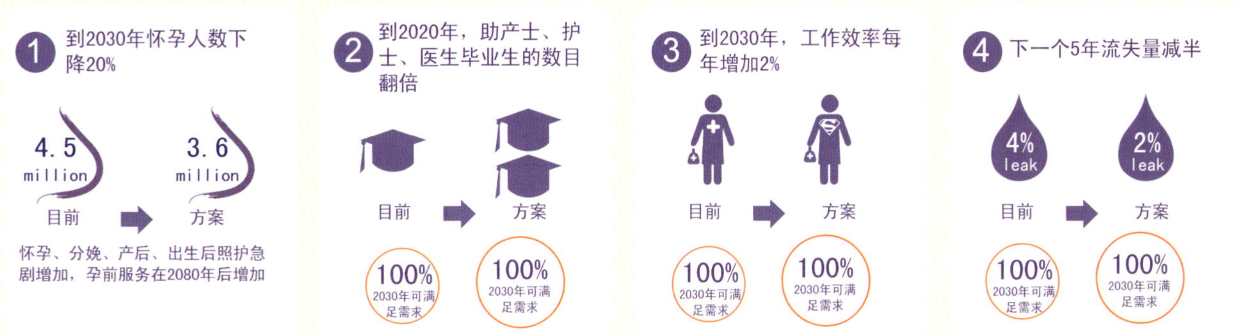

目前发展轨迹

假设发展轨迹

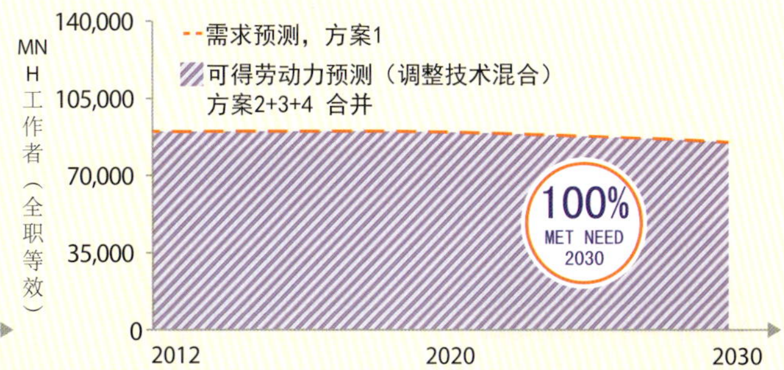

1. 医务工作者分类包含了以下国家的称呼：助产士包括助产士。辅助者包含妇女儿童健康辅助人员，护士助理；辅助助产护士包括国家登记的社区健康护士，全科医生包括卫生干事。产科/妇科医生包括妇产科专业医生。医疗干事和医疗助理包括社区健康干事，来源：2014的SoWMy或者第二来源（WHO全球健康观察、政府政策文件）
2. 年份数据是在STATCOMPILER获得的最新数据
3. 信息参考助产士骨干分类
4. 助产士、护士的国家组织
5. 提出的2030年的MMR、NMR的目标来源于2030年预防母亲死亡的计划和每位新生儿实施计划。

布基纳法索

2012年，估计总人口数1650万人，1140万人（69%）生活在农村，380万的妇女（23%）为育龄妇女。总和生育率是5.6。至2030年，人口估计会增加61%，达到2660万人。为了使这些人普遍获得性、生殖及母婴护理，至2030年助产士服务必须适应每年120万的怀孕量。其中有64%在农村。在2012至2030年期间，给予卫生体系的启示是如何更合理地设置人力资源来适应8380万的产前检查，1520万的出生量，6080万的产后/出生后随访。

妇女和新生儿的需求（2012）

每年967000的怀孕量=多少照护事件

怀孕量和地域分布2012

0 | <0.09 | 0.10-0.19 | 0.20-0.49 | 0.50-0.99 | 1.00-1.49 | 1.50-1.99 | 2.00-2.49 | 2.50-10.00 | >10.00

APPROX.

孕前（所有育龄期妇女ç）= 6,351,000 计划生育

产前（怀孕数×4）= 3,868,000 日常访视

分娩 = 701,000 具有熟练技能的接生人员

产后（出生数×4）
出生后（新生儿数×4）= 2,805,000 日常访视

可获得的人力资源（2012）

	在MNH[1]工作的人员国家级分类	花费在MNH的时间%
助产士	1,316	100
助产士、辅助者	3,130	100
助产护士	na	na
护士	3,158	30
护士、助产护士	na	na
卫生干事和医助	31	100
开业医生、全科医生	360	30
产科医生、妇科医生	86	100

孕前 / 产前 / 分娩 / 产后 / 出生后

估计需求= 37%

实际工作时间 / 需要工作时间

国家总需求的估算基于可得数据

助产教育[3]

高中教育为最低起点	12年级+
取得资格要求的学习数（全面的）	3
是否为标准化课程设置及最新更新时间	是，2011
课程要求的在指导下的最低接生数	100
2012年毕业数/占总从业的助产人数百分比	343/26
1年内MNH雇佣毕业生的百分数	80%

助产法规

有承认助产是自主专业的法律	是
有承认助产是自主专业的法律	是
政府机构规范助产士行为	是
助产执照	否
执照助产士的现场注册	否
助产士拥有的EmONC要求的基本职能数（超出7个）	7
允许助产士提供可注射避孕药/宫内避孕器	是/是

专业组织[4]

专业组织创建年	1973，1997
专业组织角色	
持续专业发展	是
建议和代表被指控不当行为的成员	是
就成员MNH的质量标准提出建议	是
就政府关于MNH的政策性文件提出建议	是
与政府协商工作和工资问题	是

经济可达性

包括最小受益计划的46项RMNH基本干预百分比

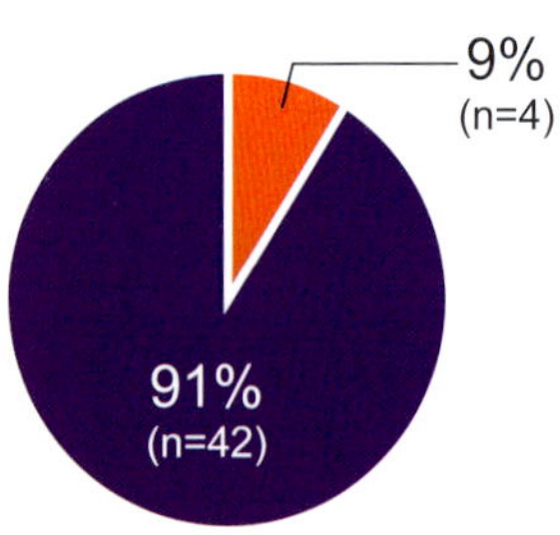

地域可达性

SBA[2]接生数目

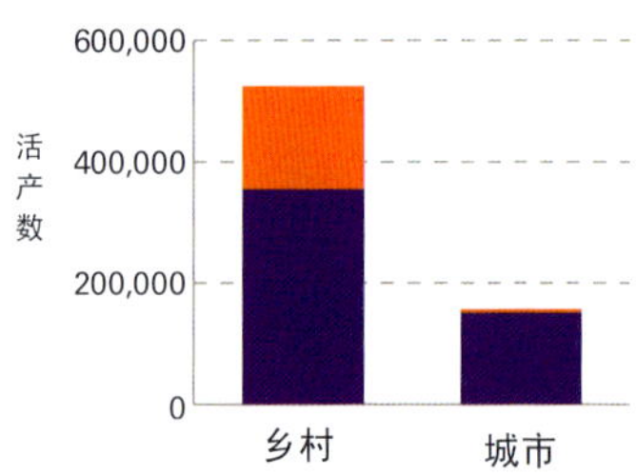

Na=不适合 —=缺失数据

规划怀孕数：城市与乡村

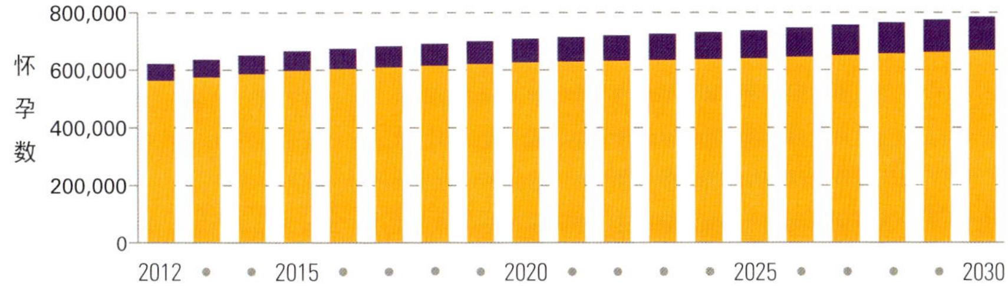

死亡率降低[5]

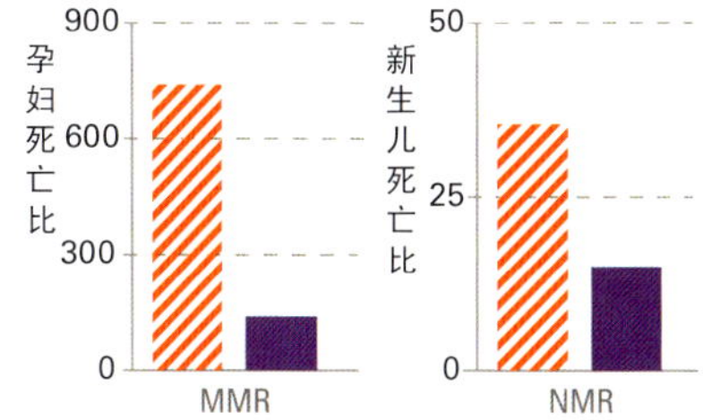

2030年预测和规划

这一部分使用简短的国家已报告数据来计算基于需求上的2030年的预测值。这些预测对记录的入学人数，毕业人数，花费在MNH上的时间百分比，年龄分布，角色和自然流失敏感。如果一些国家数据缺失，标准的、以证据为基础的假设会应用其中。这份预测具有指导意义，应该被用于核实国家数据的准确性和引发进一步的政策讨论。更多信息在50页“如何阅读”部分。

预计减少量

预计增加量

预计工作人数

ISCO-08国际职业标准分类

自然流失、死亡和退休的减少 | 助产专业人员 | 助产士相关专业人员 | 护理专业人员 | 护理相关专业人员 | 医疗辅助人员和医助 | 开业医生和全科医生 | 开业医生和专科医生（妇科产科）

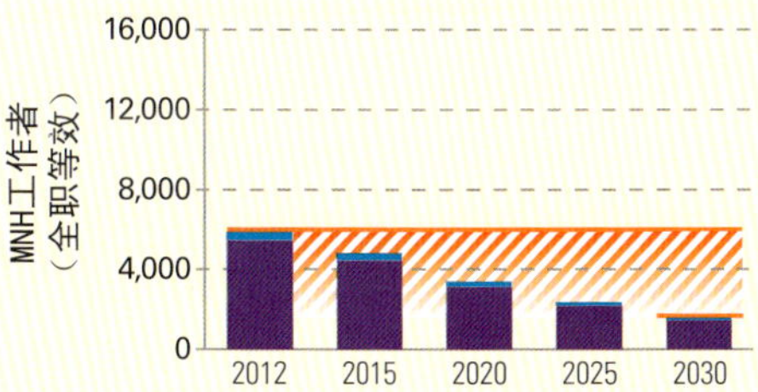

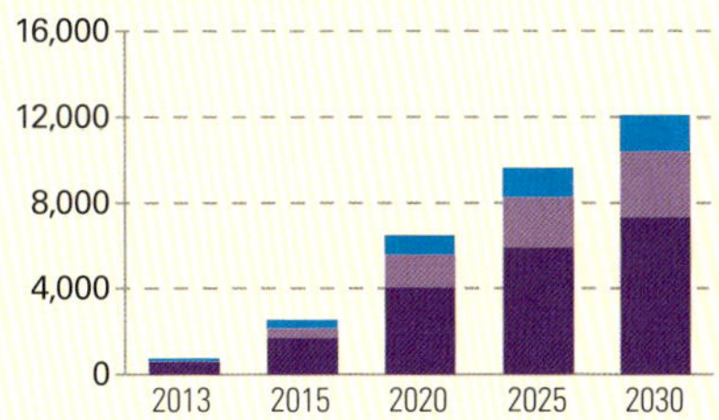

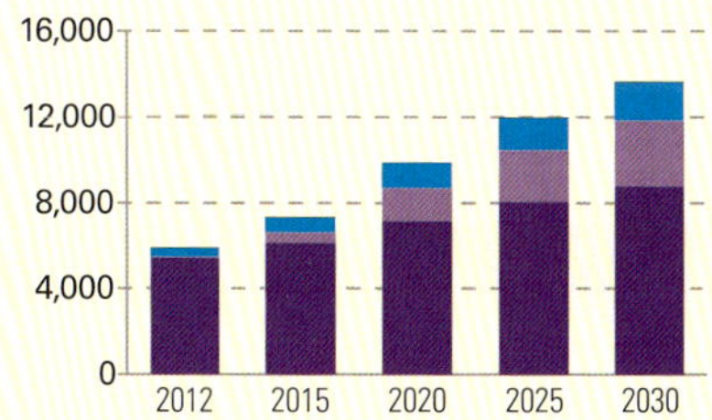

假如…

通过可获得的数据进行的需求预测

1 到2030年怀孕人数下降20%

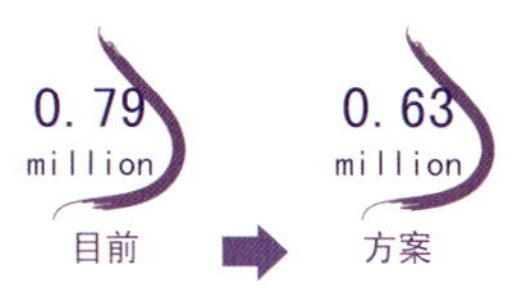

怀孕、分娩、产后、出生后照护急剧增加，孕前服务在2080年后增加

2 到2020年，助产士、护士、医生毕业生的数目翻倍

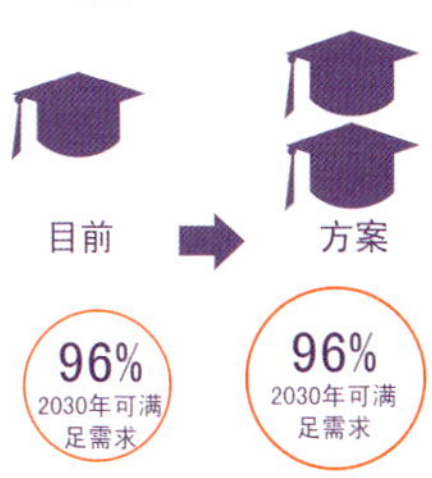

3 到2030年，工作效率每年增加2%

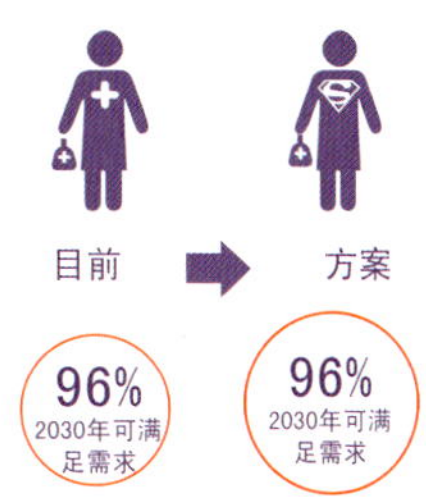

4 下一个5年流失量减半

目前发展轨迹

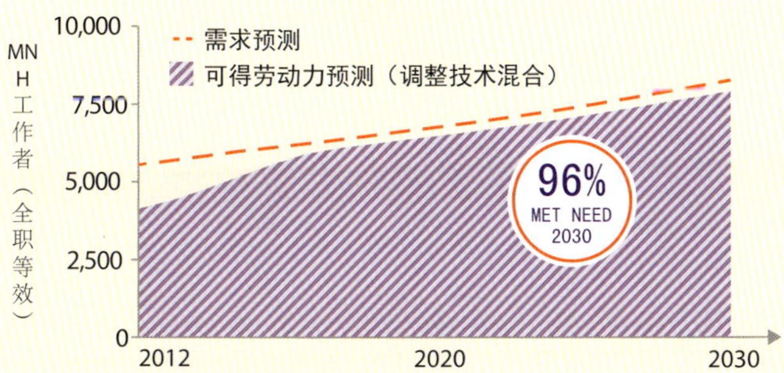

假设发展轨迹

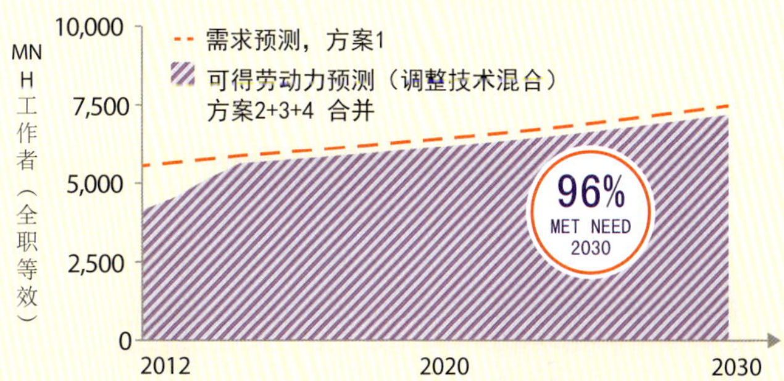

1. 医务工作者分类包含了以下国家的称呼：助产士包括助产士。辅助者包含妇女儿童健康辅助人员，护士助理；辅助助产护士包括国家登记的社区健康护士，全科医生包括卫生干事。产科/妇科医生包括妇产科专业医生。医疗干事和医疗助理包括社区健康干事，来源：2014的SoWMy或者第二来源（WHO全球健康观察、政府政策文件）
2. 年份数据是在STATCOMPILER获得的最新数据
3. 信息参考助产士骨干分类
4. 助产士、护士的国家组织
5. 提出的2030年的MMR、NMR的目标来源于2030年预防母亲死亡的计划和每位新生儿实施计划。

柬埔寨

2012年，估计总人口数1490万人，1230万人（83%）生活在农村，410万的妇女（27%）为育龄妇女。总和生育率是2.9。至2030年，人口估计会增加29%，达到1910万人。为了使这些人普遍获得性、生殖及母婴护理，至2030年助产士服务必须适应每年60万的怀孕量。其中有84%在农村。在2012至2030年期间，给予卫生体系的启示是如何更合理地设置人力资源来适应5010万的产前检查，730万的出生量，2910万的产后/出生后随访。

妇女和新生儿的需求（2012）

每年698000的怀孕量=多少照护事件

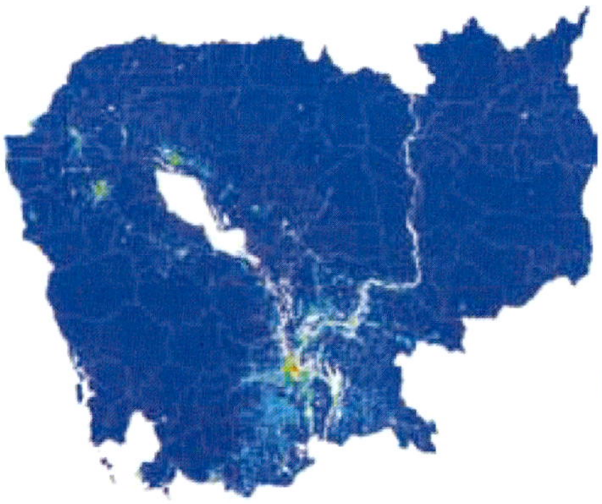

怀孕量和地域分布2012

■0 ■<0.09 ■0.10-0.19 ■0.20-0.49 ■0.50-0.99 ■1.00-1.49 ■1.50-1.99 ■2.00-2.49 ■2.50-10.00 ■>10.00

APPROX.

孕前（所有育龄期妇女ç） = 7,062,000 计划生育

产前（怀孕数×4） = 2,790,000 日常访视

分娩 = 405,000 具有熟练技能的接生人员

产后（出生数×4）、出生后（新生儿数×4） = 1,620,000 日常访视

可获得的人力资源（2012）

	在MNH[1]工作的人员国家级分类	花费在MNH的时间%
助产士	2,792	100
助产士、辅助者	2,336	100
助产护士	–	100
护士	na	na
护士、助产护士	na	na
卫生干事和医助	na	na
开业医生、全科医生	3,219	40
产科医生、妇科医生	–	100

孕前 → 产前 → 分娩 → 产后 → 出生后

估计需求=

56%

实际工作时间/需要工作时间

国家总需求的估算基于可得数据

助产教育[3]

高中教育为最低起点	12年级+
取得资格要求的学习数（全面的）	3
是否为标准化课程设置及最新更新时间	是，2011
课程要求的在指导下的最低接生数	20
2012年毕业数/占总从业的助产人数百分比	413/15
1年内MNH雇佣毕业生的百分数	95%

助产法规

有承认助产是自主专业的法律	否
有承认助产是自主专业的法律	是
政府机构规范助产士行为	是
助产执照	否
执照助产士的现场注册	是
助产士拥有的EmONC要求的基本职能数（超出7个）	7
允许助产士提供可注射避孕药/宫内避孕器	是/是

专业组织[4]

专业组织创建年	1994
专业组织角色	
持续专业发展	是
建议和代表被指控不当行为的成员	是
就成员MNH的质量标准提出建议	是
就政府关于MNH的政策性文件提出建议	否
与政府协商工作和工资问题	否

经济可达性

包括最小受益计划的46项RMNH基本干预百分比

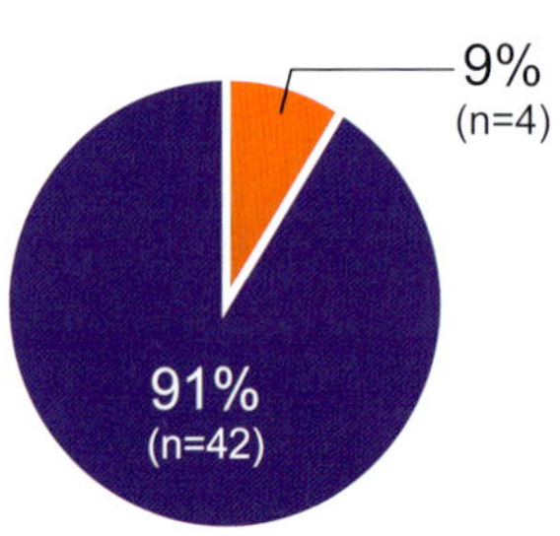

地域可达性

SBA[2]接生数目

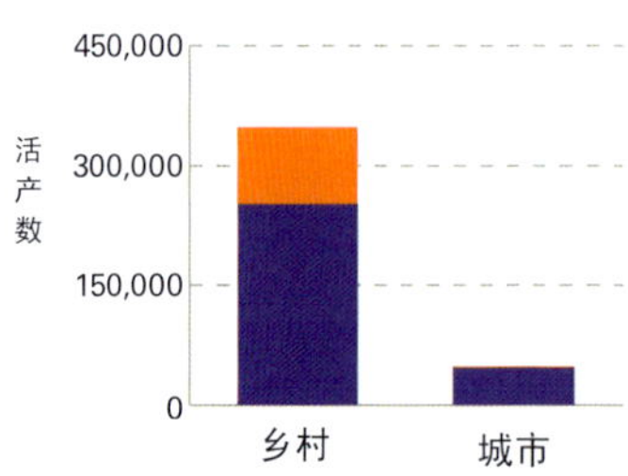

Na=不适合　　—=缺失数据

规划怀孕数：城市与乡村

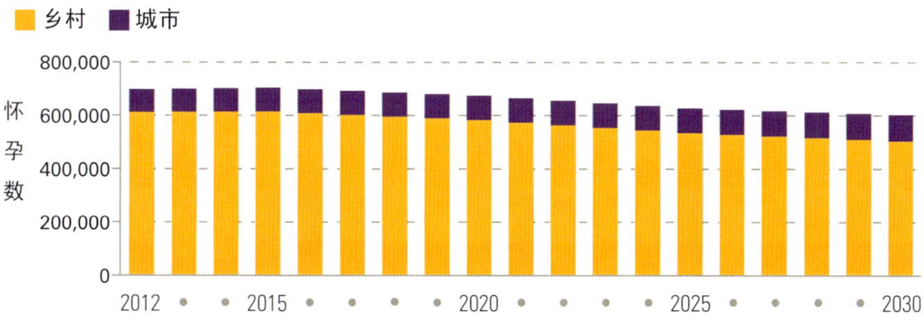

死亡率降低[5]

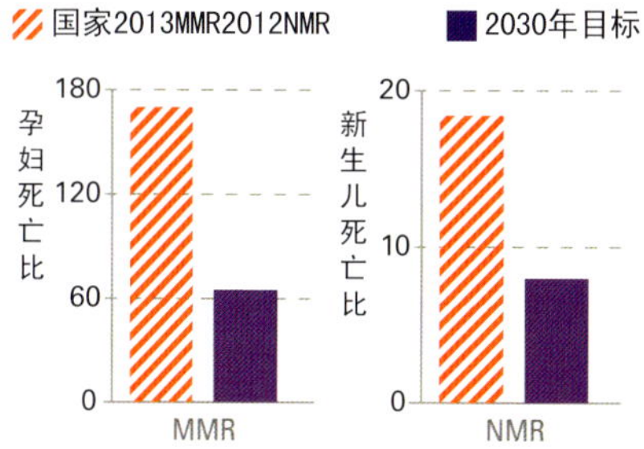

2030年预测和规划

这一部分使用简短的国家已报告数据来计算基于需求上的2030年的预测值。这些预测对记录的入学人数，毕业人数，花费在MNH上的时间百分比，年龄分布，角色和自然流失敏感。如果一些国家数据缺失，标准的、以证据为基础的假设会应用其中。这份预测具有指导意义，应该被用于核实国家数据的准确性和引发进一步的政策讨论。更多信息在50页“如何阅读”部分。

预计减少量 / 预计增加量 / 预计工作人数

ISCO-08国际职业标准分类

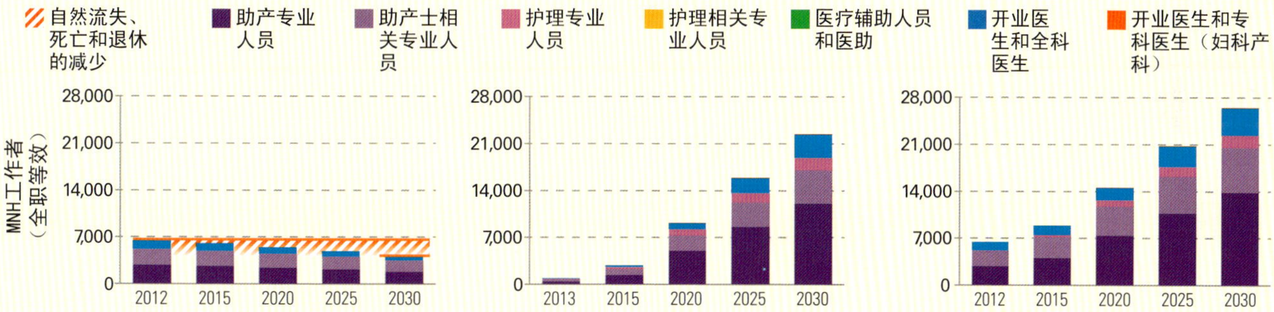

假如…

通过可获得的数据进行的需求预测

1 到2030年怀孕人数下降20%

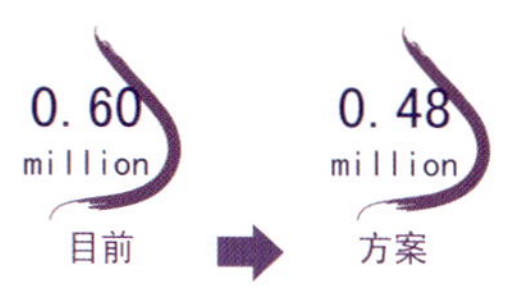

怀孕、分娩、产后、出生后照护急剧增加，孕前服务在2080年后增加

2 到2020年，助产士、护士、医生毕业生的数目翻倍

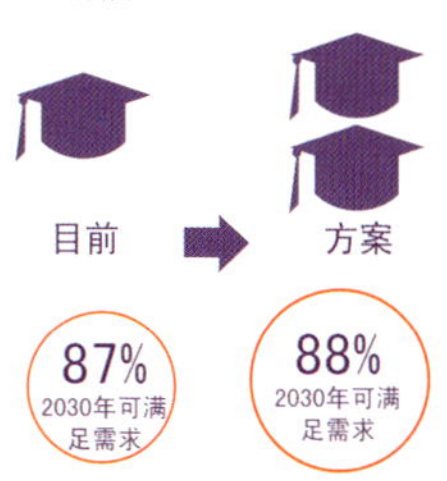

3 到2030年，工作效率每年增加2%

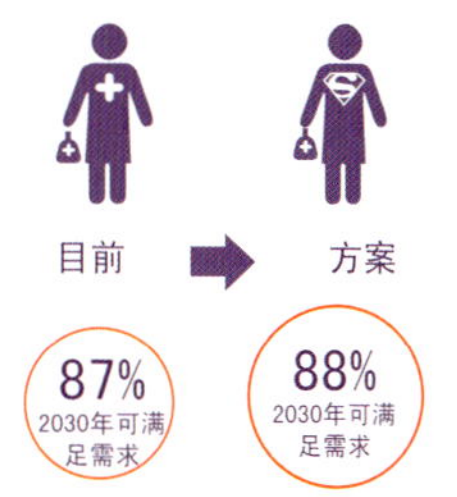

4 下一个5年流失量减半

目前发展轨迹

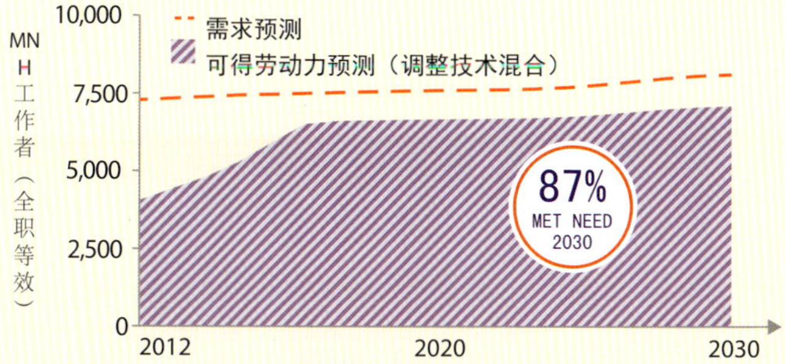

假设发展轨迹

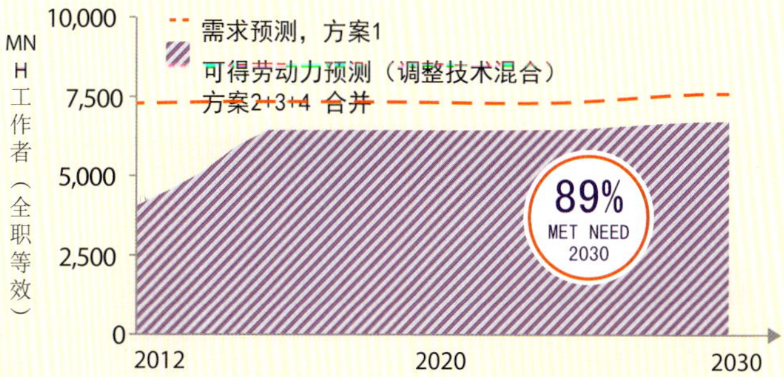

1. 医务工作者分类包含了以下国家的称呼：助产士包括助产士。辅助者包含妇女儿童健康辅助人员，护士助理；辅助助产护士包括国家登记的社区健康护士，全科医生包括卫生干事。产科/妇科医生包括妇产科专业医生。医疗干事和医疗助理包括社区健康干事，来源：2014的SoWMy或者第二来源（WHO全球健康观察、政府政策文件）
2. 年份数据是在STATCOMPILER获得的最新数据
3. 信息参考助产士骨干分类
4. 助产士、护士的国家组织
5. 提出的2030年的MMR、NMR的目标来源于2030年预防母亲死亡的计划和每位新生儿实施计划。

喀麦隆

2012年，估计总人口数2170万人，1170万人（54%）生活在农村，510万的妇女（24%）为育龄妇女。总和生育率是4.8。至2030年，人口估计会增加52%，达到310万人。为了使这些人普遍获得性、生殖及母婴护理，至2030年助产士服务必须适应每年140万的怀孕量。其中有52%在农村。在2012至2030年期间，给予卫生体系的启示是如何更合理地设置人力资源来适应9470万的产前检查，1770万的出生量，7100万的产后/出生后随访。

妇女和新生儿的需求（2012）

每年1126000的怀孕量=多少照护事件

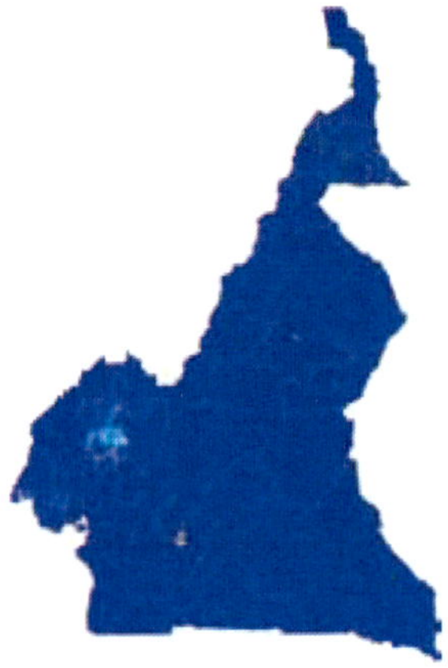

APPROX.

- 孕前（所有育龄期妇女ç） = 9,102,000 计划生育
- 产前（怀孕数×4） = 4,505,000 日常访视
- 分娩 = 844,000 具有熟练技能的接生人员
- 产后（出生数×4）、出生后（新生儿数×4） = 3,376,000 日常访视

可获得的人力资源（2012）

在MNH[1]工作的人员国家级分类		花费在MNH的时间%
助产士	127	90
助产士、辅助者	na	na
助产护士	27	45
护士	na	na
护士、助产护士	1,300	90
卫生干事和医助	na	na
开业医生、全科医生	1,420	25
产科医生、妇科医生	140	60

孕前 / 产前 / 分娩 / 产后 / 出生后

估计需求= 11%

实际工作时间 / 需要工作时间

国家总需求的估算基于可得数据

助产教育[3]

高中教育为最低起点	12年级+
取得资格要求的学习数（全面的）	3
是否为标准化课程设置及最新更新时间	是，2013
课程要求的在指导下的最低接生数	85
2012年毕业数/占总从业的助产人数百分比	0/na
1年内MNH雇佣毕业生的百分数	0%

助产法规

有承认助产是自主专业的法律	否
有承认助产是自主专业的法律	是
政府机构规范助产士行为	是
助产执照	否
执照助产士的现场注册	否
助产士拥有的EmONC要求的基本职能数（超出7个）	7
允许助产士提供可注射避孕药/宫内避孕器	是/是

专业组织[4]

专业组织创建年	2008
专业组织角色	
持续专业发展	是
建议和代表被指控不当行为的成员	否
就成员MNH的质量标准提出建议	是
就政府关于MNH的政策性文件提出建议	是
与政府协商工作和工资问题	否

经济可达性

包括最小受益计划的46项RMNH基本干预百分比

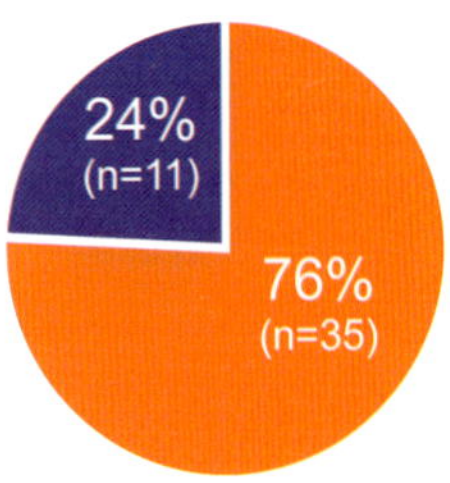

地域可达性

SBA[2]接生数目

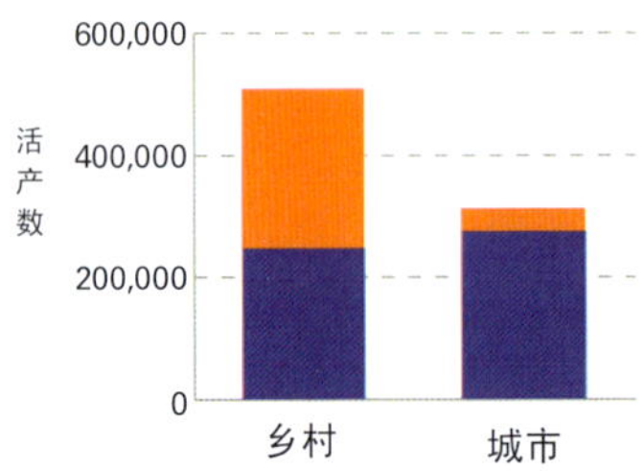

Na=不适合　　—=缺失数据

规划怀孕数：城市与乡村

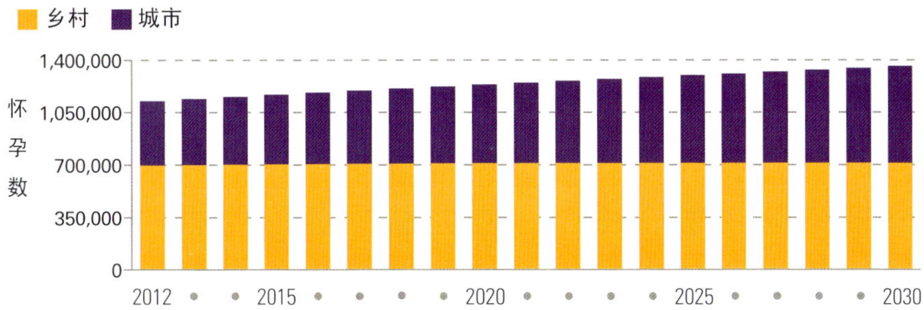

死亡率降低[5]

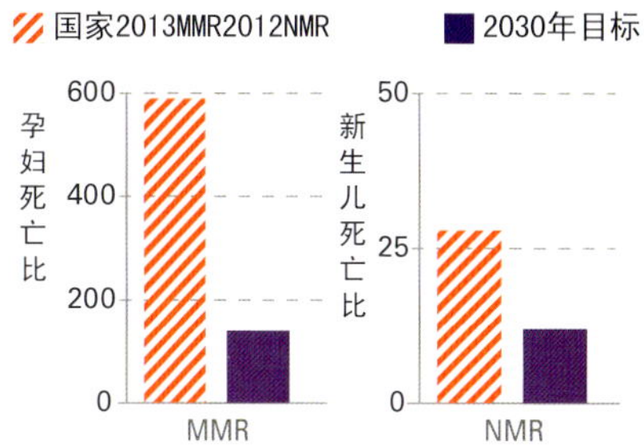

2030年预测和规划

这一部分使用简短的国家已报告数据来计算基于需求上的2030年的预测值。这些预测对记录的入学人数，毕业人数，花费在MNH上的时间百分比，年龄分布，角色和自然流失敏感。如果一些国家数据缺失，标准的、以证据为基础的假设会应用其中。这份预测具有指导意义，应该被用于核实国家数据的准确性和引发进一步的政策讨论。更多信息在50页“如何阅读”部分。

预计减少量 预计增加量 预计工作人数

ISCO-08国际职业标准分类

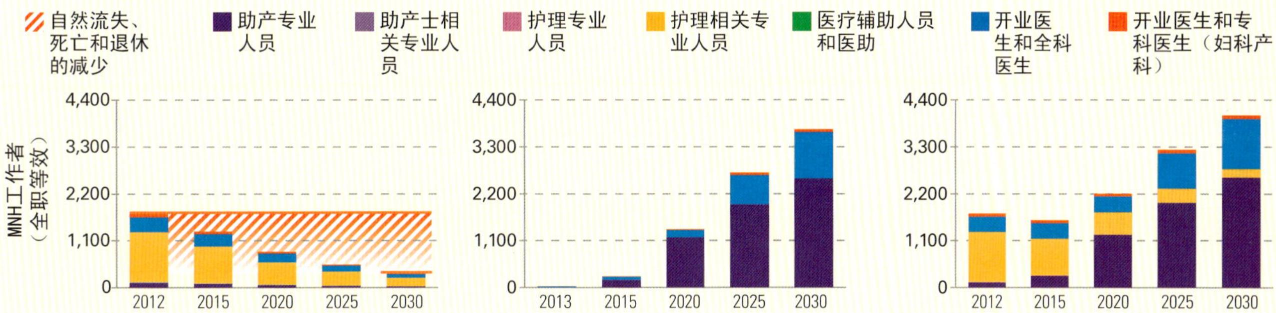

假如…

通过可获得的数据进行的需求预测

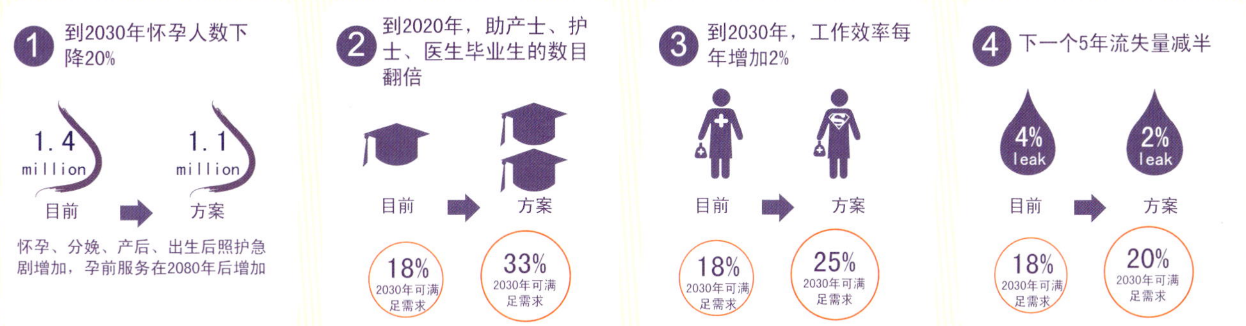

目前发展轨迹

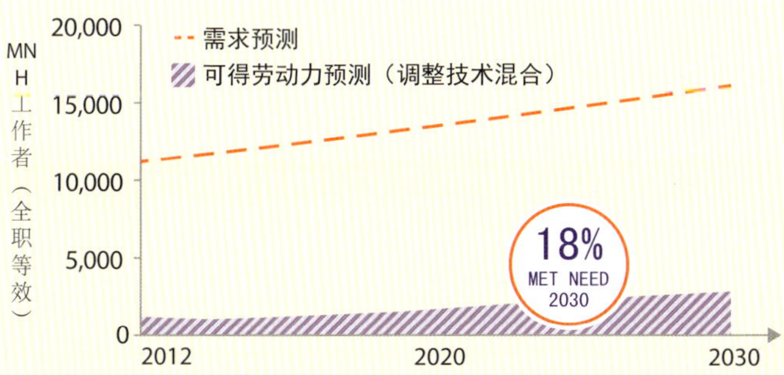

假设发展轨迹

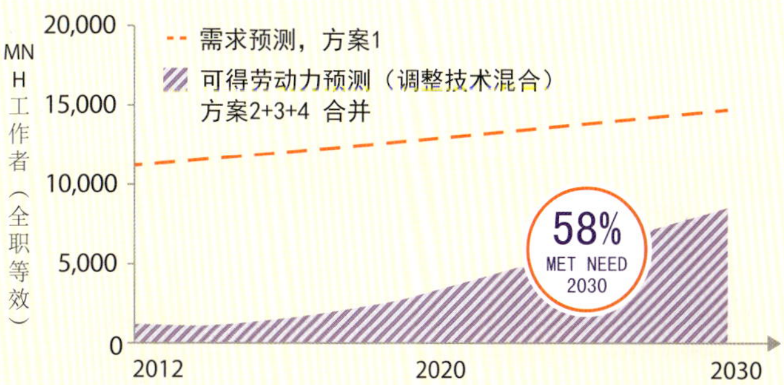

1. 医务工作者分类包含了以下国家的称呼：助产士包括助产士。辅助者包含妇女儿童健康辅助人员，护士助理：辅助助产护士包括国家登记的社区健康护士，全科医生包括卫生干事。产科/妇科医生包括妇产科专业医生。医疗干事和医疗助理包括社区健康干事，来源：2014的SoWMy或者第二来源（WHO全球健康观察、政府政策文件）
2. 年份数据是在STATCOMPILER获得的最新数据
3. 信息参考助产士骨干分类
4. 助产士、护士的国家组织
5. 提出的2030年的MMR、NMR的目标来源于2030年预防母亲死亡的计划和每位新生儿实施计划。

中非共和国

2012年，估计总人口数450万人，330万人（72%）生活在农村，110万的妇女（25%）为育龄妇女。总和生育率是4.4。至2030年，人口估计会增加40%，达到630万人。为了使这些人普遍获得性、生殖及母婴护理，至2030年助产士服务必须适应每年20万的怀孕量。在2012至2030年期间，给予卫生体系的启示是如何更合理地设置人力资源来适应1170万的产前检查，320万的出生量，1280万的产后/出生后随访。

妇女和新生儿的需求（2012）

每年221000的怀孕量=多少照护事件

怀孕量和地域分布2012

0 | <0.09 | 0.10-0.19 | 0.20-0.49 | 0.50-0.99 | 1.00-1.49 | 1.50-1.99 | 2.00-2.49 | 2.50-10.00 | >10.00

APPROX.

- 孕前（所有育龄期妇女ç） = 1,817,000 计划生育
- 产前（怀孕数×4） = 883,000 日常访视
- 分娩 = 160,000 具有熟练技能的接生人员
- 产后（出生数×4）、出生后（新生儿数×4） = 641,000 日常访视

可获得的人力资源（2012）

在MNH[1]工作的人员国家级分类		花费在MNH的时间%
助产士	241	100
助产士、辅助者	273	100
助产护士	na	na
护士	270	5
护士、助产护士	342	10
卫生干事和医助	na	na
开业医生、全科医生	72	5
产科医生、妇科医生	8	100

孕前 产前 分娩 产后 出生后

估计需求=18%

实际工作时间 / 需要工作时间

国家总需求的估算基于可得数据

助产教育[3]

高中教育为最低起点	12年级+
取得资格要求的学习数（全面的）	3
是否为标准化课程设置及最新更新时间	是，2009
课程要求的在指导下的最低接生数	50
2012年毕业数/占总从业的助产人数百分比	21/9
1年内MNH雇佣毕业生的百分数	—

助产法规

有承认助产是自主专业的法律	是
有承认助产是自主专业的法律	是
政府机构规范助产士行为	是
助产执照	否
执照助产士的现场注册	否
助产士拥有的EmONC要求的基本职能数（超出7个）	6
允许助产士提供可注射避孕药/宫内避孕器	是/是

专业组织[4]

专业组织创建年	1983
专业组织角色	
持续专业发展	是
建议和代表被指控不当行为的成员	是
就成员MNH的质量标准提出建议	是
就政府关于MNH的政策性文件提出建议	是
与政府协商工作和工资问题	是

经济可达性

包括最小受益计划的46项RMNH基本干预百分比

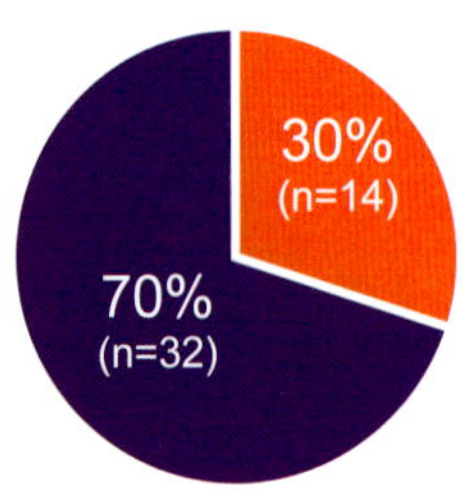

地域可达性

SBA[2]接生数目

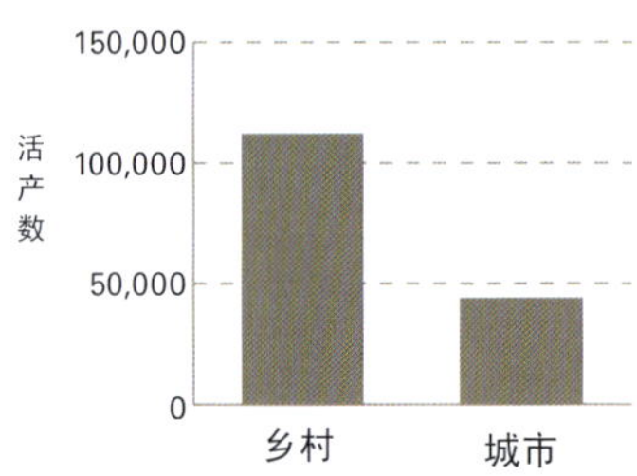

Na=不适合 —=缺失数据

规划怀孕数：城市与乡村

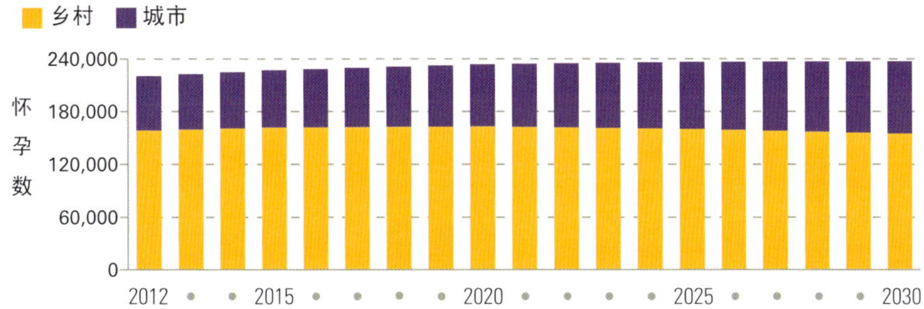

死亡率降低[5]

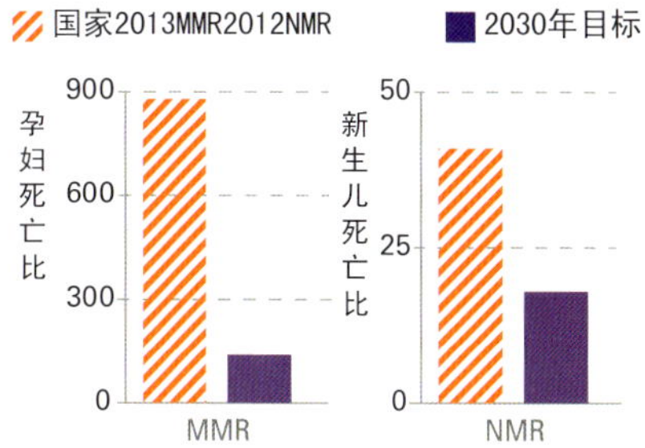

2030年预测和规划

这一部分使用简短的国家已报告数据来计算基于需求上的2030年的预测值。这些预测对记录的入学人数，毕业人数，花费在MNH上的时间百分比，年龄分布，角色和自然流失敏感。如果一些国家数据缺失，标准的、以证据为基础的假设会应用其中。这份预测具有指导意义，应该被用于核实国家数据的准确性和引发进一步的政策讨论。更多信息在50页“如何阅读”部分。

预计减少量　预计增加量　预计工作人数

ISCO-08国际职业标准分类

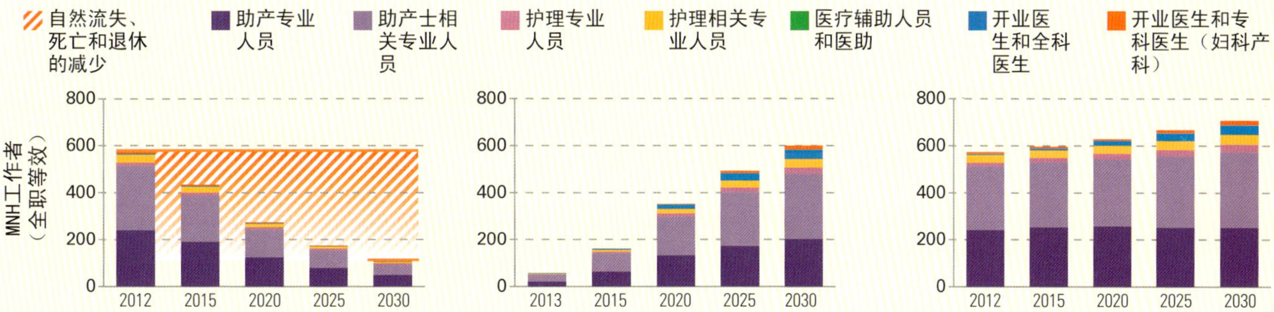

假如…

通过可获得的数据进行的需求预测

1 到2030年怀孕人数下降20%

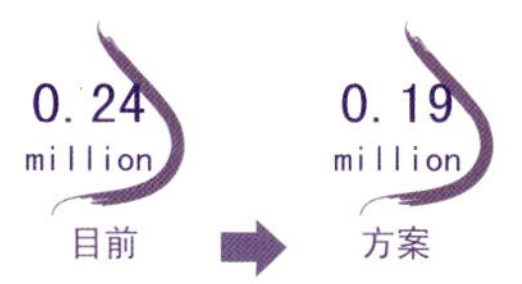

怀孕、分娩、产后、出生后照护急剧增加，孕前服务在2080年后增加

2 到2020年，助产士、护士、医生毕业生的数目翻倍

17% 2030年可满足需求　22% 2030年可满足需求

3 到2030年，工作效率每年增加2%

17% 2030年可满足需求　24% 2030年可满足需求

4 下一个5年流失量减半

17% 2030年可满足需求　20% 2030年可满足需求

目前发展轨迹

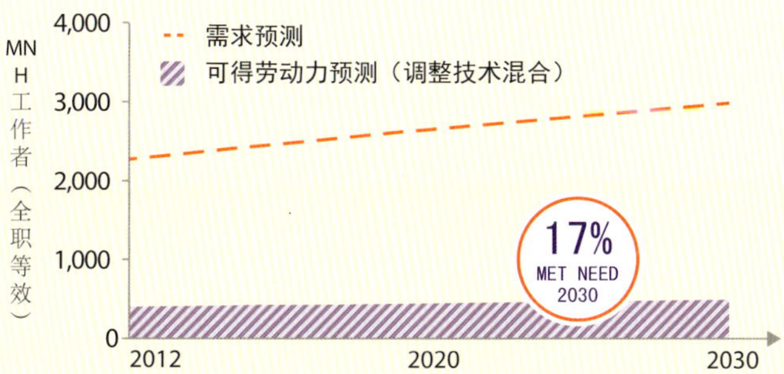

假设发展轨迹

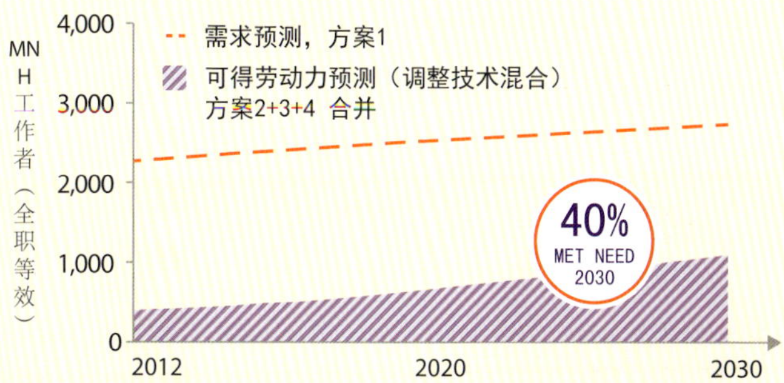

1. 医务工作者分类包含了以下国家的称呼：助产士包括助产士。辅助者包含妇女儿童健康辅助人员，护士助理：辅助助产护士包括国家登记的社区健康护士，全科医生包括卫生干事。产科/妇科医生包括妇产科专业医生。医疗干事和医疗助理包括社区健康干事，来源：2014的SoWMy或者第二来源（WHO全球健康观察、政府政策文件）
2. 年份数据是在STATCOMPILER获得的最新数据
3. 信息参考助产士骨干分类
4. 助产士、护士的国家组织
5. 提出的2030年的MMR、NMR的目标来源于2030年预防母亲死亡的计划和每位新生儿实施计划。

乍得

2012年，估计总人口数1240万人，970万人（78%）生活在农村，270万的妇女（22%）为育龄妇女。总和生育率是6.3。至2030年，人口估计会增加68%，达到2090万人。为了使这些人普遍获得性、生殖及母婴护理，至2030年助产士服务必须适应每年100万的怀孕量。其中有73%在农村。在2012至2030年期间，给予卫生体系的启示是如何更合理地设置人力资源来适应6850万的产前检查，1320万的出生量，5290万的产后/出生后随访。

妇女和新生儿的需求（2012）

每年774000的怀孕量=多少照护事件

怀孕量和地域分布2012

■0 ■<0.09 ■0.10-0.19 ■0.20-0.49 ■0.50-0.99 ■1.00-1.49 ■1.50-1.99 ■2.00-2.49 ■2.50-10.00 ■>10.00

孕前（所有育龄期妇女ç） APPROX. = 5,155,000 计划生育

产前（怀孕数×4） = 3,094,000 日常访视

分娩 = 598,000 具有熟练技能的接生人员

产后（出生数×4）
出生后（新生儿数×4） = 2,391,000 日常访视

可获得的人力资源（2012）

	在MNH[1]工作的人员国家级分类	花费在MNH的时间%
助产士	416	–
助产士、辅助者	na	na
助产护士	na	na
护士	400	25
护士、助产护士	245	–
卫生干事和医助	na	na
开业医生、全科医生	527	–
产科医生、妇科医生	23	100

孕前 / 产前 / 分娩 / 产后 / 出生后

估计需求= **8%**

实际工作时间
需要工作时间

国家总需求的估算基于可得数据

助产教育[3]

高中教育为最低起点	12年级+
取得资格要求的学习数（全面的）	3
是否为标准化课程设置及最新更新时间	是，2013
课程要求的在指导下的最低接生数	15
2012年毕业数/占总从业的助产人数百分比	265/64
1年内MNH雇佣毕业生的百分数	25%

助产法规

有承认助产是自主专业的法律	否
有承认助产是自主专业的法律	是
政府机构规范助产士行为	否
助产执照	否
执照助产士的现场注册	否
助产士拥有的EmONC要求的基本职能数（超出7个）	7
允许助产士提供可注射避孕药/宫内避孕器	是/是

专业组织[4]

专业组织创建年	1987, 1994
专业组织角色	
持续专业发展	否
建议和代表被指控不当行为的成员	是
就成员MNH的质量标准提出建议	是
就政府关于MNH的政策性文件提出建议	是
与政府协商工作和工资问题	是

经济可达性

包括最小受益计划的46项RMNH基本干预百分比

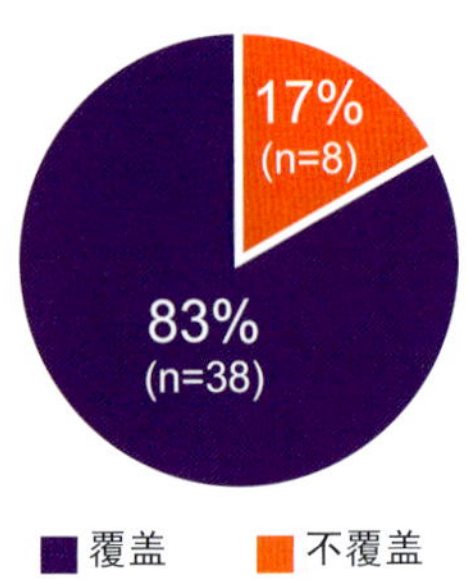

地域可达性

SBA[2]接生数目

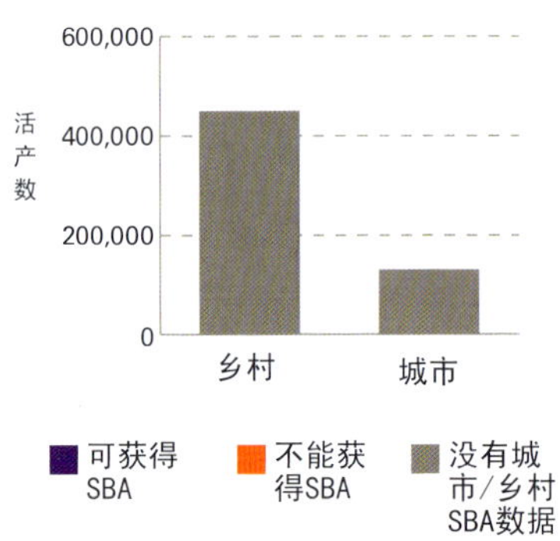

Na=不适合 —=缺失数据

规划怀孕数：城市与乡村

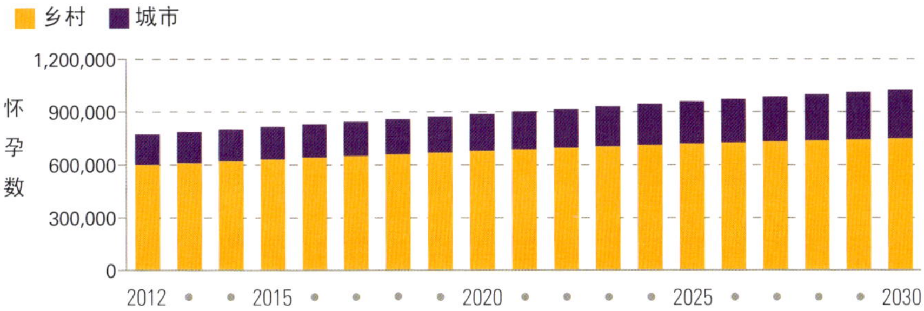

死亡率降低[5]

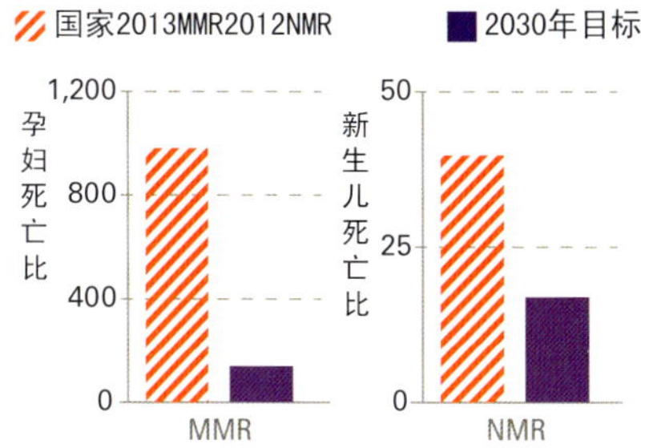

2030年预测和规划

这一部分使用简短的国家已报告数据来计算基于需求上的2030年的预测值。这些预测对记录的入学人数，毕业人数，花费在MNH上的时间百分比，年龄分布，角色和自然流失敏感。如果一些国家数据缺失，标准的、以证据为基础的假设会应用其中。这份预测具有指导意义，应该被用于核实国家数据的准确性和引发进一步的政策讨论。更多信息在50页“如何阅读”部分。

预计减少量　预计增加量　预计工作人数

ISCO-08国际职业标准分类

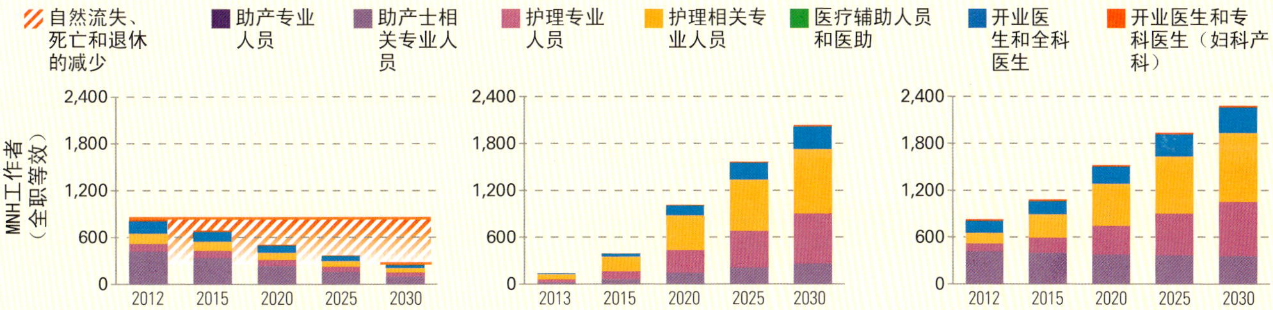

假如…

通过可获得的数据进行的需求预测

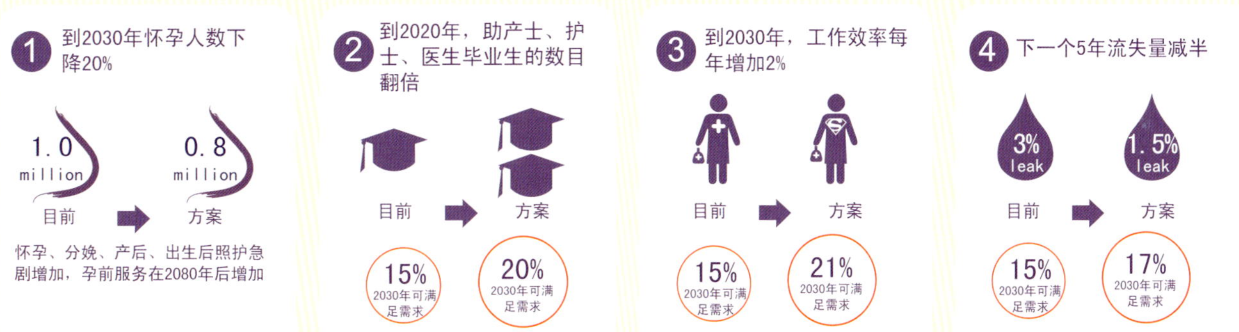

目前发展轨迹

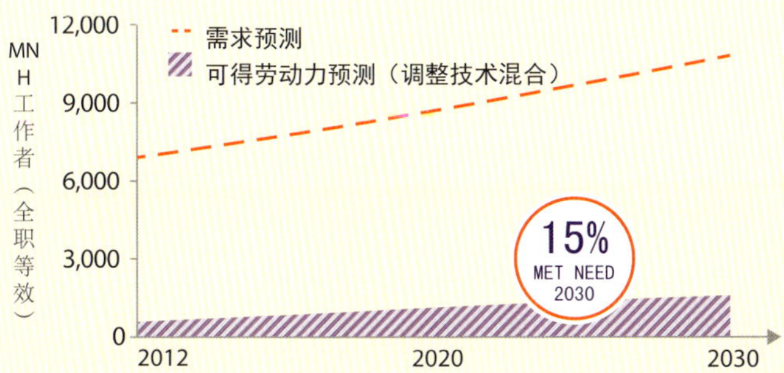

假设发展轨迹

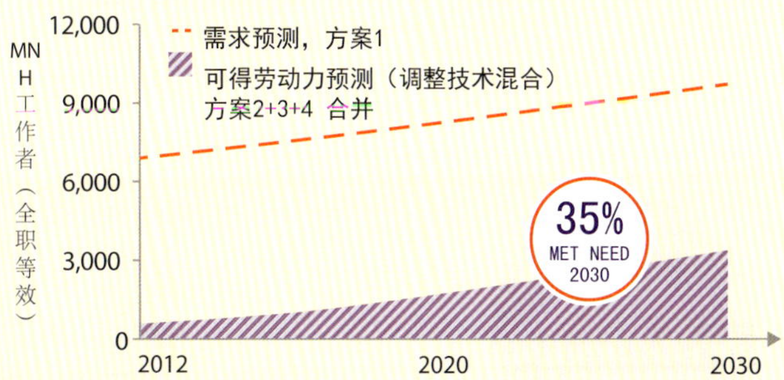

1. 医务工作者分类包含了以下国家的称呼：助产士包括助产士。辅助者包含妇女儿童健康辅助人员，护士助理：辅助助产护士包括国家登记的社区健康护士，全科医生包括卫生干事。产科/妇科医生包括妇产科专业医生。医疗干事和医疗助理包括社区健康干事，来源：2014的SoWMy或者第二来源（WHO全球健康观察、政府政策文件）
2. 年份数据是在STATCOMPILER获得的最新数据
3. 信息参考助产士骨干分类
4. 助产士、护士的国家组织
5. 提出的2030年的MMR、NMR的目标来源于2030年预防母亲死亡的计划和每位新生儿实施计划。

中国

2012年，估计总人口数13.771亿人，6.6亿人（48%）生活在农村，3.754亿的妇女（27%）为育龄妇女。总和生育率是1.7。至2030年，人口估计会增加6%，达到14.533亿人。为了使这些人普遍获得性、生殖及母婴护理，至2030年助产士服务必须适应每年2480万的怀孕量。在2012至2030年期间，给予卫生体系的启示是如何更合理地设置人力资源来适应24.548亿的产前检查，3.085亿的出生量，12.34亿的产后/出生后随访。

妇女和新生儿的需求（2012）

每年32464000的怀孕量=多少照护事件

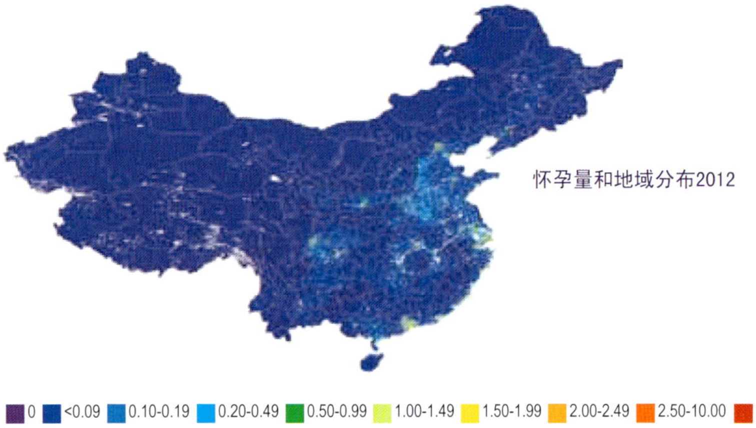

孕前（所有育龄期妇女ç） = APPROX. 728,311,000 计划生育

产前（怀孕数×4） = 129,856,000 日常访视

分娩 = 18,591,000 具有熟练技能的接生人员

产后（出生数×4）
出生后（新生儿数×4） = 74,363,000 日常访视

可获得的人力资源（2012）

	在MNH[1]工作的人员国家级分类	花费在MNH的时间%
助产士	na	na
助产士、辅助者	na	na
助产护士	217,670	100
护士	na	na
护士、助产护士	na	na
卫生干事和医助	na	na
开业医生、全科医生	–	100
产科医生、妇科医生	245,698	100

孕前 / 产前 / 分娩 / 产后 / 出生后

估计需求=59%

实际工作时间 / 需要工作时间

国家总需求的估算基于可得数据

助产教育[3]

高中教育为最低起点	12年级+
取得资格要求的学习数（全面的）	3
是否为标准化课程设置及最新更新时间	是，2013
课程要求的在指导下的最低接生数	—
2012年毕业数/占总从业的助产人数百分比	—/—
1年内MNH雇佣毕业生的百分数	70%

助产法规

有承认助产是自主专业的法律	否
有承认助产是自主专业的法律	否
政府机构规范助产士行为	否
助产执照	否
执照助产士的现场注册	否
助产士拥有的EmONC要求的基本职能数（超出7个）	7
允许助产士提供可注射避孕药/宫内避孕器	是/是

专业组织[4]

专业组织创建年	1909
专业组织角色	
持续专业发展	是
建议和代表被指控不当行为的成员	否
就成员MNH的质量标准提出建议	是
就政府关于MNH的政策性文件提出建议	是
与政府协商工作和工资问题	否

经济可达性

包括最小受益计划的46项RMNH基本干预百分比

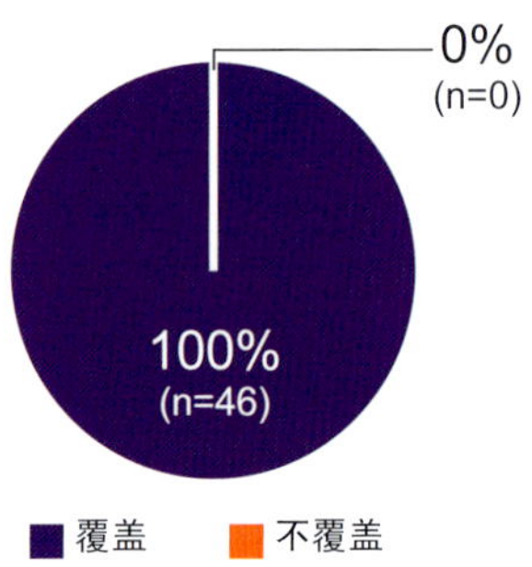

地域可达性

SBA[2]接生数目

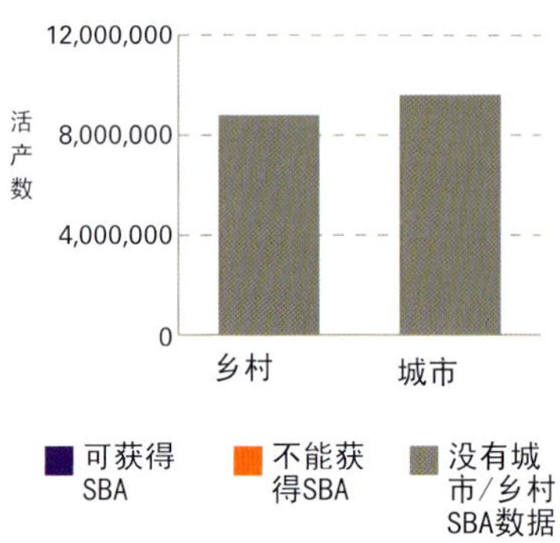

Na=不适合 —=缺失数据

规划怀孕数：城市与乡村

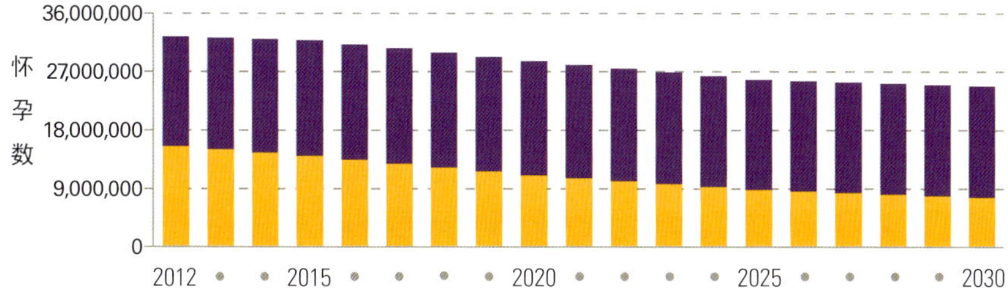

死亡率降低[5]

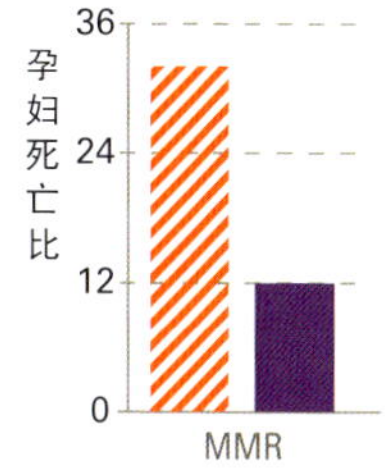

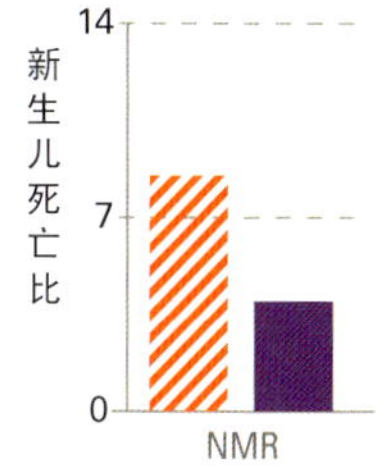

2030年预测和规划

这一部分使用简短的国家已报告数据来计算基于需求上的2030年的预测值。这些预测对记录的入学人数，毕业人数，花费在MNH上的时间百分比，年龄分布，角色和自然流失敏感。如果一些国家数据缺失，标准的、以证据为基础的假设会应用其中。这份预测具有指导意义，应该被用于核实国家数据的准确性和引发进一步的政策讨论。更多信息在50页“如何阅读”部分。

预计减少量　预计增加量　预计工作人数

ISCO-08国际职业标准分类

自然流失、死亡和退休的减少 | 助产专业人员 | 助产士相关专业人员 | 护理专业人员 | 护理相关专业人员 | 医疗辅助人员和医助 | 开业医生和全科医生 | 开业医生和专科医生（妇科产科）

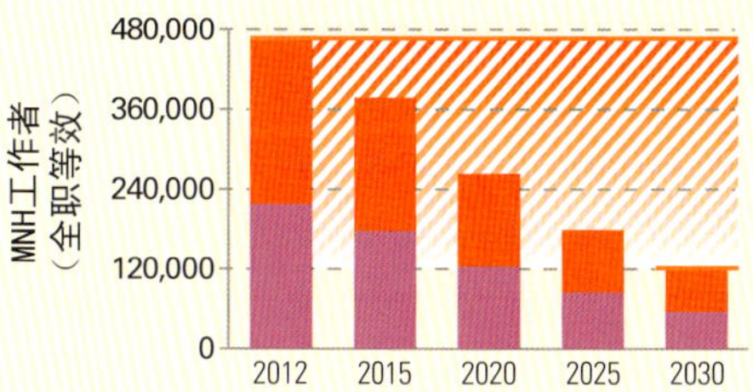

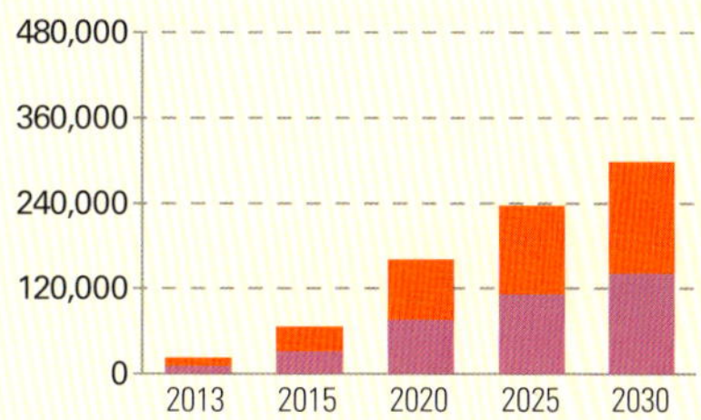

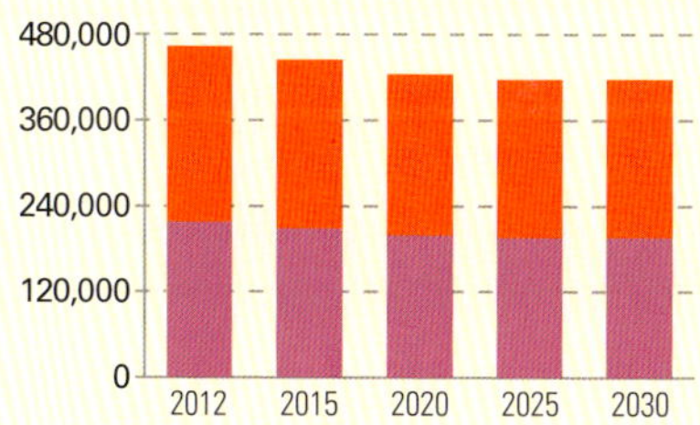

假如…

通过可获得的数据进行的需求预测

1 到2030年怀孕人数下降20%

怀孕、分娩、产后、出生后照护急剧增加，孕前服务在2080年后增加

64% 2030年可满足需求　100% 2030年可满足需求

2 到2020年，助产士、护士、医生毕业生的数目翻倍

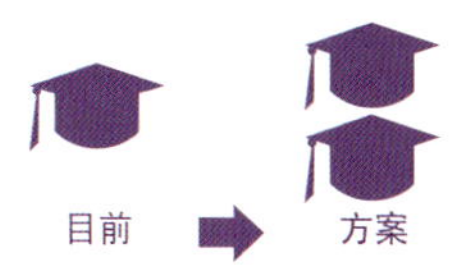

64% 2030年可满足需求　100% 2030年可满足需求

3 到2030年，工作效率每年增加2%

64% 2030年可满足需求　91% 2030年可满足需求

4 下一个5年流失量减半

64% 2030年可满足需求　77% 2030年可满足需求

目前发展轨迹

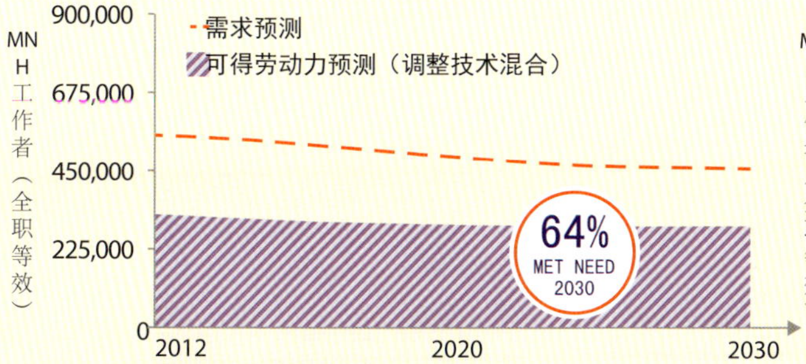

假设发展轨迹

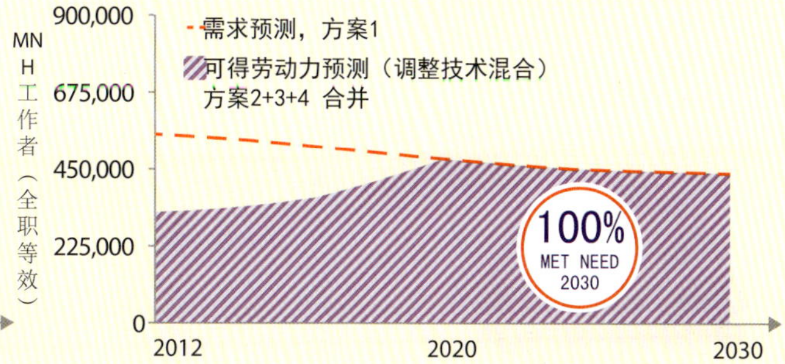

1. 医务工作者分类包含了以下国家的称呼：助产士包括助产士。辅助者包含妇女儿童健康辅助人员，护士助理；辅助助产护士包括国家登记的社区健康护士，全科医生包括卫生干事。产科/妇科医生包括妇产科专业医生。医疗干事和医疗助理包括社区健康干事，来源：2014的SoWMy或者第二来源（WHO全球健康观察、政府政策文件）
2. 年份数据是在STATCOMPILER获得的最新数据
3. 信息参考助产士骨干分类
4. 助产士、护士的国家组织
5. 提出的2030年的MMR、NMR的目标来源于2030年预防母亲死亡的计划和每位新生儿实施计划。

科摩罗

2012年，估计总人口数70万人，40万人（54%）生活在农村，20万的妇女（24%）为育龄妇女。总和生育率是4.7。至2030年，人口估计会增加47%，达到110万人。为了使这些人普遍获得性、生殖及母婴护理，至2030年助产士服务必须适应每年5万的怀孕量。在2012至2030年期间，给予卫生体系的启示是如何更合理地设置人力资源来适应330万的产前检查，60万的出生量，240万的产后/出生后随访。

妇女和新生儿的需求（2012）

每年39000的怀孕量=多少照护事件

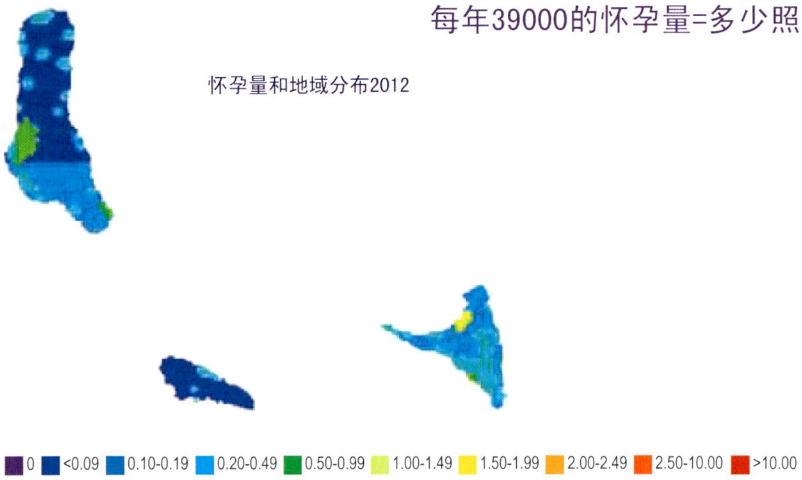

孕前（所有育龄期妇女ç） = APPROX. 345,000 计划生育

产前（怀孕数×4） = 157,000 日常访视

分娩 = 29,000 具有熟练技能的接生人员

产后（出生数×4）
出生后（新生儿数×4） = 115,000 日常访视

可获得的人力资源（2012）

在MNH[1]工作的人员国家级分类		花费在MNH的时间%
助产士	284	100
助产士、辅助者	11	100
助产护士	na	na
护士	na	na
护士、助产护士	na	na
卫生干事和医助	na	na
开业医生、全科医生	197	20
产科医生、妇科医生	6	100

孕前 产前 分娩 产后 出生后

估计需求=

63%

实际工作时间
需要工作时间

国家总需求的估算基于可得数据

助产教育[3]

高中教育为最低起点	12年级+
取得资格要求的学习数（全面的）	3
是否为标准化课程设置及最新更新时间	是，2003
课程要求的在指导下的最低接生数	29
2012年毕业数/占总从业的助产人数百分比	17/6
1年内MNH雇佣毕业生的百分数	10%

助产法规

有承认助产是自主专业的法律	否
有承认助产是自主专业的法律	否
政府机构规范助产士行为	是
助产执照	否
执照助产士的现场注册	否
助产士拥有的EmONC要求的基本职能数（超出7个）	7
允许助产士提供可注射避孕药/宫内避孕器	是/是

专业组织[4]

专业组织创建年	2012
专业组织角色	
持续专业发展	是
建议和代表被指控不当行为的成员	否
就成员MNH的质量标准提出建议	是
就政府关于MNH的政策性文件提出建议	是
与政府协商工作和工资问题	是

经济可达性

包括最小受益计划的46项RMNH基本干预百分比

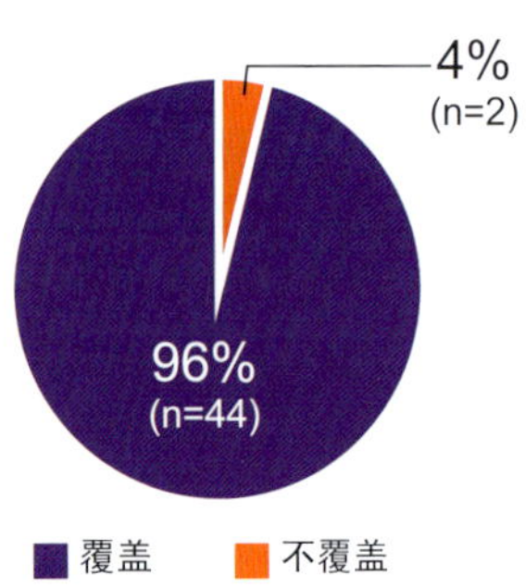

地域可达性

SBA[2]接生数目

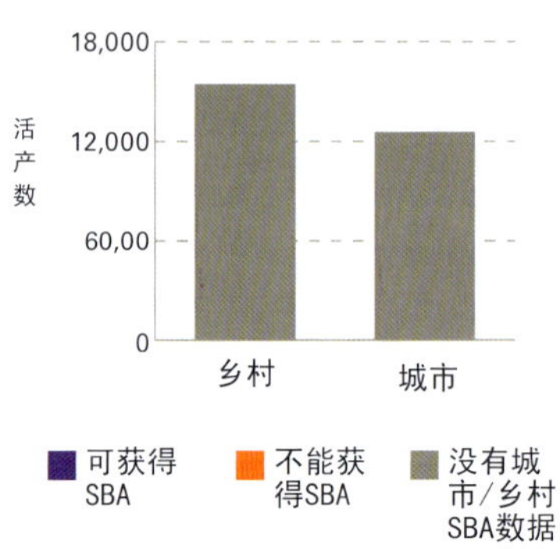

Na=不适合 —=缺失数据

规划怀孕数：城市与乡村

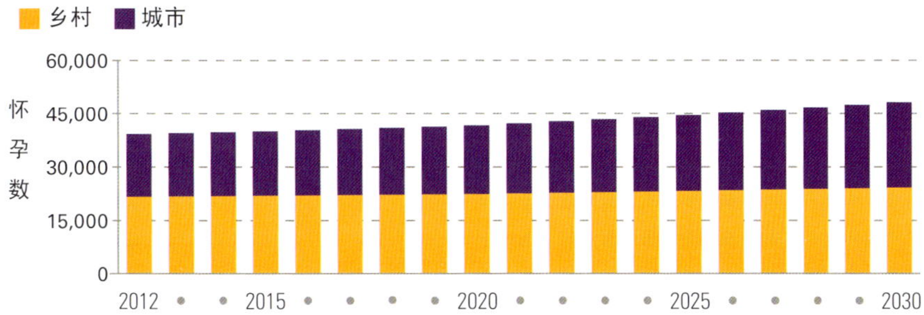

死亡率降低[5]

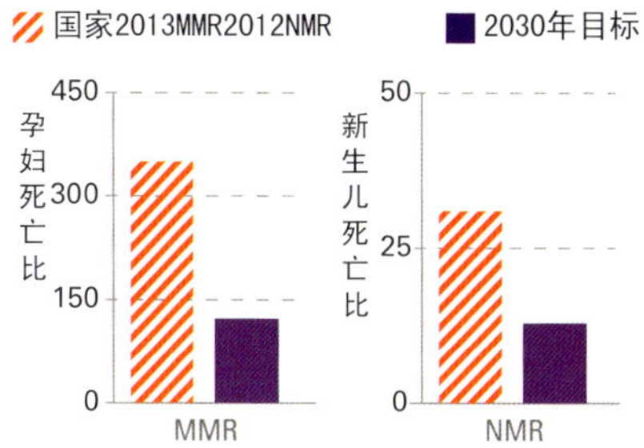

2030年预测和规划

这一部分使用简短的国家已报告数据来计算基于需求上的2030年的预测值。这些预测对记录的入学人数，毕业人数，花费在MNH上的时间百分比，年龄分布，角色和自然流失敏感。如果一些国家数据缺失，标准的、以证据为基础的假设会应用其中。这份预测具有指导意义，应该被用于核实国家数据的准确性和引发进一步的政策讨论。更多信息在50页“如何阅读”部分。

预计减少量 | 预计增加量 | 预计工作人数

ISCO-08国际职业标准分类

- 自然流失、死亡和退休的减少
- 助产专业人员
- 助产士相关专业人员
- 护理专业人员
- 护理相关专业人员
- 医疗辅助人员和医助
- 开业医生和全科医生
- 开业医生和专科医生（妇科产科）

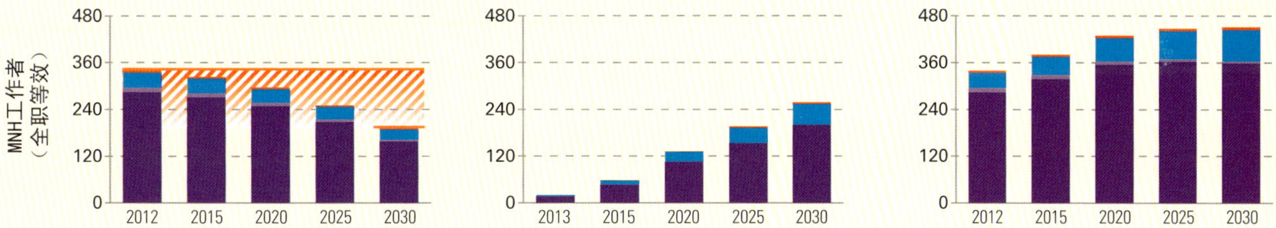

假如…

通过可获得的数据进行的需求预测

1 到2030年怀孕人数下降20%

0.05 million 目前 → 0.04 million 方案

怀孕、分娩、产后、出生后照护急剧增加，孕前服务在2080年后增加

2 到2020年，助产士、护士、医生毕业生的数目翻倍

目前 → 方案

60% 2030年可满足需求 → 86% 2030年可满足需求

3 到2030年，工作效率每年增加2%

目前 → 方案

60% 2030年可满足需求 → 85% 2030年可满足需求

4 下一个5年流失量减半

0.1% leak 目前 → 0.05% leak 方案

60% 2030年可满足需求 → 60% 2030年可满足需求

目前发展轨迹

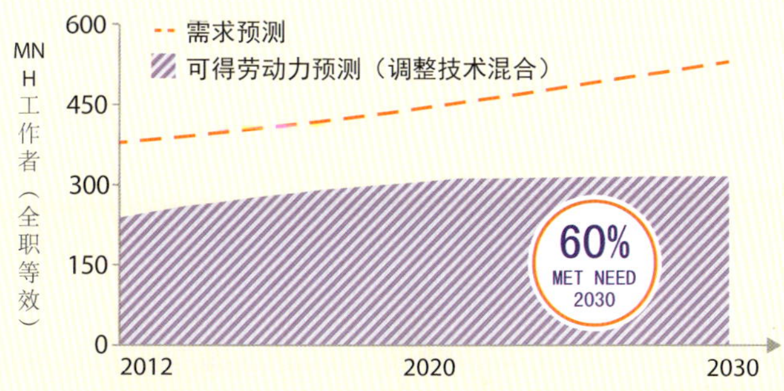

假设发展轨迹

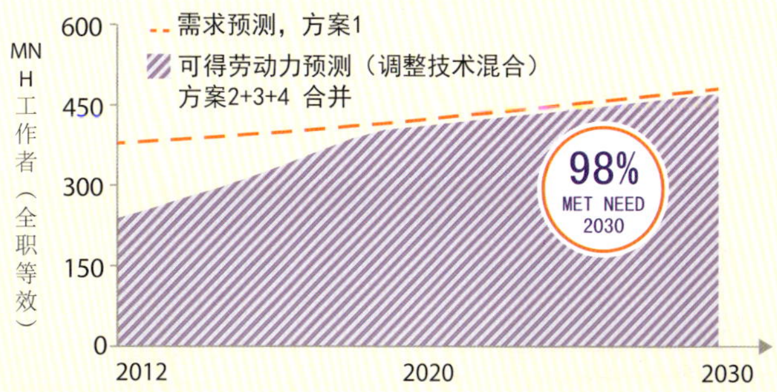

1. 医务工作者分类包含了以下国家的称呼：助产士包括助产士。辅助者包含妇女儿童健康辅助人员，护士助理：辅助助产护士包括国家登记的社区健康护士，全科医生包括卫生干事。产科/妇科医生包括妇产科专业医生。医疗干事和医疗助理包括社区健康干事，来源：2014的SoWMy或者第二来源（WHO全球健康观察、政府政策文件）
2. 年份数据是在STATCOMPILER获得的最新数据
3. 信息参考助产士骨干分类
4. 助产士、护士的国家组织
5. 提出的2030年的MMR、NMR的目标来源于2030年预防母亲死亡的计划和每位新生儿实施计划。

刚果

2012年，估计总人数430万人，170万人（39%）生活在农村，100万的妇女（24%）为育龄妇女。总和生育率是5。至2030年，人口估计会增加56%，达到680万人。为了使这些人普遍获得性、生殖及母婴护理，至2030年助产士服务必须适应每年30万的怀孕量。其中有36%在农村。在2012至2030年期间，给予卫生体系的启示是如何更合理地设置人力资源来适应2070万的产前检查，360万的出生量，1460万的产后/出生后随访。

妇女和新生儿的需求（2012）

每年240000的怀孕量=多少照护事件

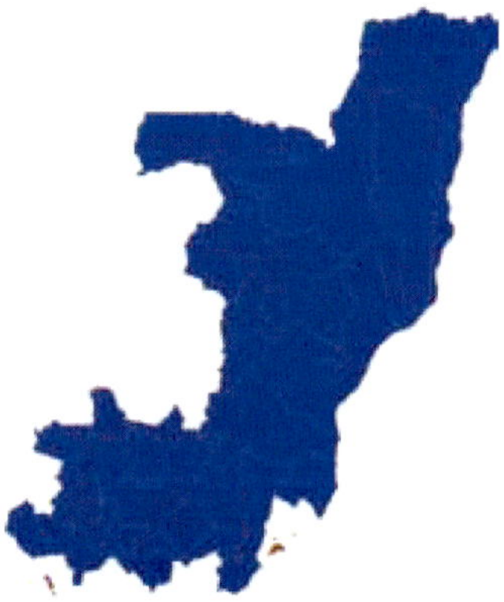

怀孕量和地域分布2012

0 | <0.09 | 0.10-0.19 | 0.20-0.49 | 0.50-0.99 | 1.00-1.49 | 1.50-1.99 | 2.00-2.49 | 2.50-10.00 | >10.00

APPROX.

孕前（所有育龄期妇女ç） = 2,109,000 计划生育

产前（怀孕数×4） = 962,000 日常访视

分娩 = 169,000 具有熟练技能的接生人员

产后（出生数×4）

出生后（新生儿数×4） = 676,000 日常访视

可获得的人力资源（2012）

在MNH[1]工作的人员国家级分类		花费在MNH的时间%
助产士	1,215	90
助产士、辅助者	67	–
助产护士	28	90
护士	na	na
护士、助产护士	na	na
卫生干事和医助	na	na
开业医生、全科医生	323	–
产科医生、妇科医生	41	90

孕前 / 产前 / 分娩 / 产后 / 出生后

估计需求= 40%

实际工作时间 / 需要工作时间

国家总需求的估算基于可得数据

助产教育[3]

高中教育为最低起点	12年级+
取得资格要求的学习数（全面的）	3
是否为标准化课程设置及最新更新时间	是，1999
课程要求的在指导下的最低接生数	10
2012年毕业数/占总从业的助产人数百分比	88/7
1年内MNH雇佣毕业生的百分数	—

助产法规

有承认助产是自主专业的法律	是
有承认助产是自主专业的法律	是
政府机构规范助产士行为	是
助产执照	否
执照助产士的现场注册	是
助产士拥有的EmONC要求的基本职能数（超出7个）	7
允许助产士提供可注射避孕药/宫内避孕器	是/是

专业组织[4]

专业组织创建年	2010
专业组织角色	
持续专业发展	是
建议和代表被指控不当行为的成员	否
就成员MNH的质量标准提出建议	是
就政府关于MNH的政策性文件提出建议	否
与政府协商工作和工资问题	否

经济可达性

包括最小受益计划的46项RMNH基本干预百分比

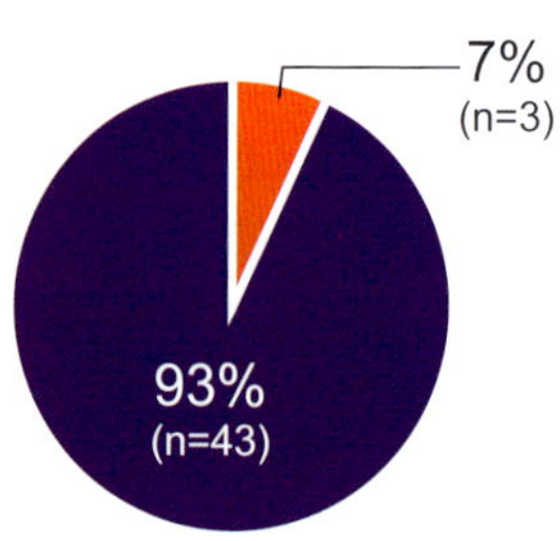

地域可达性

SBA[2]接生数目

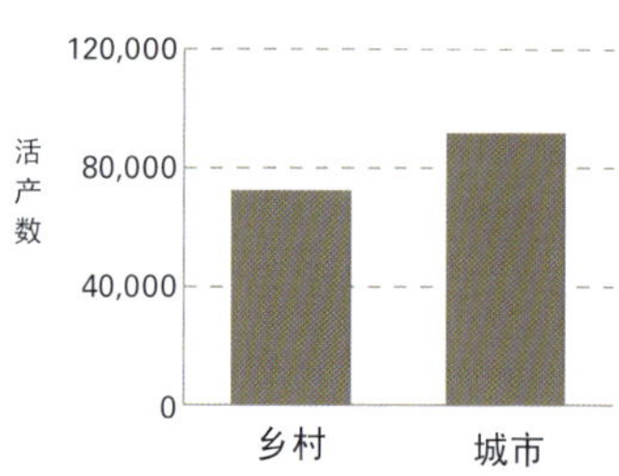

Na=不适合　　—=缺失数据

规划怀孕数：城市与乡村

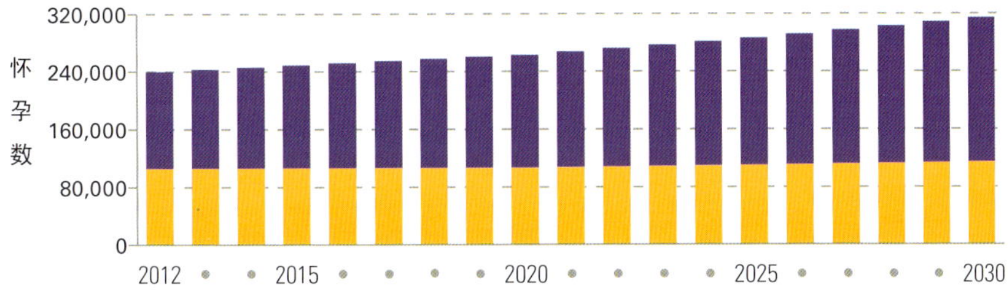

死亡率降低[5]

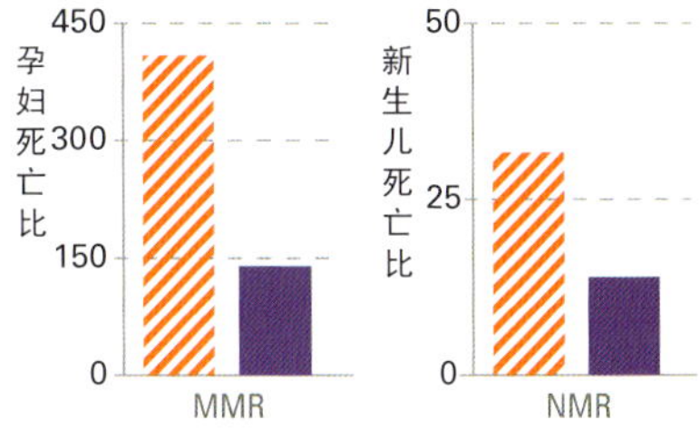

2030年预测和规划

这一部分使用简短的国家已报告数据来计算基于需求上的2030年的预测值。这些预测对记录的入学人数，毕业人数，花费在MNH上的时间百分比，年龄分布，角色和自然流失敏感。如果一些国家数据缺失，标准的、以证据为基础的假设会应用其中。这份预测具有指导意义，应该被用于核实国家数据的准确性和引发进一步的政策讨论。更多信息在50页“如何阅读”部分。

预计减少量

预计增加量

预计工作人数

ISCO-08国际职业标准分类

自然流失、死亡和退休的减少 | 助产专业人员 | 助产士相关专业人员 | 护理专业人员 | 护理相关专业人员 | 医疗辅助人员和医助 | 开业医生和全科医生 | 开业医生和专科医生（妇科产科）

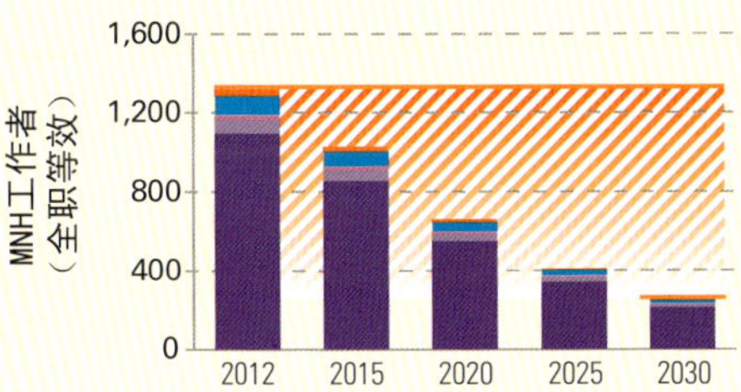

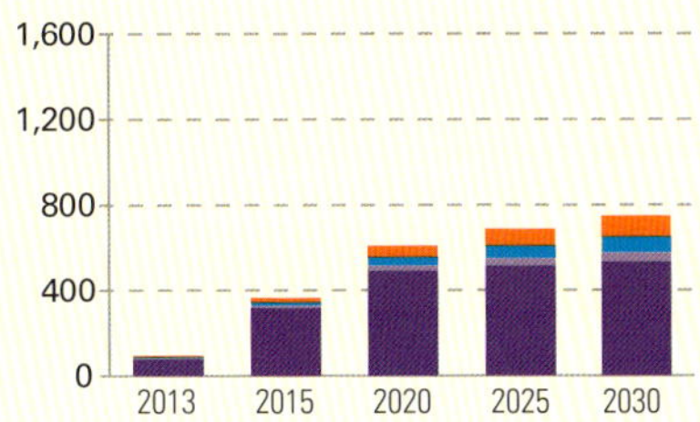

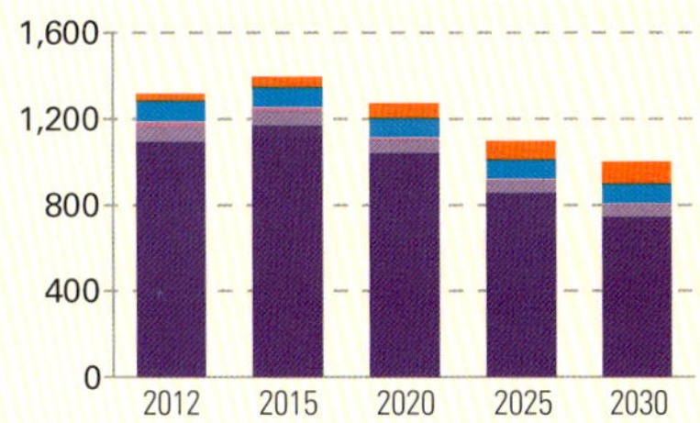

假如…

通过可获得的数据进行的需求预测

1 到2030年怀孕人数下降20%

怀孕、分娩、产后、出生后照护急剧增加，孕前服务在2080年后增加

2 到2020年，助产士、护士、医生毕业生的数目翻倍

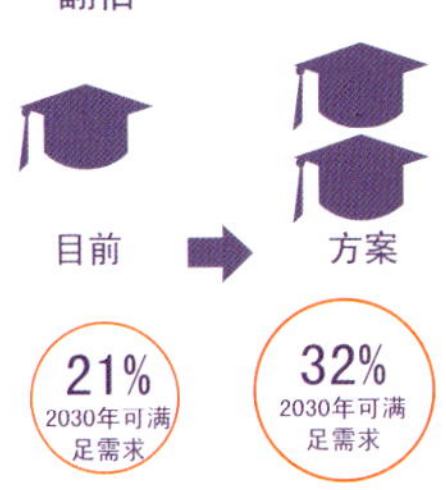

3 到2030年，工作效率每年增加2%

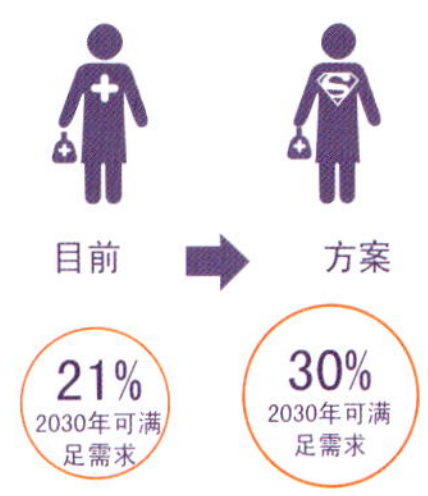

4 下一个5年流失量减半

目前发展轨迹

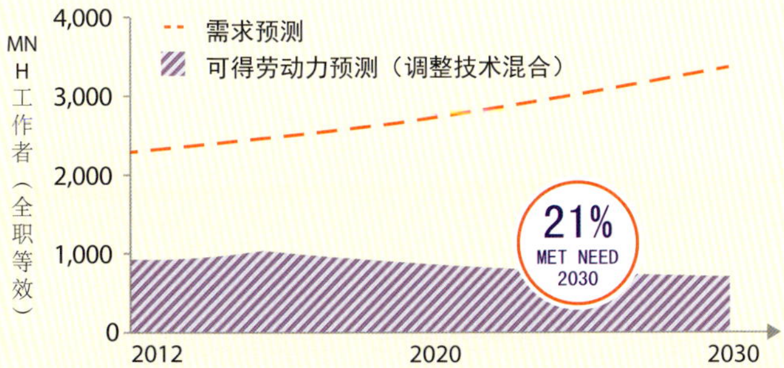

假设发展轨迹

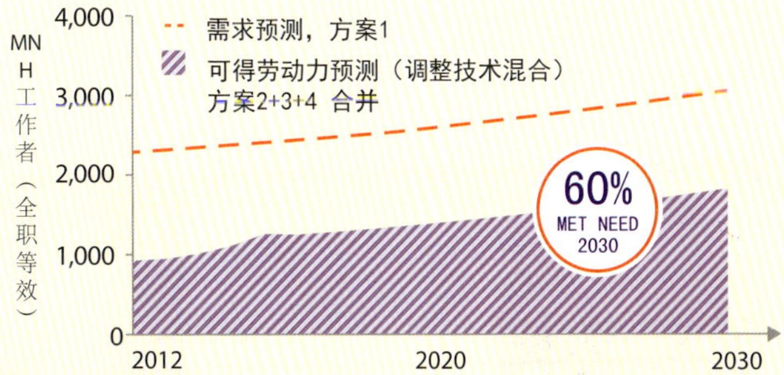

1. 医务工作者分类包含了以下国家的称呼：助产士包括助产士。辅助者包含妇女儿童健康辅助人员，护士助理；辅助助产护士包括国家登记的社区健康护士，全科医生包括卫生干事。产科/妇科医生包括妇产科专业医生。医疗干事和医疗助理包括社区健康干事，来源：2014的SoWMy或者第二来源（WHO全球健康观察、政府政策文件）
2. 年份数据是在STATCOMPILER获得的最新数据
3. 信息参考助产士骨干分类
4. 助产士、护士的国家组织
5. 提出的2030年的MMR、NMR的目标来源于2030年预防母亲死亡的计划和每位新生儿实施计划。

刚果民主共和国

2012年，估计总人数6570万人，4940万人（75%）生活在农村，1500万的妇女（23%）为育龄妇女。总和生育率是6。至2030年，人口估计会增加67%，达到1.037亿人。为了使这些人普遍获得性、生殖及母婴护理，至2030年助产士服务必须适应每年520万的怀孕量。其中有71%在农村。在2012至2030年期间，给予卫生体系的启示是如何更合理地设置人力资源来适应3.527亿的产前检查，6360万的出生量，2.545亿的产后/出生后随访。

妇女和新生儿的需求（2012）

每年4048000的怀孕量=多少照护事件

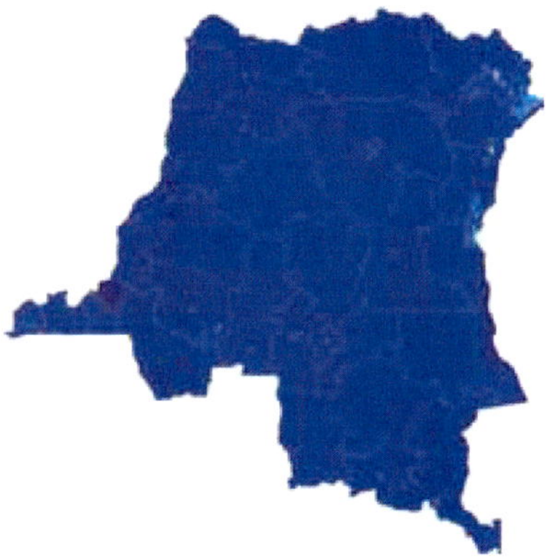

怀孕量和地域分布2012

APPROX.

- 孕前（所有育龄期妇女ç） = 25,382,000 计划生育
- 产前（怀孕数×4） = 16,194,000 日常访视
- 分娩 = 2,922,000 具有熟练技能的接生人员
- 产后（出生数×4）、出生后（新生儿数×4） = 11,687,000 日常访视

可获得的人力资源（2012）

	在MNH[1]工作的人员国家级分类	花费在MNH的时间%
助产士	0	95
助产士、辅助者	1,555	95
助产护士	555	85
护士	57,703	40
护士、助产护士	–	85
卫生干事和医助	na	na
开业医生、全科医生	5,832	25
产科医生、妇科医生	200	95

孕前 / 产前 / 分娩 / 产后 / 出生后

估计需求= 53%

实际工作时间 / 需要工作时间

国家总需求的估算基于可得数据

助产教育[3]

高中教育为最低起点	12年级+
取得资格要求的学习数（全面的）	3
是否为标准化课程设置及最新更新时间	是，2013
课程要求的在指导下的最低接生数	50
2012年毕业数/占总从业的助产人数百分比	0/na
1年内MNH雇佣毕业生的百分数	na

助产法规

有承认助产是自主专业的法律	否
有承认助产是自主专业的法律	是
政府机构规范助产士行为	否
助产执照	否
执照助产士的现场注册	否
助产士拥有的EmONC要求的基本职能数（超出7个）	7
允许助产士提供可注射避孕药/宫内避孕器	是/是

专业组织[4]

专业组织创建年	1992, 2000, 2012
专业组织角色	
持续专业发展	是
建议和代表被指控不当行为的成员	是
就成员MNH的质量标准提出建议	是
就政府关于MNH的政策性文件提出建议	是
与政府协商工作和工资问题	是

经济可达性

包括最小受益计划的46项RMNH基本干预百分比

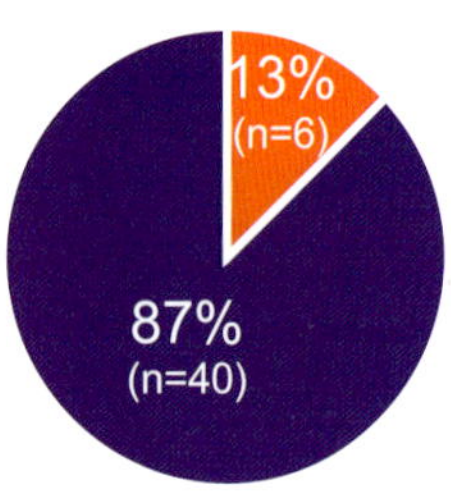

地域可达性

SBA[2]接生数目

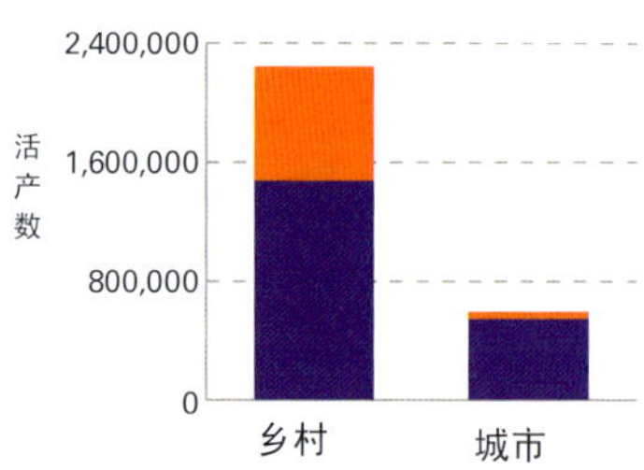

Na=不适合　　—=缺失数据

规划怀孕数：城市与乡村

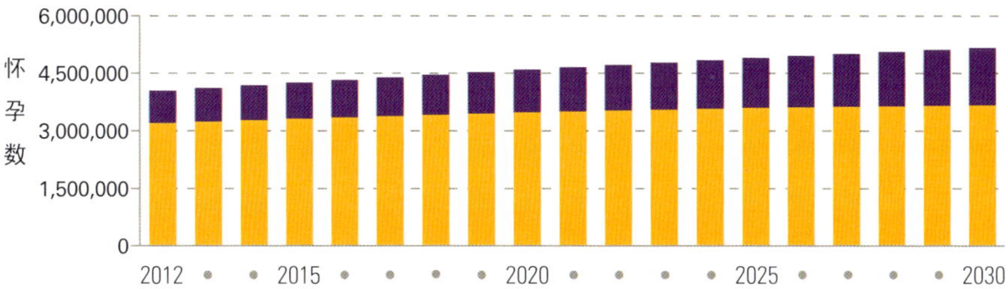

死亡率降低[5]

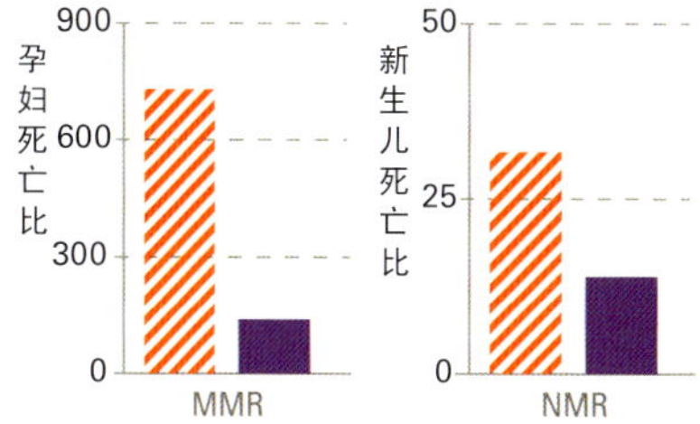

2030年预测和规划

这一部分使用简短的国家已报告数据来计算基于需求上的2030年的预测值。这些预测对记录的入学人数，毕业人数，花费在MNH上的时间百分比，年龄分布，角色和自然流失敏感。如果一些国家数据缺失，标准的、以证据为基础的假设会应用其中。这份预测具有指导意义，应该被用于核实国家数据的准确性和引发进一步的政策讨论。更多信息在50页“如何阅读”部分。

预计减少量　预计增加量　预计工作人数

ISCO-08国际职业标准分类

自然流失、死亡和退休的减少　助产专业人员　助产士相关专业人员　护理专业人员　护理相关专业人员　医疗辅助人员和医助　开业医生和全科医生　开业医生和专科医生（妇科产科）

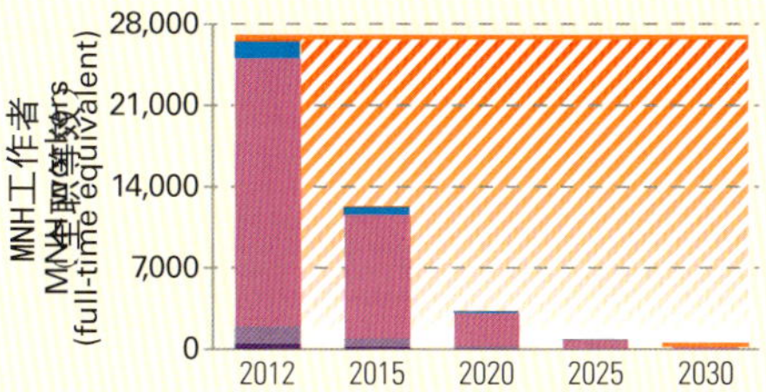

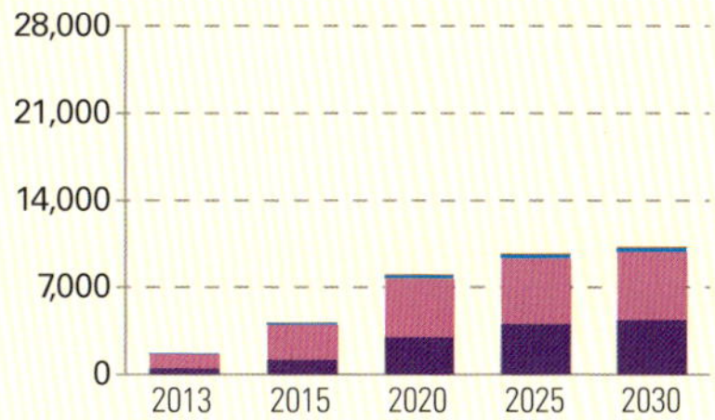

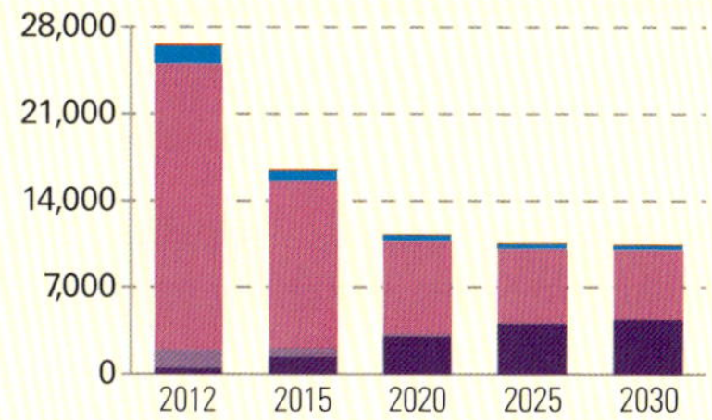

假如…

通过可获得的数据进行的需求预测

1 到2030年怀孕人数下降20%

怀孕、分娩、产后、出生后照护急剧增加，孕前服务在2080年后增加

2 到2020年，助产士、护士、医生毕业生的数目翻倍

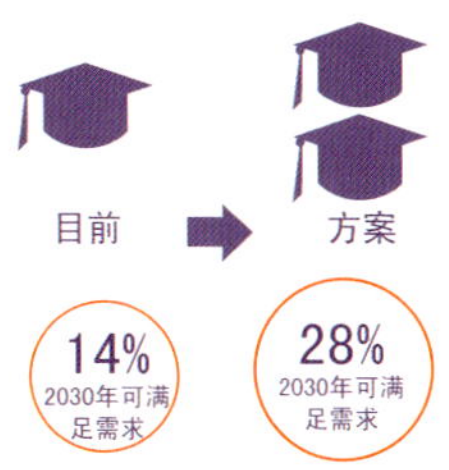

3 到2030年，工作效率每年增加2%

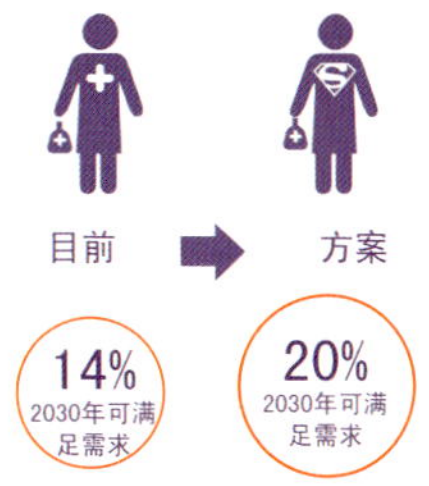

4 下一个5年流失量减半

目前发展轨迹　假设发展轨迹

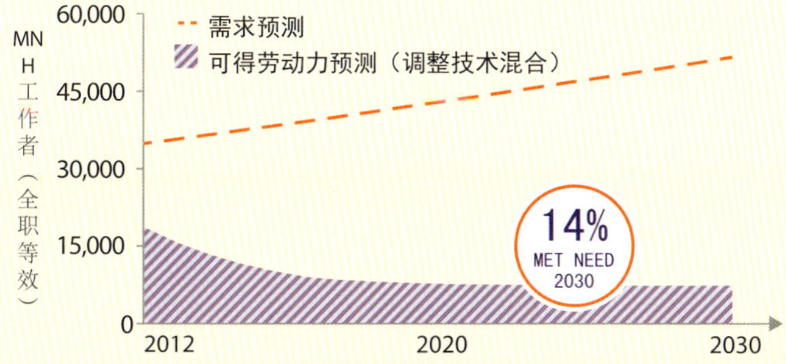

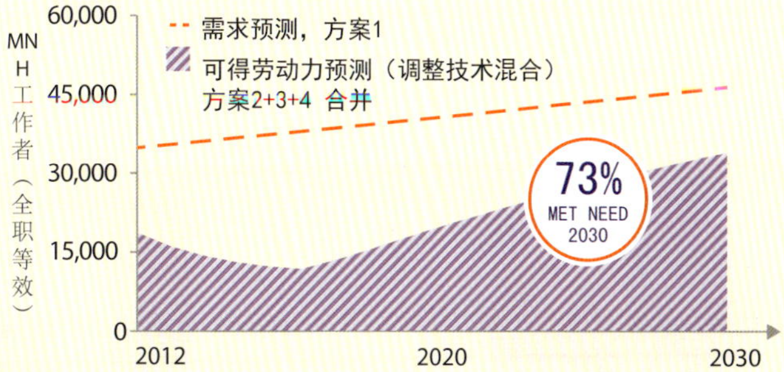

1. 医务工作者分类包含了以下国家的称呼：助产士包括助产士。辅助者包含妇女儿童健康辅助人员，护士助理；辅助助产护士包括国家登记的社区健康护士，全科医生包括卫生干事。产科/妇科医生包括妇产科专业医生。医疗干事和医疗助理包括社区健康干事，来源：2014的SoWMy或者第二来源（WHO全球健康观察、政府政策文件）
2. 年份数据是在STATCOMPILER获得的最新数据
3. 信息参考助产士骨干分类
4. 助产士、护士的国家组织
5. 提出的2030年的MMR、NMR的目标来源于2030年预防母亲死亡的计划和每位新生儿实施计划。

科特迪瓦共和国

2012年，估计总人数1980万人，1240万人（63%）生活在农村，470万的妇女（24%）为育龄妇女。总和生育率是4.9。至2030年，人口估计会增加47%，达到2920万人。为了使这些人普遍获得性、生殖及母婴护理，至2030年助产士服务必须适应每年130万的怀孕量。其中有61%在农村。在2012至2030年期间，给予卫生体系的启示是如何更合理地设置人力资源来适应9010万的产前检查，1590万的出生量，6340万的产后/出生后随访。

妇女和新生儿的需求（2012）

每年1067000的怀孕量=多少照护事件

怀孕量和地域分布2012

APPROX.

= 7,897,000 计划生育

= 4,269,000 日常访视

= 752,000 具有熟练技能的接生人员

= 3,007,000 日常访视

可获得的人力资源（2012）

在MNH[1]工作的人员国家级分类		花费在MNH的时间%
助产士	2,627	100
助产士、辅助者	1,224	100
助产护士	na	na
护士	2,961	–
护士、助产护士	na	na
卫生干事和医助	na	na
开业医生、全科医生	114	100
产科医生、妇科医生	444	100

估计需求=

48%

实际工作时间 / 需要工作时间

国家总需求的估算基于可得数据

助产教育[3]

高中教育为最低起点	12年级+
取得资格要求的学习数（全面的）	3
是否为标准化课程设置及最新更新时间	是，2012
课程要求的在指导下的最低接生数	15
2012年毕业数/占总从业的助产人数百分比	501/19
1年内MNH雇佣毕业生的百分数	0%

助产法规

有承认助产是自主专业的法律	是
有承认助产是自主专业的法律	是
政府机构规范助产士行为	是
助产执照	否
执照助产士的现场注册	是
助产士拥有的EmONC要求的基本职能数（超出7个）	7
允许助产士提供可注射避孕药/宫内避孕器	是/是

专业组织[4]

专业组织创建年	1971，1997，2011
专业组织角色	
持续专业发展	是
建议和代表被指控不当行为的成员	是
就成员MNH的质量标准提出建议	是
就政府关于MNH的政策性文件提出建议	否
与政府协商工作和工资问题	是

经济可达性

包括最小受益计划的46项RMNH基本干预百分比

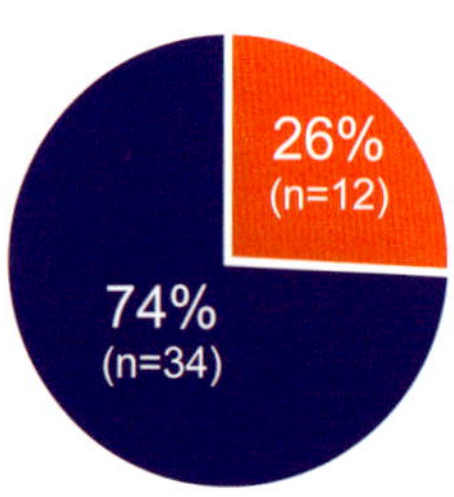

地域可达性

SBA[2]接生数目

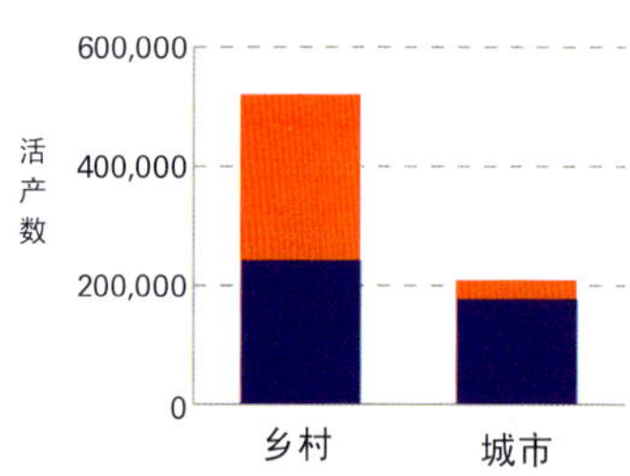

Na=不适合　　—=缺失数据

规划怀孕数：城市与乡村

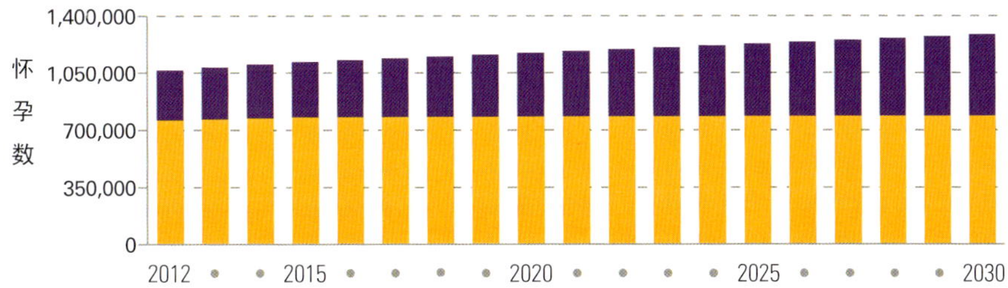

死亡率降低[5]

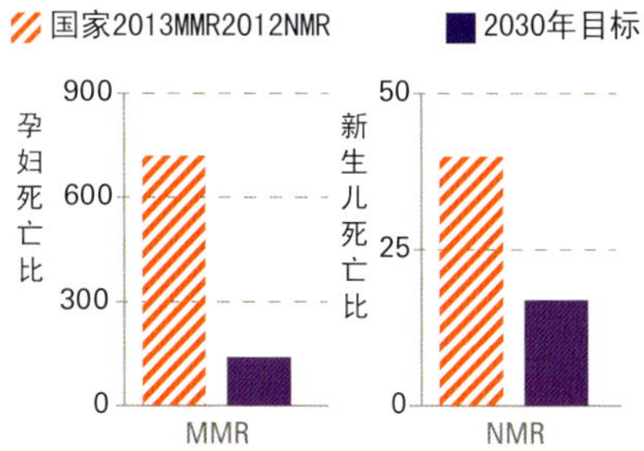

2030年预测和规划

这一部分使用简短的国家已报告数据来计算基于需求上的2030年的预测值。这些预测对记录的入学人数，毕业人数，花费在MNH上的时间百分比，年龄分布，角色和自然流失敏感。如果一些国家数据缺失，标准的、以证据为基础的假设会应用其中。这份预测具有指导意义，应该被用于核实国家数据的准确性和引发进一步的政策讨论。更多信息在50页“如何阅读”部分。

预计减少量 | 预计增加量 | 预计工作人数

ISCO-08国际职业标准分类

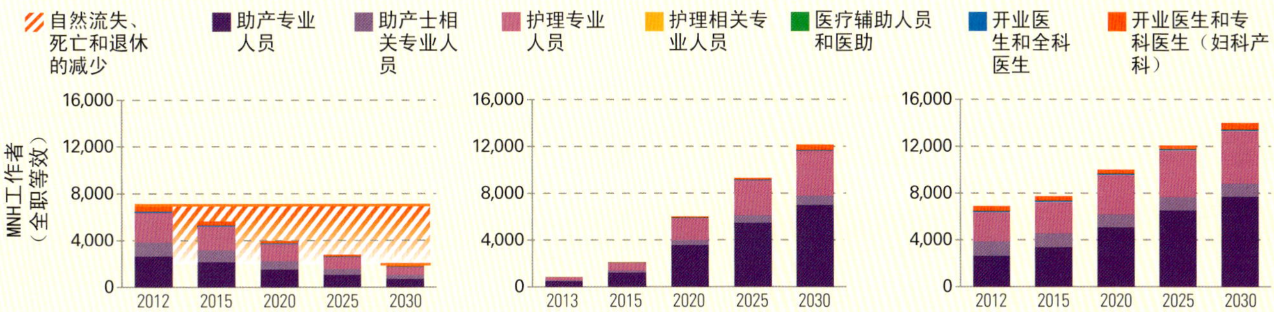

假如…

通过可获得的数据进行的需求预测

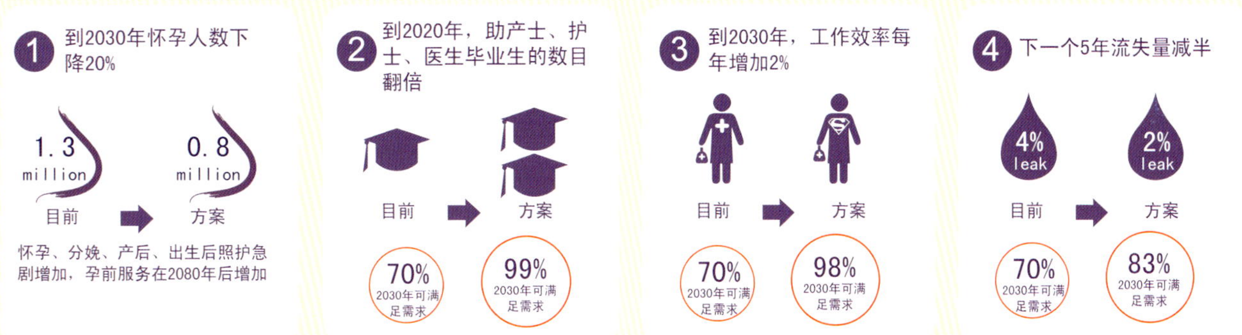

目前发展轨迹

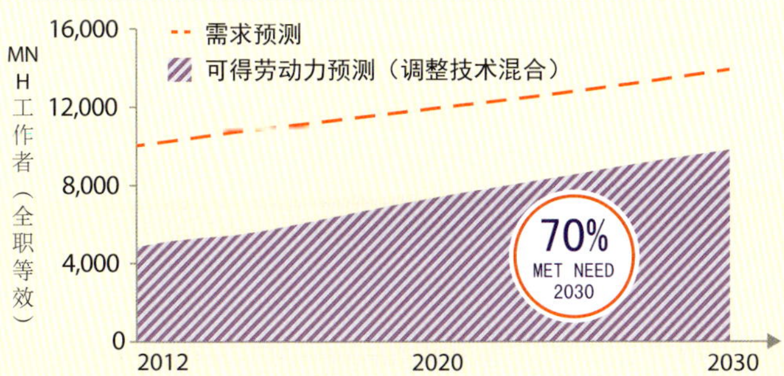

假设发展轨迹

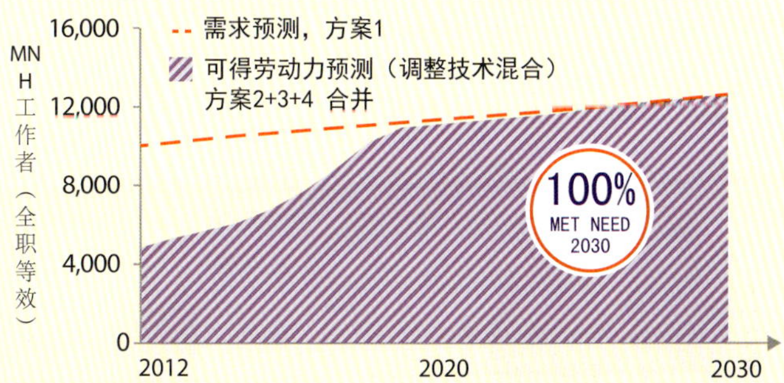

1. 医务工作者分类包含了以下国家的称呼：助产士包括助产士。辅助者包含妇女儿童健康辅助人员，护士助理：辅助助产护士包括国家登记的社区健康护士，全科医生包括卫生干事。产科/妇科医生包括妇产科专业医生。医疗干事和医疗助理包括社区健康干事，来源：2014的SoWMy或者第二来源（WHO全球健康观察、政府政策文件）
2. 年份数据是在STATCOMPILER获得的最新数据
3. 信息参考助产士骨干分类
4. 助产士、护士的国家组织
5. 提出的2030年的MMR、NMR的目标来源于2030年预防母亲死亡的计划和每位新生儿实施计划。

吉布提

2012年，估计总人数90万人，30万人（38%）生活在农村，20万的妇女（27%）为育龄妇女。总和生育率是3.4。至2030年，人口估计会增加25%，达到110万人。为了使这些人普遍获得性、生殖及母婴护理，至2030年助产士服务必须适应每年3万的怀孕量。在2012至2030年期间，给予卫生体系的启示是如何更合理地设置人力资源来适应250万的产前检查，50万的出生量，180万的产后/出生后随访。

妇女和新生儿的需求（2012）

每年34000的怀孕量=多少照护事件

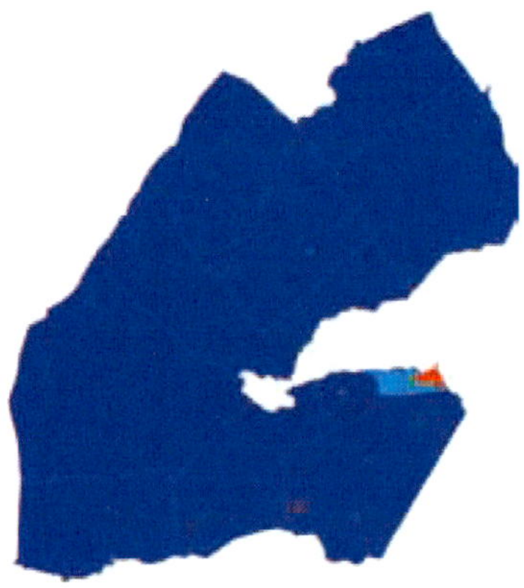

怀孕量和地域分布2012

■0 ■<0.09 ■0.10-0.19 ■0.20-0.49 ■0.50-0.99 ■1.00-1.49 ■1.50-1.99 ■2.00-2.49 ■2.50-10.00 ■>10.00

APPROX.

- 孕前（所有育龄期妇女ç）= 420,000 计划生育
- 产前（怀孕数×4）= 136,000 日常访视
- 分娩 = 25,000 具有熟练技能的接生人员
- 产后（出生数×4）、出生后（新生儿数×4）= 100,000 日常访视

可获得的人力资源（2012）

在MNH[1]工作的人员国家级分类		花费在MNH的时间%
助产士	167	100
助产士、辅助者	na	na
助产护士	na	na
护士	na	na
护士、助产护士	na	na
卫生干事和医助	na	na
开业医生、全科医生	185	50
产科医生、妇科医生	–	100

孕前 → 产前 → 分娩 → 产后 → 出生后

估计需求= 44%

实际工作时间/需要工作时间

国家总需求的估算基于可得数据

助产教育[3]

高中教育为最低起点	12年级+
取得资格要求的学习数（全面的）	3
是否为标准化课程设置及最新更新时间	是，2012
课程要求的在指导下的最低接生数	100
2012年毕业数/占总从业的助产人数百分比	45/27
1年内MNH雇佣毕业生的百分数	100%

助产法规

有承认助产是自主专业的法律	否
有承认助产是自主专业的法律	否
政府机构规范助产士行为	否
助产执照	否
执照助产士的现场注册	否
助产士拥有的EmONC要求的基本职能数（超出7个）	7
允许助产士提供可注射避孕药/宫内避孕器	是/是

经济可达性

包括最小受益计划的46项RMNH基本干预百分比

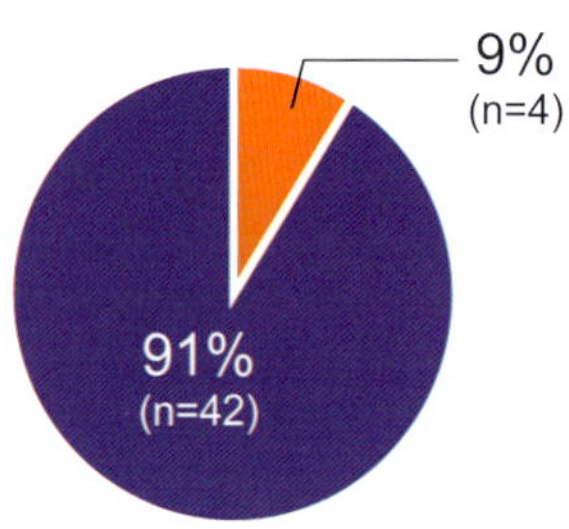

地域可达性

SBA[2]接生数目

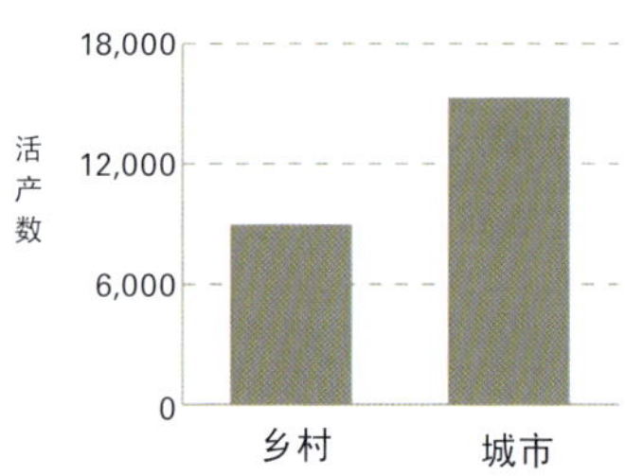

专业组织[4]

专业组织创建年	2012
专业组织角色	
持续专业发展	是
建议和代表被指控不当行为的成员	是
就成员MNH的质量标准提出建议	是
就政府关于MNH的政策性文件提出建议	否
与政府协商工作和工资问题	否

Na=不适合　　—=缺失数据

规划怀孕数：城市与乡村

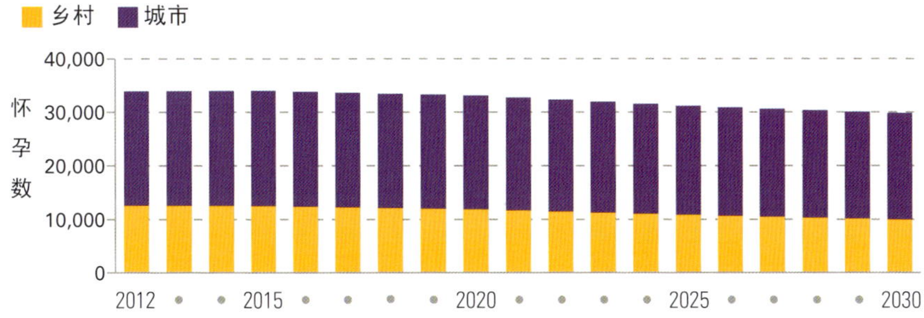

死亡率降低[5]

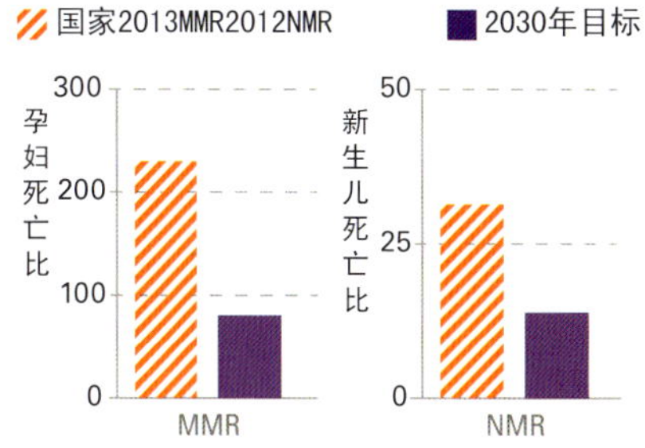

2030年预测和规划

这一部分使用简短的国家已报告数据来计算基于需求上的2030年的预测值。这些预测对记录的入学人数，毕业人数，花费在MNH上的时间百分比，年龄分布，角色和自然流失敏感。如果一些国家数据缺失，标准的、以证据为基础的假设会应用其中。这份预测具有指导意义，应该被用于核实国家数据的准确性和引发进一步的政策讨论。更多信息在50页“如何阅读”部分。

预计减少量 | 预计增加量 | 预计工作人数

ISCO-08国际职业标准分类

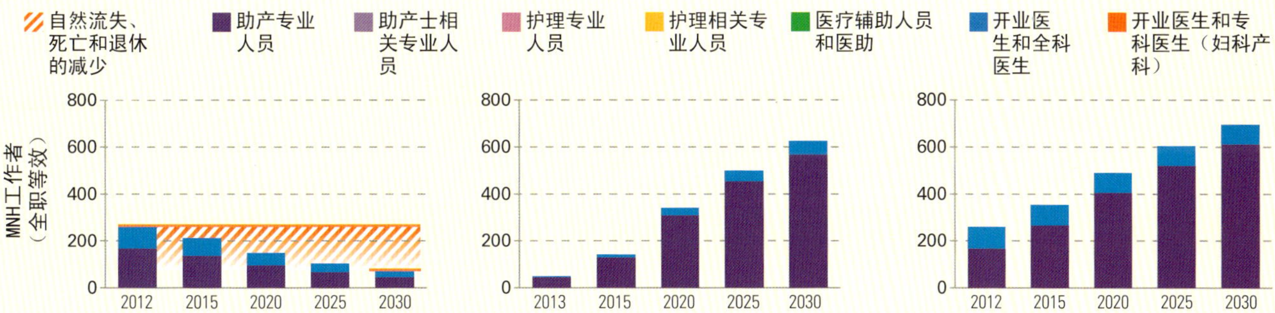

假如…

通过可获得的数据进行的需求预测

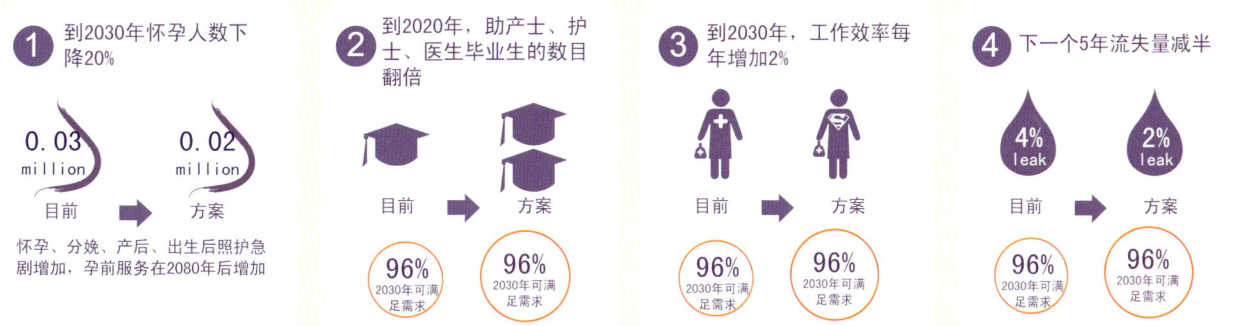

目前发展轨迹

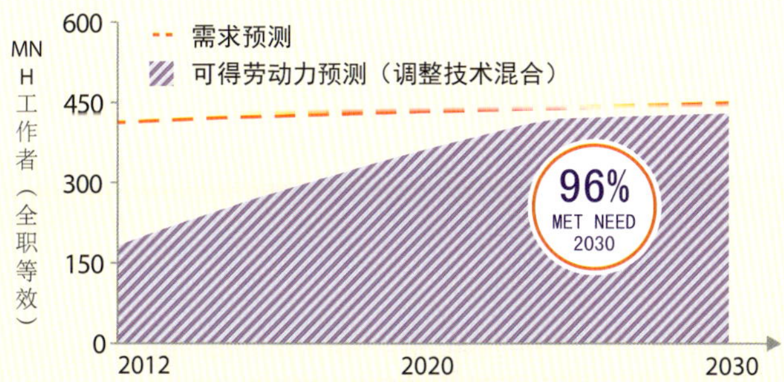

假设发展轨迹

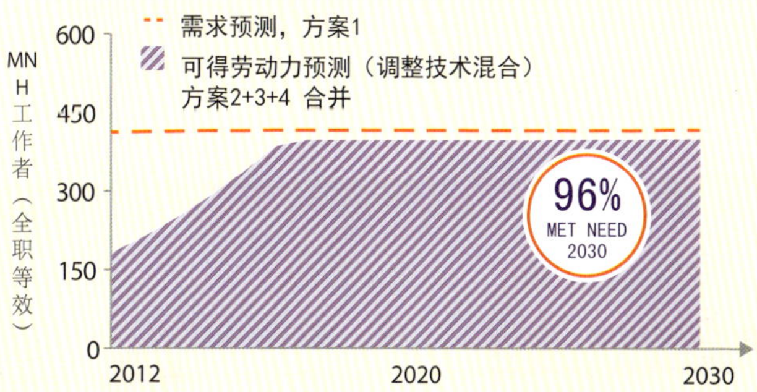

1. 医务工作者分类包含了以下国家的称呼：助产士包括助产士。辅助者包含妇女儿童健康辅助人员，护士助理：辅助助产护士包括国家登记的社区健康护士，全科医生包括卫生干事。产科/妇科医生包括妇产科专业医生。医疗干事和医疗助理包括社区健康干事，来源：2014的SoWMy或者第二来源（WHO全球健康观察、政府政策文件）
2. 年份数据是在STATCOMPILER获得的最新数据
3. 信息参考助产士骨干分类
4. 助产士、护士的国家组织
5. 提出的2030年的MMR、NMR的目标来源于2030年预防母亲死亡的计划和每位新生儿实施计划。

埃及

2012年，估计总人数8070万人，1920万人（24%）生活在农村，2070万的妇女（26%）为育龄妇女。总和生育率是2.8。至2030年，人口估计会增加27%，达到1.026亿人。为了使这些人普遍获得性、生殖及母婴护理，至2030年助产士服务必须适应每年250万的怀孕量。其中有20%在农村。在2012至2030年期间，给予卫生体系的启示是如何更合理地设置人力资源来适应1.917亿的产前检查，3530万的出生量，1.412亿的产后/出生后随访。

妇女和新生儿的需求（2012）

每年2588000的怀孕量=多少照护事件

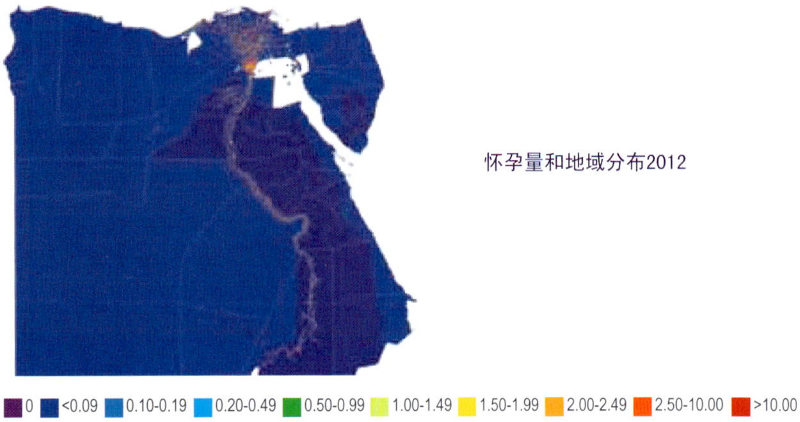

怀孕量和地域分布2012

- 孕前（所有育龄期妇女ç） = APPROX. 38,393,000 计划生育
- 产前（怀孕数×4） = 10,351,000 日常访视
- 分娩 = 1,907,000 具有熟练技能的接生人员
- 产后（出生数×4）、出生后（新生儿数×4） = 7,628,000 日常访视

可获得的人力资源（2012）

在MNH[1]工作的人员国家级分类		花费在MNH的时间%
助产士	na	na
助产士、辅助者	na	na
助产护士	2,800	100
护士	na	na
护士、助产护士	na	na
卫生干事和医助	na	na
开业医生、全科医生	30,000	30
产科医生、妇科医生	5,042	100

孕前 / 产前 / 分娩 / 产后 / 出生后

估计需求= 35%

实际工作时间 / 需要工作时间

国家总需求的估算基于可得数据

助产教育[3]

高中教育为最低起点	12年级+
取得资格要求的学习数（全面的）	3
是否为标准化课程设置及最新更新时间	是，2000
课程要求的在指导下的最低接生数	20
2012年毕业数/占总从业的助产人数百分比	125/4
1年内MNH雇佣毕业生的百分数	100%

助产法规

有承认助产是自主专业的法律	是
有承认助产是自主专业的法律	是
政府机构规范助产士行为	是
助产执照	是
执照助产士的现场注册	是
助产士拥有的EmONC要求的基本职能数（超出7个）	1
允许助产士提供可注射避孕药/宫内避孕器	是/是

专业组织[4]

专业组织创建年	1990
专业组织角色	
持续专业发展	是
建议和代表被指控不当行为的成员	是
就成员MNH的质量标准提出建议	是
就政府关于MNH的政策性文件提出建议	是
与政府协商工作和工资问题	否

经济可达性

包括最小受益计划的46项RMNH基本干预百分比

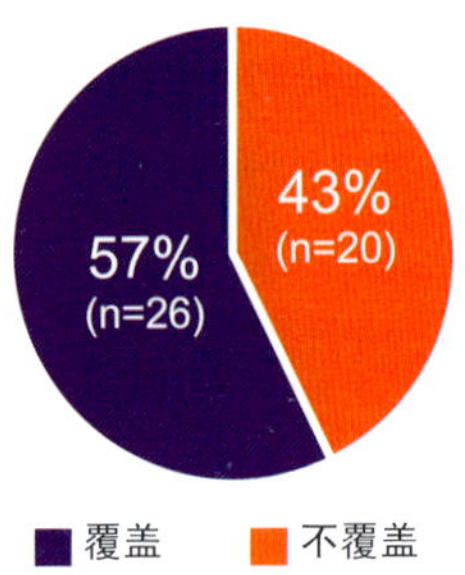

地域可达性

SBA[2]接生数目

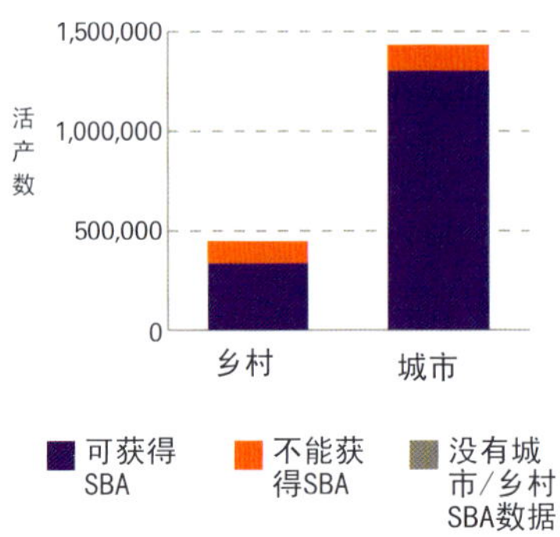

Na=不适合 —=缺失数据

规划怀孕数：城市与乡村

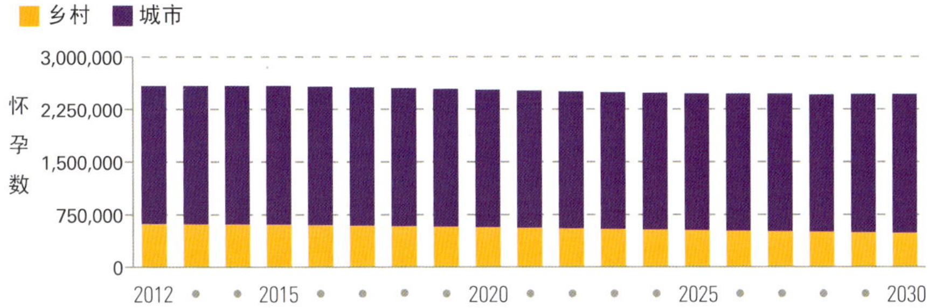

死亡率降低[5]

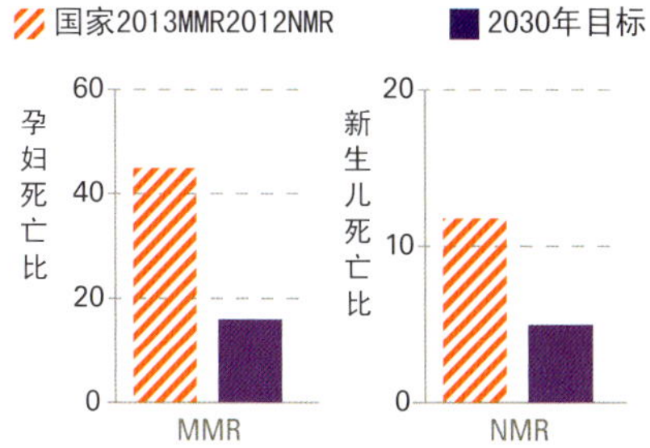

2030年预测和规划

这一部分使用简短的国家已报告数据来计算基于需求上的2030年的预测值。这些预测对记录的入学人数，毕业人数，花费在MNH上的时间百分比，年龄分布，角色和自然流失敏感。如果一些国家数据缺失，标准的、以证据为基础的假设会应用其中。这份预测具有指导意义，应该被用于核实国家数据的准确性和引发进一步的政策讨论。更多信息在50页“如何阅读”部分。

预计减少量 / 预计增加量 / 预计工作人数

ISCO-08国际职业标准分类

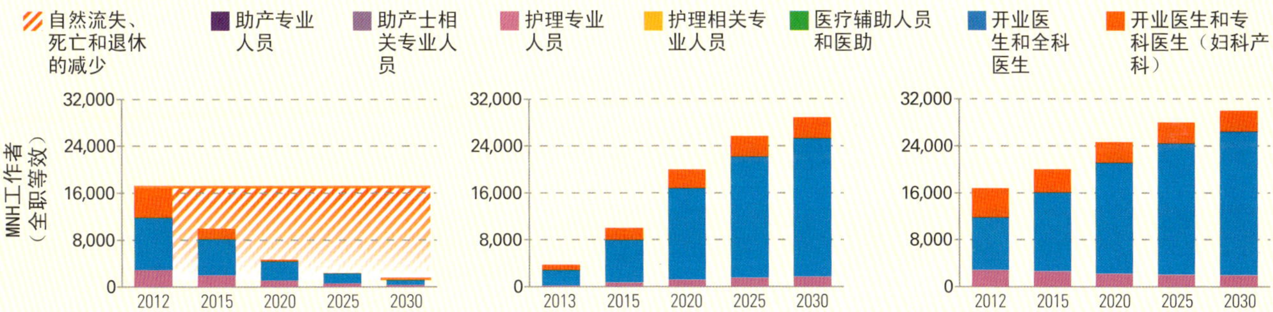

假如…

通过可获得的数据进行的需求预测

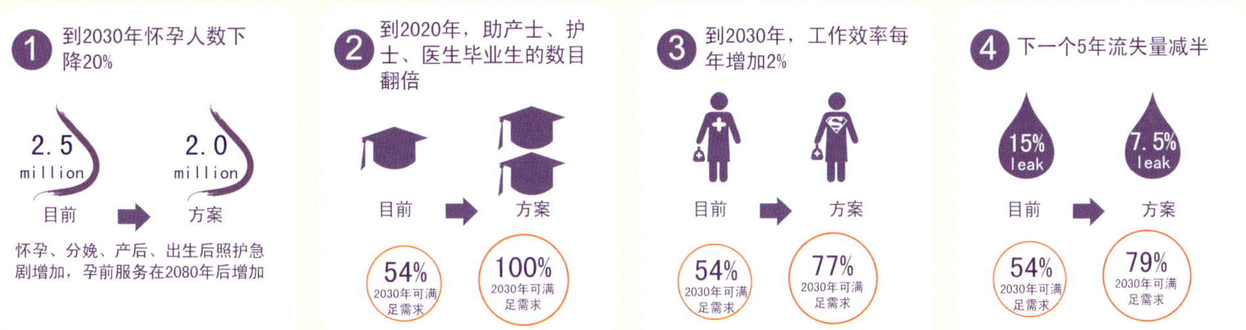

目前发展轨迹

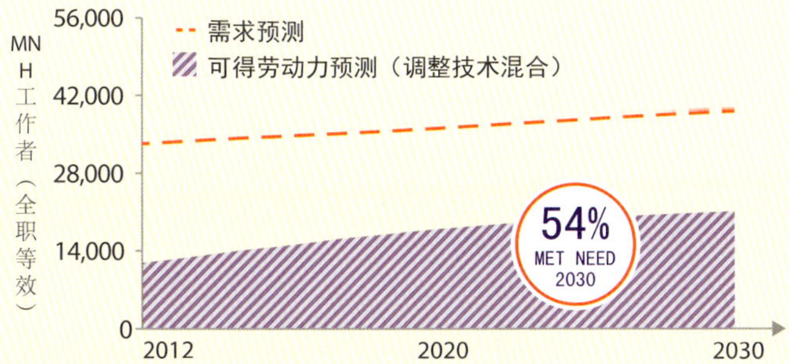

假设发展轨迹

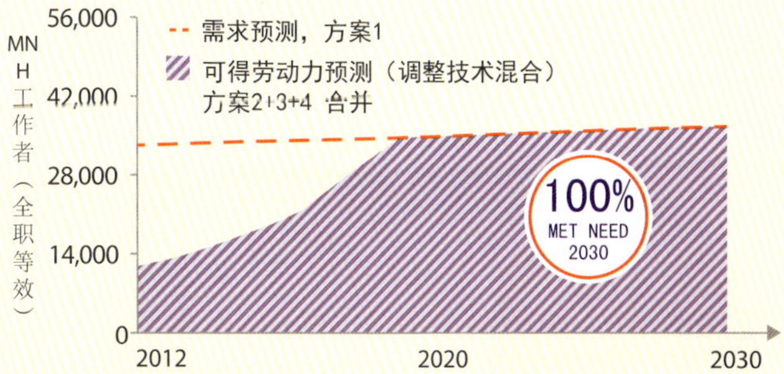

1. 医务工作者分类包含了以下国家的称呼：助产士包括助产士。辅助者包含妇女儿童健康辅助人员，护士助理：辅助助产护士包括国家登记的社区健康护士，全科医生包括卫生干事。产科/妇科医生包括妇产科专业医生。医疗干事和医疗助理包括社区健康干事，来源：2014的SoWMy或者第二来源（WHO全球健康观察、政府政策文件）
2. 年份数据是在STATCOMPILER获得的最新数据
3. 信息参考助产士骨干分类
4. 助产士、护士的国家组织
5. 提出的2030年的MMR、NMR的目标来源于2030年预防母亲死亡的计划和每位新生儿实施计划。

厄立特里亚

2012年，估计总人数610万人，570万人（93%）生活在农村，150万的妇女（24%）为育龄妇女。总和生育率是4.7。至2030年，人口估计会增加60%，达到980万人。为了使这些人普遍获得性、生殖及母婴护理，至2030年助产士服务必须适应每年40万的怀孕量。其中有60%在农村。在2012至2030年期间，给予卫生体系的启示是如何更合理地设置人力资源来适应2550万的产前检查，470万的出生量，1900万的产后/出生后随访。

妇女和新生儿的需求（2012）

每年315000的怀孕量=多少照护事件

怀孕量和地域分布2012

0 | <0.09 | 0.10-0.19 | 0.20-0.49 | 0.50-0.99 | 1.00-1.49 | 1.50-1.99 | 2.00-2.49 | 2.50-10.00 | >10.00

APPROX.

= 2,872,000 计划生育

= 1,259,000 日常访视

= 235,000 具有熟练技能的接生人员

= 939,000 日常访视

可获得的人力资源（2012）

	在MNH[1]工作的人员国家级分类	花费在MNH的时间%
助产士	140	–
助产士、辅助者	na	na
助产护士	103	100
护士	na	na
护士、助产护士	1,523	–
卫生干事和医助	na	na
开业医生、全科医生	122	–
产科医生、妇科医生	15	100

估计需求= 23%

实际工作时间 / 需要工作时间

国家总需求的估算基于可得数据

助产教育[3]

高中教育为最低起点	—
取得资格要求的学习数（全面的）	—
是否为标准化课程设置及最新更新时间	是，2010
课程要求的在指导下的最低接生数	50
2012年毕业数/占总从业的助产人数百分比	0/na
1年内MNH雇佣毕业生的百分数	100%

助产法规

有承认助产是自主专业的法律	否
有承认助产是自主专业的法律	否
政府机构规范助产士行为	是
助产执照	—
执照助产士的现场注册	—
助产士拥有的EmONC要求的基本职能数（超出7个）	7
允许助产士提供可注射避孕药/宫内避孕器	是/是

专业组织[4]

专业组织创建年	1992
专业组织角色	
持续专业发展	是
建议和代表被指控不当行为的成员	否
就成员MNH的质量标准提出建议	是
就政府关于MNH的政策性文件提出建议	是
与政府协商工作和工资问题	否

经济可达性

包括最小受益计划的46项RMNH基本干预百分比

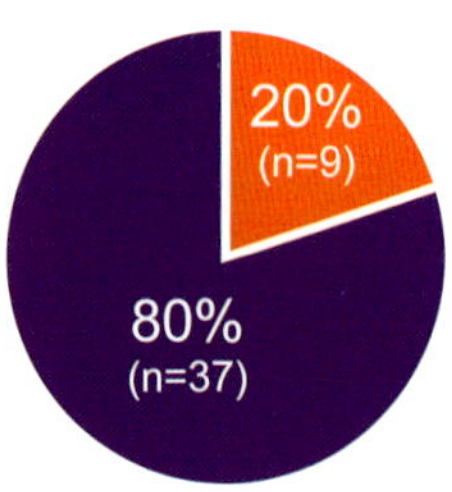

覆盖　不覆盖

地域可达性

SBA[2]接生数目

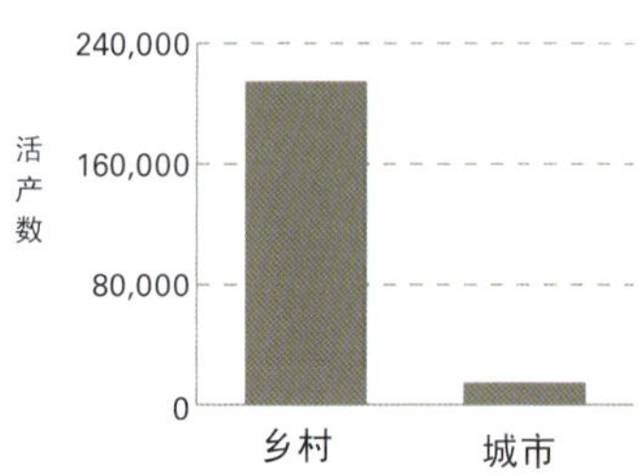

可获得SBA　不能获得SBA　没有城市/乡村SBA数据

Na=不适合　—=缺失数据

规划怀孕数：城市与乡村

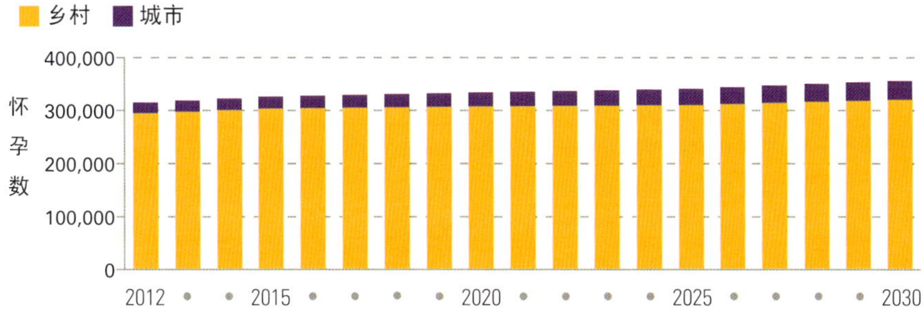

死亡率降低[5]

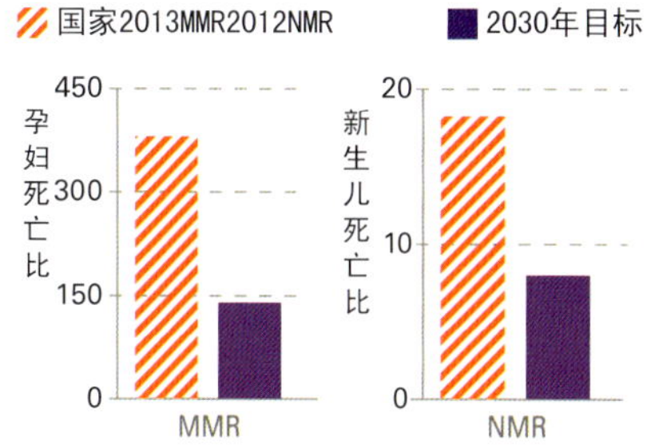

2030年预测和规划

这一部分使用简短的国家已报告数据来计算基于需求上的2030年的预测值。这些预测对记录的入学人数，毕业人数，花费在MNH上的时间百分比，年龄分布，角色和自然流失敏感。如果一些国家数据缺失，标准的、以证据为基础的假设会应用其中。这份预测具有指导意义，应该被用于核实国家数据的准确性和引发进一步的政策讨论。更多信息在50页“如何阅读”部分。

预计减少量 | 预计增加量 | 预计工作人数

ISCO-08国际职业标准分类

自然流失、死亡和退休的减少 | 助产专业人员 | 助产士相关专业人员 | 护理专业人员 | 护理相关专业人员 | 医疗辅助人员和医助 | 开业医生和全科医生 | 开业医生和专科医生（妇科产科）

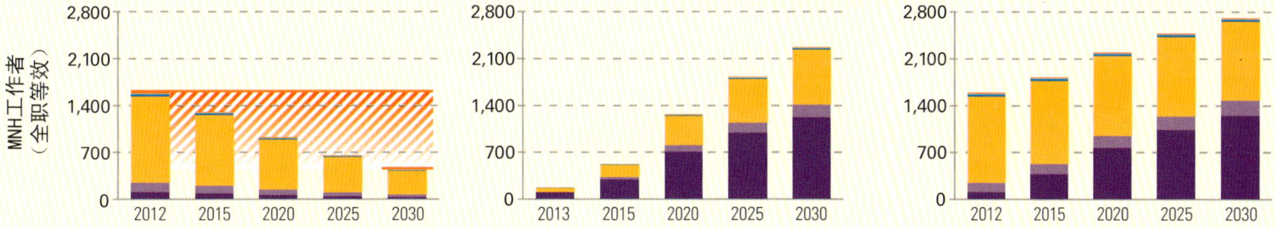

假如…

通过可获得的数据进行的需求预测

① 到2030年怀孕人数下降20%

怀孕、分娩、产后、出生后照护急剧增加，孕前服务在2080年后增加

42% 2030年可满足需求

② 到2020年，助产士、护士、医生毕业生的数目翻倍

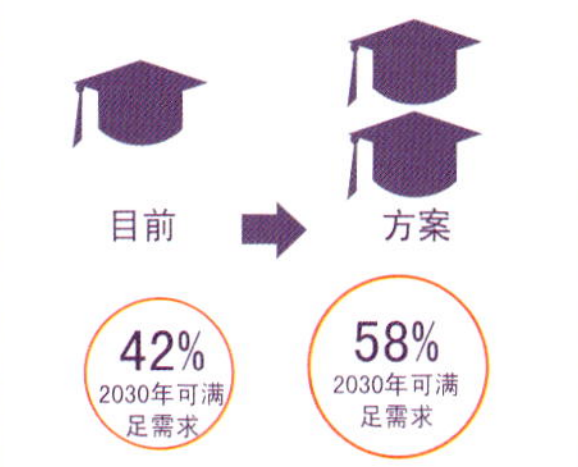

③ 到2030年，工作效率每年增加2%

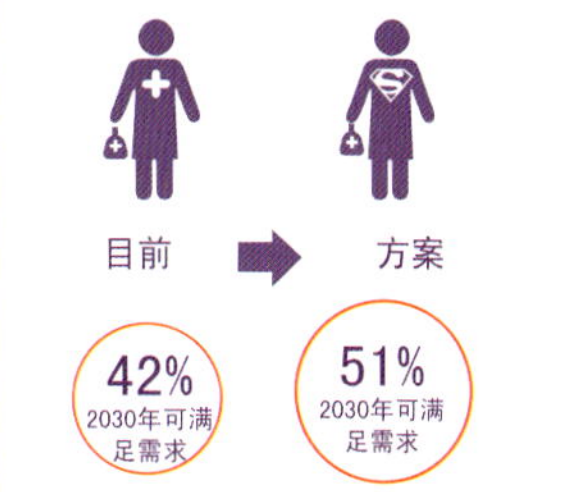

④ 下一个5年流失量减半

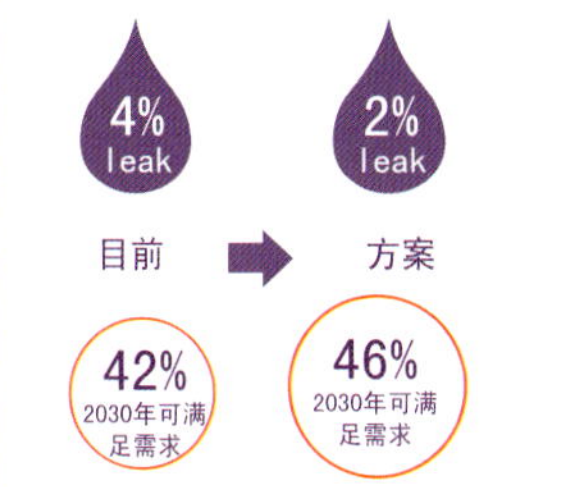

目前发展轨迹

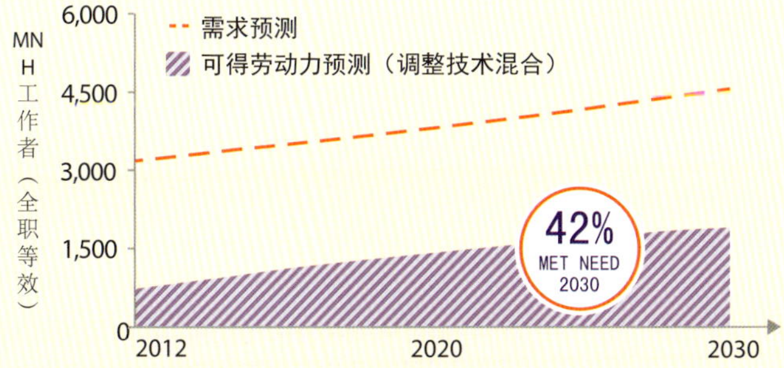

假设发展轨迹

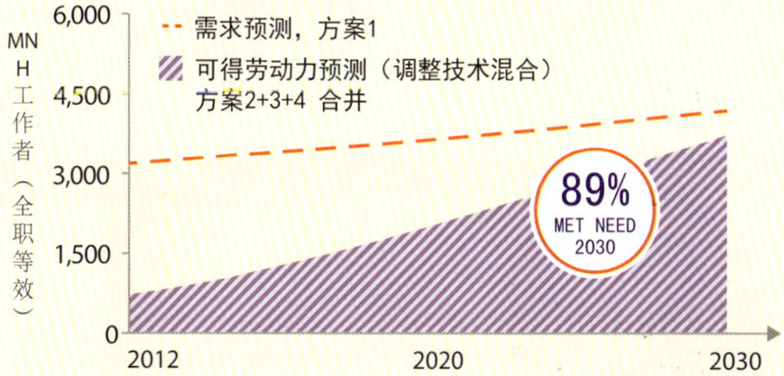

1. 医务工作者分类包含了以下国家的称呼：助产士包括助产士。辅助者包含妇女儿童健康辅助人员，护士助理；辅助助产护士包括国家登记的社区健康护士，全科医生包括卫生干事。产科/妇科医生包括妇产科专业医生。医疗干事和医疗助理包括社区健康干事，来源：2014的SoWMy或者第二来源（WHO全球健康观察、政府政策文件）
2. 年份数据是在STATCOMPILER获得的最新数据
3. 信息参考助产士骨干分类
4. 助产士、护士的国家组织
5. 提出的2030年的MMR、NMR的目标来源于2030年预防母亲死亡的计划和每位新生儿实施计划。

埃塞俄比亚

2012年，估计总人数9170万人，7960万人（87%）生活在农村，2150万的妇女（23%）为育龄妇女。总和生育率是4.6。至2030年，人口估计会增加50%，达到1.377亿人。为了使这些人普遍获得性、生殖及母婴护理，至2030年助产士服务必须适应每年490万的怀孕量。其中有84%在农村。在2012至2030年期间，给予卫生体系的启示是如何更合理地设置人力资源来适应3.6亿的产前检查，6380万的出生量，2.552亿的产后/出生后随访。

妇女和新生儿的需求（2012）

每年4,465,000的怀孕量=多少照护事件

怀孕量和地域分布2012

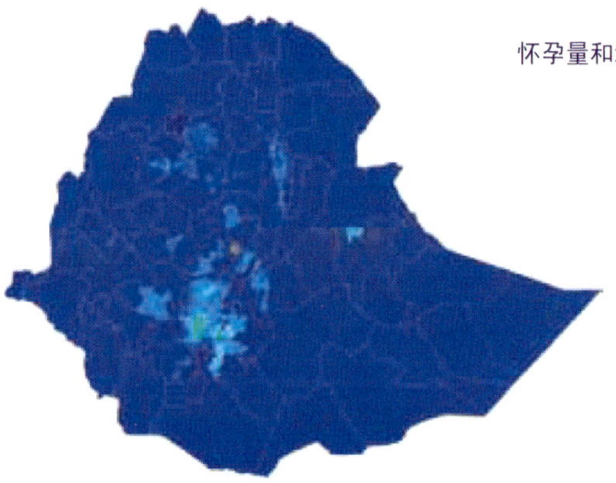

APPROX.

- 孕前（所有育龄期妇女ç） = 40,881,000 计划生育
- 产前（怀孕数×4） = 17,861,000 日常访视
- 分娩 = 3,165,000 具有熟练技能的接生人员
- 产后（出生数×4）、出生后（新生儿数×4） = 12,660,000 日常访视

可获得的人力资源（2012）

	在MNH[1]工作的人员国家级分类	花费在MNH的时间%
助产士	6,925	100
助产士、辅助者	na	na
助产护士	na	na
护士	20,109	40
护士、助产护士	na	na
卫生干事和医助	5,757	70
开业医生、全科医生	2,935	50
产科医生、妇科医生	147	100

孕前 / 产前 / 分娩 / 产后 / 出生后

估计需求= **32%**

实际工作时间 / 需要工作时间

国家总需求的估算基于可得数据

助产教育[3]

高中教育为最低起点	12年级+
取得资格要求的学习数（全面的）	4
是否为标准化课程设置及最新更新时间	是，2010
课程要求的在指导下的最低接生数	20
2012年毕业数/占总从业的助产人数百分比	2520/36
1年内MNH雇佣毕业生的百分数	100%

助产法规

有承认助产是自主专业的法律	否
有承认助产是自主专业的法律	是
政府机构规范助产士行为	是
助产执照	是
执照助产士的现场注册	是
助产士拥有的EmONC要求的基本职能数（超出7个）	7
允许助产士提供可注射避孕药/宫内避孕器	是/是

专业组织[4]

专业组织创建年	1992
专业组织角色	
持续专业发展	是
建议和代表被指控不当行为的成员	否
就成员MNH的质量标准提出建议	是
就政府关于MNH的政策性文件提出建议	否
与政府协商工作和工资问题	否

经济可达性

包括最小受益计划的46项RMNH基本干预百分比

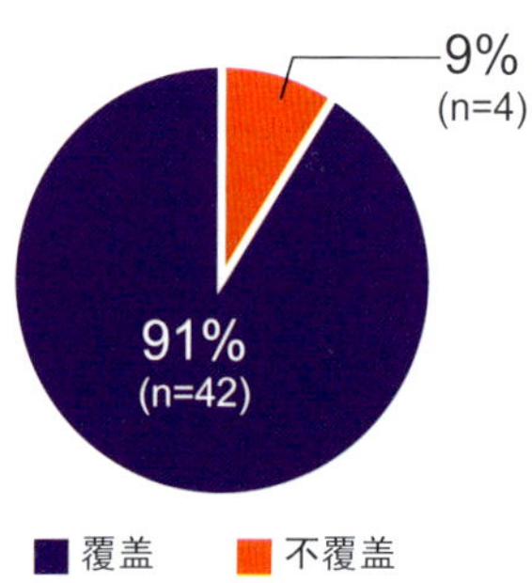

地域可达性

SBA[2]接生数目

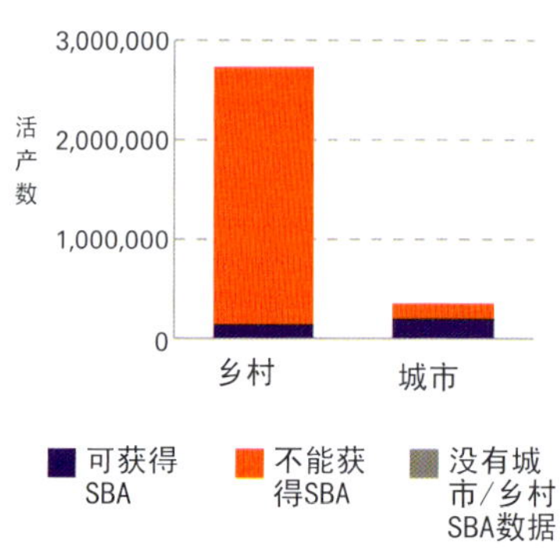

Na=不适合 —=缺失数据

规划怀孕数：城市与乡村

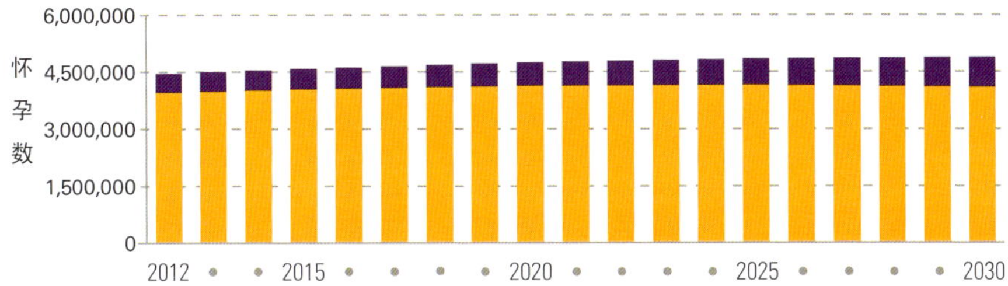

死亡率降低[5]

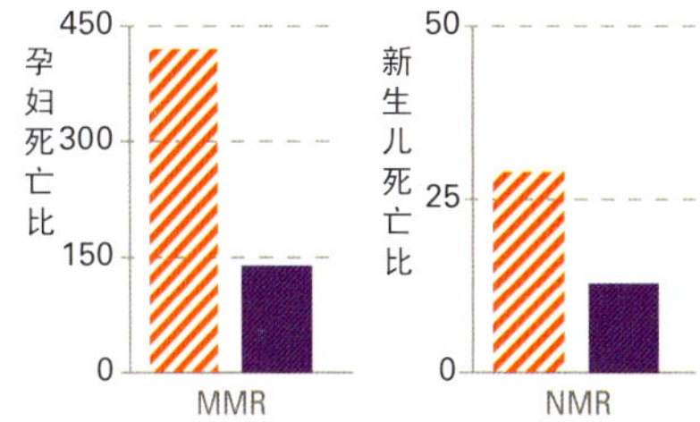

2030年预测和规划

这一部分使用简短的国家已报告数据来计算基于需求上的2030年的预测值。这些预测对记录的入学人数，毕业人数，花费在MNH上的时间百分比，年龄分布，角色和自然流失敏感。如果一些国家数据缺失，标准的、以证据为基础的假设会应用其中。这份预测具有指导意义，应该被用于核实国家数据的准确性和引发进一步的政策讨论。更多信息在50页“如何阅读”部分。

预计减少量 | 预计增加量 | 预计工作人数

ISCO-08国际职业标准分类

- 自然流失、死亡和退休的减少
- 助产专业人员
- 助产士相关专业人员
- 护理专业人员
- 护理相关专业人员
- 医疗辅助人员和医助
- 开业医生和全科医生
- 开业医生和专科医生（妇科产科）

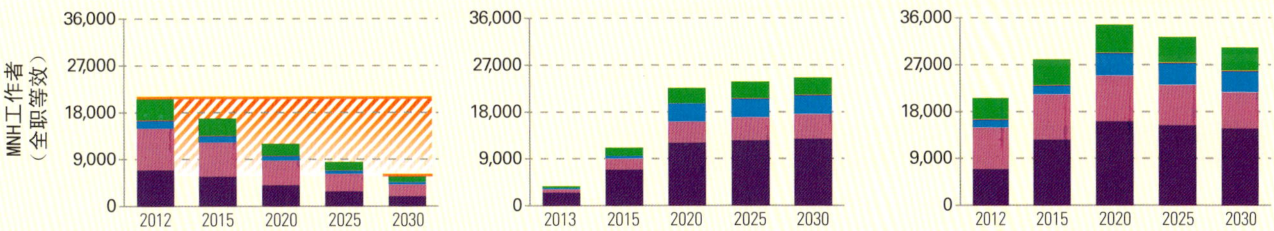

假如…

通过可获得的数据进行的需求预测

1 到2030年怀孕人数下降20%

4.9 million 目前 → 3.9 million 方案

怀孕、分娩、产后、出生后照护急剧增加，孕前服务在2080年后增加

2 到2020年，助产士、护士、医生毕业生的数目翻倍

目前 → 方案

33% 2030年可满足需求 → 50% 2030年可满足需求

3 到2030年，工作效率每年增加2%

目前 → 方案

33% 2030年可满足需求 → 47% 2030年可满足需求

4 下一个5年流失量减半

4% leak 目前 → 2% leak 方案

33% 2030年可满足需求 → 41% 2030年可满足需求

目前发展轨迹

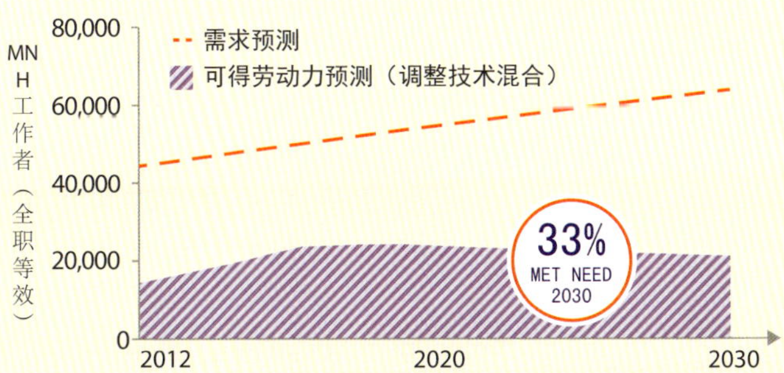

假设发展轨迹

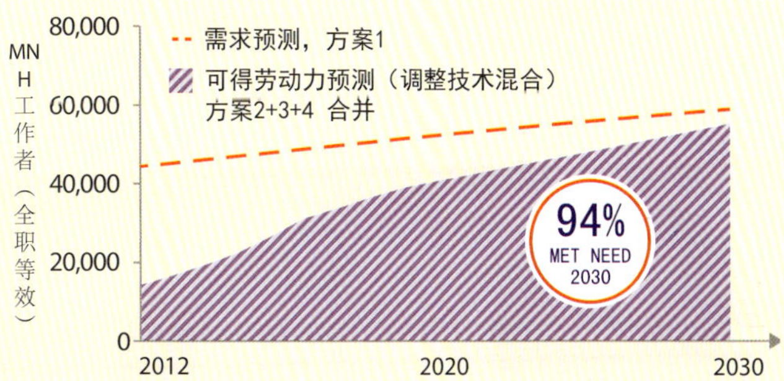

1. 医务工作者分类包含了以下国家的称呼：助产士包括助产士。辅助者包含妇女儿童健康辅助人员，护士助理；辅助助产护士包括国家登记的社区健康护士，全科医生包括卫生干事。产科/妇科医生包括妇产科专业医生。医疗干事和医疗助理包括社区健康干事，来源：2014的SoWMy或者第二来源（WHO全球健康观察、政府政策文件）
2. 年份数据是在STATCOMPILER获得的最新数据
3. 信息参考助产士骨干分类
4. 助产士、护士的国家组织
5. 提出的2030年的MMR、NMR的目标来源于2030年预防母亲死亡的计划和每位新生儿实施计划。

加蓬

2012年，估计总人数160万人，50万人（29%）生活在农村，40万的妇女（24%）为育龄妇女。总和生育率是4.1。至2030年，人口估计会增加46%，达到240万人。为了使这些人普遍获得性、生殖及母婴护理，至2030年助产士服务必须适应每年8万的怀孕量。其中有29%在农村。在2012至2030年期间，给予卫生体系的启示是如何更合理地设置人力资源来适应610万的产前检查，110万的出生量，440万的产后/出生后随访。

妇女和新生儿的需求（2012）

每年75,000的怀孕量=多少照护事件

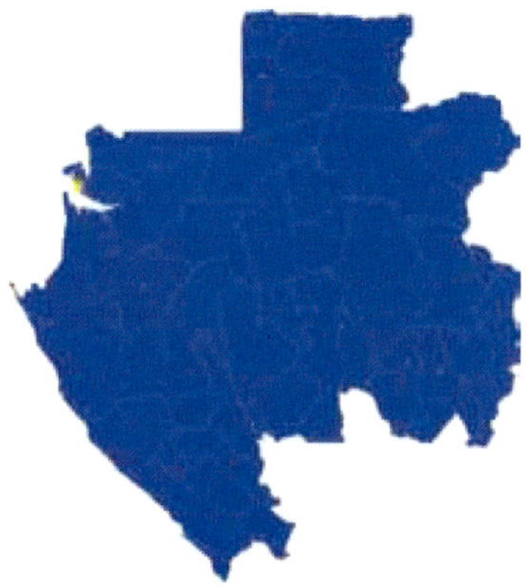

怀孕量和地域分布2012

0 | <0.09 | 0.10-0.19 | 0.20-0.49 | 0.50-0.99 | 1.00-1.49 | 1.50-1.99 | 2.00-2.49 | 2.50-10.00 | >10.00

孕前（所有育龄期妇女ç）	= APPROX. 740,000	计划生育
产前（怀孕数×4）	= 298,000	日常访视
分娩	= 54,000	具有熟练技能的接生人员
产后（出生数×4） 出生后（新生儿数×4）	= 215,000	日常访视

可获得的人力资源（2012）

	在MNH[1]工作的人员国家级分类	花费在MNH的时间%
助产士	437	100
助产士、辅助者	na	na
助产护士	17	100
护士	3,678	20
护士、助产护士	na	na
卫生干事和医助	na	na
开业医生、全科医生	318	30
产科医生、妇科医生	33	100

孕前 / 产前 / 分娩 / 产后 / 出生后

估计需求= 99%

实际工作时间 / 需要工作时间

国家总需求的估算基于可得数据

助产教育[3]

高中教育为最低起点	12年级+
取得资格要求的学习数（全面的）	3
是否为标准化课程设置及最新更新时间	是，2012
课程要求的在指导下的最低接生数	—
2012年毕业数/占总从业的助产人数百分比	6/1
1年内MNH雇佣毕业生的百分数	100%

助产法规

有承认助产是自主专业的法律	否
有承认助产是自主专业的法律	是
政府机构规范助产士行为	是
助产执照	否
执照助产士的现场注册	是
助产士拥有的EmONC要求的基本职能数（超出7个）	5
允许助产士提供可注射避孕药/宫内避孕器	是/是

专业组织[4]

专业组织创建年	1995
专业组织角色	
持续专业发展	是
建议和代表被指控不当行为的成员	否
就成员MNH的质量标准提出建议	是
就政府关于MNH的政策性文件提出建议	否
与政府协商工作和工资问题	否

经济可达性

包括最小受益计划的46项RMNH基本干预百分比

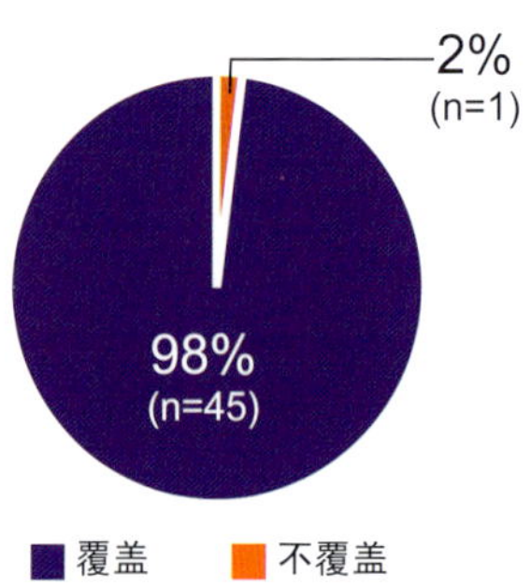

地域可达性

SBA[2]接生数目

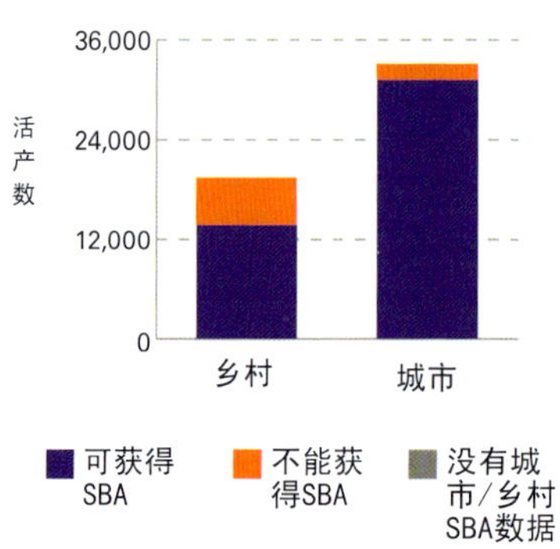

Na=不适合　　—=缺失数据

规划怀孕数：城市与乡村

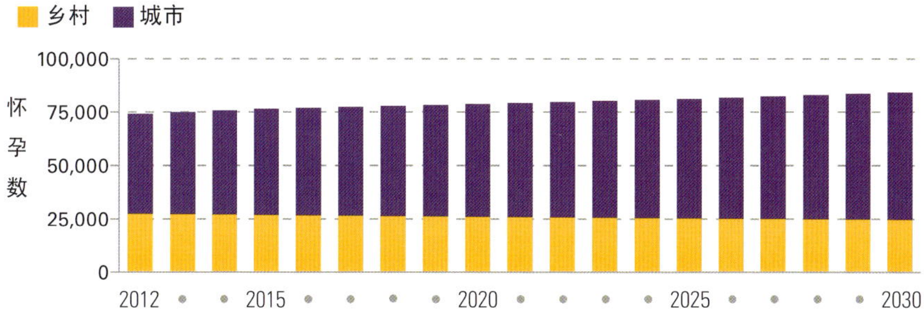

死亡率降低[5]

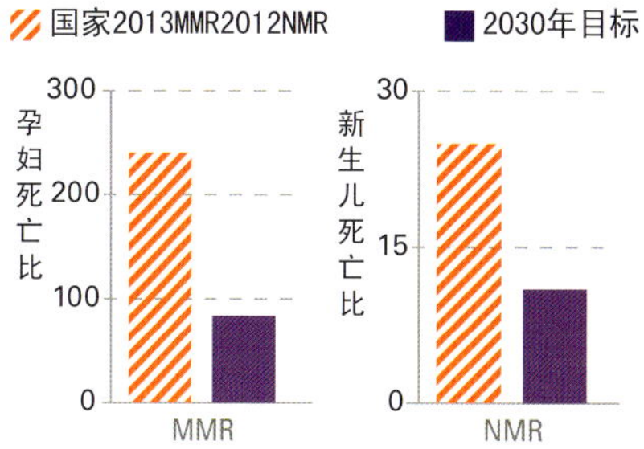

2030年预测和规划

这一部分使用简短的国家已报告数据来计算基于需求上的2030年的预测值。这些预测对记录的入学人数，毕业人数，花费在MNH上的时间百分比，年龄分布，角色和自然流失敏感。如果一些国家数据缺失，标准的、以证据为基础的假设会应用其中。这份预测具有指导意义，应该被用于核实国家数据的准确性和引发进一步的政策讨论。更多信息在50页“如何阅读”部分。

预计减少量　预计增加量　预计工作人数

ISCO-08国际职业标准分类

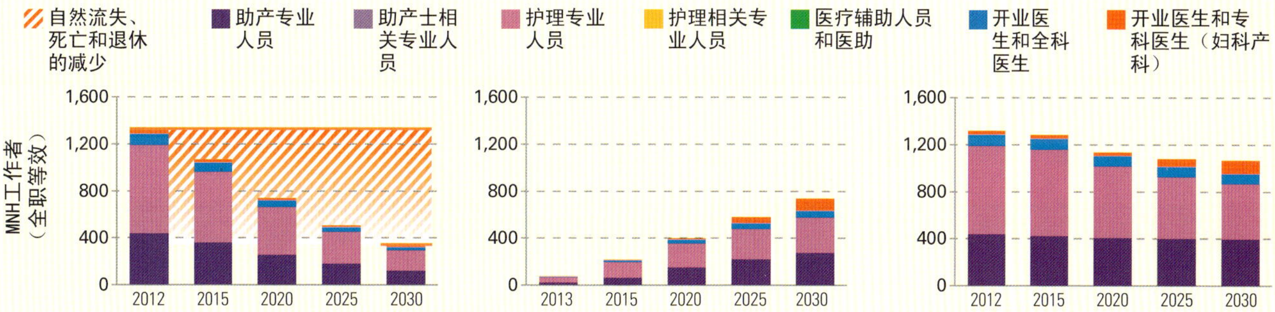

假如…

通过可获得的数据进行的需求预测

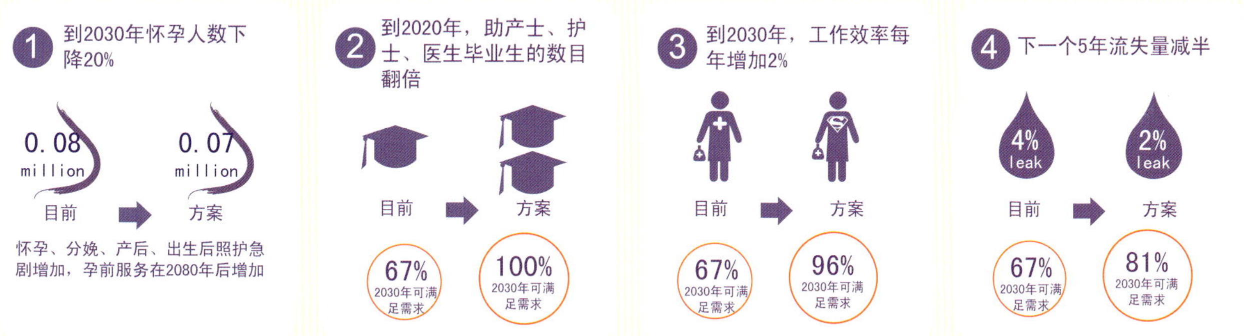

目前发展轨迹

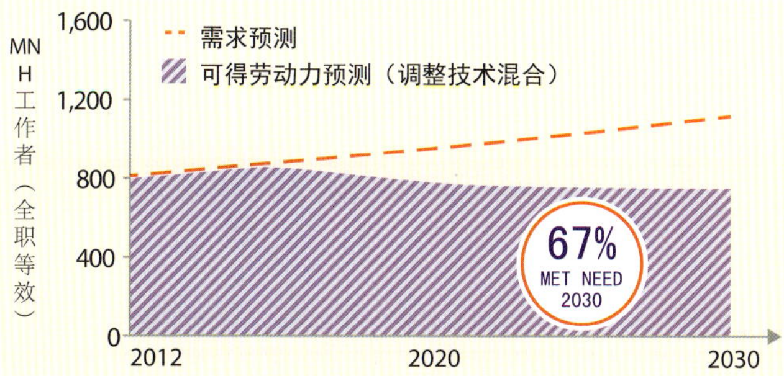

假设发展轨迹

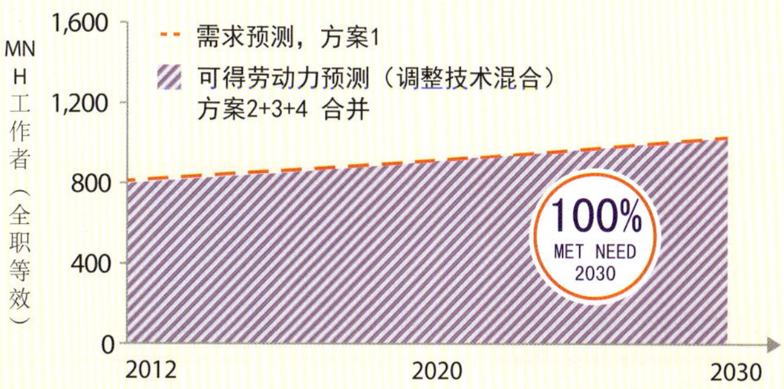

1. 医务工作者分类包含了以下国家的称呼：助产士包括助产士。辅助者包含妇女儿童健康辅助人员，护士助理；辅助助产护士包括国家登记的社区健康护士，全科医生包括卫生干事。产科/妇科医生包括妇产科专业医生。医疗干事和医疗助理包括社区健康干事，来源：2014的SoWMy或者第二来源（WHO全球健康观察、政府政策文件）
2. 年份数据是在STATCOMPILER获得的最新数据
3. 信息参考助产士骨干分类
4. 助产士、护士的国家组织
5. 提出的2030年的MMR、NMR的目标来源于2030年预防母亲死亡的计划和每位新生儿实施计划。

冈比亚

2012年，估计总人数180万人，60万人（34%）生活在农村，40万的妇女（24%）为育龄妇女。总和生育率是5.8。至2030年，人口估计会增加71%，达到310万人。为了使这些人普遍获得性、生殖及母婴护理，至2030年助产士服务必须适应每年20万的怀孕量。其中有84%在农村。在2012至2030年期间，给予卫生体系的启示是如何更合理地设置人力资源来适应1120万的产前检查，181万的出生量，730万的产后/出生后随访。

妇女和新生儿的需求（2012）

每年121,000的怀孕量=多少照护事件

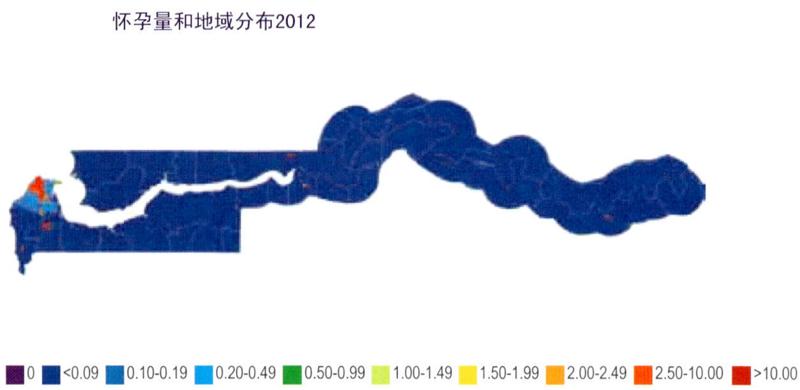

可获得的人力资源（2012）

	在MNH[1]工作的人员国家级分类	花费在MNH的时间%
助产士	79	100
助产士、辅助者	180	50
助产护士	97	100
护士	200	15
护士、助产护士	132	50
卫生干事和医助	na	na
开业医生、全科医生	29	20
产科医生、妇科医生	11	–

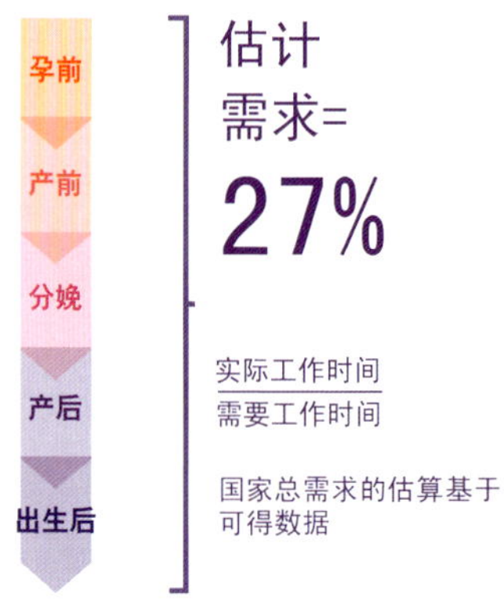

助产教育[3]

高中教育为最低起点	12年级+
取得资格要求的学习数（全面的）	4
是否为标准化课程设置及最新更新时间	是，2012
课程要求的在指导下的最低接生数	—
2012年毕业数/占总从业的助产人数百分比	0/na
1年内MNH雇佣毕业生的百分数	100%

助产法规

有承认助产是自主专业的法律	是
有承认助产是自主专业的法律	是
政府机构规范助产士行为	是
助产执照	否
执照助产士的现场注册	是
助产士拥有的EmONC要求的基本职能数（超出7个）	7
允许助产士提供可注射避孕药/宫内避孕器	是/是

专业组织[4]

专业组织创建年	1963
专业组织角色	
持续专业发展	是
建议和代表被指控不当行为的成员	是
就成员MNH的质量标准提出建议	是
就政府关于MNH的政策性文件提出建议	是
与政府协商工作和工资问题	是

经济可达性

包括最小受益计划的46项RMNH基本干预百分比

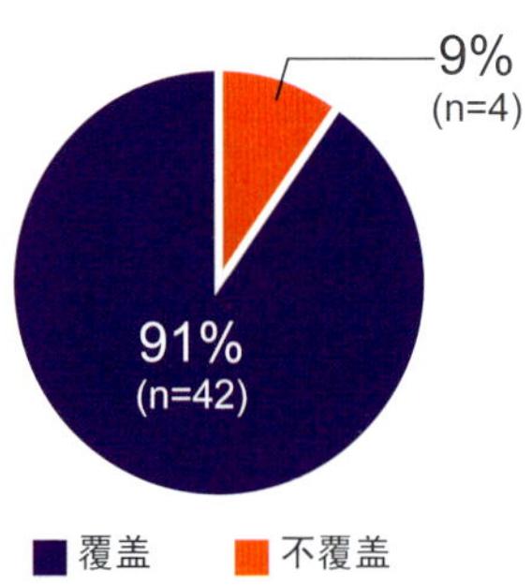

地域可达性

SBA[2]接生数目

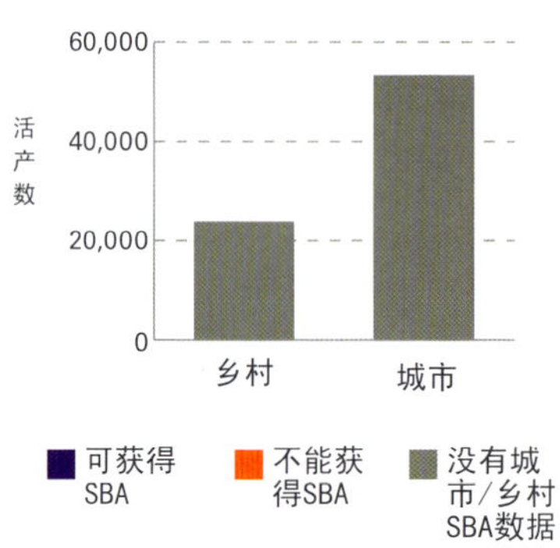

Na=不适合 —=缺失数据

规划怀孕数：城市与乡村

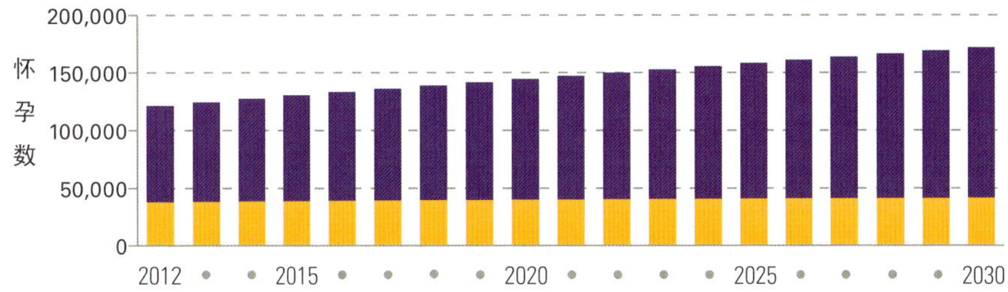

死亡率降低[5]

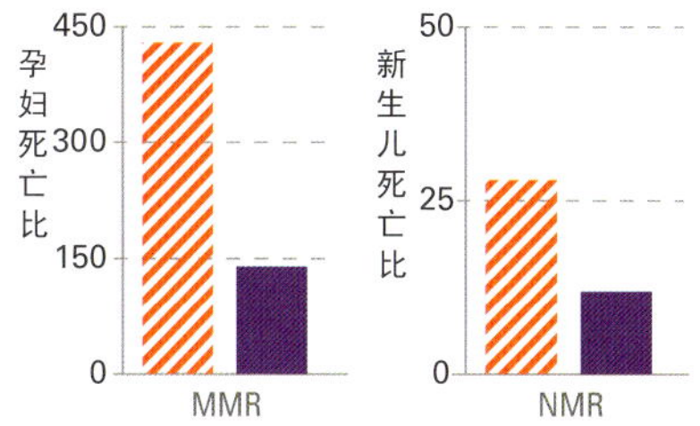

2030年预测和规划

这一部分使用简短的国家已报告数据来计算基于需求上的2030年的预测值。这些预测对记录的入学人数，毕业人数，花费在MNH上的时间百分比，年龄分布，角色和自然流失敏感。如果一些国家数据缺失，标准的、以证据为基础的假设会应用其中。这份预测具有指导意义，应该被用于核实国家数据的准确性和引发进一步的政策讨论。更多信息在50页“如何阅读”部分。

预计减少量

预计增加量

预计工作人数

ISCO-08国际职业标准分类

自然流失、死亡和退休的减少　助产专业人员　助产士相关专业人员　护理专业人员　护理相关专业人员　医疗辅助人员和医助　开业医生和全科医生　开业医生和专科医生（妇科产科）

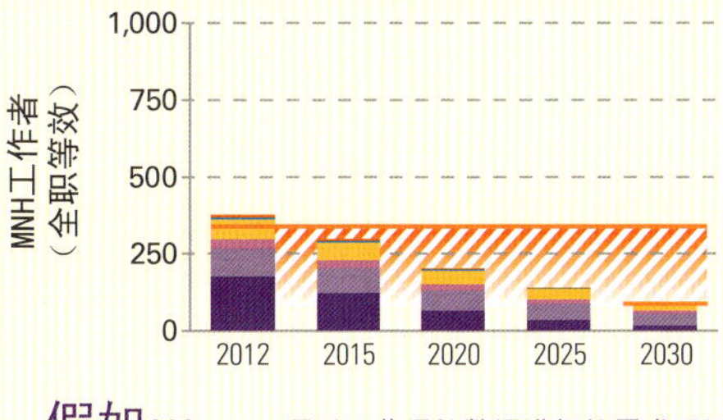

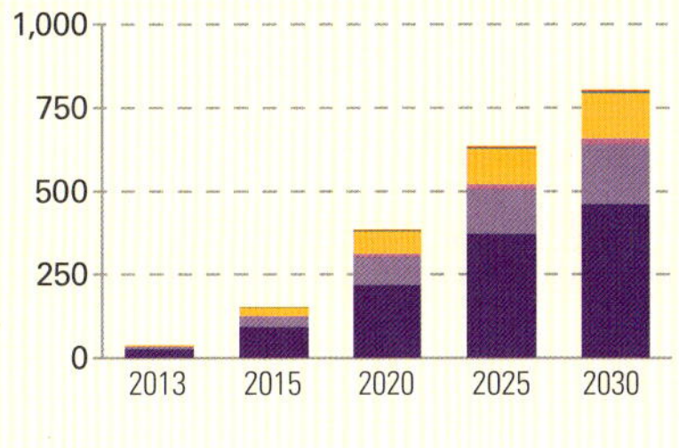

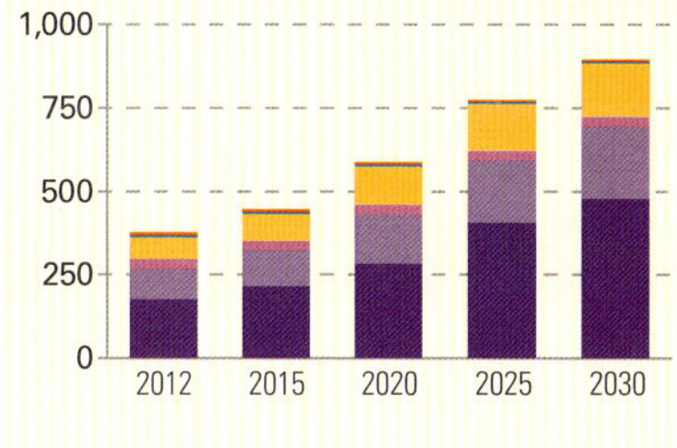

假如…

通过可获得的数据进行的需求预测

1 到2030年怀孕人数下降20%

0.17 million 目前 → 0.14 million 方案

怀孕、分娩、产后、出生后照护急剧增加，孕前服务在2080年后增加

2 到2020年，助产士、护士、医生毕业生的数目翻倍

目前 → 方案

41% 2030年可满足需求　62% 2030年可满足需求

3 到2030年，工作效率每年增加2%

目前 → 方案

41% 2030年可满足需求　52% 2030年可满足需求

4 下一个5年流失量减半

6% leak 目前 → 3% leak 方案

41% 2030年可满足需求　50% 2030年可满足需求

目前发展轨迹

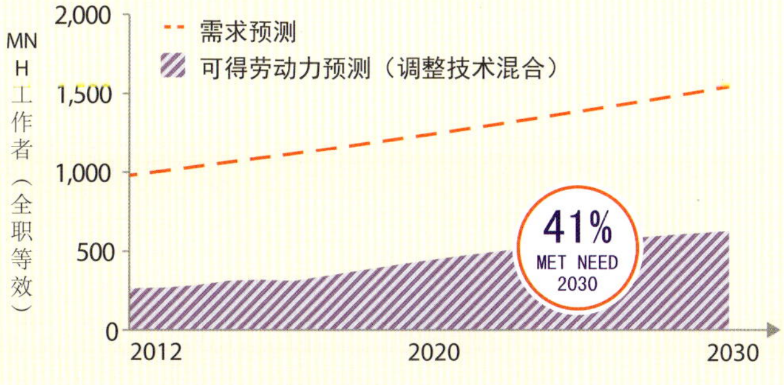

假设发展轨迹

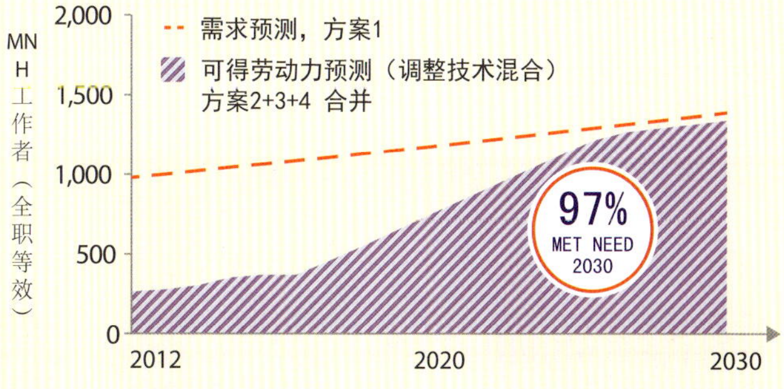

1. 医务工作者分类包含了以下国家的称呼：助产士包括助产士。辅助者包含妇女儿童健康辅助人员，护士助理：辅助助产护士包括国家登记的社区健康护士，全科医生包括卫生干事。产科/妇科医生包括妇产科专业医生。医疗干事和医疗助理包括社区健康干事，来源：2014的SoWMy或者第二来源（WHO全球健康观察、政府政策文件）
2. 年份数据是在STATCOMPILER获得的最新数据
3. 信息参考助产士骨干分类
4. 助产士、护士的国家组织
5. 提出的2030年的MMR、NMR的目标来源于2030年预防母亲死亡的计划和每位新生儿实施计划。

加纳

2012年，估计总人数2540万人，1510万人（59%）生活在农村，650万的妇女（26%）为育龄妇女。总和生育率是3.9。至2030年，人口估计会增加39%，达到3530万人。为了使这些人普遍获得性、生殖及母婴护理，至2030年助产士服务必须适应每年110万的怀孕量。其中有59%在农村。在2012至2030年期间，给予卫生体系的启示是如何更合理地设置人力资源来适应8380万的产前检查，1600万的出生量，6410万的产后/出生后随访。

妇女和新生儿的需求（2012）

每年1,0632,000的怀孕量=多少照护事件

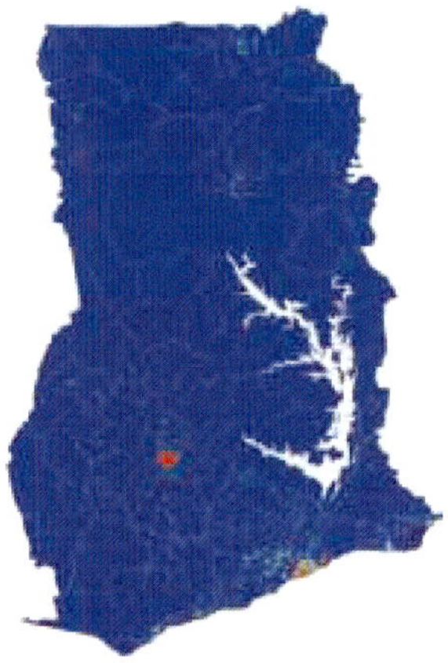

怀孕量和地域分布2012

0 | <0.09 | 0.10-0.19 | 0.20-0.49 | 0.50-0.99 | 1.00-1.49 | 1.50-1.99 | 2.00-2.49 | 2.50-10.00 | >10.00

可获得的人力资源（2012）

	在MNH[1]工作的人员国家级分类	花费在MNH的时间%
助产士	4,185	100
助产士、辅助者	na	na
助产护士	na	na
护士	273	80
护士、助产护士	na	na
卫生干事和医助	na	na
开业医生、全科医生	1,123	–
产科医生、妇科医生	549	–

估计需求=
30%

实际工作时间
需要工作时间

国家总需求的估算基于可得数据

助产教育[3]

高中教育为最低起点	12年级+
取得资格要求的学习数（全面的）	3
是否为标准化课程设置及最新更新时间	是，2013
课程要求的在指导下的最低接生数	40
2012年毕业数/占总从业的助产人数百分比	1146/27
1年内MNH雇佣毕业生的百分数	100%

助产法规

有承认助产是自主专业的法律	是
有承认助产是自主专业的法律	是
政府机构规范助产士行为	是
助产执照	是
执照助产士的现场注册	是
助产士拥有的EmONC要求的基本职能数（超出7个）	7
允许助产士提供可注射避孕药/宫内避孕器	是/是

专业组织[4]

专业组织创建年	1935, 1960, 2009
专业组织角色	
持续专业发展	是
建议和代表被指控不当行为的成员	否
就成员MNH的质量标准提出建议	是
就政府关于MNH的政策性文件提出建议	是
与政府协商工作和工资问题	是

经济可达性

包括最小受益计划的46项RMNH基本干预百分比

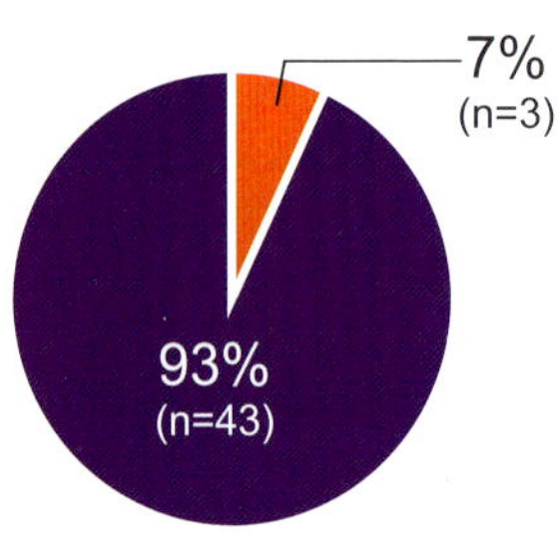

地域可达性

SBA[2]接生数目

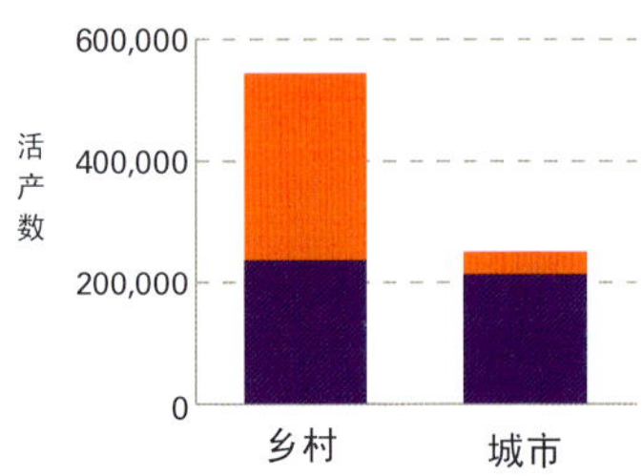

Na=不适合 —=缺失数据

规划怀孕数：城市与乡村

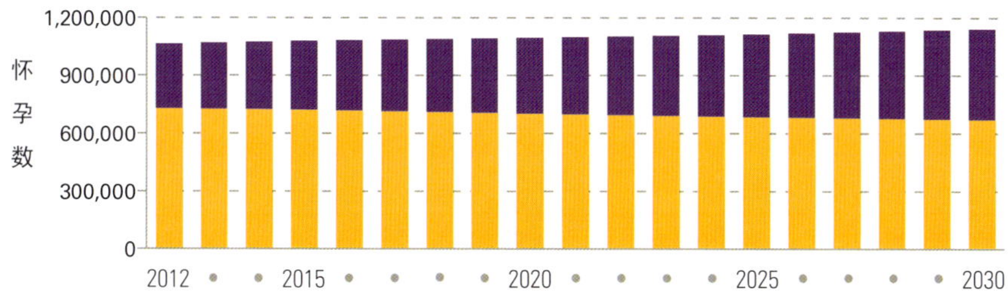

死亡率降低[5]

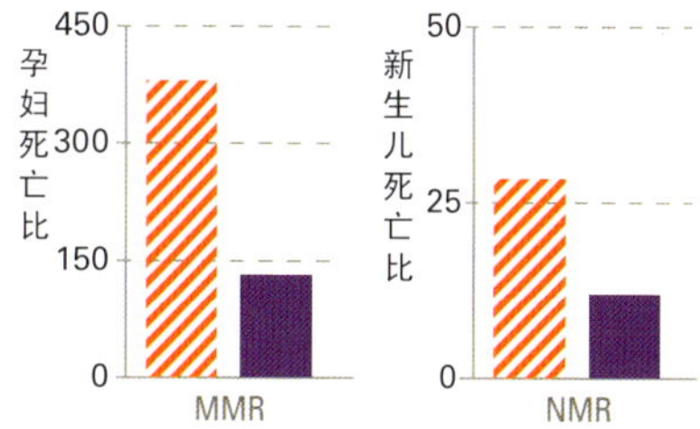

2030年预测和规划

这一部分使用简短的国家已报告数据来计算基于需求上的2030年的预测值。这些预测对记录的入学人数，毕业人数，花费在MNH上的时间百分比，年龄分布，角色和自然流失敏感。如果一些国家数据缺失，标准的、以证据为基础的假设会应用其中。这份预测具有指导意义，应该被用于核实国家数据的准确性和引发进一步的政策讨论。更多信息在50页“如何阅读”部分。

预计减少量　预计增加量　预计工作人数

ISCO-08国际职业标准分类

自然流失、死亡和退休的减少　助产专业人员　助产士相关专业人员　护理专业人员　护理相关专业人员　医疗辅助人员和医助　开业医生和全科医生　开业医生和专科医生（妇科产科）

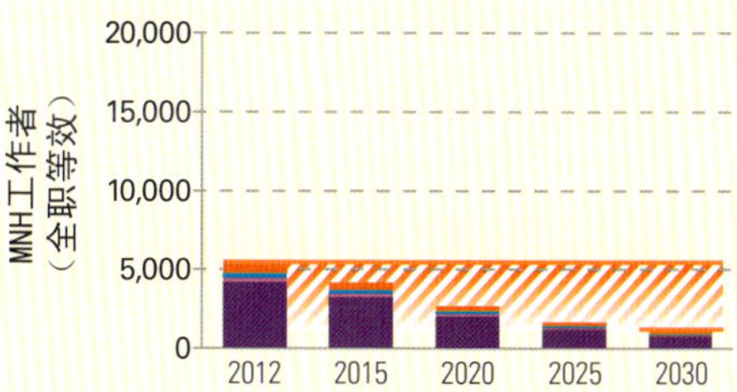

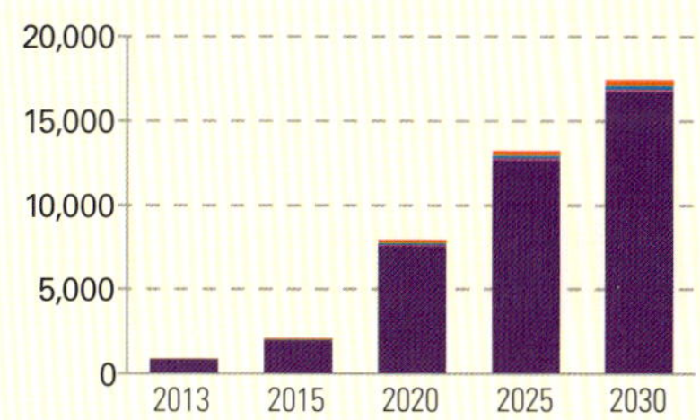

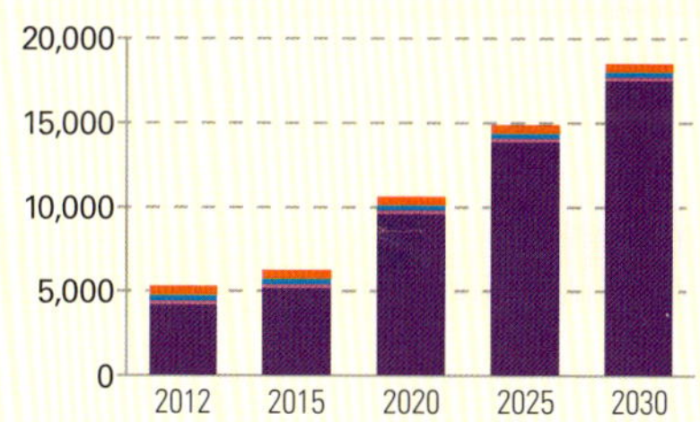

假如…

通过可获得的数据进行的需求预测

1 到2030年怀孕人数下降20%

怀孕、分娩、产后、出生后照护急剧增加，孕前服务在2080年后增加

2 到2020年，助产士、护士、医生毕业生的数目翻倍

81% 2030年可满足需求　99% 2030年可满足需求

3 到2030年，工作效率每年增加2%

81% 2030年可满足需求　99% 2030年可满足需求

4 下一个5年流失量减半

81% 2030年可满足需求　94% 2030年可满足需求

目前发展轨迹

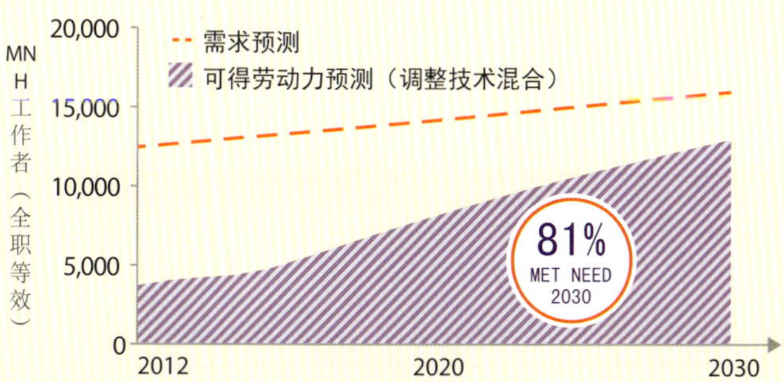

假设发展轨迹

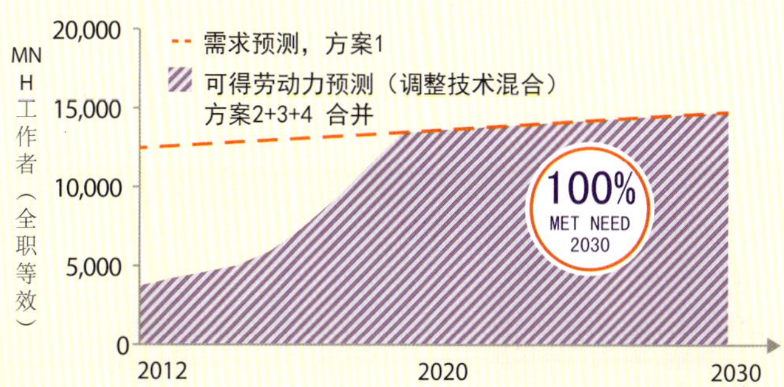

1. 医务工作者分类包含了以下国家的称呼：助产士包括助产士。辅助者包含妇女儿童健康辅助人员，护士助理；辅助助产护士包括国家登记的社区健康护士，全科医生包括卫生干事。产科/妇科医生包括妇产科专业医生。医疗干事和医疗助理包括社区健康干事，来源：2014的SoWMy或者第二来源（WHO全球健康观察、政府政策文件）
2. 年份数据是在STATCOMPILER获得的最新数据
3. 信息参考助产士骨干分类
4. 助产士、护士的国家组织
5. 提出的2030年的MMR、NMR的目标来源于2030年预防母亲死亡的计划和每位新生儿实施计划。

圭地马拉

2012年，估计总人数1510万人，950万人（63%）生活在农村，380万的妇女（25%）为育龄妇女。总和生育率是3.8。至2030年，人口估计会增加50%，达到2260万人。为了使这些人普遍获得性、生殖及母婴护理，至2030年助产士服务必须适应每年90万的怀孕量。其中有84%在农村。在2012至2030年期间，给予卫生体系的启示是如何更合理地设置人力资源来适应6310万的产前检查，990万的出生量，3980万的产后/出生后随访。

妇女和新生儿的需求（2012）

每年762,000的怀孕量=多少照护事件

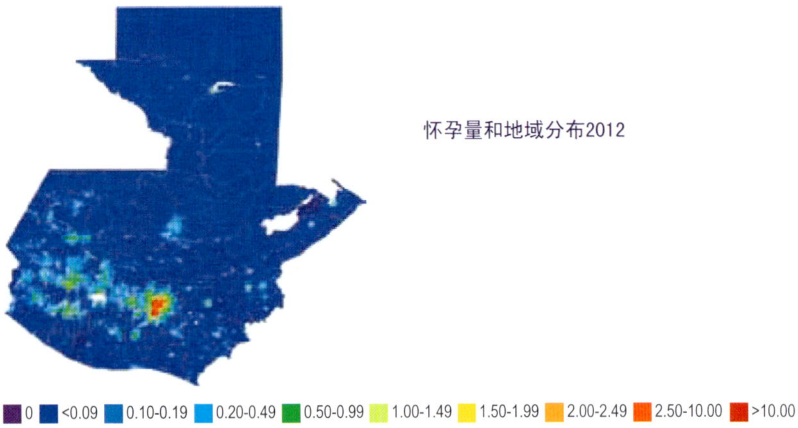

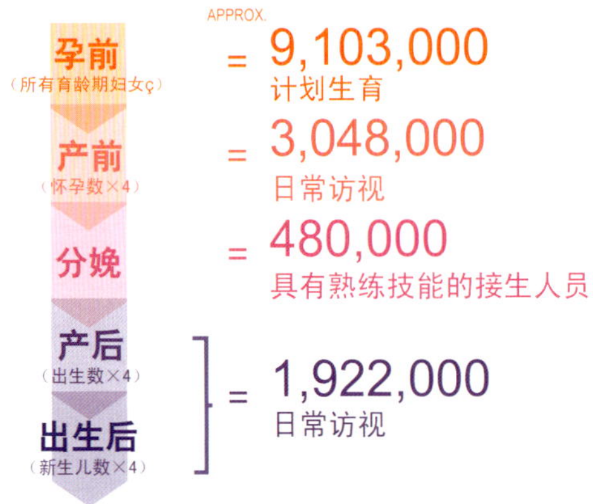

可获得的人力资源（2012）

	在MNH[1]工作的人员国家级分类	花费在MNH的时间%
助产士	0	na
助产士、辅助者	na	na
助产护士	na	na
护士	3,500	50
护士、助产护士	–	65
卫生干事和医助	na	na
开业医生、全科医生	12,703	70
产科医生、妇科医生	720	100

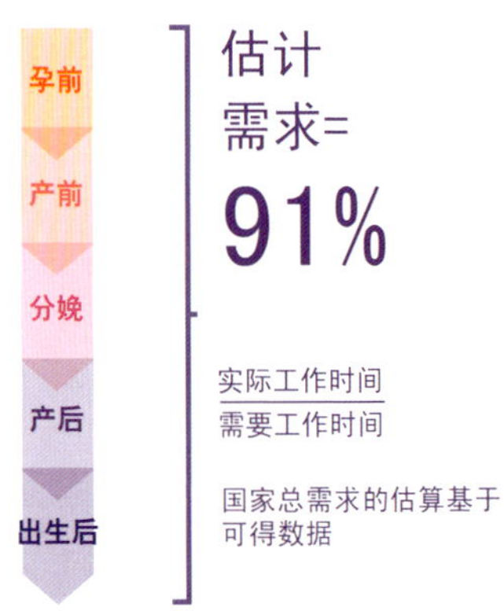

助产教育[3]

高中教育为最低起点	na
取得资格要求的学习数（全面的）	na
是否为标准化课程设置及最新更新时间	是，2014
课程要求的在指导下的最低接生数	0
2012年毕业数/占总从业的助产人数百分比	na/na
1年内MNH雇佣毕业生的百分数	na

助产法规

有承认助产是自主专业的法律	是
有承认助产是自主专业的法律	否
政府机构规范助产士行为	否
助产执照	否
执照助产士的现场注册	否
助产士拥有的EmONC要求的基本职能数（超出7个）	7
允许助产士提供可注射避孕药/宫内避孕器	是/是

专业组织[4]

专业组织创建年	1947
专业组织角色	
持续专业发展	是
建议和代表被指控不当行为的成员	是
就成员MNH的质量标准提出建议	否
就政府关于MNH的政策性文件提出建议	是
与政府协商工作和工资问题	是

经济可达性

包括最小受益计划的46项RMNH基本干预百分比

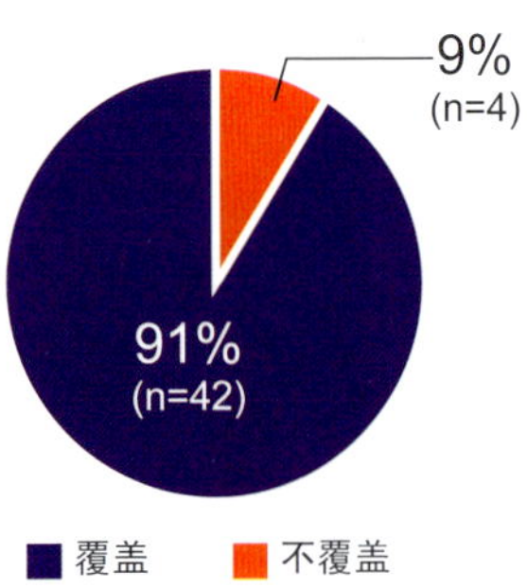

地域可达性

SBA[2]接生数目

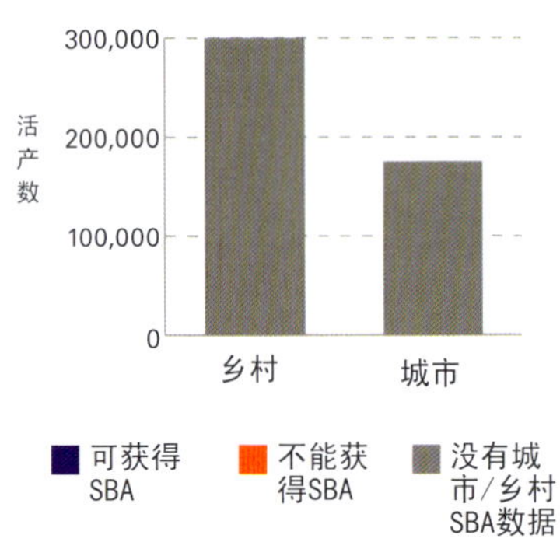

Na=不适合 —=缺失数据

规划怀孕数：城市与乡村

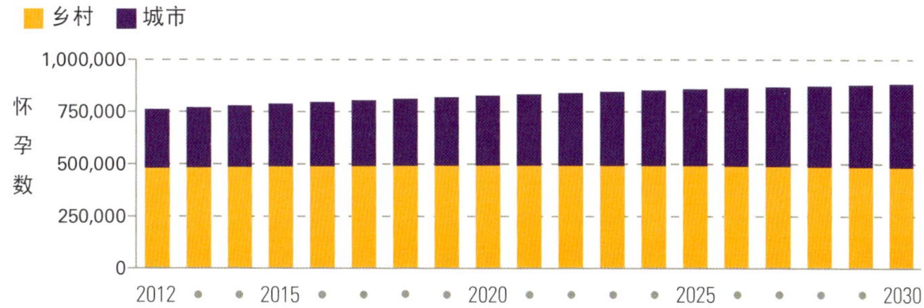

死亡率降低[5]

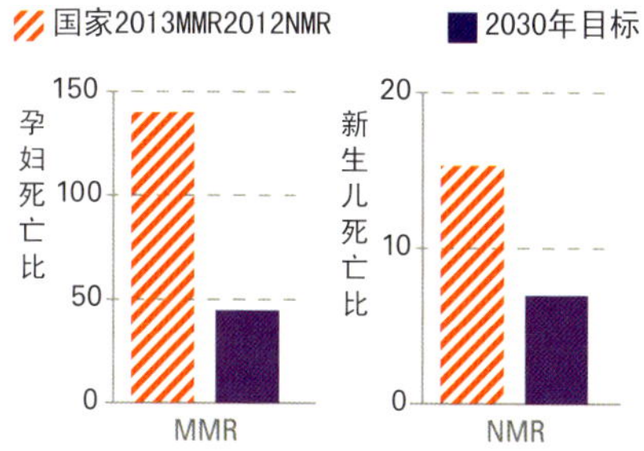

2030年预测和规划

这一部分使用简短的国家已报告数据来计算基于需求上的2030年的预测值。这些预测对记录的入学人数，毕业人数，花费在MNH上的时间百分比，年龄分布，角色和自然流失敏感。如果一些国家数据缺失，标准的、以证据为基础的假设会应用其中。这份预测具有指导意义，应该被用于核实国家数据的准确性和引发进一步的政策讨论。更多信息在50页“如何阅读”部分。

预计减少量　预计增加量　预计工作人数

ISCO-08国际职业标准分类

- 自然流失、死亡和退休的减少
- 助产专业人员
- 助产士相关专业人员
- 护理专业人员
- 护理相关专业人员
- 医疗辅助人员和医助
- 开业医生和全科医生
- 开业医生和专科医生（妇科产科）

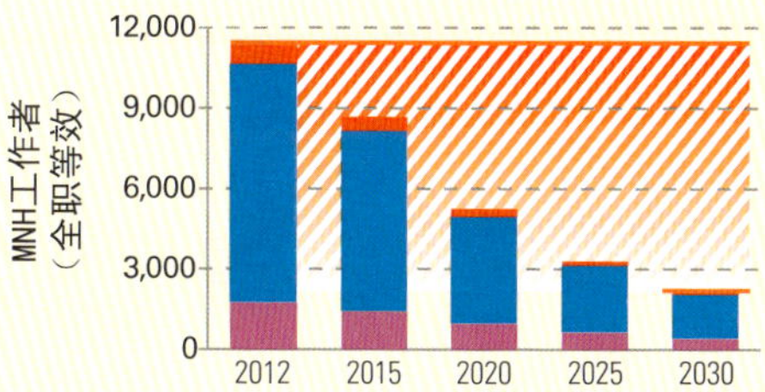

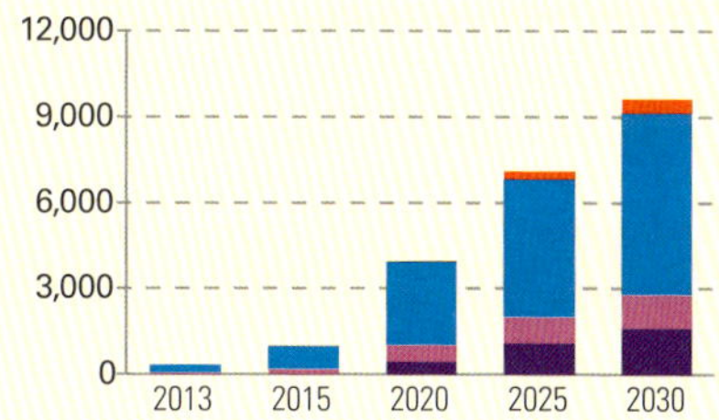

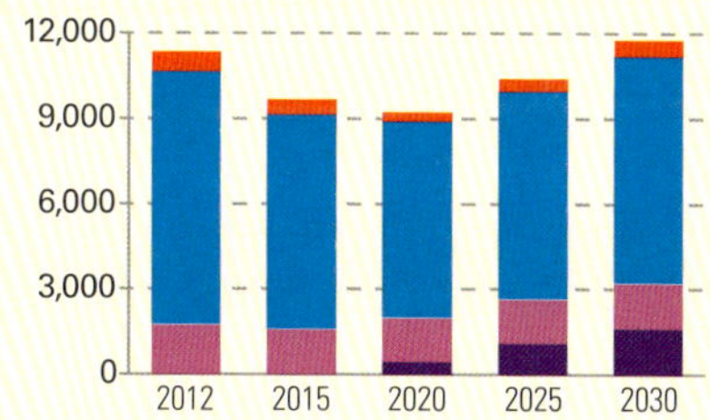

假如…

通过可获得的数据进行的需求预测

1 到2030年怀孕人数下降20%

0. 88 million　目前　→　0. 71 million　方案

怀孕、分娩、产后、出生后照护急剧增加，孕前服务在2080年后增加

2 到2020年，助产士、护士、医生毕业生的数目翻倍

目前　→　方案

71% 2030年可满足需求　90% 2030年可满足需求

3 到2030年，工作效率每年增加2%

目前　→　方案

71% 2030年可满足需求　89% 2030年可满足需求

4 下一个5年流失量减半

4% leak　目前　→　2% leak　方案

71% 2030年可满足需求　83% 2030年可满足需求

目前发展轨迹

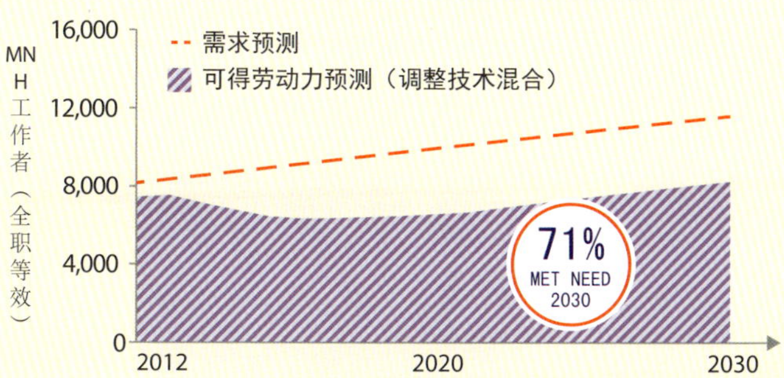

假设发展轨迹

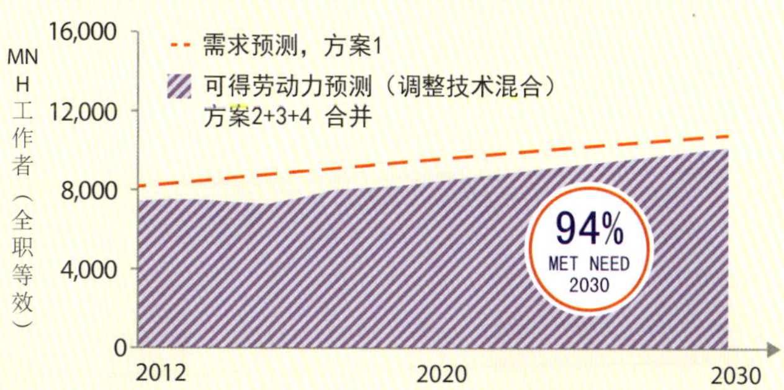

1. 医务工作者分类包含了以下国家的称呼：助产士包括助产士。辅助者包含妇女儿童健康辅助人员，护士助理；辅助助产护士包括国家登记的社区健康护士，全科医生包括卫生干事。产科/妇科医生包括妇产科专业医生。医疗干事和医疗助理包括社区健康干事，来源：2014的SoWMy或者第二来源（WHO全球健康观察、政府政策文件）
2. 年份数据是在STATCOMPILER获得的最新数据
3. 信息参考助产士骨干分类
4. 助产士、护士的国家组织
5. 提出的2030年的MMR、NMR的目标来源于2030年预防母亲死亡的计划和每位新生儿实施计划。

几内亚

2012年，估计总人数1150万人，780万人（68%）生活在农村，270万的妇女（23%）为育龄妇女。总和生育率是5.0。至2030年，人口估计会增加51%，达到1730万人。为了使这些人普遍获得性、生殖及母婴护理，至2030年助产士服务必须适应每年90万的怀孕量。其中有63%在农村。在2012至2030年期间，给予卫生体系的启示是如何更合理地设置人力资源来适应6170万的产前检查，920万的出生量，3690万的产后/出生后随访。

妇女和新生儿的需求（2012）

每年734,000的怀孕量=多少照护事件

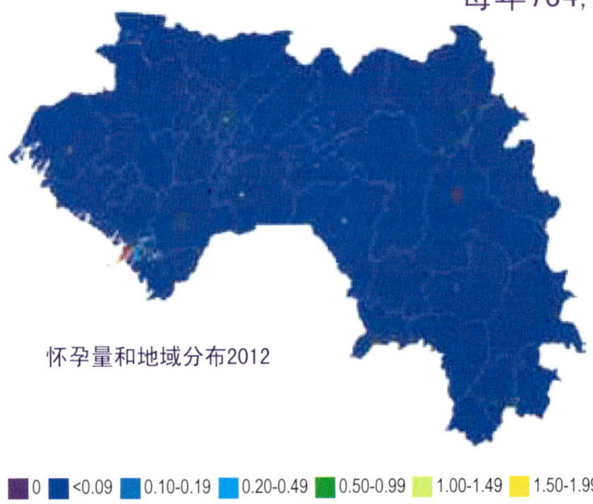

怀孕量和地域分布2012

APPROX.

= 4,022,000 计划生育

= 2,934,000 日常访视

= 438,000 具有熟练技能的接生人员

= 1,753,000 日常访视

可获得的人力资源（2012）

	在MNH[1]工作的人员国家级分类	花费在MNH的时间%
助产士	500	100
助产士、辅助者	na	na
助产护士	na	na
护士	1,494	25
护士、助产护士	4,275	90
卫生干事和医助	na	na
开业医生、全科医生	476	40
产科医生、妇科医生	45	100

估计需求=

30%

实际工作时间
需要工作时间

国家总需求的估算基于可得数据

助产教育[3]

高中教育为最低起点	12年级+
取得资格要求的学习数（全面的）	3
是否为标准化课程设置及最新更新时间	是，2011
课程要求的在指导下的最低接生数	25
2012年毕业数/占总从业的助产人数百分比	119/24
1年内MNH雇佣毕业生的百分数	75%

助产法规

有承认助产是自主专业的法律	是
有承认助产是自主专业的法律	是
政府机构规范助产士行为	是
助产执照	是
执照助产士的现场注册	否
助产士拥有的EmONC要求的基本职能数（超出7个）	7
允许助产士提供可注射避孕药/宫内避孕器	是/是

专业组织[4]

专业组织创建年	1988
专业组织角色	
持续专业发展	是
建议和代表被指控不当行为的成员	否
就成员MNH的质量标准提出建议	是
就政府关于MNH的政策性文件提出建议	是
与政府协商工作和工资问题	是

经济可达性

包括最小受益计划的46项RMNH基本干预百分比

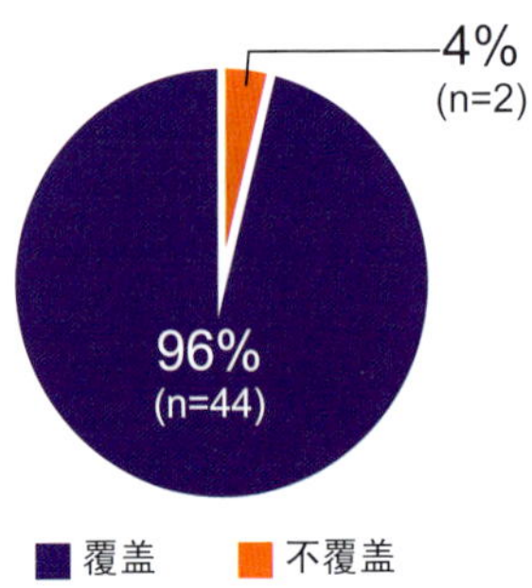

地域可达性

SBA[2]接生数目

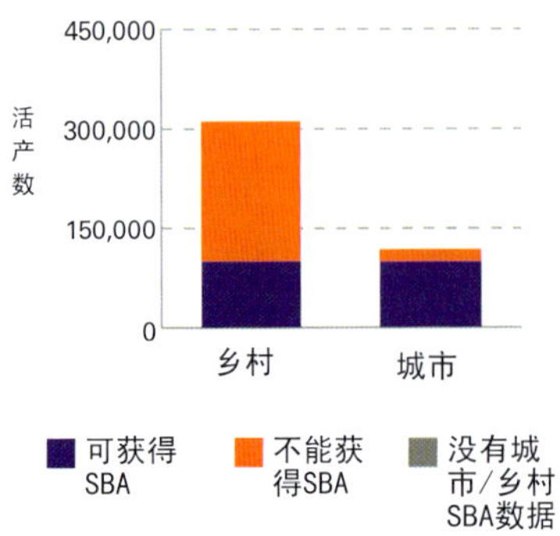

Na=不适合　　—=缺失数据

规划怀孕数：城市与乡村

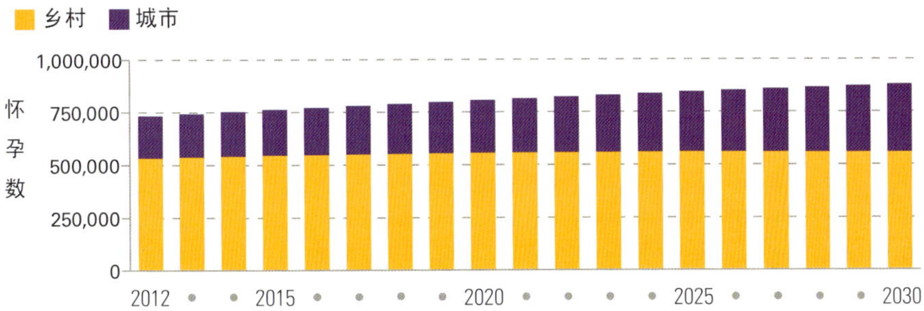

死亡率降低[5]

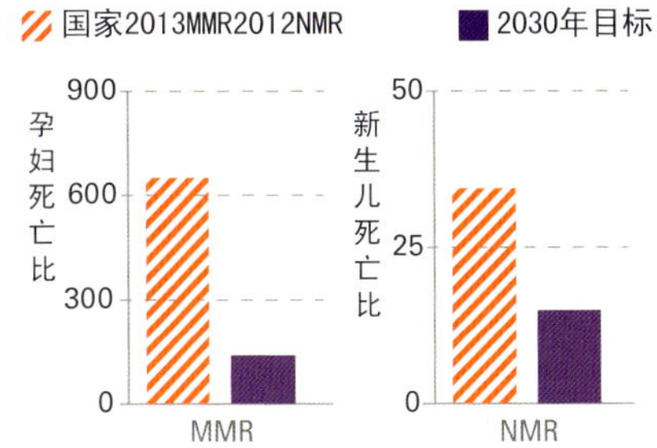

2030年预测和规划

这一部分使用简短的国家已报告数据来计算基于需求上的2030年的预测值。这些预测对记录的入学人数，毕业人数，花费在MNH上的时间百分比，年龄分布，角色和自然流失敏感。如果一些国家数据缺失，标准的、以证据为基础的假设会应用其中。这份预测具有指导意义，应该被用于核实国家数据的准确性和引发进一步的政策讨论。更多信息在50页“如何阅读”部分。

预计减少量　预计增加量　预计工作人数

ISCO-08国际职业标准分类

自然流失、死亡和退休的减少　助产专业人员　助产士相关专业人员　护理专业人员　护理相关专业人员　医疗辅助人员和医助　开业医生和全科医生　开业医生和专科医生（妇科产科）

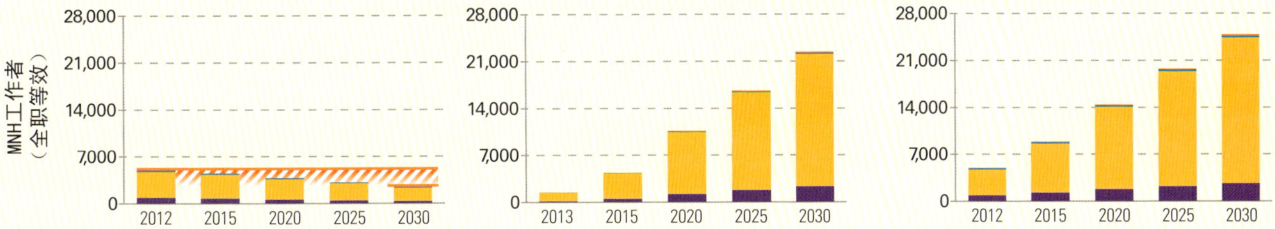

假如…

通过可获得的数据进行的需求预测

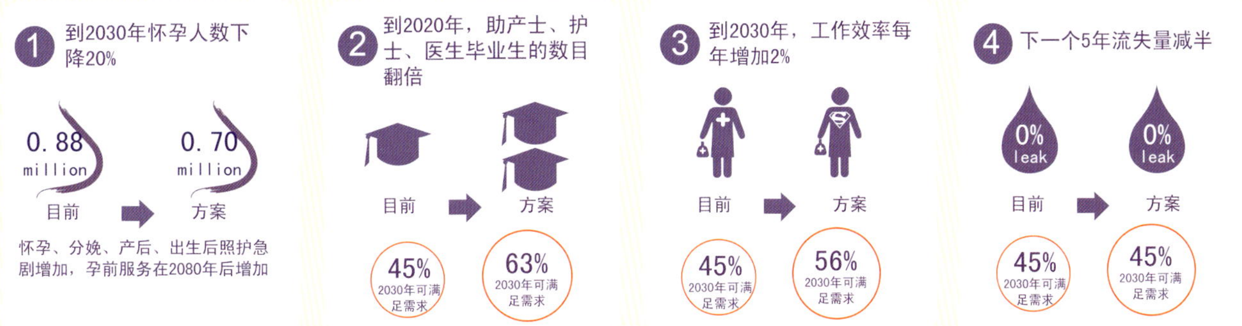

目前发展轨迹

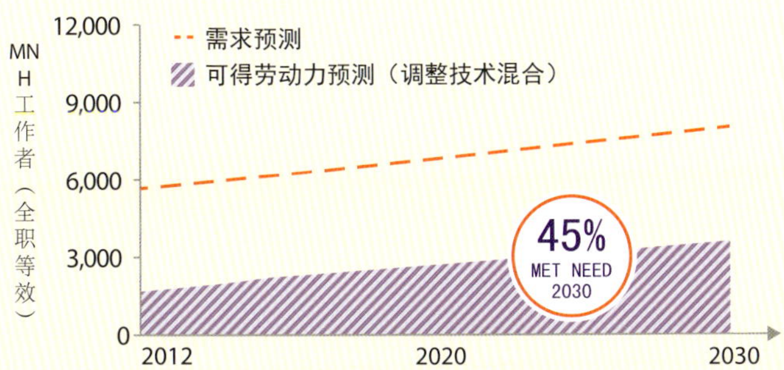

假设发展轨迹

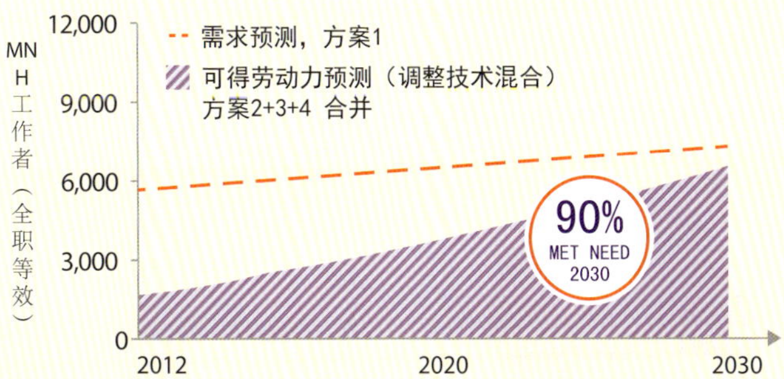

1. 医务工作者分类包含了以下国家的称呼：助产士包括助产士。辅助者包含妇女儿童健康辅助人员，护士助理：辅助助产护士包括国家登记的社区健康护士，全科医生包括卫生干事。产科/妇科医生包括妇产科专业医生。医疗干事和医疗助理包括社区健康干事，来源：2014的SoWMy或者第二来源（WHO全球健康观察、政府政策文件）
2. 年份数据是在STATCOMPILER获得的最新数据
3. 信息参考助产士骨干分类
4. 助产士、护士的国家组织
5. 提出的2030年的MMR、NMR的目标来源于2030年预防母亲死亡的计划和每位新生儿实施计划。

几内亚比绍

2012年，估计总人数170万人，110万人（65%）生活在农村，40万的妇女（24%）为育龄妇女。总和生育率是5.0。至2030年，人口估计会增加49%，达到250万人。为了使这些人普遍获得性、生殖及母婴护理，至2030年助产士服务必须适应每年10万的怀孕量。其中有63%在农村。在2012至2030年期间，给予卫生体系的启示是如何更合理地设置人力资源来适应920万的产前检查，140万的出生量，550万的产后/出生后随访。

妇女和新生儿的需求（2012）

每年109,000的怀孕量=多少照护事件

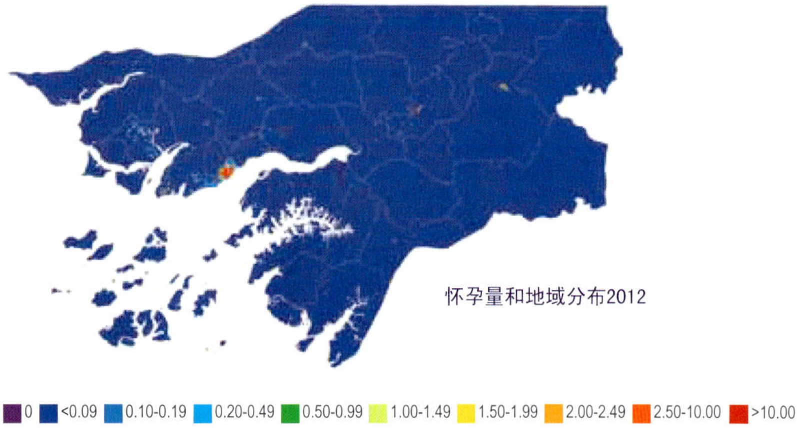

APPROX

孕前（所有育龄期妇女ç）	=	527,000 计划生育
产前（怀孕数×4）	=	436,000 日常访视
分娩	=	66,000 具有熟练技能的接生人员
产后（出生数×4） 出生后（新生儿数×4）	=	262,000 日常访视

可获得的人力资源（2012）

在MNH[1]工作的人员国家级分类		花费在MNH的时间%
助产士	148	–
助产士、辅助者	5	–
助产护士	29	–
护士	na	na
护士、助产护士	na	na
卫生干事和医助	na	na
开业医生、全科医生	214	–
产科医生、妇科医生	5	–

孕前 产前 分娩 产后 出生后

估计需求=

21%

实际工作时间
需要工作时间

国家总需求的估算基于可得数据

助产教育[3]

高中教育为最低起点	12年级+
取得资格要求的学习数（全面的）	3
是否为标准化课程设置及最新更新时间	是，2010
课程要求的在指导下的最低接生数	0
2012年毕业数/占总从业的助产人数百分比	37/25
1年内MNH雇佣毕业生的百分数	100%

助产法规

有承认助产是自主专业的法律	否
有承认助产是自主专业的法律	否
政府机构规范助产士行为	是
助产执照	否
执照助产士的现场注册	否
助产士拥有的EmONC要求的基本职能数（超出7个）	5
允许助产士提供可注射避孕药/宫内避孕器	是/是

专业组织[4]

专业组织创建年	1992, 1995, 2002
专业组织角色	
持续专业发展	是
建议和代表被指控不当行为的成员	是
就成员MNH的质量标准提出建议	是
就政府关于MNH的政策性文件提出建议	是
与政府协商工作和工资问题	是

经济可达性

包括最小受益计划的46项RMNH基本干预百分比

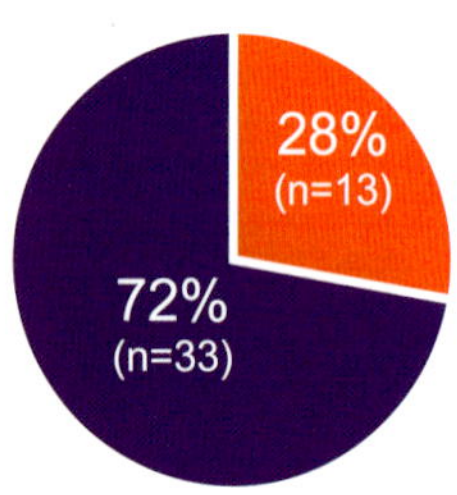

覆盖　不覆盖

地域可达性

SBA[2]接生数目

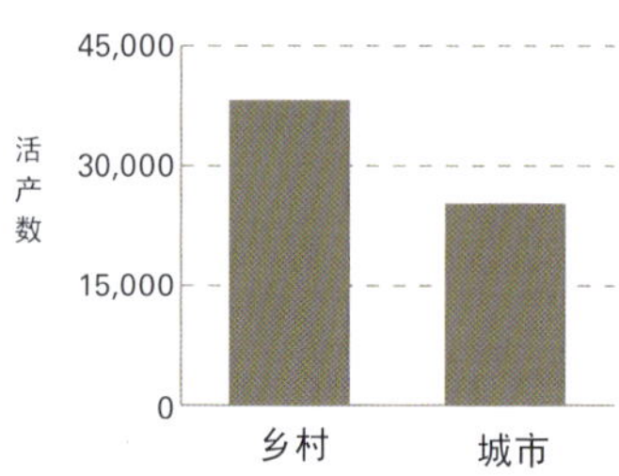

可获得SBA　不能获得SBA　没有城市/乡村SBA数据

Na=不适合　—=缺失数据

规划怀孕数：城市与乡村

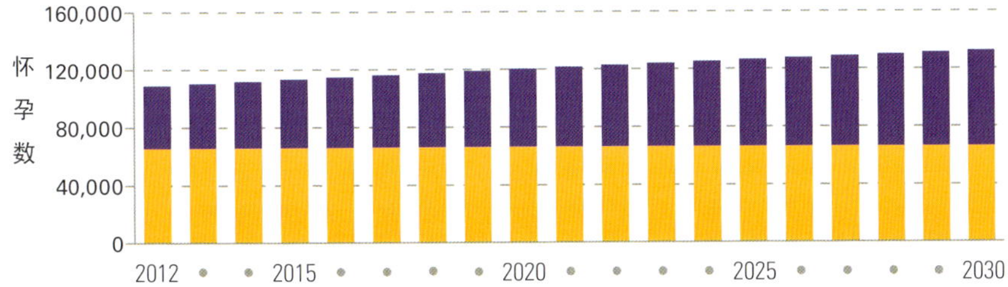

死亡率降低[5]

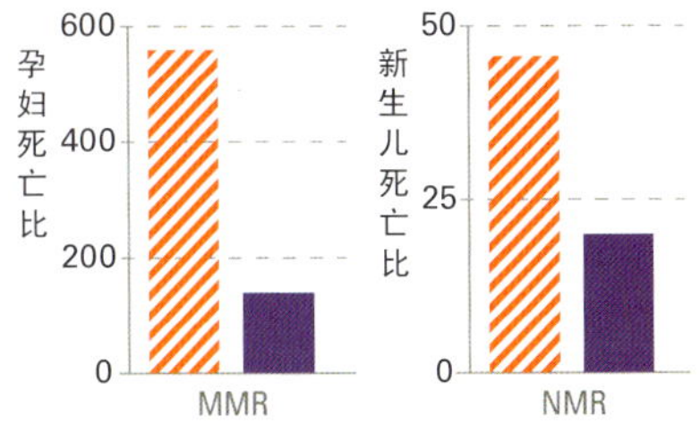

2030年预测和规划

这一部分使用简短的国家已报告数据来计算基于需求上的2030年的预测值。这些预测对记录的入学人数，毕业人数，花费在MNH上的时间百分比，年龄分布，角色和自然流失敏感。如果一些国家数据缺失，标准的、以证据为基础的假设会应用其中。这份预测具有指导意义，应该被用于核实国家数据的准确性和引发进一步的政策讨论。更多信息在50页“如何阅读”部分。

预计减少量　预计增加量　预计工作人数

ISCO-08国际职业标准分类

自然流失、死亡和退休的减少　助产专业人员　助产士相关专业人员　护理专业人员　护理相关专业人员　医疗辅助人员和医助　开业医生和全科医生　开业医生和专科医生（妇科产科）

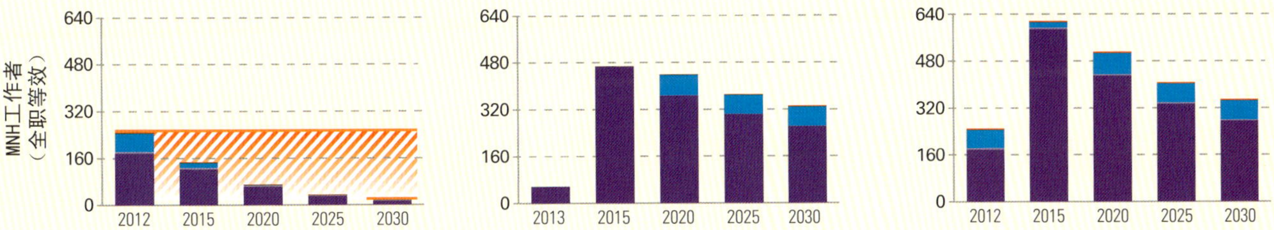

假如…

通过可获得的数据进行的需求预测

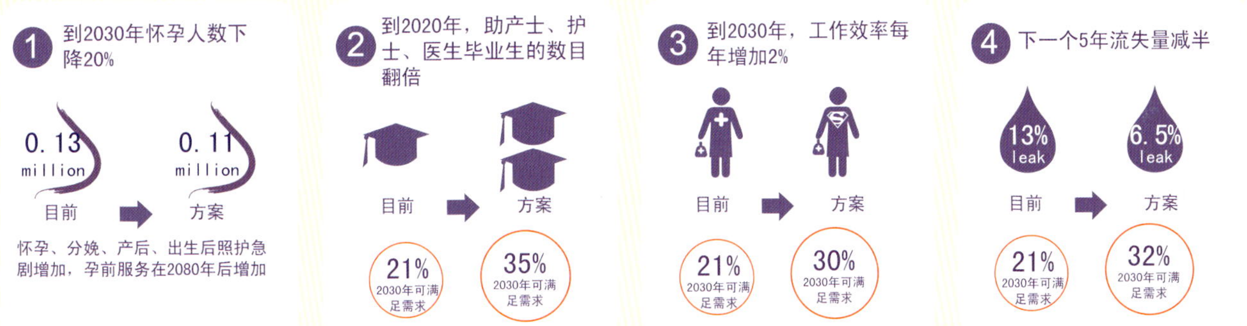

目前发展轨迹

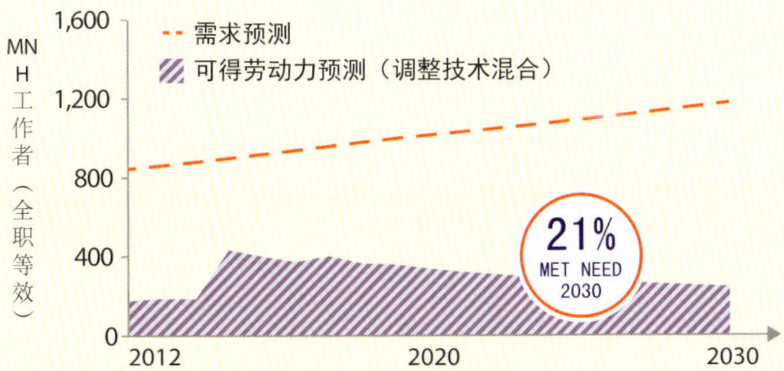

假设发展轨迹

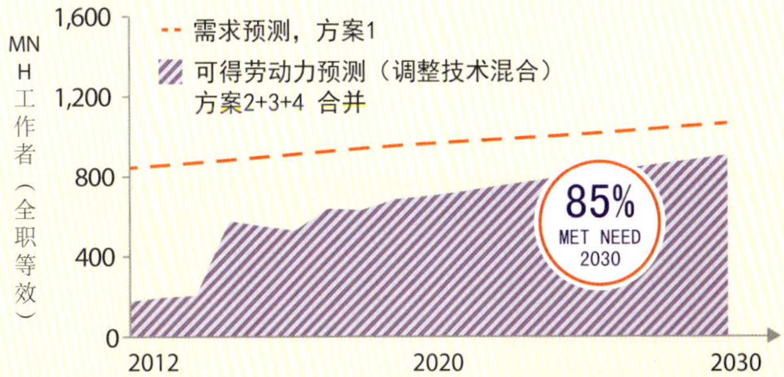

1. 医务工作者分类包含了以下国家的称呼：助产士包括助产士。辅助者包含妇女儿童健康辅助人员，护士助理；辅助助产护士包括国家登记的社区健康护士，全科医生包括卫生干事。产科/妇科医生包括妇产科专业医生。医疗干事和医疗助理包括社区健康干事，来源：2014的SoWMy或者第二来源（WHO全球健康观察、政府政策文件）
2. 年份数据是在STATCOMPILER获得的最新数据
3. 信息参考助产士骨干分类
4. 助产士、护士的国家组织
5. 提出的2030年的MMR、NMR的目标来源于2030年预防母亲死亡的计划和每位新生儿实施计划。

海地

2012年，估计总人数1020万人，730万人（72%）生活在农村，270万的妇女（26%）为育龄妇女。总和生育率是3.2。至2030年，人口估计会增加23%，达到1250万人。为了使这些人普遍获得性、生殖及母婴护理，至2030年助产士服务必须适应每年50万的怀孕量。其中有90%在农村。在2012至2030年期间，给予卫生体系的启示是如何更合理地设置人力资源来适应3580万的产前检查，520万的出生量，2080万的产后/出生后随访。

妇女和新生儿的需求（2012）

每年483,000的怀孕量=多少照护事件

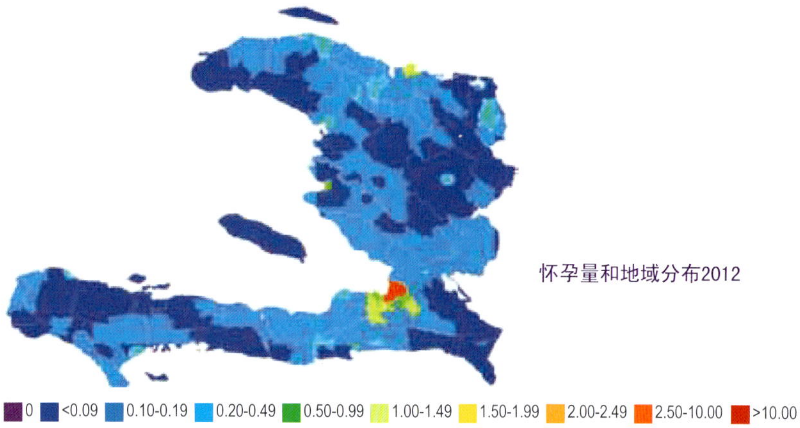

怀孕量和地域分布2012

孕前（所有育龄期妇女ç） APPROX. = 5,255,000 计划生育

产前（怀孕数×4） = 1,932,000 日常访视

分娩 = 280,000 具有熟练技能的接生人员

产后（出生数×4）、出生后（新生儿数×4） = 1,120,000 日常访视

可获得的人力资源（2012）

	在MNH[1]工作的人员国家级分类	花费在MNH的时间%
助产士	0	100
助产士、辅助者	na	na
助产护士	201	100
护士	na	na
护士、助产护士	na	na
卫生干事和医助	na	na
开业医生、全科医生	374	35
产科医生、妇科医生	400	100

孕前 / 产前 / 分娩 / 产后 / 出生后

估计需求= **10%**

实际工作时间 / 需要工作时间

国家总需求的估算基于可得数据

经济可达性

包括最小受益计划的46项RMNH基本干预百分比

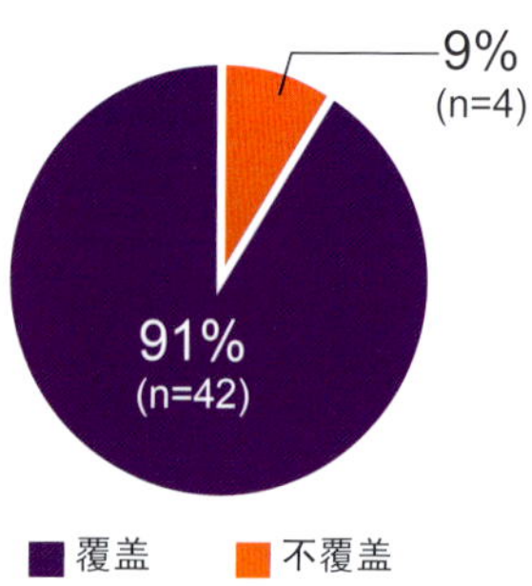

地域可达性

SBA[2]接生数目

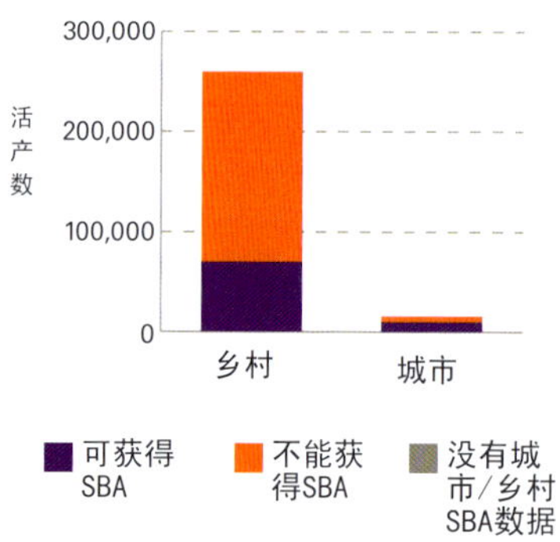

助产教育[3]

高中教育为最低起点	12年级+
取得资格要求的学习数（全面的）	3
是否为标准化课程设置及最新更新时间	是，2013
课程要求的在指导下的最低接生数	50
2012年毕业数/占总从业的助产人数百分比	—/na
1年内MNH雇佣毕业生的百分数	na

助产法规

有承认助产是自主专业的法律	否
有承认助产是自主专业的法律	是
政府机构规范助产士行为	是
助产执照	否
执照助产士的现场注册	否
助产士拥有的EmONC要求的基本职能数（超出7个）	7
允许助产士提供可注射避孕药/宫内避孕器	是/是

专业组织[4]

专业组织创建年	1930, 2001
专业组织角色	
持续专业发展	是
建议和代表被指控不当行为的成员	否
就成员MNH的质量标准提出建议	是
就政府关于MNH的政策性文件提出建议	是
与政府协商工作和工资问题	是

Na=不适合　　—=缺失数据

规划怀孕数：城市与乡村

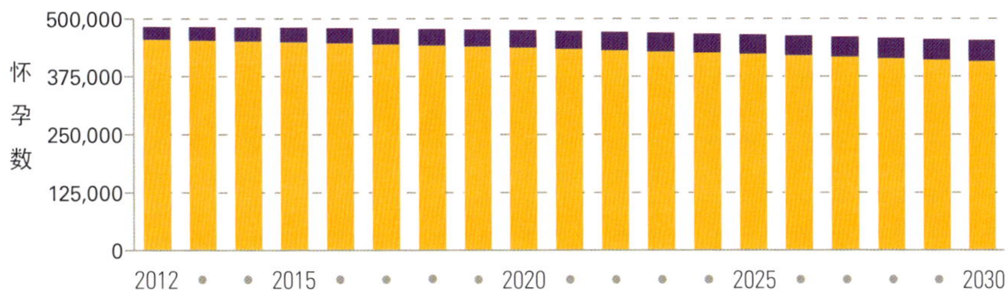

死亡率降低[5]

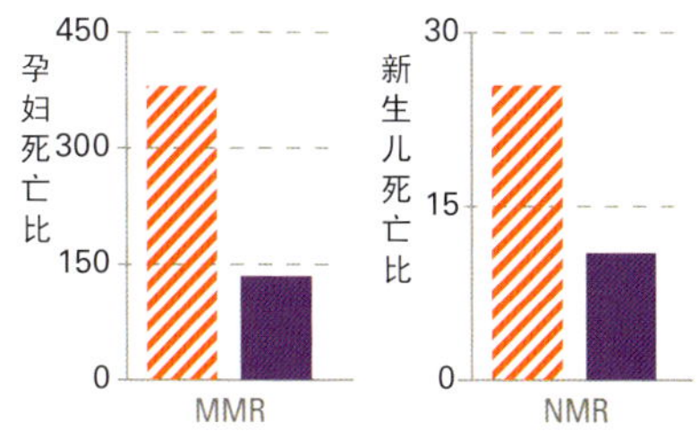

2030年预测和规划

这一部分使用简短的国家已报告数据来计算基于需求上的2030年的预测值。这些预测对记录的入学人数，毕业人数，花费在MNH上的时间百分比，年龄分布，角色和自然流失敏感。如果一些国家数据缺失，标准的、以证据为基础的假设会应用其中。这份预测具有指导意义，应该被用于核实国家数据的准确性和引发进一步的政策讨论。更多信息在50页“如何阅读”部分。

预计减少量 / 预计增加量 / 预计工作人数

ISCO-08国际职业标准分类

自然流失、死亡和退休的减少 | 助产专业人员 | 助产士相关专业人员 | 护理专业人员 | 护理相关专业人员 | 医疗辅助人员和医助 | 开业医生和全科医生 | 开业医生和专科医生（妇科产科）

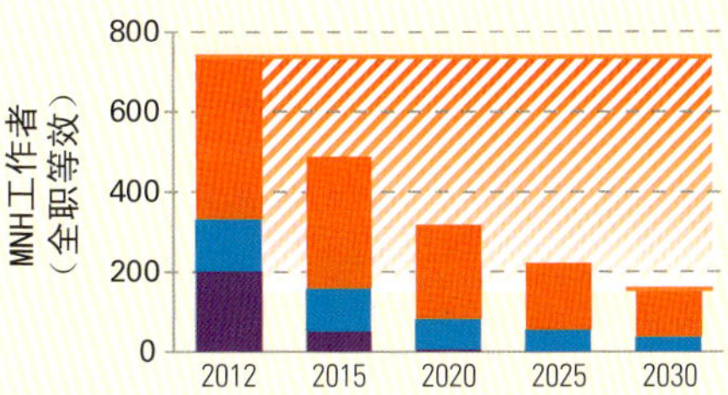

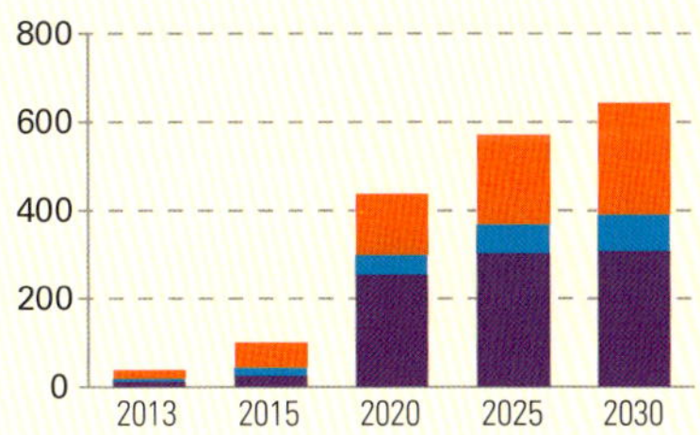

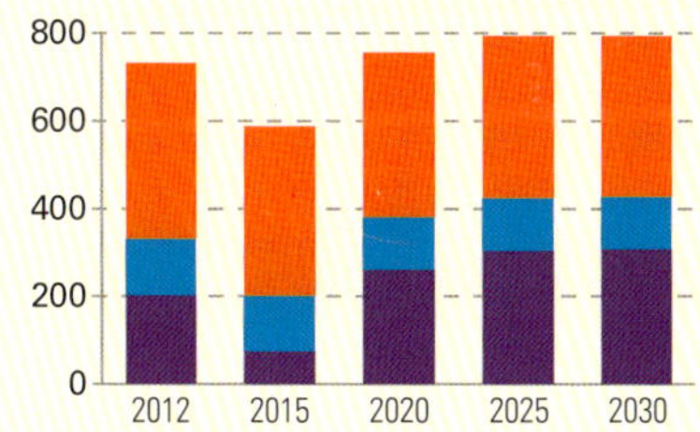

假如…

通过可获得的数据进行的需求预测

1 到2030年怀孕人数下降20%

怀孕、分娩、产后、出生后照护急剧增加，孕前服务在2080年后增加

9% 2030年可满足需求 → 16% 2030年可满足需求

2 到2020年，助产士、护士、医生毕业生的数目翻倍

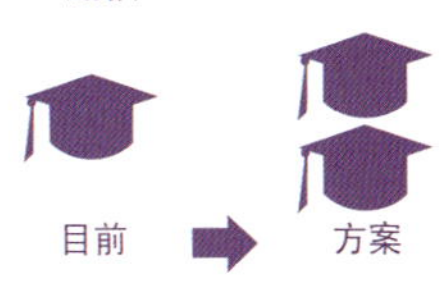

9% 2030年可满足需求 → 16% 2030年可满足需求

3 到2030年，工作效率每年增加2%

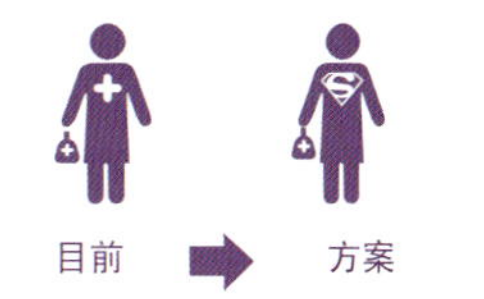

9% 2030年可满足需求 → 13% 2030年可满足需求

4 下一个5年流失量减半

9% 2030年可满足需求 → 14% 2030年可满足需求

目前发展轨迹

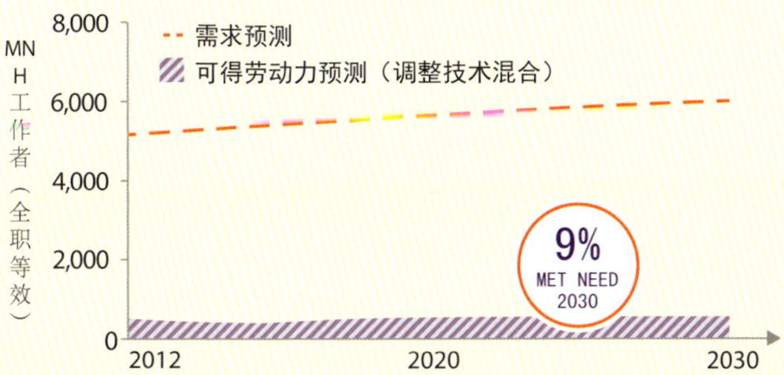

假设发展轨迹

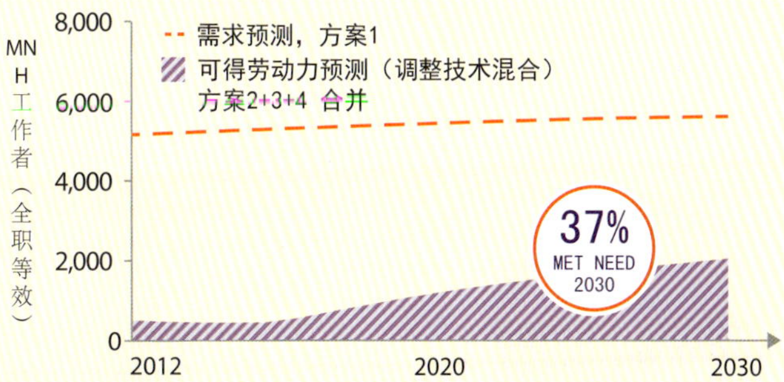

1. 医务工作者分类包含了以下国家的称呼：助产士包括助产士。辅助者包含妇女儿童健康辅助人员，护士助理：辅助助产护士包括国家登记的社区健康护士，全科医生包括卫生干事。产科/妇科医生包括妇产科专业医生。医疗干事和医疗助理包括社区健康干事，来源：2014的SoWMy或者第二来源（WHO全球健康观察、政府政策文件）
2. 年份数据是在STATCOMPILER获得的最新数据
3. 信息参考助产士骨干分类
4. 助产士、护士的国家组织
5. 提出的2030年的MMR、NMR的目标来源于2030年预防母亲死亡的计划和每位新生儿实施计划。

印度

2012年，估计总人数12.367亿人，8.924亿人（72%）生活在农村，3.195亿的妇女（26%）为育龄妇女。总和生育率是2.5。至2030年，人口估计会增加19%，达到14.764亿人。为了使这些人普遍获得性、生殖及母婴护理，至2030年助产士服务必须适应每年3460万的怀孕量。其中有73%在农村。在2012至2030年期间，给予卫生体系的启示是如何更合理地设置人力资源来适应2.7645亿的产前检查，47390万的出生量，1.8955亿的产后/出生后随访。

妇女和新生儿的需求（2012）

每年37,806,000的怀孕量=多少照护事件

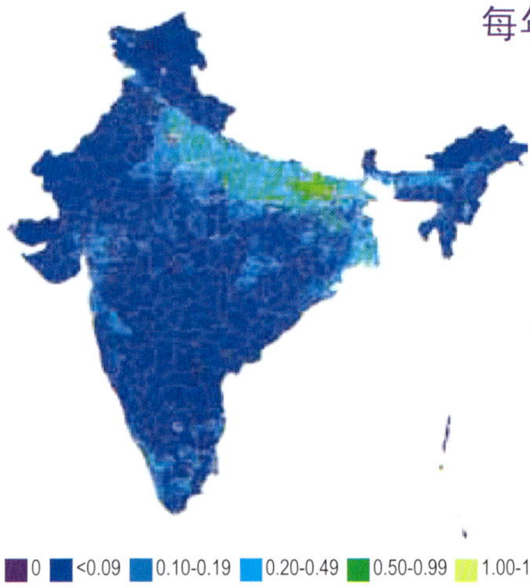

怀孕量和地域分布2012

APPROX

- **孕前**（所有育龄期妇女ç） = 579,782,000 计划生育
- **产前**（怀孕数×4） = 151,226,000 日常访视
- **分娩** = 25,923,000 具有熟练技能的接生人员
- **产后**（出生数×4） / **出生后**（新生儿数×4） = 103,693,000 日常访视

可获得的人力资源（2012）

	在MNH[1]工作的人员国家级分类	花费在MNH的时间%
助产士	na	na
助产士、辅助者	na	na
助产护士	na	na
护士	1,406,006	–
护士、助产护士	718,661	60
卫生干事和医助	na	na
开业医生、全科医生	883,812	–
产科医生、妇科医生	–	66

孕前 / 产前 / 分娩 / 产后 / 出生后

估计需求=

86%

实际工作时间 / 需要工作时间

国家总需求的估算基于可得数据

助产教育[3]

高中教育为最低起点	12年级+
取得资格要求的学习数（全面的）	4
是否为标准化课程设置及最新更新时间	是，2004
课程要求的在指导下的最低接生数	20
2012年毕业数/占总从业的助产人数百分比	156180/11
1年内MNH雇佣毕业生的百分数	—

助产法规

有承认助产是自主专业的法律	否
有承认助产是自主专业的法律	否
政府机构规范助产士行为	是
助产执照	是
执照助产士的现场注册	是
助产士拥有的EmONC要求的基本职能数（超出7个）	4
允许助产士提供可注射避孕药/宫内避孕器	否/是

专业组织[4]

专业组织创建年	1995, 2000
专业组织角色	
持续专业发展	是
建议和代表被指控不当行为的成员	是
就成员MNH的质量标准提出建议	是
就政府关于MNH的政策性文件提出建议	是
与政府协商工作和工资问题	是

经济可达性

包括最小受益计划的46项RMNH基本干预百分比

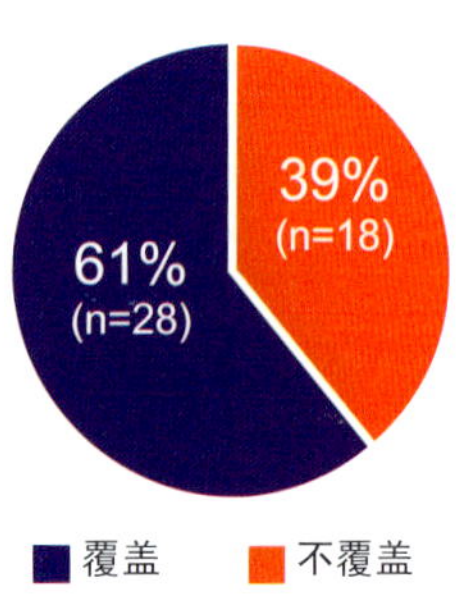

地域可达性

SBA[2]接生数目

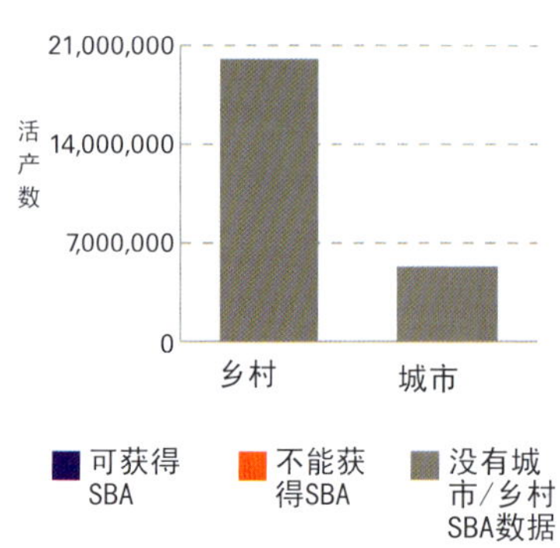

Na=不适合　　—=缺失数据

规划怀孕数：城市与乡村

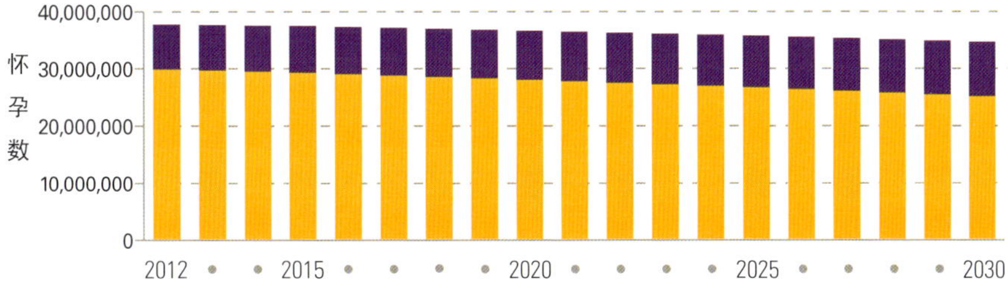

死亡率降低[5]

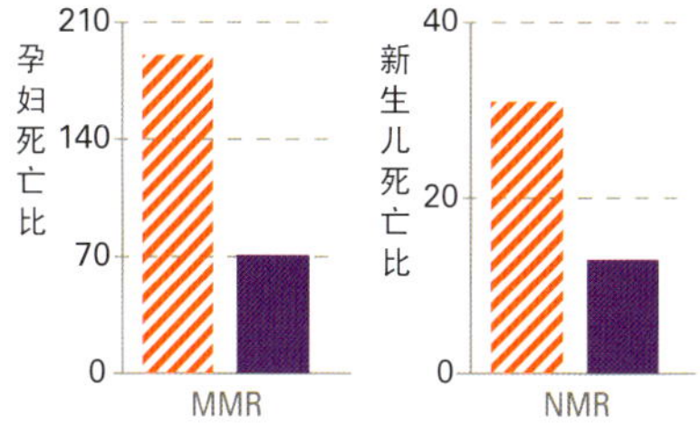

2030年预测和规划

这一部分使用简短的国家已报告数据来计算基于需求上的2030年的预测值。这些预测对记录的入学人数，毕业人数，花费在MNH上的时间百分比，年龄分布，角色和自然流失敏感。如果一些国家数据缺失，标准的、以证据为基础的假设会应用其中。这份预测具有指导意义，应该被用于核实国家数据的准确性和引发进一步的政策讨论。更多信息在50页“如何阅读”部分。

预计减少量 | 预计增加量 | 预计工作人数

ISCO-08国际职业标准分类

- 自然流失、死亡和退休的减少
- 助产专业人员
- 助产士相关专业人员
- 护理专业人员
- 护理相关专业人员
- 医疗辅助人员和医助
- 开业医生和全科医生
- 开业医生和专科医生（妇科产科）

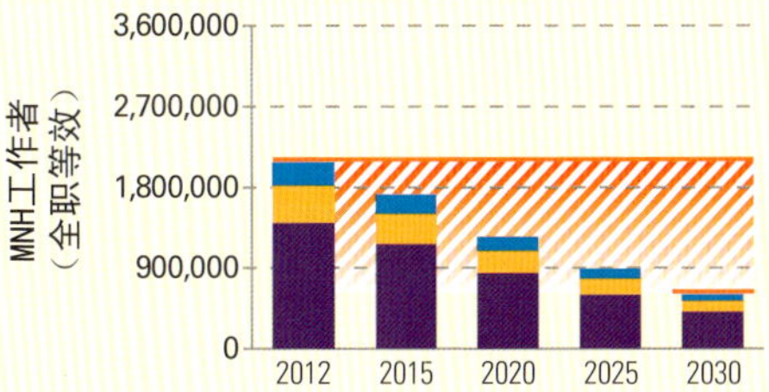

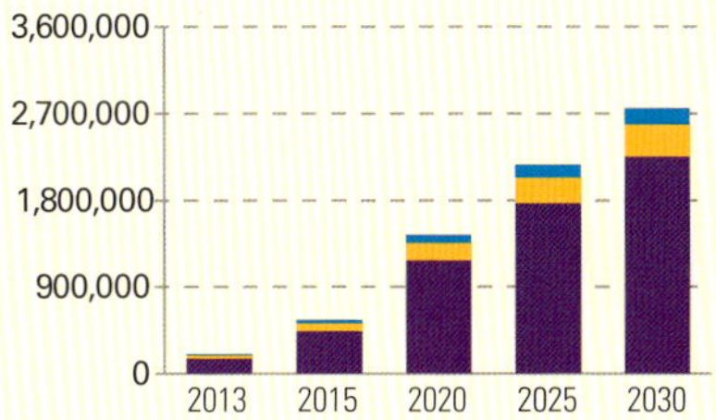

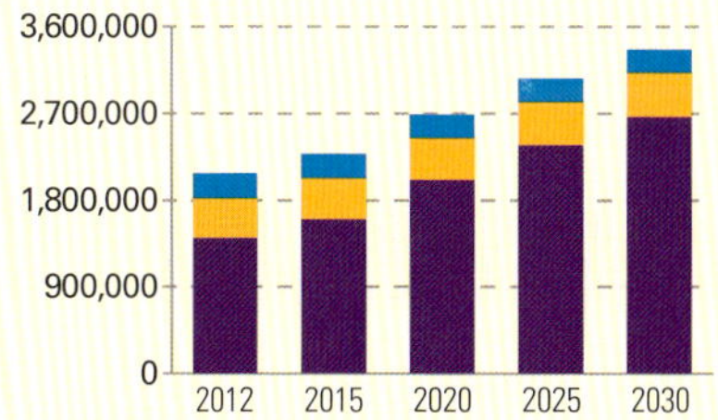

假如…

通过可获得的数据进行的需求预测

1 到2030年怀孕人数下降20%

怀孕、分娩、产后、出生后照护急剧增加，孕前服务在2080年后增加

85% 2030年可满足需求 | 85% 2030年可满足需求

2 到2020年，助产士、护士、医生毕业生的数目翻倍

85% 2030年可满足需求 | 85% 2030年可满足需求

3 到2030年，工作效率每年增加2%

85% 2030年可满足需求 | 85% 2030年可满足需求

4 下一个5年流失量减半

85% 2030年可满足需求 | 85% 2030年可满足需求

目前发展轨迹

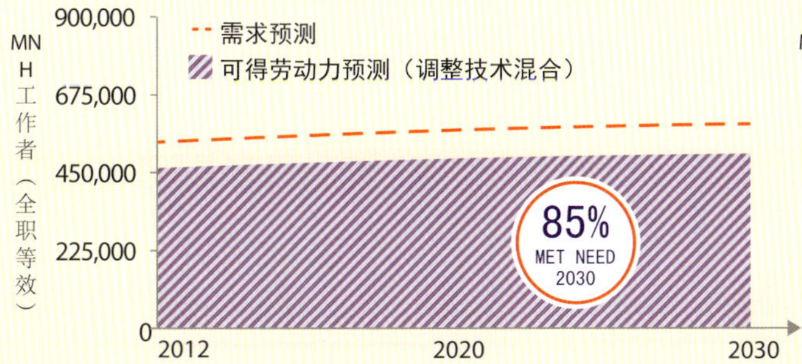

假设发展轨迹

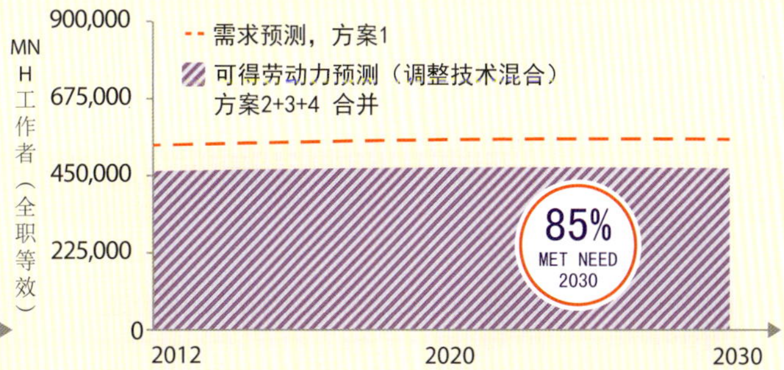

1. 医务工作者分类包含了以下国家的称呼：助产士包括助产士。辅助者包含妇女儿童健康辅助人员，护士助理；辅助助产护士包括国家登记的社区健康护士，全科医生包括卫生干事。产科/妇科医生包括妇产科专业医生。医疗干事和医疗助理包括社区健康干事，来源：2014的SoWMy或者第二来源（WHO全球健康观察、政府政策文件）
2. 年份数据是在STATCOMPILER获得的最新数据
3. 信息参考助产士骨干分类
4. 助产士、护士的国家组织
5. 提出的2030年的MMR、NMR的目标来源于2030年预防母亲死亡的计划和每位新生儿实施计划。

印度尼西亚

2012年，估计总人数24690万人，15320万人（62%）生活在农村，6610万的妇女（27%）为育龄妇女。总和生育率是2.3。至2030年，人口估计会增加19%，达到29350万人。为了使这些人普遍获得性、生殖及母婴护理，至2030年助产士服务必须适应每年670万的怀孕量。其中有52%在农村。在2012至2030年期间，给予卫生体系的启示是如何更合理地设置人力资源来适应51830万的产前检查，8620万的出生量，34460万的产后/出生后随访。

妇女和新生儿的需求（2012）

每年7,141,000的怀孕量=多少照护事件

怀孕量和地域分布2012

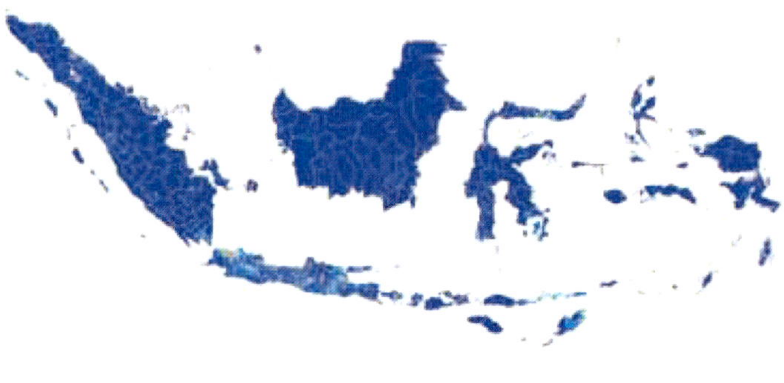

■0 ■<0.09 ■0.10-0.19 ■0.20-0.49 ■0.50-0.99 ■1.00-1.49 ■1.50-1.99 ■2.00-2.49 ■2.50-10.00 ■>10.00

APPROX.

孕前（所有育龄期妇女ç） = 118,227,000 计划生育

产前（怀孕数×4） = 28,562,000 日常访视

分娩 = 4,748,000 具有熟练技能的接生人员

产后（出生数×4）
出生后（新生儿数×4） = 18,992,000 日常访视

可获得的人力资源（2012）

在MNH[1]工作的人员国家级分类		花费在MNH的时间%
助产士	207,761	100
助产士、辅助者	na	na
助产护士	na	na
护士	na	na
护士、助产护士	na	na
卫生干事和医助	na	na
开业医生、全科医生	94,660	50
产科医生、妇科医生	2,170	100

孕前 / 产前 / 分娩 / 产后 / 出生后

估计需求=

87%

实际工作时间 / 需要工作时间

国家总需求的估算基于可得数据

助产教育[3]

高中教育为最低起点	12年级+
取得资格要求的学习数（全面的）	3
是否为标准化课程设置及最新更新时间	是，2011
课程要求的在指导下的最低接生数	50
2012年毕业数/占总从业的助产人数百分比	—/—
1年内MNH雇佣毕业生的百分数	—

助产法规

有承认助产是自主专业的法律	否
有承认助产是自主专业的法律	是
政府机构规范助产士行为	是
助产执照	是
执照助产士的现场注册	是
助产士拥有的EmONC要求的基本职能数（超出7个）	5
允许助产士提供可注射避孕药/宫内避孕器	是/是

专业组织[4]

专业组织创建年	1951, 2001, 2004
专业组织角色	
持续专业发展	是
建议和代表被指控不当行为的成员	是
就成员MNH的质量标准提出建议	是
就政府关于MNH的政策性文件提出建议	是
与政府协商工作和工资问题	是

经济可达性

包括最小受益计划的46项RMNH基本干预百分比

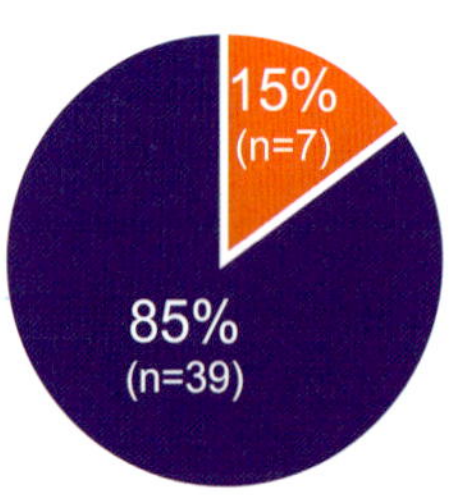

地域可达性

SBA[2]接生数目

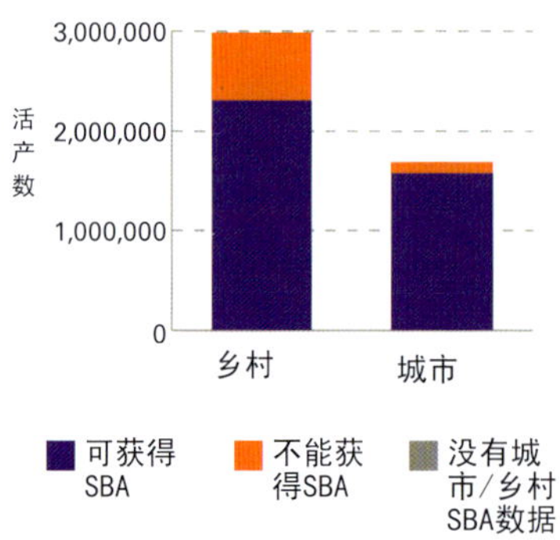

Na=不适合 —=缺失数据

规划怀孕数：城市与乡村

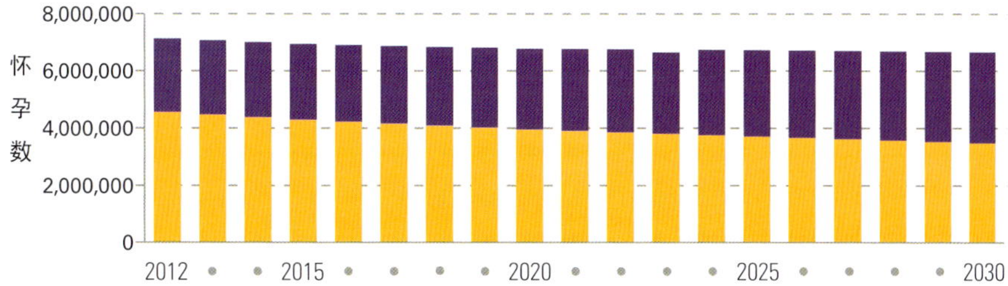

死亡率降低[5]

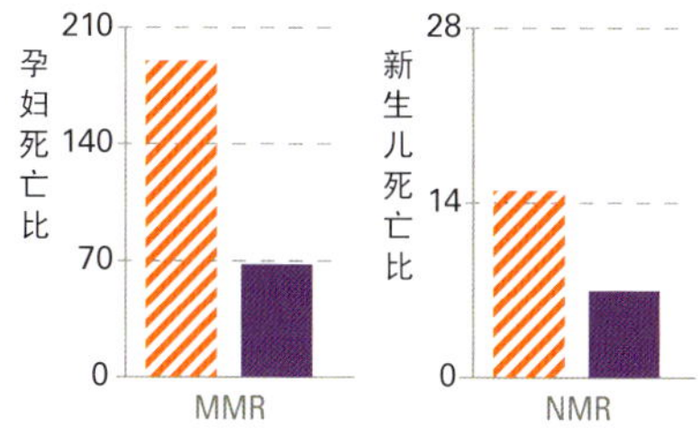

2030年预测和规划

这一部分使用简短的国家已报告数据来计算基于需求上的2030年的预测值。这些预测对记录的入学人数，毕业人数，花费在MNH上的时间百分比，年龄分布，角色和自然流失敏感。如果一些国家数据缺失，标准的、以证据为基础的假设会应用其中。这份预测具有指导意义，应该被用于核实国家数据的准确性和引发进一步的政策讨论。更多信息在50页“如何阅读”部分。

预计减少量　预计增加量　预计工作人数

ISCO-08国际职业标准分类

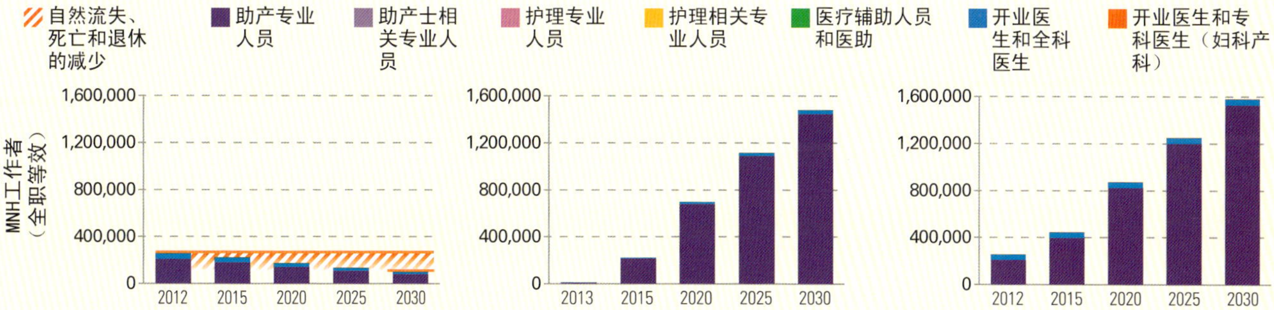

假如…

通过可获得的数据进行的需求预测

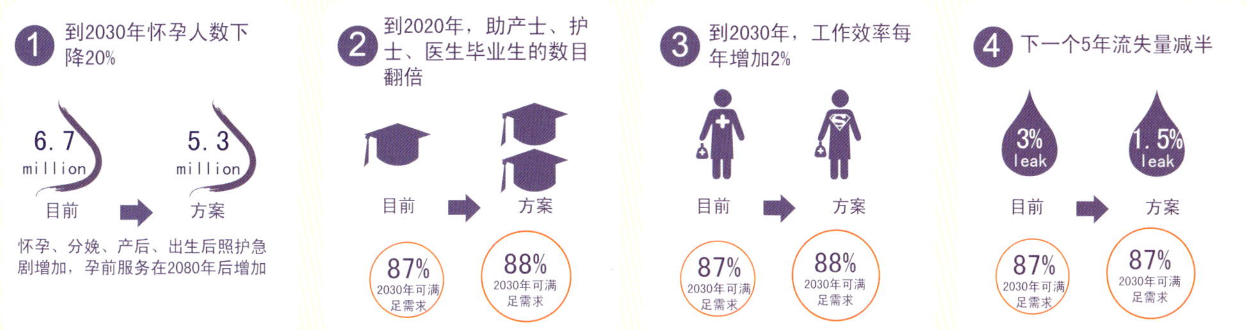

目前发展轨迹

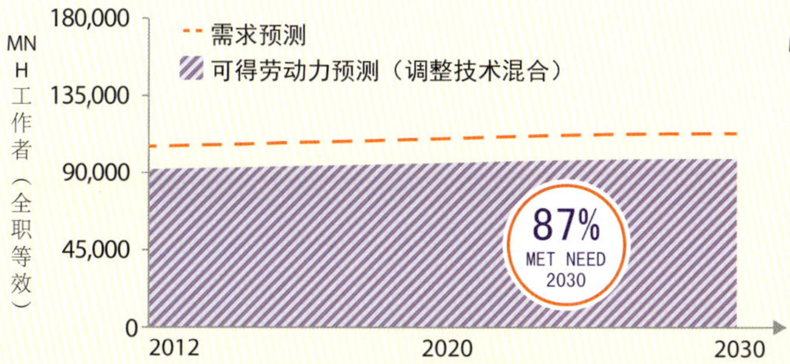

假设发展轨迹

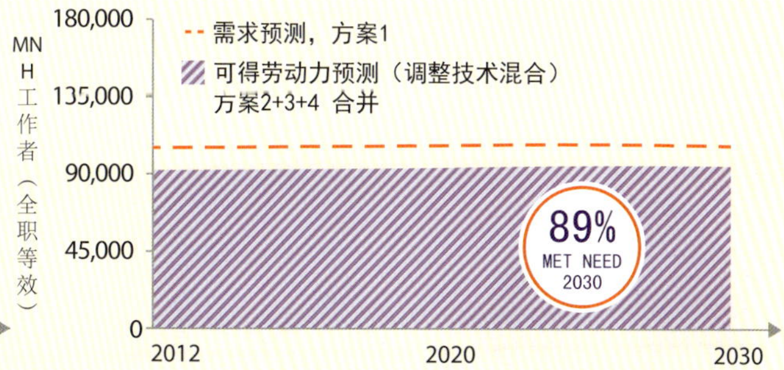

1. 医务工作者分类包含了以下国家的称呼：助产士包括助产士。辅助者包含妇女儿童健康辅助人员，护士助理；辅助助产护士包括国家登记的社区健康护士，全科医生包括卫生干事。产科/妇科医生包括妇产科专业医生。医疗干事和医疗助理包括社区健康干事，来源：2014的SoWMy或者第二来源（WHO全球健康观察、政府政策文件）
2. 年份数据是在STATCOMPILER获得的最新数据
3. 信息参考助产士骨干分类
4. 助产士、护士的国家组织
5. 提出的2030年的MMR、NMR的目标来源于2030年预防母亲死亡的计划和每位新生儿实施计划。

伊拉克

2012年，估计总人数3280万人，2300万人（70%）生活在农村，800万的妇女（25%）为育龄妇女。总和生育率是4.1。至2030年，人口估计会增加55%，达到5100万人。为了使这些人普遍获得性、生殖及母婴护理，至2030年助产士服务必须适应每年190万的怀孕量。在2012至2030年期间，给予卫生体系的启示是如何更合理地设置人力资源来适应13170万的产前检查，2240万的出生量，8970万的产后/出生后随访。

妇女和新生儿的需求（2012）

每年1,541,000的怀孕量=多少照护事件

怀孕量和地域分布2012

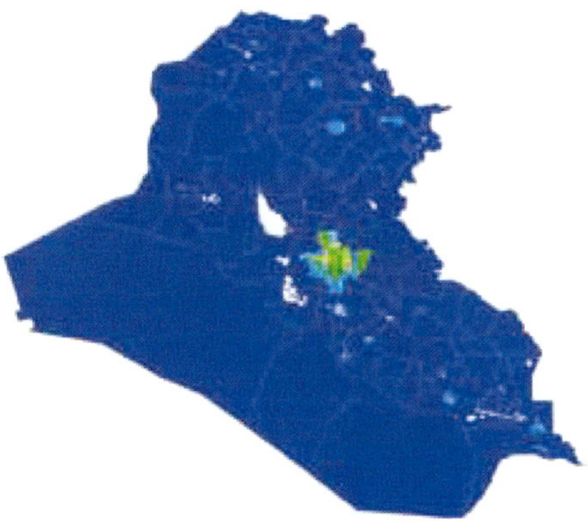

APPROX.

= 13,143,000 计划生育

= 6,164,000 日常访视

= 1,049,000 具有熟练技能的接生人员

= 4,198,000 日常访视

可获得的人力资源（2012）

	在MNH[1]工作的人员国家级分类	花费在MNH的时间%
助产士	1,269	100
助产士、辅助者	na	na
助产护士	–	100
护士	na	na
护士、助产护士	na	na
卫生干事和医助	na	na
开业医生、全科医生	6,934	60
产科医生、妇科医生	1,020	100

估计需求=

31%

实际工作时间 / 需要工作时间

国家总需求的估算基于可得数据

助产教育[3]

高中教育为最低起点	10年级+
取得资格要求的学习数（全面的）	3
是否为标准化课程设置及最新更新时间	否，na
课程要求的在指导下的最低接生数	na
2012年毕业数/占总从业的助产人数百分比	584/46
1年内MNH雇佣毕业生的百分数	100%

助产法规

有承认助产是自主专业的法律	是
有承认助产是自主专业的法律	是
政府机构规范助产士行为	是
助产执照	是
执照助产士的现场注册	是
助产士拥有的EmONC要求的基本职能数（超出7个）	7
允许助产士提供可注射避孕药/宫内避孕器	是/是

专业组织[4]

专业组织创建年	1959, 1971, 2012
专业组织角色	
持续专业发展	是
建议和代表被指控不当行为的成员	是
就成员MNH的质量标准提出建议	是
就政府关于MNH的政策性文件提出建议	是
与政府协商工作和工资问题	否

经济可达性

包括最小受益计划的46项RMNH基本干预百分比

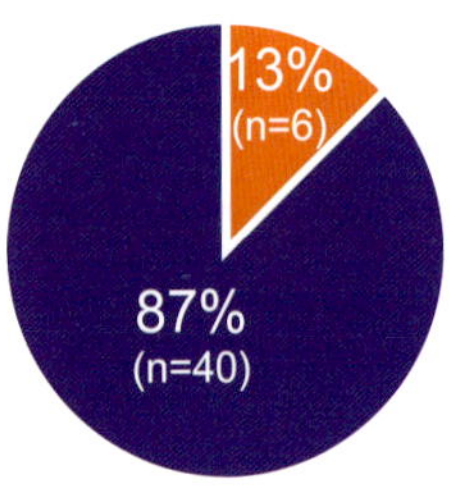

地域可达性

SBA[2]接生数目

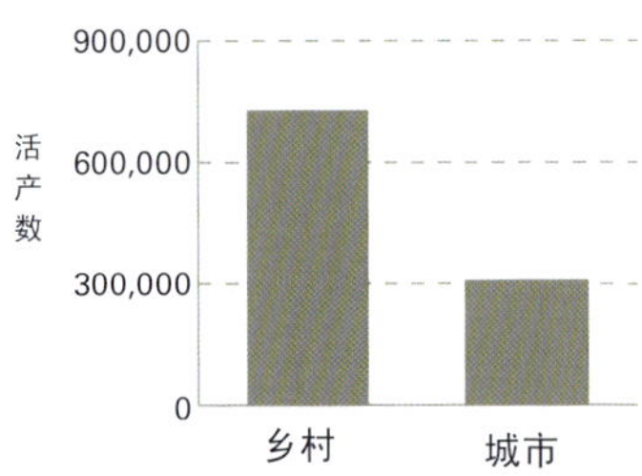

Na=不适合　　—=缺失数据

规划怀孕数：城市与乡村

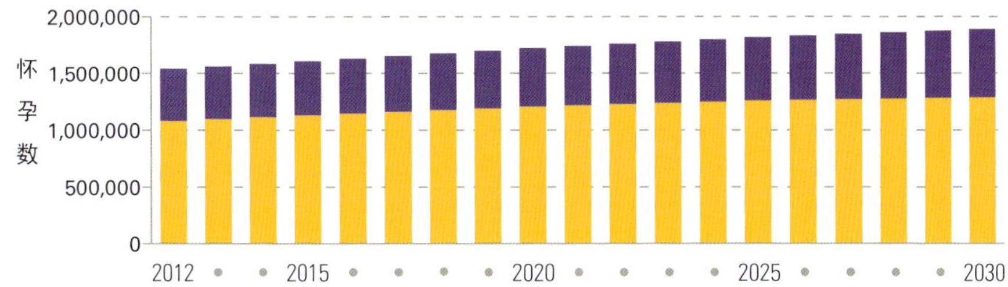

死亡率降低[5]

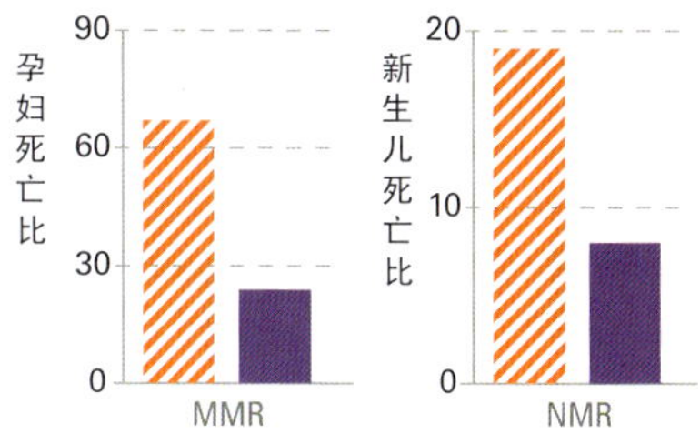

2030年预测和规划

这一部分使用简短的国家已报告数据来计算基于需求上的2030年的预测值。这些预测对记录的入学人数，毕业人数，花费在MNH上的时间百分比，年龄分布，角色和自然流失敏感。如果一些国家数据缺失，标准的、以证据为基础的假设会应用其中。这份预测具有指导意义，应该被用于核实国家数据的准确性和引发进一步的政策讨论。更多信息在50页“如何阅读”部分。

预计减少量　　预计增加量　　预计工作人数

ISCO-08国际职业标准分类

自然流失、死亡和退休的减少　助产专业人员　助产士相关专业人员　护理专业人员　护理相关专业人员　医疗辅助人员和医助　开业医生和全科医生　开业医生和专科医生（妇科产科）

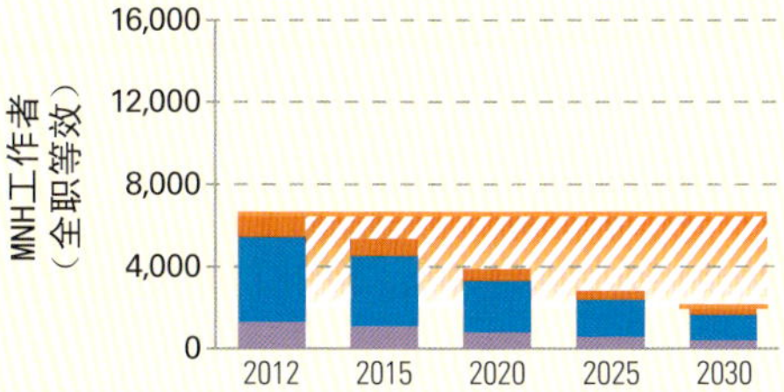

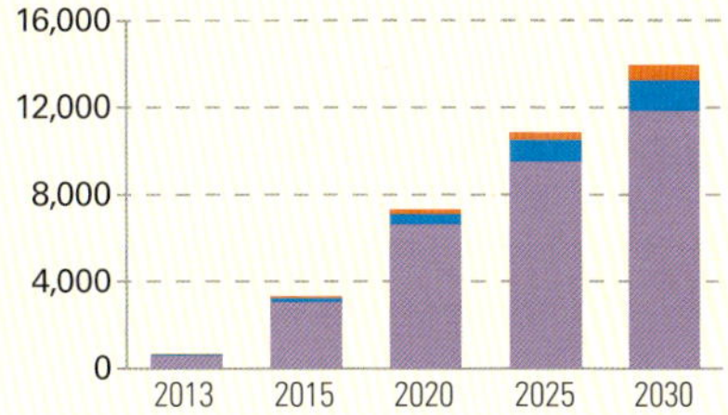

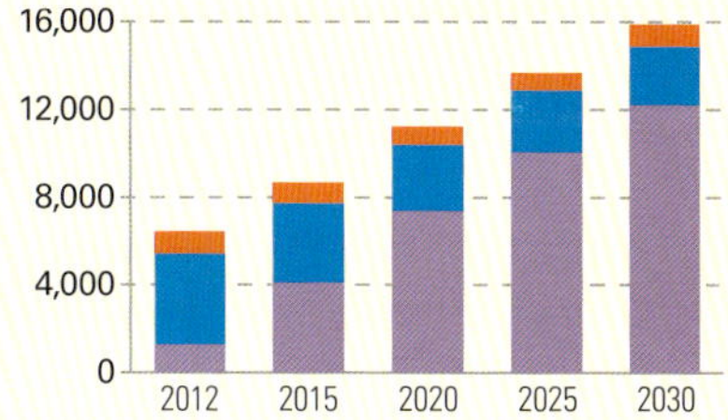

假如…

通过可获得的数据进行的需求预测

1 到2030年怀孕人数下降20%

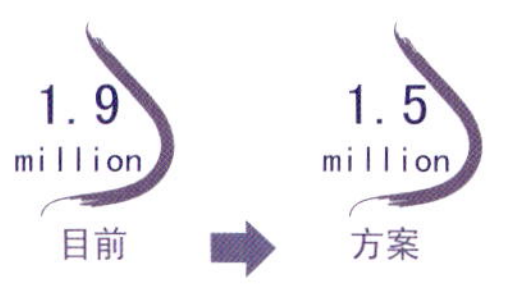

怀孕、分娩、产后、出生后照护急剧增加，孕前服务在2080年后增加

2 到2020年，助产士、护士、医生毕业生的数目翻倍

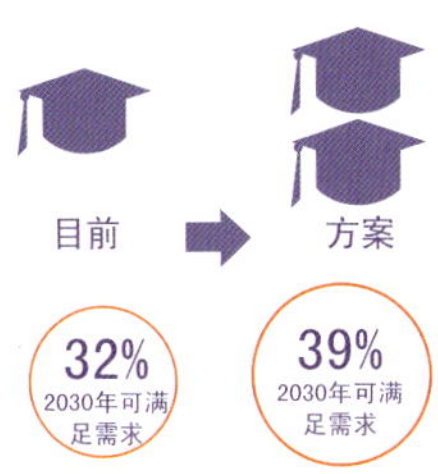

3 到2030年，工作效率每年增加2%

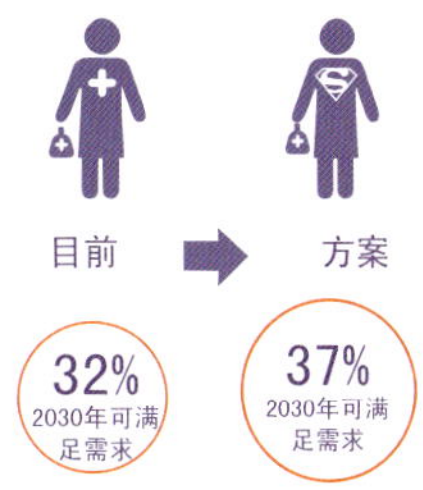

4 下一个5年流失量减半

目前发展轨迹

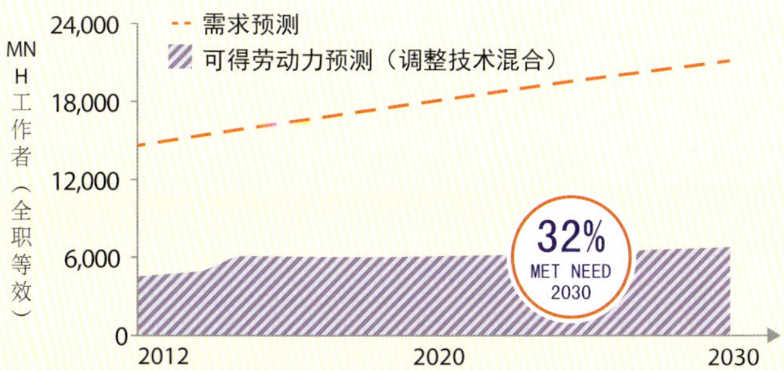

假设发展轨迹

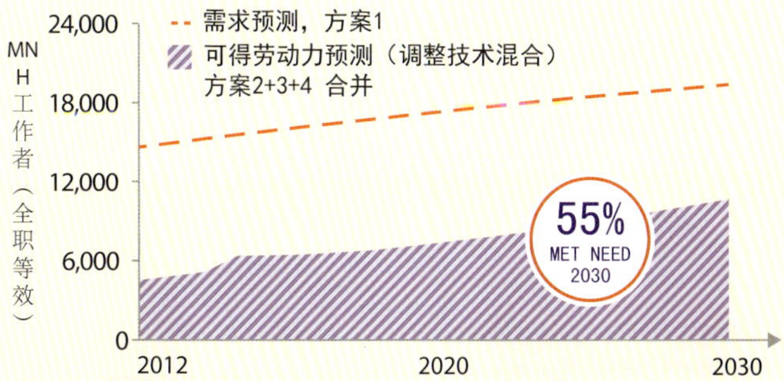

1. 医务工作者分类包含了以下国家的称呼：助产士包括助产士。辅助者包含妇女儿童健康辅助人员，护士助理；辅助助产护士包括国家登记的社区健康护士，全科医生包括卫生干事。产科/妇科医生包括妇产科专业医生。医疗干事和医疗助理包括社区健康干事，来源：2014的SoWMy或者第二来源（WHO全球健康观察、政府政策文件）
2. 年份数据是在STATCOMPILER获得的最新数据
3. 信息参考助产士骨干分类
4. 助产士、护士的国家组织
5. 提出的2030年的MMR、NMR的目标来源于2030年预防母亲死亡的计划和每位新生儿实施计划。

肯尼亚

2012年，估计总人数4320万人，3270万人（76%）生活在农村，1050万的妇女（24%）为育龄妇女。总和生育率是4.4。至2030年，人口估计会增加54%，达到6630万人。为了使这些人普遍获得性、生殖及母婴护理，至2030年助产士服务必须适应每年280万的怀孕量。其中有73%在农村。在2012至2030年期间，给予卫生体系的启示是如何更合理地设置人力资源来适应19440万的产前检查，3280万的出生量，13130万的产后/出生后随访。

妇女和新生儿的需求（2012）

每年2,323,000的怀孕量=多少照护事件

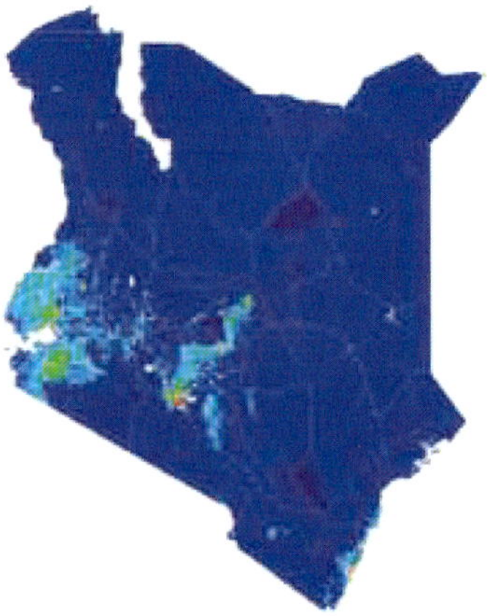

怀孕量和地域分布2012

0 | <0.09 | 0.10-0.19 | 0.20-0.49 | 0.50-0.99 | 1.00-1.49 | 1.50-1.99 | 2.00-2.49 | 2.50-10.00 | >10.00

APPROX.

= 22,740,000 计划生育

= 9,292,000 日常访视

= 1,569,000 具有熟练技能的接生人员

= 6,278,000 日常访视

可获得的人力资源（2012）

	在MNH[1]工作的人员国家级分类	花费在MNH的时间%
助产士	71	100
助产士、辅助者	na	na
助产护士	na	na
护士	12,000	100
护士、助产护士	na	na
卫生干事和医助	na	na
开业医生、全科医生	7,549	30
产科医生、妇科医生	600	100

估计
需求=
45%

实际工作时间
需要工作时间

国家总需求的估算基于可得数据

助产教育[3]

高中教育为最低起点	12年级+
取得资格要求的学习数（全面的）	2
是否为标准化课程设置及最新更新时间	是，2012
课程要求的在指导下的最低接生数	28
2012年毕业数/占总从业的助产人数百分比	50/70
1年内MNH雇佣毕业生的百分数	100%

助产法规

有承认助产是自主专业的法律	否
有承认助产是自主专业的法律	是
政府机构规范助产士行为	是
助产执照	是
执照助产士的现场注册	是
助产士拥有的EmONC要求的基本职能数（超出7个）	7
允许助产士提供可注射避孕药/宫内避孕器	是/是

专业组织[4]

专业组织创建年	1994
专业组织角色	
持续专业发展	是
建议和代表被指控不当行为的成员	是
就成员MNH的质量标准提出建议	是
就政府关于MNH的政策性文件提出建议	是
与政府协商工作和工资问题	是

经济可达性

包括最小受益计划的46项RMNH基本干预百分比

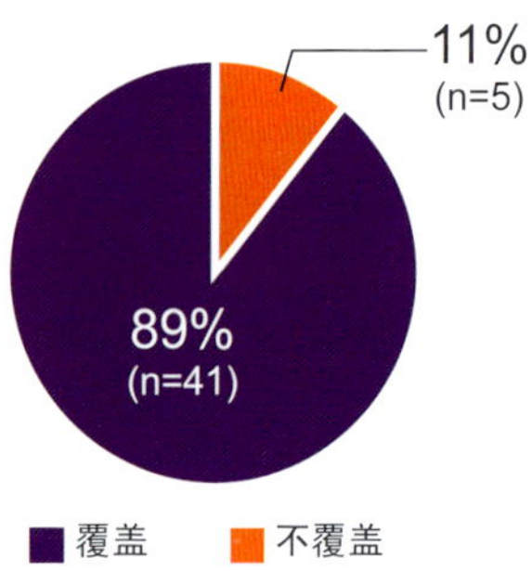

地域可达性

SBA[2]接生数目

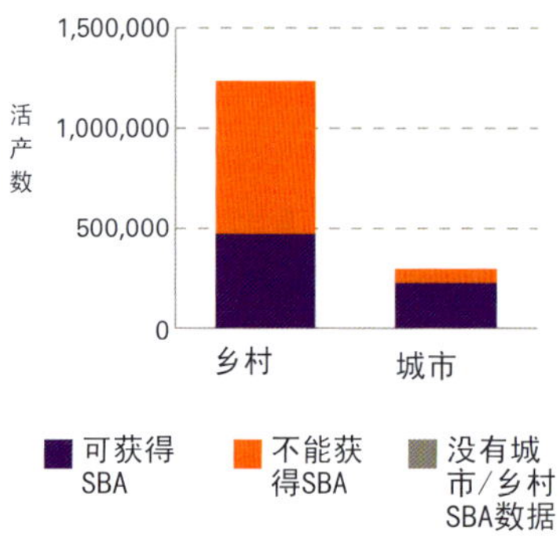

Na=不适合 —=缺失数据

规划怀孕数：城市与乡村

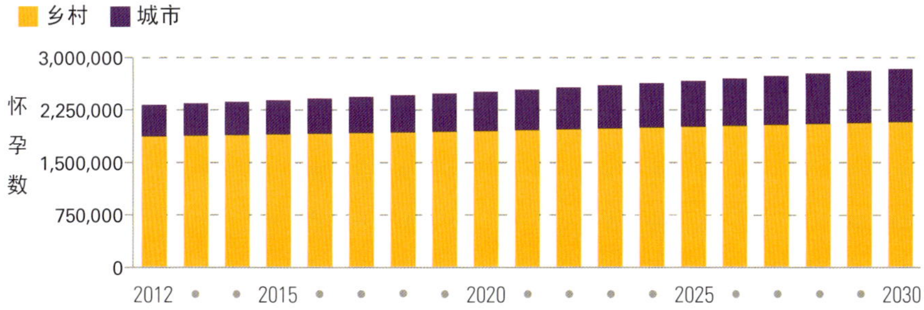

死亡率降低[5]

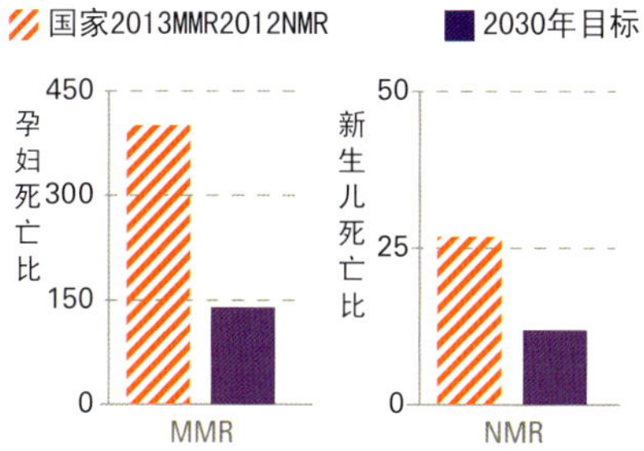

2030年预测和规划

这一部分使用简短的国家已报告数据来计算基于需求上的2030年的预测值。这些预测对记录的入学人数，毕业人数，花费在MNH上的时间百分比，年龄分布，角色和自然流失敏感。如果一些国家数据缺失，标准的、以证据为基础的假设会应用其中。这份预测具有指导意义，应该被用于核实国家数据的准确性和引发进一步的政策讨论。更多信息在50页“如何阅读”部分。

预计减少量 | 预计增加量 | 预计工作人数

ISCO-08国际职业标准分类

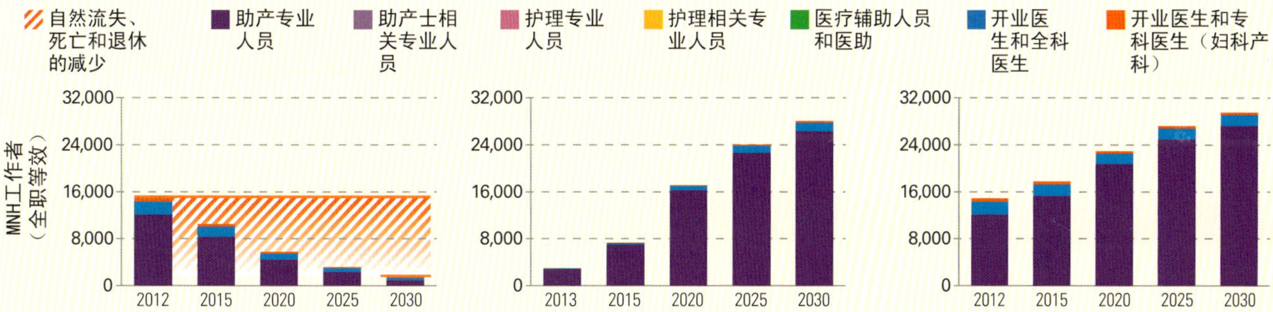

假如…

通过可获得的数据进行的需求预测

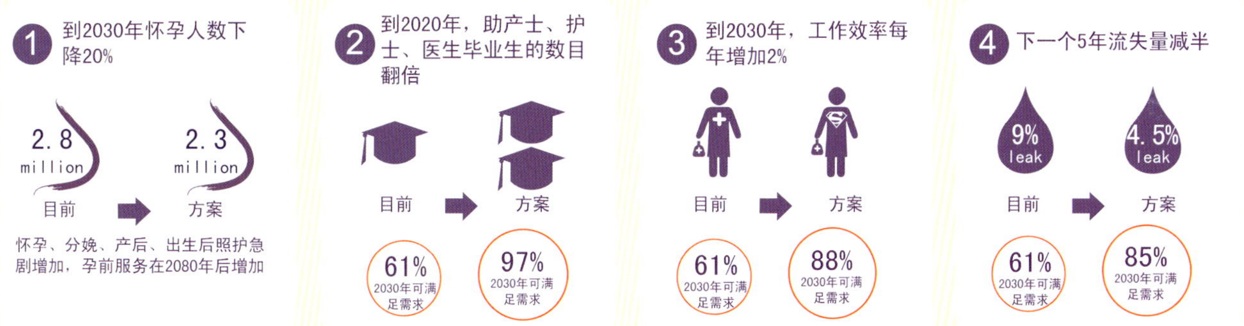

目前发展轨迹

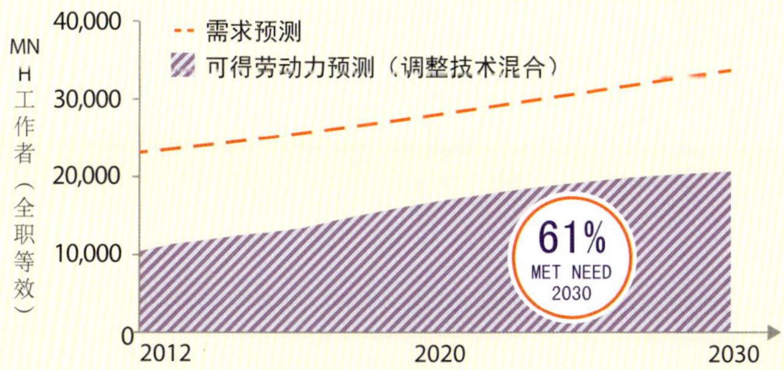

假设发展轨迹

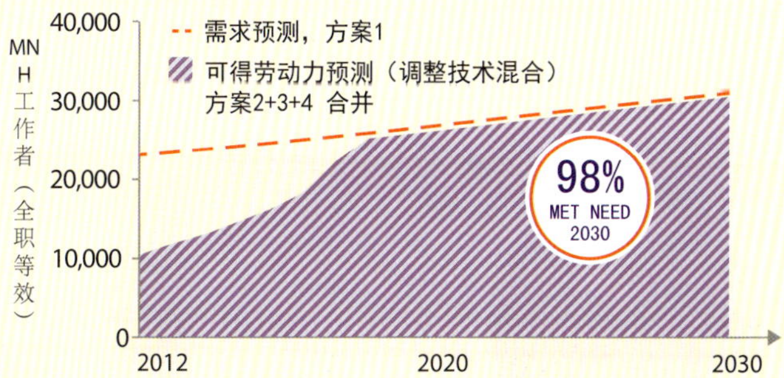

1. 医务工作者分类包含了以下国家的称呼：助产士包括助产士。辅助者包含妇女儿童健康辅助人员，护士助理：辅助助产护士包括国家登记的社区健康护士，全科医生包括卫生干事。产科/妇科医生包括妇产科专业医生。医疗干事和医疗助理包括社区健康干事，来源：2014的SoWMy或者第二来源（WHO全球健康观察、政府政策文件）
2. 年份数据是在STATCOMPILER获得的最新数据
3. 信息参考助产士骨干分类
4. 助产士、护士的国家组织
5. 提出的2030年的MMR、NMR的目标来源于2030年预防母亲死亡的计划和每位新生儿实施计划。

朝鲜

2012年，估计总人数2480万人，1960万人（79%）生活在农村，660万的妇女（27%）为育龄妇女。总和生育率是2.0。至2030年，人口估计会增加8%，达到2670万人。为了使这些人普遍获得性、生殖及母婴护理，至2030年助产士服务必须适应每年90万的怀孕量。在2012至2030年期间，给予卫生体系的启示是如何更合理地设置人力资源来适应7360万的产前检查，690万的出生量，2750万的产后/出生后随访。

妇女和新生儿的需求（2012）

每年967,000的怀孕量=多少照护事件

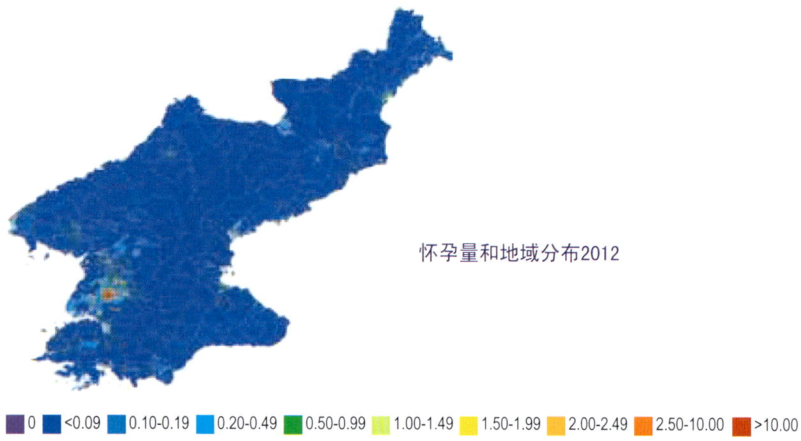

孕前（所有育龄期妇女ç） APPROX. = 12,243,000 计划生育

产前（怀孕数×4） = 3,870,000 日常访视

分娩 = 361,000 具有熟练技能的接生人员

产后（出生数×4）
出生后（新生儿数×4） = 1,446,000 日常访视

可获得的人力资源（2012）

	在MNH[1]工作的人员国家级分类	花费在MNH的时间%
助产士	7,368	100
助产士、辅助者	na	na
助产护士	500	30
护士	na	na
护士、助产护士	na	na
卫生干事和医助	na	na
开业医生、全科医生	46,588	10
产科医生、妇科医生	8,440	100

孕前 / 产前 / 分娩 / 产后 / 出生后

估计需求= 100%

实际工作时间 / 需要工作时间

国家总需求的估算基于可得数据

助产教育[3]

高中教育为最低起点	10年级+
取得资格要求的学习数（全面的）	2
是否为标准化课程设置及最新更新时间	是，2010
课程要求的在指导下的最低接生数	20
2012年毕业数/占总从业的助产人数百分比	235/3
1年内MNH雇佣毕业生的百分数	100%

助产法规

有承认助产是自主专业的法律	否
有承认助产是自主专业的法律	是
政府机构规范助产士行为	是
助产执照	是
执照助产士的现场注册	否
助产士拥有的EmONC要求的基本职能数（超出7个）	2
允许助产士提供可注射避孕药/宫内避孕器	否/否

专业组织[4]

专业组织创建年	1991
专业组织角色	
持续专业发展	是
建议和代表被指控不当行为的成员	否
就成员MNH的质量标准提出建议	是
就政府关于MNH的政策性文件提出建议	是
与政府协商工作和工资问题	否

经济可达性

包括最小受益计划的46项RMNH基本干预百分比

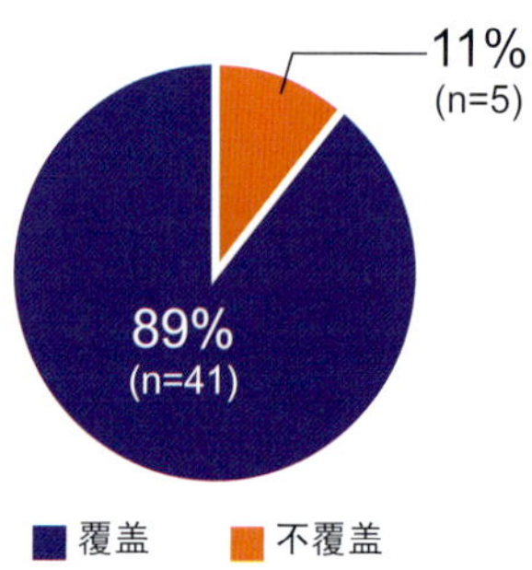

地域可达性

SBA[2]接生数目

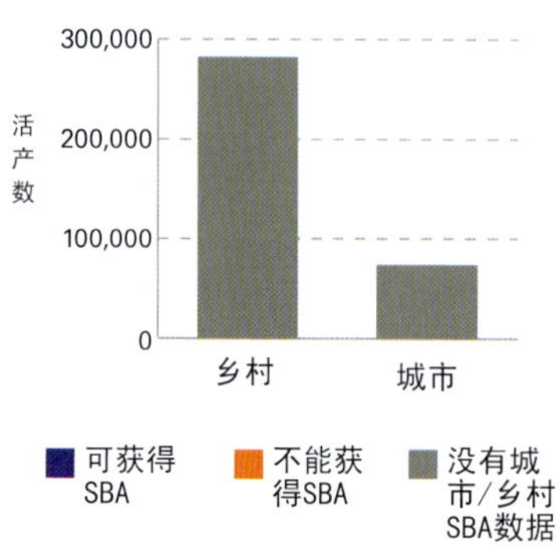

Na=不适合 —=缺失数据

规划怀孕数：城市与乡村

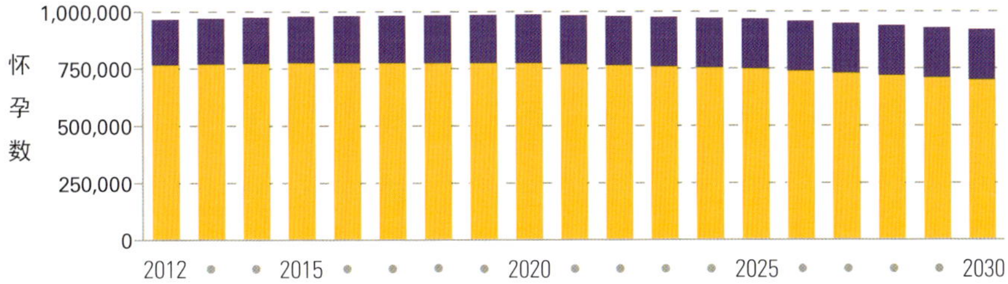

死亡率降低[5]

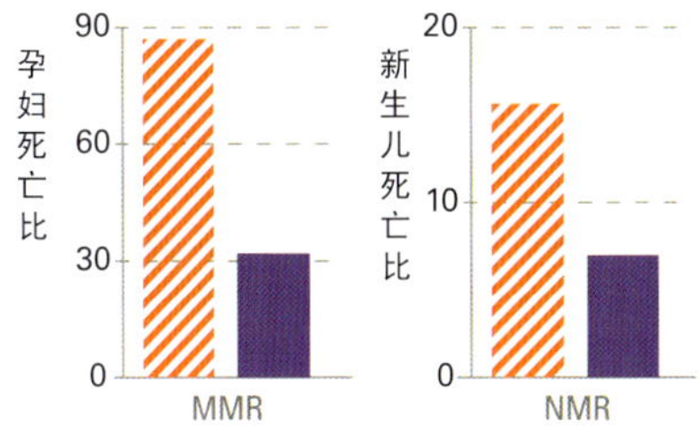

2030年预测和规划

这一部分使用简短的国家已报告数据来计算基于需求上的2030年的预测值。这些预测对记录的入学人数，毕业人数，花费在MNH上的时间百分比，年龄分布，角色和自然流失敏感。如果一些国家数据缺失，标准的、以证据为基础的假设会应用其中。这份预测具有指导意义，应该被用于核实国家数据的准确性和引发进一步的政策讨论。更多信息在50页“如何阅读”部分。

预计减少量 | 预计增加量 | 预计工作人数

ISCO-08国际职业标准分类

自然流失、死亡和退休的减少 | 助产专业人员 | 助产士相关专业人员 | 护理专业人员 | 护理相关专业人员 | 医疗辅助人员和医助 | 开业医生和全科医生 | 开业医生和专科医生（妇科产科）

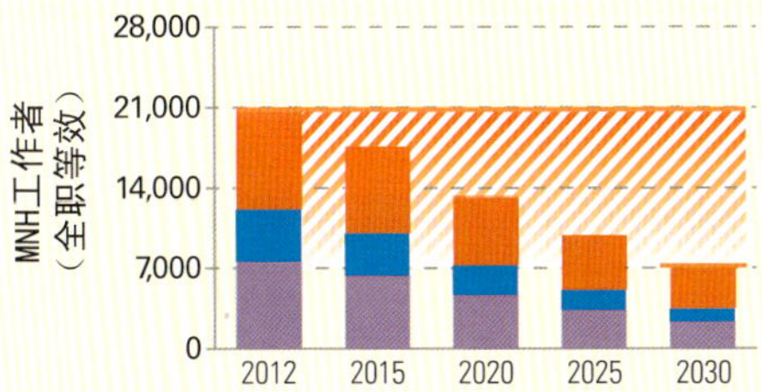

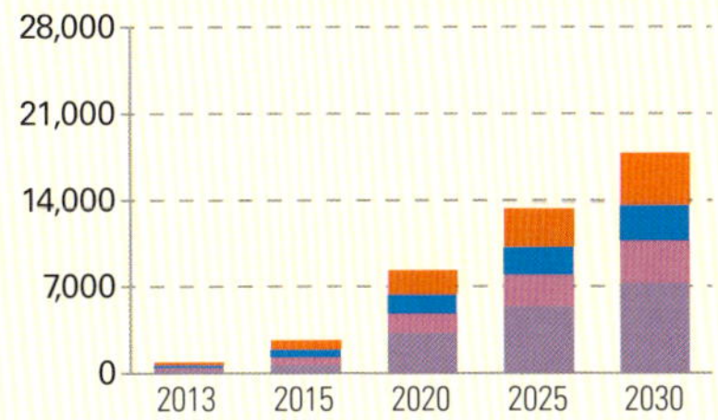

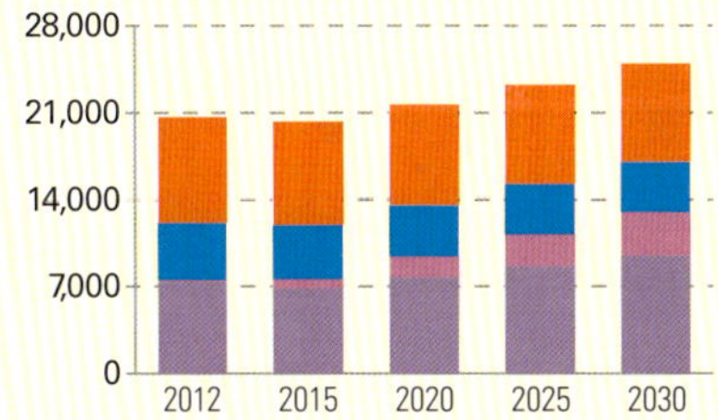

假如…

通过可获得的数据进行的需求预测

1 到2030年怀孕人数下降20%

0.92 million 目前 → 0.74 million 方案

怀孕、分娩、产后、出生后照护急剧增加，孕前服务在2080年后增加

100% 2030年可满足需求 | 100% 2030年可满足需求

2 到2020年，助产士、护士、医生毕业生的数目翻倍

目前 → 方案

100% 2030年可满足需求 | 100% 2030年可满足需求

3 到2030年，工作效率每年增加2%

目前 → 方案

100% 2030年可满足需求 | 100% 2030年可满足需求

4 下一个5年流失量减半

2% leak 目前 → 1% leak 方案

100% 2030年可满足需求 | 100% 2030年可满足需求

目前发展轨迹

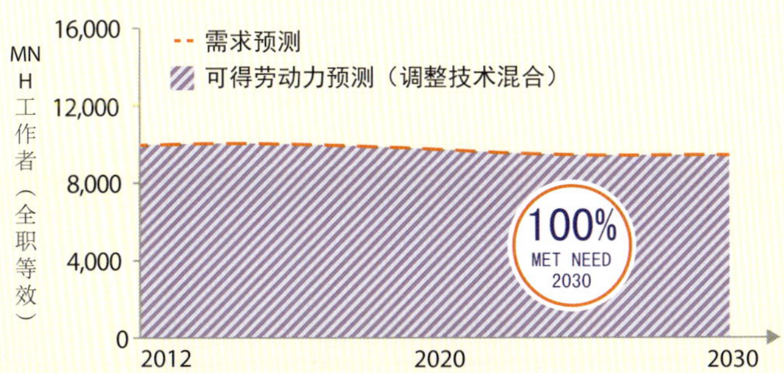

假设发展轨迹

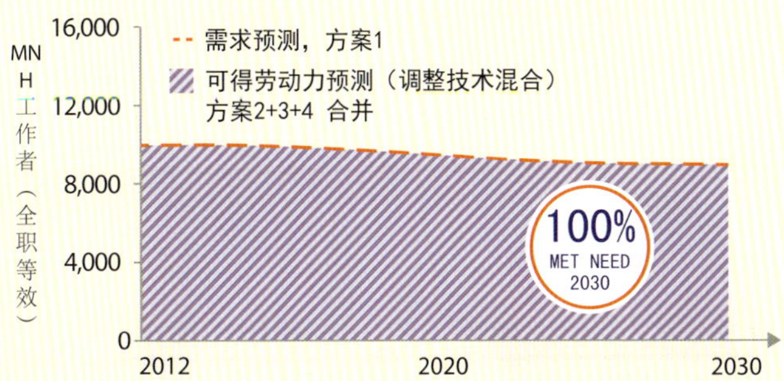

1. 医务工作者分类包含了以下国家的称呼：助产士包括助产士。辅助者包含妇女儿童健康辅助人员，护士助理：辅助助产护士包括国家登记的社区健康护士，全科医生包括卫生干事。产科/妇科医生包括妇产科专业医生。医疗干事和医疗助理包括社区健康干事，来源：2014的SoWMy或者第二来源（WHO全球健康观察、政府政策文件）
2. 年份数据是在STATCOMPILER获得的最新数据
3. 信息参考助产士骨干分类
4. 助产士、护士的国家组织
5. 提出的2030年的MMR、NMR的目标来源于2030年预防母亲死亡的计划和每位新生儿实施计划。

吉尔吉斯斯坦

2012年，估计总人数550万人，250万人（45%）生活在农村，150万的妇女（28%）为育龄妇女。总和生育率是3.1。至2030年，人口估计会增加26%，达到690万人。为了使这些人普遍获得性、生殖及母婴护理，至2030年助产士服务必须适应每年20万的怀孕量。其中有73%在农村。在2012至2030年期间，给予卫生体系的启示是如何更合理地设置人力资源来适应1460万的产前检查，270万的出生量，1080万的产后/出生后随访。

妇女和新生儿的需求（2012）

每年204,000的怀孕量=多少照护事件

怀孕量和地域分布2012

■0 ■<0.09 ■0.10-0.19 ■0.20-0.49 ■0.50-0.99 ■1.00-1.49 ■1.50-1.99 ■2.00-2.49 ■2.50-10.00 ■>10.00

孕前（所有育龄期妇女ç） APPROX. = 2,598,000 计划生育

产前（怀孕数×4） = 817,000 日常访视

分娩 = 150,000 具有熟练技能的接生人员

产后（出生数×4）、出生后（新生儿数×4） = 600,000 日常访视

可获得的人力资源（2012）

	在MNH[1]工作的人员国家级分类	花费在MNH的时间%
助产士	2,277	100
助产士、辅助者	na	na
助产护士	na	na
护士	na	na
护士、助产护士	na	na
卫生干事和医助	na	na
开业医生、全科医生	1,729	30
产科医生、妇科医生	1,002	100

孕前 → 产前 → 分娩 → 产后 → 出生后

估计需求= **64%**

实际工作时间 / 需要工作时间

国家总需求的估算基于可得数据

助产教育[3]

高中教育为最低起点	10年级+
取得资格要求的学习数（全面的）	3
是否为标准化课程设置及最新更新时间	是，2013
课程要求的在指导下的最低接生数	5
2012年毕业数/占总从业的助产人数百分比	3878/170
1年内MNH雇佣毕业生的百分数	—

助产法规

有承认助产是自主专业的法律	否
有承认助产是自主专业的法律	是
政府机构规范助产士行为	是
助产执照	否
执照助产士的现场注册	否
助产士拥有的EmONC要求的基本职能数（超出7个）	6
允许助产士提供可注射避孕药/宫内避孕器	是/是

专业组织[4]

专业组织创建年	2011
专业组织角色	
持续专业发展	是
建议和代表被指控不当行为的成员	是
就成员MNH的质量标准提出建议	是
就政府关于MNH的政策性文件提出建议	否
与政府协商工作和工资问题	否

经济可达性

包括最小受益计划的46项RMNH基本干预百分比

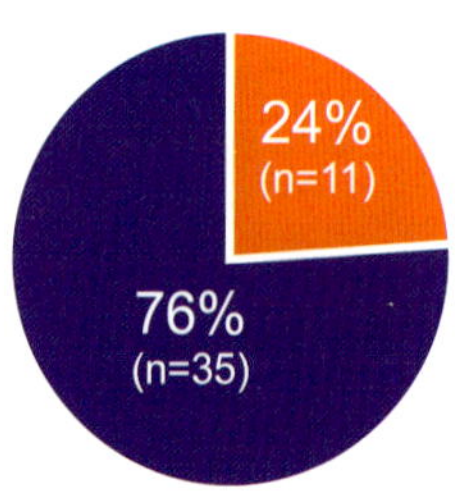

地域可达性

SBA[2]接生数目

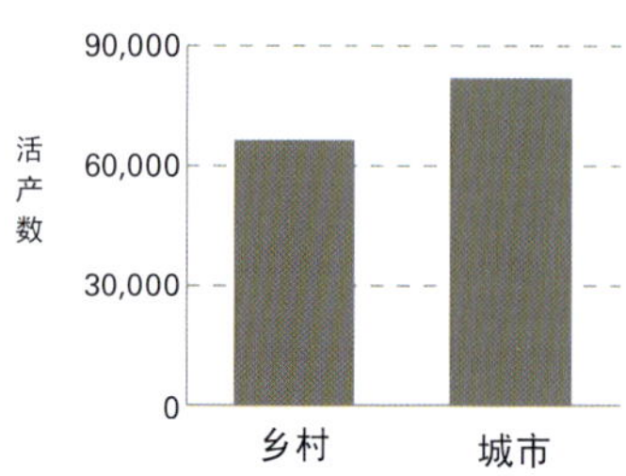

Na=不适合 —=缺失数据

规划怀孕数：城市与乡村

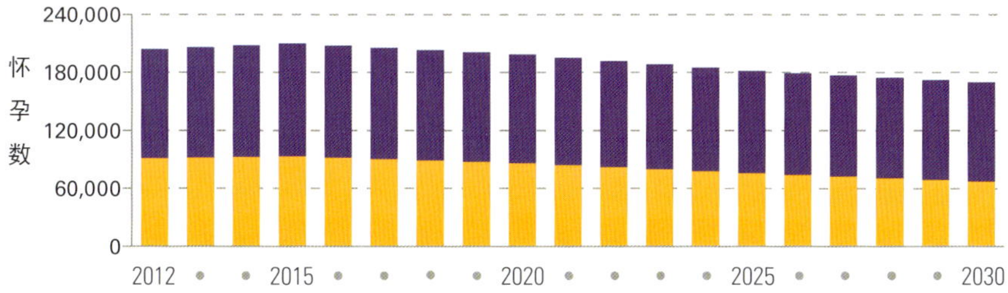

死亡率降低[5]

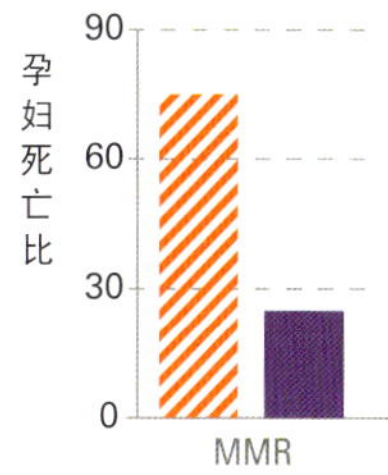

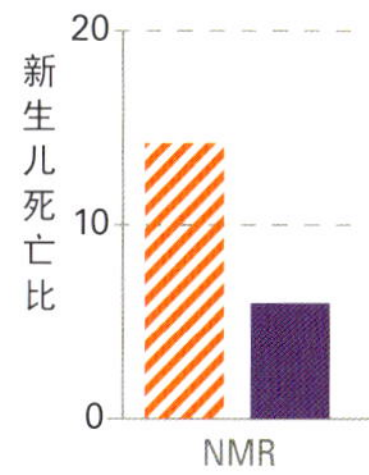

2030年预测和规划

这一部分使用简短的国家已报告数据来计算基于需求上的2030年的预测值。这些预测对记录的入学人数，毕业人数，花费在MNH上的时间百分比，年龄分布，角色和自然流失敏感。如果一些国家数据缺失，标准的、以证据为基础的假设会应用其中。这份预测具有指导意义，应该被用于核实国家数据的准确性和引发进一步的政策讨论。更多信息在50页“如何阅读”部分。

预计减少量 | 预计增加量 | 预计工作人数

ISCO-08国际职业标准分类

自然流失、死亡和退休的减少 | 助产专业人员 | 助产士相关专业人员 | 护理专业人员 | 护理相关专业人员 | 医疗辅助人员和医助 | 开业医生和全科医生 | 开业医生和专科医生（妇科产科）

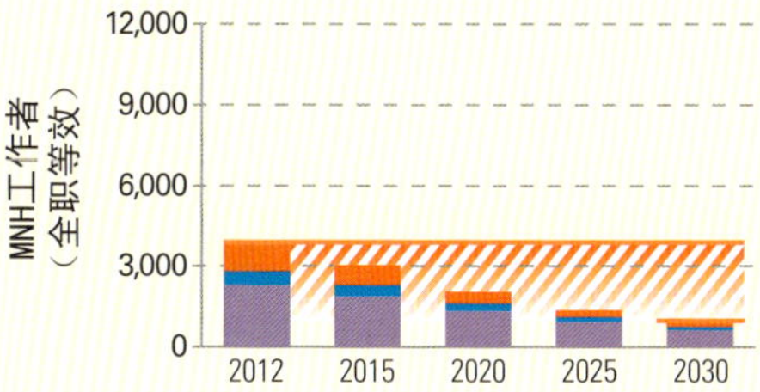

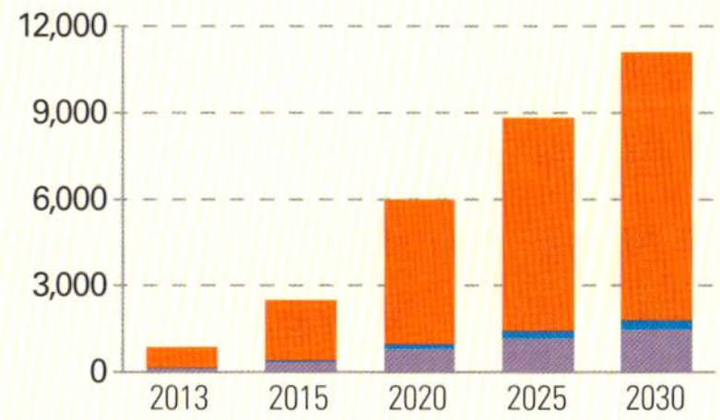

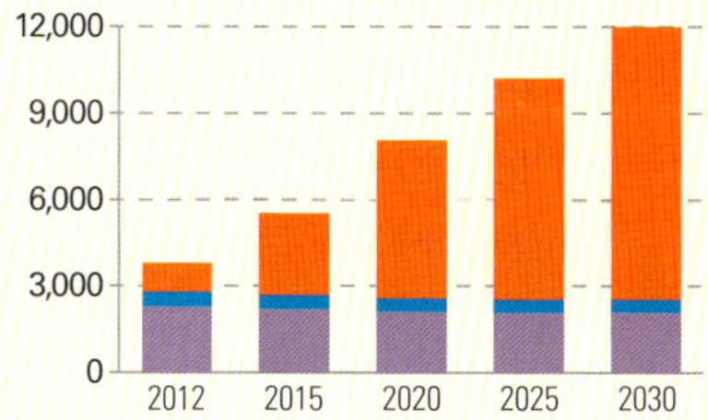

假如…

通过可获得的数据进行的需求预测

1 到2030年怀孕人数下降20%

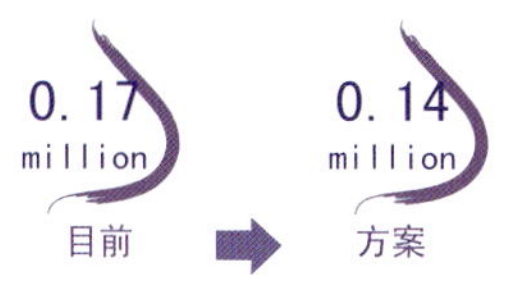

怀孕、分娩、产后、出生后照护急剧增加，孕前服务在2080年后增加

2 到2020年，助产士、护士、医生毕业生的数目翻倍

100% 2030年可满足需求 | 100% 2030年可满足需求

3 到2030年，工作效率每年增加2%

100% 2030年可满足需求 | 100% 2030年可满足需求

4 下一个5年流失量减半

100% 2030年可满足需求 | 100% 2030年可满足需求

目前发展轨迹

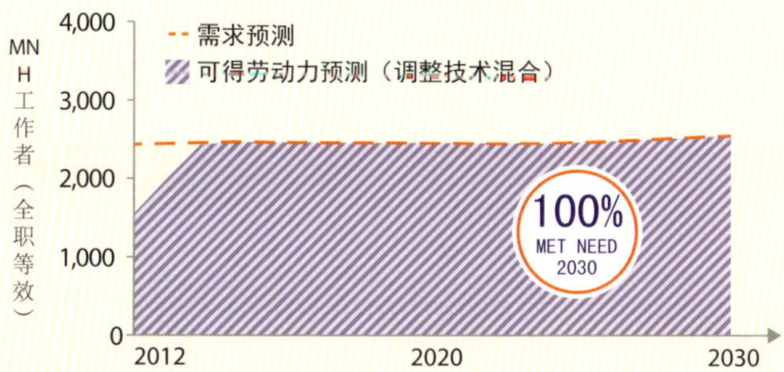

假设发展轨迹

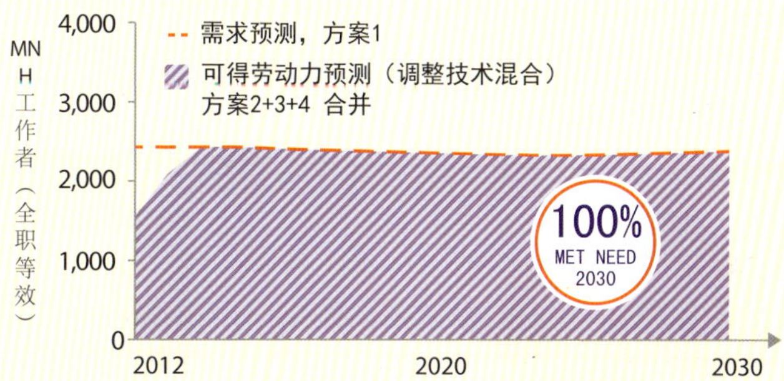

1. 医务工作者分类包含了以下国家的称呼：助产士包括助产士。辅助者包含妇女儿童健康辅助人员，护士助理：辅助助产护士包括国家登记的社区健康护士，全科医生包括卫生干事。产科/妇科医生包括妇产科专业医生。医疗干事和医疗助理包括社区健康干事，来源：2014的SoWMy或者第二来源（WHO全球健康观察、政府政策文件）
2. 年份数据是在STATCOMPILER获得的最新数据
3. 信息参考助产士骨干分类
4. 助产士、护士的国家组织
5. 提出的2030年的MMR、NMR的目标来源于2030年预防母亲死亡的计划和每位新生儿实施计划。

老挝

2012年，估计总人数660万人，590万人（89%）生活在农村，180万的妇女（26%）为育龄妇女。总和生育率是3.0。至2030年，人口估计会增加33%，达到880万人。为了使这些人普遍获得性、生殖及母婴护理，至2030年助产士服务必须适应每年30万的怀孕量。在2012至2030年期间，给予卫生体系的启示是如何更合理地设置人力资源来适应2260万的产前检查，340万的出生量，1370万的产后/出生后随访。

妇女和新生儿的需求（2012）

怀孕量和地域分布2012

0 <0.09 0.10-0.19 0.20-0.49 0.50-0.99 1.00-1.49 1.50-1.99 2.00-2.49 2.50-10.00 >10.00

每年308,000的怀孕量=多少照护事件

APPROX.

= 3,010,000 计划生育

= 1,232,000 日常访视

= 186,000 具有熟练技能的接生人员

= 745,000 日常访视

可获得的人力资源（2012）

	在MNH[1]工作的人员国家级分类	花费在MNH的时间%
助产士	673	90
助产士、辅助者	na	na
助产护士	na	na
护士	na	na
护士、助产护士	na	na
卫生干事和医助	na	na
开业医生、全科医生	495	30
产科医生、妇科医生	105	100

估计需求=

19%

实际工作时间/需要工作时间

国家总需求的估算基于可得数据

助产教育[3]

高中教育为最低起点	10年级+
取得资格要求的学习数（全面的）	1.5
是否为标准化课程设置及最新更新时间	是，2013
课程要求的在指导下的最低接生数	20
2012年毕业数/占总从业的助产人数百分比	189/28
1年内MNH雇佣毕业生的百分数	100%

助产法规

有承认助产是自主专业的法律	否
有承认助产是自主专业的法律	是
政府机构规范助产士行为	是
助产执照	–
执照助产士的现场注册	是
助产士拥有的EmONC要求的基本职能数（超出7个）	7
允许助产士提供可注射避孕药/宫内避孕器	是/是

专业组织[4]

专业组织创建年	2007
专业组织角色	
持续专业发展	否
建议和代表被指控不当行为的成员	否
就成员MNH的质量标准提出建议	否
就政府关于MNH的政策性文件提出建议	否
与政府协商工作和工资问题	否

经济可达性

包括最小受益计划的46项RMNH基本干预百分比

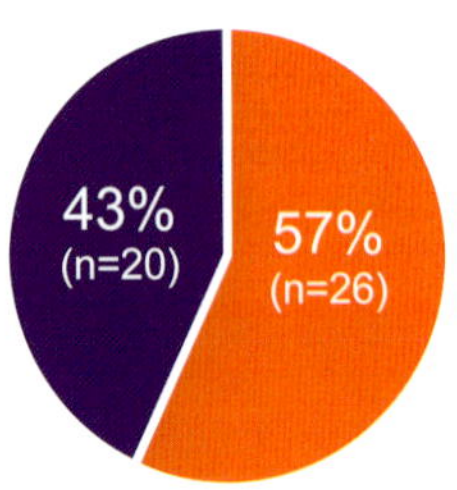

覆盖 不覆盖

地域可达性

SBA[2]接生数目

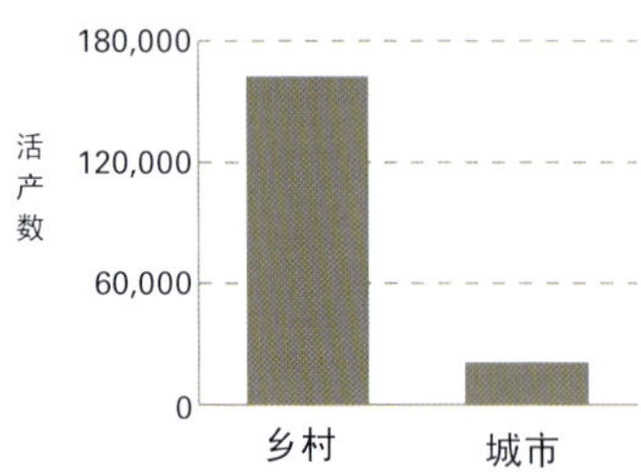

可获得SBA 不能获得SBA 没有城市/乡村SBA数据

Na=不适合 —=缺失数据

规划怀孕数：城市与乡村

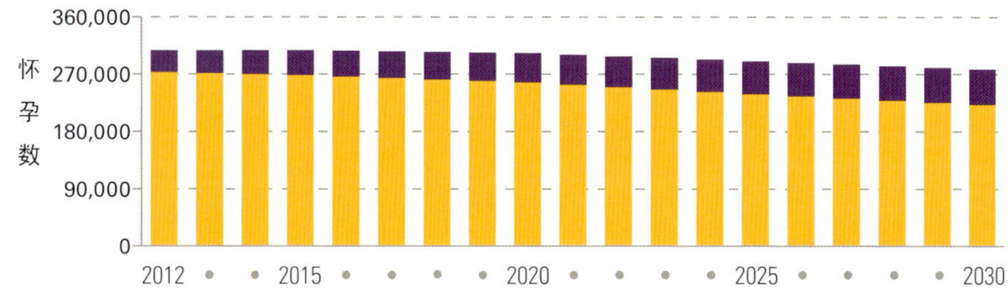

死亡率降低[5]

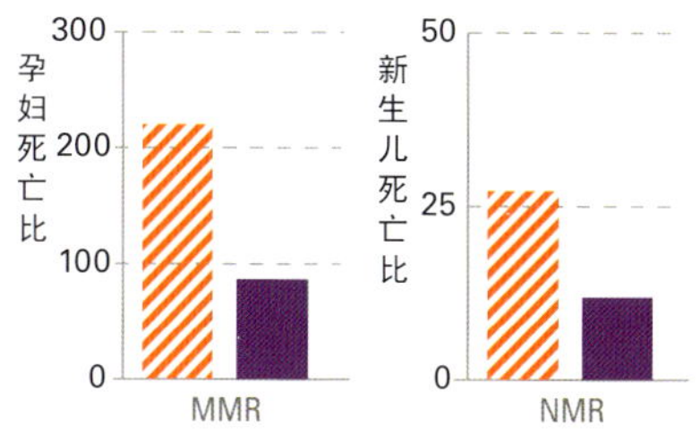

2030年预测和规划

这一部分使用简短的国家已报告数据来计算基于需求上的2030年的预测值。这些预测对记录的入学人数，毕业人数，花费在MNH上的时间百分比，年龄分布，角色和自然流失敏感。如果一些国家数据缺失，标准的、以证据为基础的假设会应用其中。这份预测具有指导意义，应该被用于核实国家数据的准确性和引发进一步的政策讨论。更多信息在50页"如何阅读"部分。

预计减少量　　预计增加量　　预计工作人数

ISCO-08国际职业标准分类

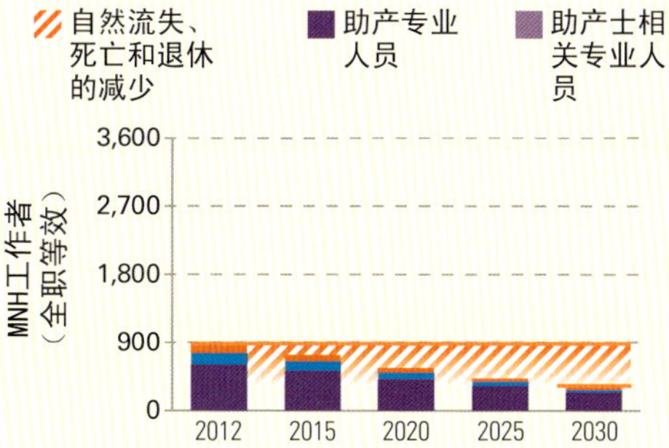

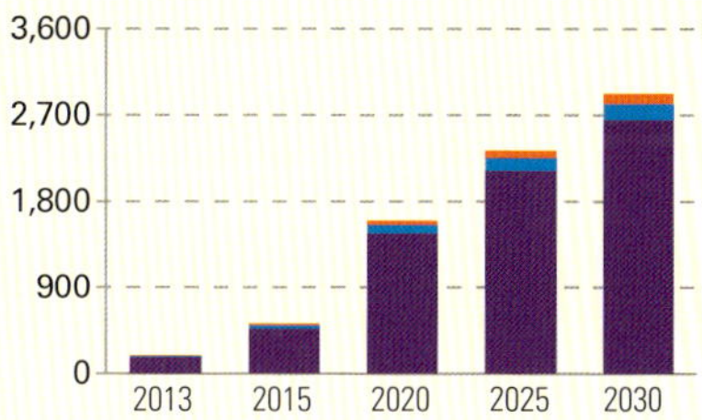

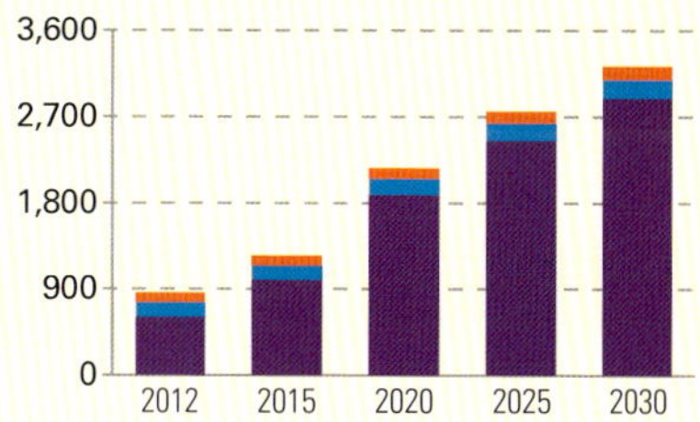

假如…

通过可获得的数据进行的需求预测

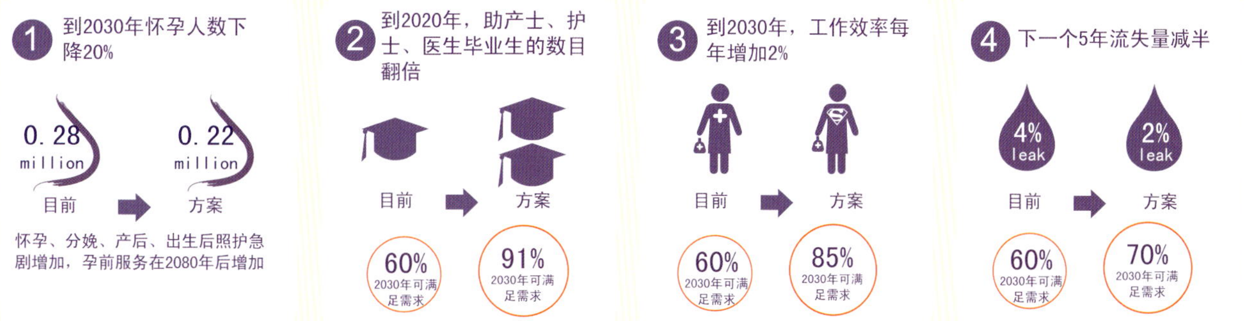

目前发展轨迹

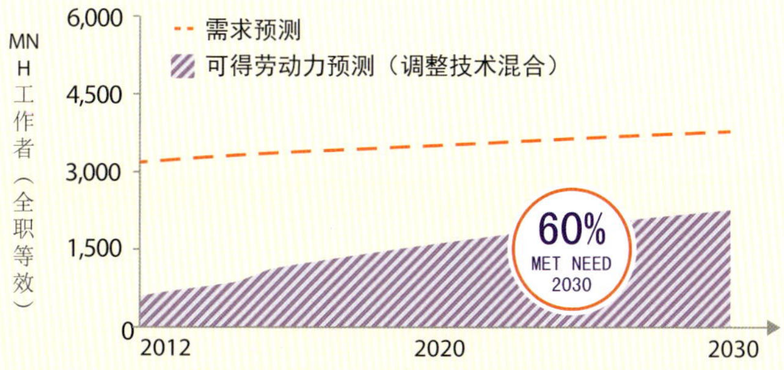

假设发展轨迹

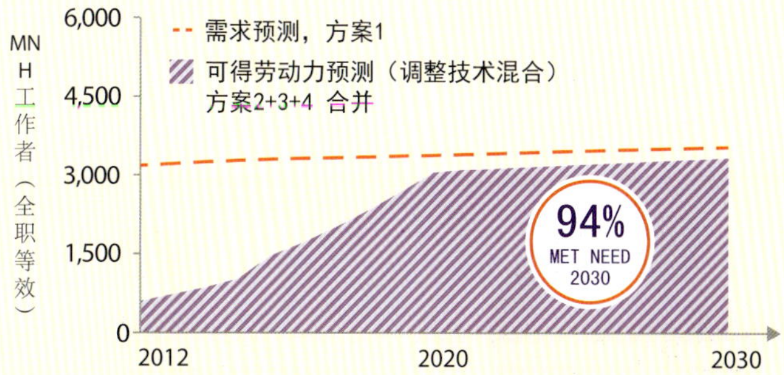

1. 医务工作者分类包含了以下国家的称呼：助产士包括助产士。辅助者包含妇女儿童健康辅助人员，护士助理；辅助助产护士包括国家登记的社区健康护士，全科医生包括卫生干事。产科/妇科医生包括妇产科专业医生。医疗干事和医疗助理包括社区健康干事，来源：2014的SoWMy或者第二来源（WHO全球健康观察、政府政策文件）
2. 年份数据是在STATCOMPILER获得的最新数据
3. 信息参考助产士骨干分类
4. 助产士、护士的国家组织
5. 提出的2030年的MMR、NMR的目标来源于2030年预防母亲死亡的计划和每位新生儿实施计划。

莱索托

2012年，估计总人数210万人，160万人（77%）生活在农村，50万的妇女（26%）为育龄妇女。总和生育率是3.1。至2030年，人口估计会增加18%，达到240万人。为了使这些人普遍获得性、生殖及母婴护理，至2030年助产士服务必须适应每年7万的怀孕量。其中有77%在农村。在2012至2030年期间，给予卫生体系的启示是如何更合理地设置人力资源来适应600万的产前检查，110万的出生量，430万的产后/出生后随访。

妇女和新生儿的需求（2012）

每年80, 000的怀孕量=多少照护事件

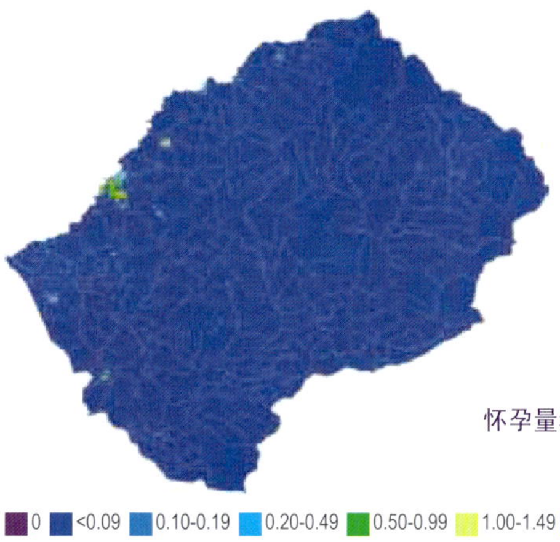

怀孕量和地域分布2012

APPROX

- 孕前（所有育龄期妇女ç）= 1,130,000 计划生育
- 产前（怀孕数×4）= 321,000 日常访视
- 分娩 = 58,000 具有熟练技能的接生人员
- 产后（出生数×4）、出生后（新生儿数×4）= 234,000 日常访视

可获得的人力资源（2012）

	在MNH[1]工作的人员国家级分类	花费在MNH的时间%
助产士	na	na
助产士、辅助者	na	na
助产护士	184	80
护士	na	na
护士、助产护士	na	na
卫生干事和医助	na	na
开业医生、全科医生	180	45
产科医生、妇科医生	2	90

孕前 / 产前 / 分娩 / 产后 / 出生后

估计需求= 14%

实际工作时间 / 需要工作时间

国家总需求的估算基于可得数据

助产教育[3]

高中教育为最低起点	12年级+
取得资格要求的学习数（全面的）	4
是否为标准化课程设置及最新更新时间	是，2009
课程要求的在指导下的最低接生数	35
2012年毕业数/占总从业的助产人数百分比	180/98
1年内MNH雇佣毕业生的百分数	70%

助产法规

有承认助产是自主专业的法律	是
有承认助产是自主专业的法律	是
政府机构规范助产士行为	是
助产执照	是
执照助产士的现场注册	是
助产士拥有的EmONC要求的基本职能数（超出7个）	7
允许助产士提供可注射避孕药/宫内避孕器	是/是

专业组织[4]

专业组织创建年	1980，2010
专业组织角色	
持续专业发展	是
建议和代表被指控不当行为的成员	是
就成员MNH的质量标准提出建议	是
就政府关于MNH的政策性文件提出建议	是
与政府协商工作和工资问题	否

经济可达性

包括最小受益计划的46项RMNH基本干预百分比

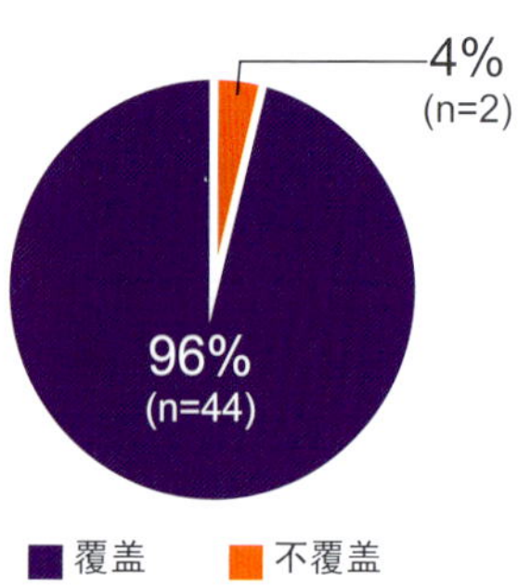

地域可达性

SBA[2]接生数目

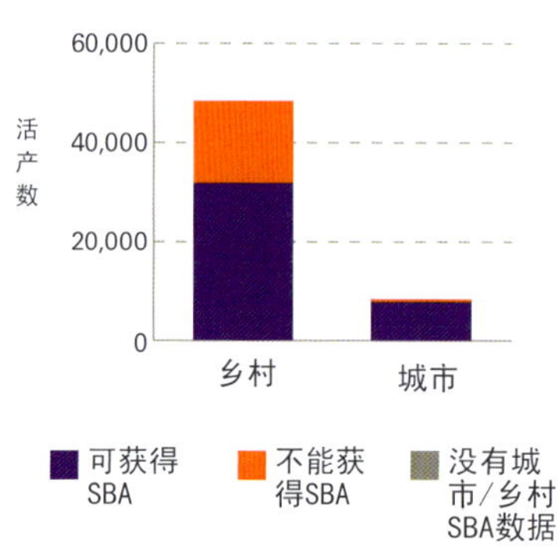

Na=不适合　　—=缺失数据

规划怀孕数：城市与乡村

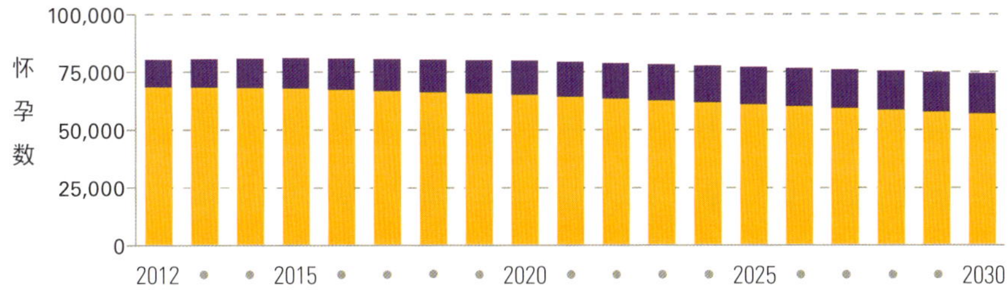

死亡率降低[5]

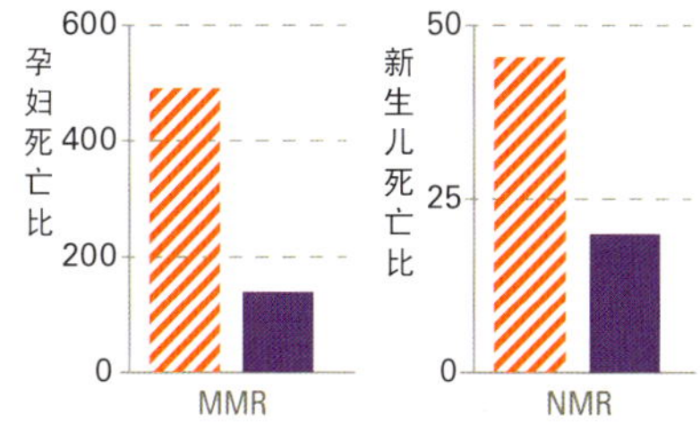

2030年预测和规划

这一部分使用简短的国家已报告数据来计算基于需求上的2030年的预测值。这些预测对记录的入学人数，毕业人数，花费在MNH上的时间百分比，年龄分布，角色和自然流失敏感。如果一些国家数据缺失，标准的、以证据为基础的假设会应用其中。这份预测具有指导意义，应该被用于核实国家数据的准确性和引发进一步的政策讨论。更多信息在50页“如何阅读”部分。

预计减少量 预计增加量 预计工作人数

ISCO-08国际职业标准分类

自然流失、死亡和退休的减少　助产专业人员　助产士相关专业人员　护理专业人员　护理相关专业人员　医疗辅助人员和医助　开业医生和全科医生　开业医生和专科医生（妇科产科）

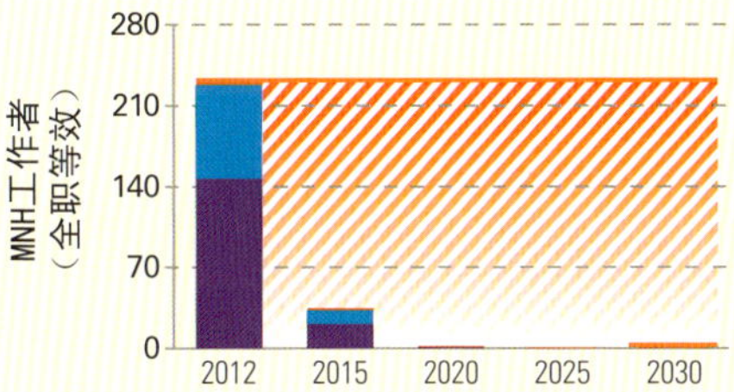

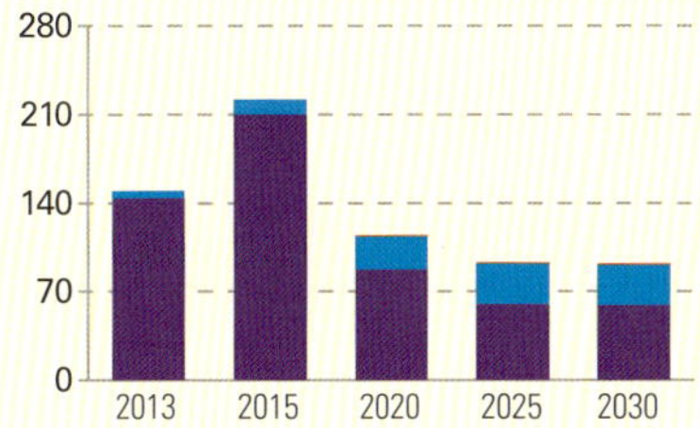

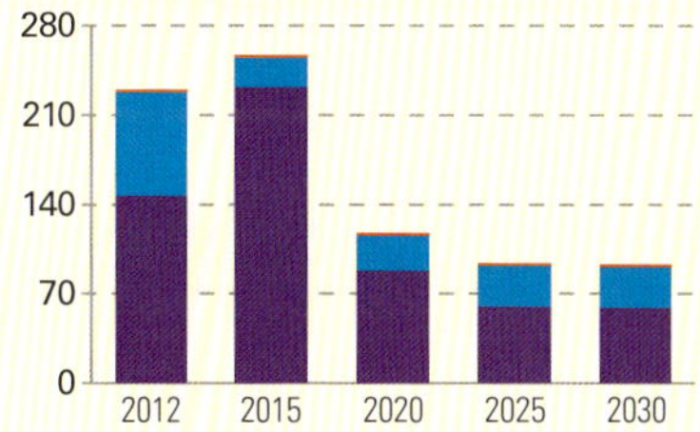

假如…

通过可获得的数据进行的需求预测

1 到2030年怀孕人数下降20%

0.07 million 目前 → 0.06 million 方案

怀孕、分娩、产后、出生后照护急剧增加，孕前服务在2080年后增加

5% 2030年可满足需求　10% 2030年可满足需求

2 到2020年，助产士、护士、医生毕业生的数目翻倍

目前 → 方案

5% 2030年可满足需求　10% 2030年可满足需求

3 到2030年，工作效率每年增加2%

目前 → 方案

5% 2030年可满足需求　7% 2030年可满足需求

4 下一个5年流失量减半

45% leak 目前 → 22.5% leak 方案

5% 2030年可满足需求　9% 2030年可满足需求

目前发展轨迹

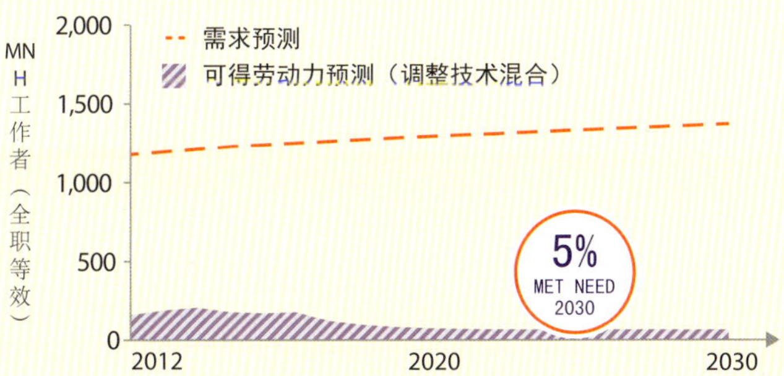

假设发展轨迹

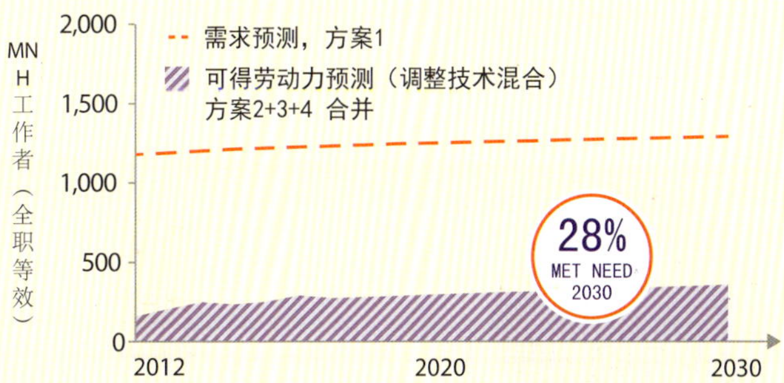

1. 医务工作者分类包含了以下国家的称呼：助产士包括助产士。辅助者包含妇女儿童健康辅助人员，护士助理；辅助助产护士包括国家登记的社区健康护士，全科医生包括卫生干事。产科/妇科医生包括妇产科专业医生。医疗干事和医疗助理包括社区健康干事，来源：2014的SoWMy或者第二来源（WHO全球健康观察、政府政策文件）
2. 年份数据是在STATCOMPILER获得的最新数据
3. 信息参考助产士骨干分类
4. 助产士、护士的国家组织
5. 提出的2030年的MMR、NMR的目标来源于2030年预防母亲死亡的计划和每位新生儿实施计划。

利比里亚

2012年，估计总人数420万人，330万人（80%）生活在农村，100万的妇女（23%）为育龄妇女。总和生育率是4.8。至2030年，人口估计会增加53%，达到640万人。为了使这些人普遍获得性、生殖及母婴护理，至2030年助产士服务必须适应每年30万的怀孕量。其中有76%在农村。在2012至2030年期间，给予卫生体系的启示是如何更合理地设置人力资源来适应1880万的产前检查，330万的出生量，1320万的产后/出生后随访。

妇女和新生儿的需求（2012）

怀孕量和地域分布2012

每年221,000的怀孕量=多少照护事件

孕前（所有育龄期妇女ç） = APPROX. 1,733,000 计划生育

产前（怀孕数×4） = 884,000 日常访视

分娩 = 155,000 具有熟练技能的接生人员

产后（出生数×4）、出生后（新生儿数×4） = 620,000 日常访视

可获得的人力资源（2012）

	在MNH[1]工作的人员国家级分类	花费在MNH的时间%
助产士	806	100
助产士、辅助者	na	na
助产护士	57	75
护士	4,922	60
护士、助产护士	65	80
卫生干事和医助	800	60
开业医生、全科医生	289	40
产科医生、妇科医生	9	90

孕前、产前、分娩、产后、出生后

估计需求= 97%

实际工作时间 / 需要工作时间

国家总需求的估算基于可得数据

助产教育[3]

高中教育为最低起点	12年级+
取得资格要求的学习数（全面的）	3
是否为标准化课程设置及最新更新时间	是，2013
课程要求的在指导下的最低接生数	75
2012年毕业数/占总从业的助产人数百分比	72/9
1年内MNH雇佣毕业生的百分数	100%

助产法规

有承认助产是自主专业的法律	是
有承认助产是自主专业的法律	是
政府机构规范助产士行为	是
助产执照	否
执照助产士的现场注册	是
助产士拥有的EmONC要求的基本职能数（超出7个）	7
允许助产士提供可注射避孕药/宫内避孕器	是/是

专业组织[4]

专业组织创建年	1958, 1972
专业组织角色	
持续专业发展	是
建议和代表被指控不当行为的成员	是
就成员MNH的质量标准提出建议	是
就政府关于MNH的政策性文件提出建议	是
与政府协商工作和工资问题	是

经济可达性

包括最小受益计划的46项RMNH基本干预百分比

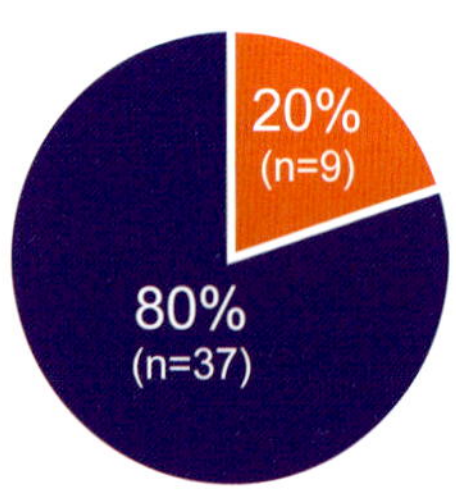

地域可达性

SBA[2]接生数目

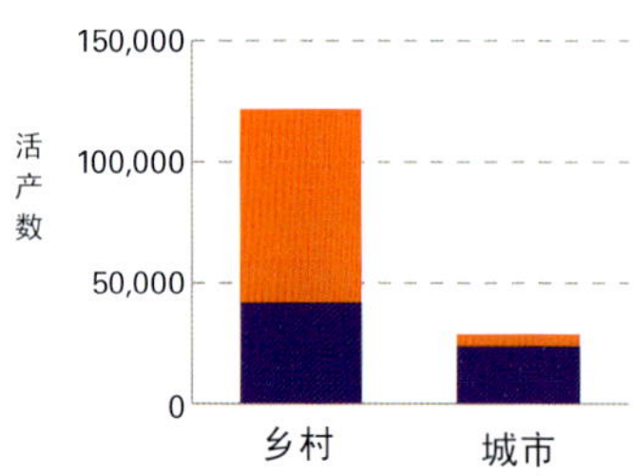

Na=不适合　　—=缺失数据

规划怀孕数：城市与乡村

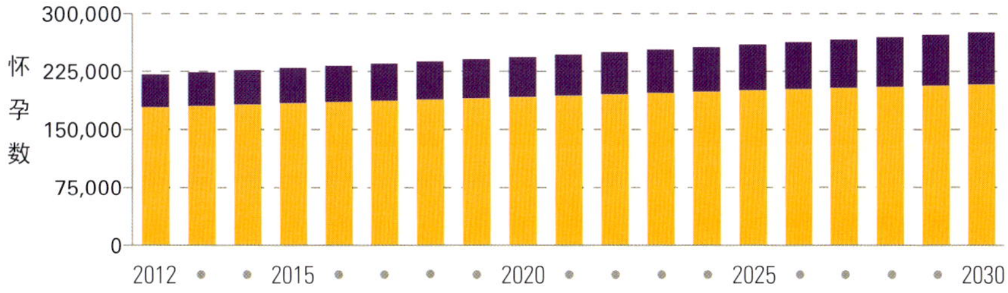

死亡率降低[5]

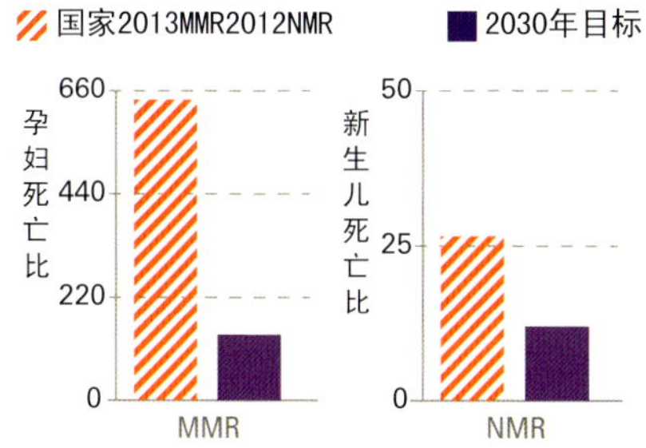

2030年预测和规划

这一部分使用简短的国家已报告数据来计算基于需求上的2030年的预测值。这些预测对记录的入学人数，毕业人数，花费在MNH上的时间百分比，年龄分布，角色和自然流失敏感。如果一些国家数据缺失，标准的、以证据为基础的假设会应用其中。这份预测具有指导意义，应该被用于核实国家数据的准确性和引发进一步的政策讨论。更多信息在50页“如何阅读”部分。

预计减少量　预计增加量　预计工作人数

ISCO-08国际职业标准分类

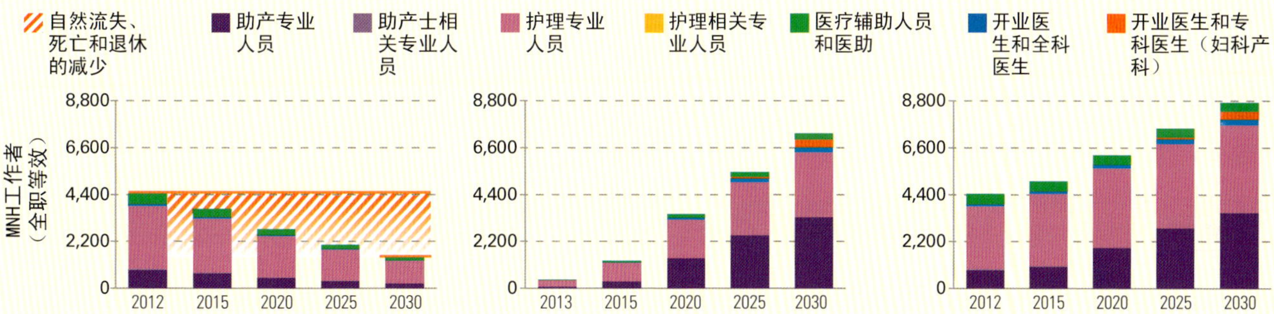

假如…

通过可获得的数据进行的需求预测

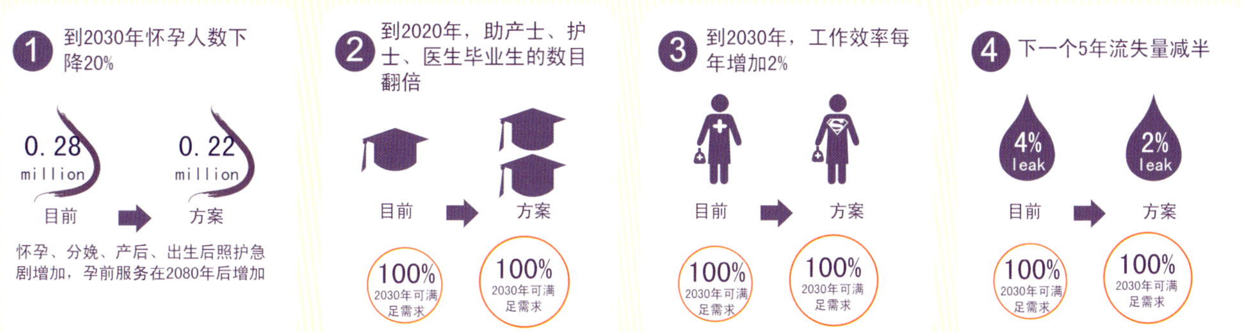

目前发展轨迹

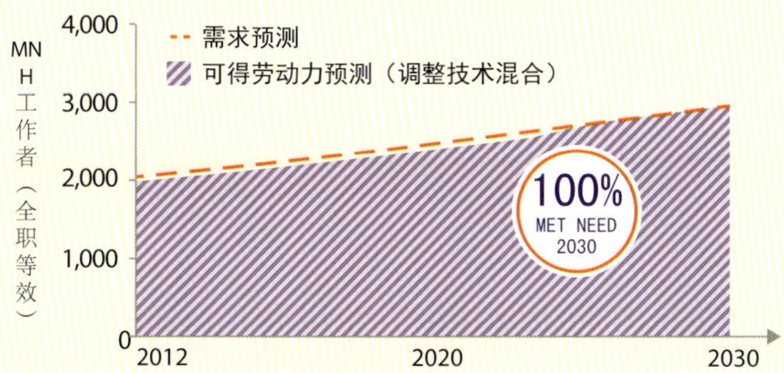

假设发展轨迹

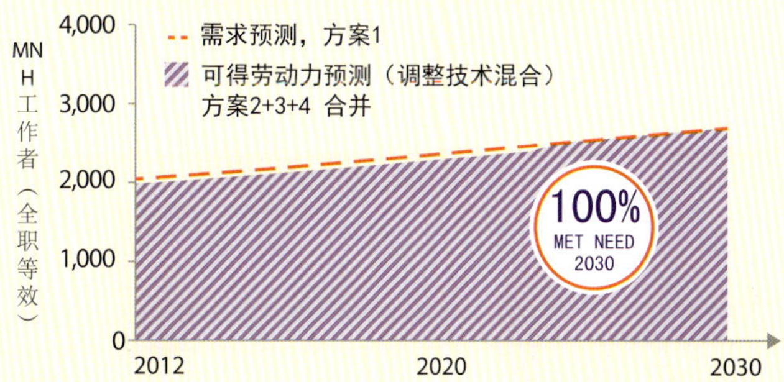

1. 医务工作者分类包含了以下国家的称呼：助产士包括助产士。辅助者包含妇女儿童健康辅助人员，护士助理；辅助助产护士包括国家登记的社区健康护士，全科医生包括卫生干事。产科/妇科医生包括妇产科专业医生。医疗干事和医疗助理包括社区健康干事。来源：2014的SoWMy或者第二来源（WHO全球健康观察、政府政策文件）
2. 年份数据是在STATCOMPILER获得的最新数据
3. 信息参考助产士骨干分类
4. 助产士、护士的国家组织
5. 提出的2030年的MMR、NMR的目标来源于2030年预防母亲死亡的计划和每位新生儿实施计划。

马达加斯加

2012年，估计总人数2230万人，1760万人（79%）生活在农村，530万的妇女（24%）为育龄妇女。总和生育率是4.5。至2030年，人口估计会增加61%，达到3600万人。为了使这些人普遍获得性、生殖及母婴护理，至2030年助产士服务必须适应每年140万的怀孕量。其中有79%在农村。在2012至2030年期间，给予卫生体系的启示是如何更合理地设置人力资源来适应9210万的产前检查，1800万的出生量，2070万的产后/出生后随访。

妇女和新生儿的需求（2012）

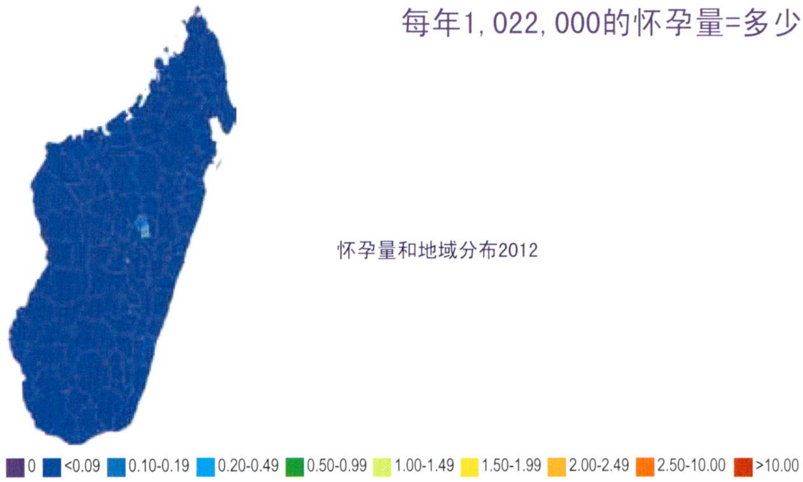

怀孕量和地域分布2012

每年1,022,000的怀孕量=多少照护事件

APPROX.

- 孕前（所有育龄期妇女ç）= 10,480,000 计划生育
- 产前（怀孕数×4）= 4,089,000 日常访视
- 分娩 = 798,000 具有熟练技能的接生人员
- 产后（出生数×4）、出生后（新生儿数×4）= 3,192,000 日常访视

可获得的人力资源（2012）

在MNH[1]工作的人员国家级分类		花费在MNH的时间%
助产士	3,400	100
助产士、辅助者	na	na
助产护士	na	na
护士	6,000	50
护士、助产护士	na	na
卫生干事和医助	na	na
开业医生、全科医生	2,109	50
产科医生、妇科医生	24	100

孕前 产前 分娩 产后 出生后

估计需求= 48%

实际工作时间 / 需要工作时间

国家总需求的估算基于可得数据

助产教育[3]

高中教育为最低起点	12年级+
取得资格要求的学习数（全面的）	3
是否为标准化课程设置及最新更新时间	是，2005
课程要求的在指导下的最低接生数	80
2012年毕业数/占总从业的助产人数百分比	146/4
1年内MNH雇佣毕业生的百分数	—

助产法规

有承认助产是自主专业的法律	是
有承认助产是自主专业的法律	是
政府机构规范助产士行为	是
助产执照	否
执照助产士的现场注册	是
助产士拥有的EmONC要求的基本职能数（超出7个）	7
允许助产士提供可注射避孕药/宫内避孕器	是/是

专业组织[4]

专业组织创建年	1996
专业组织角色	
持续专业发展	是
建议和代表被指控不当行为的成员	否
就成员MNH的质量标准提出建议	是
就政府关于MNH的政策性文件提出建议	否
与政府协商工作和工资问题	否

经济可达性

包括最小受益计划的46项RMNH基本干预百分比

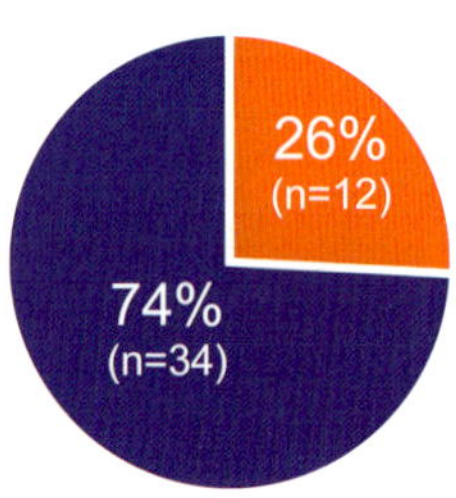

地域可达性

SBA[2]接生数目

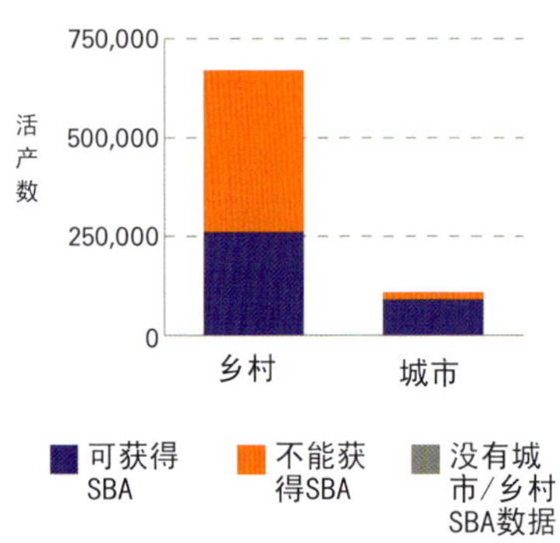

Na=不适合 —=缺失数据

规划怀孕数：城市与乡村

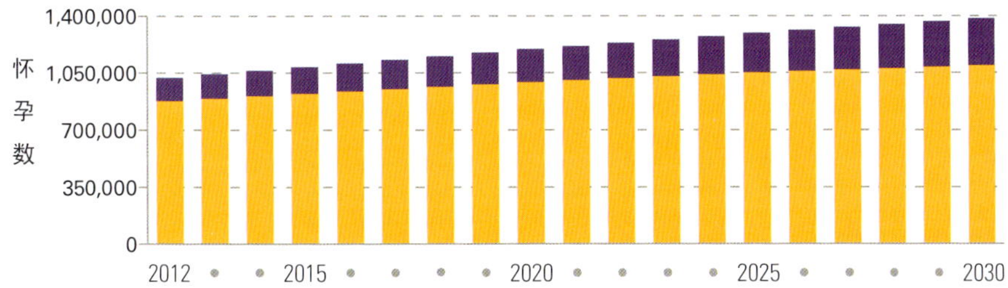

死亡率降低[5]

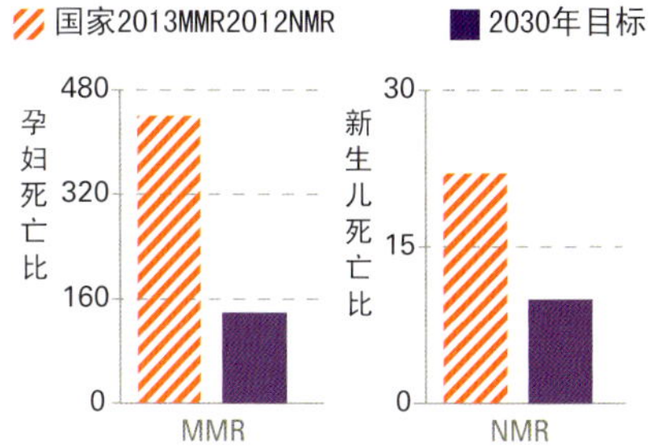

2030年预测和规划

这一部分使用简短的国家已报告数据来计算基于需求上的2030年的预测值。这些预测对记录的入学人数，毕业人数，花费在MNH上的时间百分比，年龄分布，角色和自然流失敏感。如果一些国家数据缺失，标准的、以证据为基础的假设会应用其中。这份预测具有指导意义，应该被用于核实国家数据的准确性和引发进一步的政策讨论。更多信息在50页“如何阅读”部分。

预计减少量 / 预计增加量 / 预计工作人数

ISCO-08国际职业标准分类

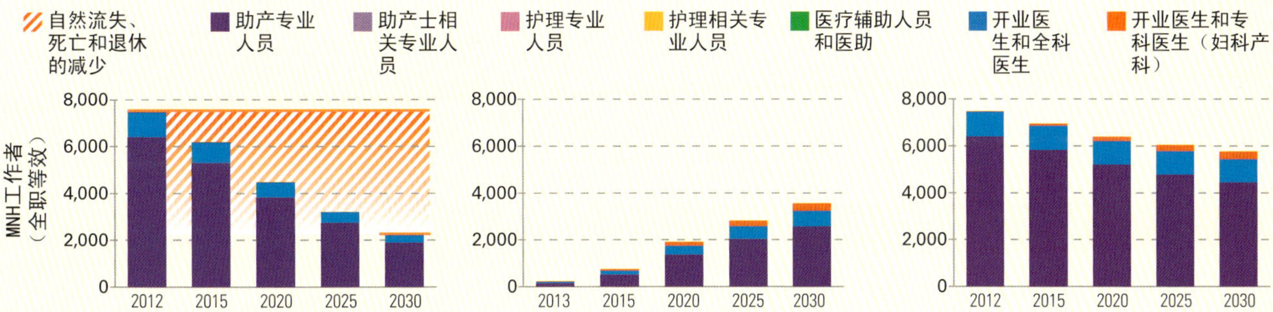

假如…

通过可获得的数据进行的需求预测

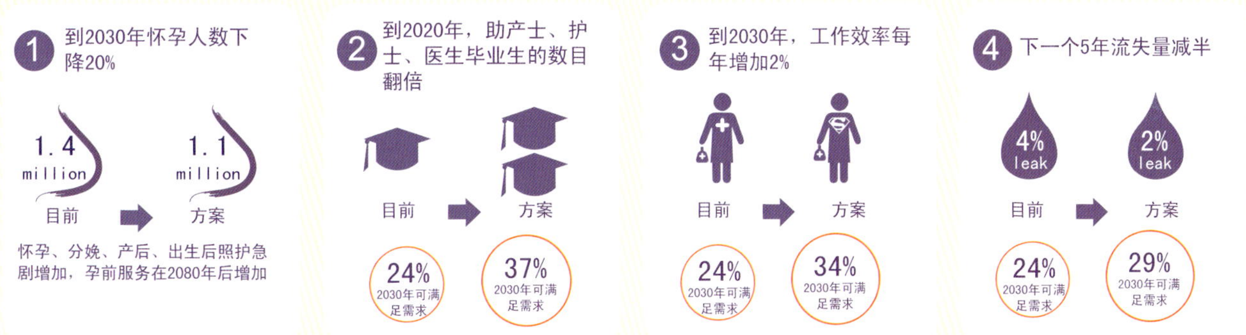

目前发展轨迹

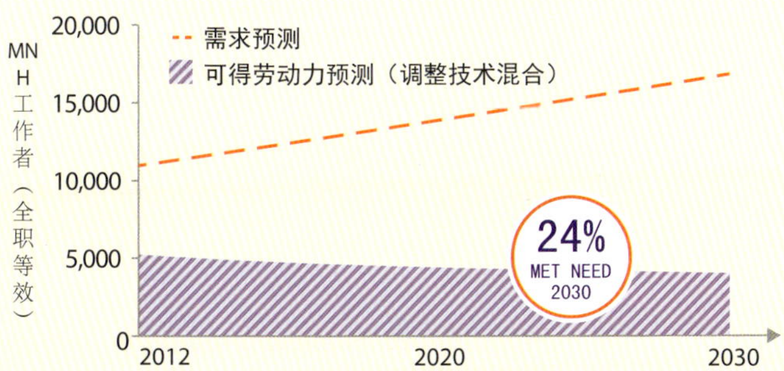

假设发展轨迹

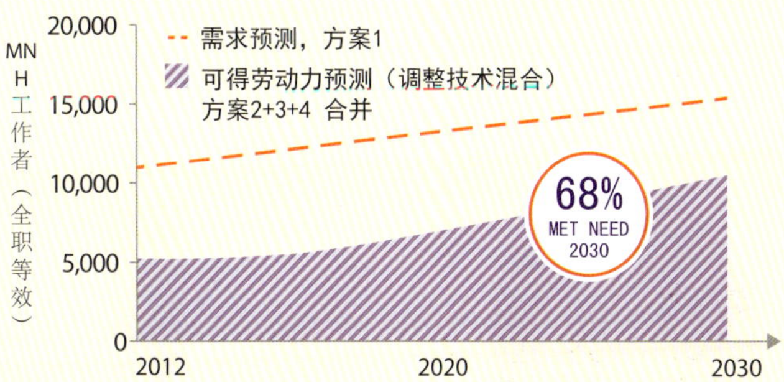

1. 医务工作者分类包含了以下国家的称呼：助产士包括助产士。辅助者包含妇女儿童健康辅助人员，护士助理：辅助助产护士包括国家登记的社区健康护士，全科医生包括卫生干事。产科/妇科医生包括妇产科专业医生。医疗干事和医疗助理包括社区健康干事，来源：2014的SoWMy或者第二来源（WHO全球健康观察、政府政策文件）
2. 年份数据是在STATCOMPILER获得的最新数据
3. 信息参考助产士骨干分类
4. 助产士、护士的国家组织
5. 提出的2030年的MMR、NMR的目标来源于2030年预防母亲死亡的计划和每位新生儿实施计划。

马拉维

2012年，估计总人数1590万人，1300万人（82%）生活在农村，350万的妇女（22%）为育龄妇女。总和生育率是5.4。至2030年，人口估计会增加63%，达到2600万人。为了使这些人普遍获得性、生殖及母婴护理，至2030年助产士服务必须适应每年130万的怀孕量。其中有79%在农村。在2012至2030年期间，给予卫生体系的启示是如何更合理地设置人力资源来适应8600万的产前检查，1480万的出生量，5930万的产后/出生后随访。

妇女和新生儿的需求（2012）

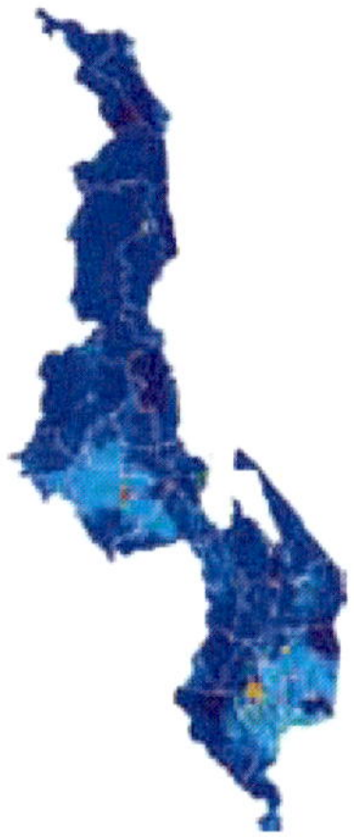

怀孕量和地域分布2012

■0 ■<0.09 ■0.10-0.19 ■0.20-0.49 ■0.50-0.99 ■1.00-1.49 ■1.50-1.99 ■2.00-2.49 ■2.50-10.00 ■>10.00

每年951,000的怀孕量=多少照护事件

孕前（所有育龄期妇女ç） = APPROX. 7,775,000 计划生育

产前（怀孕数×4） = 3,802,000 日常访视

分娩 = 655,000 具有熟练技能的接生人员

产后（出生数×4）、出生后（新生儿数×4） = 2,619,000 日常访视

可获得的人力资源（2012）

在MNH[1]工作的人员国家级分类		花费在MNH的时间%
助产士	na	na
助产士、辅助者	48	100
助产护士	3,037	75
护士	na	na
护士、助产护士	na	na
卫生干事和医助	1033	25
开业医生、全科医生	125	35
产科医生、妇科医生	25	100

孕前 产前 分娩 产后 出生后

估计需求=20%

实际工作时间/需要工作时间

国家总需求的估算基于可得数据

助产教育[3]

高中教育为最低起点	12年级+
取得资格要求的学习数（全面的）	4
是否为标准化课程设置及最新更新时间	是，2013
课程要求的在指导下的最低接生数	40
2012年毕业数/占总从业的助产人数百分比	496/16
1年内MNH雇佣毕业生的百分数	30%

助产法规

有承认助产是自主专业的法律	是
有承认助产是自主专业的法律	是
政府机构规范助产士行为	是
助产执照	是
执照助产士的现场注册	是
助产士拥有的EmONC要求的基本职能数（超出7个）	7
允许助产士提供可注射避孕药/宫内避孕器	是/是

专业组织[4]

专业组织创建年	1979, 1997
专业组织角色	
持续专业发展	是
建议和代表被指控不当行为的成员	是
就成员MNH的质量标准提出建议	是
就政府关于MNH的政策性文件提出建议	是
与政府协商工作和工资问题	是

经济可达性

包括最小受益计划的46项RMNH基本干预百分比

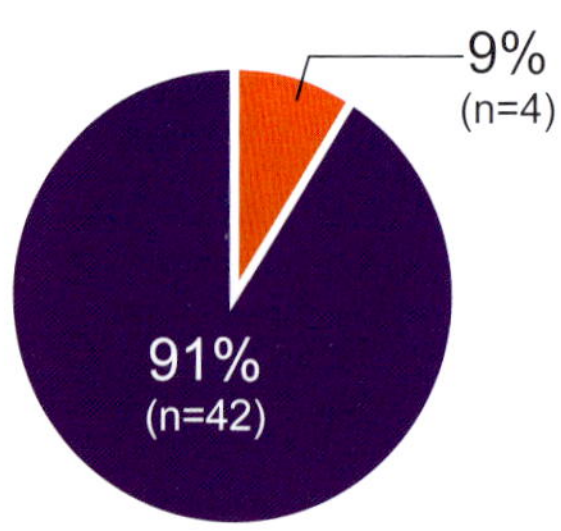

地域可达性

SBA[2]接生数目

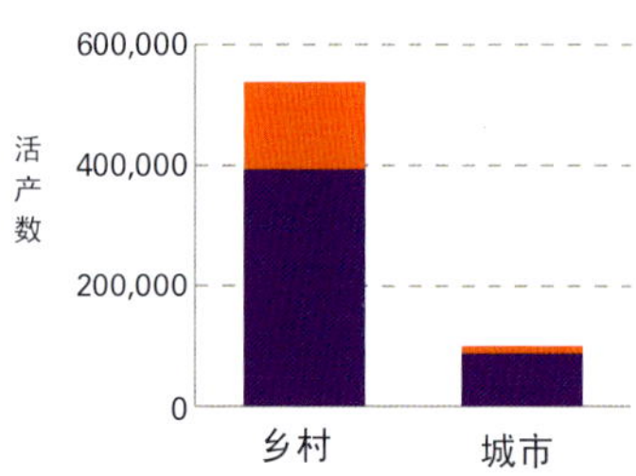

Na=不适合 —=缺失数据

规划怀孕数：城市与乡村

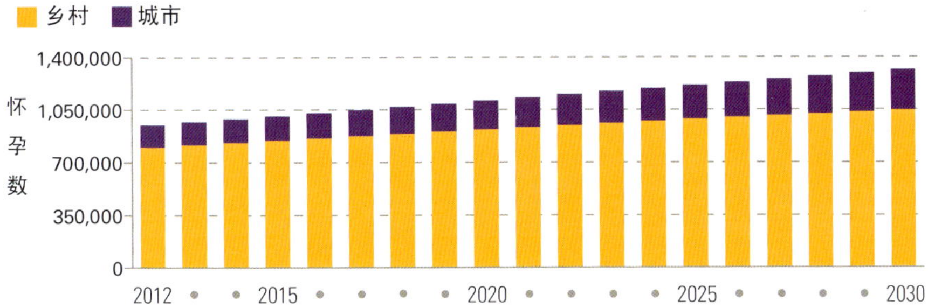

死亡率降低[5]

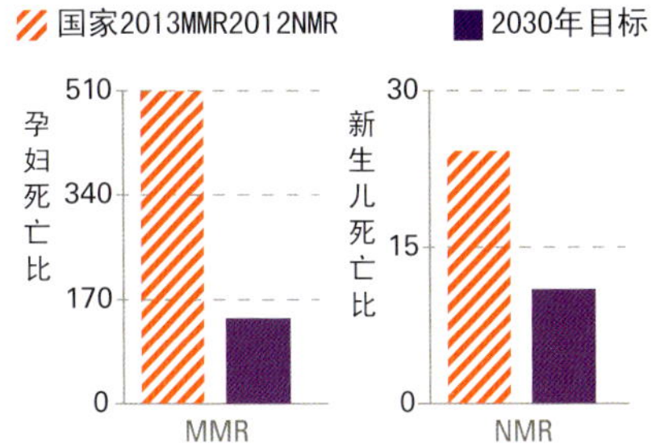

2030年预测和规划

这一部分使用简短的国家已报告数据来计算基于需求上的2030年的预测值。这些预测对记录的入学人数，毕业人数，花费在MNH上的时间百分比，年龄分布，角色和自然流失敏感。如果一些国家数据缺失，标准的、以证据为基础的假设会应用其中。这份预测具有指导意义，应该被用于核实国家数据的准确性和引发进一步的政策讨论。更多信息在50页“如何阅读”部分。

预计减少量　预计增加量　预计工作人数

ISCO-08国际职业标准分类

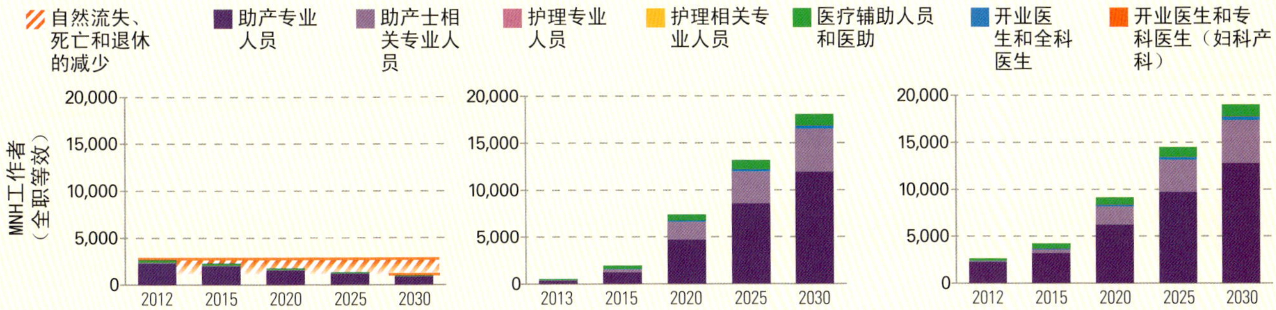

假如…

通过可获得的数据进行的需求预测

1 到2030年怀孕人数下降20%

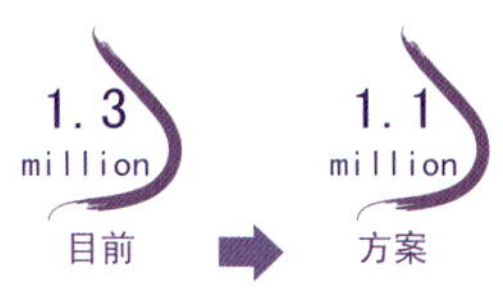

怀孕、分娩、产后、出生后照护急剧增加，孕前服务在2080年后增加

2 到2020年，助产士、护士、医生毕业生的数目翻倍

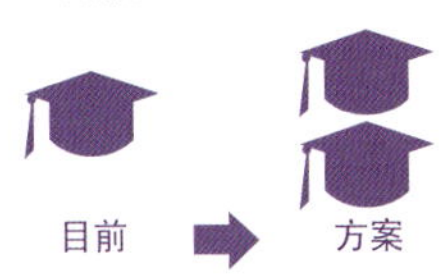

89% 2030年可满足需求　93% 2030年可满足需求

3 到2030年，工作效率每年增加2%

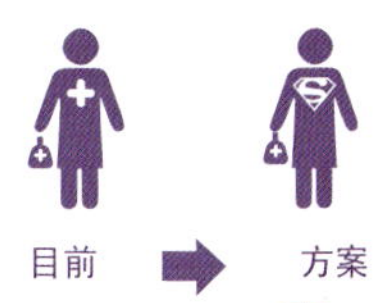

89% 2030年可满足需求　92% 2030年可满足需求

4 下一个5年流失量减半

89% 2030年可满足需求　91% 2030年可满足需求

目前发展轨迹

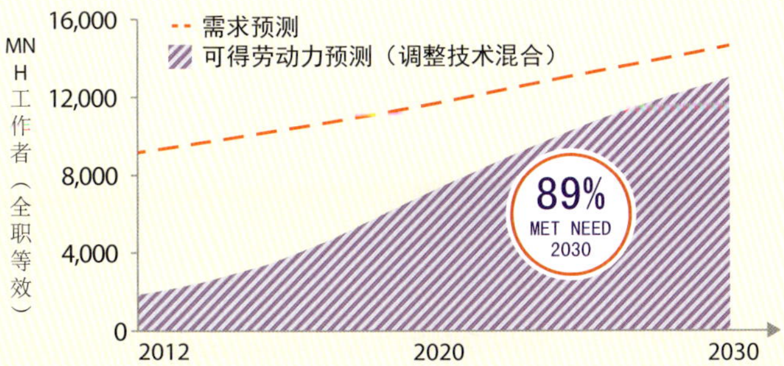

假设发展轨迹

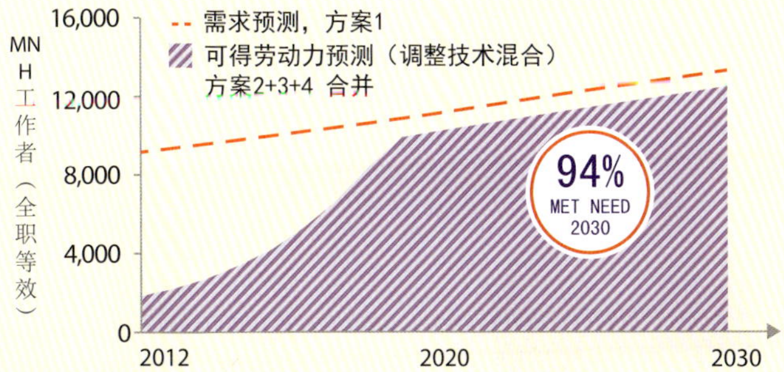

1. 医务工作者分类包含了以下国家的称呼：助产士包括助产士。辅助者包含妇女儿童健康辅助人员，护士助理；辅助助产护士包括国家登记的社区健康护士，全科医生包括卫生干事。产科/妇科医生包括妇产科专业医生。医疗干事和医疗助理包括社区健康干事，来源：2014的SoWMy或者第二来源（WHO全球健康观察、政府政策文件）
2. 年份数据是在STATCOMPILER获得的最新数据
3. 信息参考助产士骨干分类
4. 助产士、护士的国家组织
5. 提出的2030年的MMR、NMR的目标来源于2030年预防母亲死亡的计划和每位新生儿实施计划。

马里

2012年，估计总人数1490万人，990万人（67%）生活在农村，330万的妇女（22%）为育龄妇女。总和生育率是6.9。至2030年，人口估计会增加75%，达到2600万人。为了使这些人普遍获得性、生殖及母婴护理，至2030年助产士服务必须适应每年140万的怀孕量。其中有59%在农村。在2012至2030年期间，给予卫生体系的启示是如何更合理地设置人力资源来适应9000万的产前检查，1700万的出生量，6820万的产后/出生后随访。

妇女和新生儿的需求（2012）

每年953,000的怀孕量=多少照护事件

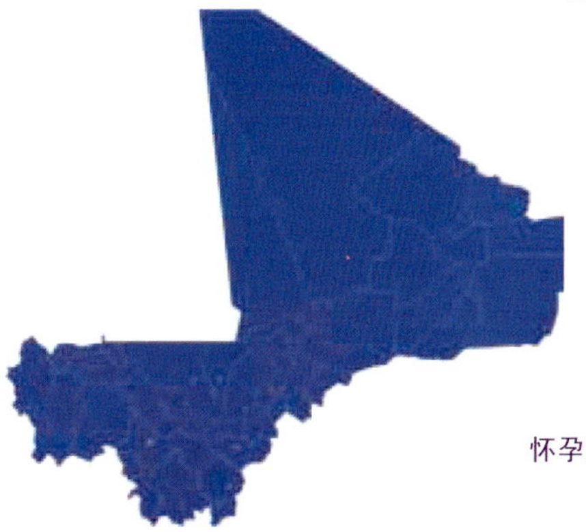

怀孕量和地域分布2012

■0 ■<0.09 ■0.10-0.19 ■0.20-0.49 ■0.50-0.99 ■1.00-1.49 ■1.50-1.99 ■2.00-2.49 ■2.50-10.00 ■>10.00

APPROX

孕前（所有育龄期妇女ç）	=	5,170,000 计划生育
产前（怀孕数×4）	=	3,813,000 日常访视
分娩	=	722,000 具有熟练技能的接生人员
产后（出生数×4） 出生后（新生儿数×4）	=	2,889,000 日常访视

可获得的人力资源（2012）

在MNH[1]工作的人员国家级分类		花费在MNH的时间%
助产士	686	100
助产士、辅助者	1,275	100
助产护士	674	100
护士	na	na
护士、助产护士	1,455	100
卫生干事和医助	na	na
开业医生、全科医生	947	30
产科医生、妇科医生	130	100

孕前 / 产前 / 分娩 / 产后 / 出生后

估计需求=30%

实际工作时间 / 需要工作时间

国家总需求的估算基于可得数据

助产教育[3]

高中教育为最低起点	12年级+
取得资格要求的学习数（全面的）	3
是否为标准化课程设置及最新更新时间	是，2012
课程要求的在指导下的最低接生数	30
2012年毕业数/占总从业的助产人数百分比	67/10
1年内MNH雇佣毕业生的百分数	—

助产法规

有承认助产是自主专业的法律	是
有承认助产是自主专业的法律	是
政府机构规范助产士行为	是
助产执照	是
执照助产士的现场注册	是
助产士拥有的EmONC要求的基本职能数（超出7个）	7
允许助产士提供可注射避孕药/宫内避孕器	是/是

专业组织[4]

专业组织创建年	1997
专业组织角色	
持续专业发展	是
建议和代表被指控不当行为的成员	是
就成员MNH的质量标准提出建议	是
就政府关于MNH的政策性文件提出建议	是
与政府协商工作和工资问题	是

经济可达性

包括最小受益计划的46项RMNH基本干预百分比

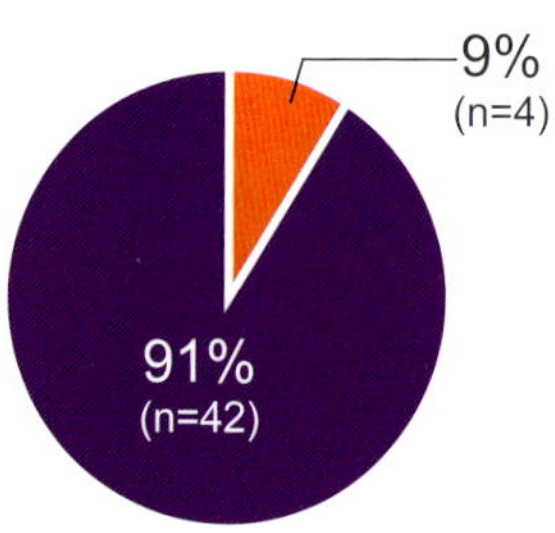

地域可达性

SBA[2]接生数目

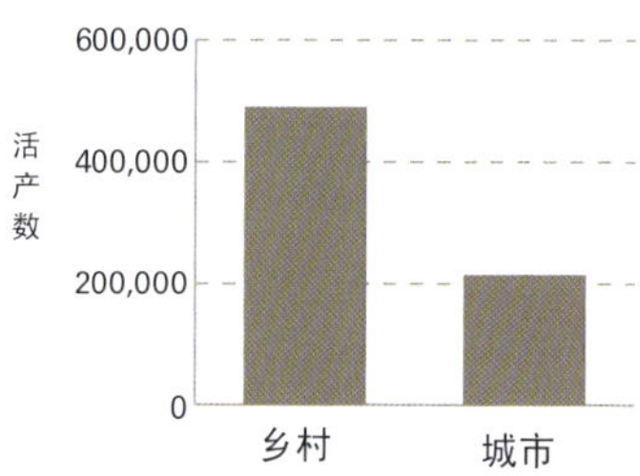

Na=不适合　　—=缺失数据

规划怀孕数：城市与乡村

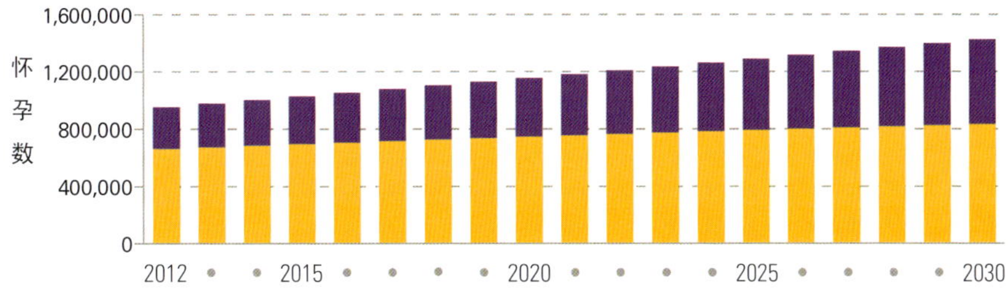

死亡率降低[5]

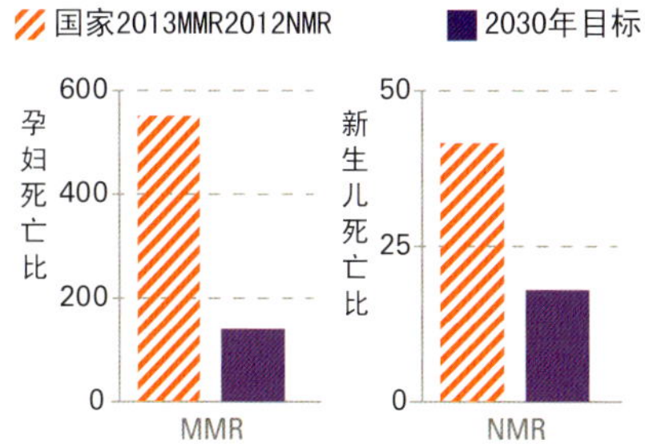

2030年预测和规划

这一部分使用简短的国家已报告数据来计算基于需求上的2030年的预测值。这些预测对记录的入学人数，毕业人数，花费在MNH上的时间百分比，年龄分布，角色和自然流失敏感。如果一些国家数据缺失，标准的、以证据为基础的假设会应用其中。这份预测具有指导意义，应该被用于核实国家数据的准确性和引发进一步的政策讨论。更多信息在50页“如何阅读”部分。

预计减少量　　预计增加量　　预计工作人数

ISCO-08国际职业标准分类

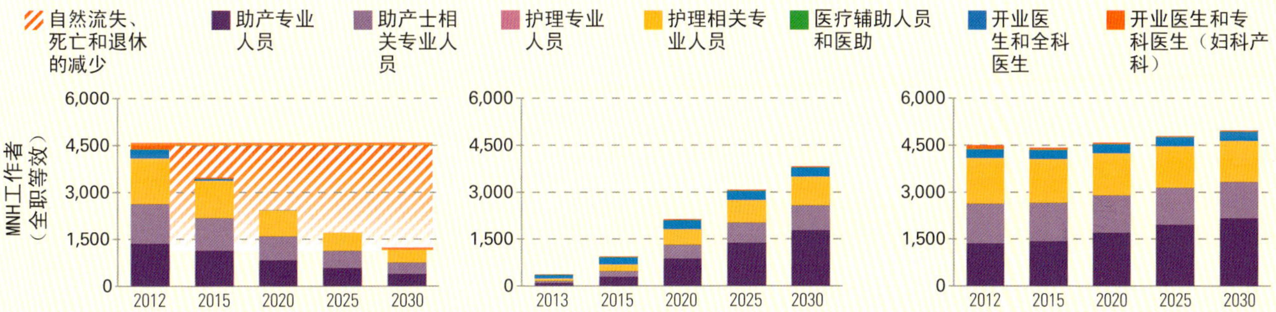

假如…

通过可获得的数据进行的需求预测

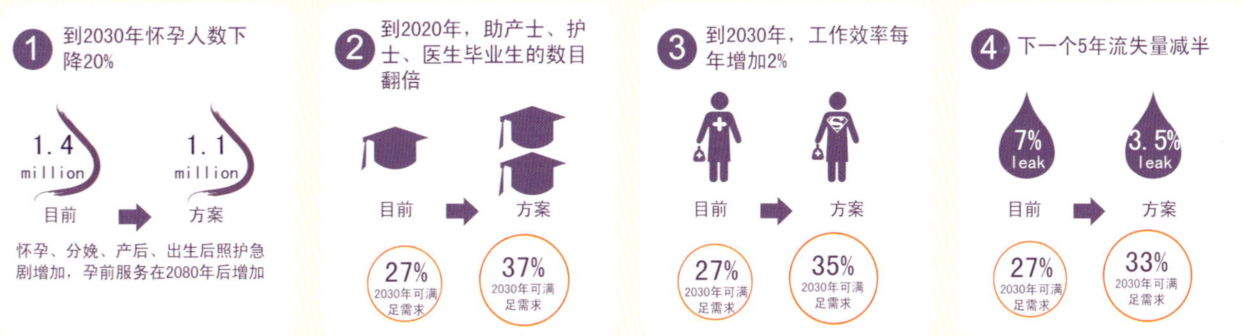

目前发展轨迹

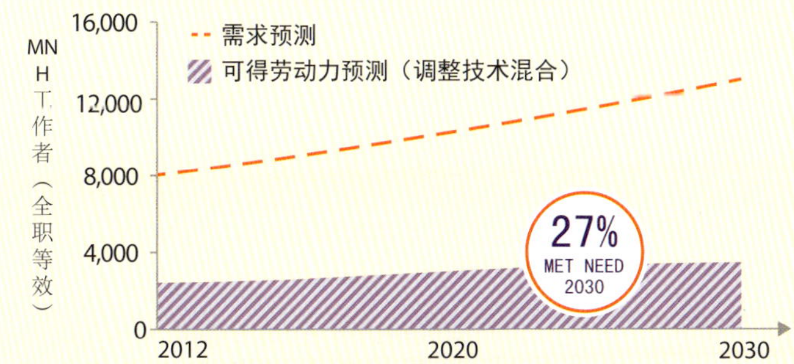

假设发展轨迹

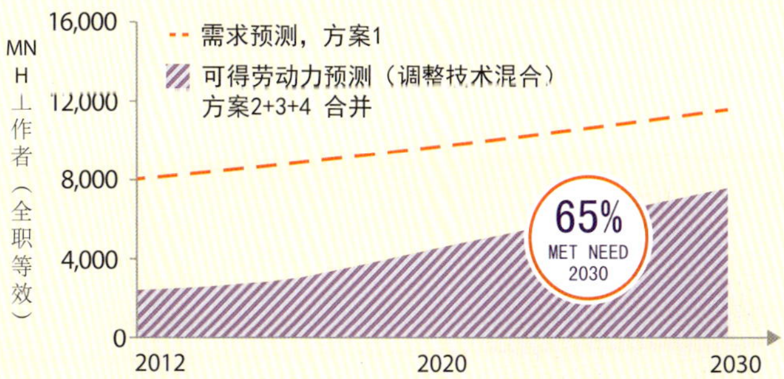

1. 医务工作者分类包含了以下国家的称呼：助产士包括助产士。辅助者包含妇女儿童健康辅助人员，护士助理：辅助助产护士包括国家登记的社区健康护士，全科医生包括卫生干事。产科/妇科医生包括妇产科专业医生。医疗干事和医疗助理包括社区健康干事，来源：2014的SoWMy或者第二来源（WHO全球健康观察、政府政策文件）
2. 年份数据是在STATCOMPILER获得的最新数据
3. 信息参考助产士骨干分类
4. 助产士、护士的国家组织
5. 提出的2030年的MMR、NMR的目标来源于2030年预防母亲死亡的计划和每位新生儿实施计划。

毛里塔尼亚

2012年，估计总人数380万人，300万人（78%）生活在农村，90万的妇女（24%）为育龄妇女。总和生育率是4.7。至2030年，人口估计会增加49%，达到560万人。为了使这些人普遍获得性、生殖及母婴护理，至2030年助产士服务必须适应每年20万的怀孕量。在2012至2030年期间，给予卫生体系的启示是如何更合理地设置人力资源来适应1600万的产前检查，280万的出生量，1130万的产后/出生后随访。

妇女和新生儿的需求（2012）

每年190,000的怀孕量=多少照护事件

怀孕量和地域分布2012

APPROX.

- 孕前（所有育龄期妇女ç） = 1,548,000 计划生育
- 产前（怀孕数×4） = 759,000 日常访视
- 分娩 = 135,000 具有熟练技能的接生人员
- 产后（出生数×4）、出生后（新生儿数×4） = 538,000 日常访视

可获得的人力资源（2012）

	在MNH[1]工作的人员国家级分类	花费在MNH的时间%
助产士	368	100
助产士、辅助者	na	na
助产护士	na	na
护士	na	na
护士、助产护士	na	na
卫生干事和医助	na	na
开业医生、全科医生	274	40
产科医生、妇科医生	33	100

孕前 / 产前 / 分娩 / 产后 / 出生后

估计需求= **19%**

实际工作时间 / 需要工作时间

国家总需求的估算基于可得数据

助产教育[3]

高中教育为最低起点	12年级+
取得资格要求的学习数（全面的）	3
是否为标准化课程设置及最新更新时间	是，2010
课程要求的在指导下的最低接生数	50
2012年毕业数/占总从业的助产人数百分比	48/13
1年内MNH雇佣毕业生的百分数	100%

助产法规

有承认助产是自主专业的法律	是
有承认助产是自主专业的法律	是
政府机构规范助产士行为	是
助产执照	否
执照助产士的现场注册	否
助产士拥有的EmONC要求的基本职能数（超出7个）	7
允许助产士提供可注射避孕药/宫内避孕器	是/是

专业组织[4]

专业组织创建年	1986, 2010
专业组织角色	
持续专业发展	是
建议和代表被指控不当行为的成员	是
就成员MNH的质量标准提出建议	是
就政府关于MNH的政策性文件提出建议	是
与政府协商工作和工资问题	是

经济可达性

包括最小受益计划的46项RMNH基本干预百分比

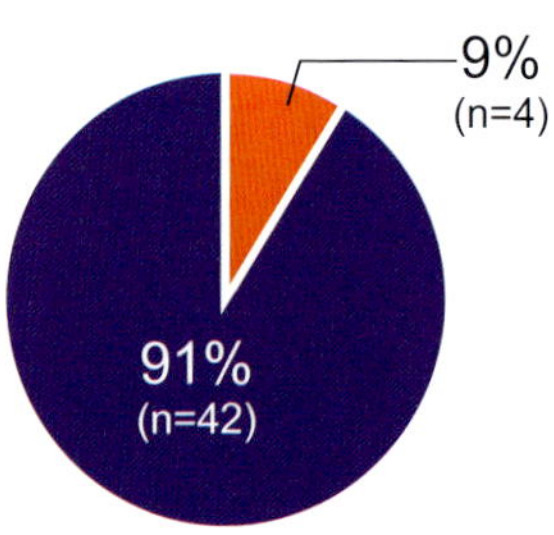

地域可达性

SBA[2]接生数目

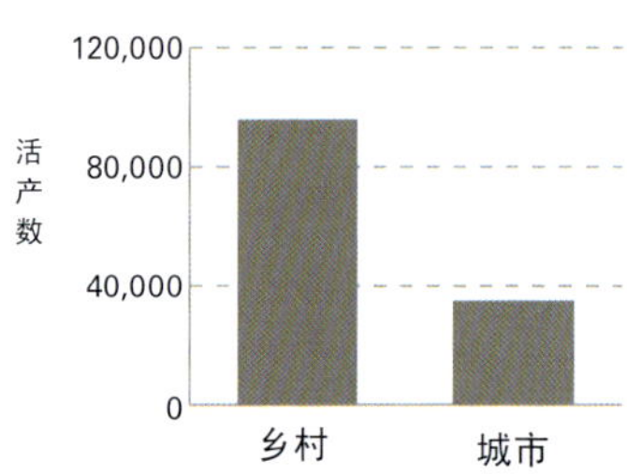

Na=不适合　　—=缺失数据

规划怀孕数：城市与乡村

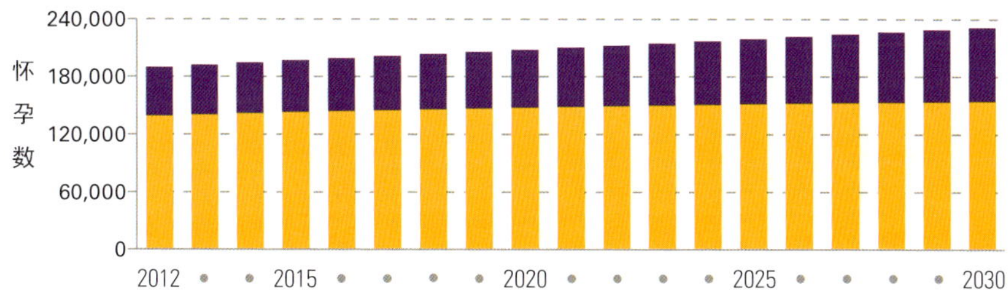

死亡率降低[5]

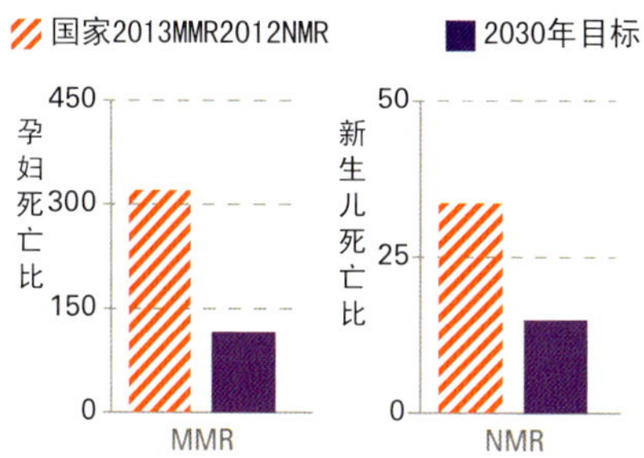

2030年预测和规划

这一部分使用简短的国家已报告数据来计算基于需求上的2030年的预测值。这些预测对记录的入学人数，毕业人数，花费在MNH上的时间百分比，年龄分布，角色和自然流失敏感。如果一些国家数据缺失，标准的、以证据为基础的假设会应用其中。这份预测具有指导意义，应该被用于核实国家数据的准确性和引发进一步的政策讨论。更多信息在50页“如何阅读”部分。

预计减少量 | 预计增加量 | 预计工作人数

ISCO-08国际职业标准分类

自然流失、死亡和退休的减少 | 助产专业人员 | 助产士相关专业人员 | 护理专业人员 | 护理相关专业人员 | 医疗辅助人员和医助 | 开业医生和全科医生 | 开业医生和专科医生（妇科产科）

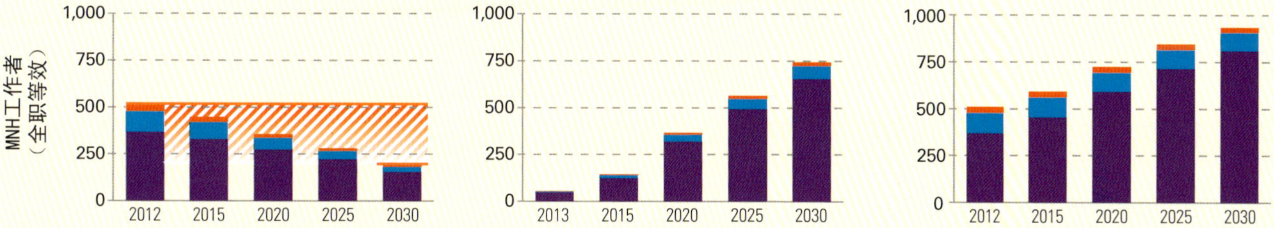

假如…

通过可获得的数据进行的需求预测

1 到2030年怀孕人数下降20%

目前 → 方案

怀孕、分娩、产后、出生后照护急剧增加，孕前服务在2080年后增加

26% 2030年可满足需求 → 43% 2030年可满足需求

2 到2020年，助产士、护士、医生毕业生的数目翻倍

目前 → 方案

26% 2030年可满足需求 → 43% 2030年可满足需求

3 到2030年，工作效率每年增加2%

目前 → 方案

26% 2030年可满足需求 → 37% 2030年可满足需求

4 下一个5年流失量减半

目前 → 方案

26% 2030年可满足需求 → 27% 2030年可满足需求

目前发展轨迹

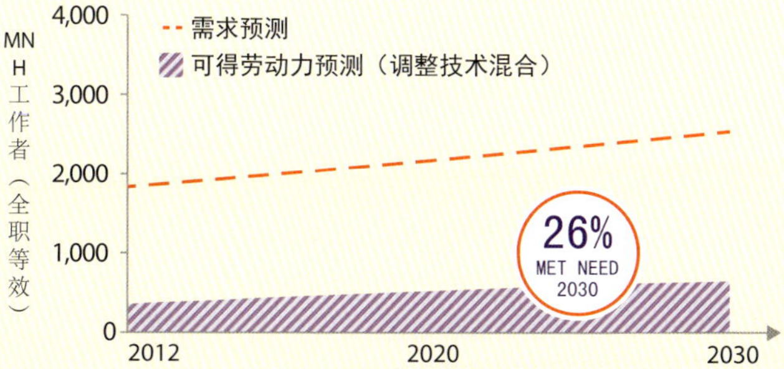

假设发展轨迹

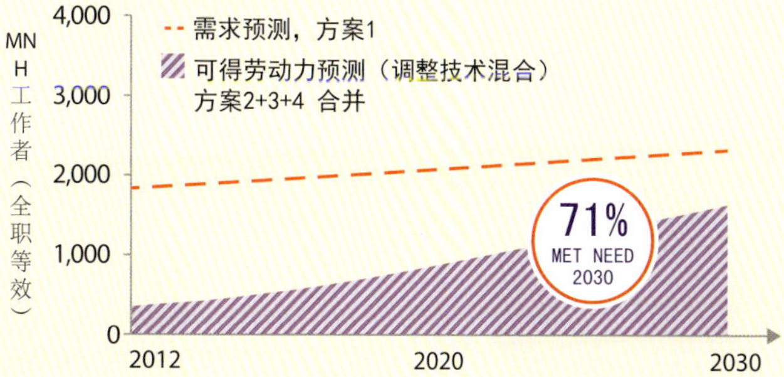

1. 医务工作者分类包含了以下国家的称呼：助产士包括助产士。辅助者包含妇女儿童健康辅助人员，护士助理；辅助助产护士包括国家登记的社区健康护士，全科医生包括卫生干事。产科/妇科医生包括妇产科专业医生。医疗干事和医疗助理包括社区健康干事，来源：2014的SoWMy或者第二来源（WHO全球健康观察、政府政策文件）
2. 年份数据是在STATCOMPILER获得的最新数据
3. 信息参考助产士骨干分类
4. 助产士、护士的国家组织
5. 提出的2030年的MMR、NMR的目标来源于2030年预防母亲死亡的计划和每位新生儿实施计划。

墨西哥

2012年，估计总人数1.208亿人，5440万人（45%）生活在农村，3360万的妇女（28%）为育龄妇女。总和生育率是2.2。至2030年，人口估计会增加19%，达到1.437亿人。为了使这些人普遍获得性、生殖及母婴护理，至2030年助产士服务必须适应每年310万的怀孕量。在2012至2030年期间，给予卫生体系的启示是如何更合理地设置人力资源来适应2.514亿的产前检查，4100万的出生量，1.639亿的产后/出生后随访。

妇女和新生儿的需求（2012）

每年3,530,000的怀孕量=多少照护事件

怀孕量和地域分布2012

0 <0.09 0.10-0.19 0.20-0.49 0.50-0.99 1.00-1.49 1.50-1.99 2.00-2.49 2.50-10.00 >10.00

孕前（所有育龄期妇女ç）	APPROX. =	72,514,000 计划生育
产前（怀孕数×4）	=	14,119,000 日常访视
分娩	=	2,301,000 具有熟练技能的接生人员
产后（出生数×4） 出生后（新生儿数×4）	=	9,204,000 日常访视

可获得的人力资源（2012）

	在MNH[1]工作的人员国家级分类	花费在MNH的时间%
助产士	78	100
助产士、辅助者	23,000	100
助产护士	16,200	20
护士	na	na
护士、助产护士	–	10
卫生干事和医助	na	na
开业医生、全科医生	56,433	40
产科医生、妇科医生	8,668	75

孕前 产前 分娩 产后 出生后

估计需求=

61%

实际工作时间/需要工作时间

国家总需求的估算基于可得数据

助产教育[3]

高中教育为最低起点	12年级+
取得资格要求的学习数（全面的）	3
是否为标准化课程设置及最新更新时间	是，2013
课程要求的在指导下的最低接生数	80
2012年毕业数/占总从业的助产人数百分比	—/—
1年内MNH雇佣毕业生的百分数	90%

助产法规

有承认助产是自主专业的法律	是
有承认助产是自主专业的法律	是
政府机构规范助产士行为	是
助产执照	是
执照助产士的现场注册	否
助产士拥有的EmONC要求的基本职能数（超出7个）	6
允许助产士提供可注射避孕药/宫内避孕器	是/是

专业组织[4]

专业组织创建年	2011
专业组织角色	
持续专业发展	否
建议和代表被指控不当行为的成员	否
就成员MNH的质量标准提出建议	是
就政府关于MNH的政策性文件提出建议	是
与政府协商工作和工资问题	否

经济可达性

包括最小受益计划的46项RMNH基本干预百分比

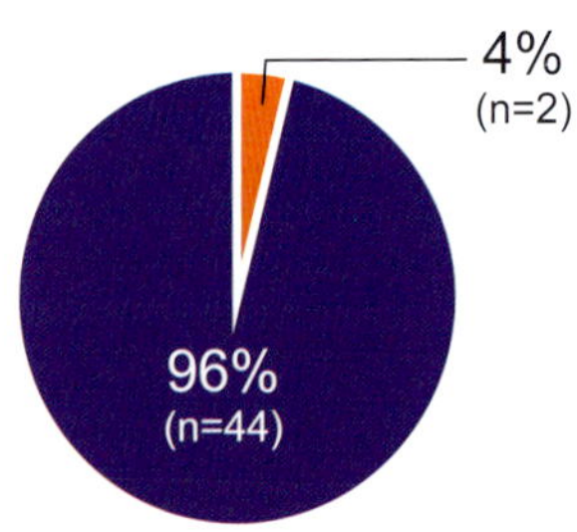

地域可达性

SBA[2]接生数目

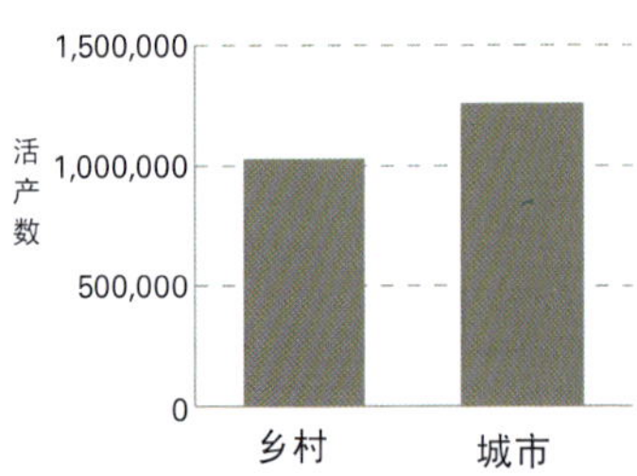

Na=不适合 —=缺失数据

规划怀孕数：城市与乡村

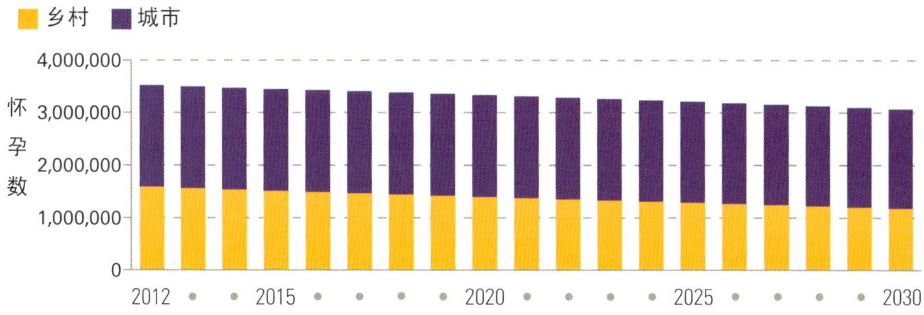

死亡率降低[5]

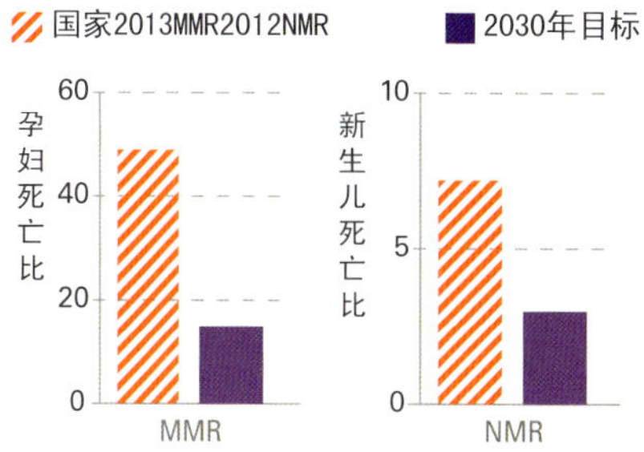

2030年预测和规划

这一部分使用简短的国家已报告数据来计算基于需求上的2030年的预测值。这些预测对记录的入学人数，毕业人数，花费在MNH上的时间百分比，年龄分布，角色和自然流失敏感。如果一些国家数据缺失，标准的、以证据为基础的假设会应用其中。这份预测具有指导意义，应该被用于核实国家数据的准确性和引发进一步的政策讨论。更多信息在50页“如何阅读”部分。

预计减少量　预计增加量　预计工作人数

ISCO-08国际职业标准分类

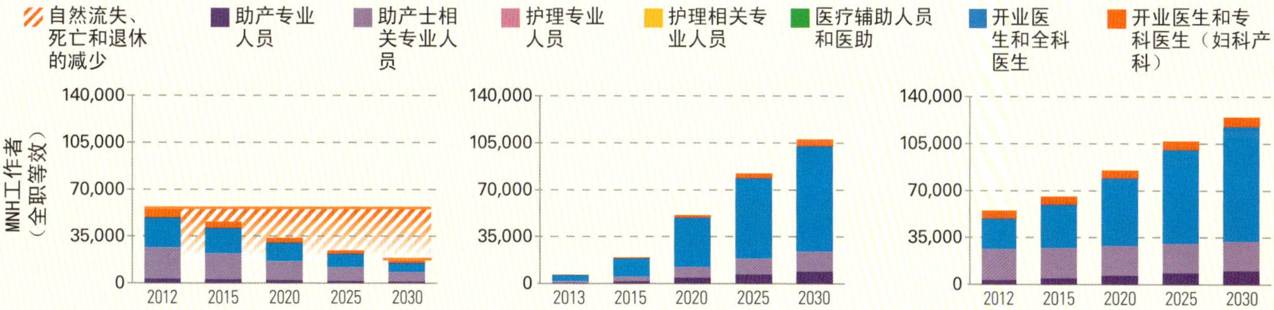

假如…

通过可获得的数据进行的需求预测

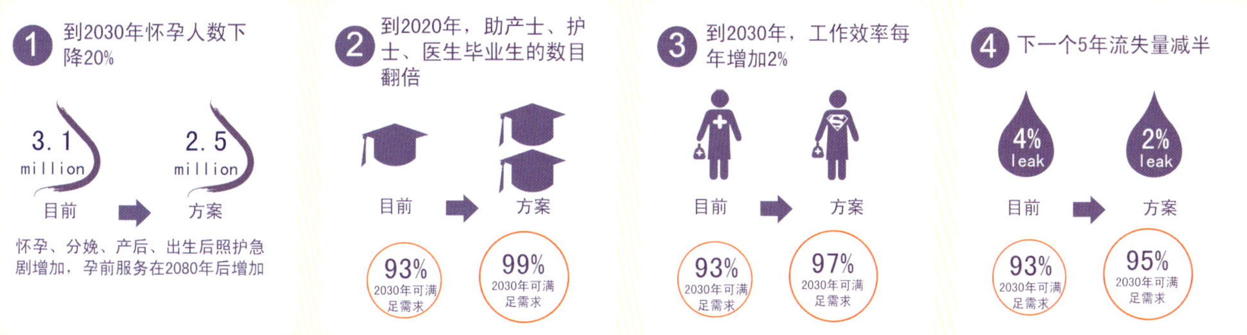

目前发展轨迹

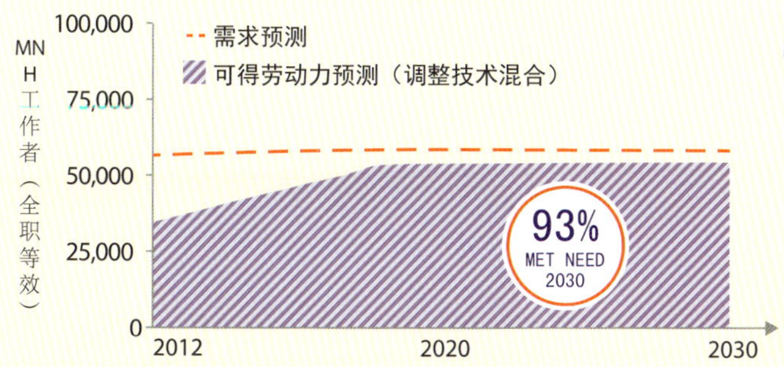

假设发展轨迹

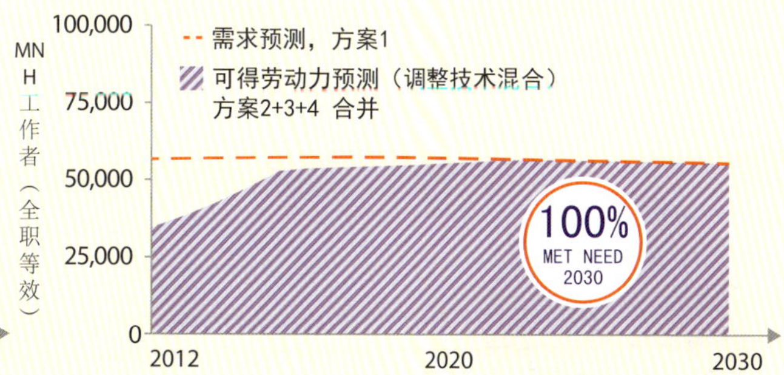

1. 医务工作者分类包含了以下国家的称呼：助产士包括助产士。辅助者包含妇女儿童健康辅助人员，护士助理：辅助助产护士包括国家登记的社区健康护士，全科医生包括卫生干事。产科/妇科医生包括妇产科专业医生。医疗干事和医疗助理包括社区健康干事，来源：2014的SoWMy或者第二来源（WHO全球健康观察、政府政策文件）
2. 年份数据是在STATCOMPILER获得的最新数据
3. 信息参考助产士骨干分类
4. 助产士、护士的国家组织
5. 提出的2030年的MMR、NMR的目标来源于2030年预防母亲死亡的计划和每位新生儿实施计划。

摩洛哥

2012年，估计总人数3250万人，1320万人（41%）生活在农村，920万的妇女（28%）为育龄妇女。总和生育率是2.8。至2030年，人口估计会增加21%，达到3920万人。为了使这些人普遍获得性、生殖及母婴护理，至2030年助产士服务必须适应每年90万的怀孕量。其中有44%在农村。在2012至2030年期间，给予卫生体系的启示是如何更合理地设置人力资源来适应7600万的产前检查，1310万的出生量，5240万的产后/出生后随访。

妇女和新生儿的需求（2012）

每年1,094,000的怀孕量=多少照护事件

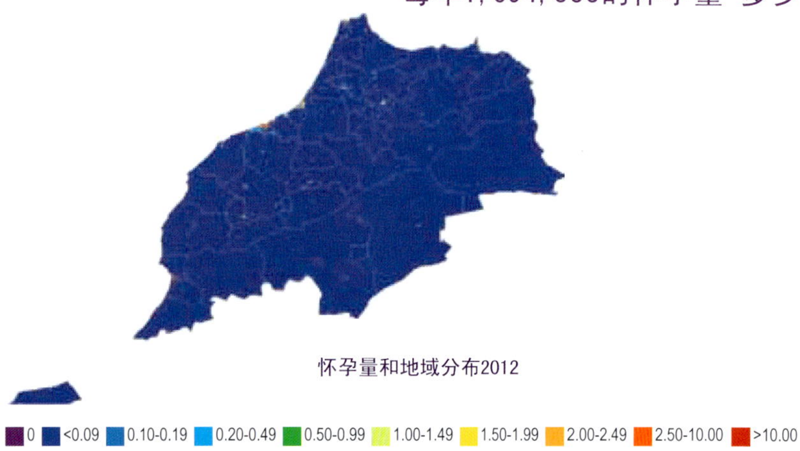

怀孕量和地域分布2012

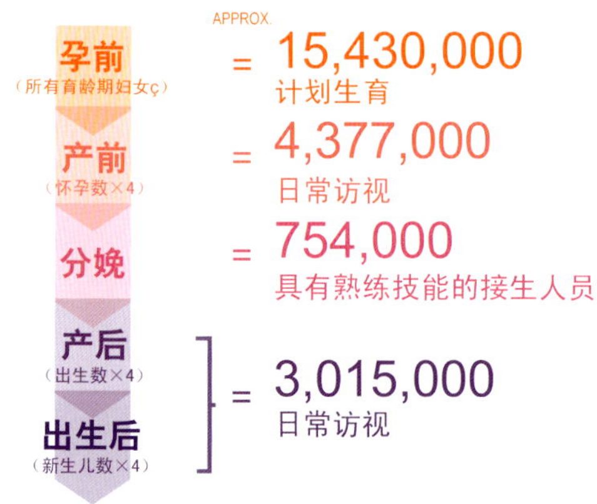

可获得的人力资源（2012）

在MNH[1]工作的人员国家级分类		花费在MNH的时间%
助产士	2,684	100
助产士、辅助者	na	na
助产护士	375	100
护士	5,200	100
护士、助产护士	na	na
卫生干事和医助	na	na
开业医生、全科医生	10,288	40
产科医生、妇科医生	1,006	100

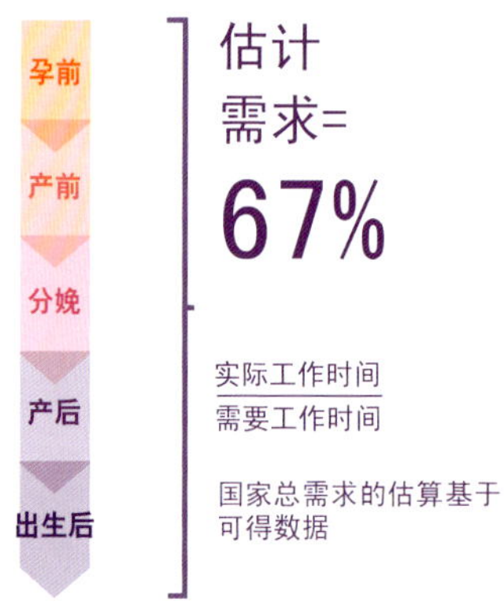

助产教育[3]

高中教育为最低起点	12年级+
取得资格要求的学习数（全面的）	3
是否为标准化课程设置及最新更新时间	是，2012
课程要求的在指导下的最低接生数	80
2012年毕业数/占总从业的助产人数百分比	454/17
1年内MNH雇佣毕业生的百分数	75%

助产法规

有承认助产是自主专业的法律	是
有承认助产是自主专业的法律	否
政府机构规范助产士行为	是
助产执照	否
执照助产士的现场注册	是
助产士拥有的EmONC要求的基本职能数（超出7个）	7
允许助产士提供可注射避孕药/宫内避孕器	是/是

专业组织[4]

专业组织创建年	1990, 2011
专业组织角色	
持续专业发展	是
建议和代表被指控不当行为的成员	否
就成员MNH的质量标准提出建议	是
就政府关于MNH的政策性文件提出建议	是
与政府协商工作和工资问题	是

经济可达性

包括最小受益计划的46项RMNH基本干预百分比

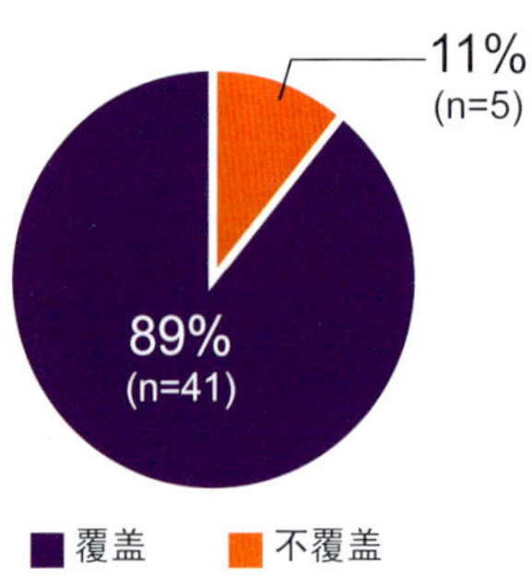

地域可达性

SBA[2]接生数目

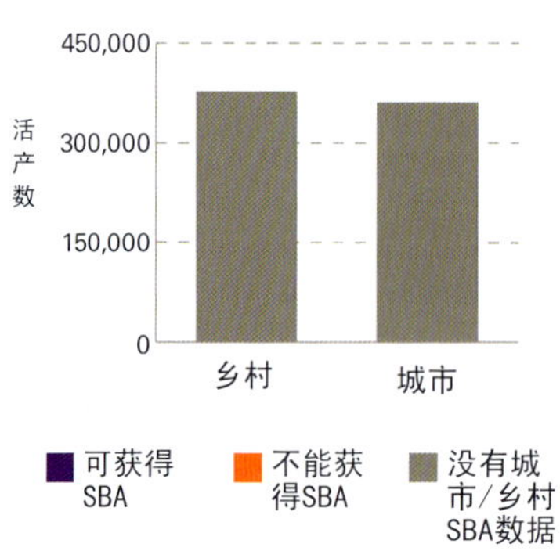

Na=不适合 —=缺失数据

规划怀孕数：城市与乡村

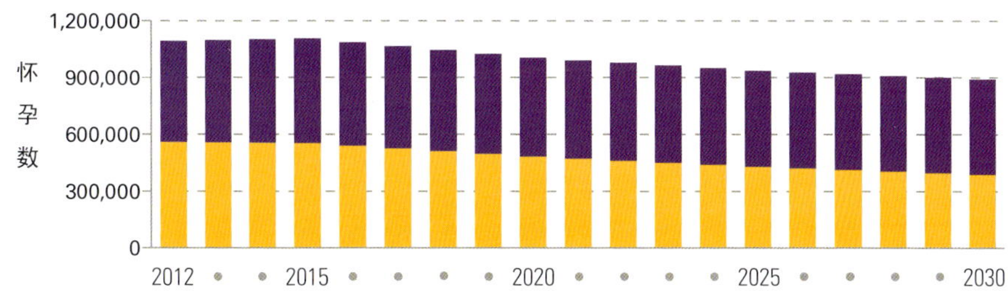

死亡率降低[5]

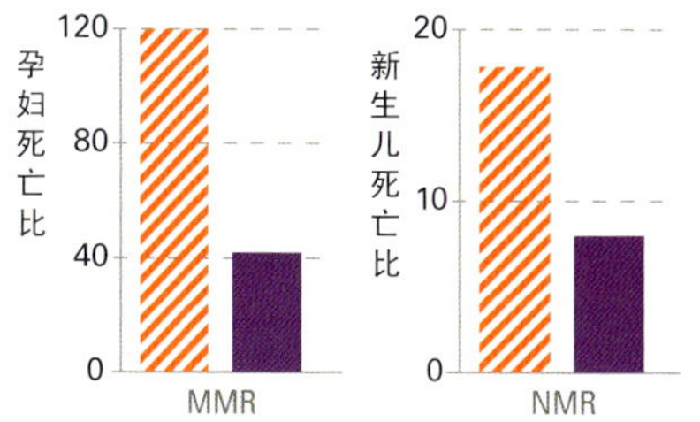

2030年预测和规划

这一部分使用简短的国家已报告数据来计算基于需求上的2030年的预测值。这些预测对记录的入学人数，毕业人数，花费在MNH上的时间百分比，年龄分布，角色和自然流失敏感。如果一些国家数据缺失，标准的、以证据为基础的假设会应用其中。这份预测具有指导意义，应该被用于核实国家数据的准确性和引发进一步的政策讨论。更多信息在50页"如何阅读"部分。

预计减少量　预计增加量　预计工作人数

ISCO-08国际职业标准分类

自然流失、死亡和退休的减少　助产专业人员　助产士相关专业人员　护理专业人员　护理相关专业人员　医疗辅助人员和医助　开业医生和全科医生　开业医生和专科医生（妇科产科）

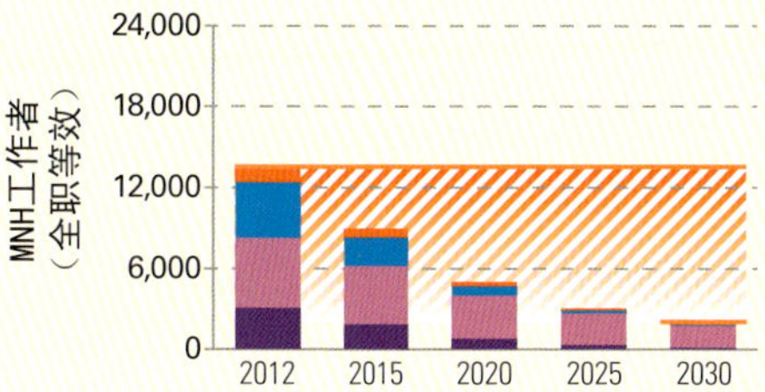

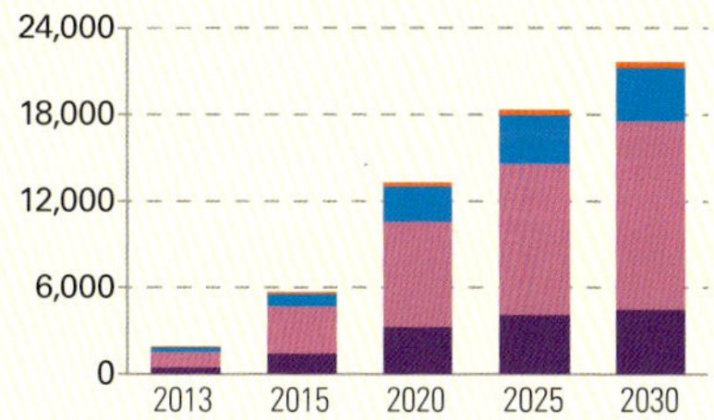

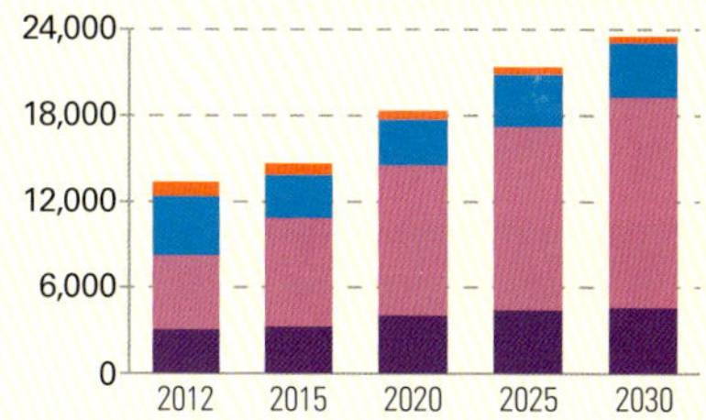

假如…

通过可获得的数据进行的需求预测

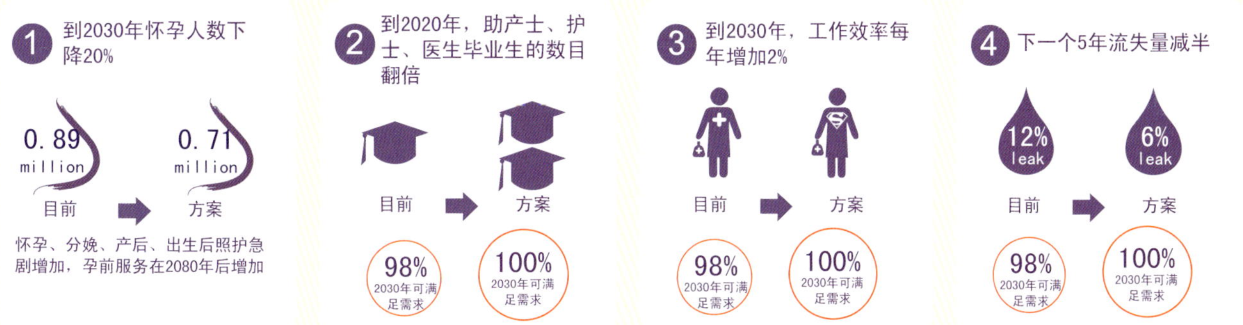

目前发展轨迹

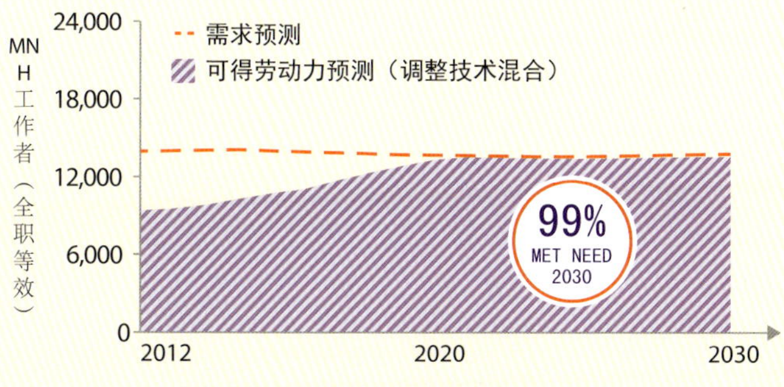

假设发展轨迹

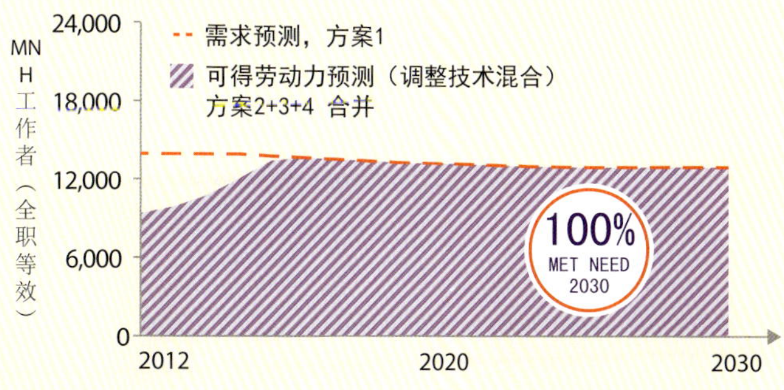

1. 医务工作者分类包含了以下国家的称呼：助产士包括助产士。辅助者包含妇女儿童健康辅助人员，护士助理；辅助助产护士包括国家登记的社区健康护士，全科医生包括卫生干事。产科/妇科医生包括妇产科专业医生。医疗干事和医疗助理包括社区健康干事，来源：2014的SoWMy或者第二来源（WHO全球健康观察、政府政策文件）
2. 年份数据是在STATCOMPILER获得的最新数据
3. 信息参考助产士骨干分类
4. 助产士、护士的国家组织
5. 提出的2030年的MMR、NMR的目标来源于2030年预防母亲死亡的计划和每位新生儿实施计划。

莫桑比克

2012年，估计总人数2520万人，990万人（77%）生活在农村，580万的妇女（23%）为育龄妇女。总和生育率是5.2。至2030年，人口估计会增加54%，达到3890万人。为了使这些人普遍获得性、生殖及母婴护理，至2030年助产士服务必须适应每年180万的怀孕量。其中有75%在农村。在2012至2030年期间，给予卫生体系的启示是如何更合理地设置人力资源来适应11630万的产前检查，2220万的出生量，8900万的产后/出生后随访。

妇女和新生儿的需求（2012）

每年1,337,000的怀孕量=多少照护事件

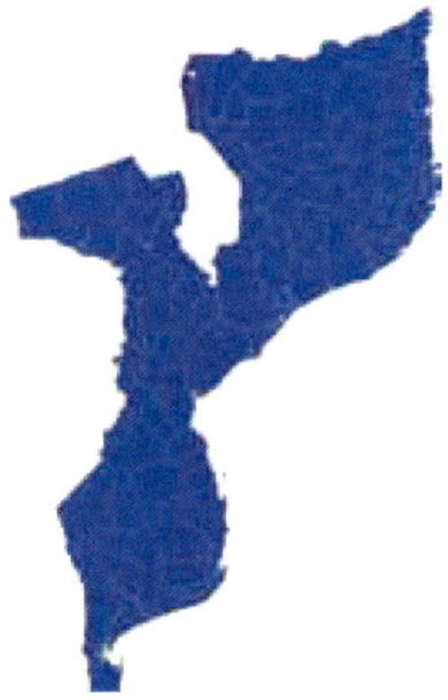

怀孕量和地域分布2012

0 | <0.09 | 0.10-0.19 | 0.20-0.49 | 0.50-0.99 | 1.00-1.49 | 1.50-1.99 | 2.00-2.49 | 2.50-10.00 | >10.00

APPROX.

- 孕前（所有育龄期妇女ç） = 8,728,000 计划生育
- 产前（怀孕数×4） = 5,349,000 日常访视
- 分娩 = 1,023,000 具有熟练技能的接生人员
- 产后（出生数×4）、出生后（新生儿数×4） = 4,093,000 日常访视

可获得的人力资源（2012）

在MNH[1]工作的人员国家级分类		花费在MNH的时间%
助产士	3,545	60
助产士、辅助者	720	60
助产护士	na	na
护士	na	na
护士、助产护士	678	15
卫生干事和医助	3,019	20
开业医生、全科医生	878	30
产科医生、妇科医生	65	60

孕前 / 产前 / 分娩 / 产后 / 出生后

估计需求= **17%**

实际工作时间 / 需要工作时间

国家总需求的估算基于可得数据

助产教育[3]

高中教育为最低起点	12年级+
取得资格要求的学习数（全面的）	4
是否为标准化课程设置及最新更新时间	是，2010
课程要求的在指导下的最低接生数	50
2012年毕业数/占总从业的助产人数百分比	580/16
1年内MNH雇佣毕业生的百分数	96%

助产法规

有承认助产是自主专业的法律	否
有承认助产是自主专业的法律	是
政府机构规范助产士行为	是
助产执照	否
执照助产士的现场注册	否
助产士拥有的EmONC要求的基本职能数（超出7个）	7
允许助产士提供可注射避孕药/宫内避孕器	是/是

专业组织[4]

专业组织创建年	1989, 2004
专业组织角色	
持续专业发展	是
建议和代表被指控不当行为的成员	否
就成员MNH的质量标准提出建议	是
就政府关于MNH的政策性文件提出建议	是
与政府协商工作和工资问题	是

经济可达性

包括最小受益计划的46项RMNH基本干预百分比

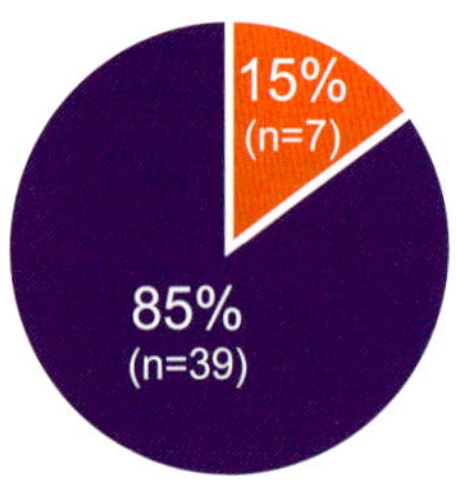

覆盖　不覆盖

地域可达性

SBA[2]接生数目

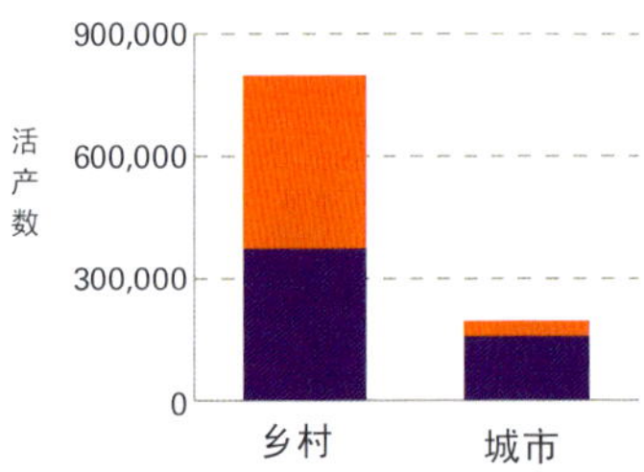

可获得SBA　不能获得SBA　没有城市/乡村SBA数据

Na=不适合　—=缺失数据

规划怀孕数：城市与乡村

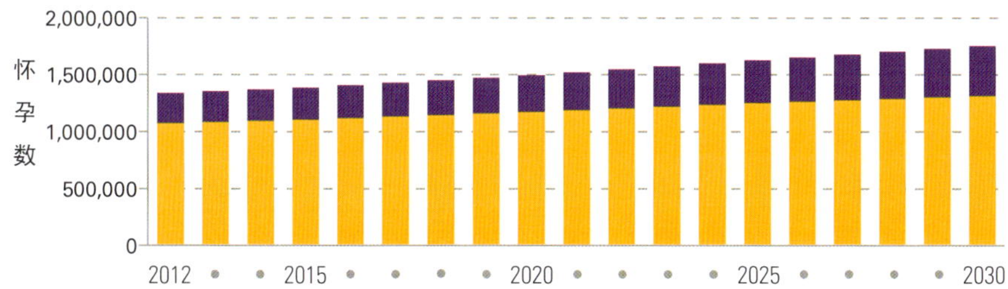

死亡率降低[5]

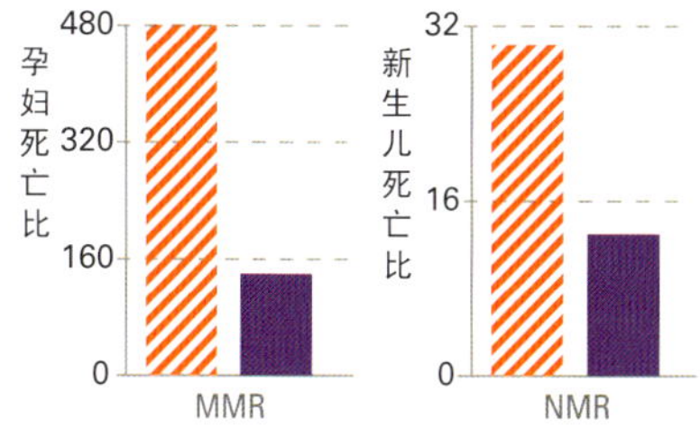

2030年预测和规划

这一部分使用简短的国家已报告数据来计算基于需求上的2030年的预测值。这些预测对记录的入学人数，毕业人数，花费在MNH上的时间百分比，年龄分布，角色和自然流失敏感。如果一些国家数据缺失，标准的、以证据为基础的假设会应用其中。这份预测具有指导意义，应该被用于核实国家数据的准确性和引发进一步的政策讨论。更多信息在50页“如何阅读”部分。

预计减少量 | 预计增加量 | 预计工作人数

ISCO-08国际职业标准分类

自然流失、死亡和退休的减少 | 助产专业人员 | 助产士相关专业人员 | 护理专业人员 | 护理相关专业人员 | 医疗辅助人员和医助 | 开业医生和全科医生 | 开业医生和专科医生（妇科产科）

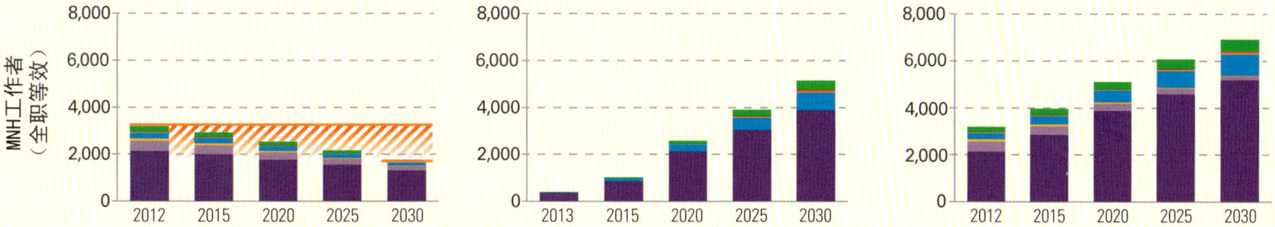

假如…

通过可获得的数据进行的需求预测

1 到2030年怀孕人数下降20%

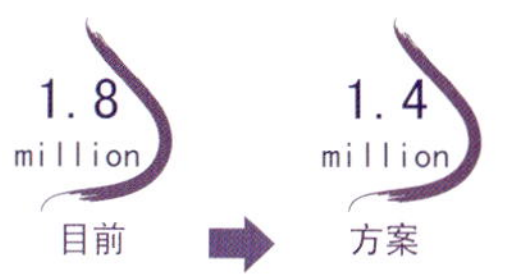

怀孕、分娩、产后、出生后照护急剧增加，孕前服务在2080年后增加

2 到2020年，助产士、护士、医生毕业生的数目翻倍

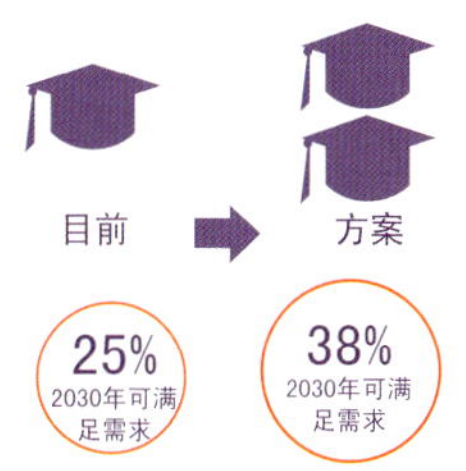

3 到2030年，工作效率每年增加2%

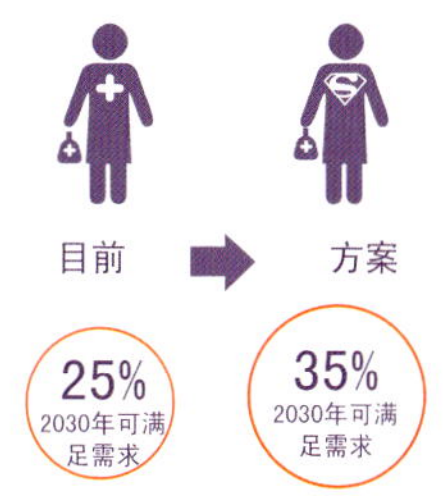

4 下一个5年流失量减半

目前发展轨迹

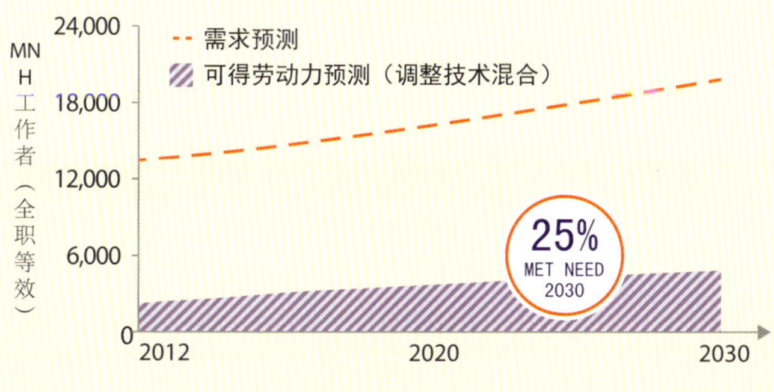

假设发展轨迹

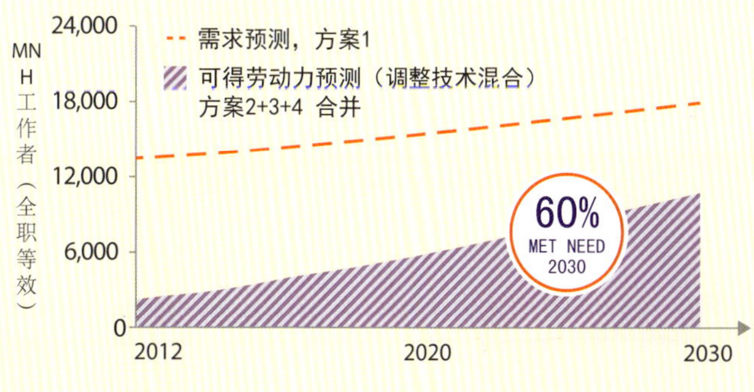

1. 医务工作者分类包含了以下国家的称呼：助产士包括助产士。辅助者包含妇女儿童健康辅助人员，护士助理；辅助助产护士包括国家登记的社区健康护士，全科医生包括卫生干事。产科/妇科医生包括妇产科专业医生。医疗干事和医疗助理包括社区健康干事，来源：2014的SoWMy或者第二来源（WHO全球健康观察、政府政策文件）
2. 年份数据是在STATCOMPILER获得的最新数据
3. 信息参考助产士骨干分类
4. 助产士、护士的国家组织
5. 提出的2030年的MMR、NMR的目标来源于2030年预防母亲死亡的计划和每位新生儿实施计划。

缅甸

2012年，估计总人数5258万人，3970万人（75%）生活在农村，1550万的妇女（29%）为育龄妇女。总和生育率是2.0。至2030年，人口估计会增加11%，达到5870万人。为了使这些人普遍获得性、生殖及母婴护理，至2030年助产士服务必须适应每年130万的怀孕量。其中有75%在农村。在2012至2030年期间，给予卫生体系的启示是如何更合理地设置人力资源来适应1.09亿的产前检查，1660万的出生量，6630万的产后/出生后随访。

妇女和新生儿的需求（2012）

每年1,559,000的怀孕量=多少照护事件

怀孕量和地域分布2012

0 | <0.09 | 0.10-0.19 | 0.20-0.49 | 0.50-0.99 | 1.00-1.49 | 1.50-1.99 | 2.00-2.49 | 2.50-10.00 | >10.00

APPROX.

孕前（所有育龄期妇女ç） = 26,352,000 计划生育

产前（怀孕数×4） = 6,237,000 日常访视

分娩 = 948,000 具有熟练技能的接生人员

产后（出生数×4）
出生后（新生儿数×4） = 3,793,000 日常访视

可获得的人力资源（2012）

	在MNH[1]工作的人员国家级分类	花费在MNH的时间%
助产士	20,617	80
助产士、辅助者	22,757	85
助产护士	na	na
护士	28,254	80
护士、助产护士	na	na
卫生干事和医助	na	na
开业医生、全科医生	29,832	20
产科医生、妇科医生	267	80

孕前 / 产前 / 分娩 / 产后 / 出生后

估计需求= 87%

实际工作时间 / 需要工作时间

国家总需求的估算基于可得数据

助产教育[3]

高中教育为最低起点	12年级+
取得资格要求的学习数（全面的）	2
是否为标准化课程设置及最新更新时间	是，2011
课程要求的在指导下的最低接生数	10
2012年毕业数/占总从业的助产人数百分比	929/5
1年内MNH雇佣毕业生的百分数	100%

助产法规

有承认助产是自主专业的法律	是
有承认助产是自主专业的法律	是
政府机构规范助产士行为	是
助产执照	是
执照助产士的现场注册	是
助产士拥有的EmONC要求的基本职能数（超出7个）	4
允许助产士提供可注射避孕药/宫内避孕器	否/否

专业组织[4]

专业组织创建年	1948
专业组织角色	
持续专业发展	是
建议和代表被指控不当行为的成员	是
就成员MNH的质量标准提出建议	是
就政府关于MNH的政策性文件提出建议	是
与政府协商工作和工资问题	否

经济可达性

包括最小受益计划的46项RMNH基本干预百分比

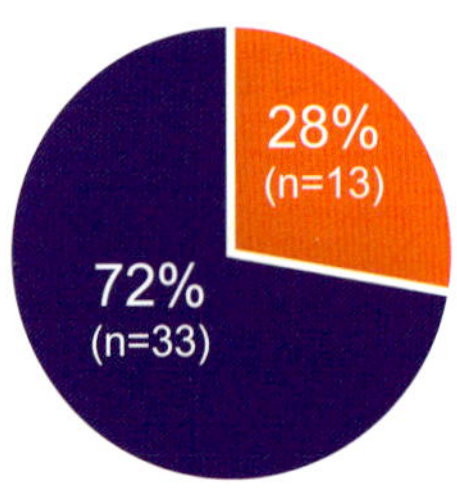

覆盖 不覆盖

地域可达性

SBA[2]接生数目

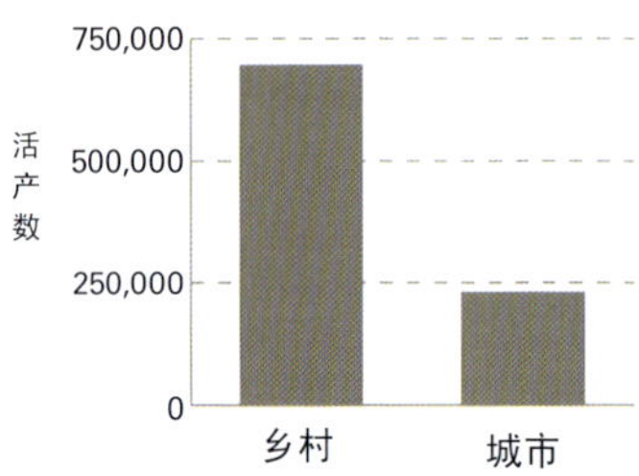

可获得SBA 不能获得SBA 没有城市/乡村SBA数据

Na=不适合 —=缺失数据

规划怀孕数：城市与乡村

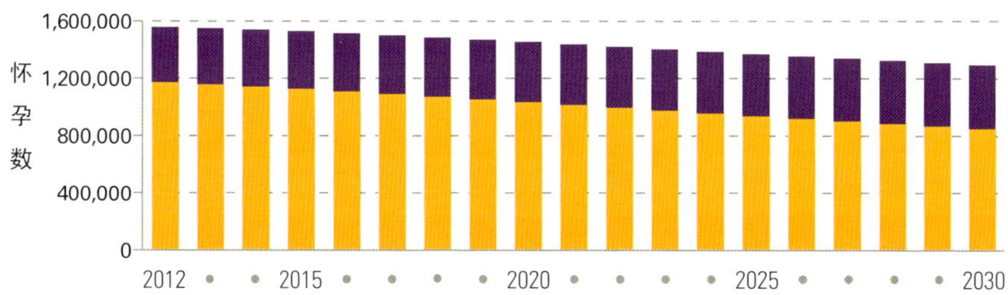

死亡率降低[5]

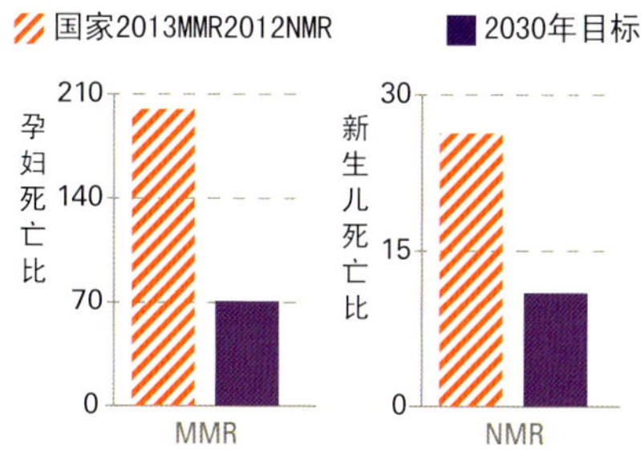

2030年预测和规划

这一部分使用简短的国家已报告数据来计算基于需求上的2030年的预测值。这些预测对记录的入学人数，毕业人数，花费在MNH上的时间百分比，年龄分布，角色和自然流失敏感。如果一些国家数据缺失，标准的、以证据为基础的假设会应用其中。这份预测具有指导意义，应该被用于核实国家数据的准确性和引发进一步的政策讨论。更多信息在50页“如何阅读”部分。

预计减少量 | 预计增加量 | 预计工作人数

ISCO-08国际职业标准分类

自然流失、死亡和退休的减少 | 助产专业人员 | 助产士相关专业人员 | 护理专业人员 | 护理相关专业人员 | 医疗辅助人员和医助 | 开业医生和全科医生 | 开业医生和专科医生（妇科产科）

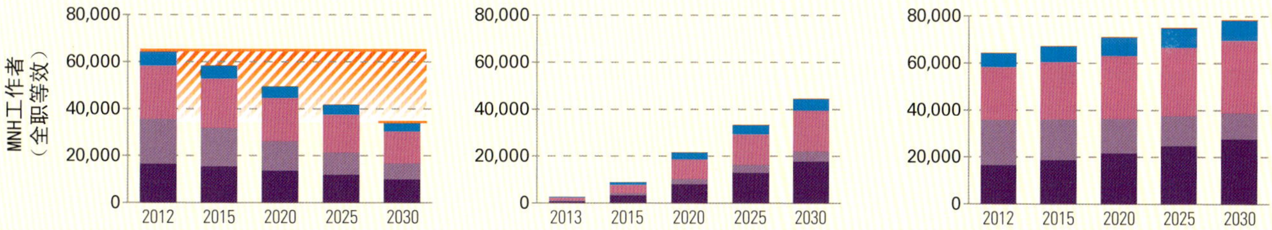

假如…

通过可获得的数据进行的需求预测

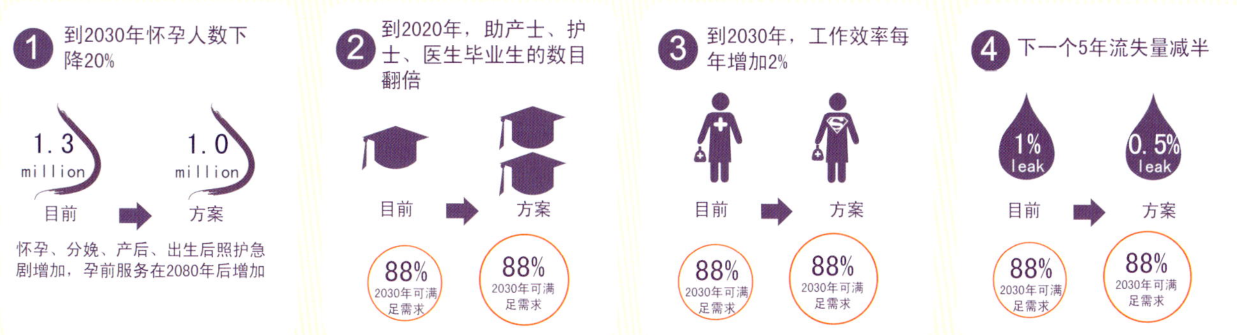

目前发展轨迹

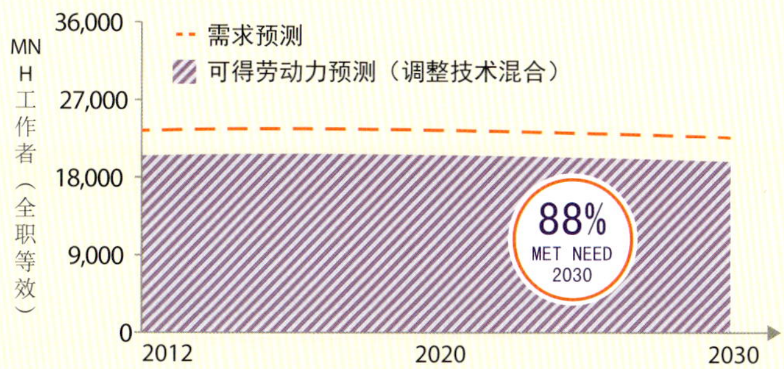

假设发展轨迹

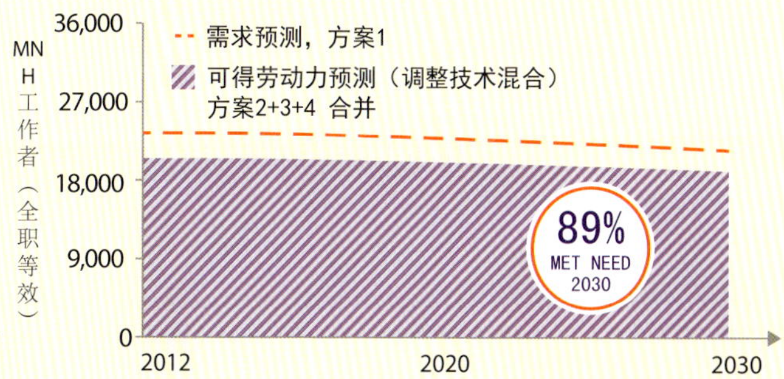

1. 医务工作者分类包含了以下国家的称呼：助产士包括助产士。辅助者包含妇女儿童健康辅助人员，护士助理；辅助助产护士包括国家登记的社区健康护士，全科医生包括卫生干事。产科/妇科医生包括妇产科专业医生。医疗干事和医疗助理包括社区健康干事，来源：2014的SoWMy或者第二来源（WHO全球健康观察、政府政策文件）
2. 年份数据是在STATCOMPILER获得的最新数据
3. 信息参考助产士骨干分类
4. 助产士、护士的国家组织
5. 提出的2030年的MMR、NMR的目标来源于2030年预防母亲死亡的计划和每位新生儿实施计划。

尼泊尔

2012年，估计总人数2750万人，2300万人（84%）生活在农村，740万的妇女（27%）为育龄妇女。总和生育率是2.3。至2030年，人口估计会增加20%，达到3290万人。为了使这些人普遍获得性、生殖及母婴护理，至2030年助产士服务必须适应每年90万的怀孕量。其中有85%在农村。在2012至2030年期间，给予卫生体系的启示是如何更合理地设置人力资源来适应7020的产前检查，1090万的出生量，4370万的产后/出生后随访。

妇女和新生儿的需求（2012）

每年974,000的怀孕量=多少照护事件

怀孕量和地域分布2012

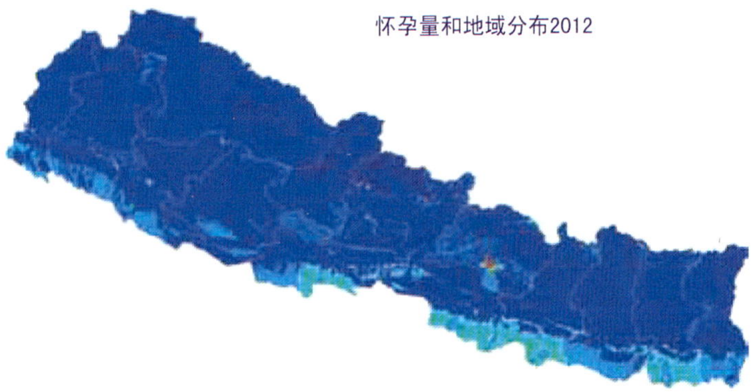

■0 ■<0.09 ■0.10-0.19 ■0.20-0.49 ■0.50-0.99 ■1.00-1.49 ■1.50-1.99 ■2.00-2.49 ■2.50-10.00 ■>10.00

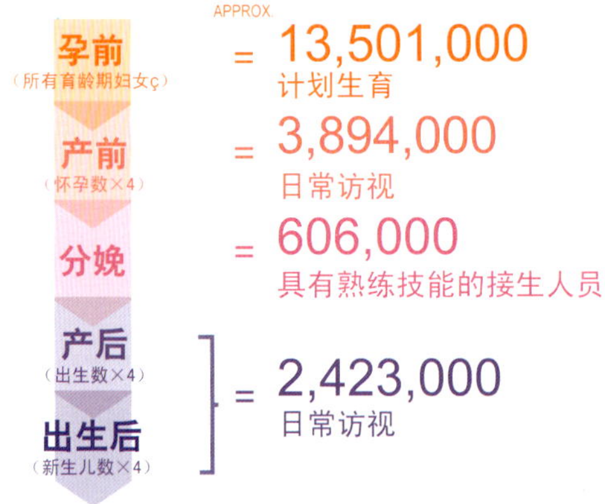

可获得的人力资源（2012）

在MNH[1]工作的人员国家级分类		花费在MNH的时间%
助产士	na	na
助产士、辅助者	na	na
助产护士	na	na
护士	4,029	60
护士、助产护士	3,711	100
卫生干事和医助	na	na
开业医生、全科医生	5,384	30
产科医生、妇科医生	2,500	100

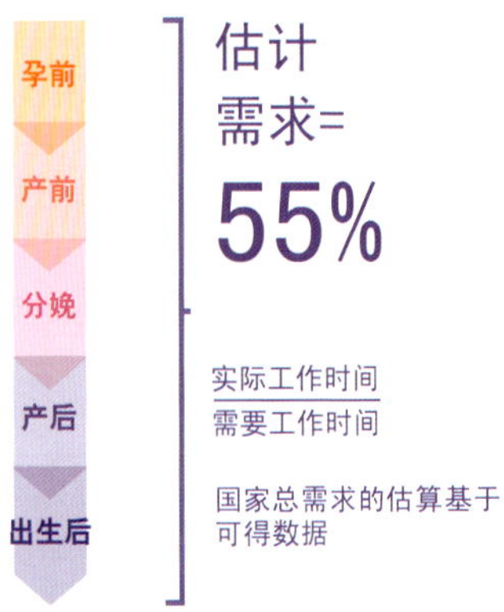

估计需求=

55%

实际工作时间 / 需要工作时间

国家总需求的估算基于可得数据

助产教育[3]

高中教育为最低起点	12年级+
取得资格要求的学习数（全面的）	3
是否为标准化课程设置及最新更新时间	否，na
课程要求的在指导下的最低接生数	na
2012年毕业数/占总从业的助产人数百分比	1300/32
1年内MNH雇佣毕业生的百分数	40%

助产法规

有承认助产是自主专业的法律	否
有承认助产是自主专业的法律	否
政府机构规范助产士行为	是
助产执照	否
执照助产士的现场注册	否
助产士拥有的EmONC要求的基本职能数（超出7个）	0
允许助产士提供可注射避孕药/宫内避孕器	是/是

专业组织[4]

专业组织创建年	1962, 2010
专业组织角色	
持续专业发展	是
建议和代表被指控不当行为的成员	是
就成员MNH的质量标准提出建议	是
就政府关于MNH的政策性文件提出建议	是
与政府协商工作和工资问题	是

经济可达性

包括最小受益计划的46项RMNH基本干预百分比

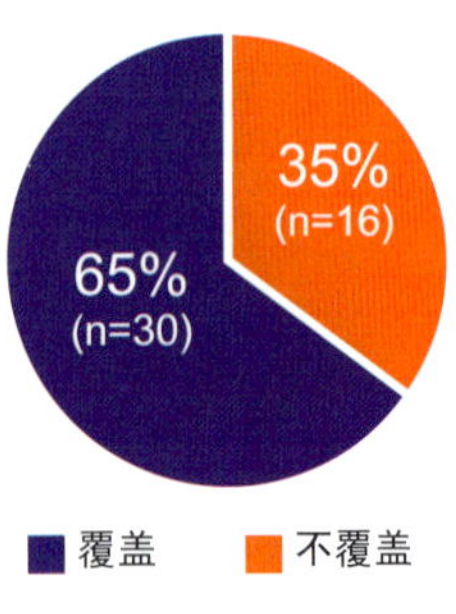

地域可达性

SBA[2]接生数目

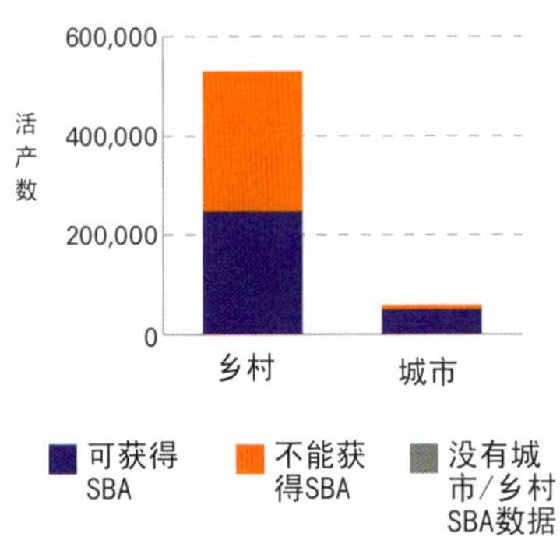

Na=不适合 —=缺失数据

规划怀孕数：城市与乡村

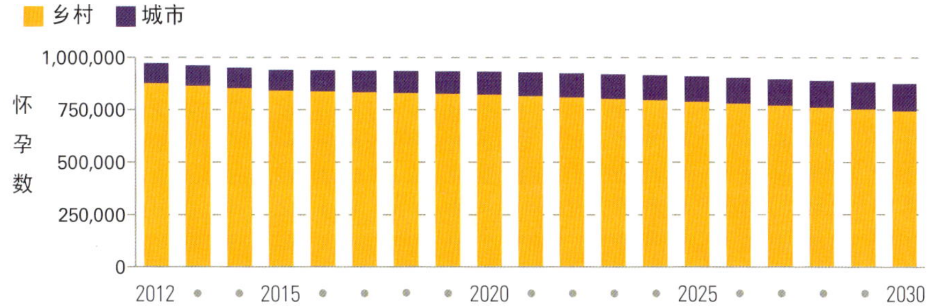

死亡率降低[5]

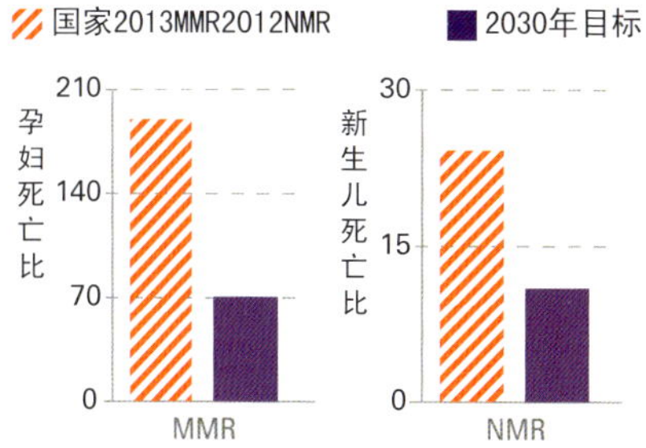

2030年预测和规划

这一部分使用简短的国家已报告数据来计算基于需求上的2030年的预测值。这些预测对记录的入学人数，毕业人数，花费在MNH上的时间百分比，年龄分布，角色和自然流失敏感。如果一些国家数据缺失，标准的、以证据为基础的假设会应用其中。这份预测具有指导意义，应该被用于核实国家数据的准确性和引发进一步的政策讨论。更多信息在50页“如何阅读”部分。

预计减少量　　预计增加量　　预计工作人数

ISCO-08国际职业标准分类

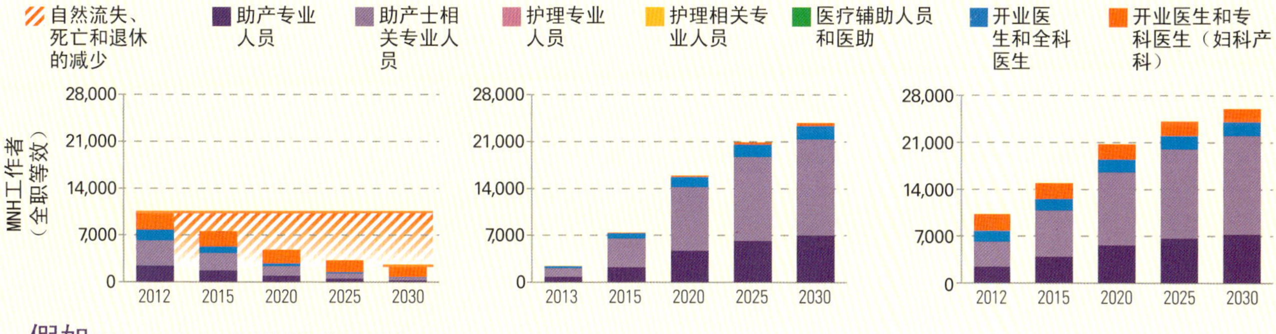

假如…

通过可获得的数据进行的需求预测

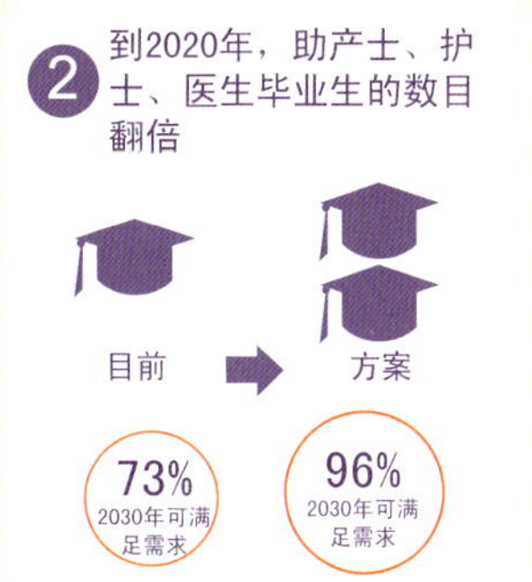

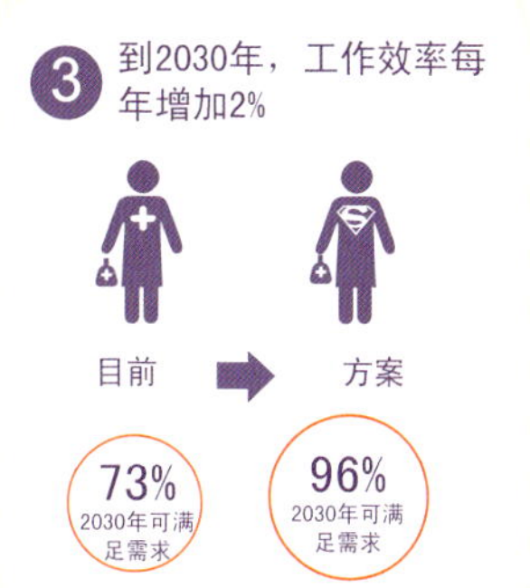

目前发展轨迹

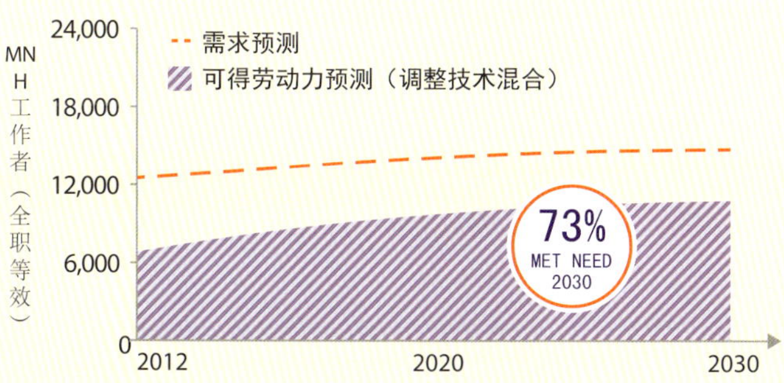

假设发展轨迹

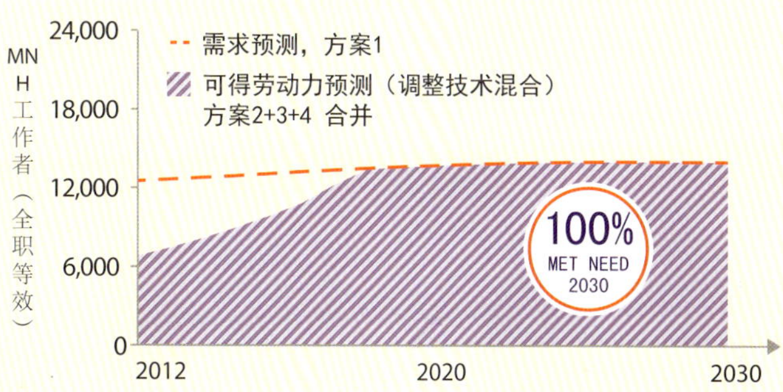

1. 医务工作者分类包含了以下国家的称呼：助产士包括助产士。辅助者包含妇女儿童健康辅助人员，护士助理；辅助助产护士包括国家登记的社区健康护士，全科医生包括卫生干事。产科/妇科医生包括妇产科专业医生。医疗干事和医疗助理包括社区健康干事，来源：2014的SoWMy或者第二来源（WHO全球健康观察、政府政策文件）
2. 年份数据是在STATCOMPILER获得的最新数据
3. 信息参考助产士骨干分类
4. 助产士、护士的国家组织
5. 提出的2030年的MMR、NMR的目标来源于2030年预防母亲死亡的计划和每位新生儿实施计划。

尼日尔

2012年，估计总人数1720万人，1380万人（80%）生活在农村，360万的妇女（21%）为育龄妇女。总和生育率是7.6。至2030年，人口估计会增加101%，达到3450万人。为了使这些人普遍获得性、生殖及母婴护理，至2030年助产士服务必须适应每年200万的怀孕量。其中有75%在农村。在2012至2030年期间，给予卫生体系的启示是如何更合理地设置人力资源来适应1.165亿的产前检查，2300万的出生量，9200万的产后/出生后随访。

妇女和新生儿的需求（2012）

每年1,109,000的怀孕量=多少照护事件

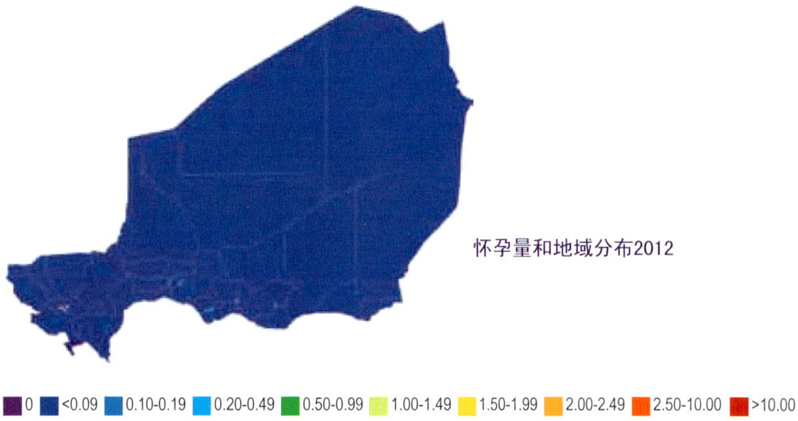

怀孕量和地域分布2012

APPROX

- 孕前（所有育龄期妇女ç）= 5,164,000 计划生育
- 产前（怀孕数×4）= 4,438,000 日常访视
- 分娩 = 877,000 具有熟练技能的接生人员
- 产后（出生数×4）、出生后（新生儿数×4）= 3,507,000 日常访视

可获得的人力资源（2012）

	在MNH[1]工作的人员国家级分类	花费在MNH的时间%
助产士	1,090	100
助产士、辅助者	32	100
助产护士	na	na
护士	3,782	–
护士、助产护士	3,554	–
卫生干事和医助	145	–
开业医生、全科医生	958	–
产科医生、妇科医生	49	100

孕前 / 产前 / 分娩 / 产后 / 出生后

估计需求=

55%

实际工作时间 / 需要工作时间

国家总需求的估算基于可得数据

助产教育[3]

高中教育为最低起点	12年级+
取得资格要求的学习数（全面的）	3
是否为标准化课程设置及最新更新时间	是，2008
课程要求的在指导下的最低接生数	70
2012年毕业数/占总从业的助产人数百分比	78/7
1年内MNH雇佣毕业生的百分数	—

助产法规

有承认助产是自主专业的法律	否
有承认助产是自主专业的法律	是
政府机构规范助产士行为	是
助产执照	否
执照助产士的现场注册	否
助产士拥有的EmONC要求的基本职能数（超出7个）	7
允许助产士提供可注射避孕药/宫内避孕器	是/是

专业组织[4]

专业组织创建年	1954, 1975, 1988
专业组织角色	
持续专业发展	是
建议和代表被指控不当行为的成员	是
就成员MNH的质量标准提出建议	是
就政府关于MNH的政策性文件提出建议	是
与政府协商工作和工资问题	是

经济可达性

包括最小受益计划的46项RMNH基本干预百分比

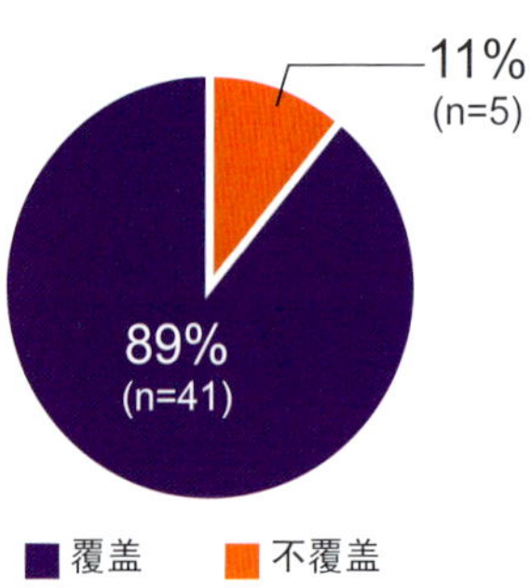

地域可达性

SBA[2]接生数目

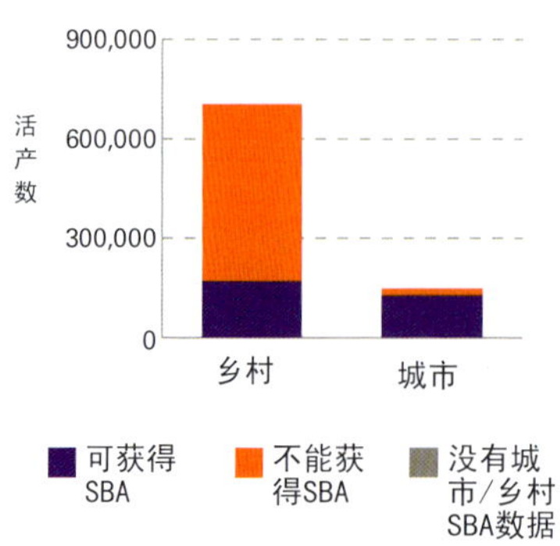

Na=不适合 —=缺失数据

规划怀孕数：城市与乡村

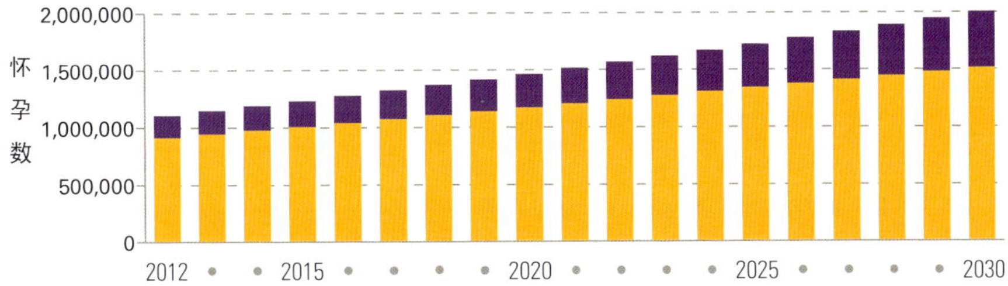

死亡率降低[5]

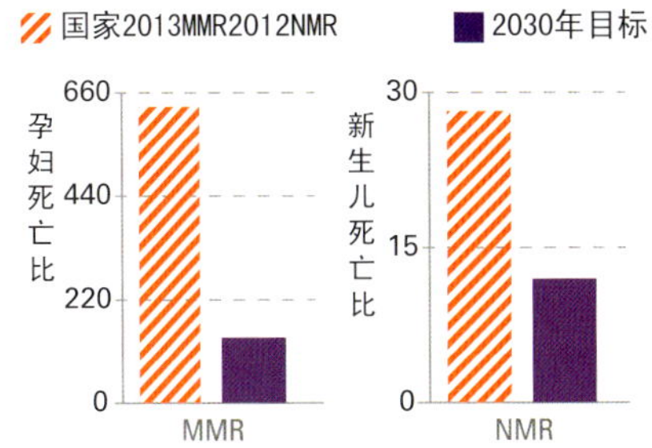

2030年预测和规划

这一部分使用简短的国家已报告数据来计算基于需求上的2030年的预测值。这些预测对记录的入学人数，毕业人数，花费在MNH上的时间百分比，年龄分布，角色和自然流失敏感。如果一些国家数据缺失，标准的、以证据为基础的假设会应用其中。这份预测具有指导意义，应该被用于核实国家数据的准确性和引发进一步的政策讨论。更多信息在50页“如何阅读”部分。

预计减少量　预计增加量　预计工作人数

ISCO-08国际职业标准分类

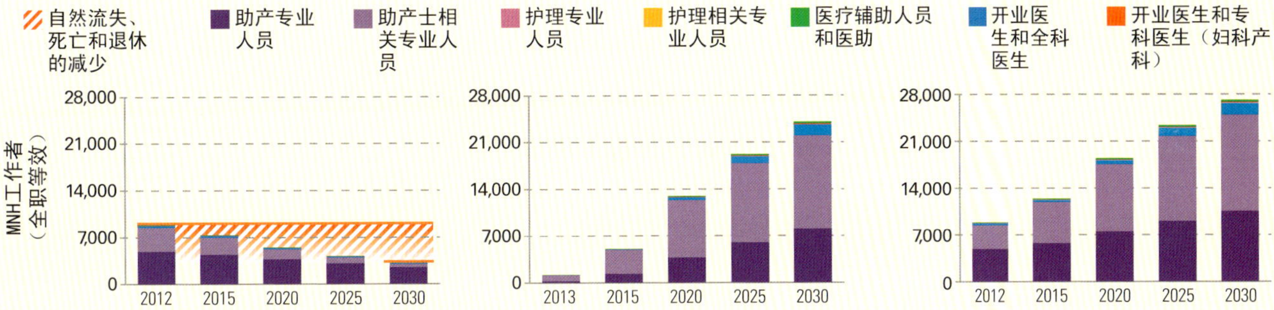

假如…

通过可获得的数据进行的需求预测

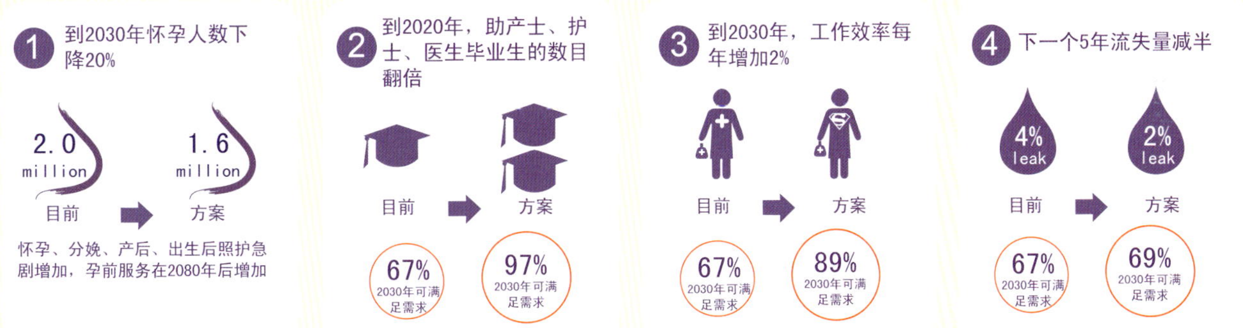

目前发展轨迹

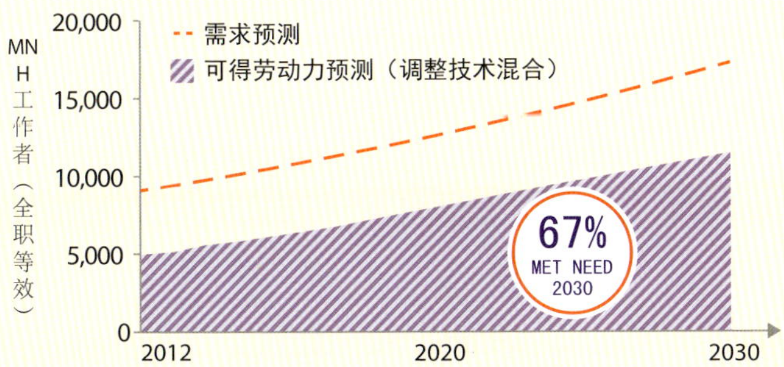

假设发展轨迹

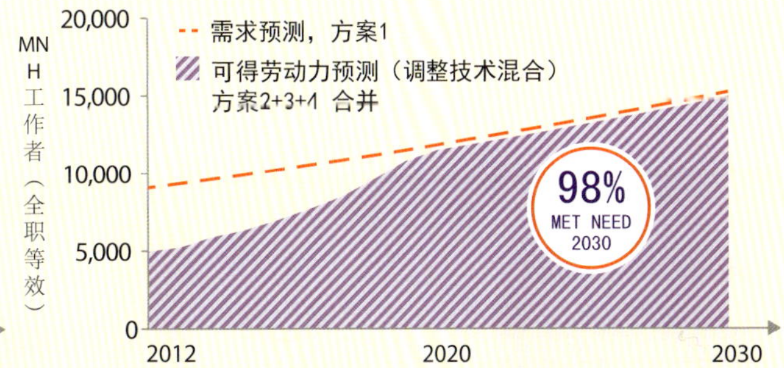

1. 医务工作者分类包含了以下国家的称呼：助产士包括助产士。辅助者包含妇女儿童健康辅助人员，护士助理；辅助助产护士包括国家登记的社区健康护士，全科医生包括卫生干事。产科/妇科医生包括妇产科专业医生。医疗干事和医疗助理包括社区健康干事，来源：2014的SoWMy或者第二来源（WHO全球健康观察、政府政策文件）
2. 年份数据是在STATCOMPILER获得的最新数据
3. 信息参考助产士骨干分类
4. 助产士、护士的国家组织
5. 提出的2030年的MMR、NMR的目标来源于2030年预防母亲死亡的计划和每位新生儿实施计划。

尼日利亚

2012年，估计总人数1.688亿人，1.095亿人（65%）生活在农村，3820万的妇女（23%）为育龄妇女。总和生育率是6.0。至2030年，人口估计会增加62%，达到2.731亿人。为了使这些人普遍获得性、生殖及母婴护理，至2030年助产士服务必须适应每年1280万的怀孕量。其中有59%在农村。在2012至2030年期间，给予卫生体系的启示是如何更合理地设置人力资源来适应8.374亿的产前检查，1.638亿的出生量，6.554亿的产后/出生后随访。

妇女和新生儿的需求（2012）

每年9,366,000的怀孕量=多少照护事件

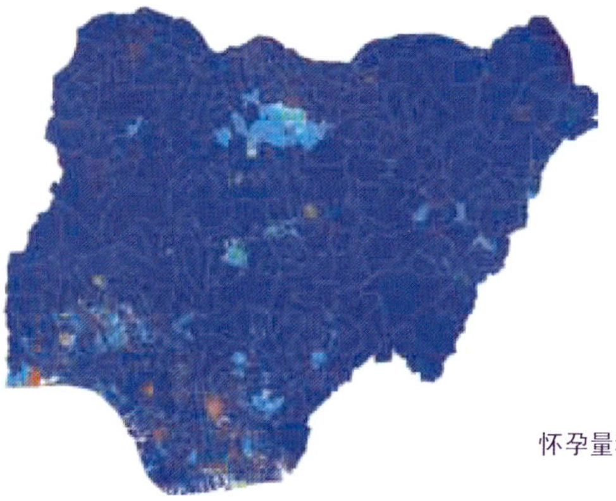

怀孕量和地域分布2012

- 孕前（所有育龄期妇女ç） APPROX. = 58,924,000 计划生育
- 产前（怀孕数×4） = 37,464,000 日常访视
- 分娩 = 7,330,000 具有熟练技能的接生人员
- 产后（出生数×4）、出生后（新生儿数×4） = 29,319,000 日常访视

可获得的人力资源（2012）

在MNH[1]工作的人员国家级分类		花费在MNH的时间%
助产士	101,286	100
助产士、辅助者	na	na
助产护士	na	na
护士	na	na
护士、助产护士	na	na
卫生干事和医助	77,382	22
开业医生、全科医生	20,284	30
产科医生、妇科医生	968	100

孕前 / 产前 / 分娩 / 产后 / 出生后

估计需求=

97%

实际工作时间 / 需要工作时间

国家总需求的估算基于可得数据

助产教育[3]

高中教育为最低起点	12年级+
取得资格要求的学习数（全面的）	3
是否为标准化课程设置及最新更新时间	是，2006
课程要求的在指导下的最低接生数	130
2012年毕业数/占总从业的助产人数百分比	7173/7
1年内MNH雇佣毕业生的百分数	—

助产法规

有承认助产是自主专业的法律	是
有承认助产是自主专业的法律	是
政府机构规范助产士行为	是
助产执照	是
执照助产士的现场注册	是
助产士拥有的EmONC要求的基本职能数（超出7个）	7
允许助产士提供可注射避孕药/宫内避孕器	是/是

专业组织[4]

专业组织创建年	1977
专业组织角色	
持续专业发展	是
建议和代表被指控不当行为的成员	是
就成员MNH的质量标准提出建议	是
就政府关于MNH的政策性文件提出建议	是
与政府协商工作和工资问题	是

经济可达性

包括最小受益计划的46项RMNH基本干预百分比

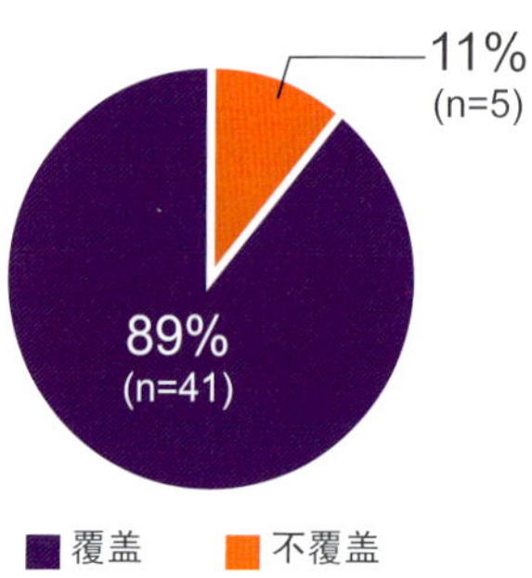

地域可达性

SBA[2]接生数目

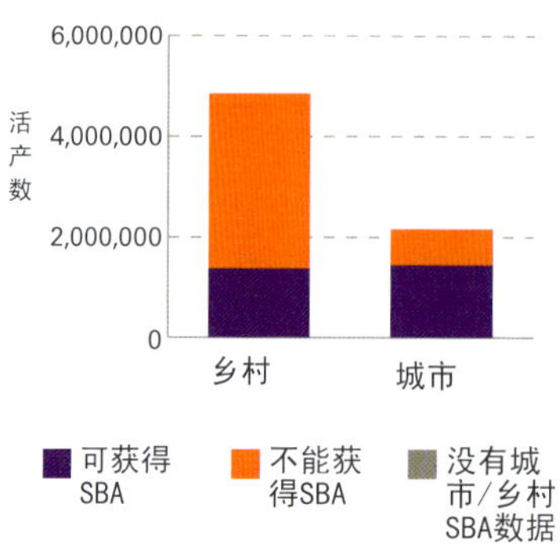

Na=不适合 —=缺失数据

规划怀孕数：城市与乡村

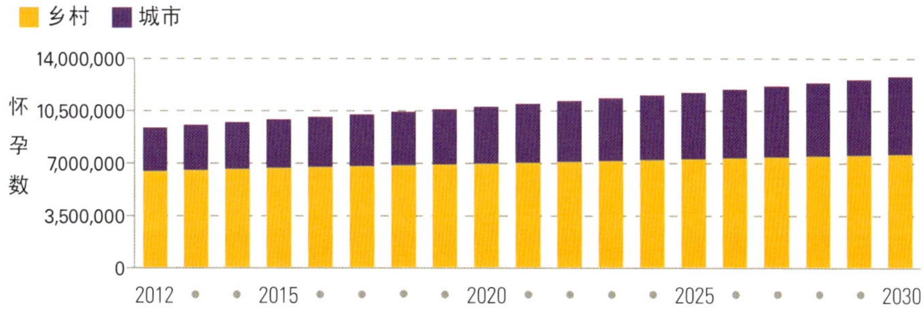

死亡率降低[5]

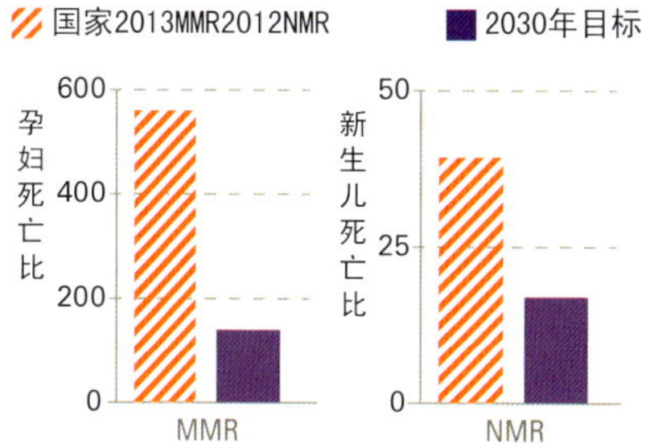

2030年预测和规划

这一部分使用简短的国家已报告数据来计算基于需求上的2030年的预测值。这些预测对记录的入学人数，毕业人数，花费在MNH上的时间百分比，年龄分布，角色和自然流失敏感。如果一些国家数据缺失，标准的、以证据为基础的假设会应用其中。这份预测具有指导意义，应该被用于核实国家数据的准确性和引发进一步的政策讨论。更多信息在50页“如何阅读”部分。

预计减少量 | 预计增加量 | 预计工作人数

ISCO-08国际职业标准分类

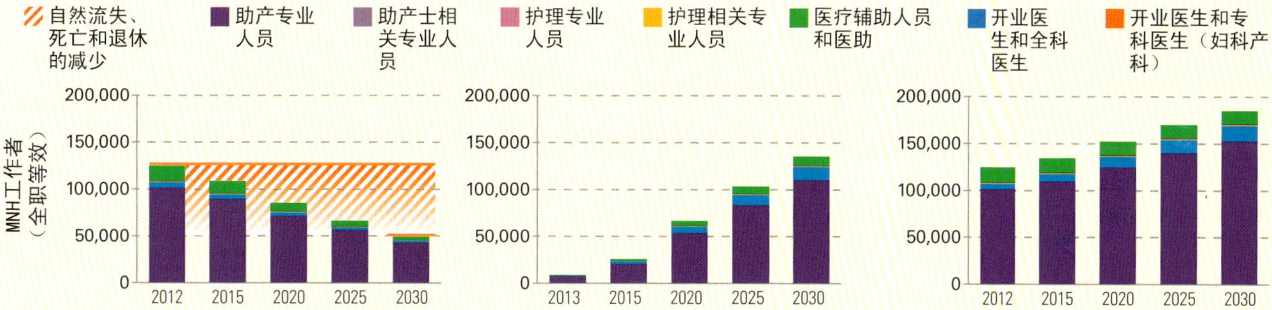

假如…

通过可获得的数据进行的需求预测

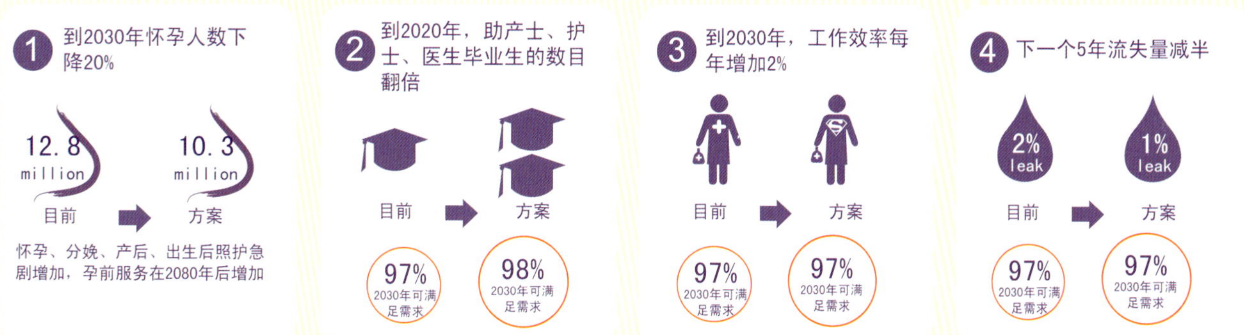

目前发展轨迹

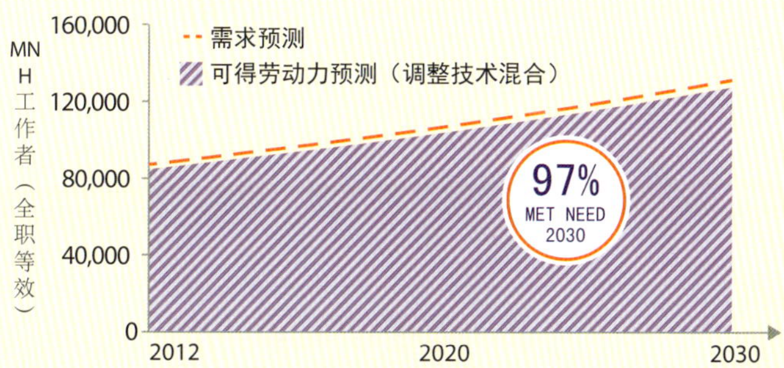

假设发展轨迹

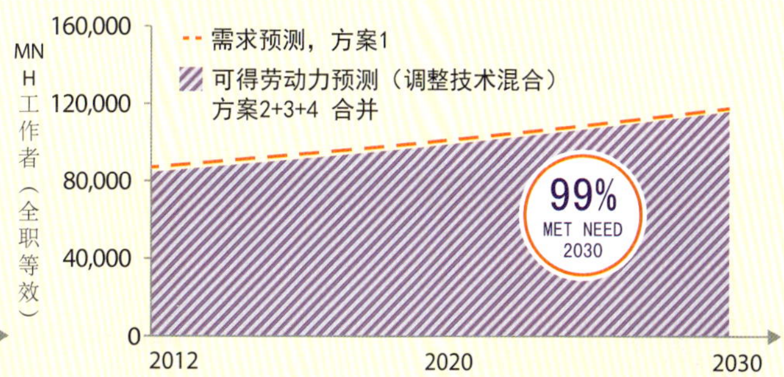

1. 医务工作者分类包含了以下国家的称呼：助产士包括助产士。辅助者包含妇女儿童健康辅助人员，护士助理：辅助助产护士包括国家登记的社区健康护士，全科医生包括卫生干事。产科/妇科医生包括妇产科专业医生。医疗干事和医疗助理包括社区健康干事，来源：2014的SoWMy或者第二来源（WHO全球健康观察、政府政策文件）
2. 年份数据是在STATCOMPILER获得的最新数据
3. 信息参考助产士骨干分类
4. 助产士、护士的国家组织
5. 提出的2030年的MMR、NMR的目标来源于2030年预防母亲死亡的计划和每位新生儿实施计划。

巴基斯坦

2012年，估计总人数1.792亿人，1.190亿人（62%）生活在农村，4620万的妇女（26%）为育龄妇女。总和生育率是3.2。至2030年，人口估计会增加29%，达到2.317亿人。为了使这些人普遍获得性、生殖及母婴护理，至2030年助产士服务必须适应每年680万的怀孕量。其中有56%在农村。在2012至2030年期间，给予卫生体系的启示是如何更合理地设置人力资源来适应5.362亿的产前检查，9030万的出生量，3.611亿的产后/出生后随访。

妇女和新生儿的需求（2012）

每年7,175,000的怀孕量=多少照护事件

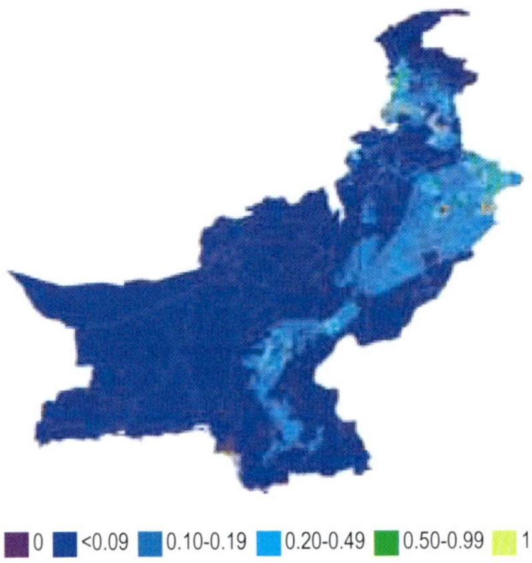

怀孕量和地域分布2012

APPROX.

= 72,281,000 计划生育

= 28,701,000 日常访视

= 4,831,000 具有熟练技能的接生人员

= 19,325,000 日常访视

可获得的人力资源（2012）

	在MNH[1]工作的人员国家级分类	花费在MNH的时间%
助产士	14,790	85
助产士、辅助者	na	na
助产护士	41,016	17
护士	na	na
护士、助产护士	160,000	34
卫生干事和医助	na	na
开业医生、全科医生	138,421	15
产科医生、妇科医生	1,795	100

估计需求=

42%

实际工作时间
需要工作时间

国家总需求的估算基于可得数据

助产教育[3]

高中教育为最低起点	10年级+
取得资格要求的学习数（全面的）	1
是否为标准化课程设置及最新更新时间	是，2011
课程要求的在指导下的最低接生数	25
2012年毕业数/占总从业的助产人数百分比	6306/43
1年内MNH雇佣毕业生的百分数	55%

助产法规

有承认助产是自主专业的法律	是
有承认助产是自主专业的法律	是
政府机构规范助产士行为	是
助产执照	是
执照助产士的现场注册	是
助产士拥有的EmONC要求的基本职能数（超出7个）	1
允许助产士提供可注射避孕药/宫内避孕器	是/是

专业组织[4]

专业组织创建年	2005
专业组织角色	
持续专业发展	是
建议和代表被指控不当行为的成员	否
就成员MNH的质量标准提出建议	否
就政府关于MNH的政策性文件提出建议	否
与政府协商工作和工资问题	否

经济可达性

包括最小受益计划的46项RMNH基本干预百分比

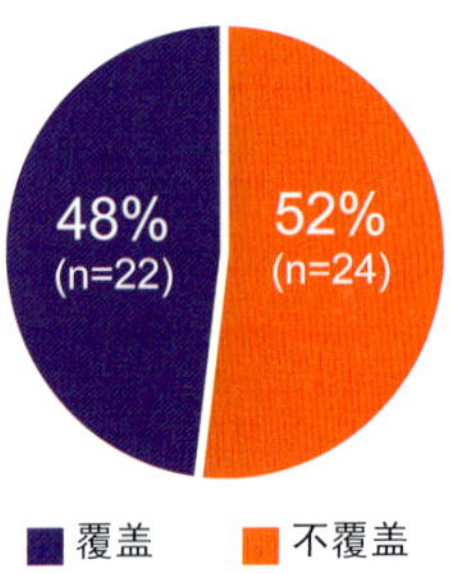

地域可达性

SBA[2]接生数目

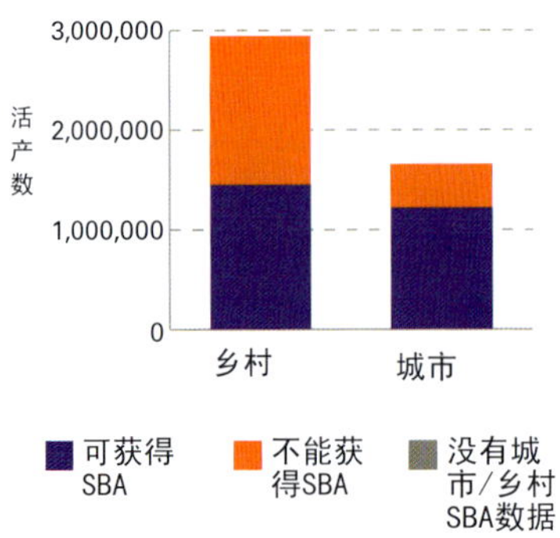

Na=不适合　　—=缺失数据

规划怀孕数：城市与乡村

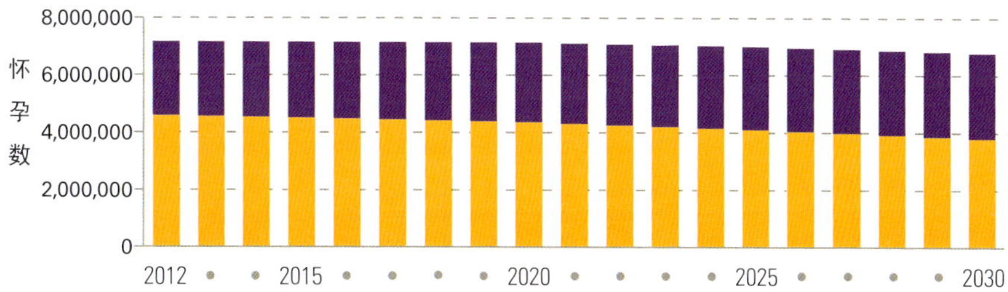

死亡率降低[5]

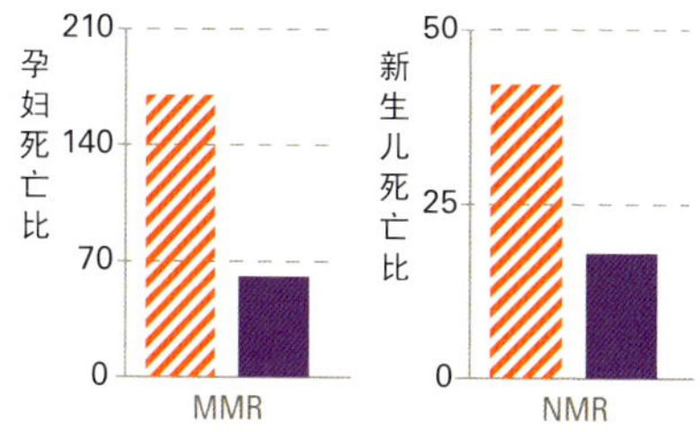

2030年预测和规划

这一部分使用简短的国家已报告数据来计算基于需求上的2030年的预测值。这些预测对记录的入学人数，毕业人数，花费在MNH上的时间百分比，年龄分布，角色和自然流失敏感。如果一些国家数据缺失，标准的、以证据为基础的假设会应用其中。这份预测具有指导意义，应该被用于核实国家数据的准确性和引发进一步的政策讨论。更多信息在50页“如何阅读”部分。

预计减少量　预计增加量　预计工作人数

ISCO-08国际职业标准分类

自然流失、死亡和退休的减少　助产专业人员　助产士相关专业人员　护理专业人员　护理相关专业人员　医疗辅助人员和医助　开业医生和全科医生　开业医生和专科医生（妇科产科）

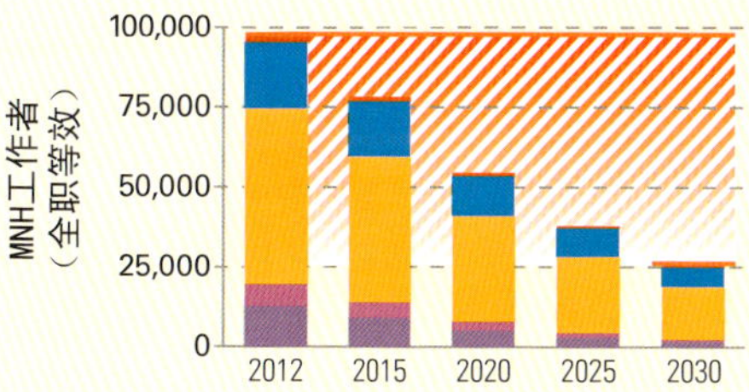

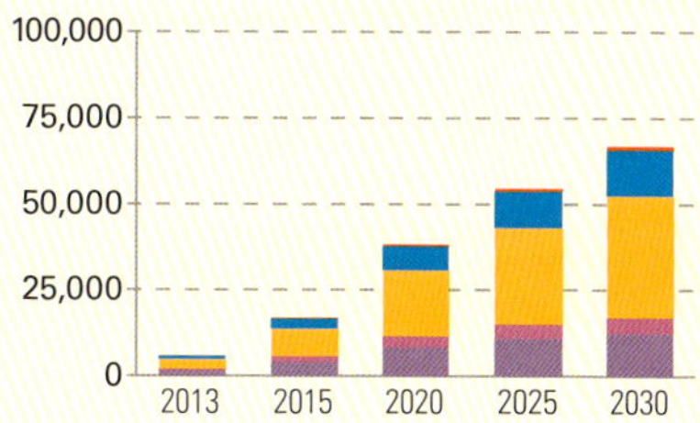

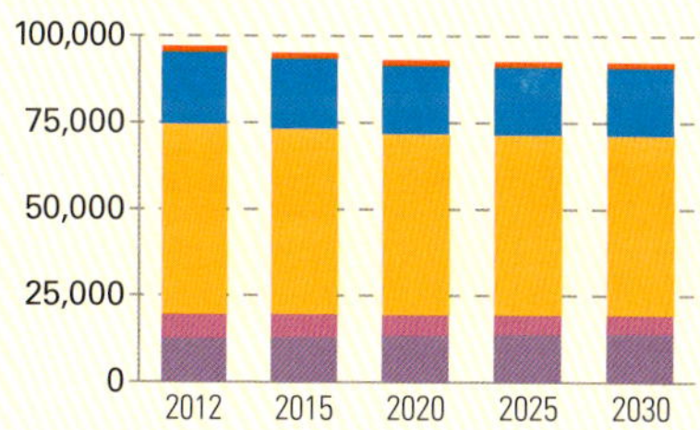

假如…

通过可获得的数据进行的需求预测

1 到2030年怀孕人数下降20%

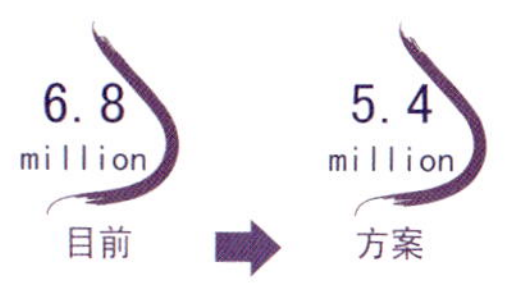

怀孕、分娩、产后、出生后照护急剧增加，孕前服务在2080年后增加

2 到2020年，助产士、护士、医生毕业生的数目翻倍

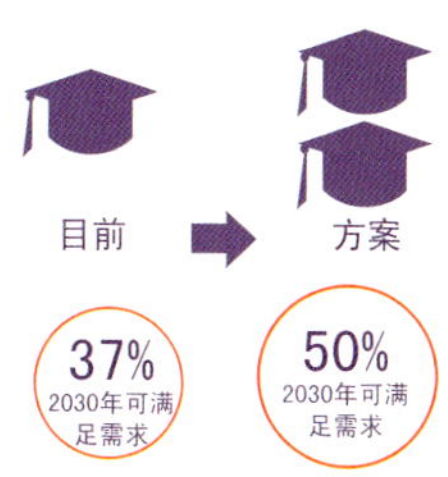

3 到2030年，工作效率每年增加2%

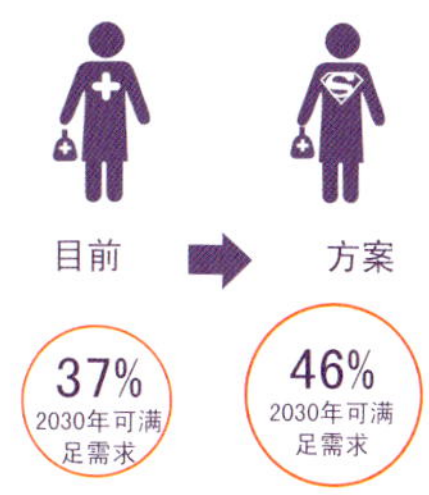

4 下一个5年流失量减半

目前发展轨迹

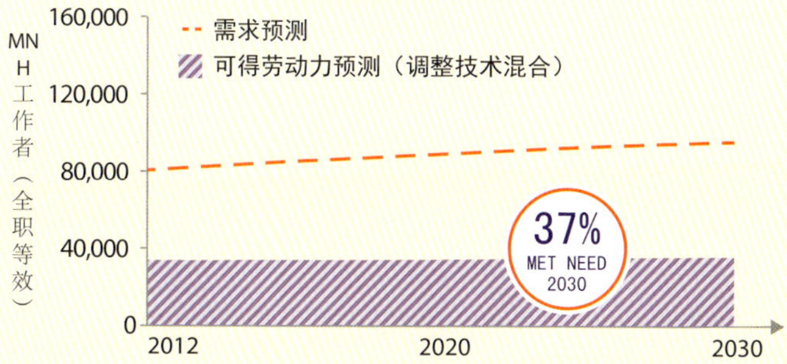

假设发展轨迹

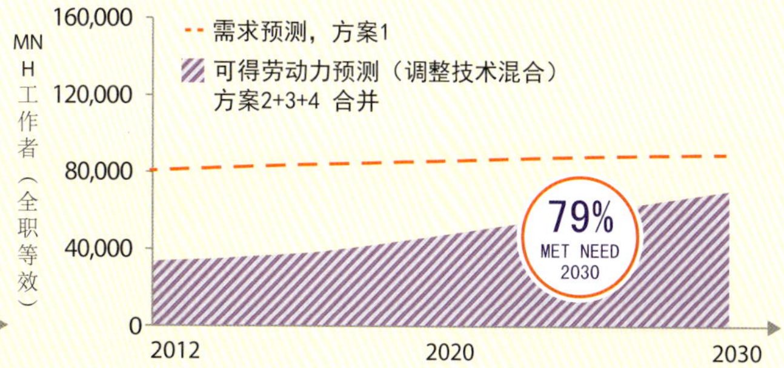

1. 医务工作者分类包含了以下国家的称呼：助产士包括助产士。辅助者包含妇女儿童健康辅助人员，护士助理：辅助助产护士包括国家登记的社区健康护士，全科医生包括卫生干事。产科/妇科医生包括妇产科专业医生。医疗干事和医疗助理包括社区健康干事，来源：2014的SoWMy或者第二来源（WHO全球健康观察、政府政策文件）
2. 年份数据是在STATCOMPILER获得的最新数据
3. 信息参考助产士骨干分类
4. 助产士、护士的国家组织
5. 提出的2030年的MMR、NMR的目标来源于2030年预防母亲死亡的计划和每位新生儿实施计划。

巴布亚新几内亚

2012年，估计总人数720万人，650万人（90%）生活在农村，180万的妇女（25%）为育龄妇女。总和生育率是3.8。至2030年，人口估计会增加40%，达到1000万人。为了使这些人普遍获得性、生殖及母婴护理，至2030年助产士服务必须适应每年30万的怀孕量。在2012至2030年期间，给予卫生体系的启示是如何更合理地设置人力资源来适应2190万的产前检查，430万的出生量，1730万的产后/出生后随访。

妇女和新生儿的需求（2012）

每年268,000的怀孕量=多少照护事件

怀孕量和地域分布2012

■0 ■<0.09 ■0.10-0.19 ■0.20-0.49 ■0.50-0.99 ■1.00-1.49 ■1.50-1.99 ■2.00-2.49 ■2.50-10.00 ■>10.00

APPROX.
= 3,110,000 计划生育
= 1,073,000 日常访视
= 212,000 具有熟练技能的接生人员
= 847,000 日常访视

可获得的人力资源（2012）

	在MNH[1]工作的人员国家级分类	花费在MNH的时间%
助产士	293	100
助产士、辅助者	na	na
助产护士	na	na
护士	1,800	100
护士、助产护士	na	na
卫生干事和医助	–	–
开业医生、全科医生	175	30
产科医生、妇科医生	28	100

估计需求=
49%

实际工作时间 / 需要工作时间

国家总需求的估算基于可得数据

助产教育[3]

高中教育为最低起点	12年级+
取得资格要求的学习数（全面的）	1
是否为标准化课程设置及最新更新时间	是，2010
课程要求的在指导下的最低接生数	100
2012年毕业数/占总从业的助产人数百分比	79/27
1年内MNH雇佣毕业生的百分数	95%

助产法规

有承认助产是自主专业的法律	否
有承认助产是自主专业的法律	否
政府机构规范助产士行为	是
助产执照	否
执照助产士的现场注册	否
助产士拥有的EmONC要求的基本职能数（超出7个）	7
允许助产士提供可注射避孕药/宫内避孕器	是/是

专业组织[4]

专业组织创建年	1950, 2009, 2012
专业组织角色	
持续专业发展	是
建议和代表被指控不当行为的成员	是
就成员MNH的质量标准提出建议	是
就政府关于MNH的政策性文件提出建议	是
与政府协商工作和工资问题	是

经济可达性

包括最小受益计划的46项RMNH基本干预百分比

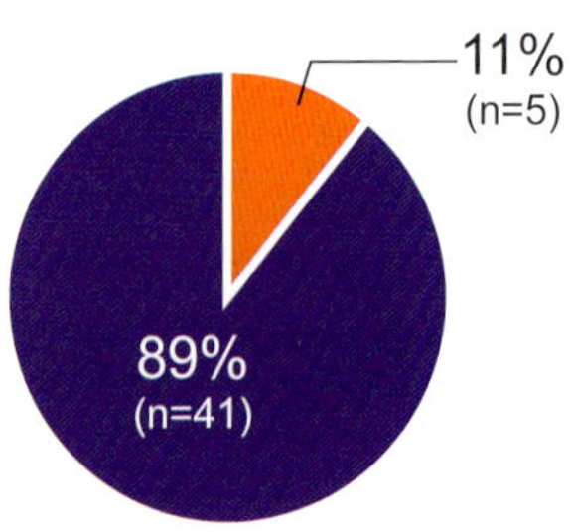

地域可达性

SBA[2]接生数目

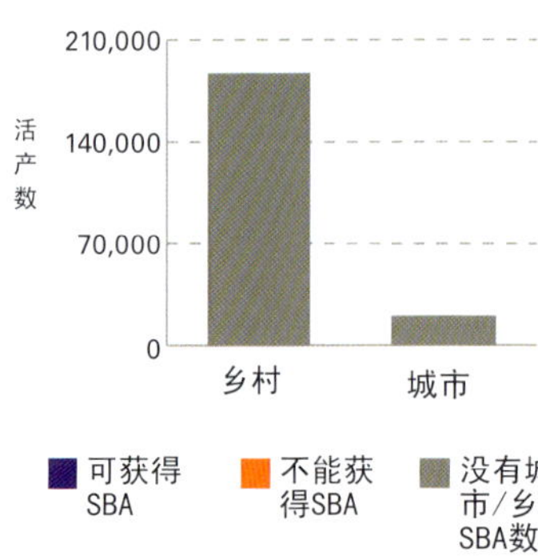

Na=不适合　　—=缺失数据

规划怀孕数：城市与乡村

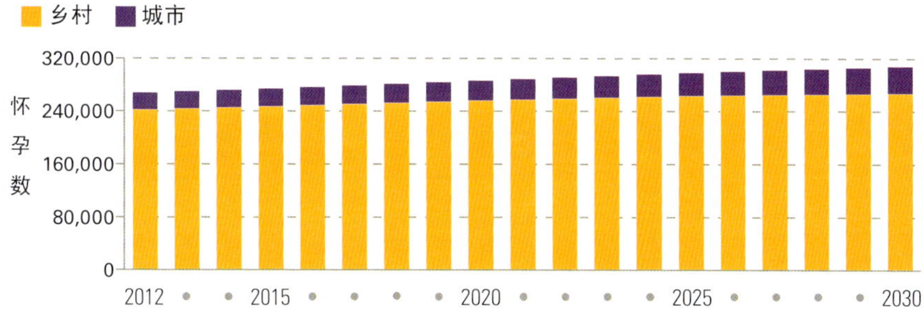

死亡率降低[5]

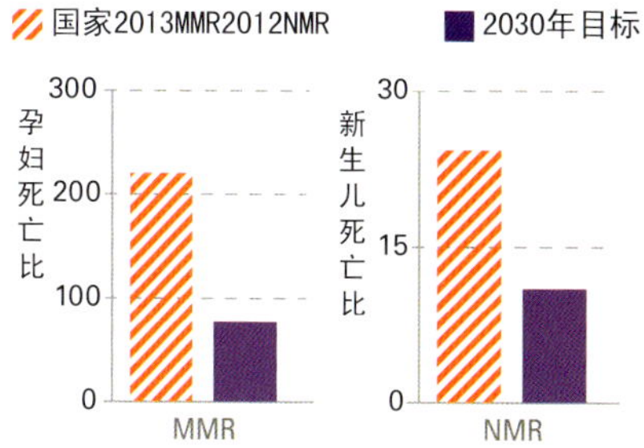

2030年预测和规划

这一部分使用简短的国家已报告数据来计算基于需求上的2030年的预测值。这些预测对记录的入学人数，毕业人数，花费在MNH上的时间百分比，年龄分布，角色和自然流失敏感。如果一些国家数据缺失，标准的、以证据为基础的假设会应用其中。这份预测具有指导意义，应该被用于核实国家数据的准确性和引发进一步的政策讨论。更多信息在50页“如何阅读”部分。

预计减少量 预计增加量 预计工作人数

ISCO-08国际职业标准分类

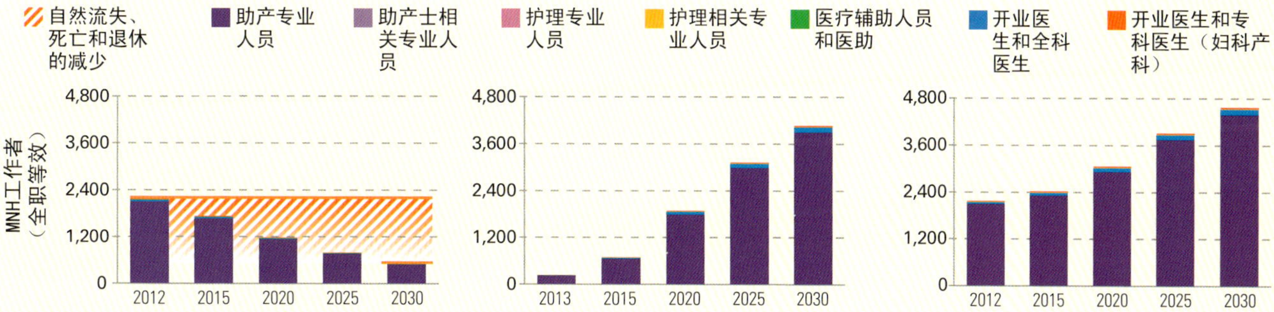

假如…

通过可获得的数据进行的需求预测

1 到2030年怀孕人数下降20%

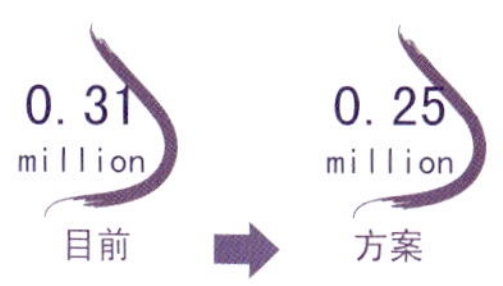

怀孕、分娩、产后、出生后照护急剧增加，孕前服务在2080年后增加

2 到2020年，助产士、护士、医生毕业生的数目翻倍

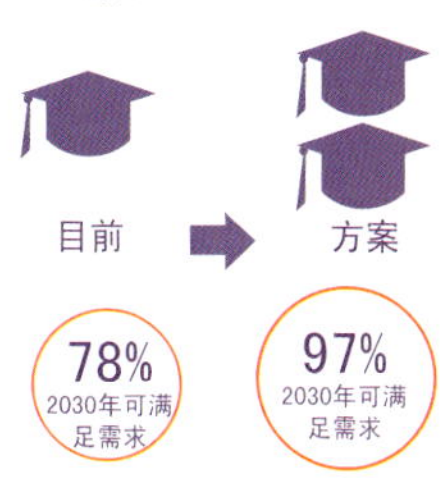

3 到2030年，工作效率每年增加2%

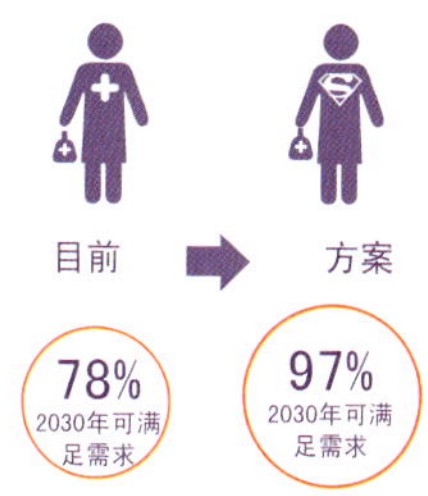

4 下一个5年流失量减半

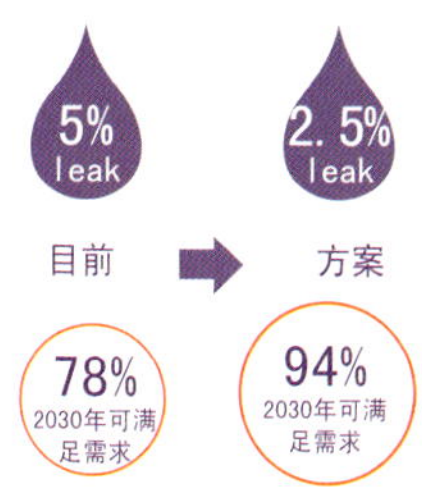

目前发展轨迹

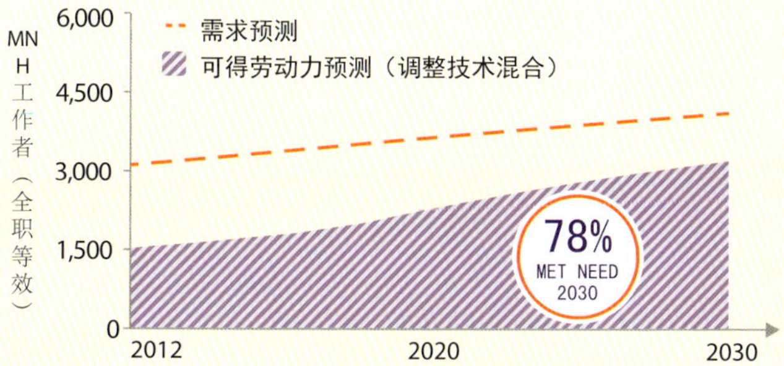

假设发展轨迹

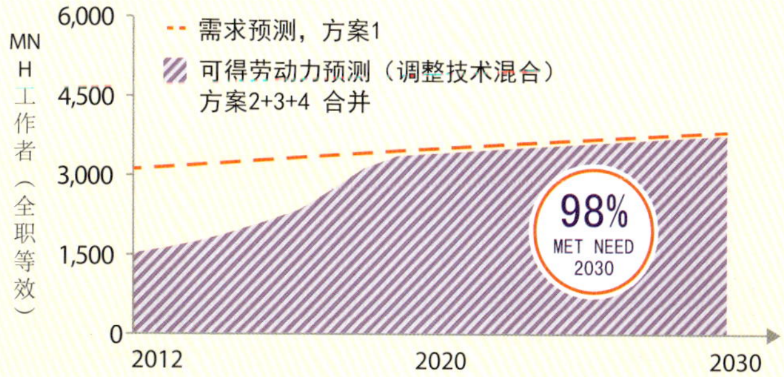

1. 医务工作者分类包含了以下国家的称呼：助产士包括助产士。辅助者包含妇女儿童健康辅助人员，护士助理；辅助助产护士包括国家登记的社区健康护士，全科医生包括卫生干事。产科/妇科医生包括妇产科专业医生。医疗干事和医疗助理包括社区健康干事，来源：2014的SoWMy或者第二来源（WHO全球健康观察、政府政策文件）
2. 年份数据是在STATCOMPILER获得的最新数据
3. 信息参考助产士骨干分类
4. 助产士、护士的国家组织
5. 提出的2030年的MMR、NMR的目标来源于2030年预防母亲死亡的计划和每位新生儿实施计划。

秘鲁

2012年，估计总人数3000万人，1290万人（43%）生活在农村，800万的妇女（27%）为育龄妇女。总和生育率是2.4。至2030年，人口估计会增加22%，达到3650万人。为了使这些人普遍获得性、生殖及母婴护理，至2030年助产士服务必须适应每年100万的怀孕量。其中有47%在农村。在2012至2030年期间，给予卫生体系的启示是如何更合理地设置人力资源来适应7940万的产前检查，1140万的出生量，4570万的产后/出生后随访。

妇女和新生儿的需求（2012）

每年1,078,000的怀孕量=多少照护事件

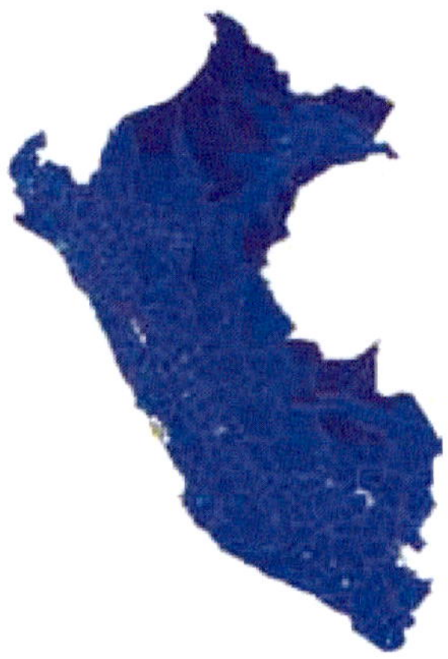

怀孕量和地域分布2012

APPROX.

孕前（所有育龄期妇女ç） = 16,947,000 计划生育

产前（怀孕数×4） = 4,311,000 日常访视

分娩 = 620,000 具有熟练技能的接生人员

产后（出生数×4）、出生后（新生儿数×4） = 2,479,000 日常访视

可获得的人力资源（2012）

	在MNH[1]工作的人员国家级分类	花费在MNH的时间%
助产士	11,533	100
助产士、辅助者	na	na
助产护士	na	na
护士	33,491	–
护士、助产护士	13,347	50
卫生干事和医助	50,722	50
开业医生、全科医生	33,669	20
产科医生、妇科医生	2,197	100

孕前 / 产前 / 分娩 / 产后 / 出生后

估计需求= 100%

实际工作时间 / 需要工作时间

国家总需求的估算基于可得数据

助产教育[3]

高中教育为最低起点	12年级+
取得资格要求的学习数（全面的）	5
是否为标准化课程设置及最新更新时间	否，na
课程要求的在指导下的最低接生数	na
2012年毕业数/占总从业的助产人数百分比	1000/9
1年内MNH雇佣毕业生的百分数	—

助产法规

有承认助产是自主专业的法律	是
有承认助产是自主专业的法律	是
政府机构规范助产士行为	是
助产执照	是
执照助产士的现场注册	是
助产士拥有的EmONC要求的基本职能数（超出7个）	4
允许助产士提供可注射避孕药/宫内避孕器	是/是

专业组织[4]

专业组织创建年	1975
专业组织角色	
持续专业发展	是
建议和代表被指控不当行为的成员	是
就成员MNH的质量标准提出建议	是
就政府关于MNH的政策性文件提出建议	是
与政府协商工作和工资问题	是

经济可达性

包括最小受益计划的46项RMNH基本干预百分比

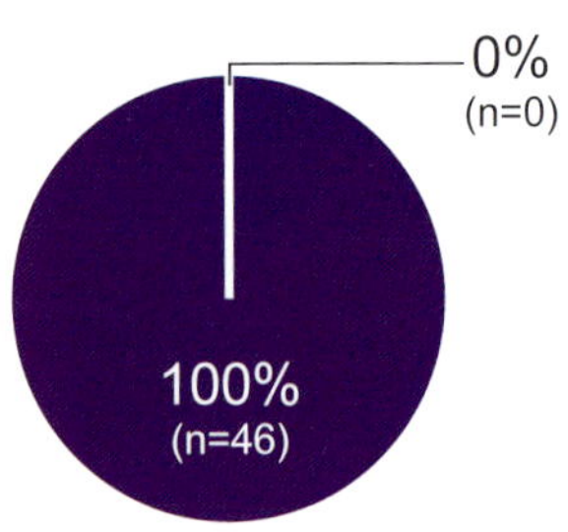

地域可达性

SBA[2]接生数目

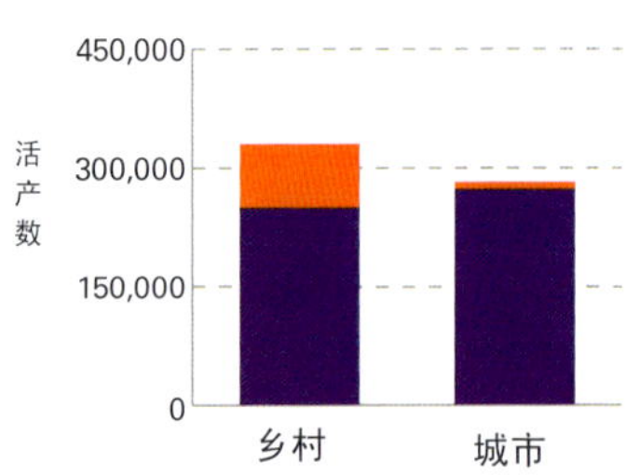

Na=不适合 —=缺失数据

规划怀孕数：城市与乡村

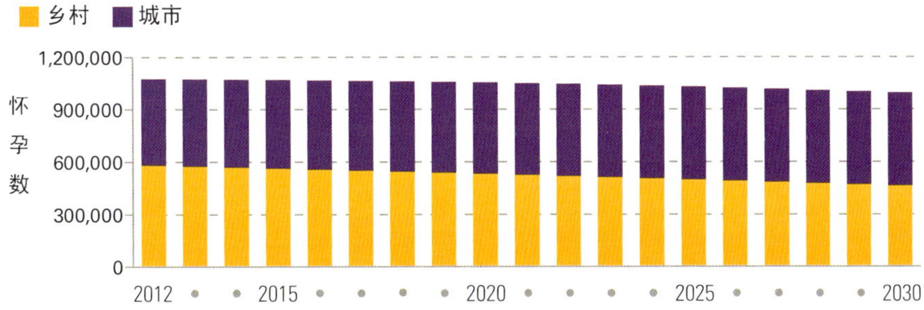

死亡率降低[5]

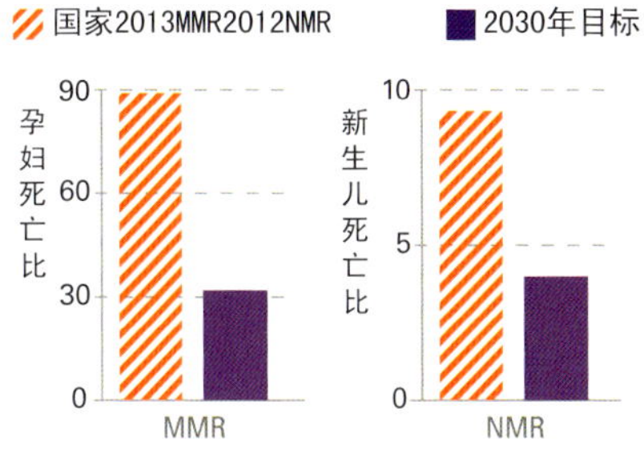

2030年预测和规划

这一部分使用简短的国家已报告数据来计算基于需求上的2030年的预测值。这些预测对记录的入学人数，毕业人数，花费在MNH上的时间百分比，年龄分布，角色和自然流失敏感。如果一些国家数据缺失，标准的、以证据为基础的假设会应用其中。这份预测具有指导意义，应该被用于核实国家数据的准确性和引发进一步的政策讨论。更多信息在50页“如何阅读”部分。

预计减少量　　预计增加量　　预计工作人数

ISCO-08国际职业标准分类

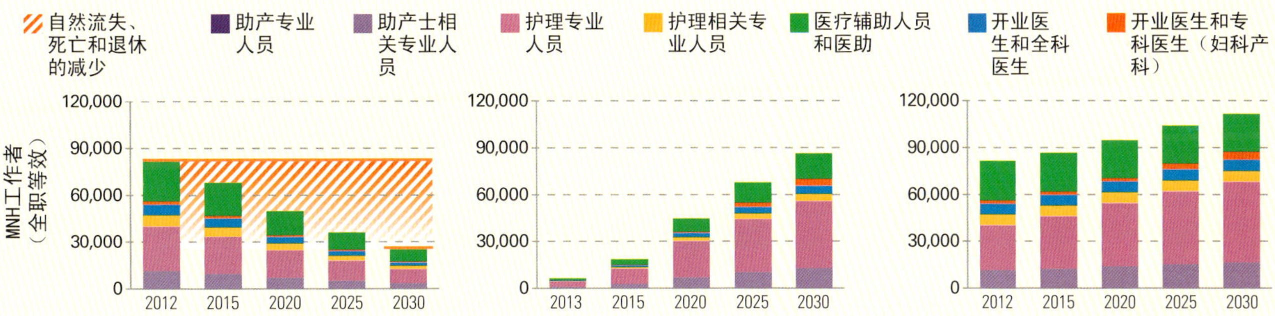

假如…

通过可获得的数据进行的需求预测

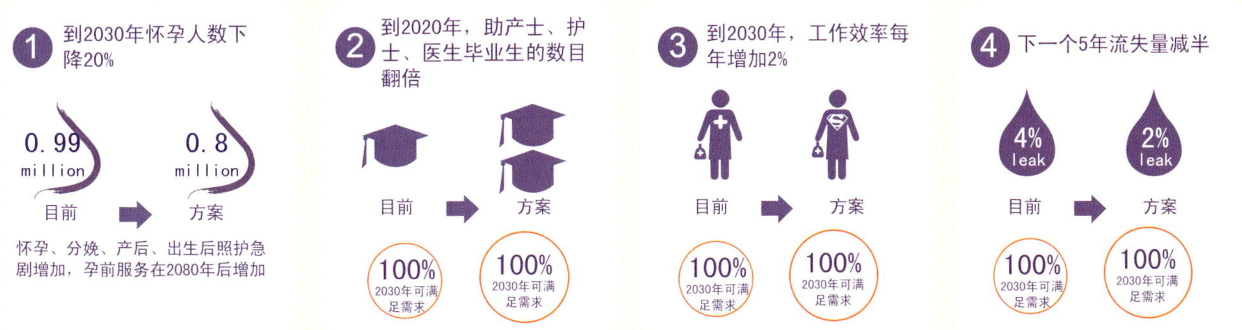

目前发展轨迹

假设发展轨迹

1. 医务工作者分类包含了以下国家的称呼：助产士包括助产士。辅助者包含妇女儿童健康辅助人员，护士助理；辅助助产护士包括国家登记的社区健康护士，全科医生包括卫生干事。产科/妇科医生包括妇产科专业医生。医疗干事和医疗助理包括社区健康干事，来源：2014的SoWMy或者第二来源（WHO全球健康观察、政府政策文件）
2. 年份数据是在STATCOMPILER获得的最新数据
3. 信息参考助产士骨干分类
4. 助产士、护士的国家组织
5. 提出的2030年的MMR、NMR的目标来源于2030年预防母亲死亡的计划和每位新生儿实施计划。

卢旺达

2012年，估计总人数1150万人，1000万人（88%）生活在农村，280万的妇女（26%）为育龄妇女。总和生育率是4.6。至2030年，人口估计会增加55%，达到1780万人。为了使这些人普遍获得性、生殖及母婴护理，至2030年助产士服务必须适应每年70万的怀孕量。其中有83%在农村。在2012至2030年期间，给予卫生体系的启示是如何更合理地设置人力资源来适应5030万的产前检查，870万的出生量，3470万的产后/出生后随访。

妇女和新生儿的需求（2012）

每年610,000的怀孕量=多少照护事件

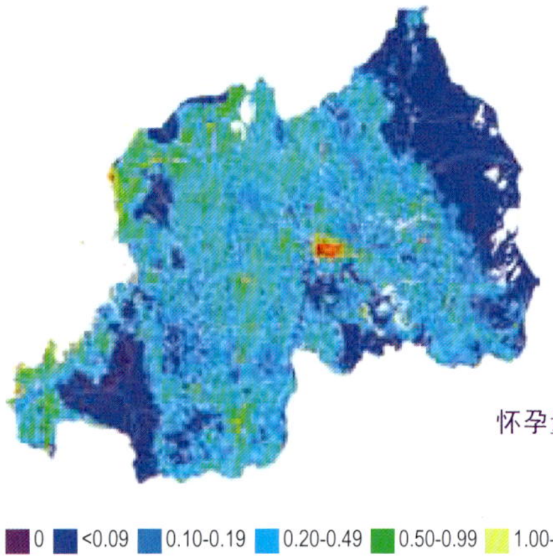

怀孕量和地域分布2012

孕前（所有育龄期妇女ç） APPROX = 6,151,000 计划生育

产前（怀孕数×4） = 2,441,000 日常访视

分娩 = 421,000 具有熟练技能的接生人员

产后（出生数×4）
出生后（新生儿数×4） = 1,685,000 日常访视

可获得的人力资源（2012）

在MNH[1]工作的人员国家级分类		花费在MNH的时间%
助产士	622	100
助产士、辅助者	na	na
助产护士	5	75
护士	8,273	50
护士、助产护士	na	na
卫生干事和医助	na	na
开业医生、全科医生	625	60
产科医生、妇科医生	35	100

孕前 / 产前 / 分娩 / 产后 / 出生后

估计需求= 59%

实际工作时间 / 需要工作时间

国家总需求的估算基于可得数据

助产教育[3]

高中教育为最低起点	12年级+
取得资格要求的学习数（全面的）	3
是否为标准化课程设置及最新更新时间	是，2013
课程要求的在指导下的最低接生数	100
2012年毕业数/占总从业的助产人数百分比	170/27
1年内MNH雇佣毕业生的百分数	100%

助产法规

有承认助产是自主专业的法律	是
有承认助产是自主专业的法律	是
政府机构规范助产士行为	是
助产执照	是
执照助产士的现场注册	是
助产士拥有的EmONC要求的基本职能数（超出7个）	7
允许助产士提供可注射避孕药/宫内避孕器	是/是

专业组织[4]

专业组织创建年	2011
专业组织角色	
持续专业发展	是
建议和代表被指控不当行为的成员	是
就成员MNH的质量标准提出建议	是
就政府关于MNH的政策性文件提出建议	否
与政府协商工作和工资问题	否

经济可达性

包括最小受益计划的46项RMNH基本干预百分比

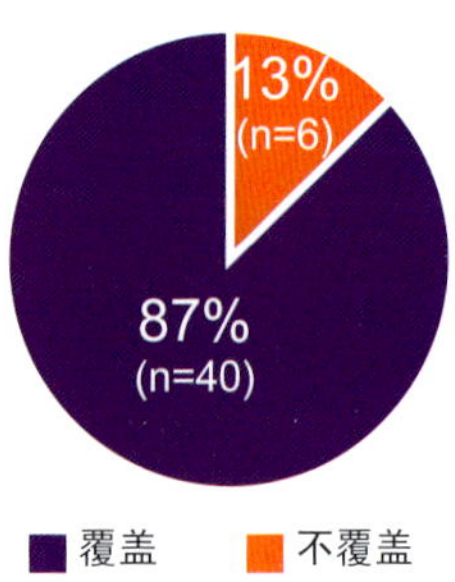

地域可达性

SBA[2]接生数目

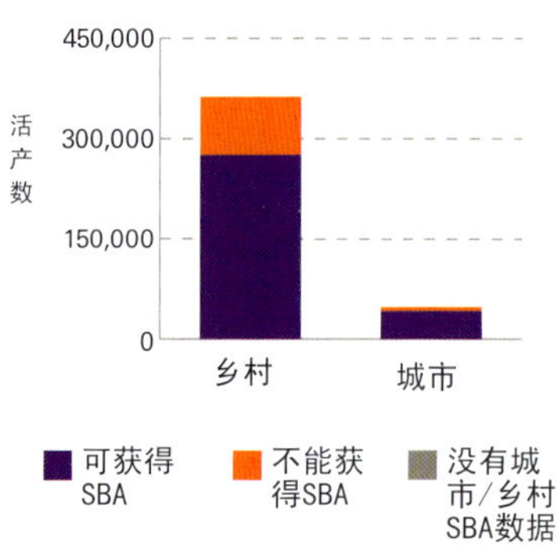

Na=不适合　　—=缺失数据

规划怀孕数：城市与乡村

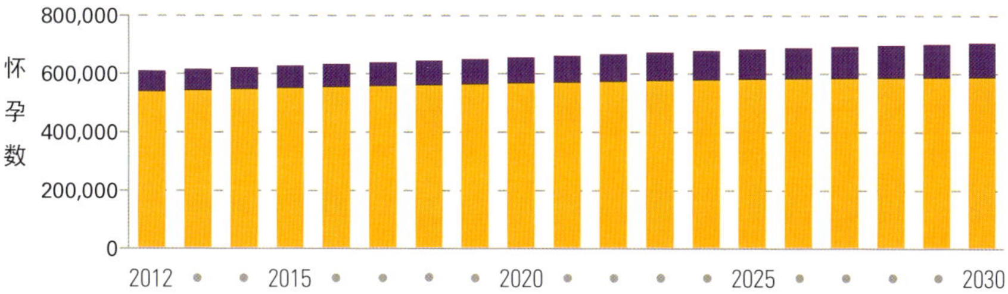

死亡率降低[5]

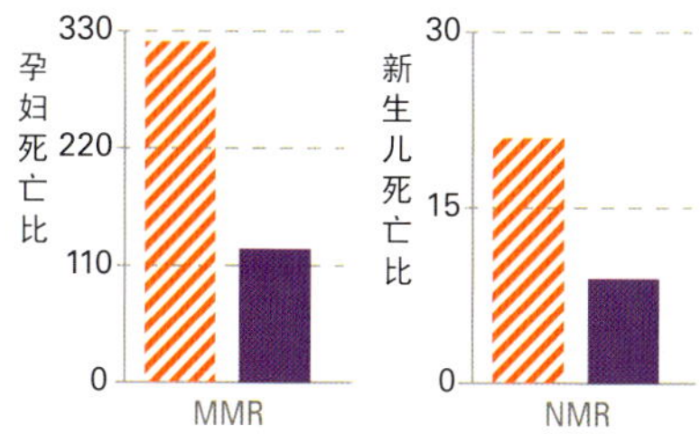

2030年预测和规划

这一部分使用简短的国家已报告数据来计算基于需求上的2030年的预测值。这些预测对记录的入学人数，毕业人数，花费在MNH上的时间百分比，年龄分布，角色和自然流失敏感。如果一些国家数据缺失，标准的、以证据为基础的假设会应用其中。这份预测具有指导意义，应该被用于核实国家数据的准确性和引发进一步的政策讨论。更多信息在50页“如何阅读”部分。

预计减少量

预计增加量

预计工作人数

ISCO-08国际职业标准分类

自然流失、死亡和退休的减少　助产专业人员　助产士相关专业人员　护理专业人员　护理相关专业人员　医疗辅助人员和医助　开业医生和全科医生　开业医生和专科医生（妇科产科）

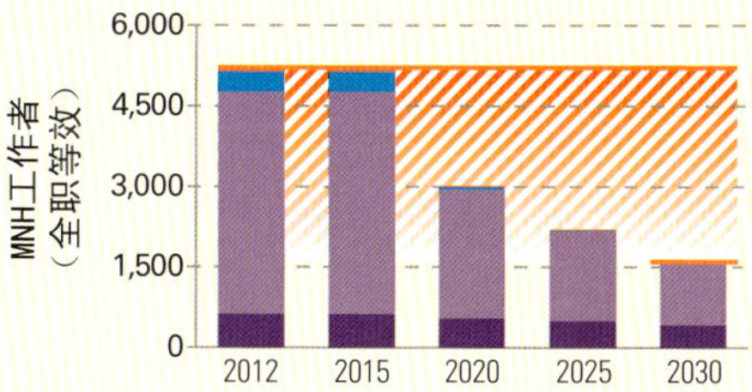

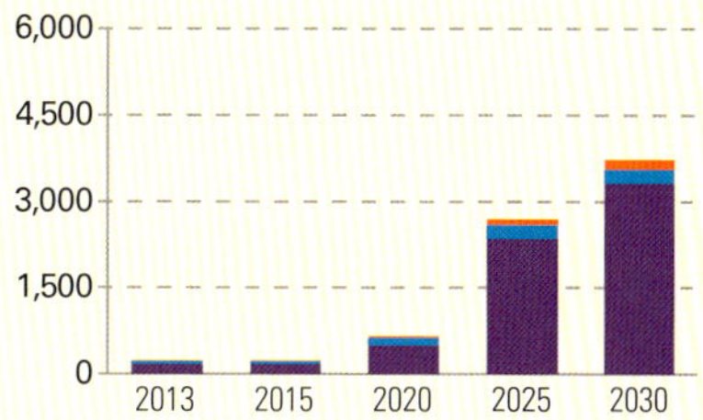

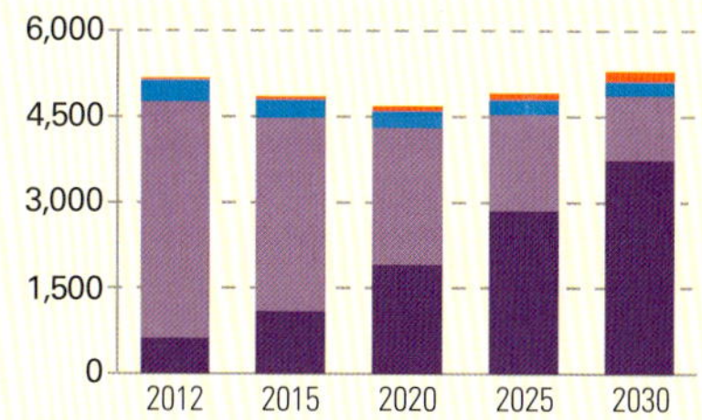

假如…

通过可获得的数据进行的需求预测

1 到2030年怀孕人数下降20%

目前　方案

怀孕、分娩、产后、出生后照护急剧增加，孕前服务在2080年后增加

2 到2020年，助产士、护士、医生毕业生的数目翻倍

目前　方案

42% 2030年可满足需求　67% 2030年可满足需求

3 到2030年，工作效率每年增加2%

目前　方案

42% 2030年可满足需求　60% 2030年可满足需求

4 下一个5年流失量减半

目前　方案

42% 2030年可满足需求　46% 2030年可满足需求

目前发展轨迹

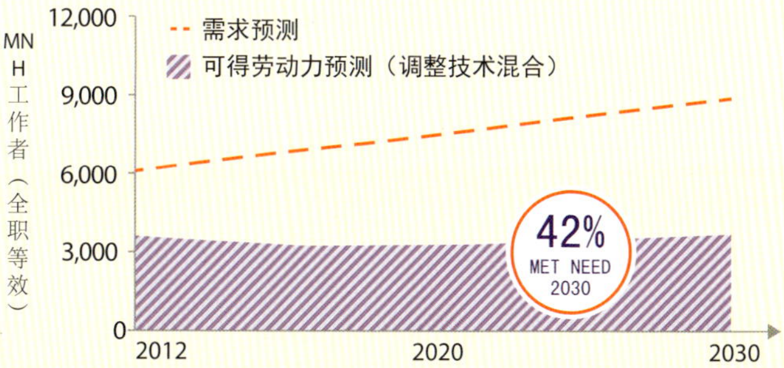

假设发展轨迹

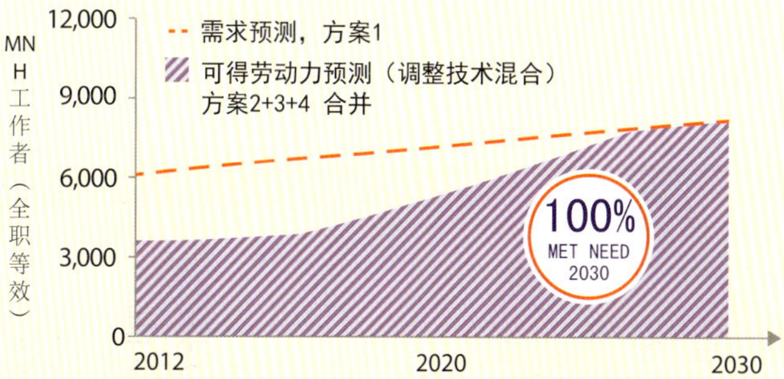

1. 医务工作者分类包含了以下国家的称呼：助产士包括助产士。辅助者包含妇女儿童健康辅助人员，护士助理；辅助助产护士包括国家登记的社区健康护士，全科医生包括卫生干事。产科/妇科医生包括妇产科专业医生。医疗干事和医疗助理包括社区健康干事，来源：2014的SoWMy或者第二来源（WHO全球健康观察、政府政策文件）
2. 年份数据是在STATCOMPILER获得的最新数据
3. 信息参考助产士骨干分类
4. 助产士、护士的国家组织
5. 提出的2030年的MMR、NMR的目标来源于2030年预防母亲死亡的计划和每位新生儿实施计划。

圣多美与普林希比

2012年，估计总人数19万人，12万人（63%）生活在农村，5万的妇女（25%）为育龄妇女。总和生育率是4.1。至2030年，人口估计会增加48%，达到30万人。为了使这些人普遍获得性、生殖及母婴护理，至2030年助产士服务必须适应每年1万的怀孕量。其中有60%在农村。在2012至2030年期间，给予卫生体系的启示是如何更合理地设置人力资源来适应90万的产前检查，10万的出生量，60万的产后/出生后随访。

妇女和新生儿的需求（2012）

每年11,000的怀孕量=多少照护事件

怀孕量和地域分布2012

■0 ■<0.09 ■0.10-0.19 ■0.20-0.49 ■0.50-0.99 ■1.00-1.49 ■1.50-1.99 ■2.00-2.49 ■2.50-10.00 ■>10.00

APPROX.

- 孕前（所有育龄期妇女ç）= 105,000 计划生育
- 产前（怀孕数×4）= 44,000 日常访视
- 分娩 = 7,000 具有熟练技能的接生人员
- 产后（出生数×4）、出生后（新生儿数×4）= 29,000 日常访视

可获得的人力资源（2012）

在MNH[1]工作的人员国家级分类		花费在MNH的时间%
助产士	31	100
助产士、辅助者	na	na
助产护士	20	100
护士	na	na
护士、助产护士	na	na
卫生干事和医助	2	100
开业医生、全科医生	na	na
产科医生、妇科医生	2	100

孕前 / 产前 / 分娩 / 产后 / 出生后

估计需求= **38%**

实际工作时间 / 需要工作时间

国家总需求的估算基于可得数据

助产教育[3]

高中教育为最低起点	10年级+
取得资格要求的学习数（全面的）	3
是否为标准化课程设置及最新更新时间	否，na
课程要求的在指导下的最低接生数	na
2012年毕业数/占总从业的助产人数百分比	0/—
1年内MNH雇佣毕业生的百分数	100%

助产法规

有承认助产是自主专业的法律	否
有承认助产是自主专业的法律	否
政府机构规范助产士行为	是
助产执照	否
执照助产士的现场注册	是
助产士拥有的EmONC要求的基本职能数（超出7个）	4
允许助产士提供可注射避孕药/宫内避孕器	是/是

专业组织[4]

专业组织创建年	2013，—
专业组织角色	
持续专业发展	是
建议和代表被指控不当行为的成员	是
就成员MNH的质量标准提出建议	是
就政府关于MNH的政策性文件提出建议	是
与政府协商工作和工资问题	是

经济可达性

包括最小受益计划的46项RMNH基本干预百分比

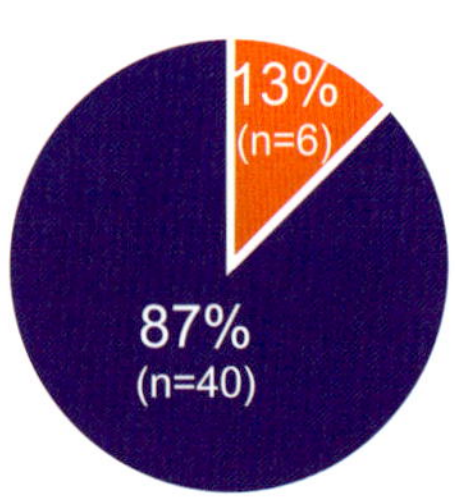

■覆盖 ■不覆盖

地域可达性

SBA[2]接生数目

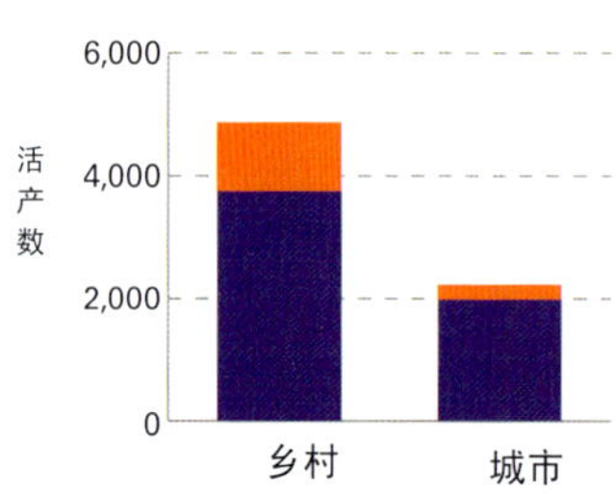

■可获得SBA ■不能获得SBA ■没有城市/乡村SBA数据

Na=不适合 —=缺失数据

规划怀孕数：城市与乡村

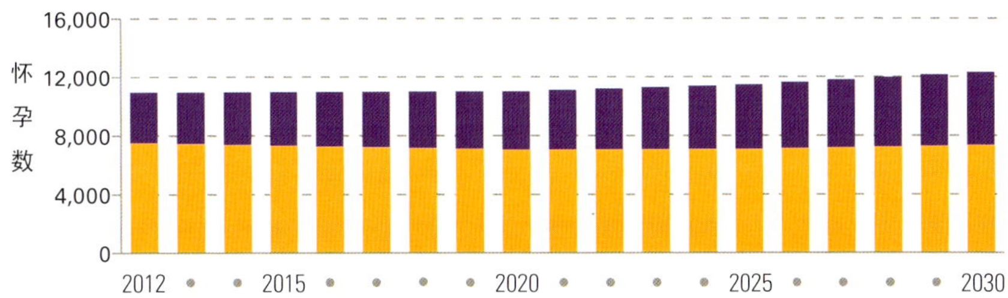

死亡率降低[5]

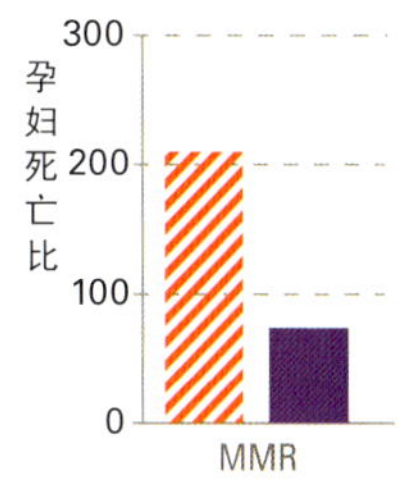

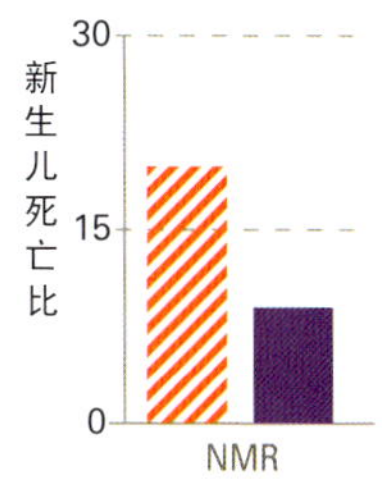

2030年预测和规划

这一部分使用简短的国家已报告数据来计算基于需求上的2030年的预测值。这些预测对记录的入学人数，毕业人数，花费在MNH上的时间百分比，年龄分布，角色和自然流失敏感。如果一些国家数据缺失，标准的、以证据为基础的假设会应用其中。这份预测具有指导意义，应该被用于核实国家数据的准确性和引发进一步的政策讨论。更多信息在50页“如何阅读”部分。

预计减少量

预计增加量

预计工作人数

ISCO-08国际职业标准分类

自然流失、死亡和退休的减少 | 助产专业人员 | 助产士相关专业人员 | 护理专业人员 | 护理相关专业人员 | 医疗辅助人员和医助 | 开业医生和全科医生 | 开业医生和专科医生（妇科产科）

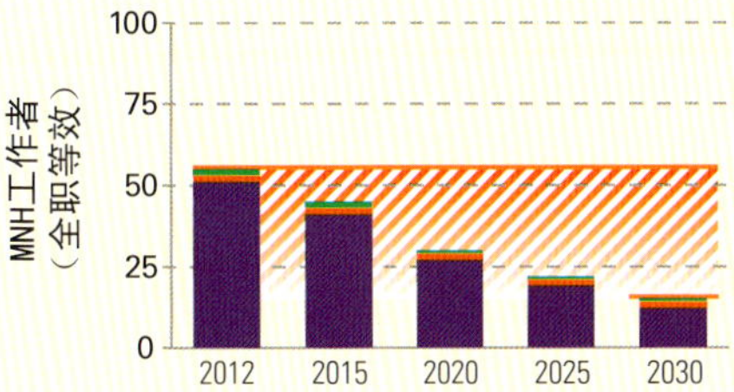

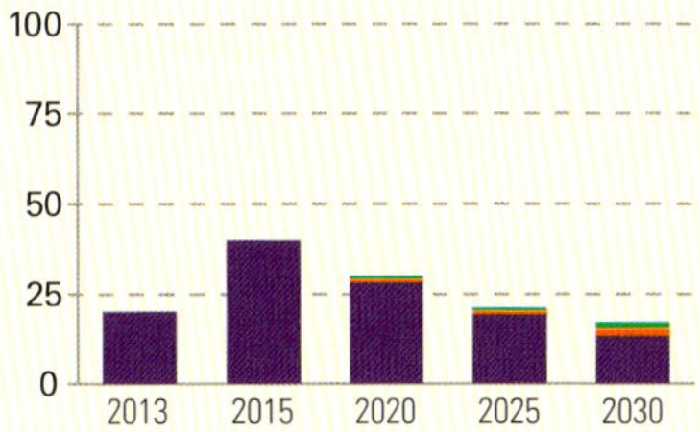

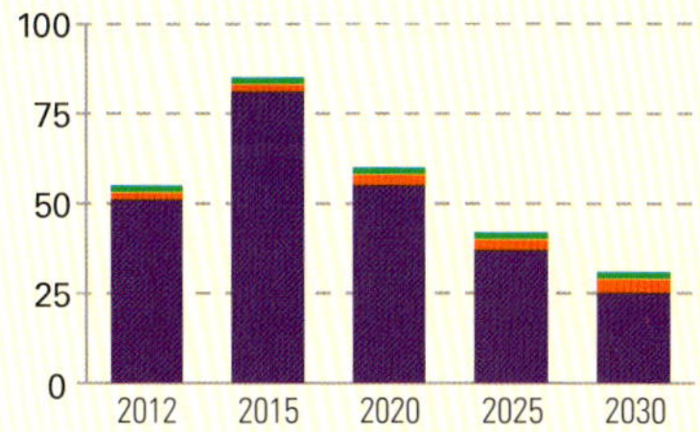

假如…

通过可获得的数据进行的需求预测

1 到2030年怀孕人数下降20%

0.012 million 目前 → 0.010 million 方案

怀孕、分娩、产后、出生后照护急剧增加，孕前服务在2080年后增加

2 到2020年，助产士、护士、医生毕业生的数目翻倍

目前 → 方案

15% 2030年可满足需求 → 17% 2030年可满足需求

3 到2030年，工作效率每年增加2%

目前 → 方案

15% 2030年可满足需求 → 22% 2030年可满足需求

4 下一个5年流失量减半

6% leak 目前 → 3% leak 方案

15% 2030年可满足需求 → 23% 2030年可满足需求

目前发展轨迹

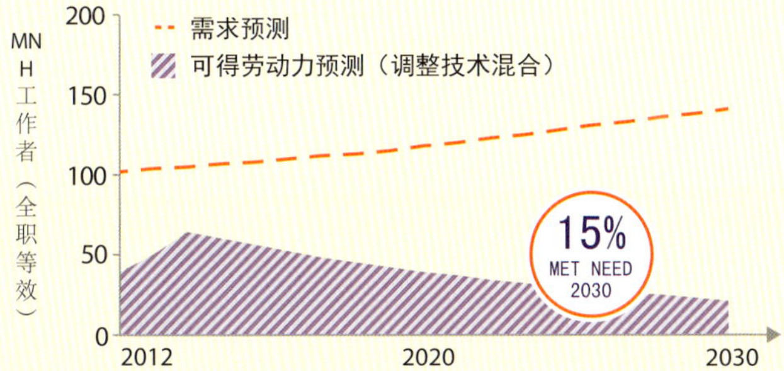

假设发展轨迹

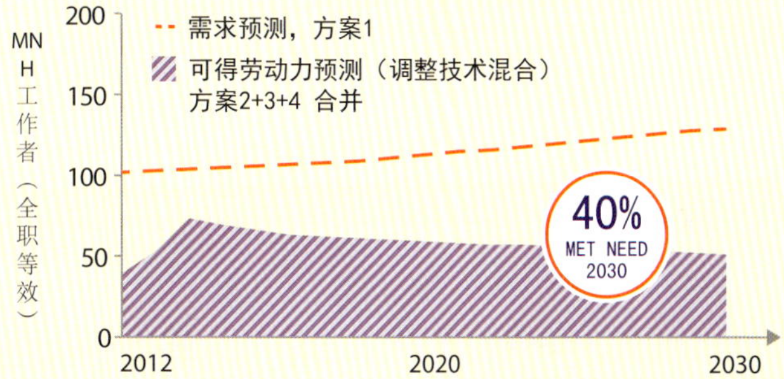

1. 医务工作者分类包含了以下国家的称呼：助产士包括助产士。辅助者包含妇女儿童健康辅助人员，护士助理；辅助助产护士包括国家登记的社区健康护士，全科医生包括卫生干事。产科/妇科医生包括妇产科专业医生。医疗干事和医疗助理包括社区健康干事，来源：2014的SoWMy或者第二来源（WHO全球健康观察、政府政策文件）
2. 年份数据是在STATCOMPILER获得的最新数据
3. 信息参考助产士骨干分类
4. 助产士、护士的国家组织
5. 提出的2030年的MMR、NMR的目标来源于2030年预防母亲死亡的计划和每位新生儿实施计划。

塞内加尔

2012年，估计总人数1370万人，740万人（54%）生活在农村，330万的妇女（24%）为育龄妇女。总和生育率是5.0。至2030年，人口估计会增加59%，达到2190万人。为了使这些人普遍获得性、生殖及母婴护理，至2030年助产士服务必须适应每年100万的怀孕量。其中有53%在农村。在2012至2030年期间，给予卫生体系的启示是如何更合理地设置人力资源来适应6600万的产前检查，1170万的出生量，4670万的产后/出生后随访。

妇女和新生儿的需求（2012）

每年769,000的怀孕量=多少照护事件

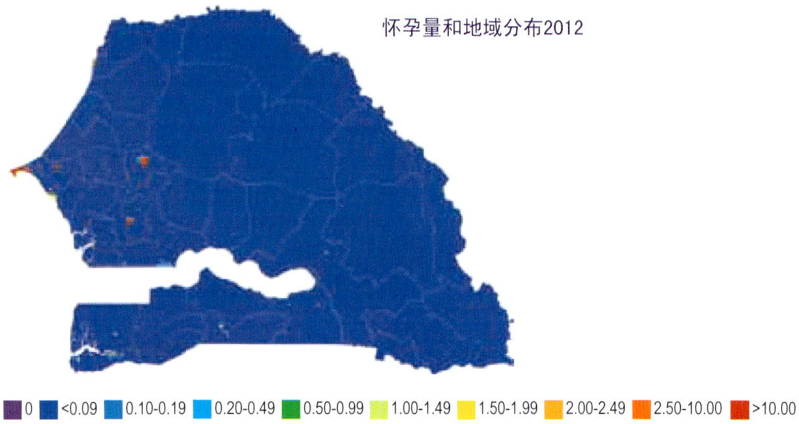

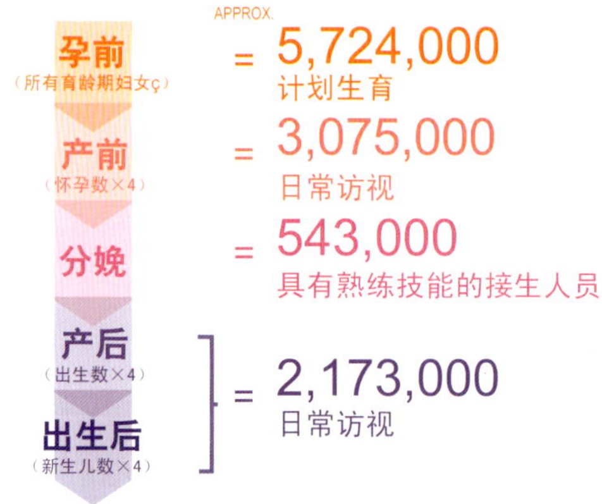

可获得的人力资源（2012）

在MNH[1]工作的人员国家级分类		花费在MNH的时间%
助产士	3,946	100
助产士、辅助者	1,751	100
助产护士	na	na
护士	1,295	50
护士、助产护士	na	na
卫生干事和医助	na	na
开业医生、全科医生	1,011	25
产科医生、妇科医生	160	100

助产教育[3]

高中教育为最低起点	12年级+
取得资格要求的学习数（全面的）	3
是否为标准化课程设置及最新更新时间	是，2010
课程要求的在指导下的最低接生数	10
2012年毕业数/占总从业的助产人数百分比	393/10
1年内MNH雇佣毕业生的百分数	—

助产法规

有承认助产是自主专业的法律	否
有承认助产是自主专业的法律	是
政府机构规范助产士行为	是
助产执照	否
执照助产士的现场注册	否
助产士拥有的EmONC要求的基本职能数（超出7个）	7
允许助产士提供可注射避孕药/宫内避孕器	是/是

专业组织[4]

专业组织创建年	1963
专业组织角色	
持续专业发展	是
建议和代表被指控不当行为的成员	否
就成员MNH的质量标准提出建议	是
就政府关于MNH的政策性文件提出建议	是
与政府协商工作和工资问题	否

经济可达性

包括最小受益计划的46项RMNH基本干预百分比

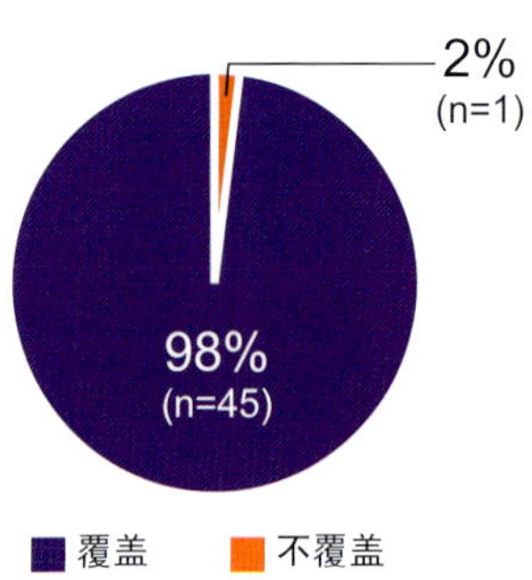

地域可达性

SBA[2]接生数目

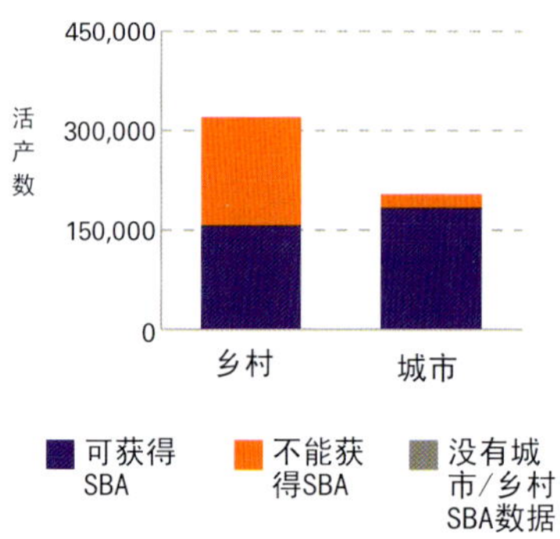

Na=不适合　　—=缺失数据

规划怀孕数：城市与乡村

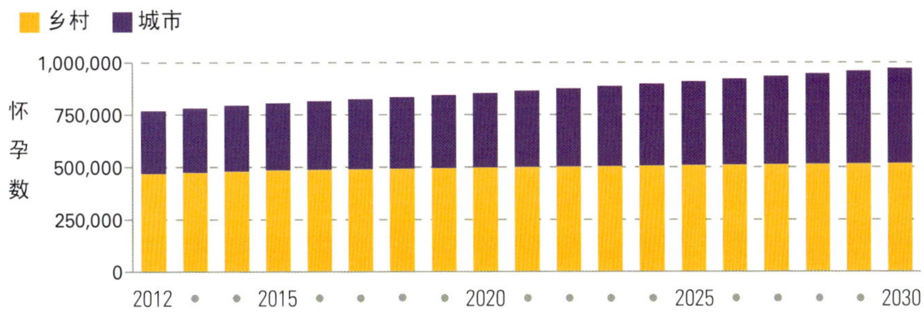

死亡率降低[5]

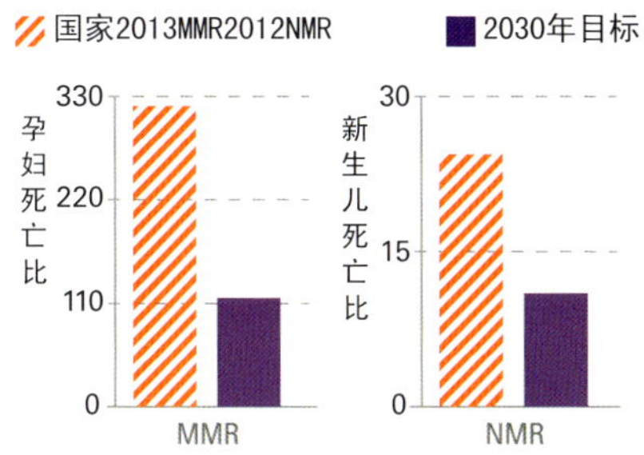

2030年预测和规划

这一部分使用简短的国家已报告数据来计算基于需求上的2030年的预测值。这些预测对记录的入学人数，毕业人数，花费在MNH上的时间百分比，年龄分布，角色和自然流失敏感。如果一些国家数据缺失，标准的、以证据为基础的假设会应用其中。这份预测具有指导意义，应该被用于核实国家数据的准确性和引发进一步的政策讨论。更多信息在50页“如何阅读”部分。

预计减少量　预计增加量　预计工作人数

ISCO-08国际职业标准分类

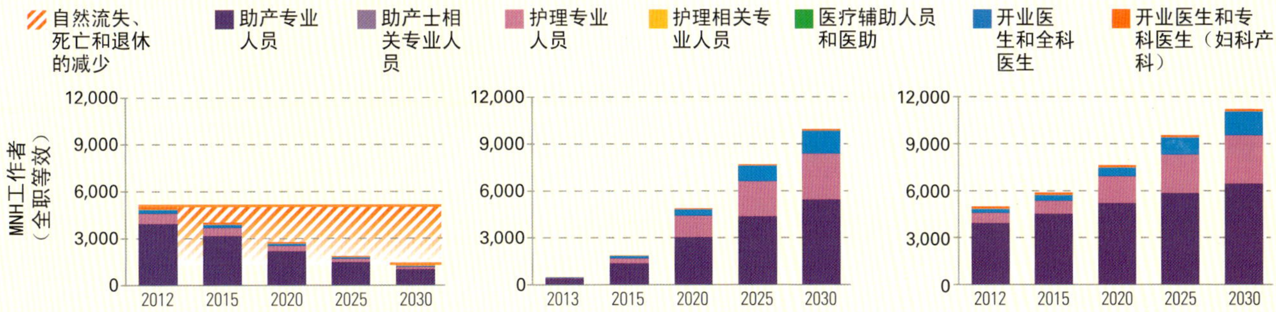

假如…

通过可获得的数据进行的需求预测

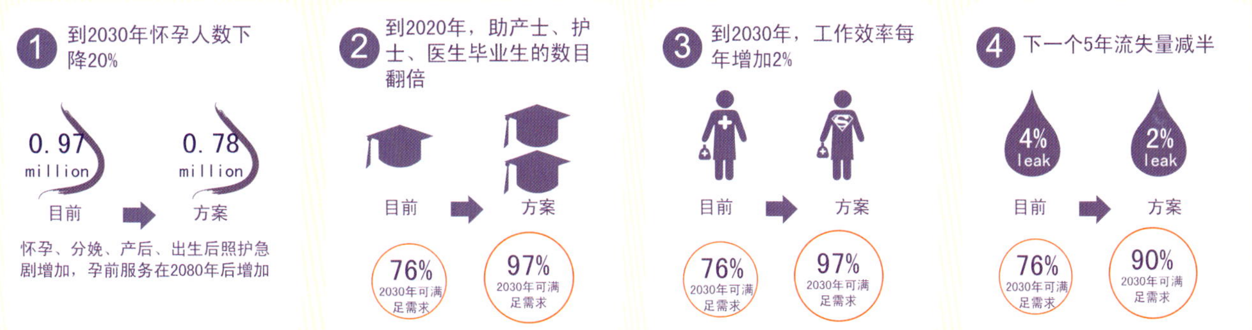

目前发展轨迹

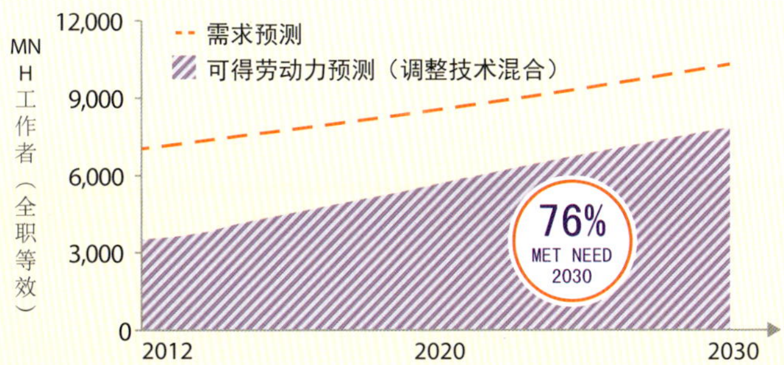

假设发展轨迹

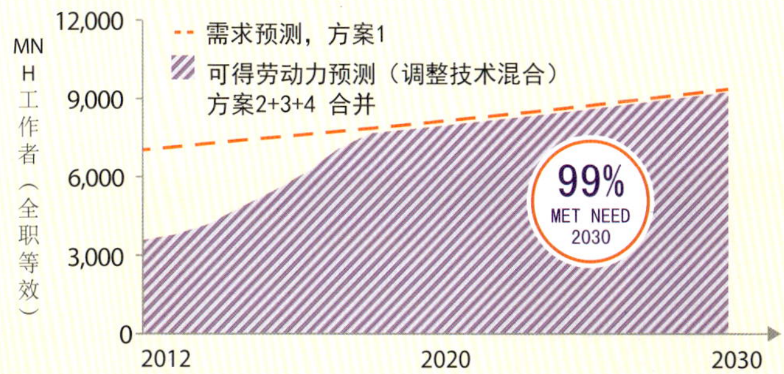

1. 医务工作者分类包含了以下国家的称呼：助产士包括助产士。辅助者包含妇女儿童健康辅助人员，护士助理；辅助助产护士包括国家登记的社区健康护士，全科医生包括卫生干事。产科/妇科医生包括妇产科专业医生。医疗干事和医疗助理包括社区健康干事，来源：2014的SoWMy或者第二来源（WHO全球健康观察、政府政策文件）
2. 年份数据是在STATCOMPILER获得的最新数据
3. 信息参考助产士骨干分类
4. 助产士、护士的国家组织
5. 提出的2030年的MMR、NMR的目标来源于2030年预防母亲死亡的计划和每位新生儿实施计划。

塞拉利昂

2012年，估计总人数600万人，400万人（67%）生活在农村，150万的妇女（25%）为育龄妇女。总和生育率是4.7。至2030年，人口估计会增加35%，达到810万人。为了使这些人普遍获得性、生殖及母婴护理，至2030年助产士服务必须适应每年40万的怀孕量。其中有67%在农村。在2012至2030年期间，给予卫生体系的启示是如何更合理地设置人力资源来适应2990万的产前检查，450万的出生量，1800万的产后/出生后随访。

妇女和新生儿的需求（2012）

每年382000的怀孕量=多少照护事件

怀孕量和地域分布2012

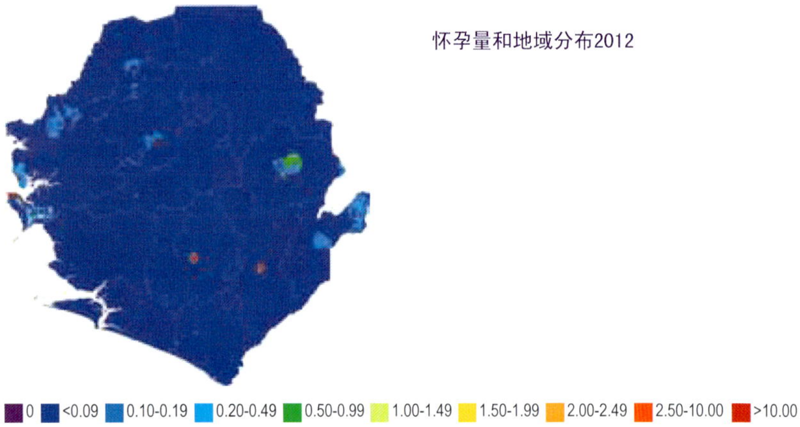

孕前（所有育龄期妇女ç） = APPROX. 2,329,000 计划生育

产前（怀孕数×4） = 1,527,000 日常访视

分娩 = 229,000 具有熟练技能的接生人员

产后（出生数×4）
出生后（新生儿数×4） = 918,000 日常访视

可获得的人力资源（2012）

	在MNH[1]工作的人员国家级分类	花费在MNH的时间%
助产士	286	90
助产士、辅助者	2376	90
助产护士	na	na
护士	na	na
护士、助产护士	1,018	–
卫生干事和医助	65	50
开业医生、全科医生	45	–
产科医生、妇科医生	7	51

孕前 / 产前 / 分娩 / 产后 / 出生后

估计需求= **24%**

实际工作时间 / 需要工作时间

国家总需求的估算基于可得数据

助产教育[3]

高中教育为最低起点	12年级+
取得资格要求的学习数（全面的）	2
是否为标准化课程设置及最新更新时间	是，2010
课程要求的在指导下的最低接生数	20
2012年毕业数/占总从业的助产人数百分比	121/42
1年内MNH雇佣毕业生的百分数	99%

助产法规

有承认助产是自主专业的法律	是
有承认助产是自主专业的法律	是
政府机构规范助产士行为	是
助产执照	是
执照助产士的现场注册	否
助产士拥有的EmONC要求的基本职能数（超出7个）	7
允许助产士提供可注射避孕药/宫内避孕器	是/是

专业组织[4]

专业组织创建年	1969
专业组织角色	
持续专业发展	是
建议和代表被指控不当行为的成员	是
就成员MNH的质量标准提出建议	是
就政府关于MNH的政策性文件提出建议	是
与政府协商工作和工资问题	是

经济可达性

包括最小受益计划的46项RMNH基本干预百分比

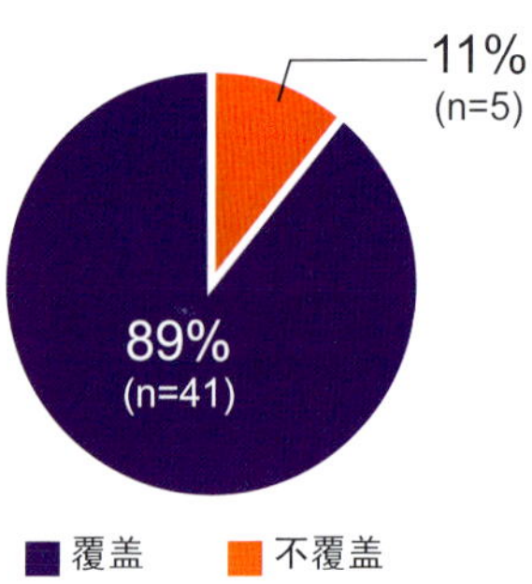

地域可达性

SBA[2]接生数目

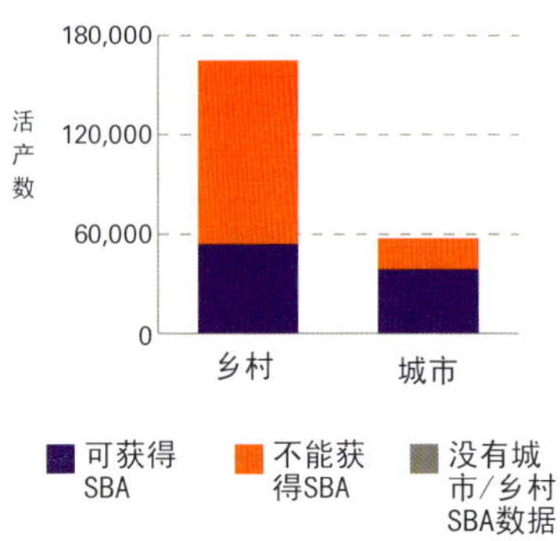

Na=不适合 —=缺失数据

规划怀孕数：城市与乡村

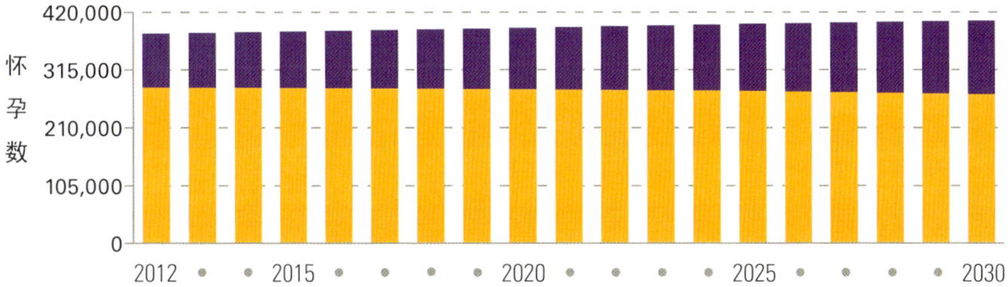

死亡率降低[5]

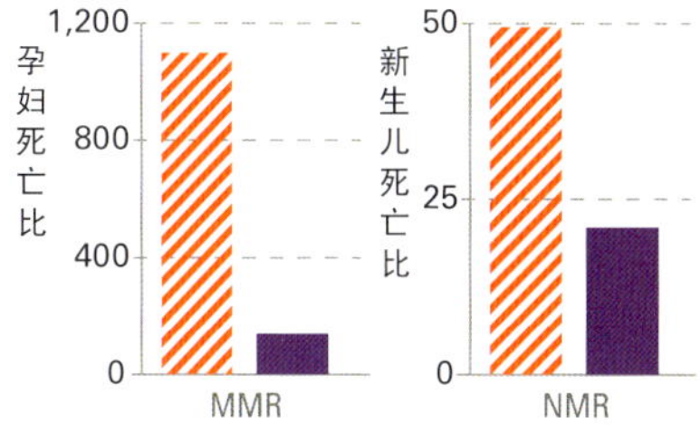

2030年预测和规划

这一部分使用简短的国家已报告数据来计算基于需求上的2030年的预测值。这些预测对记录的入学人数，毕业人数，花费在MNH上的时间百分比，年龄分布，角色和自然流失敏感。如果一些国家数据缺失，标准的、以证据为基础的假设会应用其中。这份预测具有指导意义，应该被用于核实国家数据的准确性和引发进一步的政策讨论。更多信息在50页“如何阅读”部分。

预计减少量　预计增加量　预计工作人数

ISCO-08国际职业标准分类

自然流失、死亡和退休的减少 | 助产专业人员 | 助产士相关专业人员 | 护理专业人员 | 护理相关专业人员 | 医疗辅助人员和医助 | 开业医生和全科医生 | 开业医生和专科医生（妇科产科）

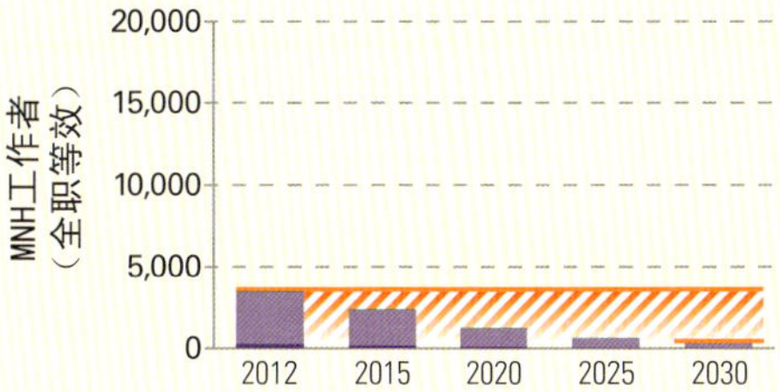

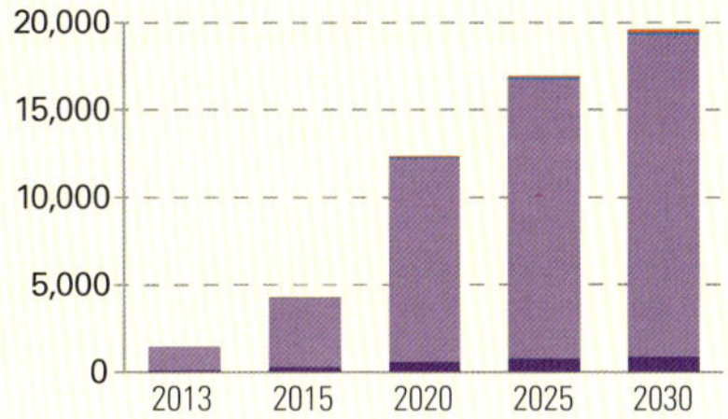

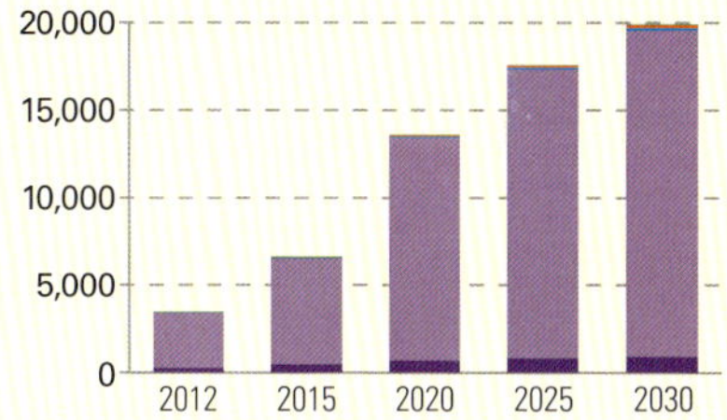

假如…

通过可获得的数据进行的需求预测

1 到2030年怀孕人数下降20%

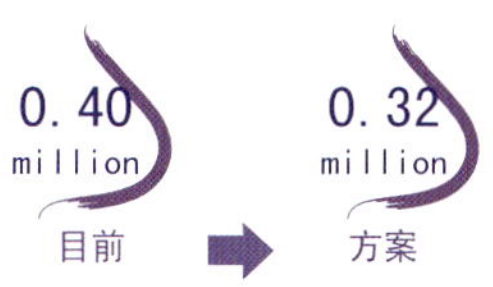

怀孕、分娩、产后、出生后照护急剧增加，孕前服务在2080年后增加

42% 2030年可满足需求 → 62% 2030年可满足需求

2 到2020年，助产士、护士、医生毕业生的数目翻倍

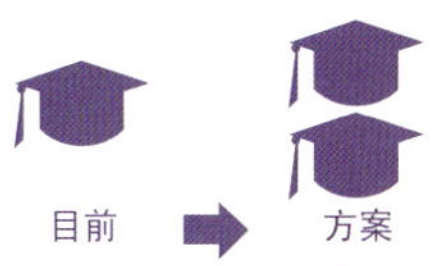

42% 2030年可满足需求 → 62% 2030年可满足需求

3 到2030年，工作效率每年增加2%

42% 2030年可满足需求 → 52% 2030年可满足需求

4 下一个5年流失量减半

42% 2030年可满足需求 → 49% 2030年可满足需求

目前发展轨迹

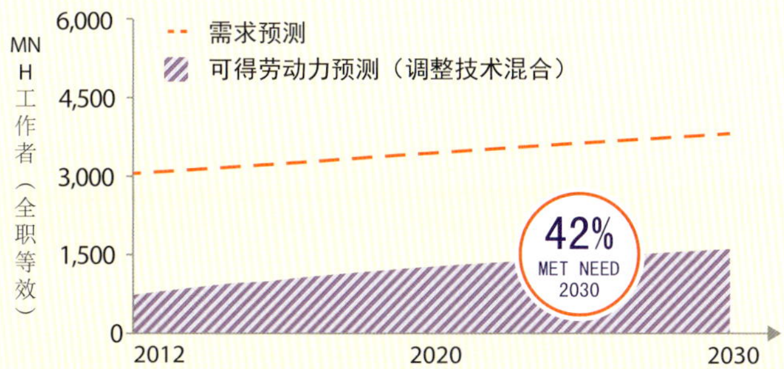

假设发展轨迹

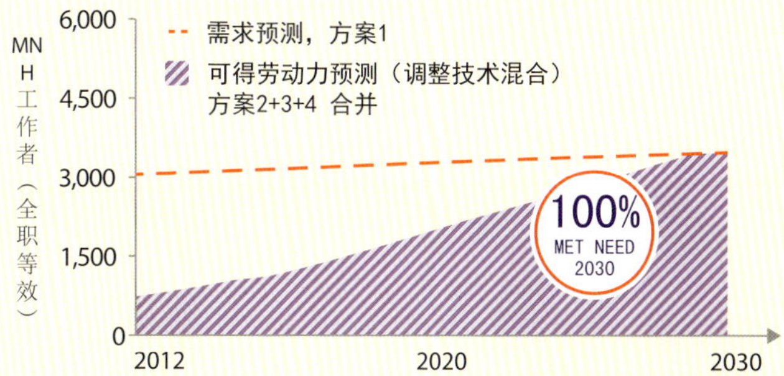

1. 医务工作者分类包含了以下国家的称呼：助产士包括助产士。辅助者包含妇女儿童健康辅助人员，护士助理：辅助助产护士包括国家登记的社区健康护士，全科医生包括卫生干事。产科/妇科医生包括妇产科专业医生。医疗干事和医疗助理包括社区健康干事，来源：2014的SoWMy或者第二来源（WHO全球健康观察、政府政策文件）
2. 年份数据是在STATCOMPILER获得的最新数据
3. 信息参考助产士骨干分类
4. 助产士、护士的国家组织
5. 提出的2030年的MMR、NMR的目标来源于2030年预防母亲死亡的计划和每位新生儿实施计划。

所罗门群岛

2012年，估计总人数50万人，100%生活在农村，10万的妇女（25%）为育龄妇女。总和生育率是4.1。至2030年，人口估计会增加39%，达到80万人。为了使这些人普遍获得性、生殖及母婴护理，至2030年助产士服务必须适应每年3万的怀孕量。在2012至2030年期间，给予卫生体系的启示是如何更合理地设置人力资源来适应180万的产前检查，40万的出生量，140万的产后/出生后随访。

妇女和新生儿的需求（2012）

每年23000的怀孕量=多少照护事件

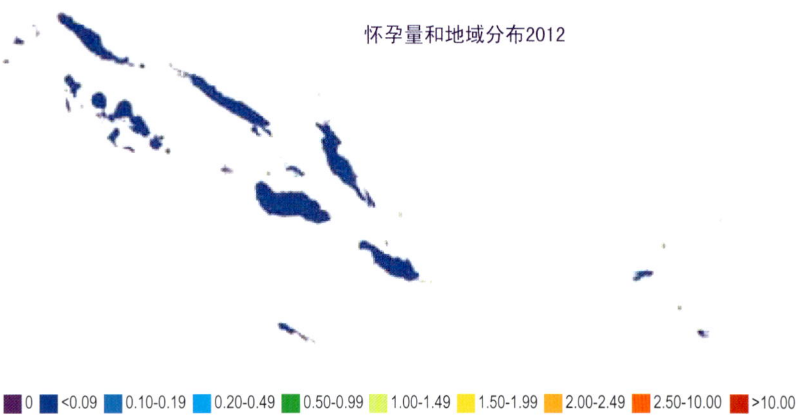

孕前（所有育龄期妇女ç） = APPROX. 209,000 计划生育

产前（怀孕数×4） = 91,000 日常访视

分娩 = 18,000 具有熟练技能的接生人员

产后（出生数×4）、出生后（新生儿数×4） = 72,000 日常访视

可获得的人力资源（2012）

	在MNH[1]工作的人员国家级分类	花费在MNH的时间%
助产士	141	80
助产士、辅助者	na	na
助产护士	na	na
护士	na	na
护士、助产护士	na	na
卫生干事和医助	na	na
开业医生、全科医生	3	15
产科医生、妇科医生	2	100

孕前、产前、分娩、产后、出生后

估计需求=**33%**

实际工作时间/需要工作时间

国家总需求的估算基于可得数据

助产教育[3]

高中教育为最低起点	12年级+
取得资格要求的学习数（全面的）	2
是否为标准化课程设置及最新更新时间	是，2011
课程要求的在指导下的最低接生数	40
2012年毕业数/占总从业的助产人数百分比	—/—
1年内MNH雇佣毕业生的百分数	90%

助产法规

有承认助产是自主专业的法律	否
有承认助产是自主专业的法律	否
政府机构规范助产士行为	是
助产执照	否
执照助产士的现场注册	否
助产士拥有的EmONC要求的基本职能数（超出7个）	6
允许助产士提供可注射避孕药/宫内避孕器	是/是

专业组织[4]

专业组织创建年	2004，—/—
专业组织角色	
持续专业发展	是
建议和代表被指控不当行为的成员	是
就成员MNH的质量标准提出建议	是
就政府关于MNH的政策性文件提出建议	是
与政府协商工作和工资问题	是

经济可达性

包括最小受益计划的46项RMNH基本干预百分比

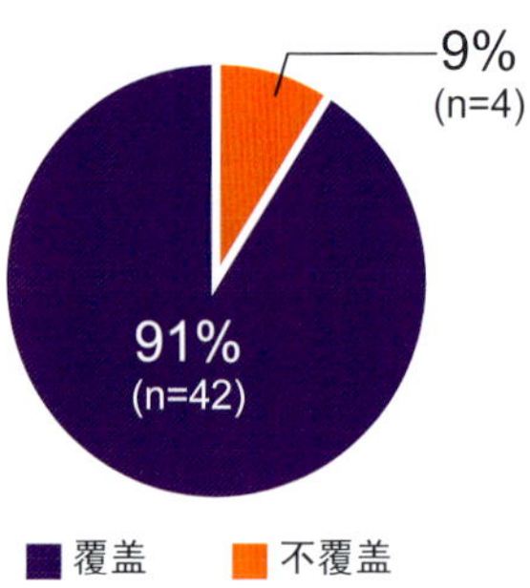

地域可达性

SBA[2]接生数目

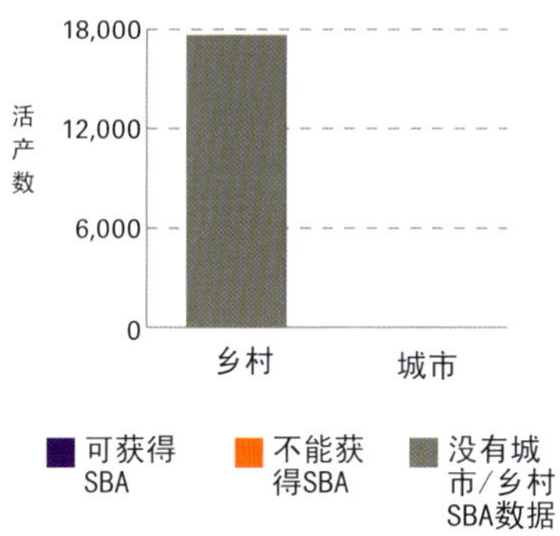

Na=不适合 —=缺失数据

规划怀孕数：城市与乡村

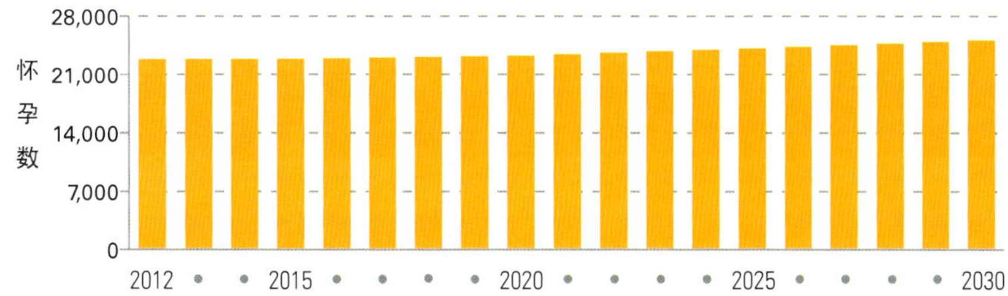

死亡率降低[5]

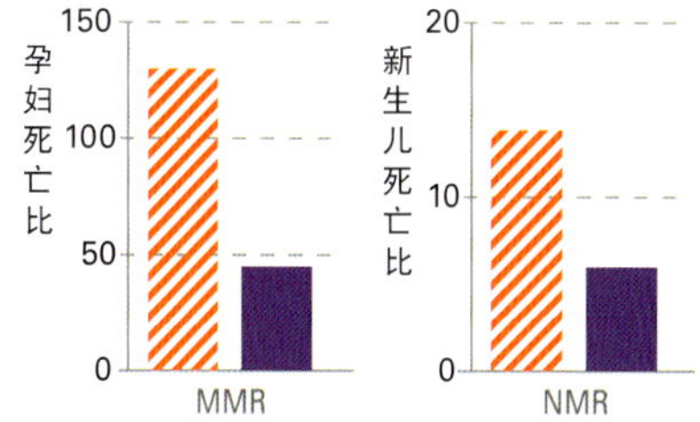

2030年预测和规划

这一部分使用简短的国家已报告数据来计算基于需求上的2030年的预测值。这些预测对记录的入学人数，毕业人数，花费在MNH上的时间百分比，年龄分布，角色和自然流失敏感。如果一些国家数据缺失，标准的、以证据为基础的假设会应用其中。这份预测具有指导意义，应该被用于核实国家数据的准确性和引发进一步的政策讨论。更多信息在50页“如何阅读”部分。

预计减少量　预计增加量　预计工作人数

ISCO-08国际职业标准分类

自然流失、死亡和退休的减少　助产专业人员　助产士相关专业人员　护理专业人员　护理相关专业人员　医疗辅助人员和医助　开业医生和全科医生　开业医生和专科医生（妇科产科）

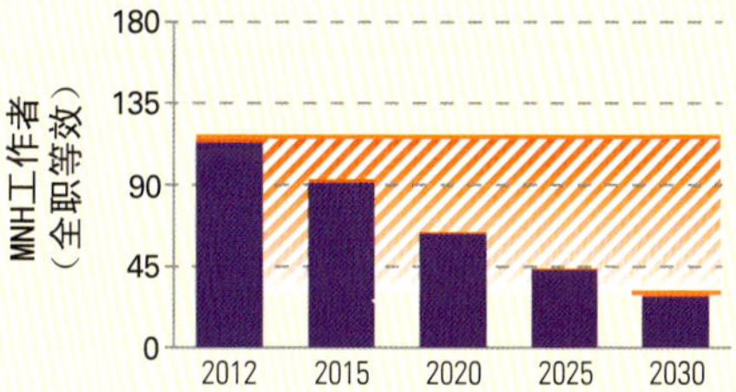

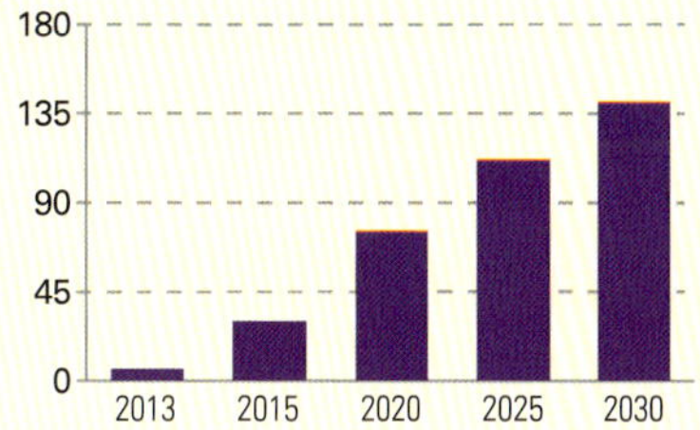

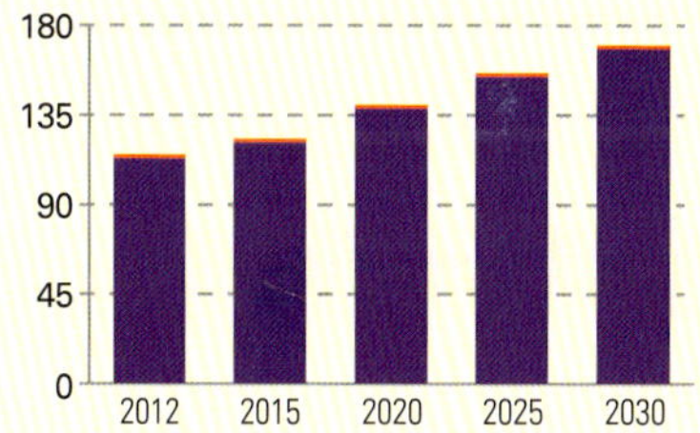

假如…

通过可获得的数据进行的需求预测

1 到2030年怀孕人数下降20%

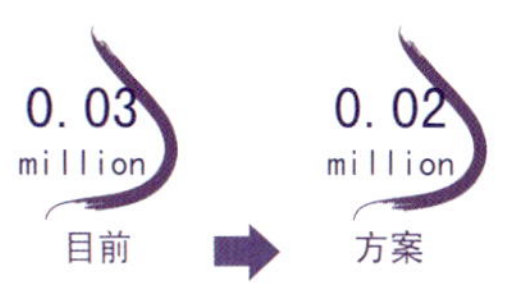

怀孕、分娩、产后、出生后照护急剧增加，孕前服务在2080年后增加

2 到2020年，助产士、护士、医生毕业生的数目翻倍

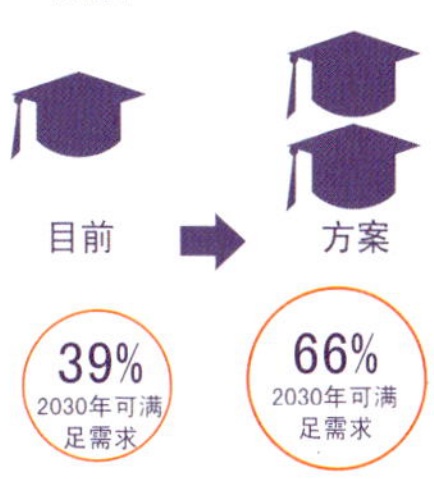

3 到2030年，工作效率每年增加2%

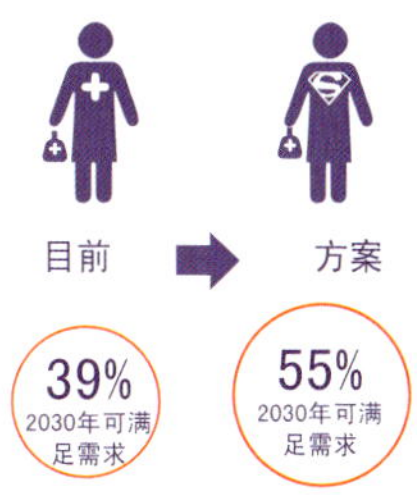

4 下一个5年流失量减半

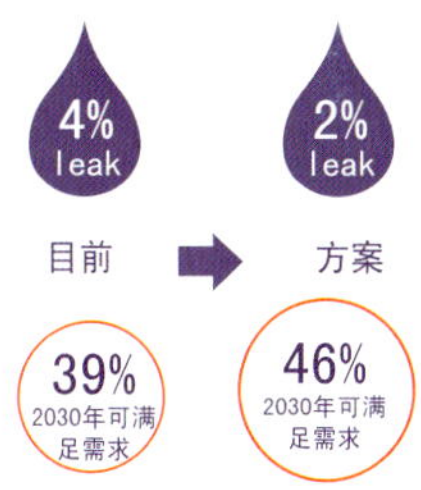

目前发展轨迹

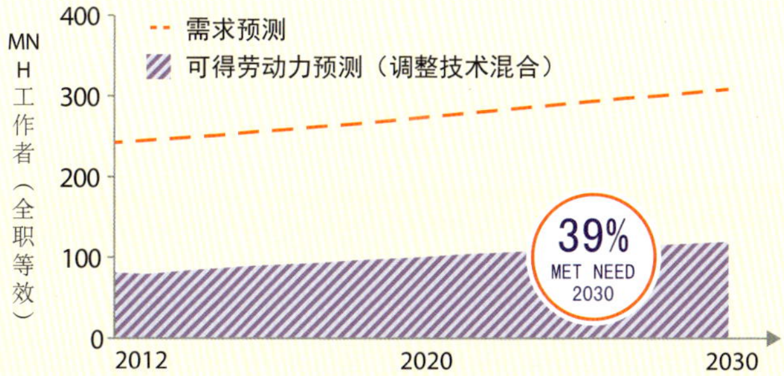

假设发展轨迹

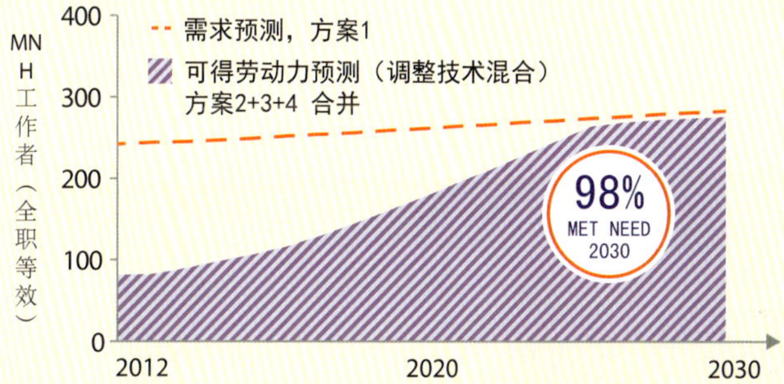

1. 医务工作者分类包含了以下国家的称呼：助产士包括助产士。辅助者包含妇女儿童健康辅助人员，护士助理；辅助助产护士包括国家登记的社区健康护士，全科医生包括卫生干事。产科/妇科医生包括妇产科专业医生。医疗干事和医疗助理包括社区健康干事，来源：2014的SoWMy或者第二来源（WHO全球健康观察、政府政策文件）
2. 年份数据是在STATCOMPILER获得的最新数据
3. 信息参考助产士骨干分类
4. 助产士、护士的国家组织
5. 提出的2030年的MMR、NMR的目标来源于2030年预防母亲死亡的计划和每位新生儿实施计划。

索马里

2012年，估计总人数1020万人，770万人（76%）生活在农村，220万的妇女（22%）为育龄妇女。总和生育率是6.6。至2030年，人口估计会增加66%，达到1690万人。为了使这些人普遍获得性、生殖及母婴护理，至2030年助产士服务必须适应每年90万的怀孕量。在2012至2030年期间，给予卫生体系的启示是如何更合理地设置人力资源来适应5780万的产前检查，1060万的出生量，4250万的产后/出生后随访。

妇女和新生儿的需求（2012）

每年637000的怀孕量=多少照护事件

怀孕量和地域分布2012

0 <0.09 0.10-0.19 0.20-0.49 0.50-0.99 1.00-1.49 1.50-1.99 2.00-2.49 2.50-10.00 >10.00

孕前（所有育龄期妇女ç） APPROX. = 4,501,000 计划生育

产前（怀孕数×4） = 2,549,000 日常访视

分娩 = 469,000 具有熟练技能的接生人员

产后（出生数×4）
出生后（新生儿数×4） = 1,876,000 日常访视

可获得的人力资源（2012）

	在MNH[1]工作的人员国家级分类	花费在MNH的时间%
助产士	65	100
助产士、辅助者	612	100
助产护士	218	70
护士	na	na
护士、助产护士	1,838	50
卫生干事和医助	na	na
开业医生、全科医生	339	27
产科医生、妇科医生	21	100

孕前 产前 分娩 产后 出生后

估计需求=

22%

实际工作时间/需要工作时间

国家总需求的估算基于可得数据

助产教育[3]

高中教育为最低起点	12年级+
取得资格要求的学习数（全面的）	3
是否为标准化课程设置及最新更新时间	否，不适合
课程要求的在指导下的最低接生数	不适合
2012年毕业数/占总从业的助产人数百分比	—/不适合
1年内MNH雇佣毕业生的百分数	不适合

助产法规

有承认助产是自主专业的法律	否
有承认助产是自主专业的法律	是
政府机构规范助产士行为	是
助产执照	否
执照助产士的现场注册	否
助产士拥有的EmONC要求的基本职能数（超出7个）	7
允许助产士提供可注射避孕药/宫内避孕器	是/否

专业组织[4]

专业组织创建年	2013
专业组织角色	
持续专业发展	是
建议和代表被指控不当行为的成员	否
就成员MNH的质量标准提出建议	是
就政府关于MNH的政策性文件提出建议	是
与政府协商工作和工资问题	否

经济可达性

包括最小受益计划的46项RMNH基本干预百分比

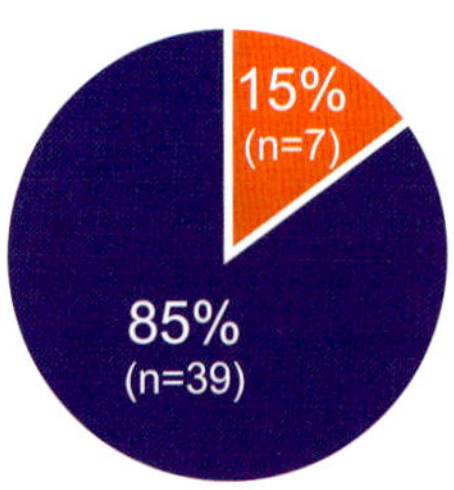

地域可达性

SBA[2]接生数目

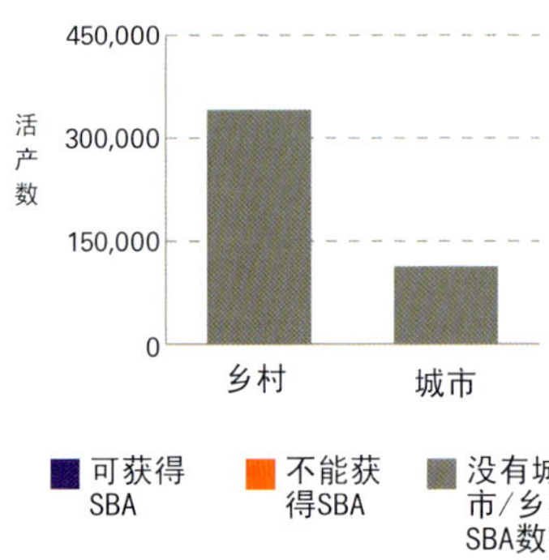

Na=不适合 —=缺失数据

规划怀孕数：城市与乡村

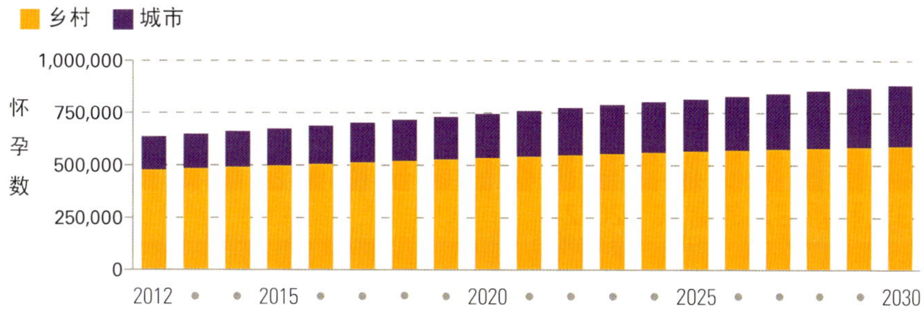

死亡率降低[5]

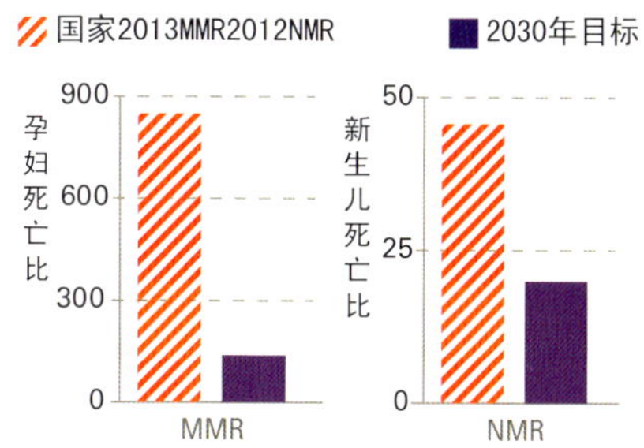

2030年预测和规划

这一部分使用简短的国家已报告数据来计算基于需求上的2030年的预测值。这些预测对记录的入学人数，毕业人数，花费在MNH上的时间百分比，年龄分布，角色和自然流失敏感。如果一些国家数据缺失，标准的、以证据为基础的假设会应用其中。这份预测具有指导意义，应该被用于核实国家数据的准确性和引发进一步的政策讨论。更多信息在50页“如何阅读”部分。

预计减少量　预计增加量　预计工作人数

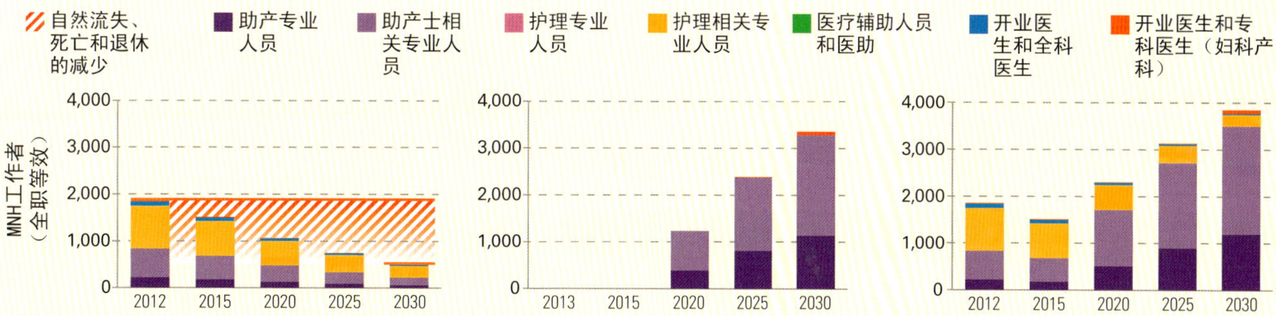

假如…

通过可获得的数据进行的需求预测

1 到2030年怀孕人数下降20%

0. 88 million　目前 → 方案　0. 71 million

怀孕、分娩、产后、出生后照护急剧增加，孕前服务在2080年后增加

2 到2020年，助产士、护士、医生毕业生的数目翻倍

目前 → 方案

31% 2030年可满足需求　40% 2030年可满足需求

3 到2030年，工作效率每年增加2%

目前 → 方案

31% 2030年可满足需求　35% 2030年可满足需求

4 下一个5年流失量减半

4% leak　目前 → 方案　2% leak

31% 2030年可满足需求　32% 2030年可满足需求

目前发展轨迹

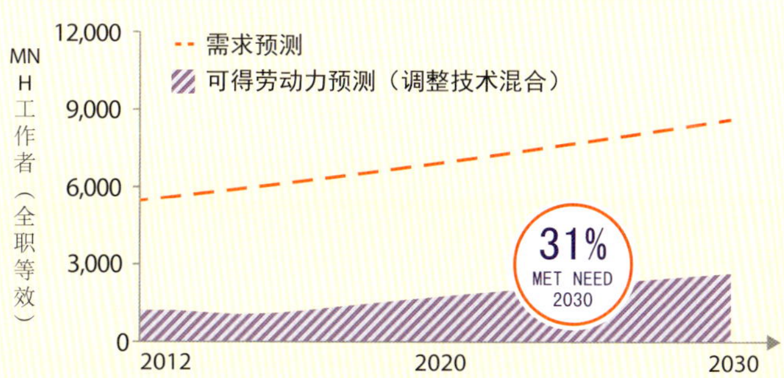

假设发展轨迹

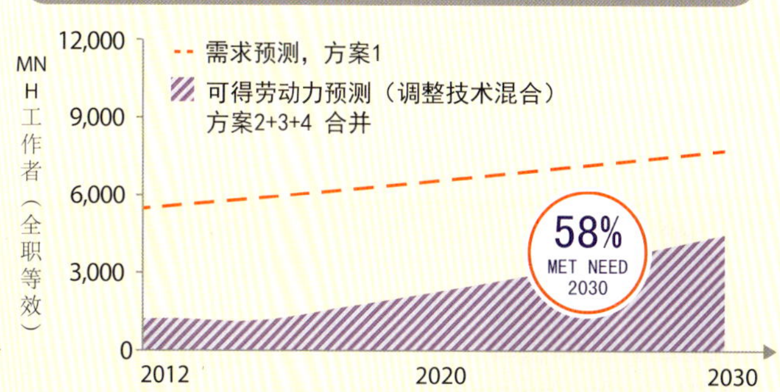

1. 医务工作者分类包含了以下国家的称呼：助产士包括助产士。辅助者包含妇女儿童健康辅助人员，护士助理；辅助助产护士包括国家登记的社区健康护士，全科医生包括卫生干事。产科/妇科医生包括妇产科专业医生。医疗干事和医疗助理包括社区健康干事，来源：2014的SoWMy或者第二来源（WHO全球健康观察、政府政策文件）
2. 年份数据是在STATCOMPILER获得的最新数据
3. 信息参考助产士骨干分类
4. 助产士、护士的国家组织
5. 提出的2030年的MMR、NMR的目标来源于2030年预防母亲死亡的计划和每位新生儿实施计划。

苏丹

2012年，估计总人数3720万人，2400万人（64%）生活在农村，900万的妇女（24%）为育龄妇女。总和生育率是4.5。至2030年，人口估计会增加48%，达到5510万人。为了使这些人普遍获得性、生殖及母婴护理，至2030年助产士服务必须适应每年210万的怀孕量。在2012至2030年期间，给予卫生体系的启示是如何更合理地设置人力资源来适应1.493亿的产前检查，2710万的出生量，1.083亿的产后/出生后随访。

妇女和新生儿的需求（2012）

每年1,784,000的怀孕量=多少照护事件

怀孕量和地域分布2012

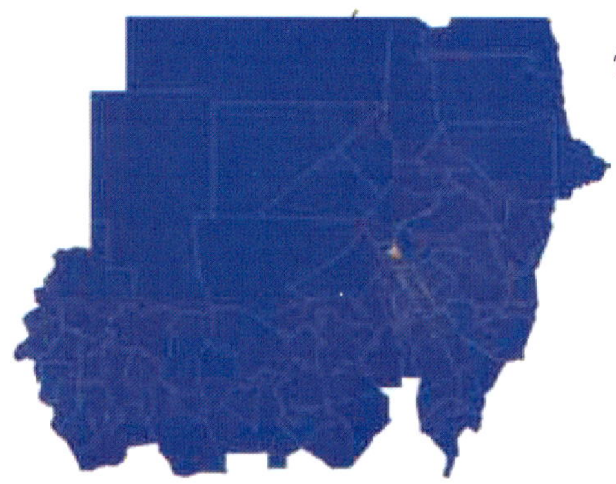

孕前（所有育龄期妇女ç） = APPROX 12,998,000 计划生育

产前（怀孕数×4） = 7,134,000 日常访视

分娩 = 1,294,000 具有熟练技能的接生人员

产后（出生数×4）
出生后（新生儿数×4） = 5,177,000 日常访视

可获得的人力资源（2012）

	在MNH[1]工作的人员国家级分类	花费在MNH的时间%
助产士	478	100
助产士、辅助者	67	100
助产护士	689	100
护士	na	na
护士、助产护士	na	na
卫生干事和医助	13,455	–
开业医生、全科医生	7,226	50
产科医生、妇科医生	316	80

孕前 产前 分娩 产后 出生后

估计需求=32%

实际工作时间 / 需要工作时间

国家总需求的估算基于可得数据

助产教育[3]

高中教育为最低起点	12年级+
取得资格要求的学习数（全面的）	4
是否为标准化课程设置及最新更新时间	是，2010
课程要求的在指导下的最低接生数	50
2012年毕业数/占总从业的助产人数百分比	0/不适合
1年内MNH雇佣毕业生的百分数	33%

助产法规

有承认助产是自主专业的法律	是
有承认助产是自主专业的法律	否
政府机构规范助产士行为	是
助产执照	是
执照助产士的现场注册	是
助产士拥有的EmONC要求的基本职能数（超出7个）	5
允许助产士提供可注射避孕药/宫内避孕器	是/否

专业组织[4]

专业组织创建年	2008
专业组织角色	
持续专业发展	否
建议和代表被指控不当行为的成员	否
就成员MNH的质量标准提出建议	否
就政府关于MNH的政策性文件提出建议	否
与政府协商工作和工资问题	否

经济可达性

包括最小受益计划的46项RMNH基本干预百分比

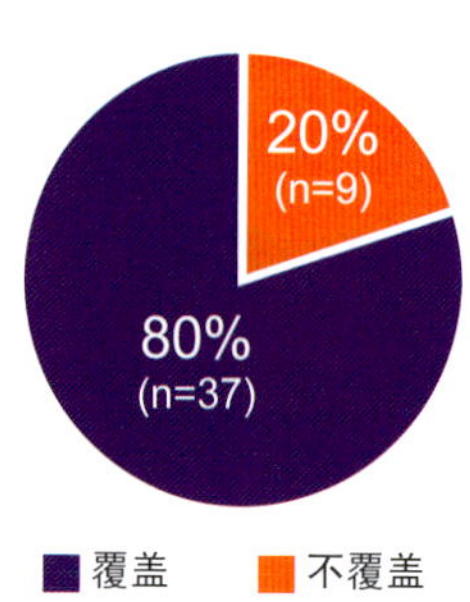

地域可达性

SBA[2]接生数目

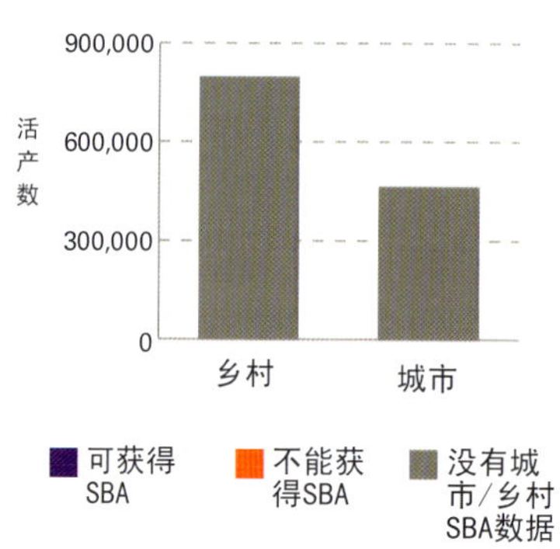

Na=不适合 —=缺失数据

规划怀孕数：城市与乡村

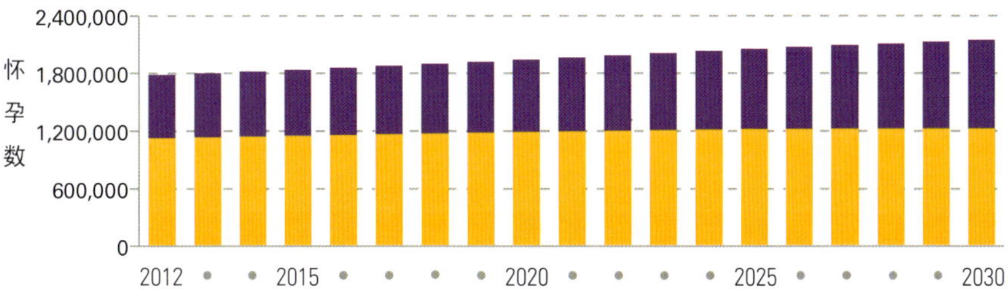

死亡率降低[5]

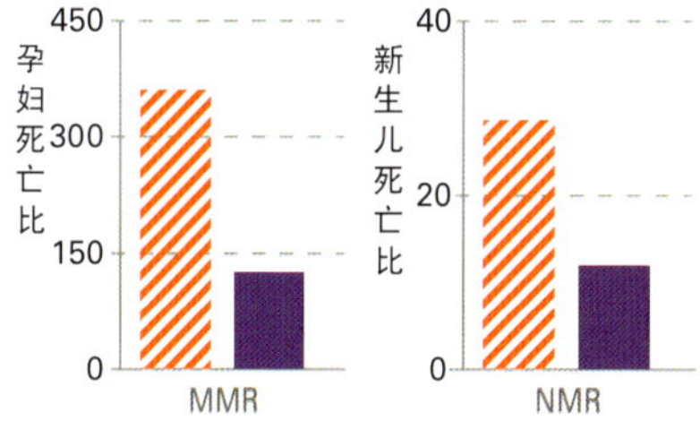

2030年预测和规划

这一部分使用简短的国家已报告数据来计算基于需求上的2030年的预测值。这些预测对记录的入学人数，毕业人数，花费在MNH上的时间百分比，年龄分布，角色和自然流失敏感。如果一些国家数据缺失，标准的、以证据为基础的假设会应用其中。这份预测具有指导意义，应该被用于核实国家数据的准确性和引发进一步的政策讨论。更多信息在50页“如何阅读”部分。

预计减少量　预计增加量　预计工作人数

ISCO-08国际职业标准分类

自然流失、死亡和退休的减少｜助产专业人员｜助产士相关专业人员｜护理专业人员｜护理相关专业人员｜医疗辅助人员和医助｜开业医生和全科医生｜开业医生和专科医生（妇科产科）

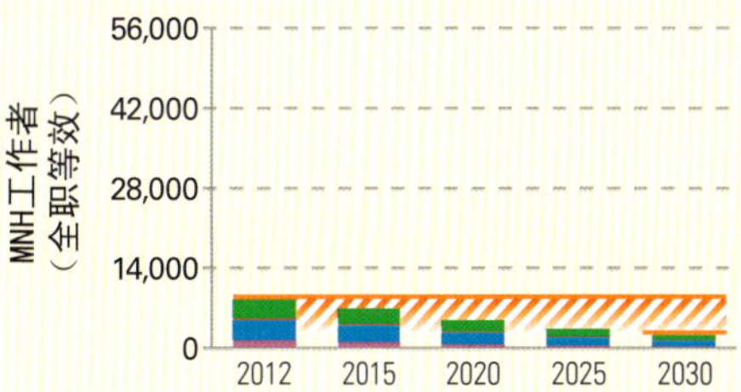

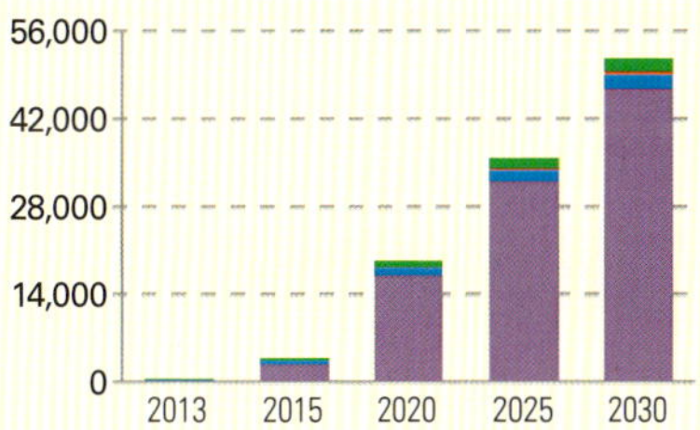

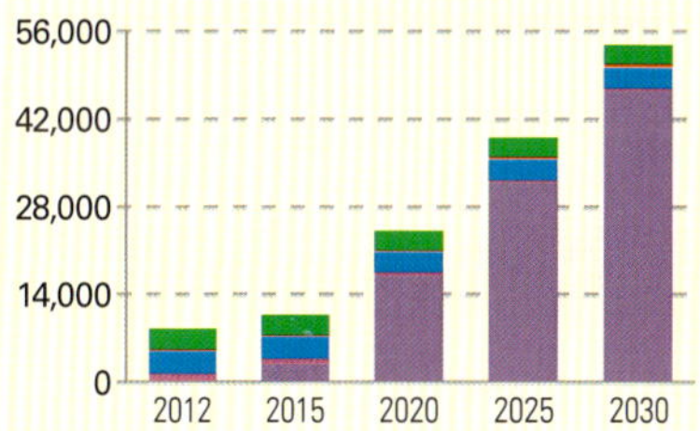

假如…

通过可获得的数据进行的需求预测

1 到2030年怀孕人数下降20%

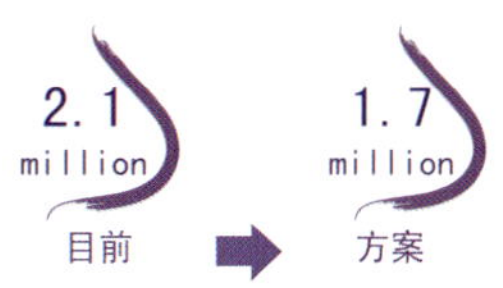

怀孕、分娩、产后、出生后照护急剧增加，孕前服务在2080年后增加

2 到2020年，助产士、护士、医生毕业生的数目翻倍

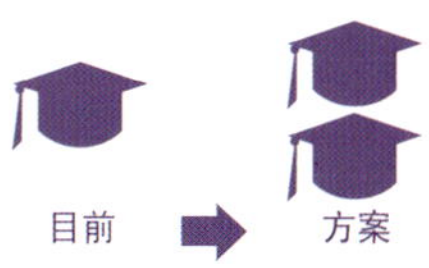

38% 2030年可满足需求 → 46% 2030年可满足需求

3 到2030年，工作效率每年增加2%

38% 2030年可满足需求 → 43% 2030年可满足需求

4 下一个5年流失量减半

38% 2030年可满足需求 → 40% 2030年可满足需求

目前发展轨迹

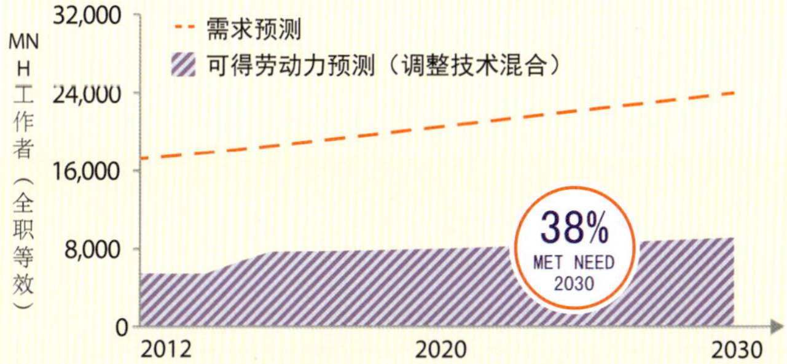

假设发展轨迹

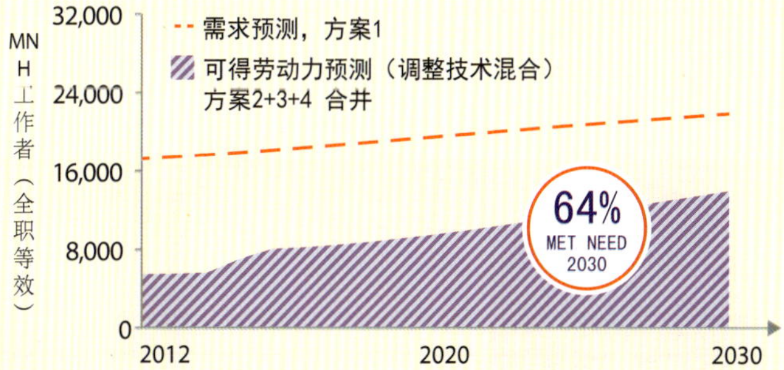

1. 医务工作者分类包含了以下国家的称呼：助产士包括助产士。辅助者包含妇女儿童健康辅助人员，护士助理；辅助助产护士包括国家登记的社区健康护士，全科医生包括卫生干事。产科/妇科医生包括妇产科专业医生。医疗干事和医疗助理包括社区健康干事，来源：2014的SoWMy或者第二来源（WHO全球健康观察、政府政策文件）
2. 年份数据是在STATCOMPILER获得的最新数据
3. 信息参考助产士骨干分类
4. 助产士、护士的国家组织
5. 提出的2030年的MMR、NMR的目标来源于2030年预防母亲死亡的计划和每位新生儿实施计划。

斯威士兰

2012年，估计总人数120万人，90万人（69%）生活在农村，30万的妇女（26%）为育龄妇女。总和生育率是3.4。至2030年，人口估计会增加23%，达到150万人。为了使这些人普遍获得性、生殖及母婴护理，至2030年助产士服务必须适应每年5万的怀孕量。其中有74%在农村。在2012至2030年期间，给予卫生体系的启示是如何更合理地设置人力资源来适应410万的产前检查，70万的出生量，280万的产后/出生后随访。

妇女和新生儿的需求（2012）

每年54,000的怀孕量=多少照护事件

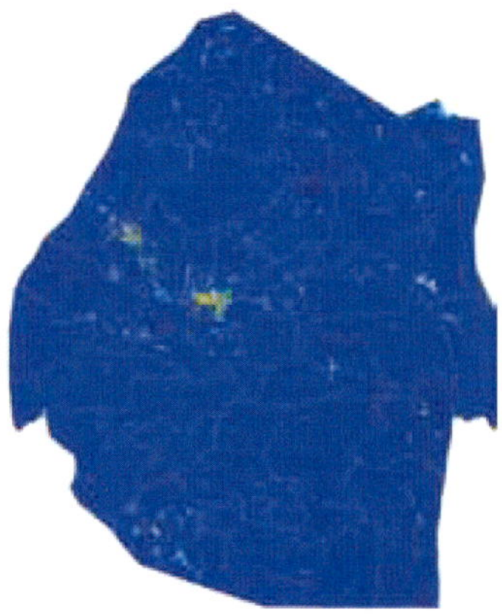

怀孕量和地域分布2012

0 | <0.09 | 0.10-0.19 | 0.20-0.49 | 0.50-0.99 | 1.00-1.49 | 1.50-1.99 | 2.00-2.49 | 2.50-10.00 | >10.00

孕前（所有育龄期妇女ç） APPROX. = 729,000 计划生育

产前（怀孕数×4） = 217,000 日常访视

分娩 = 38,000 具有熟练技能的接生人员

产后（出生数×4）、出生后（新生儿数×4） = 151,000 日常访视

可获得的人力资源（2012）

	在MNH[1]工作的人员国家级分类	花费在MNH的时间%
助产士	na	na
助产士、辅助者	na	na
助产护士	1,200	100
护士	na	na
护士、助产护士	70	100
卫生干事和医助	–	–
开业医生、全科医生	259	30
产科医生、妇科医生	4	100

孕前 / 产前 / 分娩 / 产后 / 出生后

估计需求= 88%

实际工作时间 / 需要工作时间

国家总需求的估算基于可得数据

助产教育[3]

高中教育为最低起点	12年级+
取得资格要求的学习数（全面的）	4
是否为标准化课程设置及最新更新时间	是，2011
课程要求的在指导下的最低接生数	25
2012年毕业数/占总从业的助产人数百分比	113/9
1年内MNH雇佣毕业生的百分数	86%

助产法规

有承认助产是自主专业的法律	是
有承认助产是自主专业的法律	是
政府机构规范助产士行为	是
助产执照	是
执照助产士的现场注册	是
助产士拥有的EmONC要求的基本职能数（超出7个）	5
允许助产士提供可注射避孕药/宫内避孕器	是/是

专业组织[4]

专业组织创建年	1965，2002
专业组织角色	
持续专业发展	是
建议和代表被指控不当行为的成员	是
就成员MNH的质量标准提出建议	是
就政府关于MNH的政策性文件提出建议	是
与政府协商工作和工资问题	是

经济可达性

包括最小受益计划的46项RMNH基本干预百分比

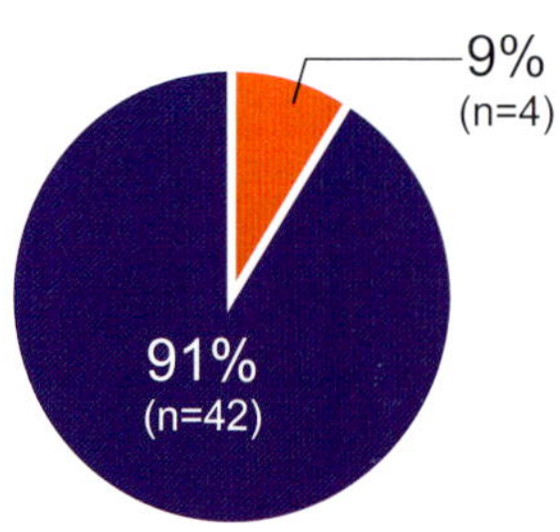

覆盖　不覆盖

地域可达性

SBA[2]接生数目

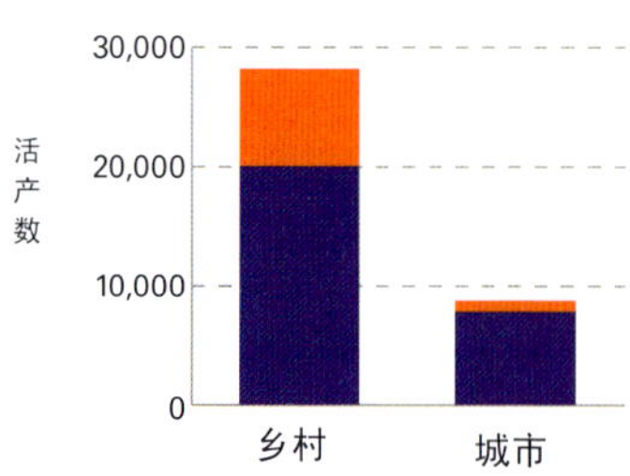

可获得SBA　不能获得SBA　没有城市/乡村SBA数据

Na=不适合　—=缺失数据

规划怀孕数：城市与乡村

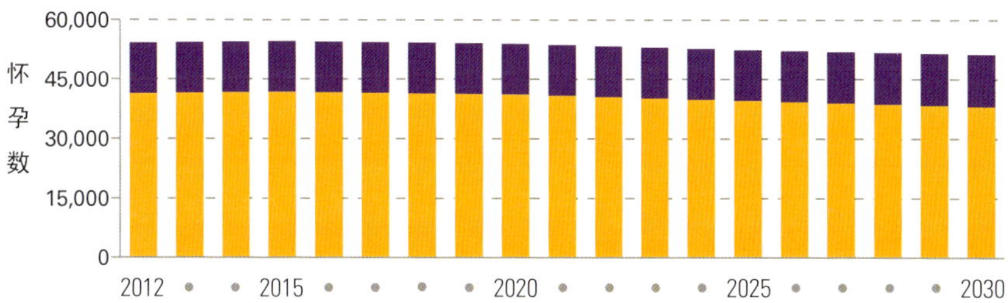

死亡率降低[5]

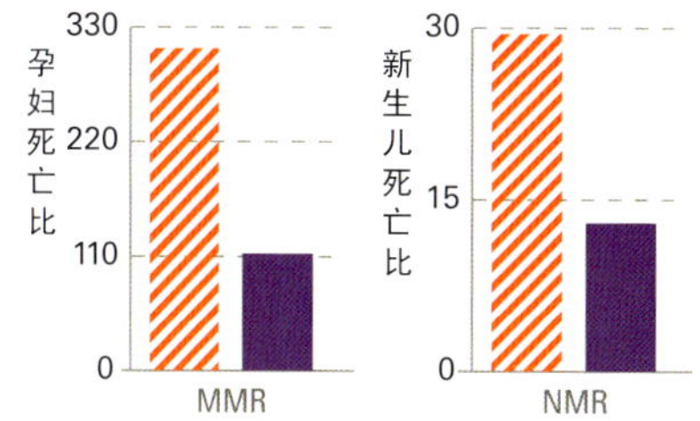

2030年预测和规划

这一部分使用简短的国家已报告数据来计算基于需求上的2030年的预测值。这些预测对记录的入学人数，毕业人数，花费在MNH上的时间百分比，年龄分布，角色和自然流失敏感。如果一些国家数据缺失，标准的、以证据为基础的假设会应用其中。这份预测具有指导意义，应该被用于核实国家数据的准确性和引发进一步的政策讨论。更多信息在50页“如何阅读”部分。

预计减少量　预计增加量　预计工作人数

ISCO-08国际职业标准分类

自然流失、死亡和退休的减少　助产专业人员　助产士相关专业人员　护理专业人员　护理相关专业人员　医疗辅助人员和医助　开业医生和全科医生　开业医生和专科医生（妇科产科）

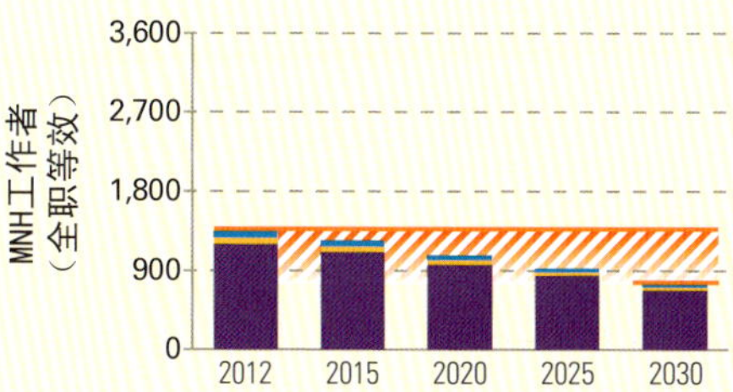

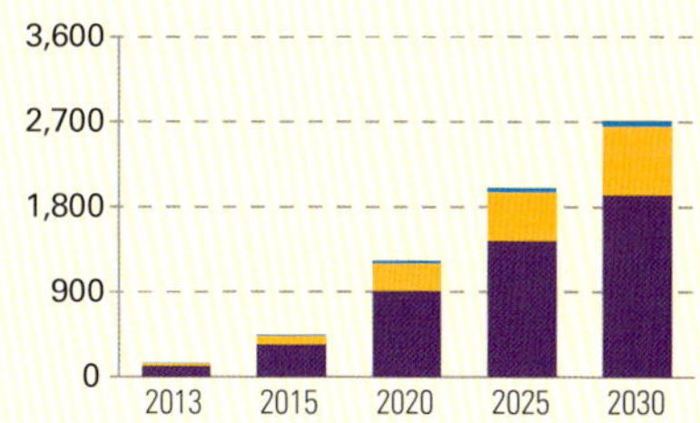

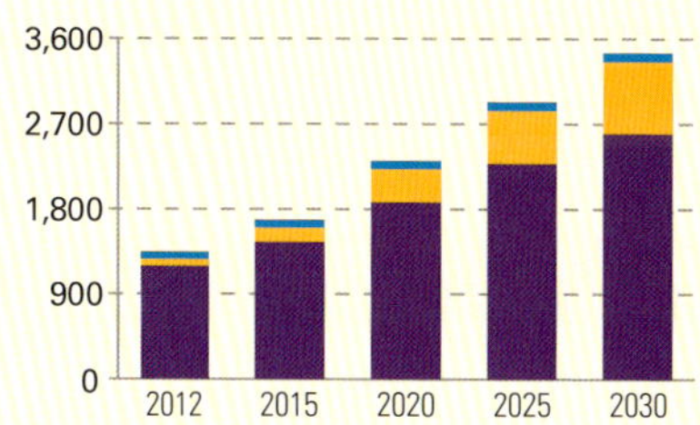

假如…

通过可获得的数据进行的需求预测

1 到2030年怀孕人数下降20%

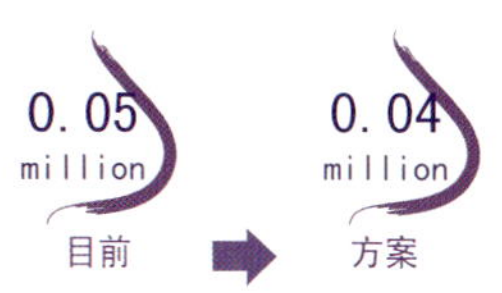

怀孕、分娩、产后、出生后照护急剧增加，孕前服务在2080年后增加

87% 2030年可满足需求　91% 2030年可满足需求

2 到2020年，助产士、护士、医生毕业生的数目翻倍

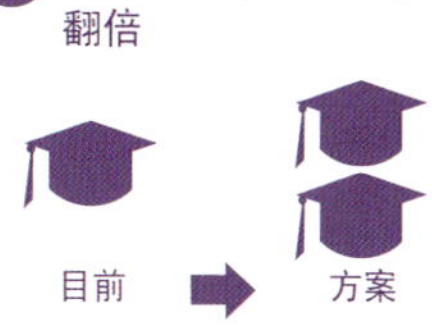

87% 2030年可满足需求　91% 2030年可满足需求

3 到2030年，工作效率每年增加2%

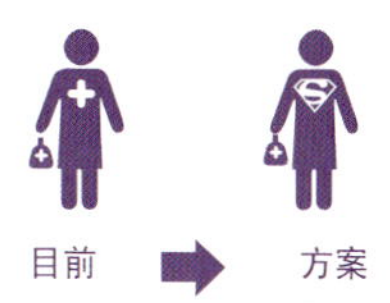

87% 2030年可满足需求　90% 2030年可满足需求

4 下一个5年流失量减半

87% 2030年可满足需求　87% 2030年可满足需求

目前发展轨迹

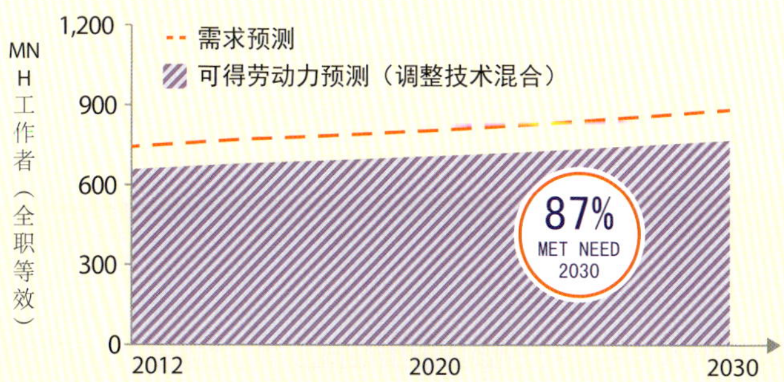

假设发展轨迹

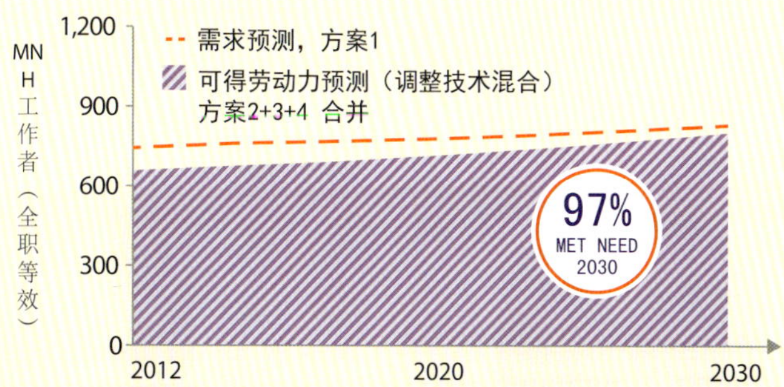

1. 医务工作者分类包含了以下国家的称呼：助产士包括助产士。辅助者包含妇女儿童健康辅助人员，护士助理；辅助助产护士包括国家登记的社区健康护士，全科医生包括卫生干事。产科/妇科医生包括妇产科专业医生。医疗干事和医疗助理包括社区健康干事，来源：2014的SoWMy或者第二来源（WHO全球健康观察、政府政策文件）
2. 年份数据是在STATCOMPILER获得的最新数据
3. 信息参考助产士骨干分类
4. 助产士、护士的国家组织
5. 提出的2030年的MMR、NMR的目标来源于2030年预防母亲死亡的计划和每位新生儿实施计划。

塔吉克斯坦

2012年，估计总人数800万人，420万人（52%）生活在农村，210万的妇女（26%）为育龄妇女。总和生育率是3.9。至2030年，人口估计会增加42%，达到1140万人。为了使这些人普遍获得性、生殖及母婴护理，至2030年助产士服务必须适应每年40万的怀孕量。在2012至2030年期间，给予卫生体系的启示是如何更合理地设置人力资源来适应3060万的产前检查，520万的出生量，2070万的产后/出生后随访。

妇女和新生儿的需求（2012）

每年396,000的怀孕量=多少照护事件

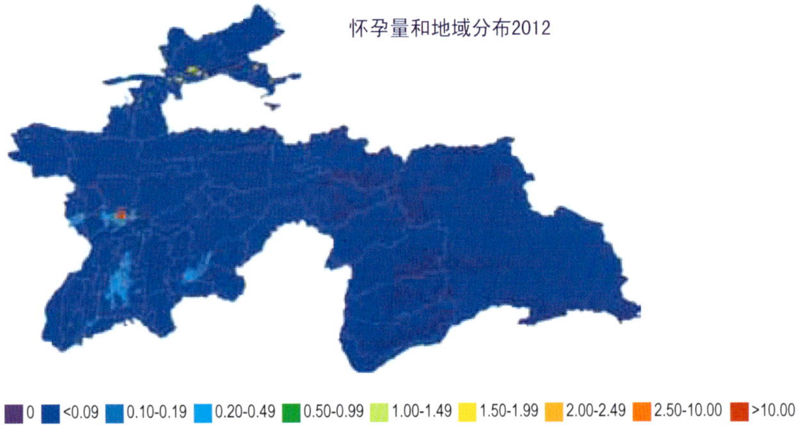

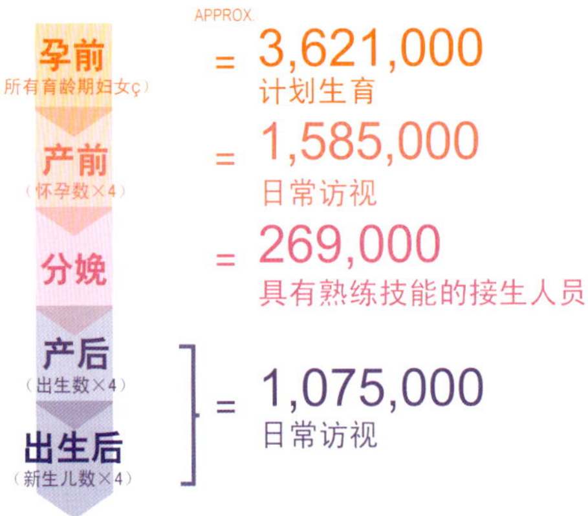

可获得的人力资源（2012）

在MNH[1]工作的人员国家级分类		花费在MNH的时间%
助产士	4,376	100
助产士、辅助者	na	na
助产护士	na	na
护士	16,908	23
护士、助产护士	na	na
卫生干事和医助	1,568	20
开业医生、全科医生	4,040	18
产科医生、妇科医生	1,407	100

助产教育[3]

高中教育为最低起点	12年级+
取得资格要求的学习数（全面的）	4
是否为标准化课程设置及最新更新时间	是，2008
课程要求的在指导下的最低接生数	20
2012年毕业数/占总从业的助产人数百分比	530/12
1年内MNH雇佣毕业生的百分数	78%

助产法规

有承认助产是自主专业的法律	否
有承认助产是自主专业的法律	是
政府机构规范助产士行为	是
助产执照	否
执照助产士的现场注册	是
助产士拥有的EmONC要求的基本职能数（超出7个）	6
允许助产士提供可注射避孕药/宫内避孕器	是/否

专业组织[4]

专业组织创建年	1987, 1997
专业组织角色	
持续专业发展	是
建议和代表被指控不当行为的成员	是
就成员MNH的质量标准提出建议	是
就政府关于MNH的政策性文件提出建议	是
与政府协商工作和工资问题	否

经济可达性

包括最小受益计划的46项RMNH基本干预百分比

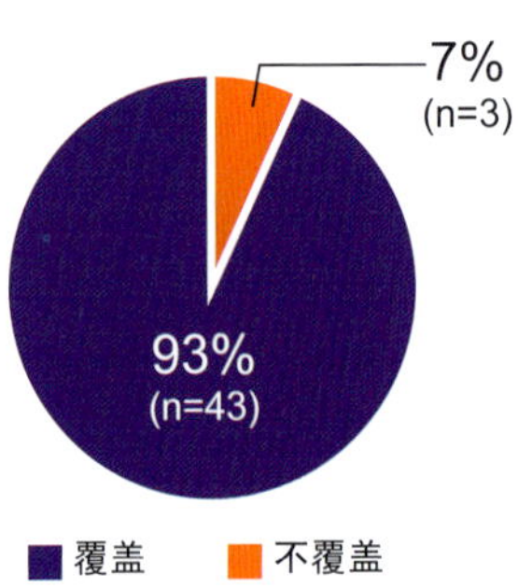

地域可达性

SBA[2]接生数目

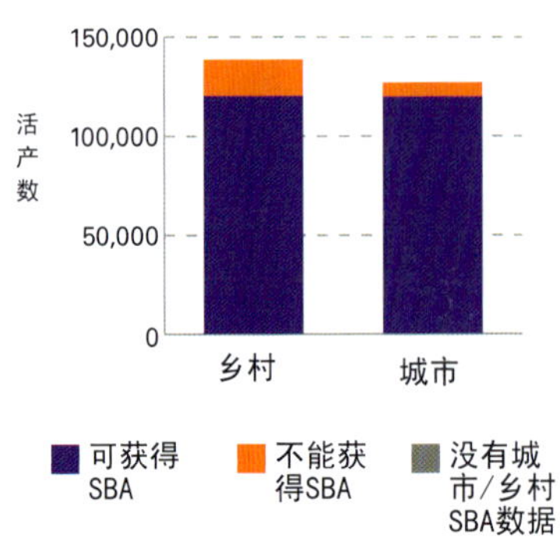

Na=不适合　　—=缺失数据

规划怀孕数：城市与乡村

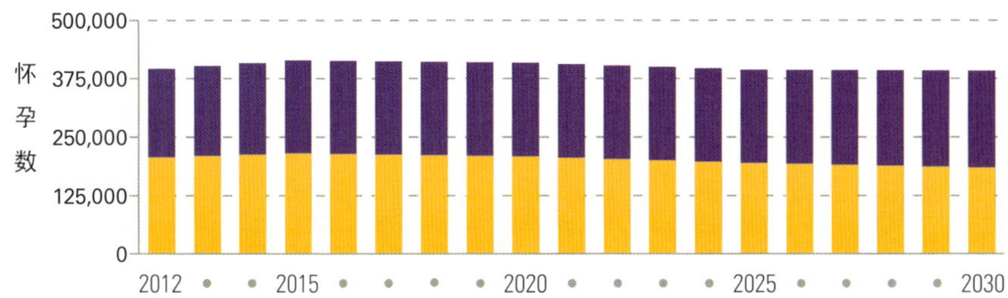

死亡率降低[5]

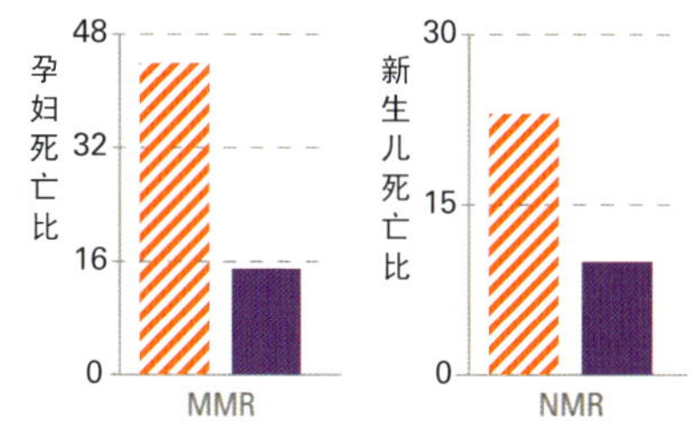

2030年预测和规划

这一部分使用简短的国家已报告数据来计算基于需求上的2030年的预测值。这些预测对记录的入学人数，毕业人数，花费在MNH上的时间百分比，年龄分布，角色和自然流失敏感。如果一些国家数据缺失，标准的、以证据为基础的假设会应用其中。这份预测具有指导意义，应该被用于核实国家数据的准确性和引发进一步的政策讨论。更多信息在50页“如何阅读”部分。

预计减少量　预计增加量　预计工作人数

ISCO-08国际职业标准分类

自然流失、死亡和退休的减少 | 助产专业人员 | 助产士相关专业人员 | 护理专业人员 | 护理相关专业人员 | 医疗辅助人员和医助 | 开业医生和全科医生 | 开业医生和专科医生（妇科产科）

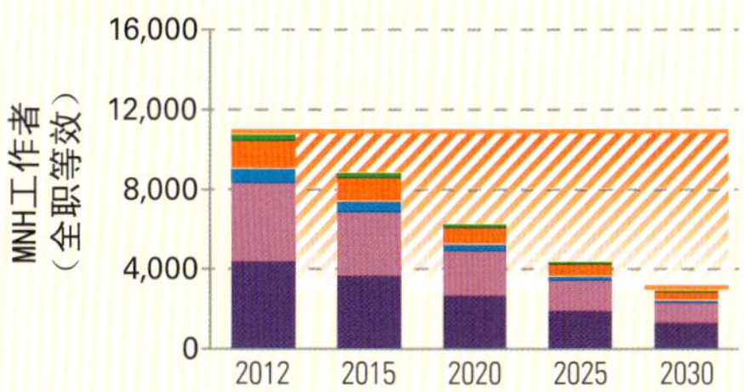

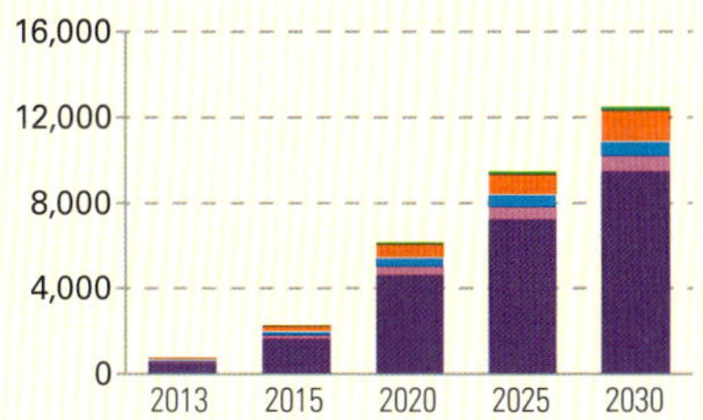

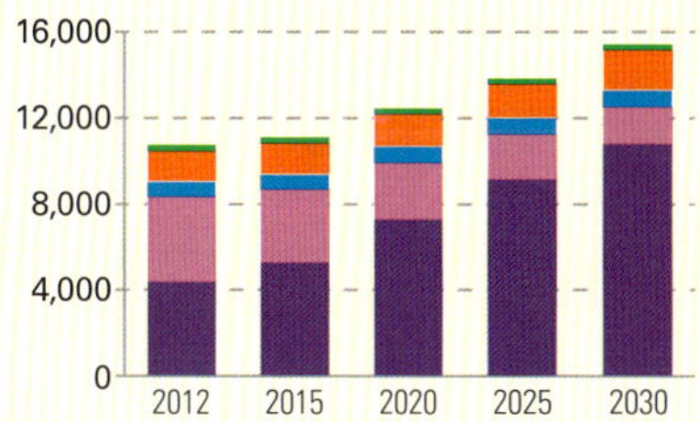

假如…

通过可获得的数据进行的需求预测

1 到2030年怀孕人数下降20%

怀孕、分娩、产后、出生后照护急剧增加，孕前服务在2080年后增加

100% 2030年可满足需求　100% 2030年可满足需求

2 到2020年，助产士、护士、医生毕业生的数目翻倍

100% 2030年可满足需求　100% 2030年可满足需求

3 到2030年，工作效率每年增加2%

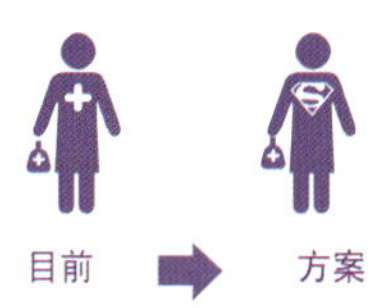

100% 2030年可满足需求　100% 2030年可满足需求

4 下一个5年流失量减半

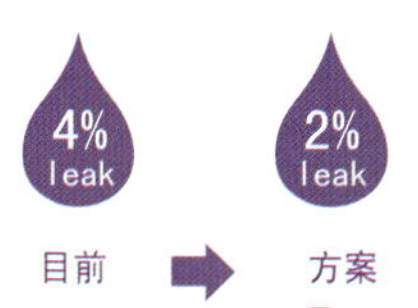

100% 2030年可满足需求　100% 2030年可满足需求

目前发展轨迹

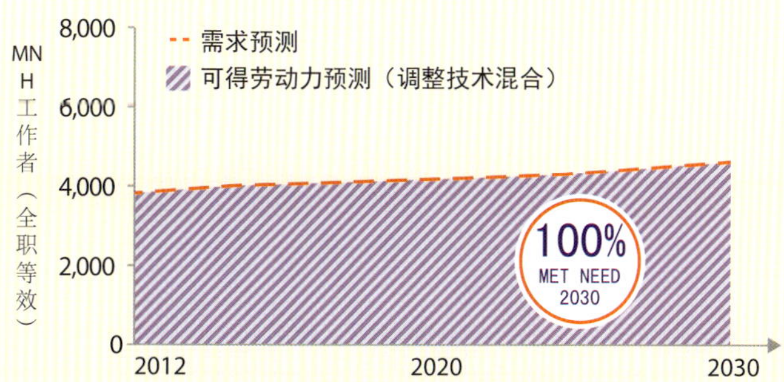

假设发展轨迹

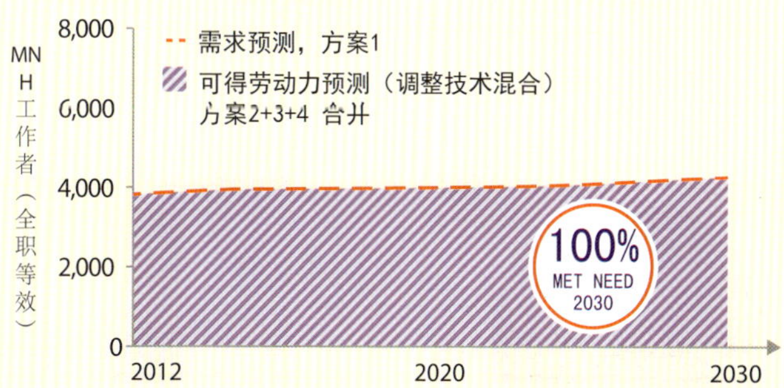

1. 医务工作者分类包含了以下国家的称呼：助产士包括助产士。辅助者包含妇女儿童健康辅助人员，护士助理：辅助助产护士包括国家登记的社区健康护士，全科医生包括卫生干事。产科/妇科医生包括妇产科专业医生。医疗干事和医疗助理包括社区健康干事，来源：2014的SoWMy或者第二来源（WHO全球健康观察、政府政策文件）
2. 年份数据是在STATCOMPILER获得的最新数据
3. 信息参考助产士骨干分类
4. 助产士、护士的国家组织
5. 提出的2030年的MMR、NMR的目标来源于2030年预防母亲死亡的计划和每位新生儿实施计划。

坦桑尼亚联合共和国

2012年，估计总人数4780万人，4010万人（84%）生活在农村，1090万的妇女（23%）为育龄妇女。总和生育率是5.2。至2030年，人口估计会增加66%，达到7940万人。为了使这些人普遍获得性、生殖及母婴护理，至2030年助产士服务必须适应每年360万的怀孕量。在2012至2030年期间，给予卫生体系的启示是如何更合理地设置人力资源来适应2.321亿的产前检查，4360万的出生量，1.745亿的产后/出生后随访。

妇女和新生儿的需求（2012）

每年2,588,000的怀孕量=多少照护事件

怀孕量和地域分布2012

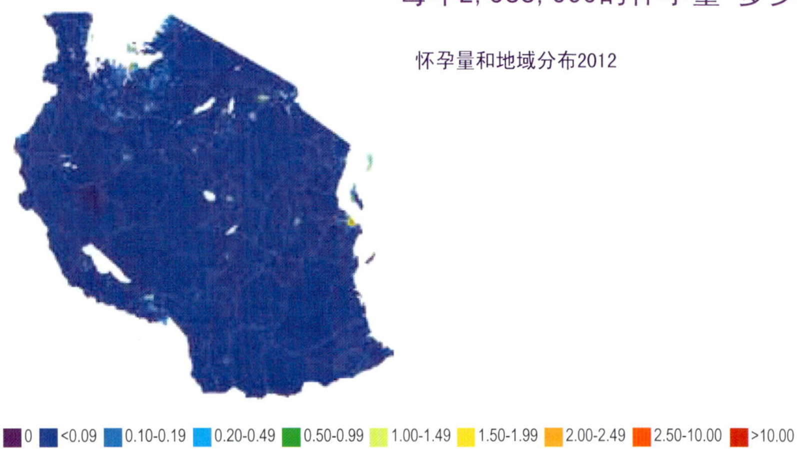

APPROX.

= 21,530,000 计划生育

= 10,353,000 日常访视

= 1,946,000 具有熟练技能的接生人员

= 7,782,000 日常访视

可获得的人力资源（2012）

	在MNH[1]工作的人员国家级分类	花费在MNH的时间%
助产士	na	na
助产士、辅助者	na	na
助产护士	20,800	100
护士	na	na
护士、助产护士	na	na
卫生干事和医助	8,787	50
开业医生、全科医生	1,135	50
产科医生、妇科医生	122	100

估计需求=

74%

实际工作时间
需要工作时间

国家总需求的估算基于可得数据

助产教育[3]

高中教育为最低起点	12年级+
取得资格要求的学习数（全面的）	3
是否为标准化课程设置及最新更新时间	是，2009
课程要求的在指导下的最低接生数	—
2012年毕业数/占总从业的助产人数百分比	2944/14
1年内MNH雇佣毕业生的百分数	0%

助产法规

有承认助产是自主专业的法律	是
有承认助产是自主专业的法律	是
政府机构规范助产士行为	是
助产执照	是
执照助产士的现场注册	是
助产士拥有的EmONC要求的基本职能数（超出7个）	7
允许助产士提供可注射避孕药/宫内避孕器	是/是

专业组织[4]

专业组织创建年	1992，—
专业组织角色	
持续专业发展	是
建议和代表被指控不当行为的成员	是
就成员MNH的质量标准提出建议	是
就政府关于MNH的政策性文件提出建议	是
与政府协商工作和工资问题	否

经济可达性

包括最小受益计划的46项RMNH基本干预百分比

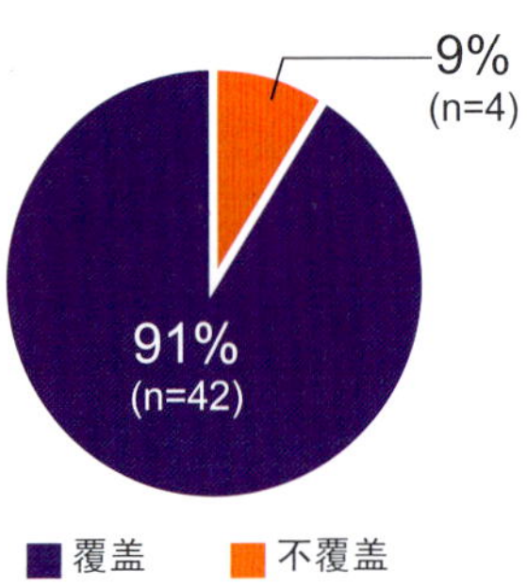

地域可达性

SBA[2]接生数目

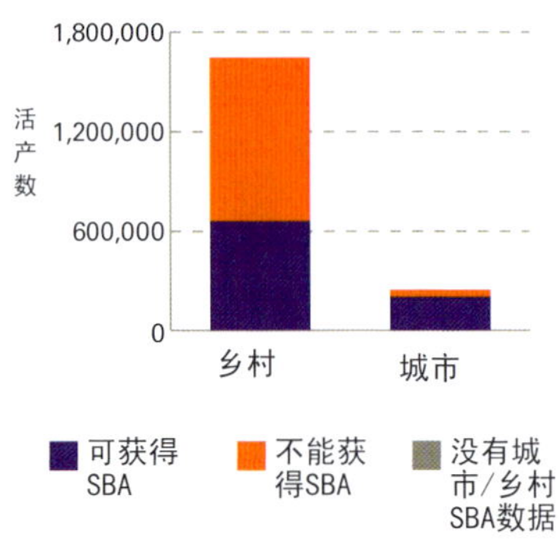

Na=不适合 —=缺失数据

规划怀孕数：城市与乡村

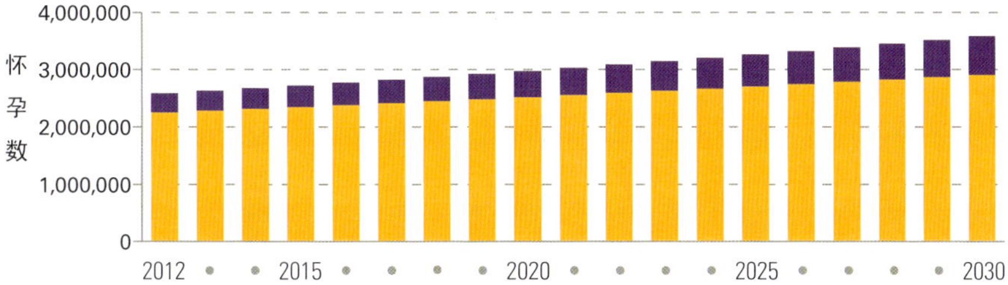

死亡率降低[5]

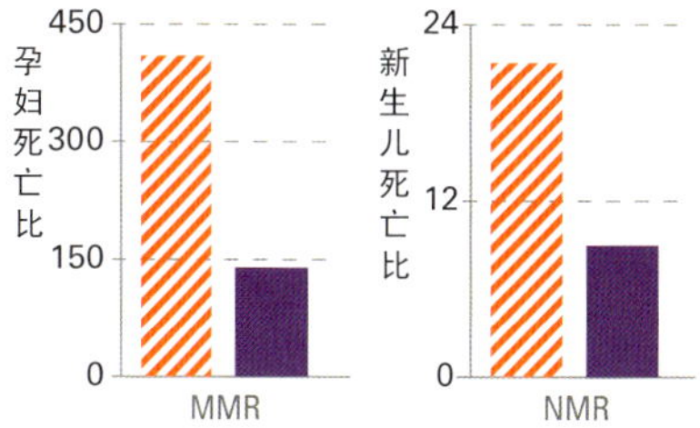

2030年预测和规划

这一部分使用简短的国家已报告数据来计算基于需求上的2030年的预测值。这些预测对记录的入学人数，毕业人数，花费在MNH上的时间百分比，年龄分布，角色和自然流失敏感。如果一些国家数据缺失，标准的、以证据为基础的假设会应用其中。这份预测具有指导意义，应该被用于核实国家数据的准确性和引发进一步的政策讨论。更多信息在50页“如何阅读”部分。

预计减少量 预计增加量 预计工作人数

ISCO-08国际职业标准分类

自然流失、死亡和退休的减少　助产专业人员　助产士相关专业人员　护理专业人员　护理相关专业人员　医疗辅助人员和医助　开业医生和全科医生　开业医生和专科医生（妇科产科）

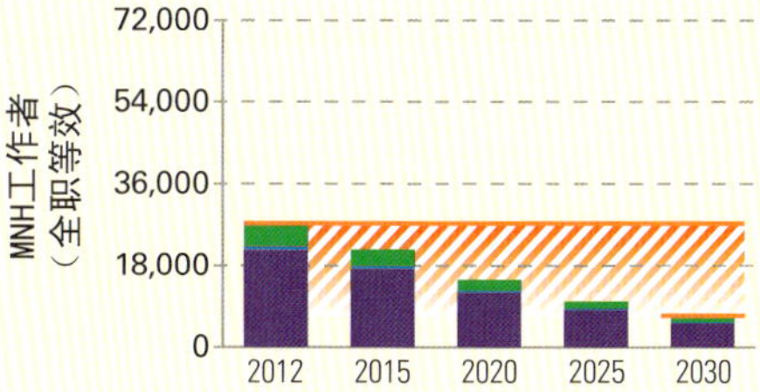

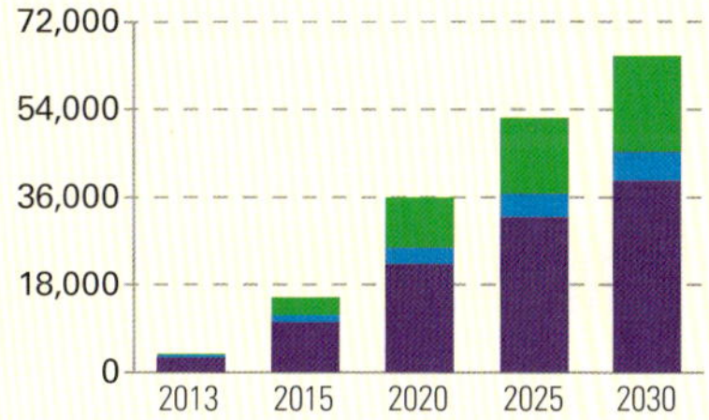

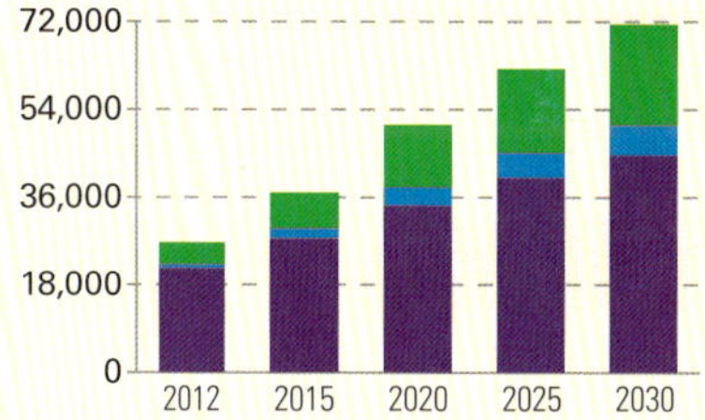

假如…

通过可获得的数据进行的需求预测

1 到2030年怀孕人数下降20%

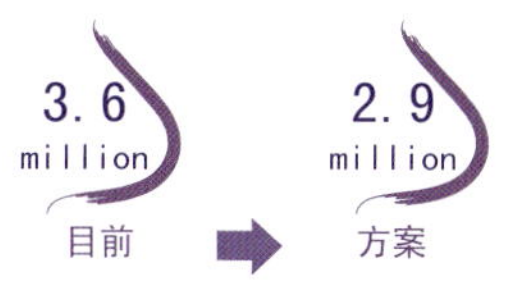

怀孕、分娩、产后、出生后照护急剧增加，孕前服务在2080年后增加

2 到2020年，助产士、护士、医生毕业生的数目翻倍

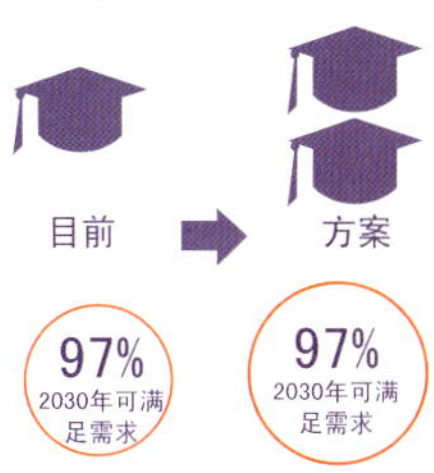

3 到2030年，工作效率每年增加2%

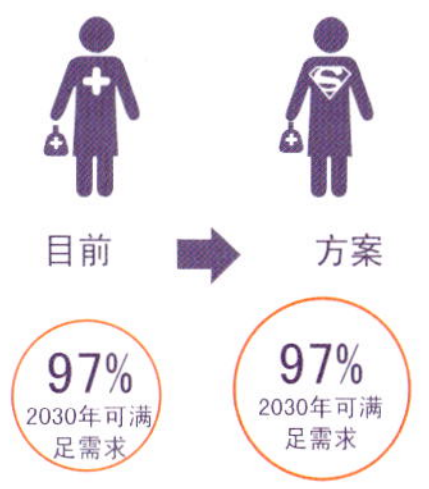

4 下一个5年流失量减半

目前发展轨迹

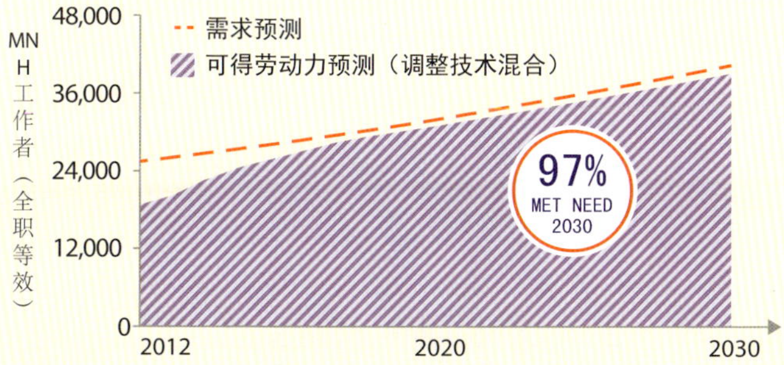

假设发展轨迹

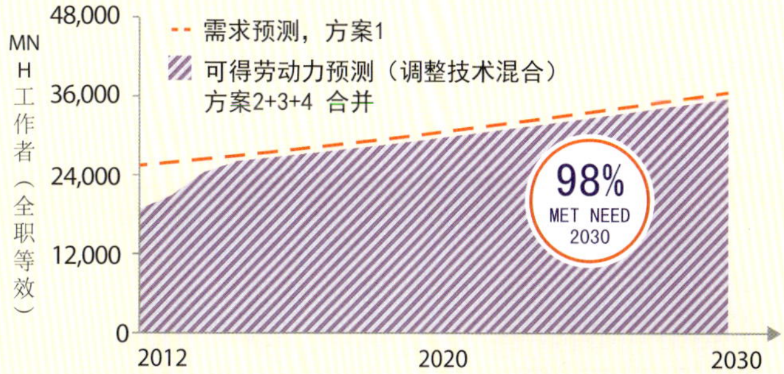

1. 医务工作者分类包含了以下国家的称呼：助产士包括助产士。辅助者包含妇女儿童健康辅助人员，护士助理；辅助助产护士包括国家登记的社区健康护士，全科医生包括卫生干事。产科/妇科医生包括妇产科专业医生。医疗干事和医疗助理包括社区健康干事，来源：2014的SoWMy或者第二来源（WHO全球健康观察、政府政策文件）
2. 年份数据是在STATCOMPILER获得的最新数据
3. 信息参考助产士骨干分类
4. 助产士、护士的国家组织
5. 提出的2030年的MMR、NMR的目标来源于2030年预防母亲死亡的计划和每位新生儿实施计划。

多哥

2012年，估计总人数660万人，430万人（64%）生活在农村，160万的妇女（25%）为育龄妇女。总和生育率是4.7。至2030年，人口估计会增加51%，达到1000万人。为了使这些人普遍获得性、生殖及母婴护理，至2030年助产士服务必须适应每年40万的怀孕量。其中有68%在农村。在2012至2030年期间，给予卫生体系的启示是如何更合理地设置人力资源来适应3140万的产前检查，520万的出生量，2070万的产后/出生后随访。

妇女和新生儿的需求（2012）

每年381,000的怀孕量=多少照护事件

怀孕量和地域分布2012

0 | <0.09 | 0.10-0.19 | 0.20-0.49 | 0.50-0.99 | 1.00-1.49 | 1.50-1.99 | 2.00-2.49 | 2.50-10.00 | >10.00

APPROX.

孕前（所有育龄期妇女ç） = 3,060,000 计划生育

产前（怀孕数×4） = 1,524,000 日常访视

分娩 = 251,000 具有熟练技能的接生人员

产后（出生数×4）
出生后（新生儿数×4） = 1,005,000 日常访视

可获得的人力资源（2012）

	在MNH[1]工作的人员国家级分类	花费在MNH的时间%
助产士	396	100
助产士、辅助者	399	100
助产护士	na	na
护士	818	–
护士、助产护士	569	–
卫生干事和医助	378	–
开业医生、全科医生	154	–
产科医生、妇科医生	16	100

孕前 / 产前 / 分娩 / 产后 / 出生后

估计需求= 45%

实际工作时间 / 需要工作时间

国家总需求的估算基于可得数据

助产教育[3]

高中教育为最低起点	12年级+
取得资格要求的学习数（全面的）	3
是否为标准化课程设置及最新更新时间	是，—
课程要求的在指导下的最低接生数	75
2012年毕业数/占总从业的助产人数百分比	76/19
1年内MNH雇佣毕业生的百分数	—

助产法规

有承认助产是自主专业的法律	否
有承认助产是自主专业的法律	否
政府机构规范助产士行为	是
助产执照	否
执照助产士的现场注册	否
助产士拥有的EmONC要求的基本职能数（超出7个）	7
允许助产士提供可注射避孕药/宫内避孕器	是/是

专业组织[4]

专业组织创建年	1966
专业组织角色	
持续专业发展	是
建议和代表被指控不当行为的成员	否
就成员MNH的质量标准提出建议	是
就政府关于MNH的政策性文件提出建议	是
与政府协商工作和工资问题	是

经济可达性

包括最小受益计划的46项RMNH基本干预百分比

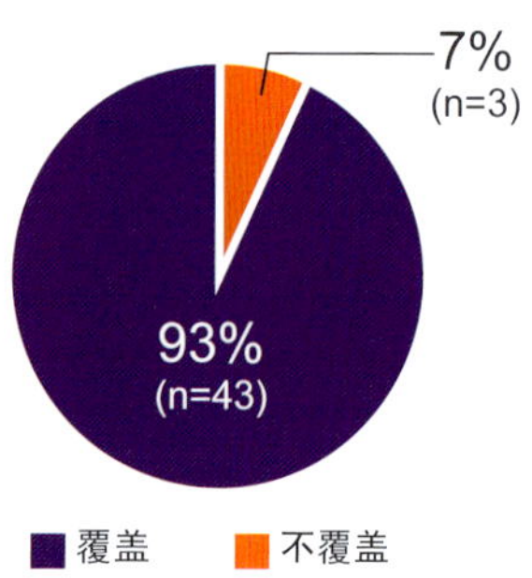

地域可达性

SBA[2]接生数目

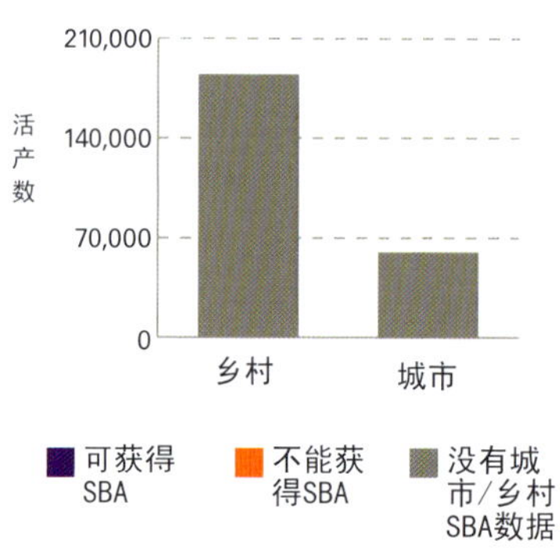

Na=不适合 —=缺失数据

规划怀孕数：城市与乡村

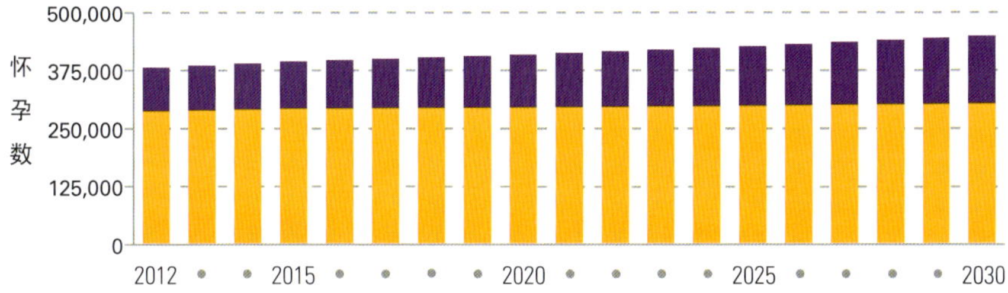

死亡率降低[5]

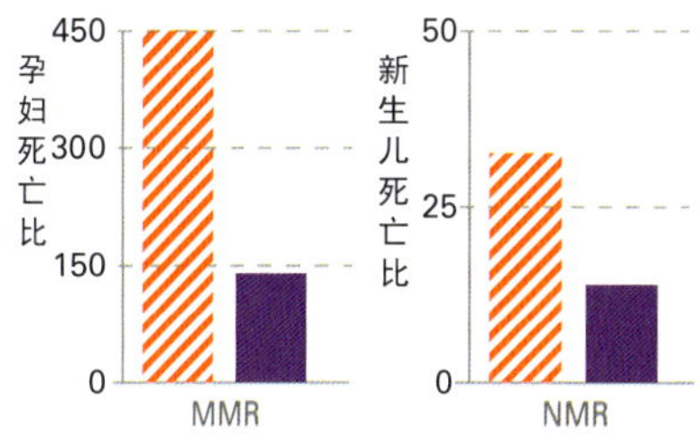

2030年预测和规划

这一部分使用简短的国家已报告数据来计算基于需求上的2030年的预测值。这些预测对记录的入学人数，毕业人数，花费在MNH上的时间百分比，年龄分布，角色和自然流失敏感。如果一些国家数据缺失，标准的、以证据为基础的假设会应用其中。这份预测具有指导意义，应该被用于核实国家数据的准确性和引发进一步的政策讨论。更多信息在50页“如何阅读”部分。

预计减少量　预计增加量　预计工作人数

ISCO-08国际职业标准分类

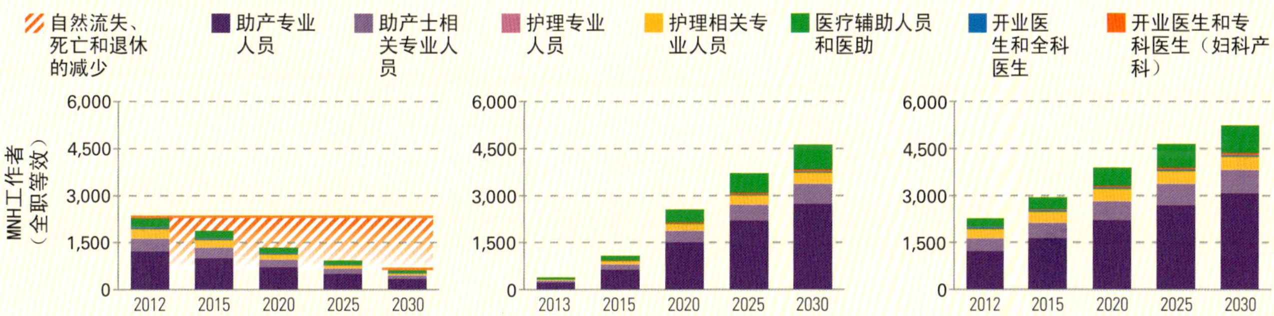

假如…

通过可获得的数据进行的需求预测

1 到2030年怀孕人数下降20%

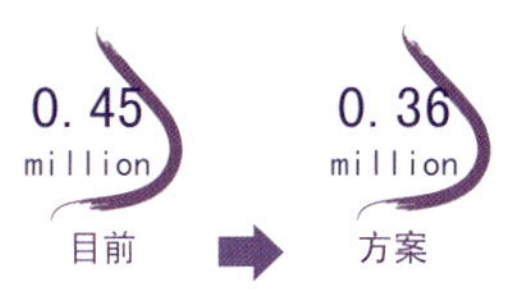

怀孕、分娩、产后、出生后照护急剧增加，孕前服务在2080年后增加

2 到2020年，助产士、护士、医生毕业生的数目翻倍

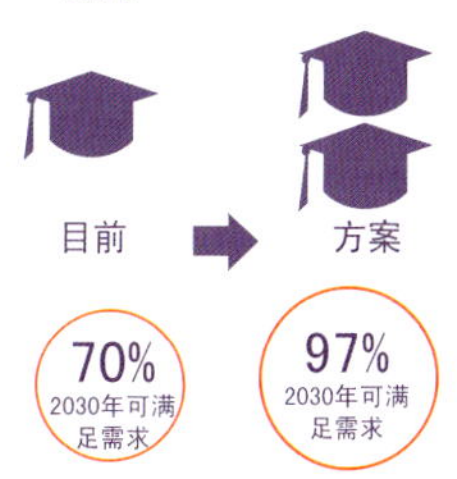

3 到2030年，工作效率每年增加2%

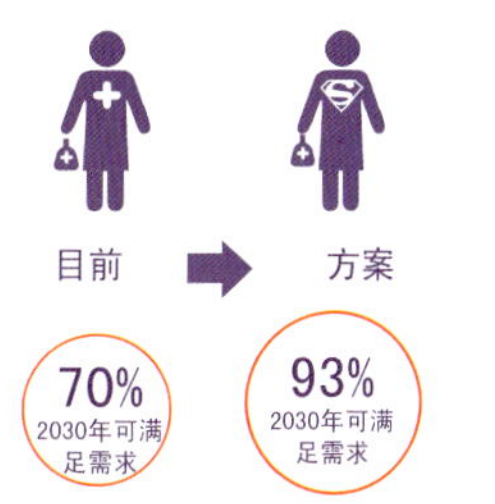

4 下一个5年流失量减半

目前发展轨迹

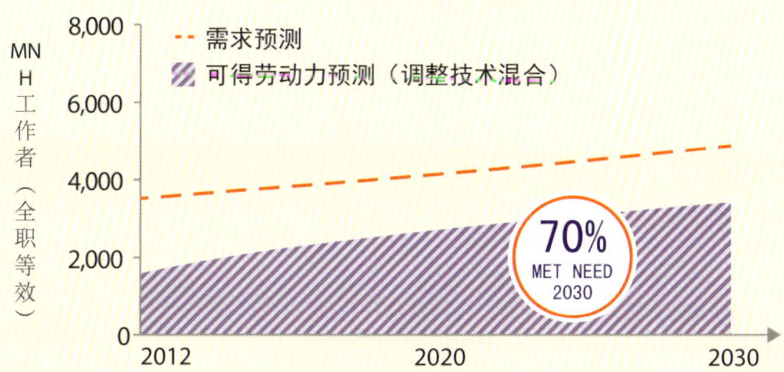

假设发展轨迹

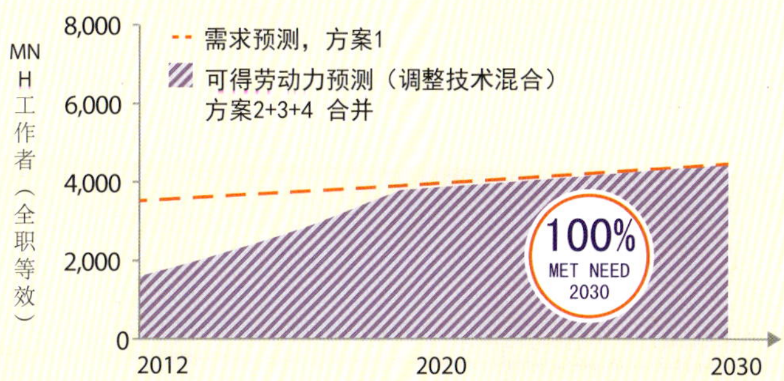

1. 医务工作者分类包含了以下国家的称呼：助产士包括助产士。辅助者包含妇女儿童健康辅助人员，护士助理：辅助助产护士包括国家登记的社区健康护士，全科医生包括卫生干事。产科/妇科医生包括妇产科专业医生。医疗干事和医疗助理包括社区健康干事，来源：2014的SoWMy或者第二来源（WHO全球健康观察、政府政策文件）
2. 年份数据是在STATCOMPILER获得的最新数据
3. 信息参考助产士骨干分类
4. 助产士、护士的国家组织
5. 提出的2030年的MMR、NMR的目标来源于2030年预防母亲死亡的计划和每位新生儿实施计划。

土库曼斯坦

2012年，估计总人数520万人，390万人（75%）生活在农村，150万的妇女（29%）为育龄妇女。总和生育率是2.3。至2030年，人口估计会增加19%，达到620万人。为了使这些人普遍获得性、生殖及母婴护理，至2030年助产士服务必须适应每年10万的怀孕量。其中有68%在农村。在2012至2030年期间，给予卫生体系的启示是如何更合理地设置人力资源来适应1010万的产前检查，200万的出生量，820万的产后/出生后随访。

妇女和新生儿的需求（2012）

每年140,000的怀孕量=多少照护事件

怀孕量和地域分布2012

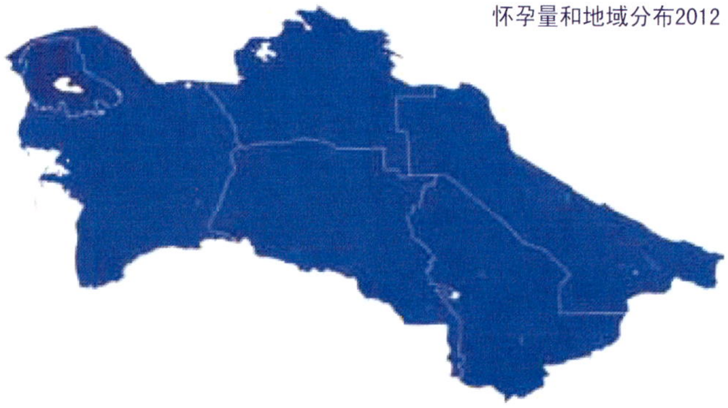

孕前（所有育龄期妇女ç） = APPROX. 2,947,000 计划生育

产前（怀孕数×4） = 560,000 日常访视

分娩 = 114,000 具有熟练技能的接生人员

产后（出生数×4）
出生后（新生儿数×4） = 455,000 日常访视

可获得的人力资源（2012）

	在MNH[1]工作的人员国家级分类	花费在MNH的时间%
助产士	410	100
助产士、辅助者	na	na
助产护士	–	100
护士	na	na
护士、助产护士	na	na
卫生干事和医助	na	na
开业医生、全科医生	–	100
产科医生、妇科医生	767	–

孕前 / 产前 / 分娩 / 产后 / 出生后

估计需求= **37%**

实际工作时间 / 需要工作时间

国家总需求的估算基于可得数据

助产教育[3]

高中教育为最低起点	12年级+
取得资格要求的学习数（全面的）	3
是否为标准化课程设置及最新更新时间	是，2013
课程要求的在指导下的最低接生数	10
2012年毕业数/占总从业的助产人数百分比	0/不适合
1年内MNH雇佣毕业生的百分数	100%

助产法规

有承认助产是自主专业的法律	是
有承认助产是自主专业的法律	是
政府机构规范助产士行为	是
助产执照	否
执照助产士的现场注册	否
助产士拥有的EmONC要求的基本职能数（超出7个）	3
允许助产士提供可注射避孕药/宫内避孕器	是/否

专业组织[4]

专业组织创建年	不适合
专业组织角色	
持续专业发展	不适合
建议和代表被指控不当行为的成员	不适合
就成员MNH的质量标准提出建议	不适合
就政府关于MNH的政策性文件提出建议	不适合
与政府协商工作和工资问题	不适合

经济可达性

包括最小受益计划的46项RMNH基本干预百分比

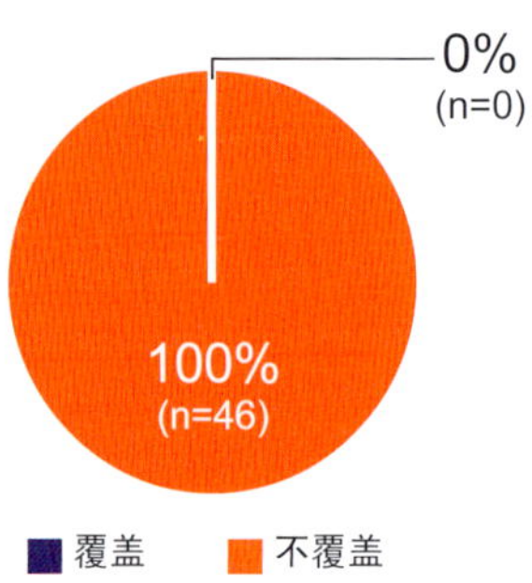

地域可达性

SBA[2]接生数目

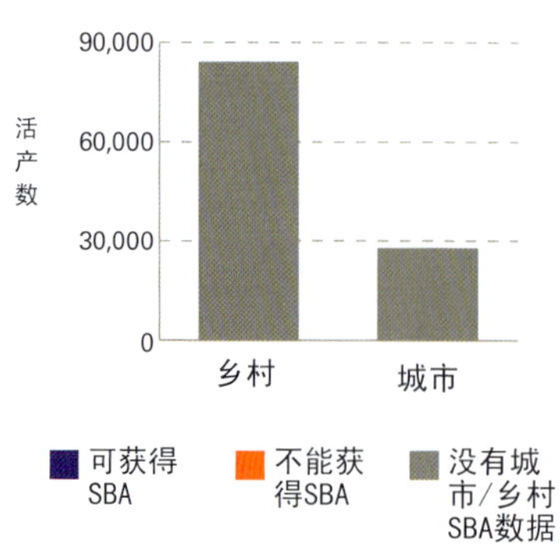

Na=不适合 —=缺失数据

规划怀孕数：城市与乡村

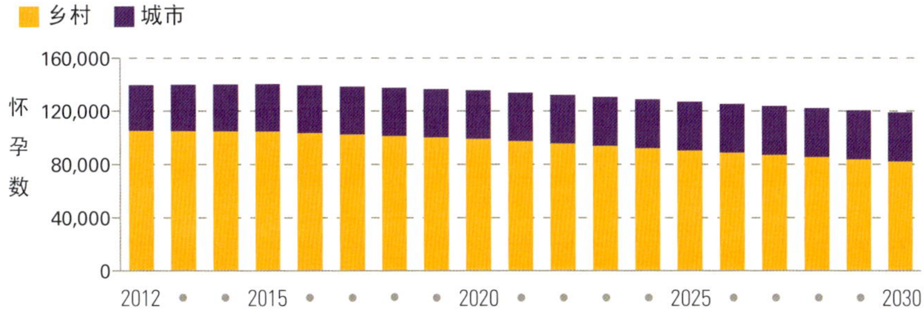

死亡率降低[5]

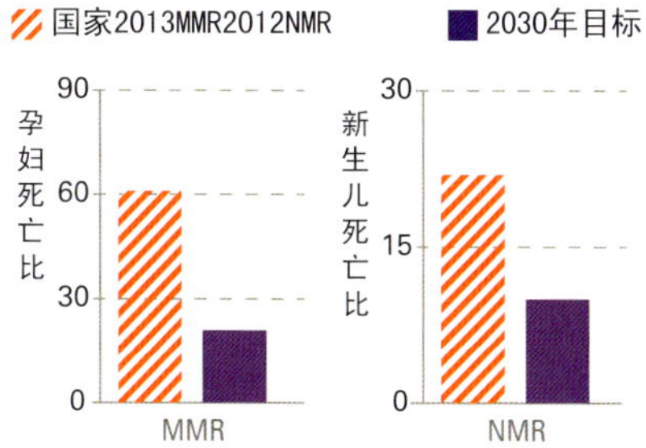

2030年预测和规划

这一部分使用简短的国家已报告数据来计算基于需求上的2030年的预测值。这些预测对记录的入学人数，毕业人数，花费在MNH上的时间百分比，年龄分布，角色和自然流失敏感。如果一些国家数据缺失，标准的、以证据为基础的假设会应用其中。这份预测具有指导意义，应该被用于核实国家数据的准确性和引发进一步的政策讨论。更多信息在50页“如何阅读”部分。

预计减少量 预计增加量 预计工作人数

ISCO-08国际职业标准分类

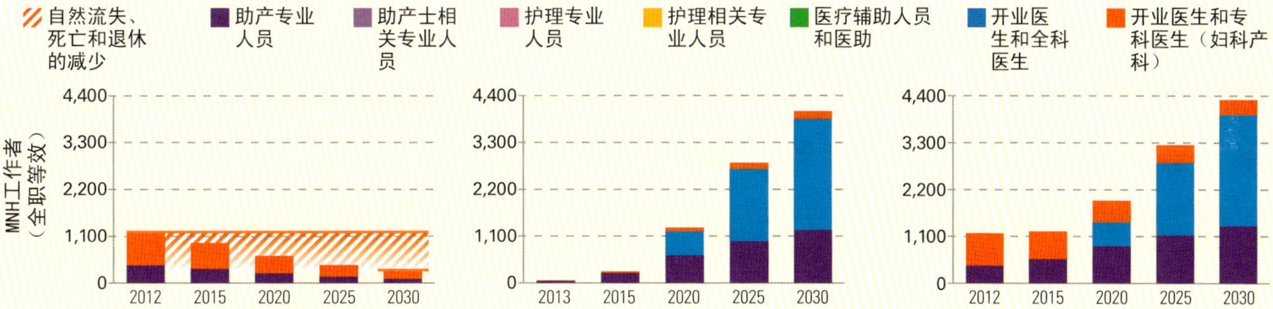

假如…

通过可获得的数据进行的需求预测

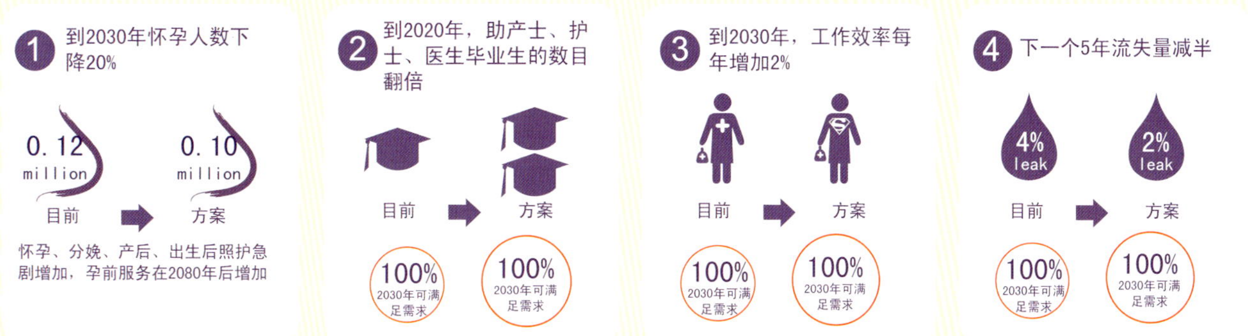

目前发展轨迹

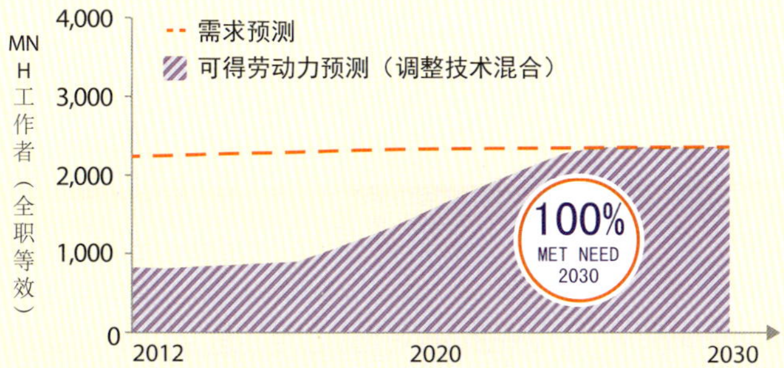

假设发展轨迹

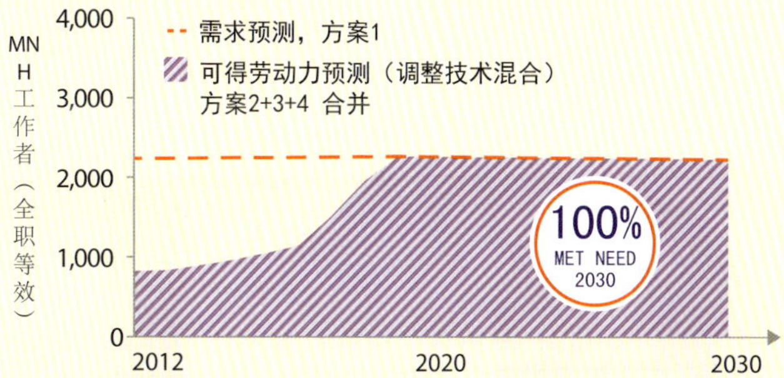

1. 医务工作者分类包含了以下国家的称呼：助产士包括助产士。辅助者包含妇女儿童健康辅助人员，护士助理；辅助助产护士包括国家登记的社区健康护士，全科医生包括卫生干事。产科/妇科医生包括妇产科专业医生。医疗干事和医疗助理包括社区健康干事，来源：2014的SoWMy或者第二来源（WHO全球健康观察、政府政策文件）
2. 年份数据是在STATCOMPILER获得的最新数据
3. 信息参考助产士骨干分类
4. 助产士、护士的国家组织
5. 提出的2030年的MMR、NMR的目标来源于2030年预防母亲死亡的计划和每位新生儿实施计划。

乌干达

2012年，估计总人数3630万人，3150万人（87%）生活在农村，800万的妇女（22%）为育龄妇女。总和生育率是5.9。至2030年，人口估计会增加74%，达到6340万人。为了使这些人普遍获得性、生殖及母婴护理，至2030年助产士服务必须适应每年340万的怀孕量。其中有82%在农村。在2012至2030年期间，给予卫生体系的启示是如何更合理地设置人力资源来适应2.219亿的产前检查，3720万的出生量，1.488亿的产后/出生后随访。

妇女和新生儿的需求（2012）

每年2,435,000的怀孕量=多少照护事件

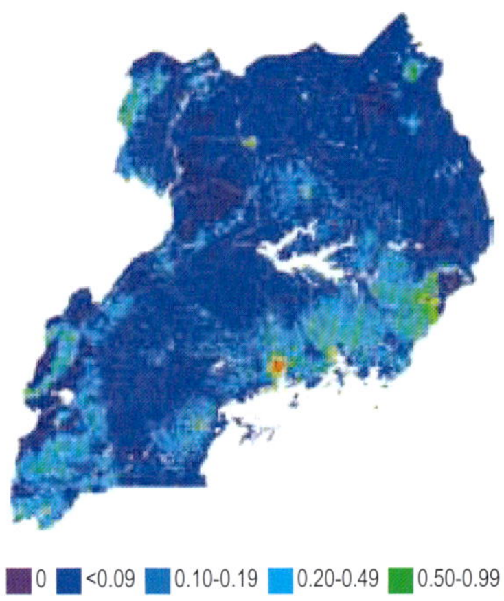

怀孕量和地域分布2012

APPROX.

孕前（所有育龄期妇女ç） = 16,419,000 计划生育

产前（怀孕数×4） = 9,742,000 日常访视

分娩 = 1,634,000 具有熟练技能的接生人员

产后（出生数×4）、出生后（新生儿数×4） = 6,535,000 日常访视

可获得的人力资源（2012）

	在MNH[1]工作的人员国家级分类	花费在MNH的时间%
助产士	7,000	100
助产士、辅助者	na	na
助产护士	277	50
护士	na	na
护士、助产护士	na	na
卫生干事和医助	1,707	30
开业医生、全科医生	495	50
产科医生、妇科医生	32	100

孕前 / 产前 / 分娩 / 产后 / 出生后

估计需求=**27%**

实际工作时间 / 需要工作时间

国家总需求的估算基于可得数据

助产教育[3]

高中教育为最低起点	12年级+
取得资格要求的学习数（全面的）	3
是否为标准化课程设置及最新更新时间	是，1997
课程要求的在指导下的最低接生数	70
2012年毕业数/占总从业的助产人数百分比	1099/16
1年内MNH雇佣毕业生的百分数	—

助产法规

有承认助产是自主专业的法律	是
有承认助产是自主专业的法律	是
政府机构规范助产士行为	是
助产执照	是
执照助产士的现场注册	是
助产士拥有的EmONC要求的基本职能数（超出7个）	6
允许助产士提供可注射避孕药/宫内避孕器	是/是

专业组织[4]

专业组织创建年	1948，2003
专业组织角色	
持续专业发展	是
建议和代表被指控不当行为的成员	是
就成员MNH的质量标准提出建议	是
就政府关于MNH的政策性文件提出建议	是
与政府协商工作和工资问题	是

经济可达性

包括最小受益计划的46项RMNH基本干预百分比

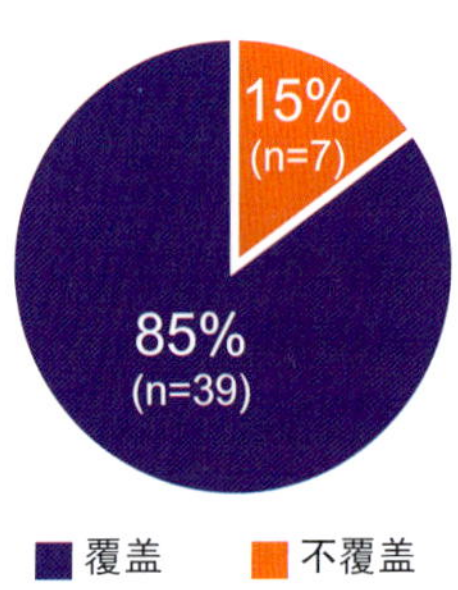

地域可达性

SBA[2]接生数目

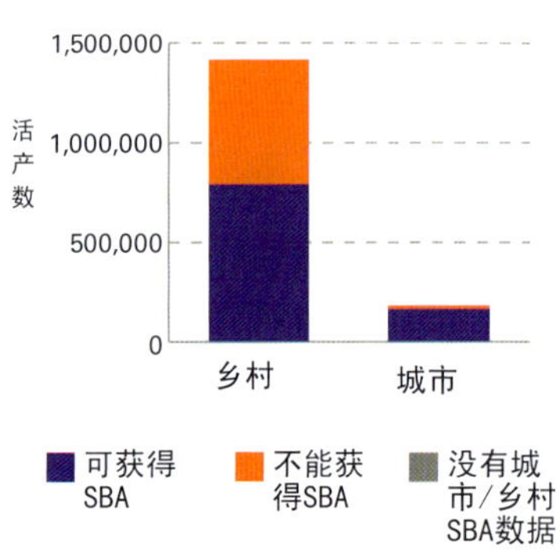

Na=不适合 —=缺失数据

规划怀孕数：城市与乡村

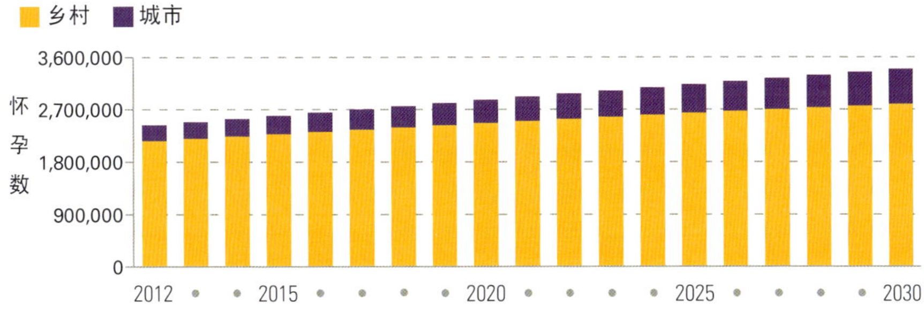

死亡率降低[5]

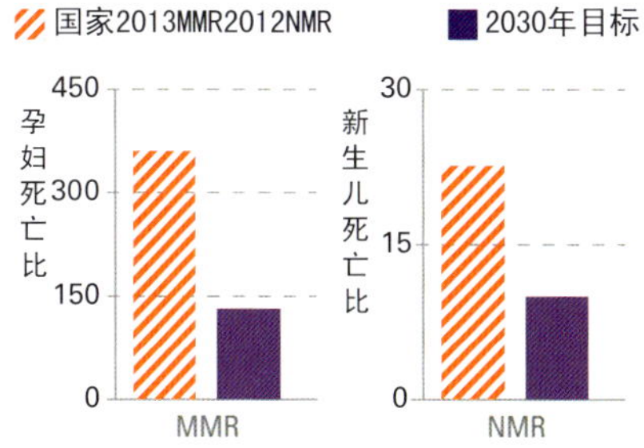

2030年预测和规划

这一部分使用简短的国家已报告数据来计算基于需求上的2030年的预测值。这些预测对记录的入学人数，毕业人数，花费在MNH上的时间百分比，年龄分布，角色和自然流失敏感。如果一些国家数据缺失，标准的、以证据为基础的假设会应用其中。这份预测具有指导意义，应该被用于核实国家数据的准确性和引发进一步的政策讨论。更多信息在50页“如何阅读”部分。

预计减少量 预计增加量 预计工作人数

ISCO-08国际职业标准分类

自然流失、死亡和退休的减少 | 助产专业人员 | 助产士相关专业人员 | 护理专业人员 | 护理相关专业人员 | 医疗辅助人员和医助 | 开业医生和全科医生 | 开业医生和专科医生（妇科产科）

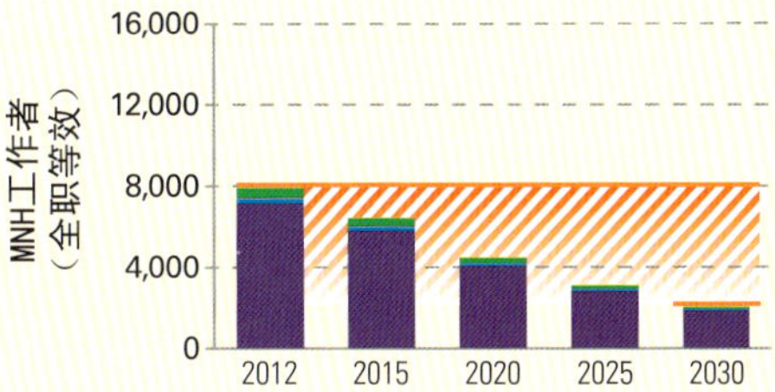

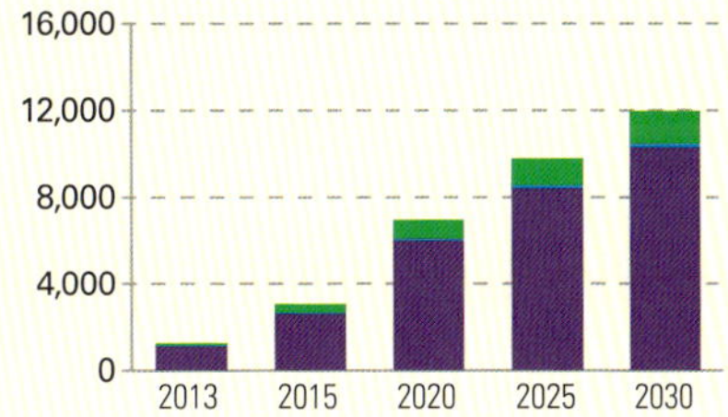

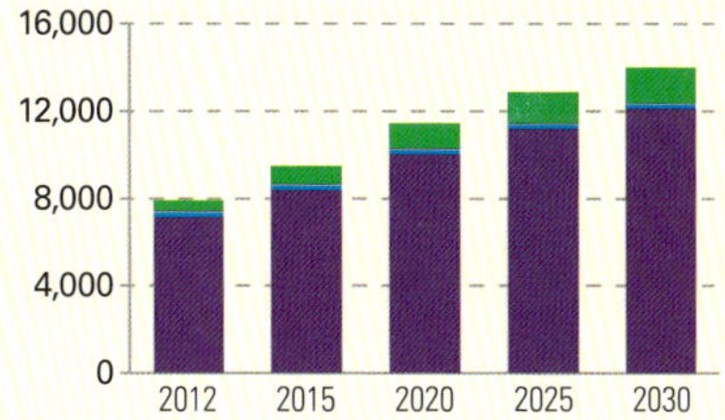

假如…

通过可获得的数据进行的需求预测

1 到2030年怀孕人数下降20%

3.4 million 目前 → 2.7 million 方案

怀孕、分娩、产后、出生后照护急剧增加，孕前服务在2080年后增加

2 到2020年，助产士、护士、医生毕业生的数目翻倍

目前 → 方案

29% 2030年可满足需求 → 48% 2030年可满足需求

3 到2030年，工作效率每年增加2%

目前 → 方案

29% 2030年可满足需求 → 42% 2030年可满足需求

4 下一个5年流失量减半

4% leak 目前 → 2% leak 方案

29% 2030年可满足需求 → 35% 2030年可满足需求

目前发展轨迹

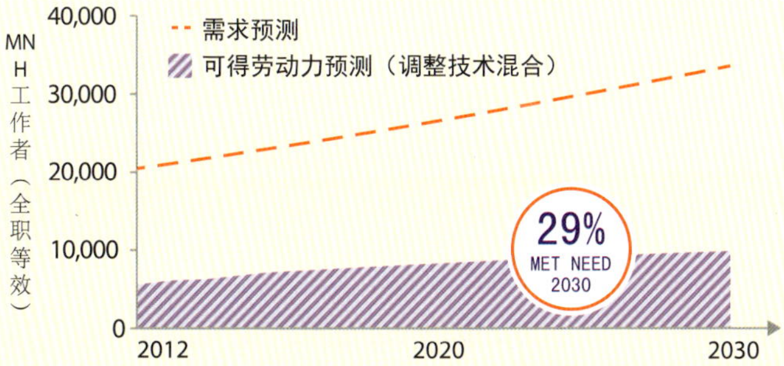

假设发展轨迹

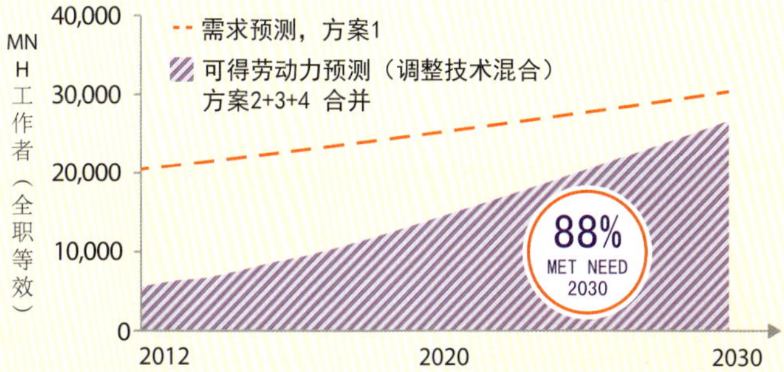

1. 医务工作者分类包含了以下国家的称呼：助产士包括助产士。辅助者包含妇女儿童健康辅助人员，护士助理；辅助助产护士包括国家登记的社区健康护士，全科医生包括卫生干事。产科/妇科医生包括妇产科专业医生。医疗干事和医疗助理包括社区健康干事，来源：2014的SoWMy或者第二来源（WHO全球健康观察、政府政策文件）
2. 年份数据是在STATCOMPILER获得的最新数据
3. 信息参考助产士骨干分类
4. 助产士、护士的国家组织
5. 提出的2030年的MMR、NMR的目标来源于2030年预防母亲死亡的计划和每位新生儿实施计划。

乌兹别克斯坦

2012年，估计总人数2850万人，1440万人（50%）生活在农村，800万的妇女（28%）为育龄妇女。总和生育率是2.3。至2030年，人口估计会增加20%，达到3410万人。为了使这些人普遍获得性、生殖及母婴护理，至2030年助产士服务必须适应每年60万的怀孕量。其中有53%在农村。在2012至2030年期间，给予卫生体系的启示是如何更合理地设置人力资源来适应5490万的产前检查，1110万的出生量，4440万的产后/出生后随访。

妇女和新生儿的需求（2012）

每年784,000的怀孕量=多少照护事件

怀孕量和地域分布2012

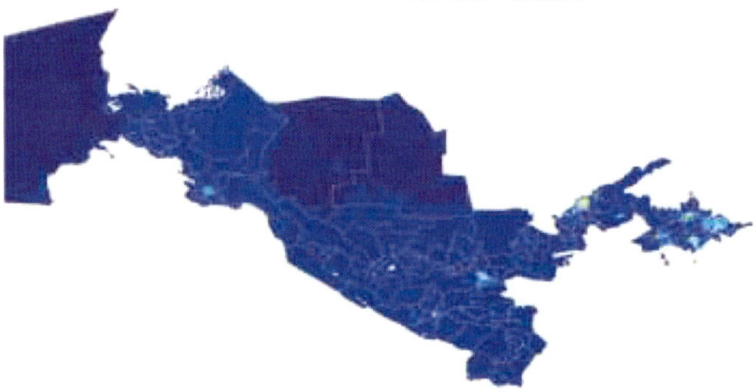

APPROX.

= 15,546,000 计划生育

= 3,137,000 日常访视

= 634,000 具有熟练技能的接生人员

= 2,538,000 日常访视

可获得的人力资源（2012）

	在MNH[1]工作的人员国家级分类	花费在MNH的时间%
助产士	7,000	100
助产士、辅助者	na	na
助产护士	4,000	50
护士	na	na
护士、助产护士	na	na
卫生干事和医助	na	na
开业医生、全科医生	12,000	30
产科医生、妇科医生	5,000	100

估计需求=

84%

实际工作时间/需要工作时间

国家总需求的估算基于可得数据

助产教育[3]

高中教育为最低起点	12年级+
取得资格要求的学习数（全面的）	3
是否为标准化课程设置及最新更新时间	是，2009
课程要求的在指导下的最低接生数	5
2012年毕业数/占总从业的助产人数百分比	2500/36
1年内MNH雇佣毕业生的百分数	60%

助产法规

有承认助产是自主专业的法律	否
有承认助产是自主专业的法律	是
政府机构规范助产士行为	是
助产执照	否
执照助产士的现场注册	否
助产士拥有的EmONC要求的基本职能数（超出7个）	7
允许助产士提供可注射避孕药/宫内避孕器	是/是

专业组织[4]

专业组织创建年	2000
专业组织角色	
持续专业发展	是
建议和代表被指控不当行为的成员	否
就成员MNH的质量标准提出建议	是
就政府关于MNH的政策性文件提出建议	否
与政府协商工作和工资问题	是

经济可达性

包括最小受益计划的46项RMNH基本干预百分比

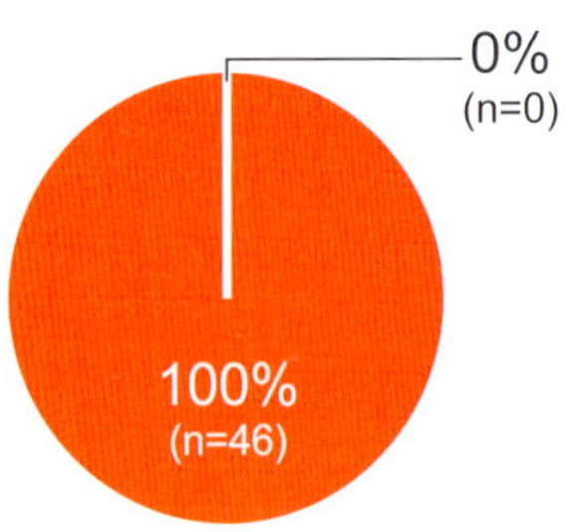

地域可达性

SBA[2]接生数目

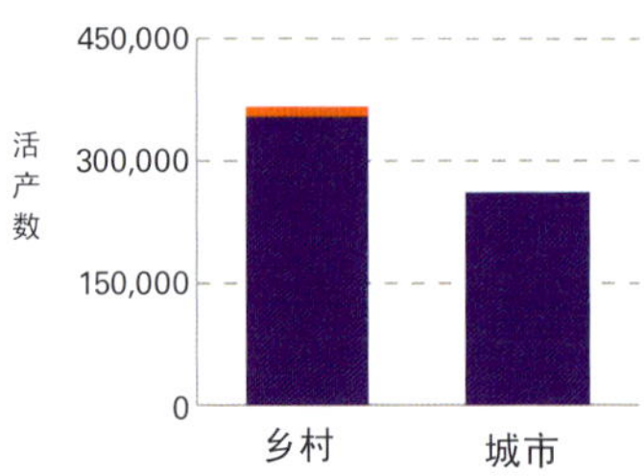

Na=不适合　　—=缺失数据

规划怀孕数：城市与乡村

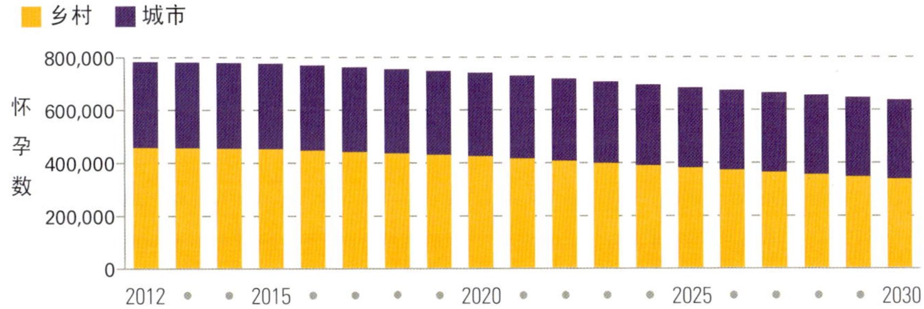

死亡率降低[5]

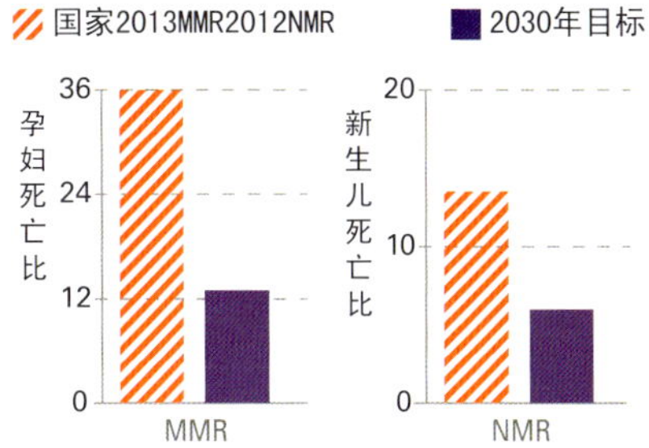

2030年预测和规划

这一部分使用简短的国家已报告数据来计算基于需求上的2030年的预测值。这些预测对记录的入学人数，毕业人数，花费在MNH上的时间百分比，年龄分布，角色和自然流失敏感。如果一些国家数据缺失，标准的、以证据为基础的假设会应用其中。这份预测具有指导意义，应该被用于核实国家数据的准确性和引发进一步的政策讨论。更多信息在50页“如何阅读”部分。

预计减少量 预计增加量 预计工作人数

ISCO-08国际职业标准分类

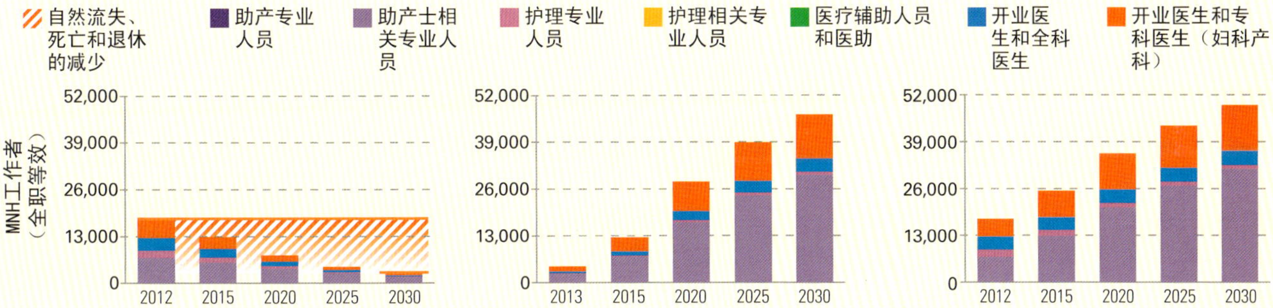

假如…

通过可获得的数据进行的需求预测

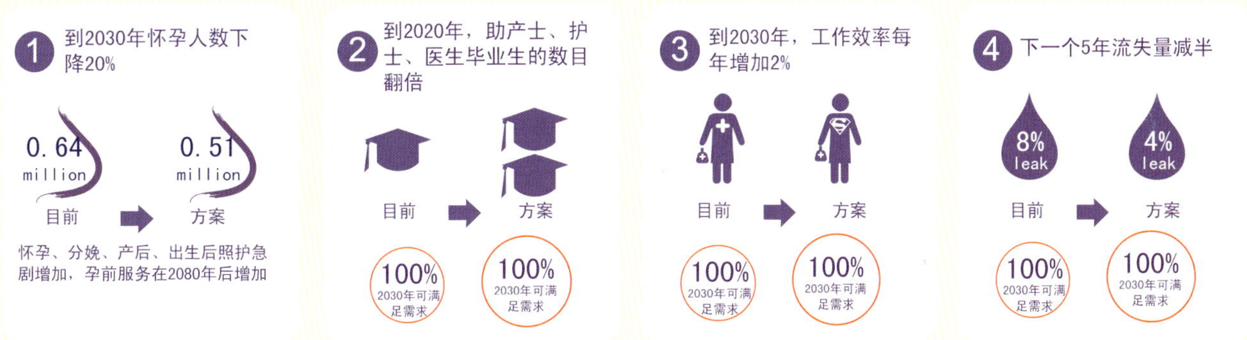

目前发展轨迹

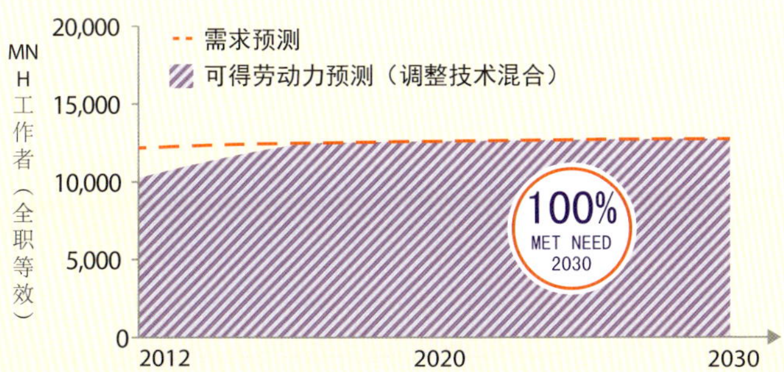

假设发展轨迹

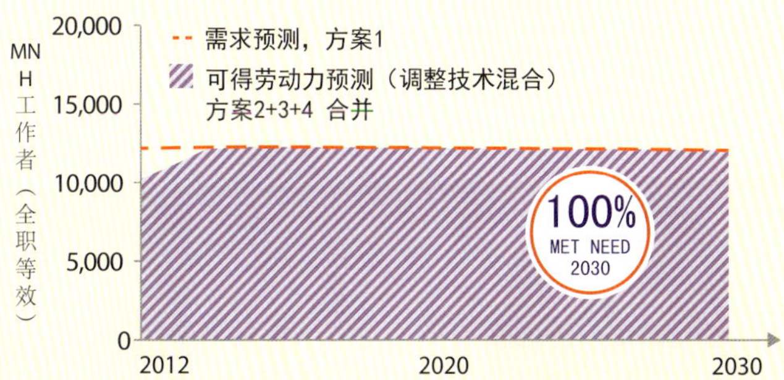

1. 医务工作者分类包含了以下国家的称呼：助产士包括助产士。辅助者包含妇女儿童健康辅助人员，护士助理；辅助助产护士包括国家登记的社区健康护士，全科医生包括卫生干事。产科/妇科医生包括妇产科专业医生。医疗干事和医疗助理包括社区健康干事，来源：2014的SoWMy或者第二来源（WHO全球健康观察、政府政策文件）
2. 年份数据是在STATCOMPILER获得的最新数据
3. 信息参考助产士骨干分类
4. 助产士、护士的国家组织
5. 提出的2030年的MMR、NMR的目标来源于2030年预防母亲死亡的计划和每位新生儿实施计划。

越南

2012年，估计总人数9080万人，6560万人（72%）生活在农村，2600万的妇女（29%）为育龄妇女。总和生育率是1.8。至2030年，人口估计会增加12%，达到1.018亿人。为了使这些人普遍获得性、生殖及母婴护理，至2030年助产士服务必须适应每年180万的怀孕量。其中有67%在农村。在2012至2030年期间，给予卫生体系的启示是如何更合理地设置人力资源来适应1.607亿的产前检查，2460万的出生量，9830万的产后/出生后随访。

妇女和新生儿的需求（2012）

每年2,429, 000的怀孕量=多少照护事件

怀孕量和地域分布2012

■0 ■<0.09 ■0.10-0.19 ■0.20-0.49 ■0.50-0.99 ■1.00-1.49 ■1.50-1.99 ■2.00-2.49 ■2.50-10.00 ■>10.00

APPROX.

孕前（所有育龄期妇女ç）	=	49,094,000 计划生育
产前（怀孕数×4）	=	9,715,000 日常访视
分娩	=	1,485,000 具有熟练技能的接生人员
产后（出生数×4） 出生后（新生儿数×4）	=	5,942,000 日常访视

可获得的人力资源（2012）

在MNH[1]工作的人员国家级分类		花费在MNH的时间%
助产士	23,272	100
助产士、辅助者	2,750	50
助产护士	na	na
护士	na	na
护士、助产护士	102,034	50
卫生干事和医助	7,200	50
开业医生、全科医生	7,180	30
产科医生、妇科医生	8,130	100

孕前 → 产前 → 分娩 → 产后 → 出生后

估计需求= **83%**

实际工作时间 / 需要工作时间

国家总需求的估算基于可得数据

助产教育[3]

高中教育为最低起点	12年级+
取得资格要求的学习数（全面的）	2
是否为标准化课程设置及最新更新时间	是，2010
课程要求的在指导下的最低接生数	20
2012年毕业数/占总从业的助产人数百分比	2050/9
1年内MNH雇佣毕业生的百分数	85%

助产法规

有承认助产是自主专业的法律	否
有承认助产是自主专业的法律	是
政府机构规范助产士行为	是
助产执照	否
执照助产士的现场注册	否
助产士拥有的EmONC要求的基本职能数（超出7个）	7
允许助产士提供可注射避孕药/宫内避孕器	是/是

专业组织[4]

专业组织创建年	1990, 1995
专业组织角色	
持续专业发展	是
建议和代表被指控不当行为的成员	否
就成员MNH的质量标准提出建议	是
就政府关于MNH的政策性文件提出建议	是
与政府协商工作和工资问题	否

经济可达性

包括最小受益计划的46项RMNH基本干预百分比

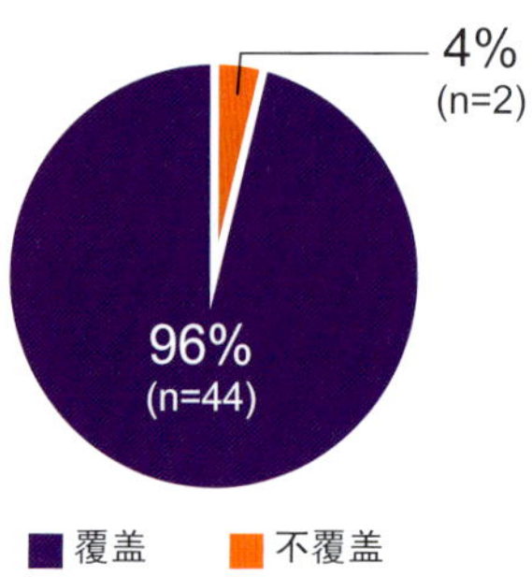

地域可达性

SBA[2]接生数目

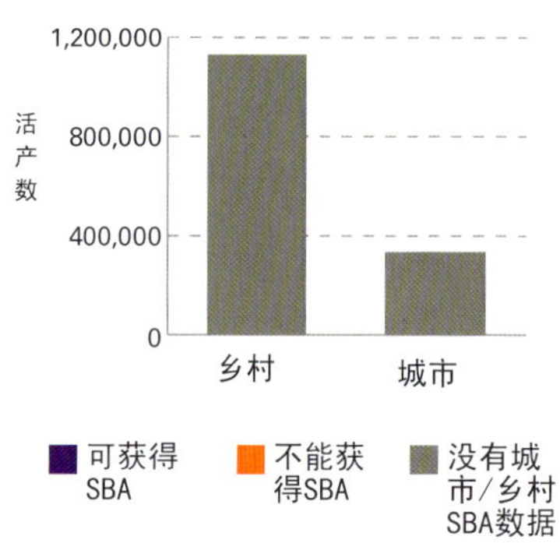

Na=不适合 —=缺失数据

规划怀孕数：城市与乡村

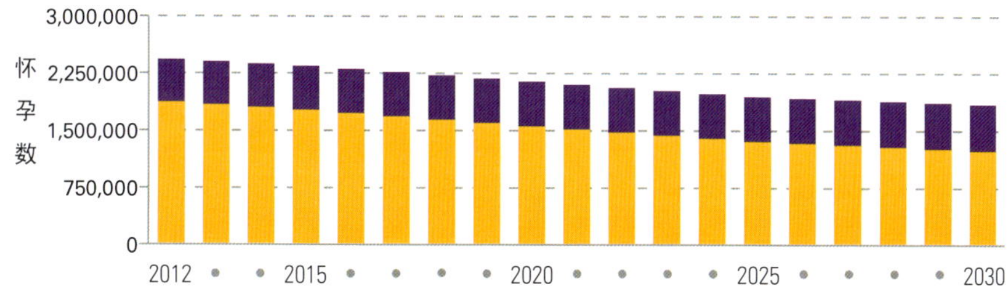

死亡率降低[5]

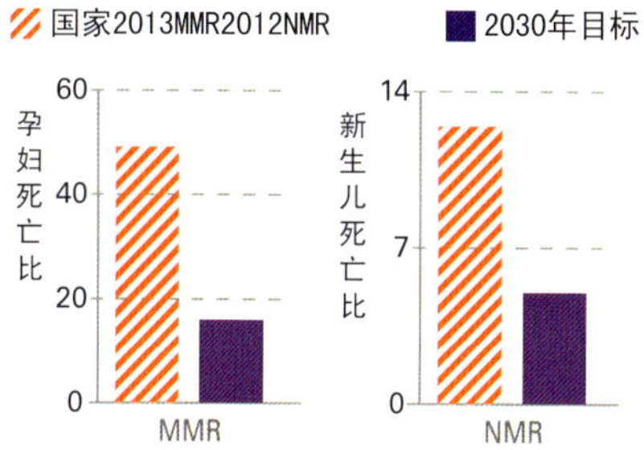

2030年预测和规划

这一部分使用简短的国家已报告数据来计算基于需求上的2030年的预测值。这些预测对记录的入学人数，毕业人数，花费在MNH上的时间百分比，年龄分布，角色和自然流失敏感。如果一些国家数据缺失，标准的、以证据为基础的假设会应用其中。这份预测具有指导意义，应该被用于核实国家数据的准确性和引发进一步的政策讨论。更多信息在50页“如何阅读”部分。

预计减少量

预计增加量

预计工作人数

ISCO-08国际职业标准分类

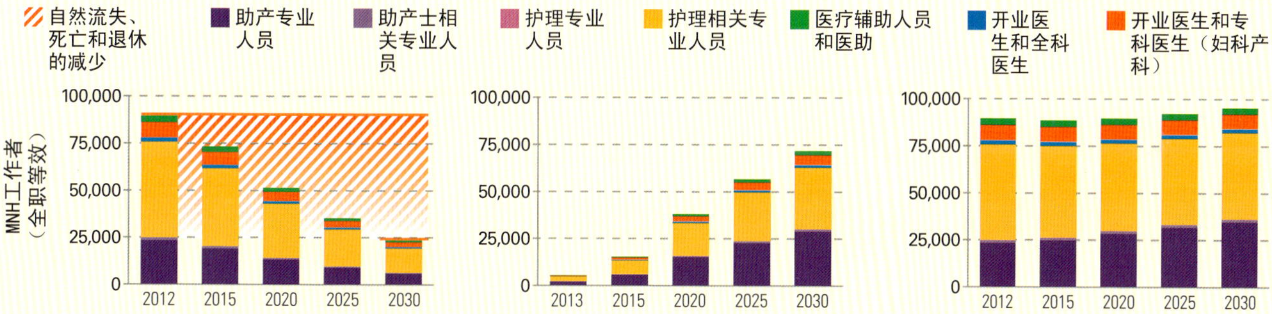

假如…

通过可获得的数据进行的需求预测

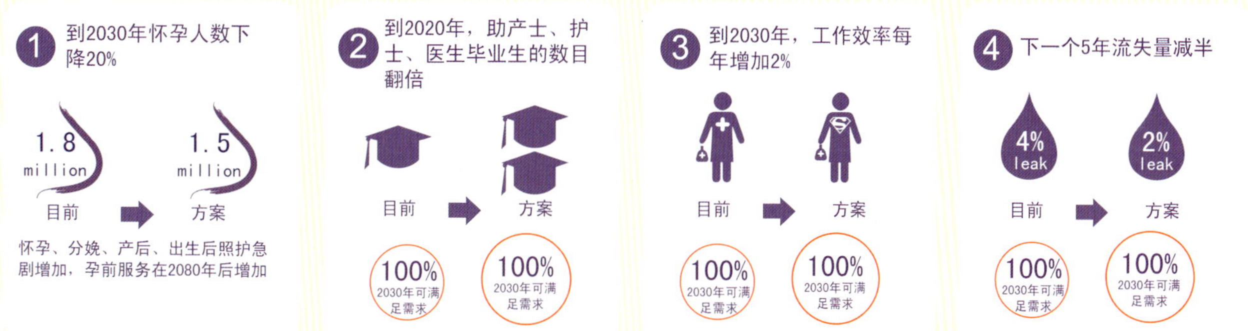

目前发展轨迹

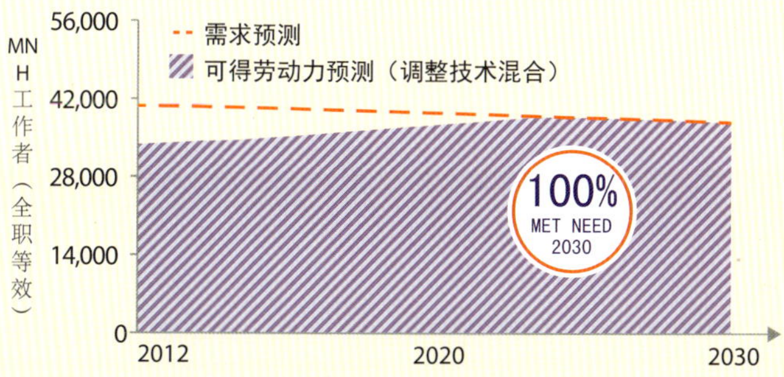

假设发展轨迹

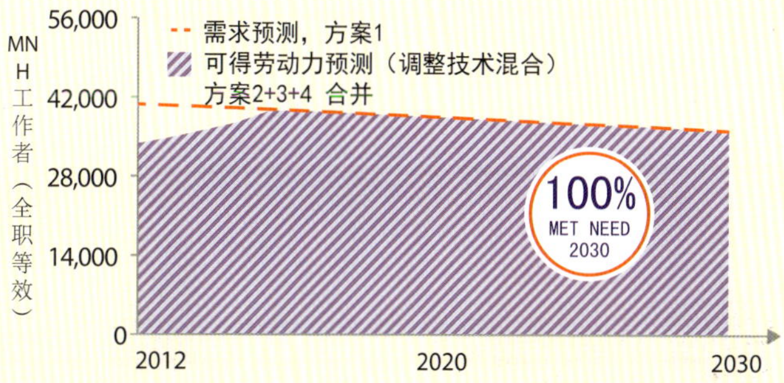

1. 医务工作者分类包含了以下国家的称呼：助产士包括助产士。辅助者包含妇女儿童健康辅助人员，护士助理：辅助助产护士包括国家登记的社区健康护士，全科医生包括卫生干事。产科/妇科医生包括妇产科专业医生。医疗干事和医疗助理包括社区健康干事，来源：2014的SoWMy或者第二来源（WHO全球健康观察、政府政策文件）
2. 年份数据是在STATCOMPILER获得的最新数据
3. 信息参考助产士骨干分类
4. 助产士、护士的国家组织
5. 提出的2030年的MMR、NMR的目标来源于2030年预防母亲死亡的计划和每位新生儿实施计划。

也门

2012年，估计总人数2390万人，1050万人（44%）生活在农村，590万的妇女（25%）为育龄妇女。总和生育率是4.1。至2030年，人口估计会增加43%，达到3400万人。为了使这些人普遍获得性、生殖及母婴护理，至2030年助产士服务必须适应每年120万的怀孕量。其中有67%在农村。在2012至2030年期间，给予卫生体系的启示是如何更合理地设置人力资源来适应9310万的产前检查，1520万的出生量，6060万的产后/出生后随访。

妇女和新生儿的需求（2012）

每年1,183, 000的怀孕量=多少照护事件

怀孕量和地域分布2012

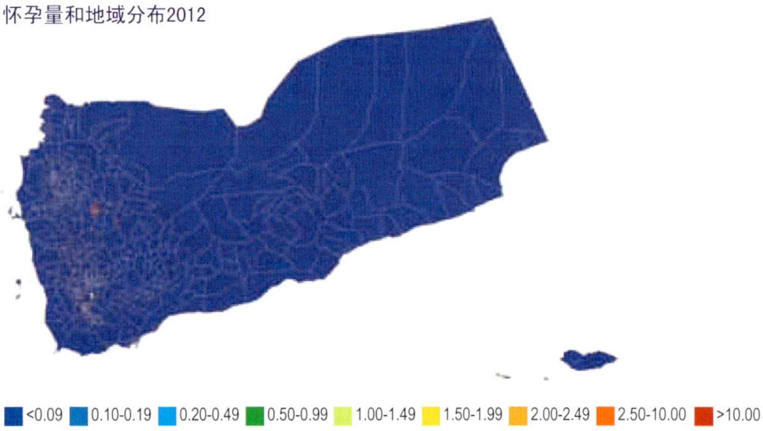

APPROX.

= 10,633,000 计划生育

= 4,733,000 日常访视

= 771,000 具有熟练技能的接生人员

= 3,083,000 日常访视

可获得的人力资源（2012）

在MNH[1]工作的人员国家级分类		花费在MNH的时间%
助产士	5,500	100
助产士、辅助者	na	na
助产护士	500	90
护士	na	na
护士、助产护士	100	60
卫生干事和医助	na	na
开业医生、全科医生	5,412	30
产科医生、妇科医生	1,543	100

估计需求=

57%

实际工作时间 / 需要工作时间

国家总需求的估算基于可得数据

助产教育[3]

高中教育为最低起点	10年级+
取得资格要求的学习数（全面的）	3
是否为标准化课程设置及最新更新时间	是，2012
课程要求的在指导下的最低接生数	20
2012年毕业数/占总从业的助产人数百分比	290/5
1年内MNH雇佣毕业生的百分数	0%

助产法规

有承认助产是自主专业的法律	否
有承认助产是自主专业的法律	是
政府机构规范助产士行为	是
助产执照	否
执照助产士的现场注册	否
助产士拥有的EmONC要求的基本职能数（超出7个）	7
允许助产士提供可注射避孕药/宫内避孕器	是/是

专业组织[4]

专业组织创建年	2004
专业组织角色	
持续专业发展	是
建议和代表被指控不当行为的成员	否
就成员MNH的质量标准提出建议	是
就政府关于MNH的政策性文件提出建议	是
与政府协商工作和工资问题	否

经济可达性

包括最小受益计划的46项RMNH基本干预百分比

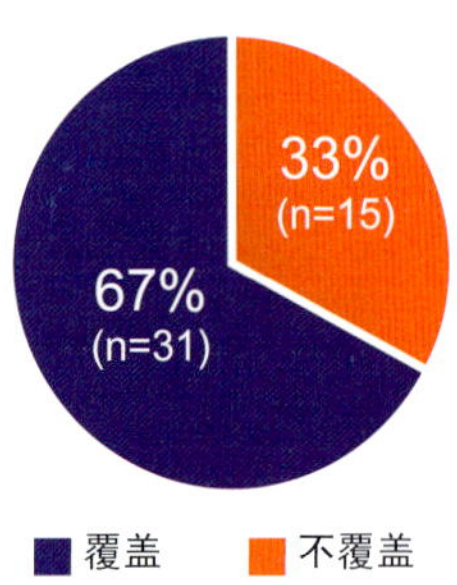

地域可达性

SBA[2]接生数目

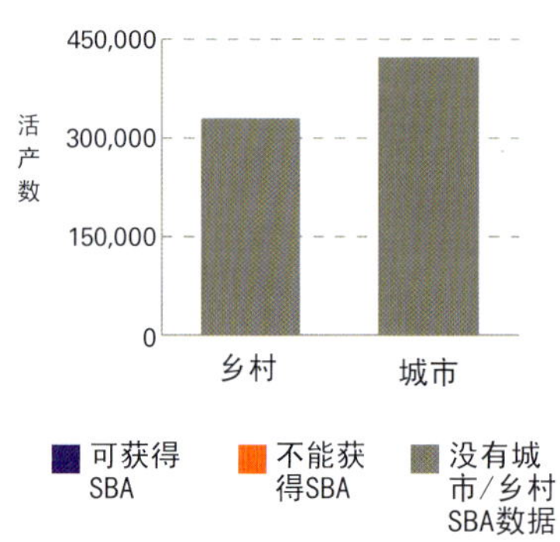

Na=不适合　　—=缺失数据

规划怀孕数：城市与乡村

■ 乡村 ■ 城市

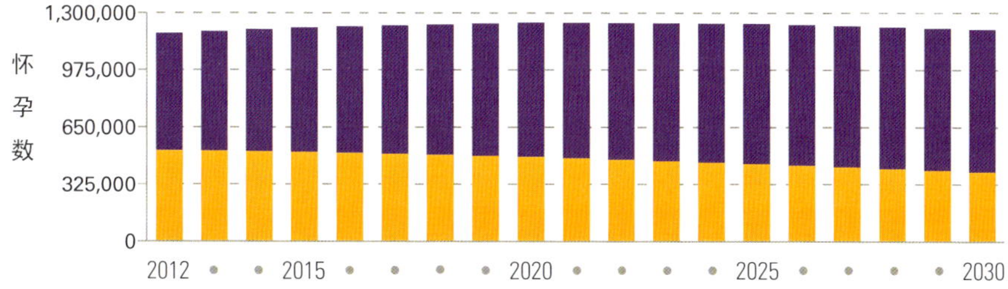

死亡率降低[5]

国家2013MMR2012NMR ■ 2030年目标

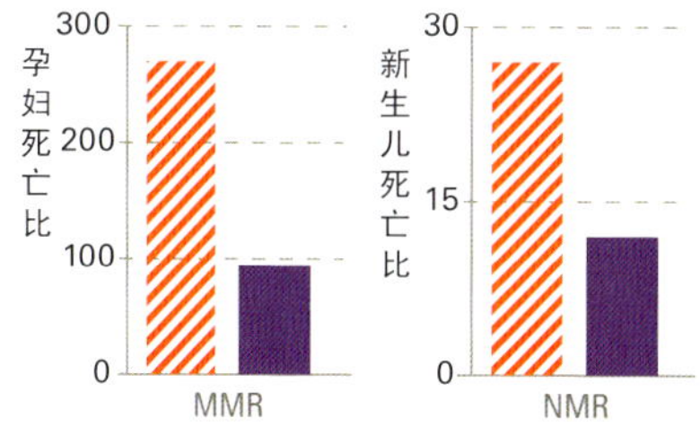

2030年预测和规划

这一部分使用简短的国家已报告数据来计算基于需求上的2030年的预测值。这些预测对记录的入学人数，毕业人数，花费在MNH上的时间百分比，年龄分布，角色和自然流失敏感。如果一些国家数据缺失，标准的、以证据为基础的假设会应用其中。这份预测具有指导意义，应该被用于核实国家数据的准确性和引发进一步的政策讨论。更多信息在50页“如何阅读”部分。

预计减少量 | 预计增加量 | 预计工作人数

ISCO-08国际职业标准分类

- 自然流失、死亡和退休的减少
- 助产专业人员
- 助产士相关专业人员
- 护理专业人员
- 护理相关专业人员
- 医疗辅助人员和医助
- 开业医生和全科医生
- 开业医生和专科医生（妇科产科）

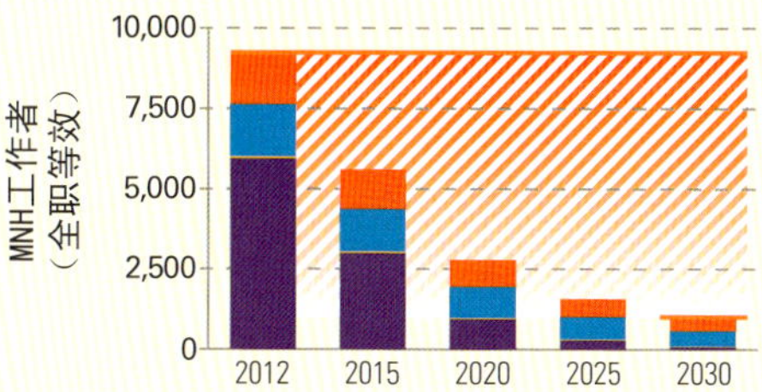

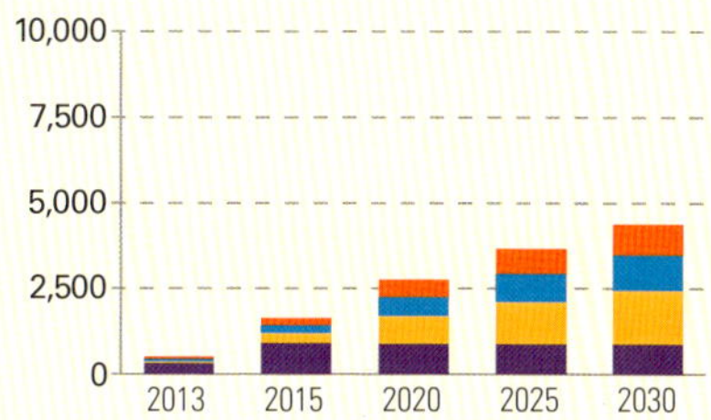

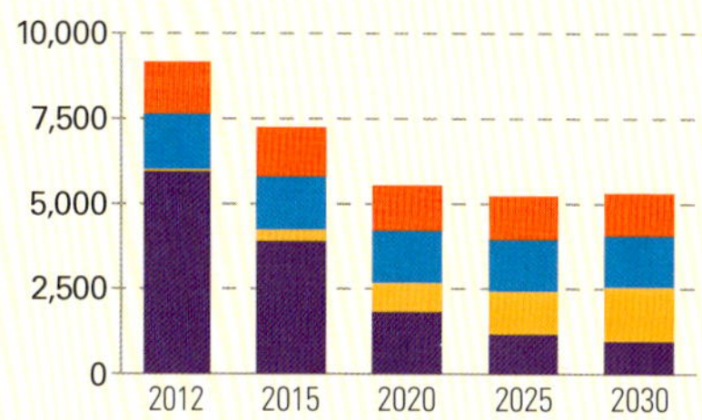

假如…

通过可获得的数据进行的需求预测

1 到2030年怀孕人数下降20%

怀孕、分娩、产后、出生后照护急剧增加，孕前服务在2080年后增加

2 到2020年，助产士、护士、医生毕业生的数目翻倍

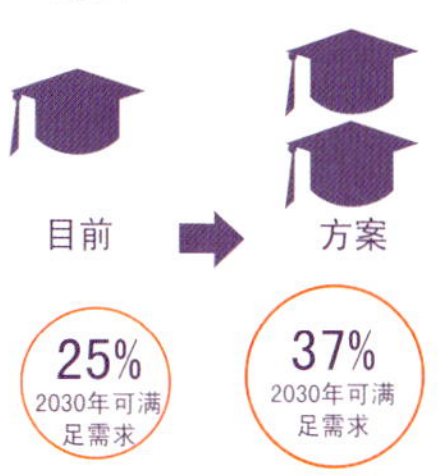

3 到2030年，工作效率每年增加2%

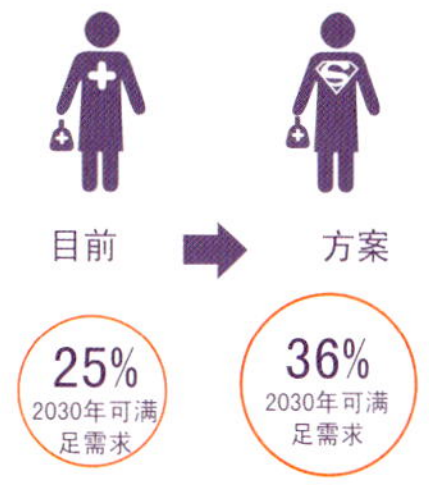

4 下一个5年流失量减半

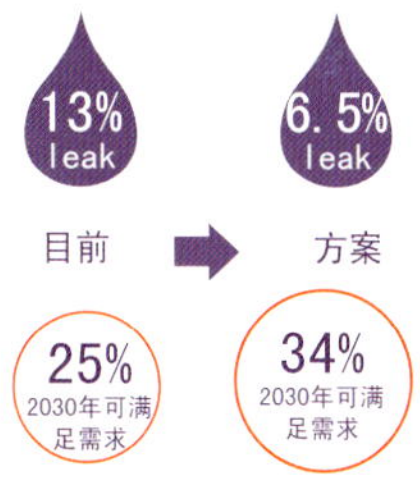

目前发展轨迹

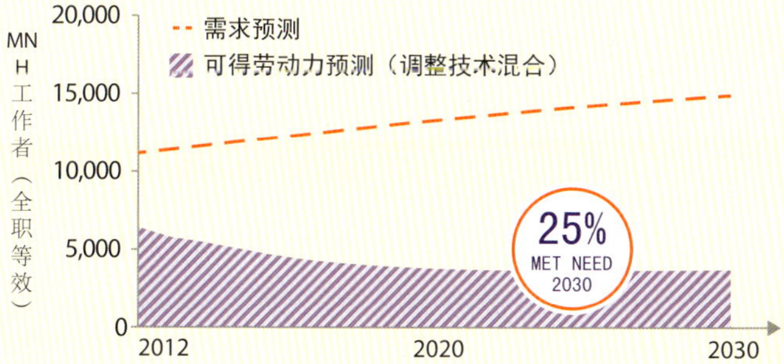

假设发展轨迹

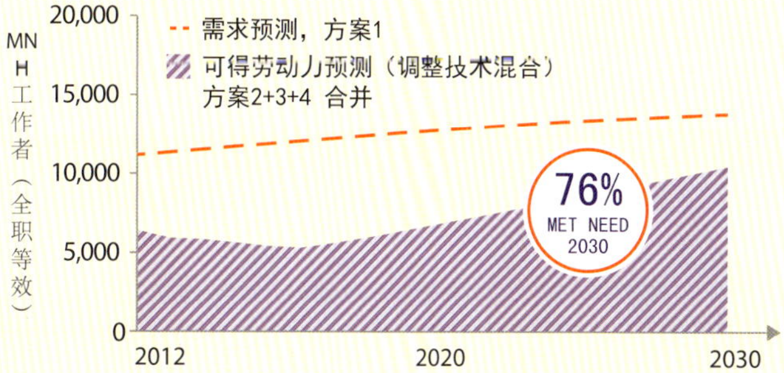

1. 医务工作者分类包含了以下国家的称呼：助产士包括助产士。辅助者包含妇女儿童健康辅助人员，护士助理：辅助助产护士包括国家登记的社区健康护士，全科医生包括卫生干事。产科/妇科医生包括妇产科专业医生。医疗干事和医疗助理包括社区健康干事，来源：2014的SoWMy或者第二来源（WHO全球健康观察、政府政策文件）
2. 年份数据是在STATCOMPILER获得的最新数据
3. 信息参考助产士骨干分类
4. 助产士、护士的国家组织
5. 提出的2030年的MMR、NMR的目标来源于2030年预防母亲死亡的计划和每位新生儿实施计划。

赞比亚

2012年，估计总人数1410万人，870万人（62%）生活在农村，320万的妇女（23%）为育龄妇女。总和生育率是5.7。至2030年，人口估计会增加77%，达到2500万人。为了使这些人普遍获得性、生殖及母婴护理，至2030年助产士服务必须适应每年140万的怀孕量。其中有62%在农村。在2012至2030年期间，给予卫生体系的启示是如何更合理地设置人力资源来适应8650万的产前检查，1490万的出生量，5950万的产后/出生后随访。

妇女和新生儿的需求（2012）

每年909，000的怀孕量=多少照护事件

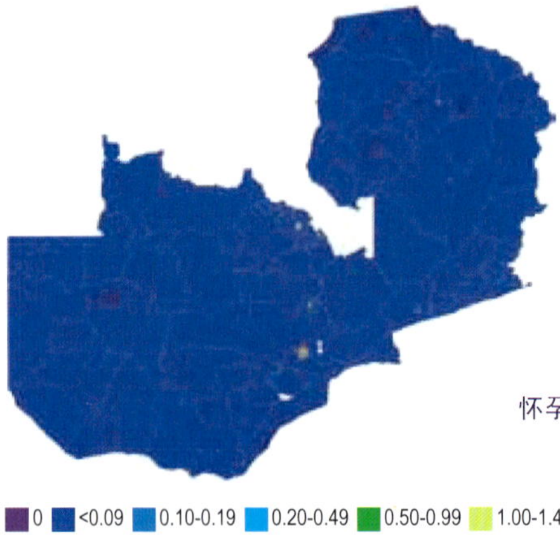

怀孕量和地域分布2012

APPROX.

- 孕前（所有育龄期妇女ç）= 6,793,000 计划生育
- 产前（怀孕数×4）= 3,634,000 日常访视
- 分娩 = 625,000 具有熟练技能的接生人员
- 产后（出生数×4）、出生后（新生儿数×4）= 2,499,000 日常访视

可获得的人力资源（2012）

	在MNH[1]工作的人员国家级分类	花费在MNH的时间%
助产士	2,773	100
助产士、辅助者	na	na
助产护士	9,575	100
护士	na	na
护士、助产护士	na	na
卫生干事和医助	na	na
开业医生、全科医生	1,630	20
产科医生、妇科医生	1,150	75

孕前 产前 分娩 产后 出生后

估计需求= 99%

实际工作时间/需要工作时间

国家总需求的估算基于可得数据

助产教育[3]

高中教育为最低起点	12年级+
取得资格要求的学习数（全面的）	1
是否为标准化课程设置及最新更新时间	是，2010
课程要求的在指导下的最低接生数	20
2012年毕业数/占总从业的助产人数百分比	247/9
1年内MNH雇佣毕业生的百分数	95%

助产法规

有承认助产是自主专业的法律	是
有承认助产是自主专业的法律	是
政府机构规范助产士行为	是
助产执照	是
执照助产士的现场注册	是
助产士拥有的EmONC要求的基本职能数（超出7个）	7
允许助产士提供可注射避孕药/宫内避孕器	是/是

专业组织[4]

专业组织创建年	2011，—
专业组织角色	
持续专业发展	是
建议和代表被指控不当行为的成员	是
就成员MNH的质量标准提出建议	是
就政府关于MNH的政策性文件提出建议	是
与政府协商工作和工资问题	是

经济可达性

包括最小受益计划的46项RMNH基本干预百分比

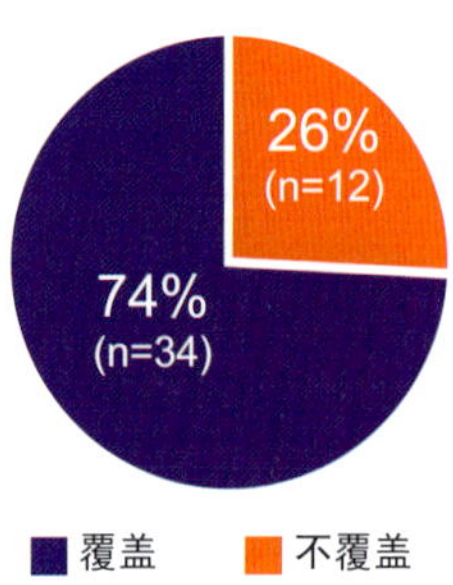

地域可达性

SBA[2]接生数目

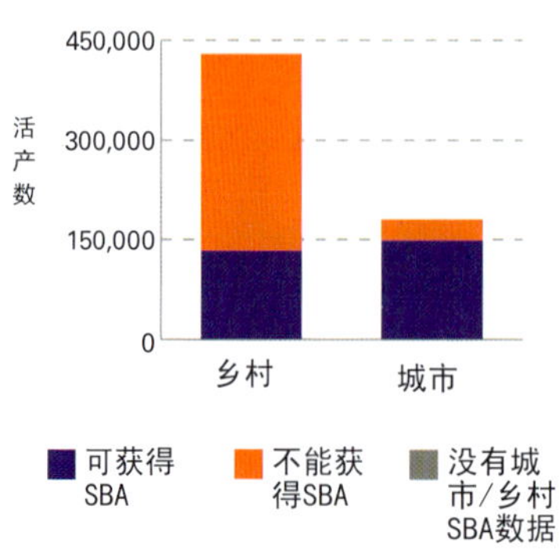

Na=不适合　—=缺失数据

规划怀孕数：城市与乡村

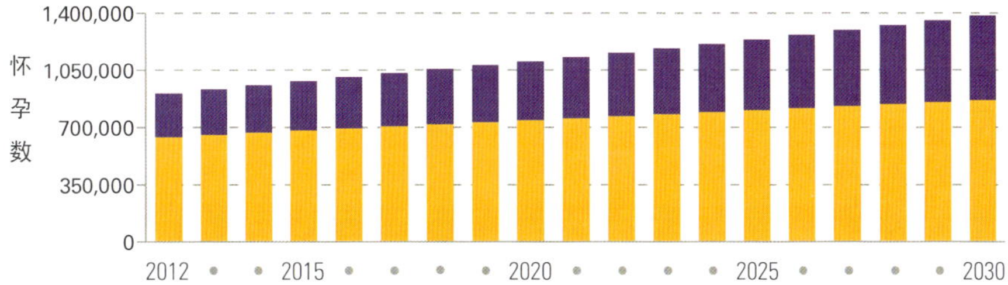

死亡率降低[5]

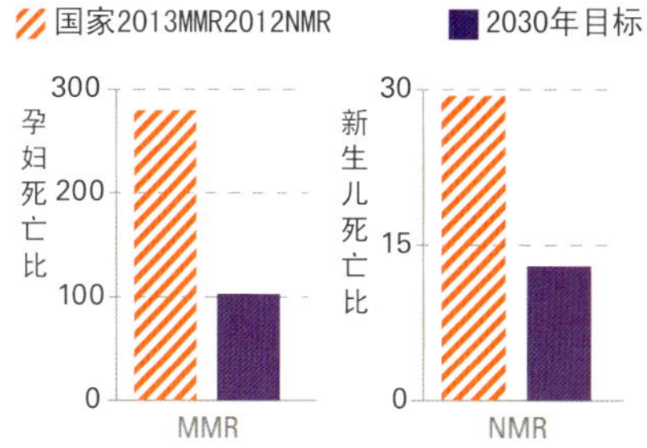

2030年预测和规划

这一部分使用简短的国家已报告数据来计算基于需求上的2030年的预测值。这些预测对记录的入学人数，毕业人数，花费在MNH上的时间百分比，年龄分布，角色和自然流失敏感。如果一些国家数据缺失，标准的、以证据为基础的假设会应用其中。这份预测具有指导意义，应该被用于核实国家数据的准确性和引发进一步的政策讨论。更多信息在50页“如何阅读”部分。

预计减少量　　预计增加量　　预计工作人数

ISCO-08国际职业标准分类

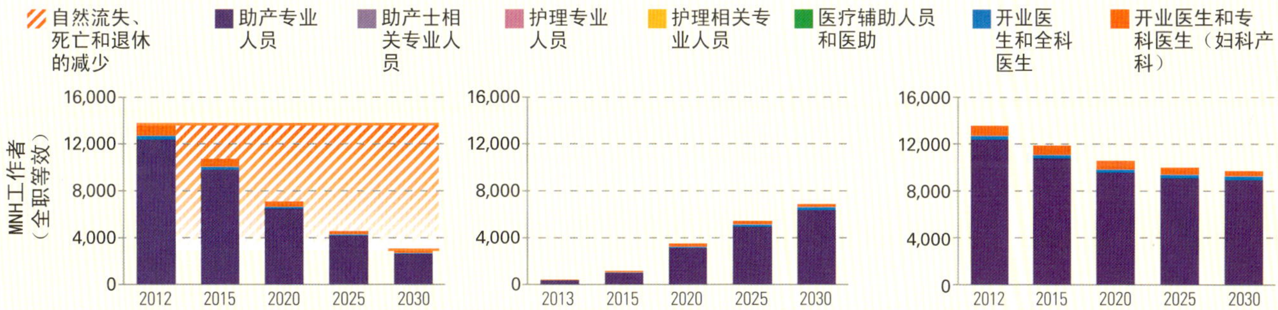

假如…

通过可获得的数据进行的需求预测

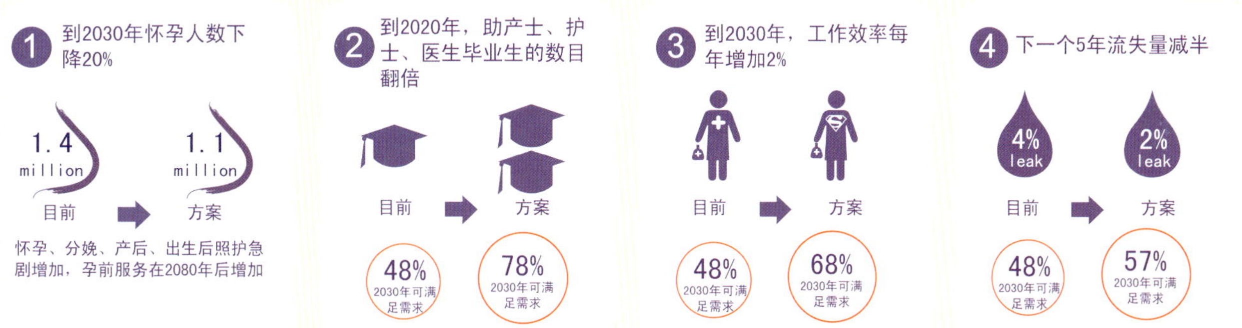

目前发展轨迹

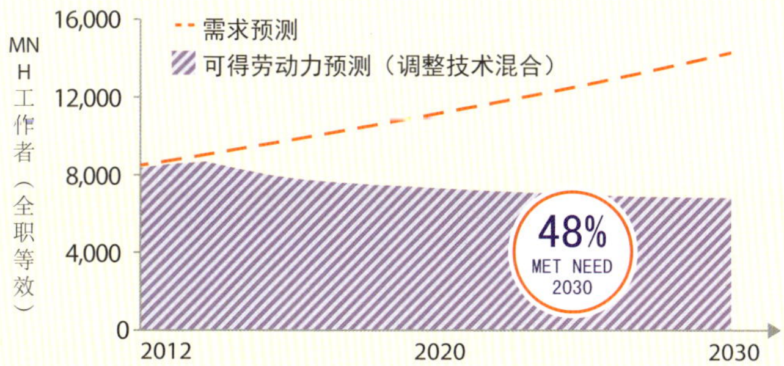

假设发展轨迹

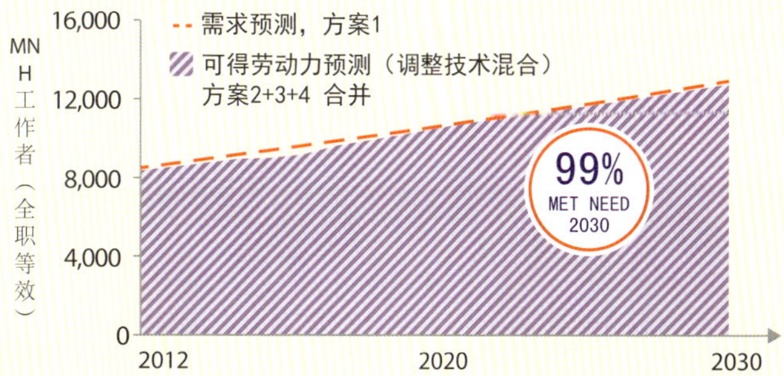

1. 医务工作者分类包含了以下国家的称呼：助产士包括助产士。辅助者包含妇女儿童健康辅助人员，护士助理：辅助助产护士包括国家登记的社区健康护士，全科医生包括卫生干事。产科/妇科医生包括妇产科专业医生。医疗干事和医疗助理包括社区健康干事，来源：2014的SoWMy或者第二来源（WHO全球健康观察、政府政策文件）
2. 年份数据是在STATCOMPILER获得的最新数据
3. 信息参考助产士骨干分类
4. 助产士、护士的国家组织
5. 提出的2030年的MMR、NMR的目标来源于2030年预防母亲死亡的计划和每位新生儿实施计划。

津巴布韦

2012年，估计总人数1370万人，890万人（65%）生活在农村，340万的妇女（25%）为育龄妇女。总和生育率是3.5。至2030年，人口估计会增加48%，达到2030万人。为了使这些人普遍获得性、生殖及母婴护理，至2030年助产士服务必须适应每年70万的怀孕量。其中有60%在农村。在2012至2030年期间，给予卫生体系的启示是如何更合理地设置人力资源来适应5050万的产前检查，900万的出生量，3610万的产后/出生后随访。

妇女和新生儿的需求（2012）

每年628，000的怀孕量=多少照护事件

怀孕量和地域分布2012

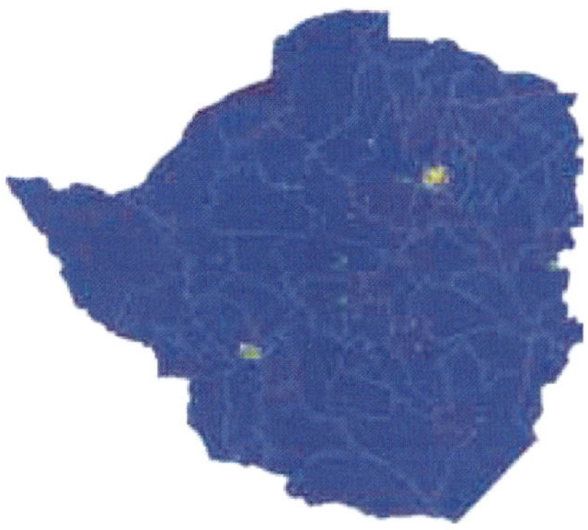

- 孕前（所有育龄期妇女ç） APPROX. = 7,598,000 计划生育
- 产前（怀孕数×4） = 2,512,000 日常访视
- 分娩 = 449,000 具有熟练技能的接生人员
- 产后（出生数×4）、出生后（新生儿数×4） = 1,795,000 日常访视

可获得的人力资源（2012）

	在MNH[1]工作的人员国家级分类	花费在MNH的时间%
助产士	na	na
助产士、辅助者	na	na
助产护士	2,247	100
护士	16,668	75
护士、助产护士	1,567	87.5
卫生干事和医助	na	na
开业医生、全科医生	453	–
产科医生、妇科医生	9	100

孕前、产前、分娩、产后、出生后

估计需求=85%

实际工作时间/需要工作时间

国家总需求的估算基于可得数据

助产教育[3]

高中教育为最低起点	12年级+
取得资格要求的学习数（全面的）	1
是否为标准化课程设置及最新更新时间	是，2013
课程要求的在指导下的最低接生数	30
2012年毕业数/占总从业的助产人数百分比	719/32
1年内MNH雇佣毕业生的百分数	100%

助产法规

有承认助产是自主专业的法律	是
有承认助产是自主专业的法律	是
政府机构规范助产士行为	是
助产执照	是
执照助产士的现场注册	是
助产士拥有的EmONC要求的基本职能数（超出7个）	7
允许助产士提供可注射避孕药/宫内避孕器	是/是

专业组织[4]

专业组织创建年	1995
专业组织角色	
持续专业发展	是
建议和代表被指控不当行为的成员	是
就成员MNH的质量标准提出建议	是
就政府关于MNH的政策性文件提出建议	是
与政府协商工作和工资问题	是

经济可达性

包括最小受益计划的46项RMNH基本干预百分比

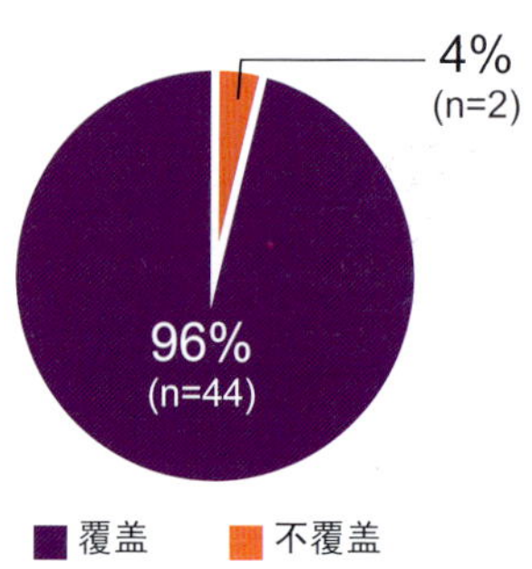

地域可达性

SBA[2]接生数目

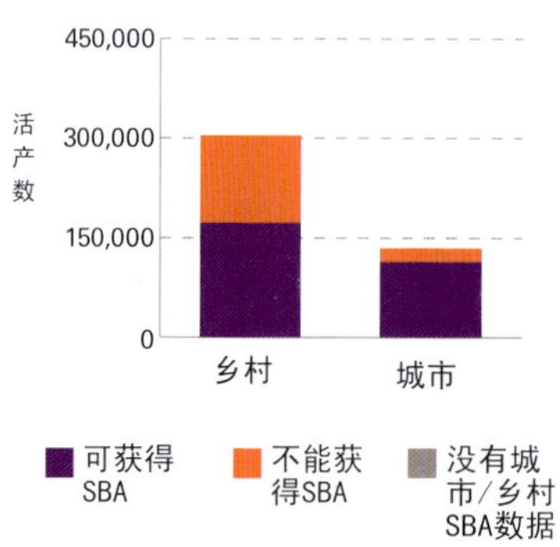

Na=不适合 —=缺失数据

规划怀孕数：城市与乡村

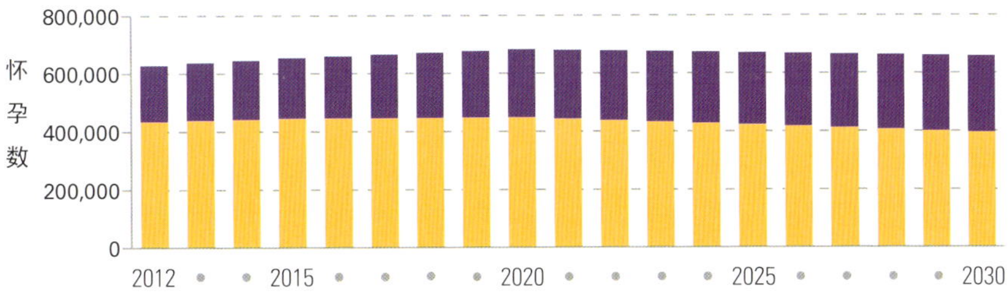

死亡率降低[5]

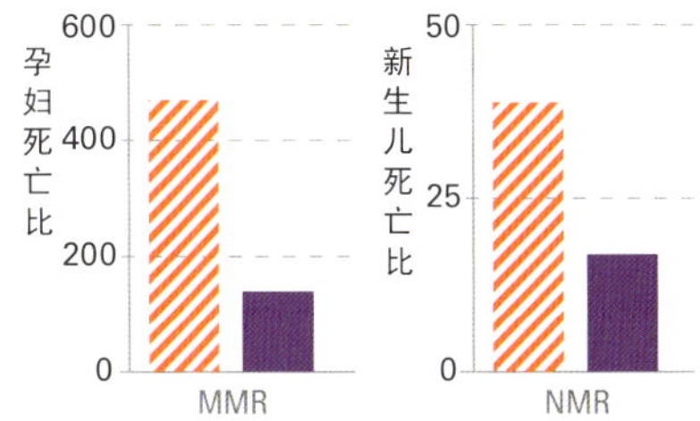

2030年预测和规划

这一部分使用简短的国家已报告数据来计算基于需求上的2030年的预测值。这些预测对记录的入学人数，毕业人数，花费在MNH上的时间百分比，年龄分布，角色和自然流失敏感。如果一些国家数据缺失，标准的、以证据为基础的假设会应用其中。这份预测具有指导意义，应该被用于核实国家数据的准确性和引发进一步的政策讨论。更多信息在50页“如何阅读”部分。

预计减少量 / 预计增加量 / 预计工作人数

ISCO-08国际职业标准分类

- 自然流失、死亡和退休的减少
- 助产专业人员
- 助产士相关专业人员
- 护理专业人员
- 护理相关专业人员
- 医疗辅助人员和医助
- 开业医生和全科医生
- 开业医生和专科医生（妇科产科）

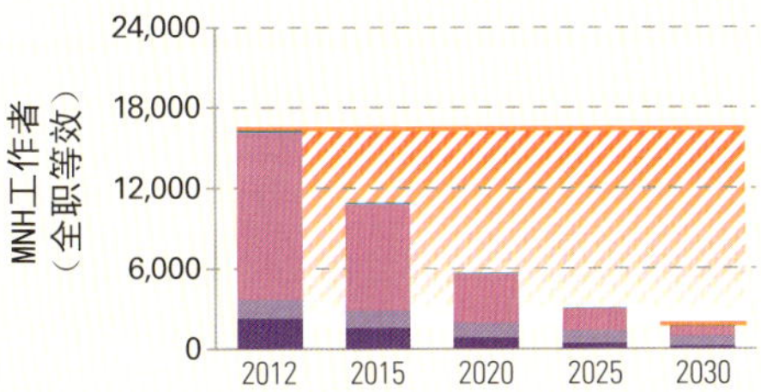

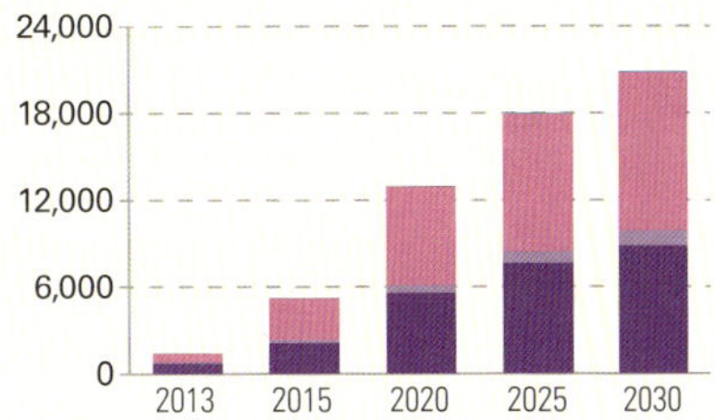

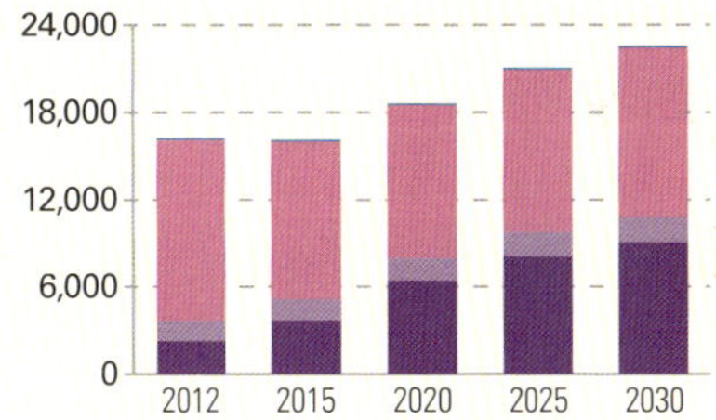

假如…

通过可获得的数据进行的需求预测

1. 到2030年怀孕人数下降20%

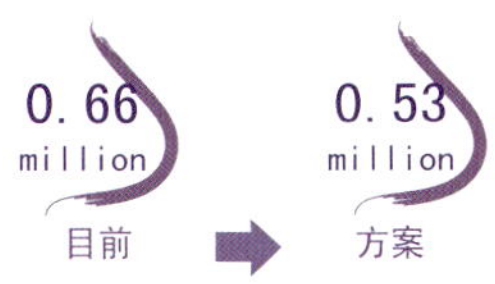

怀孕、分娩、产后、出生后照护急剧增加，孕前服务在2080年后增加

85% 2030年可满足需求　86% 2030年可满足需求

2. 到2020年，助产士、护士、医生毕业生的数目翻倍

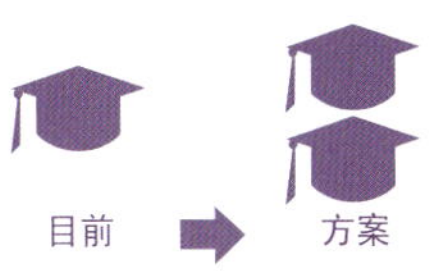

85% 2030年可满足需求　85% 2030年可满足需求

3. 到2030年，工作效率每年增加2%

85% 2030年可满足需求　85% 2030年可满足需求

4. 下一个5年流失量减半

85% 2030年可满足需求　85% 2030年可满足需求

目前发展轨迹

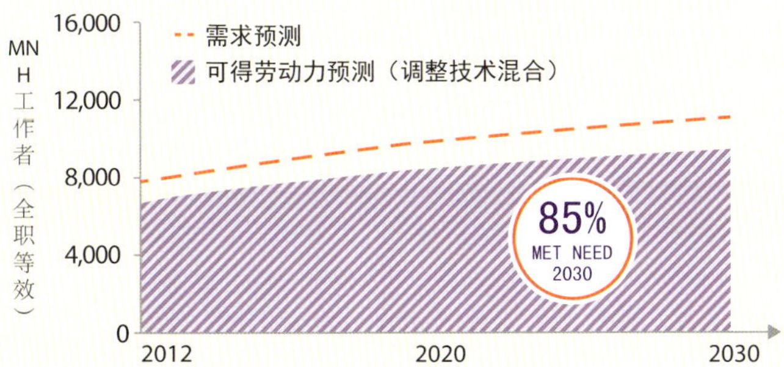

假设发展轨迹

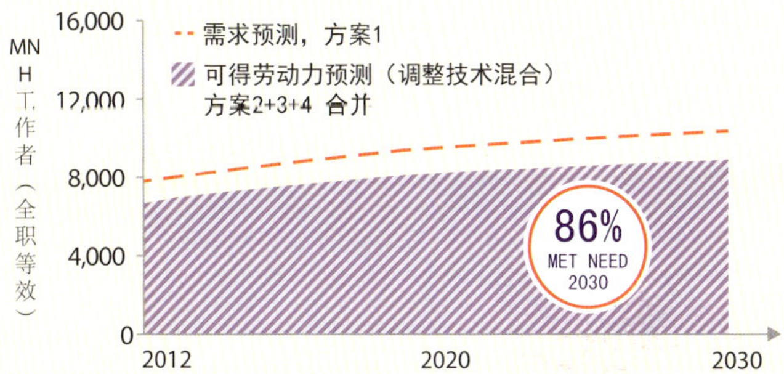

1. 医务工作者分类包含了以下国家的称呼：助产士包括助产士。辅助者包含妇女儿童健康辅助人员，护士助理：辅助助产护士包括国家登记的社区健康护士，全科医生包括卫生干事。产科/妇科医生包括妇产科专业医生。医疗干事和医疗助理包括社区健康干事，来源：2014的SoWMy或者第二来源（WHO全球健康观察、政府政策文件）
2. 年份数据是在STATCOMPILER获得的最新数据
3. 信息参考助产士骨干分类
4. 助产士、护士的国家组织
5. 提出的2030年的MMR、NMR的目标来源于2030年预防母亲死亡的计划和每位新生儿实施计划。

世界助产现状各国通讯者列表

特别鸣谢联合国人口基金国家办事处的负责人，以及它们的员工对各国调查结果收集工作的帮助。我们向他们所做出的所有的贡献表示诚挚的感谢。以下列出了希望公开的受访者的名单。我们同样也要对不希望在本报告中公开姓名的人员所作出的贡献表示感谢。我们尽了最大的努力使得本列表尽量涵盖所有的参与人员，对无意忽略的受访者表示诚挚的歉意。

阿富汗：Shakila Abdaly, Yalda Ahmadi, Masud Arzoiy, Aysha,Pashtoon Azfar, Malin Bogren, Batul Erfani, Sadia Fayiq Ayobi, Sharifullah Haqmal, Mohammad Jebran, Mohammad Massod, Ziba Mazari, Modassar,A. Molakhil, Mursal Musawi, Feroza Mushtari, Nayani, Fahima Nazari,Partamin Partamin, Jawad Patwal, M. Qasim, Rashidi, Monira Rauf,Sediqullah Reshteen, Nahida Shah, Shahir, Shakila, Shams, Amina Sultani,Yalda, Najiba Zafari

安哥拉：Maria José Costa, Hirondina Cucubica, Ana Leitão, Ines Leopoldo

阿塞拜疆：**Farid Babayev**

孟加拉国：Alamgir Ahmed, Rahima Jamal Akhtar, Jesmin Akter,Halima Akther, Iqbal Anwar, Farida Begum, Shuriya Begum,Taslima Begum, Rehana Begum, Roushon Ara Begum, Ismat Bhuiya,Hafizur Rahman Chowdhury, Ira Dibra, Monica Fong, Dolly Maria Gonsalves,Abdul Halim, Sajedul Hassan, Emdadul Hoque, A.K.M Amir Hossain,Mohammad Iqbal, Ashraful Islam Babul, Syed Abu Jafar Musa, Rezaul Karim,Umme Salma Khanum, Rabeya Khatoon, Michaela Michel-Schuldt,Abdul Hamid Moral, Gaziuddin Mohammad Munir, A.Z. Musa, Ylva Sörman Nath,A.K.M. Mukhlesur Rahman, Feroza Sarker, Latifa Prof. Shamsuddin, KhandakerSefayet Ullah, Mohammed Sharif, Fahmida Sultana, Saria Tasnim, Youssef Tawfik, Peggy Thorpe, Joanna Tingstrom, Mofiz Ullah, Yukie Yoshimura

贝宁：Solange Adechokan-Kanmadozo, Latifatou Agbodjelou,Olga AgbohouiHouinato,FulgenciaAhossiAssogbague,ChantalAkitossi,Arlette Akoueikou, Karamatou Bangbola, Conrad Deguenon,Bernice Deleke Koko Houngbede, Constance Dossou, Anatole Dougbe,Prudencia Gbaguidi, Dina Gbenou, Sikiratou Gouthon Abou,Yasminath Houenou, Benjamin Hounkpatin, Nestor KouKoui,Mohamed Chakirou Latoundji, Marguerite Magnonfinon, Christian Martins,O. Laurence Monteiro, Julienne Odoulami, Philomène Sansuamou,Amélie Sonon, Marcelle Totchenou, Victor Zoclanclounon

玻利维亚：Lilian Acunha, Gricel Alarcon, Rene Alberto Castro, Alexia Escobar,Nancy Manjon, Willam Michel, Elva Olivera, Haydee Padilla, Bertha Pooley,Jacquelin Reyes, Celia Taborga, Franz Trujillo, Eugenio Renato Yucra

博茨瓦纳：Galeagelwe Baikepi, Kebabonye Gabaake, Hannah Kau-Kipo,Veronica Leburu, Lucy Sejo Maribe, Khumo Modisaemang,Keitshokile Dintle Mogobe, Ellen Mokalake, Ruth Mokgehi, Irene Motshewa,Galaletsang Mudongo, Opelo Rankopo, Rina Rapula, Workuu Tegene Solomon,Kabo Tautona, Josephine Tlale

巴西：Vera Bonazzi, Elisabete Franco Cruz, Anna Cunha, Maysa Gomes,Cleiton Euzebio, Amanda Fedevjcyk de Vico, Dulce Ferraz, Emanuelle Goes,Rodolfo Gomez, Jeniffer Goncalves, Roselane Gonçalves, Leila Gottems,Valdecyr Herdy Alves, Felipe Krykhtine, Maria Eliane Liegio, Lorenza Longhi,Fernanda Lopes, Elize Massard da Fonseca, Maria Eliane Matao, Rosani Pagani,Daphne Rattner, Euzi Adriana Rodrigues, Camila Schneck, Valda Fatima Silva,Iara Silveira, Kleyde Ventura Souza, Thais Fonseca Veloso de Oliveira,Maria Esther Vilela, Paula Viana, Marli Villela Mamede, Vera Xavier,Nadia Zanon Narchi, Marcele Zveiter

布基纳法索：Laurentine Barry, Alimata Bationo, Aïssètou Belemvire,Seydou Belemvire, Aicha Boly, Kadidiatou Gnangao, K. Carine Gnangao,Rosine Compaore/Konkobo, Zéinab Derme, Damatou Diabri, Parfait Guibleogo,Nadège W. Guiguemde, Honorine Kabre, Pascaline Kiendrebeogo, Laye Kodjo, Sabine Liliou, Augustine Lompo, Aimée Lompo, Isabelle Minoungou,Azara Morbiga, Bibata Nacoulma, Mariam Nanema, Emmanuel Neya, Mariam Nonguierma, Roselyne Oubda, Catherine Quedraogo, Valentine Ouedraogo,Karidia Ouedraogo, Habibou Ouedraogo, Natalie Roos, Wahabou Sanfo, Isabelle Sanon/ Bicaba, Djénéba Sanon/Ouedraogo, Salmata Sanou, Béatrice Sawadogo,Edmonde P. Sawadogo, Ramatou Sawadogo, Mariam Tiemtore, Souleymane Zan, Aoua Zerbo, Georgette Zerbo, Céline Zoubga, Aligueta Zoure

布隆迪：Delphine Arakaza, Prosper Bigirimana, François Busogoro,Georges Gahungu, Fabrice Kakunze, Yolande Magonyagi,Jeanne Marie Nahimana, Rose Simonne Ndayiziga, Bernadette Nkanira

柬埔寨：Sveng Chea Ath Chhay, Rada Ing, Phuong Keat, Sambo Mey,Sano Phal, Sokun Sok, Rathavy Tung

喀麦隆：Hortense Atchoumi, Nicole Eteki, Serge Eyebe Eyebe,Assumpta Kechia, Samuel Kingue, Emile Mboudou, Françoise Nissack

中非共和国：Honé Sehuetio Aminata, Yolande Guendoko, Raymond Goula, Suzanne Onambele, Abdoulaye Sepou, Awa Marie Christine Sepou Yanza

乍得：Garba Aminatou, Gambaye Christine, Dewala Deborah, Djamon Djakissam,Urbain Djelaou, Mahamat Malloum Fatime, Fatchou Gakaitangou, DabsouGuidaoussou, Daniel Guira Dangar, Mariam Issaka, Fatchou Marada,Nekingalaou Nadjiri, Rostand Njiki, Adjougoulta Vealeto

中国：Ning Feng, Ying Liu, Jiong Peng, Chumen Wen

科摩罗：Hissani Aboubacar, Mahamoud Said

刚果：Jeannette Biboussi, Bruno Bilombo, Patrick Bondoumbou,Fabrice Bowamboka, Servais Capo-Chichi, Berthe Dzinga Nguimbi,Anna Fagot, Tanguy Fouemina, Nazaire Roger Issie, Clautaire Itoua,Jean Claude Kala, Philippe Kombo, Jean Blaise Koundika, Marie Fanny Lolo,Jacques Mabiala, Yvette Mavoungou, Michel Mbemba Moutounou,André Mbou, Gaston Mbou Goubili, Jules Cesar Mokoko, Zéphirin Abel Moukolo, Joseph Moutou, Henriette Mpassy Tousseho, Virginie Ndzemba,Jean Pierre Michel Ndzondault, Marcellin Ngambou, Rachel Ngouoni,Adrienne Nguekele, Victorine Nkala, Justin Ongoyohi, Clémence Otilibili Ngoma,Paul Oyere Moke, Fabienne Rimteta, Marie Soulie, Bedi Toyo, Marie Gisele Tsiabola, Yolande Voumbo

刚果民主共和国：Esperance Ababa, Désiré Bapitani,Marcel Baroani, Jean Baptiste Baruani, Blaise Belesi, Marie Rose Bodisa,Jean Jacques Bosali, Frederick Djunga Pame, Henriette Eke Mbula,Grégoire Hiombo, Ambrockha Kabeya, Céline Kanionga, Rachel Kaswera,Augustin Kiyoyo Belo, Jean-Pierre Lokonga, Louis Lubieno, Raymond Lufwa,Scolastique Mahindo, Nicasie Matoko, Victorine Mbadu, Rose Menga,Jean Pierre Moucka, Epiphanie Ngumbu, Pierre Ntumba, Guy Rammazani,Maurice Tingu Yaba, Beatrice Tshiala, Yvette Tshund'olela, Wivine Yenga

科特迪瓦：Eliane Abhé Gnangoran, Laetitia Achi, Evelyne Akaffou,Boa Akandan Edith, Virginie Akunin, Danho Simplice Anongba, Djénéba Boro,Camara D, Anongba Danho Simplice, Abhe Gnangoran Eliane, Adou Hervé,Dibo Amany Essam, Antoinette Kansah, Victor Kassi, Isabelle Akoua Koffi,Seidou Koné, Privat Kouakou, Christine Kouakou, Alphone Kouakou Kouamé,Hortance Kouamé, Arthur Kouamé, Kouakou Raymond Kouamé,Amadou Ouattara Liagui, Dia Loukou, Koné Mamadou, Messo Ménin,Boston Mian, Affoué N'Guessan, Antoinette N'Guessan née Ouattara Tiékhou,Hortense N'Guessan née Ouattara, Benjamin Nambala, Rosalie N'Zi,Philomène Oulai-Bamba, Soumahoro Oulai, Geneviève Saki-Nekouressi,Essiagne Daniel Sess, Kadidia Sow, Degny Togbé Ida Anon née,Kadidia Touré-Coulibaly, Anna Touré-Ecra, Christiane Welfens-Ekra,Ignace Yao, Bi Zehoua Yougoné

吉布提：Assia Mola Ali, Kaltoum Houmed Asso, Rayana Bou Haka,Aicha Djama, Oubah Hassan Farah, Mariam Mohamed Kamil

埃及：Amal Abd El Hay, Ehab El Beltagi, Hala El Hennawy, Samia Fargaly,Magdy Khaled, Kawthar Mahmoud, Mohga Metwally, Mohamed Nour El Din,Sherin Saad, Kaima Said, Yasser Salah, Adel Shakshak, Alaa Sultan

厄立特里亚国：Yordanos Mehari, Assefash Zehaie

埃塞俄比亚：Ruman Abdurashid, Samuel Aberham, Azeb Admassu, Feven Alazar,Assamenew Assefa, Miftah Awei, Aster Berhe, Asmare

Demilew,Mintwab Gelagay, Gebreamlak Gidey, Yezabinesh Kibe, Dorothy Lazaro,Tesfaye Negewo, Alemnesh Tekleberhan, Luwam Teshome, Aster Teshome,Elizabeth Wildeys, Zalalem Woubshet, Hiwot Wubshet

加蓬:Noelle Avomo, Aboubacar Inoua, Stoelle Patricia Keba, Olga Mavoungou,Chantal Mbodi, Justine Mekui Ella, Jean François Meye, Mireille Nkoa, KévineLeila Nzinga, Serge Yaya

冈比亚:Alieu Jammeh, Bakary Jargo, Alhagie Kolley

加纳:Mary Nana Ama Brantuo, Gladys Brew, Evans Danso, Fredrica Hanson,Joyce Jetuah, George Kumi Kyeremeh, Philomina Wooley

危地马拉:Daniel Frade, Alejandro Silva

几内亚:Binta Bah, Halimatou Bah, Jean-René Camara, Moussa KantaraCamara, Marie Conde, Adama Manyan Condé, Aissatou Condé, Apolinaire Delamou, Saliou Dian Diallo, Mohamed Faza Diallo, Houleymatou Diallo, Malal Diallo, Aboubacar Kaba, Toumany Keita, Enego Koivogui, Mamady Kourouma,Richard Kpamy, Sory Bantou Oulare, Fatoumata Gnélé Sow, Kadiatou Sy,Mbemba Traoré, Mohamed Lamine Yansané

几内亚比绍:Fernanda Alves, Alfredo Claudino Alves, Beti C., Luis Camala,Olga Campos, Silvio Coelho Caetano, Alfredo da Costa, Euclides dos Santos,Maria Aramatulai Injai, Agostinho Mbarco Ndumba, Augusto Viegas,Hamilton Viera Ferreira

海地:Ramiz Alakbarov, Amaida Augustin, Lourdes Belotte, Jean-Claude Cadet, Gilles Champetier de Ribbes, Marie Lucie Chaudry, Kettely Chevalier,Gislhaine D'Alexis, Nadege Daudier Denis, Evelyne Degraff, Ralph Dougé,Jacques Dulaurier, Florence Duperval Guillaume, Luterse Dupont, Marie Sheyla Durandisse, Jean Fanelise, Reynold Grand-Pierre, Jules Grand-Pierre,Maguie Philistin Guerrier, Joseph Herold, Patrice Honoré, Lucito Joanis,Erica Laforest, Claire Nicole Lebrun, Fritz Louis Andre Michel, Paul Madianite,André Megie, Mona Metellus, Gadener Michaud, Stéphane Michel, Fritz Moise,Rose Myrtha Evenou, Ginette Rivière, Jean-Louis Robert, Ifrene Rodeny,Marie Josée Salomon, Edvard Tassy, Youseline Telemaque, Yves Thermidor,Mireille Tribier, Jean-Baptiste Vardine, Ernst Viel, Valerio Vital-Herne,Henri-Claude Voltaire

印度:Rashmi Asif, Ashok Agarwal, Dinesh Agarwal, Malalay Ahmadzai,Mohammad Ahsan, Rajni Bagga, Arun Bala, Himanshu Bhushan, Manju Chhugani, Dipa Nag Chowdhary, Bandana Das, P. Princy Fernando,Paul Francis, Medha Gandhi, Sandhya Ghai, Sunanda Gupta, Sukhwinder Kaur, Utplakshi Kaushik, Fareha Khan, Aparna Kundu, Josephine Littleflower,Frederika Meijer, Merlin, Madhuri Narayanan, Navita, Anchita Patil, Avinash K.Rana, Surekha Sama, Sheila Seda, Manju Shukla, Leila Caleb Varkey

印度尼西亚:Ms Deri, Rustini Floranita, Ms Hani, Ms Hayati, Elvira Liyanto,Trini Nurwati, Emi Taufik

伊拉克:Wafa Abbas, Radouane Belouali

肯尼亚:Batula Abdi, Annie Gituto, Margaret Kinyanzwii, Shiphrah Kuria,Joyce Lavussa, Louisa Muteti, Tabitha Mwangi, Agnes Nakato, Dan Okoro,Geoffrey Okumu, Zahida Qureshi

朝鲜民主主义共和国:Nazira Artykova, Fatima Gohar,Sathyanarayana Kundur

吉尔吉斯斯坦:Aigul Boobekova, Elnura Boronbaeva, Kuban Monolbaev,Asel Orozalieva, Tatiana Popovitskaya, Nurgul Smankulova, Nurida Umetalieva,Bermet Usupov

老挝人民民主共和国:Anna af Ugglas, Kaisone Chounlamany,Sengmany Khambounheuang, Eunyoung Ko, Alongkone Phengsavanh,Bounnack Saysanasongkham, Kopkeo Souphanthong, Somchanh Xaysida

莱索托:Masechaba Moru, Thabelo Ramatlapeng

利比里亚:Emilia Ayenaniz, Lucy Barh, Harriett Dolo, Musu Duworko,Musu Duworko, Comfort J. Gebeh, Cuallau Jabbeh-Howe, Yanquah Kargbo,Douboi G. Korkoyeh, Vachel Lake, Esther K. Lincoln, Maybe Garmai Livingstone,Nancy E. R. Masaline, Snoyonoh Miller, Cecelia Morris, Nancy T. Moses,Rex Moses, John Mulbah, Veronica Neblett Siafa, Salat A. Norris,Helena L. Nuahn, Linda Q. Nyansaiye, Tolbert Nyenswah, Philderald Pratt,Angela J. Sawyer, Marion Subah, Bentoe Zoogley Tehoungue, Mary W. Tiah,Anita S. Varney, Dina Wah Kapel, Shelly A. Wright, Anna K. Yse, Aliesa A. Zezay

马达加斯加岛:Nivo Andriamampianina, Edith Boni Ouattara, Ginette Josia Rabefitia, Claire Raharinoro, Evelyne Raherivololona, Heritiana Rakotoson,Haingo Ramananjanahary, Mamihanitra Ramangakoto, Vallyne Rambeloson,Claudine Lala Ramiandrazafy, Herlyne Ramihantaniarivo, Masy Harisoa Ramilirijaona, Alain Gervais Ramorasata, Albert Randriamiaramanana,Oméga Ranorolala, Haingolalao Rapatsalahy, Tatavy Amélie Rasoaniaretana,Dolorès Rasolompiakarana, Edwige Ravaomanana, Stella Ravelonarivo,Marie Georgette Ravoniarisoa, David Rosivel Ravoniarison

马拉维:Sheilla Bandazi, Harriet Chanza, Lilian Chimkono, Mable Chinkhata,Grace Hiwa, Felistas Kanthiti, Harriet Kapyepye, F. Kathiti, Hlalapi Kunkeyani,Linily Linyenga, Address Malata, Robert Mangwiro, Griffin Matemba,Rose Mazengera, Pilirani Msambati, Jasintha Mtengezo, Bettie Namale,John Nepiyala, Dorothy Ngoma, Gelian Nkhalamba, Flemmings Nkhandwe,Ann Phoya, Rose Wasili

马里:Diouma Camara, Magassi Coulibaly, Sadio Diarra, Bocar Almodjine Djiteye, Benoît Karambiri, Fatoumata S. Maiga, Diahara Maïga

毛里塔尼亚:Ould Mohamed Ahmedou, Thierno Ousmane Coulibaly,Mint Moulaye Fatimetou, Bellahi Marieme, Diagne Marième,Ould Eleyatt Mohamed, Ould Ahmedou Mohamed Lemine,Mohamed Boubacar Ould Abdel Aziz

墨西哥:Amalia Ayala, Laura Cao, Javier Domínguez, Ricardo García,Araceli Gil, Guadalupe Hernández, Juana Jiménez, Guadalupe Landereche,Hilda Reyes, Maricruz Romero, Matthias Sachse, María Eugenia Torres,Miriam Veras

摩洛哥:Wafae Abddain, Laila Acharai, Lakhdar Amina, Drissia Anbouri,Bouchra Asarag, Alaoui Asmae, Aicha Ben Baha, Najat Baloui,Ouafae Belayachi, Moumena Benamar, Menana Boukalouche,Nisrine Bourfoune, Mouna Boussefiane, Lantry Chafika, Ahmed Chahir,Nisrine El Mabrouk, Jamila El Mendili, Sanae El Omrani, Sabah El Ouazzani,Rachida Fadil, Khadija Habibi, Touria Harizi, Souad Khachani, Malika Khayri,Aniss Lakhal, Bouchra Lambarek, Mohammed Lardi, Lhou Lioussfi,Hanane Masbah, Jabal Samira, Arhmad Soukayna, Mohammed Okhouya,Chaimae Rhiat, Khadija Sabbane, Malika Tibhiri, Cherifa Yahmi

莫桑比克:Munira Abda, Gizela Azambuja, Cidália Baloi, Ana Lurdes Cala,Alicia Carbonell, Paulino Cassoceira, Marcelle Diane Claquin, Ana Maria Dai,Pilar de la Corte Molina, Aicha Issufo, Manuel Macebe, Maria Olga Matavel,Moisés Mazivila, Adelaide Mbebe, Luisa Panguene, Norton Pinto,Deolinda Sarmento, Mohin Sidat, Daniel Simone, Otília Tualufo

缅甸:Than Aye, Hla Hla Aye, Tin Maung Chit, Charlotte Sigurdson Chveistiansen, Nyunt Nyunt Han, Nang Khin Hla, Htay Htay Hlaing, San San Hlaing, Thinn Thinn Hmway, Hlaing Hlaing Htay, Kyu Kyu Khin, Nwe Nwe Khin,Khin Mar Kyi, Ohnmar Kyi, Su Su Lin, Hnin Hnin Lwin, Molly, Hsu Mon Aung,Ohn Ohn Mya, Yin Mya, Khin Aye Myint, Theingyi Myint, Phone Myint, Moe New,Pale Ou, Sanda, Myint Myint Than, Mya Thida, Khin Thida, Sarabibi Thuzarwin,Hla Mya Thway Einda, Khaing New Tin, Khin Myo Win, New Ni Win, Aye Su Su Win, Myo Yarzar

尼泊尔:Kiran Bajracharya, Ischworid Devi Shrestha, Kerstin Erlandsson,Neera Thakur, Meera Thapa Upadhyay

尼日尔:Tchima Aboubakar, Yacouba Ali, Laouali Ali, Chaïbou Aminatou, Yaroh Asma Gali, Adamou Balkissa, Adambé Bintou, Boubacar Bobaoua, Altiné Bouli,Abdourahamane Brah, Siddo Moumouni Daouda, Amoul Kinni Ghaïchatou,Amadou Halimatou, Adamou Haoua, Maman Sani Hassane, Moussa Hassane,Chaïbou Ibrah, Adamou Kadi, Sadou Karidio, Abdoulwahab Karimatou, Yayé Katanga, Ibroh Kouboura Abba Moussa, Amadou Mariama, Mariama Pascal,Abdoul Rachid Fatima, Awal Ramatou, Ibrahim Ramatou, Alhassane Safia,Maïmouna Saïdou, Guédé Salamatou, Zeinabou Saley, Ibrahima Souley,Mariko Souleymane, Gaoh Zaharatou, Oumarou Zaratou, Lancina Zeinabou

尼日利亚:Aishatu Abubakar, Fred Achem, Gbenga Adelakin, Bose

Adeniran,Olusegun Adeoye, Rose Samuel Agbi, Chris Agbogoroma, Uduak Akpan, Enema Job Amodu, Emilene Anakhuekha, Ronke Atamewalen, E. C. Azuike, Remi Bajomo, S.A. Bennibor, Ruth Bosede Daniel, Jean Damascene Butera, Dashe Dasogot, Oluloyo Ebenezer, Margaret Edison, E.A. Emedo, Omoru A. Eseagwu,Flora Etim, Tolu Fakeye, Tokumbo Farayi, Ayikobi Fatimah, Fagbamigbe O.Johnson, Shakuri Kadiri, Lanem Law Kuma, Fasehun Luther-King, Zainab T.Mahood, Fatima Farra Mairami, Philip Momah, Larry Obi Nwaka, Esther Obinya,Ansa Ogu, Bridget Okeke, V.O. Okinrolabu, Moji Okodugha, Bolaji Oladejo,Oluwadamilola Olaogun, Seyi Olujimi, A. O. Osuntogun, Taiwo Oyelade,Olusegun Oyeniyi, Rabiatu Sageer, Tunde Segun, Garba Sufianu, Joy Ufere,Jonathan Unutaro, Alheri Yusuf, Deborah Yusuf

巴基斯坦:Jamil Ahmed, Nabeel Akhter, Nighat Durrani, Samia Hashim,Syed Yasir Hussain, Zafar Ikram, Humaira Irshad, Rafat Jan, Zareef Khanza,Fehmida Kousar, Arusa Lakhani, Najma Lalji, Mushtaq Memon, Clara Pasha,Najeeb Rehman, Hidayat Ullah, Wasim, Farzana Zulfiqar

巴布亚新几内亚:Thelma Ali, Julie Dopsie, Gilbert Hiawalyer, Mary Kililo,Ornella Lincetto,Nina Pangiau, Jessica Yaipupu, Carmen Yakopa

秘鲁:Gracia Subiria

卢旺达:Gloriose Abayisenga, Ferdinand Bikorimana, Pandora Hardtman,Marie Lyesse Iribagiza, Marie Claire Iryanyawera, Jean Marie Mbonyintwali,Maria Mugabo, Juliet Mukankusi, Josephine Murekezi, Daphrose Nyirasafali,Marie Chantal Umulisa, Jovia Umuriza, Agnes Uwayezu, Marie Chantal Uwimana

圣多美与普林西比共和国:Sonia Afonso, Jose Manuel Carvalho, Maria ElizabethCarvalho, Pascoal D'Apresentaçao, Yonelma Daio, Maria Quaresma Dos Anjos,Natercia Fernandes, Guldier Afonso Malicia

塞内加尔:Ndeye Amy Ndiaye Bathily, Binta Demba Sarr Athie, Arame NdiayeCamara, Marie Francaoise Carvalho, Bocar Mamadou Daff, Boureima Diadie,El Hadji Diagne, Ndeye Fatou Ndiaye Diaw, Mariama Dieng, Seyni Konte Diop,Amassaid Diop, Cheikh Bamba Diop, Virginie Diouf, Ibrahima Soukendela Diuof,Codou Fall, Marieme Fall, Sophie Diop Fall, Elhadj Ousseynou Faye, Marieme Ba Gueye, Maimouna Seck Haidara, Heenghee, Selly Kane Wane, Christine Klauth, Mamadou Selly Ly, Maguette Mbaye, Goto Mino, Aissatou Gueye Ndecki,Nogoye Thiam Ndiaye, Madeleine Ndiaye Bocandé, Symphorien Ndione,Laty Gueye Ndoye, Doudou Sene, Fatim Tall, Fatou Toure

塞拉利昂:Zainab Blell, Frances Fornah, Hossinatu Mary kanu, Pity Florence Kanu, Elizabeth Lemor, Margaret Mannah-Macarthy, Haja Fatmata Mansaray,Joan H. Shepherd

所罗门群岛:Wame Baravilala, Kathy Gapirongo, Jessie Larui,Pauline McNeil

索马里:Saleh Abdale Omar, Mohamed Abdi Farah, Osman Abdi Omar, Halima Abdi Sheikh, Mohamed Abdirahman Ibrahim, Naima Abdukadir Mohamed, Hawa Abdullahi Elmi, Suleyman Abdullahi Mohamed, Lordfred Achu, Mohamed Ahmed Muhamed, Abdikani Ali Ahmed, AbdiKarim Asseir Ali, Moxamed Axmed Jimale,Phocas Biraboneye, Marian Hassan Mohamud, Ahmed Moallim Mohamed,Fatuma Mohamed, Halima Mohamed Ali, Hassan Mohamoud Abdule,Omar Mohamud Ibrahim, Lul Mohamud Mohamed, Rukia Mustaf Haji,Abdullahi Nor Mohamud, Juliana Nzau, Mariam Omar Salad, Elfeky Samar,Abdulkadir Wehliye Afrah

南非:Elgonda Bekker, Dapney N. Chonco, A. Green, Thembeka Gwagwa,Holele, Leonard Kamugisha, Hester Klopper, Busisiwe Kunene, T. Mabudi, Sisan Majeke, Liesbeth Mangathe, N. Mbombo, Ms N. Mphandana, Nokuzola Mzolo,Ms Naicker, Neloius, Deliwe Nyathikazi, Precious Robinson, Gugu Xaba

南苏丹:Victoria Abua, Patrick Achiga, Tereza Achuei, Jemelia Sake Beda,Gillian Butts-Garnett, Lucia Buyanza, Joice Chrisp, Suzie Francis, Mary Rose Juwa, Jacqueline Kaku, Jane Kamau, Jennifer Kibicho, Siama Ladu, Janet Michael, Naseer Nizamani, Elizabeth Odinga, Antonina Oedena, Polly Grace Osua, Taban Patrick, Susan Poni, Grace Temah, Petronella Wawa

苏丹:Sawsan Eltahir, Nada Gaafar, Nada Hamza, Insaf Hussein, Osama Ismail,Juliana Lunguzi, Mohammed Sidahmed

斯威士兰:Dudu Dlamini, Nomathemba Ginindza, Bakhombisile Gumedze,Thembisile Khumalo, Sibusiso Lushaba, Phumzile Mabuza, Winnie Magagula,Zandile Masangane, Happiness Mkhatshwa, Ruth Mkhonta, Glory Msibi,Isabella Ziyane

塔吉克斯坦:Zuhro Abdurakhmanova, Gulbahor Ashurova, Salomudin Isupov,Bunafsha Jonova, Niolbe Khasanova, Said Kurbanov, Saidsho Nosirov,Zulfiya Pirova, Nargis Rakhimova

坦桑尼亚联邦共和国:Felister Bwana, Asia Hussein, Theopista John Kabuteni, Frank Komba, Rose Laisser, Sebalda Leshabari, Chiku Lweno, Lucy Mabada, Ahmed Makuwani, Godson Maro, Lena Mfalila, Rose Mlay, Donan Mmbando, Stella Mpanda, Claverly Mpandana, Feddy Mwanga, Martha Rimoy,Gaudiosa Tibaijuka, Ndemetria Vermand

多哥:Adjowa Héloïse Adandogou, Kodjovi Edotsè Adjeoda, Guy C. Ahialegbedzi,Nadou Akouete, Ahlonkomba Aithnard, Adjoua D'almeida, Adjikè Assouma,Dankom Bakusa, Manzana Esso Bouloufei, Napo Dare, Kossi Deti, Piyalo Djafalo,Rodrigue Djitrinou, Lonlonko Ayaovi Gbadegbegnon, Tchaa Kadjanta, Binto Kassime, Kodjo Kissi, Estelle Kondi, Clarisse Koudadze, Ablavi Koulete, Kokou Kpeglo, Dzodzo Eli Kpelly, Nadou Lawson, Koffi Egnovor Logan, Bingo Kignomon M'Bortche, T. Kassouta N'Tapi, Adzoa Akpedze Nomenyo, Poovi Nouwodjro,Eralakaza Ouro Bitasse, Essokazim Pekemsi, Afiavi Sallah, Koffi Tekou,Marguerite Vovor

土库曼斯坦:Kemal Goshliyev, Bahtygul Karryeva

乌干达：Cecile Compaore, Esperance Fundira, Jeremiah Lwanga, Primo Madra,Joash Magambo, Zakayo Masereka Black, Disan Mugumya, Mary Gorret Musoke, Mercy Mwanje, Enid Mwebaza, Maria Najjemba, Sarah Namyalo,Ismail Ndifuna, Janet Obuni, Martin Opolot, Olive Sentumbwe, Collins Tusingwire,John Wakida, Sarah Wamala

乌兹别克斯坦:Zulfiya Atadjanova, Feruza Fazilova, Nodira Islamova

越南:Erken Arthur, Dat Van Duong, Bang Thi Hoang, Huyen Thi Thanh Le,Hong Thi Luu, Hanh Thi Xuan Nghiem, Khan Cong Nguyen, Takeshi Takai

也门:Nasser Al-Akhram, Nagiba Al-Shawafi, Nageeb Alhomikany, Taha Almahbashi, Fatoom Nooraldeen, Souad Saleh, Areej Taher, Afrah Thabet,Areej Thaher

赞比亚:Collins Chansa, Media N. Chikwanda, Emily Chipaya, Elizabeth Kalunga,Brivine kalunga, Sarai Bvulani Malumo, Ndubu Milapo, Universe Mulenga,Genevieve Musokwa, Sarah Shankwaya, Bellington Vwaalika

桑给巴尔:Ruzuna Abdulrahim, Ali, Ali Kassim Amour, Ramadhan Chande, Mvita H. Haji, Ramadhan Hamza, Valeria Haroub, Ghanima Juma, Juma Rajab Juma,Asma Khamis, Khadija Khamis, Salama K. Khamis, Wanu Khamis, Subira Khatib,Kassim Kirobo, Rose Moh'd, Yahya Msellem, Mwatoum Mussa, Azzah Nofly,Julia Ruben, Talaa M. Said, Sharifa Salmin, Ali Suleiman, Abdul-Rahman Taha,Salma Yussuf

津巴布韦:Cynthia Chasokela, Lilian Dodzo, Noriko Kadomoto, Trevor Kanyowa,Agnes Makoni, Rose Mary Marck-Katumba, M.N. Mothobi, Edwin Tobias Mpeta,Jane Mudyara, Margaret Nyandoro, David Okello, Basile Oleko Tambashe

参考文献

第1章

1. Ki-moon B. A life of dignity for all: Accelerating progress towards the MDGs and advancing the UN development agenda beyond 2015. Report of the Secretary-General. (A/68/202). New York: United Nations, 2013.
2. Resolution WHA64.9. Sustainable health financing structures and universal coverage. Sixty-fourth World Health Assembly, Geneva, 24 May 2011. Geneva: World Health Organization, 2011.
3. Global health and foreign policy. 67th session, Agenda item 123. A/67/L.36. New York: United Nations, 2012.
4. United Nations Foundation. About Every Woman, Every Child, 2013. Available from: http://www.everywomaneverychild.org/about (accessed Mar 31, 2014).
5. Second global midwifery symposium outcome statement: "Strengthening quality midwifery care: Making strides, addressing challenges". Kuala Lumpur, 2013. Available from: https://www.unfpa.org/webdav/site/global/shared/Symposium Joint Declaration.pdf (accessed Mar 31, 2014).
6. UNFPA. State of world's midwifery 2011: Delivering health, saving lives. New York: United Nations Population Fund, 2011.
7. Mulherin T. The state of the world's midwifery 2011: "Results story". Barcelona: ICS Integrare, 2013.
8. WHO, UNICEF. Countdown to 2015: Building a future for women and children. The 2012 report. Washington DC: World Health Organization and United Nations Children's Fund, 2012. Available from: http://www.countdown2015mnch.org/documents/2012Report/2012-Complete.pdf (accessed Mar 31, 2014).
9. PMNCH. A global review of the key interventions related to reproductive, maternal, newborn and child health (RMNCH). Geneva: Partnership for Maternal, Newborn and Child Health, 2011.
10. UNFPA. Programme of action. Adopted at the international conference of population and development, Cairo, 5-13 September 1994. United Nations Population Fund, 2004.
11. Global Health Observatory. Child mortality levels: Number of deaths (thousands) Data by country. Available from: http://apps.who.int/gho/data/nodo.main.ChildMort-1?lang=en (accessed May 1, 2014)
12. Guttmacher Institute, special tabulations of data based on: Singh S, Darroch JE and Ashford LS. Adding it up: The need for and cost of maternal and newborn care—estimates for 2012. New York: Guttmacher Institute, 2013. Available from: http://www.guttmacher.org/pubs/AIU-MNH-2012-estimates.pdf (accessed Mar 31, 2014).
13. Cousens S, Blencowe H, Stanton C, et al. National, regional, and worldwide estimates of stillbirth rates in 2009 with trends since 1995: A systematic analysis. Lancet 2011; 377:1319–30.
14. WHO, UNFPA, UNICEF, World Bank, United Nations Population Division. Trends in maternal mortality: 1990 to 2013. Geneva: World Health Organization, 2014.
15. United Nations Population Division. World population prospects, 2012 revision. New York: United Nations, 2012.
16. Campbell J, Dussault G, Buchan J, et al. A universal truth: No health without a workforce. Forum report, Third Global Forum on Human Resources for Health (Recife, Brazil). Geneva: Global Health Workforce Alliance and World Health Organization, 2013.
17. WHO. Health topics: midwifery. Available from: http://www.who.int/topics/midwifery/en/ (accessed Oct 7, 2013).
18. National Center for Biotechnology Information. "Midwifery": Medical subject heading. Available from: http://www.ncbi.nlm.nih.gov/mesh?Db=mesh&term=Midwifery (accessed Mar 31, 2014).
19. Leap N. Woman-centred or women-centred care: Does it matter? Br J Midwifery 2009; 17(1).
20. Downe S. Towards salutogenic birth in the 21st Century. In: Walsh D, Downe S, editors. Midwifery practice: Intrapartum care. Oxford: Wiley-Blackwell, 2010.
21. Downe S, McCourt C. From being to becoming: Reconstructing childbirth knowledges. In: Downe S, editor. Normal birth, evidence and debate. 2nd ed. Oxford: Elsevier, 2008.
22. Walsh D, Devane D. A metasynthesis of midwife-led care. Qual Health Res 2012; 22(7):897–910.
23. Sandall J, Soltani H, Gates S, et al. Midwife-led continuity models versus other models of care for childbearing women. Cochrane database Syst Rev 2013; 8:CD004667.
24. ICM. ICM international definition of the midwife (revised June 2011). The Hague: International Confederation of Midwives, 2011.
25. ICM. Global standards for midwifery education (2010). International Confederation of Midwives, 2011. Available from: http://www.unfpa.org/sowmy/resources/docs/standards/en/R427_ICM_2011_Global_Standards_for_Midwifery_Education_2010_ENG.pdf (accessed Mar 31, 2014).
26. ICM. Essential competencies for basic midwifery practice 2010 (Revised 2013). The Hague: International Confederation of Midwives, 2013.
27. ICM. Global standards for midwifery regulation. The Hague: International Confederation of Midwives, 2011.
28. ICN. Nature and scope of practice of nurse-midwives. Position statement. Geneva: International Council of Nurses, 2007. Available from: http://www.icn.ch/images/stories/documents/publications/position_statements/A10_Nature_Scope_Practice_Nurse-Midwives.pdf (accessed Mar 31, 2014).
29. WHO. Models and tools for health workforce planning and projections. Human Resources for Health Observer, 3. Geneva: World Health Organization, 2010.
30. Dreesch N, Dolea C, Dal Poz MR, et al. An approach to estimating human resource requirements to achieve the Millennium Development Goals. Health Policy Plan 2005; 20(5):267–76.
31. WHO. Estimating the cost of scaling-up maternal and newborn health interventions to reach universal coverage: Methodology and assumptions. Technical working paper. Geneva: World Health Organization, 2005.
32. Bärnighausen T, Bloom DE, Humair S. A mathematical model for estimating the number of health workers required for universal antiretroviral treatment. Working Paper 15517. Cambridge, MA: National Bureau of Economic Research, 2009. Available from: http://www.nber.org/papers/w15517.pdf?new_window=1 (accessed Mar 31, 2014).
33. Scheffler R, Fulton B. Needs-based estimates for the health workforce. In: Soucat A, Scheffler R, Donald K, editors. The labor market for health workers in Africa: A new look at the crisis. Washington DC: World Bank, 2013. Available from: http://elibrary.worldbank.org/content/book/9780821395554 (accessed Aug 11, 2013).
34. Carrera C, Azrack A, Begkoyian G, et al. The comparative cost-effectiveness of an equity-focused approach to child survival, health, and nutrition: A modelling approach. Lancet 2012; 380:1341–51.

第2章

1. PMNCH. A global review of the key interventions related to reproductive, maternal, newborn and child health (RMNCH). Geneva: Partnership for Maternal, Newborn and Child Health, 2011.
2. WHO, UNFPA, UNICEF, World Bank, United Nations Population Division. Trends in maternal mortality: 1990 to 2013. Geneva: World Health Organization, 2014.
3. Mbizvo MT, Say L. Global progress and potentially effective policy responses to reduce maternal mortality. Int J Gynecol Obstet 2012; 119 Suppl:S9–12.
4. WHO, UNFPA, USAID, MHTF, MCHIP, EPMM Working Group. Targets and strategies for ending preventable maternal mortality: Consensus statement of the Bangkok Consultation on Targets and Strategies for Ending Preventable Maternal Mortality (EPMM), April 2014.
5. Healthy Newborn Network. Newborn numbers. 2014. Available from: http://www.healthynewbornnetwork.org/page/newborn-numbers (accessed Mar 31, 2014).
6. Provisional Agenda Item A67/21. Every newborn: An action plan to end preventable deaths. Sixty-seventh World Health Assembly, Geneva, 2 May 2014. Geneva: World Health Organization, 2011.
7. Resolution WHA58.31. Working towards universal coverage of maternal, newborn and child health interventions. Fifty-eighth World Health Assembly, Geneva, 25 May 2005. Geneva, World Health Organization, 2005.
8. Resolution WHA64.13. Working towards the reduction of perinatal and neonatal mortality. Sixty-fourth World Health Assembly, Geneva, 24 May 2011. Geneva: World Health Organization, 2011.
9. Resolution WHA64.9. Sustainable health financing structures and universal coverage. Sixty-fourth World Health Assembly, Geneva, 24 May 2011. Geneva: World Health Organization, 2011.
10. Ahoobim O, Altman D, Garrett L, et al. The new global health agenda: Universal health coverage. New York: Council on Foreign Relations, 2012.
11. Mulherin T. The state of the world's midwifery 2011: "Results story". Barcelona: ICS Integrare, 2013.
12. WHO. Every woman every child: Strengthening equity and dignity through health. The second report of the independent Expert Review Group (iERG) on Information and Accountability for Women's and Children's Health. Geneva: World Health Organization, 2013.
13. Tatem AJ, Campbell J, Guerra Arias M, et al. Mapping for maternal and newborn health: The distributions of women of childbearing age, pregnancies and births. Int J Health Geogr 2014; 13(2).
14. United Nations Population Division. World population prospects, 2012 revision. New York: United Nations, 2012.
15. Futures Institute. OneHealth model: Intervention treatment assumptions. Glastonbury, CA: Futures Institute, 2013. Available from: http://futuresinstitute.org/Download/Spectrum/Manuals/Intervention Assumptions 2013 9 28.pdf (accessed Mar 31, 2014).

16. ICM. Global standards for midwifery education (2010). International Confederation of Midwives, 2011. Available from: http://www.unfpa.org/sowmy/resources/docs/standards/en/R427_ICM_2011_Global_Standards_for_Midwifery_Education_2010_ENG.pdf (accessed Mar 31, 2014).
17. ICM. Essential competencies for basic midwifery practice 2010 (Revised 2013). The Hague: International Confederation of Midwives, 2013.
18. ICM. Global standards for midwifery regulation. The Hague: International Confederation of Midwives, 2011.
19. WHO Regional Office for Africa. Guidelines for evaluating basic nursing and midwifery education and training programmes in the African region. Brazzaville: World Health Organization, 2007.
20. WHO Regional Office for Africa. Consensus on essential competencies of skilled attendant in the African Region. Brazzaville: World Health Organization, 2006.
21. WHO. Background paper for the technical consultation on effective coverage of health systems. Geneva: World Health Organization, 2001.
22. Colston J. The use of effective coverage in the evaluation of maternal and child health programs: A technical note for the IDB's Social Protection and Health Division. Report No. IDB-TN-280. Washington DC: Inter-American Development Bank, 2011. Available from: http://idbdocs.iadb.org/wsdocs/getdocument.aspx?docnum=36279205 (accessed Mar 31, 2014).
23. Tanahashi T. Health service coverage and its evaluation. Bull World Health Organ. 1978; 56(2):295–303.
24. UN Committee on Economic Social and Cultural Rights. CESCR General Comment No. 14: The right to the highest attainable standard of health (Art. 12). New York: United Nations, 2000. Available from: http://www.unhcr.org/refworld/pdfid/4538838d0.pdf (accessed Mar 31, 2014).
25. Campbell J, Buchan J, Cometto G, et al. Human resources for health and universal health coverage: Fostering equity and effective coverage. Bull World Heal Organ 2013; 91:853–63.
26. Cometto G, Campbell J, Sheikh MR. Human resources for health: Critical for effective universal health coverage. World We Want 2015, 2012. Available from: http://www.worldwewant2015.org/node/298618 (accessed Mar 31, 2014).
27. Campbell J, Cometto G, Sheikh MR. Human resources for health, universal health coverage and healthy life expectancy: Framing the contemporary agenda for HRH. Geneva: Global Health Workforce Alliance, 2013.
28. Campbell J, Dussault G, Buchan J, et al. A universal truth: No health without a workforce. Forum report, Third Global Forum on Human Resources for Health. Recife, Brazil. Geneva: Global Health Workforce Alliance and World Health Organization, 2013.
29. Collins T. Some leading practices in equitable sexual and reproductive health service provision from Zambia. London: HLSP, 2012.
30. James AJ, Collins T. Achieving equity in skilled birth attendance: Malawi. London: HLSP, 2012. Available from: http://www.hlsp.org/Home/Resources/EquityinSBAMalawi.aspx (accessed Mar 31, 2014).
31. Campbell J. Midwifery workforce: Present and future challenges for quality care + quality care providers. Presentation. Women Deliver, Kuala Lumpur, May 2013. Barcelona: ICS Integrare, 2013.
32. Bengoa R, Kawar R, Key P, et al. Quality of care: A process for making strategic choices in health systems. Geneva: World Health Organization, 2006.
33. WHO. Workload indicators of staffing need: User's manual. Geneva: World Health Organization, 2010. Available from: http://whqlibdoc.who.int/publications/2010/9789241500197_users_eng.pdf (accessed Mar 31, 2014).
34. Bhutta Z, Lassi Z, Pariyo G, Huicho L. Global experience of community health workers for delivery of health related Millennium Development Goals: Systematic review, country case studies, and recommendation for integration into national health systems. Geneva: World Health Organization and the Global Health Workforce Alliance, 2010.
35. WHO. Classifying health workers: Mapping occupations to the international standard classification. Geneva: World Health Organization, 2011. Available from: http://www.who.int/hrh/statistics/Health_workers_classification.pdf (accessed Mar 31, 2014).
36. WHO. WHO human resources for health minimum data set. Geneva: World Health Organization, 2008. Available from: http://www.hrhresourcecenter.org/node/2230 (accessed Mar 31, 2014).
37. Riley PL, Zuber A, Vindigni SM, et al. Information systems on human resources for health: A global review. Hum Resour Health 2012; 10(1):7.
38. Windau-Melmer, T. Advocacy approaches to promote midwives and the profession of midwifery: Brief. Washington, DC: Health Policy Project, 2010.
39. CARMMA/African Union. The Mama Afrika Award, 2012. Available from: http://www.carmma.org/update/mama-afrika-award (accessed Mar 31, 2014).
40. UN High-Level Panel of Eminent Persons. A new global partnership: Eradicate poverty and transform economies through sustainable development. New York: United Nations, 2013.
41. WHO. Making fair choices on the path to universal health coverage: Final report of the WHO Consultative Group on Equity and Universal Health Coverage. Geneva: World Health Organization, 2014.
42. WHO. World health report 2006: Working together for health. Geneva: World Health Organization, 2006.
43. Gething PW, Johnson FA, Frempong-Ainguah F, et al. Geographical access to care at birth in Ghana: A barrier to safe motherhood. BMC Public Health 2012; 12: 991.
44. Bailey PE, Keyes EB, Parker C, et al. Using a GIS to model interventions to strengthen the emergency referral system for maternal and newborn health in Ethiopia. Int J Gynecol Obstet 2011; 115(3):300–9.
45. Ebener S, Guerra-Arias M, Campbell J, et al. The geography of maternal and newborn health: The state of the art. 5th International Conference on Health GIS. Bangkok, 2013.
46. UNICEF, UNFPA, WHO. Guidelines for monitoring the availability and use of obstetric services. New York: United Nations Children's Fund, 1997.
47. Gabrysch S, Zanger P, Campbell OMR. Emergency obstetric care availability: A critical assessment of the current indicator. Trop Med Int Heal 2012; 17(1):2–8.
48. WHO, UNFPA, UNICEF, AMDD. Monitoring emergency obstetric care: A handbook. Geneva: World Health Organization, 2009.
49. WHO. Increasing access to health workers in remote and rural areas through improved retention: Global policy recommendations. Geneva: World Health Organization, 2010. Available from: http://www.who.int/hrh/retention/guidelines/en/index.html (accessed Mar 31, 2014).
50. WHO. Transforming and scaling up health professionals' education and training: WHO Guidelines 2013. Geneva: World Health Organization, 2013. Available from: http://whoeducationguidelines.org/sites/default/files/uploads/WHO_EduGuidelines_20131202_high_print.pdf (accessed Mar 31, 2014).
51. PMNCH, WHO. A policy guide for implementing essential interventions for reproductive, maternal, newborn and child health (RMNCH): A multisectoral policy compendium for RMNCH. Geneva: World Health Organization, 2014. Available from: http://www.who.int/pmnch/knowledge/publications/policy_compendium.pdf?ua=1 (accessed Mar 31, 2014).
52. WHO. World health report 2005. Make every mother and child count. Geneva: World Health Organization, 2005.
53. WHO. Optimize MNH. WHO recommendations for optimizing health workers roles to improve access to key maternal and newborn health interventions through task shifting. Geneva: World Health Organization, 2012.
54. Khan KS, Wojdyla D, Say L, et al. WHO analysis of causes of maternal death: A systematic review. Lancet 2006; 367(9516):1066–74.
55. PMNCH. Newborn death and illness. Geneva: World Health Organization, 2014. Available from: http://www.who.int/pmnch/media/press_materials/fs/fs_newborndealth_illness/en/ (accessed Mar 31, 2014).
56. Matthews Z, Channon A, Neal S, et al. Examining the "urban advantage" in maternal health care in developing countries. PLoS Med 2010; 7(9).
57. Kunst AE, Houweling T. A global picture of poor-rich differences in the utilisation of delivery care. In: Van Lerberghe W, De Brouwere V, editors. Safe motherhood strategies: A review of the evidence studies in health services organization and policy. Antwerp: ITG Press, 2001.
58. Evans DB, Saksena P, Elovainio R, Boerma T. Measuring progress towards universal coverage. Geneva: World Health Organization, 2012.
59. WHO, World Bank. Monitoring progress towards universal health coverage at country and global levels: A framework. Geneva: World Health Organization, 2013. Available from: http://www.who.int/healthinfo/country_monitoring_evaluation/UHC_WBG_DiscussionPaper_Dec2013.pdf (accessed Mar 31, 2014).
60. Channon AA, Neal S, Matthews Z, Falkingham J. Maternal health inequalities over time: Is there a common pathway? World We Want 2015, 2012. Available from: http://www.worldwewant2015.org/node/283339 (accessed Mar 31, 2014).
61. Graham WJ, McCaw-Binns A, Munjanja S. Translating coverage gains into health gains for all women and children: The quality care opportunity. PLoS Med 2013; 10(1):1–3.
62. Frenz P, Delgado I, Kaufman JS, Harper S. Achieving effective universal health coverage with equity: Evidence from Chile. Heal Policy Plan 2013.
63. Carrera C, Azrack A, Begkoyian G, et al. The comparative cost-effectiveness of an equity-focused approach to child survival, health, and nutrition: A modelling approach. Lancet 2012; 380: 1341–51.
64. Chopra M, Sharkey A, Dalmiya N, et al. Strategies to improve health coverage and narrow the equity gap in child survival, health, and nutrition. Lancet 2012; 380(9850):1331–40.
65. Bhutta ZA, Reddy S. Achieving equity in global health: So near and yet so far. J Am Med Assoc 2012; 307(19):2035–6.

66. Victora CG, Barros AJD, Axelson H, et al. How changes in coverage affect equity in maternal and child health interventions in 35 Countdown to 2015 countries: An analysis of national surveys. Lancet 2012; 6736(12):1–8.
67. Brearly L, Marten R, O'Connell T. Universal health coverage: A commitment to close the gap. London: Save the Children, 2013.
68. ICM Communications. Formal Event for SOWMy Data Collection. Int. Confed. Midwives Blog. 2014. Available from: http://www.internationalmidwives.org/blog/2014/04/15/state-of-the-worlds-midwifery-afghanistan/ (accessed Apr 30, 2014).
69. ICM Communications. Midwives of Togo organize SOWMy process. Int. Confed. Midwives Blog. 2014. Available from: http://www.internationalmidwives.org/blog/2014/02/26/state-of-the-worlds-midwifery-sowmy/ (accessed Apr 30, 2014).
70. UN Committee on Economic Social and Cultural Rights. CESCR General Comment No. 14: The right to the highest attainable standard of health (Art. 12). New York: United Nations, 2000. Available from: http://www.unhcr.org/refworld/pdfid/4538838d0.pdf (accessed Mar 31, 2014).
71. IIMMHR. Human rights-based approaches to maternal mortality reduction efforts. International Initiative on Maternal Mortality and Human Rights, 2010. Available from: http://righttomaternalhealth.org/sites/iimmhr.civicactions.net/files/IIMMHR%20Field%20project%20booklet.pdf (accessed Mar 31, 2014).
72. WRA. Respectful maternity care charter. Washington DC: White Ribbon Alliance, 2011.
73. Bowser D, Hill K. Exploring evidence for disrespect and abuse in facility-based childbirth: Report of a landscape analysis. Washington DC: USAID-TRAction Project, 2010. Available from: http://www.urc-chs.com/uploads/resourceFiles/Live/RespectfulCareatBirth9-20-101Final.pdf (accessed Mar 31, 2014).
74. The Population Council. Confronting disrespect and abuse during childbirth in Kenya: The Heshima Project. Project Brief, 2014. Available from: http://www.popcouncil.org/uploads/pdfs/2014RH_HeshimaBrief.pdf (accessed Mar 31, 2014).
75. Quality of care in pregnancy and delivery in Kanakapura Taluk, India, Belaku Trust, December 2013. [Unpublished. Personal communication from Charlotte Warren, Population Council].
76. Kilaru A, Ganapathy S, Karachiwala B. Quality of care in obstetric services in rural South India: Evidence from two studies with gap of ten years. BMC Proc 2012; 6(Suppl 1):O2.
77. Kruk ME, Paczkowski M, Mbaruku G, et al. Women's preferences for place of delivery in rural Tanzania: A population-based discrete choice experiment. Am J Public Health 2009; 99(9):1666–72.
78. Jewkes R, Abrahams N, Mvo Z. Study of health care seeking practices of pregnant women in Cape Town. MRC Technical Report. Cape Town: Medical Research Council, 1998.
79. Kayongo M, Esquiche E, Luna MR, et al. Strengthening emergency obstetric care in Ayacucho, Peru. Int J Gynaecol Obstet 2006; 92(3):299–307.
80. Newman C. Time to address gender discrimination and inequality in the health workforce. Hum Resour Health 2014; 12: 25.
81. Miller S, Cordero M, Coleman AL, et al. Quality of care in institutionalized deliveries: The paradox of the Dominican Republic. Int J Gynaecol Obs 2003; 82(1):89–103.
82. Hulton L, Matthews Z, Stones R. A framework for the evaluation of quality of care in maternal services. Southampton: University of Southampton, 2000.
83. ICM. Member Association Capacity Assessment Tool (MACAT). The Hague: International Confederation of Midwives, 2011. Available from: www.internationalmidwives.org/assets/uploads/documents/Global Standards Comptencies Tools/English/MACAT ENG.pdf (accessed Mar 31, 2014).

第3章

1. PMNCH. A global review of the key interventions related to reproductive, maternal, newborn and child health (RMNCH). Geneva: Partnership for Maternal, Newborn and Child Health, 2011.
2. WHO. What is universal coverage? 2014. Available from: http://www.who.int/health_financing/universal_coverage_definition/en/ (accessed Mar 31, 2014).
3. Jamison DT, Summers LH, Alleyne G, et al. Global health 2035: A world converging within a generation. Lancet 2013; 382:1898–955.
4. Stenberg K, Axelson H, Sheehan P, et al. Advancing social and economic development by investing in women's and children's health: A new global investment framework. Lancet 2013; 383:1333–54.
5. World Bank. Global monitoring report 2013: Rural-urban dynamics and the Millennium Development Goals. Washington, DC: World Bank, 2013.
6. WHO. World health report 2008. Primary health care (now more than ever). Geneva: World Health Organization, 2008.
7. WHO. World health report 2010. Health systems financing: The path to universal coverage. Geneva: World Health Organization, 2010.
8. O'Connell T, Rasanathan K, Chopra M. What does universal health coverage mean? Lancet. 2014; 383:277–9.
9. Quick J, Jay J, Langer A. Improving women's health through universal health coverage. PLoS Med 2014; 11(1):e1001580.
10. WHO. Global action plan for the prevention and control of noncommunicable diseases 2013-2020. Geneva: World Health Organization, 2013.
11. UNDP. People's voices. Issue brief to the Sustainable Development Goals Open Working Group. Geneva: United Nations Development Programme, 2014.
12. Future health systems. Future health markets: A meeting statement from Bellagio. Rockefeller Foundation, 2012. Available from: http://www.futurehealthsystems.org/storage/publications/project-docs/bellagio-future-health-markets-statement-final.pdf (accessed Mar 31, 2014).
13. Technical guidance on the application of a human rights based approach to the implementation of policies and programmes to reduce preventable maternal morbidity and mortality. Report of the Office of the United Nations High Commissioner for Human Rights. New York: United Nations, 2012.
14. WHO. Ensuring human rights in the provision of contraceptive information and services: Guidance and recommendations. Geneva: World Health Organization, 2014.
15. FHI 360. Gender integration framework: How to integrate gender in every aspect of our work. Durham, NC: FHI 360, 2012.
16. WHO. WHO guidelines on preventing early pregnancy and poor reproductive outcomes among adolescents in developing countries. Geneva: World Health Organization, 2011.
17. Bollinger R, Chang L, Jafari R, et al. Leveraging information technology to bridge the health workforce gap. Bull World Health Organ 2013; 91(11):890–2.
18. Landry MD, Hastie R, Oñate K, et al. Attractiveness of employment sectors for physical therapists in Ontario, Canada (1999-2007): Implication for the long term care sector. BMC Health Serv Res 2012; 12:133.
19. Buchan J. Reviewing the benefits of health workforce stability. Hum Resour Health 2010; 8(1):29.
20. Greenhill R, Prizzon A. Who foots the bill after 2015? What new trends in development finance mean for the post-MDGs. ODI Working Papers, 360. 2012. Available from: http://www.odi.org.uk/sites/odi.org.uk/files/odi-assets/publications-opinion-files/7905.pdf (accessed Mar 31, 2014).
21. Horton R, Lo S. Investing in health: Why, what, and three reflections. Lancet 2013; 382:1859–61.
22. UN Secretary-General. Global strategy for women's and children's health. New York: United Nations, 2010.
23. United Nations Foundation. About Every Woman, Every Child, 2013. Available from: http://www.everywomaneverychild.org/about (accessed Mar 31, 2014).
24. Commission on Information and Accountability for Women's and Children's Health. Keeping promises, measuring results. Geneva, World Health Organization, 2011.
25. iERG. Every Woman, Every Child: From commitments to action. The first report of the independent Expert Review Group (iERG) on Information and Accountability for Women's and Children's Health. Geneva: World Health Organization, 2012.
26. iERG. Every Woman, Every Child: Strengthening equity and dignity through health. The second report of the independent Expert Review Group (iERG) on Information and Accountability for Women's and Children's Health. Geneva: World Health Organization, 2013.
27. UN Commission on Life Saving Commodities for Women and Children. Commissioners' Report. New York: United Nations, 2012.
28. World Health Organization and World Meteorological Organization. Atlas of health and climate. Geneva: WHO, 2012.

29. Stuckler D, Feigl AB, Basu S, McKee M. The political economy of universal health coverage: Background paper. Montreux, Switzerland: Global Symposium on Health Systems Research, 2010.
30. WHO. WHO recommendations on postnatal care of the mother and newborn. Geneva: World Health Organization, 2013.
31. Center for Reproductive Rights. CPD and human rights: 20 years of advancing reproductive rights through UN treaty bodies and legal reform. New York: UNFPA, 2013. Available from: http://www.unfpa.org/webdav/site/global/shared/documents/publications/2013/icpd_and_human_rights_20_years.pdf (accessed Mar 31, 2014).
32. WHO, UNFPA, UNICEF, AMDD. Monitoring emergency obstetric care: A handbook. Geneva: World Health Organization, 2009.
33. Sandall J, Soltani H, Gates S, et al. Midwife-led continuity models versus other models of care for childbearing women. Cochrane database Syst Rev 2013; 8:CD004667.
34. Kruske S, Kildea S, Barclay L. Cultural safety and maternity care for Aboriginal and Torres Strait Islander Australians. Women and Birth 2006; 19(3):73.
35. Sibley LM, Sipe TA, Koblinsky M. Does traditional birth attendant training increase use of antenatal care: A review of the evidence. J Midwifery Women's Health 2004; 298–305.
36. Homer CSE, Lees T, Stowers P, et al. Traditional birth attendants in Samoa: Integration with the formal health system. Int J Childbirth Educ 2012; 2(1):5–11.
37. Chomat A, Solomons N, Montenegro G, et al. Maternal health and health-seeking behaviors among indigenous Mam mothers from Quetzaltenango, Guatemala. Rev Panam Salud Publica 2014; 35(2):113–20.
38. Barclay L, Aiavao F, Fenwick J, et al. Midwives' tales: Stories of traditional and professional birthing in Samoa. Nashville: Vanderbilt University Press, 2005.
39. Tracy SK, Hartz DL, Tracy MB, et al. Caseload midwifery care for women of all risk compared to standard hospital care: M@NGO, a randomized controlled trial. Lancet 2013; 382(9906):1723–32.
40. ten Hoope-Bender P. Continuity of maternity care for all women. Lancet 2013; 382:1685–7.
41. Devane D, Brennan M, Begley C, et al. Socioeconomic value of the midwife: A systematic review, meta-analyses, meta-synthesis and economic analysis of midwife-led models of care. London: The Royal College of Midwives Trust, 2010.
42. Stewart M, Candlish R, Henderson J, Brocklehurst P. Review of evidence about clinical, psychosocial and economic outcomes for women with straightforward pregnancies who plan to give birth in a midwife-led birth centre, and outcomes for their babies. Oxford: National Perinatal Epidemiology Unit, 2004.
43. WHO. World health report 2005. Make every mother and child count. Geneva: World Health Organization, 2005.
44. ICM. Education, regulation and association. Available from: http://www.internationalmidwives.org/what-we-do/education-regulation-association/ (accessed Mar 31, 2014).
45. Brodie P. Midwifing the midwives: Addressing the empowerment, safety of, and respect for, the world's midwives. Midwifery 2013; 29(10):1075–6.
46. Sullivan K, Lock L, Homer C. Factors that contribute to midwives staying in midwifery: A study in one area health service in New South Wales, Australia. Midwifery 2011; 27:331–335.
47. Sandall J. Midwives' burnout and continuity of care. Br J Midwifery 1997; 5(2):106–11.
48. McCarthy CF, Voss J, Salmon ME, et al. Nursing and midwifery regulatory reform in east, central, and southern Africa: A survey of key stakeholders. Hum Resour Health 2013; 11(1):29.
49. Samb B, Celletti F, Holloway J, et al. Rapid expansion of the health workforce in response to the HIV Epidemic. N Engl J Med 2007; 357(24):2510–4.
50. Cadée F, Perdok H, Sam B, et al. "Twin2twin" an innovative method of empowering midwives to strengthen their professional midwifery organisations. Midwifery 2013; 29(10):1145–50.
51. ICM. Twinning as a tool for strengthening midwives associations: Operational manual. The Hague: International Confederation of Midwives; 2014.
52. Kruk ME, Hermosilla S, Larson E, Mbaruku GM. Bypassing primary care clinics for childbirth: A cross-sectional study in the Pwani region, United Republic of Tanzania. Bull World Health Organ 2014; 92:246–53.
53. Campbell J, Dussault G, Buchan J, et al. A universal truth: No health without a workforce. Forum Report, Third Global Forum on Human Resources for Health, Recife, Brazil. Geneva: Global Health Workforce Alliance and World Health Organization, 2013.
54. Conway S, Surka S, Campbell J. A connected health workforce: An innovation brief. Barcelona: ICS Integrare, 2014.
55. Kohn LT, Corrigan JM, Donaldson MS. To err is human: Building a safer health care system. Washington, DC: National Academy Press, 2001.
56. Lewis G. Saving mothers' lives: Reviewing maternal deaths to make motherhood safer: 2006–08. The eighth report of the confidential enquiries into maternal deaths in the United Kingdom. BJOG 2011; 118(Suppl 1):1–203.
57. WHO. Framework for action on interprofessional education and collaborative practice (WHO/HRH/HPN/10.3). Geneva: World Health Organization, 2010.
58. Leap N. Woman-centred or women-centred care: does it matter? Br J Midwifery 2009; 17(1):12–6.
59. WRA. Respectful maternity care charter. Washington DC: White Ribbon Alliance, 2011.
60. Ahmed S, Li Q, Liu L, Tsui AO. Maternal deaths averted by contraceptive use: an analysis of 172 countries. Lancet 2012; 380(9837):111–25.
61. Canning D, Schultz TP. The economic consequences of reproductive health and family planning. Lancet 2012; 380(9837):165–71.
62. Osotimehin B. Family planning saves lives, yet investments falter. Lancet 2012; 380(9837):82–3.
63. Evans T. Value for money assessment: Community-based midwifery diploma program. Washington DC: The World Bank, 2013.
64. Homer CS, Matha D V, Jordan LG, et al. Community-based continuity of midwifery care versus standard hospital care: A cost analysis. Aust Heal Rev 2001; 24(1):85–93.
65. Alkema L, Kantorova V, Menozzi C, Biddlecom A. National, regional, and global rates and trends in contraceptive prevalence and unmet need for family planning between 1990 and 2015: A systematic and comprehensive analysis. Lancet 2013; 381(9878):1642–52.
66. Family Planning 2020. London Summit on Family Planning, Overview, 2012. Available from: http://www.familyplanning2020.org/images/content/old_site_files/London-Summit-Family-PlanningOverview_V1-14June.pdf (accessed Mar 31, 2014).
67. High Level Task Force ICPD. Framework of actions for the follow-up to the programme of action of the International Conference on Population and Development beyond 2014. New York: UNFPA, 2014.
68. WHO. Optimize MNH. WHO recommendations for optimizing health workers roles to improve access to key maternal and newborn health interventions through task shifting. Geneva: World Health Organization, 2012.
69. ICM. Global standards for midwifery education 2010 (amended 2013). The Hague: International Confederation of Midwives, 2013.
70. WHO. Global recommendations for the retention of health workers. Geneva: World Health Organization, 2010.
71. Friedman HS. How much does it cost to educate midwives? 2011. Available from: http://www.unfpa.org/sowmy/resources/docs/background_papers/21_FriedmanH_EducationCosts.PDF (accessed Mar 31, 2014).
72. International Confederation of Midwives: Vision and mission. Available from: http://www.internationalmidwives.org/who-we-are/vision-mission/ (accessed Mar 31, 2014).
73. International Federation of Gynecology and Obstetrics: Mission and vision statement. Available from: http://www.figo.org/about/mission (accessed Mar 31, 2014).
74. International Pediatric Association: Mission and objectives. Available from http://www.ipa-world.org/page.php?id=141 (accessed Mar 31, 2014).
75. International Council of Nurses: Our mission. Available from: http://www.icn.ch/about-icn/icns-mission/ (accessed Mar 31, 2014).
76. UNFPA. State of the world's midwifery 2011: Delivering health, saving lives. New York: United Nations Population Fund, 2011.
77. Lawn JE, Kinney M. Stillbirths: An executive summary for The Lancet's series. Lancet 2011. Available from: http://download.thelancet.com/flatcontentassets/series/stillbirths.pdf (accessed Mar 31, 2014).
78. UNAIDS. Countdown to zero: Global plan towards the elimination of new HIV infections among children by 2015 and keeping their mothers alive. Geneva: Joint United Nations Programme on HIV/AIDS, 2011.
79. WHO. Nutrition: Global targets 2025. Available from: http://www.who.int/nutrition/topics/nutrition_globaltargets2025/en/ (accessed Mar 31, 2014).
80. UNICEF. Committing to child survival: A promise renewed. New York: United Nations Children's Fund, 2012.
81. WHO, UNFPA, USAID, MHTF, MCHIP, EPMM Working Group. Targets and strategies for ending preventable maternal mortality: Consensus statement of the Bangkok Consultation on Targets and Strategies for Ending Preventable Maternal Mortality (EPMM), April 2014.
82. Provisional Agenda Item A67/21. Every newborn: An action plan to end preventable deaths. Sixty-seventh World Health Assembly, Geneva, 2 May 2014. Geneva: World Health Organization, 2011.
83. Speybroeck N, Kinfu Y, Poz MRD, Evans DB. Reassessing the relationship between human resources for health, intervention coverage and health outcomes. Geneva: World Health Organization, 2006.

可接受性(卫生服务的)：　衡量获得健康的权利的一个维度，要求所有的卫生设施，物品和服务必须尊重医学伦理和人文要求，并对性别和生命周期的需求敏感[1]。

可接受性（卫生保健人员的）：医疗卫生人员有尊严地对待每一个人，增进了人们对医疗卫生人员之间的信任，并提升人们对卫生服务需求的特征和能力[2]。

可达性（卫生服务的）：衡量获得健康的权利的一个维度，要求在党和政府管辖的区域内每个人都可以获得卫生设施，物品和服务。可达性有四个交叉的方面：非歧视性；物质的可达性；经济上的可达性（可支付性）和信息上的可达性[1]。

可达性（卫生保健人员的）：公平地获得卫生保健人员，包括：在外出时间和转运期间，营业时间和相应考勤时间内，基础设施是否为残疾人可用的，转诊机制和卫生服务正式和非正式的，直接和间接的收费[2]。

资格认证：确认新开设的，发展中的和已有的教育和培训课程教育质量的程序。通常由同行/第三方来审查已有的标准/结果[3]。

协会（或学会）：有组织的团体，其成员从事共同的专业实践，分享信息，职业发展目标，在职培训，倡议和其他活动。通常保卫同行业和专业人员的利益，但并不是一个联盟。

辅助助产士：协助提供孕产妇和新生儿护理的卫生保健人员，尤其在分娩时，拥有一定的助产能力，但并非是一个完全有资格或经过认证的助产士。在最新的国际标准职业分类(ISCO-08)中，被称为助产相关专业人员[4]。

辅助助产护士：协助提供孕产妇和新生儿护理的卫生保健人员，尤其是在分娩过程中但也在产前和产后，拥有一定的助产能力，但并非是一个完全有资格或经过认证的助产护士。

可达性（卫生服务的）：衡量获得健康权利的一个维度，要求有可使用的公共卫生设施和卫生保健设施，物品和服务，和足够数量的服务项目[1]。

可达性（卫生保健人员的）：有充足的卫生保健人员的供给和储备，具备与人们卫生保健需求相一致的相关能力和技术混合[2]。

社区卫生保健人员（CHW）：根据世界卫生组织的定义，任职于社区的卫生保健人员应该是其工作社区的成员，由社区筛选，对其在社区内的活动负责，获得医疗体系的支持但并非组织的必须部分，并且比专业工作人员培训时间短[5]。

委员会，董事会，决策者或决策组织：在监督其专业行为和保证其职业道德的前提下，负责专业人员注册、认证和授权的管理机构。通常负责教育机构和课程的授权，有时与政府或其他部门合作。可能是政府主导的或专业人员主导的，通常维护病人的利益。

效率：在既定投入下获得最大产出的能力[6]。

基础性的急诊产科和新生儿保健设施　(B-EmONC)：可以提供孕产妇和新生儿卫生保健服务的外部卫生设施，在过去的三个月实施了

所有基本的七项主要功能：注射用抗生素，抗痉挛药，缩宫素，人工剥离胎盘术，真空吸引清宫，使用吸引器助娩以及使用面具

进行新生儿复苏。职能包括：使有并发症的产妇和新生儿在转运至高级医疗机构前和转运过程中保持稳定状态[7]。

综合性的急诊产科和新生儿保健设施(C-EmONC)：可以提供孕产妇和新生儿卫生保健服务的外部卫生设施，在过去的三个月实施了所有的七项B-EmONC的主要功能再加上两项额外的主要功能：急诊手术（剖腹产手术）和安全的输血（也包括高级新生儿复苏）[7]。

公平（医疗卫生方面）：人或以社会，经济状况，人口统计学或地理位置上定义人群，在获得卫生保健和促进健康的环境，得到一个或更多方面的治疗[6]等卫生权利地位上不存在系统的、潜在的差异。

认证：一般指授予个体相应证书，使其从事特定的卫生保健专业。许多国际不区分认证和注册（见下方的定义）且两者都可能是部分的/暂时的/有条件的适用于某些情况的（例如，一些国家最新经过资格认证的专业人士）[3]。

联合国千年发展目标　(MDG)：各国领袖们在2000年的联合国千禧年峰会上采纳了8人联合国千年发展计划，包含了在2015年之前实现公平发展的全球目标。MDG4是把5岁以下儿童死亡率比1990年降低三分之二。MDG5是在2015年前使产妇死亡率比1990年降低四分之三(Target　5A)，提高孕妇保健水平。由熟练的医疗卫生专业人员接生的比例被作为该目标的官方指标。2005年国际社会又增加了MDG 5(Target　5B)的第二个目标：2015年之前实现生殖健康的普及。MDG6是与HIV/AIDS，肺结核，疟疾和其他传染病

做斗争[8]。

孕产妇和新生儿健康(MNH)：女性在妊娠，生产，分娩和产后期间的健康，以及胎儿在分娩时和刚出生几小时或几天内的健康和生存状况，期间新生儿最需要接生员专业的照顾（特殊情况下由新生儿专家照顾）。该实用性的定义将初生儿健康与新生儿的健康进行了区分，新生儿时间从刚出生延续到出生后四周，并且与H4+(联合国艾滋病规划署UNAIDS,联合国妇女署UN Women,世界卫生组织WHO,联合国人口基金会UNFPA,联合国儿童基金会UNICEF和世界银行the World Bank)的说法相一致。

助产士：本报告中使用的“助产士”包含了那些经过教育而承担起助产士的角色和责任的健康专业人士，不论其教育途径为直接型的还是基础护理教育后再接受助产教育型的。

该定义与国际助产联盟和国际护士协会的推荐和职业说明相一致。

国际助产联盟定义助产士为：准许进入助产学教育课程，定期得到其国家的认可：成功完成了基于ICM基础助产学实践基本能力要求和ICM助产教育全球标准框架的助产规定课程，拥有注册或法律认证所需的从业资质且使用“助产士”头衔，并且在助产的实践中能够证明自己能力的人员[9]。

助产：包含在妊娠前，妊娠期，分娩期和产后阶段给妇女和新生儿提供支持和照顾的卫生服务和卫生保健人员。

它包括：旨在预防妊娠过程中的健康问题，及时识别异常状况，必要时获得医疗援助，以及在缺少医疗救援时实施紧急救治等[10]。

助产人员：卫生保健专业人士，其基本职能包括：为处于妊娠、分娩，以及产后照顾阶段的女性和母亲和新生儿提供医疗卫生服务。定义包含了助产士和其他能够胜任助产实践的人员，如助产护士和有相关能力的医生（在一些国家还包括辅助助产护士）。这些专业人士也被称作熟练的接生员[11]。

助产士主导产科：由助产士就职和管理的分娩中心[12]。

最低福利保障：在本报告的背景下，指一系列政府承诺全民免费可得的卫生保健服务。同样可以被称为基本卫生保健计划，在低收入国家由在初级和/或二级卫生保健机构提供的有限的公共卫生保健和临床卫生服务[13]。

助产护士：在其国家经过合法认证和注册从事护理和助产全部范围工作的人员[14]。

质量（卫生保健服务的）：衡量获得健康的权利的一个维度，要求卫生设施，物品和服务必须符合科学和医学规范并且有高的质量[1]。

质量（卫生保健人员的）：根据专业规范和服务对象的感知评定的卫生保健人员的能力，技术，知识和行为[2]。

注册：一般指从公认的课程中毕业后，经由专业监管机构认证注册的过程。很多国家不区分注册和认证但是一些国家区分，并且从业的认证可能是由单独的部门签发的，尤其是在一些该程序没有实现全国统一管理的国家。认证和注册在一些情况下可能都是局部的/暂时的/有条件的（如，一些国家新近得到资格认证的专业人员）[3]。

管理：根据法律，政策和标准，以及道德伦理控制专业实践。可以应用于教育，实践，行业的管理，职业的发展等。

性生殖-母婴保健(SRMNH)：在连续护理中，通过信息，教育和咨询提供的关于性行为，产前，安全分娩和产后的护理的卫生保健服务，如国际人口与发展大会上行为纲领中的定义[15]。

熟练的接生员：WHO定义的官方认可的卫生从业人员，如助产士，医生或护士，经过教育和培训而熟练掌握对正常的（不复杂的）妊娠，分娩和产后的处理，对妇女和新生儿的并发症进行鉴别，处理和转诊的技术人员[16]。

技术：通过培训学到的或者由经验获得的执行特定操作或任务的能力，通常与个体的工作或技术相关，尤其是需要使用手或身体操作的。

联盟：一种专业协会的形式，包括一种类型以上的卫生保健人员，通常独立于政府。其目的为维护工作人员的利益。在一些国家专业协会也被称为联盟。

弱势的:弱势群体，通常为女性，儿童和老年人，与贫穷联系在一起，但是在人们在被孤立，不安全以及面对危险时抵抗无力，镇静或压力状态下也会表现出脆弱[17]。

参考文献

1. United Nations Committee on Economic Social and Cultural Rights. CESCR General Comment No. 14: The right to the highest attainable standard of health (Art. 12). New York: United Nations, 2000. Available from: http://www.unhcr.org/refworld/pdfid/4538838d0.pdf (accessed Mar 31, 2014).
2. Campbell J, Dussault G, Buchan J, et al. A universal truth: No health without a workforce. Forum report, Third Global Forum on Human Resources for Health (Recife, Brazil). Geneva: Global Health Workforce Alliance and World Health Organization, 2013.
3. Mckimm J, Newton PM, Silva A Da, et al. Accreditation of healthcare professional education programs: A review of international trends and current approaches in Pacific Island countries. Sydney: Human Resources for Health Knowledge Hub, University of New South Wales, 2013.
4. WHO. Classifying health workers: Mapping occupations to the international standard classification. Geneva: World Health Organization, 2011. Available from: http://www.who.int/hrh/statistics/Health_workers_classification.pdf (accessed Mar 31, 2014).
5. WHO. Strengthening the performance of community health workers in primary health care: A report from a WHO study group. Geneva: World Health Organization, 1989.
6. WHO. Health Systems Strengthening: Glossary. Geneva: World Health Organization, 2012. Available from: http://www.who.int/healthsystems/hss_glossary/en/index.html (accessed Mar 31, 2014).
7. WHO, UNFPA, UNICEF, AMDD. Monitoring emergency obstetric care: A handbook. Geneva: World Health Organization, 2009.
8. UN General Assembly. Res/55/2: United Nations Millennium Declaration. New York: UNGA, 2000. Available from: http://www.un.org/millennium/declaration/ares552e.pdf (accessed 31 Mar, 2014).
9. ICM. ICM International Definition of the Midwife (Revised June 2011). The Hague: International Confederation of Midwives, 2011.
10. WHO. Midwifery. Geneva: World Health Organization, 2013. Available from: http://www.who.int/topics/midwifery/en/ (accessed Mar 31, 2014).
11. Pettersson KO, Sherratt D, Moyo N. Midwifery in the Community: Lessons Learned. 1st International Forum on Midwifery in the Community. Hammamet, Tunisia: ICM, UNFPA, WHO, 2006.
12. Walsh D, Devane D. A metasynthesis of midwife-led care. Qual Health Res 2012; 22(7):897–910.
13. WHO. Essential Health Packages: What are they for? What do they change? WHO Service Delivery Seminar Series. DRAFT Technical Brief No. 2, 3 July 2008. Geneva: World Health Organization, 2008.
14. ICN. Nature and scope of practice of nurse-midwives. Position Statement. Geneva: International Council of Nurses, 2007.
15. UNFPA. Programme of action. Adopted at the international conference of population and development, Cairo, 5-13 September 1994. United Nations Population Fund, 2004.
16. WHO, ICM, FIGO. Making pregnancy safer: The critical role of the skilled attendant. Joint statement by WHO, ICM and FIGO. World Health Organization: Geneva, 2004.
17. WHO. Vulnerable groups. Geneva: World Health Organization, 2014. Available from http://www.who.int/environmental_health_emergencies/vulnerable_groups/en/ (accessed Mar 31, 2014).

附录2:研究方法

本附录描述了SoWMy 2014的研究设计和实施。

ICM, UNFPA和WHO合作完成了SoWMy 2014 报告的发展和发布，UNFPA和WHO合起来代表H4+代理处(UNAIDS, UNFPA, UNICEF, UN Women,the World Bank and WHO)。

ICS Integrare，UNFPA的一个执行合作伙伴，完成了报告的调查，成文，成果展示和发表，其中调查工作得到了南安普敦大学（英国）和悉尼科技大学（澳大利亚）的支持。梅尔曼公共卫生学院的“避免孕产妇死亡和残疾”的项目，ICM国际助产联盟，美国约翰霍普金斯大学分校Jhpiego，世界银行和世界卫生组织提供了额外的技术支持。Methods

研究方法

总体设计

原始数据收集有两条路线:

(1) 给75个国家中的每一个国家分发一份自填式问卷用于收集指定项目的数据资料；

(2) 由国内利益相关者和专家组成全天的审议研讨会，建议75个国家共同举办一次研讨会。

自填式问卷的目的是得到和助产人员及SRMNH服务关键问题上的数据资料。该问卷基于2011年报告使用的问卷，对一些关键问题的重复可以分析参加了两年的研究的58个国家的变化情况。根据2011年研究中得到的经验进行修订，对助产人员的规模，结构，以及教育，监管和协会，卫生服务基础设施等关键问题给予了重点关注。

研讨会的目的是让国内利益相关者和专家对实现SRMNH服务的有效覆盖过程中面临的障碍进行识别，并且通过质性研究数据收集识别成功事件和将来的战略以找到可能的解决办法。

伦理支持

该研究得到了南安普敦大学伦理委员会的伦理支持。还特别注意确保参与者对参加研讨会的知情同意，在参加研讨会后，还要采取措施以避免参加研讨会带来的不利的结果，如：不进行录音或录像，让参与者签订“查塔姆宫规则”，并且在报告向研究小组提交前先让参与者们审查。参与了自填式问卷调查的人员需要声明在最终的报告中是否愿意公开他们信息。

数据收集：自填式问卷

问卷通过核心调查小组和核心小组的成员反复修改而来，参考了国际政策文件和研究结果和分析框架。需求信息权衡了应答者对过程可控的需求。原版英文问卷也被同时翻译成了法文和西班牙文。

UNFPA和WHO把自填式问卷和研讨会指南发给了75个国家的国家代表，并且在每个国家都任命了一名带头的助产/SRMNH技术顾问作为每个国家的中心成员。中心人员同来自卫生部和教育部，专业协会，H4+代理和其他相关利益部门的人员一同工作，完成问卷调查。每一个参与者在问卷上注明姓名，但是可以选择在最终的报告中匿名。

该问卷的英文，法文和西班牙文版同样可以在网上获得，调查者可以在网上填写并且直接提交至分析团队。一旦问卷使用者提交了答案，系统立即生成PDF文件形式，允许参与者检查核对他们提交的数据。参与者可以在填写问卷过程中使用多语言服务平台。

数据收集：审议研讨会

世界卫生组织和联合国人口基金会中心同样配合卫生部召集并举办了政策研讨会。要求每场研讨会邀请到多达25位参与人员，参与人员挑选则根据他们对助产/SRMNH服务的知识和专长情况以及对政策对话的潜在贡献。实际上，参与者包括卫生部，教育部，H4+代理，专业协会，民间团体，学术界，私人部门，妇女和消费者群体以及国会议员等各界代表。每一场研讨会任命一名记录员，负责对研讨会做一些细节的记录。研讨会遵循了“查塔姆宫规则”，参与者要求不要把研讨会中的评论归为个人观点。

为各国中心成员提供了研讨会“协助者手册”，包含了成文指导，邀请函模板，参与者知情同意表和报告模板。

数据收集：二手数据

从已经出版的资料中收集关于人口，人口统计资料，流行病学和卫生保健服务现状等二手数据来报告有效覆盖（见附录3和4）并对人口，育龄期妇女，青少年和活产（见附录6）的行政区的分布进行绘制。

数据分析和报告

核心小组的成员分析了完整的定性的和定量的数据资料。分析的主要主题范围包括：国家人员结构名称和ISCO分类的结合；当前的政策环境；教育；EmONC计划和实际的差距；卫生人员的可用性和对实现UHC的预测；加强管理和专业协会建设；广泛的视角；2011年以来政策上采取的行动；薪金；研讨会报告。为了让核心小组展示并讨论其各自的发现，数据分析研讨会于2014年3月在日内瓦举办。这些即时的发现显示了本报告的发展及其主要的信息。

30+25.产后出血的处理(人工胎盘剥除术和/或外科手术和/或运用缩宫素)	所有伴随产后出血的娩出胎儿（包括死胎），计算方法如下: 对产后出血治疗的需求量(y)=育龄期妇女（WRA）(y)x产后出血发生率（每1000个育龄妇女).	指标:产后出血发生率. 来源:Dolea C,AbouZahr C,Stein C.Global burden of maternal haemorrhage inthe year 2000.Evidence and information for policy.Geneva:WHO,2003(取自:http://www.who.int/healthinfo/statistics/bod_maternalhaemorrhage.pdf).
31-34及36-38.产后保健	所有娩出的胎儿包扩死胎,4次.	
35.检测和治疗产后败血症(PPS)	所有产后败血症例数计算方法如下: 对于检测和治疗产后败血症的需求量(y)=育龄期妇女（WRA）(y)x产后败血症的发生率（每1000个育龄妇女）	指标:产后败血症发生率. 来源:Dolea C,AbouZahr C,Stein C.Global burden of maternal sepsis in the year 2000.Evidence and information for policy.Geneva:WHO,2003(取自:http://www.who.int/healthinfo/statistics/bod_maternalsepsis.pdf).
39.使用氧气袋和面罩的新生儿复苏	所有需要复苏的新生儿计算方法如下: 对于复苏的需求量(y)=活产数(y)x0.01.	指标:需要复苏的新生儿百分比. 来源:OneHealth Model:Interventions treatment assumptions,2013(取自:http://futuresinstitute.org/Download/Spectrum/Manuals/Intervention%20 Assumptions%202013%209%2028.pdf). 注释:大约有百分之一的新生儿需要复苏
40.袋鼠式护理	所有低体重儿计算方法如下: 袋鼠式护理需求量(y)=活产数(y)x低体重儿百分比.	指标:低体重儿百分比. 来源:UNICEF and WHO. Low birth weight:country,regional and global estimates.New York:UNICEF,2004(取自: http://www.unicef.org/publications/files/low_birthweight_from_EY.pdf)
41.对低出生体重儿及早产儿的额外营养支持	所有早产儿（包括死胎）计算方法如下: 额外营养支持的需求量(y)=所有娩出胎（包括死胎）(y)x早产比例.	指标:早产百分比 来源:Healthy Newborn Network. Global and national newborn health data and indicators.(取自:http://www.healthynewbornnetwork.org/resource/database-globaland-national-newborn-health-data-and-indicators).
42.对于新生儿黄疸的治疗	所有新生儿黄疸患儿,计算方法如下: 新生儿黄疸治疗需求量(y)=活产数(y)x需要光疗的黄疸新生儿百分比	指标黄疸新生儿百分比 来源:Teune MJ,Bakhuizen S,Gyamfi Bannerman C,et al.A systematic review of severe morbidity in infants born late preterm.Am J Obstet Gynecol 2011;205:374.e1-9. 注释:统一假定早产及晚产的总数(1245/26,252)和足月产的总数(2033/150,700).
43.为接触过HIV婴儿启预防性使用抗逆转录病毒治疗（ART）	艾滋病阳性妇女娩出的所有胎儿（包括死胎）（除了已进行4次产前访视的产妇)计算方法如下: 预防性ART需要量(y)=所有胎儿（包括死胎）(y)x(1-进行4次产前访视产妇百分比)x成年人艾滋病阳性人数百分比.	指标:由艾滋病阳性妇女娩出的已接受预防性抗逆转录病毒治疗（ART）新生儿百分比 来源:United Nations Statistics Division.The official United Nations site for the MDG indicators(取自:http://mdgs.un.org/unsd/mdg/Default.aspx);UNAIDS AIDSinfo(取自:http://www.unaids.org/en/dataanalysis/datatools/aidsinfo/).
44.有细菌性感染风险新生儿抗生素预防性治疗	所有有细菌性感染风险的新生儿计算方法如下: 抗生素疗法需求量(y)=活产数(y)x新生儿中细菌性感染的发生率	指标:新生儿中细菌性感染的发生率. 来源:Singh S,Darroch JE,Ashford LS.Adding it up:the need for and cost of maternal and newborn care-estimates for 2012.Guttmacher Institute,2013(取自:http://www.guttmacher.org/pubs/AIU-MNH-2012-estimates.pdf). 注释:统一假定为20%.
45.运用表面活性剂预防早产儿新生儿呼吸窘迫综合征	所有早产儿（包括死胎），计算方法如下: 表面活性剂需求量(y)=活产数(y)x早产儿比例	指标:早产儿百分比. 来源:UNICEF and WHO.Low birth weight:country,regional and global estimates.New York:UNICEF,2004(取自:http://www.unicef.org/publications/files/low_birthweight_from_EY.pdf).
46.运用持续气道正压通气(CPAP)来治疗新生儿呼吸窘迫综合征（RDS）	所有新生儿呼吸窘迫综合征患儿,计算方法如下: 表面活性剂需求量y)=活产数(y)x新儿呼吸窘迫综合征的发病率.	指标:新生儿呼吸窘迫综合的发病率. 来源:Rodriguez RJ,Martin RJ,Fanaroff AA.Respiratory distress syndrome and its management-Chapter 19.In Fanaroff AA, Martin RJ.Neonatal-perinatal medicine:diseases of the fetus and infant.St Louis:Mosby,2010.(取自http://www.thoracic.org/education/breathing-in-america/resources/chapter-19-respiratorydistress-syndr.pdf). 注释:统一假定为1%

附录5：决策规则

73个世界助产报告（SoWMy）国家可以通过以下方式提供关于人力资源的最新信息:骨干,国际标准职业分类（ISCO）,数目,年龄分布,提供母婴健康（MNH）服务时间百分比,年度流失量(自愿离职)，退休年龄，毕业生与招聘人数，教育年数,学生辍学量.
这些指标每一项都可用来预测性生殖-母婴健康（SRMNH）46项基础干预需求的人力资源可得性。

0对于缺失或不一致的数据，模型应用一组固定的决策规则，如下：

用于构建预测模型的指标	数值举例	决策规则（对于缺失或不一致的数据）
国家	A.N.其他	n/a
骨干名称	助产士	应用该国此机构类别下的种类名称.
国际标准职业分类(ISCO)代码	代码2222	在所选的岗位类别中基于角色和特定的职责分配
工作人员数	1,515	默认为2014版WHO全球卫生观察站，如果没有，则第二来源为政府政策文件.如果两者均无，标0.
年龄分布	低于30岁:300人 30-39岁:510人 40-49岁:424人 超过50岁:281人	将各个年龄段的工作人员总数平均布.
提供母婴健康（MNH）服务时间百分数	100%	所有国家样本位数申请ISCO代码: - 2222(助产专家):100% - 2221(护理专家):85% - 3222(助产专家及相关人员):100% - 3221(护理专家及相关人员):55% - 2211(开业医生、全科医生):30% - 2212(开业医生,产科/妇科专业医生):100% - 2240or3256(辅助医疗工作者及医疗助理):75%
年度人力资源流失率 (自愿离职)	10%	所有骨干均适用4%
退休年龄	62岁	相同国家同种岗位的退休年龄使用同一ISCO代码 如果前述不可得，则同一国家任一岗位的退休年龄均不使用ISCO代码。 如果退任一种骨干的退休年龄不明确，则默认为65岁
2012年毕业生	43位	2012年总人力资源数的5%，相当于人员流动中一个稳定的更新率
2010至2015每年入学数量	2010:52名学生 2011:50名学生 2012:54名学生 2013:48名学生 2014:55名学生 2015:60名学生	默认为前一年最终入学数. 如数据缺失，假设入学数等于2012年的毕业数
教育年数	3年	相同国家同种骨干的教育年数使用相同的ISCO代码: 如果前述不可得。使用所有国家教育年数中位数的代码: - 2222(助产专家):3年 - 2221(护理专家):3年 - 3222(助产专家及相关人员):2年 - 3221(护理专家及相关人员):2年 - 2211(开业医生、全科医生):7年 - 2212(开业医生,产科/妇科专业医生):10年 - 2240or3256(辅助医疗工作者及医疗助理):3年
辍学学生数	20%	相同国家同种骨干的辍学学生数使用相同的ISCO代码: 如果前述不可得。使用所有国家辍学学生数中位数的代码。

附录6：行政区人口，育龄妇女，怀孕数和活产数绘图

本报告使用的方法由一组致力于母婴保健绘图技术的团队研发，包括南安普顿大学、ICS、美国国际开发署、联合国人口活动基金会世卫组织 [1]. 它是一种能为国家政策和规划提供大量母婴健康地理信息的一种新的、创造性的方法。尤其这份报告利用了增容的地理信息系统 (GIS)来育龄期妇女（WRA）, 怀孕数 和活产数的进行绘图 [2].此方法采用了下述的简单四步步骤来分析和预测在行政区内人口、育龄妇女怀孕数、活产数的分配。具体步骤如下：.

1.构建详细的同期人口数据库

亚洲和非洲约100米空间分辨度的人口分布估算的构建工作近日已完成（详情可见 www. worldpop.org.uk) [3-8]. 简单地说,一个与地理信息系统相关的人口普查和官方人口预测数据的数据库已建成,考虑到它们在制精准绘图中的重要性，我们将目标锁定在最新最详尽的可得数据库中。详细的30米空间分辨率地图来源于陆地卫星所拍，通过半自动化处理系统或专家意见基础上的分析所得。这些地图被用于完善土地面积的数据。非洲和亚洲选定的区域人口普查数据是用来分辨特殊区域面积的人口密度。随后这些数据通过地区的生态带被应用于再分配人口普查计数，以映射在大约100米空间分辨度范围内的大陆人口分布.。可能的情况下，其他特殊国家数据也为人口分布提供了有价值数据，这些数据是在普查中无法得到的，比如国内难民量或详尽的国家调查。在可得的情况下，也被纳入进绘制过程中。美洲国家人口数据集在分析数据的时候开始构建，因此全球城乡映射计划 (GRUMP) [9]在美洲国家得到了运用。

2.构建未来预测人口分布数据集

联合国的城市与农村生长率预测编入了参与报告的73个国家。这些被应用于上述数据集。对于绘制在城市区域的人口来说，正如哥伦比亚大学全球城乡地图计划所定义的城市地图那样使用城市人口增长速率，知晓.如此一来，乡村人口增长速率也可知了.此方法被用来建设2010, 2012, 2015, 2020, 2025 和 2030 人口分布数据集,用以调整以保证全国人口总数和联合国预测数据相符合。如此一来，乡村人口增长速率也可知了.此方法被用来构建 2010, 2012, 2015, 2020, 2025 和 2030 人口分布数据集，经调整以保证全国人口总数和联合国预测数据相符合。

3.构建育龄期妇女（WRA）分布数据集

遵照先前运用的方法[11],我们从一系列资料中获取行政区的人口组成数据，以用于尽可能多的国家，主要来源于同时期各行政单位分解出的一些人口普查数据。这些数据与对应的显示每个行政单位边界的GIS数据匹配，并被用来调整上述描绘的空间人口数据库，提出对于人口按性别和五年年龄段分布规律的预测。数据库经调整确保按年龄划分的全国人口总数、特殊城市总数、城乡总数与联合国所报道的相符。[12].一个代表15~49岁妇女数据集的合计被用以制作育龄期妇女（WRA）数据集。

4.怀孕数和活产数的绘图

遵照先前所用的方法 [2],在73个国家中，按五年一组所分的特定年龄段的生育率，来自于最新的国家户口调查，按照人口和家庭调查计划（DHS）的一部分管理。此生育率由行政区和城乡部分共同构成。(www.measuredhs.com). GIS 数据集说明了子区域的界限 (http://spatialdata.dhsprogram.com/) 同时界定了城市范围[9], 并把它们的边界与特定的生育率相配合。 其后，这些比率被用来修正前文所述的五岁为一组的女性人口分布数据库，以提出各国活产婴儿分布规律的估算。在国家级别上，这些总数被直线校正，以保证他们的总数和联合国提出的2010~2030阶段预测数值相称，以创建不同年份的数据库。.对于缺失DHS数据 (n= 25)的国家而言，上文提到的人口数据集被简单地调整，以保证他们的总数和联合国预测数字相符。为使婴儿活产数坐标转化为孕妇数量，各国的2012年评估的妊娠数可从古特马赫研究所取得。(www.guttmacher.org)，2012年的出生总数将进行调整，以适应以上总数。对于其余年份来说，我们假定国家级别的关于2012出生婴儿数目和怀孕数目比例保持不变，那么这些国别化的比率用以将每个活产数转变为怀孕数。

参考文献

1. Ebener S, Guerra-Arias M, Campbell J, et al. The geography of maternal and newborn health: The state of the art. Int J Geoinformatics 2014 (in review).
2. Tatem AJ, Campbell J, Guerra-Arias M, et al. Mapping for maternal and newborn health: The distributions of women of childbearing age, pregnancies and births. Int J Health Geogr 2014; 13:2.
3. Linard C, Alegana VA, Noor AM, et al. A high resolution spatial population database of Somalia for disease risk mapping. Int J Health Geogr 2010; 9:45.
4. Linard C, Gilbert M, Snow RW, et al. Population distribution, settlement patterns and accessibility across Africa in 2010. PLoS ONE 2012; 7:e31743.
5. Linard C, Gilbert M, Tatem AJ. Assessing the use of global land cover data for guiding large area population distribution modelling. GeoJournal 2010; doi:10.1007/s10708-010-9364-8.
6. Tatem AJ, Noor AM, Hay SI. Defining approaches to settlement mapping for public health management in Kenya using medium spatial resolution satellite imagery. Rem Sens Env 2004; 93:42-52.
7. Tatem AJ, Noor AM, Hay SI. Assessing the accuracy of satellite derived global and national urban maps in Kenya. Rem Sens Env 2005; 96:87-97.
8. Tatem AJ, Noor AM, von Hagen C, et al. High resolution population maps for low income nations: Combining land cover and census in East Africa. PLoS One 2007; 2:e1298.
9. Balk DL, Deichmann U, Yetman G, et al. Determining global population distribution: Methods, applications and data. Adv Parasitol 2006; 62:119-156.
10. United Nations Population Division. World urbanization prospects, 2013 revision. New York: United Nations, 2013.
11. Tatem AJ, Garcia AJ, Snow RW, et al. Millennium development health metrics: Where do Africa's children and women of childbearing age live? Population Health Metrics 2013; 11.
12. United Nations Population Division. World population prospects, 2012 revision. New York: United Nations, 2012.

附录7：助产专业人员在国际标准职业分类范围内的任务

助产专业人员的任务分为以下8种：

1. 按现代助产服务标准和实际需要，在产前、产中、产后为产妇和新生儿计划、提供和评估护理及支持服务。
2. 为妇女及其家庭提供建议，指导健康、营养、卫生、运动、分娩和应急计划、母乳喂养、新生儿护理、计划生育和避孕、生活方式及其他与怀孕和分娩有关的教育工作。
3. 评估怀孕与分娩的进程，管理并发症并识别需要产科医生 专科技术支持的转诊警告信号。
4. 监测新生儿健康状况，控制并发症并识别需要新生儿科医生专业技术支持的转诊警告信号。
5. 监测妇女分娩进程中不适和疼痛，并采用积极应对方法，包括给予止疼口服药
6. 根据法律和专业需求向政府当局汇报初生婴儿数量
7. 进行关于助产实践和过程的研究，发布调查结果。如：通过论文和报告的形式
8. 在临床或社区计划和进行助产教育活动。

来源：ILO. ISCO-08 group definitions. Final draft. International Labour Organization.
取自: http://www.ilo.org/public/english/bureau/stat/isco/isco08/index.htm (accessed April 24, 2014).

《中国城市轨道交通年鉴（2024）》
编纂委员会

《中国城市轨道交通年鉴（2024）》
编辑部

编辑说明

一、《中国城市轨道交通年鉴（2024）》（总第八卷）（下简称“本年鉴”）是系统记述2023年中国城市轨道交通行业发展的资料工具书和史料文献，旨在客观反映中国城市轨道交通年度发展中的大事、要事、新事、特事，全面展示中国城市轨道交通行业发展的面貌和年度特色。本年鉴由中国城市轨道交通协会年鉴编纂委员会主持编纂，协会年鉴编辑部（设在上海申通地铁集团有限公司）具体负责编辑和出版工作。

二、本年鉴所载内容涉及城市轨道交通规划、建设、运营、经营等，其核心资料由中国城市轨道交通协会秘书处、专家和学术委员会、各专业委员会、各分会等办事机构、分支机构和实体机构以及中国城市轨道交通协会会员单位编写。

三、本年鉴记述时限为2023年1月1日至12月31日，为保存资料和保障信息的完整性、系统性和连续性，部分内容、数据涉及时限除外。

四、本年鉴卷首有“速览2023”，卷中的栏目以中文序号标示。其中“专文”“大事记”“综述”“统计资料”采用“文章式”编写体例；“科技创新”“标准规范”“规划建设”“运营服务”“资源经营”采用编写体例为栏目—分目—条目三级结构层次，记述形式为条目，体裁有述、记、图、表、录等；“行业文选”“企业概况”采用“文章式”编写体例，卷尾有附录与索引。全书收录表格245张，图片143幅。

五、本年鉴在各栏目之首，设概述性内容（除“大事记”），反映各篇章总体情况、记述基本要素、保持各年度相关资料的延续性。

六、自本年鉴起，原“规划发展”与“工程建设”栏目合并为“规划建设”。在“规划建设”栏目中，其中规划部分，仅列出记述时限内新一期建设规划或建设规划调整的城市（新参编的城市除外）；建设部分，仅列出记述时限内新开工项目、建成项目内容（新参编的城市除外）；其他城市的建设规划和续建项目请参见2017年创刊起，逐年连续出版的《中国城市轨道交通年鉴》。

七、本年鉴中城市的排列顺序，依据国家统计局2023年公布的《关于更新全国统计用区划代码和城乡划分代码的公告》排序；各企业依据其所在城市排序，同城企业排序依据本年鉴“附录”中“中国城市轨道交通协会第三届常务理事及以上会员单位名录”。

八、本年鉴中使用的“中国”“全国”“国家”等描述内容及相关数据、资料，暂未包含中国香港、中国澳门、中国台湾地区。

九、本年鉴使用的党和国家领导机关、部委办等机构的称谓均采用其在颁布法规、文件等时使用的简称。

十、本年鉴“统计资料”栏目由中国城市轨道交通协会提供。正文中的数据由中国城市轨道交通协会部分会员单位提供。由于统计口径不尽一致，数值也不尽相同。

十一、本年鉴中符号使用说明：各表中的“空格”表示该项统计指标数据不详或无该项数据。

十二、本年鉴索引按主题分析索引法，按主题词首字汉语拼音字母顺序排列。自2017年创刊后，历年出版《中国城市轨道交通年鉴》在中国城市轨道交通协会网站发布。

速览2023年

规划发展

实施城市轨道交通建设规划城市数	46 个
实施建设规划线路长度	6118.62 公里（不含已开通运营线路）

工程建设

在建线路总长度	5671.65 公里
在建线路数	224 条（段）
在建线路车站数	3313 座（按线路累计计算）

运营服务

开通城市轨道交通城市数	新增	3 个	累计	59 个
运营线路数	新增	25 条	累计	338 条
运营里程	新增	866.65 公里	累计	11224.5 公里

年客运量	294.66 亿人次
年进站量	177.28 亿人次
年客运周转量	2450.53 亿人次公里

资源经营

年收入总额	611 亿元（即非票务收入）
年收益总额	119 亿元

上海地铁博物馆

中国城市轨道交通协会年鉴编辑部
e-mail:metroyearbook@163.com
联系方式：021-63189188-605442

关于简称：

当同一城市轨道交通由一家以上公司运营/经营管理时，正文各表格/图片中，表头/图注（）中简称表述为：

简称	运营管理公司
北京京投	北京市基础设施投资有限公司
北京地铁	北京市地铁运营有限公司
北京运管	北京市轨道交通运营管理有限公司
京港地铁	北京京港地铁有限公司
北京公交	北京公交有轨电车有限公司
沈阳地铁	沈阳地铁集团有限公司
沈阳浑南	沈阳浑南现代有轨电车运营有限公司
上海申通	上海申通地铁集团有限公司
上海申凯	上海申凯公共交通运营管理有限公司
苏州轨道	苏州市轨道交通集团有限公司
苏州高新	苏州高新有轨电车集团有限公司
青岛地铁	青岛地铁集团有限公司
青岛城运	青岛城运控股集团轨道巴士有限公司

简称	运营管理公司
武汉地铁	武汉地铁运营有限公司
武汉光谷	武汉光谷交通建设有限公司
长沙轨交	长沙市轨道交通集团有限公司
湖南磁浮	湖南磁浮交通发展股份有限公司
深圳地铁	深圳市地铁集团有限公司
港铁深圳	港铁轨道交通（深圳）有限公司
深圳有轨	深圳市现代有轨电车有限公司
佛山地铁	佛山市地铁集团有限公司
佛山南海	佛山市南海区铁路投资有限公司
重庆轨道	重庆市轨道交通（集团）有限公司
铁路集团	重庆市铁路（集团）有限公司
西安轨道	西安市轨道交通集团有限公司
西咸新区	西咸新区轨道交通投资建设有限公司

公司更名：

南通城市轨道交通有限公司　更名为　南通轨道交通集团有限公司

淮安市现代有轨电车经营有限公司　更名为　淮安市现代公共交通集团有限公司

目录

一　专文·城市轨道交通场站及周边土地综合开发利用

1　关于进一步鼓励和发展城市轨道交通场站及周边土地综合开发利用（TOD）的指导意见 / 2
2　关于推荐北京轨道交通10号线五路场段TOD项目等"城市轨道交通TOD示范案例"的决定 / 4
3　公益为本　经营为要　增强自我造血功能　助推城轨交通可持续发展 / 5
4　关于中国城市轨道交通协会《关于进一步鼓励和发展城市轨道交通场站及周边土地综合开发利用（TOD）的指导意见》的说明 / 6

二　大事记

中国城市轨道交通行业2023年大事记 / 11

三　综述

中国城市轨道交通行业综合情况 / 21

四　统计资料

1　城市轨道交通行业年度发展情况概述 / 30
2　城市轨道交通规划情况年度统计资料 / 30
3　城市轨道交通建设情况年度统计资料 / 34
4　城市轨道交通运营情况年度统计资料 / 37

五　科技创新

1　国家及省市科学技术奖 / 52
2　城市轨道交通科技进步奖 / 58
3　中国土木工程詹天佑奖 / 73
4　中国建设工程鲁班奖 / 76
5　国家优质工程奖 / 78
6　国家级、中国城市轨道交通协会科学技术工作 / 82

六　标准规范

1　标准体系建设 / 88
2　标准制修订管理 / 88
3　标准化工作 / 89

七　规划建设

1　北京市 / 91
2　天津市 / 94
3　河北省石家庄市 / 97

4 山西省太原市 / 98
5 辽宁省沈阳市 / 99
6 辽宁省大连市 / 102
7 吉林省长春市 / 103
8 黑龙江省哈尔滨市 / 104
9 上海市 / 105
10 江苏省南京市 / 109
11 江苏省无锡市 / 111
12 江苏省徐州市 / 112
13 江苏省苏州市 / 113
14 江苏省南通市 / 115
15 浙江省宁波市 / 117
16 浙江省温州市 / 118
17 浙江省嘉兴市 / 119
18 浙江省绍兴市 / 122
19 安徽省合肥市 / 123
20 福建省福州市 / 125
21 福建省厦门市 / 128
22 江西省南昌市 / 129
23 山东省济南市 / 129
24 山东省青岛市 / 132
25 河南省郑州市 / 133
26 湖北省武汉市 / 136
27 湖南省长沙市 / 139
28 广东省广州市 / 141
29 广东省深圳市 / 147
30 广东省佛山市 / 150
31 广东省东莞市 / 151
32 广西壮族自治区南宁市 / 152
33 重庆市 / 153
34 四川省成都市 / 157
35 贵州省贵阳市 / 159
36 云南省昆明市 / 160
37 陕西省西安市 / 161
38 甘肃省兰州市 / 165
39 甘肃省天水市 / 166
40 新疆维吾尔自治区乌鲁木齐市 / 166

八 运营服务

1 北京市地铁运营有限公司 / 169
2 北京京港地铁有限公司 / 172
3 北京市轨道交通运营管理有限公司 / 174
4 北京公交有轨电车有限公司 / 176
5 天津轨道交通集团有限公司 / 178
6 石家庄市轨道交通集团有限责任公司 / 180
7 太原轨道交通集团有限公司 / 182
8 呼和浩特城市交通投资建设集团有限公司 / 183

9 沈阳地铁集团有限公司 / 185
10 沈阳浑南现代有轨电车运营有限公司 / 187
11 大连公共交通建设投资集团有限公司 / 189
12 长春市轨道交通集团有限公司 / 191
13 哈尔滨地铁集团有限公司 / 193
14 上海申通地铁集团有限公司 / 195
15 上海申凯公共交通运营管理有限公司 / 198
16 南京地铁集团有限公司 / 199
17 无锡地铁集团有限公司 / 201
18 徐州地铁集团有限公司 / 203
19 常州地铁集团有限公司 / 205
20 苏州市轨道交通集团有限公司 / 207
21 苏州高新有轨电车集团有限公司 / 209
22 南通轨道交通集团有限公司 / 211
23 淮安市现代公共交通集团有限公司 / 213
24 杭州市地铁集团有限责任公司 / 214
25 宁波市轨道交通集团有限公司 / 216
26 温州市铁路与轨道交通投资集团有限公司 / 218
27 嘉兴市铁路与轨道交通投资集团有限责任公司 / 220
28 绍兴市轨道交通集团有限公司 / 221
29 合肥市轨道交通集团有限公司 / 224
30 芜湖市轨道交通有限公司 / 225
31 福州地铁集团有限公司 / 227
32 厦门轨道建设发展集团有限公司 / 229
33 南昌轨道交通集团有限公司 / 231
34 济南轨道交通集团有限公司 / 232
35 青岛地铁集团有限公司 / 234
36 青岛城运控股集团轨道巴士有限公司 / 237
37 郑州地铁集团有限公司 / 238
38 洛阳市轨道交通集团有限责任公司 / 240
39 武汉地铁集团有限公司 / 242
40 武汉光谷交通建设有限公司 / 244
41 长沙市轨道交通集团有限公司 / 246
42 湖南磁浮交通发展股份有限公司 / 248
43 广州地铁集团有限公司 / 249
44 深圳市地铁集团有限公司 / 252
45 港铁轨道交通（深圳）有限公司 / 256
46 深圳市现代有轨电车有限公司 / 258
47 佛山市地铁集团有限公司 / 259
48 佛山市南海区铁路投资有限公司 / 261
49 东莞市轨道交通有限公司 / 263
50 南宁轨道交通集团有限责任公司 / 264
51 三亚市轨道交通有限公司 / 266
52 重庆市轨道交通（集团）有限公司 / 267
53 重庆市铁路（集团）有限公司 / 269
54 成都轨道交通集团有限公司 / 271
55 贵阳市城市轨道交通集团有限公司 / 274
56 昆明轨道交通集团有限公司 / 275

57 西安市轨道交通集团有限公司 / 277
58 西咸新区轨道交通投资建设有限公司 / 280
59 兰州市轨道交通有限公司 / 282
60 天水通号有轨电车有限责任公司 / 283
61 乌鲁木齐城市轨道集团有限公司 / 284

九 资源经营

1 北京市基础设施投资有限公司 / 287
2 北京市地铁运营有限公司 / 288
3 北京京港地铁有限公司 / 289
4 北京市轨道交通运营管理有限公司 / 290
5 天津轨道交通集团有限公司 / 291
6 太原轨道交通集团有限公司 / 293
7 呼和浩特城市交通投资建设集团有限公司 / 294
8 大连公共交通建设投资集团有限公司 / 295
9 长春市轨道交通集团有限公司 / 296
10 上海申通地铁集团有限公司 / 297
11 南京地铁集团有限公司 / 298
12 无锡地铁集团有限公司 / 299
13 徐州地铁集团有限公司 / 301
14 常州地铁集团有限公司 / 302
15 苏州市轨道交通集团有限公司 / 303
16 苏州高新有轨电车集团有限公司 / 304
17 南通轨道交通集团有限公司 / 305
18 淮安市现代公共交通集团有限公司 / 306
19 杭州市地铁集团有限责任公司 / 307
20 宁波市轨道交通集团有限公司 / 308
21 温州市铁路与轨道交通投资集团有限公司 / 309
22 嘉兴市铁路与轨道交通投资集团有限责任公司 / 310
23 绍兴市轨道交通集团有限公司 / 311
24 合肥市轨道交通集团有限公司 / 313
25 芜湖市轨道交通有限公司 / 314
26 福州地铁集团有限公司 / 315
27 厦门轨道建设发展集团有限公司 / 316
28 南昌轨道交通集团有限公司 / 318
29 济南轨道交通集团有限公司 / 319
30 青岛地铁集团有限公司 / 319
31 郑州地铁集团有限公司 / 320
32 洛阳市轨道交通集团有限责任公司 / 321
33 武汉地铁集团有限公司 / 323
34 武汉光谷交通建设有限公司 / 324
35 长沙市轨道交通集团有限公司 / 325
36 广州地铁集团有限公司 / 326
37 深圳市地铁集团有限公司 / 328
38 港铁轨道交通（深圳）有限公司 / 329
39 佛山市地铁集团有限公司 / 330
40 东莞市轨道交通有限公司 / 331

41 南宁轨道交通集团有限责任公司 / 332
42 三亚市轨道交通有限公司 / 333
43 重庆市轨道交通（集团）有限公司 / 334
44 成都轨道交通集团有限公司 / 336
45 贵阳市公共交通投资运营集团有限公司 / 337
46 昆明轨道交通集团有限公司 / 338
47 西安市轨道交通集团有限公司 / 340
48 西咸新区轨道交通投资建设有限公司 / 342
49 兰州市轨道交通有限公司 / 342
50 乌鲁木齐城市轨道集团有限公司 / 344

十 行业文选

1 包叙定 · 落实国家发展改革委要求 创新融合发展思路 / 346
2 宋敏华 · 坚实的行动 实施的蓝图 / 347
3 包叙定 · 关于城轨交通行业以建设、运营标识发展阶段的问题 / 348
4 宋敏华 · 在中国城市轨道交通协会低运能系统分会成立大会暨第一届第一次全体会员会议上的致辞 / 349
5 中国城市轨道交通协会 · 《2023中国城市轨道交通工程建设发展报告》 / 350
6 中国城市轨道交通协会 · 《中国城市轨道交通运营发展报告（2022～2023）》 / 351
7 中国城市轨道交通协会 · 各地轨道交通城市场站及周边土地综合 开发利用（TOD）政策性文件汇编（2023版）/ 352
8 中国城市轨道交通协会 · 《2023年城轨企业网络安全攻防演练总结报告》 / 352
9 中国城市轨道交通协会 · 《城市轨道交通行业信息化最佳实践评选——六年对标洞察企业数字化转型报告（2018—2023）》 / 353
10 中国城市轨道交通协会 · 《城市轨道交通低运能系统调研报告》 / 353
11 中国城市轨道交通协会 · 《中国城市轨道交通协会五年发展规划（2023—2027）》 / 355

十一 企业概况

中国城市轨道交通协会部分会员单位概况 / 364

附录

1 法律法规目录 / 394
2 标准规范目录 / 397
3 2023年全国城市轨道交通开通初期运营线路一览表 / 408
4 中国城市轨道交通协会第三届常务理事及以上会员单位名录 / 410

索引 / 416

Contents

I Feature Articles · Transit-oriented Development of Urban Rail Transit Stations, Depots and Peripheral Land

1 *Instructions on Encouraging and Developing Transit-oriented Development (TOD) of Urban Rail Transit Stations, Depots and Peripheral Land* / 2

2 Decision on Recommending the TOD Project of Wulu Depot for Beijing Rail Transit Line10 and other "TOD Demonstration Cases for Urban Rail Transit" / 4

3 Base Itself on Commonweal Prioritize on Business Boost Self-regenerating Function Promote Sustainable Development of Urban Rail Transit / 5

4 Explanation of CAMET's *Instructions on Encouraging and Developing Transit-oriented Development (TOD) of Urban Rail Transit Stations, Depots and Peripheral Land* / 6

II Chronicle of Events

Events of China Urban Rail Transit Industry in 2023 / 11

III Overviews

General Information about China Urban Rail Transit Industry / 21

IV Statistical Data

1 Annual Statistical Data of Urban Rail Transit Industry / 30

2 Annual Statistical Data of Planning of Urban Rail Transit / 30

3 Annual Statistical Data of Construction of Urban Rail Transit / 34

4 Annual Statistical Data of Operation of Urban Rail Transit / 37

V Scientific and Technological Innovations

1 Overviews of State-level, Provincial-level and City-level Scientific and Technological Awards / 52

2 Scientific and Technological Progress Awards of CAMET / 58

3 China's Zhan Tianyou Civil Engineering Award / 73

4 China Construction Engineering Luban Award / 76

5 National Quality Engineering Project Award / 78

6 National-level and CAMET-led Scientific and Technological (Work) / 82

VI Standards and Norms

1 Standard System Construction / 88

2 Standard Formulation and Revision Management / 88

3 Standardization Work / 89

VII Engineering Construction

1 Beijing / 91

2 Tianjin / 94

3 Shijiazhuang, Hebei / 97

4 Taiyuan, Shanxi / 98
5 Shenyang, Liaoning / 99
6 Dalian, Liaoning / 102
7 Changchun, Jilin / 103
8 Harbin, Heilongjiang / 104
9 Shanghai / 105
10 Nanjing, Jiangsu / 109
11 Wuxi, Jiangsu / 111
12 Xuzhou, Jiangsu / 112
13 Suzhou, Jiangsu / 113
14 Nantong, Jiangsu / 115
15 Ningbo, Zhejiang / 117
16 Wenzhou, Zhejiang / 118
17 Jiaxing, Zhejiang / 119
18 Shaoxing, Zhejiang / 122
19 Hefei, Anhui / 123
20 Fuzhou, Fujian / 125
21 Xiamen, Fujian / 128
22 Nanchang, Jiangxi / 129
23 Jinan, Shandong / 129
24 Qingdao, Shandong / 132
25 Zhengzhou, Henan / 133
26 Wuhan, Hubei / 136
27 Changsha, Hunan / 139
28 Guangzhou, Guangdong / 141
29 Shenzhen, Guangdong / 147
30 Foshan, Guangdong / 150
31 Dongguan, Guangdong / 151
32 Nanning, Guangxi Zhuang Autonomous Region / 152
33 Chongqing / 153
34 Chengdu, Sichuan / 157
35 Guiyang, Guizhou / 159
36 Kunming, Yunnan / 160
37 Xi'an, Shaanxi / 161
38 Lanzhou, Gansu / 165
39 Tianshui, Qinghai / 166
40 Urumqi, Xinjiang Uygur Autonomous Region / 166

VIII Operation Service

1 Beijing Subway Operation Co., Ltd. / 169
2 Beijing MTR Corporation Limited / 172
3 Beijing Rail Transit Operation & Management Co., Ltd. / 174
4 Beijing Public Transport & Tramway Co., Ltd. / 176
5 Tianjin Rail Transit Group Co., Ltd. / 178
6 Shijiazhuang Rail Transit Group Co., Ltd. / 180
7 Taiyuan Rail Transit Group Co., Ltd. / 182
8 Hohhot Urban Transport Investment & Construction Group Co., Ltd. / 183

9 Shenyang Metro Group Co., Ltd. / 185
10 Shenyang Hunnan Modern Tramway Operation Co., Ltd. / 187
11 Dalian Public Transport Construction and Investment Group Co., Ltd. / 189
12 Changchun Rail Transit Group Co., Ltd. / 191
13 Harbin Metro Group Co., Ltd. / 193
14 Shanghai Shentong Metro Group Co., Ltd. / 195
15 Shanghai Shenkai Public Transport Operation Management Co., Ltd / 198
16 Nanjing Metro Group Co., Ltd. / 199
17 Wuxi Metro Group Co., Ltd. / 201
18 Xuzhou Metro Group Co., Ltd. / 203
19 Changzhou Metro Group Co., Ltd. / 205
20 Suzhou Rail Transit Group Co., Ltd. / 207
21 Suzhou Hi-tech Tramway Group Co., Ltd. / 209
22 Nantong Urban Rail Transit Group Co., Ltd. / 211
23 Huai'an Modern Public Transport Group Co., Ltd. / 213
24 Hangzhou Metro Group Co., Ltd. / 214
25 Ningbo Rail Transit Group Co., Ltd. / 216
26 Wenzhou Railway & Rail Transit Investment Group Co., Ltd. / 218
27 Jiaxing Municipal Railway and Rail Transit Investment Group Limited Liability Company / 220
28 Shaoxing Rail Transit Group Co., Ltd. / 221
29 Hefei Rail Transit Group Co., Ltd. / 224
30 Wuhu Rail Transit Co., Ltd. / 225
31 Fuzhou Metro Group Co., Ltd. / 227
32 Xiamen Rail Transit Construction Development Group Co., Ltd. / 229
33 Nanchang Rail Transit Group Co., Ltd. / 231
34 Jinan Rail Transit Group Co., Ltd. / 232
35 Qingdao Metro Group Co., Ltd. / 234
36 Metro & Bus Co., Ltd. Affiliated to Qingdao Urban Transport Holding Group / 237
37 Zhengzhou Metro Group Co., Ltd. / 238
38 Luoyang Municipal Rail Transit Group Limited Liability Company / 240
39 Wuhan Metro Group Co., Ltd. / 242
40 Wuhan Optics Valley Transportation Construction Co., Ltd. / 244
41 Changsha Rail Transit Group Co., Ltd. / 246
42 Hunan Maglev Transportation Development Joint-stock Co., Ltd. / 248
43 Guangzhou Metro Group Co., Ltd. / 249
44 Shenzhen Metro Group Co., Ltd. / 252
45 MTR Corporation (Shenzhen) Limited / 256
46 Shenzhen Modern Tram Co., Ltd. / 258
47 Foshan Metro Group Co., Ltd. / 259
48 Foshan Railway Investment and Construction Group Co., Ltd. / 261
49 Dongguan Rail Transit Co., Ltd. / 263
50 Nanning Rail Transit Group Co., Ltd. / 264
51 Sanya Rail Transit Co., Ltd. / 266
52 Chongqing Rail Transit (Group) Co., Ltd. / 267
53 Chongqing Railway (Group) Co., Ltd. / 269
54 Chengdu Rail Transit Group Co., Ltd. / 271
55 Guiyang Public Transport Investment and Operation Group Co., Ltd. / 274
56 Kunming Rail Transit Group Co., Ltd. / 275

57 Xi'an Rail Transit Group Co., Ltd. / 277
58 Xixian New District Urban Rail Transit Investment and Construction Co., Ltd. / 280
59 Lanzhou Rail Transit Co., Ltd. / 282
60 Tianshui CRSC Tram Limited Liability Company / 283
61 Urumqi Urban Rail Group Co., Ltd. / 284

IX Resource Management

1 Beijing Infrastructure Investment Co., Ltd. / 287
2 Beijing Subway Operation Co., Ltd. / 288
3 Beijing MTR Corporation Limited / 289
4 Beijing Rail Transit Operation & Management Co., Ltd. / 290
5 Tianjin Rail Transit Group Co., Ltd. / 291
6 Taiyuan Rail Transit Group Co., Ltd. / 293
7 Hohhot Urban Transport Investment & Construction Group Co., Ltd. / 294
8 Dalian Public Transport Construction and Investment Group Co., Ltd. / 295
9 Changchun Rail Transit Group Co., Ltd. / 296
10 Shanghai Shentong Metro Group Co., Ltd. / 297
11 Nanjing Metro Group Co., Ltd. / 298
12 Wuxi Metro Group Co., Ltd. / 299
13 Xuzhou Metro Group Co., Ltd. / 301
14 Changzhou Metro Group Co., Ltd. / 302
15 Suzhou Rail Transit Group Co., Ltd. / 303
16 Suzhou Hi-tech Tramway Group Co., Ltd. / 304
17 Nantong Urban Rail Transit Co., Ltd. / 305
18 Huai'an Modern Public Transport Group Co., Ltd. / 306
19 Hangzhou Metro Group Co., Ltd. / 307
20 Ningbo Rail Transit Group Co., Ltd. / 308
21 Wenzhou Railway & Rail Transit Investment Group Co., Ltd. / 309
22 Jiaxing Municipal Railway and Rail Transit Investment Group Limited Liability Company / 310
23 Shaoxing Rail Transit Group Co., Ltd. / 311
24 Hefei Rail Transit Group Co., Ltd. / 313
25 Wuhu Rail Transit Co., Ltd. / 314
26 Fuzhou Metro Group Co., Ltd. / 315
27 Xiamen Rail Transit Construction Development Group Co., Ltd. / 316
28 Nanchang Rail Transit Group Co., Ltd. / 318
29 Jinan Rail Transit Group Co., Ltd. / 319
30 Qingdao Metro Group Co., Ltd. / 319
31 Zhengzhou Metro Group Co., Ltd. / 320
32 Luoyang Rail Transit Group Co., Ltd. / 321
33 Wuhan Metro Group Co., Ltd. / 323
34 Wuhan Optics Valley Transportation Construction Co., Ltd. / 324
35 Changsha Rail Transit Group Co., Ltd. / 325
36 Guangzhou Metro Group Co., Ltd. / 326
37 Shenzhen Metro Group Co., Ltd. / 328
38 MTR Corporation (Shenzhen) Limited / 329
39 Foshan Railway Investment and Construction Group Co., Ltd. / 330
40 Dongguan Rail Transit Co., Ltd. / 331

41 Nanning Rail Transit Group Co., Ltd. / 332
42 Sanya Rail Transit Co., Ltd. / 333
43 Chongqing Rail Transit (Group) Co., Ltd. / 334
44 Chengdu Rail Transit Group Co., Ltd. / 336
45 Guiyang Public Transport Investment and Operation Group Co., Ltd. / 337
46 Kunming Rail Transit Group Co., Ltd. / 338
47 Xi'an Rail Transit Group Co., Ltd. / 340
48 Xixian New District Urban Rail Transit Investment and Construction Co., Ltd. / 342
49 Lanzhou Rail Transit Co., Ltd. / 342
50 Urumqi Urban Rail Group Co., Ltd. / 344

X Industrial Literature

1 Bao Xuding·Implement the Requirements of NDRC and Innovate Integrated Development Ideas——Speech on the Kick-off Meeting of the Wuxi Urban Rail Transit Diversified Integration and Sustainable Development Demonstration Project / 346
2 Song Minhua·Solid Action and Blueprint for Implementation——Address on the Anniversary of Issuing the *Action Plan for the Development of Green Urban Rail for China's Urban Rail Transit* / 347
3 Bao Xuding·Report on Problems with Identifying the Development Stage with Construction and Operation in the Urban Rail Transit Industry / 348
4 Song Minhua·Speech on the Inaugural Meeting for the Low Transport-capacity System Branch of CAMET and the First General Meeting of the First Session Thereof / 349
5 CAMET·*2023 China Urban Rail Transit Engineering Construction Development Report* / 350
6 CAMET·*China Urban Rail Transit Operation Development Report(2022~2023)* / 351
7 CAMET·Collection of Policy Documents regarding the Transit-oriented Development (TOD) of Urban Rail Transit Stations, Depots and Peripheral Land of Various Cities / 352
8 CAMET·*2023 Summary Report on the Network Safety Attack and Defense Exercise for Urban Rail Transit Enterprises* / 352
9 CAMET·*Selection of Best Practices for Informationization in the Urban Rail Transit Industry—Report on 6-year Benchmarking Examination for Enterprise Digitalization Transition (2018~2023)* / 353
10 CAMET·*Investigation Report on the Low Transport Capacity of Urban Rail Transit* / 353
11 CAMET·Five-Year Development Plan of CAMET (2023—2027) / 355

XI Company Profile

Company Profiles for Part of the Member Companies of CAMET / 364

Appendix

1 Directory of Laws and Regulations / 394
2 Directory of Standards and Norms / 397
3 2023 List of China Urban Rail Transit Lines which Have Opened Early-phase Operation / 408
4 List of the Third Standing Council Member and Above Units of CAMET / 410

Index / 416

一

专文

城市轨道交通场站及周边土地综合开发利用

城市轨道交通场站及周边土地综合开发利用（TOD，是 Transit Oriented Development 的缩写，指以公共交通为导向的城市空间开发模式）是中国城市轨道交通可持续发展的重要途径，也是实现轨道交通建设与城市发展相协同、提高城市土地集约节约利用效率、打造绿色低碳智慧城轨、拓宽城市轨道交通投融资渠道、以场站综合开发收益支持城市轨道交通建设及运营的重要手段。

本篇章收录了中国城市轨道交通协会对本项工作的指导意见、推荐范例、推广要求及指导意见解读，系统、完整、明确地规范了 TOD 综合开发的行动要求，是推动城轨引领城市实现高质量发展、反哺城轨交通建设运营，实现中国城市轨道交通高质量发展的可靠保证。

上海地铁博物馆

1　关于进一步鼓励和发展城市轨道交通场站及周边土地综合开发利用（TOD）的指导意见

中国城市轨道交通协会

（2023 年 9 月）

2019 年 9 月 25 日，习近平总书记在考察北京市轨道交通建设发展情况时指出："城市轨道交通是现代大城市的发展方向，是解决大城市病的有效途径，也是建设绿色城市、智能城市的有效途径"（见《学习时报》）。进入新世纪以来，我国城市轨道交通快速发展，现已成为世界城轨交通大国；在城轨交通建设中，各城市积极探索场站及周边土地综合开发利用（以下简称"场站综合开发"）并取得明显成效。2022 年底，55 个城轨城市中，绝大部分地铁城市实施了 TOD 综合开发，少数经济欠发达地铁城市以及 14 个中低运量城市尚未开展相关工作。从最早的利用开发轨道空余空间到近年来上升为 TOD 战略、推动城轨引导城市实现高质量发展，TOD 不断向纵深推进，涌现大量创新经验，有力推动城市科学发展并反哺城轨交通建设运营。为进一步推动 TOD 工作，在总结城轨交通行业已有经验基础上，现提出如下指导意见。

一、重要意义

场站综合开发是指以城市轨道交通车站、停车场、车辆段、隧道区间等设施用地及其配套设施用地为核心，结合其周边一定辐射范围内土地进行全面统筹的集约开发利用。促进场站综合开发，一是优化城市空间发展格局，实现轨道交通建设与城市发展相协同，发挥轨道交通对城市发展的引导作用，推动城市功能布局更加合理与职住平衡，引领城市有机更新；二是提高城市土地集约节约利用效率，促进城市轨道交通建设用地地上、地下一体化综合开发和功能复合利用；三是增加城市轨道交通客流，提升城市轨道交通运营效率和出行分担率，缓解城市交通拥堵，打造绿色低碳智慧城轨；四是拓宽城市轨道交通投融资渠道，以场站综合开发收益支持城市轨道交通建设及运营，保障我国城市轨道交通健康可持续发展。

二、总体要求

以习近平新时代中国特色社会主义思想为指导，牢固树立新发展理念，坚持以人民为中心，遵循站城融合可持续发展理念，倡导并鼓励各城轨城市规划建设城轨交通的同时开展场站及周边土地综合开发利用。由政府引导，充分发挥城市轨道交通企业在场站综合开发中的主体作用，通过加强规划引导、创新开发模式、拓宽融资渠道、完善标准规范、落实配套措施、行业协调联动等途径，积极探索并推动建立符合城市发展要求和充分发挥市场决定性作用的场站综合开发模式，在提供优质公共服务能力的同时，形成具备自我造血功能的良性运转机制，助力城市轨道交通智慧绿色可持续成长，赋能城市精细化管理与高质量发展。

三、基本原则

（一）坚持场站综合开发与城市建设协同发展。为进一步推动土地高效集约利用，促进轨道交通支撑城市能级提升与可持续发展，在保障城市轨道交通运输功能和运营安全的前提下，鼓励按照"一体规划、站城融合、多元发展、收益反哺"的原则大力实施场站综合开发。城市轨道线网规划要充分考虑轨道沿线可利用土地与轨道交通建设的相互促进关系，城市轨道交通建设规划的场段、车站选址要有利于进行 TOD 综合开发。加强场站综合开发与综合交通、产业发展、公共配套、城市生活功能组织及地区发展需求的充分衔接，实现轨道交通与城市交通、城市规划、城市发展和城市生活的融合，切实重塑城市空间形态及促进城市发展方式转变。

（二）坚持场站综合开发与轨道建设统筹协调。强化场站综合开发与轨道交通规划建设全周期的时序统筹、强化轨道交通建设与场站综合开发的主体统筹，实现城市规划、轨道交通规划、场站综合开发规划多规协同。以有利于场站综合开发为原则科学选址，按照片区统筹理念优化场站与周边区域的空间布局，做好综合开发与车辆基地、车站、出入口、风亭等设施在规划建设上的整体性，推动整体规划、统一设计、统筹建设和一体运营，确保各类设施同步运行，各类功能同步实现；不能同步实施的应进行工程预留，实现场站综合开发效率最大化。

（三）坚持场站综合开发收益反哺轨道建设运营。城市轨道交通建设投资和后期运营资金需求量大，地方政府财政投入压力较大，以场站综合开发收益反哺城市轨道交通建设和弥补运营亏损，可有效建立城市轨道交通企业自我造血的良性运转机制，促进城市轨道交通健康可持续发展。倡导各地政府积极探索创新城市轨道交通投融资模式，建立轨道交通管理基金或专户，实现开发投资与收益闭环流转，确保场站综合开发收益用于内部反哺，实现良性内循环。

四、发展任务

（一）加强前期规划统筹。场站综合开发要紧紧依附于城市轨道交通规划建设，由各地方政府统筹协调，充分发挥城市轨道交通企业的主体作用，在《城市轨道交通线网规划》《城市轨道交通建设规划》及《城市轨道交通工程项目可行性研究》编制阶段同步牵头组织开展场站综合开发的前期研究工作、编制场站综合开发专项规划，切实引导城市功能向场站周边集聚，建设指标向场站周边投放，实现城市多规协同。

（二）合理确定开发方案。在开展场站综合开发规划尤其是城市控制性详细规划编制时，建议按照场站综合开发项目的基本要求和相关技术标准，综合考虑场站周边用地现状及未来发展规划、市场供需情况、交通设施和公共配套设施需求、城市轨道交通投融资规模、城市轨道交通企业和潜在市场主体意见等因素，依据城市发展规划、国土空间规划和产业规划，合理确定场站综合开发方案，鼓励土地混合利用，建议允许配置一定比例预留发展用地，提升场站综合开发项目的投资可行性且更有利于成片开发和高效集约开发。

（三）规范预留工程实施。城市轨道交通场站及周边地块开发项目应同城市轨道交通项目同步规划、同步设计、同步实施。若轨道交通先行实施，场站综合开发须与轨道同步实施的预留预埋工程所需办理的项目立项、指标、用地、规划、方案、概算、征地、拆迁、建设、人防、消防等前期手续，建议通过联审保障机制纳入轨道交通线路建设的相关手续统一办理，保障实施层面的可操作性与合规性。若周边地块开发项目先于轨道交通实施，轨道须与地块开发同步实施的预留预埋工程由地块开发主体会同城市轨道交通企业共同编制一体化设计方案，按程序办理相关审批手续，由轨道投资建设主体委托地块开发主体代建。

（四）优化土地供应方式。建议地方政府在确保轨道交通建设运营有序进行的前提下，研究创新场站综合开发项目供地的体制机制，在已有采用带条件招拍挂、协议出让、土地作价出资等成功案例的基础上，结合地方政府实际情况实施土地供应。利用存量轨道交通用地进行场站综合开发的，建议合理进行交储补偿，在符合规划的前提下，适当增加开发容积率，并兼容一定比例市政公共配套设施功能，推动分层设立建设用地使用权。分层设立的建设用地使用权，符合《划拨用地目录》，应按划拨方式办理用地手续；不符合《划拨用地目录》的，应按协议方式办理有偿用地手续。利用车站出入口、风亭等设施配套建设的便民商业，以及利用存量轨道用地建设的保障性租赁住房，建议保留划拨性质、不用补缴地价，相关部门支持办理规划建设及招商开业所需手续。

（五）拓宽投融管退渠道。建议各地政府加大对场站综合开发的资金支持力度，允许使用轨道交通建设资金或土地收储资金先行用于垫付预留预埋工程，待预留预埋工程收储后再行返还。同时鼓励采用自主开发、股权合作、设立基金等方式进行场站综合开发，由城市轨道交通企业积极引入优质社会资本参与，探索深度融合的共享式合作开发模式，创新鼓励社会资本参与场站综合开发项目的政策机制。结合国家层面对资产证券化的支持和推动政策，进一步打通投融退出通道，形成多元化的投融资格局。建立和健全场站综合开发收益反哺轨道交通建设的运转机制，将场站综合开发的综合收益用于反哺轨道交通建设运营。

（六）鼓励盘活存量用地。倡导城市轨道交通企业在保障轨道交通运营安全、不影响运营组织的前提下，通过合法合规程序，以自主开发、股权合作、转让、租赁等多种方式盘活利用现有存量用地，对既有轨道交通场站及毗邻地区实施土地综合开发利用，实施城市更新，提高土地资源利用价值，促进城市高质量发展，不断提高城市轨道交通企业的经营水平和盈利能力。

五、保障措施

（一）构建场站综合开发政策体系。建议建立国家、省、市层面的政策法规，构建支持场站综合开发反哺轨道建设运营机制的三级政策配套体系。呼吁省、市分别制定城市轨道交通场站综合开发实施办法和细则，统筹考虑场站综合开发需求，规范场站综合开发流程。

（二）建立场站综合开发协调机制。建议各级地方政府全面统筹区域内场站综合开发建设，建立利益共享机制，并在市级层面成立专门的牵头协调机构，破解场站综合开发过程中的难题；做好市、区各级政府及相关管理部门的协调工作，贯彻场站综合开发的整体规划、统一设计、统筹建设、一体管理，满足政府统筹利益分配、统筹城市管理的要求。

（三）落实场站综合开发规划审批。建议地方政府积极支持场站综合开发规划落地，加强城市控制性详细规划与场站综合开发规划的编制及审批协同，合理简化规划审批程序。建议城市政府出台针对场站综合开发区域的特殊规划管控条例，优化退线、退距、人防、绿化、停车配建等建设工程规划管理技术规定，提升TOD增值效益。

（四）制定场站综合开发规范指南。中国城市轨道交通协会将适时颁布实施《城市轨道交通场站及周边土地综合开发设计规范》和《城市轨道交通场站及周边土地综合开发评价规范》，加强规范引领，组织宣贯实施，促进场站综合开发健康有序发展。倡导轨道交通企业积极向政府管理部门汇报，争取修订相关技术规范和建设标准，促进场站综合开发精细化和高质量发展。

（五）发挥行业引领协调推动作用。行业协会将定期通过调研、交流等形式发现问题并持续改进，每年举办中国城市轨道交通 TOD 论坛，汇编各地场站综合开发政策意见，发布中国城市轨道交通 TOD 指数报告，组织开展场站综合开发专业培训、示范工程评选表彰等活动，促进场站综合开发的规范运作和可持续发展。

2　关于推荐北京轨道交通 10 号线五路场段 TOD 项目等“城市轨道交通 TOD 示范案例”的决定

中国城市轨道交通协会

（2023 年 9 月）

20 世纪 90 年代以来，在城市人口和经济快速增长以及公共政策措施的强力推动下，我国城市轨道交通进入了快速发展的新阶段。同时，在国家土地、环境以及节能减排的政策引导下，以 1997 年北京地铁四惠停车场上盖综合开发为起点，上海、广州、深圳、成都、杭州等轨道交通城市实施了轨道交通场站及周边土地综合开发利用（即：TOD）。城轨交通 TOD 的开发建设，为优化城市空间发展格局，提高城市土地集约节约利用效率，增加城市轨道交通客流，拓宽城市轨道交通投融资渠道，以场站综合开发收益支持城市轨道交通建设及运营，保障我国城市轨道交通健康可持续发展作出了重大创新性实践，期间创制了许多具有引领性、示范性、可借鉴、可复制的城轨交通 TOD 示范案例，成为城市轨道交通场站及周边土地综合开发利用的“中国样本”。

在中国城市轨道交通 TOD 发展大会召开之际，经各地轨道交通企业申报、专家组评审，中国城市轨道交通协会决定推荐北京轨道交通 10 号线五路场段 TOD 项目等为“城市轨道交通 TOD 示范案例”。

协会号召各地轨道交通城市和城轨交通企业，以习近平新时代中国特色社会主义思想为指导，全面落实“建地铁就是建城市”的发展理念，积极推进城轨交通与城市融合发展，致力提高城轨交通运营服务水平和土地资源集约节约利用效率，在坚持并持续优化通勤服务的“公益城轨”基础上，不断创新“经营城轨”思路，迈上具有自我造血功能的“可持续城轨”之路，为实现我国城市轨道交通高质量可持续发展，继而加速推进从“城轨大国”走向“城轨强国”的历史进程作出更大的贡献。

附件：“城市轨道交通 TOD 示范案例”名单

（一）城轨交通场段 TOD 示范案例

1. 北京轨道交通 10 号线五路场段 TOD 项目
2. 上海轨道交通 15 号线元江路场段 TOD 项目
3. 广州轨道交通 11 号线赤沙场段 TOD 项目
4. 深圳轨道交通 1 号线前连场段 TOD 项目
5. 杭州轨道交通 5 号线五常场段 TOD 项目
6. 无锡轨道交通 4 号线区路场段 TOD 项目
7. 武汉轨道交通 2 号线常青场段 TOD 项目
8. 青岛轨道交通 2 号线辽阳东路场段 TOD 项目
9. 宁波轨道交通 5 号线前殷场段 TOD 项目

（二）城轨交通站点 TOD 示范案例

10. 北京机场线西延北新桥站 TOD 项目
11. 上海轨道交通 1 号线莲花路站 TOD 项目
12. 广州轨道交通 4/8 号线万胜围站 TOD 项目
13. 成都轨道交通 6 号线陆肖站 TOD 项目
14. 成都轨道交通 3 号线双凤桥站 TOD 项目
15. 重庆轨道交通 2 号线李子坝站 TOD 项目
16. 厦门轨道交通 2 号线湿地公园站 TOD 项目
17. 徐州轨道交通 1/2 号线彭城广场站 TOD 项目
18. 天津轨道交通 1/3 号线营口道站 TOD 项目

（三）综合交通枢纽 TOD 示范案例

19. 深圳前海综合交通枢纽 TOD 项目
20. 南京金马综合交通枢纽 TOD 项目
21. 重庆沙坪坝综合交通枢纽 TOD 项目

3 公益为本 经营为要 增强自我造血功能 助推城轨交通可持续发展
——在中国城市轨道交通TOD发展大会上的讲话

中国城市轨道交通协会创始会长 包叙定

（2023年9月22日）

我为工作出差回家乡，上一次还是2007年。那是因太湖蓝藻污染造成市区饮水危机，遵温家宝总理之命带领专家组来无锡同省市领导商议太湖治污规划。在一次会议上，我讲了这样一段话："明朝军师刘伯温讲过：'江南千条水，云贵万重山。五百年后看，云贵赛江南。'我刚去了贵州，由贵阳一路北上到遵义，青山绿水美如画；我们江南呢，天下酸雨河水污染，不可持续呀。明朝276年，清朝276年，辛亥革命迄今近百年，前后六百多年，不幸被刘老先生言中。我也是为污染做过贡献的，所以同大家一样有着一种愧疚的心情。"这是上次在无锡饭店全体会议上讲的话。

日月交替，岁月难留。16年过去了，这次为参加城轨TOD大会回无锡，举目已是青山绿，太湖美在水，蓝天白云飞，"山明水净夜来霜"的秋色，"千里莺啼绿映红"的春景，都回来了。这告诉我们，无锡正迈步走在可持续发展的大道上。

我们这次TOD大会，其实质也是探讨城轨交通的可持续发展之路。所以我讲的题意是："公益为本，经营为要，增强自我造血功能，助推城轨交通可持续发展。"讲三点：

一、城轨TOD夯实"公益城轨"之本

城轨交通是便民惠民的重要民生工程，又是构建现代宜居城市的重要基础设施，事关群众出行和城市发展。《国务院关于城市优先发展公共交通的指导意见》明确"要突出城市公共交通的公益属性"。公益服务是城轨之本，必须坚守并不断完善。城轨交通的公益性，主要体现在优惠的票价、优质的服务和满足客流需求的供给能力上，TOD将优化其相关功能，让百姓更有获得感。

一是城轨TOD提升服务质量。城轨TOD通过站城综合开发和统筹建设，在站场设计、枢纽换乘和空间开发、功能配置等工作中，充分考虑群众健康宜居、便捷出行的需要，打造宜居宜业、绿色出行首善区，并以最好的服务水准、最佳的接驳换乘、必要的运输能力，大幅提升城轨通勤服务质量和水平，成为群众出行的首要方式。

二是城轨TOD赋能城市活力。城轨TOD不等同于一般的房地产开发，通过站城融合、功能耦合、业态混合，重塑公共服务体系，提升城市功能，增强城市活力。各地实践中的"城市会客厅""城市微中心""城市康乐园"，都是生动体现，要在城轨TOD工作中大胆创新，积极践行。

三是城轨TOD反哺城轨发展。城轨TOD转换经营模式，创新空间格局，塑造全新业态，拓展消费场景，既大幅提升综合开发收益，又有效培育客流，强力反哺城轨交通发展。

二、城轨TOD创新"经营城轨"思路

我国城轨投运线路已达1万公里，建设投资大，运营补贴高，财务问题成为掣肘城轨可持续发展的突出问题。开源节流，增强自我造血功能，实现城轨财务可持续已是当务之急。城轨TOD，在衍生而来的物业开发、传媒广告、车站商业、信息通讯等经营模式基础上创新思路，将一般的物业开发拓展并提升为多功能区构造，为"经营城轨"带来全新的经营理念和开源之道。

一是TOD模式增加城轨收入。资源经营收入是城轨收入的重要来源，其中物业开发的权重又是最大的。物业开发能否取得最大化的收益，TOD模式是关键、是灵魂。TOD模式能够更好吸引社会资本参与城轨建设运营和物业开发，进一步提升政府资金投入使用效益，提高公共产品和公共服务的质量与效率；又能有效增加城轨业主的收入，降低经营风险。为此，TOD已成为城轨可持续发展的重要战略。

二是TOD模式创造增值效应。我参加过深圳6号线沿线土地综合开发的研讨会，记得TOD综合开发使土地总开发量提高10.1%，土地价值增幅近2倍，周边人口聚集度提高13.4%，沿线区域内经济、社会、环境等方面的增值效应也同时放大，实现了业主自身效益、城市政府公共利益、市民群众生活多方互利共赢的综合效益。

三是TOD模式创新消费场景。城轨TOD在发展中，场景和功能也在拓展中，商业服务、医疗康养、产业聚落、文化旅游等项目融入TOD的新兴业态在不断丰富中，无锡地铁的"医疗健康产业园"、徐州地铁的"城下城遗址博物馆"就是生动案例，方便了百姓生活，打开了消费空间，也增加了城轨客流。

三、城轨TOD助推"可持续城轨"发展

城轨交通的可持续发展，涉及经济财务、生态环境、资源技术、社会客流等诸多方面的可持续性，城轨TOD

将为各个环节的良性循环提供动能，让城轨可持续发展之路越走越宽。协会在本次会议上将发布《指导意见》，进一步明确TOD发展意义、总体要求、基本原则、发展任务、保障措施，还安排了若干典型报告，我们期待通过这次TOD大会为城轨TOD开创新的局面。

一要坚持企业担当。推进城轨TOD，城轨企业要主动担当，不断开拓进取，提高开发收益，加大反哺力度。要深入挖掘和总结优秀经验，比如深圳地铁案例被纳入《G20/OECD政策工具》，成为唯一入选的中国案例；还比如今年4月国家发展改革委融合发展经验交流会上，成都、武汉交流的TOD综合开发经验；再比如本次大会安排的7个城市的典型报告，都具有很大的示范价值。要创新思路，把城轨TOD不断向纵深推进。

二要争取政府支持。TOD发展定位上，涉及城轨规划、城市规划；发展政策上，涉及土地政策、投融资政策，这都离不开政府支持。本次大会提交的30个城市政策文件汇编，体现着政府对城轨TOD的重视和支持。要继续争取政府支持，对已经出台的政策要推动优化完善，争取政策体系的全方位支撑；对尚未出台政策的城市，要全力推动政府尽快出台支持政策。

三要用好市场手段。TOD发展牵涉范围广、主体多，只有调动各方积极性才能保障项目顺利推进。要按照市场化原则综合施策，采用商业逻辑，运用市场手段，兼顾各方利益，形成发展合力。比如，这次大会是张燕友会长提议的，而放在无锡召开，就有个京锡两地成功合作开发无锡“愉樾天成”TOD项目的牵手搭桥作用，是合作共赢的生动体现。

我们相信，有政府的大力支持，城轨企业的责任担当，社会各界和行业上下的共同努力，TOD的发展必将推动城轨交通在坚持并持续优化通勤服务的“公益城轨”基础上，不断创新“经营城轨”思路，迈上具有自我造血功能的“可持续城轨”之路。

4. 关于中国城市轨道交通协会《关于进一步鼓励和发展城市轨道交通场站及周边土地综合开发利用（TOD）的指导意见》的说明

中国城市轨道交通协会　常务副会长　周晓勤

2023年9月22日

根据协会安排，我就中国城市轨道交通协会《关于进一步鼓励和发展城市轨道交通场站及周边土地综合开发利用（TOD）的指导意见》（以下简称《指导意见》）起草的有关情况作说明。

一、关于《指导意见》的考虑

基于以公共交通为导向的开发模式，即TOD，是在轨道交通站点或公交站点周围，把办公、商业、居住及其他公共服务设施与景观环境等融合，达到通行增效、空间增值的效果，从而在实现集约化用地的基础上，增强城市空间功能，完善立体交通网络，重塑城市经济地理，提升市民生活品质。城轨交通TOD，为城市更新复合成文化、商业、办公、休闲、社区服务等各种功能的“城市会客厅”，成为现代城市更新理念的生动演绎：它是城市建设和文化建设迈向更高质量发展和人们追求更高品质生活的重要标志。

20世纪90年代以来，在城市人口和经济快速增长以及公共政策措施的强力推动下，我国城市轨道交通进入了快速发展的新阶段。同时，在国家土地、环境以及节能减排的政策引导下，以1997年北京地铁四惠停车场上盖综合开发为起点，之后上海、广州、深圳、南京、重庆、成都、杭州、南宁、宁波、青岛、厦门、无锡等30个轨道交通城市，纷纷出台了TOD综合开发指导或扶持的政策性措施，大力倡导并率先实践轨道交通场站及周边土地综合开发，TOD模式迅速成为先行城市建设参与者的新赛道，也是当下提升城市能级与核心竞争力的重要抓手。2022年底，55个城轨城市中，绝大部分地铁城市实施了TOD综合开发，但是少数经济欠发达地铁城市以及14个中低运量城市尚未开展相关工作。从最早的利用开发轨道空余空间到近年来上升为TOD战略、推动城轨引导城市实现高质量发展，TOD理念不断向纵深推进，涌现大量创新经验，有力地推动了城市科学发展并反哺城轨交通建设运营。

促进TOD的开发建设，一是优化城市空间发展格局，实现轨道交通建设与城市发展相协同，发挥轨道交通对城市发展的引导作用，推动城市功能布局更加合理，引领城市有机更新；二是提高城市土地集约节约利用效率，促进城市轨道交通建设用地地上、地下一体化综合开发和功能复合利用；三是增加城市轨道交通客流，提升城市轨道交通运营效率和出行分担率，缓解城市交通拥堵，打造绿色低碳智慧城轨；四是拓宽城市轨道交通投融资渠道，以场站综合开发收益支持城市轨道交通建设及运营，保障我国城市轨道交通健康可持续发展。

TOD模式，既是城市轨道交通资源经营创新驱动和转型发展的战略目标，也是城市开发理念的更新和城市运营方式的重构。实践已经证明并将继续证明，中国城市轨道交通TOD综合开发渐趋成熟，无疑是为城轨强国建设带来高质量发展的新方向，是城轨企业谋求可持续发展的新增量，是城轨交通企业产业经营发展的根本路径和战略选择。随着轨道交通TOD多维度政策支撑体系的建立和完善社会性战略投资支撑的引入和参与，智能绿色发展应用场景的优化与提升，国际化专业力量的培育与引进，我国城轨交通TOD的综合开发必将书写出更加波澜壮阔的发展史。

我们认为在我国城轨交通迈向高质量可持续发展的重要关键节点，进一步鼓励和发展城轨交通TOD的开发和实践，对于全面落实"建地铁就是建城市"的发展理念、积极推进城轨交通与城市融合发展、提高城轨交通运营服务水平和土地资源集约节约利用效率、实现城轨交通企业建立自我造血功能的高质量可持续发展，具有重大的现实意义和深远的历史意义。

对于这次《指导意见》的起草，协会明确要求着重把握好以下几点。

第一，聚焦总结城轨交通TOD发展的重大成就和实践经验。《指导意见》充分肯定了城轨交通TOD的开发建设所取得的历史性的进程，尽管开发建设中出现过一些问题和挑战，遭遇到一定的困难和阻碍，但总体上城轨交通TOD事业的发展是取得了明显的成效，形成了创新性的开发模式、业态配置、配套体系、投融资方式、规范标准和运营合作机制，前进方向具有前瞻性和战略性，取得的成就是有目共睹的。基于此，协会起草和发布《指导意见》始终把着力点放在总结城轨交通TOD开发建设的重大成就和实践经验上，以进一步鼓励和推动全行业凝聚共识、增强信心、探索机制、鼓励创新，促进城轨交通TOD在全行业得以更大的发展和进步。

第二，突出各地推动城轨交通TOD政策引领和顶层设计这个重点。近年来，我国城轨TOD进入快速发展的新阶段，各轨道交通城市纷纷出台TOD综合开发指导或扶持的政策性措施。截至2023年8月，已有30个城市先后制定和出台指导或扶持城轨交通TOD发展的政策性文件或实施细则，从顶层设计上对于促进城市轨道交通场站及周边综合开发利用全面、持久的健康发展提供了政策保障，也为进一步推动城轨交通TOD建设迈向高质量可持续发展制定了遵循和依规。这次起草的《指导意见》，对各地制定和出台的相关政策措施作了系统的提炼和总结，有利于全行业坚定信心，践行共同理念，借鉴各地实践，因城制宜，以更加昂扬的姿态迈进城轨交通TOD开发新征程、建功城轨交通TOD发展交通新时代。

第三，着力重构对城轨交通TOD建设实践中问题和挑战的认知和共识。近年来，各地城轨交通企业在充分发挥其主体作用、集聚所有资源、动员社会力量、大力发展以场站融合多元发展为目标的TOD建设的同时，在前期规划统筹、确定开发方案、预留工程实施、优化土地供应方式、拓宽投融管退渠道、盘活存量用地资产等方面遇到的实际问题、面临的挑战，从实践层面对TOD可持续发展和路径，以及本身作为城轨经营主要业务的关注和探讨，产生了行业集体性的认知，对于解决这些问题和挑战形成了专业性的共识。《指导意见》对此都做了系统的归纳和创新的论述。

二、《指导意见》的起草过程

2016年12月，协会针对当时城轨交通TOD开发建设和实践状况，曾组织部分城轨交通企业起草了《关于促进城市轨道交通场站及周边土地综合开发利用的指导意见（讨论稿）》。

今年初，根据各地城轨交通企业的普遍愿望和强烈要求，协会决定2023年在适当的时候召开中国城市轨道交通TOD发展大会，以进一步鼓励和发展城轨交通场站及周边土地综合开发利用、促进中国式城轨交通高质量可持续发展的新实践。协会同时决定在TOD发展大会期间出台指导性意见，并成立文件起草组，由我担任组长，李成新副秘书长担任副组长，协会资源经营专委会、设计咨询专委会、工程建设专委会和专家学术委，以及主要城轨交通企业负责同志参加，在协会的领导下承担文件起草工作。

在此之后的半年时间里，在2016年12月起草的《关于促进城市轨道交通场站及周边土地综合开发利用的指导意见（讨论稿）》的基础上，3月初，协会在徐州召开专题座谈会就《指导意见（初稿）》听取城轨交通企业的意见建议，结合近几年城轨交通TOD最新的建设实践经验与做法，围绕议题，聚焦问题，充分交流，集思广益，奉献智慧，形成了《指导意见（征求意见稿）》。

根据协会办公会的要求，期间又成立了由资源经营专委会、北京市基础设施投资有限公司、上海申通地铁集团有限公司和深圳市地铁集团有限公司相关同志参加的文件起草工作专班，在文件起草组的领导下负责《指导意见》的具体修订工作。

5月，文件起草组决定对《指导意见（征求意见稿）》

作进一步的修改完善后，提请在业界更大范围、更宽专业领域、更广社会机构听取意见建议。6月，由协会主要领导同志分别召开了各地地铁集团分管领导（武汉）专题座谈会、城轨交通TOD专家学者和主要运营商（深圳）专题座谈会，并根据产生的意见建议最终形成了《指导意见（送审稿）》。

从反馈意见情况看，各地城轨交通企业对《指导意见》给予充分肯定，一致赞成《指导意见》的框架结构和主要内容。普遍认为，《指导意见》最鲜明的特点是聚焦问题、凝聚共识、实事求是、尊重实践，贯穿过往、现在、未来，具有重大的历史意义和现实指导意义。普遍认为，《指导意见》是TOD发展大会的灵魂和主要成果文件，也是指导城轨交通企业普遍开展TOD开发建设的指导性文件。

在征求意见过程中，各地城轨交通企业和城轨交通TOD运营商、社会研究机构和专家学者提出许多好的意见和建议。文件起草组逐条分析这些意见和建议，做到能吸收的尽量吸收。经反复研究推敲，对《指导意见（送审稿）》作出了23处修改，充分反映了业界各方面的意见和建议。

在《指导意见》起草过程中，包叙定创始会长亲自参与，多次对起草工作作出指示、提出要求。协会办公会先后召开两次会议，会长常务办公会召开会议进行审议，形成了在这次TOD发展大会上出台的《指导意见》稿。

三、《指导意见》的基本框架和主要内容

《指导意见》除引言外，共有5个部分，包括：重要意义；总体要求；基本原则；发展任务和保障措施。

“重要意义”部分。阐述了TOD综合开发的意义和作用，一是，优化城市空间发展格局，实现轨道交通建设与城市发展相协同，发挥轨道交通对城市发展的引导作用，推动城市功能布局更加合理与职住平衡，引领城市有机更新；二是，提高城市土地集约节约利用效率，促进城市轨道交通建设用地地上、地下一体化综合开发和功能复合利用；三是，增加城市轨道交通客流，提升城市轨道交通运营效率和出行分担率，缓解城市交通拥堵，打造绿色低碳智慧城轨；四是，拓宽城市轨道交通投融资渠道，以场站综合开发收益支持城市轨道交通建设及运营，保障我国城市轨道交通健康可持续发展。

“总体要求”部分。《指导意见》在“总体要求”上明确提出，以习近平新时代中国特色社会主义思想为指导，牢固树立新发展理念，坚持以人民为中心，遵循站城融合可持续发展理念，倡导并鼓励各城轨城市规划建设城轨交通的同时开展场站及周边土地综合开发利用。由政府引导，充分发挥城市轨道交通企业在场站综合开发中的主体作用，通过加强规划引导、创新开发模式、拓宽融资渠道、完善标准规范、落实配套措施、行业协调联动等途径，积极探索并推动建立符合城市发展要求和充分发挥市场决定性作用的场站综合开发模式，在提供优质公共服务能力的同时，形成具备自我造血功能的良性运转机制，助力城市轨道交通智慧绿色可持续成长，赋能城市精细化管理与高质量发展。

“基本原则”部分。《指导意见》强调了三项基本原则，即：

一是，坚持场站综合开发与城市建设协同发展。为进一步推动土地高效集约利用，促进轨道交通支撑城市能级提升与可持续发展，在保障城市轨道交通运输功能和运营安全的前提下，鼓励按照“一体规划、站城融合、多元发展、收益反哺”的原则大力实施场站综合开发。城市轨道线网规划要充分考虑轨道沿线可利用土地与轨道交通建设的相互促进关系，城市轨道交通建设规划的场段、车站选址要有利于进行TOD综合开发。加强场站综合开发与综合交通、产业发展、公共配套、城市生活功能组织及地区发展需求的充分衔接，实现轨道交通与城市交通、城市规划、城市发展和城市生活的融合，切实重塑城市空间形态及促进城市发展方式转变。

二是，坚持场站综合开发与轨道建设统筹协调。强化场站综合开发与轨道交通规划建设全周期的时序统筹、强化轨道交通建设与场站综合开发的主体统筹，实现城市规划、轨道交通规划、场站综合开发规划多规协同。以有利于场站综合开发为原则科学选址，按照片区统筹理念优化场站与周边区域的空间布局，做好综合开发与车辆基地、车站、出入口、风亭等设施在规划建设上的整体性，推动整体规划、统一设计、统筹建设和一体运营，确保各类设施同步运行，各类功能同步实现；不能同步实施的应进行工程预留，实现场站综合开发效率最大化。

三是，坚持场站综合开发收益反哺轨道建设运营。城市轨道交通建设投资和后期运营资金需求量大，地方政府财政投入压力较大，以场站综合开发收益反哺城市轨道交通建设和弥补运营亏损，可有效建立城市轨道交通企业自我造血的良性运转机制，促进城市轨道交通健康可持续发展。倡导各地政府积极探索创新城市轨道交通投融资模式，建立轨道交通管理基金或专户，实现开发投资与收益闭环流转，确保场站综合开发收益用于内部反哺，实现良性内循环。

“发展任务”部分。《指导意见》围绕城轨交通TOD发展，提出了六项发展任务。

一是，加强前期规划统筹。由各地方政府统筹协调，充分发挥城市轨道交通企业的主体作用，组织开展场站综合开发的前期研究工作，切实引导城市功能向场站周边集聚，实现城市多规协同。

二是，合理确定开发方案。综合考虑场站周边用地现状及未来发展规划、市场供需情况、城市轨道交通企业和潜在市场主体意见等因素，合理确定场站综合开发方案，鼓励土地混合利用，建议允许配置一定比例预留发展用地，提升场站综合开发项目的投资可行性。

三是，规范预留工程实施。应同城市轨道交通项目同步规划、同步设计、同步实施。若轨道交通先行实施，场站综合开发须与轨道同步实施的预留预埋工程所需办理的前期手续，建议通过联审保障机制纳入轨道交通线路建设的相关手续统一办理。若周边地块开发项目先于轨道交通实施，预留预埋工程由轨道投资建设主体委托地块开发主体代建。

四是，优化土地供应方式。建议地方政府研究创新场站综合开发项目供地的体制机制，采用带条件招拍挂、协议出让、土地作价出资等方式办理用地手续。利用存量轨道交通用地进行场站综合开发的，建议合理进行交储补偿，适当增加开发容积率，并兼容一定比例市政公共配套设施功能，推动分层设立建设用地使用权。利用车站出入口、风亭等设施配套建设的便民商业，建议保留划拨性质、不用补缴地价，相关部门支持办理规划建设及招商开业所需手续。

五是，拓宽投融管退渠道。建议各地政府允许使用轨道交通建设资金或土地收储资金先行用于垫付预留预埋工程，鼓励采用自主开发、股权合作、设立基金等方式进行场站综合开发，探索深度融合的共享式合作开发模式，创新鼓励社会资本参与场站综合开发项目的政策机制。

六是，鼓励盘活存量用地。倡导城市轨道交通企业，通过合法合规程序，以自主开发、股权合作、转让、租赁等多种方式盘活利用现有存量用地，实施城市更新。

“保障措施”部分。《指导意见》提出了五项保障措施。

一是，构建场站综合开发政策体系。建议建立国家、省、市层面的政策法规，构建支持场站综合开发反哺轨道建设运营机制的三级政策配套体系。呼吁省、市分别制定实施办法和细则。

二是，建立场站综合开发协调机制。建议在市级层面成立专门的牵头协调机构；做好市、区各级政府及相关管理部门的协调工作。

三是，落实场站综合开发规划审批。建议地方政府积极支持场站综合开发规划落地，加强城市控制性详细规划与场站综合开发规划的编制及审批协同，合理简化规划审批程序。建议出台针对场站综合开发区域的特殊规划管控条例，优化退线、退距、人防、绿化、停车配建等建设工程规划管理技术规定。

四是，制定场站综合开发规范指南。协会将适时颁布实施《城市轨道交通场站及周边土地综合开发设计规范》和《城市轨道交通场站及周边土地综合开发评价规范》，加强规范引领。倡导轨道交通企业积极向政府管理部门汇报，争取修订相关技术规范和建设标准。

五是，特别强调了行业协会在发挥行业引领协调推动方面的作用。将定期通过调研、交流等形式发现问题并持续改进，每年举办中国城市轨道交通TOD论坛，汇编各地场站综合开发政策意见，发布中国城市轨道交通TOD指数报告，组织开展场站综合开发专业培训、示范工程评选表彰等活动，促进场站综合开发的规范运作和可持续发展。

协会今天出台的这个《指导意见》，是这次TOD发展大会的主要任务。协会期望各地政府各部门各方面能够全力支持和悉心指导在地城轨交通企业进一步发展TOD开发实践，特别是在完善土地获取政策，给予实施主体获取及整合资源的优先及优惠权等方面给予支持和扶持；协会希望各地城轨交通企业结合实际，聚精会神，创新驱动，转型发展，不断地推进TOD的全面开发和建设，为实现我国城轨交通行业的高质量可持续发展、继而全面推进从“城轨大国”迈向“城轨强国”的历史进程做出更大的努力和贡献。

二

大事记

中国城市轨道交通行业2023年大事记

1 月

1 日　云南省红河州蒙自市滇南中心城市群现代有轨电车示范线开通初期运营。线路起点为蒙自火车北站，终点为蒙自汽车客运站，线路全长 13.4 公里，设车站 15 座。红河州成为全国第 57 座运营城市轨道交通的城市。

5 日　中国城市轨道交通协会绿色智慧领导小组办公室组织验收郑州地铁承担的“基于 AI 主动故障预测预警的智能运维管理平台技术研究”项目，标志着首批 50 项智慧城轨重点体系深化研究任务全部完成。

8 日　粤港澳大湾区双核心城市深圳与香港，实现深圳地铁、港铁重铁网络扫码乘车互联互认。乘客可以使用“深圳地铁”App、“AlipayHK”App、“支付宝”App 中的任意一个 App，即可在两地跨城扫码乘坐深圳地铁、港铁重铁。此次扫码乘车互联互认范围涵盖深圳所有地铁车站和港铁重铁网络（暂不包含深圳龙华有轨电车、港铁的机场快线、轻铁及和港铁接驳巴士服务）。使用“深圳地铁”App 扫码搭乘港铁的支付渠道仅限支付宝，暂时无法累计里程。

13 日　中国城市轨道交通协会专家和学术委员会完成换届，第三届专家学术委由 15 名院士顾问委员，20 名荣誉委员，17 名主任、执行副主任、副主任委员，248 名学部委员，共 300 名专家委员组成。

同日　中国建筑业协会发布《关于公布 2022—2023 年度第一批中国建设工程鲁班奖（国家优质工程）入选名单的通知》，共 119 项工程项目入选。其中涉及城市轨道交通的项目有：昆明市轨道交通 4 号线工程 PPP 项目、徐州市城市轨道交通 3 号线一期工程和无锡地铁 3 号线一期工程。

22 日　连接土耳其伊斯坦布尔新机场和市中心的新机场线地铁正式开通，地铁列车由中车株洲电力机车有限公司研制，线路全长 34 公里，设计时速为 120 公里，为全自动无人驾驶地铁列车。随着新机场线的开通，市中心到新机场的交通时间压缩至半小时内，提高了旅客中转出行的便利性。

2 月

10 日　国家重点研发计划项目“超大城市轨道交通系统高效运输与安全服务关键技术”示范应用工程在北京首都机场线北新桥站举行开工仪式，标志着全场景化的“智慧地铁”示范线路建设全面启动，并将在首都机场线进行完整线路的应用示范。项目将围绕运行、客服、维护、安全管理方面，依托北斗、EUHT（5G）、空间数字化、人工智能、区块链等新兴技术，将首都机场线打造成为全场景化的“智慧地铁”示范线路。

同日　由中车长客股份公司研制的多适应性中运能单轨系统车辆在重庆下线。该次下线的多适应性中运能跨座式单轨车辆具有爬坡能力强、转弯半径小、环境适应性强等特点，最高运行时速为 80 公里，单车载客量 136 人，可灵活编组，适应不同客流需求，单车重量轻，运行噪音低，对线路周围环境影响小。与车辆同步亮相的还有单轨交通系统，这一系统能够为多种运量轨道交通建设提供全新的解决方案，具有满足不同客流强度、不同运用场景需求、综合造价低等优势。

同日　洛阳市人民政府办公室正式印发《洛阳市公共交通一体化实施方案》（以下简称《方案》），《方案》提出坚持公共交通优先发展战略，以满足人民群众日益增长的出行需求为目标，提高公共交通优质服务覆盖度，实现资源优化配置，打造便捷高效畅通的城市综合交通体系，为全国文明典范城市创建和现代化交通强市建设提供支撑。

同日　由北京交通大学、交控科技股份有限公司、中国铁道科学研究院集团有限公司、中国铁路通信信号股份有限公司等单位联合共建的“轨道交通运行控制系统国家工程研究中心”揭牌仪式暨理事会首届一次会议及技术委员会首届一次会议在北京交通大学举行。

同日　基于长三角区域轨道交通传媒广告经营一体化共建平台的“长三角轨道交通媒体合作联盟”在江苏无锡成立。无锡市城市管理局、无锡市商务局、无锡市市场监督管理局和无锡市广告协会相关领导，以及长三角区域 13 家轨道交通企业相关负责人和广告联盟成员单位代表近 200 人出席成立大会。

19 日　福州滨海快线重难点工程——枕峰山隧道左线安全贯通，成功攻克“上软下硬”复杂地质。福州滨海快线连接福州火车站至长乐国际机场，线路总长 62.4 公里，设计时速 140 公里，比常规城市地铁速度提高近一倍。福州滨海快线包含枕峰山隧道、枕峰山高架，大象山隧道、大象山高架及塘屿隧道。其中，全长 4.53 公里大象山隧道和 1.4 公里枕峰山隧道，是全线的控制工程，也是国内罕见的城市轨道交通长距离大直径山岭隧道。施工团队成功克服地质条件复杂、跨既有线施工等难题。

20 日　武汉地铁集团与中国电建集团华中区域总部在武汉轨道交通线网中心签署战略合作框架协议，双方将充分发挥各自优势，构建全面战略合作关系，共同为在湖北建设全国构建新发展格局先行区，努力为建设世界一流地铁城市献力赋能。

21日　由广州地铁集团有限公司牵头承担的“重大自然灾害防控与公共安全”重点专项“城市轨道交通运营重大风险防控关键技术装备研发及示范应用”项目启动会暨实施方案论证会在广州召开。该项目由广州地铁集团牵头，联合中国科学技术大学、中国铁道科学研究院集团有限公司、广州地铁设计研究院股份有限公司、北京交通大学等共十家单位，围绕城市轨道交通运行列车火灾、异物侵限、水淹与诱发性网络大客流等运营重大风险精准监测防控难题，建立“跨界融合、精准感知、主动预警、高效协同、智能决策”的风险监测、预警防控的理论方法，旨在构建“融合化、精准化、智能化、自主化”的风险防控成套新技术并示范应用。

23日　工业和信息化部等七部门印发《智能检测装备产业发展行动计划（2023—2025年）》。其中提出，到2025年，智能检测技术基本满足用户领域制造工艺需求，核心零部件、专用软件和整机装备供给能力显著提升，重点领域智能检测装备示范带动和规模应用成效明显，产业生态初步形成，基本满足智能制造发展需求。

27日　交通运输部通过官网发布《地铁车辆运营技术规范（试行）》（以下简称《技术规范》）。《技术规范》从车辆总体技术要求、各组成部件和系统技术要求、与其他系统接口相关要求等方面，进一步明确地铁车辆运营技术需求，全面夯实运营安全管理基础。

3月

2日　由北京轨道交通技术装备集团有限公司自主研发的氢燃料混合动力铰接轻轨车，在位于河北保定的生产厂区——河北京车轨道交通车辆装备有限公司正式下线。此次自主研发的氢燃料混合动力铰接轻轨车采用无网供电技术，以“氢燃料电池＋动力电池”为动力源，具备全自动驾驶功能，最高运营时速80公里，可广泛应用于机场、城郊通勤、景区旅游等场景。

3日　中国中铁“双碳”专业研发中心揭牌仪式暨首次年度工作会议在中铁二院举行。此次会议暨揭牌仪式的举行，标志着研发中心正式投入运营，也标志着中国中铁科技创新体系改革工作的全面加速。

17日　重庆轨道交通（集团）有限公司发布《重庆轨道集团绿色城轨发展实施方案》（以下简称《实施方案》），为重庆轨道交通绿色发展指明方向与路径。《实施方案》主要有四大特点：一是突出绿色出行；二是突出绿色建造；三是突出绿色运营；四是突出绿智融合。《实施方案》的推出，将进一步促进科技创新驱动节能降碳、示范建设引领绿色发展，全方位全过程推动重庆轨道交通绿色升级。

29日　交通运输部、国家铁路局、中国民用航空局、国家邮政局、中国国家铁路集团有限公司联合印发《加快建设交通强国五年行动计划（2023—2027年）》，明确未来五年加快建设交通强国的思路目标和行动任务，对于行业上下全面贯彻落实党的二十大精神，奋力加快建设交通强国、努力当好中国式现代化的开路先锋，具有重要指导作用。

29—30日　2023中国城市轨道交通安全·绿色·智慧技术研讨会在青岛召开。会议由中国城市轨道交通协会安全管理专业委员会主办，青岛地铁集团有限公司、新华三技术有限公司承办。会议针对装配式建造技术应用、轨道交通节能研究、安全综合管理、智慧城轨发展思考以及接触轨融冰装备研发及应用等方向，进行分享。来自50余家单位的近150人现场参会。

30日　上海地铁与成都轨道交通乘车二维码实现互联互通。上海市民使用“Metro大都会”App就可以方便乘坐成都地铁，而成都市民则可使用“成都地铁”App便捷乘行上海地铁。至此，上海地铁“Metro大都会”乘车二维码与全国包括长三角区域，以及青岛、兰州、北京、广州、重庆、天津、呼和浩特、武汉、南昌、成都等在内的20座城市轨道交通实现互联互通，范围覆盖国内超过三分之一的地铁城市。

31日　中车长春轨道客车股份有限公司自主研制的高温超导电动悬浮全要素试验系统完成悬浮运行，标志着中国在高温超导电动悬浮领域实现重要技术突破。

4月

3日　全国磁悬浮动力技术基础与应用标准化工作组成立大会在潍坊召开。会议指出，磁悬浮动力技术作为前沿绿色技术、双碳目标实现的支撑性技术，为绿色低碳高质量发展提供新动能，对加快建设高端绿色的现代化产业体系具有不可替代的作用。成立全国磁悬浮动力技术基础与应用标准化工作组将有助于加快磁悬浮动力技术产业化推广应用，带动上下游产业转型升级，形成工作合力，推动磁悬浮动力装备产业链的高质量发展。

11日　中国城市轨道交通协会发布《都市快轨（160km/h～200km/h）列车运行控制系统技术规范》《地铁区间疏散平台设计规范》《地铁区间疏散平台工程施工及验收规范》《城市轨道交通　预应力混凝土U形梁施工技术与验收规范》《城市轨道交通单洞双线隧道火灾烟气控制系统技术规范》《储能式有轨电车地面充电装置通用技术规范》《导轨式胶轮系统技术规范》《地铁列车能耗的评估指标与方法》8项团体标准。

12日　第二十届中国土木工程詹天佑奖第一批获奖名单公布，共有44项各领域的标志性工程入选。南宁市轨道交通3号线一期工程（科园大道-平乐大道）、成都地铁7号线工程、上海市轨道交通15号线工程、青岛地铁2号线一期工程获此殊荣。

同日　第二届单轨交通系统技术应用与发展现场研讨会在芜湖顺利召开，会议主题为“推动单轨交通产品绿色智慧发展”，由中国城市轨道交通协会单轨分会主办，中铁工程设计咨询集团有限公司、中车南京浦镇车辆有限公司、北京中城轨会展有限公司承办，多位院士、领导、专家出席会议。与会专家学者分享各单位在单轨设计、建造、装备制造等方面的有益经验。

14 日　哈尔滨地铁集团组织召开《哈尔滨地铁绿色城轨发展行动方案》（以下简称《行动方案》）评审会暨发布会。该《行动方案》的发布，标志着哈尔滨地铁在低碳交通模式转型、智慧化高质量发展的道路上迈出坚实一步。

18 日　经中国城市轨道交通协会装备自主化办公室组织、自主化装备评价工作组评价，中国城市轨道交通协会发布《城市轨道交通第二批自主化装备推荐清单》，共 39 项装备，向行业推荐应用。

22 日　天津轨道交通和南京、南昌、常州轨道交通上线 App 二维码跨城扫码互通功能。“天津地铁 App”跨城扫码互通城市将达到 8 家，分别是：北京、上海、广州、重庆、呼和浩特、南京、南昌、常州。乘客只需下载“天津地铁 App”，即可在上述 8 座城市扫码乘坐地铁。

同日　广州地铁发布《2023 轨道交通气候行动——未来已来，绿色低碳轨道交通的可持续发展与一致行动》报告，向社会公布 2022 年以来广州地铁建设在绿色低碳领域取得的成效。

25 日　国家发展改革委在重庆组织召开城市群都市圈多层次轨道交通融合发展经验交流现场会。会议系统总结取得的成绩，深入交流推广典型经验做法，研究部署下一步工作任务。全体参会人员还实地调研重庆市沙坪坝站铁路综合交通枢纽“站城融合”发展和市郊铁路跳磴至江津线贯通运营情况。

同日　由中车株机牵头，联合中南大学、联诚集团共同组建的“湖南省轨道交通车辆热工与流体系统工程技术研究中心”在株洲揭牌。该中心将围绕轨道交通车辆的低碳环保、车内舒适性以及运行环境适应性等关键问题，开展车辆热工与流体科学的基础研究与技术攻关，并建立集理论研究、技术研发、设备制造、系统集成、试验测试于一体的协同创新平台。

同日　以“极致创新、万物智联”为主题的首届 IPv6 技术应用创新大赛总决赛颁奖仪式在上海市落幕。此届大赛由工业和信息化部、中共中央网络安全和信息化委员会办公室、教育部业务指导，中国信息通信研究院等单位主办，赛事分为区域赛初赛、全国赛复赛和全国赛总决赛等多个赛程。深铁集团“深圳地铁‘IPv6+’等关键技术对 BIM 应用深度融合创新实践”项目获全国总决赛一等奖。

27 日　北京–青岛国际城市轨道交通展览会暨高峰论坛在青岛拉开帷幕，以“智赋城轨，绿色发展”为主题，携手超 400 家全球高质量展商，启用“中铁 · 青岛世界博览城”逾 60000 平方米的展示空间，创下城市轨道交通展览会展示规模历史新高；“13+N”辆多制式实车展示，创纪录全景展示装备强国底蕴。首届中国城市轨道交通高新技术成果交易会同期举办。43 家单位的共 41 个项目参加发布签约仪式，其中发布项目 26 个，签约项目 15 个，签约金额近 300 亿元。

5 月

14 日　由国家发展改革委宏观经济杂志社主办的中国品牌发展国际论坛“行业 · 协会品牌建设论坛”在上海举办。会上发布“品牌协会成长计划”首批成果，在参与“品牌协会成长计划”的全国性行业协会商会中，共涌现出 23 家成长良好的商协会，中国城市轨道交通协会名列其中，会上还发布 20 个首批典型案例，中国城市轨道交通协会“三管齐下不断夯实城轨行业发展基础工作”案例入选。

22 日　国内城市轨道交通行业专家、学者齐聚宁波，参加《宁波轨道交通绿色城轨发展行动方案》评审会。经过现场评审后，《宁波轨道交通绿色城轨发展行动方案》正式对外发布，标志着宁波轨道交通全面迈向“双碳引领、绿智融合”可持续发展新征程。

23 日　中国中车与国机集团在京签署《战略合作框架协议》。根据协议，双方将重点围绕轨道交通装备、清洁能源装备、农业机械等领域，开展关键核心技术攻关，推进关键装备和零部件的国产化，并深化智能制造转型、国际化经营等方面的合作。

同日　中国华电与中国中车签署深化战略合作框架协议补充协议。根据协议，双方将在 2021 年签署战略合作框架协议的基础上，进一步深化战略合作伙伴关系，发挥产业协同优势，加强新能源领域合作，推动科技创新成果转化应用，“联合出海”加强境外业务合作，推动双方战略合作取得新成效、再上新台阶。

23—24 日　由中国城市轨道交通协会主办，宁波市轨道交通集团有限公司、中铁电气化勘测设计研究院有限公司承办的“城市轨道交通绿色低碳新技术—新一代牵引供电系统发展和标准专题研讨会”在浙江宁波隆重举行。来自全国 30 个城轨业主单位、7 个设计院所、3 所高等院校和 21 个装备制造厂商 270 多位代表与会，共同研讨中国城市轨道交通绿色低碳新技术发展。此次会议全面总结展示近年来中国城市轨道交通供电系统绿色低碳新技术成果，重点围绕城市轨道交通新一代牵引供电系统前沿技术发展、应用成果、系统设计、技术标准、研究制造、运营维护和综合仿真等内容，开展广泛的、深层次的交流和研讨。

27 日　中国城市轨道交通协会专家和学术委员会组织召开“城市轨道交通科学技术知识普及传播专题研究”启动会，面向社会公众的城市轨道交通科学技术知识普及传播，重点开展科普理论研究、科普情况调查、培训审核规范、科普实践示范、科普传播运营、产业发展建议等工作，对推动城市轨道交通科学技术知识普及传播，提升全民城市轨道交通行业认知、安全意识和责任意识，实现中国城市轨道交通科技创新和科学普及的双轮驱动，具有重大意义。

31 日　数字人民币乘车码正式上线，落地杭州。即日起，用户通过一个乘车码，即可在杭州地铁、绍兴地铁及杭海城际共 16 条线路，300 多个车站，直接使用数字人民币乘车码换乘，实现互联互通，一码通行。

6月

6 日　中国出口阿根廷胡胡伊项目列车在河北唐山下线。这款新能源轻轨车，围绕观景、智能、绿色三大主题，以高端旅游列车工业设计打造，具有可拓展多种动力模式、灵活可变编组等功能。

14 日　为全面反映中国城市轨道交通行业发展态势，中国城市轨道交通协会根据《城市轨道交通效能评价指标体系》（T/CAMET 01002-2019），发布《2022 年度城市轨道交通效能评价指标分析报告》（以下简称《报告》）。《报告》以协会掌握的统计数据为基础，选取发展指数、效率指数、安全指数、经济指数和服务指数等 5 个分项评价指数下的 17 项主要指标以及效能指数进行分析，分析结论可用于相关城市及企业对标，同时为推动行业高质量发展提供数据支撑。

15 日　成都轨道交通 18 号线三期工程“骡马市站-省体育馆站”区间风井基坑开挖见底，深度达 52.5 米。该风井基坑位于成都市人民南路二段与滨江中路交叉口，靠近天府广场，紧邻地铁 1 号线。其深度是普通地铁的 2 至 3 倍，在国内地铁建设中也属罕见。

20 日　中国城市轨道交通协会在深圳召开城轨交通 TOD 领域专家学者和主要运营商座谈会，就将在中国城市轨道交通 TOD 发展大会期间出台的中国城市轨道交通协会《关于进一步鼓励和发展城市轨道交通场站及周边土地综合开发利用（TOD）的指导意见（讨论稿）》听取意见与建议。

24 日　上海、苏州“双 11 号线”实现互联互通。作为长三角一体化基础设施互联互通的示范性工程，苏州轨道交通 11 号线与上海轨道交通 11 号线串连起苏州、昆山以及上海。苏州 11 号线线路全长 41.25 公里，设站 28 座，西起苏州工业园区唯亭站，与苏州轨道交通 3 号线换乘，东至昆山花桥站，与上海轨道交通 11 号线换乘。此次线路开通进一步缩短苏沪之间的时空距离，大幅加速城际间人口、资金、技术、信息等要素流动，助力长三角一体化和苏州市域一体化发展。

28 日　滁宁城际铁路（滁州段）正式开通运营。线路全长 55.35 公里，设站 17 座，其中地下站 3 座，高架站 14 座。滁州段运行区间为滁州高铁站至汊河站，沿途经过 10 个站点，线路全长 44.83 公里。滁州成为全国第 58 座运营城市轨道交通的城市。

7月

6 日　由中国中车研制的时速 80 公里 B 型中国标准地铁列车在徐州发布。此次研制的标准地铁列车主要技术特点为：“构建中国标准，打造统一平台，解决核心关键，形成五大亮点”，即通过建立地铁车辆中国标准体系，统一地铁车辆平台，以市场需求为导向形成四种车型系列，开展整车及零部件核心关键技术自主化攻关，具备更安全、更智能、更低碳、更经济、更舒适五大亮点，引导城市轨道交通行业发展方向。

14 日　中国城市轨道交通协会和上海申通地铁集团有限公司共同组织召开《上海地铁服务“碳达峰、碳中和”国家战略绿色城轨行动方案》（以下简称《行动方案》）评审会暨发布会。评审会上，专家组听取编制组的汇报并给予肯定和高度评价，认为《行动方案》指导思想和战略目标明确，工作原则合理，重点任务全面，保障措施得力，充分体现上海地铁始终坚守“安全、便捷、高效、绿色、经济”的发展定位，对全面推进上海地铁绿色建设具有重要意义，一致同意通过评审。

18 日　氢能源地铁施工作业车在湖北襄阳下线。该台氢能作业车采用氢燃料电池与锂电池混合动力系统提供牵引动力，设计时速 80 公里，一次加氢 30 分钟，即可让该车连续运行 32 小时。同时，该车运行时不用架设取电网，没有废气和噪声，可被广泛应用在地铁、隧道、矿山等作业领域。与传统燃油作业车相比，该车全生命周期可累计减少碳排放 225 吨。

25 日　国家轨道交通装备行业产教融合共同体成立大会在江苏常州举行。这是国家层面重大行业产教融合共同体，将通过政府、行业、企业、学校四方协同，破解制约产教深度融合过程中的机制性障碍。国家轨道交通装备行业产教融合共同体首批成员单位覆盖 22 个省份，包括 9 所普通高校、34 所职业院校、中国中车及其 49 家所属制造类子公司，5 个产业集聚地区教育行政部门作为支持单位参与。

同日　青岛地铁集团在青岛市城市云脑会客厅发布《青岛地铁数字化转型总体规划》及《青岛市城市轨道交通智慧城轨顶层规划》，成为国内轨道交通行业率先在全域系统开展数字化转型和智慧城轨建设工作的企业。

28日　贵阳市市场监督管理局批准发布《城市轨道交通客运服务标志设置规范》《城市轨道交通运营安全标志设置规范》两项贵阳市地方标准。此次发布的两项地方标准均由贵阳市交通委员会提出并归口，贵阳市城市轨道交通运营有限公司等单位共同参与起草，实施时间为2023年10月1日。

同日　2023中国城市轨道交通关键技术论坛暨第31届地铁学术交流会在昆明举行。中国工程院院士、行业专家、相关政府、企业、高校代表等400余人与会。此次会议以"智慧互通、绿色低碳——暨轨道交通推动城市一体化融合发展"为主题，对轨道交通关键技术、绿色低碳技术、轨道上的都市圈等行业热点研讨交流，带来前沿咨询，分享最新研究成果，加强轨道交通领域高端交流，促进多领域务实合作，推进轨道交通可持续发展。

同日　由中国城市轨道交通协会安全管理专业委员会主办，武汉智慧地铁科技有限公司、北京城建勘测设计研究院有限责任公司共同承办的"2023年城轨交通公共安全高峰论坛"在广西南宁举行。来自全国各地的城轨业主单位、设计院、协会及高等院校、厂商共计170余名代表齐聚一堂，以城市轨道交通公共安全、韧性城市建设为主题，共同探讨研究提升城市轨道交通的公共安全治理能力，促进构建中国城轨交通公共安全治理新模式，加快实现城轨交通公共安全管理现代化。

30日　由工业和信息化部、广西壮族自治区人民政府主办的2023中国产业转移发展对接活动（广西）轨道交通产业专题对接活动在南宁市举行。此次活动以"共享沿边临港新优势，共建产业合作新高地"为宗旨，旨在通过搭建产业转移开放合作平台，强化轨道交通高端装备制造企业合作对接，共享产业发展新机遇。

8月

2日　南宁市人民政府发布《南宁市人民政府关于促进南宁市轨道交通产业发展的若干意见》，提出要加快推动南宁市轨道交通产业高质量发展，大力发展轨道交通全产业链，重点发展轨道交通装备制造、智慧交通及数字产业，高水平规划建设产业园。力争到2025年，南宁市轨道交通产业营业收入超过200亿元，2030年超过500亿元。

9日　天津轨道交通集团组织召开《绿色城轨发展行动方案》（以下简称《行动方案》）评审会暨发布会。《行动方案》坚持"系统谋划分类施策，建运协同整体推进，节约优先创新驱动，智慧赋能绿智融合，试点先行有序达标"五大工作原则。以促进天津轨道交通集团高质量发展为目标，坚持智慧城轨建设与绿色创新发展同步推进，统筹规划具有天津特色的"17611"绿色发展蓝图。经过专家评审，《行动方案》正式发布。

11日　成都轨道交通集团联合中国城市轨道交通协会共同组织召开《成都轨道集团绿色城轨发展行动方案》《成都轨道集团数智化发展顶层规划》发布会。

同日　中车青岛四方机车车辆股份有限公司和智利特蒙英撒联合体赢得智利车辆招标项目，总计32列电动车组，电动车组为3编组车，时速140公里，可容纳约807名乘客，合同金额约1.71亿美元。其中22列用于"圣地亚哥–梅利皮拉"城际铁路，合同金额1.18亿美元，10列用于"圣地亚哥–巴士科"城际铁路，合同金额5300万美元。

18日　深圳市地铁集团有限公司与顺丰速运有限公司在福田枢纽举行《福田至碧海湾空铁轨联运合作协议》签约仪式，双方将携手打造深圳空铁轨联运物流示范线项目，共同推进轨道交通与现代物流业融合发展，探索构建"一网多用"的轨道物流网络体系，充分利用城市轨道交通运力资源，助力物流绿色化、低碳化发展。

22日　交通运输部印发《城市轨道交通运营安全评估管理办法》（以下简称《管理办法》），进一步完善城市轨道交通运营安全评估制度，提升城市轨道交通安全管理水平。《管理办法》共八章50条，包括总则、初期运营前安全评估、正式运营前安全评估、运营期间安全评估、第三方安全评估机构、相关要求、运营安全专家、附则等章节以及3个附件（初期运营前、正式运营前和运营期间安全评估报告的基本格式要求）。

30日　全国城市客运标准化技术委员会通过"云课堂"形式举办2023年度城市轨道交通标准规范宣贯培训会议。全国各级城市轨道交通运营主管部门以及运营企业、科研院所、协会学会及装备供应商约4000名代表线上参会。此次宣贯培训重在落实《国务院办公厅关于保障城市轨道交通安全运行的意见》（国办发〔2018〕13号）和《城市轨道交通运营管理规定》（交通运输部令2018年第8号），更好推进城市轨道交通标准规范落地生效，进一步提升城市轨道交通运营安全管理水平和服务质量。

9月

9日　由中国城市轨道交通协会指导，中国城市轨道交通协会技术装备专业委员会、上海申通地铁集团有限公司主办的城轨信号系统升级改造技术交流会在上海召开。大会以"安全可控，创新发展"为主题，旨在分享各城市在信号升级改造方面的需求、方案、实施经验以及自主化技术的探索，来自地铁业主、设计院、设备厂商、集成商单位的近200名专家参会。交流会由卡斯柯信号有限公司、上海轨道交通无人驾驶列控系统工程技术研究中心联合承办。

13日　交通运输部印发《道路运输企业和城市客运企业安全生产重大事故隐患判定标准（试行）》。该标准将于

2023年10月1日起施行。

15日　国家发展改革委“智慧城轨新一代智能列车运行系统及平台示范工程”暨中国城市轨道交通协会“新一代网络化智能调度和智能列车运控系统示范工程”验收评审会在北京召开。验收会由北京市发展改革委代表国家发展改革委联合中国城市轨道交通协会共同举办。

16日　由中国城市轨道交通协会、青岛市人民政府指导，青岛地铁集团主办的列车自主运行系统（TACS）示范工程全场景运行及功能展示会（以下简称展示会）在青岛召开。展示会以“自主运行、未来已来”为主题，十多名行业知名专家、五十余家城轨交通企业与大型轨道交通设计院共200余人与会，与会者乘坐青岛地铁6号线TACS列车，体验列车自主运行系统的各种运营场景及功能。

17—18日　中国节能协会2023（第六届）城市轨道交通节能低碳技术论坛举行。200余名行业专家学者围绕“高质量发展背景下城市轨道交通节能技术发展与低碳运营策略”主题，聚焦国家“双碳”战略，探讨城轨节能低碳创新的未来发展之路。

18日　中国驻胡志明市总领事会见中国城市轨道交通协会副会长及专家一行。中国城市轨道交通协会有关人员介绍中国城轨发展经验，希望总领馆继续对促进中越双方在城市轨道交通规划、建设、运营管理等方面予支持指导。魏总领事表示，胡志明市建设城市轨道交通建设需求迫切，中越经贸投资合作发展势头良好，领馆将继续利用中国城轨的建设运营经验，与胡志明交流共建，推动中越经贸往来高质量发展。

18—23日　由人力资源社会保障部批准、中国城市轨道交通协会主办的专业技术人才知识更新工程2023年高级研修项目——基于BIM的城市轨道交通数字化建设管理高级研修班召开。高研班以线上＋线下相结合，来自全国16个城市、44家单位的99名学员参加。研修班充分交流、深入探讨以BIM技术将信息化、数字化融入城轨交通工程项目设计、建造、安装、运营的全生命期的创新实践，旨在促进行业人才培养和技术创新向更高水平发展。

20日　国家市场监管总局、国家发展改革委联合发布《城市轨道交通装备产品认证第二批目录》，涉及城市轨道交通工务产品、城市轨道交通牵引传动系统、城市轨道交通供电系统、城市轨道交通通信系统和城市轨道交通车站设备等5个类别、19个产品。其中，城市轨道交通工务产品、城市轨道交通供电系统、城市轨道交通通信系统、城市轨道交通车站设备为新增类别，共包含16个产品；城市轨道交通牵引传动系统在第一批目录的基础上新增3个产品。

21日　苏州市轨道交通集团有限公司发布《苏州轨道交通绿色城轨发展行动方案》，提出开展“绿色规划先行、节能降碳增效、绿色出行提升、绿智融合赋能、站城融合协同、绿色建造推广”六大绿色城轨行动，全面推动苏州轨道交通绿色低碳可持续发展。

22日　中国城市轨道交通TOD发展大会在江苏无锡召开。该届TOD发展大会由中国城市轨道交通协会和无锡市人民政府共同主办，中国城市轨道交通协会资源经营专业委员会、北京市基础设施投资有限公司和无锡地铁集团有限公司承办，来自全国51个拥有城轨交通的城市代表团、城轨交通TOD全产业链的800多名代表共襄盛会。TOD发展大会全面总结城轨交通TOD的创新实践和经验做法，为推动中国城轨交通场站及周边土地综合开发利用、促进城轨交通和城市发展协同共赢标定航向。同期，大会发布中国城市轨道交通协会《关于进一步鼓励和发展城市轨道交通场站及周边土地综合开发利用（TOD）的指导意见》，这是以协会名义制定出台的全面指导城轨交通场站及周边土地综合开发利用（TOD）的重要文献，对于进一步鼓励和发展城轨交通TOD的开发和实践，具有重大的现实意义和深远的历史意义。

同日　交通运输部印发《城市轨道交通初期运营前安全评估规范》（交办运〔2023〕56号）、《城市轨道交通正式运营前安全评估规范》（交办运〔2023〕57号）和《城市轨道交通运营期间安全评估规范》（交办运〔2023〕58号）。《城市轨道交通初期运营前安全评估规范》共6章130条，包括总则、前提条件、系统功能核验、系统联动测试、运营准备、附则。《城市轨道交通正式运营前安全评估规范》共9章94条，包括总则、前提条件、风险分级管控与隐患排查治理、行车组织、客运组织、设施设备运行维护、人员管理、应急管理、附则。《城市轨道交通运营期间安全评估规范》共5章16条，包括总则、网络化运营、运营安全隐患排查治理、运营险性事件、附则。

23日　常州地铁集团组织召开《常州地铁绿色城轨发展行动方案》（以下简称《行动方案》）评审会和发布会。《行动方案》以绿色转型为主线，以融合发展为基础，以绿色建造试点项目为抓手，以降碳增效为重点，以创新驱动为关键，以智能建造为依托，围绕“聚人、节能、洁能”三大关键要素，构建具有常州地铁特色的“1-6-4-1”绿色城轨行动框架。

25日　主题为“区域轨道协同多种制式协调科技创新展”的2023中国城市轨道交通专家论坛在厦门隆重举行。论坛由中国城市轨道交通协会专家和学术委员会联合《都市快轨交通》杂志社共同主办，由厦门轨道建设发展集团有限公司承办。论坛由中国城市轨道交通协会专家和学术委员会第三届委员大会、《都市快轨交通》理事会2023年会等多个会议联合组成。

26日　武汉光谷空轨一期工程开通运营，线路全长10.5公里，设站6座，串连九峰山风景区、豹子溪国际商务区、综保区和龙泉山风景区。线路采用全自动运行模式运营，最高运行时速60公里。线路系统制式为悬挂式单轨，该线路的开通运营，标志着承担公共交通职能的悬挂式单轨系统首次进入城轨交通运营行列，低运能城轨交通系统制式进一步丰富，城市轨道交通10种系统制式全部进入运营阶段。

10月

11—13日　2023年东三省与内蒙古自治区五市轨道交通建设与运营管理协作交流会议在大连举行。会议以"创新驱动、标准引领、可持续高质量发展"为主题，围绕城市轨道交通全生命周期标准化管理，"四新技术"推广应用，规划设计、建设、运营、资源开发技术和管理创新，可持续高质量发展等开展交流、分享和探讨。

12日　江苏省住房和城乡建设厅印发《江苏省城市轨道交通工程消防验收实施办法》(以下简称《实施办法》)。《实施办法》共18条，主要包括适用范围、验收职能划分、申请要件、验收程序、现场评定要求、验收合格条件等内容。

13日　中国城市轨道交通协会以通讯形式召开第三届第三次常务理事会，通过中城轨〔2023〕59号文《中国城市轨道交通协会五年发展规划（2023—2027)》。

19—20日　2023城市轨道交通能源管理系统建设及节能技术创新与实践技术交流会在厦门成功举行，此次会议由中国城市轨道交通协会信息化专业委员会、中国城市轨道交通协会设计咨询专业委员会联合主办。各界专家学者和企业代表齐聚一堂，共同围绕"城市轨道交通能源管理系统建设及节能技术创新与实践"深入交流，通过搭建对话交流平台，荟萃顶尖智慧资源，分享前沿科技成果和创新思维，为"构建综合、绿色、安全、智能的立体化现代城市交通系统"提供方案。

23—24日　由中国城市轨道交通协会指导，中国城市轨道交通协会技术装备专业委员会与洛阳市轨道交通集团有限责任公司主办的新一代城轨交通环控（空调）系统创新技术与应用成果研讨会在河南省洛阳市召开。会议以"共商环控节能技术，助力绿色城轨发展"为主题，邀请城轨业主单位、设计院所、高等院校、装备制造厂商等260多位代表出席会议，共同分享环控领域节能降碳成功经验，为绿色城轨建设提供强有力技术支撑。

27日　北京市地铁运营有限公司"地铁北斗定位系统首都机场线示范应用研究项目"顺利竣工验收。此项目入选北京市第二批应用场景建设项目，并在北京市国资委支持下，完成以北斗和空间数字化技术为基础的地铁定位系统和空间数字化地理信息平台的建设示范工作，打破室内与室外空间的边界壁垒，为智慧地铁提供室内外一体化、高精度的时间、空间位置信息，实现人员、设备、物资的实时、快速、高精度定位，有效提升地铁运行和管理效率、维护地铁公共安全和安全生产，促进产业经济发展。

31日　国家认监委发布《第二批城市轨道交通装备产品认证实施规则》，共计6项，包含新发布4项、修订2项。其中，新发布城市轨道交通工务产品、城市轨道交通供电系统、城市轨道交通通信系统、城市轨道交通车站设备4类产品的认证实施规则；修订城市轨道交通牵引传动系统和城市轨道交通基于通信的列车运行控制系统（CBTC）2类产品的认证实施规则。

11月

1日　长三角三省一市交通运输主管部门联合大数据部门共同印发《长三角交通领域"一码通行"工作方案(2023年—2025年)》。根据工作安排，2023年先行启动上海与苏州、嘉兴等部分城市的互联互通试点工作；2024年实现沪苏浙皖另外11个城市互联互通，包括浙江杭州、台州、绍兴、宁波，江苏南京、无锡、徐州、南通、淮安、连云港，以及安徽合肥；2025年进一步扩大城市范围。

1—3日　国际地下空间学术大会ACUUS-EUUS2023中国会场（徐州）暨云龙湖实验室创新发展高层论坛在徐州召开。会议期间，地铁集团与云龙湖实验室举行"复杂地质地下工程关键技术联合研究中心"揭牌仪式。复杂地质地下工程关键技术联合研究中心是由地铁集团和云龙湖实验室共同组建成立的地下工程关键技术研发平台。联合研究中心以建设安全、高效、低耗、智能的现代轨道交通系统为目标，是地铁集团推动原创技术策源平台建设、打通科技创新堵点、推动优质科技成果成功转化、实现更多关键核心技术体系创新性突破的重要举措。

7日　在第三届智能交通上海论坛上，上海、江苏、浙江、安徽三省一市共同签署"一码通行"合作备忘录，长三角交通领域"一码通行"正式启动，更好推进长三角地区互联互通，提升交通运输高质量一体化发展水平。

8日　2023轨道交通创新发展大会在北京丰台园博园召开。大会以"绿色·智慧·创新：轨道上的世界"为主题，旨在通过"论坛+成果展"的形式，搭建有影响力的国际交流合作平台，推动轨道交通前沿技术交流、创新成果交易和人才发展，为世界轨道交通的繁荣与发展贡献智慧和力量。大会由开幕式、主论坛、9场分论坛、轨道交通成果展4个环节组成。来自国内外轨道交通领域知名企业、高校院所和业主单位的500多名嘉宾代表会聚一堂，共商共促轨道交通产业创新发展。

同日　江苏省无锡市"快递上地铁、空铁轨联运"项目启动仪式举行。无锡市顺丰速运有限公司、中国邮政集团有限公司无锡市分公司和无锡地铁集团有限公司签约，联手通过轨道交通运输快件，打造长三角“空铁轨联运”物流示范线。

16日　中国城市轨道交通协会、广州地铁集团有限公司与越南胡志明城铁管理委员会在广州签署战略合作谅解备忘录，将结合胡志明市轨道交通系统建设需求和中国轨道交通发展经验，共同制定发展目标，推进胡志明市2035年轨道交通系统发展战略。

17日　中国城市轨道交通协会运营管理专业委员会在武汉市组织召开城市轨道交通全自动运行系统运营管理研讨会，交通运输部运输服务司副司长、城市轨道交通管理处相关同志出席会议。会议由武汉地铁集团有限公司承办。会议围绕全自动运行系统司机值守方式、乘客服务系统建设、岗位设置及复合要求、运营关键指标、应急处置、设施设备安全功能设计等问题进行深入探讨，就《城市轨道交通全自动运行系统运营技术管理规范（讨论稿）》的定位和主要内容基本达成共识。

23日　交通运输部办公厅印发《城市轨道交通通信系统运营技术规范（试行）》（以下简称《技术规范》）。《技术规范》共12章和3个附件，主要内容包括：文件目的和适用范围、通信系统总体技术要求、各子系统技术要求以及其他相关要求。此外，文件的3个附件分别对无线调度台、车载台和固定台的显示界面提出要求。

24日　第九届国际隧协大奖在印度孟买盛大揭晓，众多年度重大奖项的归属尘埃落定。其中，北京城建设计发展集团城市轨道交通绿色与安全建造技术国家工程研究中心牵头研发的“地铁车站预制装配建造技术”获技术创新大奖，这一成果为中国地下空间工程技术领域增添世界级荣誉。

24—25日　中国轨道交通城市建设与发展专家创新论坛在深圳举办。论坛旨在进一步发挥行业专家智库力量、搭建行业高端交流平台，通过组织调研聚焦、探索创新、战略研讨，以“人才”和“科技”双轮驱动，助力行业可持续高质量发展。全国27个城市轨道交通建设管理单位高层领导出席活动，全国数十家重点高校及产业链相关单位专家学者现场出席。

30日　中国城市轨道交通协会示范工程“双流制市域铁路与城市地铁贯通运营成套技术”完成工程建设，在重庆成功运营，实现市域铁路江跳线与地铁5号线的贯通运营，为城市轨道交通领域树立新的标杆。

12月

1日　城市轨道交通资源经营2023年年会在南宁举行。该届年会的主题为“践行‘三个城轨’共兴资源经营”，该届年会是贯彻落实和全面践行“三个城轨”发展理念和实践路径、契合中国城轨交通企业高质量可持续发展迫切要求的一次再学习，也是聚焦推进城轨交通资源经营创新驱动发展、持续增强经营活力与韧性、不断增强资源经营发展接续性和竞争力的再动员。

同日　中国城市轨道交通协会运营管理专业委员会在天津召开2023年年会暨第三届第二次委员全体会议。会议主题为“绿色节能运营与高质量发展”。交通运输部运输服务司、中国城市轨道交通协会及第三届委员代表、行业专家等200余人出席会议。会上发布蓝皮书《中国城市轨道交通运营发展报告（2022—2023）》（第6部）。第6部蓝皮书以绿色运营为主题，系统梳理国内外城市轨道交通绿色运营方面的政策、标准、方法和技术，分析城市轨道交通在助力“双碳”目标实现方面发挥的作用，研究列车运行、通风空调、照明、车辆基地等绿色节能的影响因素，总结管理方法、技术应用情况并给出实践案例，为行业绿色节能工作提供参考。

5日　厦门市自然资源和规划局、厦门市交通运输局印发《轨道站点与常规公交、慢行交通一体化规划导则》（以下简称《导则》）。《导则》共5章，主要内容包括轨道交通一体化设施管控机制与技术指标两部分，含对轨道车站、慢行交通、常规公交以及小汽车、出租车、市政及便民服务等设施设置的相关要求。

9日　中国城市轨道交通协会专家和学术委员会在雄安组织召开都市快轨高质量发展国际学术研讨会。会议邀请来自美国、日本、新加坡、雄安新区建交局、中国雄安集团、北京城建设计发展集团、北京交通大学等多家单位80名代表现场研讨交流，线上同步参与人数突破八千人。研讨会主要针对全球市域快轨交通高质量发展的趋势与路径进行交流总结。

12日　中国城市轨道交通协会低运能系统分会成立大会暨第一届第一次全体会员会议在京召开。低运能系统分会以原现代有轨电车分会为基础，工作范围包含行业中的四种低运能系统制式及以后可能出现的新型低运能轨道交通系统制式，包括但不限于：有轨电车、电子导向胶轮系统、导轨式胶轮系统、悬挂式单轨系统和其他运输能力小于10000人次／小时的新制式轨道交通。低运能系统分会的重组加强将成为推动城市轨道交通低运能系统高质量、可持续发展的重要契机，在协会指导下，分会将继续聚焦低运能系统的全生命周期，在立项审批、规划设计、成本控制、标准制定、评审评价、示范工程、技能大赛等方面予以更多的引导，落实智慧城轨、绿色城轨、融合城轨、中华城轨建设，为城市轨道交通的发展贡献力量。

13日　重庆市工程建设地方标准《城市轨道交通工程建筑信息模型应用标准》（以下简称《标准》）获市住房和城乡建设委员会批准正式发布，编号为DBJ50/T-464-2023，自2024年3月1日起施行。《标准》由重庆市住房和城乡建设委员会负责管理，重庆市铁路（集团）有限公司和上海市隧道工程轨道交通设计研究院负责具体技术内容解释。

14日 为积极落实《国家标准化发展纲要》《城市轨道交通发展战略与“十四五”发展思路》中有关标准国际化的相关任务要求，中国城市轨道交通协会正式发布《城市轨道交通分类》（T/CAMET 00001-2020）团体标准的外文版，标准名称是《Classification of Urban Rail Transit》。该标准的制定支持自主创新技术，为城市轨道交通领域的基础性标准，包含中国城市轨道交通领域的十大制式。发布外文版标准有利于促进中国城市轨道交通领域的技术、产品和服务“走出去”，满足对外贸易需求，有利于加强经济、技术交流与合作，提升城市轨道交通领域自主技术在国际上的影响力，有利于推进协会团体标准国际化。

17日 为深入贯彻落实习近平总书记关于安全生产的重要论述精神，深刻吸取近年来隧道施工安全事故教训，全面加强隧道工程安全管理，有效防控重大安全风险，国务院安委会办公室等八部门发布《关于进一步加强隧道工程安全管理的指导意见》（以下简称《指导意见》）。《指导意见》包括：总体要求、压实安全生产责任、健全制度体系、提升重大风险防范化解能力、夯实安全生产基础、强化支撑保障等六方面内容。

20日 中国城市轨道交通协会发布《城市轨道交通运营企业人力资源2022年统计分析报告》（以下简称《报告》），《报告》重点对国内38家城轨交通运营企业的人员队伍结构、业务委外、生产人员技能鉴定、企业培训师体系搭建、员工培训开展、职业技能竞赛、人才需求、技术人员职称评定情况进行统计分析。为了解行业人力资源总体情况和发展趋势，并为有关政府部门和运营企业的决策和监管提供依据。

24日 为及时、准确、全面掌握生产安全事故和安全生产行政执法情况，应急管理部印发《生产安全事故统计调查制度》和《安全生产行政执法统计调查制度》。

26日 《温州轨道交通绿色城轨发展行动方案》（以下简称《行动方案》）评审会暨发布会在温州召开，经专家评审后，《行动方案》正式发布。《行动方案》积极吸纳各地绿色城轨发展相关经验，结合温州轨道交通和绿色产业发展实际，以全面完成绿色转型为主线，四大行动原则为指导，统筹规划“16511”温州绿色城轨发展蓝图，将重点实施“绿色规划先行、绿色节能降碳、绿色出行提升、能源结构优化、绿色产业发展、全面绿色转型”六大重点行动任务，详细制定“五项保障措施”，精心编制“一套绿色标准体系”，形成“一批绿色示范成果”，引领温州轨道交通绿色低碳、高质量发展。

28日 河南省郑许市域铁路工程开通试运营。郑许市域铁路工程（郑州段）起点为长安路北站，终点为八千站，线路全长33.43公里，设车站16座；郑许市域铁路工程（许昌段）起点为双庙李站，终点为许昌东站，线路全长33.70公里，设车站11座；许昌市成为全国第59座运营城市轨道交通的城市。

（中国城市轨道交通协会秘书处）

三

综述

2023 年，全国城轨交通经过三年新冠疫情后，各项工作得到全面恢复。运营里程突破 11000 公里，全年总客运量达 294.66 亿人次，再创历史新高。全国城轨交通已涵盖 10 种制式，其中地铁占比 76.11%，仍是承担运营的主要力量。全年平均旅行速度有所提升、各城市客运强度增幅明显。行业协会推进的“绿色城轨”工作取得成效，在客运量创新高的同时，总能耗持续增长，但全行业人公里牵引能耗、人公里总能耗不断下降。

上海地铁博物馆

中国城市轨道交通行业综合情况

2023 年是全面贯彻党的二十大精神的开局之年，是三年新冠疫情防控转段后经济恢复发展的一年。2023 年，全国城轨交通人砥砺奋进，行业发展呈现良好态势。客运量持续攀升，全年客运量达 294.4 亿人次，再创历史新高，北京、上海、广州、深圳、香港位列全球城轨交通客运量前十位。全年新投运线路超 800 公里，总规模超 11000 公里，开通城轨城市达 59 座，线网规模不断扩大、多种制式并行发展。关键核心技术取得突破、自主化水平不断提升。车辆整车制造技术跻身世界前列。FAO、CBTC、LTE-M、AFC 等技术装备实现从跟跑到并跑、领跑和关键核心技术的自主化。

2023 年，国家发展改革委召开多层次轨道交通融合发展经验交流会；交通运输部印发城轨交通运营安全评估等 5 项规范；成都、浙江省域等城市轨道交通有力保障大运会和亚运会成功举办；北京、上海、广州、南京、深圳等 17 家城轨交通企业陆续发布绿色城轨行动实施方案；北京“新一代网络化智能调度和智能列车运控系统示范工程”通过验收；南京都市圈智慧市域快轨示范工程取得新进展；上海与苏州实现“双 11 号线”互联互通；重庆市域铁路江跳线与地铁 5 号线实现贯通运营；成都运营线路突破 600 公里；无锡城轨多元融合可持续发展示范项目顺利推进。城轨交通行业在高质量可持续发展道路上取得新成绩、开创新局面。

第一部分　行业发展情况

一、线路概况

（一）线网总规模达 11000 多公里

至 2023 年底，全国共有 59 个城市开通城轨交通运营线路 338 条，运营线路总长度达 11224.54 公里，比上年净增长 866.65 公里。共计 29 个城市的线网规模达到 100 公里及以上。其中，上海 967.13 公里，北京 907.08 公里，已逐步形成超大线网规模；成都、广州、深圳、武汉、重庆、杭州 6 市运营线路长度超过 500 公里；南京超过 400 公里；郑州、西安、青岛、天津、苏州 5 市超过 300 公里；沈阳、大连、长沙 3 市超过 200 公里；合肥、宁波、昆明、福州、长春、南昌、南宁、贵阳、温州、佛山、无锡、哈尔滨 12 市超过 100 公里。

京津冀、长三角、珠三角、成渝四大城市群的线网占全国线网总规模的 66%。其中，长三角城市群 19 城开通运营线路 96 条，运营线路长度 3438.22 公里，全线网总长度占比 30.63%；珠三角 5 城开通运营线路 41 条，运营线路长度 1390.95 公里，占比 12.39%；成渝城市群 3 城开通运营线路 30 条，运营线路长度 1302.20 公里，占比 11.60%；京津冀城市群 3 城开通运营线路 40 条，运营线路长度 1287.53 公里，占比 11.47%。

（二）新增线路 866 公里，新增运营城市 3 座

2023 年，全国城轨交通运营线路长度净增长 866.65 公里。新增运营线路 25 条，新开既有线路的延伸段、后通段 27 段。新增红河州、滁州、许昌 3 市，其中，红河州为有轨电车运营城市，滁州、许昌两市为市域快轨运营城市。北京、上海等 27 个城市有新线或新段开通运营，其中，郑州新增 78.05 公里，居全国首位；温州、重庆增量超过 50 公里，运营线路规模增量居前。增长率超过 100% 的城市则是宜宾和温州，增长率分别为 218.18% 和 115.77%。

2023 年新增运营线路长度中，其中地铁净增长 534.94 公里，占比 61.73%；市域快轨净增长 231.40 公里，占比 26.70%；电子导向胶轮系统净增长 63.39 公里，占比 7.31%；有轨电车净增长 13.66 公里，占比 1.58%；悬挂式单轨净增长 10.50 公里，占比 1.21%；导轨式胶轮系统净增长 8.26 公里，占比 0.95%；轻轨净增长 4.50 公里，占比 0.52%。与上年相比，中运能系统的轻轨、市域快轨，低运能系统的电子导向胶轮系统、悬挂式单轨、导轨式胶轮系统占比有所提升。其中，新开通的轻轨为长春 4 号线南延段，新开通的市域快轨有金华轨道交通金义东线（义东段）、苏州轨道交通 S1 线（11 号线）、宁滁城际线滁州段、温州轨道交通 S2 线、青岛 13 号线二期北段、郑许线，新开通的电子导向胶轮系统主要有西咸新区智轨示范线 1 号线首通段、上海临港中运量 3 号线、宜宾智轨 T4 线，新开通的悬挂式单轨为武汉光谷空轨旅游线，新开通的导轨式胶轮系统为长沙大王山旅游专线。

（三）十种制式均有运营线路

至 2023 年底，全国城轨交通运营线路涵盖 10 种制式。其中，地铁 8543.11 公里，占比 76.11%；轻轨 224.25 公里，占比 2.00%；跨座式单轨 144.65 公里，占比 1.29%；市域快轨 1454.86 公里，占比 12.96%；磁浮交通 57.86 公里，占比 0.52%；自导向轨道系统 10.19 公里，占比 0.09%；有轨电车 578.42 公里，占比 5.15%；电子导向胶轮系统 168.54 公里，占比 1.50%；导轨式胶轮系统 32.16 公里，占比 0.29%；悬挂式单轨 10.50 公里，占比 0.09%。

拥有 2 种及以上制式投运的城市有 22 个，占已开通城轨交通运营城市的 37.29%。其中，上海有 6 种制式在运营；北京、重庆、广州、大连、苏州 5 市有 4 种制式在运营；天津、深圳、武汉、南京、长春、成都、西安、长

沙、青岛9市各有3种制式在运营；沈阳、哈尔滨、郑州、佛山、宁波、兰州、嘉兴7市各有2种制式在运营。

（四）全自动运行线路持续增加

至2023年底，全国共有北京、上海、深圳、广州、武汉、苏州、济南、南宁、天津、宁波、芜湖、重庆、南京、太原、成都、长沙、西安、绍兴、福州、郑州、许昌21个城市开通全自动运行城轨交通线路40条，已形成了1051.81公里的全自动运行线路规模，比上年增加334.98公里，同比增长31.54%。2023年开通全自动运行线路252.17公里，另有广州地铁既有线路18号线于1月份实现全自动运行功能正式投用。2023年开通的全自动运行线路中，郑州开通最多达3条线，线路长度71.83公里。

二、客运服务和安全

（一）客运量、进站量稳步增长

2023年，全国城轨交通完成客运量294.66亿人次，比上年增加101.65亿人次，增长52.66%。2023年城轨交通客运量增长明显，其中客运量增幅较大的城市有南通、兰州、佛山、温州、乌鲁木齐、哈尔滨和呼和浩特，客运量增幅均超过100%。

2023年，客运量排名前五的城市为：上海、北京、广州、深圳和成都。上海全年完成客运量36.69亿人次，比上年增长60.37%；北京完成客运量34.53亿人次，比上年增长52.58%；广州完成客运量31.34亿人次，比上年增长32.73%；深圳完成客运量27.11亿人次，比上年增长54.96%；成都完成客运量21.22亿人次，比上年增长35.00%。上海、北京、广州、深圳、成都5市占2023年全国总客运量的比重为51.21%，比上年下降1.81个百分点。

2023年，全国城市日均客运总量达到8156.23万人次，同比增加2650.51万人次，增长48.14%。日均客运总量排名领先的分别是上海1005.23万人次，比上年增长36.51%；北京946.01万人次，比上年增长52.56%；广州858.67万人次，比上年增长32.56%；深圳742.77万人次，比上年增长43.19%；成都586.70万人次，比上年增长36.25%；杭州、武汉、重庆、西安4市日均客运量超过300万人次，南京、长沙两市日均客运量超过250万人次。

2023年，全国城轨交通完成客运进站量177.28亿人次，比上年增加60.72亿人次，同比增长52.09%。上海完成进站量20.29亿人次，居全国首位，比上年增长60.60%；北京完成进站量19.03亿人次，比上年增长52.98%；广州完成进站量17.15亿人次，比上年增长30.32%；深圳完成进站量15.89亿人次，比上年增长50.14%；成都完成进站量12.02亿人次，比上年增长35.00%。2023年进站量排名前十的其他城市中，与2022年相比进站量均呈现上升趋势，增幅分别为：武汉48.98%、西安71.87%、重庆38.93%、杭州39.40%、南京44.48%。

2023年，全国城轨交通完成客运周转量2450.53亿人次公里，比上年增长54.67%。北京、上海、广州、深圳、成都5市完成客运周转量1331.73亿人次公里，5市合计比上年增长50.12%；5市完成客运周转量占总量的比重为54.34%，比上年下降1.65个百分点。

另据交通运输部官网公布的2023年全国城市客运量，城轨交通客运量占公共交通客运总量分担比率为29.10%，比上年提升3.59个百分点，其中上海市、北京市、广东省3个省级行政区城轨交通客运量占公共交通客运总量比率均超过50%。其中，上海市分担率最高，达到62.63%。

（二）客运强度增幅明显

2023年，全国城轨交通平均客运强度为0.55万人次／公里·日，客运强度比上年增加0.17万人次／公里·日，增幅43.49%。2023年全制式综合线网平均客运强度排名前五的城市为：广州1.37万人次／公里·日、深圳1.33万人次／公里·日、西安1.21万人次／公里·日、北京1.20万人次／公里·日、长沙1.14万人次／公里·日。另有上海、成都两市全制式综合线网平均客运强度超过1万人次／公里·日。

从运输能力来看，2023年大运能系统（地铁）平均客运强度0.71万人次／公里·日，客运强度排名前五的城市为：广州1.55万人次／公里·日、深圳1.35万人次／公里·日、北京1.28万人次／公里·日、上海1.26万人次／公里·日、长沙1.24万人次／公里·日。中运能系统（含轻轨、跨座式单轨、市域快轨、磁浮交通、自导向轨道系统）平均客运强度0.20万人次／公里·日，客运强度排名前五的城市为：重庆1.06万人次／公里·日、长春0.33万人次／公里·日、天津0.27万人次／公里·日、广州0.24万人次／公里·日、苏州0.22万人次／公里·日。低运能系统（含有轨电车、电子导向胶轮系统、导轨式胶轮系统、悬挂式单轨）平均客运强度0.09万人次／公里·日，客运强度排名前五的城市为：北京0.22万人次／公里·日、广州0.18万人次／公里·日、深圳0.14万人次／公里·日、佛山0.12万人次／公里·日、大连0.12万人次／公里·日。

从单线来看，2023年线路客运强度最高的是广州地铁1号线4.36万人次／公里·日，其后依次是广州地铁2号线3.39万人次／公里·日、广州地铁5号线3.18万人次／公里·日、西安地铁2号线3.03万人次／公里·日、广州地铁8号线2.72万人次／公里·日、广州地铁3号线2.68万人次／公里·日、北京地铁2号线2.67万人次／公里·日、上海地铁1号线2.63万人次／公里·日、北京地铁5号线2.55万人次／公里·日和长沙地铁2号线2.54万人次／公里·日。2023年客运强度超过0.7万人次／公里·日的线路125条，占总线路条数的36.98%。

2023 年客运强度超过 0.7 万人次 / 公里 · 日的大运能线路有 122 条，占大运能总线路条数的 50.83%；客运强度超过 0.4 万人次 / 公里 · 日的中运能线路有 5 条，占中运能总线路条数的 11.36%；客运强度超过 0.1 万人次 / 公里 · 日的低运能线路有 7 条，占低运能总线路条数的 12.96%。

（三）平均旅行速度小幅上升

2023 年城轨交通平均旅行速度 37.74 公里 / 小时，比上年增长 3.44%，平均旅行速度小幅提升。其中单条线路平均旅行速度以成都 19 号线 105.34 公里 / 小时、成都 18 号线 98 公里 / 小时、广州 18 号线 83 公里 / 小时、南京市域快轨 S9 线 80 公里 / 小时、嘉兴杭海城际线 68.59 公里 / 小时位列前 5 位，市域快轨的平均旅行速度高，但客流相对较少。地铁的平均旅行速度 36.80 公里 / 小时，其中，东莞 53.20 公里 / 小时、成都 49.44 公里 / 小时、佛山 45.10 公里 / 小时、广州 43.02 公里 / 小时和济南 42.02 公里 / 小时，分列城市地铁平均旅行速度的前 5 位。

（四）高峰小时最小发车间隔和线网运营服务时长保持稳定

2023 年，全国城轨交通高峰小时最小发车间隔平均为 273 秒，同比延长 1.39%。进入 120 秒及以内的线路共有 18 条。其中，北京地铁 6 条、上海地铁 5 条、深圳地铁 2 条、广州地铁 1 条、成都地铁 1 条、南京地铁 1 条、苏州地铁 1 条、西安地铁 1 条。北京、上海、深圳、南京、成都、苏州、广州、西安、杭州、青岛、重庆、武汉、郑州、厦门、天津 15 市的 78 条城轨交通线路高峰小时最小发车间隔进入 180 秒以内，占总线路条数的 23.08%。

2023 年，城轨交通平均运营服务时长 16.95 小时 / 日，与上年基本持平。城市平均运营服务时长以北京 18.75 小时 / 日为最长。城市平均运营服务时长达到 18 小时 / 日的有 5 市，分别为北京、上海、重庆、深圳、贵阳。从线路看，据不完全统计，共有北京、上海、天津、重庆、广州、深圳、武汉、南京、沈阳、大连、成都、西安、苏州、郑州、佛山、合肥、贵阳、嘉兴、绍兴 19 市的 112 条城轨交通线路运营服务时长达到 18 个小时及以上，其中，北京 22 条、上海 16 条、深圳 12 条、成都 11 条、重庆 9 条、武汉 8 条、西安 6 条、沈阳 5 条、苏州 5 条。与上年相比，城轨交通线路运营服务时长达到 18 个小时的线路减少 1 条。

2023 年，单线运营服务时长最长为 20 个小时，共计两个城市 5 条线达到此时长。其中，北京 4 条，分别为 4 号线 & 大兴线、6 号线、8 号线和 10 号线；上海 1 条，为 1 号线。

（五）运营可靠性不断巩固

2023 年，据不完全统计，共发生 5 分钟及以上延误事件 839 次，平均 5 分钟及以上延误率 0.121 次 / 百万车公里，比上年增长 1.87%。列车退出正线运营故障次数共计 5381 次，平均退出正线运营故障率 0.008 次 / 万车公里，比上年下降 14.50%。

2023 年，全国城轨交通日均计划开行列次总计为 108598 列次，日均实际开行列次总计为 108784 列次，实际开行列次比上年增加 14497 列次，增长 15.37%。开行列次排名前 5 的城市分别为上海、北京、广州、深圳、成都。兰州、温州等城市由于新线的开通，实际开行列次增幅较大。2023 年共有 44 个城市的计划兑现率均达到或超过 100%。

（六）配属车辆超 1 万列

据不完全统计，至 2023 年底，全国城轨交通累计配属车辆 11422 列，比上年增加 997 列，增长 9.56%。全年完成运营车公里 72.09 亿车公里，同比增长 17.53%。运营车公里超过 5 亿车公里的城市有上海、北京、深圳、广州、成都 5 市。其中，上海 7.88 亿车公里，比上年增长 24.09%；北京 7.44 亿车公里，比上年增长 8.25%；深圳 5.52 亿车公里，比上年增长 25.86%；广州 5.12 亿车公里，比上年增长 8.33%；成都 5.01 亿车公里，比上年增长 7.09%；5 市合计占全国总运营车公里的比重为 42.97%。杭州、武汉、重庆、南京、西安 5 市运营车公里均超过 2 亿车公里，天津、苏州、郑州、长沙、青岛、宁波、合肥、沈阳 8 市运营车公里均超过 1 亿车公里。

三、收支情况

（一）单位运营收入同比减少

据不完全统计，2023 年全国城轨交通平均每车公里运营收入 17.61 元，同比减少 1.71 元。平均每人次公里运营收入 0.92 元，比上年减少 0.63 元。每车公里运营收入和每人次公里运营收入均超过全国平均水平的有深圳、青岛、温州、三亚 4 市，均为资源经营收入占比较高的城市。全国平均单位票款收入 0.26 元 / 人次公里，比上年减少 0.02 元。兰州、呼和浩特、太原、三亚 4 市单位票款收入超过 0.3 元 / 人次公里。

（二）单位运营成本同比增加

据不完全统计，2023 年全国城轨交通平均每车公里运营成本 34.43 元，比上年增加 3.36 元。平均每人次公里运营成本 1.74 元，同比减少 0.45 元。总成本中人工成本占比 42.98%，比上年下降 4.74 个百分点；电费占比 9.05%，比上年下降 0.39 个百分点。

（三）总运营收支同比增加

据不完全统计，2023 年全国平均运营收支比为 64.23%，比上年上升 4.60 个百分点。总收入比上年增长 21.25%，其中票款收入比上年增长 48.53%。

四、能耗情况

（一）总能耗持续增长

据不完全统计，2023 年全国城轨交通总电能耗 249.77 亿千瓦时，比上年增长 9.59%。其中，牵引能耗 129.34 亿千瓦时，比上年增长 14.31%。牵引能耗占总电能耗的比为 51.79%。随着新投运线路的不断增加，总体能耗指标不断增长，总电能耗和牵引能耗均达历史最高，相应全国城轨交通 CO_2 排放总量同比增长 9.59%。

（二）平均能耗不断下降

2023 年，全国城轨交通平均每车公里总电能耗 3.56 千瓦时，比上年下降 4.31%。平均每车公里牵引能耗 1.84 千瓦时，比上年下降 0.18%。平均每人次公里总电能耗 0.10 千瓦时，比上年下降 28.69%。平均每人次公里牵引能耗 0.05 千瓦时，比上年下降 25.61%。车公里 CO_2 排放量比上年下降 4.31%，人公里 CO_2 排放量比上年下降 28.69%。

五、建设情况

（一）在建规模稳中略降

至 2023 年底，全国共有 45 个城市有城轨交通项目在建，在建线路总规模 5671.65 公里。共有 23 个城市的在建城轨交通线路长度超过 100 公里。其中，青岛、广州两市建设规模均超过 300 公里；成都、北京、杭州、宁波、苏州、南京、济南、上海、重庆、郑州 10 个城市建设规模均在 200 公里以上；建设规模在 150 ～ 200 公里之间的有天津、武汉、沈阳、合肥 4 市，建设规模超过 100 公里的还有厦门、石家庄、深圳、西安、长春、无锡、福州 7 个城市。从在建线路的条数来看，2023 年在建城轨交通线路共计 224 条。共有 29 个城市的在建线路条数在 3 条及以上，其中，23 个城市的在建线路条数为 5 条及以上，7 个城市的在建线路达 10 条及以上。

从在建线路的车站来看，据不完全统计，按线路累计计算，全国在建线路车站总数共计 3313 座，其中换乘站 1112 座，换乘站计算占比为 33.56%。

洛阳、常州、呼和浩特、兰州、芜湖等城市前期获批的城轨交通线路已建成投入运营，本统计期内暂无新项目进入建设期。

（二）在建大中运能系统仍是主流

从在建线路的运输能力来看，大运能系统（地铁）4459.65 公里，占比 78.63%，比上年下降 0.89 个百分点；中运能系统（含轻轨、市域快轨、磁浮交通）885.01 公里，占比 15.60%，比上年下降 0.01 个百分点，基本持平；低运能系统（含有轨电车、悬挂式单轨、导轨式胶轮系统、电子导向胶轮系统）326.99 公里，占比 5.77%，比上年增加 0.90 个百分点。随着新型低运能系统如电子导向胶轮系统、导轨式胶轮系统在各地的落地实施和推广应用，低运能系统占比呈平缓上升趋势。

（三）8 种系统制式在建

从在建线路的系统制式来看，在 5671.65 公里的在建线路中，共涉及 8 种制式。其中，地铁 4459.65 公里，占比 78.63%，比上年下降 0.89 个百分点；轻轨 2.69 公里，占比 0.05%，比上年下降 0.07 个百分点；市域快轨 877.87 公里，占比 15.48%，比上年下降 0.02 个百分点；磁浮交通 4.45 公里，占比 0.08%，比上年增加 0.08 个百分点；有轨电车 189.69 公里，占比 3.34%，比上年下降 1.36 个百分点；电子导向胶轮系统 67.98 公里，占比 1.20%，比上年增加 1.20 个百分点；导轨式胶轮系统 58.82 公里，占比 1.04%，比上年增加 1.04 个百分点；悬挂式单轨 10.50 公里，占比 0.18%，比上年增加 0.01 个百分点。2023 年无跨座式单轨、自导向轨道系统项目在建。

从在建线路的敷设方式来看，在 5671.65 公里的在建城轨交通线路中，地下线 4617.31 公里，占比 81.41%，比上年下降 2.47 个百分点；地面线 297.21 公里，占比 5.24%，比上年下降 0.71 个百分点；高架线 757.13 公里，占比 13.35%，比上年增加 3.18 个百分点。高架线占比有所增加主要来自市域快轨和导轨式胶轮系统线路的增多。

（四）完成建设投资超 5200 亿元，投资规模连续 3 年下降

据不完全统计，2023 年共完成城轨交通建设投资 5214.03 亿元，比上年下降 4.22%，年度完成建设投资额连续 3 年回落。2023 年当年完成建设投资约占可研批复总投资的 12.12%，占初设批复投资额的 13.57%。至 2023 年底，全国在建城轨交通线路可研批复投资累计 43011.21 亿元，初设批复投资累计 38415.86 亿元。

2023 年城轨交通车辆购置共计 679 列（不完全统计），全年完成车辆购置投资共计 283.72 亿元，同比增加 12.96%。2023 年全年完成车辆购置投资额约占年度完成建设投资总额的 5.44%。车辆投资额在年度总建设投资额中的占比比上年增加 0.83 个百分点。

2023 年共有 11 个城市全年完成建设投资超过 200 亿元，11 市完成建设投资合计 3026.33 亿元，占全国完成建设投资总额的 58.04%。其中，杭州市全年完成建设投资超过 450 亿元，成都市全年完成建设投资超过 350 亿元；济南、北京、武汉、广州、天津、重庆、宁波、青岛、苏州 9 市全年完成建设投资均超过 200 亿元。另有南京、郑州、西安、上海 4 市全年完成建设投资额在 150 亿元以上；合肥、深圳、长春、沈阳、长沙、福州 6 市全年完成建设投资均超过 100 亿元。

近 10 年在建线路规模及完成投资逐年攀升后趋稳回落。基于近 10 年的统计数据来看，全国城轨交通年度完成建设投资额从 2014 年起稳步上升，2020 年达到最大后

逐年回落。10 年累计完成建设投资共计 49423.50 亿元。

六、规划情况

（一）在实施规划规模下降，部分城市建设规划已完成

至 2023 年底，有城轨交通建设规划项目在实施的城市 46 个。在实施的建设规划线路总长 6118.62 公里，与 2022 年末相比下降 8.34 个百分点。25 个城市的建设规划在实施规模超 100 公里。其中，重庆、北京两市在实施的规划线路长度均超过 400 公里；广州市在实施规划线路长度超过 300 公里；深圳、宁波、天津、上海、成都、青岛、济南、苏州、武汉、南京 10 市在实施规划线路长度均超 200 公里；厦门、无锡两市在实施规划线路长度均超 150 公里；另有南通、沈阳、杭州、西安、郑州、合肥、佛山、长春、福州、南宁 10 市在实施规划线路长度均超 100 公里。

2023 年规划在实施的城轨交通线路共计 254 条。共计 31 个城市有 3 条及以上的线路建设规划在实施，其中，23 个城市有 5 条及以上的线路建设规划在实施，8 个城市有 10 条及以上线路建设规划在实施。

从在实施规划的车站数量来看，据不完全统计，至 2023 年底，在实施规划车站总计 3089 座（按线路累计计算），其中，换乘站 1036 座（按线路累计计算），换乘站计算占比 33.54%，同比增加 0.38 个百分点，换乘站占比持续增长。

呼和浩特、洛阳、常州、芜湖等部分城市前期已获批复的城轨交通建设规划中所有项目已建成投运。

（二）大、中运能系统仍占主流，新型低运能系统多点布局

在实施规划线路的系统制式包含地铁、轻轨、市域快轨、磁浮交通、有轨电车、导轨式胶轮系统、电子导向胶轮系统 7 种制式。其中，地铁 4209.11 公里公里，占比 68.79%，比上年增加 2.77 个百分点；轻轨 36.59 公里，占比 0.59%，比上年增加 0.48 个百分点；市域快轨 1468.44 公里，占比 23.98%，比上年下降 4.37 个百分点；磁浮交通 4.45 公里，占比 0.10%，比上年增加 0.10 个百分点；有轨电车 228.73 公里，占比 3.74%，比上年下降 1.14 个百分点；导轨式胶轮系统 91.42 公里，占比 1.49%，比上年增加 1 个百分点；电子导向胶轮系统 79.88 公里，占比 1.31%，比上年增加 1.31 个百分点。2023 年在实施规划项目中无跨座式单轨、自导向轨道系统、悬挂式单轨制式。

从在实施规划项目的运输能力来看，大运能系统 4209.11 公里，占比 68.79%，比上年增加 2.77 个百分点；中运能系统 1509.48 公里，占比 24.67%，比上年下降 3.79 个百分点；低运能系统 400.03 公里，占比 6.54%，比上年增加 1.01 个百分点。导轨式胶轮系统、电子导向胶轮系统作为新型低运能系统在数个城市布局应用。

从在实施规划线路的敷设方式来看，已批可研项目中地下线占比 76.69%，比上年下降 1.79 个百分点；地面线占比 8.23%，比上年增加 0.73 个百分点；高架线占比 15.08%，比上年增加 1.06 个百分点。随着市域快轨、新型低运能系统线路的增多，城轨交通总体敷设方式呈地下线占比略降，地面线和高架线占比均有所上升的趋势。

（三）可研批复总投资同比持平，超大城市投资持续保持高位

至 2023 年底，在国家发展改革委所批复的 44 个城市城轨交通建设规划中呼和浩特、常州、洛阳、芜湖 4 市 2023 年前获批项目已全部建成投运；其余 40 个城市中扣除暂缓项目后可统计的城轨交通建设规划在实施项目可研批复总投资额合计约为 40840.07 亿元，比上年下降 2.04%。

从可研批复总投资规模来看，共计 17 个城市的建设规划在实施项目的可研批复总投资均超过 1000 亿元。其中，广州市建设规划在实施项目的可研批复总投资超过 4000 亿元，上海、北京、深圳 3 市建设规划在实施项目的可研批复总投资均在 2000 亿元以上，4 市的城轨交通投资计划持续保持高位。

南京、青岛、天津、重庆、宁波、成都 6 市建设规划在实施项目的可研批复总投资均超过 1500 亿元；济南、武汉、杭州、苏州、厦门、郑州、无锡 7 市建设规划在实施项目的可研批复总投资均超过 1000 亿元；另有长春、沈阳、合肥、西安、福州、徐州、石家庄、乌鲁木齐 8 市建设规划在实施项目的可研批复总投资均超过 500 亿元。

（四）5 市建设规划获批，新增总投资额约 4500 亿元

2023 年，有 5 个城市新一轮城市轨道交通建设规划或建设规划调整方案获批。获批城轨交通建设规划（或调整方案）中，共涉及新增建设规划线路长度约 550 公里，新增项目计划总投资额约 4500 亿元，同比增加超 30%。

第二部分　行业工作情况

一、绿色城轨建设取得积极进展

北京、南京、上海、广州、重庆、深圳、天津、成都、哈尔滨、石家庄、宁波、无锡、青岛、徐州、苏州、常州、温州等城轨交通企业，中建三局、株洲时代电气和施耐德电气等 20 多家城轨建设、装备企业陆续发布各自的行动方案。“双向变流专用轨回流及永磁同步技术”“智能通风空调系统”等绿色城轨新型技术的推广应用取得新进展。南京地铁和常州地铁的绿色城轨示范顺利启动实施。从统计数据看，2023 年全行业人公里牵引能耗、人公里总电能耗进一步下降。

二、智慧城轨建设取得阶段性成果

《智慧城轨发展纲要》发布三年以来，智慧城轨建设展现出勃勃生机。北京、上海、广州、深圳、重庆、南

京、武汉、西安、哈尔滨、郑州、宁波、贵阳、厦门等30多个城市相继编制智慧城轨发展规划，形成全行业广泛开展智慧城轨建设的良好态势。重庆轨道顺利实施“地铁4号线-环线-5号线”互联互通直快列车上线运行，全国乃至全球首次实现三线互联互通跨线运营。南京都市圈智慧市域快轨示范工程探索5G公网专用取得突破，在全国首先建立轨道交通行业5G+MEC公专网及专用生态。广州、深圳、上海和哈尔滨等地建设智慧车站系统，大幅提升旅客出行服务水平，社会效益和经济效益明显。北京“新一代网络化智能调度和智能列车运控系统”示范工程顺利结题，实现0到1的突破；广州18号线、22号线开展八大方面的实践创新，建设兼具高速度、大运能、高密度的轨道交通系统。“宁波基于云平台的智能能源系统节能示范工程”获中国节能协会科技进步一等奖。“重庆自主化新型导轨式胶轮系统”实现中低运能制式自主创新。“郑州轨道交通BIM全生命周期管理示范工程”全面启动。呼和浩特和太原城轨云示范项目顺利投入运营，标志中国城轨云系列规范取得实质性成果。首批50项智慧城轨重点体系深化研究全部完成。

三、融合城轨发展建设顺利起步

多元融合可持续发展理念，是基于城镇化发展到都市圈城市群形态的新阶段、轨道交通面临建设轨道上的都市圈城市群的新使命、顺应城市轨道交通升华为都市轨道交通的新形势而提出的新的理念，同时也是为小网升中网城市破解“成长中困惑”提出的新思路，是国家发展改革委总结轨道交通“四网融合”和推进多项融合工作实践经验提出的新理论。中国城市轨道交通协会完成国家发展改革委委托的“城市轨道交通多元融合可持续发展模式和路径研究”课题。该课题围绕“九元融合”，全面系统构建了融合发展理论体系，提出了多元融合可持续发展的基本框架、管理模式和实施路径。“无锡城轨交通多元融合可持续发展示范项目”是《城轨交通多元融合可持续发展模式和路径研究》的典型案例，也是协会示范工程，在国家发展改革委基础司支持和指导下，已经取得阶段成果。首届城轨交通TOD发展大会顺利召开，并发布《关于进一步鼓励和发展城市轨道交通场站及周边土地综合开发利用（TOD）的指导意见》，为推动城轨场站及周边土地综合开发利用，促进城轨交通和城市协同发展指明方向。无锡、苏州、常州三家地铁集团通力协作，《苏锡常都市圈轨道交通融合发展规划》顺利启动。

四、装备自主创新稳步推进

一是实施装备自主化先导工程。根据国家对制造业的工作原则，围绕创新发展的主题，通过揭榜挂帅等方式，组成先锋力量，自主开发、验证和局部应用领先乃至首创的技术产品，致力从0到1的突破。中国城市轨道交通协会发布《先导工程调研报告》，并向全行业发榜征集项目。先期开展的自主化评价，已有45项通过评价，其中39项已纳入《第二批自主化装备推荐清单》。二是装备核心技术攻关。从2020年起，中国城市轨道交通协会持续组织核心技术攻关，前后共立项56项。2023年新立项16项，组织验收16项，结题7项。三是重大技术装备攻关。“系列化中国标准地铁列车研制及试验项目”是国家重大技术装备攻关工程，中国城市轨道交通协会与中国中车联合组织，建立标准地铁列车的产品平台和标准体系，4种车型自主化率在98%以上，均已实现落地应用。四是举办自主创新成果展示。中国城市轨道交通协会与广州地铁联合举办“第二届中国城市轨道交通装备自主创新成果展示会”，部分装备自主创新的应用成果陆续签约。

五、都市圈城市群城轨交通初具规模

2023年，上海与苏州实现“双11号线”互联互通，滁宁城际铁路（滁州段）正式开通运营，重庆市域铁路江跳线与地铁5号线实现贯通运营，河南省郑许市域铁路开通试运营，都市圈城市群城轨交通发展正逐步驶入快车道。

从省内开通运营城市数来看，江苏省已开通运营城市8个最多，在建及规划在实施城市均为4个，运营线路长度1097.72公里，运营系统制式4种，在建线路长度722.43公里，规划在实施线路长度811.73公里，在建和规划在实施系统制式均为3种，呈现出城市多，制式全，规模大等特点。

从省内运营线路长度来看，广东省已开通运营线路长度最长，为1390.95公里，运营城市5个，运营系统制式5种，在建和规划在实施城市数也分别为4个，在建线路长度602.86公里，规划在实施线路长度801.12公里，在建和规划在实施系统制式均为3种。

北京、上海两市线网均已超900公里，运能结构和系统制式种类丰富，尤其是上海市，已运营系统制式达到6种，为全国首位，运能结构含大、中、低3类。上海、北京两市在建和规划在实施规模以单一城市来看，仍位于全国前列。重庆市作为中部重点城市，近年来也迎来城轨交通快速发展期，已开通运营线路长度538.20公里，运营系统制式4种，在建线路长度222.70公里，在建及规划在实施系统制式均为4种，规划在实施线路长度463.88公里。

六、政府主管部门强化行业安全管理

2023年，国家有关部委出台多个文件，进一步强化城轨交通行业安全生产要求，完善行业安全管理制度。国务院安委会办公室印发《关于进一步加强隧道工程安全管理的指导意见》。交通运输部印发《城市轨道交通运营安全评估管理办法》《关于加强交通运输安全生产标准化建设的指导意见》及《城市轨道交通初期运营前安全评估规

范》《城市轨道交通正式运营前安全评估规范》《城市轨道交通运营期间安全评估规范》《道路运输企业和城市客运企业安全生产重大事故隐患判定标准》等系列安全管理规章制度和标准规范。

七、行业基础工作稳步推进

（一）行业协会建设

2023年，由国家发展改革委实施的"品牌协会成长计划"发布首批成果，在参与"品牌协会成长计划"的全国性行业协会商会中，共涌现出23家成长良好的商协会，中国城市轨道交通协会名列其中，协会的《三管齐下不断 夯实城轨行业发展基础工作》还入选了20个首批典型案例。中国城市轨道交通协会专家和学术委员会完成换届。第三届专家学术委由15名院士顾问委员，20名荣誉委员，17名主任、执行副主任、副主任委员，248名学部委员，共300名专家组成。中国城市轨道交通协会为更好服务会员单位，统筹整合内部资源，设置会员专门服务机构，并出台《会员服务实施细则》；为更好推动低运能城轨交通系统制式发展，重组加强低运能系统分会。制定协会五年发展规划。《中国城市轨道交通协会五年发展规划(2023—2027)》全面总结协会成立以来开展的八个方面的主要工作，系统提出了"41431"发展战略，即："以四大方向为引领，高效运行一个平台，深入实施四大工程，不断完善三大体系，最终实现一个目标"，为协会未来五年发展制定了明确方向和工作指引，使协会真正成为城轨高质量发展的推动者、优质高效服务的提供者和良好市场秩序的维护者。

（二）行业培训工作

教育部印发《关于支持建设国家轨道交通装备行业产教融合共同体的通知》，国家轨道交通装备行业产教融合共同体成立。国家轨道交通装备行业产教融合共同体首批成员单位覆盖22个省、自治区和直辖市，包括9所普通高校、34所职业院校、中国中车及其49家所属制造类子公司，5个产业集聚地区教育行政部门作为支持单位参与。城轨交通专业职称评审稳步推进，2023年收到22省、自治区和直辖市的41个城市112家企业的申报780人，服务范围进一步扩大。中国城市轨道交通协会发布第二批《行车调度员》等8个工种的"三标"和《企业培训师能力标准与评价规范》等27项标准。中国城市轨道交通协会成功举办人社部"2023年国家专业技术人才知识更新工程"项目——基于BIM的城轨交通数字化建设管理高研班。

（三）行业统计工作

《2022年度统计及分析报告》浏览量、引用量逐年递增，影响力不断扩大；《运营数据报告》2023年新增南通地铁、长沙穗城2家单位，共53家业主参加；中国城市轨道交通协会首次发布效能评价分析报告，初步实现从单一规模统计到发展、效率、安全、经济、服务的全方位统计分析。《中国城轨交通年鉴》再次获评为全国地方志优秀成果特等年鉴。

（四）行业标准工作

2023年共发布涉及城轨交通的国家标准23项、行业标准76项、地方标准69项。中国城市轨道交通协会围绕绿色智慧城轨建设、市域轨道、中小运能系统、人才培养等重点领域发布团体标准47项。其中，《城市轨道交通分类（外文版）》《城市轨道交通主动式牵引供电系统》《都市快轨（160km/h～200km/h）设计规范》等重点标准收到行业关注和欢迎。

（五）装备认证工作

市场监管总局、国家发展改革委联合发布《城市轨道交通装备产品认证第二批目录》，涉及城轨交通工务产品、牵引传动系统、供电系统、通信系统和车站设备等5个类别、19个产品。国家认监委发布《第二批城市轨道交通装备产品认证实施规则》，共计6项，包含新发布4项、修订2项。其中，新发布城轨交通工务产品、供电系统、通信系统、车站设备4类产品的认证实施规则；修订牵引传动系统和基于通信的列车运行控制系统（CBTC）2类产品的认证实施规则。

八、科技创新再创佳绩

国家重点研发计划项目"超大城市轨道交通系统高效运输与安全服务关键技术"示范应用工程在北京首都机场线北新桥站举行开工仪式，全场景化的"智慧地铁"示范线路建设全面启动。

中国中车成功研制时速80公里B型中国标准地铁列车。中车长客股份公司成功研制多适应性中运量单轨系统车辆。北京轨道交通技术装备集团成功研发氢燃料混合动力铰接轻轨车。

北京城建设计发展集团牵头研发的"地铁车站预制装配建造技术"获第九届国际隧道协会技术创新大奖。昆明4号线获国家优质工程奖金奖，济南R3线一期工程和绍兴1号线一期工程获得国家优质工程奖。上海申通地铁集团牵头的"城市轨道交通在线灵活编组关键技术研究及应用"获城轨科技进步奖特等奖。"深圳地铁'IPv6+'等关键技术对BIM应用深度融合创新实践"获得首届IPv6技术应用创新大赛总决赛一等奖。此外城轨交通行业还获地方科学技术奖二等奖以上项目多个，其中一等奖2项，增补2022年度奖项14项，其中一等奖4项、二等奖10项。

九、行业活动丰富多彩

北京-青岛轨道展暨首届城轨高新技术交易会成功举办。在青岛市政府和有关部门的大力支持下，22家城轨业主及400家企业参展，展示面积超6万平米，观众超4万人。同期举办的首届高交会，发布项目26个，签约项目

15 个，签约金额近 300 亿元。“中国城轨交通业主领导人峰会 2023 北京年会”成功举办。该届年会围绕绿色城轨的主题进行深度交流和研讨，全国 52 座轨道交通城市的城轨交通企业主要领导出席会议。中国城市轨道交通 TOD 发展大会成功举办。来自全国 51 个拥有城轨交通的城市代表团、城轨交通 TOD 全产业链的 800 多名代表共襄盛会。大会发布中国城市轨道交通协会《关于进一步鼓励和发展城市轨道交通场站及周边土地综合开发利用（TOD）的指导意见》。2023 中国产业转移发展对接活动（广西）轨道交通产业专题对接活动在南宁市成功举行。东北四省五市轨道交通建设与运营管理协作交流会在大连成功举办。

十、城轨“走出去”迈出新步伐

中车青岛四方机车车辆股份有限公司和智利特蒙英撒联合体赢得智利 32 列电动车组车辆招标项目，合同金额约 1.71 亿美元。中车株洲电力机车有限公司提供地铁列车的土耳其伊斯坦布尔新机场线地铁正式开通。中国出口阿根廷胡胡伊项目列车在河北唐山下线。受越南地铁管理局邀请，中国城市轨道交通协会与广州地铁共同访问胡志明市，而后三方在广州签署战略合作谅解备忘录。

第三部分　思考与建议

一、多措并举促进城轨可持续发展

2023 年中国城轨交通全制式系统完成客运总量 294.66 亿人次，日均客运量 8156.23 万人次。其中，上海、北京、广州、深圳、成都 5 个城市完成客运总量超过 20 亿人次，杭州、武汉、重庆、西安、南京 5 个城市完成客运总量超过 10 亿人次。2023 年，天津、重庆、深圳等 43 个城市完成客运总量刷新历史纪录。但城轨交通可持续发展的任务依旧严峻，2023 年，全国城轨交通平均每车公里运营收入 17.61 元，比上年减少 1.71 元，平均每车公里运营成本 34.43 元，比上年增加 3.36 元。平均每人次公里运营收入 0.92 元，平均每人次公里运营成本 1.74 元。平均运营收支比为仅 64.23%，虽比上年上升 4.60 个百分点，但收入难以覆盖成本的局面仍未彻底改观。需要面对挑战，积极提出解决问题对策。

要坚持公益为本，不断优化相关功能，发挥城轨交通的惠民属性。要坚持经营为要，增强自我造血功能，探索“经营城轨”全新经营理念和开源之道。一是开展深入研究，依靠行业共同参与，深入调研，深度剖析，研究提出切实可行的对策。二是研究制定合理的票价调整机制。三是切实落实政府运营补贴，不能靠新建项目来维持运营。四是进一步落实优惠电价，公益城轨应享受公益电价。

二、未雨绸缪做好既有线改造的研究和谋划

中国城轨交通起步于 1965 年，发展至今已近 60 年，至 2023 年底，大中运能制式（地铁、轻轨、单轨、市域快轨等）城轨交通开通运营城市共 42 个，其中运营 15 年以上的城市 10 个；运营线路 21 条，5 ～ 10 年后将有更多的城市和线路面临既有线改造任务。

城轨交通在高速发展过程中，重建设、轻运营，重线路、轻网络，重短期、轻长期的现象比较突出，总体上水平不高，大而不强，进入网络化运营阶段后线网在结构、功能与服务等方面问题逐渐显现，因此既有线网改造伴随大量的功能升级需求，改造与升级相伴而生，相辅相成。既有线改造升级是城轨交通系统建成后的持续改进和完善，是对既有线网的功能升级和再造，有利于促进城轨交通整个系统的提质增效，其意义不亚于再建一张线网，对于中国城轨交通由规模增长向质量增强的转型具有重要的现实意义。既有线改造应注重以下方向：一是快速便捷，提升既有线网服务效率。二是供需匹配，提升既有线网服务能力。三是可靠韧性，提升既有线网安全水平。四是以人为本，提升既有线网服务品质。五是绿智融合，提升既有线网装备自主化水平。

建议出台既有线改造管理办法或指导意见，提出既有线改造的原则、目标与方向。建议强化城市政府对城轨交通项目全寿命周期的支出责任。建议利用城轨交通既有线改造的契机，本着安全可靠、经济适用的原则，提升既有线装备自主化水平，保障城轨交通安全高效运行。建议围绕改造面临的突出技术难题，组织各方力量联合攻关，进行试点验证示范应用。

（中国城市轨道交通协会秘书处）

四

统计资料

本篇章内容由中国城市轨道交通协会提供、经国家统计局批准发布的行业各项数据，是政府相关部门制定政策和规划、行业相关单位和专业技术人员进行分析研究的重要参考资料。主要包括城市轨道交通年度统计数据资料、城市轨道交通规划年度统计资料、城市轨道交通建设年度统计资料和城市轨道交通运营年度统计资料。

上海地铁博物馆

1　城市轨道交通行业年度发展情况概述

至 2023 年底，中国城市轨道交通线网建设规划在实施的城市共计 46 个，在实施的建设规划线路总长 6118.62 公里（扣除统计期末已开通运营线路以及截至统计期末连续 3 年及以上处于暂停、暂缓状态的项目）；可统计的在实施建设规划项目可研批复总投资额合计为 40840.07 亿元。2023 年，共有 5 个城市的新一轮城市轨道交通（以下简称“城轨交通”）建设规划或建设规划调整方案获批，获批项目中涉及新增线路长度约 550 公里，新增计划投资额约 4500 亿元。

2023 年在建线路总长 5671.65 公里，在建项目的可研批复投资累计 43011.21 亿元，2023 年共完成建设投资 5214.03 亿元，比上年下降 4.22%，年度完成建设投资总额连续 3 年回落。全年完成车辆购置投资共计 283.72 亿元，比上年增长 12.96%。据可统计的 36 个城市下一年计划完成投资数据预计，2024 年计划完成投资额合计约 4153.59 亿元，其中，计划完成车辆购置投资合计约 216.18 亿元。

至 2023 年底，共有 59 个城市开通城轨交通运营线路 338 条，运营线路总长度 11224.54 公里。其中，地铁运营线路 8543.11 公里，占比 76.11%；其他制式城轨交通运营线路 2681.43 公里，占比 23.89%。当年运营线路长度净增加 866.65 公里。拥有 4 条及以上运营线路，且换乘站 3 座及以上的城市 27 个，占已开通城轨交通运营城市总数的 45.76%。2023 年累计完成客运量 294.66 亿人次，比上年增长 52.66%；总进站量为 177.28 亿人次，比上年增长 52.09%；总客运周转量为 2450.53 亿人次公里，比上年增长 54.67%。与上年相比全年客运水平整体提升。

2023 年，中国内地城轨交通运营线路规模持续扩大，日均客运量突破 8000 万人次大关，再创历史新高，悬挂式单轨系统为首次投入运营，已投运城轨交通线路系统制式达到 10 种，低运能城轨交通系统制式进一步丰富。年度完成建设投资额有所回落，城轨交通建设进入平稳发展期，预计未来两年新投运线路与 2023 年基本持平，“十四五”末城轨交通投运线路总规模趋近 13000 公里。

（中国城市轨道交通协会统计部）

2　城市轨道交通规划情况年度统计资料

一、在实施规划总规模持续回落，部分城市建设规划已完成

至 2023 年底，扣除统计期末已建成投运及建设规划已调整的项目后，仍有城轨交通建设规划项目在实施的城市共计 46 个（含部分地方政府批复城市）。在实施的建设规划线路总长 6118.62 公里，与 2022 年末相比下降 8.34 个百分点。部分城市前期已获批复的城轨交通建设规划中所有项目已建成投运，如呼和浩特、洛阳、常州、芜湖等城市。统计期末各城市城轨交通在实施建设规划情况具体见表 4-2-1。

从在实施规划线路的规模来看，共计 25 个城市建设规划在实施规模超 100 公里。其中，重庆、北京两市在实施规划线路长度均超过 400 公里；广州市在实施规划线路长度超过 300 公里；深圳、宁波、天津、上海、成都、青岛、济南、苏州、武汉、南京 10 市在实施规划线路长度均超 200 公里；厦门、无锡两市在实施规划线路长度均超 150 公里；另有南通、沈阳、杭州、西安、郑州、合肥、佛山、长春、福州、南宁 10 市在实施规划线路长度均超 100 公里。

从在实施规划线路的敷设方式来看，已批可研项目中地下线占比 76.69%，比上年下降 1.79 个百分点；地面线占比 8.23%，比上年增加 0.73 个百分点；高架线占比 15.08%，比上年增加 1.06 个百分点。随着市域快轨、新型低运能系统线路的增多，城轨交通总体敷设方式呈地下线占比略降，地面线和高架线占比均有所上升的趋势。

从在实施规划线路的条数来看，扣除统计期末已开通运营的线路，2023 年规划在实施的城轨交通线路共计 254 条。共计 31 个城市有 3 条及以上的线路建设规划在实施，其中，23 个城市有 5 条及以上的线路建设规划在实施，8 个城市有 10 条及以上线路建设规划在实施。

从在实施规划的车站数量来看，据不完全统计，至 2023 年底，在实施规划车站总计 3089 座（按线路累计计算），其中，换乘站 1036 座（按线路累计计算），换乘站计算占比 33.54%，同比增加 0.38 个百分点，换乘站占比持续增长。

2023年各城市城轨交通规划在实施线路规模统计汇总表

表 4-2-1

序号	城市	线路长度（公里）	各系统制式线路长度（公里）							车站数（座）	
			地铁	轻轨	市域快轨	磁浮交通	有轨电车	电子导向胶轮	导轨式胶轮	车站	其中：换乘站
1	北京	445.20	297.50		146.50		1.20			188	103
2	上海	252.34	210.04		42.30					131	46
3	天津	256.60	243.20		13.40					126	13
4	重庆	463.88	87.86		365.53		10.49			125	58
5	广州	320.92	245.22		61.30		14.40			169	
6	深圳	278.97	278.97							138	81
7	武汉	211.42	163.42		48.00					71	43
8	南京	209.40	153.80		55.60					129	60
9	沈阳	148.45	148.45							90	34
10	长春	120.85	90.16	2.69	28.00					81	27
11	大连	60.60	60.60							17	7
12	成都	246.72	131.05		95.37		20.30			151	70
13	西安	138.27	103.77					17.30	17.20	98	
14	哈尔滨	9.41	9.41							8	1
15	苏州	220.03	213.13					6.90		125	43
16	郑州	133.67	133.67							91	46
17	昆明	17.10	17.10							18	6
18	杭州	146.20	146.20							87	29
19	佛山	125.63	115.80				9.83			77	22
20	长沙	76.62	72.17			4.45				51	15
21	宁波	259.50	114.50		145.00					99	35
22	无锡	154.00	62.06		91.94					66	21
23	合肥	130.27	130.27							67	21
24	南昌	31.24	31.24							19	1
25	青岛	231.64	123.54		62.00			46.10		164	55
26	福州	104.37	46.37		58.00					52	21
27	南宁	102.80	70.30						32.50	27	13
28	石家庄	63.10	63.10							52	14
29	济南	225.40	159.60				35.00		30.80	166	54
30	太原	24.10	24.10							24	7
31	兰州	9.06	9.06							9	2
32	贵阳	71.52	60.60						10.92	43	10
33	乌鲁木齐	63.20	63.20							51	14
34	厦门	167.45	167.45							53	23

2023 年各城市城轨交通规划在实施线路规模统计汇总表（续前表） 表 4-2-1

序号	城市	线路长度（公里）	各系统制式线路长度（公里）							车站数（座）	
			地铁	轻轨	市域快轨	磁浮交通	有轨电车	电子导向胶轮	导轨式胶轮	车站	其中：换乘站
35	徐州	79.30	79.30							61	25
36	东莞	75.60	75.60							30	9
37	南通	149.00			149.00						
38	温州	35.80			35.80					11	2
39	绍兴	56.90	7.30	33.90	15.70					13	4
40	嘉兴	55.00			55.00					12	
41	文山州	7.14					7.14			7	
42	海西州	15.00					15.00			20	
43	天水	59.37					59.37			19	1
44	德宏州	35.50					35.50			39	
45	丽江	20.50					20.50			5	
46	宜宾	9.58						9.58		9	
总计		6118.62	4209.11	36.59	1468.44	4.45	228.73	79.88	91.42	3089	1036

注：1. 表中 1—40 项中地铁、轻轨、市域快轨线路为国家发展改革委批复项目，1—40 项中的磁浮交通、有轨电车、电子导向胶轮系统、导轨式胶轮系统线路及 40 项以后所有项目均为地方政府批复项目。国家发展改革委审批项目总计 5714.14 公里，占比 93.39%，地方政府审批项目总计 404.49 公里，占比 6.61%；
2. 表中车站总数及换乘站数量均按照线路累计计入；
3. 至统计期末，已开通运营的线路不再计入此统计表内；
4. 至统计期末，获批情况未公示的项目未计入此统计表内；
5. 至统计期末，个别连续 3 年及以上项目暂停、暂缓、无进展的项目不计入；
6. 景区内旅游线路、工业园区内仅供员工使用的通勤线路、科研项目或试验线等不承担城市公共交通职能的线路不计入在内；
7. 至 2023 年末无跨座式单轨、自导向轨道系统、悬挂式单轨 3 种制式建设规划在实施。

二、大、中运能系统仍占主流，新型低运能系统多点布局

从在实施规划线路的系统制式来看，6118.62 公里的在实施规划线路包含地铁、轻轨、市域快轨、磁浮交通、有轨电车、导轨式胶轮系统、电子导向胶轮系统 7 种制式。其中，地铁 4209.11 公里，占比 68.79%，比上年增加 2.77 个百分点；轻轨 36.59 公里，占比 0.59%，比上年增加 0.48 个百分点；市域快轨 1468.44 公里，占比 23.98%，比上年下降 4.37 个百分点；磁浮交通 4.45 公里，占比 0.10%，比上年增加 0.10 个百分点；有轨电车 228.73 公里，占比 3.74%，比上年下降 1.14 个百分点；导轨式胶轮系统 91.42 公里，占比 1.49%，比上年增加 1 个百分点；电子导向胶轮系统 79.88 公里，占比 1.31%，比上年增加 1.31 个百分点。2023 年在实施规划项目中无跨座式单轨、自导向轨道系统、悬挂式单轨制式。

从在实施规划项目的运输能力来看，大运能系统（地铁）4209.11 公里，占比 68.79%，比上年增加 2.77 个百分点；中运能系统（含轻轨、市域快轨、磁浮交通）1509.48 公里，占比 24.67%，比上年下降 3.79 个百分点；低运能系统（含有轨电车、导轨式胶轮系统、电子导向胶轮系统）400.03 公里，占比 6.54%，比上年增加 1.01 个百分点。导轨式胶轮系统、电子导向胶轮系统作为新型低运能系统在数个城市布局应用。

三、可研批复总投资同比持平，超大城市投资持续保持高位

至 2023 年底，在国家发展改革委所批复的 44 个城市城轨交通建设规划中呼和浩特、常州、洛阳、芜湖 4 市 2023 年前获批项目已全部建成投运；其余 40 个城市中扣除暂缓项目后可统计的城轨交通建设规划在实施项目可研批复总投资额合计约为 40840.07 亿元，比上年下

降 2.04%。

从可研批复总投资规模来看，共计 17 个城市的建设规划在实施项目的可研批复总投资均超过 1000 亿元。其中，广州市建设规划在实施项目的可研批复总投资超过 4000 亿元，上海、北京、深圳 3 市建设规划在实施项目的可研批复总投资均在 2000 亿元以上，北上广深 4 市总投资合计超 12000 亿元，占全国建设规划在实施项目可研批复总投资额的 29.89%。4 市的城轨交通投资计划持续保持高位。

南京、青岛、天津、重庆、宁波、成都 6 市建设规划在实施项目的可研批复总投资均超过 1500 亿元；济南、武汉、杭州、苏州、厦门、郑州、无锡 7 市建设规划在实施项目的可研批复总投资均超过 1000 亿元；另有长春、沈阳、合肥、西安、福州、徐州、石家庄、乌鲁木齐 8 市建设规划在实施项目的可研批复总投资均超过 500 亿元。中心城市的城轨交通投资计划持续发力。

四、5 市建设规划获批，新增总投资额约 4500 亿元

2023 年当年，据不完全统计，有 5 个城市新一轮城市轨道交通建设规划或建设规划调整方案获批。获批城轨交通建设规划（或调整方案）中，共涉及新增建设规划线路长度约 550 公里，新增项目计划总投资额约 4500 亿元，比上年增加超 30%。

五、重点城市带动发展，区域效应显现

统计期末，按照行政区划，综合各地已开通运营、在建和规划在实施的城轨交通情况来看，全国已开通城轨交通运营的省（自治区、直辖市）共有 28 个，有城轨交通项目在建和规划在实施的省份各为 27 个。

总体上，长三角、珠三角区域城轨交通发展较快。从省内开通运营城市数来看，江苏省已开通运营城市 8 个最多，在建及规划在实施城市均为 4 个，运营线路长度 1097.72 公里，运营系统制式 4 种，在建线路长度 722.43 公里，规划在实施线路长度 811.73 公里，在建和规划在实施系统制式均为 3 种，呈现出城市多，制式全，规模大等特点。浙江省已开通运营城市 7 个，在建城市 4 个，规划在实施城市 5 个，运营线路长度 1085.36 公里，运营系统制式 3 种，在建线路长度 667.09 公里，在建系统制式 2 种，规划在实施线路长度 553.40 公里，规划在实施系统制式 3 种。

从省内运营线路长度来看，广东省已开通运营线路长度最长，为 1390.95 公里，运营城市 5 个，运营系统制式 5 种，在建和规划在实施城市数也分别为 4 个，在建线路长度 602.86 公里，规划在实施线路长度 801.12 公里，在建和规划在实施系统制式均为 3 种。

中西部省份中，以四川省较为突出，四川省内城轨交通运营城市两个，运营线路 764.01 公里，运营系统制式 4 种，在建城市和规划在实施城市也均为两个，在建线路长度 307.87 公里，在建系统制式 4 种，规划在实施线路长度 256.30 公里，规划在实施系统制式 4 种。

在 4 个直辖市中，北京、上海两市线网均已超 900 公里，运能结构和系统制式种类丰富，尤其是上海市，已运营系统制式达到 6 种，为全国首位，运能结构含大、中、低 3 类。上海、北京两市在建和规划在实施规模以单一城市来看，仍位于全国前列。重庆市作为中部重点城市，近年来也迎来城轨交通快速发展期，已开通运营线路长度 538.20 公里，运营系统制式 4 种，在建线路长度 222.70 公里，在建及规划在实施系统制式均为 4 种，规划在实施线路长度 463.88 公里。

统计期末，各省（直辖市）城轨交通总体情况具体见表 4-2-2。

（中国城市轨道交通协会统计部）

统计期末各省（自治区、直辖市）城轨交通总体情况　　表 4-2-2

序号	省份	已运营				在建				规划在实施			
		地／市数（个）	线路条数（条）	线路长度（公里）	系统制式数（种）	地／市数（个）	线路条数（条）	线路长度（公里）	系统制式数（种）	地／市数（个）	线路条数（条）	线路长度（公里）	系统制式数（种）
1	北京	1	26	907.08	4	1	10	288.19	2	1	22	445.20	3
2	天津	1	11	306.16	3	1	8	196.54	2	1	7	256.60	2
3	河北	1	3	74.28	1	1	6	138.36	1	1	4	63.10	1
4	山西	1	1	23.28	1	1	1	28.58	1	1	1	24.10	1
5	内蒙古	1	2	49.03	1								
6	辽宁	2	19	522.67	4	2	8	194.89	1	2	8	209.05	1

统计期末各省（自治区、直辖市）城轨交通总体情况（续前表）

表 4-2-2

序号	省份	已运营				在建				规划在实施			
		地/市数（个）	线路条数（条）	线路长度（公里）	系统制式数（种）	地/市数（个）	线路条数（条）	线路长度（公里）	系统制式数（种）	地/市数（个）	线路条数（条）	线路长度（公里）	系统制式数（种）
7	吉林	1	7	128.71	3	1	7	120.85	3	1	7	120.85	3
8	黑龙江	1	4	100.33	2	1	1	32.18	1	1	1	9.41	1
9	上海	1	26	967.13	6	1	10	224.54	2	1	11	252.34	2
10	江苏	8	36	1097.72	4	5	29	722.43	3	4	29	811.73	3
11	浙江	7	26	1085.36	3	4	22	667.09	2	5	22	553.40	3
12	安徽	3	8	288.02	3	1	9	160.61	1	1	5	130.27	1
13	福建	3	9	263.51	2	2	9	249.79	2	2	9	271.82	2
14	江西	1	4	128.45	1	1	2	31.75	1	1	2	31.24	1
15	山东	2	11	410.37	3	2	14	584.20	5	2	20	457.04	5
16	河南	3	13	429.70	2	1	7	202.64	2	1	6	133.67	1
17	湖北	2	18	583.27	3	1	7	186.85	3	1	7	211.42	3
18	湖南	2	10	251.73	4	1	5	49.17	2	1	6	76.62	2
19	广东	5	41	1390.95	5	4	25	602.86	3	4	35	801.12	3
20	广西	1	5	124.96	1	1	4	72.70	1	1	8	102.80	2
21	海南	1	1	8.37	1								
22	重庆	1	13	538.20	4	1	9	222.70	4	1	13	463.88	4
23	四川	2	17	764.01	4	2	12	307.87	4	2	11	256.30	4
24	贵州	1	3	116.91	1	1	4	84.27	2	1	3	71.52	2
25	云南	3	8	192.65	2	4	6	111.50	2	4	5	80.24	2
26	陕西	1	11	337.53	3	1	5	126.16	3	1	6	138.27	3
27	甘肃	2	4	107.39	3	2	2	30.59	2	2	2	68.43	2
28	青海					1	1	15.00	1	1	1	15.00	1
29	新疆	1	1	26.80	1	1	1	19.35	1	1	3	63.20	1
总计		59	338	11224.54	10	45	224	5671.65	8	45	254	6118.62	7

注：表中省份依据国家统计局 2023 年公布的《关于更新全国统计用区划代码和城乡划分代码的公告》排序。

3　城市轨道交通建设情况年度统计资料

一、在建规模稳中略降，网络化程度逐渐提升

至 2023 年底，中国共有 45 个城市（部分由地方政府批复项目未纳入统计）有城轨交通项目在建，在建线路总规模 5671.65 公里（含个别 2023 年仍有建设投资发生的已运营项目和 2023 年建成投运项目）。2023 年各城市城轨交通在建线路规模情况见表 4-3-1。

从在建线路的规模来看，共有 23 个城市的在建城轨交通线路长度超过 100 公里。其中，青岛、广州两市建设

规模均超过 300 公里；成都、北京、杭州、宁波、苏州、南京、济南、上海、重庆、郑州 10 个城市建设规模均在 200 公里以上；建设规模在 150—200 公里之间的有天津、武汉、沈阳、合肥 4 市；建设规模超过 100 公里的还有厦门、石家庄、深圳、西安、长春、无锡、福州 7 个城市。洛阳、常州、呼和浩特、兰州、芜湖等城市前期获批的城轨交通线路已建成投入运营，本统计期内暂无新项目进入建设期。

从在建线路的敷设方式来看，在 5671.65 公里的在建城轨交通线路中，地下线 4617.31 公里，占比 81.41%，比上年下降 2.47 个百分点；地面线 297.21 公里，占比 5.24%，比上年下降 0.71 个百分点；高架线 757.13 公里，占比 13.35%，比上年增加 3.18 个百分点。高架线占比有所增加主要来自市域快轨和导轨式胶轮系统线路的增多。

从在建线路的条数来看，2023 年在建城轨交通线路共计 224 条。共有 29 个城市的在建线路条数在 3 条及以上，其中，23 个城市的在建线路条数为 5 条及以上，7 个城市的在建线路达 10 条及以上。

从在建线路的车站规模来看，据不完全统计，全国在建线路车站总数共计 3313 座（按线路累计计算），其中换乘站 1112 座（按线路累计计算），换乘站计算占比为 33.56%，比上年下降 0.30 个百分点。

二、大、中运能系统稳扎稳打，低运能系统蓄势待时

从在建线路的运输能力来看，大运能系统（地铁）4459.65 公里，占比 78.63%，比上年下降 0.89 个百分点；中运能系统（含轻轨、市域快轨、磁浮交通）885.01 公里，占比 15.60%，比上年下降 0.01 个百分点，基本持平；低运能系统（含有轨电车、悬挂式单轨、导轨式胶轮系统、电子导向胶轮系统）326.99 公里，占比 5.77%，比上年增加 0.90 个百分点。随着新型低运能系统如电子导向胶轮系统、导轨式胶轮系统在各地的落地实施和推广应用，低运能系统占比呈平缓上升趋势。

三、8 种系统制式在建，制式持续多样化发展

从在建线路的系统制式来看，在 5671.65 公里的在建线路中，共涉及 8 种制式。其中，地铁 4459.65 公里，占比 78.63%，比上年下降 0.89 个百分点；轻轨 2.69 公里，占比 0.05%，比上年下降 0.07 个百分点；市域快轨 877.87 公里，占比 15.48%，比上年下降 0.02 个百分点；磁浮交通 4.45 公里，占比 0.08%，比上年增加 0.08 个百分点；有轨电车 189.69 公里，占比 3.34%，比上年下降 1.36 个百分点；电子导向胶轮系统 67.98 公里，占比 1.20%，比上年增加 1.20 个百分点；导轨式胶轮系统 58.82 公里，占比 1.04%，比上年增加 1.04 个百分点；悬挂式单轨 10.50 公里，占比 0.18%，比上年增加 0.01 个百分点。2023 年当年无跨座式单轨、自导向轨道系统项目在建。

四、完成建设投资超 5200 亿元，投资规模连续 3 年下降

据不完全统计（不含部分地方政府批复项目和个别数据填报不完整的项目资金情况），至 2023 年底，中国内地在建城轨交通线路可研批复投资累计 43011.21 亿元，初设批复投资累计 38415.86 亿元。2023 年共完成城轨交通建设投资 5214.03 亿元，比上年下降 4.22%，年度完成建设投资额连续 3 年回落。2023 年完成建设投资约占可研批复总投资的 12.12%，占初设批复投资额的 13.57%。

2023 年城轨交通车辆购置共计 679 列（不完全统计），全年完成车辆购置投资共计 283.72 亿元，比上年增加 12.96%。2023 年完成车辆购置投资额约占年度完成建设投资总额的 5.44%。车辆投资额在年度总建设投资额中的占比比上年增加 0.83 个百分点。

2023 年共有 11 个城市全年完成建设投资超过 200 亿元，11 市完成建设投资合计 3026.33 亿元，占全国完成建设投资总额的 58.04%。其中，杭州市全年完成建设投资超过 450 亿元，成都市全年完成建设投资超过 350 亿元；济南、北京、武汉、广州、天津、重庆、宁波、青岛、苏州 9 市全年完成建设投资均超过 200 亿元。另有南京、郑州、西安、上海 4 市全年完成建设投资额在 150 亿元以上；合肥、深圳、长春、沈阳、长沙、福州 6 市全年完成建设投资均超过 100 亿元。

（中国城市轨道交通协会统计部）

2023 年各城市城轨交通在建线路规模统计汇总表 表 4-3-1

序号	城市	线路长度（公里）	各系统制式线路长度（公里）								各敷设方式线路长度（公里）			车站（座）	
			地铁	轻轨	市域快轨	磁浮交通	有轨电车	电子导向胶轮	导轨式胶轮	悬挂式单轨	地下线	地面线	高架线	车站	其中：换乘站
1	北京	288.19	202.87		85.32						260.69		27.50	145	82
2	上海	224.54	182.24		42.30						217.95		6.59	120	41
3	天津	196.54	183.14		13.40						151.97	4.42	40.16	126	48

2023 年各城市城轨交通在建线路规模统计汇总表（续前表）

表 4-3-1

序号	城市	线路长度（公里）	各系统制式线路长度（公里）								各敷设方式线路长度（公里）			车站（座）	
			地铁	轻轨	市域快轨	磁浮交通	有轨电车	电子导向胶轮	导轨式胶轮	悬挂式单轨	地下线	地面线	高架线	车站	其中：换乘站
4	重庆	222.70	212.21				10.49				198.81	10.49	13.40	65	25
5	广州	302.98	227.28		61.30		14.40				288.58	14.40		164	
6	深圳	130.96	130.96								128.66	0.51	1.79	91	41
7	武汉	186.85	146.63		29.72					10.50	150.85	1.30	34.70	91	50
8	南京	233.90	178.30		55.60						199.60	4.28	30.02	148	67
9	沈阳	171.88	171.88								155.38		16.50	120	47
10	长春	120.85	90.16	2.69	28.00						107.11	12.93	0.81	81	27
11	大连	23.01	23.01								23.01			17	7
12	成都	298.29	180.15		97.84		20.30				193.13	25.27	79.89	153	75
13	西安	126.16	103.56					5.40	17.20		81.36	5.40	39.40	89	31
14	哈尔滨	32.18	32.18								32.18			31	8
15	苏州	258.39	251.49					6.90			220.13	10.77	27.49	153	48
16	郑州	202.64	169.21		33.43						194.56	0.32	7.76	120	53
17	昆明	48.36	48.36								48.36			40	14
18	杭州	279.65	279.65								267.60		12.05	137	63
19	佛山	93.63	83.80				9.83				75.05	7.98	10.60	48	17
20	长沙	49.17	44.72			4.45					44.97		4.20	35	15
21	宁波	278.92	153.47		125.45						176.67		102.25	126	46
22	无锡	114.50	57.96		56.54						83.65	0.20	30.65	61	19
23	南昌	31.75	31.75								28.30		3.45	19	4
24	兰州	9.06	9.06								9.06			9	2
25	青岛	354.29	185.25		122.94			46.10			262.52	42.13	49.64	212	72
26	福州	110.90	48.50		62.40						94.02	0.60	16.28	52	21
27	东莞	75.29	75.29								52.29	2.48	20.52	30	9
28	南宁	72.70	72.70								72.70			57	21
29	合肥	160.61	160.61								128.79	0.31	31.51	89	23
30	石家庄	138.36	138.36								138.36			109	27
31	济南	229.91	164.21				35.00		30.70		139.53	35.00	55.38	169	28
32	太原	28.58	28.58								28.58			24	7
33	贵阳	84.27	73.35						10.92		64.31	10.92	9.04	55	11
34	乌鲁木齐	19.35	19.35								19.35			16	4
35	厦门	138.89	138.89								109.20	2.13	27.56	74	27

2023 年各城市城轨交通在建线路规模统计汇总表（续前表）　　表 4-3-1

序号	城市	线路长度（公里）	各系统制式线路长度（公里）								各敷设方式线路长度（公里）			车站（座）	
			地铁	轻轨	市域快轨	磁浮交通	有轨电车	电子导向胶轮	导轨式胶轮	悬挂式单轨	地下线	地面线	高架线	车站	其中：换乘站
36	徐州	55.61	55.61								55.61			41	16
37	温州	63.63			63.63						9.51	1.51	52.61	20	2
38	南通	60.03	60.03								60.03			45	4
39	绍兴	44.90	44.90								44.90			32	9
40	文山州	7.14					7.14					7.14		7	
41	德宏州	35.50					35.50					35.50		39	
42	海西州	15.00					15.00					15.00		20	
43	天水	21.53					21.53					16.14	5.39	19	1
44	丽江	20.50					20.50					20.50		5	
45	宜宾	9.58						9.58				9.58		9	
合计		5671.65	4459.65	2.69	877.87	4.45	189.69	67.98	58.82	10.50	4617.31	297.21	757.13	3313	1112

注：1. 表中 1—39 项中的地铁、轻轨、市域快轨项目为国家发展改革委审批项目，1—39 项中的磁浮交通、有轨电车、电子导向胶轮系统、导轨式胶轮系统和悬挂单轨项目及第 40 项及以后所有项目均为地方政府审批项目。经国家发展改革委审批的在建项目规模总计 5340.20 公里，占比 94.16%，由地方政府审批的在建项目规模总计 331.44 公里，占比 5.84%；
2. 表中车站总数及换乘站数量均按照线路累计计入；
3. 表中含部分 2023 年当年仍有建设进展和投资发生的当年新投运项目和既有运营项目；
4. 所有建设规划项目均在 2023 年前已完成的如呼和浩特、芜湖、洛阳、三亚等城市不再列入；
5. 景区内旅游观光线、工业园区内仅供员工使用的通勤线、科研试验线等不承担城市公共交通职能的线路不计入；
6. 至 2023 年末，个别连续 3 年及以上项目暂停、暂缓、无进展的项目不计入；
7. 2023 年无跨座式单轨、自导向轨道系统两种制式在建。

4　城市轨道交通运营情况年度统计资料

一、运营规模

（一）运营线路

至 2023 年底，共有 59 个城市（其中，盐城市为本年度补充统计城市）开通城轨交通运营线路 338 条，运营线路总长度达 11224.54 公里。新增红河州、滁州、许昌 3 市，其中，红河州为有轨电车运营城市，滁州、许昌两市为市域快轨运营城市。

本年度依据团体标准《城市轨道交通分类》（T/CAMET 00001-2020）补充统计城轨交通低运能系统运营线路 70.45 公里，分别为 2020 年 10 月开通的宜宾智轨 T1 延伸线 3.70 公里、2022 年 8 月开通的哈尔滨新区智轨 1 号线 18.20 公里、2021 年 6 月开通的上海临港中运量 1 号线 21.75 公里、2022 年 10 月开通的上海临港中运量 2 号线 8.70 公里、2022 年开通的苏州吴江智轨 T1 示范线一期工程 5.10 公里和 2022 年开通的盐城市区轨道交通 SRT　1 号线 13 公里。2023 年 6 月 1 日起停运且轨道已拆除的张江有轨电车线路 9.80 公里不再包含在本次统计范围内。

2023 年城轨交通运营线路长度净增长 866.65 公里（剔除张江有轨电车线路 9.80 公里）。新增运营线路 25 条，新开既有线路的延伸段、后通段 27 段。其中，成都地铁 19 号线一期为成都地铁 17 号线一期金星站-九江北站段拆分而来，故将成都地铁 19 号线统计为 1 条新线路；武汉光谷有轨电车 L3 线为新增运营线路，其全线均为共线运营段，该线路仅为运营里程的增加，不涉及物理意义上的轨道线路增加；郑许线为郑州、许昌两市的一条贯通运营线路，从地理位置上划分为郑州段和许昌段，线路条数计为1条。北京、上海等27个城市有新线或新段开通运营。其中，郑州新增78.05公里，居全国首位；温州、重庆增量超过50公里，运营线路规模增量居前。增长率超过100%的城市则是宜宾和温州，增长率分别为218.18%和115.77%。

从2023年底累计运营线网规模看，共计29个城市的线网规模达到100公里及以上。其中，上海967.13公里，北京907.08公里，两市运营规模在全国遥遥领先，已逐步形成超大线网规模；成都、广州、深圳、武汉、重庆、杭州6市运营线路长度超过500公里；南京超过400公里；郑州、西安、青岛、天津、苏州5市超过300公里；沈阳、大连、长沙3市超过200公里；合肥、宁波、昆明、福州、长春、南昌、南宁、贵阳、温州、佛山、无锡、哈尔滨12市超过100公里。

据不完全统计（敷设方式线路长度缺少滇南中心城市群现代有轨电车示范线及宁滁城际线滁州段数据），2023年按累计线路敷设方式来分，地下线7769.99公里，占比69.22%；地面线1260.11公里，占比11.23%；高架线2136.21公里，占比19.03%。各城市运营线路基础数据详见表4-4-1。

从城市群拥有城轨交通运营线网规模在全国总运营线网规模中的占有率看，长三角城市群19城开通运营线路96条，运营线路长度3438.22公里，全线网总长度占有率30.63%，长三角城市群开通运营城市和运营线网分布最为密集；京津冀城市群3城开通运营线路40条，运营线路长度1287.53公里，占有率11.47%；珠三角5城开通运营线路41条，运营线路长度1390.95公里，占有率12.39%；成渝城市群3城开通运营线路30条，运营线路长度1302.20公里，占有率11.60%。

2023年各城市城轨交通运营线路制式规模统计汇总表 表4-4-1

序号	城市	运营里程（公里）	各系统制式线路长度（公里）										各敷设方式线路长度（公里）			场站（座）		
			地铁	轻轨	跨座式单轨	市域快轨	磁浮交通	自导向轨道	有轨电车	电子导向胶轮	导轨式胶轮	悬挂式单轨	地下线	地面线	高架线	车站数	其中换乘站数	车辆段或停车场数
1	北京	907.08	760.79			115.33	10.20		20.76				592.59	148.40	166.10	404	83	41
2	上海	967.13	795.37			56.00	29.11	6.29	39.70	40.65			550.39	152.04	264.69	476	111	44
3	天津	306.16	246.05	52.25					7.86				227.60	16.04	62.52	206	24	16
4	重庆	538.20	396.13		98.45	28.22					15.40		320.64	3.79	213.76	270	44	25
5	广州	653.34	550.84			76.50		3.90	22.10				538.46	25.80	89.08	283	46	27
6	深圳	575.62	555.40						11.72		8.50		473.28	14.85	87.49	332	62	29
7	武汉	556.39	486.75						59.14			10.50	372.47	52.66	131.26	323	56	30
8	南京	476.43	213.22			246.50			16.71				251.73	30.43	194.27	216	23	20
9	沈阳	262.20	159.59						102.61				159.59	102.61		180	47	10
10	长春	128.71	43.00	68.20					17.51				50.24	40.90	37.57	114	21	7
11	大连	260.47	90.12	103.80		43.15			23.40				100.15	74.37	85.95	128	14	10
12	成都	695.92	562.42			94.20			39.30				499.36	138.47	58.09	331	61	28
13	西安	337.53	304.73			26.30				6.50			260.34	35.00	42.18	195	21	18
14	哈尔滨	100.33	82.13							18.20			82.13	18.20		73	4	4
15	苏州	300.54	209.97			41.25			44.22	5.10			245.50	41.42	13.63	205	20	15
16	郑州	353.54	277.11			76.43							285.52	47.23	20.79	177	31	15
17	昆明	165.85	165.85										143.90	0.03	21.92	103	11	11
18	杭州	516.00	516.00										482.00		34.00	256	44	21

2023 年各城市城轨交通运营线路制式规模统计汇总表（续前表） 表 4-4-1

序号	城市	运营里程（公里）	各系统制式线路长度（公里）										各敷设方式线路长度（公里）			场站（座）		
			地铁	轻轨	跨座式单轨	市域快轨	磁浮交通	自导向轨道	有轨电车	电子导向胶轮	导轨式胶轮	悬挂式单轨	地下线	地面线	高架线	车站数	其中换乘站数	车辆段或停车场数
19	佛山	115.40	94.60						20.80				85.70	9.90	19.80	74	5	6
20	长沙	234.73	207.92				18.55				8.26		197.07	0.61	37.05	146	19	11
21	宁波	185.14	163.61			21.53							114.32		70.82	116	12	11
22	无锡	110.77	110.77										96.57	0.30	13.90	80	7	8
23	南昌	128.45	128.45										122.96		5.49	94	9	7
24	兰州	94.46	33.46			61.00							33.46	61.00		31	4	3
25	青岛	326.27	140.70			176.80			8.77				211.20	10.87	104.20	161	15	14
26	淮安	20.07							20.07					20.07		23		1
27	福州	138.94	138.94										131.51	0.67	6.76	90	10	9
28	东莞	37.79	37.79										33.73	0.41	3.64	15		1
29	南宁	124.96	124.96										124.96			93	11	7
30	合肥	196.99	196.99										192.76		4.23	162	11	9
31	石家庄	74.28	74.28										74.28			60	3	5
32	贵阳	116.91	116.91										108.36	1.98	6.57	82	4	6
33	厦门	98.40	98.40										93.12	2.16	3.12	70	5	6
34	珠海	8.81							8.81					8.81		14		1
35	乌鲁木齐	26.80	26.80										26.80			21		2
36	温州	115.45				115.45							20.00	4.39	91.06	36	2	3
37	济南	84.10	84.10										66.10	0.20	17.80	41	2	5
38	常州	54.03	54.03										49.87	0.74	3.43	43	1	3
39	徐州	64.09	64.09										63.44	0.09	0.56	51	3	5
40	呼和浩特	49.03	49.03										45.84	0.34	2.85	43	1	4
41	天水	12.93							12.93					11.57	1.36	12		2
42	三亚	8.37							8.37					8.37		15		1
43	太原	23.28	23.28										23.28			22		1
44	株洲	17.00								17.00				17.00		18		
45	宜宾	68.09								68.09				68.09		40	1	
46	洛阳	42.46	42.46										40.78	0.31	1.36	33	1	3
47	嘉兴	60.12				46.32			13.80				12.53	14.18	33.41	28	1	2
48	绍兴	57.30	57.30										48.99	1.00	7.31	35	2	4

2023 年各城市城轨交通运营线路制式规模统计汇总表（续前表）　　表 4-4-1

序号	城市	运营里程（公里）	各系统制式线路长度（公里）										各敷设方式线路长度（公里）			场站（座）		
			地铁	轻轨	跨座式单轨	市域快轨	磁浮交通	自导向轨道	有轨电车	电子导向胶轮	导轨式胶轮	悬挂式单轨	地下线	地面线	高架线	车站数	其中换乘站数	车辆段或停车场数
49	文山州	13.40							13.40					13.40		10	1	
50	芜湖	46.20			46.20								1.41		44.79	35	1	3
51	南平	26.17							26.17					18.49	7.68	6		
52	金华	98.95				98.95							34.37		64.58	28		2
53	南通	58.78	58.78										58.78			42	2	3
54	台州	52.40				52.40							17.83	5.34	29.22	15		2
55	黄石	26.88							26.88					23.71	3.17	29		1
56	盐城	13.00								13.00				13.00		17		
57	红河州	13.40							13.40							15		
58	滁州	44.83				44.83										10		1
59	许昌	33.70				33.70							4.09	0.87	28.74	11		
总计		11224.54	8543.11	224.25	144.65	1454.86	57.86	10.19	578.42	168.54	32.16	10.50	7769.99	1260.11	2136.21	6239	856	523

注：1. 表中经国家发展改革委审批的线路 10057.40 公里，占比 89.60%，地方政府审批的线路 835.94 公里，占比 7.45%，原铁道部审批的线路总规模 331.20 公里，占比 2.95%；
2. 所有线网车站数量含换乘站，每车站只计数一次；
3. 按地理区域划分，广佛线在佛山境内线路 21.50 公里、车站 15 座计入佛山市，郑许线在许昌境内线路 33.70 公里、车站 11 座计入许昌市；
4. 有轨电车运营线路含上海、沈阳、武汉、长春 4 市共计 60.10 公里共线运营线路长度；
5. 杭海城际线按市域快轨制式统计全线计入嘉兴市，杭海城际线由浙江省轨道交通集团运营；
6. 南京轨道交通宁句线计入南京市；
7. 由于各敷设方式线路长度统计缺少滇南中心城市群现代有轨电车示范线及宁滁城际线滁州段数据，各敷设方式线路长度总和小于各城市线路长度总和。

（二）运营站场

至 2023 年底，全国城轨交通累计投运车站总计 6239 座（线网车站每个车站只计一次，换乘站不重复计算），其中换乘车站 856 座。拥有换乘站的城市达到 43 个，占已开通城轨交通城市的 72.88%。据不完全统计，累计投运车辆段和停车场共计 523 座。

拥有 4 条及以上运营线路，且换乘站 3 座及以上的城市共计 27 个，占已开通城轨交通运营城市总数的 45.76%。

（三）运营线路制式结构

至 2023 年底，城轨交通运营线路包含 10 种制式。其中，地铁 8543.11 公里，占比 76.11%；轻轨 224.25 公里，占比 2.00%；跨座式单轨 144.65 公里，占比 1.29%；市域快轨 1454.86 公里，占比 12.96%；磁浮交通 57.86 公里，占比 0.52%；自导向轨道系统 10.19 公里，占比 0.09%；有轨电车 578.42 公里，占比 5.15%；电子导向胶轮系统 168.54 公里，占比 1.50%；导轨式胶轮系统 32.16 公里，占比 0.29%；悬挂式单轨 10.50 公里，占比 0.09%。

2023 年，运营线路长度净增长 866.65 公里，其中地铁净增长 534.94 公里，占比 61.73%；市域快轨净增长 231.40 公里，占比 26.70%；电子导向胶轮系统净增长 63.39 公里，占比 7.31%；有轨电车净增长 13.66 公里，占比 1.58%；悬挂式单轨净增长 10.50 公里，占比 1.21%；导轨式胶轮系统净增长 8.26 公里，占比 0.95%；轻轨净增长 4.50 公里，占比 0.52%。与上年相比，中运能系统的轻轨、市域快轨，低运能系统的电子导向胶轮系统、悬挂式单轨、导轨式胶轮系统占比有所提升。其中，新开通的轻轨为长春4号线南延段，新开通的市域快轨有金华轨道交通金义东线（义东段）、苏州轨道交通S1线（11号线）、宁滁城际线滁州段、温州轨道交通S2线、青岛13号线二期北段、郑许线，新开通的电子导向胶轮系统主要有西咸新区智轨示范线1号线首通段、上海临港中运量3号线、宜宾智轨T4线，新开通的悬挂式单轨为武汉光谷空轨旅游线，新开通的导轨式胶轮系统为长沙大王山旅游专线。

拥有2种及以上制式投运的城市有22个，占已开通城轨交通运营城市的37.29%。其中，上海有6种制式在运营；北京、重庆、广州、大连、苏州5市有4种制式在运营；天津、深圳、武汉、南京、长春、成都、西安、长沙、青岛9市各有3种制式在运营；沈阳、哈尔滨、郑州、佛山、宁波、兰州、嘉兴7市各有2种制式在运营。

（四）全自动运行线路

至2023年底，中国内地共有北京、上海、深圳、广州、武汉、苏州、济南、南宁、天津、宁波、芜湖、重庆、南京、太原、成都、长沙、西安、绍兴、福州、郑州、许昌21个城市开通全自动运行城轨交通线路40条，已形成1051.81公里的全自动运行线路规模，同比增长31.54%。2023年开通全自动运行线路252.17公里，另有广州地铁既有线路18号线于1月份实现全自动运行功能正式投用。2023年开通的全自动运行线路中，郑州开通最多达3条线，线路长度71.83公里。具体见表4-4-2。

2023年新增全自动运行城轨交通线路　　表4-4-2

序号	城市	制式	线路名称	新增运营里程（公里）	开通时间
1	长沙	导轨式胶轮系统	大王山旅游专线	8.26	2023/5/9
2	苏州	市域快轨	S1线（11号线）	41.25	2023/6/24
3	西安	地铁	16号线一期	14.22	2023/6/27
4	绍兴	地铁	2号线一期	10.20	2023/7/26
5	福州	地铁	4号线一期首通段	22.64	2023/8/27
6	武汉	悬挂式单轨	光谷空轨旅游线	10.50	2023/9/26
7	郑州	地铁	10号线一期	21.86	2023/9/28
8	武汉	地铁	5号线二期调整工程段	2.61	2023/12/1
9	郑州	地铁	12号线一期	16.54	2023/12/20
10	南京	地铁	7号线南段	10.66	2023/12/28
11	郑州	市域快轨	郑许线（郑州段）	33.43	2023/12/28
12	许昌	市域快轨	郑许线（许昌段）	33.70	2023/12/28
13	北京	地铁	17号线北段	24.90	2023/12/31
14	北京	地铁	11号线西段、剩余段	1.40	2023/12/31

二、客运量

（一）客运量、进站量和客运周转量

2023年，城轨交通完成客运量294.66亿人次，同比增加101.65亿人次，增长52.66%。其中客运量增幅较大的城市有南通、兰州、佛山、温州、乌鲁木齐、哈尔滨和呼和浩特，这些城市的客运量增幅均超过100%。

2023年，客运量排名前五的城市为：上海、北京、广州、深圳和成都。上海全年完成客运量36.69亿人次，比上年增长60.37%；北京完成客运量34.53亿人次，比上年增长52.58%；广州完成客运量31.34亿人次，比上年增长32.73%；深圳完成客运量27.11亿人次，比上年增长54.96%；成都完成客运量21.22亿人次，比上年增长35.00%。上海、北京、广州、深圳、成都5市客运量同比均呈现上升趋势，占2023年全国总客运量的比重为51.21%，比上年下降1.81个百分点。

2023年，全国城市日均客运总量达到8156.23万人次，比上年增加2650.51万人次，增长48.14%。日均客运总量排名领先的分别是上海1005.23万人次，比上年增长36.51%；北京946.01万人次，比上年增长52.56%；广州858.67万人次，比上年增长32.56%；深圳742.77万人次，比上年增长43.19%；成都586.70万人次，比上年增长36.25%；杭州、武汉、重庆、西安4市日均客运量超过

300万人次，南京、长沙两市日均客运量超过250万人次。

2023年，城轨交通完成客运进站量177.28亿人次，比上年增加60.72亿人次，比上年增长52.09%。上海完成进站量20.29亿人次，居全国首位，比上年增长60.60%；北京完成进站量19.03亿人次，比上年增长52.98%；广州完成进站量17.15亿人次，比上年增长30.32%；深圳完成进站量15.89亿人次，比上年增长50.14%；成都完成进站量12.02亿人次，比上年增长35.00%。2023年进站量排名前十的其他城市中，与2022年相比进站量均呈现上升趋势，增幅分别为：武汉48.98%、西安71.87%、重庆38.93%、杭州39.40%、南京44.48%。

2023年，城轨交通完成客运周转量2450.53亿人次公里，比上年增长54.67%。北京、上海、广州、深圳、成都5市完成客运周转量1331.73亿人次公里，5市合计比上年增长50.12%；5市完成客运周转量占总量的比重为54.34%，比上年下降1.65个百分点。

2023年各城市全制式城轨交通客运情况见表4-4-3。

（二）客运强度

2023年，全国城轨交通平均客运强度为0.55万人次/公里·日，客运强度比上年增加0.17万人次/公里·日，增幅43.49%。

从线网总体来看，2023年全制式综合线网平均客运强度排名前五的城市为：广州1.37万人次/公里·日、深圳1.33万人次/公里·日、西安1.21万人次/公里·日、北京1.20万人次/公里·日、长沙1.14万人次/公里·日。另有上海、成都两市全制式综合线网平均客运强度超过1万人次/公里·日。2023年各城市城轨交通全制式线网客运强度见表4-4-3。

2023年各城市全制式城轨交通客运情况统计汇总表

表4-4-3

序号	城市	客运量（万人次）	日均客运量（万人次）	进站量（万人次）	客运周转量（万人次公里）	客运强度（万人次/公里·日）	线路最高日客运量（万人次）	车站最高日乘降量		
								最高日乘降量（万人次）	发生车站	发生日期
1	北京	345294.26	946.01	190296.03	3294703.01	1.20	183.54	45.76	王府井	2023/10/1
2	上海	366906.65	1005.23	202888.93	3368763.70	1.10	144.60	68.80	人民广场	2023/4/30
3	天津	57132.93	157.12	35661.96	423594.96	0.53	55.10	33.03	营口道	2023/12/31
4	重庆	132582.81	363.24	83377.33	1122680.56	0.80	93.67	37.95	小什字	2023/12/31
5	广州	313413.28	858.67	171501.20	2585978.10	1.37	236.65	77.74	体育西路	2023/12/31
6	深圳	271112.14	742.77	158890.28	2268446.29	1.33	139.37	60.33	深圳北站	2023/9/28
7	武汉	135163.39	372.90	85652.12	1095410.34	0.72	138.29	45.23	江汉路	2023/4/30
8	南京	100998.93	276.71	61028.79	888923.17	0.62	120.66	74.32	新街口	2023/12/31
9	沈阳	50823.19	154.90	33816.00	332530.47	0.65	65.27	25.41	青年大街	2023/9/28
10	长春	21908.23	60.02	15527.00	148738.43	0.55	31.14	5.09	长春站	2023/5/3
11	大连	25200.82	70.74	18886.61	249242.80	0.27	41.52	25.47	西安路	2023/4/30
12	成都	212191.00	586.70	120161.00	1799400.00	1.00	106.00	52.58	春熙路	2023/4/30
13	西安	129427.60	355.60	84153.29	1026542.29	1.21	123.64	56.22	钟楼	2023/12/31
14	哈尔滨	28128.29	77.06	18543.00	174447.25	0.97	45.36	27.43	博物馆	2023/12/31
15	苏州	53118.26	149.91	33335.26	375761.53	0.50	65.79	29.23	苏州火车站	2023/5/1
16	郑州	58317.46	170.31	36563.57	459471.64	0.62	95.37	41.50	二七广场	2023/12/31
17	昆明	29204.64	80.01	21063.87	272914.22	0.48	54.34	15.28	五一路	2023/12/31
18	杭州	138357.17	379.06	82857.29	1164735.77	0.73	124.56	36.49	龙翔桥	2023/3/5
19	佛山	7439.00	20.38	5276.40	76963.80	0.23	25.00	10.55	北滘公园	2023/12/31
20	长沙	94391.55	259.17	50577.02	549447.31	1.14	110.49	58.59	五一广场	2023/12/31

2023 年各城市全制式城轨交通客运情况统计汇总表（续前表） 表 4-4-3

序号	城市	客运量（万人次）	日均客运量（万人次）	进站量（万人次）	客运周转量（万人次公里）	客运强度（万人次/公里·日）	线路最高日客运量（万人次）	车站最高日乘降量		
								最高日乘降量（万人次）	发生车站	发生日期
21	宁波	36735.03	100.64	20975.61	198941.01	0.54	58.50	19.51	鼓楼	2023/12/31
22	无锡	18456.05	50.56	12552.47	115963.57	0.46	41.05	32.66	三阳广场	2023/12/31
23	南昌	38054.70	104.26	22822.60	231410.00	0.81	114.30	54.79	地铁大厦	2023/12/31
24	兰州	10563.61	32.96	9670.81	82972.41	0.99	57.45	14.01	西站什字	2023/12/31
25	青岛	47197.25	129.31	33144.06	493255.40	0.40	63.32	31.80	青岛站	2023/5/1
26	淮安	734.00	2.01	734.00	7340.00	0.10	5.60	0.65	体育馆	2023/10/1
27	福州	22776.58	72.13	16926.98	174836.39	0.53	50.07	22.18	东街口	2023/12/31
28	东莞	4533.88	12.42	4533.88	57612.98	0.33	26.36	13.71	鸿福路	2023/12/31
29	南宁	35001.78	95.90	21010.04	211242.55	0.77	81.47	48.72	朝阳广场	2023/12/31
30	合肥	41095.52	112.59	27030.82	262198.28	0.65	67.72	28.38	大东门	2023/12/31
31	石家庄	17316.14	47.44	12005.18	99466.33	0.64	177.34	100.78	新百广场	2023/12/31
32	贵阳	13346.57	54.80	10429.62	111035.13	0.47	33.05	13.66	延安西路	2023/12/31
33	厦门	24641.59	67.51	18911.10	189953.99	0.69	51.09	11.12	吕厝	2023/5/1
34	乌鲁木齐	3928.07	10.76	3928.07	34887.85	0.40	16.20	2.36	二道桥	2023/10/1
35	温州	2213.14	9.24	2027.52	35518.85	0.08	25.19	4.75	奥体中心	2023/11/11
36	济南	9620.94	26.36	6904.88	109938.99	0.31	24.46	8.44	八涧堡	2023/9/28
37	常州	7311.54	20.03	6004.40	45697.98	0.37	25.81	9.40	文化宫	2023/12/31
38	徐州	9402.10	25.76	6739.92	59891.17	0.40	30.56	29.33	彭城广场	2023/12/31
39	呼和浩特	6772.91	18.56	5482.15	38353.46	0.38	37.41	28.44	新华广场	2023/12/31
40	天水	95.54	0.26	95.54	754.76	0.02	0.65			
41	三亚	131.55	0.36	131.55	460.00	0.04	0.77			
42	太原	4382.15	12.01	4382.15	29256.24	0.52	20.19	4.72	开化寺街	2023/12/31
43	洛阳	5715.89	15.66	4313.57	35101.22	0.37	31.53	18.88	解放路	2023/12/31
44	嘉兴	1510.22	4.14	1214.25	29066.03	0.07	8.44	2.61	临平南高铁站	2023/9/30
45	绍兴	3841.76	10.96	2123.13	42555.34	0.19	12.35			
46	芜湖	3314.77	9.08	2833.45	22599.00	0.20	11.26			
47	金华	3697.51	10.13	2658.94	67131.01	0.11	23.12			
48	南通	2114.96	11.08	2096.75	23506.38	0.19	17.19	6.84	北大街	2023/12/31
49	台州	1014.54	2.78	1014.54	15664.52	0.05	10.01			
总计/平均		2946631.86	8156.23	1772754.92	24505306.47	0.55				

注：1. 广佛线全线客流数据计入广州、郑许线全线客流数据计入郑州；

2. 上海临港中运量 1 号线、2 号线、3 号线，武汉光谷有轨电车 T1 线、T2 线，大连有轨电车 201 路、202 路，成都蓉 2 号线、苏州高新有轨电车 1 号线、2 号线均缺少客运周转量数据；

3. 珠海、株洲、宜宾、文山州、南平、黄石、盐城、红河州、滁州暂无本统计期客流信息。

从运输能力来看，2023 年大运能系统（地铁）平均客运强度 0.71 万人次 / 公里 · 日，客运强度排名前五的城市为：广州 1.55 万人次 / 公里 · 日、深圳 1.35 万人次 / 公里 · 日、北京 1.28 万人次 / 公里 · 日、上海 1.26 万人次 / 公里 · 日、长沙 1.24 万人次 / 公里 · 日。中运能系统（含轻轨、跨座式单轨、市域快轨、磁浮交通、自导向轨道系统）平均客运强度 0.20 万人次 / 公里 · 日，客运强度排名前五的城市为：重庆 1.06 万人次 / 公里 · 日、长春 0.33 万人次 / 公里 · 日、天津 0.27 万人次 / 公里 · 日、广州 0.24 万人次 / 公里 · 日、苏州 0.22 万人次 / 公里 · 日。低运能系统（含有轨电车、电子导向胶轮系统、导轨式胶轮系统、悬挂式单轨）平均客运强度 0.09 万人次 / 公里 · 日，客运强度排名前五的城市为：北京 0.22 万人次 / 公里 · 日、广州 0.18 万人次 / 公里 · 日、深圳 0.14 万人次 / 公里 · 日、佛山 0.12 万人次 / 公里 · 日、大连 0.12 万人次 / 公里 · 日。

各城市大运能系统客运强度情况见表 4-4-4、中运能系统客运强度情况见表 4-4-5、低运能系统客运强度情况见表 4-4-6。

从单线来看，2023 年线路客运强度最高的是广州地铁 1 号线 4.36 万人次 / 公里 · 日，其后依次是广州地铁 2 号线 3.39 万人次 / 公里 · 日、广州地铁 5 号线 3.18 万人次 / 公里 · 日、西安地铁 2 号线 3.03 万人次 / 公里 · 日、广州地铁 8 号线 2.72 万人次 / 公里 · 日、广州地铁 3 号线 2.68 万人次 / 公里 · 日、北京地铁 2 号线 2.67 万人次 / 公里 · 日、上海地铁 1 号线 2.63 万人次 / 公里 · 日、北京地铁 5 号线 2.55 万人次 / 公里 · 日和长沙地铁 2 号线 2.54 万人次 / 公里 · 日。2023 年客运强度超过 0.7 万人次 / 公里 · 日的线路 125 条，占总线路条数的 36.98%。2023 年客运强度超过 0.7 万人次 / 公里 · 日的大运能线路有 122 条，占大运能总线路条数的 50.83%；客运强度超过 0.4 万人次 / 公里 · 日的中运能线路有 5 条，占中运能总线路条数的 11.36%；客运强度超过 0.1 万人次 / 公里 · 日的低运能线路有 7 条，占低运能总线路条数的 12.96%。

（三）线路高峰小时最高断面客流量

与上一年相比，高峰小时最高断面客流仍有增长的城市有：北京、广州、深圳、天津、大连、武汉、沈阳、成都、杭州、郑州、哈尔滨、无锡、宁波、昆明、南昌、青岛、福州、东莞、南宁、合肥、石家庄、贵阳、厦门、乌鲁木齐、温州、济南、常州、徐州、呼和浩特、太原、洛阳、嘉兴、芜湖等。

从线路来看，高峰小时断面客流最高的 10 条线路依次是：北京地铁 6 号线 6.11 万人次、上海地铁 9 号线 5.61 万人次、深圳地铁 1 号线 5.49 万人次、深圳地铁 4 号线 5.44 万人次、北京地铁 4 号线 & 大兴线 5.35 万人次、成都地铁 1 号线 5.23 万人次、北京地铁 10 号线 5.12 万人次、上海地铁 1 号线 5.08 万人次、深圳地铁 5 号线 5.07 万人次、上海地铁 11 号线 5.03 万人次。

2023 年各城市大运能系统运营情况统计汇总表　　表 4-4-4

序号	城市	线路条数（条）	运营里程（公里）	平均旅行速度（公里 / 小时）	配属列车（列）	客运总量（万人次）	客运周转量（万人次公里）	客运强度（万人次 / 公里 · 日）
1	北京	21	760.79	38.19	1153	341774.10	3236245.25	1.28
2	上海	18	795.37	37.31	1142	364763.93	3356551.82	1.26
3	天津	9	246.05	33.60	249	52015.20	336019.05	0.58
4	重庆	9	396.13	40.21	339	94314.41	834254.26	0.73
5	广州	13	550.84	43.02	616	305866.79	2495075.64	1.55
6	深圳	15	555.40	37.87	700	270530.81	2265038.29	1.35
7	武汉	12	486.75	40.19	553	134288.33	1095410.34	0.76
8	南京	6	213.22	37.50	287	87993.38	678220.28	1.19
9	沈阳	5	159.59	33.20	188	50092.40	327456.35	1.02
10	长春	2	43.00	33.82	51	13864.15	83176.65	0.88
11	大连	3	90.12	40.55	95	18100.79	141813.73	0.57
12	成都	13	562.42	49.44	705	210919.00	1799400.00	1.07
13	西安	9	304.73	37.14	428	129427.60	1026542.29	1.21
14	哈尔滨	3	82.13	32.88	99	28128.29	174447.25	0.97

2023 年各城市大运能系统运营情况统计汇总表（续前表） 表 4-4-4

序号	城市	线路条数（条）	运营里程（公里）	平均旅行速度（公里 / 小时）	配属列车（列）	客运总量（万人次）	客运周转量（万人次公里）	客运强度（万人次 / 公里 · 日）
15	苏州	5	209.97	34.35	237	50626.93	353533.10	0.66
16	郑州	9	277.11	37.47	289	58317.46	459471.64	0.62
17	昆明	6	165.85	36.46	151	29204.64	272914.22	0.48
18	杭州	12	516.00	39.72	558	138357.17	1164735.77	0.73
19	佛山	2	94.60	45.10	53	6789.70	73954.80	0.25
20	长沙	6	207.92	33.94	207	94199.71	545924.96	1.24
21	宁波	5	163.61	37.34	158	35518.16	188254.97	0.59
22	无锡	4	110.77	34.60	104	18456.05	115963.57	0.46
23	南昌	4	128.45	33.58	146	38054.70	231410.00	0.81
24	兰州	2	33.46	31.25	36	10563.61	82972.41	0.99
25	青岛	4	140.70	33.43	183	39910.42	347980.60	0.78
26	福州	5	138.94	35.36	123	22776.58	174836.39	0.53
27	东莞	1	37.79	53.20	20	4533.88	57612.98	0.33
28	南宁	5	124.96	34.39	146	35001.78	211242.55	0.77
29	合肥	5	196.99	33.17	228	41095.52	262198.28	0.65
30	石家庄	3	74.28	32.44	81	17316.14	99466.33	0.64
31	贵阳	3	116.91	36.07	127	13346.57	111035.13	0.47
32	厦门	3	98.40	36.11	121	24641.59	189953.99	0.69
33	乌鲁木齐	1	26.80	33.30	27	3928.07	34887.85	0.40
34	济南	3	84.10	42.02	76	9620.94	109938.99	0.31
35	常州	2	54.03	35.93	55	7311.54	45697.98	0.37
36	徐州	3	64.09	33.17	67	9402.10	59891.17	0.40
37	呼和浩特	2	49.03	33.65	52	6772.91	38353.46	0.38
38	太原	1	23.28	31.92	24	4382.15	29256.24	0.52
39	洛阳	2	42.46	33.64	41	5715.89	35101.22	0.37
40	绍兴	2	57.30	36.87	56	3841.76	42555.34	0.19
41	南通	2	58.78	35.45	51	2114.96	23506.38	0.19
总计 / 平均		240	8543. 11	36. 80	10022	2833880. 09	23212301. 50	0. 71

注：1. 广佛线线路长度数据按照地理区域划分，其他数据全线计入广州；
2. 重庆除线路条数、线路长度指标包含 18 号线数据以外，其余指标均不包含 18 号线数据。

2023 年各城市中运能系统运营情况统计汇总表 表 4-4-5

序号	城市	线路条数（条）	运营里程（公里）	平均旅行速度（公里 / 小时）	配属列车（列）	客运总量（万人次）	客运周转量（万人次公里）	客运强度（万人次 / 公里 · 日）
1	北京	3	125.53	31.10	23	2794.63	53430.96	0.16
2	上海	3	91.40	32.71	15	1343.89	12211.88	0.10

2023 年各城市中运能系统运营情况统计汇总表（续前表） 表 4-4-5

序号	城市	线路条数（条）	运营里程（公里）	平均旅行速度（公里 / 小时）	配属列车（列）	客运总量（万人次）	客运周转量（万人次公里）	客运强度（万人次 / 公里 · 日）
3	天津	1	52.25	48.98	38	5117.73	87575.91	0.27
4	广州	3	80.40	57.44	47	7027.19	87516.86	0.24
5	重庆	3	126.67	32.70	151	38268.40	288426.30	1.06
6	南京	6	246.50	62.00	123	13005.55	210702.89	0.14
7	长春	3	68.20	29.50	117	8044.08	65561.79	0.33
8	大连	3	146.95	55.18	78	6114.93	107429.08	0.11
9	成都	1	94.20					
10	西安	1	26.30					
11	苏州	1	41.25	36.70	34	1753.68	21886.84	0.22
12	郑州	2	76.43					
13	长沙	1	18.55	67.00	11	191.84	3522.35	0.03
14	宁波	1	21.53	39.97	21	1216.87	10686.04	0.15
15	兰州	1	61.00					
16	青岛	3	176.80	58.73	99	7131.33	144630.20	0.11
17	温州	2	115.45	55.45	42	2213.14	35518.85	0.08
18	嘉兴	1	46.32	68.59	17	1237.88	27186.87	0.07
19	芜湖	2	46.20	33.77	44	3314.77	22599.00	0.20
20	金华	1	98.95	62.84	40	3697.51	67131.01	0.11
21	台州	1	52.40	55.14	31	1014.54	15664.52	0.05
22	滁州	1	44.83					
23	许昌	1	33.70					
总计 / 平均		44	1891.81	48.69	931	103487.96	1261681.34	0.20

注：1. 郑许线线路长度数据按照地理区域划分，其他数据全线计入郑州；
2. 郑许线分为郑州段和许昌段，线路总计中只统计一次；
3. 仅线路条数、线路长度指标包含北京 S2 线、上海金山线、重庆江跳线、成都成灌线、西安西户铁路线、郑许线（郑州段、许昌段）、郑州新郑机场线、兰州机场线、宁滁城际线（滁州段）等线路数据，其余指标均不包含上述线路数据。

2023 年各城市低运能系统运营情况统计汇总表 表 4-4-6

序号	城市	线路条数（条）	运营里程（公里）	平均旅行速度（公里 / 小时）	配属列车（列）	客运总量（万人次）	客运周转量（万人次公里）	客运强度（万人次 / 公里 · 日）
1	北京	2	20.76	24.52	31	725.53	5026.80	0.22
2	上海	5	80.35	19.85	53	798.83		0.03
3	天津	1	7.86					
4	广州	2	22.10	22.00	7	519.30	3385.60	0.18
5	重庆	1	15.40					
6	深圳	2	20.22	18.56	15	581.33	3408.00	0.14

2023年各城市低运能系统运营情况统计汇总表（续前表） 表4-4-6

序号	城市	线路条数（条）	运营里程（公里）	平均旅行速度（公里/小时）	配属列车（列）	客运总量（万人次）	客运周转量（万人次公里）	客运强度（万人次/公里·日）
7	武汉	5	69.64	21.00	43	875.06		0.07
8	南京	2	16.71					
9	沈阳	6	102.61	21.20	65	730.79	5074.12	0.02
10	长春	2	17.51					
11	大连	2	23.40		73	985.10		0.12
12	成都	1	39.30	23.50	36	1272.00		0.09
13	西安	1	6.50					
14	哈尔滨	1	18.20					
15	苏州	3	49.32	31.80	49	737.65	341.59	0.04
16	佛山	2	20.80	23.90	16	649.30	3009.00	0.12
17	长沙	1	8.26					
18	青岛	1	8.77	18.00	7	155.50	644.60	0.05
19	淮安	1	20.07		26	734.00	7340.00	0.10
20	珠海	1	8.81					
21	天水	1	12.93	27.70	17	95.54	754.76	0.02
22	株洲	2	17.00					
23	宜宾	2	68.09					
24	三亚	1	8.37	15.65	14	131.55	460.00	0.04
25	嘉兴	1	13.80	21.00	17	272.34	1879.16	0.05
26	文山州	1	13.40					
27	南平	1	26.17					
28	黄石	1	26.88					
29	盐城	1	13.00					
30	红河州	1	13.40					
总计/平均		54	789.62	22.21	469	9263.82	31323.63	0.09

注：1. 景区内旅游线、园区内部线等不对公众开放的线路不在统计范围内；

2. 仅线路条数、线路长度指标包含北京亦庄T1线、天津开发区导轨电车1号线、广州黄埔有轨电车、重庆璧山云巴、深圳坪山云巴、武汉光谷空轨旅游线、武汉车都有轨电车T1线、南京有轨电车1号线、南京有轨电车2号线、沈阳有轨电车6号线、长春有轨电车54路、长春有轨电车55路、西咸新区智轨示范线1号线、哈尔滨智轨1号线、佛山高明有轨电车、长沙大王山旅游专线、珠海有轨电车1号线、株洲智轨A1线、株洲智轨A2线、宜宾智轨T1线、宜宾智轨T4线、文山普者黑有轨电车4号线、南平武夷有轨电车、黄石现代有轨电车、盐城市区轨道交通SRT 1号线、滇南中心城市群现代有轨电车示范线等线路数据，其余指标均不包含上述线路数据。

三、运营服务和安全

（一）车辆配置、运营车公里和平均旅行速度

据不完全统计，至2023年底，全国城轨交通累计配属车辆11422列，比上年增加997列，增长9.56%。全年完成运营车公里72.09亿车公里，比上年增长17.53%。运营车公里超过5亿车公里的城市有上海、北京、深圳、广州、成都5市。其中，上海7.88亿车公里，比上年增长24.09%；北京7.44亿车公里，比上年增长8.25%；深圳5.52亿车公里，比上年增长25.86%；广州5.12亿车公里，比上年增长8.33%；成都5.01亿车公里，比上年增长

7.09%；5 市合计占全国总运营车公里的比重为 42.97%。杭州、武汉、重庆、南京、西安 5 市运营车公里均超过 2 亿车公里，天津、苏州、郑州、长沙、青岛、宁波、合肥、沈阳 8 市运营车公里均超过 1 亿车公里。

2023 年，全国城轨交通日均计划开行列次总计为 108598 列次，日均实际开行列次总计为 108784 列次，实际开行列次比上年增加 14497 列次，增长 15.37%。开行列次排名前 5 的城市分别为上海、北京、广州、深圳、成都。兰州、温州等城市由于新线的开通，实际开行列次增幅较大。2023 年共有 44 个城市的计划兑现率均达到或超过 100%。

2023 年，城轨交通平均旅行速度 37.74 公里 / 小时，比上年增长 3.44%，平均旅行速度小幅提升。其中单条线路平均旅行速度以成都 19 号线 105.34 公里 / 小时、成都 18 号线 98 公里 / 小时、广州 18 号线 83 公里 / 小时、南京市域快轨 S9 线 80 公里 / 小时、嘉兴杭海城际线 68.59 公里 / 小时位列前 5 位（上海磁浮线、北京大兴机场线未计入），市域快轨的平均旅行速度高，但客流相对较少。地铁的平均旅行速度 36.80 公里 / 小时，其中，东莞 53.20 公里 / 小时、成都 49.44 公里 / 小时、佛山 45.10 公里 / 小时、广州 43.02 公里 / 小时和济南 42.02 公里 / 小时，分列城市地铁平均旅行速度的前 5 位。2023 年各城市地铁线路的运营情况详见表 4-4-4。

（二）高峰小时最小发车间隔和线网运营服务时长

2023 年，全国城轨交通高峰小时最小发车间隔平均为 273 秒，比上年延长 1.39%。进入 120 秒及以内的线路共有 18 条。其中，北京地铁 6 条、上海地铁 5 条、深圳地铁 2 条、广州地铁 1 条、成都地铁 1 条、南京地铁 1 条、苏州地铁 1 条、西安地铁 1 条。北京、上海、深圳、南京、成都、苏州、广州、西安、杭州、青岛、重庆、武汉、郑州、厦门、天津 15 市的 78 条城轨交通线路高峰小时最小发车间隔进入 180 秒以内，占总线路条数的 23.08%。

2023 年，城轨交通平均运营服务时长 16.95 小时 / 日，与上年基本持平。城市平均运营服务时长以北京 18.75 小时 / 日为最长。城市平均运营服务时长达到 18 小时 / 日的有 5 市，分别为北京、上海、重庆、深圳、贵阳。

从线路看，据不完全统计，共有北京、上海、天津、重庆、广州、深圳、武汉、南京、沈阳、大连、成都、西安、苏州、郑州、佛山、合肥、贵阳、嘉兴、绍兴 19 市的 112 条城轨交通线路运营服务时长达到 18 个小时及以上。其中，北京 22 条、上海 16 条、深圳 12 条、成都 11 条、重庆 9 条、武汉 8 条、西安 6 条、沈阳 5 条、苏州 5 条。与上年相比，城轨交通线路运营服务时长达到 18 个小时的线路减少 1 条。

2023 年，单线运营服务时长最长为 20 个小时，共计两个城市的 5 条线达到此时长。其中，北京 4 条，分别为 4 号线 & 大兴线、6 号线、8 号线和 10 号线；上海 1 条，为 1 号线。2023 年各城市城轨交通运营服务情况详见表 4-4-7。

（三）运营安全

2023 年，据不完全统计（据可统计的 42 市数据，同比数据做同口径调整），共发生 5 分钟及以上延误事件 839 次，平均 5 分钟及以上延误率 0.121 次 / 百万车公里，比上年增长 1.87%。列车退出正线运营故障次数共计 5381 次，平均退出正线运营故障率 0.008 次 / 万车公里，比上年下降 14.50%。

2023 年各城市城轨交通运营服务情况统计汇总表 表 4-4-7

序号	城市	运营车公里（万车公里）	平均旅行速度（公里 / 小时）	配属列车数（列）	日均计划开行列次（列次）	日均实际开行列次（列次）	线路高峰小时最小发车间隔（秒）	线网平均运营服务时间（小时 / 日）
1	北京	74397.09	37.28	1207	10014	10033	95	18.75
2	上海	78809.59	33.48	1210	10222	10229	110	18.17
3	天津	19536.22	35.14	287	3040	3050	180	17.25
4	重庆	33639.82	38.71	490	4486	4488	150	18.33
5	广州	51234.75	44.33	670	7635	7639	120	17.12
6	深圳	55194.97	36.67	715	7233	7244	120	18.11
7	武汉	34809.69	37.45	596	5028	5028	150	17.83
8	南京	27623.43	49.75	410	4121	4130	120	16.95
9	沈阳	10272.99	27.20	253	2173	2145	187	16.80
10	长春	4247.16	31.23	168	1524	1527	294	16.80

2023 年各城市城轨交通运营服务情况统计汇总表（续前表） 表 4-4-7

序号	城市	运营车公里（万车公里）	平均旅行速度（公里 / 小时）	配属列车数（列）	日均计划开行列次（列次）	日均实际开行列次（列次）	线路高峰小时最小发车间隔（秒）	线网平均运营服务时间（小时 / 日）
11	大连	8154.21	48.91	246	1977	1998	210	16.46
12	成都	50147.00	47.59	741	6003	6017	120	17.79
13	西安	25860.42	37.14	428	3689	3692	94	17.87
14	哈尔滨	6224.79	32.88	99	1126	1127	238	17.00
15	苏州	18528.90	33.76	320	3341	3344	120	17.17
16	郑州	16617.48	37.47	289	2852	2878	170	17.05
17	昆明	9899.59	36.46	151	1533	1533	240	17.00
18	杭州	41594.40	39.72	558	4911	4922	135	17.11
19	佛山	5200.00	38.03	69	934	934	339	17.97
20	长沙	15946.30	38.08	218	2771	2771	198	17.10
21	宁波	15109.86	37.78	179	2511	2517	238	17.40
22	无锡	6493.40	34.60	104	1172	1177	300	17.00
23	南昌	9526.70	33.58	146	1432	1436	236	17.45
24	兰州	1713.91	31.25	36	584	585	290	16.00
25	青岛	15876.53	40.99	289	2400	2402	145	17.48
26	淮安	716.40		26	260	260	420	
27	福州	7025.87	35.36	123	1551	1554	270	16.80
28	东莞	2189.77	53.20	20	289	290	375	17.00
29	南宁	9495.57	34.39	146	1717	1717	210	16.50
30	合肥	12680.30	33.17	228	1665	1666	208	17.98
31	石家庄	4920.61	32.44	81	914	915	300	16.56
32	贵阳	5011.72	36.07	127	864	869	330	18.00
33	厦门	7496.65	36.11	121	1164	1165	160	17.00
34	乌鲁木齐	1266.55	33.30	27	245	245	375	16.00
35	温州	1693.22	55.45	42	418	422	300	16.00
36	济南	4113.67	42.02	76	780	783	390	16.00
37	常州	3078.58	35.93	55	556	556	360	17.00
38	徐州	3236.81	33.17	67	797	800	384	17.00
39	呼和浩特	2576.94	33.65	52	460	467	360	16.00
40	天水	68.96	27.70	17	160	160	566	15.00
41	三亚	39.36	15.65	14	134	134	700	17.00
42	太原	1420.91	31.92	24	274	274	390	16.00
43	洛阳	2297.10	33.64	41	495	495	360	16.00
44	嘉兴	1495.13	44.80	34	459	459	300	17.50
45	绍兴	3079.41	36.87	56	933	934	300	17.00
46	芜湖	2321.08	33.77	44	545	545	334	16.32

2023 年各城市城轨交通运营服务情况统计汇总表（续前表） 表 4-4-7

序号	城市	运营车公里（万车公里）	平均旅行速度（公里／小时）	配属列车数（列）	日均计划开行列次（列次）	日均实际开行列次（列次）	线路高峰小时最小发车间隔（秒）	线网平均运营服务时间（小时／日）
47	金华	4210.00	62.84	40	418	418	600	15.00
48	南通	2197.92	35.45	51	563	582	390	16.00
49	台州	1631.77	55.14	31	226	226	385	16.00
总计／平均		720923. 52	37. 74	11422	108598	108784	273	16. 95

注：1. 广佛线全线数据计入广州；
2. 株洲、宜宾、文山州、南平、黄石、盐城、红河州、滁州 8 市运营数据暂无；珠海有轨电车自 2021 年 1 月 22 日起停运。

四、运营经济

（一）运营收入

据不完全统计（据可统计可对比的 36 市数据且同比数据做同口径调整），2023 年，全国城轨交通平均每车公里运营收入 17.61 元，比上年减少 1.71 元。平均每人次公里运营收入 0.92 元，比上年减少 0.63 元。每车公里运营收入和每人次公里运营收入均超过全国平均水平的有深圳、青岛、温州、三亚 4 市，均为资源经营收入占比较高的城市。平均单位票款收入 0.26 元／人次公里，同比减少 0.02 元。兰州、呼和浩特、太原、三亚 4 市单位票款收入超过 0.3 元／人次公里。

（二）运营成本

据不完全统计（据可统计可对比的 32 市数据且同比数据做同口径调整），2023 年，全国城轨交通平均每车公里运营成本 34.43 元，比上年增加 3.36 元。平均每人次公里运营成本 1.74 元，比上年减少 0.45 元。总成本中人工成本占比 42.98%，比上年下降 4.74 个百分点；电费占比 9.05%，比上年下降 0.39 个百分点。

（三）运营收支情况

据不完全统计（据可统计可对比的 32 市数据且同比数据做同口径调整），2023 年，全国平均运营收支比为 64.23%，比上年上升 4.60 个百分点。总收入比上年增长 21.25%，其中票款收入比上年增长 48.53%。

五、能耗情况

据不完全统计（据可统计可对比的 44 市数据且同比数据做同口径调整），2023 年，全国城轨交通总电能耗 249.77 亿千瓦时，比上年增长 9.59%。其中，牵引能耗 129.34 亿千瓦时，比上年增长 14.31%。牵引能耗占总电能耗的比为 51.79%。随着新投运线路的不断增加，总体能耗指标不断增长，总电能耗和牵引能耗均达历史最高。

2023 年，城轨交通平均每车公里总电能耗 3.56 千瓦时，比上年下降 4.31%。平均每车公里牵引能耗 1.84 千瓦时，比上年下降 0.18%。2023 年，城轨交通平均每人次公里总电能耗 0.10 千瓦时，比上年下降 28.69%。平均每人次公里牵引能耗 0.05 千瓦时，比上年下降 25.61%。

根据统计所得全国城轨交通总电能耗数据及生态环境部公布的 2022 年度全国电网平均碳排放因子结果可知，2023 年 CO_2 排放总量比上年增长 9.59%，车公里 CO_2 排放量比上年下降 4.31%，人公里 CO_2 排放量比上年下降 28.69%。具体见表 4-4-8。

2022—2023 年全国城轨交通总电能耗与 CO_2 排放量对应表 表 4-4-8

指标	年份		同比增长
	2022 年	2023 年	
总电能耗（兆瓦时）	22791776.94	24976820.35	9.59%
车公里总电能耗（千瓦时／车公里）	3.72	3.56	-4.31%
人公里总电能耗（千瓦时／人次公里）	0.14	0.10	-28.69%
CO_2 排放总量（tCO_2）	12998150.39	14244280.65	9.59%
车公里 CO_2 排放量（tCO_2／万车公里）	21.19	20.28	-4.31%
人公里 CO_2 排放量（tCO_2／万人次公里）	0.82	0.59	-28.69%

注：生态环境部最新公布的全国电网平均碳排放因子为 2022 年度，表 4-4-8 中 2022 年、2023 年的 CO_2 排放总量均采用该因子计算。

（中国城市轨道交通协会统计部）

五

科技创新

收入本篇的重大科技奖项有以下项目：

省市科学技术奖：一等奖 2 项

增补 2022 年度奖项，一等奖 4 项，二等奖 10 项

中国城市轨道交通协会科技进步奖：特等奖 1 项，一等奖 12 项，二等奖 19 项

中国土木工程詹天佑奖 5 项

国家优质工程奖（由中国城市轨道交通协会推荐）4 项

注：省市奖项包括计划单列市（大连、青岛、宁波、厦门、深圳）

上海地铁博物馆

1　国家及省市科学技术奖

【概况】

2023 年，城市轨道交通行业获地方科学技术奖二等奖以上项目 2 个，均为一等奖，增补 2022 年度奖项 14 项，其中一等奖 4 项、二等奖 10 项。“国家科学技术奖”暂未发布授奖名单。（表 5-1-1、表 5-1-2）

（中国城市轨道交通协会秘书处）

2023 年度城市轨道交通行业获省市科学技术奖项目（2 项）　表 5-1-1

证书编号	获奖类别	获奖等级	项目名称	主要完成单位
2023-J-021-D08/09	河南省科技进步奖	一等奖	黄河冲积平原地区城市地下工程施工安全控制技术及工程应用	郑州大学、同济大学、上海市基础工程集团有限公司、中铁十五局集团城市轨道交通工程有限公司、中铁十八局集团有限公司、浙江省建筑设计研究院、中国建筑第七工程局有限公司、郑州地铁集团有限公司、东通岩石科技股份有限公司
JB2023-1-34-D02	山东省科学技术进步奖	一等奖	隧道建设与运营期灾害智能防控及高效治理关键技术	山东大学、青岛市地铁一号线有限公司、山东科技大学，青岛市地铁四号线有限公司、中铁科学研究院有限公司、中铁十九局集团第五工程有限公司

增补 2022 年度城市轨道交通行业获省市科学技术奖项目（14 项）　表 5-1-2

证书编号	获奖类别	获奖等级	项目名称	主要完成单位
2022-J11-1-02-D01	北京市科学技术进步奖	一等奖	装配式轨道技术研发及产业化	北京城建设计发展集团股份有限公司、北京交通大学深圳市地铁集团有限公司、青岛地铁集团有限公司、苏州市轨道交通集团有限公司、安徽兴宇轨道装备有限公司、浙江天铁实业股份有限公司、中铁二局集团有限公司、易科路通轨道设备有限公司、陕西长美科技有限责任公司
22J0102-05	宁波市科学技术进步奖	一等奖	机械法联络通道装备及设计施工关键技术研究与推广	宁波大学、宁波市轨道交通集团有限公司、中铁工程装备集团有限公司、中铁上海工程局集团有限公司、上海市隧道工程轨道交通设计研究院、同济大学
J11-1-02-D06	广东省科技进步奖	一等奖	软土-城市隧道耦合体系性能演化理论与安全控制技术	中山大学、中铁建华南建设有限公司、中铁十八局集团有限公司、中铁十二局集团有限公司、广州地铁集团有限公司、广州地铁设计研究院股份有限公司、中南大学
2022-J-1-08-D08	重庆市科技进步奖	一等奖	大跨桥梁结构状态诊断与性能提升关键技术及应用	重庆交通大学、重庆大学、招商局重庆交通科研设计院有限公司、河海大学、中铁十一局集团第五工程有限公司、中铁西南科学研究院有限公司、大连理工大学、重庆市铁路（集团）有限公司、重庆市城市建设投资（集团）有限公司
2022-451-D06	高等学校科学研究优秀成果奖科学技术进步奖	二等奖	城轨列车机电系统服役性能保障关键技术及应用	北京建筑大学、北京市地铁运营有限公司
2022-J11-2-04-D01	北京市科学技术进步奖	二等奖	基于云平台的轨道交通智慧关键技术研发与应用	北京城建智控科技股份有限公司、北京城建设计发展集团股份有限公司、昆明轨道交通集团有限公司、云南京建轨道交通投资建设有限公司
2022-J10-2-03-D02	北京市科学技术进步奖	二等奖	地铁暗挖工程帷幕止水建造关键技术研究与应用	北京城市快轨建设管理有限公司、北京建工集团有限责任公司、北京市市政工程设计研究总院有限公司、北京工业大学、北京建工土木工程有限公司、北京京能地质工程有限公司
2022-J11-2-06-D02	北京市科学技术进步奖	二等奖	超大城市交通视觉大数据与运行决策关键技术与应用	北京工业大学、北京市地铁运营有限公司、青岛海信网络科技股份有限公司、安徽博微广成信息科技有限公司、北京市交通运行监测调度中心、北京城建交通设计研究院有限公司、北京竞业达数码科技股份有限公司

增补 2022 年度城市轨道交通行业获省市科学技术奖项目（14 项）（续前表） 表 5-1-2

证书编号	获奖类别	获奖等级	项目名称	主要完成单位
2022-2-54-D2	江苏省科学技术进步奖	二等奖	智能化绿色城市轨道交通移动装备关键技术研究及应用	中车南京浦镇车辆有限公司、南京地铁建设有限责任公司、苏州市轨道交通集团有限公司、徐州地铁运营有限公司
2022-2-29-D2	2022 年度江苏省科学技术奖	二等奖	拟声子晶体高分子混凝土材料减振特性与应用	东南大学、南京地铁集团有限公司
2022J2-33-D01	广西科学技术奖	二等奖	半成岩明暗挖超深地铁车站绿色建造关键技术	南宁轨道交通集团有限责任公司、石家庄铁道大学、广州地铁设计研究院股份有限公司、中铁隧道局集团建设有限公司、中铁第六勘察设计院集团有限公司、北京城建勘测设计研究院有限责任公司
2022J2-14-D01	广西科学技术奖	二等奖	富水圆砾卵石地层盾构隧道建造灾变防控技术	南宁轨道交通集团有限责任公司、重庆大学、广西大学、中铁建大桥工程局集团第二工程有限公司、中铁十二局集团有限公司、中铁四局集团第五工程有限公司
J2022-2-4-2	青岛市科学技术进步奖	二等奖	滨海暗挖大跨地铁车站穿越断裂带安全建造关键技术	中国石油大学（华东）、青岛市地铁四号线有限公司、山东大学、中铁十二局集团有限公司、山东交通学院
J2022-2-44-2	青岛市科学技术进步奖	二等奖	极端条件地下工程精细化计算与试验平台及灾害防控关键技术	山东科技大学、青岛市地铁六号线有限公司、临沂矿业集团有限责任公司、山东高速淄临高速公路有限公司、山东能源集团鲁西矿业有限公司

【黄河冲积平原地区城市地下工程施工安全控制技术及工程应用】

项目获 2023 年度河南省科学技术进步奖一等奖。

取得研究成果：项目针对黄河冲积平原地区典型土层水敏感性强、易受施工扰动等特点，系统开展城市地下工程施工安全控制技术，取得具有自主知识产权的系列成果。主要成果有：揭示黄河冲积地层土体材料时变特性及地下工程灾变机理；研发复杂条件下基坑工程开挖、支护施工安全与变形控制技术；研发黄河冲积地层隧道近接施工设计理论与安全控制关键技术。

项目共取得国家专利授权 55 件（其中发明专利 24 件）；主编标准规范 5 部；发表论文 75 篇（核心期刊 68 篇，SCI、EI 检索 42 篇）。成果应用于河南省黄河冲积平原地区城市地下工程，并在上海、浙江、山西等其他省市推广应用，创造直接经济效益近 7 亿元。

（郑州地铁集团有限公司）

【隧道建设与运营期灾害智能防控及高效治理关键技术】

项目获 2023 年度山东省科学技术进步奖一等奖。

取得研究成果：（1）隧道灾害智能风险辨识与预控决策方法。首创“InSAR-激光遥感-光纤-物探”全域“空-天-地-隧”风险识别体系。建立“灾害类型-防控手段”隧道安全联动分析理论，构建隧道灾害防控决策云平台，有效提高灾害控制的智能化水平。（2）建设期隧道穿越富水不良地质灾害治理关键技术。揭示隧道突水、塌方致灾机理，建立灾害治理长寿命设计方法。发明动水抗分散软弱富水地层治理材料；率先研发高强高韧钢纤维混凝土管片，相关成果纳入国家标准。研发智能注浆控制系统，发明控制性膜袋注浆岩化等关键技术。（3）运营隧道健康评估方法、病害修复材料及关键技术。提出“历史数据-劣化机理”协同演化分析的运营隧道健康度评估方法。原创微生物-环氧树脂联合自修复材料技术，实现 2mm 结构裂缝的自修复；研发隧道全空间液压钻机，衬砌结构精细化修复及安全控制等关键技术。

项目获国家发明专利授权 63 项，实用新型专利授权 12 项，软件著作权 3 项；省级工法 8 项，纳入国家标准 1 项，形成行业 / 省级标准 5 项，企业标准 8 项；鉴定成果 3 项，出版专著 2 部，发表高水平论文 76 篇。中国岩石力学与工程学会、中国公路学会对项目成果进行鉴定，评定成果总体达到国际先进水平，核心技术方面达到国际领先水平。项目成果应用覆盖全国 15 个省市自治区，解决了交通、市政、水利、能源等领域 80 余个隧道工程灾害治理难题，保障隧道工程高效建设与安全运营，累计产生经济效益 18.26 亿元，社会经济效益显著，有力推动中国隧道与地下工程领域的科技进步。

（青岛地铁集团有限公司）

【装配式轨道技术研发及产业化】

项目获 2022 年度北京市科学技术进步奖一等奖。

取得研究成果：项目实现城市轨道交通轨道设计施工的标准化、工厂化和机械化，是改善作业环境、提高施工效率、实现轨道设计施工可持续发展的重要课题。从道床整体结构入手，将传统“预制轨道板-调整层-底座”三层结构体系优化为“预制轨道板-填充层”两层结构；项目优化填充材料选取；研发新型预制轨道板结构设计。

项目研究历时 3 年，研究成果通过室内试验、厂内试验、试验段铺设及动力学性能测试等科研全过程验证，形成青岛地铁预制轨道板设计通用图纸三套，预制板生产、施工技术标准 4 套，成果申请专利 1 项。青岛地铁预制装配建造技术适应性及产业化研究项目装配式轨道子课题的研究成果，帮助指导青岛地铁三期建设项目轨道工程的设计与施工。

（青岛地铁集团有限公司）

【大跨桥梁结构状态诊断与性能提升关键技术及应用】

项目获 2022 年度重庆市科学技术进步一等奖。

取得研究成果：（1）率先研发结构多场参量的高效协同光纤感测硬件，实现复杂环境下桥梁运营状态的长期、可靠获取。研发适用于桥梁监测的长寿命、高可靠光纤封装技术，发明桥梁多场参量集成监测的系列光纤传感元件，研制桥梁监测多类传感器信号的高精度同步采集硬件。成果被纳入我国 5 部监测领域标准，获日内瓦国际发明展览会金奖。（2）构建融合人工智能的结构状态精准诊断方法，实现桥梁局部损伤和整体性能的定量识别。建立桥梁静动态响应中环境干扰效应的智能消除方法，提出基于强化深度学习的桥梁构件状态定量诊断方法，构建桥梁结构整体安全的可靠度评估技术。成果写入我国结构健康监测领域首部教科书，在重庆市 40 余座桥梁的监测系统中得到应用。（3）开发结构核心构件承载能力的性能提升技术，实现桥梁长期服役性能的高效提升。研发梁类混凝土构件的碳纤维板-钢板复合加固技术，研制基于免蒸养超高性能混凝土的拱式桥性能高效提升技术，构建桥梁拉索低交通影响高效更换技术。首次完成超高性能混凝土加固拱桥的工程应用示范，成果入编《中国大百科全书（土木工程改造与加固）》。

项目获发明专利 36 项，取得软件著作权 13 项；主编或参编系列桥梁监测及加固标准 7 部（其中监测标准被国际智能基础设施健康监测学会推介），发表 SCI/EI 论文 112 篇。项目成果支撑建立“重庆市桥梁集群监控中心”和“四川省城市桥梁健康监测集群中心”，保障 100 余座大型桥梁的运营安全，在震后快速鉴定、性能退化评估、结构加固修复等应用中，有效克服欠维护或过维护问题，近三年经济效益达到 2.3 亿元。

（重庆市铁路〔集团〕有限公司　王宗山）

【软土—城市隧道耦合体系性能演化理论与安全控制技术】

项目获 2022 年度广东省科学技术进步奖一等奖。

取得研究成果：（1）创立软土-城市隧道耦合体系性能演化的多尺度随机场计算理论。首次实现基于 SDF 方法的任意颗粒模型高效建模与接触计算，相对于传统方法计算效率提高 25% 以上；建立基于能量耗散的软土动态损伤本构模型，统一弹性损伤和塑性损伤演化方程；自主开发离散元大型通用软件，实现多尺度多场环境下软土-城市隧道耦合体系性能损伤演化的精细化数值表征与高效率计算分析，助力解决我国工业软件国产化的“卡脖子”问题。（2）形成软土-城市隧道耦合体系多维度一体化安全控制技术。提出软土-城市隧道耦合体系多维度随机优化设计方法，发明全要素协同的软土-城市隧道开挖动态转换工法与一体化支护技术，构建软土-城市隧道立体强化与安全控制技术体系。该方法可在保证隧道安全的前提下相比规范减少 10% 以上覆土层厚度，提高城市隧道典型扩挖区段施工工效 30% 以上，节省临时支护结构材料与措施费 25% 以上，实现软土环境城市隧道的协同承载和动态建造。（3）研发软土-城市隧道耦合体系全时域多维度的智能感控硬件设备及软件平台。提出基于多源异构数据融合的性态综合表征与智能诊断方法；发明 8 套用于软土-城市隧道多模态高灵敏智能感知设备，实现感知元件低功耗、数据类型高兼容、传输协议标准化；开发软土-城市隧道耦合体系多任务可视化智能预警技术与协同管控系统，成功接入 3000 多个地铁、地下空间等工程项目，实现软土-城市隧道耦合体系建造-运营全过程性态的“可知、可视、可控”。

该项目获授权发明专利 47 项，软件著作权 11 项；形成工法 2 项，参编规范 1 部（在编 1 部）；发表学术论文 82 篇，出版专著 6 部。经院士专家鉴定，项目成果整体达到国际先进水平、部分达到国际领先水平，获得广东省省级学会科技奖一等奖 4 项。成果应用于广州地铁、深圳地铁、深圳妈湾跨海通道、湛江湾海底隧道等城市隧道项目中，累计直接经济效益超 10 亿元；特别是，成果整体技术在 160km/h 的全地下市域快线——广州地铁 18、22 号线工程中得到成功应用，取得显著的经济、社会及环境效益，对推动我国软土地层城市隧道建设与运维的科技进步具有重要意义。

（广州地铁集团有限公司）

【机械法联络通道装备及设计施工关键技术研究与推广】

项目获 2022 年度宁波市科学技术进步奖一等奖。

取得研究成果：以联络通道施工机械化为目标，开展限界、结构及防水设计等研究，形成满足轨道交通建设需求的机械法联络通道技术体系、机械法联络通道工程装备制造技术和施工综合技术。主要创新点：（1）机械法联络通道结构设计关键技术。设计满足功能需求并兼顾装备切削能力与结构受力特点的轨道交通机械法联络通道限界；设计发明主隧道特殊结构，可切削洞门结构，并满足施工及全生命周期不同工况下结构动态荷载受力特性；首创拼装式联络通道结构及防水设计；首创拼装式管片结构间 T 形接头的结构及防水设计；提出机械法联络通道结构的受力计算理论和设计方法。(2) 机械法联络通道成套装备研制。研制满足联络通道建设需求的顶管机和盾构机主机及后配套设备；发明拟合管片曲线的锥形切削刀盘；研制集约空间半自动管片拼装系统；发明伺服主隧道支撑台车及控制系统；形成满足集约空间联络通道施工需求的装备技术体系。(3) 机械法联络通道精细化施工管控技术。发明在集约空间内，采用在套筒内、切削管片进行掘进机始发与接收的施工技术；形成高精度掘进施工技术；针对特殊的工况，考虑施工及长期荷载，研发通过伺服支撑控制主隧道变形的管控技术；研发以接缝注浆为主要手段的微加固技术体系；建立基于数字化技术的精细化风险管控管理体系。(4) 研制考虑重力影响的站立式 1:1 七环足尺结构模拟试验平台，采用伺服油缸模拟土的变形，真实模拟现场工况，形成试验方法。

项目获授权国家发明专利 35 项，成果具有完全自主知识产权，形成以“全封闭、微加固、强支护、集约化”为主要特点的机械法联络通道设计施工技术体系，可大幅提升轨道交通联络通道工程建设的水平，实现安全、高效、绿色的建设要求。项目成果为我国机械法联络通道装备及设计施工提供关键技术，推动地下空间开发技术和装备由人工向全工序机械化、数字化、智能化方向的转变。

（上海市隧道工程轨道交通设计研究院）

【城轨列车机电系统服役性能保障关键技术及应用】

项目获 2022 年度高等学校科学研究优秀成果奖–科学技术进步奖二等奖。

取得研究成果：在故障表征、实时诊断、智能维保方面开展研究，形成具有完全自主知识产权的城轨列车机电系统服役性能保障技术体系并开展应用。主要成果包括：(1) 在国际上率先提出机电系统故障信息的精细化表征技术。提出机电系统强耦合动力学理论，构建列车机电系统耦合模型，自主研制机电系统多点激励动力学试验成套装备，揭示故障机理及特征，提出基于马尔科夫转移场的机电信号二维精细化表征技术，实现城轨列车机电系统故障的非平稳信息表征，使故障诊断的可分性提升 65%。(2) 研制城轨列车机电系统边缘计算实时诊断车载装备。发明机电系统非平稳故障特征快速搜索算法、列车车门监控方法、硬线控制电路监控方法、制动系统和辅助逆变器故障诊断方法，提出城轨列车机电系统边缘计算实时诊断技术，研制城轨列车关键机电系统动态监测与故障诊断车载装备，实现快速高精度的智能诊断，准确率相较于其他轻量化诊断网络提升 4.7%，计算时间降低 31%。(3) 自主研发城轨列车机电系统服役性能保障智能维保平台。发明列车轴箱轴承寿命的试验预测方法，首次提出城轨列车机电系统的 GO–SS 可靠性评估技术（在小子样下对期望寿命的评估精度提升 76.7%），研发基于虚拟现实技术的检修作业远端支持系统，开发多传感器信息融合的城轨列车智能维保平台，实现城轨列车机电系统可靠性评估、健康履历与故障管理、数据分析、故障诊断、性能状态评估、维保决策等功能。

（北京市地铁运营有限公司）

【基于云平台的轨道交通智慧关键技术研发与应用】

项目获 2022 年度北京市科学技术进步奖二等奖。

取得研究成果：(1) 研发集约型轨道交通设计建设实施改造一体化技术。在业务管理方面，提出以综合调度、综合维修、综合客服替代传统各专业的独立调度、维修、服务，形成集约化的运营管理模式；在系统资源方面，以基于云平台的综合运营管理系统为基础，将传统的 20 多个独立专业进行入云融合，合并中心和车站各专业计算资源；在设备接入方面，为支撑系统资源的整合重构，研发基于国产芯片的超融合智能硬件平台，替代传统的中间接入、控制、传输、存储设备，缩短设备安装调试周期，统一接入终端设备。(2) 标准化数字城轨算法及模型开发平台。以专业设计引领轨道交通行业标准化、数字化，构建业务场景全流程数字模型，优化车站设施设备数字化工作流程，汇集生产、管理、服务全业务数据。(3) 基于云边端协同的多模态信息融合技术。解决集中式云应用网络延迟和带宽限制等带来的服务性能差和响应时间长的问题，同时结合多模态信息融合技术，在系统上搭建场景化的算法平台，助力轨道交通智能化的发展。(4) 基于国产芯片的动态防御安全入云技术。在国内首创基于国产芯片的动态防御安全入云技术；在硬件层面，关键边缘控制设备采用国产低功耗芯片；在软件层面，采用自研的云操作系统，并采用动态防御安全入云技术，有效规避未知来源的信息安全隐患。

项目获得 20 项专利，110 项软件著作权；发表 11 篇论文。经钱清泉院士等专家鉴定，该项目成果达到国际先进水平。项目成果应用于北京地铁线网云平台、昆明地铁 4 号线、绍兴地铁 1 号线等 10 余个项目。经测算在昆明 4 号线等项目中，降低 10% 设备成本和运营能耗，缩短 40% 的调试周期，每个车站每年的综合运营效益达 300 万元。

（北京城建智控科技股份有限公司，昆明轨道交通集团有限公司）

【地铁暗挖工程帷幕止水建造关键技术研究与应用】

项目获 2023 年度北京市科技进步奖二等奖。

取得研究成果：地铁暗挖工程始终以施工降水为作业环境条件，造成大量水资源浪费和水环境恶化。项目针对暗挖工程帷幕止水建造技术进行深入广泛的调研，在此基础上通过理论分析、数值模拟和工程现场试验等，研发低净空下咬合桩、洞内地下连续墙等新型结构体系和成套止水施工装备，首次安全地实现地铁暗挖工程不降水施工。

项目获批发明专利10项，实用新型专利5项；形成北京市工法3项，技术标准2项；发表学术论文6篇。经北京市住房和城乡建设委员会组织专家鉴定，项目成果整体达到国际先进水平。项目完成单位应用该成果，节约地下水资源约7700万立方米，节省水资源税3.3亿元。该项目成果为北京暗挖工程不降水施工提供安全可靠的技术支撑，成功应用于首都机场线西延工程、北京地铁16号线、3号线、19号线、12号线等工程，取得显著的社会、经济及环境效益，具有广泛的推广应用前景。

（北京城市快轨建设管理有限公司　孟锐）

【超大城市交通视觉大数据与运行决策关键技术与应用】

项目获2022年度北京市科学技术进步奖二等奖。

取得研究成果：大规模跨时空图像视频视觉数据是大数据的主体，面临“存不下、传不动、分析难、协同差、用不了”等挑战和难题，这些问题在交通领域表现尤为突出，成为制约智能交通和智慧城市建设和发展的主要瓶颈。在国家自然科学基金重大研发计划、国家重点研发计划等项目的支持下，项目围绕交通视觉大数据高效表达和智能处理技术展开研究，建立交通视觉大数据高效编码、互联集成、协同表征、智能分析和全景应用的完整技术体系，研制城市级综合交通全场景应用服务平台，在全国多地实现规模化应用，取得显著的经济和社会效益。

（北京市地铁运营有限公司）

【智能化绿色城市轨道交通移动装备关键技术研究及应用】

项目获2022年度江苏省科学技术进步奖二等奖。

取得研究成果：（1）智能化城轨移动装备关键技术。自主完成达到GoA4自动化等级的成套全自动无人驾驶全系统关键技术研究，首次提出采用双目测距及视频处理技术，填补国内在该技术领域的空白；开发健康诊断与智能维护系统，大幅增强装备运行的可靠性。（2）绿色节能的永磁直驱关键技术。自主设计研制世界上首台交叉板式永磁直驱地铁列车转向架，处于国际领先水平，颠覆轨道交通传统的电机通过联轴节和齿轮箱驱动轮对的方式；首次将全碳化硅功率半导体逆变器技术在地铁列车的永磁直驱牵引系统中应用；发明凸轮筒解振动冲击短期试验替代IEC 61373标准长期的寿命试验的等效验证法。（3）高效协同的能源集成与控制关键技术。以城市轨道交通移动装备能源结构为依据，解决新一代有轨电车的供电制式与车载储能技术问题，搭建有轨电车系统试验检测平台，提出一套科学的车载储能系统能量平衡的优化控制方法，打造完全独立自主设计低地板有轨电车平台，实现江苏省内首个拥有完全自主知识产权的现代有轨电车研制。（4）生产制造工艺综合降耗减碳技术。开发铝合金车体整车大部件搅拌摩擦焊技术，创新出“车体即清即焊，清焊一体”技术、“基于水性漆无人化静电喷涂”技术和“催化式红外固化”技术，研发绿色高效清焊一体自动化装备、基于水性漆无人化静电喷涂装备和催化红外涂层固化装备，实现铝合金车体制造中智能化、绿色高效的焊接加工与表面处理。

项目授权发明专利48项，实用新型等其他知识产权15项；制定国家标准2项，企业标准4项；发表核心期刊论文49篇。打造多个智能化绿色城轨装备平台，提升我国城轨整备智能化水平，开创以绿色低碳为理念的产业模式。

（南京地铁集团有限公司，苏州市轨道交通集团有限公司　王俊伟）

【拟声子晶体高分子混凝土材料减振特性与应用】

项目获2022年度江苏省科学技术进步奖二等奖。

取得研究成果：提出拟声子晶体模型与理论，发明拟声子晶体高分子混凝土减振材料，轨道交通低频减振理论、减振材料与技术实现重大突破性创新。主要创新点包括：（1）提出原创性的拟声子晶体晶格模型和广义散射局域共振带隙理论，揭示多带隙低频减振机理，取得减振理论的重大突破。（2）发明一种高分子微粒表面改性剂和高分子混凝土增强剂，提高拟声子晶体高分子混凝土复合性能和强度；研发拟声子晶体高分子减振混凝土复合材料与制造技术，实现减振材料创新。（3）研制出拟声子晶体高分子混凝土减振道床，实现低频整体减振，打破国外减振技术的垄断。

项目获授权发明专利10件，其他知识产权3件；在国内外一流期刊上发表高水平论文30余篇。项目成果在地铁工程中得到应用，在一定频段内具有超高的减振效果，具有广阔的应用前景。

（南京地铁集团有限公司）

【半成岩明暗挖超深地铁车站绿色建造关键技术】

项目获2022年度广西科学技术进步奖二等奖。

取得研究成果：形成半成岩明暗挖地铁车站绿色建造成套关键技术。主要创新点包括：（1）首次提出支护结构鲁棒性分析方法与韧性评估理论。建立组合鲁棒性支护评价模型，获得最优的支护方案；构建地下工程韧性评估体系，建立韧性评估模型，充分发挥围岩自稳能力；为后续绿色设计与施工技术研究奠定理论基础。（2）首创基于BIM的数字化地铁绿色设计应用体系，初步实现设计智能化，达到节材减耗目标。（3）通过对明暗挖结合车站数值模拟、鲁棒性分析和多目标优化等技术，揭示多洞室、多节点隧道围岩应力演化规律，以及超深偏压基坑变形机理，形成明暗挖结合车站立体交叉隧道群设计与施工关键技术和偏压超深基坑施工关键技术，实现节地、节能、节材目标。（4）运用数字化手段，贯彻“双碳”战略、人与自然和谐共生的理念，发布首部城市轨道交通绿色施工规范；运用熵权二维云模型理论，构建深基坑施工绿色评价体系，实现项目建造绿色安全。（5）创新集群深井降水设计与施工工艺，发明防堵管井装置，形成超深混合井降水设计与施工成套技术，取消全断面加固注浆和帷幕注浆，节约耗材，减少环境污染。

项目获发明专利授权10项，实用新型专利授权6项，软件著作权1项；形成工法5项，颁布规范2部；发表学术论文23篇（SCI、EI论文4篇、核心期刊8篇），出版专著1部。经院士专家鉴定，成果整体达到国际先进水平、部分达到国际领先水平。成果近三年在南宁地铁3、4、5号线，石家庄地铁1、3号线，贵阳地铁3号线等地铁工程项目中推广应用，节约投资共计10.77亿元。

（南宁轨道交通集团有限责任公司　朱鸿德，广州地铁集团有限公司）

【富水圆砾卵石地层盾构隧道建造灾变防控技术】

项目获2022年度广西科学技术进步奖二等奖。

取得研究成果：（1）富水圆砾卵石层盾构隧道建造地层变形理论及灾变预防技术。建立富水圆砾卵石层盾构隧道建造地层变形理论；创新富水圆砾卵石层盾构选型体系和装备，修正盾构选型理论；研发富水圆砾卵石地层盾构壁后注浆理论与灾变预防技术。（2）富水圆砾卵石层盾构隧道高效建造灾变防控成套技术。创新富水圆砾卵石地层可控注浆加固与盾构始发接收新技术，研发富水圆砾卵石层刀盘刀具检修及脱困新技术、建立富水圆砾卵石地层盾构施工地层变形控制成套新技术。（3）环境敏感区富水圆砾卵石层盾构隧道建造灾变防控保障技术。开发复杂工况下盾构隧道高效施工灾变控制保障技术，建立盾构隧道下穿既有重要建（构）筑物灾变防控保障技术，构建盾构掘进施工智能监控量测及预警体系。

项目获发明专利授权18项，实用新型专利授权27项，软件著作权3项；形成工法9项；出版论著2部，发表论文45篇（其中SCI/EI收录20篇）。成果经施仲衡院士、王思敬院士、梁文灏院士、邓颖人院士、全国勘察设计大师蒋树屏等人组成的专家组的验收与鉴定，整体达到国际先进水平，其中“富水砂卵石地层盾构隧道施工成套关键技术”达到国际领先水平。成果在南宁、成都等20个盾构隧道工程中广泛应用，施工安全可靠，累计节约建设资金6.6亿元，取得显著的经济、社会和环境效益。成果可保障富水圆砾卵石层盾构法隧道安全建造，提升我国盾构技术的施工水平，为我国大面积富水圆砾卵石层盾构施工提供坚实的技术支撑。

（南宁轨道交通集团有限责任公司　朱鸿德）

【滨海暗挖大跨地铁车站穿越断裂带安全建造关键技术】

项目获2022年度青岛市科学技术进步奖二等奖。

取得研究成果：（1）针对暗挖大跨地铁车站穿越断裂带高效加固难题，建立断裂带劈裂-压密定量化注浆加固理论，研发地表预加应力定域注浆与洞内单止浆塞后退式分段注浆加固技术，形成暗挖车站穿越断裂带“地表+洞内”快速注浆加固技术体系，实现断裂带注浆加固定量化与快速化。（2）研发滨海城市上软下硬地层暗挖车站初支拱盖开挖工法，提出以最小岩跨比作为判据的初支拱盖法实施准则，建立考虑爆破应力波地表反射效应的围岩损伤预测模型，提出基于拱顶挠度弯曲与有效承载厚度的围岩稳定性评价方法，为浅埋暗挖大跨地铁车站提供高效开挖工法与设计依据。（3）针对滨海富水环境对地铁车站的高抗渗要求，研发围岩裂隙高压扩缝充填抗渗技术，发明系列化绿色无机韧性结构壁后充填防渗材料，配套提出车站结构缺陷综合治理技术，形成滨海地铁车站“围岩裂隙充填-结构壁后充填-结构缺陷治理”系统防水体系，有效保证车站长效防水性能。

该项目获发明专利授权24项，实用新型专利授权25项，发表论文35篇。项目成果成功解决了青岛地铁1号线、4号线、6号线、8号线、西海岸快线（原13号线）等20余个暗挖大跨地铁车站的安全建造与长效防水难题，保障地铁工程建设与城市环境安全，累计产生经济效益2.77亿元。多次在全国召开技术培训会，在青岛地铁建立工程示范基地，促进行业科技进步，在地下工程领域起到重要的引领和示范作用。

（青岛地铁集团有限公司）

【极端条件地下工程精细化计算与试验平台及灾害防控关键技术】

项目获2022年度青岛市科学技术进步奖二等奖。

取得研究成果：（1）提炼极端条件下地下工程支护结构行为特征，基于锚杆、拱架等支护结构及特种围岩复杂力学行为数值计算程序开发建立精细化计算平台，解决支护结构功能欠缺、支护能力放大、细节计算粗糙等问题。（2）研制压弯试验、围岩压力模拟、断续岩体模型试验台等系列化试验装置，建立复杂条件围岩-支护行为试验及结构研发平台，揭示深部高应力软岩、极弱胶结软岩巷道支护失效机理与极浅埋硬岩大跨隧道块体失稳机制。（3）阐明特殊条件围岩-支护结构相互作用机制，提出扩展的地下工程围岩灾害主动防控理念，聚焦形成超深超软巷道高强拱架+锚杆联合支护、超浅超大隧道高预应力锚杆主动支护2套关键技术，并提供工程示范。

项目获发明专利授权20项，实用新型专利授权8项；发表论文27篇，其中ESI高被引论文1篇，入选F5000顶尖中文论文库3篇。项目成果得到行业权威专家认可，部分技术达到国际领先水平。成果应用于新巨龙煤矿、华丰煤矿等多座煤矿的20余处的深部、软岩巷道，围岩持续大变形得到控制，避免反复复修；应用于青岛地铁 6 号线工程的 7 座超大跨浅埋隧道，优化原支护设计方案，采用高效施工工法，监测数据显示隧道围岩稳定，支护材料减少且工期缩短；应用于临临高速公路 6 条隧道工程中，解决超浅埋、下穿纪念碑、超小净距等隧道设计与施工问题；近三年总计产生经济效益 49499 万元，社会效益显著。该项目推动极端条件地下工程计算与试验手段的革新，突破支护结构设计计算与研发应用的若干技术瓶颈，形成对典型极端工程条件地下工程灾害的防控体系与成功示范。

（青岛地铁集团有限公司）

2　城市轨道交通科技进步奖

【概况】

城市轨道交通科技进步奖是为鼓励技术人员创新，促进中国城市轨道交通行业的科技进步，由中国城市轨道交通协会于 2018 年设立，并在科技部国家奖励办公室备案的城轨领域高水平、专业化的重要科技奖项。2023 年度为第六届评选，按照《中国城市轨道交通协会城轨科技进步奖奖励办法》和《中国城市轨道交通协会城轨科技进步奖实施细则》的规定，经网络填报、形式审查、推荐审查、评审委员会初评、复评和奖励委员会审定，并通过网络公示及异议处理，共有 32 个项目获得中国城市轨道交通协会“城市轨道交通科技进步奖”，其中特等奖 1 项、一等奖 12 项、二等奖 19 项。（表 5–2–1）

（中国城市轨道交通协会评审部）

2023 年度城市轨道交通科技进步奖获奖项目（32 个）　　表 5–2–1

证书编号	获奖等级	项目名称	主要完成单位
2023–J–32–1–01	特等奖	城市轨道交通在线灵活编组关键技术研究及应用	上海申通地铁集团有限公司、上海磁浮交通发展有限公司、卡斯柯信号有限公司、同济大学、上海地铁维护保障有限公司
2023–J–32–2–01	一等奖	集成高效的轨道交通新型智能化永磁同步牵引系统研制及应用	株洲中车时代电气股份有限公司、中车株洲电力机车研究所有限公司、广州地铁集团有限公司、长沙市轨道交通集团有限公司、宁波市轨道交通集团有限公司、中铁（天津）轨道交通投资建设有限公司、北京市地铁运营有限公司、深圳市地铁集团有限公司、沈阳地铁集团有限公司、佛山市地铁运营有限公司
2023–J–32–2–02	一等奖	轨道交通 160km/h 高速受电弓–架空刚性接触网系统技术自主化研发及工程应用	广州地铁集团有限公司、广州地铁建设管理有限公司、广州地铁设计研究院股份有限公司、西南交通大学、广东城际铁路运营有限公司、中铁高铁电气装备股份有限公司、中车株洲电力机车有限公司
2023–J–32–2–03	一等奖	磁悬浮直膨式地铁车站智能通风空调系统关键技术自主创新及应用	洛阳市轨道交通集团有限责任公司、清华大学、中铁第四勘察设计院集团有限公司、珠海格力电器股份有限公司、中国铁路设计集团有限公司、广州大学、中国铁路通信信号上海工程局集团有限公司、中铁一局集团电务工程有限公司、中国船舶集团有限公司第七一三研究所、中铁第六勘察设计院集团有限公司
2023–J–32–2–04	一等奖	面向线网融合的多制式兼容型信号系统研制及应用	长春市轨道交通集团有限公司、通号城市轨道交通技术有限公司
2023–J–32–2–05	一等奖	城市轨道交通地下基础设施运行安全综合监测关键技术及示范应用	深圳市地铁集团有限公司、中铁第四勘察设计院集团有限公司、华中科技大学、南京派光智慧感知信息技术有限公司、深圳大学、中铁十一局集团有限公司、成都唐源电气股份有限公司、成都盛锴科技有限公司、南京航空航天大学、重庆市轨道交通（集团）有限公司
2023–J–32–2–06	一等奖	人机料法耦合的信号系统精准运维体系关键技术研究与应用	南宁轨道交通集团有限责任公司、交控科技股份有限公司、北京交通大学、南宁轨道交通运营有限公司、广西交控智维科技发展有限公司
2023–J–32–2–07	一等奖	市郊铁路多元协同理论体系与关键技术研究及应用	北京城建设计发展集团股份有限公司、北京交通大学、北京市基础设施投资有限公司、中国铁路设计集团有限公司、北京市域铁路融合发展集团有限公司

2023 年度城市轨道交通科技进步奖获奖项目（32 个）（续前表） 表 5-2-1

证书编号	获奖等级	项目名称	主要完成单位
2023-J-32-2-08	一等奖	城市轨道交通工程动态检测验收技术与应用	铁科院（北京）工程咨询有限公司、北京市基础设施投资有限公司、北京市轨道交通建设管理有限公司、重庆市轨道交通（集团）有限公司、呼和浩特市地铁运营有限公司、北京市轨道交通运营管理有限公司、北京市地铁运营有限公司、广州地铁集团有限公司
2023-J-32-2-09	一等奖	动态客流需求驱动的城市轨道交通能耗精细化管控关键技术与应用	北京交通大学、北京城建设计发展集团股份有限公司、北京市市政工程设计研究总院有限公司、广东申菱环境系统股份有限公司、北京联合大学
2023-J-32-2-10	一等奖	轨道交通综合开发空间协同决策支持关键技术研究及应用	北京交通大学、北京市基础设施投资有限公司、北京城建设计发展集团股份有限公司、北京市市政工程设计研究总院有限公司、北京超图软件股份有限公司
2023-J-32-2-11	一等奖	基于大数据应用的城市轨道交通线网智慧电力调度系统	南京地铁集团有限公司、南京地铁建设有限责任公司、南京南瑞继保工程技术有限公司、中铁电气化勘测设计研究院有限公司、南京地铁运营有限责任公司、南京南瑞继保电气有限公司
2023-J-32-2-12	一等奖	土岩组合地层城轨建造关键技术与应用	北京城建设计发展集团股份有限公司、青岛市地铁四号线有限公司、青岛地质工程勘察院（青岛地质勘查开发局）、同济大学、中铁十七局集团第一工程有限公司、中铁四局集团有限公司、青岛市地铁六号线有限公司
2023-J-32-3-01	二等奖	城轨交通视频压缩传输与智能分析关键技术研究	北京交通大学、济南轨道交通集团有限公司、北京竞业达数码科技股份有限公司、深圳铁路投资建设集团有限公司
2023-J-32-3-02	二等奖	复杂环境下软土复合地层大直径盾构隧道施工关键技术与工程应用	中车智能交通工程技术有限公司、重庆大学、台州台中轨道交通有限公司、江苏中车城市发展有限公司、中铁十一局集团第五工程有限公司
2023-J-32-3-03	二等奖	城市轨道交通通信系统运营管理智能化提升关键技术及示范应用	北京市轨道交通建设管理有限公司、北京经纬信息技术有限公司、北京竞业达数码科技股份有限公司、北京中兴高达通信技术有限公司
2023-J-32-3-04	二等奖	软土地层机械化暗挖及超深基坑明挖地铁车站建造关键技术及应用	上海申通地铁集团有限公司、同济大学、上海隧道工程有限公司、上海市基础工程集团有限公司、上海市城市建设设计研究总院（集团）有限公司
2023-J-32-3-05	二等奖	城市轨道交通太赫兹智慧安检系统装备自主化技术研究与应用	广州地铁集团有限公司、博微太赫兹信息科技有限公司、广东工业大学、广州地铁设计研究股份有限公司
2023-J-32-3-06	二等奖	城市轨道交通工程数智协同数字设计关键技术研究及应用	北京城建设计发展集团股份有限公司
2023-J-32-3-07	二等奖	智慧城轨与全自动运行系统关键技术及应用	中铁第一勘察设计院集团有限公司、西咸新区轨道交通投资建设有限公司、西安市轨道交通集团有限公司、卡斯柯信号有限公司、同方股份有限公司
2023-J-32-3-08	二等奖	中国标准 A 型地铁列车研制项目	深圳市地铁集团有限公司、中车长春轨道客车股份有限公司
2023-J-32-3-09	二等奖	基于数字孪生的地铁保护区安全智慧管控技术研发与应用	交通运输部科学研究院、北京中天路通智控科技有限公司、北京京港地铁有限公司、北京建筑大学、北京邮电大学
2023-J-32-3-10	二等奖	基于空间效应的超大断面暗挖车站建造关键技术研究及应用	重庆市轨道交通（集团）有限公司、重庆市轨道交通设计研究院有限责任公司、重庆交通大学、中国交通建设股份有限公司
2023-J-32-3-11	二等奖	轻型跨座式单轨车辆基地关键技术研发及应用	中铁工程设计咨询集团有限公司、芜湖市轨道交通有限公司、芜湖市运达轨道交通建设运营有限公司、杭州中车车辆有限公司、成都盛锴科技有限公司
2023-J-32-3-12	二等奖	城市轨道交通云边缘计算平台关键技术研究与示范应用	北京和利时系统工程有限公司、北京市轨道交通建设管理有限公司、大连公共交通建设投资集团、中铁电气化局集团西安电气化工程有限公司、北京全路通信信号研究设计院集团有限公司
2023-J-32-3-13	二等奖	海积淤泥地层地铁穿越运营线安全控制技术及应用	深圳市地铁集团有限公司、同济大学、深圳地铁建设集团有限公司、深圳市市政设计研究院有限公司、宏润建设集团股份有限公司

2023 年度城市轨道交通科技进步奖获奖项目（32 个）（续前表）　　表 5-2-1

证书编号	获奖等级	项目名称	主要完成单位
2023-J-32-3-14	二等奖	基于振源控制的车辆段轨道无缝化关键技术研究及应用	中铁工程设计咨询集团有限公司、北京市轨道交通建设管理有限公司、北京交通大学、中铁山桥集团有限公司、中铁三局集团有限公司
2023-J-32-3-15	二等奖	油气田瓦斯地层盾构法隧道建造关键技术与应用	中铁二院工程集团有限责任公司、中电建成都建设投资有限公司、四川大学、四川迈铁龙科技有限公司
2023-J-32-3-16	二等奖	砂质复合地层地铁施工变形理论与控制技术	南昌轨道交通集团有限公司、中建三局集团有限公司、中铁广州工程局集团有限公司、中南大学、中铁二局集团有限公司
2023-J-32-3-17	二等奖	城市轨道交通基础减振地段钢轨异常波磨治理与示范工程研究	北京市市政工程设计研究总院有限公司、北京市轨道交通建设管理有限公司、北京市地铁运营有限公司、北京交通大学、北京城建设计发展集团股份有限公司
2023-J-32-3-18	二等奖	新一代的智能调度和智能运行系统——“众合智飞”智能调度运行系统	浙江众合科技股份有限公司
2023-J-32-3-19	二等奖	大规模复杂线网安检及票务融合技术创新与应用	成都轨道交通集团有限公司、成都智元汇信息技术股份有限公司、广州地铁设计研究院股份有限公司、成都商汤科技有限公司

【城市轨道交通在线灵活编组关键技术研究及应用】

项目获 2023 年度城市轨道交通科技进步奖特等奖。

取得研究成果：项目针对我国城市轨道交通普遍存在的高平峰客流差异较大、总体客运强度水平不高、单位能耗和总能耗居高不下等情况，研发具有完全自主知识产权的在线灵活编组技术，实现客流需求和运力的协同优化。

主要科技创新核心内容为：（1）基于在线灵活编组的运输组织技术：打破固定编组或传统混合编组运营的运输组织模式，在正线站台实现运营期间列车编组的拆分和合并，并能即时投入运营，以适应客流需求，是当下我国城市轨道交通运输组织技术方面的重大创新突破，在适应客流特征、实现节能降碳等方面具有重要的现实意义和示范价值。（2）ATO 模式列车自动联挂解编技术：在两列小编组列车联挂期间，允许联挂列车在 ATP 防护下，以 ATO 模式低速控制列车牵引制动，无限接近被联挂列车，精准地完成联挂，列车在联挂后保持联挂前的控制等级与驾驶模式，确保列车在线灵活编组的实时性。（3）列车控制系统的快速重构：信号系统及车辆能独立识别及控制最小单元列车，也能在编组后将编组列车作为整体进行控制，通过列车联挂状态，自适应列车编组，自动切换车载网络配置。列车联挂／解编后的信号及车辆系统设备不重启，在 2 分钟内自动完成系统配置切换，以适应平峰运营间隔。（4）灵活编组列车运营状态自动识别与动态适配技术：实现联挂／解编时自动合并／拆分列车车组号、匹配新的运行图、根据运行计划自动触发列车进路、自主资源管理。此外，根据进站列车的编组信息，动态确定停车点，联动站台设备和向乘客提供列车编组、目的地等信息，引导乘客上下车，确保乘客进入正确的列车编组。实现运能运量的动态匹配。

项目获得授权发明专利 13 项，发表论文 16 篇，在线灵活编组运营于 2021 年 11 月在上海地铁 16 号线首次示范应用，能灵活运行不同编组列车，提高平峰时段的运能利用率，可节能 1.7 ～ 2.0 度／车公里，后续推广至北京 3 号线、上海崇明线，并迭代升级为全自动在线灵活编组运营，在行业范围内具有现实意义和示范价值。

（上海申通地铁集团有限公司）

【集成高效的轨道交通新型智能化永磁同步牵引系统研制及应用】

项目获 2023 年度城市轨道交通科技进步奖一等奖。

取得研究成果：项目主要开展面向轨道交通的永磁同步牵引系统的研究。轨道交通低碳节能高效需求逐渐成为业内趋势，为进一步降低车辆牵引系统能耗，提升系统的可靠性及智能化水平，项目完成集成高效的轨道交通新型智能化永磁同步牵引系统研制及应用；攻关永磁系统参数优化匹配设计、变流器及电机的小型轻量、高效低噪设计；解决永磁系统高控制性能和智能诊断技术难题；搭建了绿色高效、安全智能的永磁牵引系统技术、试验及产品平台；实现在轨道交通领域永磁牵引系统的首次装车载客运营及大批量商业应用，整体性能及应用效果均达到国际领先水平。主要科技创新点：（1）首创一种集成化低杂感的四轴控变流模块，通过均温散热及低杂散电感设计，解决模块高集成带来的发热集中、杂散电感大的难题，实现牵引变流器小型轻量化，功率密度提升 30%。（2）发明一种内置式非均匀气隙的磁路拓扑结构，通过磁场正弦调制，大幅降低谐波损耗，解决低开关频率供电条件下谐波含量大的问题，实现永磁电机效率提升至 97.5%，重量降低 10%。（3）提出扩展反电势和低次谐波注入相结合的无位置传感器控制方法，攻克低速下非线性因素影响及高速重投的难题，首次突破全速域无位置传感器控制技术，在全球轨道交通行业率先实现批量化应用。（4）首次提出基于既有控制信号的非侵入式故障状态评估及预警方法，攻克电机失磁、绝缘、轴承等类型故障快速诊断及保护技术，在全球轨道交通领域首次批量实现牵引系统核心部件在线状态精准评估和故障的自诊断。

项目实施过程中取得多项原创性成果，其中授权发明专利33件，实用新型专利6项，国际标准1项，国家标准4项，科技论文14篇，技术和产品具有完全自主知识产权。研制的高效智能化永磁同步牵引系统已批量推广应用于轨道交通领域，累计装车数量达3440余辆，永磁电机装车8821台，创造显著的直接经济价值。上线运用以来永磁牵引系统表现稳定，各项关键技术指标达到国际同类产品先进水平。该项技术同步推广至风力发电、电动汽车、工业电传动等领域，实现批量应用。项目掌握具有完全自主知识产权的永磁同步牵引系统全套核心技术和产品，提升我国轨道交通牵引系统核心竞争力与影响力。

（株洲中车时代电气股份有限公司）

【轨道交通160km/h高速受电弓—架空刚性接触网系统技术自主化研发及工程应用】

项目获2023年度城市轨道交通科技进步奖一等奖。

取得研究成果：针对城轨高速、全地下、刚性接触网系统及自主化成套装备的迫切需求，项目在国家重点研发计划2个课题、自研1个项目资助下，依托广州地铁18、22号线建设工程，构建160km/h受电弓-架空刚性接触网系统建造与运维理论体系，形成达到国际先进水平的轨道交通160km/h受电弓-架空刚性接触网系统关键技术及自主成套装备。主要创新成果：（1）首创受电弓-刚性接触网全生命周期数字建造与运维理论体系。构建基于RAMS理论的受电弓-刚性接触网系统级、零部件级性能与状态预测数字模型，提出以弓网受流与关键设备全生命周期管理双目标导向的160km/h受电弓-刚性接触网性能参数耦合理论，首次构建受电弓-刚性接触网全寿命周期数字建造与运维理论体系。（2）突破刚性接触网全景可视化设计、施工和运维的技术瓶颈。利用数字化技术、点云扫描与双重检测，突破受电弓-刚性接触网全景可视化设计、施工和运维的技术瓶颈。（3）首次研制160km/h受电弓-刚性接触网成套自主化装备。搭建全寿命周期系统数字化仿真与装备制造模拟平台，提出受电弓-刚性接触网系统全装备国产化制造工艺工法以及检验方法，首次研制160km/h受电弓-刚性接触网成套自主化装备。（4）首次成功应用160km/h受电弓-刚性接触网系统自主化装备。通过160km/h刚性接触网关键理论、技术与装备工程应用，综合论证160km/h受电弓-刚性接触网成套自主化装备的工程适用性与推广价值。

项目授权专利10项（其中发明3项）、软著3项、专著1本、标准1项、发表论文15篇（其中SCI/EI 4篇），自主研制受电弓、刚性接触网旋转腕臂、弹性定位线夹、膨胀接头、分段绝缘器等关键零部件。项目成果经专家组鉴定达到“国际先进水平”，广州地铁18、22号线应用工程经第三方测试，结果符合设计或标准要求，获省市标准、设计类科技奖3项，提高系统可靠性与安全性、经济性，项目成果社会经济效益显著。

（广州地铁集团有限公司）

【磁悬浮直膨式地铁车站智能通风空调系统关键技术自主创新及应用】

项目获2023年度城市轨道交通科技进步奖一等奖。

取得研究成果：项目针对传统的空调系统方案在运营过程中发现的设计负荷偏大、大小系统运行时间差异、自控策略失效等导致的系统运行能效低、设备集中端风管多且尺寸大导致的管道排布困难、冷冻水系统保温层现场施工质量控制难导致管道结露、小系统风平衡较难调节且设备房温度可调性差等问题，依托洛阳地铁1、2号线的建设和运营，通过系统方案和管理模式创新的方式，以标准站年通风空调能耗≤35万度电为目标，完成项目的方案设计论证、关键空调设备研发、关键控制系统开发、试点验证及大规模应用示范。主要科技创新核心内容：（1）研发地铁车站专用水冷磁悬浮直膨空调机组，其中小冷量、小压比磁悬浮压缩机等关键技术全部自主先导，填补行业空白，并实现批量生产及规模化应用。（2）首创地铁车站水冷磁悬浮直膨空调机组与风冷多联机组组合、全站无冷冻水系统的空调系统冷源方案，并实现线路级批量应用。（3）首次全线地下车站采用单端负压集中回风、单端送风的公共区通风空调系统方案，缩减车站规模、装机容量。（4）自主研发线路级图形化模式可编辑的地铁车站档位前馈空调节能控制系统，并实现全线应用。（5）依托磁悬浮直膨+多联直膨的独立供冷空调方案，辅以单端送风+负压集中回风、屏蔽门可开启装置、EC风机墙、自清洁过滤装置、分档模块化控制、逐时负荷模拟分析、冷却塔均匀布水、水泵冷塔变频等关键技术，实现国内首个冷站装机容量小于500RT、制冷机房能效比超过7.0的工程项目。

依托该项目研究，授权发明专利6项、实用新型专利6项，另有5项发明专利公开审查；申请软件著作权1项；发表科技论文4篇，取得各类奖项5项。项目成果应用于洛阳地铁1号线及2号线共16座车站，降低土建投资、设备装机容量成本，总节电量249.6万元／年，降低碳排放量2190t／年。项目成果组织完成科技成果评价，专家组一致认为：该项目成果创新性突出、系统性强，总体技术达到国际领先水平。

（洛阳市轨道交通集团有限责任公司）

【面向线网融合的多制式兼容型信号系统研制及应用】

项目获2023年度城市轨道交通科技进步奖一等奖。

取得研究成果：针对多个城市存在不同建设时期选用不同信号系统制式的现状，长春市轨道交通集团结合长春市轨道交通3、4号线延伸线建设需求，以智能化、数字化、轻量化交通装备及成套技术装备应用为基础，联合通号城市轨道交通技术有限公司，首创“信号系统多制式融合”成套技术体系，研制面向线网融合的多制式兼容型信号系统，解决准移动闭塞线路延伸改造难题，印证市域（郊）铁路与地铁、轻轨等多制式信号系统线网融合可行性，开创全新的信号系统延伸及改造模式，为多层次轨道交通融合发展，建设“轨道上的城市群和都市圈”提供新路径。

项目研制完成的面向线网融合的多制式兼容型信号系统，实现4项核心技术创新：（1）创造“信号系统多制式融合”关键技术体系，提出多制式信号系统兼容解决方案，解决不同信号制式线路间互联互通与网络化运营。（2）研制支持线网融合的多制式兼容型信号系统的成套装备，填补行业空白。（3）自主研发灵活适配多车型的韧性智能ATO技术，解决列车自动运行系统适配多线路、多车型融合运行难题。（4）基于不同信号制式的延伸线融合贯通建设运营与信号系统“渐进式”分段大修改造模式，为建设运营的可持续发展提供全新思路。

项目成功应用于长春市轨道交通3号线、4号线等线路，稳定运行2年。2022年3号线全年信号系统故障率0.018次／万列公里，达到行业领先水平。按照工程可行性研究测算，采用项目成果较全线一次性实施信号系统延伸改造，节省投资显著，以技术创新助力城轨绿色可持续发展。项目研究成果可满足全国多城市共500余公里的准移动闭塞线路改造需求，并具备向市域（郊）铁路等其他信号系统线网融合延展性。该成果开创全新的信号系统延伸及改造模式，经测算减少一次性建设投入53%、缩短实施周期40%、减少71%车载ATO调试与维护工作量，为乘客提供更加安全、高效、智能的出行体验，取得显著的社会效益和经济效益。项目研究成果形成授权发明9项、软著4项、论文2篇。项目成果通过科技成果评价，专家组认为关键技术达国际先进水平。

（长春市轨道交通集团有限公司）

【城市轨道交通地下基础设施运行安全综合监测关键技术及示范应用】

项目获2023年度城市轨道交通科技进步奖一等奖。

取得研究成果：针对城市轨道交通地下基础设施运行安全的“灵敏精准可靠感知、准确预知综合判定、高效组织快速恢复”三大关键技术难题，项目围绕“感知、决策、管控”三方面，研发城市轨道交通地下基础设施运行安全综合监测技术-装备-系统-平台-机制-标准，实现风险测度、实时监测、智能巡检、超前预警、实时告警、科学决策和应急调度，解决地下基础设施灾害“难发现、易扩大、难防控”的痛点。主要创新成果：（1）针对基础设施风险及健康状态量化难、多灾害耦合趋势推演难、灾害及时准确应对难等难题，研发多灾害复杂网络模型和风险推理演化全过程分析方法，实现区域灾害风险定量评估和预测；提出融合BIM和元胞自动机技术的多灾害耦合机理作用模型及风险决策技术，解决多灾害耦合趋势推演难题；研发基于模型-知识双驱动的智能决策支持知识库，覆盖6种灾害情境、20种灾害风险事件，提升风险推理及决策支持准确性及风险应对效能。（2）针对维修天窗短、干扰多、环境差造成的“测不全、测不准、测不快”难题，构建融合大尺度全时全域监测以及网隧限、轨道综合巡检一体的综合感知网，解决大尺度线性空间各功能区“测不全”难题；研发微结构集成增敏、多域复用增容、并行解算增速的光纤分布式传感技术，解决长距离“测不准”难题；研发大尺度高灵敏监测和高精度一体巡检技术及成套装备，解决短天窗“测快难”，风险辨识精度达90%以上，动态巡检定位精度为5km/h时速下毫米级，每公里维修定员可减少34%。（3）针对海量数据融合关联解析、状态趋势诊断和灾后快速恢复难题，提出内嵌地下基础设施灾害溯源、演化、耦合的时空关联模型的机器学习算法、基于层次任务网络（HTN）规划和BIM的可视化智能应急指挥调度技术，研发城市轨道交通地下基础设施全息感知与智能诊断平台，实现地下基础设施运行安全状态分析、灾害预警及趋势预测、可视化应急调度指挥，防灾、定灾、处灾响应时间缩短37%。

项目授权发明专利30项、软著20项，发表论文15篇（SCI 12篇）、专著2本、主编团体标准3项。项目成果在深圳五站三区间进行整体示范，并推广至深圳、重庆、武汉等十余个城市，填补行业内灾害感知和防控空白，补齐城市轨道交通防灾体系短板。经专家组鉴定“项目研究成果达到国际领先水平”。

（深圳市地铁集团有限公司）

【人机料法耦合的信号系统精准运维体系关键技术研究与应用】

项目获2023年度城市轨道交通科技进步奖一等奖。

取得研究成果：项目依托国家863计划、北京市自然基金项目、中国城市轨道交通协会深化体系研究项目以及南宁4号线智能运维工程项目，通过人机料法的耦合，构建信号系统精准运维体系，以提高运营服务质量，降低运维成本。主要创新：（1）攻克基于多维多源融合感知的精准计划修难题，构建深度和广度的感知体系，并通过设备状态时变特征的融合技术、有限计算资源的数据提取技术以及基于决策树的故障预测技术实现对设备状态的精准感知，结合决策优化方法实现设备维修间隔、维修内容的优化，减少低价值工作量，节约维修的人工工时。(2) 构建基于FMEA和设备态势研判的故障定位与预测技术模型，构建信号系统多因素耦合的工况演变模型和故障传播预测模型，结合态势研判和传播关键路径研究实现信号设备故障精准定位和故障趋势预测，实现事前控制故障发生、事后控制故障影响。(3) 研制面向"网-线-站-人"的信号系统数字化运维成套装备；针对信号系统运维涉及的中心、线路、车站和运维人员的场景，通过研发三级系统平台架构、移动App和信息安全架构实现应急联动串联。(4) 构建基于精准运维的管理体系和模式，结合信号系统精准运维数字化成套装备和平台的构建，调整既有的组织架构和管理模式，制定与成套装备有机结合的精准运维的流程管理、物资管理、人员管理、应急管理、生产管理制度，实现人员复用、高价值工作参与度高、物资精准匹配等效果。

项目获授权发明专利22项，软件著作权17项，出版专著4本，论文15篇（SCI/EI检索6篇），白皮书1本，广西地方标准1项，行业标准1项。根据查新和成果评价，项目总体达到国际先进水平。项目成果应用于南宁4号线，实现南宁4号线的精准运维管理和应用。

（南宁轨道交通集团有限责任公司）

【市郊铁路多元协同理论体系与关键技术研究及应用】

项目获2023年度城市轨道交通科技进步奖一等奖。

取得研究成果：市郊铁路因其运量大、速度快、可靠性高等优点成为连接中心城区与城市副中心、周边郊区、新城以及各重要功能组团的核心交通方式，成为城市公共交通中非常重要的组成部分。京津冀一体化发展目标下需要满足北京城市与周边区域的大量通勤与协同发展，市郊铁路对于市区-郊区之间的互联互通起到非常关键的作用。因此，项目对市郊铁路多元协同理论与关键技术应用的研究，推动城市群与都市圈建设、郊区与城区经济协同发展，推进新型都市圈转型发展的目标。主要技术创新点：(1) 搭建顶层决策共融协调框架，建立多元主体互惠互利的项目范式以及项目测算方法，实现铁路和城市的合作共赢。(2) 搭建筹备建设多维协同框架，建立多维廊道与城市功能带动作用评价指标体系以及基于信息熵-灰色模糊融合模型的评价方法。(3) 构建面向线路客流、车站客流、区域潜力、区位价值、多网融合和人群需求六个指标的资产评估体系并研发相关的资产评估仿真平台。(4) 基于市郊铁路多元协同的筹备理论体系，提出六个标准融合新技术，旨于促进市郊铁路与城轨间的互联互通，提高更高效的出行服务。

项目总结并明确市郊铁路建设的特点，并围绕旧线改善、现有线路改造与新线建设三个核心内容，完成《北京市市域（郊）轨道交通设计规范》(DB11/T1980-2022)和市郊铁路服务运营规范的制定。项目在东北环线市郊铁路与城市轨道19号线的互通方案上初次尝试城市轨道与铁路的技术互联，建立一个便捷换乘、资源共享、功能相辅相成、技术互通的综合网络系统，并归纳出八项关键技术用于不同制式铁路线的互联。项目在北京市轨道线路上采用综合利用市郊铁路网络取代一些新建轨道，基于保障功能的基础上，使得总建设投资显著减少，比起全新建设模式减少约15%。此外还有效转移远郊居民的私车使用需求，增加公共交通的使用率，减缓因私车出行导致的交通拥堵与环境污染。

项目的研究在创新性上成果显著，获得6项国家发明专利和5项软件著作权，制定3项地方标准和2项团体标准，发表8本专著和18篇中外学术论文，其中包括6篇SCI收录和1篇EI收录论文。该技术创新在北京、上海、重庆、天津、雄安新区、郑州等众多城市推广应用，近三年技术创新带来的经济、社会效益显著。

（北京城建设计发展集团股份有限公司）

【城市轨道交通工程动态检测验收技术与应用】

项目获2023年度城市轨道交通科技进步奖一等奖。

取得研究成果：动态检测验收是保障城市轨道交通工程建设质量和运营安全的重要环节，通过开展动态检测验收工作有助于获取行车条件下与行车相关各系统间匹配状态的性能参数数据，为调整和优化城市轨道交通整体系统的安全性、可靠性及舒适性提供有效的数据支撑。项目在北京市交通委员会研究项目、中城协智慧城轨建设重点体系深化研究项目和铁科院重大开发计划等课题支持下，充分参考城市轨道交通动态验收模式并结合城市轨道交通特点，系统开展城市轨道交通工程动态检测验收技术与应用研究，在技术标准体系建设、检测设备集成化研究、信息化管理技术研究、工程应用等方面取得丰富的成果：(1) 建设城市轨道交通工程动态检测验收技术标准体系，从检测设备、检测方法、检测内容等方面规范动态检测验收全过程，有效补充以静态验收为主的工程验收体系，推动城轨工程检测验收方式从静态向动态的转变，提出的城市轨道交通工程动态检测验收技术标准在北京、重庆、呼和浩特等多个城市投入使用。(2) 开创运营电客车搭载检测设备的检测作业新模式，创新基础设施动态检测的作业模式，首次将动态检测技术应用到新建城轨线路中，开展最高运行速度160km/h的新建线路的动态验收工作，推动轮轨关系、弓网关系等关键内容的动态检测纳入我国城轨领域将初期运营前安全评估（交办运〔2019〕17号）；针对城轨特点研发小型化、集成化的轨道动态几何和弓网关系检测设备，实现全运行场景下轨道动态几何的精确测量。（3）研发并使用信息化管理平台对城轨动态检测项目进行数据汇集与流程管理，开展动态检测数据治理、预处理和分析方法研究，研发动态检测数据里程校准方法与异常数据处理方法；开展动态检测业务全流程、全维度管理方法与信息化交付模式研究，创新性提出电子化交付的服务模式，建立我国城轨初期运营前的系统问题病害库，为线路后续运维提供数据支撑。

项目获得授权发明专利2项，实用新型专利1项，软件著作权4项，形成地方与团体标准5项（其中4项已实施），发表期刊论文15篇。项目成果在北京、广州、重庆、呼和浩特、西安等其他20余个城市的40余条线路中得到推广应用。

（铁科院〔北京〕工程咨询有限公司）

【动态客流需求驱动的城市轨道交通能耗精细化管控关键技术与应用】

项目获2023年度城市轨道交通科技进步奖一等奖。

取得研究成果：针对城市轨道交通在能耗精细化、动态按需管控方面等一系列亟待解决的关键科学问题：如何精准地动态管控设备，降低车站的环控能耗；如何合理地优化设计线路，提升能源的利用效率；如何科学地优化运输组织，实现列车的节能运行等。项目对车站环控能耗管控、线路设计节能和运输组织节能进行系统深入的研究，形成一套以动态时变客流为驱动，涵盖设计和运营，覆盖“站-线-车”的城轨能耗精细化管控关键技术。应用于北京地铁8号线、12号线、16号线、昌平线，广州地铁2号线，深圳地铁9号线等，产生显著的直接经济效益。项目创新点：（1）建设性地将车站通风空调系统负荷与动态客流紧密耦合。创新性地提出基于动态客流的车站通风空调系统能耗精细化计算、精准预测及多粒度调控方法，攻克客流状态精准感知及实时关键参数动态提取技术难题，研制高效节能城轨车站通风空调装备，形成一套完整的基于动态客流的车站环控能耗管理与控制技术体系。（2）创新性地提出多场景列车运行条件下线路节能坡设计方法和复杂工况组合优化设计技术，攻克大规模多场景多目标组合优化技术难题，建立节能坡与复杂工况多维仿真评估技术，研发多要素节能坡设计方案能耗仿真评估系统，形成具备一般性的城轨线路节能坡与复杂工况组合优化设计技术体系。（3）首次提出兼顾效率与能耗的列车开行方案和运行图一体化优化技术，攻克时变客流需求下停站方案、列车编组、最高运行速度、到发时刻等要素优化技术难题，提出灵活编组和虚拟编组条件下的列车运行计划优化与调整方法，形成多模式编组条件下的城轨运输组织一体化节能技术体系。

项目获发明专利10项，发表高水平论文20篇，发布标准1部。应用于北京、广州等多个城轨系统，近三年项目产生经济效益显著。项目充分整合行业高校、设计院、运营单位资源，成果辐射全国，支撑城市轨道交通的绿色发展和“双碳”目标战略。

（北京交通大学）

【轨道交通综合开发空间协同决策支持关键技术研究及应用】

项目获2023年度城市轨道交通科技进步奖一等奖。

取得研究成果：针对轨道交通综合开发空间协同效率难以评判和预测问题，开展空间机理解析、综合开发理论、协同效应预测等三个层次的系统性研究，形成从理论到技术应用的完整链条，包括城市空间与轨道交通的协同机理分析、复杂空间系统模拟、数据驱动的预测模型和决策支持平台的开发。主要关键技术创新成果：（1）基于数据驱动的轨道交通综合开发空间解析技术针对城市轨道交通综合开发时空间的质与量难测度、要素难表征问题，整合轨道交通行为需求与城市空间属性的表征要素，构建多类型、多维度、多层级空间特征解析数据系统。整合描述空间位置及容量的静态数据与描述轨迹变化的动态数据，搭载SuperMap平台创建数据采集工具包，通过算法优化和计算资源管理，研发整合空间可达性与空间组合集成度的整体属性表征技术，综合提升数据采集测度效率70%。（2）轨道交通与城市空间协同效应分析及评价技术针对轨道交通城市空间综合开发的协同效应难评判问题，开发基于“适应度”和“协同度”两个维度的评价指标系统，运用复杂网络模型分析城市尺度的空间协同效应；运用数字孪生预测模型分析节点尺度的空间协同效应。研发一套精准量化适应度和协同度，分析轨道交通综合开发的空间协同效应的评价技术，协同效应分析综合性能提升45%。（3）轨道交通综合开发空间效能预测及规划决策技术针对城市轨道交通与城市空间耦合作用产生的土地价值难判断、空间开发定位不科学问题，结合数据驱动的多智体模拟技术和协同度导向的实时数据关系分析技术，开发一套数智化多层级的空间效能预测与规划决策技术。应用多智体空间模拟工具包推演预测轨道交通综合开发强度，平均提升30%的空间开发容量潜力。通过预测空间定位和优化功能匹配，平均提高空间效能15%，为规划决策提供科学支持平台。

项目获国家发明专利3项，实用新型专利4项，软件著作权9项，完成专著4本，标准规范2项。研究成果在北京、徐州、太原等城市得到应用，近三年累计产生经济效益显著。项目成果得到同行机构的好评，相关著作得到专家的高度评价。

（北京交通大学）

【基于大数据应用的城市轨道交通线网智慧电力调度系统】

项目获 2023 年度城市轨道交通科技进步奖一等奖。

取得研究成果：项目基于城轨云平台，利用大数据集成、管理、分析技术，构建面向线网的智慧电力调度系统，填补城轨线网电力调度系统空白，实现对线网 110kV 主变电所、35kV 变电所的统一监控和调度，构建供电系统的智能分析“大脑”，将助推运营管理从“单线路调度”向“线网协同调控”转型、由“人工经验调度”向“数据智能决策”转型，并为绿色能源中心建设提供技术条件。主要创新点：（1）提出“线网调度 + 线路控制”的一体化协同调控方案，使城轨供电系统按照分级分层控制，实现跨线操作，提高故障处理效率。（2）提出基于 IEC-61970 标准的城市轨道交通线网供电系统建模方案，实现适应城轨 10 种制式设备的标准化建模，为行业的标准化进行技术储备。（3）基于城轨云平台的线网级智能电力调度系统，实现线网供电系统大数据的全实时“汇-存-算-管-用”，可实时完成线网级、跨省市的能量调度。（4）实现基于 CIM 模型的地铁线网供电系统潮流计算，为调度方案制定、支援供电方案及故障恢复提供辅助决策，提高线网供电系统运行的可靠性。（5）系统实现主所 SVG 与牵引变电所能馈装置的无功协调控制功能，降低供电系统的网损，实现绿色节能的效果。

项目经专家组评审会评审，获得“国际领先”的鉴定结论，共有授权发明专利 19 项、软件著作权 4 项、核心期刊论文 4 篇。该系统的成果应用，将实现主所集中管控，为转变供电系统从单线运营向线网化运营方式提供系统性支撑，提高事故快速处理效率，提升供电系统的可靠性和稳定性；通过调控一体化可逐步取消线路电力监控系统，可实现运行维护人员减少 30%，管理效率提升 40%；在线网无功协调控制方面的成果，将提高无功补偿设备的使用率，降低环网损耗 20%，在绿色节能方面发挥效益。本系统在潮流计算方面的成果应用，将为高度集中、集约使用的主所资源规划提供技术支撑。

（南京地铁集团有限公司）

【土岩组合地层城轨建造关键技术与应用】

项目获 2023 年度城市轨道交通科技进步奖一等奖。

取得研究成果：土岩组合地层是一种典型的复杂工程地质环境，上部土层与下伏岩层二者的强度、刚度、渗透性、稳定性等物理力学性质差异显著，并且土岩结合面起伏大、骤变性强。如何发挥地层优势，规避地层缺陷，形成一套因地制宜的方案，是土岩组合地层中城市轨道交通工程建造的关键技术问题。针对上述问题，项目分别在大跨地铁车站建造方式、区间隧道的地下水处理方案和岩质地区矿山法爆破减隔振技术三大土建施工重难点领域进行积极地探索，提出适合土岩组合地层的“一个复合式建造体系”“一套水处理综合解决方案”和“一系列减隔振关键技术”。主要创新技术成果：（1）创建土岩组合地层中地铁车站明、暗、盖、顺、逆复合式建造体系。包括：①“浅埋盖挖式”的拱盖法车站施工技术；②“刚柔复合式”明挖基坑支护体系；③“两翼开敞式”局部盖挖半逆作车站施工技术；④“站厅悬挂式”深埋地铁车站群洞施工技术。（2）建立土岩组合地层中地铁隧道全寿命周期地下水综合处理方案。包括：①水平旋喷桩注浆止水加固工法及关键技术；②基于 AHP 的地铁隧道防排水选型综合评价方法；③土岩组合地层中隧道涌水量计算模型及公式；④基于生物降解原理的“网络化”隧道排水系统及防排分界处隔离装置。（3）研发土岩组合地层中地铁穿越建筑密集区的爆破控制时空综合减振技术。包括：①地铁区间穿古建筑群微振爆破施工工法；②紧贴既有建（构）筑物爆破施工的分区组合爆破技术；③基于能量阻断原理的钻爆法隧道隔离式减振技术。

项目获授权发明专利 17 项，实用新型专利 3 项，日本授权专利 1 项，发表高水平学术论文 30 余篇，省部级工法 2 项，地方标准 1 项，项目成果广泛应用于青岛、重庆、大连、福州、厦门、广州、乌鲁木齐等多个土岩组合地层地区城市的近 20 条轨道交通线路。

（北京城建设计发展集团股份有限公司）

【城轨交通视频压缩传输与智能分析关键技术研究】

项目获 2023 年度城市轨道交通科技进步奖二等奖。

取得研究成果：随着交通线路增建，城轨交通安全运行对智能视频系统的依赖越来越强。虽然智慧城轨取得一定的成绩，但仍暴露出多方面问题，突出表现在：（1）各线路要求全覆盖无死角地部署摄像头，且车站视频不间断存储 90 天，给各线路带来视频信息“难存储、难传输”的现实问题。（2）智慧城轨中运营服务、乘客服务等业务包含形式各样的目标和复杂多变的场景，给城轨辅助决策带来“难感知、难决策”的痛点问题。（3）以单一场景感知为主的城轨视频系统存在误报率高，因处置功能不完备难以实现业务闭环，给融合多业务场景的大容量城轨交通带来“难防控、难赋能”的技术难题。究其原因主要包括：（1）缺乏对海量视频数据高效语义压缩和确定性传输的研究。（2）缺乏对城轨视频内容精准挖掘和关键信息提取的智能分析研究。（3）缺乏对城轨交通大业务场景全生命周期管控的智能系统研制。

项目整合行业高校、运营公司和应用单位的资源优势，聚焦城市轨道交通智能视频处理核心挑战，提出多视角多方位高通量视频语义压缩与目标场景识别技术；提出城轨交通混合关键级业务流传输与多天线波束赋形设计方法；研制多接入多能力多后台服务管理的一体化智能视频系统平台。相关技术支持视频无损语义压缩比达到8倍以上，存储空间节约近90%；整体线网传输效率提升10倍；30种城轨异常场景识别精度超过85%。近五年直接经济效益显著。

（北京交通大学）

【复杂环境下软土复合地层大直径盾构隧道施工关键技术与工程应用】

项目获2023年度城市轨道交通科技进步奖二等奖。

取得研究成果：大规模的轨道交通线涉及黏土、淤泥质黏土等软土及复合地层，由于软土地层高含水量、高压缩性、低密度特性和复合地层的上软下硬特征，盾构掘进时面临设备适应性差、刀具磨耗高、换刀频率高、机身震动大、易结泥饼、滞后沉降大、下穿河道及既有建（构）筑物时变形大等难题，严重制约长江三角洲地区轨道交通建设。项目攻克复杂环境下软土复合地层大直径盾构隧道施工关键技术难题，形成成套创新技术：（1）探明软土复合地层土压平衡盾构掘进地层变形的关键影响因素，揭示刀盘开口模式及开口率、刀具形态（角斜率、厚度、半径）及空间布置等对掘进效果的影响规律；研发刀盘刀具优化布置、盾构机复杂地质自适应、螺旋输送机防卡堵等适应性改进装置及技术。（2）研发“地层注浆范围及强度可控-端头墙扇形密闭止水-始发防磕头托举”的盾构始发接收技术，建立软土复合地层盾构姿态实时监测及交互反馈智能调控模型，创建盾构施工期壁后注浆自动化控制及管片变形控制技术，形成软土复合地层土压平衡盾构快速掘进关键技术。（3）创立基于随机森林（RF）机器学习算法的软土复合地层盾构施工地层变形预测方法，提出基于修正E-M模型的盾构隧道下穿既有建（构）筑物施工的安全分区定量评价标准，研发浅埋大直径盾构隧道抛填注浆结合沉降-上浮控制综合加固技术，形成软土复合地层土压平衡盾构掘进安全保障技术。

项目获国家专利授权29项（发明专利16项），省级工法2项，软件著作权7项，参编规范1项，发表学术论文21篇（SCI/EI论文16篇），出版专著教材2部，QC奖2项，并培养一批研究生和技术骨干。项目在浙江、江苏、广东和广西等地的相关盾构隧道工程中得到成功应用，取得显著的社会、经济与环境效益。解决长江三角洲地区软土复合地层轨道交通建设施工难题，丰富盾构隧道计算理论和施工技术体系、提升我国盾构隧道的施工水平。

（中车智能交通工程技术有限公司）

【城市轨道交通通信系统运营管理智能化提升关键技术及示范应用】

项目获2023年度城市轨道交通科技进步奖二等奖。

取得研究成果：针对轨道交通车控室通信设备部署分散、信息资源共享程度低，业务流程融合协同效率不足，通信系统设备智能分析能力弱等问题，依托物联网、工业互联网、人工智能等技术，重点研究以业务融合、按需服务为核心理念，构建人、设备与业务全面融合的创新运营管理模式，实现在城市轨道交通中车站运营管理智能化提升和工作效率提升。主要创新技术成果：（1）搭建基于容器云的数据共享平台，首次实现车控室通信终端集成融合，实现站务人员移动化管理，促进车站运营管理减员增效。搭建基于容器云的城轨运营管理数据共享平台，增加管理服务效率。建设具备统一的数据交换标准、格式规范的容器云共享服务平台。提供接口、文件、数据库等多种数据共享服务类型，为综合管控平台及智能站务App等应用提供接口数据，提升信息服务的灵活性、时效性和方便性。研发综合管理一体化的车控室通信综合管控平台，汇集车站服务数据、客流分析数据、故障及告警等方面信息，方便车站运管人员实时掌握车站的运行状态，辅助决策，以一体化综合显示平台替代对多个通信系统终端的监视，减少运营人员工作量，促进车站减员增效。研发智能站务App实现移动运维管理，促进运营工作从固定岗向移动岗转型，缩短站务人员响应运营事件的反应时间，便于及时处理相关问题，提升运营人员工作效率。（2）首次基于LTE-M系统创新应用室内定位技术、eMTC物联网技术，实现人员位置定位，物物互联。基于LTE-M系统研发QCell有源室分系统实现对车站站厅运营人员米级定位。应用基于LTE-M的eMTC物联网技术，实时感知车站内、机房内微环境变化，为站务人员提供精准实时的环境数据，提升站务人员对车站的综合管理能力。（3）视频全景拼接技术实现车站及列车客流密度分析并展示，提升乘客服务质量。通过视频图像拼接、卷积神经网络深度学习技术，创新研发车站客流密度分析系统；利用图像信息数据多融合技术，实现多目摄像机全景拼接的AR展示，且在AR展示范围内可任意调取单目摄像机图像。实现图像显示可操作化、客流信息可视化，促进乘客出行自主化和运营管理智能化。

项目共产生发明专利2项，实用新型专利1项，外观专利1项，软件著作权5项，发表论文8篇，形成标准1项，在天津、常德、绍兴等地推广应用，在国内城市轨道交通项目中形成规模示范应用。

（北京市轨道交通建设管理有限公司）

【软土地层机械化暗挖及超深基坑明挖地铁车站建造关键技术及应用】

项目获2023年度城市轨道交通科技进步奖二等奖。

取得研究成果：软土地区中心城高层建筑密集、地下线（管）路成网，地铁车站被迫在日益严苛的条件下建造，技术挑战巨大：（1）面临“放不下、拆不了、碰不得”

的困局，亟待开发车站暗挖新技术来解决明挖法难以设站问题。（2）明挖车站基坑开挖深度突破 30 米后，围护结构成槽、基坑变形及防水控制难度呈倍数级增长。（3）车站被高密度居民区和大规模交通流所围，亟待提升绿色建造水平以降低对周边环境和市民的影响。

项目组突破软土地区地铁车站系列建造关键技术，建立复杂条件下车站建造成套体系，创新成果：（1）研发机械化暗挖地铁车站建造技术及系列装备。系统研制不同尺寸、不同断面顶管机及配套装备；开发远程监控、诊断和优化系列顶管机施工参数的控制云平台；创建双层大断面顶管、免支撑无内衬束合结构、超长特大断面管幕等暗挖施工工艺，并首次在中心城严苛条件下地铁车站主体和出入口成功应用。（2）创建软土地层超深明挖地铁车站建造技术。研发并应用"抓铣结合"成槽、钢筋笼精准入槽吊放、可调动力刷壁技术、超高压旋喷及 N-jet 止水技术，首次实现深度 110 米地下连续墙成功应用。建立以伺服钢支撑动态调节为核心的基坑围护结构变形控制技术，实现深基坑变形优于 0.8‰ h 的高标准控制要求；研发富水软土超深基坑封底和渗漏隐患无损检测技术，实现深基坑 0.6MPa 承压水免降水施工。（3）研制地铁车站集约化绿色建造技术。开发泥浆固化替换工艺；研制车站一体化出入口、站台板等系列结构预制拼装工艺；制定《绿色城市轨道交通建筑评价标准》；14 号线全线成功打造为全国首条绿建三星级地铁示范线。

项目成果突破软土地区中心城地铁车站建造关键技术瓶颈。项目授权发明专利 11 项、实用新型专利 22 项、软件著作权 12 项，编制标准 7 项，发表论文近 40 篇。成果应用于国内外约 20 个城市的百余座基坑建设，经济、社会效益显著。

（上海申通地铁集团有限公司）

【城市轨道交通太赫兹智慧安检系统装备自主化技术研究与应用】

项目获 2023 年度城市轨道交通科技进步奖二等奖。

取得研究成果：针对城轨大流量安检场景，攻克太赫兹实时成像、高灵敏度低噪声太赫兹探测等技术瓶颈，研制出适用于地铁大客流场景的被动式太赫兹成像人体安检系统。主要创新点：（1）攻克大口径高分辨高斯准光系统技术，结合压缩感知、实时校准等技术，实现被动式太赫兹成像系统成像时间从 2S 缩减到 0.1S 的关键性跨越，弥补传统安检效率低的短板。（2）研发全自主化的高灵敏度的太赫兹探测组件，采用 70nm InP 半导体工艺技术，提高太赫兹系统的信噪比和图像对比度，将太赫兹成像前端噪声系数提升至 3dB，工作带宽拓宽至 45GHz，图像分辨率提高到 1.5cm。（3）突破实时多通道探测器校准与准光扫描同步技术，通过冷热两个平面对每一探测通道的信号进行补偿校正，解决多个通道信号不一致的难题。（4）首次在轨道交通安检中实现基于深度学习方法的被动式太赫兹成像违禁品识别模型集中训练、模型下发和边缘推理，实现安检数据分析和追溯功能，解决各个站点安检信息孤岛问题。（5）研制国内首套全自主化的城市轨道交通被动式太赫兹成像人体安检系统，能够检测金属、陶瓷等各类违禁品；成像时间、成像面积、图像分辨率、成像距离等性能指标达到国际领先水平。（6）开创"无辐射、无停留、无触摸、无感知"的新型安检模式，安检过程避免人体触摸式检查，提升安检效率。

项目申请相关专利 9 项，获授权发明专利 7 项和实用新型专利 4 项；获得计算机软件著作权 5 项；发表 SCI 论文 4 篇和 EI 论文 6 篇。具有完全自主知识产权，创新性强。项目成果通过公安部安全与警用电子产品质量检测中心检测，在广州、上海、合肥等 10 余条地铁线路推广应用，并出口到泰国等用于机场安检，经济效益显著；形成太赫兹安检产品行业标准 1 项，对城轨交通公共安全、太赫兹技术发展起到促进和示范作用。

（广州地铁集团有限公司）

【城市轨道交通工程数智协同数字设计关键技术研究及应用】

项目获 2023 年度城市轨道交通科技进步奖二等奖。

取得研究成果：为解决在轨道交通工程 BIM 设计中面临的协同程度低、专业设计与审查工具少，各类资源体系性差，以及设计管理中的重复性工作和低效率等问题，开展城市轨道交通工程数智协同数字设计关键技术研究及应用。取得适用于城市轨道交通工程的 BIM 正向设计协同、全结构化设计及审查工具和标准化出图资源、全过程数字化设计管理三方面的技术成果：（1）BIM 三维正向协同设计研究。主要包括专业协同工作机制研究、建立构件及数据级多维度多层次协同体系，重构设计流程。搭建城市轨道交通协同设计平台，该平台支持二维、三维协同数字设计，实现人员立体化管理以及跨区域多专业协同设计，可扩展集成多种结构化系列设计与审查工具。研究成果为工程全周期的深化应用打下良好的基础，进而支撑工程全周期的数字体系建设。（2）城市轨道交通工程多数据驱动的全结构化系列设计工具以及规则自动审查工具研究和标准化出图资源。针对城市轨道交通工程设计工作的特点，建立线性工程（区间）参数化设计系统和点状工程（车站）生成式设计系统。开发 BIM 三维正向专业设计工具包括区间结构设计工具、牵引网设计工具、区间轨旁设计工具、点状工程协同设计工具、数据采集工具以及规则自动审查工具等。标准化出图资源的建设可以将数字化设计成果快速转换为设计生产产品，提高设计工作效率。（3）全过程数字化设计管理研究。搭建轻量化城市轨道交通工程全过程数字化设计管理平台，研究从设计模型到模型应用的实时三维可视化，以及设计成果（模型、图形和表单等）生成与数字化管理，提高项目价值和管理水平。实现城市轨道交通管理设计项目从任务分解到成果生成的全过程管理。

项目研究成果获得7项协会标准、6项发明专利、12项软件著作权、3项产品认证、2篇论文，社会经济效益显著，提高城市轨道交通工程的设计效率和设计精度，推进全生命周期的数据融合，形成以模型为载体的数字资产，为城市轨道交通工程的数字化转型和智慧化升级提供有力的支持。该研究成果在济南、青岛、无锡等实际项目中得以应用，并取得显著的成效。研究成果外部应用方面，根据应用用户给出的使用情况的反馈意见，均有良好的评价。

（北京城建设计发展集团股份有限公司）

【智慧城轨与全自动运行系统关键技术及应用】

项目获2023年度城市轨道交通科技进步奖二等奖。

取得研究成果：轨道交通面临着运营可靠性、能耗成本、乘客服务质量、公共安全管理、设备运维等一系列问题。项目借助计算机、通信、控制和系统集成等技术，在对地铁全过程、全系统、全要素进行透彻感知的基础上，实现响应乘客智能化和列车运行自动化，取得智慧城轨和全自动运行系统技术水平的创新性突破。

项目创新成果：（1）创建全新的轨道交通技术体系。构建35项智慧城轨和77大类全自动运行场景，提出城市轨道交通全自动运行组织架构和体系化的运维管理模式，构建五大类共120余册规章制度。（2）研发关键技术：列车自主感知防御系统TAPS、智慧能源管控平台、基于自主可控网络安全的城轨车站业务应用中台。（3）丰富运维措施（设备）。研发智能化的大数据综合管理平台，提出面向轨道交通设备故障模型的自学习方法，建立系统故障诊断和健康评估模型。

项目获得授权发明专利3项，实用新型专利4项，计算机软件著作权12项，主编标准2项，参编标准6项，发表高水平学术论文47篇，培养硕士41名。项目研究成果在众多城市轨道交通线路中进行推广应用。项目创建全新的轨道交通技术体系，研发关键技术，丰富运维措施（设备），顺应社会智能化发展潮流，推动了行业进步。

（中铁第一勘察设计院集团有限公司）

【中国标准A型地铁列车研制项目】

项目获2023年度城市轨道交通科技进步奖二等奖。

取得研究成果：项目依托深圳地铁10号线工程，对地铁列车总成、车体、转向架、网络控制、牵引、制动等系统的功能参数及部件接口进行统一，制定29份标准A型列车统型方案，在10列车示范应用，同时创新应用轻量化车体、智能运维、水性环保漆、永磁同步牵引等技术，并基于部件统型成果，在维保阶段实现多项部件互换互用。项目成果技术指标：（1）技术层面上，实现整车及关键系统部件技术及接口统一，并创新应用轻量化车体、智能运维、水性环保漆、永磁同步牵引等技术。（2）运用层面上，实现乘客使用界面、司乘操作界面统一，实现列车的相互备用、救援。（3）维护检修层面上，将关键部件及维护用品可互换率提升至75%以上，将列车维护、检修内容实现统一。（4）信息管理层面上，实现地铁列车信息技术互通互用，方便地铁列车在线运营信息交流，提升信息管理效率。项目成果经济指标：（1）设计成本：除列车外观与内饰，其总车设计实现标准化、谱系化，设计成本降低约70%。（2）生产成本：列车各系统的制造及安装形成标准生产流水线，造车生产效率提升，车辆生产成本减少约10%。（3）维修成本：车辆零部件统型，提升闸片、碳滑板、润滑油脂等部件及维护用品可互换率，减少备品备件的采购成本，列车维保内容实现统一，平均每列车每年维修成本可减少约20%。

项目团队申报并得到授权的实用新型专利2项，授权外观设计专利1项。项目成果在深圳地铁10号线35列（280辆）应用，并在深圳地铁12号线56列（336辆）、14号线44列（352辆）、16号线32列（192辆）、20号线9列（72辆）推广应用。A型列车标准化，使从生产到运营实现产业集群，列车运营维保、应急处置形成统一标准，由此打破业内技术壁垒，提升运营服务水平，形成城轨交通企业的品牌形象和品牌效应，同时对系列化中国标准列车的研制起到推动作用。

（深圳市地铁集团有限公司）

【基于数字孪生的地铁保护区安全智慧管控技术研发与应用】

项目获2023年度城市轨道交通科技进步奖二等奖。

取得研究成果：城市轨道交通安全保护区点多、线长、面广，巡查难以做到全时覆盖，保护区事故频频发生，其中隧道被钻机打漏打穿导致的安全隐患最为突出。项目研究综合利用信息化、地理信息、北斗定位、AI、大数据等先进技术，面向城市轨道交通安全保护区的数字化管理、智能定位、智能巡查等关键业务，构建一套轨道交通保护区智能化巡查解决方案，推进城市轨道交通安全保护区的监控的智慧化管理。项目成果关键技术创新：（1）采用视频AI智能识别技术，对保护区重点区域重点目标进行实时监测，并自动预警。以深度卷积神经网络为基本路线，通过对业界主流的深度学习目标检测算法进行比较和选型，确定基本算法骨干YOLO模型，针对项目的实际应用场景从算法网络优化设计和算法训练技巧两个方面进行技术优化。在算法网络设计过程中兼顾算法计算实时性考虑，充分利用 AI 加速库功能，以使软硬件能够发挥最大的效能。针对摄像头图像背景复杂、目标小的检测场景（尤其是安全帽类别，个别像素低于 20 像素以下），在当前最领先的目标检测框架基础上围绕目标类别识别和目标位置回归解耦、无预设锚框、大尺度特征金字塔等进行优化设计并采用样本均衡化、马赛克数据增强和混合数据增强等技术，进一步提升检测识别性能。（2）研发智能界桩，对界桩倾斜、位移及周边振动进行感知并自动上报预警平台。研发新一代智能界桩，界桩顶部为智能化模块，内含定位芯片、倾斜传感器和振动传感器，可实时感知界桩自身倾斜、位移及周边振动情况，通过移动通信将信息上报预警平台。模块外形设计巧妙，能够在已有普通界桩上进行集成。通过低功耗技术，搭配大容量锂电池，电池一次安装能够正常使用 3 年以上。（3）利用数字孪生技术，建立轨道交通保护区数字孪生平台，实现对保护区地上地下一体化管理。构建以二三维一体化高精度地图为基础的数字孪生平台，研究模型轻量化技术，实现 Web 端海量多源数据快速呈现；利用物联网等技术，实现保护区巡查智能设备的接入；采用地上地下一体化表达方式，实现轨道交通保护区精细化管理。

项目申请发明专利 18 项，软著 10 项，发表论文 8 篇，研究成果丰富。

（交通运输部科学研究院）

【基于空间效应的超大断面暗挖车站建造关键技术研究及应用】

项目获 2023 年度城市轨道交通科技进步奖二等奖。

取得研究成果：重庆受特殊地形地貌影响，重庆轨道交通车站多为暗挖车站，累计建成 75 座暗挖车站，占全线网车站数的 31%。根据国际隧道协会（ITA）定义，开挖面积超过 100 平方米的隧道为超大断面隧道，重庆轨道交通暗挖车站主体结构及部分附属结构均为超大断面隧道，建设难度大、风险高、周期长。基于重庆地区地质条件和工程风险控制，绝大部分暗挖大断面车站主体隧道施工工法以双侧壁导坑法为主，施工效率较低、工程投资较高，急需一种更加安全、高效、绿色、低碳的轨道交通车站建造技术。

主要技术创新成果：项目系统性研究轨道交通超大断面暗挖隧道的施工工法，揭示复杂城市环境和地质条件下基于“空间效应”的超大断面隧道围岩变形机理，首创多个具有普遍性的超大断面暗挖隧道建造技术。基于超大断面隧道空间效应，对重庆轨道交通车站附属布置进行系统性研究，提出适用于深埋超大断面车站的附属布置策略，构建基于群洞的轨道交通暗挖车站标准化建造方案。提出适用于大断面复杂交叉空间的施工组织方案，提出基于群洞的三维施工网络技术，普遍适用于山地城市暗挖车站建设。项目形成一整套完整的超大断面暗挖车站建造技术，完善轨道交通超大断面暗挖车站建造体系，提升超大断面暗挖车站的建设效率，有效降低超大断面暗挖隧道施工风险和工程投资，改善隧道洞内施工作业环境，建成全球规模最大的轨道交通超大断面暗挖车站隧道群，提高我国轨道交通超大断面暗挖车站建造水平，推动行业发展。

项目累计发表论文 26 篇，在 SCI 收录的顶级期刊上发表论文 4 篇，在中文核心期刊发表论文 10 篇，授权专利 27 项，其中发明专利 10 项，出版专著 2 部，获省部级工法 2 项，获省部级勘察设计奖 5 项，认定专有技术 38 项，形成地方标准 3 部，成功应用于 30 余座车站，整体达到国际领先水平。

（重庆市轨道交通〔集团〕有限公司）

【轻型跨座式单轨车辆基地关键技术研发及应用】

项目获 2023 年度城市轨道交通科技进步奖二等奖。

取得研究成果：项目针对国内无轻型跨座式单轨车辆基地建设案例及经验、缺乏相关技术标准、关键设备研发及应用处于空白状态、车辆过度维修、车辆基地规模大、数据利用不充分、自动化水平低等难题，系统研究轻型跨座式单轨车辆基地的检修制度、检修修程、检修周期、功能、工艺布局、运用检修关键设备、智能运维系统等全方位技术方案，并在芜湖轨道交通项目中开展应用与研究，取得多项创新。主要技术创新：（1）制定涵盖车辆技术要求及车辆基地规划、设计，设备安装、调试，安全评估，运营管理等全过程技术标准，构建轻型跨座式单轨车辆基地技术标准体系，促进行业高质量发展。（2）研发及应用走行部智能在线监测设备、换轮设备、牵引工程车、车挡等车辆基地系列关键设备，填补国内轻型跨座式车辆运用检修关键设备研发与应用的空白，提升车辆检修工艺水平。（3）以全自动驾驶轻型跨座式单轨车辆为基础，开发基于预见性检修的跨座式单轨智能运维系统，实时在线采集车辆故障信息，提高监测、检修的自动化水平及管理水平。

项目研究成果形成国家标准 1 项目，行业标准 2 项，地方标准 5 项，获得 12 项国家发明专利、12 项实用新型专利和 2 项外观专利，发表论文 6 篇。经专家组评审，成果达到国际领先水平。项目增加大修修程，将重点修及全面修检修里程以及检修周期最高延长 30%，避免过度维修；换轮停修时间最高降低 75%，减少检修车辆配属数，换轮库占地面积降低 60%。检修修程及检修周期研究成果纳入《跨座式单轨设计标准》（GB/T50458-2022），主编《跨座式单轨车辆基地技术规范》（DB3402/T35-2022）等多部技术标准。成果运用于芜湖轨道交通 1 号线、2 号线一期工程，并为墨西哥蒙特雷轻轨4号线、6号线进行技术咨询服务，同时在潍坊、宜昌、黄山、尼日利亚等多个城市和国家的轨道交通项目设计中采用，取得显著的经济效益和社会效益。

（中铁工程设计咨询集团有限公司）

【城市轨道交通云边缘计算平台关键技术研究与示范应用】

项目获2023年度城市轨道交通科技进步奖二等奖。

取得研究成果：针对城市轨道交通越来越多智慧化业务需求的提出，从车站边缘设备传输大量结构化、非结构化数据到云中心致使网络传输负载急剧增加，产生较长的网络时延，造成生产系统的安全风险。同时，集中式云计算为匹配边缘数据需求不断扩容，导致数据中心规模愈发庞大，运维难度和成本加剧。项目开展城市轨道交通云边缘计算关键技术研究，填补城轨云在边缘计算服务的空白，丰富完善城轨云的体系架构，实现一片云对城轨业务的全覆盖，构建云边协同、多业务融合、运管融合、多网融合、异构融合的城轨"一协同、四融合"创新体系架构。首次研制城市轨道交通云边缘计算平台，实现城市轨道交通站段侧基础设施整合，满足智慧化业务需求的同时，推动站段节点向轻量化、集约化、绿色化发展。科技创新核心内容：（1）研制融合实时控制与智能应用的城轨云边缘计算平台。（2）基于虚拟化与容器技术的多业务应用综合承载。（3）基于时间敏感网络技术的多业务数据高质量同网传输。（4）构建多业务协同控制和数据处理与共享的开放平台。

项目取得发明专利9项、软件著作权2项、国际认证1项。研究成果在北京地铁19号线及大连地铁1号线作为示范工程应用，并推广至深圳地铁11号线、重庆机场旅客捷运系统、昆明5号线等项目。基于云边缘计算平台构建的绿智融合车站，较传统车站建设模式，单站可节约设备投资、机房建设成本约100万元，每年节约系统能耗、运维人力成本约40万元。基于城轨云+云边缘计算平台的云边协同建设思路可在全国范围内广泛推广。该项目为城市轨道交通站段边缘侧提供一个集实时控制与智能分析于一体的平台，能促进城市轨道交通集约化建设、统一化运维、智能化升级等方面的技术创新，支撑各业务系统在智慧运维、智慧车站、绿色节能等场景下的升级改造，进而提升车站运营服务、运营管理水平，降低建设成本、降低运维成本、提高运维效率。

（北京和利时系统工程有限公司）

【海积淤泥地层地铁穿越运营线安全控制技术及应用】

项目获2023年度城市轨道交通科技进步奖二等奖。

取得研究成果：我国沿海经济发达地区广泛分布着海积淤泥地层，海积淤泥工程性质极差，受扰动后强度易丧失，无法形成有效抗力；而地铁穿越运营线施工受列车动荷载和开挖卸载耦合影响、运营受多源列车荷载长期作用，易发生超限变形，传统技术无法满足毫米级变形控制要求，海积淤泥地层地铁穿越工程全寿命周期安全保障面临严峻挑战。项目经过联合攻关，在动力设计方法、施工控制技术和健康监控系统三个方面取得技术突破：（1）创立基于系统动力学的地铁穿越运营线动力设计方法。建立轨道交通多洞隧道-地基耦合动力学高效计算模型，创立以系统动力学为基础的变形控制动态设计方法，自主开发设计计算软件，效率提升2个数量级，突破拟静力法设计无法进行行车安全评估的局限；研发隧道-土体刚度协调的软弱地层分类分区加固设计技术，消除盾构开挖卸荷和地铁行车振动的交互影响，保障交叠系统夹层淤泥的稳定性；突破地铁穿越运营线设计须限速的限制。（2）创建盾构小净距穿越运营线的智能化施工控制技术。构建盾构设备状态与油液性能的映射关系，明确反应设备状态的油液性能监测参数和阈值；开发基于油液性能的盾构设备智能监测系统，实现设备状态实时监测和故障早期预警，保障盾构穿越过程的设备良好运行；进一步提出物理和数据联合驱动的掘进参数智能预测模型，研发掘进面、姿态、盾尾三元同步的掘进参数动态调控技术，将海积淤泥地层盾构小净距、长距离穿越运营线下的隧道变形控制在5毫米以内，保障隧道结构和列车运行安全。（3）研发交叠盾构隧道结构健康状态智能监控系统。构建交叠隧道结构综合健康度评估体系，突破以往单一指标评估无法真实反映结构健康状态的局限；系统揭示不同服役阶段各类加固措施下盾构隧道的服役性能演化规律，创立盾构隧道管片结构的分级分类养护维修标准；开发数据自动采集、状态实时评估、养护智能决策的交叠盾构隧道结构健康监控系统；海积淤泥地层交叠隧道运营4年，沉降小于2毫米、收敛变形小于6毫米，提升交叠盾构隧道结构的长期服役品质。

项目授权发明专利15项、实用新型12项、软件著作权3项、工法1项、标准2部、发表论文29篇。成果应用于深圳城市轨道交通三期调整、四期及四期调整工程中地铁穿越运营线工程21项，推广应用于广州、宁波、杭州等城市轨道交通工程，经济、社会效益显著。

（深圳市地铁集团有限公司）

【基于振源控制的车辆段轨道无缝化关键技术研究及应用】

项目获2023年度城市轨道交通科技进步奖二等奖。

取得研究成果：针对城市轨道交通车辆段轨道的各类减振降噪研究及措施效果并不理想情况：一是车辆段咽喉区存在较多钢轨轨缝和道岔有害空间，没有实现无缝化；二是车辆段现有轨道减振降噪措施基本直接引用正线成熟产品，没有针对车辆段空车、低速工况进行适应性优化，未能很好解决车辆段轨道振动噪声问题；三是当前轨道减振降噪原理均是减缓传播，没有面向“振源”等振动噪声对环境的影响。面向振动源头，首次提出基于振源控制的车辆段轨道无缝化关键技术研究及应用，取得以下成果：(1) 首次建立车辆段咽喉区道岔群无缝线路计算模型，提出道岔群强度和稳定性计算方法，完善无缝线路设计理论体系。研发曲线钢轨固结装置、臂展式阻力枕等轨道无缝化关键技术，解决半径150米曲线地段和小号码道岔群无缝线路稳定性技术难题。(2) 发明城市轨道交通7号可动心轨辙叉道岔，研发双肢弹性可弯心轨结构和长短心轨错动装置，实现车辆段小号码道岔轨线连续的重大突破，填补道岔区振源减振降噪技术空白。(3) 率先提出车辆段分级分区减振降噪设计方法，研发库内外用多层弹性高等减振扣件、弹性轨枕、小半径曲线减磨护轨等技术，形成车辆段轨道减振降噪成套技术体系。

项目成果获得发明专利6项，实用新型专利8项，软件著作权1项，论文8篇（SCI 1篇）。研究成果在北京地铁大兴机场线，北京地铁12、17、19号线，南京地铁，西安地铁等项目应用，取得良好的效果，满足车辆段轨道减振降噪需求。项目成果能够助力提升轨道交通车辆段上盖物业品质，扩大咽喉区开发范围并实现土地价值提升；有助于提高轨道交通行业绿色技术影响力。

（中铁工程设计咨询集团有限公司）

【油气田瓦斯地层盾构法隧道建造关键技术与应用】

项目获2023年度城市轨道交通科技进步奖二等奖。

取得研究成果：项目以成都轨道交通1、7、18、19号线和30号线工程为依托，采用资料调研、数值模拟、室内试验、现场测试等手段，对城轨交通工程油气田瓦斯地层勘察标准体系、瓦斯地层盾构法隧道建设质量与长期运营安全、瓦斯隧道盾构装备防爆配置标准、瓦斯隧道施工技术与风险管理体系进行深入系统研究，形成油气田瓦斯地层盾构法隧道建造关键技术。主要创新点：(1) 探明油气田地层瓦斯运移规律和气囊形成机理，揭示油气田地层瓦斯溢出规律，构建城轨交通工程油气田瓦斯地层勘察标准体系。(2) 发明装配式定位榫与稀土改性EPDM材料，大幅提升盾构法隧道拼装质量、管片接缝密封性与密封垫寿命，确保盾构法隧道建设质量与长期运营安全。(3) 提出盾构机关键部件配置标准，建立油气田瓦斯地层盾构法隧道成套施工技术，形成瓦斯地层施工风险管理体系。

项目获授权发明专利9项、实用新型14项，发表SCI等高水平论文6篇，发布地方标准3项。项目成果评价专家组一致认为：研究成果总体达到国际先进水平，其中管片定位和密封技术达到国际领先水平。项目成果应用到成都轨道交通1、7、18，19号线和30号线工程，核心成果技术推广应用到佛山、重庆、南宁、福州等国内多个城轨、国铁、核电和管廊等多行业盾构法隧道工程中，长度超350公里，社会、经济、环境效益显著。

（中铁二院工程集团有限责任公司）

【砂质复合地层地铁施工变形理论与控制技术】

项目获2023年度城市轨道交通科技进步奖二等奖。

取得研究成果：南昌作为典型的内陆临河城市，砂质复合地层（粉–粗砂层、砂砾层、砂卵石层、砂泥岩）广泛分布，结构复杂、颗粒松散、渗透性强，使盾构施工始终面临“力学参数变异性大、地层结构抗扰性差、城市环境敏感性高”等难题，给工程的安全建造带来“变形计算难算准、地层扰动难抑制、环境响应难管控”的技术挑战。

项目依托南昌地铁1—4号线等多条地铁线路，聚焦内陆临河城市砂质复合地层盾构施工变形计算理论、主动控制技术、智能管控机制等关键科学与技术问题，采用室内试验、数值模拟、理论分析和现场测试等方法进行持续攻关，形成砂质复合地层地铁盾构隧道建造安全保障关键技术创新性成果：(1) 首次建立砂土HSS模型参数与现场标贯击数的关联关系，填补砂土HSS本构参数快速标定的空白；首次提出基于状态空间法的管片结构、基于Loganathan变形理论和Randolph位移传递的盾构掘进扰动下单／群桩的内力变形分析方法；形成敏感环境下砂质复合地层盾构施工力学精细计算理论，攻克砂质复合地层“本构参数确定难、地层变形算准难、环境响应预测难”的技术瓶颈。(2) 建立砂质复合地层体积损失、掌子面应力松弛比与压力的关联机制，提出基于掘进参数动态调控的盾构施工变形主动抑制方法；研发砂质复合地层渣土改良泡沫剂性能评价与调控方法，发明刀盘适配、同步注浆等盾构施工变形精准防控技术；研发砂质复合地层三轴搅拌高效强化及盾构微扰动近接施工控制技术；实现砂质复合地层毫米级微扰动盾构掘进。(3) 提出敏感环境下盾构隧道施工多维度安全管控指标体系；发明敏感环境下地铁盾构施工风险全过程实时评估方法；建立盾构施工关键风险“图式理论”管控机制，开发敏感环境下盾构施工安全风险全过程–多维度智能管控应用云平台；实现地铁工程建设风险信息的智能“感–传–知–用”。

项目授权发明专利15项、实用新型专利11项；获批省级工法5项、软件著作权4项；出版专著3部、标准指南2部；发表学术论文26篇。成果应用于南昌地铁、武汉地铁、杭州地铁等100多公里的城市轨道交通工程中，保障施工安全，经济、社会、环保效益显著。

（南昌轨道交通集团有限公司）

【城市轨道交通基础减振地段钢轨异常波磨治理与示范工程研究】

项目获2023年度城市轨道交通科技进步奖二等奖。

取得研究成果：项目针对北京地铁6号线基础减振地段突出问题，系统开展钢轨异常波磨的研究分析工作。采取现场调查统计、现场测试实验、建立模型仿真分析、工程类比等多种手段分析原因。建立基础减振地段车辆-轨道耦合模型，得到相关参数与钢轨磨耗关系；结合理论及动力学测试结果，制定提高轨道刚度、增强轨道动态稳定性、提高轨面平顺度，减少异常波磨发生，减少车内噪声的治理技术原则。针对6号线区间速度高、异常波磨地段扣件损坏严重的情况，对扣件工作状态进行仿真分析。根据研究分析结果和其他线路扣件使用情况，提出保持轨道稳定措施，将无螺栓扣件改为有螺栓扣件，同时适当调整扣件垫板刚度；系统研究减振垫板材质对波磨影响，将聚酯缓冲垫板改为橡胶垫板，改善钢轨轨下基础的弹性和阻尼性能；研究轨底坡与异常波磨关系，通过调整轨底坡改善轮轨接触关系，效果明显。形成"细调查，调参数，保稳定，初始化，动态检"钢轨异常波磨的成套治理方案。

研究成果在4个示范段得到验证，车内噪声各频率下的声压级均降低5dB（A）～10dB（A）；持续跟踪检测，示范段波磨情况29～36个月稳定，轮轨接触显著状态改善，钢轨打磨周期可延长1倍以上。治理技术方案简单有效、成本低、技术成熟先进，施工进度快，不增加轨道零部件，不影响大型机械作业，可减少轨道维修工作量，为运营线路病害治理，线路养护维修、新线建设提供借鉴。项目原创性强，申请专利17项，发表核心期刊论文8篇。

（北京市市政工程设计研究总院有限公司）

【新一代的智能调度和智能运行系统——"众合智飞"智能调度运行系统】

项目获2023年度城市轨道交通科技进步奖二等奖。

取得研究成果：随着城市轨道交通高速发展，全自动运行线路成为城市轨道交通建设的发展方向。由于全自动运行系统高度自动化、远程控制化及运营管理中央化的特点，对中心调度的作业效率与业务水平提出更高的要求，城市轨道交通行车调度是落实运营管理、策划运输组织、实施调度指挥的核心，其自动化程度、智能化程度及与其他调度协同接口信息的交互深度，直接关乎日常运营的效率、列车运行效能、客运服务水平和运营成本；同时，调度管理人员与一线运营人员在日常工作、故障处置、应急指挥等方面对系统自动化程度、智能化程度提出了更高的要求。

项目主要研究在正常运营生产与突发事件的场景下，打造新一代的智能调度和智能运行系统——"众合智飞"智能调度运行系统，能够通过技术创新与功能挖掘，实现多项创新型城市轨道交通智能调度功能，同步考虑系统功能实施可行性与系统可落地性；从创新性智能调度指挥功能、智能精细化列车自主运行、智能化离线时刻表的优化功能三个维度深入挖掘，结合全新技术手段与功能，使城市轨道交通在调度管理与行车指挥方面更大程度上实施智能化的行车调度，更好地满足现代城市轨道交通运营管理需求、更充分发挥系统自动化功能，有效提升城市轨道交通行车调度管理效率、故障处置效率与应急响应效率，明显减少调度劳动强度与人为因素对运营安全造成的影响，保障乘客服务质量与出行安全。

（浙江众合科技股份有限公司）

【大规模复杂线网安检及票务融合技术创新与应用】

项目获2023年度城市轨道交通科技进步奖二等奖。

取得研究成果：项目依托《成都轨道集团智慧城轨纲要及行动计划》及其同步开展的智慧乘客服务体系研究和轨道交通移动支付平台应用研究基础和成都轨道交通集团线网智慧乘客服务平台项目的建设和投运，形成一套满足超大规模复杂线网运营需求的智慧乘客服务体系。

该体系具备以下特点：（1）以智能化数据驱动技术为核心，聚焦应用场景，创新性提出基于系统融合理念建设集智慧安检、智慧测温、智慧票务为一体的综合服务平台，全面提升城市轨道交通服务的全息感知、实时分析、科学决策和精准执行能力，打造业务智能联动、资源智能适配的乘客服务系统。（2）以自主可控的终端设备为基础，利用帧补偿、色彩补偿、图像校正等方法，提高违禁品识别准确率，研发出智能识图边缘设备。（3）以自主创新的云边、边边协同系统为架构，有效提升安检智能识图速度和准确性，提高安检效率。（4）以乘客需求为出发点，通过数字化、智能化手段完善和提升成都地铁App服务功能，营造地铁全息感知出行场景，解决因客流分布不均导致的安检资源分配难、大客运量规模下人脸识别误差率高、安检工作效率低等问题，为乘客提供更加智能化、多元化的交通出行体验。

基于该研究体系建成的成都轨道交通智慧乘客服务系统是全国首例应用于500公里以上大线网规模的全线网、全通道无接触式"戴口罩刷脸乘车"系统，优化乘客出行效率与体验，大幅削减地铁票卡票款清理、回收、消毒等工作；研发的智慧票务系统和智慧测温系统实现乘客戴口罩也可以无感过闸和无感测温，保障乘客在半封闭、高密度的地铁场景里的出行安全；基于云平台架构的线网多系统融合设计方案解决行业内多系统重复建设、接口复杂、分立建设投资大、结构复杂和资源利用率低等问题，开创国内轨道交通行业自动检票和安检测温系统线网融合设计的先河，树立行业标杆，降低工程建设费用和运营成本。

研究成果获63项发明专利授权、7项实用新型专利均授权，获软件著作权10项，发表论文6篇，出版专著2部，发表企业标准2项。

（成都轨道交通集团有限公司）

3 中国土木工程詹天佑奖

【概况】

2022—2023 第二十届中国土木工程詹天佑奖第二批共有 45 项工程获奖。获奖工程项目涵盖建筑、桥梁、铁道、轨道交通、公路、港口、市政等工程。其中，涉及轨道交通工程 5 项。（表 5-3-1）

（中国城市轨道交通协会秘书处）

第二十届中国土木工程詹天佑奖第二批获奖名单（城市轨道交通类 5 项） 表 5-3-1

序号	项目名称	推荐单位	主要参建单位	
33	无锡地铁 3 号线一期工程	中国铁道建筑集团有限公司	1	无锡地铁集团有限公司
			2	中铁十七局集团有限公司
			3	北京城建设计发展集团股份有限公司
			4	广州地铁设计研究院股份有限公司
			5	中铁十一局集团有限公司
			6	中铁十四局集团有限公司
			7	中铁十九局集团有限公司
			8	中铁四局集团有限公司
			9	上海隧道工程有限公司
			10	江苏航天大为科技股份有限公司
34	北京大兴机场线工程	中国土木工程学会轨道交通分会	1	北京轨道交通建设管理有限公司
			2	北京城建设计发展集团股份有限公司
			3	北京城建轨道交通建设工程有限公司
			4	北京城建集团有限责任公司
			5	北京市政路桥股份有限公司
			6	中铁十二局集团有限公司
			7	中铁二十三局集团有限公司
			8	北京市政建设集团有限责任公司
			9	中铁十四局集团有限公司
			10	北京市轨道交通设计研究院有限公司
35	广州市轨道交通九号线工程	中国铁路工程集团有限公司	1	广州地铁集团有限公司
			2	中铁三局集团有限公司
			3	广州地铁设计研究院股份有限公司
			4	广东华隧建设集团股份有限公司
			5	中铁二局集团有限公司
			6	广东省基础工程集团有限公司
			7	中铁一局集团有限公司
			8	中铁十六局集团有限公司
			9	广东水电二局股份有限公司
			10	广州市城市建设工程监理有限公司

第二十届中国土木工程詹天佑奖第二批获奖名单（城市轨道交通类 5 项）（续前表） 表 5-3-1

序号	项目名称	推荐单位	主要参建单位	
36	重庆轨道交通环线工程	中国铁道建筑集团有限公司	1	中国铁建投资集团有限公司
			2	重庆市轨道交通（集团）有限公司
			3	上海市隧道工程轨道交通设计研究院
			4	上海市政工程设计研究总院（集团）有限公司
			5	林同棪国际工程咨询（中国）有限公司
			6	中国铁建大桥工程局集团有限公司
			7	中铁十五局集团有限公司
			8	中国铁建电气化局集团有限公司
			9	中铁二十四局集团有限公司
			10	中铁二十三局集团有限公司
37	深圳市城市轨道交通 6 号线工程	中国土木工程学会轨道交通分会	1	深圳市地铁集团有限公司
			2	中铁二院工程集团有限责任公司
			3	中国中铁股份有限公司
			4	中国建筑股份有限公司
			5	中国铁建股份有限公司
			6	中铁南方投资集团有限公司
			7	深圳大学
			8	中国建设基础设施有限公司
			9	中铁建南方建设投资有限公司
			10	中建南方投资有限公司

注：“序号”为詹天佑奖的获奖序号。

【无锡地铁 3 号线一期工程】

工程获第二十届第二批中国土木工程詹天佑奖。

工程概况及取得科技创新成果：无锡地铁 3 号线一期工程于 2016 年 3 月 30 日开工，2020 年 10 月 28 日建成通车。线路全长约 28.5 公里，共设 21 座车站，均为地下站，整体呈西北—东南走向，西北起苏庙、东南至硕放机场。该工程的高浪东路站至新锡路站区间为全国首条顶管法联络通道。在顶管法施工中研发形成微加固、可切削、严密封、强支护的全套顶管法施工联络通道新技术。车站二次结构应用“预制装配式轨顶风道、站台板、楼梯”，全过程“四节一环保”绿色施工，全线进行景观提升布置，“一站一景”提高市民的幸福感。深入探索装饰装修阶段的优化设计，探索基于 BIM 技术的管线综合技术，在长江南路站首次应用车控室一体化设计方案项目。轨行区首次运用城轨调度管理系统这一信息化管控手段，实现对轨行区关键位置实时视频监控、全区间无线覆盖、人车定位等功能，有效提升轨行区信息化管控水平。建设期间配合国家住房和城乡建设部主编《城市轨道交通工程建设安全生产标准化管理技术指南》。项目建设中推广应用建筑业 10 项新技术中的 10 大项 52 子项，形成 6 项省级科技创新成果、12 项省级工法，获得各项专利 75 项，“江苏省建筑业新技术应用示范工程”12 项。

（无锡地铁集团有限公司）

【北京大兴机场线工程】

工程获第二十届第二批中国土木工程詹天佑奖。

工程概况及取得科技创新成果：北京大兴机场线工程于 2017 年 1 月 22 日开工，2019 年 9 月 26 日建成通车，线路全长 41.36 公里，其中地下线和 U 型槽 23.65 公里，高架和路基段 17.71 公里。该线路南起大兴机场北航站楼，北至中心城草桥，线路共设 3 座车站，于中部设车辆基地 1 座接轨于大兴新城站。大兴机场线是中国城市轨道交通运行速度第一线路，多项运营数据在全国行业领先。首次在城市轨道交通领域引入基于城际平台优化的市域 D 型车并实现 160km/h 高速的安全运行；首次在国内轨道交通领域实现地下段接触网刚性悬挂系统在160km/h平稳运行；首次实现CBTC系统控制下的GoA4等级的全自动运行；首次在轨道交通车站实现行李托运系统功能；首次以“对标航空服务”为理念建设城市轨道交通线路，全面提升服务标准；首次实现机场高速、轨道交通、市政道路、综合管廊、高铁等线性工程五线共廊、四线共构的建设模式，首创时速160km刚性接触网成套技术、160km/h互联互通全自动驾驶技术、共构结构施工低矮架桥技术、8.8m盾构刀具减磨与装配式竖井不停机快速换刀技术、连续皮带出渣及喷淋分离全部利用技术、盾构掘进实时皮带连续出渣称重与扫描体积双控超挖技术、盾体径向空洞探测跟踪注浆及盾尾间隙测量实时纠偏技术、多个冷冻法联络通道与长大盾构快速掘进同步施工零干扰技术、三线四桥集群式桥梁转体技术。线路的建成被誉为北京轨道交通建设新里程碑。工程还获得国家优质工程金奖、中国钢结构金奖、中国建筑工程装饰奖、中国安装之星等13项优质工程奖，中国城市轨道协会科技进步一等奖、北京市人民政府科技进步一等奖等12项科技进步奖，中国勘察设计协会一等奖、中国工程咨询协会一等奖、中国测绘学会金奖等7项勘察设计奖项，北京市、山西省、国铁集团等9项省部级工法；发明专利21项，实用新型专利114项；根据大兴机场线创新技术制定发布《地下铁道工程施工质量验收标准》等5项标准，出版著作5部，发表论文72篇。大兴机场线建立国内市域快线建设的标准和体系，开创都市圈市域快轨发展的新模式，全面提升城市轨道交通数字化、智能化、绿色化、装备化和集约化水平，具有很高的应用价值和推广前景。

（北京市轨道交通建设管理有限公司）

【广州市轨道交通九号线工程】

工程获第二十届第二批中国土木工程詹天佑奖。

工程概况及取得科技创新成果：广州市轨道交通九号线工程是国内首条岩溶上的地铁，线路经广州市花都区和白云区，西起飞鹅岭，经花都汽车城、广州北站、花都区政府、机场商务区等重点地段，至3号线北延段高增站止。线路全长20.1公里，共设置11座车站，是广州北拓高效发展的重要交通骨干线。工程于2009年9月28日开工建设，2017年12月28日开通初期运营。工程获国家优质工程奖1项；获省部级科学技术奖31项，其中省部级科技奖一等奖5项；授权专利39项，其中发明专利19项；优秀设计奖11项；省部级工法19项；省部级QC成果29项；专著6部；论文11篇；形成标准及规范2项。该工程创新团队在岩溶地铁盾构施工、并联式双模盾构设备研发、城市轨道交通工程建设信息化及机电系统智慧化等四大领域，共突破30余项关键创新技术。

（广州地铁集团有限公司）

【重庆市轨道交通环线工程】

工程获第二十届第二批中国土木工程詹天佑奖。

工程概况及取得科技创新成果：重庆市轨道交通环线工程起、止于重庆西站，途经重庆图书馆、沙坪坝、重庆大学、重庆北站南广场等重要商圈或聚居区，设站33座，连接3座高铁站、4座综合公交枢纽、5个城市组团，总投资314.2亿元，是国家级轨道交通互联互通CBTC示范工程。主要创新成果有：（1）创立具有自主知识产权适应山地城市特点的地铁设计、建造成套标准体系；修订国标《地铁设计标准》；新编《重庆市地铁设计规范》等5部地方标准，提升国家标准的涵盖范围，填补山地城市轨道交通技术空白。（2）规划设计国际上首个基于标准化、网络化互联互通关键技术及成套装备与示范应用，首次实现环线与线网中多条射线线路网络化运营，实现载客跨线运营。（3）研发山地城市As型车辆装备及制造产业提升。As车最大爬坡能力由30%提升到50%；15座地下车站的埋深平均减少8～15米，车站土建规模缩小20%左右，系统性解决山地城市线路埋深大、转弯半径小、坡度陡等建设难题。（4）自主研发适用于山地城市地铁建设的多项关键技术，攻克复杂线型下山地城市轨道建设的多项技术难题。创新研制山地盾构内径5.9米管片标准、新型限界及疏散设施；首次建设立体交叠配线越行车站；首次应用国内轨道交通最大伸缩量1400毫米国产化钢轨伸缩调节器与上承式梁端伸缩一体化设备。（5）设计建造3座世界之最的轨道交通桥梁，研发一系列轨道交通桥梁建造关键技术。建成世界最大跨度的自锚式悬索桥——鹅公岩轨道专用桥，首次研发了“先斜拉架梁，体系再转换”的施工技术；建成世界最大跨度的公轨共用拱桥——朝天门公轨两用桥；建成国内主跨最长的轨道交通斜拉桥一高家花园轨道专用桥。工程获国际菲迪克杰出项目奖1项，省部级科学技术奖10项，省级优质工程奖3项，省级勘察设计奖5项，编制行业及地方标准及规范5部，省级工法3项；授权发明专利20项，实用新型专利29项；发表论文30余篇，技术专著5部。项目成果整体达到国际先进水平，车辆技术、互联互通技术达到国际领先水平。主要成果已在全国24个城市、50余条线路推广应用。

（重庆市轨道交通〔集团〕有限公司　雷淞鳞，上海市隧道工程轨道交通设计研究院）

【深圳市城市轨道交通6号线工程】

工程获第二十届第二批中国土木工程詹天佑奖。

工程概况及取得科技创新成果：深圳市城市轨道交通6号线工程线路全长37.6公里，高架段长24.616公里，地下段长 5.647 公里，过渡段长 1.197 公里，山岭隧道两段长 6.166 公里，设车站 20 座。2020 年正式开通运营，安全运送旅客 3 亿人次。（1）创新绿色建造技术：通过 u 形梁、管片和轨道板等工厂化预制，全线土建工程工业化率达 50%；采用预留预埋技术，减少 90% 以上现场打孔作业，提升安装效率及质量；通过轨道交通设施用地集约利用和车辆段上盖条件预留技术，节约土地约 300 亩。（2）技术攻关：创新先后张预应力结合 U 形梁预制施工技术，研发智能化大吨位同步张拉体系。城市轨道交通最大跨度 150mV 形 U+ 箱刚构连续梁施工技术，解决跨越排洪渠和 5 处道口交通疏解难题，线型美观形成地标。大断面曲线预应力混凝土槽型梁顶推施工技术，解决大跨度桥梁一次性低净空跨越高速公路难题。首次采用 U 形梁“先并置后横移”技术，解决架桥机通过岛式车站的运架一体化施工难题。引入三维可视化噪声地图评价法，采用综合减振降噪方案，解决高架线减振降噪重大技术难题。（3）低碳运维：首次应用高架站光伏发电成套技术方案，满足 30% 的动力照明用电需求，预计全生命周期总发电量 5856 万度，减排二氧化碳 5.84 万吨，填补分布式光伏发电在车站应用的空白；全线采用 11 套列车制动能量回馈装置，全年可节约电量约 444 万度；首次在轨道交通领域应用雨水花园、高位花坛、多功能蓄水池等海绵技术，实现年节约用水 1920 吨、年径流量控制率高于 70% 和面源污染处理率高于 60%；首次在越区隔离开关处增设直流快速断路器组成牵引网上网组合开关柜，实现牵引网在不停电情况下双边供电与大双边供电运行方式的转换。（4）智能服务：首次建立线路级云平台，提出双数据中心和车站降级部署相结合的云架构方案，减少车站土建规模 60 平方米／站。工程获省部级优秀设计奖 9 项，优质工程奖 7 项，绿色施工、安全文明双优工地 7 项；获省部级科技进步奖 7 项，专利 56 项（其中发明专利 6 项），省部级工法 12 项。编写行业标准 2 部、团体标准 1 部，创新成果应用于全国 20 多个城市。

（深圳市地铁集团有限公司）

4　中国建设工程鲁班奖

【概况】

2022—2023 年中国建设工程鲁班奖第二批获奖项目共有 127 项。涉及城市轨道交通工程共 4 项。（表 5-4-1）

（中国城市轨道交通协会秘书处）

【上海轨道交通 18 号线一期工程】

工程获 2022—2023 年度第二批中国建设工程鲁班奖。

工程概况及创新成果：该项目是城市东部腹地南北向切向线，南起浦东新区航头站，经杨浦区，北至宝山区长江南路站，全长 36.93 公里，设车站 26 座，与 13 条线路形成 10 个换乘节点，2015 年 12 月开工建设，2020 年 12 月南段航头站至御桥站 8 站建成开通，2021 年 12 月北段莲溪路站至长江南路站 18 站建成开通。该项目建设过程中，全面推广应用建筑业 10 项新技术，通过新型管片错缝拼装、大断面长距离综合加固冷冻暗挖、复杂环境施工影响控制、盾构进出洞风险组合管控、结构清障、低净空高压线下地墙施工、预制地墙节段拼装、皮带机长距离水平 + 垂直出土、数字化工程模型集成、公共交通站点绿色认证等一系列设计施工关键技术的攻关及应用，打造精品工程，塑造品质标杆。主要创新成果：（1）国内首例地铁盾构采用内置式榫插型管片错缝拼装，显著提高成型隧道质量。（2）国内首例地铁盾构近距离平行叠交下穿市政公路大直径隧道，集约利用航道岸线资源。（3）对标高铁，提升铺轨质量标准，部分区段达到“零轨”标准。（4）上海首条全功能一次性开通最高等级全自动运行，显著提升列控及客服质量。（5）上海首条通车时同步上线基于 BIM 的智慧运维管理平台，助力数字化转型，赋能高质量发展。（6）全球首例全线开展能源环境绿色认证，编制发布城市轨道交通公共交通站点绿色评价标准，促进可持续发展。（7）超大型枢纽不停运改造，提升客流集散能力。（8）地铁建设与城市发展深度融合，集约利用土地，实现建设、保护和开发的“三赢”，打造宜居宜业宜学多元融合综合体、百年工业遗存保护带今昔对比地铁站、内地首座大学校园地铁站、上海首座直通医院门急诊大楼地铁站等。（9）国内首条全线采用无吊顶简装修，功能融合装饰，安装工艺化、工艺标准化，传递现代、简约、明快的工业美感；强调文化传承，形成公共艺术站名墙、特色亮点空间、艺术壁画和出入口装饰艺术 4 类 28 个文化阵地，营造“可阅读、有温度、有情怀”的城市人文艺术第二空间。形成工法 10 项、标准 3 项、四新技术 1 项、专利 82 项、QC57 项、软件著作权 7 项、BIM 应用奖 16 项等成果，发表论文逾百篇，获得安装之星、申安杯、白玉兰奖观摩工程、优秀设计奖、国际设计奖、科技进步奖、质量技术奖、优质工程金奖、特色项目、品质工程、新技术应用示范工程、绿色施工样板工程、绿色安装工程、绿色建筑三星认证、用户满意工程等殊荣。

（上海申通地铁建设集团有限公司）

2022—2023 年度第二批中国建设工程鲁班奖（轨道交通类 4 项）　表 5-4-1

序号	工程名称	承建单位	参建单位
21	上海轨道交通 18 号线一期工程	上海建工四建集团有限公司、上海市机械施工集团有限公司、中国建筑第八工程局有限公司、上海市基础工程集团有限公司、中铁四局集团有限公司、上海隧道工程有限公司、宏润建设集团股份有限公司、腾达建设集团股份有限公司、上海建工一建集团有限公司	中铁二局集团有限公司、上海建工二建集团有限公司、上海建工集团股份有限公司、中国铁路通信信号上海工程局集团有限公司、中铁一局集团有限公司、中铁三局集团有限公司、中铁十五局集团有限公司、中铁十四局集团有限公司、中铁四局集团电气化工程有限公司、华东送变电工程有限公司、中铁电气化局集团有限公司、上海市安装工程集团有限公司、上海建工五建集团有限公司、中建八局装饰工程有限公司、上海市建筑装饰工程集团有限公司、上海艺高装饰工程有限公司、浙江精工钢结构集团有限公司、上海建溧建设集团有限公司
29	南京至句容城际轨道交通工程（马群至东郊小镇段、汤泉西路至句容段）	中国建筑股份有限公司、中国建筑第八工程局有限公司、中电建铁路建设投资集团有限公司	中铁二局集团电务工程有限公司、南京熊猫信息产业有限公司、中铁电气化局集团有限公司、中铁一局集团有限公司、中国铁路通信信号上海工程局集团有限公司、中国水利水电第一工程局有限公司、中国水利水电第七工程局有限公司、中国水利水电第八工程局有限公司、北京城建中南土木工程集团有限公司、中国核工业华兴建设有限公司
78	重庆轨道交通 4 号线二期工程	中国中铁股份有限公司、中铁一局集团有限公司、中铁二局集团有限公司、中铁七局集团有限公司、中铁八局集团有限公司、中铁隧道局集团有限公司、中铁电气化局集团有限公司、中铁武汉电气化局集团有限公司、中铁建工集团有限公司、中铁上海工程局集团有限公司	
123	厦门市轨道交通 2 号线二期工程	中国交通建设股份有限公司	中交第四航务工程局有限公司、中交一公局厦门工程有限公司、中交三航局第六工程（厦门）有限公司、中铁二局集团有限公司、中铁一局集团建筑安装工程有限公司、上海隧道工程有限公司、厦门电力工程集团有限公司、中铁十二局集团电气化工程有限公司、中铁电气化局集团有限公司、中铁建设集团机电安装有限公司、深圳市科源建设集团股份有限公司

注：“序号”为鲁班奖的获奖序号。

【南京至句容城际轨道交通工程】

工程获 2022—2023 年度第二批中国建设工程鲁班奖。

工程概况及创新成果：该工程起于南京东部综合换乘枢纽马群站，终于句容高铁站。为江苏省内首条高铁、城际、市域郊、地铁“四网融合”示范线。线路全长 43.7 公里，共设车站 13 座，车辆段 1 座，主变 2 座，概算投资 207.99 亿元，建设工期 36 个月。工程以科技创新为引领，高质量打造绿色、智慧城轨。在城轨领域国内首次实现 5G 公专网和城轨云平台架构的融合，全球首次应用“云信号系统”，大幅降低全生命周期建造和运维成本。开发“5G+ 智能列车”健康状态诊断系统，提前预警车辆故障信息。创新设计“互联网 +”票务系统融合架构，实现城市轨道交通智慧出行。高架区间国内首次规模应用预制墩柱、盖梁和节段拼装 U 梁等绿色建造成套技术，每公里节约造价约 900 万，大幅降低碳排放。盾构区间全国首批全线采用预埋套筒 + 外挂槽道技术替代传统打孔安装工艺，有效保障管片耐久性。轨道道床研发新型拟声子晶体高分子减振混凝土，实现长效低频减振，引领减振技术原创性革命。通过数值模拟结合支撑伺服系统，有效解决复杂环境深基坑变形控制难题。盾构施工综合采用 BIM 及信息监测系统，顺利穿越高铁、高速、桥梁、水库等重要建构筑物。工程获各类奖项 190 余项，其中科技进步奖 8 项，省部级优质工程 4 项，专利 100 余项、省级工法 17 项。举办 2020 年市政质量标准化工地全国观摩。线路运行安全、平稳，秉承 TOD 理念交通引领城市发展效果显著，日均客流稳步提升，实现宁句两地 1 小时通达，大幅提升百姓出行品质和幸福感。

（南京地铁集团有限公司）

【重庆轨道交通 4 号线二期工程】

工程获 2022—2023 年度第二批中国建设工程鲁班奖。

工程概况及创新成果：该项目起于江北区唐家沱站，止于两江新区黄岭站，串联中心城区中部和东部槽谷，全长 32.8 公里，设车站 15 座。该工程周边环境复杂、地质条件特殊、车站结构复杂。6 次跨越市政桥梁、大跨高墩连续跨越 4 条运营铁路线，涉及 JS 管理区 1 处，施工协调异常艰巨；全线不良地质 12 处，盾构连续穿越铜锣山中段背斜、断层破碎带、高压富水区及深回填区地层；龙驿大道站为地下 4 层结构，建筑面积达 4 万平方米，与周边商业、市政一体化实施；鱼嘴站为超浅埋特大断面地下车站，全部采用非爆暗挖，洞室交叉部位多，群洞效应明显。主要创新成果：（1）在重庆首次采用暗挖无柱车站，提升空间通透感。车站设计融入两江交汇元素，顶部点缀简洁线条、便于维护。全线实现全态识别无感进出站、智能交互。（2）研发单护盾 TBM 管片壁后填充、刀具磨损控制、长距离快速空推及狭窄空间 TBM 旋转、平移综合施工技术，成功穿越铜锣山山脉。（3）改进地铁板式无砟道床预制安装施工技术，建成西南地区首条全线预制轨道板地铁线路。（4）创新悬臂掘进机双侧壁导坑三台阶开挖综合技术，实现全国首例地下车站全部使用悬臂掘进机非爆暗挖。（5）推进 BIM+ 智慧工地应用，实现设计、施工、运维全寿命周期信息化管理。项目推广应用《建筑业十项新技术》10 大项 31 子项，获重庆市巴渝杯、优秀勘察设计成果、全国安标工地、绿色建造三星工地等省部级及以上奖项 64 项，专利、工法、BIM 成果 45 项，还获得“重庆市新技术应用示范工程”称号。

（中铁开发投资集团有限公司重庆轨道交通建设指挥部）

【厦门市轨道交通 2 号线二期工程】

工程获 2022—2023 年度第二批中国建设工程鲁班奖。

工程概况及创新成果：工程开工时间 2016 年 1 月 1 日，竣工时间 2019 年 11 月 6 日，2019 年 12 月 25 日投入使用。该项目工程西起海沧区天竺山南麓，东止马青路站，线路全长 15.68 公里。设地下车站 9 座，其中换乘站 3 座，设主变电站 1 座，车辆段 1 座。在线路衔接方面，实现与其他交通方式的“无缝换乘”；站内充分考虑无障碍需求，设置电梯盲文、宽通道闸机、无障碍电梯坡道等；马銮西站（鼎美站）、马銮中心站与 6 号线同台平行换乘；是国内首次批量采用永磁同步电机牵引系统的地铁项目；国内首个采用“智能化管片生产”与“互联网 +”技术的管片厂生产的管片；构建“富水复合地层盾构适应性评价与智能综合决策系统”，解决盾构选型及掘进适应性评价中的不确定问题及盾构施工辅助工法的优选问题；开发“基于微服务 SOA 构架的智慧盾构应用系统平台”，实现系统通用交互服务方式及业务快速处理；采用住建部推广城轨创新技术“微动探测 + 隐蔽岩体预爆破技术”，精确定位影响区内的孤石和爆破预处理。工程建设期间形成《轨道交通工程土建施工质量标准化管理技术指南》《城市轨道交通工程地质风险控制指南》《城市轨道交通工程创新技术指南》，为我国轨道交通工程行业质量、安全及技术创新标准化提供支撑。工程获省部级科技进步奖 19 项，省部级工法 15 项，发明专利 17 项，实用新型专利 79 项，优秀数字化成果奖 5 项，软件著作权 6 项，科技成果鉴定中 6 项国际先进、3 项国内领先。

（厦门轨道建设发展集团有限公司）

5 国家优质工程奖

【概况】

国家优质工程奖设立于 1981 年，是经国务院确认的我国工程建设领域设立最早，规格最高，跨行业、跨专业的国家级质量奖，主办单位是中国施工企业管理协会。国家优质工程奖的评选范围涵盖冶金、有色、煤炭、石油、石化、化工、电力、水利、核工业、林业、航空航天、建材、铁路、公路、市政、水运、通信和房屋建筑等工程建设各个行业（专业），贯穿工程建设各个环节。奖励对象包括建设单位和勘察设计、施工、监理等参与工程建设的相关企业，对获奖项目中特别优秀的授予国家优质工程金质奖荣誉。

受中国施工企业管理协会委托，中国城市轨道交通协会承担国家优质工程奖城轨工程的申报推荐工作。至今年，协会共推荐 9 项工程参评国优奖，其中 5 项获得国家优质工程金奖，4 项获得国家优质工程奖。

依据中施企协字〔2023〕124 号文，2023 年度共有 23 项（含境外 2 项）工程获得国家优质工程金奖，317 项工程获得国家优质工程奖，涉及轨道交通工程共 12 项。12 项工程中由协会推荐的为 3 项（含金奖 1 项），地方政府推荐 1 项（金奖 1 项）。（表 5–5–1）

（中国城市轨道交通协会评审部）

2023 年度国家优质工程奖获奖项目

表 5-5-1

工程名称	建设单位	勘察设计单位	工程监理单位	施工总承包	参建单位
宁波市轨道交通 4 号线工程	宁波市轨道交通集团有限公司、宁波市轨道交通集团有限公司建设分公司、杭州地方铁路开发有限公司	宁波冶金勘察设计研究股份有限公司、浙江省工程物探勘察设计院有限公司、浙江省工程勘察设计院集团有限公司、上海市隧道工程轨道交通设计研究院、上海市政工程设计研究总院（集团）有限公司、中国铁路设计集团有限公司、浙江数智交院科技股份有限公司、中铁电气化勘测设计研究院有限公司、中铁二院工程集团有限责任公司、中铁第四勘察设计院集团有限公司、中铁工程设计咨询集团有限公司、广州地铁设计研究院股份有限公司、宁波市城建设计研究院有限公司、中铁上海设计院集团有限公司、宁波市水利水电规划设计研究院有限公司	乌鲁木齐铁建工程咨询有限公司、西安铁一院工程咨询监理有限责任公司、上海建通工程建设有限公司、铁四院（湖北）工程监理咨询有限公司、上海地铁咨询监理科技有限公司、上海新光工程咨询有限公司、上海三维工程建设咨询有限公司、上海智通建设发展股份有限公司、宁波市斯正项目管理咨询有限公司、中铁华铁工程设计集团有限公司、上海天佑工程咨询有限公司、上海唯智工程项目管理有限公司、上海建科工程咨询有限公司、浙江江南工程管理股份有限公司、北京现代通号工程咨询有限公司、宁波高专建设监理有限公司		中铁一局集团有限公司、中铁四局集团有限公司、中铁上海工程局集团有限公司、中铁隧道局集团有限公司、宁波市建设集团股份有限公司、上海市隧道工程轨道交通设计研究院、中铁十四局集团有限公司、中铁十六局集团有限公司、宏润建设集团股份有限公司、中铁隆工程集团有限公司、龙元建设集团股份有限公司、广东水电二局股份有限公司
昆明市轨道交通 4 号线工程	昆明轨道交通四号线土建项目建设管理有限公司、云南京建轨道交通投资建设有限公司、昆明轨道交通集团有限公司	中铁二院工程集团有限责任公司、中铁二院昆明勘察设计研究院有限责任公司中铁第六勘察设计院集团有限公司、中铁华铁工程设计集团有限公司、中铁科学研究院有限公司、中铁大桥勘测设计院集团有限公司、中铁二局集团有限公司、北京城建设计发展集团股份有限公司	北京铁研建设监理有限责任公司、北京铁城建设监理有限责任公司、上海天佑工程咨询有限公司、重庆赛迪工程咨询有限公司、北京现代通号工程咨询有限公司、上海浦桥工程建设管理有限公司、四川省城市建设工程咨询集团有限公司、浙江江南工程管理股份有限公司	中国中铁股份有限公司、北京城建设计发展集团股份有限公司、中铁电气化局集团有限公司、中铁开发投资集团有限公司	中铁四局集团有限公司、中铁隧道集团二处有限公司、中铁九局集团有限公司、中铁八局集团有限公司、中铁七局集团武汉工程有限公司、中铁北京工程局集团有限公司、中铁二局集团有限公司、中铁建工集团有限公司、中铁三局集团有限公司、中铁五局集团有限公司、中铁广州工程局集团有限公司、中铁上海工程局集团有限公司、中铁十局集团有限公司、中铁一局集团建筑安装工程有限公司、北京城建智控科技股份有限公司、北京城建安装集团有限公司、北京城建六建设集团有限公司、北京城建亚泰建设集团有限公司

2023 年度国家优质工程奖获奖项目（续前表）　　表 5-5-1

工程名称	建设单位	勘察设计单位	工程监理单位	施工总承包	参建单位
济南市轨道交通 R3 线一期工程	济南轨道交通集团有限公司	中铁工程设计咨询集团有限公司、北京城建勘测设计研究院有限责任公司、北京城建设计发展集团股份有限公司、广州地铁设计研究院股份有限公司、上海市隧道工程轨道交通设计研究院、上海市政工程设计研究总院（集团）有限公司、同济大学建筑设计研究院（集团）有限公司、中国铁路设计集团有限公司、中铁电气化勘测设计研究院有限公司	中铁济南工程建设监理有限公司、济南中建建筑设计院有限公司、北京铁城建设监理有限责任公司	中铁三局集团有限公司、中铁十二局集团有限公司、中铁十四局集团有限公司、济南城建集团有限公司、济南四建（集团）有限责任公司、中铁十四局集团电气化工程有限公司、北京建工集团有限责任公司、中铁十六局集团有限公司、中铁五局集团有限公司、中铁四局集团有限公司、中铁上海工程局集团有限公司、中铁十局集团电务工程有限公司、中建安装集团有限公司	
绍兴市城市轨道交通 1 号线主线工程	绍兴市轨道交通集团有限公司、绍兴京越地铁有限公司、北京市基础设施投资有限公司、北京市政路桥股份有限公司、北京城建基础设施投资管理有限公司、北京地铁车辆装备有限公司、绍兴市柯桥区杭绍城际轨道交通建设投资有限公司	浙江省工程勘察设计院集团有限公司、浙江省工程物探勘察设计院有限公司、浙江华东建设工程有限公司、北京城建设计发展集团股份有限公司、中国铁路设计集团有限公司、中铁第四勘察设计院集团有限公司、中铁第五勘察设计院集团有限公司、中铁第六勘察设计院集团有限公司、中铁上海设计院集团有限公司、中国电建集团华东勘测设计研究院有限公司	上海市建设工程监理咨询有限公司、上海三维工程建设咨询有限公司、上海建通工程建设有限公司、上海三凯工程咨询有限公司、浙江省机电设计研究院有限公司、浙江江南工程管理股份有限公司、三方建设集团有限公司、杭州天恒投资建设管理有限公司、浙江明康工程咨询有限公司、广州轨道交通建设监理有限公司	北京市政路桥股份有限公司、中铁四局集团有限公司、中铁一局集团有限公司、中铁二十四局集团有限公司、中国建筑第八工程局有限公司、中铁二十二局集团有限公司、上海市基础工程集团有限公司、中铁三局集团有限公司、昌建建设集团有限公司、中铁武汉电气化局集团有限公司、中国铁建电气化局集团有限公司、中铁电气化勘测设计研究院有限公司、绍兴建元电力集团有限公司、中铁二十四局集团上海电务电化有限公司、中铁建工集团有限公司、绍兴大明电力建设有限公司、浙江中天精诚装饰集团有限公司、浙江中南建设集团有限公司、绿城建筑科技集团有限公司	北京城建轨道交通建设工程有限公司、北京城建智控科技股份有限公司、港立建设（浙江）有限公司、浙江众合科技股份有限公司、浙江裕众建设集团有限公司、浙江众幸防护设备有限公司、浙江金丰人防设备有限公司、中铁一局集团新运工程有限公司、中铁建电气化局集团南方工程有限公司、方正国际软件（北京）有限公司、中电和瑞科技有限公司、北京轨道交通技术装备集团有限公司、北京京投亿雅捷交通科技有限公司、北京京投信安科技发展有限公司、北京竞业达数码科技股份有限公司、北京城市轨道交通咨询有限公司、北京九州一轨环境科技股份有限公司、浙江华是科技股份有限公司、北京市政建设集团有限责任公司

【宁波市轨道交通 4 号线工程】

工程获 2022—2023 年度国家优质工程奖金奖。

工程概况及取得科技创新成果：宁波市轨道交通 4 号线工程是宁波市轨道交通骨干线网西北—东南向的内部填充线，是贯穿中心城区、连接新城并与对外交通衔接的快速客运通道，是支持城市西北及东南地区新区开发的引导线。探索实践“大线路、小项目”专业化、精细化建设管理模式，建立全方位质量管理体系，打造“安全、高效、品质、绿色、智慧”的地铁。工程应用建筑业 10 项新技术 52 子项，取得 9 项重大科技成果，其中 3 项达到国际领先水平；工程获省部级以上科学技术奖 9 项、工法 8 项、专利 76 项、QC 成果 21 项、中施企协项目设计水平评价一等成果、上海市优秀工程勘察设计项目市政公用设计二等奖、中国中铁杯优质工程等百余项荣誉成果。首次在核心城区应用类矩形隧道成套建设技术，成功实施双东路站—翠柏里站—大卿桥站区间、白鹤站右线正线及单存车线非开挖施工，有效解决城市核心区地铁建设与周边环境空间冲突问题；全线规模化应用机械法联络通道建造技术，从根本上解决常规工法冻胀融沉问题，大幅降低施工能耗和运维成本，保护周边环境；全线采用内置式泵房技术，规避传统工法冻结暗挖施工风险，大幅缩短工期，工程质量达到国内领先水平，同时使得联络通道的平面位置选择和区间纵断面的设计更为灵活；架空接触网结合专用轨回流技术，彻底解决杂散电流泄露及腐蚀问题，提高轨道交通结构安全性，是城市轨道交通牵引供电系统回流模式的重大变革与创新，具有较高的推广应用价值；4 号线串联国铁庄桥站、宁波火车站、宁波东站、慈城古城、天一阁、月湖、东钱湖旅游度假区等客流集散点，是横贯宁波南北的交通骨干线、科技创新线和文化旅游线，实现区域交通一体化，加快中心城区功能集聚，推动中心城土地升级改造，带动外围区域 TOD 开发，促进城市整体经济发展，社会效益显著。

（宁波市轨道交通集团有限公司，上海市隧道工程轨道交通设计研究院）

【昆明市轨道交通 4 号线工程】

工程获 2022—2023 年度国家优质工程奖金奖。

工程概况及取得科技创新成果：昆明市轨道交通 4 号线工程 2015 年 12 月 30 日开工建设，2020 年 9 月 4 日通过竣工验收，线路起于昆明市西北部金川路站，止于昆明南火车站，途径五华区、高新区、盘龙区、官渡区、经开区、呈贡新区，串联昆明主城与呈贡新城，是昆明轨道交通线网“米”字型主干线路。线路全长 43.422 公里，均为地下线，共设车站 29 座，设车辆段 1 座、停车场 2 座、主变电所 3 座。采用 B 型车 6 辆编组，列车最高运行速度 100 公里／小时，总投资 303.02 亿元。对实现高铁昆明南站客流的快速疏散，加快昆明轨道交通线网的主网运营，改善昆明主城与新城的交通拥堵、提升轨道交通客流吸引力及发挥运营效益具有重要意义。

工程建设过程中积极推广“四新”的研究和应用，应用建筑业 10 项新技术（2017 年版）中的 10 大项 57 个子项。首创高原地区高富水圆砾地质条件下小净距重叠盾构隧道群、深埋地铁站建造成套关键技术，实现国内独有运营线下 1.8 米小净距“品”型隧道群施工，一次性建成云南省最大规模地铁车站；首创地下站车站段隧道纵向通风技术，实现地下站取消轨道排热系统，示范并建立地铁节能新标准；首创弱电全系统上“云”的“云平台”系统，解决了数据分散、资源冗余、软硬件强耦合、服务开发封闭等问题，入选城市轨道交通技术创新推广项目；研发应用盾构大数据云平台、基于“GIS+BIM”的项目建设管控平台。共取得科技进步奖 15 项（其中一等奖 4 项、二等奖 9 项、三等奖 2 项）、发明专利 29 项、实用新型专利 112 项，省级工法 19 项，软著 64 项，专著 2 部，标准 5 部。

工程获国家优质工程金奖、中国建设工程鲁班奖（国家优质工程）、中国安装工程优质奖（中国安装之星），是全国首个全线、全功能申报，并同时获得国家优质工程金奖和鲁班奖的城市轨道交通项目，相关成果在成都、重庆、贵阳、深圳、青岛、苏州等城市轨道交通工程中获广泛应用，取得显著的社会、经济与生态环保效益。

（中国中铁股份有限公司）

【济南市轨道交通 R3 线一期工程】

工程获 2022—2023 年度第二批国家优质工程奖。

济南市轨道交通 R3 线一期工程 2016 年 6 月 20 日开工建设，2019 年 12 月 16 日通过竣工验收，线路南起龙洞站，沿龙鼎大道、奥体西路、工业北路、济南东站南北向中轴线走行，止于滩头站，全长 21.592 公里，均为地下线路。共设 13 座车站、1 座停车场、1 座车辆段、1 座控制中心、2 座主变电所，采用 B 型车 6 辆编组，最大设计速度 100 公里／小时，设计概算 149.22 亿元，竣工决算 142.76 亿元。

建设伊始，建设单位下发文件明确全线创“国家优质工程奖”的质量目标，各参建单位制定“国家优质工程奖”创优规划，严格按照创优规划质量管控措施实行“首件验收，样板引路”制度，严格把控关键工序、重点部位、隐蔽工程的质量管控，以检验批、分部、分项工程质量的全面达标，确保各单位工程的质量优良。竣工后全线 110 个（子）单位工程一次验收合格率 100%。

工程建设过程中积极推广“四新”的研究和应用，应用建筑业 10 项新技术（2017 年版）中的 10 大项 53 子项。国内首创内插式预制混凝土方桩基坑围护结构施工技术，有效实现围护结构与主体结构叠合，成果获中国公路建设行业协会科学技术进步奖一等奖。全国首条全线路成功应用全频段 5/4 漏缆 +5GPOI 的地铁线路，为全国轨道交通 5G 建设提供有益的借鉴；针对盾构多次下穿敏感建筑群，采用微扰动施工方法，实时感知出土与注浆工况，形成盾构施工的微沉降智能预警技术成功解决穿越建筑群沉降控制的难题；研发应用工程技术解决施工难题，获省部级优质工程奖 10 项，省部级科技进步奖 7 项，省部级科技示范工程奖 4 项，省部级施工工法 21 项，QC 成果 14 项、发明专利 61 项。

济南市轨道交通 R3 线一期工程的开通运营贯通济南东城重点区域，直接服务人口超百万，极大提升济南东部新城的城市交通服务水平，实现沿线多项社会功能的串联，吸引人口集聚，从而推动沿线区域经济快速发展，为济南市打造“四个中心”，建成“大强美富通”现代化国际大都市发挥重要作用。

（济南轨道交通集团有限公司）

【绍兴市城市轨道交通 1 号线主线工程】

工程获 2022—2023 年度第二批国家优质工程奖。

绍兴市城市轨道交通 1 号线主线工程，作为首条实现双城同站付费区一票换乘的轨道交通线，不仅标志着绍兴轨道交通的新里程碑，更是浙江交通建设的重要成就。工程是绍兴的首条地铁线路，承载浙江省重点工程、杭州亚运会配套工程的重任；实现两地市民及游客的跨市地铁无缝换乘，为公众提供“一次购票、一轮安检、一票通行、同站换乘”的便捷服务，有效构建杭绍主城区 1 小时交通圈。

绍兴轨道交通 1 号线主线途经柯桥区、镜湖新区、越城区，与杭州地铁 5 号线实现同站换乘，成为推动杭州都市圈区域融合发展的重要一环。线路全长 26.8 公里，设有 18 座车站，其中地下站 17 座，地面站 1 座，1 座控制中心、1 座停车场、1 座车辆基地和 1 座主变电所。列车采用 B 型电客车，最高运行速度达到 100 公里／小时。

工程采用 PPP 模式建设运营，自 2016 年 6 月 8 日立项批复至 2022 年 4 月 29 日开通初期运营，历经 57 个月。其间，绍兴京越地铁有限公司带领 40 多家参建单位，克服地质条件复杂多变、周边环境复杂、环保文保要求高、疫情防控等诸多不利因素，安全、优质、高效完成建设任务。

本着“精品、人文、智慧、平安、环保”的建造理念，工程在设计、施工质量、科技创新、绿色建造、安全生产标准化等方面取得多项省部级奖项。此外，该工程还获得多项国家发明专利和实用新型专利，为轨道交通行业的技术进步和标准化建设作出积极贡献。

绍兴城市轨道交通 1 号线的开通运营，为优化绍兴市的交通网络、加强与周边城市的互联互通、推进长三角一体化发展和环杭州湾大湾区建设提供有力支撑。这一工程的成功实践，对于提升浙江在长三角世界级城市群中的地位、推进高质量发展建设共同富裕示范区具有重要意义，也为未来轨道交通建设提供了有益借鉴。

（绍兴京越地铁有限公司）

6　国家级、中国城市轨道交通协会科学技术工作

【概况】

中国城市轨道交通协会科学技术工作主要涵盖科研专项、示范工程、科技成果评价、科技进步奖评选、国优工程奖推荐等科技创新的统筹管理。2023 年完成高新技术成果发布 26 项，高新技术成果战略合作签约 15 项，示范工程验收 3 项，城市轨道交通类科技成果评价共 35 项。

【科研专项】

科研专项工作作为中国城市轨道交通协会科技创新管理“一条龙”的基本源头，科技创新成果是协会开展示范工程建设、科技成果评价、科技进步奖评选、国优工程奖推荐中的首要环节。在政策和技术上给予指导和支持，提供行业专家咨询服务。对有重大创新成果的项目在行业科技成果评价、示范工程培育、科技成果奖励、国优工程奖推荐等方面给予重点支持。推荐优秀成果在中国城市轨道交通高新技术交易会上发布、核心期刊专辑发表和专业媒体平台宣传，全面提升企业自主创新能力及市场核心竞争力，促进行业高质量发展。

2023 年举办“首届中国城市轨道交通高新技术成果交易会——发布签约会”，搭建展示交流平台，推动城轨交通高新技术成果交易转化。43 家单位的共 41 个项目参加发布签约仪式，其中高新技术成果发布 26 项（表 5–6–1）、高新技术成果战略合作签约 15 项（表 5–6–2），签约金额近 300 亿元。

（中国城市轨道交通协会专家和学术委员会）

2023 年度“首届中国城市轨道交通高新技术成果交易会——发布签约会”发布项目 表 5-6-1

序号	成果名称	成果完成单位
1	城市轨道交通第二代智能列车	北京市基础设施投资有限公司
2	《系列化中国标准地铁列车标准化率评价办法（试行）》	中国城市轨道交通协会
3	《都市快轨（160km/h ～ 200km/h）列车运行控制系统技术规范》团标 《都市快轨（160km/h ～ 200km/h）列车运行控制系统技术指南》白皮书	交控科技股份有限公司
4	基于感知的车车通信列车运行控制系统（PB-TACS）	交控科技股份有限公司
5	《重庆都市快轨云平台技术白皮书》	重庆市铁路（集团）有限公司
6	《中国城市轨道交通沿线发展态势报告》	北京城建交通设计研究院有限公司
7	《智慧跨座式单轨发展深化研究报告》	中铁工程设计咨询集团有限公司
8	轻型跨座式单轨道岔系统关键技术研发及应用	中铁工程设计咨询集团有限公司
9	中低运量新产品（新一代跨座、悬挂式单轨）	中车青岛四方机车车辆股份有限公司
10	全自主绿色智慧化低运量轨道交通系统（新一代云巴）	比亚迪通信信号有限公司
11	《中关村丰台园轨道交通产业发展情况及相关支持措施》	中关村科技园区丰台园管委会
12	氢燃料混合动力铰接轻轨车、时速 200 公里快速市域动车组	北京轨道交通技术装备集团有限公司
13	光栅阵列全时全域地铁运营安全智能系统	武汉智慧地铁科技有限公司
14	基于互联互通的双流制市域车	中车长春轨道客车股份有限公司
15	城市轨道交通数字化智慧大脑	苏州市轨道交通集团有限公司
16	城轨智能诊断器	北京和利时系统工程有限公司
17	采用首款国内自主研发 TSN 时间敏感网络芯片的轨交行业时间敏感交换机产品	北京东土科技股份有限公司
18	《轨道交通企业全生命周期碳排放评价与诊断服务方案》《公平竞争合规管理体系认证方案》《专精特新中小企业的精准化服务方案》	方圆标志认证集团有限公司
19	城轨边缘智能一体机 2.0	浪潮电子信息产业股份有限公司
20	城市轨道车辆辅助供电和应急自牵引融合关键技术	北京北交新能科技有限公司
21	城轨广告数字化经营平台 UNION3.0	成都欧孚士文化传媒有限公司
22	城轨智能综合安全保障体系	成都盛锴科技有限公司
23	轨道交通知识图谱智慧系统	友道科技有限公司
24	城轨三擎云桌面 / 城轨 WIFI6 车地无线	锐捷网络股份有限公司
25	新一代智能化永磁同步牵引系统平台	株洲中车时代电气股份有限公司
26	B 型地铁车辆用绿色环保车轮	宝武集团马钢轨交材料科技有限公司

2023 年度“首届中国城市轨道交通高新技术成果交易会——发布签约会”签约项目 表 5-6-2

序号	项目名称	签约单位
1	江门市中低运量轨道交通项目合作框架协议	江门市城市发展投资集团有限公司、中车青岛四方机车车辆股份有限公司、中车广东轨道交通车辆有限公司
2	小运量城市轨道交通运营服务绿色低碳评价	比亚迪汽车工业有限公司、方圆标志认证集团有限公司
3	北京地铁 6 号线车辆增购项目车载蓄电池系统（辅助应急牵引二合一）	北京地铁车辆装备有限公司、北京北交新能科技有限公司

2023 年度“首届中国城市轨道交通高新技术成果交易会——发布签约会”签约项目（续前表） 表 5-6-2

序号	项目名称	签约单位
4	智慧城轨“车辆 +”及产业链研究项目合作框架协议	青岛地铁集团有限公司、中车青岛四方机车车辆股份有限公司
5	飞轮储能系统、永磁牵引系统、新型能源管理系统项目合作	青岛地铁集团有限公司、湖北东湖实验室
6	“商媒融合”数字化精营云平台	青岛青铁商业发展有限公司、成都欧孚士文化传媒有限公司
7	城市轨道交通节能技术战略合作框架协议	青岛东湖绿色节能研究院有限公司、中车工业研究院（青岛）有限公司
8	自主化安全计算机平台及自研芯片在信号系统领域的研发及应用	宁波市轨道交通集团有限公司智慧运营分公司、浙江众合科技股份有限公司
9	面向线网融合的多制式兼容型信号系统	长春市轨道交通集团有限公司，通号城市轨道交通技术有限公司
10	芜湖经开区导轨式胶轮智慧捷运系统项目框架合作协议	芜湖经济技术开发区管委会、中车浦镇阿尔斯通运输系统有限公司
11	北京地铁 19 号线 IBAS 智能机电管理平台	北京市轨道交通建设管理有限公司，北京和利时系统工程有限公司
12	轨道交通专业方向产学研合作	山东科技大学、友道科技有限公司
13	基于全自主控制单元的新型城轨车辆牵引系统应用研究	太原中铁轨道交通建设运营有限公司，中车永济电机有限公司
14	新一代智能化永磁同步牵引系统应用 / 广州地铁 2 号线牵引系统增购	广州地铁集团有限公司，株洲中车时代电气股份有限公司
15	基于绿智融合技术的自主高效城市轨道交通核心系统应用 / 宁波轨道交通 8 号线	宁波市轨道交通集团有限公司智慧运营分公司，株洲中车时代电气股份有限公司

【示范工程】

中国城市轨道交通协会以创新驱动引领行业转型升级，以示范工程为抓手，坚持智能智慧化、绿色低碳化、国产自主化方向，坚定不移推进行业转型升级。示范工程作为协会服务行业、服务会员单位的重要抓手，发挥着其开创性、示范性和引领性的作用。自 2014 年起，协会推动一批示范工程建设，其中 7 个项目成功推荐为国家级示范工程；9 个项目成为行业级示范工程表（表 5-6-3）。2023 年，3 项示范工程完成国家级或行业级的验收，在推动行业发展方面起到积极的带动作用。

（中国城市轨道交通协会专家和学术委员会）

2023 年度国家级和行业级示范工程 表 5-6-3

序号	级别	示范工程名称	状态
1	国家级	重庆轨道交通基于 CBTC 的互联互通国家示范工程	验收
2	国家级	北京轨道交通燕房线全自动运行（FAO）系统	验收
3	国家级	新一代网络化智能调度和智能列车运控系统示范工程	验收（2023）
4	国家级	列车自主运行系统（TACS）示范工程	在建
5	国家级	中国标准 A 型地铁列车研制项目	验收
6	国家级	上海轨道交通车辆智能运维系统示范工程	验收（2023）
7	国家级	城轨交通车辆零部件试验检验与认证平台和城轨交通综合检测车项目	验收
8	行业级	双流制市域（郊）铁路与城市地铁贯通运营成套技术示范工程	验收（2023）

2023 年度国家级和行业级示范工程（续前表）

表 5-6-3

序号	级别	示范工程名称	状态
9	行业级	广州市轨道交通 18 和 22 号线市域快速轨道交通示范工程	在建
10	行业级	南京都市圈智慧市域快轨示范工程	在建
11	行业级	郑州轨道交通 BIM 全生命周期管理示范工程	在建
12	行业级	武汉城市轨道交通网络信息化建设示范工程	在建
13	行业级	重庆自主化新型（胶轮）有轨电车等示范工程	在建
14	行业级	宁波基于云平台的智能能源系统节能示范工程	在建
15	行业级	无锡城市轨道交通多元融合可持续发展示范项目	在建
16	行业级	智慧城轨场景化运行关键技术示范应用	在建

【科技成果评价】

2023 年，中国城市轨道交通行业依托中国城市轨道交通协会院士专家资源，联合专业评价机构，承担城市轨道交通行业科技成果评价工作，2023 年完成城市轨道交通类科技成果评价共 35 项。（表 5-6-4）

（中国城市轨道交通协会专家和学术委员会）

2023 年度中国城市轨道交通协会科技成果评价项目

表 5-6-4

序号	评价编号	成果名称	主持完成单位
1	2023CAMET083001	动态客流需求驱动的城市轨道交通能耗精细化管控关键技术与应用	北京交通大学
2	2023CAMET084002	大兴机场线成套装备关键技术及应用	北京市轨道交通建设管理有限公司
3	2023CAMET085003	城轨交通结构在役性能安全保障关键技术研究与应用	南京地铁集团有限公司
4	2023CAMET086004	磁悬浮直膨式地铁车站智能通风空调系统关键技术自主创新及应用	洛阳市轨道交通集团有限责任公司
5	2023CAMET087005	面向线网融合的多制式兼容型信号系统研制及应用	长春市轨道交通集团有限公司
6	2023CAMET088006	轨道交通新一代永磁同步牵引系统研制及应用	株洲中车时代电气股份有限公司
7	2023CAMET089007	城市轨道交通区域耦合式防排烟技术应用研究	北京城建设计发展集团股份有限公司
8	2023CAMET090008	砂质复合地层地铁施工变形理论及控制技术	南昌轨道交通集团有限公司
9	2023CAMET091009	土岩组合地层城轨建造关键技术与应用	北京城建设计发展集团股份有限公司
10	2023CAMET092010	自诊断自恢复全自主无人驾驶互联互通列控系统	卡斯柯信号有限公司
11	2023CAMET093011	轨道交通信号智能运维系统研究及应用	南宁轨道交通运营有限公司
12	2023CAMET094012	城市轨道交通云边缘计算平台关键技术研究与示范应用	北京和利时系统工程有限公司
13	2023CAMET095013	海积淤泥地层地铁穿越运营线安全控制技术及应用	深圳地铁集团有限公司
14	2023CAMET096014	城市轨道交通全自动运行系统运营管控融合体系及关键技术	南京地铁集团有限公司
15	2023CAMET097015	城市轨道交通运营安全多要素智能感知系统关键技术研究与应用	南京地铁集团有限公司
16	2023CAMET098016	油气田瓦斯地层盾构法隧道建造关键技术与应用	中铁二院工程集团有限责任公司
17	2023CAMET099017	大规模复杂线网安检及票务融合技术创新与应用	成都轨道集团有限公司

2023 年度中国城市轨道交通协会科技成果评价项目（续前表） 表 5-6-4

序号	评价编号	成果名称	主持完成单位
18	2023CAMET100018	基于智能能馈的城轨交通牵引供电系统关键技术与应用	西南交通大学
19	2023CAMET101019	基于振源控制的车辆段轨道无缝化关键技术研究及应用	中铁工程设计咨询集团有限公司
20	2023CAMET102020	适配动态运能的在线灵活编组关键技术研究及应用	上海申通地铁集团有限公司
21	2023CAMET103021	机场全自动旅客捷运系统成套技术及应用	深圳市市政设计研究院有限公司
22	2023CAMET104022	山地城市地铁轨道平顺性及减振降噪关键技术研究与应用	重庆市轨道交通设计研究院有限责任公司
23	2023CAMET105023	城轨交通视频压缩传输与智能分析关键技术研究	北京交通大学
24	2023CAMET106024	软土地层机械化暗挖及超深基坑明挖地铁车站建造关键技术及应用	上海申通地铁集团有限公司
25	2023CAMET107025	轨道交通运营隧道轨下结构劣损机理及性能提升关键技术	中国铁道科学研究院集团有限公司
26	2023CAMET108026	市郊铁路多元协同理论体系与关键技术研究及应用	北京城建设计发展集团股份有限公司
27	2023CAMET109027	北京轨道交通 11 号线冬奥支线智慧化关键技术和应用	北京市基础设施投资有限公司
28	2023CAMET110028	基于空间效应的超大断面暗挖车站建造关键技术研究及应用	重庆市轨道交通（集团）有限公司
29	2023CAMET111029	轨道交通综合开发空间协同决策支持关键技术研究及应用	北京交通大学
30	2023CAMET112030	基于钛酸锂电池的城市轨道车辆辅助供电和应急自牵引融合关键技术	北京北交新能科技有限公司
31	2023CAMET113031	基于数字孪生的地铁保护区安全智慧管控技术研发与应用	交通运输部科学研究院
32	2023CAMET114032	轨道交通全过程地下水生态保护成套技术研究及应用	济南轨道交通集团有限公司
33	2023CAMET115033	面向复杂运营需求的城轨网络运力精准投放成套技术研究及应用	北京地铁运营有限公司
34	2023CAMET116034	基于视频 AI 的城市轨道交通乘客综合智能感知应用关键技术	北京地铁运营有限公司
35	2023CAMET117035	城市轨道交通工程数智协同数字设计关键技术研究及应用	北京城建设计发展集团股份有限公司

六

标准规范

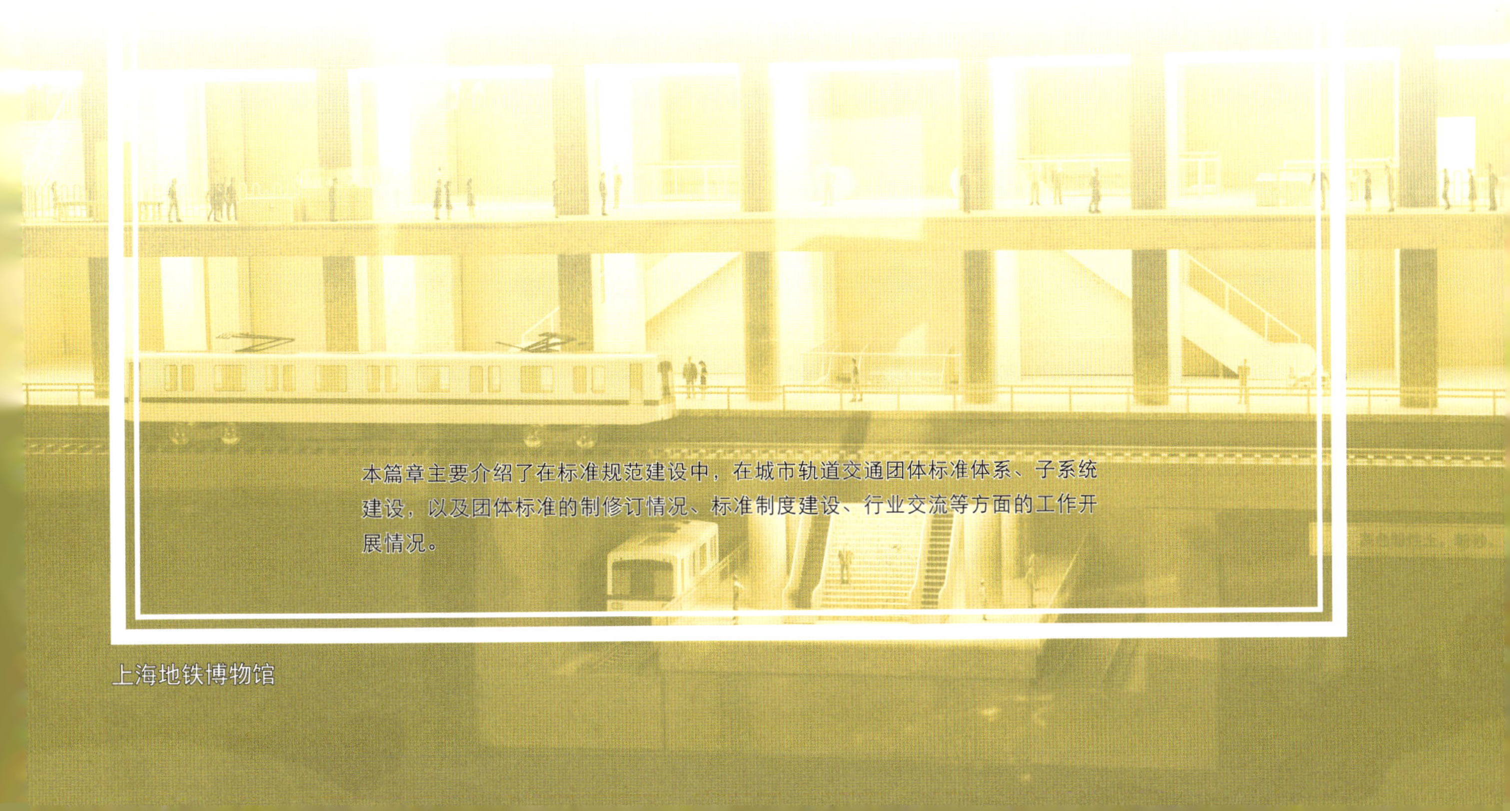

本篇章主要介绍了在标准规范建设中，在城市轨道交通团体标准体系、子系统建设，以及团体标准的制修订情况、标准制度建设、行业交流等方面的工作开展情况。

上海地铁博物馆

1　标准体系建设

【概况】

为顺应国家标准化改革发展的新形势，针对我国城市轨道交通行业发展的新要求，中国城市轨道交通协会在维护城市轨道交通团体标准体系的同时，不断优化团体标准体系框架结构，完善和更新标准明细表，形成近期标准制修订发展规划，旨在科学合理的指导团体标准的前期研究以及标准管理工作，支持科技创新、满足市场需求，推动行业高质量发展。

【绿色城轨标准体系结构】

为贯彻实施《中国城市轨道交通绿色城轨发展行动方案》的要求，在城市轨道交通团体标准体系优化研究的指导思想下，开展绿色城轨标准体系研究工作。在协会绿色智慧城轨建设领导小组指导下，协会标准部组织北京市基础设施投资有限公司、上海申通地铁集团有限公司、设计咨询专委会等协会分支机构和81家会员单位组成课题组。经过一年的努力，中国城市轨道交通协会绿色城轨标准体系研究工作于12月完成结题验收，成果包括《绿色城轨标准体系研究报告》（含总报告及8项分报告）、标准明细表、参考标准表、标准规划表。

【市域（郊）铁路和磁浮交通装备技术标准体系】

市域快轨系统和中低速磁浮交通系统均为 T/CAMET 00001—2020《城市轨道交通分类》包含的城市轨道交通制式，牵引电气设备与系统分技术委员会（SC13）紧密跟踪市域快轨系统和中低速磁浮交通系统领域的技术发展和市场变化，参与全国轨道交通电气设备与系统标准化技术委员会（SAC/TC278）牵头组织的市域（郊）铁路电气领域技术标准体系、磁浮交通装备技术标准体系研究工作，更新相应的标准体系框架和标准明细表。

2　标准制修订管理

【团体标准制修订情况】

为明确立项重点领域，指导会员单位标准申报工作，协会发布《团体标准立项指南》，立项重点为绿色城轨相关标准，围绕智慧城轨、绿色城轨、市域轨道交通、中小运能系统制式、示范工程项目、装备制造、工程建设、运营与安全管理、资源经营等9个重点方向。

中国城市轨道交通协会2023年度下达团体标准制修订计划项目96项，批准发布《都市快轨（160 km/h～200 km/h）列车运行控制系统技术规范》等20项团体标准，其中《城市轨道交通分类》（外文版）为协会首个发布的外文版团体标准。

8月，运营管理专委会联合全国城市客运标准化技术委员会举办城市客运标准规范宣贯培训会议，来自全国各省（自治区、直辖市）城市轨道交通运营管理部门、城市轨道交通运营单位，以及相关科研机构共4000余人线上参会，取得良好效果。

2023年技术装备分技术委员会（SC04）在召开技术装备分技术委员会年会、城轨车辆技术交流会和城轨信号系统升级改造技术交流会的同时进行《城市轨道交通自动售检票系统规范》（14个部分）和《城市轨道交通全自动运行系统规范》（7个部分）标准宣贯。

2023年，为适应二三线城市需求，降低中低运能轨道交通建设成本，促进以单轨交通为代表的中低运能轨道交通发展，单轨分会组织有关会员单位围绕降低中低运能轨道交通建设运营成本和优化完善单轨交通系列标准之间的关系，开展“单轨交通系列化发展”专项课题研究工作。

【团体标准专项标准】

为进一步推动城市轨道交通装备产品认证（CURC）工作开展，结合亟须编制团体标准的城市轨道交通装备产品目录，2023年6月，协会标准部与装备认证委定向征集《城市轨道交通　CBTC信号系统测试方法》（含5部分）及《城市轨道交通　质量管理体系　第1部分：要求》团体标准提案项目。

【标准目录】

城市轨道交通领域批准发布《城市轨道交通运营安全评估规范　第1部分：地铁和轻轨》等23项国家标准。交通运输部、工业和信息化部、住建部、国家铁路局等部委发布《城市轨道交通运力负荷评估规范》等76项行业标准。

北京、江苏、山东等多个省市批准发布《城市轨道交通全自动运行线路技术规范》等69项城市轨道交通领域地方标准。多地结合自身城市轨道交通发展特点，发布一批因地制宜的地方标准。

中国城市轨道交通协会、中国工程建设标准化协会等多家社会团体发布《城市轨道交通分类》（外文版）等77项团体标准。

3 标准化工作

【标准化制度建设】

6月，中国城市轨道交通协会发布《关于提升团体标准质量和效率的工作方案》（中城轨〔2023〕45号），优化工作流程，压实各方责任，从而达到提升团体标准质量和效率（以下简称“双提升”）的目标。根据工作方案起草《中国城市轨道交通协会团体标准“双提升”工作管理实施细则（试行）》，用以指导团体标准“双提升”工作试点单位开展团体标准化相关工作。

8月，国家标准化管理委员会印发《推荐性国家标准采信团体标准暂行规定》（国标委发〔2023〕39号），11月国家铁路局印发《团体标准和企业标准转化为铁路国家标准和行业标准的暂行规定》（国铁科法〔2023〕29号），据此协会开始起草《中国城市轨道交通协会团体标准“双转化”暂行规定》，以规范城市轨道交通领域优秀团体标准转化为国家标准和行业标准，规范国家标准、行业标准、地方标准、团体标准和企业标准转化为协会团体标准，使团体标准与政府性质的标准相互协调、补充和有机融合。

【标准化行业交流】

7月，安全管理专委会在南宁举办的城市轨道交通公共安全高峰论坛上，开展《城市轨道交通保护区技术管理规范》解读等新技术、新经验、新标准交流活动。

8月，泰国铁路技术研究发展局（RTRDA）董事会主席和局长、华为泰国企业领导等到访协会，协会相关领导接待来访。双方分别介绍本国城市轨道交通行业发展的基本情况，协会领导就泰国铁路技术研究发展局关心的中国城市轨道交通智慧化发展历程及行业通信系统标准规划、制定和实施的经验进行详细介绍。双方就通信信号技术相关标准的制定、推广实施及装备认证、行业人才培养等关注的问题做进一步交流沟通。

12月，协会标委会主任、标准部相关领导参加全国轨道交通电气设备与系统标准化技术委员会（SAC/TC278）四届三次会议、铁路行业电气设备与系统标准化技术委员会一届二次会议暨2023年年会，听取秘书处相关工作报告，并就标准体系建设、标准国际化、标准外文版等工作内容和与会领导、专家、单位代表进行交流沟通。

参与《城市轨道交通全自动运行系统运营技术和管理规范》等国家标准征求意见及《消防设施通用规范》《建筑防火通用规范》等强制性国家标准应用实施意见反馈工作。

七

规划建设

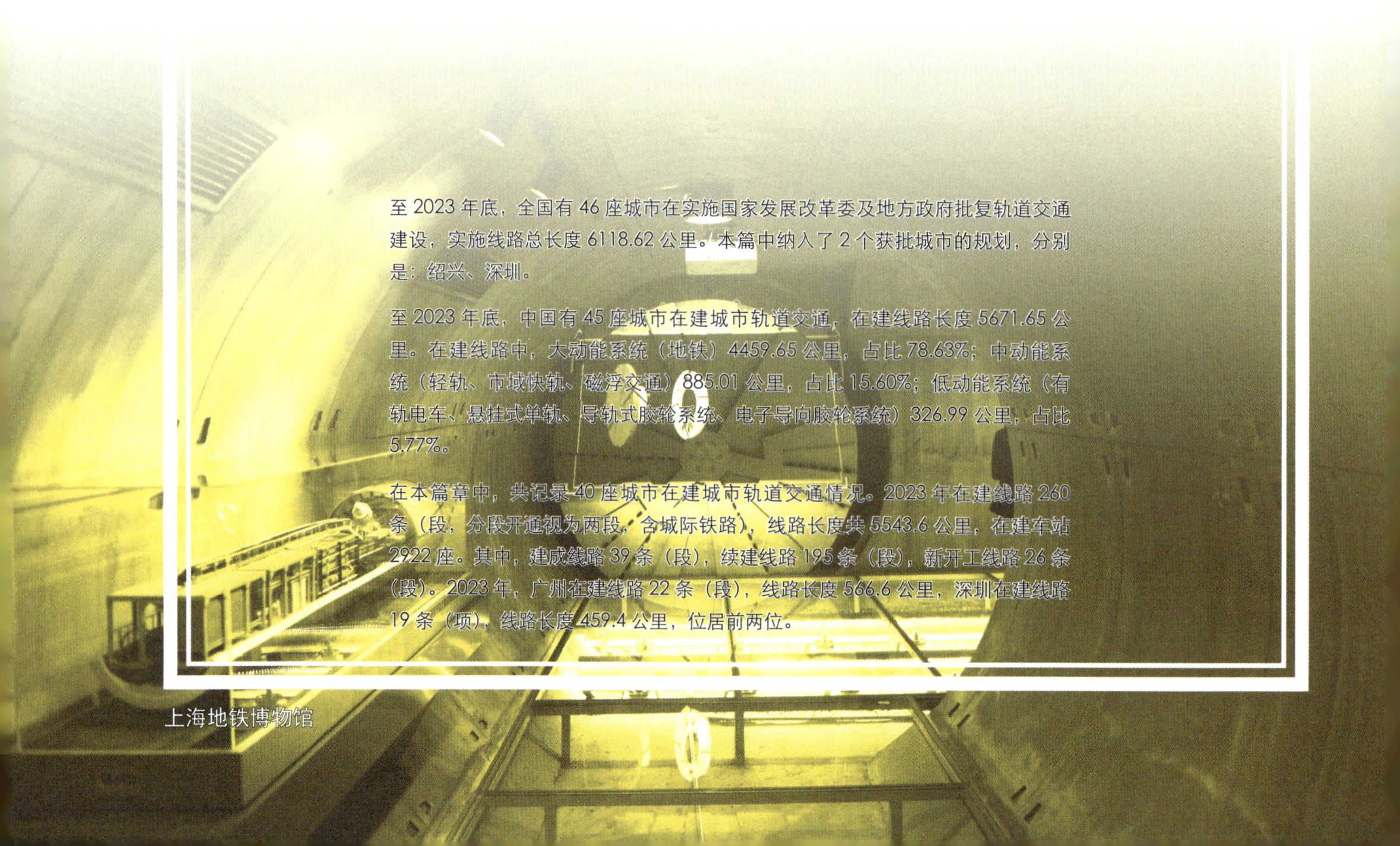

至 2023 年底，全国有 46 座城市在实施国家发展改革委及地方政府批复轨道交通建设，实施线路总长度 6118.62 公里。本篇中纳入了 2 个获批城市的规划，分别是：绍兴、深圳。

至 2023 年底，中国有 45 座城市在建城市轨道交通，在建线路长度 5671.65 公里。在建线路中，大动能系统（地铁）4459.65 公里，占比 78.63%；中动能系统（轻轨、市域快轨、磁浮交通）885.01 公里，占比 15.60%；低动能系统（有轨电车、悬挂式单轨、导轨式胶轮系统、电子导向胶轮系统）326.99 公里，占比 5.77%。

在本篇章中，共记录 40 座城市在建城市轨道交通情况。2023 年在建线路 260 条（段，分段开通视为两段，含城际铁路），线路长度共 5543.6 公里，在建车站 2922 座。其中，建成线路 39 条（段），续建线路 195 条（段），新开工线路 26 条（段）。2023 年，广州在建线路 22 条（段），线路长度 566.6 公里，深圳在建线路 19 条（项），线路长度 459.4 公里，位居前两位。

上海地铁博物馆

1　北京市

【建设概况】

北京市城市轨道交通工程建设由北京市轨道交通建设管理有限公司和北京城市快轨建设管理有限公司承担。

2023 年，北京市轨道交通建设管理有限公司承担的建设项目 9 个，共 137.3 公里，85 座车站。其中续建项目 8 个（3 号线一期、6 号线南延、12 号线、13 号线扩能提升工程、17 号线、昌平线南延一期、新机场线北延、M101），建成项目 1 个（17 号线北段）。完成投资 340.0 亿元。（表 7-1-1）

至 2023 年底，北京轨道交通由北京市轨道交通建设管理有限公司承担的建成线路有 27 条，总线路长度 836.0 公里，车站总数 490 座。

（北京市轨道交通建设管理有限公司）

北京城市快轨建设管理有限公司承担的建设项目 4 个，共 93.9 公里，33 座车站。其中续建项目 2 个（22 号线〔平谷线〕、28 号线〔CBD 线〕），建成项目 2 个（11 号线西段〔冬奥支线〕、16 号线剩余段）。（表 7-1-1）

（北京城市快轨建设管理有限公司　孟锐）

【北京轨道交通 17 号线北段工程建成项目】

17 号线北段工程起点为工人体育场站，终点为未来科学城北站。线路长度 26.2 公里，全部为地下线。设车站 10 座，在天通苑东站与 13 号线扩能提升工程 A 线换乘，在望京西站与 13 号线扩能提升工程 B 线、15 号线换乘，在西坝河站与 12 号线换乘，在太阳宫站与 10 号线换乘，在工人体育场站与 2 号线换乘。在歇甲村设车辆段 1 处，占地 35.1 公顷。车辆选用 A 型车，最高运行速度 100 公里／小时，接触网直流 1500 伏授电，8 辆编组，动拖比为 3:1。17 号线北段工程于 2016 年 3 月开工，于 2023 年开通初期运营。（图 7-1-1）

（北京市轨道交通建设管理有限公司）

【北京轨道交通 11 号线西段（冬奥支线）工程建成项目】

11 号线西段（冬奥支线）工程起点为新首钢站，终点为模式口站。线路长度 3.9 公里，全部为地下线。设车站 4 座，在金安桥站与 S1 线、6 号线换乘。控制中心接入小营二期控制中心；配置供电、动力照明、自动售检票、给排水及消防、通风空调、综合监控、火灾自动报警、办公自动化、自动扶梯及电梯、站台门、通信、信号、乘客信息、安检等运营系统设备。车辆选用 A 型车，最高运行速度 100 公里／小时，接触网直流 1500 伏授电，近期 4 辆编组，动拖比为 3:1，远期 6 辆编组，动拖比为 2:1，开通期配车 5 列 /20 辆。11 号线西段工程于 2019 年 12 月 1 日开工，于 2023 年开通初期运营。（图 7-1-2）

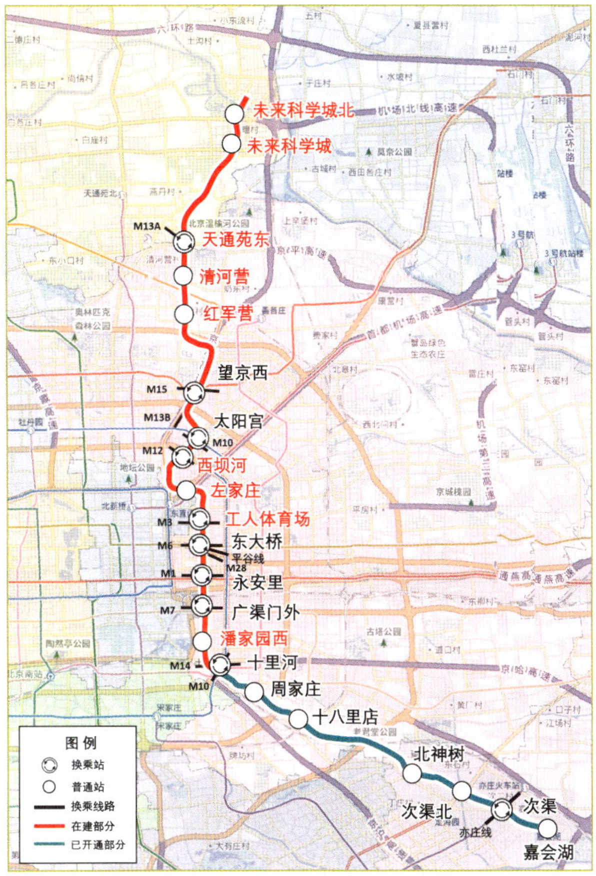

图 7-1-1　北京轨道交通 17 号线北段走向示意图

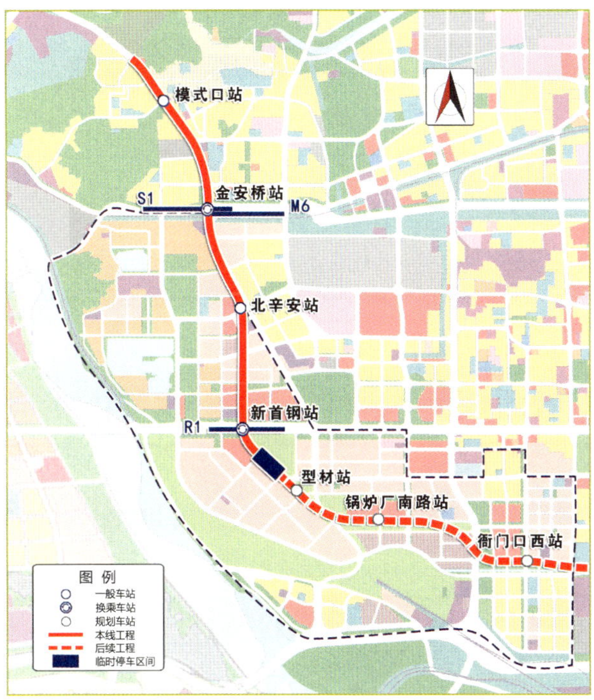

图 7-1-2　北京轨道交通 11 号线西段走向示意图

2023 年北京市城市轨道交通建设项目汇总表

表 7-1-1

序号	线路名称	起讫点	线路长度（公里）	车站数（座）	开工时间（年月）	预计通车时间（年）	工程建设情况	重点工程节点
1	17 号线北段	未来科技城北区-工人体育场	26.3	10	2015.12	2023	建成	年底，未来科技城北区至工人体育场建成，基本具备通车试运营条件
2	3 号线一期	东四十条-曹各庄北	20.8	15	2016.10	2028	续建	东四十条至东风：车站主体结构完成 90%，区间主体结构完成 90%，设备安装完成 30%
3	6 号线南延	潞城-东小营南	2.1	1	2022.12	2025	续建	围护结构完成 80%，土方开挖完成 10%
4	12 号线	四季青-管各庄西	29.6	21	2015.12	2028	续建	四季青至东风：车站主体结构完成与区间主体结构完成 100%，设备安装完成 80%
5	13 号线扩能提升工程	13A：车公庄-天通苑东 13B：东直门-马连洼	29.0	18	2020.12	2028	续建	车站主体结构完成 20%，区间主体结构完成 10%
6	17 号线剩余段	工人体育场-十里河	7.2	4	2015.12	2025	续建	车站主体结构完成 100%，区间主体结构完成 88%，附属结构完成 10%
7	昌平线南延一期	蓟门桥及站后区间	0.7	1	2016.12	2024	续建	附属结构完成 90%，设备安装完成 90%
8	新机场线北延	草桥-丽泽商务区	3.5	1	2019.12	2026	续建	车站主体结构完成 38%，区间主体结构完成 35%
9	M101	商务园-张家湾东	18.1	14	2022.12	2027	续建	前期工作完成 60%
合计 1			137.3	85				
10	11 号线西段（冬奥支线）	金安桥-模式口	1.4	1	2019.06	2023	建成	该项目开通初期运营
11	16 号线	榆树庄-宛平城	3.4	2	2013.08	2023	建成	该项目开通初期运营
12	22 号线（平谷线）	东大桥-平谷	81.0	21	2016.12		续建	车站整体完成 38.3%，区间主体结构完成 15.4%
13	28 号线（CBD 线）	东大桥-广渠东路	8.1	9	2018.01		续建	车站主体结构完成 15%，区间主体结构完成 9%
合计 2			93.9	33				

注：序号 1—9 的工程项目，工程建设由北京市轨道交通建设管理有限公司承担，合计 1 为此 1—9 项合计数；10—13 的工程项目，工程建设由北京城市快轨建设管理有限公司承担，合计 2 为此 10—13 项合计数。

【北京轨道交通 16 号线剩余段工程建成项目】

16 号线剩余段工程起点为榆树庄站，终点为宛平城站。线路长度 3.4 公里，全部为地下线。设车站 2 座。在榆树庄设停车场处，占地 28.0 公顷。控制中心设置在北安河车辆段；配置供电、动力照明、自动售检票、给排水及消防、通风空调、综合监控、火灾自动报警、办公自动化、自动扶梯及电梯、站台门、通信、信号、乘客信息、安检等运营系统设备。车辆选用 A 型车，最高运行速度 80 公里／小时，接触网直流 1500 伏授电，8 辆编组，动拖比为 3:1，初期配车 64 列 /512 辆。16 号线剩余段工程于 2013 年 8 月 8 日开工，于 2023 年开通初期运营。（图 7-1-3）

（北京城市快轨建设管理有限公司　孟锐）

【项目管理】

编制年度综合计划和开通线路一级节点计划，跟踪执行情况，系统指导工程施工与投资开展。建立建筑垃圾运输保障和“白名单”申报，确保重点项目连续施工需求。

优化既有车站换乘方案，开展线路方案比选，M101 线实现土建工程造价降低约 3.7 亿元；办理完成 6 号线南

图 7-1-3　北京轨道交通 16 号线剩余段走向示意图

延建设工程规划许可证和施工许可证。

完善安全质量管理体系，通过安全例会及专题会，督促施工现场问题整改落实。开展专项检查，实现对所有隐患闭环管控，印发安全管控“硬十条”和质量提升“十严禁”。

组织一线作业工人累计 100 万余人次观看安全警示教育片、教育培训 2.4 万人次。开展防高坠、消防安全、岗位技能竞赛、“五小”创新征集评选、暗挖施工综合应急演练，开展安全教育、推动工程质量创优。

强化安全风险管理体系运行，发布监测预警 4 万余次、巡视预警 298 次。开展专家巡视 36 次，安全通过工程风险 1 千余处。安全监控应急指挥中心软硬件改造完成，安全风险智慧管控平台试运行。

（北京市轨道交通建设管理有限公司）

2023 年底，11 号线西段（冬奥支线）模式口站、北辛安站 A2、A3 口全部开通，《智慧城轨新一代智能列车运行系统及平台示范工程》通过项目验收评审。促进模式口地区环境整治，助力新首钢高端产业综合服务区建设，打造国家体育产业示范区。

22 号线慈云寺桥站初支扣拱顺利贯通。全线政务中心东站、政务中心站、马坊站、马昌营站、神威大街站、潮白大街站、平谷站、管庄站累计 8 座车站主体结构完成，车站整体完成 38.3%。马坊站至马昌营站区间 U 梁开始铺架，跨越京平高速主路和匝道；政务中心站至政务中心东站区间双线盾构贯通，管庄站至永顺站区间右线盾构始发，河北段六台盾构机全部始发。区间主体结构完成 15.4%。28 号线东大桥站、核心区站、京广桥站和光华路站 4 座车站实现开工。

（北京城市快轨建设管理有限公司　孟锐）

【新工艺工法】

（1）17 号线望京西站至勇士营站区间在富水砂–粉–黏土交互地层盾构区间采用机械法下沉式泵房，替代传统的暗挖 + 注浆或冻结工艺。该工艺降低此类地层施工风险、缩短工期，提升智能装备建造水平。

（2）17 号线望京西站首次采用并行矩形顶管连续下穿京承高速及 13 号线地铁区间，解决不降水条件下东部富水地层暗埋通道施工难题。

（3）3 号线一期工程东坝中街站至东风站区间 1 号联络通道采用安全、高效的机械化施工手段，降低传统矿山法开挖联络通道的风险、节约工期、提高工程质量。

（4）12 号线光熙门站到和平西桥站至安贞桥站区间京内首次采用暗挖盾构侧始发及串联三座暗挖车站工法，盾构机自侧始发盾构井及侧始发通道始发，先后串联上述三座车站，在北三环道路下穿越 13 号线高架桥、太阳宫东、西桥、和平西桥、和平东桥、既有 5 号线和平西桥站、过街通道及天桥等一系列风险源，同时也有效的规避北京市地下水上涨所带来的风险，成功解决暗挖车站无法提供盾构始发条件的问题。

（北京市轨道交通建设管理有限公司）

22 号线政务中心站至政务中心东站区间，盾构掘进采用 ATO 辅助驾驶系统、地面智能操控中心和智能水平运输系统，克服开挖过程中存在的地下管线繁多、地面建筑物密集、地质松散和地下水位高等不利因素。

ATO 辅助驾驶系统主要功能包括一键掘进准备、地表沉降控制和盾构姿态调整，通过盾构掘进方向自动纠偏和土仓压力自平衡先进控制系统，使盾构处于最优掘进状态，从而减少人工操作，提高施工标准化和成形隧道质量。

地面智能操控中心包含盾构运行监控和地面远程操控双重功能，其中，搭载盾构智能掘进控制系统，可实现 ATO 辅助驾驶系统远程运行控制。地面智能操控中心通过内置的智能盾构操作平台和盾构大脑监控平台，能够实现自主掘进系统远程运行控制与关键参数的预警，进一步提高盾构智能化施工和管理水平。

智能水平运输系统通过水平运输智能化感知端的传感器模组（相机 + 激光雷达）和检测主机，可检测电瓶车运行前方的轨道区域和障碍物，并可判断障碍物的位置（是否在轨道区域内）和距离，实现自动安全防护。自主运行模式启动后，系统将对前方轨道进行检测，若轨道限界内出现障碍物侵限，则第一时间发生告警，并根据障碍物距离对车辆进行多模式智能制动。

（北京城市快轨建设管理有限公司　孟锐）

2 天津市

【建设概况】

2023 年，天津中心城区轨道交通建设由天津市地下铁道集团有限公司、中铁（天津）轨道交通投资建设有限公司、中建（天津）轨道交通投资发展有限公司、中铁建（天津）轨道交通投资发展有限公司、中铁建（天津）轨道交通投资建设有限公司、中交（天津）轨道交通投资发展有限公司、中交（天津）轨道交通投资建设有限公司承担，建设项目 10 个，共 118.3 公里，87 座车站。其中续建项目 8 个（4 号线北段、7 号线南段、7 号线北段、8 号线、8 号线延伸线、11 号线西段、11 号线延伸线、津静线），新开工项目 1 个（5 号线延伸线），建成项目 1 个（11 号线东段）。完成车站开工 2 座（7 号线 1 座、8 号线 1 座），车站封顶 18 座（4 号线北段 3 座、7 号线 4 座、8 号线 6 座、8 号线延伸线 2 座、11 号线 3 座），轨道铺设 83.2 公里。完成投资 185.9 亿元。2 个项目共 27.1 公里（津静线、11 号线东段）主体结构贯通。（表 7-2-1）

至 2023 年底，天津市轨道交通建成线路有 10 条（1 号线、2 号线、3 号线、4 号线、5 号线、6 号线、6 号线二期、9 号线、10 号线、11 号线东段），总线路长度 309.9 公里，车站总数 192 座。

（天津轨道交通集团有限公司）

2023 年，由天津滨海新区轨道交通投资发展有限公司承担的轨道交通工程建设项目 2 个，共 70.8 公里，36 座车站。续建项目 2 个（轨道交通 B1 线一期工程、轨道交通 Z2 线一期工程）。完成车站开工 25 座，车站封顶 20 座，轨道铺设 2.2 公里。完成投资 148.1 亿元。2 个项目共 11.4 公里主体结构贯通。（表 7-2-1）

（天津滨海新区轨道交通投资发展有限公司）

【天津轨道交通 11 号线东段工程建成项目】

11 号线东段工程起点为东江道站，终点为东丽六经路站。线路长度 13.7 公里，全部为地下线。设车站 11 座，在环宇道站与 10 号线换乘。在东丽七经路站设定修段 1 处，占地 25.1 公顷。设驯海路主变。控制中心接入华苑控制中心；配置供电、通信、信号、通风空调、给排水与消防、设备监控、防灾报警、屏蔽门、自动售检票、电梯及自动扶梯等运营系统设备。车辆选用交流异步电机、VVVF 调速控制 B 型车，最高运行速度 80 公里 / 小时，接触网直流 1500 伏授电，6 辆编组，动拖比为 2:1，初期配车 15 列 /90 辆。11 号线东段工程于 2019 年 11 月 1 日开工，于 2023 年开通初期运营。（图 7-2-1）

2023 年，此项目完成投资 43.1 亿元，至 2023 年底，

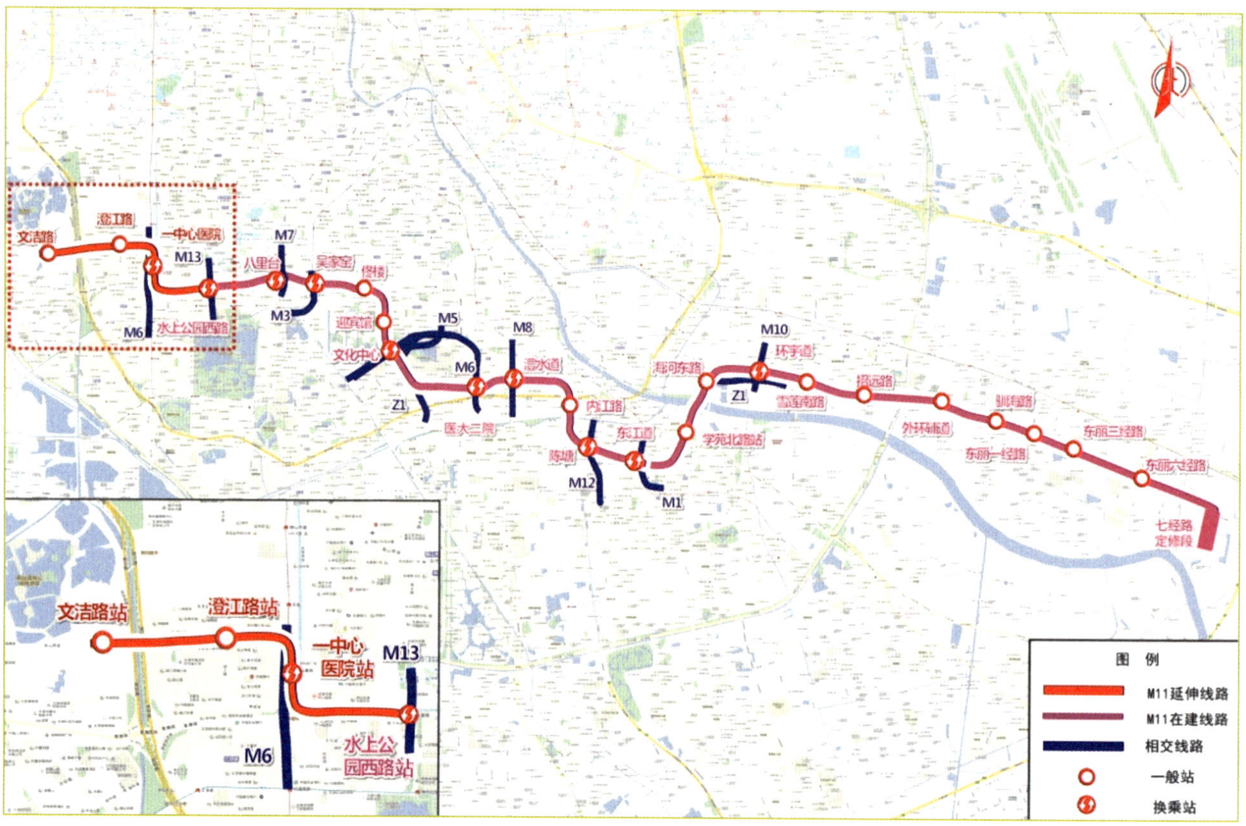

图 7-2-1 天津轨道交通 11 号线走向示意图

2023 年天津城市轨道交通在建项目汇总表　　　　表 7-2-1

序号	线路名称	起讫点	线路长度（公里）	车站数（座）	开工时间（年月）	预计通车时间（年）	工程建设情况	重点工程节点
1	11 号线东段	东江道-东丽六经路	13.7	11	2019.07	2023	建成	2023 年 12 月 28 日，该项目实现初期运营
2	4 号线北段	小街-河北大街	24.3	17	2020.07	2024	续建	至 2023 年底，主体结构完成 94%，区间完成 92%
3	7 号线南段	赛达路-鼓楼	21.8	15	2019.07	2024	续建	至 2023 年底，7 号线主体结构完成 89%，区间完成 78%
4	7 号线北段	鼓楼（不含）-喜峰道	7.0	6	2019.07	2027	续建	至 2023 年底，7 号线主体结构完成 89%，区间完成 78%
5	8 号线	绿水公园-渌水道（不含）	18.5	17	2020.01	2025	续建	至 2023 年底，主体结构完成 77%，区间完成 41%
6	8 号线延伸	中北镇-绿水公园（不含）	4.4	4	2022.08	2027	续建	至 2023 年底，主体结构完成 57%
7	11 号线西段	水上公园西路-东江道（不含）	10.1	10	2019.07	2024	续建	至 2023 年底，主体结构全部完成并实现区间贯通
8	11 号线延伸	文洁路-水上公园西路（不含）	3.8	3	2022.10	2026	续建	至 2023 年底，主体结构完成 23%
9	天津中心城区至静海市域（郊）铁路首开段	静海区国际医学城-5 号线京华东道	13.4	3	2021.02	2024	续建	至 2023 年底，土建工程已完工，并进行试运行
10	5 号线延伸	既有 5 号线李七庄南站西侧-梨园头车辆段南侧	1.3	1	2023.08	2024	新开工	至 2023 年底，地下主体结构全部完成
合计 1			118.3	87				
11	轨道交通 B1 线一期	黄港欣嘉园-中部新城	31.5	22	2021.12	2025	续建	12 座车站主体封顶，6 个区间已贯通。9 月开始铺轨施工，10 月新北路站、车站北路站开工建设，12 月开始金天区间盾构施工
12	轨道交通 Z2 线一期	滨海机场-北塘	39.3	14	2017.05	2025	续建	3 月中心大道站主体结构封顶，5 月经三路站主体结构封顶，11 月高新一路站、渤龙湖站，12 月春华路站、宁海路站主体结构封顶
合计 2			70.8	36				

注：序号 1—10 的工程项目，工程建设由天津市地下铁道集团有限公司、中铁（天津）轨道交通投资建设有限公司、中建（天津）轨道交通投资发展有限公司、中铁建（天津）轨道交通投资发展有限公司、中铁建（天津）轨道交通投资建设有限公司、中交（天津）轨道交通投资发展有限公司、中交（天津）轨道交通投资建设有限公司承担，合计 1 为此 1—10 项合计数；序号 11—12 的项目，工程建设由天津滨海新区轨道交通投资发展有限公司承担，合计 2 为此 11—12 项合计数。

车站开工 11 座、结构封顶累计 11 座，盾构推进累计 9.1 公里，轨道铺设累计 39.5 公里。

【天津轨道交通 5 号线延伸工程新开工项目】

5 号线延伸工程起点为李七庄南站，终点为梨园头车辆段南侧。线路长度 1.3 公里，全部为地下线。设车站 1 座。控制中心接入华苑控制中心；配置供电、通信、信号、通风空调、给排水与消防、设备监控、防灾报警、屏蔽门、自动售检票、电梯及自动扶梯等运营系统设备。车辆采用交流异步电机，VVVF 控制 B 型车，最高运行速度 120 公里 / 小时，接触网直流 1500V 伏供电，3+3 编组，

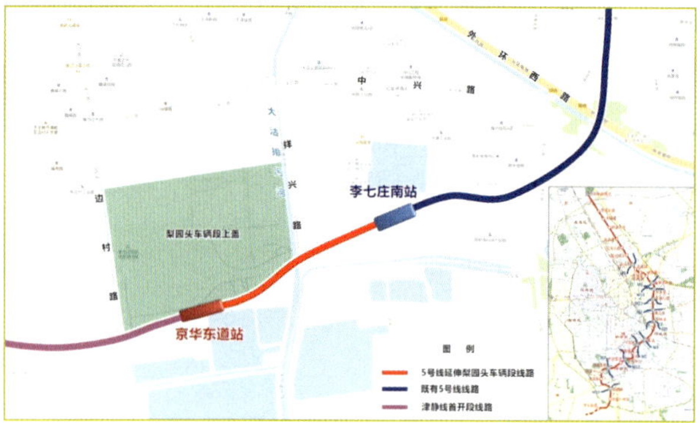

图 7-2-2　天津轨道交通 5 号线延伸线走向示意图

动拖比 2:1，初期配车 2 列 /12 辆（拆编后可灵活编组、独立运营）。5 号线延伸工程于 2023 年 8 月 4 日开工，计划于 2024 年开通初期运营。(图 7-2-2)

2023 年，此项目完成投资 1.3 亿元，至 2023 年底，轨道铺设累计 2.6 公里。

（天津轨道交通集团有限公司）

【项目管理】

2023 年，针对 5 号线延伸线工程，天津轨道交通集团有限公司组织参建单位对计划节点、关键节点、里程碑节点进行细化，确定节点 32 个。通过计划例会，针对滞后节点，分析原因、措施到位，解决困难、确保工程建设有序进行。成立专项工作组，提前现场踏勘，对沿线涉及的临时占地、园林绿化、进出场道路、施工用电接入、市政管线及运营场段等情况进行调查，梳理招标文件，将后续人、材、机配置提前写入招标文件。加强进度管控，对影响现场安全生产的问题发函督促其现场解决，对及时完成节点计划的发表扬信进行鼓励。在项目部每周生产例会、管理小组每日例会中，各参建单位汇报工程进展及存在问题，及时对制约因素予以协调解决、纠正进度偏差。有效落实安全管理机制，确保现场安全生产。

（天津轨道交通集团有限公司）

针对工程建设中的问题难点，成立 QC 质量管理小组，进行对策比选，确定最优；调研参建工人的生活和工作情况，关注农民工工资支付问题，保证工资及时发放，给参建工人提供安心、放心的工作环境；组织进行监理行为检查、安全质量检查，确保高质量工程建设。

至 2023 年底，Z2 线一期工程全线有中心大道站等 10 个车站、东六道站至经三路站等 9 个区间、渤龙湖主变电站、滨中区间变电所等 21 个工点进场施工，开工工点已占全线总数的 70%。全年实现 5 台盾构机始发，涉铁、涉路大跨连续梁工程有序推进，完成当年各项建设任务。

（天津滨海新区轨道交通投资发展有限公司）

【新工艺工法】

天津中心城区至静海市域（郊）铁路首开段工程高架区间主要采用预制预应力钢筋混凝土双线简支梁形式，包括 20 米、25 米、30 米、35 米共 4 种梁型，以 30 米简支梁为主，梁面宽 9.76 米，梁底宽 4.8 米，梁高 1.8 米，梁重 505 吨。施工方法采用架桥机预制架设。架桥机选用 DJ700 型，额定起重量 700 吨。该线精武镇至京华路区间最小曲线半径为 400 米，参建单位组织架桥机生产厂家，对架桥机进行适应性改进。项目建设方天津市市域铁路建设发展有限公司在施工前制定“五步二十条”管理措施，详细明确每一步操作流程和设备参数，顺利攻克小曲线架梁技术难关。

（天津轨道交通集团有限公司）

新型地连墙泥浆添加剂“海水宝”的应用。塘沽站地下水量含盐量高，长度为 58 米的地连墙成槽时间过长，大量氯离子进入槽内，因氯离子干扰，泥浆性能不满足本工程的护壁要求。海水宝能够在盐水中快速提高泥浆黏度，改善泥浆流变性能，降低滤失量，稳定泥浆胶体率。在地连墙泥浆中加入海水宝有效改善泥浆性能，降低地连墙施工过程中塌槽率，有效保障工程的施工安全。

气动式降水系统的应用。车站北路站地下水量丰富，沿线需穿越多条交通线路，涉及地下多条既有管线，邻近建构筑物群。工程基坑降水采用气动式降水系统，具有明显的降水量调节、流量统计、回收利用、智能控制、实时监测水位等功能，降低施工成本、消除安全隐患、精准控制降水，保证基坑施工的安全和建筑物的安全。

Z2 线对运营组织模式、车辆选型、速度目标值、大站快车等方案进行充分分析比选，推荐 120 公里 / 小时的速度目标值。经过对客流分析，车辆选型结果 6-6-6 编组的市域 A 型车，运能适应性较好，发车间隔短，可靠性强。运营交流采用大小交流方式，开行方案结合运能及土地开发等问题采用站站停的开行方案。

Z2 线桥梁长度 27.2 公里，占全线线路长度的 51.0%，桥梁工程连续梁（特殊节点）共 63 处，特殊节点长度 9.5 公里，占桥梁长度的 34.9%。针对 Z2 线高架桥梁长度属于地铁建设中的长大区间的特点，经过梁型比选研究，标准梁采用双箱单室组合箱梁，预制架设（吊装），跨越市政路、高速路的连续梁采用悬臂浇筑或节段拼装施工，跨越铁路有 4 处，采用连续梁或 T 构，梁部采用转体施工。

（天津滨海新区轨道交通投资发展有限公司）

3 河北省石家庄市

【建设概况】

石家庄市城市轨道交通工程建设由石家庄市轨道交通集团有限责任公司承担。

2023 年，轨道交通建设项目 5 个，共 61.8 公里，52 座车站。其中续建项目 1 个（1 号线二期工程北段），新开工项目 4 个（4、5、6 号线一期工程及 1 号线三期工程）。完成车站开工 52 座。（表 7-3-1）

【石家庄轨道交通 1 号线三期工程新开工项目】

1 号线三期工程起点为槐安路站，终点为西王站。线路长度 3.7 公里，全部为地下线。设车站 2 座。车辆选用 A 型车，最高运行速度 80 公里／小时，接触网直流 1500 伏授电，6 辆编组，动拖比为 2:1。1 号线三期工程于 2023 年 4 月 30 日开工，计划于 2027 年开通初期运营。（图 7-3-1）

2023 年，此项目完成投资 0.9 亿元，至 2023 年底，车站开工 2 座。

【石家庄轨道交通 4 号线一期工程新开工项目】

4 号线一期工程起点为玉村南路站，终点为东垣东路站。线路长度 22.4 公里，全部为地下线。设车站 20 座，在红旗大街站与 5 号线换乘，在仓丰路留村站与 2 号线换乘。在线路西端设西岗头车辆段 1 处。车辆选用 B 型车，最高运行速度 80 公里／小时，接触网直流 1500 伏授电，6 辆编组，动拖比为 2:1，初期配车 18 列 /108 辆。4 号线一期工程于 2022 年 12 月 30 日开工，计划于 2027 年开通初期运营。（图 7-3-2）

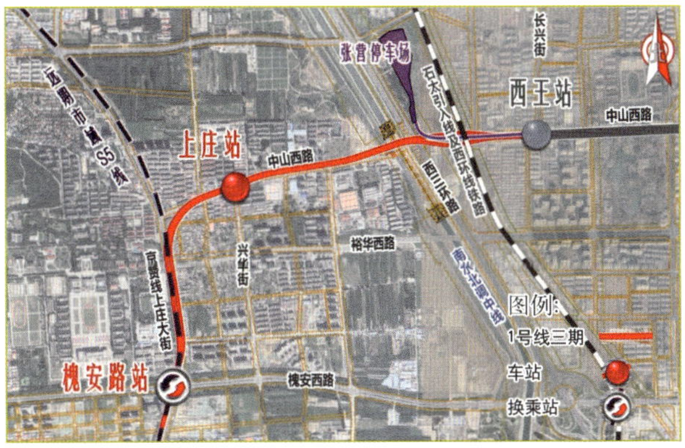

图 7-3-1　石家庄轨道交通 1 号线三期走向示意图

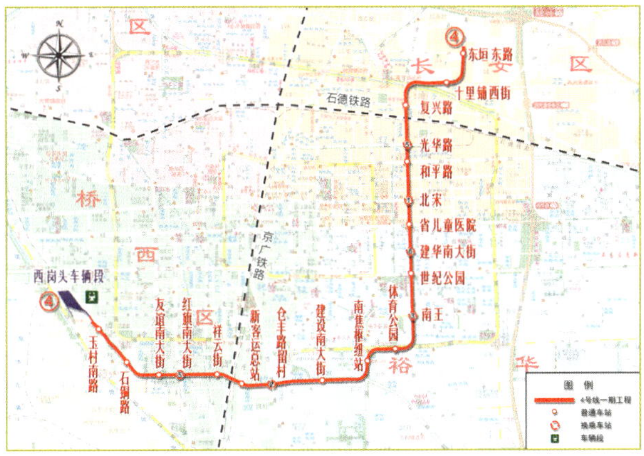

图 7-3-2　石家庄轨道交通 4 号线一期走向示意图

2023 年石家庄市城市轨道交通在建项目汇总表　　表 7-3-1

序号	线路名称	起讫点	线路长度（公里）	车站数（座）	开工时间（年月）	预计通车时间（年）	工程建设情况	重点工程节点
1	1 号线二期（北段）	东上泽–东洋	3.1	2	2017.06	2026	续建	
2	1 号线三期	西王（不含）–槐安路	3.7	2	2023.04	2027	新开工	
3	4 号线一期	玉树南路–石家庄东站	22.4	20	2022.12	2027	新开工	
4	5 号线一期	宫北路–谈固北大街	19.9	19	2022.12	2027	新开工	
5	6 号线一期	东二环南路–东佐路	12.7	9	2023.04	2027	新开工	
合计			61.8	52				

2023 年，此项目完成投资 16.4 亿元，至 2023 年底，车站开工 20 座。

【石家庄轨道交通 5 号线一期工程新开工项目】

5 号线一期工程起点为宫北路站，终点为谈固北大街站。线路长度 19.9 公里，全部为地下线。设车站 19 座，在红旗大街站与 4 号线换乘，在建和桥站与 2 号线换乘。在线路南端设宫家庄车辆段 1 处。车辆选用 B 型车，最高运行速度 80 公里／小时，接触网直流 1500 伏授电，6 辆编组，动拖比为 2:1，初期配车 17 列 /102 辆。5 号线一期工程于 2022 年 12 月 30 日开工，计划于 2027 年开通初期运营。(图 7–3–3)

2023 年，此项目完成投资 16.3 亿元，至 2023 年底，车站开工 19 座。

【石家庄轨道交通 6 号线一期工程新开工项目】

6 号线一期工程起点为二十里铺站，终点为东佐路站。线路长度 12.5 公里，全部为地下线。设车站 9 座，在留村站与 1 号线换乘，在南豆站与 3 号线换乘。在线路南端设东佐车辆段 1 处。车辆选用 B 型车，最高运行速度 80 公里／小时，接触网直流 1500 伏授电，6 辆编组，动拖比为 2:1，初期配车 18 列 /108 辆。6 号线一期工程于 2023 年 4 月 30 日开工，计划于 2027 年开通初期运营。(图 7–3–4)

2023 年，此项目完成投资 4.7 亿元，至 2023 年底，车站开工 9 座。

（石家庄轨道交通集团有限责任公司　赵雷）

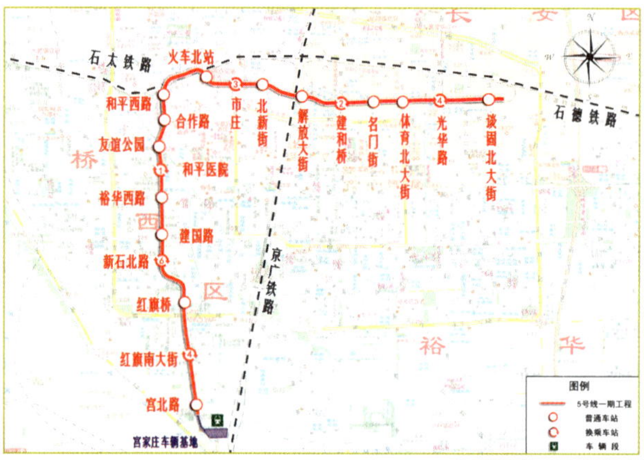

图 7–3–3　石家庄轨道交通 5 号线一期走向示意图

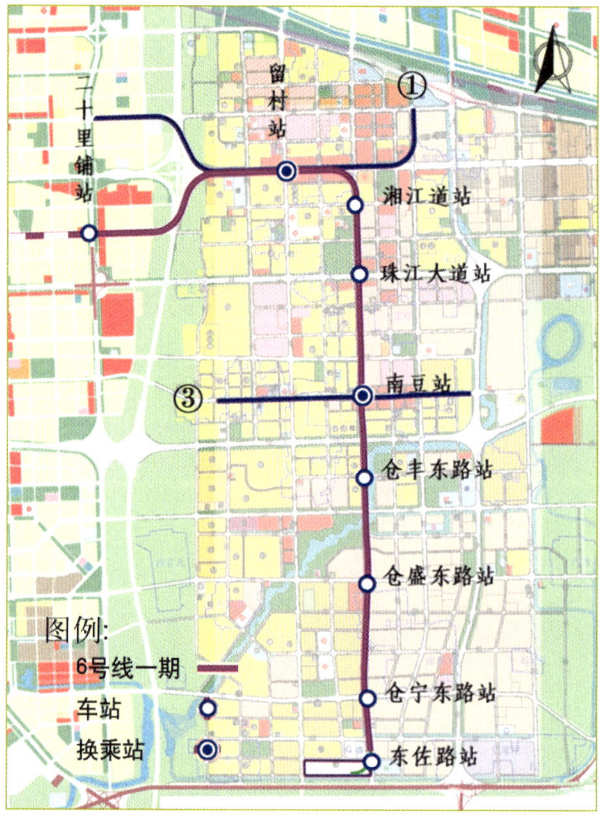

图 7–3–4　石家庄轨道交通 6 号线一期走向示意图

4　山西省太原市

【建设概况】

太原市城市轨道交通工程建设由太原轨道交通集团有限公司和太原轨道交通一号线建设运营有限公司共同承担。

2023 年，太原城市轨道交通建设项目 1 个，共 28.7 公里，24 座车站。为续建项目（1 号线一期）。完成车站开工 24 座，车站封顶 24 座，轨道铺设 59.3 公里。完成投资 48 亿元。1 个项目共 28.7 公里主体结构贯通。(表 7–4–1)

至 2023 年底，太原轨道交通建成线路有 1 条（2 号线一期），总线路长度 23.3 公里，车站总数 22 座。

（太原轨道交通集团有限公司　徐凯）

【项目管理】

成立建设工作专班，协调解决征地拆迁、管线迁改、绿化迁移、场地准备、涉铁工程等方面存在的问题，确保关键节点目标实现；协调城区政府、国网供电公司，完成下元主变电站、朝北小区等重难点拆迁任务；对接太原铁路局、大西客专、太中银铁路三家铁路单位，签订用地补

2023 年太原市城市轨道交通在建项目汇总表 表 7-4-1

序号	线路名称	起讫点	线路长度（公里）	车站数（座）	开工时间（年月）	预计通车时间（年）	工程建设情况	重点工程节点
1	1 号线一期	西山矿务局-武宿机场	28.7	24	2019.12	2024	续建	年底，实现“洞通”“轨通”；两座主变电所主体结构和设备安装基本完成
合计			28.7	24				

偿合同，完成地铁盾构区间下穿太原站和太原南站；完成朝阳街站 110KV、10KV 电力电缆和热力管线迁改，工期分别提前两个月和六个月。以总体工期为控制目标，倒排阶段性工期，建立关键节点控制台账，明确各分部分项工程完成时间节点；抓好安全质量管理，实现“事故零发生、伤亡零发生”的目标，工程一次质量检验合格率达 100%。全线如期实现“洞通”“轨通”等节点目标；车站出入口、风亭等附属结构完成 55%，两座主变电所主体结构和设备安装基本完成。

【新工艺工法】

积极推动 BIM 技术应用。利用 BIM 模型进行可视化图纸会审，形成公共区装修、机电安装施工可视化交底成果，解决站后专业设计接口混乱问题，打破传统模式下车站墙洞盲开、管线密集区机房布置不合理、各专业交叉作业时容易冲突的局面，降低二次砌筑、管线安装返工率，减少多次破拆的浪费，提升施工效率。“太原市轨道交通 1 号线 BIM 技术应用”项目先后获第五届“联盟杯”铁路工程 BIM 应用大赛一等奖、第四届智慧建造创新大赛“智建杯”金奖等荣誉。

针对预制轨道板道床大面积自密实混凝土灌注质量开展技术攻关。结合太原地铁建设实际，优化混凝土配比及灌注工艺，优化模板拼装及排气装置，通过多次揭板试验，最终形成一套大体积自密实成型工艺。

（太原轨道交通集团有限公司　李宁　寻晓勇　徐凯）

5　辽宁省沈阳市

【建设概况】

沈阳市城市轨道交通工程建设由沈阳地铁集团有限公司承担。

2023 年，沈阳地铁建设项目 7 个，共 171.9 公里，120 座车站。其中续建项目 3 个（3 号线一期工程、1 号线东延线工程、6 号线一期工程），新开工项目 2 个（9 号线二期工程、10 号线工程〔张沙布-丁香街〕），建成项目 2 个（4 号线一期工程、2 号线南延线工程）。完成投资 132.0 亿元。（表 7-5-1）

至 2023 年底，沈阳轨道交通建成线路有 5 条（1 号线、2 号线、4 号线、9 号线、10 号线），总线路长度 163.3 公里，车站总数 122 座。

【沈阳轨道交通 2 号线南延线工程建成项目】

2 号线南延线工程起点为全运路站，终点为桃仙机场站。线路长度 13.7 公里，全部为地下线。设车站 7 座。在全运路站与一期工程接驳，在创新一路站与 10 号线换乘，在综合保税区站附近设桃仙停车场 1 处，占地 23.2 公顷。设 1 座桃仙主变（与 4、8 号线共享）。控制中心接入张士控制中心（与 1、2、9 号线共享）；配置供电、通信、信号、通风空调、给排水与消防、设备监控、防灾报警、屏蔽门、自动售检票、电梯及自动扶梯等运营系统设备。车辆选用交流异步电机、VVVF 调速控制 B 型车，最高运行速度 80 公里 / 小时，接触网直流 1500 伏授电，6 辆编组，动拖比为 1:1，初期配车 43 列 /258 辆。2 号线南延线工程于 2019 年 8 月开工，于 2023 年开通初期运营。（图 7-5-1）

【沈阳轨道交通 4 号线一期工程建成项目】

4 号线一期工程起点为望花街站，终点为创新路站。线路长度 34.0 公里，全部为地下线。设车站 23 座，在合作街站与 10 号线换乘，在沈阳北站与 2 号线换乘，在太原街站与 1 号线换乘，在长白南站与 9 号线换乘。在文官屯设车辆段 1 处，占地 26.6 公顷；在航天南路设停车场 1 处，占地 14.3 公顷。设置上园和沙岗子两座主变电所，上园主变电所为 4、10 号线共享，沙岗子主变电所为 4、6、9 号线共享。控制中心设在滂江街控制中心，与地铁 3、6、10 号线共用；配置供电、通信、信号、通风空调、给排水

2023 年沈阳市城市轨道交通在建项目汇总表 表 7-5-1

序号	线路名称	起讫点	线路长度（公里）	车站数（座）	开工时间（年月）	预计通车时间（年）	工程建设情况	重点工程节点
1	2 号线南延线	全运路-桃仙机场	13.7	7	2019.08	2023	建成	于 2023 年 9 月 29 日开通初期运营
2	4 号线一期	正新路-创新路	34.0	23	2015.11	2023	建成	于 2023 年 9 月 29 日开通初期运营
3	3 号线一期	宝马新工厂-新泰街	41.3	30	2019.12	2025	续建	完成 17 座车站和 13 个区间的主体结构施工
4	1 号线东延线	黎明广场-世博园东	16.2	10	2020.12	2025	续建	完成 10 座车站 3 区间主体结构施工
5	6 号线一期	鸭绿江北街-沙柳路	34.5	29	2020.12	2026	续建	累计完成 11 座车站主体结构施工
6	9 号线二期	建筑大学-石庙子	7.7	5	2023.09	2028	新开工	于 2023 年 9 月 29 日开工建设
7	10 号线（张沙布-丁香街）	张沙布-丁香街	24.5	16	2023.09	2029	新开工	于 2023 年 9 月 29 日开工建设
合计			171.9	120				

与消防、设备监控、防灾报警、屏蔽门、自动售检票、电梯及自动扶梯等运营系统设备。车辆采用 B 型车，25 列采用交流异步电机、VVVF 调速控制，10 列采用永磁电机控制，最高运行速度 80 公里／小时，接触网直流 1500 伏授电，6 辆编组，动拖比为 2:1，初期配车 35 列 /210 辆。4 号线一期工程于 2015 年 11 月开工，于 2023 年开通初期运营。（图 7-5-2）

【沈阳轨道交通 9 号线二期工程新开工项目】

9 号线二期工程起点为建筑大学站，终点为石庙子站。线路长度 7.7 公里，全部为地下线。设车站 5 座，在长安桥南街站与规划 5 号线换乘，在新立堡桥站与规划 13 号线换乘。在曹仲车辆段扩建停车库，占地 5.4 公顷。利用奥体中心主变（与 2 号线共用）。控制中心设在张士控制中心（与 1、2 号线共用）；配置供电、通信、信号、通风空调、给排水与消防、设备监控、防灾报警、屏蔽门、自动售检票、电梯及自动扶梯等运营系统设备。车辆选用带车载 ATC 信号系统的 VVVF 调速控制 B 型车，最高运行速度 80 公里／小时，接触网直流 1500 伏授电，6 辆编组，动拖比为 2:1，初期配车 10 列 /60 辆。9 号线二期工程于 2023 年 9 月 29 日开工，计划于 2028 年开通初期运营。（图 7-5-3）

【沈阳轨道交通 10 号线（张沙布-丁香街）工程新开工项目】

10 号线（张沙布-丁香街）工程起点为张沙布站，终点为丁香街站。线路长度 24.5 公里，全部为地下线。设车站 16 座，在桑林子站与规划 16 号线换乘，在班家寨站与规划 18 号线换乘，在创新一路站与 2 号线南延线换乘，在智慧大街站与规划 8 号线换乘，在沈阳南站与 4 号线换

图 7-5-1 沈阳轨道交通 2 号线南延线走向示意图

图 7-5-2　沈阳轨道交通 4 号线一期走向示意图

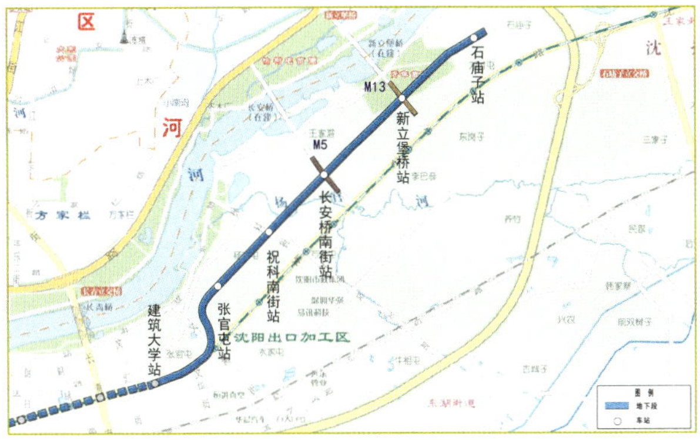

图 7-5-3　沈阳轨道交通 9 号线二期走向示意图

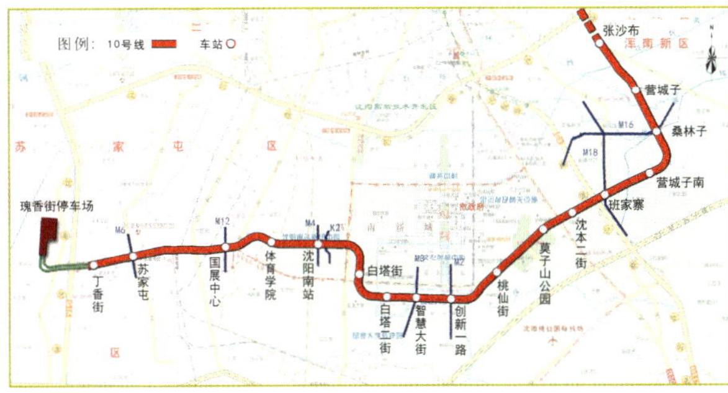

图 7-5-4　沈阳轨道交通 10 号线（张沙布-丁香街）走向示意图

乘，在国展中心站与规划 12 号线换乘，在苏家屯站与 6 号线换乘。在瑰香街设停车场 1 处，占地 12.94 公顷。控制中心设在滂江街控制中心，与 3、4、6 号线共用。利用营城子与苏家屯两座主变；配置供电、通信、信号、通风空调、给排水与消防、设备监控、防灾报警、屏蔽门、自动售检票、电梯及自动扶梯等运营系统设备。车辆选用交流异步电机、VVVF 调速控制 B 型车，最高运行速度 80 公里／小时，接触网直流 1500 伏授电，6 辆编组，动拖比为 2:1，初期配车 26 列／156 辆。10 号线（张沙布-丁香街）工程于 2023 年 9 月 29 日开工，计划于 2029 年开通初期运营。（图 7-5-4）

【项目管理】

沈阳地铁集团有限公司完成《沈阳市 2023 年地铁工程建设任务书》编制工作，确定任务内容涉及 20 余家责任单位，共计 200 余项，涵盖征地征收、永久占地、临时占地、临时供电、管线迁改、绿化迁移、行政审批、土建施工等多种类版块；通过召开工程计划调度会，了解计划节点执行情况，针对滞后节点及时分析原因，每月定期梳理统计报送沈阳市轨道交通领导小组办公室协调解决，重难点问题提报分管市长调度会解决。以"振兴新突破活动"为抓手，一线一图挂图作战。制定"攻坚作战图"和"攻坚先锋榜"，建设任务细化分解层层压实，难点问题攻坚克难抓落实。

（沈阳地铁集团有限公司）

6　辽宁省大连市

【建设概况】

大连市城市轨道交通工程建设由大连公共交通建设投资集团有限公司承担。

2023 年，大连轨道交通建设项目 2 个，共 47.5 公里，35 座车站。其中续建项目 1 个（4 号线一期），建成项目 1 个（5 号线）。完成车站开工 14 座（4 号线一期 14 座），车站封顶 4 座（4 号线一期 4 座）。完成投资 24.2 亿元。1 个项目共 24.5 公里（5 号线）主体结构贯通。（表 7–6–1）

至 2023 年底，大连轨道交通建成线路有 6 条（1 号线、2 号线、3 号线、5 号线、12 号线、13 号线），总线路长度 237.2 公里，车站总数 100 座。

【大连轨道交通 5 号线工程建成项目】

5 号线工程起点为虎滩新区站，终点为后关站。线路长度 24.5 公里，全部为地下线。设车站 18 座，在青泥洼桥站与 2 号线换乘，在大连站与 3 号线换乘，在后盐站与 3 号线和 13 号线换乘，在后关站与 1 号线换乘。在后关站设车辆段（定修段）1 处，占地 33.1 公顷。设劳动公园主变（与 7 号线共用），设梭鱼湾主变（与 4 号线共用）。控制中心设在梭鱼湾控制中心（为 4、5、7 号线共用）；配置供电、通信、信号、通风空调、给排水与消防、综合监控、设备监控、火灾报警、屏蔽门、自动售检票、电梯及自动扶梯等运营系统设备。车辆选用交流异步电机、VVVF 调速控制 B2 型车，最高运行速度 80 公里 / 小时，接触网直流 1500 伏授电，6 辆编组，动拖比为 2:1，初期配车 29 列 /174 辆。5 号线工程于 2017 年 5 月开工，于 2023 年开通初期运营。（图 7–6–1）

2023 年，此项目完成投资 17.5 亿元。

【项目管理】

（1）落实全过程精细化管控，梳理 2023 年度计划节点 145 个，关键节点 57 个，里程碑节点 10 个。制定措施消除滞后节点、协调解决困难，确保工程建设有序进行。

图 7–6–1　大连轨道交通 5 号线走向示意图

全年在安全生产、工程进度、消防等各专项督查 30 余次，重点对地铁 4 号线工程暗挖工点日常巡查，对土方开挖、初支喷锚等文明施工薄弱的工点进行重点督查，对现场存在的严重问题下发整改通知书，整改合格率 100%。

（2）高质量工程建设。地铁 5 号线工程、地铁 4 号线一期工程列入东北振兴系列政策文件，地铁 5 号线工程列入省“重强抓”项目。考核系统所设节点目标全部通过考核。5 号线工程建设多次获辽宁省住建厅颁发的建筑施工安全标准化示范项目，国家、省、市建设工程项目施工安

2023 年大连市城市轨道交通在建项目汇总表　　表 7–6–1

序号	线路名称	起讫点	线路长度（公里）	车站数（座）	开工时间（年月）	预计通车时间（年）	工程建设情况	重点工程节点
1	5 号线	虎滩新区–后关	24.5	18	2017.03	2023	建成	3 月 17 日顺利开通初期运营
2	4 号线一期	营城子–梭鱼湾	23.0	17	2021.02	2026	续建	至年底，共 5 座车站主体结构封顶，共 14 座车站和 8 个区间及 4、5 号线联络线完成工可手续
合计			47. 5	35				

全生产标准化工地等荣誉称号。

【新工艺工法】

松江路站是大连地铁4号线首座地下四层分幅盖挖逆作法车站，车站地处交通主干路，场地狭小，机械林立，施工难度大，技术要求高，对中立柱施工阶段工序的合理安排，统筹协调及整体推进进度提出较高要求。车站地层复杂，岩石强度大、斜岩、同平面岩石强度不均、溶洞多，钻孔垂直度很难保证，其中立柱桩径2米，成孔深度38—53米、2.2米护筒下放最深36米、钢管柱最长33米，是大连首例、北方地区极少见的大型中立柱。

5号线火车站站至梭鱼湾南站跨海大盾构区间，下穿海域水压高、距离长，穿越地层溶洞多、规模大、岩石强度高，周边环境复杂，海底存在马蜂窝状的岩溶强发育等复杂地质环境。大连公共交通建设投资集团有限公司联合中铁一局、中铁六院，建立以BIM基础模型、盾构族、盾构施工BIM管理平台、方案展示与VR浏览为主要功能的BIM应用系统。通过多源（钻孔+CT+超前钻数据）地质BIM建模，最大限度仿真地质状况，直观指导海底大盾构隧道施工。利用自主研发BIM平台，实现盾构机掘进位置与周边溶洞自动测距，集成盾构机、监测报表、智能仪器、巡检数据等综合可视化分析，利用BIM技术实现盾构机三维纠偏展示，降低盾构机掘进发生较大偏移的可能性，保障施工安全。

（大连公共交通建设投资集团有限公司　贾丰达）

7　吉林省长春市

【建设概况】

长春市城市轨道交通工程建设由长春市轨道交通集团承担。

2023年，长春市轨道交通建设项目8个，共128.1公里，86座车站。其中续建项目7个（1号线南延、2号线东延、3号线南延、5号线一期、6号线、7号线一期、空港线一期），建成项目1个（4号线南延）。完成车站开工78座（1号线南延6座、2号线东延6座、3号线南延2座、4号线南延5座、5号线一期17座、6号线22座、7号线一期19座、空港线一期1座），车站封顶65座（1号线南延1座、2号线东延6座、3号线南延1座、4号线南延5座、5号线一期10座、6号线22座、7号线一期19座、空港线一期1座），轨道铺设74.2公里。完成投资142.6亿元。5个项目共42.8公里（2号线东延、3号线南延、5号线一期、7号线一期、空港线一期）主体结构贯通。（表7-7-1）

至2023年底，长春市轨道交通建成线路有5条（1号线、2号线、3号线、4号线、8号线），总线路长度111.2公里，车站总数103座。

【长春轨道交通4号线南延工程建成项目】

4号线南延工程起点为福祉大路站，终点为天新路站。线路长度4.5公里，全部为高架线。设车站5座，在福祉大路站与6号线换乘。车辆选用C型车，最高运行速度70公里／小时，接触网直流750伏授电，6辆编组，动拖比为2:1，初期配车37列/74辆。4号线南延工程于2020年3月15日开工，于2023年开通初期运营。（图7-7-1）

图7-7-1　长春轨道交通4号线南延走向示意图

2023年，此项目完成投资14.4亿元，至2023年底，车站开工5座、结构封顶累计5座，轨道铺设累计9.0公里。

【项目管理】

2023年，轨道交通有在建工程8项、在建工点182个、主要土建施工单位52家、现场施工作业人员超万人，在工程的妥善组织管理，提高作业强度、保证安全质量的要求下，完成4号线南延开通试运营、东新路站投入使用、6号线开启空载试运行等重点工作任务，1号线南延、2号线东延、3号线南延、5号线一期、7号线、9号线一期工程进展顺利。完成投资142亿元，超额完成既定目标。

全年完成招标120项，招标金额约34亿元，审核并组织签订合同1259项，合同额约61亿元。完成征收任务42项，拆除住宅400户、拆除房屋建筑约3万平；办理施

2023 年长春市城市轨道交通在建项目汇总表 表 7-7-1

序号	线路名称	起讫点	线路长度（公里）	车站数（座）	开工时间（年月）	预计通车时间（年）	工程建设情况	重点工程节点
1	4 号线南延线	福祉路西–何家屯	4.5	5	2019.09	2023	建成	4 号线南延工程已开通试运营
2	1 号线南延	义和村北–永春南	7.0	6	2022.11	2026	续建	至年底，6 座车站已全部开工建设，正在进行土方开挖、主体结构及区间盾构施工，其中 1 座车站主体封顶
3	2 号线东延线	东方广场–赵家岗东	10.6	6	2019.09	2025	续建	至年底，6 座车站已全部主体封顶；全线 6 个区间全部开工，其中 5 个区间双线贯通
4	3 号线南延线	长影世纪城–毛家沟	2.7	2	2021.03	2026	续建	至 3 年底，2 座车站全部开工，2 个区间全部开工建设
5	5 号线一期	西南枢纽–东大桥	20.2	18	2020.08	2026	续建	至年底，18 座车站中（土建施工 16 座）全部开工建设，11 座车站主体封顶；9 个区间双线贯通
6	6 号线	双丰–长影世纪城	29.6	22	2019.08	2024	续建	至年底，施工结束，项目验收通过，进行空载试运行
7	7 号线一期	汽车公园–东环城路	23.2	19	2020.04	2025	续建	至年底，19 座车全部完成主体结构施工，20 个区间中 17 个区间双线贯通，1 个区间单线贯通
8	空港线一期	赵家岗东–九台南	30.3	8	2021.03	2026	续建	至年底，进场工点 25 个，2 个区间双向贯通，1 座车站主体结构封顶，1 个明挖区间封顶、2 个梁场建设完成
合计			128.1	86				

工许可手续 40 项，规划、土地手续 34 项、道路挖掘手续 44 项；实施交通导改 178 项；管线排迁 100 条；砍伐树木 2012 株，临时占用绿地 1.8 万平方米。

加强质量管控，推行标准化施工。加强施工全过程质量管控，以交流、培训、现场观摩等方式，提高管理人员质量意识。以“样板引路、试验先行、首件认可”的质量管理思路，引导标准化施工。

持续开展高频次安全质量检查 20 次、文明施工巡查 24 次，专项检查 10 次、专题活动 7 次，累计查改隐患（问题）8000 余个。强化风险分级管控，加强应急管理和常态化安全质量教育培训，提升工程安全质量管理水平。

【新工艺工法】

长春地铁预制装配式车站的新技术研究和应用始自 2012 年，达到国际领先水平。自 2020 年开始，在长春市第三期轨道交通工程建设中，启动研究“内支撑支护条件下的装配式车站新技术研究和应用”工作，确定实际应用车站，完成方案设计和施工图设计工作，2023 年完成首座试验车站土建结构装配施工，发挥出该项技术在技术、经济和社会效益应用优势。

（长春市轨道交通集团　徐逸堃）

8　黑龙江省哈尔滨市

【建设概况】

哈尔滨市城市轨道交通工程建设由哈尔滨地铁集团有限公司承担。

2023 年，哈尔滨轨道交通建设项目 1 个，共 13.0 公里，12 座车站，为续建项目（3 号线二期西北环）。完成车站封顶 1 座，轨道铺设 16.9 公里。完成投资 24.6 亿元。1 个项目共 13.0 公里主体结构贯通。（表 7-8-1）

至 2023 年底，哈尔滨市轨道交通建成线路有 3 条

2023 年哈尔滨市城市轨道交通在建项目汇总表　　表 7-8-1

序号	线路名称	起讫点	线路长度（公里）	车站数（座）	开工时间（年月）	预计通车时间（年）	工程建设情况	重点工程节点
1	3 号线二期西北环	靖宇公园-丁香公园	13.0	12	2017.05	2024	续建	至年底，12 座车站全部封顶。盾构全年累计推进 5 公里（单线），实现“洞通”“轨通”。道外段 4 座车站投入试运营
合计			13.0	12				

（地铁 1 号线、2 号线、3 号线东南环及西北环道外段），总线路长度 83.8 公里，车站总数 66 座。

【项目管理】

突破常规，将友谊路上 3 个出入口横通道部分由明挖法调整为冷冻法，减少管线迁改数量，保证倒边工作一次完成。车站完成后需要交通翻边进行附属结构施工，因友谊路上的几座车站基坑断面宽度约 20 米，完全恢复道路仅能保证 6 车道，无法实现车站两侧附属结构同时施工，并且车站周边的地下管线多位于车站与附属结构连接处，如出入口、风亭采用常规的明挖法施工，对友谊路交通影响较大，且需迁移大量的地下管线。为此反复研究，将兆麟公园站 4 号出入口、友谊宫站 2 号出入口和上海街站 4 号出入口的通道调整为冷冻暗挖工法，既保证路面交通，又减少地下管线迁移工作。

优化调整友谊路上 4 座车站出入口风亭设计方案，减少工程建筑面积，减少管线迁改和施工占道，节省工程费用。为加快推进工程建设，确保西北环 2024 年底实现通车，解决制约工程推进的问题，组织设计、施工、监理单位反复研究，通过不断优化风道断面尺寸和出入口位置，采取将风道由平行设置改为上下设置、调整设备摆放位置、出入口与风亭结合建设等措施，对友谊路上 3 座车站的 2 个出入口、4 个风亭方案进行优化调整，减少工程建筑面积 316 平方米，减少管线迁改 16 条，减少施工占道 656 平方米，避免占用兆麟公园园区、哈尔滨警备区、龙江银行用地等问题，节省工程费用约 1353 万元。

【新工艺工法】

创新叠落区间 C 型联络通道施工工法，降低施工风险，减少管线迁改，避免施工占道影响。河山街站至河松街站、河松街站至公路大桥站两个区间为叠落区间，联络通道采用“C”型布置，紧急疏散井的开挖尺寸为 8.9*5 米，基坑深度约 30.9 米，原设计方案采用冷冻加明挖结合法施工。该区域位于河漫滩地区，地下水位高，地层渗透系数大，若采用明挖施工工法，开挖过程中容易产生沉降、围护结构侧移、基底涌水涌砂等重大风险；周边环境复杂，施工期间需占用市政道路约 3000 平方米，封闭两条道路交通，并且需要迁移树木、箱式变压器、地下管线，影响周边 20 家商铺的经营及 11 间车库的使用。综合上述情况，创新式将叠落区间的两处 C 型联络通道由原冷冻加明挖结合法调整为分三部实施的全冷冻法，调整后回避小面积深基坑开挖的风险，减少明挖施工占道和管线迁改等社会影响。该方案调整获国内同行及相关专家的肯定。

（哈尔滨地铁集团有限公司）

9　上海市

【建设概况】

上海市城市轨道交通工程建设由上海申通地铁集团有限公司下辖上海申通地铁建设集团有限公司承担。

2023 年，上海轨道交通建设项目 13 个，共 224.4 公里，120 座车站。其中续建项目 9 个（崇明线、2 号线西延伸、12 号线西延伸、13 号线西延伸、17 号线西延伸、18 号线二期、20 号线一期西段、21 号线一期、23 号线一期），新开工项目 4 个（13 号线东延伸、15 号线南延伸、19 号线、21 号线一期东延伸）。完成车站开工 69 座（崇明线 6 座、2 号线西延伸 1 座、12 号线西延伸 3 座、13 号线西延伸 4 座、13 号线东延伸 1 座、15 号线南延伸 1 座、17 号线西延伸 1 座、18 号线二期 6 座、19 号线 3 座、20 号线一期西段 3 座、21 号线 18 座、21 号线一期东延伸 2 座、23 号线一期 20 座），车站封顶 12 座（崇明线 1 座、13 号线西延伸 1 座、17 号线西延伸 1 座、18 号线二期 2 座、19 号线 2 座、21 号线一期 4 座、23 号线一期 1 座），轨道铺设 7.0 公里。完成投资 212.1 亿元。1 个项目共 6.6 公里（17 号线西延伸）主体结构贯通。（表 7-9-1）

至 2023 年底，上海轨道交通建成线路有 20 条（含磁浮），总线路长度 830.8 公里，车站总数 508 座。

【上海轨道交通 13 号线东延伸工程新开工项目】

13 号线东延伸工程起点为张江路站（不含），终点为丹桂路站。线路长度 4.5 公里，全部为地下线。设车站 2 座。与 13 号线共用长清路主变。控制中心接入隆德路控制中心；配置供电、通信、信号、通风空调、给排水与消防、低压配电及动力照明、FAS/EMCS/ACS、综合监控系统、自动售检票系统等运营系统设备。车辆选用 A 型车，最高运行速度 80 公里／小时，接触网直流 1500 伏授电，6 辆编组，动拖比为 2:1，初期配车 6 列 /36 辆。13 号线东延伸工程于 2023 年 5 月 28 日开工，计划于 2027 年开通初期运营。（图 7-9-1）

2023 年，此项目完成投资 2.0 亿元，至 2023 年底，车站开工 1 座。

【上海轨道交通 15 号线南延伸工程新开工项目】

15 号线南延伸工程起点为望园路站，终点为紫竹高新区站（不含）。线路长度 10.3 公里，全部为地下线。设车站

2023 年上海城市轨道交通在建项目汇总表

表 7-9-1

序号	线路名称	起讫点	线路长度（公里）	车站数（座）	开工时间（年月）	预计通车时间（年）	工程建设情况	重点工程节点
1	崇明线	金吉路–裕安	42.3	8	2020.12	2027	续建	至年底，1 座车站主体结构封顶，5 座车站处于土建施工阶段，长兴岛南港、北港大盾构正常推进
2	2 号线西延伸	徐泾东（不含）–蟠祥路	1.7	1	2021.06	2025	续建	至年底，蟠祥路站至徐泾东站盾构区间已贯通
3	13 号线西延伸	诸光路–金运路（不含）	9.7	5	2021.06	2026	续建	至年底，1 座车站主体结构封顶，2 座车站处于土建施工阶段，2 座车站处于管线施工阶段，纪翟路站红卫河风井盾构区间贯通
4	17 号线西延伸	西岑–东方绿舟（不含）	6.6	1	2021.06	2024	续建	至年底，1 座车站主体结构封顶，西岑站至东方绿舟站高架区间 U 梁架设完成
5	18 号线二期	长江南路（不含）–大康路	8.0	6	2021.06	2025	续建	至年底，2 座车站主体结构封顶，4 座车站处于土建施工阶段，江杨南路站至长江西路站盾构区间贯通
6	21 号线一期	六陈路–东靖路	28.0	18	2021.12	2027	续建	至年底，3 座车站主体结构封顶，13 座车站处于土建施工阶段，军民路站–康南路站盾构区间贯通
7	23 号线一期	闵行开发区–上海体育场	28.6	22	2021.12	2028	续建	至年底，1 座车站主体结构封顶，12 座车站处于土建施工阶段，8 座车站处于管线施工阶段
8	12 号线西延伸	洞泾–七莘路（不含）	17.3	6	2022.12	2027	续建	至年底，3 座车站处于土建施工阶段，1 座车站处于管线施工阶段
9	20 号线一期西段	金昌路–上海马戏城	7.1	7	2022.12	2030	续建	至年底，2 座车站处于土建施工阶段
10	13 号线东延伸	张江路（不含）–丹桂路	4.5	2	2023.05	2027	新开工	至年底，1 座车站处于土建施工阶段，1 座车站处于管线施工阶段
11	15 号线南延伸	望园路–紫竹高新区（不含）	10.3	5	2023.12	2028	新开工	至年底，首座车站开工
12	19 号线	虹建路–宝山站	46.2	34	2023.12	2031	新开工	至年底，先期立项实施的 2 座车站已封顶
13	21 号线一期东延伸	六陈路（不含）–T3 航站楼	14.1	5	2023.12	2027	新开工	至年底，首座车站开工
合计			224.4	120				

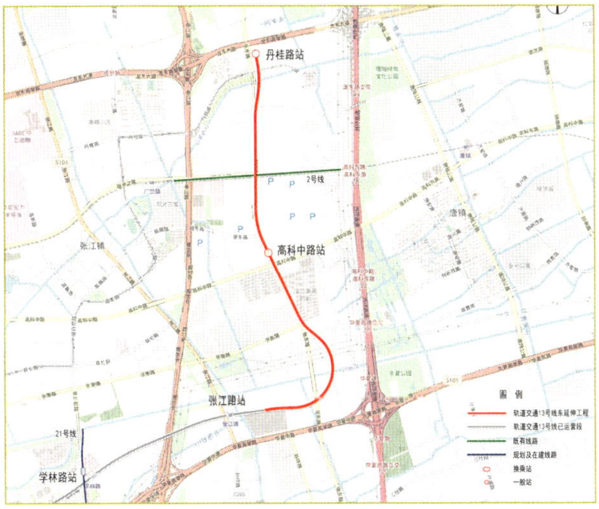

图 7-9-1　上海轨道交通 13 号线东延伸走向示意图

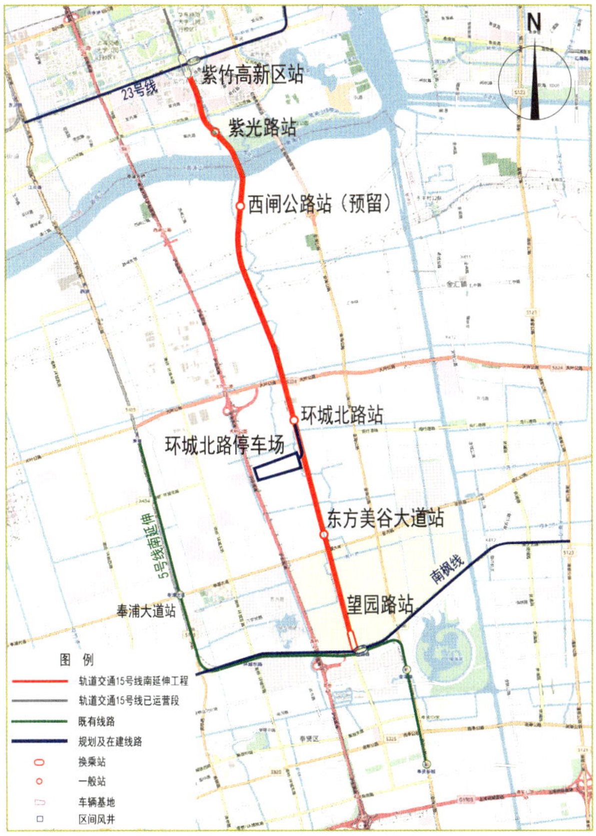

图 7-9-2　上海轨道交通 15 号线南延伸走向示意图

5 座，在望园路站与 5 号线换乘。在奉贤区设环城北路停车场 1 处，占地 13.7 公顷。设环城北路停车场主变。控制中心接入蒲汇塘调度指挥大楼（C3 大楼）；配置供电、通信、信号、通风空调、给排水与消防、低压配电及动力照明、FAS/EMCS/ACS、综合监控系统、自动售检票系统等运营系统设备。车辆选用 A 型车，最高运行速度 80 公里／小时，接触网直流 1500 伏授电，6 辆编组，动拖比为 2:1，初期配车 30 列 /180 辆。15 号线南延伸工程于 2023 年 12 月 20 日开工，计划于 2028 年开通初期运营。（图 7-9-2）

2023 年，此项目完成投资 0.1 亿元，至 2023 年底，车站开工 1 座。

【上海轨道交通 19 号线工程新开工项目】

19 号线工程起点为虹建路站，终点为宝山站。线路长度 46.2 公里。设车站 34 座，在华泾西站与 15 号线、在建机场联络线换乘，在华泾路站与在建 23 号线换乘，在三林南站与在建机场联络线换乘，在凌兆新村站与 8 号线换乘，在东方体育中心站与 6、8、11 号线换乘，在后滩站与 7 号线换乘，在世博大道站与 13 号线换乘，在塘桥站与 4 号线换乘，在商城路站与 9 号线换乘，在浦东南路站与 2、14 号线换乘，在提篮桥站与 12 号线换乘，在海伦路站与 4、10 号线换乘，在江杨南路站与在建 18 号线二期换乘。在闵行区设澄江路车辆段 1 处，占地 24.1 公顷；在宝山区设铁山路停车场 1 处，占地 27.6 公顷。设上海外国语大学、凌兆新村、江杨南路主变（与 18 线共用江杨南路主变）。控制中心接入蒲汇塘调度指挥大楼（C3 大楼）；配置供电、通信、信号、通风空调、给排水与消防、低压配电及动力照明、FAS/EMCS/ACS、综合监控系统、自动售检票系统等运营系统设备。车辆选用 A 型车，最高运行速度 80 公里／小时，接触网直流 1500 伏授电，6 辆编组，动拖比为 2:1，初期配车 91 列 /546 辆。19 号线工程于 2023 年 12 月 25 日开工，计划于 2031 年开通初期运营。（图 7-9-3）

图 7-9-3　上海轨道交通 19 号线走向示意图

2023 年，此项目完成投资 0.1 亿元，至 2023 年底，车站开工 3 座、结构封顶累计 2 座。

【上海轨道交通 21 号线一期东延伸工程新开工项目】

21 号线一期东延伸工程起点为六陈路站（不含），终点为 T3 航站楼站。线路长度 14.1 公里，全部为地下线。设车站 5 座。设闻居路主变。控制中心接入上海轨道交通路网运营调度指挥中心；配置供电、通信、信号、通风空调、给排水与消防、低压配电及动力照明、FAS/EMCS/ACS、综合监控系统、自动售检票系统等运营系统设备。车辆选用 A 型车，最高运行速度 100 公里 / 小时，接触网直流 1500 伏授电，6 辆编组，动拖比为 2:1，初期配车 6 列 /36 辆。21 号线一期东延伸工程于 2023 年 12 月 26 日开工，计划于 2027 年开通初期运营（不含 T3 航站楼站）。（图 7-9-4）

2023 年，此项目完成投资 1.5 亿元，至 2023 年底，车站开工 2 座。

【项目管理】

（1）多维度强化计划管理，导向科学高效工筹。以高质量的建设计划为目标，细致梳理关键节点和关键路径。通过“经验 + 现场”，制定土建车站区间工程计划，与已建成工程实际工期进行对比，形成土建施工各道工序计划工期指标；通过“跟踪 + 调整”，对工程筹划动态控制、及时纠偏，确保年月周节点落实到位。

（2）严把重大风险管控。完成在建项目风险等级评定，督促总包单位和监理单位根据《风险清单》落实《措施清单》《责任清单》，建立“两查 / 察一令”的双重预防机制，对一级重大风险项目实施“开工令”制度，确保各环节施工安全受控。

（3）完善建设安全和文明施工管理。积极开展“安全大检查、大整治”活动，重点关注一级重大风险项目，瞄准 7 个重点检查方面每月突出重点开展检查，并做好即知即改工作。落实《上海轨道交通文明施工管理办法》，制定覆罩法施工管理办法和设计技术要求等文件，督促指导各参建单位按标准落实文明施工各项措施。

（4）体系化加强建设质量管理。形成聚焦现场的“首件制、巡查制、例会制、退出制”的“四制法”质量闭环管理体系。通过制定“首件制”清单和管理办法，重点把控地墙施工、车站防排水、盾构推进、管片生产等施工质量；通过“巡查制”“例会制”，开展专项质量安全隐患常态化排查，营造参建各方在质量达标方面“比学赶帮超”的积极氛围；探索“退出制”延伸质量管理外沿，把质量目标贯彻到专业分包、作业班组，形成优胜劣汰的机制。

【新工艺工法】

13 号线西延伸纪翟路站红卫河中间风井盾构区间采用新型预埋承插式管片。预埋承插式管片连接方式不同于常规管片的弯螺栓和直螺栓连接。其环向采用插销式连接，纵向采用插入式连接；拼装精度要求高，且纵向连接为单向连接。预埋螺栓连接管片环缝采用装配式定位棒榫替凹凸榫，起到增加纵向刚度、提高拼装进度的效果。预埋承插式管片在拼接面设置两道封闭成环的遇水膨胀止水条。止水条结构形式为等腰梯形，预留膨胀空间，避免因膨胀空间不足从而导致管片密封槽破损或者管片环纵缝扩张。采用预埋承插式管片的盾构隧道，其环向刚度、成环后的真圆度以及隧道结构抗变形能力均较传统接头形式的管片隧道有较大程度的提高。

（上海申通地铁集团有限公司　朱传飞）

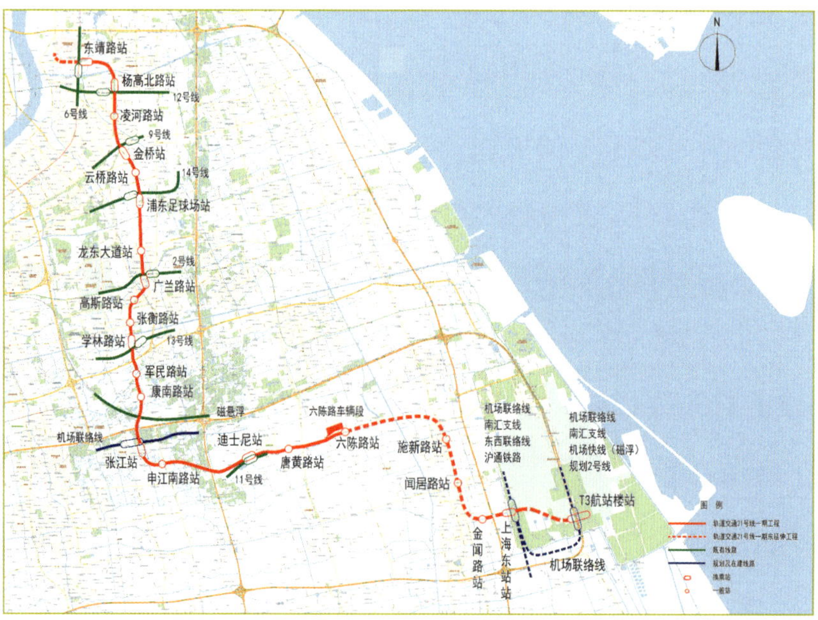

图 7-9-4　上海轨道交通 21 号线一期东延伸走向示意图

10　江苏省南京市

【建设概况】

南京市城市轨道交通工程建设由南京地铁集团有限公司下属南京地铁建设有限责任公司承担。

2023 年，南京轨道交通建设项目 12 个，共 222.1 公里，139 座车站。其中续建项目 11 个（3 号线三期、4 号线二期、5 号线、6 号线、7 号线〔中段〕、9 号线一期、10 号线二期、11 号线一期、南京至马鞍山市域〔郊〕铁路〔南京段〕、南京至滁河市域〔郊〕铁路、南京至仪征线〔含扬州延伸线〕〔南京段〕)，建成项目 1 个（7 号线〔南段〕)。完成车站开工 129 座（3 号线三期 2 座、4 号线二期 6 座、5 号线 30 座、6 号线 19 座、7 号线 17 座、9 号线一期 15 座、10 号线二期 10 座、11 号线一期 19 座、南京至马鞍山市域〔郊〕铁路〔南京段〕8 座，南京至仪征线〔含扬州延伸线〕〔南京段〕3 座），车站封顶 100 座（3 号线三期 1 座、4 号线二期 3 座、5 号线 29 座、6 号线 15 座、7 号线剩余段 17 座、9 号线一期 11 座、10 号线二期 7 座、11 号线一期 11 座、南京至马鞍山市域〔郊〕铁路〔南京段〕6 座），轨道铺设 162.3 公里。完成投资 167.9 亿元。1 个项目共 10.7 公里（7 号线〔南段〕）主体结构贯通。（表 7-10-1）

至 2023 年底，南京轨道交通建成线路有 12 条，总线路长度 459.7 公里，车站总数 217 座。

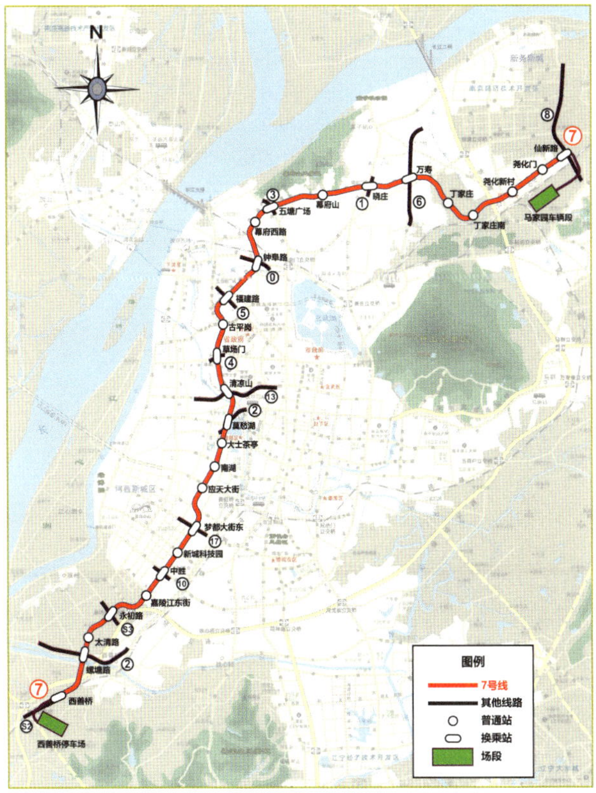

图 7-10-1　南京轨道交通 7 号线走向示意图

【南京轨道交通 7 号线（南段）工程建成项目】

7 号线为江苏省首条采用全自动驾驶的线路，工程起点为应天大街站，终点为西善桥站。线路长度 10.7 公里，全部为地下线。设车站 9 座，在螺塘街站与 2 号线换乘，在永初路站与宁和城际线换乘，在中胜站与 10 号线换乘。设西善桥停车场 1 处，占地 11.4 公顷。与 2 号线共用所街主变，与 3 号线共用滨江路主变。控制中心在马家园车辆段与城东灵山以南各设 1 座，车辆段控制中心作为主控制中心，灵山控制中心作为副控制中心与 4 号线等线共用；配置供电、通信、信号、通风空调、给排水与消防、设备监控、防灾报警、屏蔽门、自动售检票、电梯及自动扶梯等运营系统设备。车辆选用交流异步电机、VVVF 调速控制 B 型车，最高运行速度 80 公里 / 小时，接触网直流 1500 伏授电，6 辆编组，动拖比为 2:1，初期配车 53 列 /318 辆。7 号线（南段）工程于 2017 年 9 月开工，于 2023 年开通初期运营。（图 7-10-1）

至 2023 年底，车站开工 9 座、结构封顶累计 9 座，盾构推进累计 17.6 公里，轨道铺设累计 30.0 公里。

【项目管理】

建立应急中心快速响应机制，通过 24 小时值班制度，确保信息及时传递，同时将 4 辆应急抢险车以应急抢修的形式上报取得应急救援车辆施工权限，实现信息互通、车辆物资实时定位、统一指挥调配，直接高效提升应急抢险的效率。提高信息传递效率。使用自主研发“信息化管控平台”对应急抢险进行数字赋能模块化管理，从“险情发生上报”到“人员设备调度”到“险情过程处置”再到“应急抢险结束”。均可在系统中回溯。方便事后相关学习分析。针对不同灾害类型制定个性化预案，明确各部门的职责和协同方式，通过桌面推演和实战演练检验预案的有效性，并根据反馈进行持续改进。定期组织技能比武和实战演练，通过模拟真实场景的训练，提高队员应对复杂情况的能力和心理素质。

【新工艺工法】

6 号线明故宫站在富水卵砾石层下采用三联拱后置中洞法下穿既有 2 号线车站，实现 2、6 号线的高效换乘。

6 号线通过对传统 CBTC 信号系统进行 ATO+ 升级改造，提升系统自动化水平，降低司机劳动强度，提升系统应急能力和运营水平。列车在 ATO+ 模式下按照时刻表计划自动调整、自动开关车门和站台门、自动发车，提高

2023年南京市城市轨道交通在建项目汇总表

表7-10-1

序号	线路名称	起讫点	线路长度（公里）	车站数（座）	开工时间（年月）	预计通车时间（年）	工程建设情况	重点工程节点
1	7号线（南段）	应天大街-西善桥	10.7	9	2017.09		建成	至年底，该项目开通初期运营
2	3号线三期	秣周东路-秣陵	3.3	2	2021.03		续建	处于土建施工阶段，1座车站封顶，4条盾构隧道始发，累计推进5.0公里
3	4号线二期	龙江-珍珠泉东	10.0	6	2020.12		续建	处于土建施工阶段，3座车站封顶，6条盾构隧道始发，累计推进4.6公里
4	5号线	方家营-吉印大道	37.4	30	2016.09		续建	处于土建、轨道、设备安装同步施工阶段，29座车站主体结构封顶，60条盾构隧道始发，累计推进55.6公里
5	6号线	南京南站-栖霞山	32.4	19	2019.12		续建	处于土建、轨道、设备安装同步施工阶段，15座车站主体结构封顶，40条盾构隧道始发，累计推进49.1公里
6	7号线（中段）	幕府西路（不含）-应天大街（不含）	11.0	9	2017.09		续建	处于土建、轨道、设备安装同步施工阶段，9座车站主体结构封顶，18条盾构隧道始发，累计推进17.8公里
7	9号线一期	红山新城-江苏大剧院·宪法公园	19.7	16	2019.12		续建	处于土建施工阶段，11座车站主体结构封顶，18条盾构隧道始发，累计推进16.0公里
8	10号线二期	安德门-东麒路	13.3	10	2019.12		续建	处于土建、设备安装同步施工阶段，7座车站主体结构封顶，15条盾构隧道始发，累计推进15.2公里
9	11号线一期	马骡圩-浦洲路	26.7	20	2021.09		续建	处于土建施工阶段，11座车站主体结构封顶，15条盾构隧道始发，累计推进11.3公里
10	南京至马鞍山市域（郊）铁路（南京段）	西善桥-江苏省与安徽省省界	26.5	8	2021.12		续建	处于土建施工阶段，6座车站主体结构封顶，7条盾构隧道始发，累计推进4.4公里
11	南京至滁河市域（郊）铁路一期	滁河-南京北站	5.7	2	2021.12		续建	处于土建施工准备阶段
12	南京至仪征线（含扬州延伸线）市域（郊）铁路一期	仙林湖-靖安	25.4	8	2021.12		续建	处于土建施工准备阶段，部分区段处于土建施工阶段，3座车站开工
合计			222.1	139				

列车准点率、缩短停站时间、提高旅行速度，在相同行车间隔的条件下减少在线列车配车数量。

6号线全线运用预制轨道板轨无砟轨道，提升道床质量及线路平顺性。

6号线在车辆段检查坑全面采用预制装配式立柱，提升施工效率和施工质量，改善施工环境，克服以往轨道检查坑立柱施工中的通病，实现绿色低碳环保。

（南京地铁集团有限公司）

11 江苏省无锡市

【建设概况】

无锡市城市轨道交通工程建设由无锡地铁集团有限公司承担。

2023 年，无锡轨道交通建设项目 5 个，共 149.7 公里，64 座车站。其中续建项目 3 个（4 号线二期、5 号线一期、无锡至江阴城际 S1 线），新开工项目 2 个（6 号线、无锡至宜兴城际 S2 线）。完成车站开工 25 座（4 号线二期 3 座、5 号线一期 21 座、6 号线 1 座），车站封顶 1 座（4 号线二期 1 座），轨道铺设 58.8 公里。完成投资 79.6 亿元。(表 7-11-1)

至 2023 年底，无锡城市轨道交通建成线路有 5 条（1 号线、1 号线南延线、2 号线、3 号线一期、4 号线一期），总线路长度 112.5 公里，车站总数 80 座。

【无锡轨道交通 6 号线工程新开工项目】

6 号线工程起点为贡湖湿地公园站，终点为广桐路站。线路长度 24.3 公里，全部为地下线。设车站 18 座，在太湖新城站与规划 S1、S2、S5 号线换乘，在文化宫站与既有 1 号线换乘，在五湖大道站与既有 4 号线换乘，在滨湖区政府站与规划 7 号线换乘，在湖滨路站与在建 5 号线换乘，在三阳广场站与既有 1、2 号线换乘，在塘南路站与规划 S1 线换乘，在东风站与既有 3 号线换乘。在奥体中心站、贡湖湾湿地公园北侧设车辆段 1 处，占地 26.9 公顷。设三阳广场和市民中心主变（与 1 号线共用三阳广场主变、与 4 号线共用市民中心主变）。控制中心接入文化宫线网运营指挥中心；配置线网运营调度系统、线网应急指挥系统等运营系统设备。车辆选用 B 型车，最高运行速度 80 公里 / 小时，第三轨直流 1500 伏授电，初期 4 辆编组、近期 4/6 辆编组混跑、远期 6 辆编组，动拖比为 4 辆编组为 3:1，6 辆编组为 2:1，初期配车 30 列 /120 辆。6 号线工程于 2023 年 12 月 30 日开工，计划于 2029 年开通初期运营。(图 7-11-1)

图 7-11-1 无锡轨道交通 6 号线走向示意图

2023 年，此项目完成投资 0.6 亿元，至 2023 年底，车站开工 1 座，盾构推进累计 0.1 公里。

【无锡轨道交通无锡至宜兴城际（S2 线）工程新开工项目】

无锡至宜兴城际 S2 线工程起点为宜兴站，终点为太湖新城站。线路长度 61.3 公里，其中地下线 48.1 公里，地面线 0.9 公里，高架线 12.3 公里。设车站 9 座，在葛埭桥站与 1 号线换乘，在太湖新城站与苏锡常快线、规划 6 号线换乘。在大学城站设车辆段 1 处，占地 33.7 公顷。设经开区站和太湖新城站主变。控制中心接入无锡既有第一控制中心；配置线网运营调度系统、线网应急指挥系统等运营系统设备。车辆选用市域 C 型车，最高运行速度 160

2023 年无锡市城市轨道交通在建项目汇总表

表 7-11-1

序号	线路名称	起讫点	线路长度（公里）	车站数（座）	开工时间（年月）	预计通车时间（年）	工程建设情况	重点工程节点
1	4 号线二期	博览中心（不含）-锡士路	8.3	6	2022.07	2026	续建	11 月，首台盾构始发
2	5 号线一期	渔父岛-新韵路	25.4	22	2022.12	2028	续建	12 月，首台盾构始发
3	无锡至江阴城际（S1 线）	江阴外滩-堰桥（不含）	30.4	9	2019.10	2024	续建	10 月，开始试运行
4	6 号线	贡湖湿地公园-广桐路	24.3	18	2023.12	2029	新开工	12 月，实现开工
5	无锡至宜兴城际（S2 线）	宜兴-太湖新城	61.3	9	2023.01	2029	新开工	1 月，实现开工
合计			149.7	64				

公里／小时，接触网交流 25 千伏授电，4 辆编组，动拖比为 1:1，初期配车 14 列 /56 辆。S2 线工程于 2023 年 1 月 6 日开工，计划于 2029 年开通初期运营。(图 7-11-2)

2023 年，该项目完成投资 2.0 亿元。

【项目管理】

优化设计方案及施工工序、合理压缩工期，减小施工对周边市民出行的影响；适应大气污染防治工作要求，推动“全电工地”建设。

加强自控型班组建设，确保标准化清单、标准化活动、标准化标识等管理要求在市政工程全面落实应用，实行班组内部自主管理机制，强化考核、选育一批、淘汰一批，实现“班组管理受控、现场作业受控、安全质量受控”的三控目标。

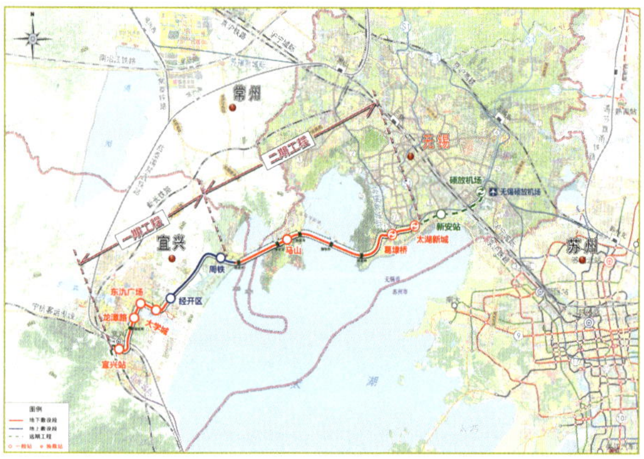

图 7-11-2　无锡轨道交通无锡至宜兴城际（S2 线）走向示意图

无锡城轨交通多元融合可持续发展示范项目于 6 月 16 日正式启动。该项目按照“四网融合”理念，聚焦“引流、增收、降本”三大方向和九大核心指标，推动 31 项研究报告和规范体系落实、21 项示范项目验证。

【新工艺工法】

4 号线盾构管片采用预留孔 + 自攻锚栓预留预埋方案，实现技术迭代，提高工程设计的适配性，并为大断面盾构预留预埋方案提供技术支持。

5 号线采用全自动运行系统（UTO），并采用不同编组列车混跑，实现运能运量的精准匹配，节能降碳。采用云平台技术，构建无锡地铁智慧城轨建设的“数据底座”，解决传统系统数据孤立，资源分散的问题。研发并应用装配式车站 2.0 版方案，提高施工质量及工效，实现装配式轨道“设计、制造、施工”一体化。

无锡至江阴城际 S1 线应用多达数十项新技术和自创型新技术。南门站为装配叠合整体式地下车站，预制装配率达 90.2%，应用绿色及数字建造技术，研制预制构件安装的智能拼装台车、多功能龙门吊及 360° 旋转式吊具、翻板机等安装机械，利用 BIM 技术进行虚拟仿真建造，基于 BIM 建管平台进行全过程管控，保证工程质量，提高施工工效。应用永磁同步牵引系统、能量运控、双向变流等 18 项智慧城轨新技术，打造绿色化、网络化、智能化智慧城轨示范。《装配叠合整体式地下车站施工工法》《软岩转硬岩地层盾构机带压快速换刀施工工法》等工法获得省级工法认定。

（无锡地铁集团有限公司）

12　江苏省徐州市

【建设概况】

徐州市城市轨道交通工程建设由徐州地铁集团有限公司承担。

2023 年，徐州轨道交通建设项目 3 个，共 55.6 公里，41 座车站。全部为续建项目，分别为 3 号线二期、4 号线一期、6 号线一期。完成车站开工 16 座（4 号线一期 16 座），车站封顶 9 座（3 号线二期 1 座、4 号线一期 1 座、6 号线一期 7 座），轨道铺设 50.8 公里。完成投资 62.6 亿元。3 个项目共 19.2 公里（3 号线二期 6.5 公里、4 号线一期 1.4 公里、6 号线一期 11.3 公里）主体结构贯通。(表 7-12-1)

至 2023 年底，徐州轨道交通建成线路有 3 条（1 号线一期、2 号线一期、3 号线一期），总线路长度 64.1 公里，车站总数 54 座。

【项目管理】

深化前期研究。优化二期建设设计，压缩土建规模，共享和简约设备系统配置。发布《徐州市城市轨道交通岩土工程勘察标准化技术指南》。稳步推进二期线路用地规划许可及勘察设计、后续重点线路项目预可方案研究、省际低运量轨道交通研究、三期建设规模匡算等工作，推动智慧城轨规划项目落地落实。

重视安全质量。组织防汛、高支模、消防起重吊装等 10 余次专项检查，开展“安全生产月”“质量月”活动、知识竞赛、安全质量技术培训、应急救援演练等，通过 100 个Ⅱ级风险源、339 个Ⅲ级风险源、21 个Ⅳ风险源的

2023 年徐州市城市轨道交通在建项目汇总表

表 7-12-1

序号	线路名称	起讫点	线路长度（公里）	车站数（座）	开工时间（年月）	预计通车时间（年）	工程建设情况	重点工程节点
1	3 号线二期	（北段）后蟠桃村-下淀（不含）	6.5	6	2020.11	2024	续建	7 月完成首列电客车接车；8 月“洞通”；10 月“轨通”；12 月“电通”
2	6 号线一期	黄山-徐州东	22.9	16	2020.12	2025	续建	10 月电动客车首列车总装开工；12 月“洞通”，7 座车站主体结构封顶
3	4 号线一期	桥上村-驮蓝山	26.2	19	2022.07	2027	续建	1 座车站主体结构封顶，5 台盾构下井，累计推进 1.4 公里
合计			55.6	41				

检测管控，3 个标段获得省三星标准化工地称号，15 个标段获得省一星及以上标准化工地称号。

造价控制。完成项目招采、合同签署与管理工作，建立合格分供方名录库，完善制度建设、标准示范文本、标准清单库，完成轨道交通工程补充定额测定研究及评审发布，解决施工结算争议。

【新工艺工法】

3 号线二期麦楼站和驮蓝山路站采用预制装配式条板代替加气混凝土砌块用于地铁车站隔墙，提升地铁工程的建筑工业化水平，实现绿色施工和节能环保。在地铁车站隔墙施工中，预计可缩短施工周期 50%，降低造价 20%，节省施工人力资源 50%。该技术后期将在 4 号线，5 号线等各车站推广应用。

4 号线一期桥上村站、第一人民医院站等 7 座车站岩石基坑围护结构采用长桩与短桩的组合设计方案，长桩为部分常规的插入坑底以下一定深度的钻孔灌注桩，短桩为桩底位于基坑底以上仅进入岩层一定深度的钻孔灌注桩。通过研究不同桩长、不同短桩数情况下的长短桩围护结构受力变形性能，灵活选用不同配比长短桩组合围护结构，对车站围护桩进行优化设计，达到更好功效性与经济性，大幅降低工程造价，提高材料利用率和围护结构施工效率，节省工期。

6 号线一期塘坊村站至惠民家园站右线盾构区间采用短套筒始发技术，该技术可在狭小空间内不需要端头加固，采用主动加压理念，利用机械设备及新型密封装置，实现从盾构破洞门至洞门环梁施工全过程的主动加压密封，确保盾构始发、接收全过程的工程安全，降低盾构始发接收过程中的风险，地层适应性较强，提高工程安全可靠性，可节约工程费用 20% 以上、节约工期 50% 左右。

3 号线二期后蟠桃村站和 6 号线一期大湖北站应用岩石基坑“框架桩 + 微型复合桩”新型支护技术，该支护形式只需要极少部分钻孔灌注桩，大部分采用的是微型钢管桩，微型钢管桩环境适应性强、设置灵活、强度高、经济实用，提升施工效率，节约工程费用。

（徐州地铁集团有限公司　吕宪状）

13　江苏省苏州市

【建设概况】

苏州市城市轨道交通工程建设由苏州市轨道交通集团有限公司承担。

2023 年，苏州轨道交通建设项目 8 个，共 251.4 公里，145 座车站。其中续建项目 6 个（6 号线、7 号线、8 号线、2 号线北延伸线、4 号线北延伸线、7 号线北延伸线），新开工项目 1 个（10 号线〔苏虞张段〕，建成项目 1 个（11 号线）。完成车站开工 10 座（2 号线北延伸线 3 座、4 号线北延伸线 3 座、7 号线北延伸线 4 座），车站封顶 36 座（6 号线 3 座、7 号线 3 座、8 号线 2 座、11 号线 28 座），轨道铺设 108.4 公里。完成投资 231.9 亿元。3 个项目共 76.4 公里（6 号线、7 号线、8 号线）主体结构贯通。（表 7-13-1）

至 2023 年底，苏州轨道交通建成线路有 6 条（1、2、3、4、5、11 号线），总线路长度 251.3 公里，车站总数 197 座。

2023 年苏州市城市轨道交通在建项目汇总表

表 7-13-1

序号	线路名称	起讫点	线路长度（公里）	车站数（座）	开工时间（年月）	预计通车时间（年）	工程建设情况	重点工程节点
1	11 号线	唯亭-花桥	41.3	28	2018.11	2023	建成	6 月，全线开通初期运营
2	2 号线北延线	爱格豪路-骑河	4.7	4	2022.05	2026	续建	
3	4 号线北延线	观塘路-龙道浜	7.4	4	2022.05	2026	续建	
4	6 号线	苏州新区火车站-华云	36.1	31	2018.11	2024	续建	5 月全线主体结构封顶；8 月全线洞通；10 月全线轨通
5	7 号线	莫阳-红庄	29.5	25	2019.12	2024	续建	9 月全线主体结构封顶；12 月全线洞通、轨通（除苏州北站影响区段）
6	7 号线北延线	春秋路-莫阳	7.6	4	2022.05	2026	续建	
7	8 号线	西津桥-车坊	35.6	28	2019.09	2024	续建	5 月全线主体结构封顶；12 月全线洞通、轨通、电通
8	10 号线（苏虞张段）	金港-苏州北站	89.2	21	2023.01	2028	新开工	1 月常熟先导段开工
合计			251.4	145				

【苏州轨道交通 11 号线工程建成项目】

11 号线工程起点为唯亭站，终点为花桥站。线路长度 41.3 公里，全部为地下线。设车站 28 座，在唯亭站与 3 号线换乘，在花桥站与上海 11 号线换乘。在昆山高新区设车辆综合基地 1 处，占地 36.1 公顷；在花桥镇设停车场 1 处，占地 9.2 公顷。设 2 座主变。控制中心 1 处；配置供电、通信、信号、动力照明、通风空调、给排水、消防、ISCS、FAS、BAS、AFC、ACS、站台门等运营系统设备。车辆选用 B 型车，最高运行速度 100 公里 / 小时，直流 1500 伏授电，6 辆编组，动拖比为 2:1，初期配车 35 列 /210 辆。11 号线工程于 2018 年 11 月 28 日开工，于 2023 年开通初期运营。（图 7-13-1）

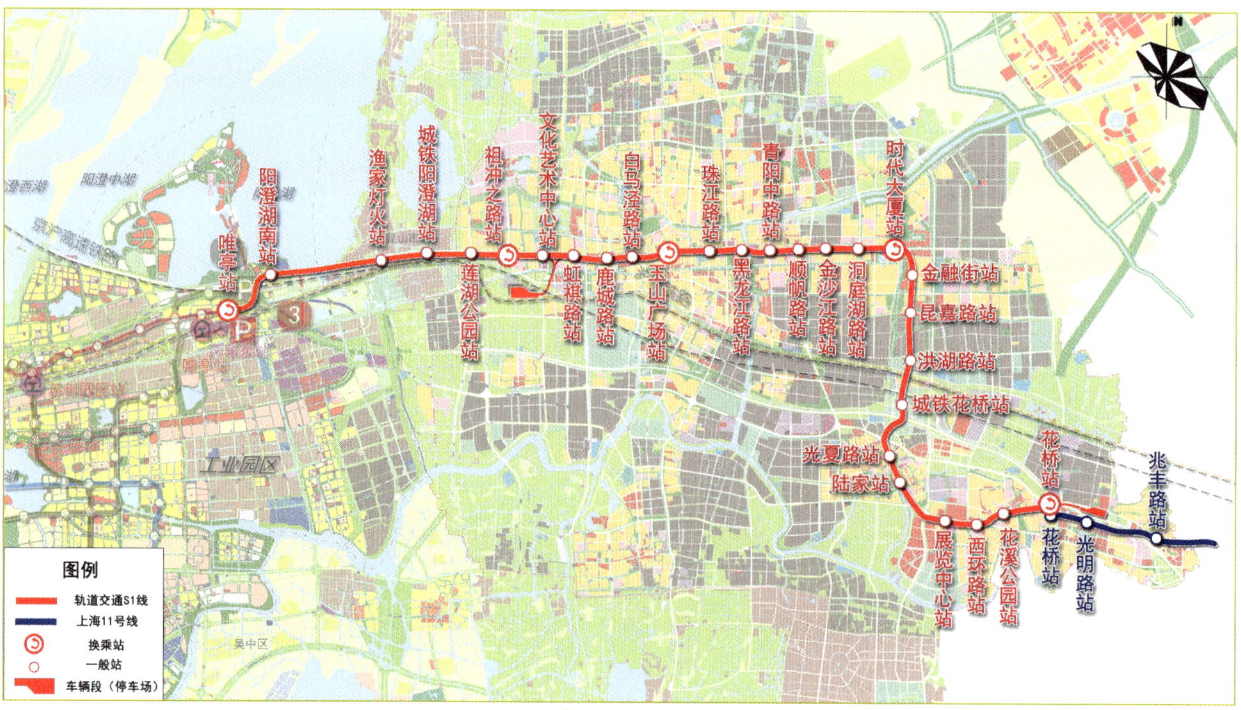

图 7-13-1　苏州轨道交通 11 号线走向示意图

2023年，此项目完成投资265.6亿元，截至2023年底，车站开工28座、结构封顶累计28座，盾构推进累计35.4公里，轨道铺设累计41.3公里。

【苏州轨道交通10号线（苏虞张段）工程新开工项目】

10号线号线（苏虞张段）工程起点为金港站，终点为苏州北站。线路长度89.2公里，其中地下线27.8公里，地面线3.5公里，高架线57.9公里。设车站21座，在苏州北站站与10号线换乘。在辛庄站设车辆段1处，占地29.6公顷；在金港站设停车场1处，占地11.8公顷。设辛庄、海虞、金港主变。控制中心位于花溪站附近1座；配置供电、通信、信号、动力照明、通风空调、给排水、消防、ISCS、FAS、BAS、AFC、ACS、站台门、声屏障等运营系统设备。车辆选用市域A型车，最高运行速度160公里/小时，交流25千伏授电，4辆编组，动拖比为3:1，初期配车22列/88辆。10号线（苏虞张段）工程于2023年1月2日开工，计划于2028年开通初期运营。（图7-13-2）

2023年，此项目完成投资4.6亿元。

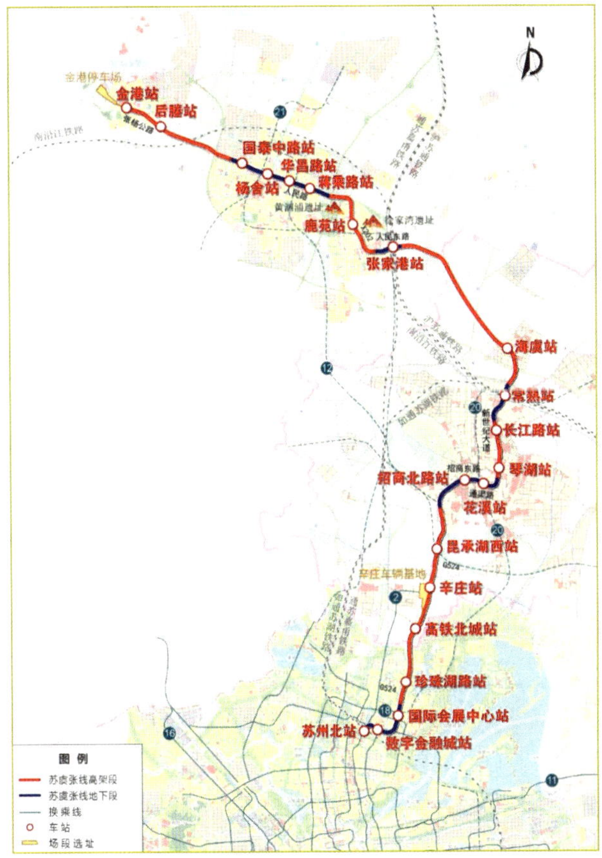

图7-13-2　苏州轨道交通10号线（苏虞张段）走向示意图

【项目管理】

科学编制进度计划，完善进度控制指标，实现“土建+机电”核心工序全覆盖。

跟踪计划落实，定期开展进度计划考核，年度任务目标“进度条”，依托进度考核简报、计划分析表和月度办公会议，解决制约工程推进的重难点问题。依托市指挥部工作机制，协同各区轨道交通工程建设指挥部，针对管线迁改、土方外运、资金保障等重点问题，共同推进解决方案。

推进“合和”施工班组建设标准化、常态化、深入化要求，发挥“两进”人员关键作用，激发员工工作活力，提高生产效率，进一步夯实工程建设安全质量。

【新工艺工法】

11号线施工过程中，区间隧道穿越61条河流、41座桥梁、正穿和侧穿115幢房屋，6次穿越运营铁路，4次穿越高速公路，3次穿越西气东输和川气东送高压管线，攻克“三重地质风险叠加”难题，首次长距离穿越阳澄湖，为苏州市内最长盾构法隧道，大范围采用机械法联络通道，采用“克泥效”工法穿越老城区，研发“环切式”隧道设备，应用盾构吊装“一键翻身”技术，为苏州轨道交通隧道盾构施工技术的创新与突破积累宝贵经验。在夏桥站地面以下40米处，采取新型围护结构和加固方法，采用MJS工法，建造3～5米厚人工隔水层，有效隔断基坑降水对沪宁城铁的影响。针对高风险基坑，采用实时监控系统和轴力施加伺服系统，实时监测基坑开挖过程中的变形，实时增加支撑轴力。

（苏州市轨道交通集团有限公司　高璐璐　王偲聪　王宇）

14　江苏省南通市

【建设概况】

南通市城市轨道交通工程建设由南通轨道交通集团有限公司承担。

2023年，南通轨道交通建设项目1个，共20.8公里，17座车站。其中建成项目1个（2号线一期工程）。轨道铺设10.5公里。（表7-14-1）

至2023年底，南通轨道交通建成线路有2条（1号线一期工程、2号线一期工程），总线路长度60.0公里，车

2023 年南通市城市轨道交通在建项目汇总表　　表 7-14-1

序号	线路名称	起讫点	线路长度（公里）	车站数（座）	开工时间（年月）	预计通车时间（年）	工程建设情况	重点工程节点
1	2 号线一期工程	幸福-先锋	20.8	17	2018.10	2023	建成	3 月完成全线热滑；6 月完成全线项目验收；11 月完成全线竣工验收；12 月开通初期运营
合计			20.8	17				

站总数 45 座。

【南通轨道交通 2 号线一期工程建成项目】

2 号线一期工程起点为幸福站，终点为先锋站。线路长度 20.8 公里，全部为地下线。设车站 17 座，在和平桥站与 1 号线换乘，在文峰站与 1 号线换乘。在幸福车辆段设 1 处，占地 23.9 公顷。设世纪大道和永和路主变（与 1 线共用世纪大道和永和路主变）。控制中心与 1 号线一期工程共用；配置供电、通信、信号、通风空调、给排水与消防、设备监控、防灾报警、屏蔽门、自动售检票、电梯及自动扶梯等运营系统设备。车辆选用交流异步电机、VVVF 调速控制 B 型车，最高运行速度 80 公里 / 小时，接触网直流 1500 伏授电，6 辆编组，动拖比为 2:1，初期配车 21 列 /126 辆。(图 7-14-1)

【项目管理】

完善“预控——管控——应急”全过程管控机制。定期分析研判阶段性安全管控重点。制定三级管控清单，实施三级验收，有效控制关键工序，强化应急管控，保障现场安全。

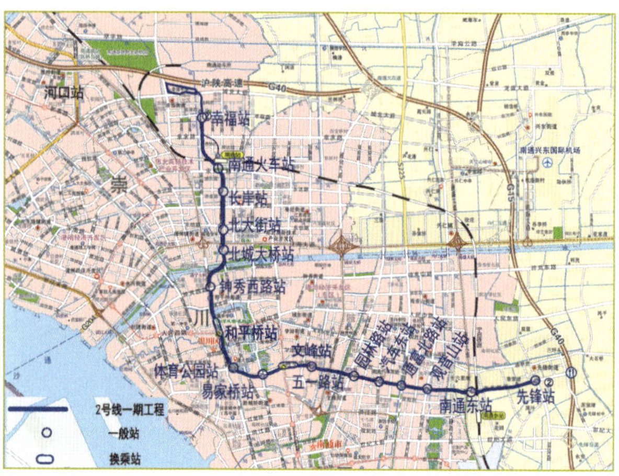

图 7-14-1　南通轨道交通 2 号线一期走向示意图

强化工序管理，优先施工风亭，为站后工程创造有利条件。支撑车辆段上盖开发，利用 1 号线车辆段接车调试，通过跨线调车，保障 2 号线全线动调。关键线路重难站点成立专班，保障工程推进。建设牵头运营参与联调，在推进同时培养自主联调队伍。

【新工艺工法】

2 号线车站公共区装修探索采用裸装开敞风格，设备区走道采用无吊顶裸装，节约造价，便利运维。汽车东站装修以“建筑原色”为设计主题，采用标准化、模块化装修形式，全裸装风格打造原始个性建筑空间，展现良好视觉纵深感。优化整合车站机电系统设施，统一桥架尺寸，将大型风管由竖向变径调整为水平变径，各终端设备结合功能带、综合支吊架隐藏设置，在保障管线、桥架功能完备同时，实现整洁美观视觉效果，在提升工程品质的同时，节约造价。

针对城市主干道使用矩形顶管施工技术，减少地面开挖和管线迁改，有效降低交通影响。预留换乘节点、预制预应力空心盖体系，缩短迁改施工周期，合理降低造价。采用预制化装配式机房，现场拼装，一次成型，高效美观；出入口装配式钢结构，有效节约工期。

集成设备功能，提升智能运维，打造智慧地铁。2 号线一期工程建立车辆基地智慧大脑，幸福车辆段 DCC 安全联锁监控系统实现场段集中监控、收发调车进路自动触发办理、安全冲突检测等，提高调度效率、准确率和应急指挥能力。打造智能先进综合检测列车，以运营电客车为载体，高度集成弓网、轮轨、隧道、走行部等多个检测系统，实现“运营即检测”。站内多系统“一键开关”联动、可视化接地系统，提高运维工效，节约成本。智慧客服将票亭内各相关设备整合，智能便捷，人性化服务提升乘车体验。

（南通轨道交通集团有限公司　宋长春）

15 浙江省宁波市

【建设概况】

宁波市城市轨道交通工程建设由宁波市轨道交通集团有限公司承担。

2023 年，宁波轨道交通建设项目 8 个，共 241.0 公里，98 座车站。全部为续建项目（3 号线二期、4 号线延伸西延、4 号线延伸东延、6 号线一期、7 号线、8 号线一期、宁波至象山市域〔郊〕铁路、宁波至慈溪市域〔郊〕铁路）。完成车站开工 40 座（6 号线一期 16 座、7 号线 2 座、宁波至象山市域〔郊〕铁路 10 座、宁波至慈溪市域〔郊〕铁路 12 座），车站封顶 43 座（4 号线延伸 1 座、6 号线一期 4 座、7 号线 15 座、8 号线一期 17 座、宁波至象山市域〔郊〕铁路 5 座、宁波至慈溪市域〔郊〕铁路 1 座），轨道铺设 22.5 公里。完成投资 194.9 亿元。2 个项目共 10.7 公里（3 号线二期、4 号线西延）主体结构贯通。（表 7–15–1）

至 2023 年底，宁波轨道交通建成线路有 6 条（含城际铁路），总线路长度 185.2 公里，车站总数 127 座。

【项目管理】

全年梳理任务清单 90 条，形成一线破难和成果转化“两张清单”，建立“任务分解、整改跟踪、办结销号、验收确认”全流程闭环管理机制。形成调研报告 8 篇，发现 29 个难点，共 50 余个问题，形成 30 个破难举措，制定制度 31 项。

全年完成 7、8 号线所有车站、场段工筹制定，对重要关键工点召开现场落实会并调整工筹 40 余次。制定盾构场地移交纪要 96 份，对场段与出入段线和车站、盾构、拆复桥交叉施工界面制定专项工筹。

优化立功竞赛机制，强化“奖优罚劣”导向，发布半年度、年度工效排行榜，激发参建单位比学赶超的动力，达到“以赛促干，以赛促效，以赛促优”的效果。

分段组建 5 个风险管控中心，“公司–中心–工地”矩阵化三级管理模式，分层级组织开展日常巡检、专项检查、月度巡查、季度专家巡检，有效解决市域铁路点多面广的管理难点，为安全守住底线。

【新工艺工法】

3 号线二期采用装配化设备系统，如装配化消防泵房、装配化制冷机房、装配化卫生间、装配化公共区栏杆、屏蔽门模块化安装、基于 BIM 的模块化机房。模块在工厂预制完成后，运输到现场按顺序拼装，提高施工效率，减少人工成本，确保安装精度，提高整体美观度。

2023 年宁波市城市轨道交通在建项目汇总表 表 7–15–1

序号	线路名称	起讫点	线路长度（公里）	车站数（座）	开工时间（年月）	预计通车时间（年）	工程建设情况	重点工程节点
1	3 号线二期	兴庄路（不含）–骆驼桥	9.0	5	2019.12	2024	续建	12 月全线热滑完成
2	4 号线延伸西延	慈城西–慈城（不含）	1.7	1	2021.02	2024	续建	11 月车站开始机电装修施工，12 月桥通
3	4 号线延伸东延	东钱湖（不含）–国际会议中心	2.4	1	2021.02	2025	续建	2 月区间开始盾构施工，3 月车站开始机电装修施工
4	6 号线一期	宁波西枢纽–红联	39.6	24	2022.06	2026	续建	9 月车辆段开始施工，11 月区间开始盾构施工
5	7 号线	云龙–俞范路	39.5	25	2021.07	2025	续建	10 月车站开始机电装修施工，11 月轨道开始施工
6	8 号线一期	姜村–江北大道	23.3	19	2021.07	2025	续建	9 月轨道开始施工，11 月车站开始机电装修施工
7	宁波至象山市域（郊）铁路	小洋江–大目湾	61.5	10	2022.01	2026	续建	11 月象山线象山港跨海大桥北侧栈桥贯通
8	宁波至慈溪市域（郊）铁路	孔浦–慈溪高铁	64.0	13	2022.11	2026	续建	11 月慈溪线新潮区间右线盾构始发
合计			241.0	98				

公共区灯具供电方式采用直流供电载波调光的方式，可以对灯具进行智能控制，根据不同工况调节照度，无须增加灯具的控制线路，使用更安全，灯具使用寿命长，有效降低成本。

6 号线一期古林站首次将可回收贯入式降水-回灌井技术应用于有深厚软土的地层。设计特殊管井，具有配套简便、占地少、组装快的特点，搬迁方便，并且可回收利用。与传统的钻井方式相比，更适用于软土地层，解决钻孔空间不足的问题，避免打孔带来的回填封堵困难，同时降低打孔产生的废水和可回收，有利于环保，综合经济效益佳。

市域铁路象山线人民广场站为地下 2 层岛式车站，基坑开挖深度为 19.5 米至 21.6 米，为确保基坑开挖变形可控，项目采用分段分层 + 随挖随撑 + 限时放坡开挖 + 控制基坑无支撑暴露时间 + 不间断施工监测 + 梯度支撑轴力预加监测，确保在 2 个月内完成基坑开挖工作，基坑变形量在规范可控范围内，未出现险情事故。

人民广场站至南部新城站盾构采用改造砂浆输送管路及设备 + 优化砂浆配比及性能 + 盾尾安装抗浮 + 注浆参数优化 + 掘进参数总结优化 + 拼装精度盯控，消除渗漏水现象，为隧道施工积累经验。

（宁波市轨道交通集团有限公司）

16 浙江省温州市

【建设概况】

温州市城市轨道交通工程建设由温州市铁路与轨道交通投资集团有限公司承担。

2023 年，温州轨道交通建设项目 3 个，共 96.5 公里，31 座车站。其中续建项目 2 个（S1 线灵昆车辆段、S3 线），建成项目 1 个（S2 线）。完成车站开工 18 座，车站封顶 18 座，轨道铺设 63.3 公里。完成投资 42.9 亿元。（表 7-16-1）

至 2023 年底，温州轨道交通建成线路有 2 条（S1 线、S2 线），总线路长度 116.8 公里，车站总数 36 座。

【温州市域铁路 S2 线一期工程建成项目】

S2 线一期工程起点为乐清下塘站，终点为瑞安人民路站。线路长度 63.3 公里，其中地下线 9.5 公里，地面线 1.5 公里，高架线 52.3 公里。设车站 20 座，在机场站、灵昆站与 S1 线换乘。在乐清下塘设下塘停车场 1 处，占地 15.0 公顷；在瑞安汀田设瑞安车辆段 1 处，占地 21.7 公顷。设乐清下塘、灵昆、瑞安人民路 3 座主变（与 S1、S3 线共用灵昆、人民路主变）。控制中心接入温州轨道控制中心；配置列车运行、客运管理、电力供应、车站设备、防灾报警、票务管理等运营系统设备。车辆选用市域 D 型车，最高运行速度 140 公里／小时，交流 25 千伏授电，4 辆编组，动拖比为 1:1，初期配车 37 列／148 辆。S2 号线一期工程于 2019 年 1 月 22 日开工，于 2023 年开通初期运营。（图 7-16-1）

2023 年，此项目完成投资 25.8 亿元，至 2023 年底，车站开工 18 座、结构封顶累计 18 座，盾构推进累计 2.7 公里，轨道铺设累计 63.3 公里。

【项目管理】

2023 年以来，组织“春节不停工”“迎亚运、保开通”“决战四季度、夺取全年红”等工程行动，确保完成 S2 线

2023 年温州市城市轨道交通在建项目汇总表

表 7-16-1

序号	线路名称	起讫点	线路长度（公里）	车站数（座）	开工时间（年月）	预计通车时间（年）	工程建设情况	重点工程节点
1	S2 线一期	乐清城东街道下塘-瑞安人民路	63.3	20	2015.12	2023	建成	该项目于 7 月 14 日完成工程竣工验收，8 月 26 日开通初期运营
2	S1 线灵昆车辆段	洞头区灵昆街道			2020.06	2024	续建	
3	S3 线一期程	瓯海梧田-瑞安市飞云	33.2	11	2023.03	2027	续建	该项目于 3 月开工
合计			96.5	31				

图 7-16-1　温州市域铁路 S2 线一期工程走向示意图

年内开通任务。

S3 线提前开工，完成 SG4、SG5、SG6 标招标工作；多方联动，快速疏通 S3 线建设堵点，完成征地拆迁，完成土地使用权协议签订和土地补偿协议签订，完成白象村，特勤路高速公路养护中心地块以及茶山交地，启动 S3 线主线高架桥梁部分迁改工作。

【新工艺工法】

（1）富含沼气软弱地层超大直径越江隧道关键施工技术

越江隧道采用隧道底部超前加固、沼气超前释放、盾构设备改造、盾构巡检机器人、盾构远程实时监控系统等技术，有效解决诱发地层扰动影响、深厚软土地层沼气处置及深厚软土地层盾构掘进等关键技术问题，为富含沼气软弱地层水下盾构隧道施工提供借鉴方案。

（2）超大直径盾构隧道预制管片高精度生产成套技术

越江隧道创新钢筋笼三维定位胎膜技术，管片钢模 FARO 激光测量技术、管片附着式振捣技术、管片圆弧面自动收水抹平技术，研发管片钢筋笼防变形吊具、钢筋笼自动焊接机器人，实现越江隧道管片的高精度生产。

（3）“上软下硬”地层超深基坑施工关键技术

针对江北盾构接收井上软下硬复杂地层，克服 80MPa 硬岩地层地下连续墙施工技术、地下连续墙 H 型钢接头技术、超长钢筋笼整体吊装技术、超深基坑爆破开挖等关键技术，实现 52 米基坑施工。

（4）软基地区市域现浇箱梁施工技术

创新软基地区现浇贝雷梁技术、贝雷梁整体卸落技术、简支梁钢内模技术、现浇箱梁自动化喷淋养护技术，箱梁孔道自动张拉压浆技术，研发市域铁路流动度压浆材料及压浆罩，提升软基地区现浇箱梁的施工质量。

（温州市铁路与轨道交通投资集团有限公司　廖毅）

17　浙江省嘉兴市

【建设概况】

嘉兴市城市轨道交通工程建设由嘉兴市铁路与轨道交通投资集团有限责任公司承担。

2023 年，嘉兴市市域铁路建设项目 2 个，共 55.7 公里，12 座车站。其中新开工项目 2 个（嘉兴至枫南市域铁路、嘉善至西塘市域铁路）。完成投资 39.6 亿元。（表 7-17-1）

至 2023 年底，嘉兴城市轨道交通建成有轨电车线路有 1 条（T1 线一期工程），总线路长度 13.8 公里，车站总数 16 座。

【嘉兴至枫南市域铁路工程续建项目】

嘉兴至枫南市域铁路工程起点为嘉兴南站，终点为嘉善惠民街道沪浙省界。线路全长 35.1 公里，其中地下段 9.4 公里，过渡段 0.4 公里，路基段 4.3 公里，高架段 21.0 公里。设车站 8 座，在嘉善站与嘉善至西塘市域铁路贯通运营、互联互通，在嘉兴南站与规划轨道交通 1、2 号线换乘，在嘉兴科技城站与规划轨道交通 4 号线换乘。在七星站设车辆段 1 处，占地 35.3 公顷。设七星主变（与七星车辆段共址）。控制中心设在嘉兴南站西南侧；配置供电、通信、信号、通风空调、给排水与消

2023 年嘉兴市城市轨道交通在建项目汇总表

表 7-17-1

序号	线路名称	起讫点	线路长度（公里）	车站数（座）	开工时间（年月）	预计通车时间（年）	工程建设情况	重点工程节点
1	嘉兴至枫南市域铁路	嘉兴南站-嘉善站	35.2	8	2022.07	2028	续建	
2	嘉善至西塘市域铁路	嘉善站-太浦河浙沪省界	20.5	4	2022.10	2028	续建	
合计			55. 7	12				

防、设备监控、防灾报警、屏蔽门、自动售检票、电梯及自动扶梯等运营系统设备。车辆选用市域 C 型车，最高运行速度 160 公里 / 小时，接触网交流 25 千伏授电，4/8 辆编组混跑，动拖比为 1:1，初期配车 14 列 /56 辆。嘉兴至枫南市域铁路控制性节点工程（嘉兴南站）于 2022 年 7 月 13 日开工，计划于 2028 年开通初期运营。（图 7-17-1）

2023 年，此项目完成投资 17.23 亿元，累计完成投资 31.8 亿元，至 2023 年底，已开工 3 个标段。

【嘉善至西塘市域铁路工程续建项目】

嘉善至西塘市域铁路，起于嘉兴至枫南市域铁路嘉善站（不含），途经中新产业园、姚庄、西塘等，止于太浦河浙沪省界，线路全长 20.4 公里，均在嘉善境内，其中地下段 5.7 公里，高架段 13.7 公里，过渡段 1.0 公里；共设中新产业园、姚庄、西塘、祥符荡 4 座高架站；本线与嘉兴至枫南市域铁路在嘉善站按贯通运营条件建设，共享七星车辆段（不含）、嘉兴南站控制中心（不含）。车辆选用市域 C 型车，最高运行速度 160 公里 / 小时，接触网交流 25 千伏授电，4/8 辆编组混跑，动拖比为 1:1，初期配车 8 列 /32 辆。嘉善至西塘市域铁路 SG2 标控制性节点工程于 2022 年 10 月 28 日开工，计划于 2028 年开通初期运营。

2023 年，此项目完成投资 10 亿元，累计完成投资 13.04 亿元，至 2023 年底，已开工 1 个标段。（图 7-17-2）

【项目管理】

2023 年，市域铁路涉铁方案完成上海铁路局组织的正

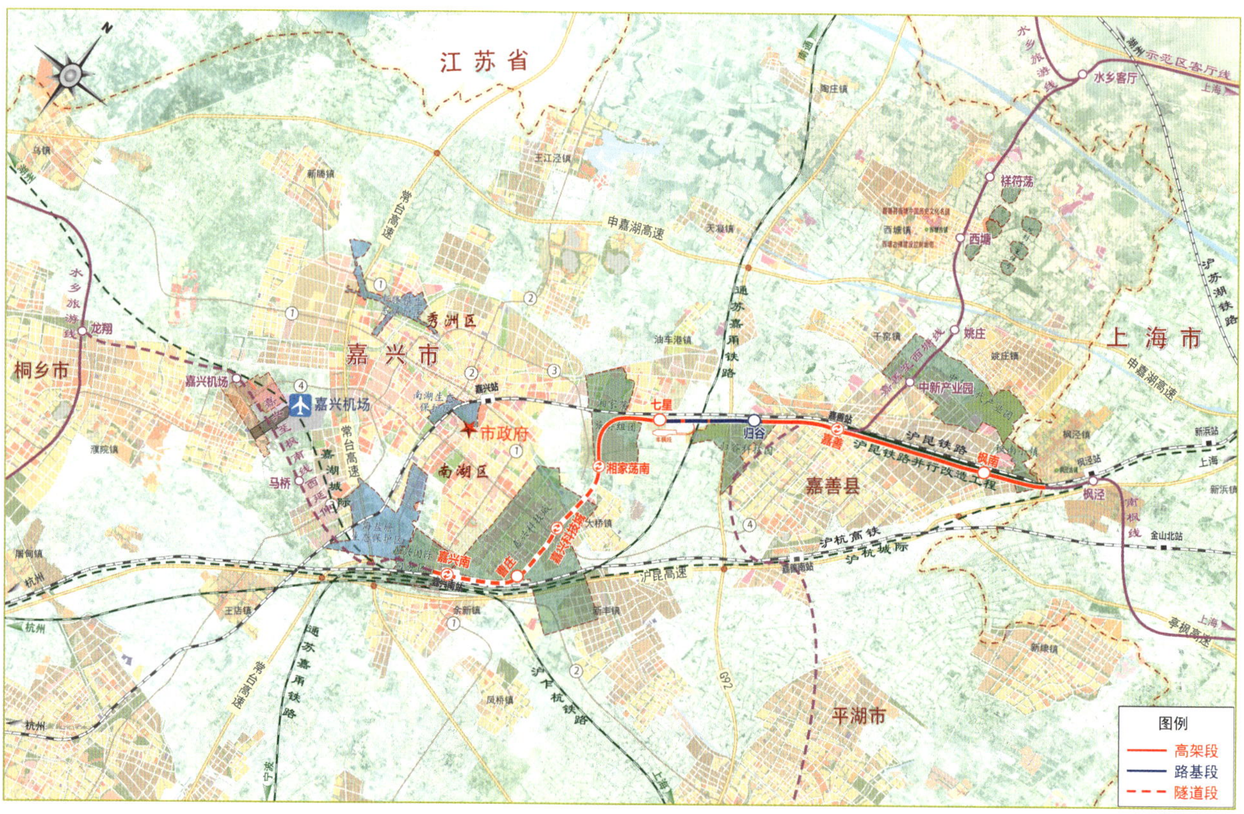

图 7-17-1　嘉兴至枫南市域铁路走向示意图

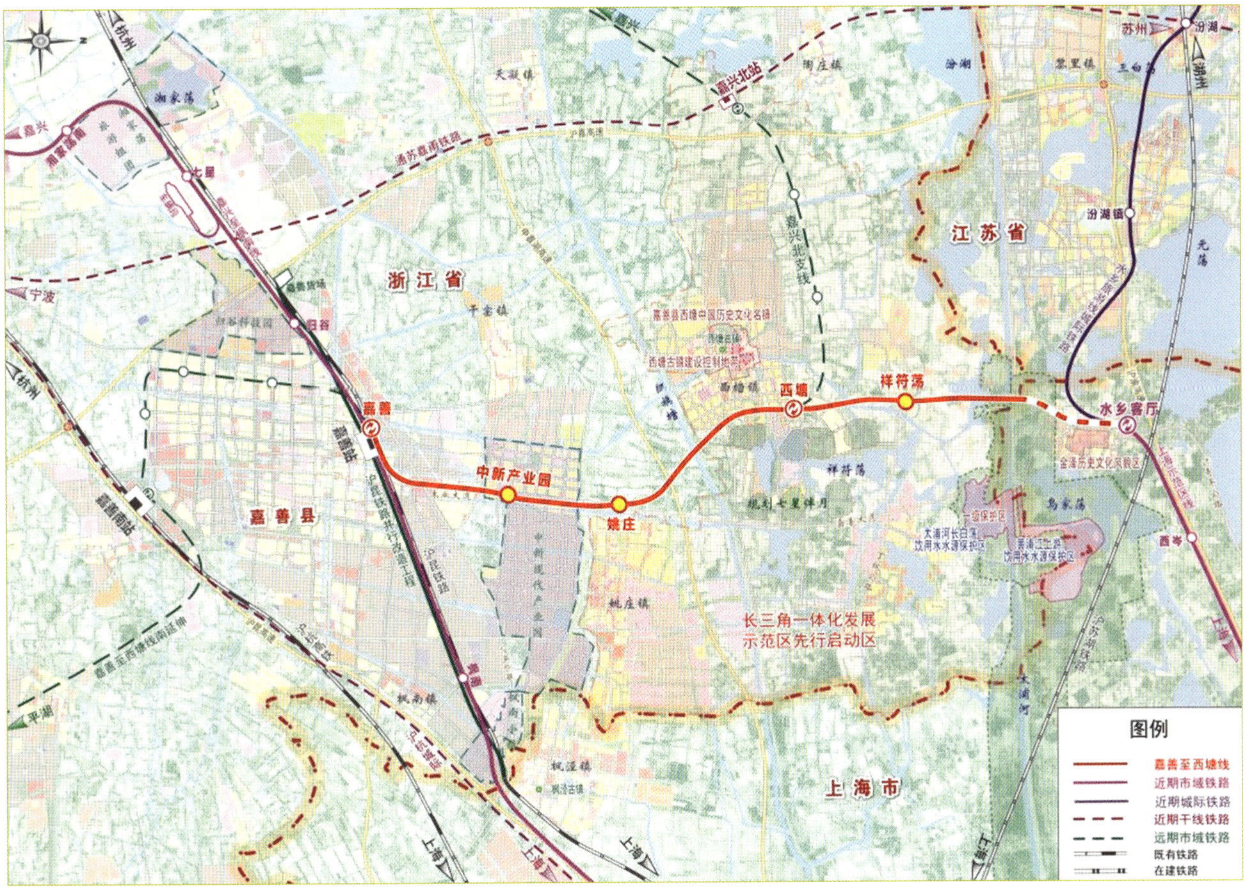

图 7-17-2 嘉善至西塘市域铁路走向示意图

式评审，两条线累计完成 56 个专题，完成率 84%，完成 16 个专题（雀幕桥获国家文物局批复，炮楼获省文物局批复），开展专家审查 25 次；完成高铁南站、枫南 1 标、2 标、3 标以及西塘 2 标临时用地审批工作，西塘 3 标、4 标与嘉善大道相关标段合并招标，解决融合项目招标涉及的工程量清单开项、技术措施费计取等问题，完成嘉兴首个公铁共建招标工作。

优化与沪昆铁路抬升工程线路间距，共计集约土地资源约 300 余亩；曹庄站采用连续沉井法工艺，减少临时围护结构约 2.6 万立方米。与相关科研院所（高校）合作，开展渣土利用、连续沉井、近零碳车站多项科研课题研究；印发《市域（郊）铁路车站工程质量验收规范》（土建工程）。上线建管平台，打通工程进度、投资、质量和风险等各管理维度，为工程建设精细化管理赋能；完成智控料仓开发，加强对混凝土拌和站原材料的进场和使用管理。

【新工艺工法】

嘉兴至枫南市域铁路曹庄站采用连续沉井法施工为全国地下车站首创。车站采用 7 个沉井跳仓施工、沉井间距（沉井连接段）2.5 米，每个沉井分 4 次制作、2 次下沉；由于 7 个独立的连续沉井在使用阶段需满足车站功能，需保证沉井终沉标高精度在 ±50mm 范围内。沉井下沉采用智能压沉千斤顶压沉，车站端头沉井设置 15 个压沉千斤顶，中间沉井设置 20 个压沉千斤顶；下沉施工动态调整下压力分布控制沉井姿态，动态调整下压力大小控制下沉速度；刃脚保留土塞以平衡土压力，采用水下开挖平衡井外水压力。该车站建造工艺取消传统明挖车站临时围护及支撑体系，沉井连接段两侧临时封堵墙、车站公共区中板与顶板采用预制结构，提高施工效率，节约建设成本，符合低碳建设理念。

（嘉兴市有轨电车开发有限公司，嘉兴市市域铁路投资有限公司）

18 浙江省绍兴市

【建设规划】

2023 年 5 月 19 日，国家发展改革委批复绍兴市城市轨道交通第二期建设规划。线网由 3 条轨道交通线路构成，建设规模 59.8 公里。总投资 400.4 亿元。

2 号线二期工程，自檀渎（原名越兴路站）至梁祝大道站，线路长 25.9 公里，设站 7 座，投资 145.5 亿元，项目建设期为 4.5 年。

4 号线一期工程，自黄酒小镇站至银桥路站，线路长 19.8 公里，设站 15 座，投资 151.2 亿元，项目建设期为 6 年。

5 号线一期工程，自天姥路站至世纪街站，线路长 14.1 公里，设站 11 座，投资 103.7 亿元，项目建设期为 5 年。（表 7–18–1）

至 2028 年，浙江省绍兴市轨道交通规模将达到 4 条城市轨道交通线路，总线路长度约 125.0 公里。

【主要技术指标】

2 号线二期，车辆采用 B 型车，车辆编组为 4 辆编组，最高时速 120 公里。

4 号线一期、5 号线一期，车辆采用 B 型车，车辆编组为 4 辆编组，最高时速 80 公里。

【建设概况】

绍兴市城市轨道交通工程建设由绍兴市轨道交通集团有限公司承担。

2023 年，绍兴市轨道交通建设项目 3 个，共 92.9 公里，35 座车站。其中续建项目 2 个（1 号线、绍兴城际铁路二期），建成项目 1 个（2 号线一期）。（表 7–18–2）

至 2023 年底，绍兴轨道交通建成线路有 3 条（1 号线主线、1 号线柯桥段〔杭绍城际线〕、2 号线一期），总线路长度 57.9 公里，车站总数 36 座。

【绍兴轨道交通 2 号线一期工程建成项目】

2 号线一期工程起点为镜湖医院站，终点为檀渎站。线路长度 10.8 公里，全部为地下线。设车站 9 座，在梅山广场站与 1 号线换乘。设 1 座主变。控制中心镜湖新区；配置供电、通信、信号、通风空调等运营系统设备。车辆选用 B2 型车，最高运行速度 100 公里／小时，直流 1500 伏授电，4 辆编组，动拖比为 3:1，初期配车 11 列 /44 辆。2 号线一期工程于 2020 年 3 月 1 日开工，于 2023 年开通初期运营。（图 7–18–1）

至 2023 年底，车站开工 9 座、结构封顶累计 9 座。

绍兴市城市轨道交通建设规划（2023—2028 年）项目情况表　　表 7–18–1

序号	项目	线路制式	起讫点	线路长度（公里）	车站数（座）	投资（亿元）	建设期（年）
1	2 号线二期	市域快轨	檀渎（原名越兴路）–梁祝大道	25.9	7	145.5	4.5
2	4 号线一期	地铁	黄酒小镇–银桥路	19.8	15	151.2	6
3	5 号线一期	地铁	天姥路–世纪街	14.1	11	103.7	5
合计				59.8	33	400.4	

2023 年绍兴市城市轨道交通在建项目汇总表　　表 7–18–2

序号	线路名称	起讫点	线路长度（公里）	车站数（座）	开工时间（年月）	预计通车时间（年）	工程建设情况	重点工程节点
1	2 号线一期	镜湖医院–檀渎	10.8	9	2020.03	2023	建成	7 月 26 日，2 号线一期正式开通初期运营
2	1 号线工程	中国轻纺城（不含）–芳泉	34.1	23	2017.07	2024	续建	
3	绍兴城际铁路二期	钱清–上虞	48.0	3	2019.12	2024	续建	
合计			92.9	35				

图 7-18-1　绍兴轨道交通 2 号线一期工程走向示意图

【新工艺工法】

2 号线一期工程具有沿线水文地质条件差、风险源多、技术难度大等特点，全线下穿河流 15 余处，侧穿桥梁 10 余座，克服二级风险源 105 处。其中，梅山广场站至后墅路站区间成功磨削 47 根大直径桩基，下穿三处过街通道，成功攻克国内鲜有的区间施工难点，相关科研项目获得省级科研立项。

（绍兴市轨道交通集团有限公司）

19　安徽省合肥市

【建设概况】

合肥市城市轨道交通工程建设由合肥市轨道交通集团有限公司承担。

2023 年，合肥轨道交通建设项目 8 个，共 160.6 公里，89 座车站。其中续建项目 5 个（4 号线南延线、6 号线一期、7 号线一期、8 号线一期、新桥机场 S1 线），建成项目 3 个（1 号线三期、2 号线东延线、3 号线南延线）。完成车站开工 8 座（6 号线一期 5 座，8 号线一期 1 座，S1 线 2 座），车站封顶 16 座（4 号线南延线 1 座、6 号线一期 7 座、7 号线一期 2 座、8 号线一期 1 座、S1 线 5 座），轨道铺设 105.1 公里。完成投资 148.1 亿元。6 个项目共 85.6 公里（1 号线三期、2 号线东延线、3 号线南延线、4 号线南延线、7 号线一期、8 号线一期）主体结构贯通。（表 7-19-1）

至 2023 年底，合肥市轨道交通建成线路有 5 条（1 号线、2 号线、3 号线、4 号线、5 号线），总线路长度 200.1 公里，车站总数 154 座。

【合肥轨道交通 1 号线三期工程建成项目】

1 号线三期工程起点为天水路站，终点为合肥火车站。线路长度 4.5 公里，全部为地下线。设车站 3 座。在九顶山路与奎河路交口东北侧地块内设停车场 1 处，占地 14.5 公顷。设胜利路主变（与既有 1 号线共用胜利路主变）。控制中心接入珠江路车辆段控制中心；配置供电、通信、信号、通风空调、给排水与消防、设备监控、防灾报警、屏蔽门、自动售检票、电梯及自动扶梯等运营系统设备。车辆选用交流异步电机、VVVF 调速控制 B 型车，最高运行速度 80 公里 / 小时，接触网直流 1500 伏授电，6 辆编组，动拖比为 2:1，初期配车 9 列 /54 辆。1 号线三期工程于 2017 年 12 月 29 日开工，于 2023 年开通初期运营。（图 7-19-1）

2023 年，此项目完成投资 6.6 亿元，至 2023 年底，轨道铺设累计 12.3 公里。

【合肥轨道交通 2 号线东延线工程建成项目】

2 号线东延线工程起点为三十埠站，终点为泉香路

2023 年合肥市城市轨道交通在建项目汇总表　　表 7-19-1

序号	线路名称	起讫点	线路长度（公里）	车站数（座）	开工时间（年月）	预计通车时间（年）	工程建设情况	重点工程节点
1	1 号线三期	合肥火车站（不含）-天水路	4.5	3	2017.12	2023	建成	项目于 7 月 1 日开通初期运营
2	2 号线东延线	三十埠（不含）-泉香路	14.5	11	2020.09	2023	建成	项目于 12 月 26 日开通初期运营
3	3 号线南延线	馆驿路-幸福坝（不含）	11.3	8	2020.09	2023	建成	项目剩一站一区间未开通，12 月 26 日 3 号线南延线开通初期运营，共开通 7 座车站长度 9.8 公里
4	4 号线南延线	金桥路-丰乐河路（不含）	14.0	8	2020.10	2024	续建	10 月“轨通”，11 月“电通”，正在开展空载试运行及联调联试工作
5	6 号线一期	鸡鸣山路（不含）-东风大道	27.5	17	2020.10	2025	续建	13 座车站主体结构封顶，20 条盾构区间贯通
6	7 号线一期	松林路-天津路	18.8	16	2020.11	2025	续建	车站主体结构全部封顶，盾构区间全部贯通
7	8 号线一期	一里井-北城高铁	22.5	12	2020.11	2024	续建	车站主体结构全部封顶，盾构区间全部贯通
8	新桥机场 S1 线	蜀山产业园-五里墩	47.5	14	2022.01	2025	续建	车站主体结构封顶 5 座，盾构区间贯通 1 条
合计			160.6	89				

站。线路长度 14.5 公里，全部为地下线。设车站 11 座，在瑶岗路站与规划 6 号线换乘。在瑶岗路站和泉香路站间，位于东陈路、撮镇路、和平路及四顶山路合围成的长条形地块内设停车场 1 处，占地 12.1 公顷。控制中心接入珠江路车辆段控制中心；配置供电、通信、信号、通风空调、给排水与消防、设备监控、防灾报警、屏蔽门、自动售检票、电梯及自动扶梯等运营系统设备。车辆选用交流异步电机、VVVF 调速控制、B 型车，最高运行速度 80 公里 / 小时，接触网直流 1500 伏授电，6 辆编组，动拖比为 2:1，初期配车 12 列 /72 辆。2 号线东延线工程于 2020 年 9 月 29 日开工，于 2023 年开通初期运营。（图 7-19-2）

2023 年，此项目完成投资 24.8 亿元，至 2023 年底，轨道铺设累计 30.8 公里。

【合肥轨道交通 3 号线南延线工程建成项目】

3 号线南延线工程起点为馆驿路站，终点为幸福坝站。线路长度 11.3 公里，全部为地下线。设车站 8 座，在站前路站与规划 9 号线换乘。在深圳路、创新大道、袁店路和

图 7-19-1　合肥轨道交通 1 号线三期工程走向示意图

图 7-19-2　合肥轨道交通 2 号线东延线工程走向示意图

图 7-19-3 合肥轨道交通 3 号线南延线工程走向示意图

三河路所围地块内设停车场 1 处，占地 18.4 公顷。设站前路主变。控制中心接入珠江路车辆段控制中心；配置供电、通信、信号、通风空调、给排水与消防、设备监控、防灾报警、屏蔽门、自动售检票、电梯及自动扶梯等运营系统设备。车辆选用交流异步电机、VVVF 调速控制 B 型车，最高运行速度 80 公里 / 小时，接触网直流 1500 伏授电，6 辆编组，动拖比为 2:1，初期配车 18 列 /108 辆。3 号线南延线工程于 2020 年 9 月 29 日开工，于 2023 年开通初期运营。（图 7-19-3）

2023 年，此项目完成投资 23.0 亿元，至 2023 年底，轨道铺设累计 20.6 公里。

【项目管理】

完善管控体系，修编《合肥轨道交通工程材料检测管理补充规定》《合肥市轨道交通工程（土建）第三方检测管理办法》《合肥市轨道交通工程（设备安装）第三方检测管理办法》，以制度指导现场落实，堵塞管理漏洞。细化和下发《新型装配式围挡标准图集》《合肥市轨道交通三期工程工地建设提档升级标准及要求》及《合肥轨道交通工程施工标准化图集》等文明施工标准和要求，对施工场地布置、临边防护、场内道路、冲洗平台等细化标准，做到标准统一、内外有序、整洁文明。

坚持贯彻“5+2+1”安全生产管理要求，完善安全质量管理体系，抓防洪防汛、防台风等极端天气应急管理，结合日常巡查、第三方巡查、专项检查、夜间巡查等管控手段，强化对施工现场安全质量隐患排查、整改闭合，监督各项保障措施落实到位。开展消防安全、特种设备、外包外租专项整治、有限空间作业安全专项整治、燃气安全、冬期施工安全等专项整治活动 17 次，有效保障现场施工安全有序。

【新工艺工法】

2 号线东延线土建工程采用一级阶地钻孔咬合桩围护。泉香路站基坑首次引入钻孔咬合桩方案，通过相互咬合、间隔布置的钻孔桩，既实现基坑支护，又达成有效止水，基坑开挖后，钻孔咬合桩内壁渗漏水控制良好，总体成本控制优良。

1 号线三期、2 号线东延线、3 号线南延线工程站台门首次应用门槛独立绝缘安装新技术。在门槛与底座连接的螺栓上，增加绝缘板和绝缘套隔离，在门槛与立柱、包钢之间安装槽型绝缘件，实现门槛与站台门系统其他金属结构之间的绝缘隔离，从而达到门槛独立绝缘效果。绝缘件采用改进型 PBT 材料，绝缘性能稳定，方便检修更换，更好地保障列车运营安全。

（合肥市轨道交通集团有限公司）

20 福建省福州市

【建设概况】

福州市城市轨道交通工程建设由福州地铁集团有限公司承担。

2023 年，福州地铁建设项目 6 个，共 116.2 公里，55 座车站。其中续建项目 4 个（福州至长乐机场城际铁路、2 号线东延线一期、4 号线一期后通段、6 号线东调段），建成项目 2 个（4 号线一期首通段、5 号线一期后通段）。车站封顶 13 座（福州至长乐机场城际铁路工程 5 座、2 号线东延线 3 座、6 号线东调段 5 座），轨道铺设 54.4 公里。完成投资 158.0 亿元。（表 7-20-1）

2023 年福州市城市轨道交通在建项目汇总表

表 7-20-1

序号	线路名称	起讫点	线路长度（公里）	车站数（座）	开工时间（年月）	预计通车时间（年）	工程建设情况	重点工程节点
1	4 号线一期（首通段）	凤凰池-帝封江	24	19	2017.12	2023	建成	首通段（帝封江站至凤凰池站）于 8 月 27 日开通初期运营
2	5 号线一期后通段	螺洲温泉（不含）-福州火车南站	5.3	3	2017.11	2023	建成	后通段于 8 月 27 日开通初期运营
3	2 号线东延线一期	鼓山（不含）-青州	14.6	9	2022.09	2026	续建	至年底，完成 3 个车站主体结构封顶
4	4 号线一期（后通段）	半洲-凤凰池（不含）	4.4	4	2017.12	2025	续建	至年底，全线 23 个车站主体结构全部封顶
5	6 号线东调段	万寿-十八孔闸	5.5	5	2022.07	2026	续建	至年底，全线 5 座车站主体结构全部封顶
6	福州至长乐机场城际铁路	福州火车站-文岭	62.4	15	2020.09	2025	续建	全线 15 个车站完成主体结构封顶。全线累计完成 13 个区间（隧道）双线贯通。8 座高架桥梁完成主体结构施
合计			116.2	55				

至 2023 年底，福州市轨道交通建成线路有 5 条（1 号线、2 号线、4 号线一期首通段、5 号线、6 号线），总线路长度 138.8 公里，车站总数 90 座。

【福州轨道交通 4 号线一期首通段工程建成项目】

4 号线一期工程起点为半洲站，终点为帝封江站。线路长度 28.4 公里，全部为地下线。设车站 23 座，其中 4 号线一期首通段线路长度 24.0 公里，设车站 19 座，起于凤凰池站，终至帝封江站；与既有及在建线换乘站 6 座，分别为：东街口站与 1 号线换乘，东门站与在建滨海快线换乘，前屿站与 2 号线换乘，林浦站与 6 号线换乘，城门站与 1 号线换乘，帝封江站与 5 号线和在建滨海快线换乘。车辆选用 B2 型车，最高运行速度 80 公里／小时，接触网直流 1500 伏授电，6 辆编组，动拖比为 2:1，初期配车 32 列／192 辆。4 号线一期工程于 2017 年 12 月开工，首通段于 2023 年 8 月 27 日开通初期运营。（图 7-20-1）

至 2023 年底，此项目完成投资 206.7 亿元，车站开工 23 座、结构封顶累计 23 座，盾构推进累计 45.5 公里，轨道铺设累计 56.5 公里。

【福州轨道交通 5 号线一期后通段工程建成项目】

5 号线一期后通段工程起点为螺洲古镇站（不含），终点为福州火车南站。线路长度 5.3 公里，全部为地下线。设车站 3 座，在福州火车南站与 1 号线换乘。在塔前出入场线设塔前停车场 1 处，占地 16.8 公顷；在樟岚出入段线设樟岚车辆段 1 处，占地 15.5 公顷。设 2 座主变（与 3、4 号线共用阳岐、洪塘主变）。控制中心由 6 号线新建，位于 6 号线横港车辆段，5、6、7、8、9 号线共享；配置供电、通信、信号、通风空调、给排水及消防、设备监控、防灾报警、自动售检票、电梯及自动扶梯等运营系统设备。车辆选用 B 型车，最高运行速度 80 公里／小时，接触网直流 1500 伏授电，6 辆编组，动拖比为 2:1，初期配车 22 列／132 辆。5 号线一期工程于 2017 年 12 月 18 日开工，于 2023 年开通初期运营。（图 7-20-2）

2023 年，此项目完成投资 11.7 亿元，至 2023 年底，车站开工 20 座、结构封顶累计 20 座，盾构推进累计 26.9 公里，轨道铺设累计 30.5 公里。

【项目管理】

福州至长乐机场城际铁路工程（滨海快线）在分项工程中选择第一个施工项目为首件工程，对首件工程的工艺、技术和质量指标进行综合评价，确定最佳工艺，建立样板工程，为后期施工统一标准，树立标杆。通过首件确认制，预防后续实施上生产中可能产生的质量问题，有效减少返工损失，缩短施工工期，确保工程质量，为后续同类工程建设提供指导。

（福州地铁集团有限公司）

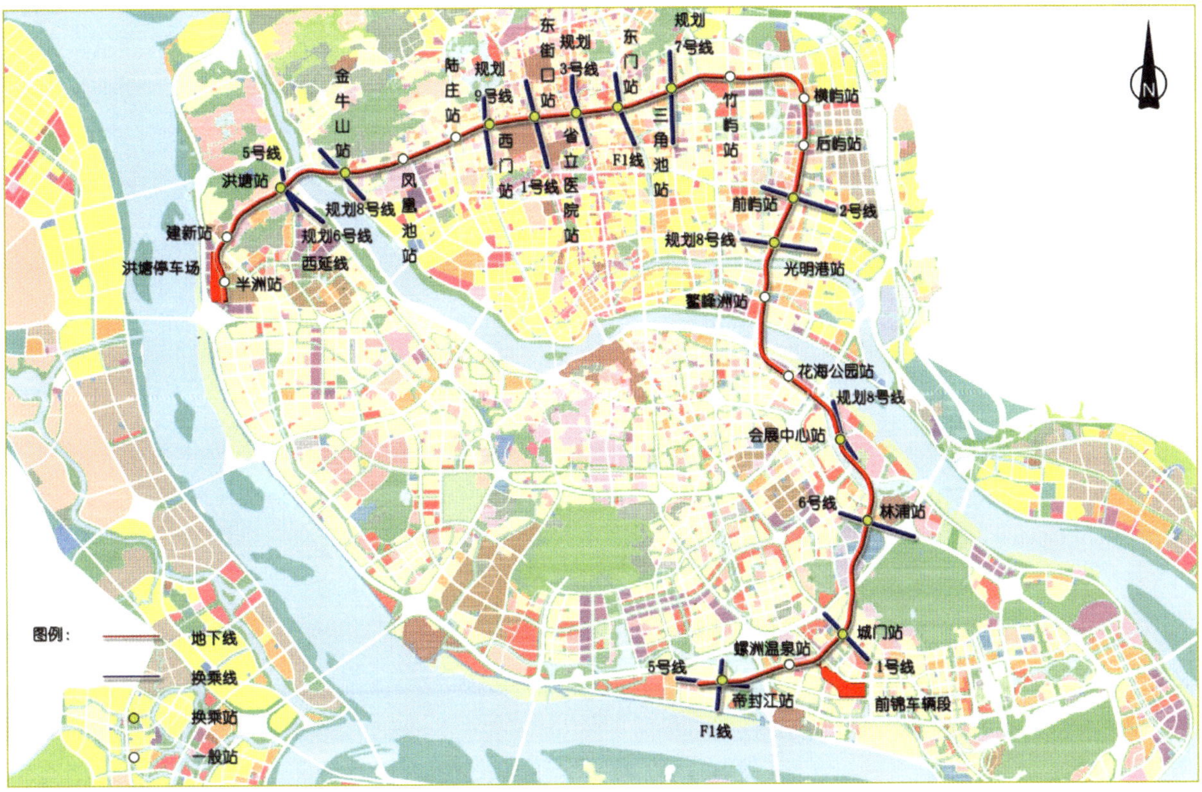

图 7-20-1　福州轨道交通 4 号线一期首通段走向示意图

图 7-20-2　福州轨道交通 5 号线一期后通段走向示意图

规划建设

21 福建省厦门市

【建设概况】

厦门市城市轨道交通工程建设由厦门地铁建设有限公司承担。

2023年，厦门轨道交通建设项目5个，共112.9公里，53座车站，全部为续建项目（3号线、4号线、6号线林埭西至华侨大学段、3号线南延段、6号线集美至同安段）。完成车站开工4座（3号线1座、6号线集美至同安段3座），车站封顶8座（6号线集美至同安段8座），轨道铺设21.0公里。完成投资93.4亿元。（表7-21-1）

至2023年底，厦门轨道交通建成线路有3条（1号线、2号线、3号线厦门火车站至蔡厝段），总线路长度98.3公里，车站总数72座。

【项目管理】

编制《厦门轨道交通工程施工围挡优化总体方案》，根据项目工期、场地条件、施工所在区域、项目施工组织等实际情况，灵活选用围挡类型，实现快速围挡、快速撤离。

试点“12345”管理要求。一个标准：统一策划、统一标准、统一管理。二个原则：“谁主管、谁负责”“管生产经营必须管安全”。三个管好：管好每一个工点、每一台设备、每一个人。四个融合：生产与安全全过程一体化融合管理、技术与安全全过程一体化融合管理、项目策划与安全全过程一体化融合管理、产业工人与安全全过程一体化融合管理。五个到位：组织机构和人员配备到位，管理制度体系到位，责任落实、责任追究和责任考核到位，安全环保措施、设施和技术装备到位，经费投入到位。

【新工艺工法】

6号线集美至同安段项目实现临时结构当永久结构处理。桩间锚喷优化为模筑混凝土，提升施工效率，提供平整的防水施工基面，为主体施工防水质量提供保障。同时冠梁混凝土施工缝采用气垫隔断模板，避免切断钢筋，减少钢筋接头，方便施工。

6号线集美至同安段项目利用BIM虚拟建造，提前发现方案不足，提前优化；实现可视化技术交底，提高细部施工和预埋件的整体施工质量。

6号线集美至同安段项目采用铣刨机和抛丸技术对各车站顶板进行基面处理，使防水涂料与混凝土基体表面结合牢固，提高防水施工质量。

（厦门轨道建设发展集团有限公司）

2023年厦门市城市轨道交通在建项目汇总表　　表7-21-1

序号	线路名称	起讫点	线路长度（公里）	车站数（座）	开工时间（年月）	预计通车时间（年）	工程建设情况	重点工程节点
1	3号线	蔡厝（不含）-翔安机场	10.3	6	2016.11	2026	续建	至年底，6座车站已累计封顶4座车站，1座车站开工
2	4号线	软三东-翔安机场	44.8	12	2017.02	2026	续建	至年底，软三东至蔡厝段区间洞通，全线机电开工
3	6号线林华段	林埭西-华侨大学	18.8	13	2017.02	2026	续建	至年底，13座车站已全部封顶，区间全线轨通，全线机电开工
4	3号线南延段	沙坡尾-厦门火车站（不含）	8.3	5	2021.12	2027	续建	至年底，3座车站开展主体结构施工，2座车站开展围护结构施工
5	6号线集美至同安段	嘉同段：嘉庚体育馆-同翔高新城 华滨段：华侨大学（不含）-滨海西大道	30.7	17	2022.06	2027	续建	至年底，3座车站开工，8座车站封顶，盾构掘进12公里
合计			112.9	53				

注：3号线（蔡厝站〔不含〕-翔安机场）、4号线（软三东-翔安机场）通车时间为预计，计划与翔安机场同步开通。

22　江西省南昌市

【建设概况】

江西省南昌市城市轨道交通工程建设由南昌轨道集团有限公司承担。

2023 年，南昌轨道交通集团建设项目 3 个，共 31.8 公里，19 座车站。全部为续建项目，分别是 1 号线北延、1 号线东延、2 号线东延。完成车站开工 19 座（1 号线北延 8 座，1 号线东延 2 座，2 号线东延 9 座），车站封顶 18 座（1 号线北延 7 座，1 号线东延 2 座、2 号线东延 9 座）。完成投资 40.0 亿元。3 个项目共 11.3 公里（1 号线北延 7.1 公里、1 号线东延 3.5 公里、2 号线东延 0.6 公里）主体结构贯通。（表 7-22-1）

至 2023 年底，南昌轨道交通建成线路有 4 条（1 号线、2 号线、3 号线、4 号线），总线路长度 120.7 公里，车站总数 103 座。

【新工艺工法】

通过联合盾构设备生产厂家江西中铁装备自主研发“智能盾构自动掘进系统”，在瑶湖东站至麻丘站区间搭载应用。该系统主要包括一键掘进准备、智能保压、沉降预测、自主纠偏、管片排版、智能辅助掘进等功能。自主纠偏模块通过当前姿态与轴线状态采集，采用人工智能控制算法，自主控制各分区推进压力，实现设备自动纠偏，单环纠偏误差在 ±2 毫米以内，连续多环纠偏平均误差在 ±1 毫米以内。智能保压模块通过土仓当前压力和期望土压的对比，采用人工智能模型参数预测和多模态目标参数优化算法，自主控制螺机速度，实现土仓压力自平衡，平稳控制土压波动在 ±0.03bar 内。智能辅助掘进模块通过掘进历史数据学习，结合当前开挖地质条件对掘进参数即时优化决策，指导司机高效掘进。结合项目隧道地质情况系统性配备智能化辅助驾驶系统、渣土体积监测系统、壁后注浆质量监测系统、盾尾间隙自动测量系统等多项智能系统，可更准确地判断盾构机的掘进走向和作业姿态，提高掘进作业的智能化水平，使盾构掘进作业从“人工为主、智能为辅”到“智能为主、人工为辅”，实现自主掘进和智慧管理。在瑶湖东站至麻丘站区间盾构掘进期间，在穿越砾砂层、圆砾层等地质条件下将推进轴线控制在 3 毫米以内，日掘进可达 25.2 米，大幅提高整体施工效率。

（南昌轨道交通集团有限公司　万宁）

2023 年南昌市城市轨道交通在建项目汇总表　　表 7-22-1

序号	线路名称	起讫点	线路长度（公里）	车站数（座）	开工时间（年月）	预计通车时间（年）	工程建设情况	重点工程节点
1	1 号线北延	昌北机场-双港（不含）	17.0	8	2021.09	2025	续建	
2	1 号线东延	瑶湖西（不含）-麻丘	4.4	2	2021.09	2025	续建	
3	2 号线东延	辛家庵（不含）-南昌东站	10.4	9	2021.07	2025	续建	
合计			31.8	19				

23　山东省济南市

【建设概况】

济南市城市轨道交通工程建设由济南轨道交通集团有限公司承担。

2023 年，济南轨道交通建设项目 7 个，共 194.9 公里，153 座车站。其中续建项目 6 个（3 号线二期、4 号线一期、6 号线、7 号线一期、8 号线一期、9 号线一期），新开工项目 1 个（济南低运量轨道交通高新东区环线工程）。完成车站开工 120 座（3 号线二期 6 座、4 号线一期

33 座、6 号线 32 座、7 号线一期 23 座、8 号线一期 14 座、9 号线一期 12 座），车站封顶 43 座（3 号线二期 5 座、4 号线一期 20 座、6 号线 17 座、9 号线一期 1 座），轨道铺设 38.1 公里。5 个项目共 51.9 公里（3 号线二期 9.8 公里、4 号线一期 22 公里、6 号线 18.5 公里、8 号线一期 0.1 公里、9 号线一期 1.5 公里）主体结构贯通。（表 7-23-1）

至 2023 年底，济南轨道交通建成线路有 3 条（1 号线、2 号线、3 号线），总线路长度 84.1 公里，车站总数 43 座。

【济南低运量轨道交通高新东区环线工程新开工项目】

高新东区环线工程起点为春园路站，终点为春园路站。线路长度 30.7 公里，均为高架线。设车站 32 座，在彭家庄站与 2 号线换乘，在彭家庄站、程家庄站、唐冶站与 4 号线换乘，在春博路站、山东职业学院站与 8 号线换乘。在世纪大道以北、春园路以东设综合车场，占地 5.0 公顷。设 10 千伏电源开闭所 3 座，其中 2 座主变。控制中心设置在春园路综合车场；配置监督调度等运营系统设备。车辆选用导轨式胶轮系统，车载储能型车，最高运行速度 80 公里／小时，电池供电，电池储存电量不小于 150 千瓦时，初近远期采用 2-2-3 辆编组，动拖比为全动车配置，初期配车 29 列。环线工程于 2023 年 12 月 23 日开工，计划于 2025 年开通初期运营。（图 7-23-1）

图 7-23-1　济南低运量轨道交通高新东区环线工程走向示意图

2023 年济南市城市轨道交通在建项目汇总表　　表 7-23-1

序号	线路名称	起讫点	线路长度（公里）	车站数（座）	开工时间（年月）	预计通车时间（年）	工程建设情况	重点工程节点
1	3 号线二期	滩头-遥墙机场	13.0	6	2021.03	2024	续建	3 号线二期完成 5 座车站封顶，4 个盾构区间双线贯通
2	4 号线一期	小高庄-彭家庄	40.3	33	2021.01	2027	续建	4 号线一期完成 20 座车站封顶，16 个盾构区间双线贯通
3	6 号线	位里庄-梁王东	40.1	33	2021.11	2028	续建	6 号线完成 17 座车站封顶，10 个盾构区间双线贯通
4	7 号线一期	凤凰南路-济北	30.0	23	2022.12	2028	续建	全面开展土建施工
5	8 号线一期	邢村-清源大街	25.5	14	2022.09	2027	续建	全面开展土建施工
6	9 号线一期	黄河南岸-毛庄	15.3	12	2022.10	2027	续建	全面开展土建施工
7	高新东区环线	春园路-春园路	30.7	32	2023.12	2025	新开工	开展“管迁”“绿迁”“交通导改”等市政前期工作
合计			194.9	153				

【济南轨道交通 7 号线一期工程续建项目】

7 号线一期工程起点为凤凰南路站，终点为济北站。线路长度 30 公里，其中地下线 25.2 公里，高架线 4.8 公里。设车站 23 座，在龙奥大厦站与 3 号线换乘，在历下广场站与 4 号线换乘，在绸带公园站与 6 号线换乘，在历山北路站与 2 号线换乘，在黄河南岸站与 9 号线换乘。在北端设黄河北车辆段 1 处，占地 36 公顷；在中段设西周家庄停车场 1 处，占地 25 公顷。设华山北主变，与 2 号线共用历山北路主变。控制中心接入既有奥体西路运营控制中心。车辆选用 A 型车，最高运行速度 100 公里 / 小时，接触网直流 1500 伏授电，6 辆编组，动拖比为 2:1，初期配车 25 列 /150 辆。7 号线一期工程于 2022 年 12 月 14 日开工，计划于 2028 年开通初期运营。(图 7-23-2)

【济南轨道交通 9 号线一期工程续建项目】

9 号线一期工程起点为黄河南岸站，终点为毛庄站。线路长度 15.3 公里，均为地下线。设车站 12 座，在黄河南岸站与 7 号线换乘，在王舍人北站与 6 号线换乘，在裴家营站与 3 号线换乘。在东端设梁王车辆段 1 处，占地 46 公顷。与 3 号线、6 号线共用新东站主变，与 7 号线一期共用华山北主变。控制中心接入奥体西路运营控制中心。车辆选用 A 型车，最高运行速度 80 公里 / 小时，接触网直流 1500 伏授电，初期 4 辆编组，远期 4/6 辆编组混跑，动拖比为 3:1、2:1，初期配车 16 列 /64 辆。9 号线一期工程于 2022 年 10 月 28 日开工，计划于 2027 年开通初期运营。(图 7-23-3)

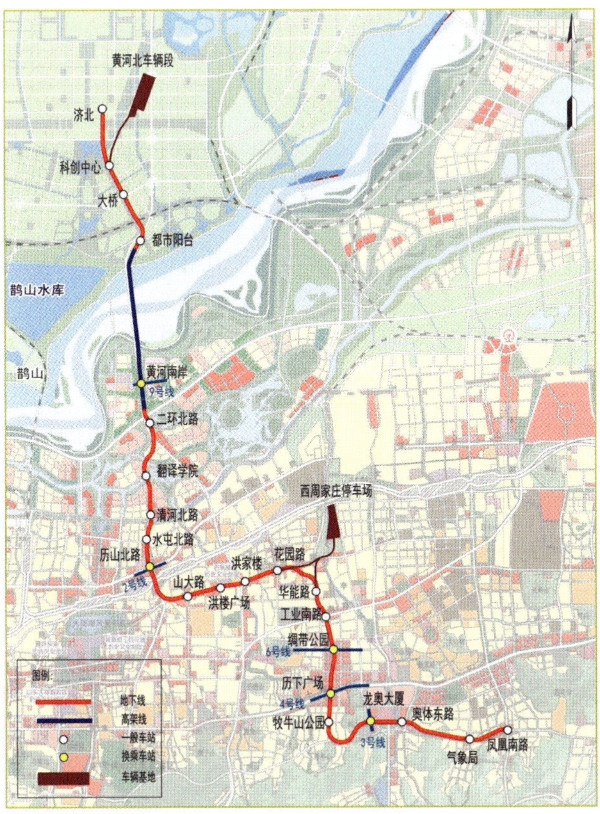

图 7-23-2　济南轨道交通 7 号线一期工程走向示意图

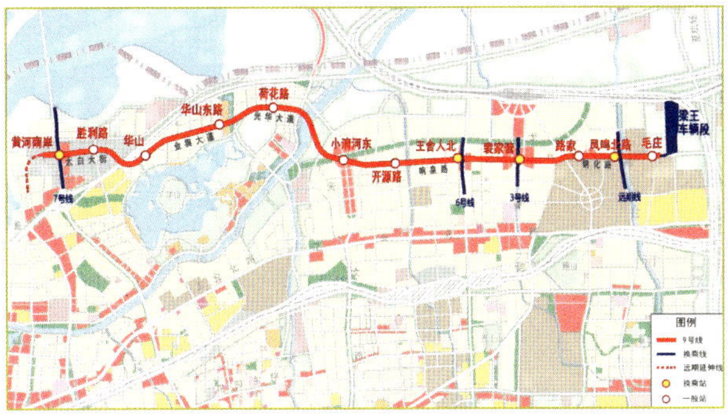

图 7-23-3　济南轨道交通 9 号线一期工程走向示意图

【项目管理】

做好项目服务。专班化统筹项目推进工作，全员上阵抓项目；建立“日周月季”调度机制，加强项目监测分析，定期形成分析报告；强化安全、质量管理，在保证工程质量和施工安全的前提下，加快施工进度。

坚持问题导向。用好重点项目协调推进机制，实行项目问题梳理、归集、调度、销号闭合管理，围绕征收拆迁、交通导改、绿化迁移等工作，争取各级各部门单位支持，全力为项目建设“清障”开路，协调解决涉及征收迁改、考古发掘、临时用地等 30 项问题。

积极争取各种政策性资金支持，保障重大项目建设资金需求。

【新工艺工法】

8 号线一期围子山站至彩龙路站区间地下段的明挖暗埋段创新性地采用“[+ 工 +]”装配式预制叠合结构，省去烦琐的现浇作业，大幅缩短工期，且预制主体结构与预制围护结构叠合连接，实现永临合一，避免大量临时围护结构废弃；U 型槽段采用对称“L”型预制构件拼装，攻克高度渐变精细预制、构件吊装旋转精准定位等技术难题；预制结构及叠合技术在明挖区间的应用上不仅提升约 40% 施工效率，更是缩短工期减少材料损耗，具有显著优势。

4 号线经七路西站 A2 出入口过街通道存在较厚胶结砾岩地层，采用胶结砾岩地层水平钻孔破除预处理措施，解决复合地层中胶结砾岩强度较高、常规矩形顶管机无法顶进、姿态难以控制等问题，采用顶管始发洞门双密封工艺（延长钢环 + 双道止水帘布），双重保险解决富水地层顶管始发洞门密封不严易出现涌水涌沙、掘进过程中洞门漏浆无法保压进而导致地面沉降等难题，上述工艺提高顶管始发及掘进的安全性，降低矩形顶管施工风险，并在其他线路推广应用。

4 号线八一立交桥站至省体育中心站至泉城公园站 2

个区间选用无喂片机式双螺旋盾构机设计方案，解决不同地质条件下盾构选型矛盾，提高设备的适应性，化解泥水盾构和土压平衡盾构比选问题，并在现有双螺旋方案的基础上，利用双轨梁结构，修改螺旋机悬吊支架结构，实现在双螺旋结构下，不采用喂片机直接把管片由电瓶车组运输至拼装区域，提高设备安全及施工安全。

6 号线天泺路站至软件园站区间采用 TBM+ 土压双模盾构，解决硬岩强度高、距离长、掘进速度慢、换刀频次高且空仓掘进同步浆液容易流失等一系列问题，施工过程中取得硬岩地层掘进 360 米／月新纪录，新型盾构选择提高硬岩掘进施工效率及安全性。

（济南轨道交通集团有限公司）

24　山东省青岛市

【建设概况】

青岛市城市轨道交通工程建设由青岛地铁集团有限公司承担。

2023 年，青岛地铁建设项目 11 个，共 187.8 公里，131 座车站。全部为续建项目（2 号线一期工程调整方案〔轮渡站至泰山路站段〕、2 号线二期、5 号线、6 号线一期、6 号线二期、7 号线二期南段、7 号线二期北段、8 号线南段、8 号线支线、9 号线一期、15 号线一期）。完成车站开工 47 座（2 号线二期 1 座、5 号线 4 座、6 号线二期 10 座、7 号线二期 4 座、8 号线支线 6 座、9 号线一期 12 座、15 号线一期 10 座），车站封顶 16 座（2 号线二期 4 座、5 号线 3 座、6 号线一期 4 座、7 号线二期 1 座、8 号线南段 1 座、8 号线支线 3 座），轨道铺设 61.5 公里。完成投资 194.8 亿元。1 个项目共 3.8 公里（2 号线一期工程调整方案〔轮渡站至泰山路站段〕）主体结构贯通。（表 7-24-1）

至 2023 年底，青岛轨道交通建成线路有 7 条（1 号线、2 号线、3 号线、4 号线、8 号线北段、蓝谷快线〔原 11 号线〕、西海岸快线〔原 13 号线〕），总线路长度 317.5 公里，车站总数 150 座。

【项目管理】

管理创新技术创新双轮驱动。坚持管理创新，联合山东大学成立创新研究院，举办首届创新成果颁奖典礼，最大程度激发全员创新动力。坚持技术创新，推进 TACS 系统、饰面高性能混凝土、智慧工地等技术推广应用；开展隧道源热泵应用、车辆灵活编组等技术研究，完成新线 5 号线、9 号线、15 号线“3+3”灵活编组方案深化。

持续推进班组（部室）建设。坚持把班组（部室）建设作为固本之策，不断激发工人主人翁意识，基层管理迸发新活力。探索形成以“三个坚持”为理念、“三位一体”为路径、“二三四五”为方法的班组建设新模式，激发工人主人翁意识、工作主动性。

推进绿色城轨“九大行动”，飞轮储能、永磁牵引、地源热泵、能源管理系统等一批成熟技术得到应用，线网节能“一站一方案”全面落地，3 号线、6 号线光伏项目成功并网发电，节能减排约束激励机制进一步完善，绿色城轨初步形成全方位全过程发展格局，被中城协评选为中等规模城市轨道交通绿色线网创建示范工程。

发布数字化转型和智慧城轨规划，探索人工智能在地铁场景中的应用、基于 BIM 的设备系统全生命周期应用；加快建设数字化底座，智慧工地平台、TACS 示范工程、智慧车站等一批重点项目高质量落地。车辆、供电、机电、通信、信号五大专业智慧运维系统在 6 号线一期落地应用。

【新工艺工法】

5 号线闫家山站混凝土班组创新研发“侧墙混凝土自动化振捣装置”，解决现浇混凝土操作人员劳动强度大、用工数量多、高空作业风险大等问题，振捣时间、振捣质量较人工更加可控，更有利于混凝土内实外美，减少主体结构外观质量通病问题，有利于引导参建各方在混凝土施工工艺方面开拓创新。

8 号线支线太湖路站采用围护预制装配式挡墙代替传统基坑挡墙，预制挡墙每 3 米一段，底部节点采用地脚螺栓形式连接，冠梁施工时预埋钢板及螺栓，冠梁完成后安装挡墙，底部设计传力衬垫及止水条，块间设置止水条，满足防水要求。预制挡墙采用工厂预制，现场安装，具有施工便捷、重复利用等优势，可有效节约工程造价、提高施工效率和质量。

7 号线、15 号线部分车站肥槽、基坑等回填采用流态固化土代替素土、素混凝土等回填材料，有效解决青岛地铁回填面临的土石压实困难、混凝土造价高的问题，减少因回填不密实导致深基坑支护工程抗渗、抗震性能下降、道路沉陷的现象，材料节能环保，可通过溜槽、泵送等方式替代传统压实回填工艺满足绝大部分工况。

6 号线抓马山主变电站首次采用装配式变电站技术方

2023 年青岛市城市轨道交通在建项目汇总表　　表 7-24-1

序号	线路名称	起讫点	线路长度（公里）	车站数（座）	开工时间（年月）	预计通车时间（年）	工程建设情况	重点工程节点
1	2 号线一期工程调整方案（轮渡站-泰山路站段）	轮渡-泰山路	3.8	3	2019.01	2024	续建	12 月，区间全部贯通
2	2 号线二期	李村公园（不含）-世博园	8.9	8	2021.12	2026	续建	至年底，4 座明挖车站封顶
3	5 号线	麦岛-云岭路	32.6	27	2021.12	2028	续建	至年底，3 座车站封顶
4	6 号线一期	辛屯路-生态园	30.8	21	2019.12	2024	续建	至年底，全线实现“轨通”“洞通”“电通”，启动空载试运行
5	6 号线二期	青西-辛屯路	13.8	10	2022.06	2027	续建	至年底，所有站点全部开工，首台 TBM 始发
6	7 号线二期南段	沧口-兴国路（不含）	3.8	3	2021.12	2026	续建	至年底，车站开工 1 座，围护结构完成 1 座
7	7 号线二期北段	东郭庄（不含）-营普路	13.1	11	2021.12	2026	续建	至年底，车站开工 3 座，围护结构完成 7 座，进入主体结构施工 10 座，车站封顶 1 座，盾构（TBM）始发 6 台
8	8 号线南段	五四广场-青岛北站	13.1	7	2017.05	2025	续建	至年底，闫家山站主体结构完成；5 个区间贯通，其中嘉鞍区间“洞通”
9	8 号线支线	大涧-胶州火车站	20.4	12	2022.03	2027	续建	至年底，3 座车站封顶
10	9 号线一期	海西村-前金社区	16.6	13	2022.06	2027	续建	至年底，5 座车站开始主体结构施工，9 座车站开始土方开挖施工，2 座开始围护结构施工
11	15 号线一期	下王埠（不含）-四方厂	30.9	16	2022.03	2028	续建	至年底，13 座车站围护结构施工完成，7 座车站进入主体结构施工。2 座区间风井（含明挖段）主体结构施工完成
合计			187.8	131				

案，设备生产与基础施工同步进行，将各个变电站子模块在工厂生产完成后运输至现场，即可进行搭建。整站设备现场施工仅 41 天，建设工期仅为传统变电站的四分之一，大大简化建站流程与现场工作量，具有资源节约、环境友好、建站周期快、施工风险低等优点。

（青岛地铁集团有限公司　刘佳）

25　河南省郑州市

【建设概况】

郑州市城市轨道交通工程建设由郑州地铁集团有限公司承担。

2023 年，郑州轨道交通建设项目 7 个，共 185.0 公里，110 座车站。其中续建项目 3 个（6 号线一期东北段、7 号线一期、8 号线一期），建成项目 4 个（3 号线二期、10 号线一期、12 号线一期、郑州机场至许昌市域铁路工程郑州段）。车站封顶 56 座（6 号线一期 3 座、7 号线一

2023 年郑州市城市轨道交通在建项目汇总表　　表 7-25-1

序号	线路名称	起讫点	线路长度（公里）	车站数（座）	开工时间（年月）	预计通车时间（年）	工程建设情况	重点工程节点
1	3 号线二期	营岗–滨河新城南	6.3	4	2020.03	2023	建成	9 月 8 日开通初期运营
2	10 号线一期	郑州西站–郑州火车站	21.9	12	2017.12	2023	建成	9 月 28 日开通初期运营
3	12 号线一期	梁湖–龙子湖东	16.5	11	2020.06	2023	建成	12 月 20 日开通初期运营
4	郑州机场至许昌市域铁路（郑州段）	长安路北–市界	33.4	16	2017.12	2023	建成	12 月 28 日开通初期运营
5	6 号线一期工程东北段	常庄–清华附中	26.4	18	2020.06	2024	续建	6 月 30 日，东北段全线“洞通”；8 月 1 日，启动东北段联调联试
6	7 号线一期	黄河国家博物馆–侯寨	29.3	21	2020.06	2024	续建	6 月 29 日，白庙站主体结构完工
7	8 号线一期	天健湖–文创	51.8	28	2020.06	2024	续建	9 月 24 日，文创站主体结构封顶
合计			185.0	110				

期 19 座、8 号线一期 22 座、10 号线一期 12 座），轨道铺设 219.2 公里。完成投资 171 亿元。4 个项目共 111.6 公里（3 号线二期、10 号线一期、12 号线一期、郑州机场至许昌市域铁路工程郑州段）主体结构贯通。（表 7-25-1）

至 2023 年底，郑州轨道交通建成线路有 11 条（1 号线、2 号线、3 号线、4 号线、5 号线、6 号线一期西段、10 号线一期、12 号线一期、郑州机场至许昌市域铁路（含许昌段）、城郊线、14 号线一期），总线路长度 344.8 公里，车站总数 220 座。

【郑州轨道交通 3 号线二期工程建成项目】

3 号线二期工程起点为营岗站，终点为滨河新城南站。线路长度 6.3 公里，均为地下线。设车站 4 座，在司庄站与 11 号线换乘，在南曹站与 14 号线换乘。控制中心设于郑州调度中心；配置供电、通信、信号、通风空调、给排水与消防、设备监控、防灾报警等运营系统设备。车辆选用 A 型车，最高运行速度 80 公里／小时，接触网直流 1500 伏授电，6 辆编组，动拖比为 2:1，初期配车 10 列／60 辆。3 号线二期工程于 2020 年 3 月 13 日开工，于 2023 年 9 月 8 日开通初期运营。（图 7-25-1）

2023 年，此项目完成投资 0.9 亿元。

【郑州轨道交通 10 号线一期工程建成项目】

10 号线一期工程起点为郑州西站，终点为郑州火车站。线路长度 21.9 公里，均为地下线。设车站 12 座，在市委党校站与 14 号线换乘，在市中心医院站与 5 号线换乘，在郑州西站与 21 号线换乘。在红石坡设停车场 1 处，占地 30.6 公顷。设郑州西站主变。控制中心设于郑州调度中心；配置供电、通信、信号、通风空调、给排水与消防、设备监控、防灾报警等运营系统设备。车辆选用 A 型车，最高运行速度 100 公里／小时，接触网直流 1500 伏

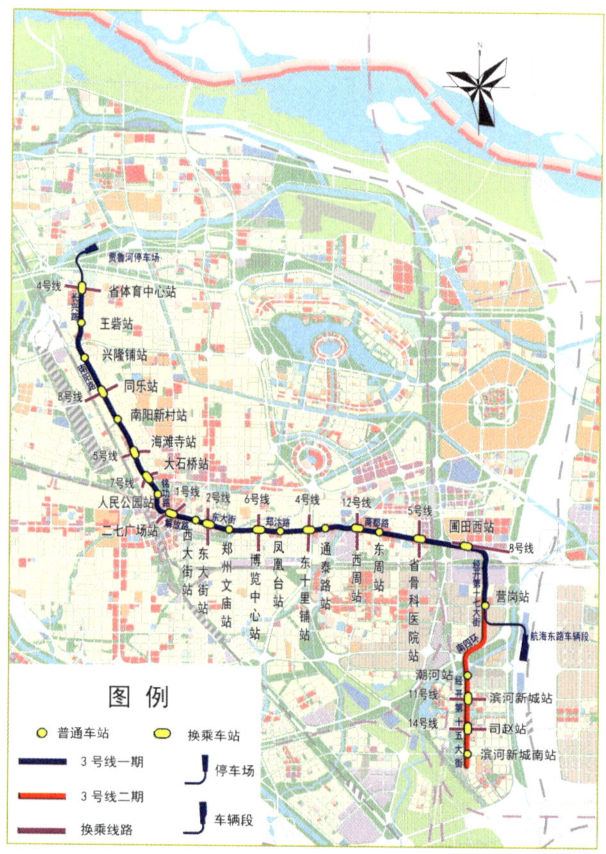

图 7-25-1　郑州轨道交通 3 号线二期走向示意图

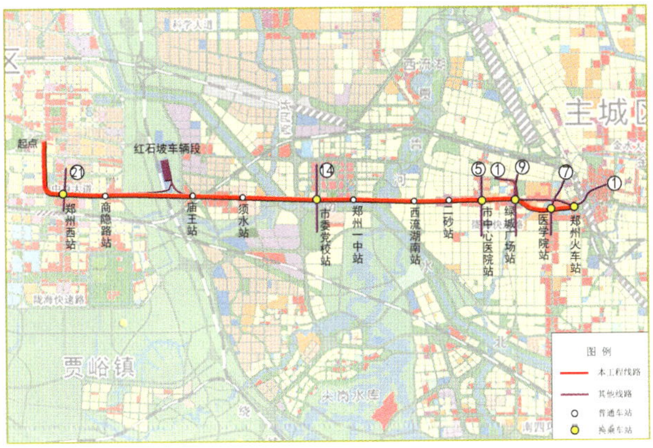

图 7-25-2　郑州轨道交通 10 号线一期走向示意图

授电，6 辆编组，动拖比为 2:1，初期配车 18 列 /108 辆。10 号线一期工程于 2017 年 11 月 1 日开工，2023 年 9 月 28 日开通初期运营。（图 7-25-2）

2023 年，此项目完成投资 10.6 亿元，结构封顶累计 12 座。

【郑州轨道交通 12 号线一期工程建成项目】

12 号线一期工程起点为圣佛寺站，终点为龙子湖东站。线路长度 16.5 公里，均为地下线。设车站 11 座，在圣佛寺站与 14 号线换乘，在福塔东站与 5 号线换乘，在西周站与 3 号线换乘。在南四环与机场高速交叉口西北象限设车辆段 1 处，占地 28.3 公顷。设经开、郑信路主变。控制中心设于郑州调度中心；配置供电、通信、信号、通风空调等运营系统设备。车辆选用 B 型车，最高运行速度 100 公里 / 小时，接触网直流 1500 伏授电，6 辆编组，动拖比为 2:1，初期配车 16 列 /96 辆。12 号线一期工程于 2020 年 6 月 30 日开工，2023 年 12 月 20 日开通初期运营。（图 7-25-3）

2023 年，此项目完成投资 11.0 亿元。

【郑州机场至许昌市域铁路工程（郑州段）建成项目】

郑州机场至许昌市域铁路（郑州段）工程起点为长安路北站，终点为八千站。线路长度 33.4 公里，其中地下线 28.3 公里，地面线 0.3 公里，高架线 4.8 公里。设车站 16 座。在港区北设车辆段。设航兴路和郑港九路主变。控制中心设于港北车辆段；配置供电、通信、信号、通风空调等运营系统设备。车辆选用 B 型车，最高运行速度 120 公里 / 小时，接触网直流 1500 伏授电，近期是 B 型车 4 辆编组，动拖比 3:1。远期是 6 辆编组，动拖比 2:1。初期配车 4 列。郑州机场至许昌市域铁路工程于 2018 年 3 月 15 日开工，2023 年 12 月 28 日开通初期运营。（图 7-25-4）

2023 年，此项目完成投资 8.2 亿元。

【项目管理】

落实安全生产责任制，重大事故隐患排查整治，加大

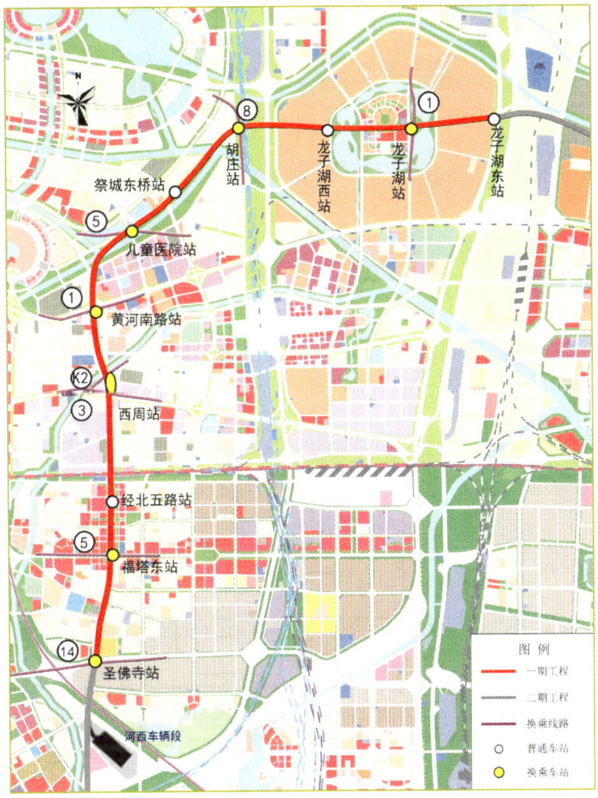

图 7-25-3　郑州轨道交通 12 号线一期走向示意图

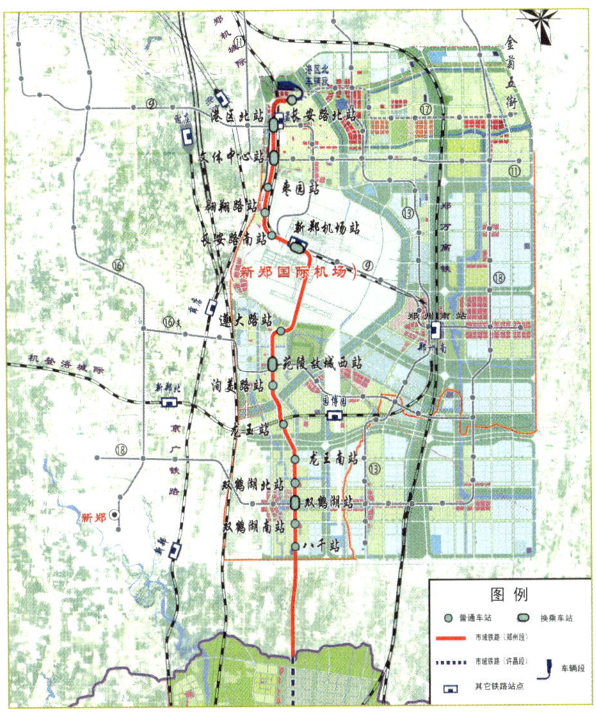

图 7-25-4　郑州机场至许昌市域铁路（郑州段）走向示意图

质量、进度、文明施工管控力度，优化施工组织，解决在建线路征地拆迁、管线迁改、施工组织等诸多难点问题，提升工程建设管理制度体系、工艺标准体系，以全工序、全环节的标准化体系建设推动精品工程建设。

【新工艺工法】

6 号线金融岛西站至清华附中站区间隧道全长 4369 米，盾构机穿越龙湖底累计达 3256 米，湖底距隧道顶部最小距离仅 8 米，水力联系密切，施工难度和风险极大。通过在湖底杂填土区域进行回填后注浆加固等措施，解决长距离穿越湖泊和杂填土区域等难题；在邻近龙湖区域进行盾构始发接收过程中，盾构井端头加固采用 WSS 水平注浆加固 + 短套筒始发及长套筒接收，辅以地面降水作业，解决在邻近湖泊富水地层中始发接收难题，实现盾构在邻近湖泊富水砂层中安全施工。

郑州机场至许昌市域铁路工程郑州段盾构区间下穿城郊线区间隧道。盾构下穿影响区域长达 56 米，正穿长度长达 23 米，区间隧道与既有城郊线隧道最小净距仅 2.528 米，是郑州首例无预加固措施穿越（裸穿）既有运营地铁线，施工风险大。为确保掘进过程中将道床形变量严格控制在设计范围内，通过设立试验段模拟下穿施工并总结掘进各项参数、布置深层沉降孔以模拟既有线隧道沉降情况，下穿期间采用克泥效工法、深孔注浆，自动化监测等技术手段，实现区间下穿既有城郊线累计隆沉值控制在 −1mm ～ +1mm 以内，安全完成盾构下穿施工。

郑州机场至许昌市域铁路工程郑州段盾构区间下穿新郑机场。隧道先后下穿机场跑道、联络道、滑道和航站楼。穿越机场飞行区期间，每日数百架次航班起降，对地表沉降要求极高。穿越航站楼期间，盾构机距离其桩基最小距离仅 3 米，还叠加小曲率半径转弯、不利地层等多种风险，施工难度前所未有。盾构始发前，多次对专项施工方案和各项应急预案进行优化，邀请盾构施工专家进行评审。盾构机始发后，通过试推阶段的实验，确定穿越机场时的各项参数范围，利用自动化监测系统，实时采集机场内地面沉降数据，动态调整施工参数，始终将沉降值控制在 3 毫米以内，远小于允许的 10 毫米限值。

（郑州地铁集团有限公司）

26　湖北省武汉市

【建设概况】

武汉市城市轨道交通工程建设由武汉地铁集团有限公司和武汉光谷交通建设有限公司承担。

2023 年，由武汉地铁集团有限公司承担的建设项目 13 个，共 181.6 公里，87 座车站。其中续建项目 10 个（3 号线二期、6 号线三期、11 号线东段二期、11 号线三期武昌首开段、11 号线四期、12 号线武昌段、12 号线江北段、12 号线联络线、新港线一期、前川线二期），新开工项目 1 个（新港线西延线），建成项目 2 个（19 号线、5 号线调整工程）。完成车站开工 15 座（新港线一期 2 座、3 号线二期 5 座、6 号线三期 2 座、11 号线四期 5 座、新港线西延线 1 座），车站封顶 17 座（19 号线 3 座、11 号线东段二期 2 座、12 号线武昌段 4 座、12 号线江北段 7 座、新港线一期 1 座），轨道铺设 54.5 公里。完成投资 305.2 亿元。2 个项目共 25.9 公里（19 号线、5 号线调整工程）主体结构贯通。（表 7-26-1）

至 2023 年底，武汉轨道交通由武汉地铁集团有限公司建成线路有 12 条（1 号线〔含一期、二期、汉口北延长线、径河延长线〕、〔2 号线含一期、机场线、南延线〕、3 号线、4 号线〔含一期、二期、蔡甸线〕、5 号线〔含一期、起点调整〕、6 号线〔含一期、二期〕、7 号线〔含一期、纸坊线、前川线一期〕、8 号线〔含一期、二期、三期〕、11 号线〔含东段一期、三期葛店段〕、16 号线〔含一期、起点调整〕、阳逻线、19 号线），总线路长度 486.0 公里，车站总数 300 座。

（武汉地铁集团有限公司　袁心）

由武汉光谷交通建设有限公司承担的建设项目 1 个，共 10.5 公里，6 座车站。为建成项目（空轨旅游线）。完成投资 2.0 亿元。1 个项目共 10.5 公里（空轨旅游线）主体结构贯通。（表 7-26-1）

至 2023 年底，武汉光谷交通建设有限公司建成线路有 3 条（有轨电车 T1、T2 线、空轨旅游线），总线路长度 40.3 公里，车站总数 45 座。

（武汉光谷交通建设有限公司　杨清梅）

【武汉轨道交通 5 号线调整工程建成项目】

5 号线调整工程起点为红霞村站，终点为科技大学站。线路长度 2.6 公里，均为高架线。设车站 2 座。与 5 号线、7 号线共用张家湾、徐家棚主变。控制中心为铁机路控制中心；配置供电、通信、通风空调、给排与消防、设备监控、电梯及自动扶梯等运营系统设备。车辆选用 A 型车，最高运行速度 80 公里 / 小时，第三轨直流 1500 伏授电，6 辆编组，动拖比为 2:1，初期配车 7 列 /42 辆。5 号线调整工程于 2021 年 12 月 26 日开工，于 2023 年开通初期运营。（图 7-26-1）

2023 年武汉市城市轨道交通在建项目汇总表　　表 7-26-1

序号	线路名称	起讫点	线路长度（公里）	车站数（座）	开工时间（年月）	预计通车时间（年）	工程建设情况	重点工程节点
1	19 号线	武汉站西广场-新月溪公园	23.3	7	2019.02	2023	建成	12 月 30 日该线路开通初期运营
2	5 号线调整	红霞村-科技大学	2.6	2	2021.12	2023	建成	12 月 30 日该线路开通初期运营
3	3 号线二期	文岭-沌阳大道（不含）	12.0	5	2022.12	2026	续建	2023 年，车站开工 5 座，完成围护桩累计 1750 根
4	6 号线三期	博艺路-东风公司（不含）	2.8	2	2022.12	2026	续建	2023 年，车站开工 2 座，完成围护桩累计 277 根
5	11 号线东段二期	武汉东站（不含）-武昌站东广场	12.5	7	2016.12	2024	续建	2023 年，车站结构封顶累计 2 座，盾构推进累计 6.98 公里，轨道铺设累计 3.4 公里
6	11 号线三期武昌首开段	武昌站东广场（不含）-江安路	4.0	2	2019.04	2024	续建	2023 年，盾构推进累计 3.72 公里，轨道铺设累计 1.82 公里
7	11 号线四期	汉阳站（不含）-江安路（不含）	16.1	6	2022.12	2027	续建	2023 年，车站开工 5 座，完成导墙累计 681 米，地连墙累计 34 幅
8	12 号线武昌段	科普公园（不含）-青菱	22.0	14	2020.03	2025	续建	2023 年，车站结构封顶累计 4 座，盾构推进累计 11.20 公里
9	12 号线江北段	青菱（不含）-科普公园	37.9	23	2020.11	2026	续建	2023 年，车站结构封顶累计 7 座，盾构推进累计 9.29 公里
10	12 号线联络线	中一路-后湖大道（不含）	3.1	2	2021.12	2026	续建	2023 年，1 座车站正进行主体结构施工
11	新港线一期	北洋桥-白玉山	10.9	5	2021.12	2026	续建	2023 年，车站开工 2 座，结构封顶累计 1 座，完成既有站改造施工 1 座，盾构推进累计 1 公里
12	前川线二期	黄陂广场-横店（不含）	15.4	4	2017.12	2024	续建	2023 年，高架区间结构累计完成 1.2 公里，轨道铺设累计 3.5 公里
13	新港线西延线	北洋桥（不含）-汉口火车站	19.0	8	2023.12	2028	新开工	2023 年 12 月开工建设
	合计		181.6	87				
14	空轨旅游线	九峰山-龙泉山	10.5	6	2021.07	2023	建成	2023.9.26 通车试运营

注：序号 1—13 工程项目，工程建设由武汉地铁集团有限公司承担，合计项为 1—13 项合计数；序号 14 工程项目，工程建设由武汉光谷交通建设公司承担。

图 7-26-1　武汉轨道交通 5 号线调整工程走向示意图

2023 年，此项目完成投资 6.0 亿元，至 2023 年底，车站开工 2 座、结构封顶累计 2 座，轨道铺设累计 5.2 公里。

【武汉轨道交通 19 号线工程建成项目】

19 号线工程起点为武汉站西广场站，终点为新月溪公园站。线路长度 23.3 公里，均为地下线。设车站 7 座，在光谷五路站与 11 号线换乘，在新月溪公园站与规划 13 号线换乘。在东湖高新区花山大道武九铁路附近设花山车辆段，占地 28.0 公顷。设落步嘴、光谷五路南主变（与新港线、13 号线共用主变）。控制中心现设于光谷控制中心，后期迁至国博控制中心；配置供电，通信，通风空调，给排与消防，设备监控，电梯及自动扶梯等运营系统设备。车辆选用 A 型车，最高运行速度 120 公里／小时，接触网直流 1500 伏授电，6 辆编组，动拖比为 2:1，初期配车 15 列 /90 辆。19 号线工程于 2019 年 2 月 19 日开工，计划于 2023 年开通初期运营。（图 8-26-2）

2023 年，此项目完成投资 17.3 亿元，至 2023 年底，车站开工 7 座、结构封顶累计 7 座，盾构推进累计 36.4 公里，轨道铺设累计 51.3 公里。

【武汉轨道交通新港线西延线工程新开工项目】

新港线西延线工程起点为北洋桥站，终点为汉口火车站。线路长度 19.0 公里，均为地下线。设车站 8 座，在唐家墩站与 6 号线换乘，在竹叶山站与 8 号线换乘。与 7 号线、19 号线线共用徐家棚、落步嘴主变。控制中心为国博控制中心；配置供电、通信、通风空调、给排与消防、设备监控、电梯及自动扶梯等运营系统设备。车辆选用 A 型车，最高运行速度 120 公里 / 小时，直流 1500 伏授电，6 辆编组，动拖比为 2:1，初期配车 15 列 /90 辆。新港线号线西延线工程于 2023 年 12 月开工，计划于 2028 年开通初期运营。（图 7-26-3）

2023 年，此项目完成投资 2.9 亿元，至 2023 年底，车站开工 1 座。

图 7-26-2　武汉轨道交通 19 号线走向示意图

图 7-26-3　武汉轨道交通新港线西延线走向示意图

【光谷旅游专线一期工程建成项目】

旅游专线一期工程起点为九峰山，终点为龙泉山。线路长度 10.5 公里，全部为高架线。设车站 6 座，在高新大道站与地铁 11 号线换乘。在龙泉山终点站北侧设车辆基地 1 处，占地 12.85 公顷。控制中心 1 处；配置供电、通信、信号、通风空调、给排水与消防、设备监控、防灾报警、屏蔽门、自动售检票、电梯及自动扶梯等运营系统设备。车辆选用悬挂式单轨列车，最高运行速度 60 公里 / 小时，直流 750 伏授电，2 辆编组，一期配车 10 列 /20 辆。工程于 2021 年 7 月开工，2023 年 9 月 26 日开通试运营。（图 7-26-4）

2023 年，此项目完成投资约 2 亿元，至 2023 年底，车站开工 6 座、结构封顶累计 6 座，轨道铺设累计 10.5 公里。

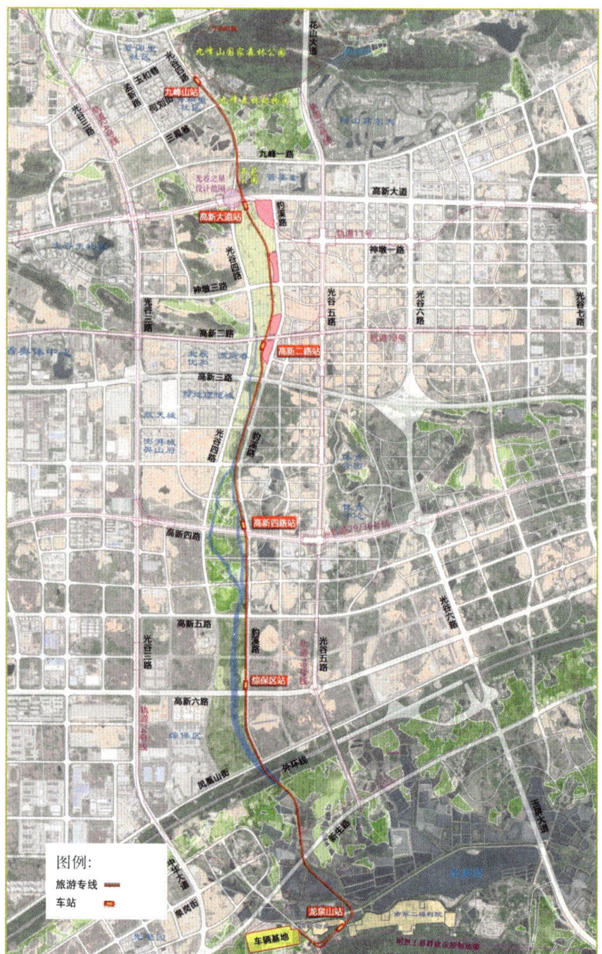

图 7-26-4　武汉轨道交通旅游专线一期走向示意图

【项目管理】

在聚焦城市发展战略中提升品质，工程建设取得新突破。国内首条商用5G专网创新应用，首次实现新线开通安全评估零A类整改项，19号线、5号线调整工程高质量建成开通。11号线三期主体结构完工，前川线二期、11号线二期建设显著提速，12号线、12号线联络线、新港线一期、6号线三期、3号线二期等线路工期节点总体可控。11号线四期、新港线西延线通航论证顺利获批，新港线西延线如期开工。

（武汉地铁集团有限公司　袁心）

在项目实施中，对初步设计及施工图阶段，进行抗震、抗风、风洞试验、车桥耦合、BIM设计等各方面，进行全过程精细化管理。参建单位对计划节点、关键节点、里程碑节点进行精细研究，确保空轨全线375个钢桥墩、90个混凝土墩柱，884根轨道梁，33组道岔安全可靠完成施工，保证9月26日通车初期运营。

（武汉光谷交通建设有限公司　杨清梅）

【新工艺工法】

5号线调整工程首次在武汉地铁高架线采用预应力混凝土长轨枕式整体道床。长轨枕采用工厂预制，能对轨底坡、轨距等几何形位的施工做到控制精准，提高轨道安装效率。长轨枕式整体道床整体性好，提高轨道平顺性、旅客乘坐舒适性，有效延长车轮和钢轨的寿命。采用轨道精密控制测量技术，把轨道铺设精度控制在1毫米以内。

5号线调整工程、19号线工程首次采用信号电缆成端柜，将电缆成端位置由静电地板下方移至定制柜体内，具有安装操作方便、走线整齐美观、接地牢固良好、绝缘性能可靠等优势，有效提高成端作业的效率和后期运营维护的便利性。

19号线首次在鼓架山站应用装配式预制轨顶风道，效果良好。装配式预制轨顶风道无须架设模板、安装快捷简便、质量有保障、耐久性好。预制构件工厂批量生产，造价低。机械化安装，绿色施工，助力低碳节能发展。

19号线采用高分子疏散平台，通过采用钢支架+高分子材料疏散平台的方案，减小平台板自重（约为20kg/m^2），安装、更换方便，适合采用预埋滑槽的区间以及疏散平台宽度较大的区间。与原水泥基疏散平台方案相比，大大节约工期及安装难度。

（武汉地铁集团有限公司　袁心）

旅游专线全线采用装配式结构，车站均为桥建分离装配式钢框架结构，桥墩、轨道梁采用工厂预制、现场拼装，加工、制造及安装过程安全、精准、绿色环保、噪音小、对周边环境破坏小。利用BIM技术强化各专业协同，对重难点问题通过3D画面模拟，直观地将突出问题前置，体现基于BIM的装配式建筑信息化应用优势。采用多项减振技术，提高空轨车辆的平稳性和舒适性：空气弹簧（类似于高铁、动车）；橡胶走行轮，降低车辆与轨道梁之间的振动；橡胶叠簧，位于齿轮箱与构架之间；横向减振器、垂向减振器和平衡减振器。采用具有效率高、能耗低、重量轻、噪音小、结构简单等优点的永磁电机，取代传统异步电机，有效降低整车重量，减少列车牵引能耗。

（武汉光谷交通建设有限公司　杨清梅）

27　湖南省长沙市

【建设概况】

长沙市城市轨道交通工程建设由长沙市轨道交通集团有限公司承担。

2023年，长沙轨道交通建设项目6个，共66.5公里，43座车站。其中续建项目5个（1号线北延一期、2号线西延二期、磁浮东延线接入T3航站楼、6号线东延段、7号线一期），建成项目1个（长株潭城际轨道交通西环线一期）。完成车站开工34座（1号线北延一期5座、2号线西延二期10座、磁浮东延线接入T3航站楼2座、6号线东延段1座、7号线一期16座），车站封顶22座（1号线北延一期5座、2号线西延二期10座、7号线一期7座），轨道铺设46.1公里。完成投资135.37亿元。（表7-27-1）

至2023年底，长沙轨道交通建成线路有9条（1号线一期、2号线一期、2号线西延一期、3号线一期、4号线一期、5号线一期、6号线、长沙磁浮快线、长株潭西环线一期），总线路长度226.4公里，车站总数156座。

【长株潭城际轨道交通西环线一期工程建成项目】

西环线一期工程起点为湘潭北站，终点为山塘站，线路长度17.3公里，其中地下线7.4公里，地面线0.4公里，高架线9.5公里。设车站8座，在湘潭北站与沪昆高

2023 年长沙市城市轨道交通在建项目汇总表　　表 7-27-1

序号	线路名称	起讫点	线路长度（公里）	车站数（座）	开工时间（年月）	预计通车时间（年）	工程建设情况	重点工程节点
1	长株潭城际轨道交通西环线一期	湘潭北站-山塘	17.3	8	2019.09	2023	建成	6 月 28 日，实现初期运营
2	1 号线北延一期	金盆丘-开福区政府	9.9	5	2020.09	2024	续建	12 月 29 日，进入“试运行”阶段
3	2 号线西延二期	长沙西站-梅溪湖西	13.8	11	2020.09	2025	续建	至年底，10 个车站主体封顶；24 个附属完成；22 个单线区间完成；轨道完成 12 公里
4	磁浮东延接入 T3 航站楼	既有长沙磁浮快线-长沙机场 T3 航站楼	4.5	2	2021.04	2025	续建	至年底，磁浮 T2 站-磁浮 T3 站盾构区间双线洞通；磁浮 T2 站附属结构封顶完成
5	6 号线东延段	黄花机场 T1T2-黄花机场 T3	4.2	1	2021.04	2025	续建	至年底，黄花机场 T3 站主体完成；中间风井-黄花机场 T3 站左右线“洞通”；中间风井-黄花机场 T1T2 站右线“洞通”
6	7 号线一期	云塘-五里牌	16.8	16	2021.12	2027	续建	至年底，8 座车站主体封顶；区间掘进 3.55 公里；运用库进入主体施工阶段，咽喉区进入主体施工阶段
合计			66.5	43				

注：磁浮东延接入 T3 航站楼工程，既有长沙磁浮快线的接出点位于长沙大道与临空大道西北侧。

铁换乘。在九华设停车场。设北津主变与洋湖垸主变，控制中心接入杜花路控制中心。车辆选用 B 型车，最高运行速度初期和近期 80 公里 / 小时，远期 120 公里 / 小时，接触网直流 1500 伏授电，6 辆编组。动拖比 2:1。初期配车 16 列 /96 辆。长株潭城际轨道交通西环线一期工程于 2019 年 9 月开工，于 2023 年 6 月 28 日开通初期运营。（图 7-27-1）

2023 年，项目完成投资约 29.4 亿元，至 2023 年底，车站开工 8 座，结构累计封顶 8 座，盾构推进累计 10.6 公里，轨道铺设累计 44.8 公里。

【项目管理】

一是强化生产调度。实施项目负责制，由项目组负责制定项目里程碑节点及项目调度手册，定期落实工程节点。二是强化要素保障。确保建设资金及时到位，材料设备及时供应，尤其是保障农民工工资及时足额发放到位。三是强化沟通协调。与市直相关单位、区县政府建立协调对接机制，组织召开工作对接会议，着力破解手续办理、渣土消纳、管线迁改等建设难题。

【新工艺工法】

1 号线北延一期工程的金霞站是双肢墩钢混组合梁结构高架三层鱼腹式岛式车站，该站最大外包尺寸为 121 米 × 18.44 米，结构横向柱距 3.6 米，纵向柱距 12 米。

图 7-27-1　长株潭城际轨道交通西环线一期走向示意图

站台从承台基础顶每隔 12 米布置一组两个箱型钢柱（内管灌混凝土），主体结构钢材用量约 2500 吨。建设过程中克服高空测量控制点多、节点拼接焊接工程量大、超大体积钢构件运输、吊装等困难，快速完成车站主体结构吊装。

2 号线西延二期工程全线采用多项节能系统：隧道通风及排热系统辅助站台公共区排烟方案；“双端四风机”排热方案，车站排热风机根据列车进出站信号进行变频控制，平时低频运行或停止运行，列车进站时工频运行；全线车站设备区大端空调小系统采用变风量系统；采用风水协同节能控制系统，包含车站空调小系统、通风空调大系统及空调水系统。

7 号线一期在林科大等站采用装配式临时路面铺盖系统新工艺，将预制预应力空心板梁结构作为主要受力构件应用到基坑设计中，全线与规划路段快捷化项目并行，多个车站与高架桥共建。车站下部设桩基，并设置钢管柱和托换梁形成高架桥基础，高架桥桥墩直接落在车站顶板上方，在减少拆迁量和市政管线二次迁改、缩短建设工期、节约投资、减少道路占用方面发挥优势。

（长沙市轨道交通集团有限公司　言艾欣）

28　广东省广州市

【建设概况】

广州市城市轨道交通工程建设由广州地铁集团有限公司承担。

2023 年，广州轨道交通建设项目 22 个，共 566.6 公里，205 座车站。其中续建项目 16 个（3 号线东延段、10 号线、11 号线、12 号线、13 号线二期、14 号线二期、18 号线、22 号线、广州东至花都天贵城际、芳村至白云机场城际、广佛环线佛山西至广州北段、新塘经白云机场至广州北项目新塘〔不含〕至机场 T2〔不含〕段、广佛环线广州南至白云机场段、广州至清远城际清远至省职教城段、广州至清远城际广州白云至广州北段、穗莞深城际琶洲支线），新开工项目 4 个（8 号线北延段、8 号线北延段支线、南沙至珠海〔中山〕城际广州段、广河高铁白云机场 T3 至江村西段），建成项目 2 个（5 号线东延段、7 号线二期）。完成车站开工 17 座（13 号线二期 1 座、14 号线二期 1 座、芳村至白云机场城际 3 座、8 号线北延段 3 座、8 号线北延段支线 3 座、南沙至珠海〔中山〕城际广州段 3 座、广州至清远城际广州白云至广州北段 3 座），车站封顶 37 座（3 号线东延段 1 座、7 号线二期 2 座、10 号线 6 座、11 号线 12 座、12 号线 6 座、13 号线二期 5 座、14 号线二期 1 座、22 号线 1 座、芳村至白云机场城际 1 座、8 号线北延段支线 1 座、广州至清远城际清远至省职教城段 1 座），轨道铺设 204.2 公里。完成投资 454.4 亿元。22 个项目共 112.0 公里主体结构贯通。（表 7-28-1）

至 2023 年底，广州轨道交通建成线路有 22 条（含 6 条城际线路），总线路长度 971.3 公里（广州境内 693.9 公里），车站总数 368 座（广州境内 309 座）。

【广州轨道交通 5 号线东延段工程建成项目】

5 号线东延段工程起点为文冲站（不含），终点为黄埔客运港站。线路长度 9.8 公里，均为地下线。设车站 6 座，在夏园站与 13 号线换乘，在大沙东站与 7 号线换乘。在双岗设停车场，占地 11.2 公顷。设墩美主变。控制中心接入镇龙区域控制中心；配置供电、通信、信号、通风空调、给排水与消防、设备监控、防灾报警、屏蔽门、自动售检票、电梯及自动扶梯等运营系统设备。车辆选用 L 型车，最高运行速度 90 公里 / 小时，第三轨直流 1500 伏授电，6 辆编组，初期配车 14 列 /84 辆。5 号线东延段工程于 2018 年 11 月 19 日开工，计划于 2023 年开通初期运营。（图 7-28-1）

2023 年，此项目完成投资 17.2 亿元，至 2023 年底，车站开工 6 座、结构封顶累计 6 座，盾构推进累计 17.6 公里，轨道铺设累计 28.8 公里。

【广州轨道交通 7 号线二期工程建成项目】

7 号线二期工程起点为大学城南站（不含），终点为水西北站。线路长度 21.9 公里，均为地下线。设车站 11 座，在裕丰围站与 13 号线换乘，在大沙东站与 5 号线换乘。在姬堂设停车场，占地 12.7 公顷。与 5 号线共用鱼珠主变。控制中心接入镇龙区域控制中心；配置供电、通信、信号、通风空调、给排水与消防、设备监控、防灾报警、屏蔽门、自动售检票、电梯及自动扶梯等运营系统设备。车辆选用 B 型车，最高运行速度 80 公里 / 小时，接触网直流 1500 伏授电，6 辆编组，动拖比为 2:1，初期配车 19 列 /114 辆。7 号线二期工程于 2018 年 11 月 19 日开工，于 2023 年开通初期运营。（图 7-28-2）

2023 年广州市城市轨道交通在建项目汇总表

表 7-28-1

序号	线路名称	起讫点	线路长度（公里）	车站数（座）	开工时间（年月）	预计通车时间（年）	工程建设情况	重点工程节点
1	5 号线东延段	文冲-黄埔客运港	9.8	6	2018.11	2023	建成	至年底，开通初期运营
2	7 号线二期	大学城南-水西北	21.9	11	2018.11	2023	建成	至年底，开通初期运营
3	3 号线东延段	番禺广场-海傍	9.6	4	2018.11	2024	续建	至年底，4 座车站封顶并进行机电施工；4 个区间及出入场线全部贯通，正线“轨通”。广州新城停车场进行土建施工
4	10 号线	西塱-石牌桥	19.2	14	2018.11	2024	续建	至年底，12 座车站封顶，1 座进行土建施工；13 个区间贯通
5	11 号线	广州火车站-广州火车站（环线）	42.8	32	2016.09	2024	续建	至年底，32 座车站中，2 座建成开通，28 座机电施工，1 座土建施工，32 个区间中，1 个建成开通，31 个贯通
6	12 号线	浔峰岗-大学城南	37.6	25	2018.11	2025	续建	至年底，17 座车站封顶，8 座正在进行土建施工；24 个区间中，16 个贯通，6 个进行土建施工
7	13 号线二期	朝阳-鱼珠	33.5	23	2017.12	2025	续建	至年底，23 座车站中，13 座封顶，6 座机电施工，10 座土建施工；18 个区间贯通，5 个区间土建施工
8	14 号线二期	广州火车站-嘉禾望岗	11.9	8	2018.11	2025	续建	至年底，8 座车站中，4 座封顶，2 座机电施工，3 座土建施工；8 个区间中，3 个贯通，4 个土建施工
9	18 号线后通段	冼村-广州东站	3.0	1	2017.10	2026	续建	至年底，广州东至冼村区间进行土建施工，广州东站正在进行前期准备工作
10	22 号线后通段	陈头岗-芳村	12.6	4	2017.10	2025	续建	至年底，4 座车站中，2 座封顶，2 座进行土建施工；4 个区间中，1 个贯通，3 个进行土建施工
11	广州东至花都天贵城际	广州东站-花城街	39.6	7	2021.09	2027	续建	至年底，7 座车站土建施工；7 个区间中，5 个区间进行土建施工，其余 2 个进行前期准备
12	芳村至白云机场城际	芳村-白云机场	41.1	10	2021.12	2027	续建	至年底，10 座车站中，1 座封顶，8 座土建施工；10 个区间中，6 个土建施工
13	广佛环线佛山西至广州北段	佛山西站-广州北站	47.0	7	2022.09	2027	续建	至年底，全部 7 座车站土建施工，地下隧道 4 台盾构始发掘进。
14	新塘经白云机场至广州北项目	机场 T2 站（不含）-新塘站（不含）	57.4	10	2015.12	2024	续建	12 月 31 日项目总体建成。
15	广佛环线	广州南站-白云机场	46.7	8	2017.01	2025	续建	11 月，金融城站至智慧城站区间盾构隧道双线贯通。12 月，大源站至太和站区间下行线盾构隧道贯通
16	广州至清远城际广州白云至广州北段	花都-白云城际场	22.0	4	2020.06	2025	续建	5 月，完成广佛西环特大桥 12—15# 连续梁合龙；7 月，完成跨新街河特大桥右线桥 56—60# 连续梁合龙

2023 年广州市城市轨道交通在建项目汇总表（续前表）

表 7-28-1

序号	线路名称	起讫点	线路长度（公里）	车站数（座）	开工时间（年月）	预计通车时间（年）	工程建设情况	重点工程节点
17	穗莞深城际琶洲支线	琶洲–莲花	17.6	2	2018.12	2025	续建	6 月底，实现全线主线隧道洞通及横通道贯通；2023 年 12 月底实现全线轨通。
18	广州至清远城际	清城–省职教城	19.7	4	2020.08	2024	续建	2023 年明挖隧道主体工程全部完工，北江特大桥跨江段连续梁顺利合拢，桥梁主体工程全部完工
19	8 号线北延段	滘心–广州北站	20.7	11	2023.06	2028	新开工	至年底，11 座车站中，1 座土建施工，其他进行施工前准备
20	8 号线北延段支线	江府–纪念堂	20.2	11	2023.06	2028	新开工	至年底，11 座车站中，1 座主体结构封顶并进行机电施工，2 座土建施工
21	南沙至珠海（中山）城际广州段	万顷沙–二十涌	17.1	3	2023.03	2025	新开工	至 3 年底，3 座车站土建施工，3 个区间中，2 个区间土建施工，其余 1 个施工前准备
22	广河高铁白云机场 T3 至江村西段	江村西线路所–白云机场 T3 站	15.6	0	2023.12	2028	新开工	至年底，共 1 座车站的机电装修
合计			566. 6	205				

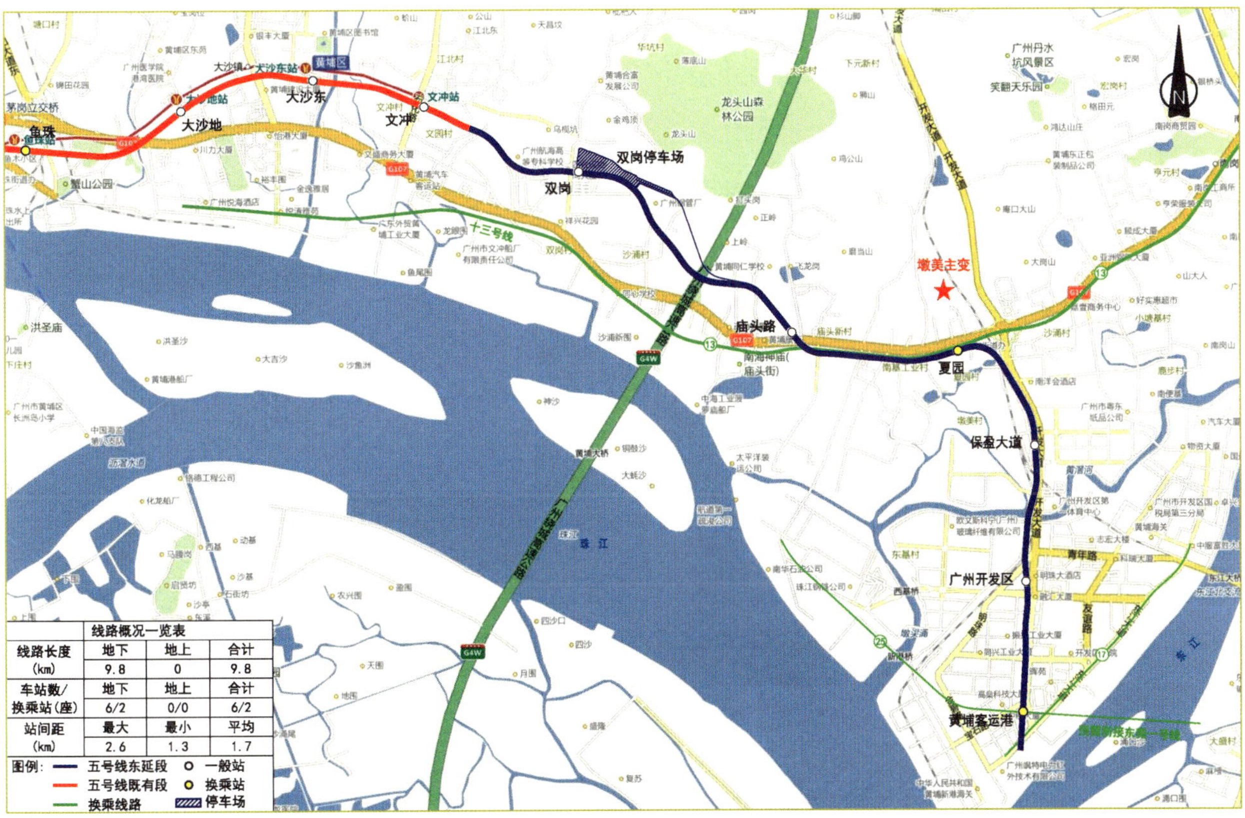

图 7-28-1　广州轨道交通 5 号线东延段走向示意图

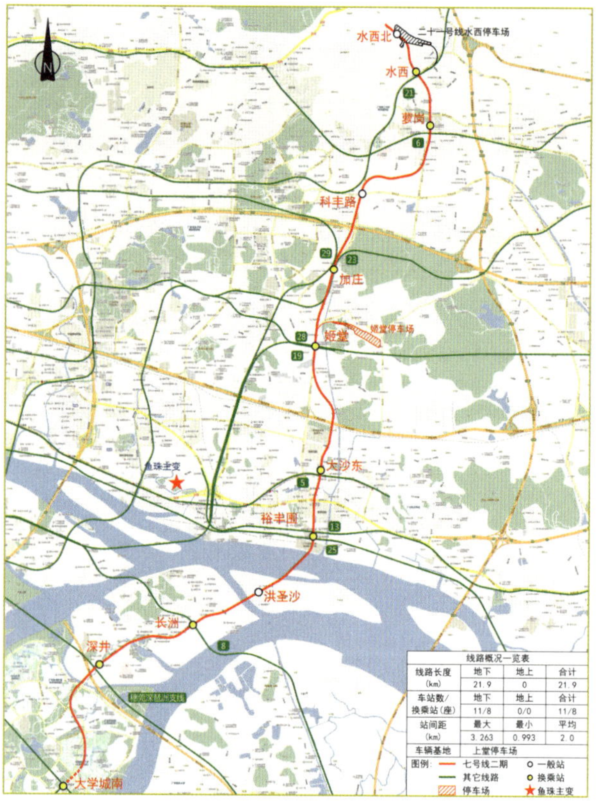

图 7-28-2 广州轨道交通 7 号线二期走向示意图

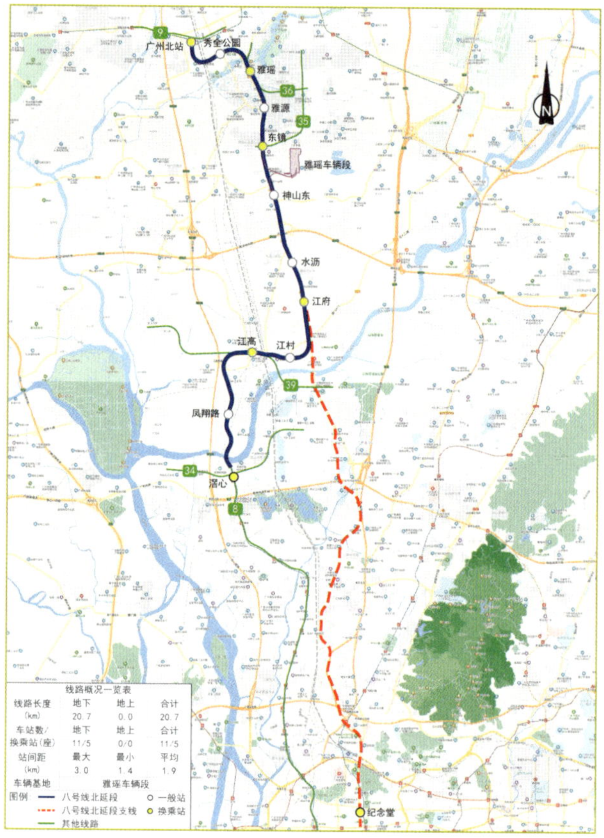

图 7-28-3 广州轨道交通 8 号线北延段走向示意图

2023 年，此项目完成投资 32.3 亿元，至 2023 年底，车站开工 11 座、结构封顶累计 11 座，盾构推进累计 37.7 公里，轨道铺设累计 55.4 公里。

【广州市轨道交通 8 号线北延段工程新开工项目】

8 号线北延段工程起点为滘心站，终点为广州北站。线路长度 20.7 公里，均为地下线。设车站 11 座，在广州北站与 9 号线换乘，在滘心站与 8 号线换乘。在雅瑶设车辆段。控制中心接入既有公园前控制中心；配置供电、通信、信号、通风空调、给排水与消防、设备监控、防灾报警、屏蔽门、自动售检票、电梯及自动扶梯等运营系统设备。车辆选用 A 型车，最高运行速度 100 公里 / 小时，接触网直流 1500 伏授电，6 辆编组，动拖比为 2:1。8 号线北延段工程于 2023 年 4 月 29 日开工，计划于 2028 年开通初期运营。（图 7-28-3）

2023 年，此项目完成投资 8.4 亿元，至 2023 年底，车站开工 3 座。

【广州市轨道交通 8 号线北延段支线工程新开工项目】

8 号线北延段支线工程起点为江府站（不含），终点为纪念堂站。线路长度 20.0 公里，均为地下线。设车站 10 座，在夏茅站与芳白城际换乘，在白云站与 12 号线换乘。在唐阁设停车场，占地 11.3 公顷。控制中心接入既有公园前控制中心；配置供电、通信、信号、通风空调、给排水与消防、设备监控、防灾报警、屏蔽门、自动售检票、电梯及自动扶梯等运营系统设备。车辆选用 A 型车，最高运行速度 100 公里 / 小时，接触网直流 1500 伏授电，6 辆编组，动拖比为 2:1。8 号线北延段支线工程于 2023 年 4 月 29 日开工，计划于 2028 年开通初期运营。（图 7-28-4）

2023 年，此项目完成投资 3.3 亿元，至 2023 年底，车站开工 3 座、结构封顶累计 1 座。

【粤港澳大湾区城际线南沙至珠海（中山）城际广州段工程新开工项目】

南沙至珠海（中山）城际工程起点为 18 号线万顷沙站，终点为兴中站。线路长度 47.6 公里，其中地下线 42.8 公里，地面线 4.8 公里。设车站 12 座。在烟筒山设停车场。设香山主变和烟筒山主变。控制中心接入既有陇枕控制中心；配置供电、通信、信号、通风空调、给排水与消防、设备监控、防灾报警、屏蔽门、自动售检票、电梯及自动扶梯等运营系统设备。车辆选用市域 D 型车，最高运行速度 160 公里 / 小时，接触网交流 25 千伏授电，8 辆编组，动拖比为 3:1。南沙至珠海（中山）城际广州段工程于 2023 年 3 月 30 日开工，计划于 2025 年开通初期运营。（图 7-28-5）

2023 年，此项目完成投资 27.8 亿元。

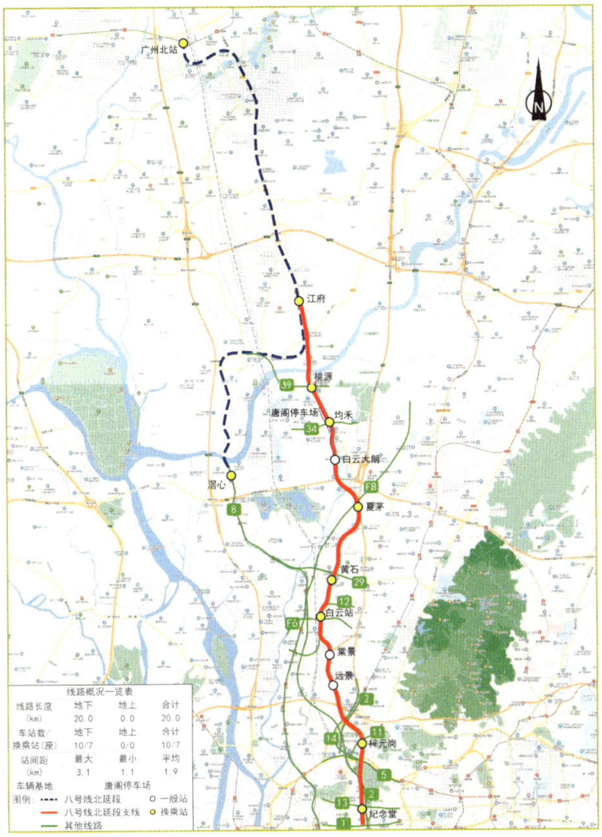

图 7-28-4　广州轨道交通 8 号线北延段支线走向示意图

【广河高铁白云机场 T3 至江村西段工程新开工项目】

广河高铁白云机场 T3 至江村西段工程起点为白云机场 T3 站，终点为江村西线路所。线路长度 15.6 公里，其中地下线 3.7 公里，地面线 1.1 公里，高架线 7.8 公里。设车站 1 座。车辆选用 CRH 系列动车组型车，最高运行速度 160 公里／小时。广河高铁白云机场 T3 至江村西段工程于 2023 年 12 月 26 日开工，计划于 2028 年开通初期运营。（图 7-28-6）

【项目管理】

规范计划管理体系，织密互联互通线网。制定“释放区间、保轨道、保机电”的整体计划，开展 5 号线东延段，7 号线二期土建、机电、装修等全专业一体化协同施工，督促参建单位及供货商加强管理，加大生产调控力度，如期完成所有节点目标。建立机电专班会制度统筹线网建设资源，优化各线机电工期，每周梳理影响机电工程推进的各类问题并协调督办。联动省市发改、交通部门及各区政府建立顺畅的多方沟通渠道，联合中山等 5 市稳定线路方案，首次完成跨市城际可研审批、涉海环评审批等 6 项工作。

规范质量安全管控，铸造百年品质工程。持续完善工程建设全领域、全过程的质量安全管控体系，新增、修订全员安全生产制、城际铁路工程质量管理办法等 19

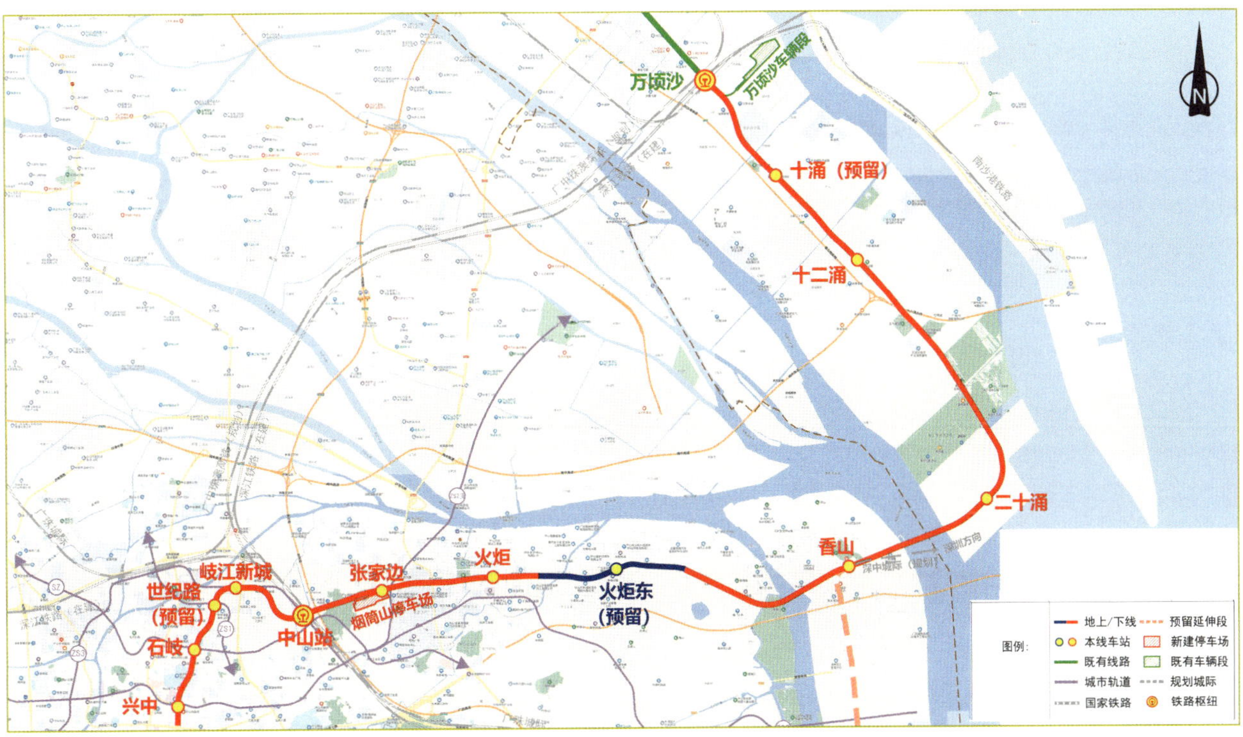

图 7-28-5　南沙至珠海（中山）城际广州段走向示意图

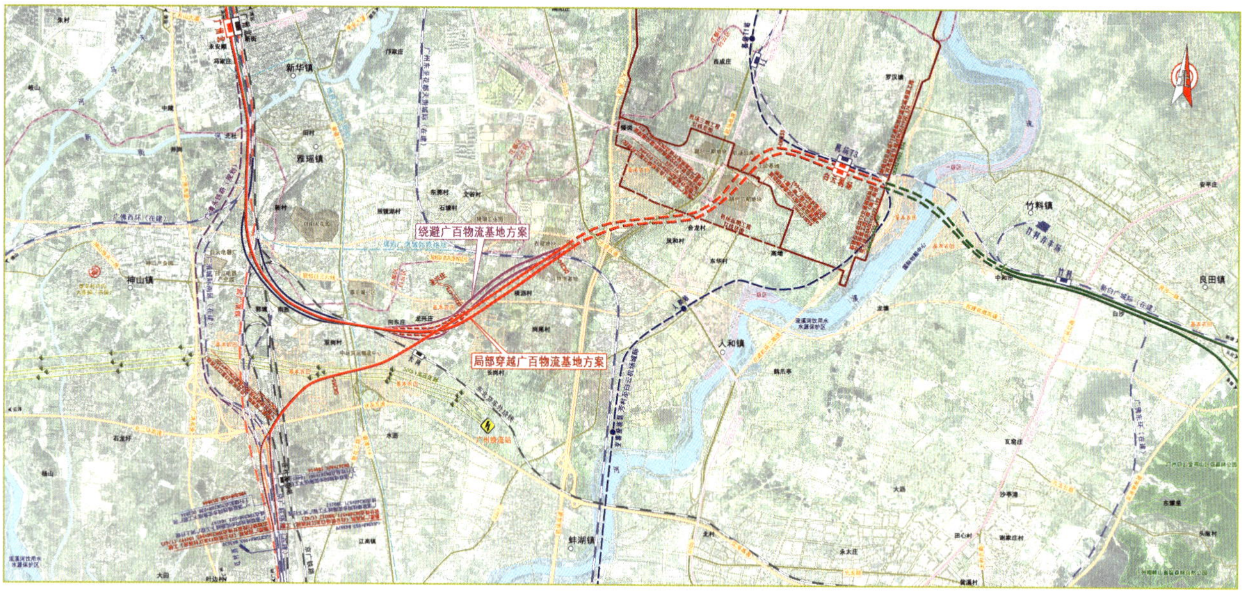

图 7-28-6　广河高铁（白云机场 T3 至江村西段）走向示意图

项制度，建立城际铁路质量安全管理体系，并通过国家、地方铁路监管部门检查认可，保障“地铁 + 城际”质量安全管理工作合规有序。不断增强数字化系统应用和安全管控，初步形成涵盖风险管控、隐患排查、工程监测、盾构管控、人员管理、设备监控等全方位数字化安全管控工地雏形。

规范创新驱动模式，描绘持续发展画卷。推动科研规划有序落地，机械法专题已在 10 条线路、22 个工点落实，《复杂环境下的轨道交通地下工程成套装备研制及应用》项目通过广州市科技局中期检查，盾构井施工的截削式竖井掘进机应用于复合地层的竖井施工。枢纽专题纳入企业标准并在佛穗莞城际可研阶段同步应用。开展海陆交互欠固结软土施工、隧站一体化微干扰智能建造等项目的科研和应用。

【新工艺工法】

广州东至花都天贵城际京溪路站至白云东平站区间 2# 盾构井采用机械法施工。机械法施工克服杂填土、中粗砂、粉质黏土，全、强、中风化花岗岩等复杂组合地层以及大量孤石、倾斜岩面等不良地质情况（结合预爆破处理），提升功效，降低风险，节约工期，为大规模推广应用打下基础。

12 号线云溪公园至小金钟区间左线采用直径 11.7 米的泥水平衡式盾构机进行掘进施工。盾构机根据区间隧道的特殊情况进行改造，充分考虑人性化、智能化、安全性、适应性等因素，增设盾尾间隙自动测量系统，施工区域配备数据及视频监控系统、喷淋系统、温度计、通风系统、水循环加热器等来保证施工进度与安全，还配备双气路（一用一备）及自动保压系统，用于调节泥水仓内的压力，稳定开挖面，确保带压进仓作业的安全。同时，将刀盘的开口率增加至为 40% 以上，通过“辐条 + 面板”的复合式结构，能够实现较高的掘进效率，同时可预防产生泥饼，保障掘进进度。

7 号线二期扶梯多维感知系统试点项目在加庄站顺利落地。该系统主要通过在扶梯上方设置摄像头，采集图像数据，同时在扶梯内部设置边缘采集器就地进行数据分析的方式，利用预设算法，对扶梯运行状态、扶梯上乘客行为及物品进行识别判断，进而采取对应措施。

广佛西环在节段梁预制生产方面，应用智能化、自动化施工技术。在管理中采用数字化物资库房管理技术、材料销号制系统为基础，实现预埋件、粉料和主要原材的智能化管理，同时应用多媒体全息投影技术，施工工艺可视化交底；采用一体化全自动钢筋加工设备，按每节梁的设计使用量分盘存放，施工便捷，运输安全，其中轻型预埋件采用立体装配式货架存放，节约空间，预埋件出入库管理采用“数字化物资库房管理”智能化技术，实现物资出入库管理自动化，数据统计分析系统化，过程管控动态化，提高质量管控水平。

（广州地铁集团有限公司）

29　广东省深圳市

【建设规划】

2023 年 3 月，国家发展改革委批复深圳市城市轨道交通第五期建设规划。线网由 11 条线路构成，建设规模 185.6 公里。总投资 1952.26 亿元。

10 号线东延（深圳段）工程，自双拥街至黄阁坑，线路长 2.9 公里，设站 1 座。

11 号线北延工程，自碧头至深莞边界，线路长 0.8 公里。

15 号线工程，自前保站至前保站（不含），线路长 32.2 公里，设站 24 座。

17 号线一期工程，自罗湖西站至上李朗站，线路长 18.8 公里，设站 18 座。

19 号线一期工程，自南塘围站至聚龙站，线路长 12.5 公里，设站 12 座。

20 号线二期工程，自机场北站至白石洲站，线路长 24.0 公里，设站 11 座。

22 号线一期工程，自上沙站至黎光站，线路长 34.2 公里，设站 21 座。

25 号线一期工程，自吉华医院站至石龙站，线路长 16.2 公里，设站 14 座。

27 号线一期工程，自松坪南站至岗头西站，线路长 23.2 公里，设站 19 座。

29 号线一期工程，自红树湾南站至兴东站，线路长 11.3 公里，设站 10 座。

32 号线一期工程，自溪涌站至葵涌东站，线路长 9.5 公里，设站 3 座。（表 7-29-1）

（深圳市地铁集团有限公司）

【建设概况】

深圳市城市轨道交通工程建设由深圳市地铁集团有限公司承担。

2023 年，深圳市地铁集团有限公司建设项目 19 个，共 459.5 公里，130 座车站。其中续建项目 17 个（3 号线四期、5 号线〔黄贝岭站至大剧院站〕、6 号线支线二期、7 号线二期、8 号线三期、11 号线二期、12 号线二期、13 号线、13 号线二期北延段、13 号线二期南延段、16 号线二期、穗莞深城际深圳机场至前海段、穗莞深城际前海至皇岗口岸段、深圳机场至大亚湾城际深圳机场至坪山段、大鹏支线、深圳至惠州城际铁路前海保税区至坪地段、深圳至深汕合作区铁路），新开工项目 1 个（15 号线），建成项目 1 个（8 号线二期）。完成车站开工 17 座（15 号线 17 座），车站封顶 37 座（5 号线〔黄贝岭站至大剧院站〕2 座，6 号线支线二期 3 座，7 号线二期 1 座，11 号线二期 2 座，12 号线二期 5 座，13 号线 3 座，13 号线二期北延段 4 座，16 号线二期 7 座，穗莞深机前段 1 座，穗莞深

深圳市城市轨道交通第五期建设规划项目情况表　　表 7-29-1

序号	项目	线路制式	起讫点	线路长度（公里）	车站数（座）	投资（亿元）	建设期
1	10 号线东延（深圳段）	地铁	双拥街-黄阁坑	2.9	1		
2	11 号线北延	地铁	碧头-深莞边界	0.8			
3	15 号线	地铁	前保-前保	32.2	24		
4	17 号线一期	地铁	罗湖西-上李朗	18.8	18		
5	19 号线一期	地铁	南塘围-聚龙	12.5	12		
6	20 号线二期	地铁	机场北-白石洲	24.0	11		
7	22 号线一期	地铁	上沙-黎光	34.2	21		
8	25 号线一期	地铁	吉华医院-石龙	16.2	14		
9	27 号线一期	地铁	松坪南-岗头西	23.2	19		
10	29 号线一期	地铁	红树湾南-兴东	11.3	10		
11	32 号线一期	地铁	溪涌-葵涌东	9.5	3		
合计				185.6	133		

前皇段 1 座，深大城际 3 座，深惠城际 4 座，大鹏支线 1 座），轨道铺设 20.0 公里。完成投资 423.9 亿元。3 个项目共 36.6 公里（3 号线四期、12 号线二期、13 号线二期北延）主体结构贯通。（表 7-29-2）

至 2023 年底，深圳市轨道交通建成线路有 17 条（含 1 条有轨电车线路），总线路长度 567.1 公里，车站总数 393 座。

【深圳城市轨道交通 8 号线二期工程建成项目】

8 号线二期工程起点为盐田路站，终点为小梅沙站。线路长度 8.0 公里，全部为地下线。设车站 4 座。设望基湖主变。控制中心设置于深圳市轨道交通网络运营控制中心；配置供电、通信、信号、通风空调、给排水与消防、设备监控、防灾报警、屏蔽门、自动售检票、电梯及自动扶梯等运营系统设备。车辆选用 A 型车，最高运行速度 80 公里／小时，接触网直流 1500 伏授电，6 辆编组，动拖比为 2:1，初期配车 7 列 /42 辆。8 号线二期工程于 2019 年 8 月 13 日开工，于 2023 年开通初期运营。（图 7-29-1）

2023 年，此项目完成投资 9.2 亿元，至 2023 年底，车站开工 4 座、结构封顶累计 4 座，盾构推进累计 13.5 公里，轨道铺设累计 15.8 公里。

【深圳城市轨道交通 15 号线工程新开工项目】

15 号线工程起点为前保站，终点为前保站（环线）。

2023 年深圳市城市轨道交通在建项目汇总表　　表 7-29-2

序号	线路名称	起讫点	线路长度（公里）	车站数（座）	开工时间（年月）	预计通车时间（年）	工程建设情况	重点工程节点
1	8 号线二期	盐田路（不含）－小梅沙	8.0	4	2019.08	2023	建成	于 12 月 27 日开通初期运营
2	3 号线四期	双龙－六联	9.3	7	2020.08	2024	续建	车站全部封顶
3	5 号线（黄贝岭站至大剧院段）	黄贝岭－大剧院	2.9	3	2019.08	2025	续建	主体结构施工
4	6 号线支线二期	翠湖－光明城	5.0	3	2020.12	2025	续建	主体结构施工
5	7 号线二期	西丽湖－学府医院	2.2	2	2020.12	2025	续建	车站全部封顶
6	8 号线三期	小梅沙－溪涌	3.7	1	2021.09	2026	续建	主体结构施工
7	11 号线二期（后续开通段）	福田站－红岭南	4.4	3	2020.08	2025	续建	车站全部封顶
8	12 号线二期	海上田园东－松岗	8.1	6	2020.12	2024	续建	车站全部封顶
9	13 号线	深圳湾口岸－上屋北	22.4	16	2018.01	2024	续建	车站全部封顶
10	13 号线二期北延段	上屋北（不含）－公明北	19.2	11	2020.08	2025	续建	车站全部封顶
11	13 号线二期南延段	深圳湾口岸－东角头	4.1	3	2021.07	2027	续建	主体结构施工
12	16 号线二期	大运－西坑	9.5	8	2020.12	2025	续建	主体结构施工
13	穗莞深机前段	深圳机场－前海	15.2	3	2022.04	2026	续建	主体结构、区间盾构施工
14	穗莞深前皇段	前海－皇岗口岸	20.5	2	2022.06	2026	续建	主体结构、区间盾构施工
15	深大城际	机场 T4 枢纽－聚龙	68.9	11	2022.08	2026	续建	主体结构、区间盾构施工
16	深惠城际	前保－坪地	58.9	11	2022.08	2026	续建	主体结构、区间盾构施工
17	大鹏支线	龙城－新大	39.4	6	2022.08	2026	续建	主体结构、区间盾构施工
18	深汕铁路	西丽－深汕	125.5	6	2022.12	2027	续建	主体结构、区间盾构施工
19	15 号线	听海路－听海路	32.3	24	2023.06	2028	新开工	前期工程、围护结构施工
合计			459.5	130				

注：穗莞深机前段、穗莞深前皇段、深惠城际、深大城际、深惠城际大鹏支线为城际铁路，深汕铁路为国家铁路。

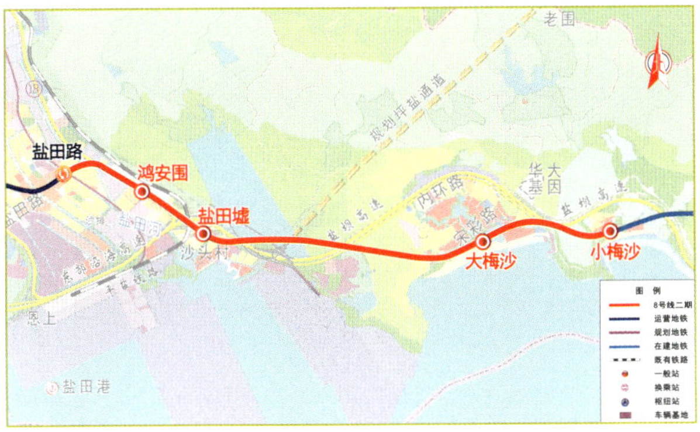

图 7-29-1　深圳城市轨道交通 8 号线二期走向示意图

线路长度 32.3 公里，全部为地下线。设车站 24 座，在四海站与 12 号线换乘，在学府路站与 9 号线换乘，在洪浪北站与 5 号线换乘，在流塘站与 12 号线换乘，在西乡公园站与 20 号线二期换乘，在坪洲站与 1 号线换乘。在同乐设车辆段一处，占地 28.8 公顷。无新建主变（与 12 号线共用灵芝公园和创业路主变）。控制中心设置于深圳市轨道交通网络运营控制中心（NOCC）；配置供电、通信、信号、通风空调、给排水与消防、设备监控、防灾报警、屏蔽门、自动售检票、电梯及自动扶梯等运营系统设备。车辆选用 A 型车，最高运行速度 80 公里 / 小时，接触网直流 1500 伏授电，4A/6A 辆编组，动拖比为 3:1/2:1，初期配车 4 辆编组 21 列 /84 辆、6 辆编组 22 列 /132 辆。15 号线工程于 2023 年 6 月 28 日开工，计划于 2028 年开通初期运营。（图 7-29-2）

2023 年，此项目完成投资 8.7 亿元，至 2023 年底，车站开工 17 座。

图 7-29-2　深圳城市轨道交通 15 号线走向示意图

【项目管理】

进一步优化管理机制，通过抓实“项目制”管理，提升组织效能。通过项目部标准化建设，工作程序规范化，制度机制完善，夯实合规管理、精细化管理，在实践中检验、修正。通过查实工程分包、物资采购、设备租赁计价、结算、资金支付，由联合体牵头单位统筹分包单价、招标准入、分包资金代付等手段，避免资金转移。

推进工程“1365N”技术管理体系，绿色低碳、降本增效为原则，形成一套设计技术标准，三图体系，绿色低碳发展六大行动方案（绿色转型创新行动、智慧城轨引领新行动、出行占比提升行动、控本降耗增效行动、绿色能源替代行动以及绿色装备制造行动），五大专业投资控制要点和 N 个专业拓展指引，指导深圳地铁五期工程设计工作高质量发展。

构建更加科学的大成本管控体系，依托 BIM、信息化等数字化技术，推动成本数据大平台、限额设计、严控变更等举措，健全全员全要素、全价值链、全生命周期的成本管控机制。

增强科技创新支撑，创新“轨道 + 能源”模式，布局分布式光伏、智能环控、渣土资源化、装配式建筑等绿色低碳技术应用。推行模块化设计、预制化生产、装配化施工；探索无人工程机械、高效能清洁小型机械应用；聚焦互联互通，探索跨线运营等技术。

推动安全生产治理模式向事前预防转型，聚焦重点领域、关键部位、重要环节，全面系统开展安全隐患排查整治，从根本上彻底整治。

加强信息化建设，推进 BIM/CIM 技术在建设阶段应用推广，持续完善既有运营线路 BIM 模型，进一步提高 BIM 正向出图率、完成 BIM 导出工程量的试点工作；持续完善档案系统的资料归集工作。

【新工艺工法】

充分考虑节能、节水、节点、节支以及资源综合利用，推进节能降碳先进技术的试点及推广应用。建立生命周期最优的地铁智能环控系统。完成一个制冷季的调试和第三方能效检测，投入运营的 64 座车站系统能效均达标，机房 COP 达 5.0 以上，空调系统 COP 达 3.5 以上。

装配化、产业化车站建设。五期工程全预制装配式方案及叠合装配式方案按计划开展相关试验工作，编制深圳地标《装配式地下车站结构施工及验收标准》。通过应用“模块化设计、工业化制造、机械化施工、智能化安装”的装配式的车辆段、车站及内部结构、建筑隔墙等技术，以绿色建造推动高质量发展。

完成通道标准化尺寸初步研究及机械设备初步选型研究，解决出入口腋角与离壁沟冲突的问题，完成四期修编工程试点和顶管、明挖、暗挖工法造价比选。五期工程初步开展适用条件梳理。

地铁车站永临结合装配式地连墙。优化预制地连墙竖缝接头构造，采用单 CT+ 内侧角钢焊接，保证受力及防水的同时提升施工便捷性。开展预制地连墙现场静载试验，沉降变形较小，槽底槽壁注浆填充效果较好。

杂散电流治理。通过对新型钢轨电位装置实测的数据进行采集分析，找出杂散电流的分布和流向规律。从而制定相应的标准，有目标的采取相应的措施如并联电缆、新型定向导通、专用回流轨、硅基纳米材料及加强钢轨绝缘等措施以减少杂散电流的影响。

（深圳市地铁集团有限公司）

30　广东省佛山市

【建设概况】

2023 年，佛山市城市轨道交通工程建设由佛山市地铁集团有限公司和佛山市南海区铁路投资有限公司承担。

佛山市地铁集团有限公司建设项目 2 个，共 83.8 公里，48 座车站。其中续建项目 2 个（3 号线在建段、4 号线一期）。完成车站开工 2 座（4 号线一期），车站封顶 5 座（4 号线一期），轨道铺设 45.2 公里。完成投资 40.7 亿元。1 个项目共 28.6 公里（3 号线在建段）主体结构贯通。（表 7–30–1）

至 2023 年底，佛山轨道交通建成线路有 6 条（广佛线、佛山 2 号线、佛山 3 号线首通段、广州 7 号线西延线、南海有轨电车 1 号线、高明有轨电车示范线），总线路长度 127.3 公里，车站总数 81 座。

（佛山市地铁集团有限公司　吴春杰　杜子真）

佛山市南海区铁路投资有限公司建设项目 1 个，共 9.8 公里，12 座车站，为续建项目（南海区有轨电车里水示范段）。完成车站封顶 1 座，轨道铺设 2.2 公里。完成投资 3.4 亿元。（表 7–30–1）

至 2023 年底，佛山市轨道交通由佛山市南海区铁路投资有限公司承担的建成线路有 1 条（南海有轨电车 1 号线），总线路长度 14.3 公里，车站总数 15 座。

（佛山市南海区铁路投资有限公司　何德辉　潘志泓）

【项目管理】

坚持问题导向和目标导向，紧抓产值目标，紧盯

2023 年佛山市城市轨道交通在建项目汇总表　　表 7–30–1

序号	线路名称	起讫点	线路长度（公里）	车站数（座）	开工时间（年月）	预计通车时间（年）	工程建设情况	重点工程节点
1	3 号线（在建段、起始段）	镇安–佛科院仙溪校区、顺德学院–顺德港	28.6	15	2016.11	2024	续建	6 月 15 日区间“洞通”。9 月 15 日全线长“轨通”。10 月 26 日全线 35kV“电通”。12 月 31 日接触网全部完成热滑试验
2	4 号线一期	北江大道–港口路	55.2	33	2022.01	2027	续建	6 月 1 日，首座科技西路站车站封顶。8 月 28 日，实现首个区间双线贯通（科技西路至科普中路区间）。11 月 14 日，高架段首座车站新城区医院站封顶。东交公园站同日封顶。11 月 18 日莲子塘站封顶。12 月 12 日科普中路站封顶
合计			83.8	48				
3	南海区有轨电车里水示范段	里湖新城–里横路	9.8	12	2021.03	2026	续建	9 月 15 日，完成水口水道大桥主跨合龙。11 月 6 日，完成地下车站里官路站结构封顶。12 月 3 日，完成车辆基地物资总库结构封顶

注：序号 1—2 工程项目，工程建设由佛山市地铁集团有限公司承担，合计为此 1—2 项合计数；序号 3 工程项目，工程建设由佛山市南海区铁路投资有限公司承担。

工程主线关键节点，保障3号线在建段全线短“轨通”、400V“电通”及运营入驻车站，促进关键设备房移交、收尾及首通段剩余工程实施和维保克缺，强化甲供设备、施工安全及质量管理，稳步推进在建项目工程建设。

推进风险分级管控和隐患排查治理双重机制工作，每月开展3号线在建段、4号线月度检查及系统单位月度检查，重点开展专项检查和专项治理，辅以日常巡查。发现问题及时通报整改、风险提示，督促整改处理，做到闭合管理。编制发布《吊索具及钢丝绳安全条件指引》《现场施工消防及临时用电管理工作指引》《广告灯箱运输和安装安全管理指引》和《突发事件／生产安全事故综合应急预案》等工作指引。

提升工程质量安全管理水平，按照“分批编制、分批印发”原则，推进质量安全管理体系建设，全年颁布实施质量安全管理制度16项。编制《建设公司安全生产责任制管理办法》，建立覆盖全员、差异化管理、层层负责的安全生产责任体系。

【新工艺工法】

项目采用单顶预紧＋检测单位现场配合动态调整，确保单根及整束锚下应力偏差满足规范要求，确保梁体质量；简支梁、连续梁采用真空辅助压浆工艺＋智能压浆设备，通过压浆前对孔道抽真空，自动压浆、压力调整、连续输出，补压、稳压、保压等操作，确保浆液充盈整个孔道。

盾构区间上跨西江引水工程，采用四轴微扰动加固工艺，优化加固方案，充分考虑地基加固施工对既有西江引水管道的影响，采用自动化设备对注浆压力进行监测并实时调整，满足自来水管道保护要求，降低现有加固工艺施工对既有建构筑物沉降影响。

东交公园站地连墙最深约50米左右，所处地层存在17～18米厚圆砾层，施工过程中参建单位通过成槽机自动纠偏装置、超声波槽段成像技术对成槽质量进行纠偏控制，动态调整泥浆参数，顺利攻克深厚圆砾层连续墙成槽施工的重大技术难关，确保连续墙成槽质量得到极大保证，无渗漏发生。

佛山4号线一期工程4205标采用管片定位榫和预埋套筒技术，提升管片拼装质量，消除拼装引起的管片破损、错台、渗漏等问题，还避免后期管片开孔，取得良好效果。

在地连墙施工过程中引进水囊接头代替传统接头箱或沙袋。水囊在灌注液体膨胀后具有足够的强度来承受混凝土的压力。能替代人工装填沙包的繁重劳动和节省机械运输沙包费用，消除型钢槽内夹泥，预防接缝出现渗漏，提高地下连续墙质量。绿岛湖中站水囊防绕流工艺施工212幅墙，通过超声波槽壁检测结果来看，达到预期的目的。

（佛山市地铁集团有限公司　吴春杰、杜子真）

31　广东省东莞市

【建设概况】

东莞市城市轨道交通工程建设由东莞市轨道交通有限公司和东莞市轨道一号线建设发展有限公司承担。

2023年，东莞市轨道建设项目2个，共74.6公里，34座车站。全部为续建项目（1号线一期工程和2号线三期工程）。完成车站开工5座（2号线三期工程5座），车站封顶4座（1号线一期工程4座），轨道铺设39.2公里。完成投资48.5亿元。1个项目共49.6公里（1号线一期工程）主体结构贯通。（表7-31-1）

至2023年底，东莞市轨道交通建成线路有1条

2023年东莞市城市轨道交通在建项目汇总表　　表7-31-1

序号	线路名称	起讫点	线路长度（公里）	车站数（座）	开工时间（年月）	预计通车时间（年）	工程建设情况	重点工程节点
1	1号线一期	望洪–黄江中心	57.5	25	2019.02	2025	续建	10月23日全线隧道贯通
2	2号线三期	虎门火车站–交椅湾	17.1	9	2022.08	2027	续建	虎门北站等车站主体结构施工
合计			74.6	34				

（2 号线一、二期），总线路长度 37.8 公里，车站总数 15 座。

（东莞市轨道交通有限公司　周桂明）

【项目管理】

在 2 号线三期工程中，严格控制工程原材料，混凝土、钢筋、防水等主要建筑材料严格执行材料送检制度，质检部门全程监督工程建设；建立健全风险预警机制，成功应对进度、质量、安全各方面的问题。

强化目标管理，建立高效信息库。每周工程简报，每月通报进度、风险预警和工程进度督促；召开建设管理例会，联动土建、设计及前期工程，督导目标完成，制定合理方案解决问题。

缓解施工渣土外运压力，联合施工单位建立淤泥渣土新型环保处理厂，将淤泥渣土经过处理，制成能满足建筑施工的机制砂和绿化用土等，生产过程采用水循环利用，实现“零排放”“零污染”的环保目标。

（东莞市轨道交通有限公司　姚莲宁，东莞市轨道一号线建设发展有限公司　萧嘉政）

32　广西壮族自治区南宁市

【建设概况】

南宁市城市轨道交通工程建设由南宁轨道交通建设有限公司承担。

2023 年，南宁轨道交通建设项目 2 个，共 31.9 公里，24 座车站。全部为续建项目（4 号线东段和 6 号线）。完成车站封顶 1 座（6 号线）。完成投资 10.7 亿元。（表 7–32–1）

至 2023 年底，南宁轨道交通轨道交通建成线路有 5 条（1 号线、2 号线、3 号线、4 号线首通段、5 号线），总线路长度 128.2 公里，车站总数 93 座。

【项目管理】

细化各项工作节点，优化组织，调动各方资源，强化过程管理，高效有序推进工程建设。一是提前筹划，梳理工程重难点，优化施工组织，多段面组织施工，强化工序衔接，资源投入，按“五化”工作法细化，将工作目标化、目标项目化、项目清单化、清单责任化、责任节点化，任务分解细化，实现全过程管理目的；二是以关键节点为控制要点，发挥参建各方主观能动性和统筹协调能力，强化监理责任，围绕年度目标，层层推进落实，增强责任感、紧迫感、危机感；三是加强过程监管，提高任务执行能力，及时掌控工程进度，及时预警，完成各项经营性指标及任务。

【新工艺工法】

4 号线东段盾构管片采用预埋套筒 + 外挂槽道结合使用方案，有效改善传统支架安装方式，避免发生损伤管片、安装效率低、作业环境差等问题，能够进一步提高地铁隧道结构的稳定性和安全性，优化设备和管线的安装和布置，同时也提高隧道的防水性能。

（南宁轨道交通集团有限责任公司　朱鸿德）

2023 年南宁城市轨道交通在建项目汇总表　　表 7–32–1

序号	线路名称	起讫点	线路长度（公里）	车站数（座）	开工时间（年月）	预计通车时间（年）	工程建设情况	重点工程节点
1	4 号线东段	楞塘村–龙岗	3.9	3	2015.12	2026	续建	
2	6 号线	三津–天池山路	28.0	21	2022.09	2027	续建	华南城东站主体结构封顶
合计			31.9	24				

33 重庆市

【建设概况】

重庆市城市轨道交通工程建设由重庆市轨道交通（集团）有限公司和重庆市铁路（集团）有限公司承担。

2023 年，重庆市轨道交通（集团）有限公司建设项目 10 个，共 119.7 公里，83 座车站。其中续建项目 4 个（4 号线西延、6 号线东延、18 号线北延、24 号线一期），新开工项目 2 个（7 号线一期、17 号线一期），建成项目 4 个（5 号线北延伸段、5 号线一期〔大石坝至石桥铺段〕、9 号线二期、10 号线二期）。完成车站封顶 33 座，轨道铺设 67.8 公里。完成投资 83.7 亿元。（表 7-33-1）

至 2023 年底，重庆轨道交通由重庆市轨道交通（集团）有限公司承担的建成线路有 9 条（1 号线、2 号线、3 号线、4 号线、5 号线、6 号线、10 号线、环线和国博线），总线路长度 417.0 公里，车站总数 216 座。

（重庆市轨道交通〔集团〕有限公司　雷淞麟）

重庆市铁路（集团）有限公司承担的轨道交通、市郊铁路建设项目 4 个，共 165.4 公里，49 座车站。全部为续建项目（15 号线一期、15 号线二期、27 号线、市郊铁路璧山至铜梁线）。（表 7-33-1）

至 2023 年底，重庆轨道交通由重庆市铁路（集团）有限公司承担的建成线路有 1 条（市郊铁路〔江跳线〕），总线路长度 28.2 公里，车站总数 9 座。

（重庆市铁路〔集团〕有限公司）

【重庆轨道交通 5 号线一期（大石坝至石桥铺段）工程建成项目】

5 号线一期工程起点为大石坝站，终点为石桥铺站。线路长度 4.1 公里，其中地下线 1.2 公里，地面线 0.2 公里，高架线 3.3 公里。设车站 3 座，在红岩村站与 9 号线换乘，在歇台子站与 18 号线换乘。控制中心设于大竹林控制中心；配置车辆、供电、信号、AFC、屏蔽门／安全

2023 年重庆市城市轨道交通在建项目汇总表　　表 7-33-1

序号	线路名称	起讫点	线路长度（公里）	车站数（座）	开工时间（年月）	预计通车时间（年）	工程建设情况	重点工程节点
1	5 号线一期	大石坝-石桥铺	4.1	3	2014.06	2023	建成	2023 年开通初期运营
2	5 号线北延伸段	园博中心-悦港北路	9.0	7	2019.01	2023	建成	2023 年开通初期运营
3	9 号线二期	兴科大道-花石沟	7.8	5	2018.01	2023	建成	2023 年开通初期运营
4	10 号线二期	鲤鱼池-兰花路	9.9	8	2016.01	2023	建成	2023 年开通初期运营
5	4 号线西延	盘桂路-民安大道	10.9	9	2021.03	2025	续建	全面开展土建工程施工
6	18 号线北延	富华路-小什字	10.6	8	2021.03	2026	续建	全面开展土建工程施工
7	24 号线一期	鹿角北-广阳湾	18.8	11	2021.03	2026	续建	全面开展土建工程施工
8	6 号线东延	重庆东-刘家坪	6.8	4	2022.03	2025	续建	全面开展土建工程施工
9	7 号线一期	科学城-金凤	27.9	18	2023.01	2028	新开工	动工建设
10	17 号线一期	大学城-石家院子	13.9	10	2023.01	2027	新开工	动工建设
合计 1			119.7	83				
11	15 号线一期	九曲河东-两江影视城	38.7	14	2021.03	2025	续建	土建工程完成 75%，全面进入主体工程施工
12	15 号线二期	曾家-九曲河东	33.2	11	2021.01	2026	续建	土建工程完成 45%
13	27 号线	璧山-惠民	56.0	15	2021.11	2027	续建	土建工程完成 45%
14	市郊铁路璧山至铜梁线	璧山-铜梁西	37.5	9	2021.04	2025	续建	拟 2025 年初具备开通初期运营条件
合计 2			165.4	49				

注：序号 1—10 工程项目，工程建设由重庆市轨道交通（集团）有限公司承担，合计 1 为此 1—10 项合计数；序号 11—14 工程项目，工程建设由重庆市铁路（集团）有限公司承担，合计 2 为此 11—14 项合计数。

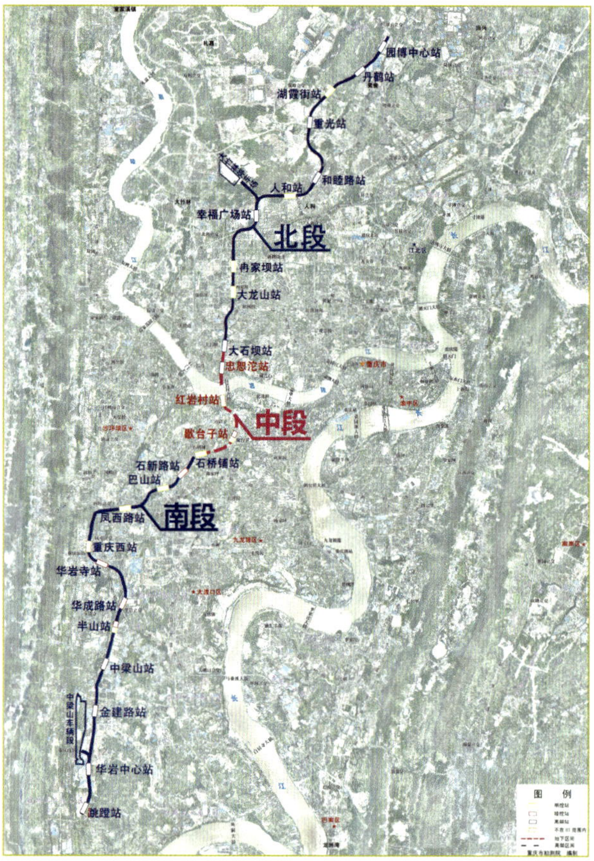

图 7-33-1　重庆轨道交通 5 号线一期（大石坝-石桥铺段）走向示意图

图 7-33-2　重庆轨道交通 5 号线北延伸段走向示意图

门、电扶梯、安检系统等运营系统设备。车辆选用 As 型车，最高运行速度 100 公里 / 小时，接触网直流 1500 伏授电，6 辆编组，动拖比为 2:1，5 号线一期全线期配车 37 列 /222 辆。5 号线一期工程于 2014 年 6 月 9 日开工，于 2023 年开通初期运营。(图 7-33-1)

【重庆轨道交通 5 号线北延伸段工程建成项目】

5 号线北延伸段工程起点为悦港北路站，终点为园博中心站。线路长度 9.0 公里，其中地下线 8.5 公里，地面线 0.4 公里，高架线 0.1 公里。设车站 7 座，在中央公园西站与 10 号线换乘，在悦港大道站与 14 号线换乘。在狮子山设停车场一处，占地 29.0 公顷。与 10 号线共用大坝寺主变。控制中心设在大竹林控制中心；配置信号、通信、供电等运营系统设备。车辆选用 As 型车，最高运行速度 100 公里 / 小时，接触网直流 1500 伏授电，6 辆编组，动拖比为 5:1，初期配车 17 列 /102 辆。5 号线北延伸段工程于 2019 年 1 月开工，于 2023 年开通初期运营。(图 7-33-2)

2023 年，此项目完成投资 5.2 亿元，至 2023 年底，车站开工 7 座、结构封顶累计 7 座，盾构推进累计 4.1 公里，轨道铺设累计 19.6 公里。

【重庆轨道交通 9 号线二期工程建成项目】

9 号线二期工程起点为兴科大道站，终点为花石沟站。线路长度 7.8 公里，其中地下线 6.7 公里，地面线 0.2 公里，高架线 0.9 公里。设车站 5 座，在中央公园东站与 10 号线换乘。在花石沟设停车场一处，占地 19.5 公顷。与 10 线共用大坝寺主变。控制中心设在大竹林控制中心。车辆选用 As 型车，最高运行速度 100 公里 / 小时，接触网直流 1500 伏授电，6 辆编组，动拖比为 5:1，初期配车 10 列 /60 辆。9 号线二期工程于 2018 年 1 月开工，于 2023 年开通初期运营。(图 7-33-3)

2023 年，此项目完成投资 9.1 亿元，至 2023 年底，车站开工 5 座、结构封顶累计 5 座，盾构推进累计 3.9 公里，轨道铺设累计 24.1 公里。

【重庆轨道交通 10 号线二期工程建成项目】

10 号线二期工程起点为鲤鱼池站，终点为兰花路站。线路长度 9.9 公里，其中地下线 8.1 公里，高架线 1.8 公里。设车站 8 座。在兰花湖设停车场一处。车辆选用 As 型车，最高运行速度 100 公里 / 小时，接触网直流 1500 伏授电，6 辆编组，动拖比为 5:1，初期配车 27 列 /162 辆。10 号线二期工程于 2016 年 1 月开工，于 2023 年开通初期运营。(图 7-33-4)

2023 年，此项目完成投资 4.3 亿元，至 2023 年底，车站开工 8 座、结构封顶累计 8 座，轨道铺设累计 26.7 公里。

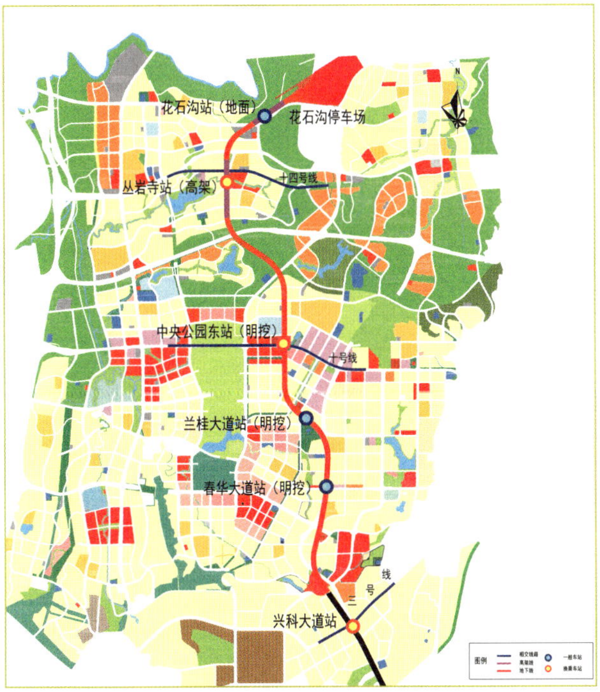

图 7-33-3　重庆轨道交通 9 号线二期走向示意图

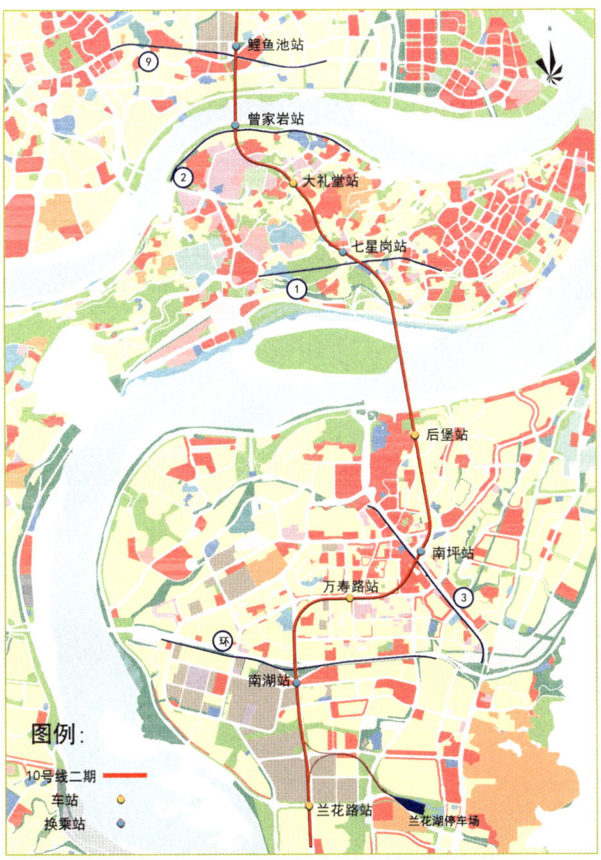

图 7-33-4　重庆轨道交通 10 号线二期走向示意图

【重庆轨道交通 7 号线一期工程新开工项目】

7 号线一期工程起点为科学城站，终点为金凤站。线路长度 27.9 公里，其中地下线 23.1 公里，地面线 0.4 公里，高架线 4.4 公里。设车站 18 座，在科学城站与 19 号线换乘，在物流园北站与 15 号线换乘，在飞雪寺站与 19 号线换乘，在微电园站与 1 号线换乘，在西永站与 27 号线换乘，在西永南站与 4 号线换乘，在科学会堂站与 19 号线换乘，在西城公园站与永川线换乘，在斑竹林站与 17 号线换乘。在九凤山设车辆段处，占地 43.9 公顷；在科学会堂和物流园枢纽设主变电所 2 处，占地 0.9 公顷。设物流园枢纽主变（与 17 线共用主变）。控制中心位于江北控制中心；配置通信、信号、综合监控、安防、自动售检票、电力监控等运营系统设备。车辆选用 As 型车，最高运行速度 100 公里／小时，接触网直流 1500 伏授电，6 辆编组，动拖比为 5:1，初期配车 23 列／138 辆。7 号线一期工程于 2023 年 1 月开工，计划于 2028 年开通初期运营。（图 7-33-5）

图 7-33-5　重庆轨道交通 7 号线一期走向示意图

2023 年，此项目完成投资 4.0 亿元，至 2023 年底，车站开工 4 座，盾构推进累计 0.1 公里。

【重庆轨道交通 17 号线一期工程新开工项目】

17 号线一期工程起点为大学城站，终点为石家院子站。线路长度 13.9 公里，其中地下线 13.9 公里。设车站 10 座，在大学城站与 1 号线换乘，在虎溪站与 27 号线换乘，在大学城中路站与 15 号线换乘，在金凤北站与 19 号线换乘，在斑竹林站与 7 号线换乘，在石家院子站与 C4 线换乘。在曾凤路设车辆段 1 处，占地 23.2 公顷。设大学城中路设主变（与 1 号线共用赖家桥主变）。控制中心设在江北控制中心；配置运营检修等运营系统设备。车辆选用 As 型车，最高运行速度 100 公里／小时，接触网直流 1500 伏授电，6 辆编组，动拖比为 5:1，初期配车 13 列／78 辆。17 号线一期工程于 2023 年 1 开工，计划于 2027 年开通初期运营。（图 7-33-6）

2023 年，此项目完成投资 3.0 亿元，至 2023 年底，车站开工 4 座，盾构推进累计 0.1 公里。

（重庆市轨道交通〔集团〕有限公司　雷淞麟）

【项目管理】

（1）推进建设项目创优工作

重庆市轨道交通〔集团〕有限公司建管中心开展 2023 年创优工作。1 个项目（环线工程）获第二十届第二批中国土木工程詹天佑奖、7 个项目（10 号线二期七星岗站及区间隧道工程、10 号线二期大礼堂站曾家岩站及区间隧道工程、9 号线二期花石沟站和花石沟停车场及区间土建工程、环线二期土建二标工程、10 号线二期站后工程施工总承包后堡至鲤鱼池〔不含〕工程、10 号线二期南纪门长江轨道专用桥工程、6 号线支线二期工程）获重庆市市政协会市政金杯奖。

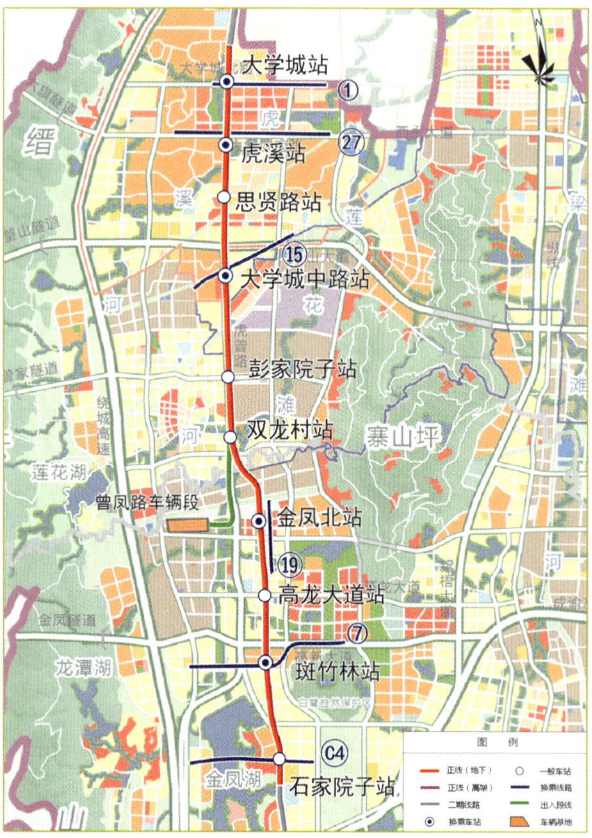

图 7-33-6　重庆轨道交通 17 号线一期走向示意图

（2）积极推动科技兴安工作

建设安全管理中心信息化平台全面投入应用，平台月均访问量约 9000 余人次，累计访问量近 19 万人次，在建项目各作业面基本实现视频监控全覆盖。针对监测预警、视频掉线、质量检测不合格报告、应急事件等进行平台推送及短信提醒。

（3）强化安全文明施工

工程建设文明施工取得实效，14 个项目获得“重庆市建筑施工扬尘控制示范工地”称号，5 个项目（5 号线北延伸段工程土建一标、10 号线二期兰花路站及区间隧道工程、10 号线二期南坪站和南滨路及区间隧道工程、9 号线二期中央公园东站和从岩寺站及区间土建工程、5 号线一期工程土建 5106 标）获得“重庆市建筑安全文明工地”称号。

（重庆市轨道交通〔集团〕有限公司　雷淞麟）

重庆市铁路〔集团〕有限公司通过精准调度、统一各方思想、形成合力，聚焦征地拆迁、管线迁改、方案稳定、手续办理等“硬骨头”，建立专项台账，专题调度、专班推进、专人落实，推进解决项目建设重难点问题。

通过一系列行之有效的制度和整治措施，做到有制度、有考评、有提升。重庆市铁路〔集团〕有限公司与各参建单位牢固树立项目推进一盘棋、上下一条心的协作模式，合力高质高效推动项目建设。

推进数字化建设管理应用，深化数字建管平台、投资管控平台、安全监管平台应用和智慧工地建设，形成基于 BIM 技术的“1+N”协同数字化建设管控体系，推动项目建设管理数字化、标准化、流程化、精细化发展。

强化质量安全管理，聚焦桥梁、隧道、盾构等工程安全质量重点，开展隐患专项排查整治行动，加强施工现场危大工程、“六类”易发事故、消防隐患、文明施工、人员履职等方面的检查管控力度，提高工程安全质量管理水平。

（重庆市铁路〔集团〕有限公司）

【新工艺工法】

18 号线北延工程位于渝中区，全线暗挖规模大，围岩强度较高、完整性较好。为提高工效、加快施工进度、改善施工环境、降低施工对周边环境的影响，重庆市轨道交通〔集团〕有限公司组织参建各方主体，委托中国爆破行业协会院士专家团队，系统开展精细爆破技术理论分析、试验验证，2023 年 5 月，该项目先后在重庆站施工通道、大坪西站主体工程中组织试点应用基于数码电子雷管微差减振精细爆破技术，振速测量精度可达 0.01cm/s，实测最低振速仅 0.03cm/s，最高振速仅 0.4cm/s，远低于相应周边建构筑物《爆破安全规程》振速控制值。该技术具有硬岩开挖工效高，满足多工况施工需求，噪声及振动受控，可有效降低洞内机械设备数量，改善作业环境，综合效益高，碳排放减少等技术特点。精细爆破技术在全线暗挖车站主体及附属结构全面推广应用。

6 号线东延工程连续梁转体成功。6 号线东延工程在建设过程中需跨越既有 6 号线施工，与其形成斜向交叉状态。为最大程度减少对运营线路的影响，保障施工安全，重庆轨道集团与施工单位中国水电五局精心策划、科学组织决定采用桥梁转体工艺进行施工，即在 6 号线两侧将 T 构连续梁浇筑完成，以桥墩为轴顺时针转体，跨越既有 6 号线进行对接，进而缩短建设工期，确保施工安全。

刘家坪站至百乐园站区间共 52 跨桥梁，此次转体以 Z2# 主墩、Z3# 主墩为轴，以每分钟 1.15 度的速度带动两座长为 100 米、重为 3500 吨的混凝土连续梁同时转动。转体施工在桥梁承台预埋可旋转的球铰，球铰承担桥梁上部结构荷载，转体时通过主控台操控智能千斤顶牵引梁体转动。为确保连续梁安全平稳精确转动到位，技术人员需实时观测转体系统结构状态，根据转盘上的刻度、编号，控制转体速度和对位情况；测量人员则需实时监控计算转动数据，确保精准对接、安全系数达标。

（重庆市轨道交通〔集团〕有限公司　雷淞麟）

（1）自平衡智能挂篮为针对预应力混凝土连续梁桥特别研发的一款专用施工装备，设计初衷是为了弥补传统悬浇施工装备重心始终靠前、模板控制工艺烦琐以及设备前移费时费力的不足。前期通过大量的试验工作，验证筑桥机的性能可靠，是安全可靠并且具备一定先进性的施工方式。其中，挑梁体系采用完整的箱体结构代替传统挂篮的桁架结构，荷载传递路径采用的是杠杆原理，通过前轮箱的支垫将结构自重及施工荷载传递至已浇筑梁段。滑动框架由滑动框架上横梁、滑动框架弧形段及脱模平台组成。在浇筑工况挑梁后锚锁定后，通过滑动框架将侧模、底模移动至待浇筑位置（重心靠前）；在走行工况，通过滑动框架将侧模、底模移动至挂篮尾部（重心靠后），实现自平衡。通过框架上带有的液压装置完成侧模安、拆及标高粗调。通过框架上带有的电动葫芦完成底模标高粗调，通过液压油缸完成侧模的标高调整。

（2）项目空心式墩柱和盖梁设计，为首个采用装配式桥梁下部结构的市郊铁路领域示范项目；推广使用人字型骨架护坡预制叠合面板施工工法；采用新型方桩钻头克服常规抗滑桩的施作局限，提升工作效率。采用三维 BIM 正向设计，结合智慧工地实现对安全、质量、人员、环境、进度、设备等七大板块的全方位监管和调度指挥；开展 InSAR 遥感监测技术应用，获取地灾敏感点的位置范围和定量形变信息，进行地质灾害风险的综合评估。

（3）以“适用于长大区间隧道的区域耦合式防排烟系统”作为云雾山隧道的排烟方案，节约投资的同时规避风井结构施工带来的易坍塌、有限空间作业、排水难度大等风险。开展“山岭复杂地质隧道综合超期地质预报技术研究与应用”，创新研究“四阶段七步法”超前地质预报技术，实现洞内洞外、多方法、多属性、多角度、多探测长度的综合预报应用。

（重庆市铁路〔集团〕有限公司）

34　四川省成都市

【建设概况】

成都市城市轨道交通工程建设由成都轨道交通集团有限公司承担。

2023 年，成都市轨道交通建设项目 9 个，共 215.8 公里，122 座车站。其中续建项目 8 个（8 号线二期、10 号线三期、13 号线一期、17 号线二期、18 号线三期、27 号线一期、30 号线一期、资阳线），建成项目 1 个（19 号线二期）。完成车站开工 122 座，车站封顶 116 座（8 号线二期 7 座、10 号线三期 3 座、13 号线一期 20 座、17 号线二期 17 座、18 号线三期 4 座、19 号线二期 12 座、27 号线一期 23 座、30 号线一期 23 座，资阳线 7 座），轨道铺设 447.0 公里。完成投资 351.4 亿元。（表 7-34-1）

至 2023 年底，成都轨道交通建成线路有 14 条，总线路长度 601.7 公里，车站总数 330 座。

【成都轨道交通 19 号线二期工程建成项目】

19 号线二期起点为九江北站（不含），终点为合江站（预留）。线路全长 43.2 公里，均为地下线。设车站 12 座，其中换乘站 9 座，在龙桥路站与 3 号线换乘，在双流机场 2 航站楼东站与 30 号线换乘，在龙港站与 8、25 号线换乘，在温家山站与 20、22 号线换乘，在牧华路站与 21、

2023 年成都市城市轨道交通在建项目汇总表 表 7-34-1

序号	线路名称	起讫点	线路长度（公里）	车站数（座）	开工时间（年月）	预计通车时间（年）	工程建设情况	重点工程节点
1	19 号线二期	九江北-合江（预留）	43.2	12	2019.11	2023	建成	11 月 28 日，19 号线二期开通初期运营
2	8 号线二期	西南延：龙港-莲花（不含）；东北延：十里店（不含）-桂龙路	7.8	7	2020.05	2024	续建	至年底，实现全部 7 座车站主体结构封顶、全线洞通和长轨通，全线进入机电安装及装修施工阶段
3	10 号线三期	人民公园-太平园（不含）	5.9	5	2019.12	2025	续建	至年底，实现 3 座车站主体结构封顶，剩余 2 座车站正在进行主体结构施工
4	13 号线一期	瓦窑滩-龙安	29.1	21	2019.12	2025	续建	至年底，实现 20 座车站主体结构封顶，剩余 1 座车站正在进行主体结构施工，全线进入机电安装及装修施工阶段
5	17 号线二期	机投桥（不含）-高洪村	24.8	18	2019.12	2025	续建	至年底，实现 17 座车站主体结构封顶，剩余 1 座车站正在进行主体结构施工。全线进入机电安装及装修施工阶段
6	18 号线三期	（含北延段、临江段）	13.6	5	2019.12	2026	续建	至年底，实现 4 座车站主体结构封顶，剩余 1 座车站正在进行桩基及土方开挖施工
7	27 号线一期	石佛-蜀鑫路	24.9	23	2020.05	2025	续建	至年底，实现全部 23 座车站主体结构封顶、全线“洞通”和“短轨通”。全线进入机电安装及装修阶段
8	30 号线一期	双流机场 2 航站楼-龙泉	28.0	24	2020.05	2025	续建	至年底，实现 23 座车站主体结构封顶，剩余 1 座车站正在进行主体结构施工。全线进入机电安装及装修施工阶段
9	资阳线	福田-资阳北	38.7	7	2020.11	2024	续建	至年底，实现 7 座车站主体结构封顶、全线“洞通”和“长轨通”。全线进入机电安装及装修施工阶段
合计			215.8	122				

注：各线路长度合计数实际为 215.767 公里，因小数进位原因，故合计数记为 215.8 公里。

22 号线换乘，在怡心湖站与 5 号线换乘，在红莲站与 16、S5 号线换乘，在天府商务区站与 6、16 号线换乘，在天府站与 18、26 号线换乘。在长顺村设停车场 1 处。设华秀主变、剑南主变。控制中心设在新苗控制中心二期；配置供电、通信、信号、通风空调、给排水与消防、设备监控、防灾报警、屏蔽门、自动售检票、电梯及自动扶梯等运营系统设备。车辆选用市域 A 型车，最高运行速度 160 公里／小时，接触网交流 25 千伏授电，初期采用 4 辆编组，近期采用 4 与 8 辆编组混跑，动拖比为 3:1，初期配车 44 列 /352 辆。双机场直达列车采用 6 辆编组，初期 4 辆编组配车 45 列。19 号线二期工程于 2019 年 11 月开工，于 2023 年 11 月 28 日开通初期运营。(图 7-34-1)

2023 年，此项目完成投资 27.9 亿元。至 2023 年底，全部车站开工、结构封顶累计 12 座，盾构掘进、轨道铺设、机电施工已完成。

【项目管理】

强化过程质量管控。完善质量体系，定期开展质量月、质量反思会等活动，提升全员质量意识，加强现场质量管控；二是强化工序间搭接。紧盯“洞通”“轨通”等目标节点，厘清主线任务，将生产任务细化分解到季、月、周，以保主线为抓手统筹安排，动态调控，确保节点目标兑现；三是开展专项劳动竞赛。开展“建功‘十四五’奋进新征程，推动轨道交通建设高质量发展”专项劳动竞赛，充分调动轨道交通建设者的大干热情，推动轨道交通

图 7-34-1　成都轨道交通 19 号线二期走向示意图

建设高质量发展。

抓重大隐患排查治理，落实安全防范责任，组织参建单位 1.5 万余人参与安全宣贯学习，结合 2023 年施工特点，针对性研究制定安全生产专项整治方案，分批次开展起重吊装、轨行区交叉施工等专项整治行动。邀请住建部和行业专家，开展安全重大事故隐患专项排查，对重大事故隐患进行深度分析，进一步督促各单位落实安全防范责任和安全生产各项措施。实施科技兴安，对建设风险监控应急指挥中心系统进行升级改造，形成盾构监控预警、实名考勤、民工工资等 8 个核心功能模块的建设全过程大型综合监控管控系统。每日全覆盖线上巡查，系统实时监控和隐患整改闭合跟踪，提前对潜在风险隐患开展辨识、分级和论证，实现对风险隐患的快速预警、实时调度和可视化指挥，有效增强风险隐患管控能力，显著降低建设安全风险。

【新工艺工法】

（1）针对成都轨道交通既有线路通风空调系统能耗较高，传统通风空调控制系统由 BAS 系统采用简易的开关启停控制，无法实现自动调节的功能，导致系统运行效率低等痛点、难点问题，成都轨道交通第四期建设的车站通风空调采用风水联动控制系统。取消车站原群控系统，将公共区空调风系统设备、车站空调水系统设备接入风水联动控制系统，把车站通风空调系统中的风系统与水系统通过运算逻辑和控制策略，有效耦合在一起运行，BAS 系统仅负责启停、模式切换等措施，达到车站风水联动控制的目的。该系统能够实现通风空调设备的高效管理和能源的高效利用，系统自动化程度高，可实现全系统无人值守、一键操作、全系统运行、工艺参数的存储与分析、系统能效的分析评价等，控制效果稳定，经济效益显著。

（2）针对首次采用 27.5 千伏刚性接触网，项目团队研究实施配套新型施工工法，包括设计、施工和监理等参建单位一道，探索实施轨道、接触网同步无轨联合精密测量技术，保障充分有效的作业工期；现场应用三维建模技术校核布局方案，编制应用吊柱预配软件，针对悬挂吊柱布置点位和底盘倾角度逐一计算并下单，边铺轨边实施吊柱预配和同步安装；结合安装实践，施工单位总结一套特有的悬挂调整工法，确保施工进度和安装精度高效可控；针对首套适用于平开式防淹门的接触网可断开接头装置，参建单位共同研究确定适应资阳线实际的装置制造细节和控制逻辑，明确安装和联调方案，解决现场难题并申报相关专利。通过资阳线建设实践，编制出《轨道交通 27.5 千伏刚性架空接触网工程施工质量验收标准（试行）》。

（成都轨道交通集团有限公司　付淑娟）

35　贵州省贵阳市

【建设概况】

贵阳市城市轨道交通工程建设由贵阳市公共交通投资运营集团有限公司承担。

2023 年，贵阳轨道交通建设项目 2 个，共 73.3 公里，42 座车站。其中续建项目 1 个（S1 线一期），建成项目 1 个（3 号线一期）。完成车站封顶 3 座（S1 线一期 3 座），轨道铺设 50.5 公里。完成投资 89.6 亿元。（表 7-35-1）

至 2023 年底，贵阳轨道交通建成线路有 4 条（1 号线、2 号线一期、2 号线二期、3 号线一期），总线路长度 118.7 公里，车站总数 86 座。

【贵阳轨道交通 3 号线一期工程建成项目】

3 号线一期工程起点为桐木岭站，终点为洛湾站。线路长度 43.0 公里，其中地下线 41.7 公里，高架线 1.3 公里。设车站 29 座，在花溪公园站与规划 S4 线换乘，在中

2023 年贵阳市城市轨道交通在建项目汇总表　　表 7-35-1

序号	线路名称	起讫点	线路长度（公里）	车站数（座）	开工时间（年月）	预计通车时间（年）	工程建设情况	重点工程节点
1	3 号线一期	桐木岭-洛湾	43.0	29	2018.12	2023	建成	12 月开通初期运营
2	S1 线一期	皂角坝-望城坡	30.3	13	2020.11	2024	续建	
合计			73. 3	42				

曹司站与 S1 线换乘，在花果园东站与规划 4 号线换乘、在松花路站与规划 S3 线换乘、在浣纱路站与 2 号线换乘、在北京路站与 1 号线换乘、在温泉路站与 S1 线换乘。在乌当区设东风镇车辆段 1 处，占地 39.9 公顷；在花溪区设花溪南停车场 1 处，占地 15.0 公顷。设花溪南、中曹司、新添寨 3 座主变（与 S1 线共用中曹司主变）。控制中心设在中曹司站附近（与 S1 线共用）；配置供电、通信、信号、通风空调、给排水及消防、综合监控、火灾报警、环境及机电设备监控、自动售检票、安防及门禁、自动扶梯及电梯、站台门等运营系统设备。车辆选用交流异步电机驱动、变压变频控制技术，电气和机械制动协调配合的制动系统 B 型车，最高运行速度 100 公里 / 小时，接触网直流 1500 伏授电，6 辆编组，动拖比为 2:1，初期配车 44 列 /264 辆。3 号线一期工程于 2018 年 12 月开工，于 2023 年开通初期运营。（图 7-35-1）

2023 年，此项目完成投资 53.6 亿元，至 2023 年底，车站开工 29 座、结构封顶累计 29 座，盾构推进累计 52.0 公里，轨道铺设累计 111.8 公里。

（贵阳市城市轨道交通集团有限公司　朱小辉）

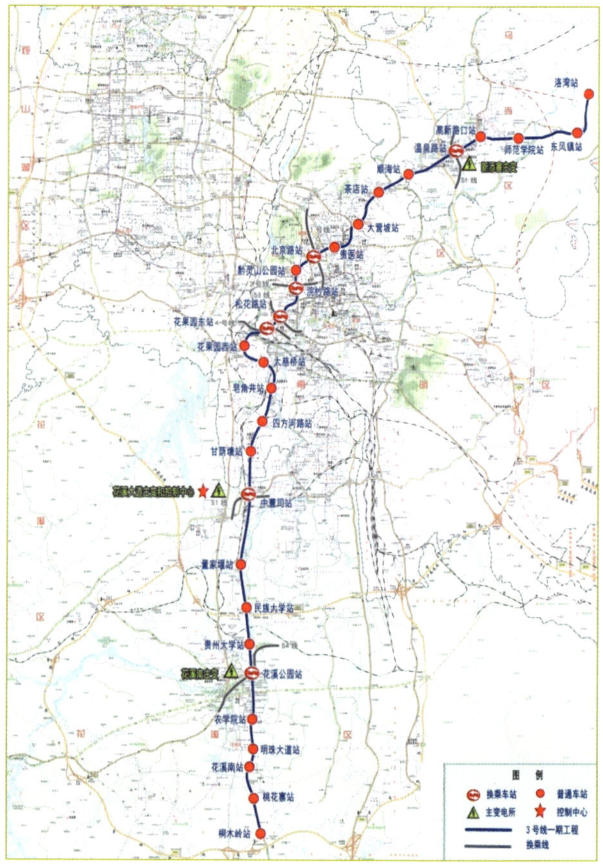

图 7-35-1　贵阳轨道交通 3 号线一期工程线路走向示意图

36　云南省昆明市

【建设概况】

昆明市城市轨道交通工程建设由昆明轨道交通集团有限公司承担。

2023 年，昆明市城市轨道交通建设项目 2 个，共 21.9 公里，18 座车站。全部为续建项目（1 号线西北延、2 号线二期）。完成车站开工 1 座（2 号线二期 1 座），车站封顶 1 座（1 号线西北延 1 座）。2 个项目共 13.9 公里（1 号线西北延、2 号线二期）主体结构贯通。（表 7-36-1）

至 2023 年底，昆明轨道交通建成线路有 6 条，总线路长度 165.9 公里，车站总数 103 座。

【项目管理】

（1）以集中力量解决突出问题为导向，从方案优化、

2023 年昆明市城市轨道交通在建项目汇总表　　表 7-36-1

序号	线路名称	起讫点	线路长度（公里）	车站数（座）	开工时间（年月）	预计通车时间（年）	工程建设情况	重点工程节点
1	1 号线西北延	教场北路–环城南路（不含）	7.6	7	2016.03	2025	续建	至年底，5 座车站主体结构封顶，3 座车站附属结构完工，4 个区间双线贯通，3 个区间铺轨实现“长轨通”
2	2 号线二期	环城南路（不含）–海东公园	14.3	11	2015.08	2025	续建	至年底，10 座车站主体结构封顶，7 座车站附属结构土建工程完工，9 个区间双线贯通，南坝站至宝丰站区段实现“轨通”
合计			21.9	18				

资源调配、多渠道协调等方面努力推进工程建设。结合地铁 1 号线西北延和 2 号线二期工程实际，提前深入谋划后续的工期计划，根据客观实际牵头组织研究提出 1 号线西北延分段开通方案，建立月报、周报制度进行定期通报，针对进展缓慢的项目进行重点提示，并视情况及时下发督办通知，有力推进相关工程建设。同时统筹协调 2 号线二期既有线部分的拆分调试计划下发执行，组织制定《昆明市轨道交通 1 号线西北延工程施工调试期间涉及环城南路站既有线部分的施工管理暂行办法》，从制度方面规范相关调试施工。

（2）针对 1 号线西北延、2 号线二期工程多年来未解决的征地拆迁等问题，昆明轨道交通集团有限公司紧盯重点难点，结合实际深入研究制定解决方案，主动向云南省、昆明市政府及相关部门汇报，并由行政主管部门牵头建立沟通协调机制，安排专人全过程跟进。经过持续不断沟通商谈，长期以来制约 1 号线西北延、2 号线二期工程建设的征地拆迁等问题总体得到全面解决，特别是昆明站铁路行包综合楼拆除还建协议完成签署，2023 年 7 月行包楼办公单位完成搬迁，2023 年 11 月火车站行包楼完成移交。

【新工艺工法】

2 号线二期工程针对车站出入口上方 DN2000 承插式混凝土污水干管（壁厚 200mm，顶管工艺施工）无法改迁的情况，研究采用河湖沉积地层基坑大直径刚性管道原位保护技术，此工艺对大直径刚性管线实施原位保护，有效解决管线无法迁改的难题。

（昆明轨道交通集团有限公司　顾昆）

37　陕西省西安市

【建设概况】

西安市城市轨道交通工程建设由西安市轨道交通集团有限公司和西咸新区轨道交通投资建设有限公司承担。

2023 年，由西安市轨道交通集团有限公司承担的建设项目 5 个，共 121.3 公里，78 座车站。其中续建项目 3 个（8 号环线、10 号线一期、15 号线一期），建成项目 2 个（1 号线三期、2 号线二期）。完成车站开工 1 座（15 号线一期 1 座），车站封顶 16 座（8 号环线 12 座、15 号线一期 4 座），轨道铺设 140.3 公里。完成投资 297.3 亿元。1 个项目共 34.4 公里（10 号线一期）主体结构贯通。（表 7-37-1）

至 2023 年底，西安轨道交通由西安市轨道交通集团有限公司承担的建成线路有 10 条（1 号线、2 号线、3 号线、4 号线、5 号线、6 号线、9 号线、14 号线、16 号线一期、西户线），总线路长度 229.0 公里，车站总数 171 座。（不含 5 号线二期）

（西安市轨道交通集团有限公司）

2023 年，由西咸新区轨道交通投资建设有限公司承担的西咸新区建设项目 2 个，共 20.0 公里，13 座车站。全部为建成项目（西安地铁 16 号线一期工程、西咸新区智轨示范线 1 号线工程〔斗门–昆明池段〕）。完成车站开工 13 座（16 号线一期 9 座、西咸新区智轨示范线 1 号线 4 座），车站封顶 13 座（16 号线一期 9 座、西咸新区智轨示范线 1 号线 4 座），轨道铺设 20.0 公里。完成投资 37.9 亿元。2 个项目共 20.0 公里（西安地铁 16 号线一期工程、西咸新区智轨示范线 1 号线工程〔斗门–昆明池段〕）主体结构贯通。（表 7-37-1）

2023 年西安市城市轨道交通在建项目汇总表　　表 7-37-1

序号	线路名称	起讫点	线路长度（公里）	车站数（座）	开工时间（年月）	预计通车时间（年）	工程建设情况	重点工程节点
1	1 号线三期	咸阳西站-沣河森林公园	10.6	7	2020.04	2023	建成	2023 年 9 月 21 日，开通初期运营
2	2 号线二期	北段：草滩北-北客站（不含）南段：韦曲南（不含）-常宁	6.9	4	2019.10	2023	建成	2023 年 6 月 27 日，开通初期运营
3	8 号环线	电子城-电子城（环线）	49.9	37	2019.10	2024	续建	至年底，12 座车站主体结构封顶，8 台盾构下井，累计推进 28.3 公里。暗挖区间完成 12.1 公里
4	10 号线一期	杨家庄-高陵水景公园	34.4	17	2020.07	2024	续建	至年底，学东区间右线、红学区间左线贯通，地下段贯通；高架段预制梁架设完成，现浇梁施工完成，泾渭河公轨合建桥实现合龙、落梁工序，全线实现“桥通”；地下段、高架段“轨通”；安装装修及系统设备安装单位进场，年内实现样板段区间动车调试
5	15 号线一期	细柳-韩家湾	19.5	13	2020.09	2025	续建	至年底，4 座车站主体结构封顶，11 台盾构全部下井，累计掘进 12.61 公里。暗挖区间累计完成 2.75 公里，轨道累计铺设 4 公里
合计 1			121.3	78				
6	16 号线一期	沣东小镇-能源三路	15.1	9	2020.06	2023	建成	6 月 9 日，16 号线一期完成竣工验收；6 月 18 日，完成初期运营前安全评估；6 月 27 日，正式开通运营
7	西咸新区智轨示范线 1 号线	斗门-昆明池	4.9	4	2021.05	2023	建成	3 月 21 日，正式开通
合计 2			20.0	13				

注：序号 1—5 工程项目，工程建设由西安市轨道交通集团有限公司承担，合计 1 为此 1—5 项合计数；序号 6—7 工程项目，工程建设由西咸新区轨道交通投资建设有限公司承担，合计 2 为此 6—7 项合计数。

至 2023 年底，西安轨道交通由西咸新区轨道交通投资建设有限公司承担的建成线路有 4 条（1 号线二期、5 号线二期、16 号线一期工程、西咸新区智轨示范线 1 号线工程〔斗门-昆明池段〕），总线路长度 46.0 公里，车站总数 30 座。

（西咸新区轨道交通投资建设有限公司）

【西安轨道交通 1 号线三期工程建成项目】

1 号线三期工程起点为咸阳西站，终点为 1 号线二期工程起点站沣河森林公园站（不含）。线路长度 10.6 公里，全部为地下线。设车站 7 座，在宝泉路站、白马河站与规划 11 号线换乘，在中华西路站与规划 19 号线换乘，陈杨寨站与规划 18 号环线换乘。在咸阳西站新设珠泉路停车场 1 处；在陈杨寨站附近设秦皇南路主变电站 1 处。设秦皇南路主变。配置供电、通信、信号、通风空调、给排水与消防、设备监控、防灾报警、屏蔽门、自动售检票、电梯及自动扶梯等运营系统设备。车辆选用 B 型车，最高运行速度 80 公里 / 小时，接触网直流 1500 伏授电，6 辆编组，动拖比为 1:1。1 号线三期工程于 2020 年 4 月开工，于 2023 年 9 月 21 日年开通初期运营。（图 7-37-1）

2023 年，此项目完成投资 12.9 亿元。

【西安轨道交通 2 号线二期工程建成项目】

2 号线二期工程包含南延段和北延段，北延段北起草滩站，止于一期工程起点北客站北侧预留节点，南延段起于一期终点韦曲南站，止于常宁站。线路长度 6.9 公里，全部为地下线。设车站 4 座，南延段和北延段各 2 座，利用并改（扩）建既有渭河车辆段、浐河停车场。利用一期工程行政中心主变、会展中心主变。配置供电、通信、信号、通风空调、给排水与消防、设备监控、防灾报警、屏蔽门、自动售检票、电梯及自动扶梯等运营系统设备。车辆选用 B 型车，最高运行速度 80 公里 / 小时，接触网直

图 7-37-1　西安轨道交通 1 号线三期走向示意图

流 1500 伏授电；6 辆编组，动拖比为 1:1。2 号线二期工程于 2019 年 10 月开工，于 2023 年 6 月 27 日年开通初期运营。（图 7-37-2）

2023 年，此项目完成投资 9.9 亿元。

（西安市轨道交通集团有限公司）

【西安轨道交通 16 号线一期工程建成项目】

16 号线一期工程南起诗经里站，北至秦创原中心站。线路长度 15.1 公里，全为地下线。设车站 9 座，在上林路站与地铁 1 号线换乘。设沙河滩车辆基地 1 处，占地 28.5 公顷。设能源三路主变 1 座，设控制中心 1 座，控制中心与 17、18、19 号线共享，并预留 2 条线容量。车辆选用 B 型车，最高运行速度 100 公里／小时，接触网直流 1500 伏授电，6 辆编组，动拖比为 2:1，初期配车 13 列／78 辆。工程于 2019 年 12 月 13 日开工，于 2023 年 6 月 27 日开通初期运营。（图 7-37-3）

2023 年，此项目完成投资 109.3 亿元。至 2023 年底，车站开工 9 座、结构封顶累计 9 座，轨道铺设累计 15.1 公里。

【西咸新区智轨示范线 1 号线工程（斗门-昆明池）工程建成项目】

智轨示范线 1 号线东起斗门站，西至欢乐谷站，线路全长约 11.9 公里，设车站 9 座，均为地面站。设车辆基地 1 座，占地 3.3 公顷。起终点设箱式充电变电站 2 座。车辆选用智轨电车，最高运行速度 75 公里／小时，接触网直流 750 伏授电，3 模块编组，初期配车 9 列／27 辆。智轨示范线 1 号线于 2021 年 5 月 18 日开工，于 2023 年 3 月 21 日开通初期运营。（图 7-37-4）

（西咸新区轨道交通投资建设有限公司）

【项目管理】

（1）聚焦高质量发展，完成各项年度目标任务。地铁

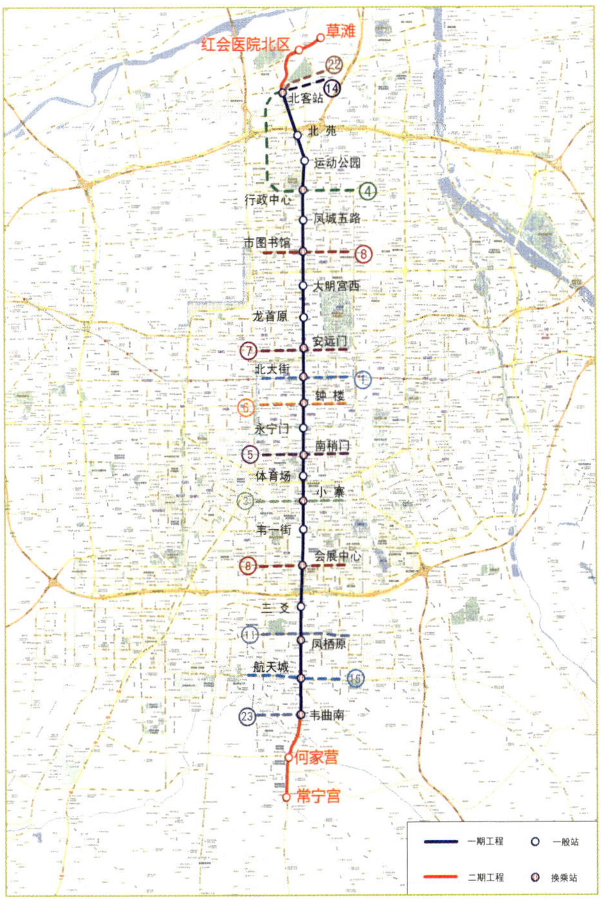

图 7-37-2　西安轨道交通 2 号线二期走向示意图

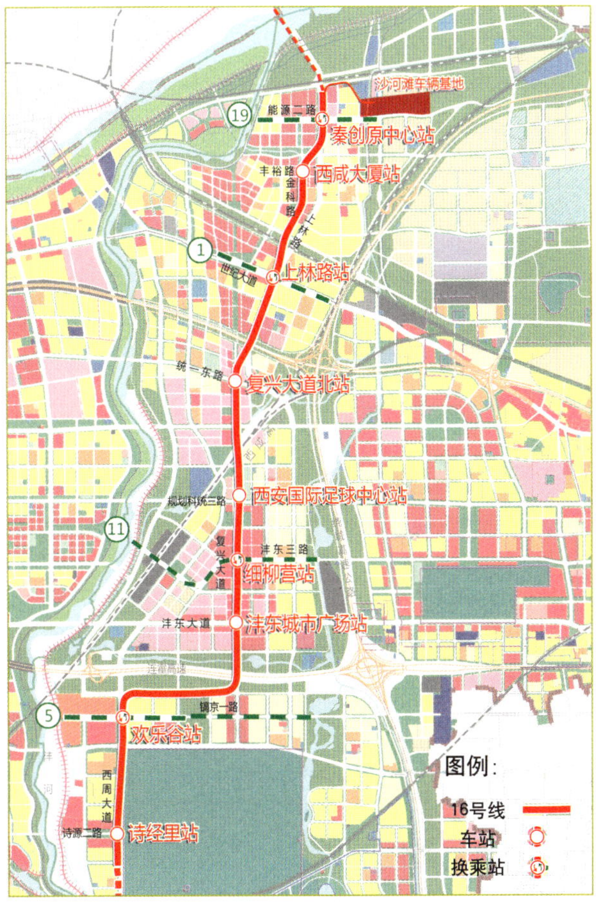

图 7-37-3　西安轨道交通 16 号线一期工程走向示意图

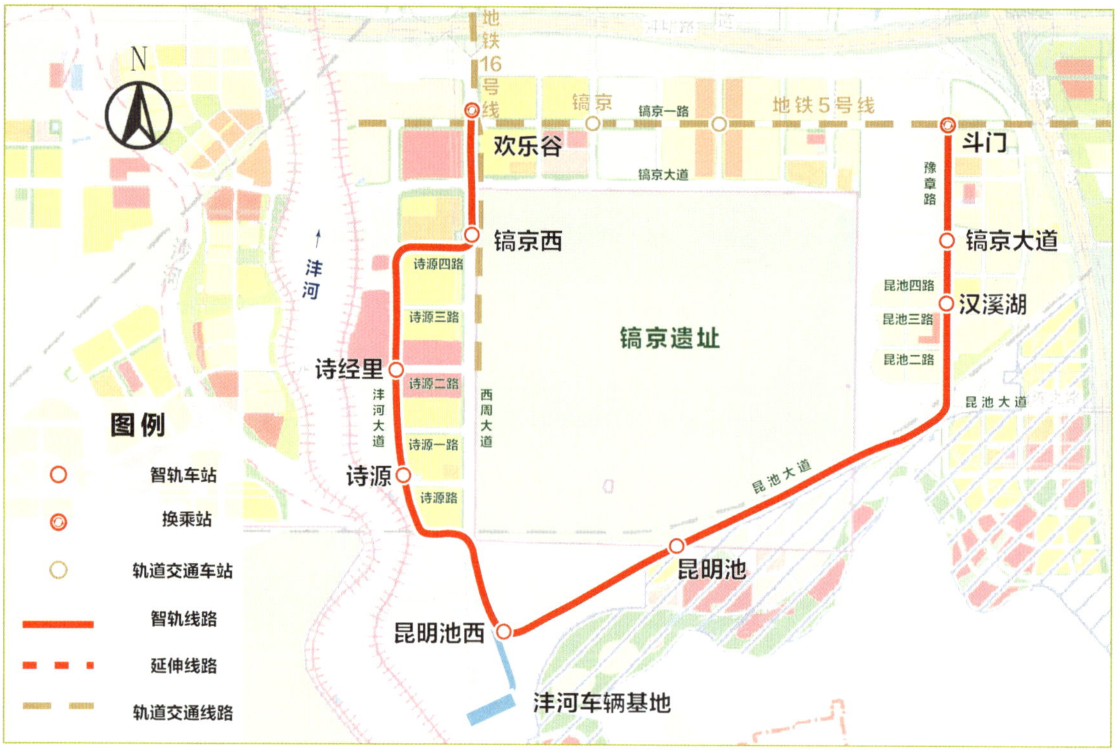

图 7-37-4　西安轨道交通西咸新区智轨示范线 1 号线走向示意图

1 号线三期、2 号线二期高标准开通、实现贯通运营；继地铁 4 号线后 14 号线再次获国家优质工程奖；全年完成投资 183.7 亿元，超额完成投资，达到 101.2%。

（2）坚持安全第一，狠抓在建项目工期进度与质量安全管理，及时安排重大事故隐患排查整治等重点工作。在应对汛期 20 余轮（次）降雨期间，落实防汛防涝“扁平化呼叫应答、全链条夯实责任、‘撤封控’避灾减灾、全覆盖排险除患”等“四项机制”，保证在建项目安全度汛。

（3）加强技术管理体系建设，提升设计、勘察管理水平，强化技术服务保障。全年梳理、细化技术管理制度办法 4 项，交付图纸 3218 册；完成 8、10、15 号线，1 号线三期，6 号线南段等多条线路的初步设计调整，研究并推进 8 号环线红大区间暗挖段工法调整 I 类变更等一批重大技术方案。科研成果《西安地铁地下线消防管道防冻系统节能研究》《分离岛车站研究》，“盾构通过 + 扩挖成型”穿越地裂缝技术等在相关站点应用取得良好成效。

（西安市轨道交通集团有限公司）

积极应用新工艺新技术，引入“冷冻法”施工工艺和“机铺散铺相结合”的铺轨技术，确保地铁 16 号线一期工程建设安全高效推进。对 16 号线一期工程各项验收工作之间的关系进行细致梳理，制定详细的验收工作计划，抓过程管控，用 60 天就完成 395 项分部分项工程、75 项单位工程及项目工程的验收，为项目按期通车奠定坚实基础。

（西咸新区轨道交通投资建设有限公司）

【新工艺工法】

（1）15 号线一期府君庙村至祝村区间穿越地裂缝段采用“盾构通过 + 扩挖成型”方案，暗挖隧道开挖断面显著缩小，提高施工的安全和质量。采用全断面式开挖施工，大大提高施工效率。在细柳站和樱花广场站试点应用装配式站台板、站内及附属楼梯等装配式技术，缩短施工工期。

（2）10 号线一期渭河特大桥首次采用双向“步履机 + 滑块”顶推施工，步履机由 1 台 1500 吨竖向顶 +1 台 200 吨纵向水平顶 +2 台 200 吨横向水平顶组成，全桥共需 92 套步履机协同控制，合龙口位于 W05 号墩北侧 108 米处，非对称双悬臂状态下合龙。全桥共 117 个节间，总长 1412 米，其中西安侧顶推 55 个节间，共 664 米，高陵侧顶推 62 个节间，共 748 米。全桥共设置 13 个临时墩、10 个墩旁托架、2 个 48 米导梁、2 个拼装平台进行辅助施工，采用“100 吨 +100 吨”双钩龙门吊进行安装，前三轮顶推为每两个节间（24 米）进行，主要是调节平衡，第四轮开始以每 6 个节间（72 米）进行一轮顶推；“步履机 + 滑块”式顶推，是在滑块与钢桁梁下弦接触面和滑道梁接触面使用不同的摩擦介质，使得滑块与钢桁梁下弦间摩擦力大于滑块与滑道梁间摩擦力，利用步履机顶推实现钢桁梁的向前滑移。

（3）8 号环线受征拆影响，科技六路站主体中部约 50 米范围结构侧墙需回收 3.3 米，避开地块范围。为满足地铁功能要求，该站主体局部采用扩挖站台 + 组合结构大跨托换体系的明暗挖结合工法，实施要点：一是先期实施明挖主体，为满足站厅疏散空间要求，负一层局部抽柱，采用横梁托换体系；二是站台层局部暗挖扩挖，暗挖断面为平顶直墙，断面开挖净宽 2.45 米，高 11.44 米，采用 3 台阶纵向对向开挖，降水 + 围岩土体注浆止水加固；三是负三层大跨托换体系采用型钢组合结构，托换梁高 1 米，不增加站台层高度，有效保证轨行区轨顶风道、接触网等行车限界要求。暗挖扩挖段及托换体系施工工期约 3.5 个月，施工期间主体结构变形稳定，周边环境安全可控，成功解决该站工程难题，丰富和创新地铁车站施工工法体系。

（西安市轨道交通集团有限公司）

地铁 16 号线科统六路至上林路区间联络通道首次采用冻结法施工，有效规避富水砂层联络通道施工易坍塌的风险，缩短施工工期，为全线按期“轨通”奠定基础。

（西咸新区轨道交通投资建设有限公司）

38　甘肃省兰州市

【建设概况】

兰州市城市轨道交通工程建设由兰州市轨道交通有限公司承担。

2023 年，兰州市城市轨道交通建设项目 1 个，共 9.1 公里，9 座车站，为建成项目（轨道交通 2 号线一期工程）。完成车站开工 9 座（轨道交通 2 号线一期工程），车站封顶 9 座（轨道交通 2 号线一期工程），轨道铺设 22.8 公里。完成投资 64.5 亿元。1 个项目共 9.1 公里（轨道交通 2 号线一期工程）主体结构贯通。（表 7–38–1）

至 2023 年底，兰州轨道交通建成线路有 2 条（1 号线、2 号线），总线路长度 35.0 公里，车站总数 29 座。

【兰州轨道交通 2 号线一期工程建成项目】

2 号线一期工程起点为东方红广场站，终点为雁白大桥站。线路长度 9.1 公里，全为地下线。设车站 9 座，在东方红广场站与 1 号线换乘，在五里铺站与 1 号线换乘。在排洪南路设停车场，占地 7.7 公顷；东岗设车辆段占地 39.8 公顷。设东岗主变（与 1 线共用东岗主变）。控制中心 1 处；配置 ATS（列车运行监控系统）PSCADA（电力监控系统）ISCS（综合监控系统）等运营系统设备。车辆选用 A 型车，最高运行速度 80 公里 / 小时，接触网直流 1500 伏授电，6 辆编组，动拖比为 2:1，初期配车 10 列 /60 辆。2 号线一期工程于 2016 年 5 月 14 日开工，于 2023 年开通初期运营。（图 7–38–1）

2023 年，此项目完成投资 64.5 亿元，至 2023 年底，车站开工 9 座、结构封顶累计 9 座，盾构推进累计 9.1 公里，轨道铺设累计 22.8 公里。

【项目管理】

深入贯彻“百年大计，质量至上”质量管理理念，健全质量管理制度，全面落实兰州市轨道交通有限公司“监管”、子分公司“主管”的两级质量管理责任。常态开展在建项目质量巡查和工程质量专项检查，通过限期闭环整改加强质量过程管控，在建工程突出质量问题得到有效整治。扎实落实全员安全生产责任制，筑牢安全风险分级管控和隐患排查治理体系。深入开展安全生产监督检查，持续打造“区域自治、班组自控、职工自律”的安全管控体系，确保安全水平有效提升。全面推进安全风险分级管控和隐患排查治理双重预防机制建设，落实安全生产工作向事前预防倾斜，确保从源头上防范安全风险，从根本上消除安全隐患。

（兰州市轨道交通有限公司　胡相龙）

2023 年兰州市城市轨道交通在建项目汇总表　　表 7–38–1

序号	线路名称	起讫点	线路长度（公里）	车站数（座）	开工时间（年月）	预计通车时间（年）	工程建设情况	重点工程节点
1	2 号线一期	东方红广场–雁北路	9.1	9	2016.05	2023	建成	6 月 29 日，开通初期运营
合计			9.1	9				

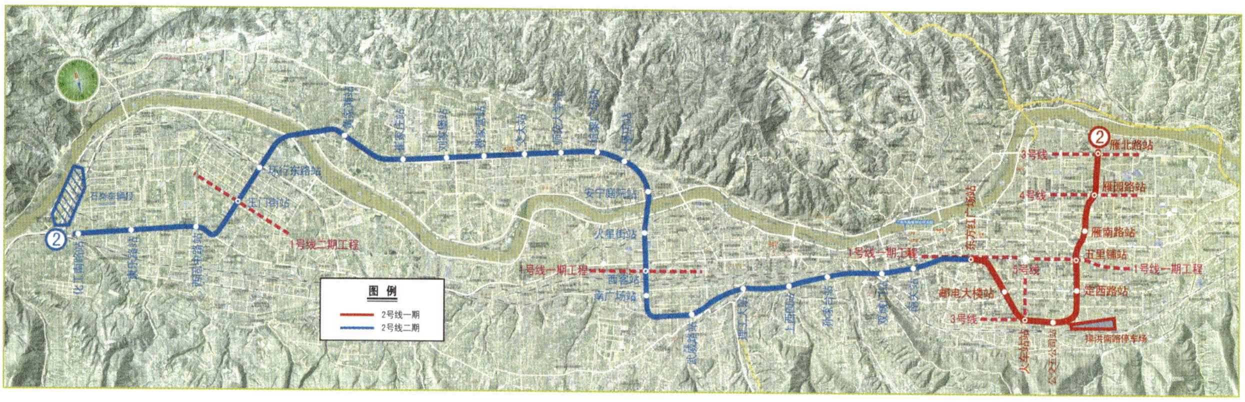

图 7-38-1　兰州轨道交通 2 号线一期走向示意图

39　甘肃省天水市

【建设概况】

天水市城市轨道交通工程建设由天水通号有轨电车有限责任公司、天水有轨电车有限责任公司承担。

2023 年，天水轨道交通建设项目 1 个，共 19.7 公里，17 座车站。其中续建项目 1 个（有轨电车示范线二期）。（表 7-39-1）

至 2023 年底，天水市轨道交通建成线路有 1 条（有轨电车示范线一期），总线路长度 12.9 公里，车站总数 12 座。

（天水通号有轨电车有限责任公司　董阳阳）

2023 年天水市城市轨道交通在建项目汇总表

表 7-39-1

序号	线路名称	起讫点	线路长度（公里）	车站数（座）	开工时间（年月）	预计通车时间（年）	工程建设情况	重点工程节点
1	有轨电车示范线（二期）	天水三中–埠南路	19.7	17	2020.12	2025	续建	
合计			19.7	17				

40　新疆维吾尔自治区乌鲁木齐市

【建设概况】

乌鲁木齐市城市轨道交通工程建设由乌鲁木齐城市轨道集团有限公司承担。

2023 年，乌鲁木齐轨道交通建设项目 1 个，共 13.9 公里，10 座车站。为续建项目（2 号线一期）。车站封顶 2 座（2 号线一期）。完成投资 5.7 亿元。（表 7-40-1）

至 2023 年底，乌鲁木齐城市轨道交通建成线路有 1 条（1 号线），总线路长度 27.6 公里，车站总数 21 座。

【项目管理】

2 号线一期项目公司由乌鲁木齐城市轨道集团有限公司及北京京投联合体共同出资成立，集乌鲁木齐轨道交通本地化优势与北京轨道交通公司成熟的管理模式、投资控制优势、专业化的团队管理的特长，实现战略布局调整、资源共享，推进轨道交通工程建设事业发展。

联合项目公司及各参建单位，全力配合政府相关单位做好征拆工作，并梳理项目前置条件，综合考虑制约因素影响，修编一级节点计划并制定2023年度投资计划目标。通过加强内部组织与管理，强化外部沟通与协调，全面提升计划落实力，及时跟踪综合计划、专项计划、一级节点计划执行情况，及时发布工期预警，督促纠偏措施落实情况，确保年度目标及总体目标实现。

2023年，联合项目公司全面贯彻落实轨道交通工程安全质量管理要求，持续健全安全质量管理体系和机制，狠抓参建各方安全质量主体责任落实，强化安全风险管理责任落实和实体质量控制，推动安全质量管理体系有效运转，扎实有效开展风险工程安全管控工作，强化隐患排查治理专项活动，稳步推进应急管理工作，深入开展“安全生产月”专项活动，提高工程质量源头和过程管控力度，高质量开展教育培训工作。在建轨道交通工程项目安全形势总体稳定，工程实体质量可控。

（乌鲁木齐城市轨道集团有限公司　王立婷）

2023年乌鲁木齐市城市轨道交通在建项目汇总表　　表7-40-1

序号	线路名称	起讫点	线路长度（公里）	车站数（座）	开工时间（年月）	预计通车时间（年）	工程建设情况	重点工程节点
1	2号线一期（北段）	南门–华山街	13.9	10	2015.11	2026	续建	至年底，土建工程车站主体结构完成100%，区间主体结构完成98%
合计			13.9	10				

规划建设

八

运营服务

2023 年，全国城市轨道交通新增红河州、滁州、许昌 3 市，新增运营线路长度 866.6 公里，运营里程总规模达 11224.5 公里。全年累计客运量 294.7 亿人次，进站量 177.3 亿人次，客运周转量 2450.5 亿人公里。平均客运强度 0.55 万人次 / 公里 · 日。平均旅行速度 37.7 公里 / 小时，线路高峰小时平均最小发车间隔为 273 秒。平均运营服务时长 17.0 小时 / 日。

在本篇章中，共有 47 个城市的 61 个运营企业参编，占 58 座运营城市轨道交通城市的 81.0%。运营线路规模最大的城市为上海：830.8 公里（不含有轨电车和市域铁路），年客运量最大的城市为上海：36.69 亿人次，断面客流最大的线路为北京 6 号线：6.1 万人次 / 小时，线网最长服务时间的线路为上海 1 号线：20 小时，高峰小时最小发车间隔为西安 6 号线：94 秒。

上海地铁博物馆

1　北京市地铁运营有限公司

【概况】

至2023年底，由北京市地铁运营有限公司运营管理的北京市城市轨道交通全网运营线路16条，总运营里程548.7公里，总运营车站335座，网络换乘站79座。从事既有运营线路运营维护的职工总数32960人，司机总数4112人。

2023年运送乘客268505.1万人次，比上年增长59.0%，占全市公共交通出行量的比重为49.0%。全年线网日均客运量735.6万人次／日，其中线网日均进站量400.9万人次／日，单日最高日客运量达到980.4万人次／日（2023年10月1日），线网日均客运周转量6982.8万人次公里／日。

2023年线网实际开行列次262.5万列次，线网运营车公里54151.7万车公里，高峰时段最小行车间隔95秒，运营总能耗169585.7万千瓦时。全年实现运营票款收入637540.8万元，比上年增长50.0%。（图8-1-1）

2023年度主要运营指标完成情况见表8-1-1、表8-1-2。

【引流增量，提升安全韧性】

北京市地铁运营有限公司运营线路年客运量26.8亿人次，比上年增长49%，占北京市城市轨道交通总运量的78%，日最高客运量980.4万人次；列车走行公里5.4亿车公里，列车运行图兑现率99.99%、列车运行正点率99.99%；线路列车发生5分钟及以上延误事故之间平均车公里为1697万车公里。

【重点领域安全隐患治理】

持续推进隐患治理，消除公司级隐患26项，累计治理结构渗漏点近1.3万处，日均排水量大于1000立方米的车站和区间全面清零。

【完成重大活动保障】

完成全国“两会”、服贸会和第三届“一带一路”国际合作高峰论坛等重大活动保障任务。

（北京市地铁运营有限公司）

北京市城市轨道交通（北京地铁）运营线路年度基础数据统计表　　表8-1-1

序号	运营线路名称	系统制式	车辆制式	列车编组（辆）	运营里程（公里）	地下线（公里）	地面线（公里）	高架线（公里）	运营车站（座）	换乘车站（座）	车辆基地（座）	首班车时间	末班车时间	线路运营时间	运营单位
1	1-八通线	地铁	B	6	55.0	35.0	10.0	10.0	36	13	3	4:57	23:33	18小时36分钟	运营二分公司
2	2号线	地铁	B	6	23.0	23.0			18	12	1	5:04	23:00	17小时56分钟	运营三分公司
3	5号线	地铁	B	6	28.0	17.0	1.0	10.0	23	11	2	5:00	23:11	18小时11分钟	运营一分公司
4	6号线	地铁	B	8	53.0	53.0			34	12	3	4:47	23:36	18小时49分钟	运营一分公司
5	7号线	地铁	B	8	41.0	41.0			30	9	2	5:10	23:15	18小时5分钟	运营一分公司
6	8号线	地铁	B	6	51.6	50.7	0.3	0.6	34	10	2	4:40	23:02	18小时22分钟	运营三分公司
7	9号线	地铁	B	6	17.0	17.0			13	8	1	5:00	23:19	18小时19分钟	运营二分公司
8	10号线	地铁	B	6	57.0	57.0			45	24	3	4:31	23:46	19小时15分钟	运营三分公司
9	11号线	地铁	A	4	3.9		3.9		4	1	0	6:00	22:11	16小时11分钟	运营二分公司
10	13号线	地铁	B	6	41.0	4.0	24.0	13.0	17	9	1	5:00	23:55	18小时55分钟	运营三分公司
11	15号线	地铁	B	6	43.0	28.0	1.0	14.0	20	4	2	4:55	23:18	18小时23分钟	运营四分公司
12	昌平线	地铁	B	6	42.2	23.2	3.0	16.0	18	5	2	5:05	23:40	18小时35分钟	运营四分公司

北京市城市轨道交通（北京地铁）运营线路年度基础数据统计表（续前表）

表 8-1-1

序号	运营线路名称	系统制式	车辆制式	列车编组（辆）	运营里程（公里）	地下线（公里）	地面线（公里）	高架线（公里）	运营车站（座）	换乘车站（座）	车辆基地（座）	首班车时间	末班车时间	线路运营时间	运营单位
13	房山线	地铁	B	6	30.0	5.0	1.0	24.0	16	4	1	5:01	23:15	18 小时 14 分钟	运营二分公司
14	首都机场线	地铁	直线电机	4	29.8	9.8	4.0	16.0	5	3	2	5:56	23:10	17 小时 14 分钟	京城地铁
15	亦庄线	地铁	B	6	23.0	9.0	0.2	13.8	14	3	1	5:20	23:20	18 小时	运营一分公司
16	S1 线	地铁	中低磁浮	6	10.2			10.2	8	2	1	5:25	23:33	18 小时 8 分钟	运营二分公司
合计					548.7	372.7	48.4	127.6	335	79	27				

北京市城市轨道交通（北京地铁）运营线路年度运营数据统计表

表 8-1-2

序号	运营线路名称	客运量（万人次）	进站量（万人次）	客运周转量（万人次公里）	最大断面客流量（万人次/时）	配属列车数（列）	运营车公里（万车公里）	日均实际开行列次（列次）	最小发车间隔（秒）	旅行速度（公里/小时）	牵引能耗（万千瓦时）	运营总能耗（万千瓦时）
1	1-八通线	31592.6	19547.4	302665.0	4.4	112	6270.0	637.6	120	35.3	12812.9	19844.7
2	2 号线	22436.6	10935.8	110711.6	2.1	50	2515.4	478.1	145	33.6	4885.1	8306.6
3	5 号线	26086.7	13383.8	210935.8	4.3	61	3268.5	533.1	120	31.8	7599.7	12632.0
4	6 号线	30593.7	17284.8	357546.2	6.1	84	7557.7	551.8	120	37.6	13843.7	23597.5
5	7 号线	17368.9	9762.1	144663.6	2.5	68	4119.8	426.2	180	35.3	7088.4	15236.0
6	8 号线	20946.2	12494.7	198397.5	3.0	111	4604.6	486.1	150	34.1	8379.5	15383.0
7	9 号线	13429.8	5776.5	74273.9	3.1	38	1707.5	503.6	148	30.7	2719.4	5342.8
8	10 号线	49705.2	24363.3	424980.7	5.1	116	6766.1	657.2	95	32.9	11199.8	21186.6
9	11 号线	62.8	34.4	75.8	0.2	5	99.7	234.8	345	26.9	338.6	1359.6
10	13 号线	16299.0	8760.3	168563.7	2.9	56	4206.8	523.6	150	42.2	5706.4	7825.3
11	15 号线	12204.8	7129.1	183480.9	3.1	37	3315.4	405.5	180	42.9	6263.4	9885.4
12	昌平线	11097.7	7188.5	159548.6	3.8	68	3973.4	476.5	135	45.0	7741.0	11597.0
13	房山线	8002.7	4294.2	121861.2	4.4	44	2766.5	511.7	120	43.4	4557.7	7045.6
14	首都机场线	629.3	629.3	15362.0	0.3	18	825.3	197.1	660	58.1	1331.5	2456.9
15	亦庄线	6508.3	3843.1	66800.1	2.1	23	1586.4	313.5	190	40.0	2485.2	4650.0
16	S1 线	1540.8	903.7	8873.3	1.1	11	568.6	254.7	310	31.1	2287.3	3236.7
合计		268505.1	146331.0	2548739.9		902	54151.7				99239.6	169585.7

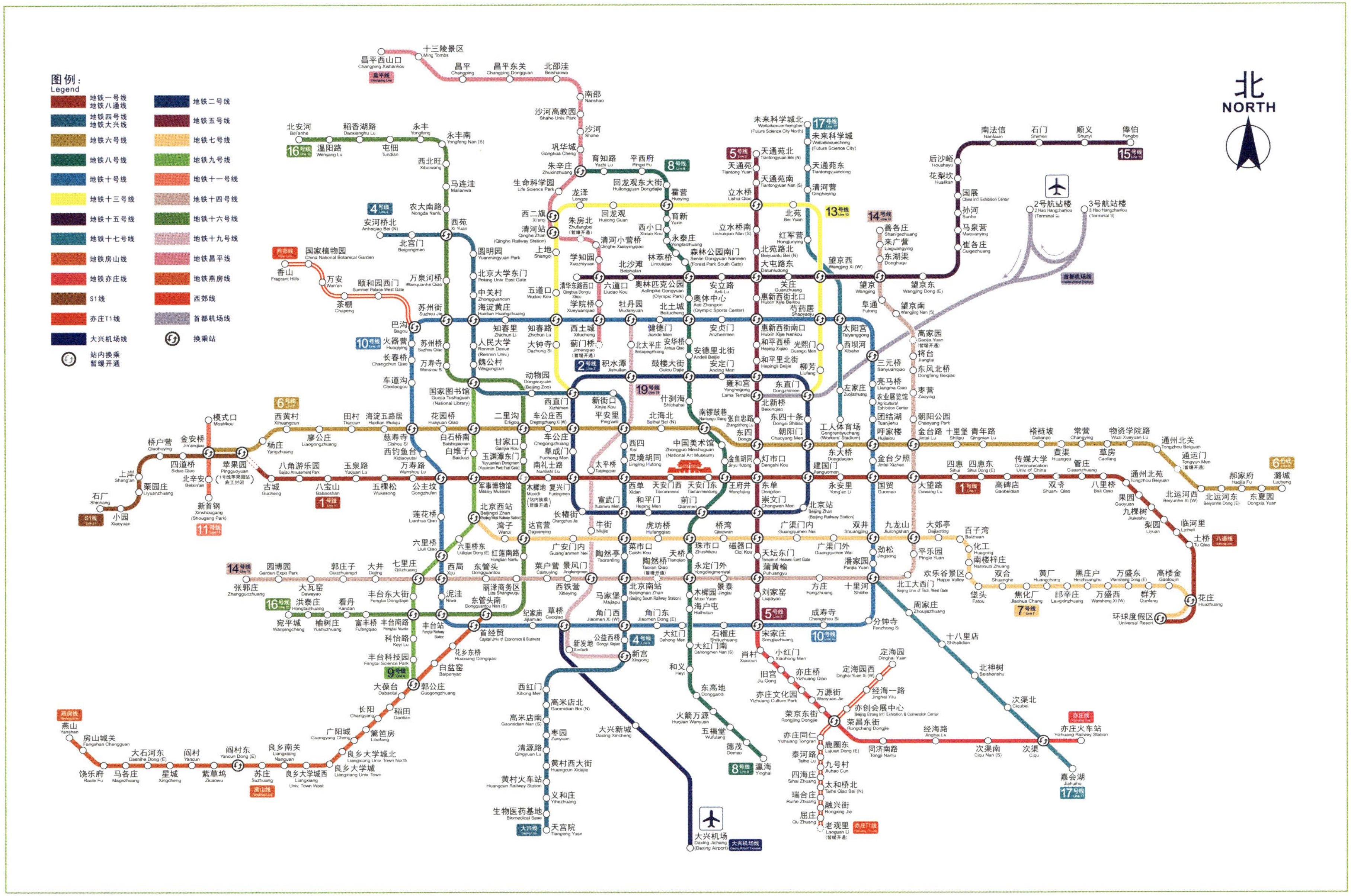

图 8-1-1　北京市城市轨道交通运营网络示意图

2　北京京港地铁有限公司

【概况】

至2023年底，由北京京港地铁有限公司运营管理的北京市城市轨道交通全网运营线路5条，总运营里程190.4公里，总运营车站109座，网络换乘站30座。从事既有运营线路运营维护的职工总数9015人，司机总数1003人。

2023年北京京港地铁有限公司运送乘客6.9亿人次，比上年增长63.0%；全年线网日均客运量189.0万人次／日，其中线网日均进站量105.1万人次，单日最高日客运量达到252.3万人次／日（2023年7月14日），线网日均客运周转量1757.3万人次公里／日。

2023年北京京港地铁有限公司线网实际开行列次61.3万列次（含临客列次），线网运营车公里15193.7万车公里，高峰时段最小行车间隔120秒，运营总能耗50318.0万千瓦时。采用计程限时票制。（图8-2-1）

2023年度主要运营指标完成情况见表8-2-1、表8-2-2。

【无碍出行体验活动】

2023年，北京京港地铁有限公司试点对部分车站的出入口标志标识进行全新升级。利用车站出入口通道墙面空间，放大出入口字母编号信息；在部分车站的进出站宽体闸机、无障碍直梯试点增设“优先使用”大型地面标识，方便老年人及残疾乘客快速出行；试点增设颜色鲜明的“轮椅候车”标识，方便轮椅乘客便捷出行，升级“爱心座椅”标志版面使用，通过放大车厢墙壁的标志版面尺寸、在座椅靠背上增设标志版面、将标志版面由白色优化为“京港红”，全方位优化对“爱心座椅”的使用宣传。

此外，2023年北京京港地铁有限公司通过与使用无障碍设施乘客沟通交流、举办公益画展、员工相关服务培训等多种形式，加强无障碍出行的宣传、推广和服务改进工作。

【汛期运营安全工作】

针对北京市气象台2023年7月29日17时30分升级发布最高级别的暴雨红色预警信号，北京京港地铁有限公司所辖各站严格落实“一站、一图、一方案”周密筹备，提前成立防汛应急指挥部，组建供电、轨道、土木等共9个专业的防汛应急抢险队2000余人，储备防汛沙袋、防洪挡板、排水泵、防滑垫、抢险车辆等8类防汛物资6万余件，对所辖101座车站及7座段场的出入口、下沉广场、洞口等重点部位进行全面分析排查，对运营设备房间，车站出入口、紧急疏散口、无障碍电梯口、换乘通道等重点位置开展至少每2小时一次的巡查，保障乘客汛期安全出行。

（北京京港地铁有限公司）

北京市城市轨道交通（京港地铁）运营线路年度基础数据统计表　　表8-2-1

序号	运营线路名称	系统制式	车辆制式	列车编组（辆）	运营里程（公里）	地下线（公里）	地面线（公里）	高架线（公里）	运营车站（座）	换乘车站（座）	车辆基地（座）	首班车时间	末班车时间	线路运营时间	运营单位
1	4号线	地铁	B	6	28.0	27.0	1.0		24	10	2	4:58	23:16	19小时44分钟	北京京港地铁有限公司
2	14号线	地铁	A	6	50.8	45.8		5.0	33	11	2	4:55	22:42	19小时11分钟	北京京港地铁有限公司
3	16号线	地铁	A	8	48.9	48.9			29	9	2	5:00	22:39	19小时	北京京港地铁十六号线有限公司
4	17号线南段	地铁	A	8	15.8	15.8			7	2	1	5:30	22:30	17小时21分钟	北京京港地铁十七号线有限公司
5	17号线北段	地铁	A	8	24.9	24.9			9	1	1	5:20	22:58	18小时10分钟	北京京港十七号线有限公司
6	大兴线	地铁	B	6	22.0	17.0	1.0	4.0	11	1	1	5:05	23:30	18小时54分钟	北京京港地铁有限公司
合计					190.4	179.4	2.0	9.0	109	30	9				

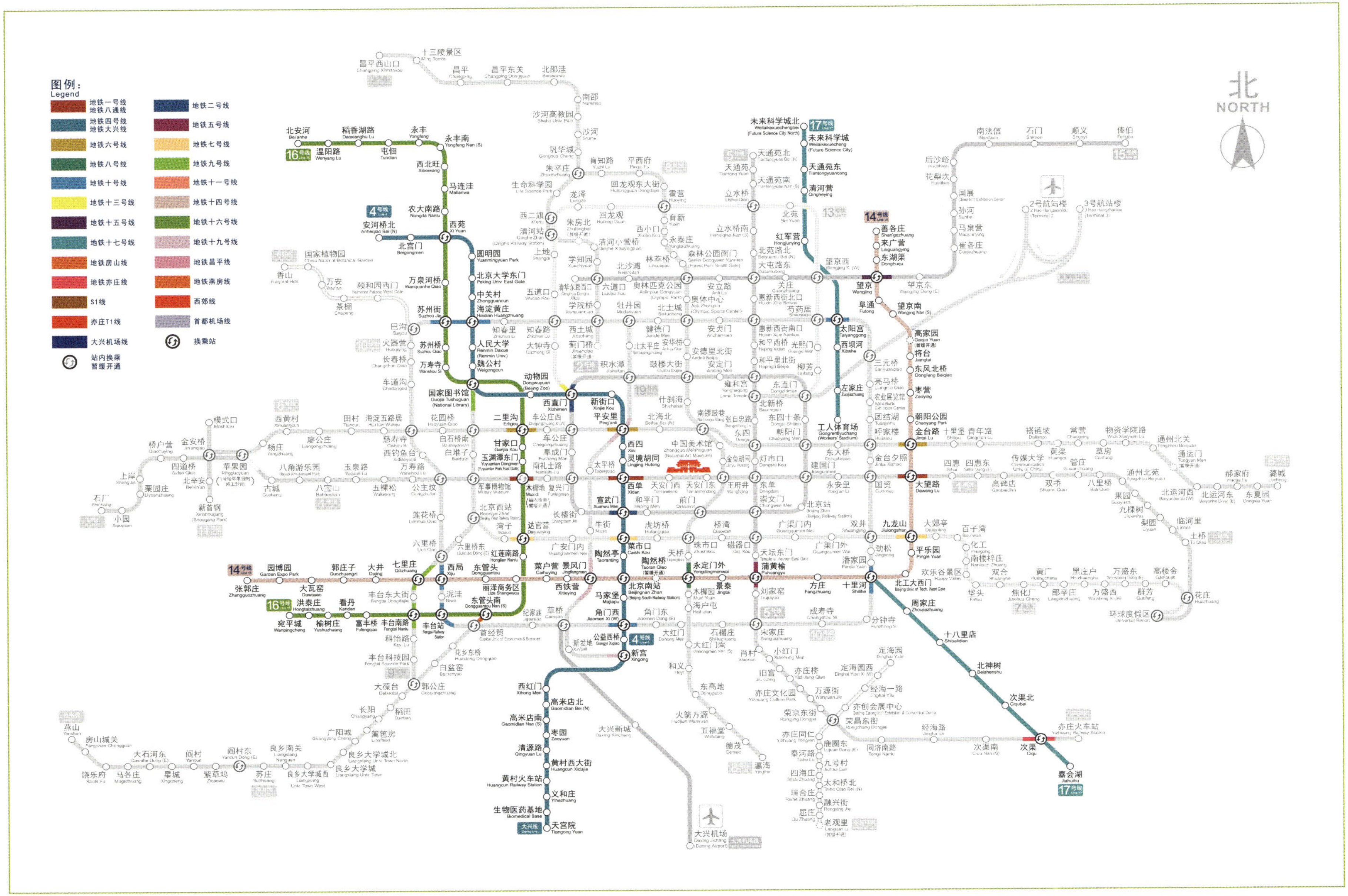

图 8-2-1　北京市城市轨道交通（京港地铁）运营网络示意图

北京市城市轨道交通（京港地铁）运营线路年度运营数据统计表　　表 8-2-2

序号	运营线路名称	客运量（万人次）	进站量（万人次）	客运周转量（万人次公里）	最大断面客流量（万人次/时）	配属列车数（列）	运营车公里（万车公里）	日均实际开行列次（列次）	最小发车间隔（秒）	旅行速度（公里/小时）	牵引能耗（万千瓦时）	运营总能耗（万千瓦时）
1	4-大兴线	33578.4	18486.8	317000.5	5.4	86	5931.9	624.0	120	35.0	10791.7	17761.1
2	14 号线	25423.0	13743.4	212890.6	3.6	63	4166.4	473.0	180	33.6	7908.7	13880.7
3	16 号线	7957.3	5152.2	91820.6	1.5	38	3819.4	288.0	360	34.3	7383.9	13488.1
4	17 号线南段	2030.1	982.2	19602.7	0.9	14	1265.4	292.0	360	45.1	2868.2	5153.0
5	17 号线北段	9.9	7.2	99.2	0.2	20	10.7	292.0	360	47.3	20.8	35.1
	合计	68998.7	38371.8	641413.6		221	15193.7				28973.3	50318.0

3　北京市轨道交通运营管理有限公司

【概况】

至 2023 年底，由北京市轨道交通运营管理有限公司运营管理的北京市城市轨道交通全网运营线路 3 条，总运营里程 72.4 公里，总运营车站 21 座，网络换乘站 7 座。从事既有运营线路运营维护的职工总数 2573 人，司机总数 266 人。

2023 年北京市轨道交通运营管理有限公司运送乘客 7065.0 万人次，比上年增长 138.8%，占全市公共交通出行量的比重为 2.1%。全年线网日均客运量 19.4 万人次／日，其中线网日均进站量 13.3 万人次／日，单日最高日客运量达到 29.3 万人次／日（2023 年 9 月 28 日），线网日均客运周转量 272.7 万人次公里／日。

2023 年线网实际开行列次 32.0 万列次，线网运营车公里 4915.1 万车公里，高峰时段最小行车间隔 230 秒，运营总能耗 17134.5 万千瓦时。（图 8-3-1）

2023 年度主要运营指标完成情况见表 8-3-1、表 8-3-2。

【全自动运行概览】

至 2023 年底，北京市开通运营的城市轨道交通全自动运行线路 3 条。由北京市轨道交通运营管理有限公司运营管理。其中：

19 号线，2021 年 12 月 31 日开通全自动运行，列车运行的自动化等级为 GoA4，最高运行速度 100 公里／小时，定员数 2064 人；运营和维护保障采用分散管理模式；信号供应商为交控科技股份有限公司，车辆供应商为中车长春轨道客车股份有限公司和中车青岛四方机车车辆股份有限公司。

大兴机场线，2019 年 9 月 26 日开通全自动运行，列车运行的自动化等级为 GoA4，最高运行速度 120 公里／小时，定员数 910 人；运营和维护保障采用分散管理模式；信号供应商为交控科技股份有限公司，车辆供应商为中车青岛四方机车车辆股份有限公司。

燕房线，2017 年 12 月 30 日开通全自动运行，列车运行的自动化等级为 GoA4，最高运行速度 80 公里／小时，定员数 960 人；运营和维护保障采用分散管理模式；信号供应商为交控科技股份有限公司，车辆供应商为中车长春轨道客车股份有限公司。

（北京市轨道交通运营管理有限公司）

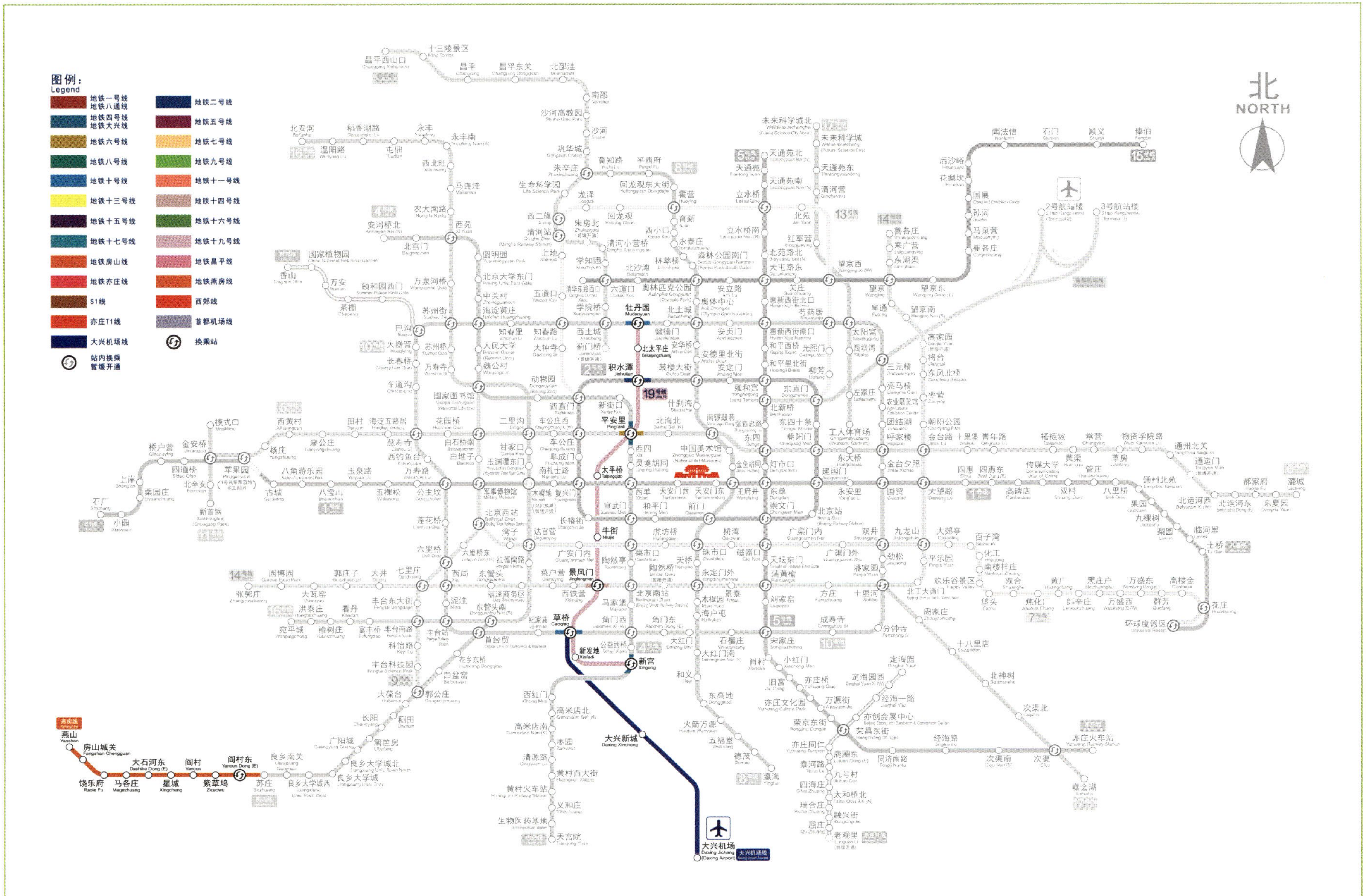

图 8-3-1　北京市城市轨道交通（北京运管）运营网络示意图

北京市城市轨道交通（北京运管）运营线路年度基础数据统计表　表 8-3-1

序号	运营线路名称	系统制式	车辆制式	列车编组（辆）	运营里程（公里）	地下线（公里）	地面线（公里）	高架线（公里）	运营车站（座）	换乘车站（座）	车辆基地（座）	首班车时间	末班车时间	线路运营时间	运营单位
1	19 号线	地铁	A	8	20.8	20.8			10	6	1	5:30	23:52	17 小时 55 分钟	北京市轨道交通运营管理有限公司
2	燕房线	地铁	B	4	13.3			13.3	9	1	1	5:05	23:22	17 小时 25 分钟	北京市轨道交通运营管理有限公司
3	大兴机场线	市域快轨	D	4/8	38.3	19.5	2.6	16.2	3	1	1	5:41	23:16	17 小时 19 分钟	北京市轨道交通运营管理有限公司
合计					72.4	40.3	2.6	29.5	21	7	4				

北京市城市轨道交通（北京运管）运营线路年度运营数据统计表　表 8-3-2

序号	运营线路名称	客运量（万人次）	进站量（万人次）	客运周转量（万人次公里）	最大断面客流量（万人次 / 时）	配属列车数（列）	运营车公里（万车公里）	日均实际开行列次（列次）	最小发车间隔（秒）	旅行速度（公里 / 小时）	牵引能耗（万千瓦时）	运营总能耗（万千瓦时）
1	19 号线	4903.9	3001.2	47791.8	2.3	25	2107.5	351.7	230	46.1	4211.7	7815.0
2	燕房线	907.3	613.6	7173.0	0.5	16	607.5	291.4	300	36.1	1237.9	2229.2
3	大兴机场线	1253.8	1252.8	44557.6	0.4	12	2200.1	233.2	560	110.1	4260.3	7090.3
合计		7065.0	4867.6	99522.4		53	4915.1				9709.9	17134.5

4　北京公交有轨电车有限公司

【概况】

至 2023 年底，由北京公交有轨电车有限公司运营管理的北京市城市轨道交通全网运营线路 2 条，总运营里程 20.8 公里，总运营车站 20 座，网络换乘站 2 座。从事既有运营线路运营维护的职工总数 436 人，司机总数 93 人。

2023 年，北京公交有轨电车有限公司运送乘客 725.5 万人次，比上年增长 39.8%。全年线网日均客运量 2.2 万人次 / 日，其中线网日均进站量 2.2 万人次 / 日，单日最高日客运量达到 9.9 万人次 / 日（2023 年 10 月 28 日），线网日均客运周转量 14.7 万人次公里 / 日。

2023 年，线网实际开行列次 15.7 万列次，线网运营车公里 136.6 万车公里，高峰时段最小行车间隔 240 秒。采用按里程计价，全年实现运营票款收入 2393.9 万元，比上年增长 40.5%。（图 8-4-1）

2023 年度主要运营指标完成情况见表 8-4-1、表 8-4-2。

【增设列车时刻表】

以“主题教育”为契机，创新特色运营模式。根据西郊线客流和车站特点，7 月 27 日首次在巴沟站、香山站增设列车时刻表，内容包括站台名称、线路名称、开往方向、工作日和双休日列车时刻表等，方便乘客提前规划出行时间。

【大客流期间免检出站】

桃花节期间，西郊线国家植物园站客流激增。受周边环境限制，此站台容量小，且出站通道狭窄，极易造成出站乘客滞留，由此可能产生安全隐患。经与主管西郊线票务管理的轨道交通指挥中心协调沟通，启用出站免检模式，乘客出站免刷卡，票务系统自动扣费，确保乘客快速出站。免检模式缓解乘客滞留压力，消除滞留隐患。

【西郊线客流创新高】

2023 年 3 月 25 日至 5 月 3 日国家植物园桃花观赏季期间，西郊线累计客运量 118.7 万人次，最高峰日为 4 月 8 日运送乘客 6.1 万人次，比 2022 年同期客运量增长 27.0%。

10 月 13 日至 11 月 12 日历经 31 天，西郊线圆满完成香山红叶观赏季大客流保障任务，期间累计发车 9260 列车，走行 17.1 万公里，累计客运量 143.3 万人次，日均 4.6 万人次，高峰日为 10 月 28 日运送乘客 9.9 万人次，再次创造西郊线单日客运量历史最高。

（北京公交有轨电车有限公司）

北京市城市轨道交通（北京公交）运营线路年度基础数据统计表　　表 8-4-1

序号	运营线路名称	系统制式	车辆制式	列车编组（辆）	运营里程（公里）	地下线（公里）	地面线（公里）	高架线（公里）	运营车站（座）	换乘车站（座）	车辆基地（座）	首班车时间	末班车时间	线路运营时间	运营单位
1	西郊线	有轨电车	有轨电车	5 模块	8.9	2.3	6.5	0.1	6	1	1	5:30	23:22	17 小时 30 分钟	西郊线分公司
2	亦庄 T1 线	有轨电车	有轨电车	5 模块	11.9		11.9		14	1	1	6:00	22:45	16 小时	北京亦庄公交有轨电车有限责任公司
合计					20.8	2.3	18.4	0.1	20	2	2				

北京市城市轨道交通（北京公交）运营线路年度运营数据统计表　　表 8-4-2

序号	运营线路名称	客运量（万人次）	进站量（万人次）	客运周转量（万人次公里）	最大断面客流量（万人次 / 时）	配属列车数（列）	运营车公里（万车公里）	日均实际开行列次（列次）	最小发车间隔（秒）	旅行速度（公里 / 小时）	牵引能耗（万千瓦时）	运营总能耗（万千瓦时）
1	西郊线	725.5	725.5	5026.8	0.7	31	136.6	287.0	240	24.5		
2	亦庄 T1 线											
合计												

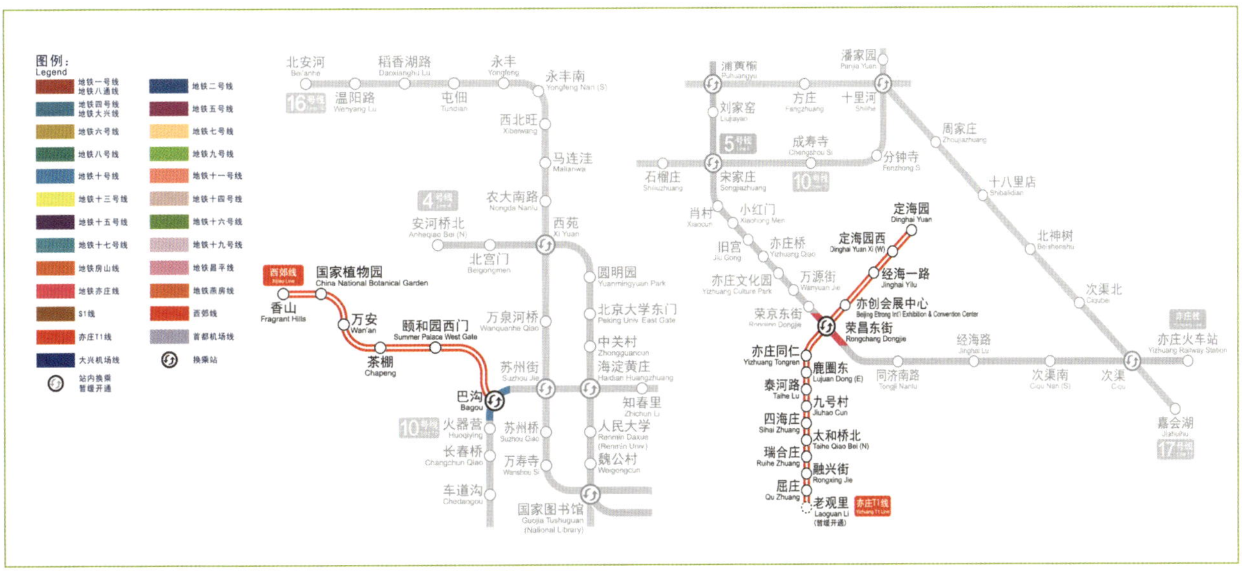

图 8-4-1　北京市城市轨道交通（北京公交）运营网络示意图

5 天津轨道交通集团有限公司

【概况】

至 2023 年底，天津市城市轨道交通全网运营线路 10 条，总运营里程 298.3 公里，总运营车站 192 座，网络换乘站 24 座。

天津市城市轨道交通 5、6、9、10 号线条运营线路由天津轨道交通集团管理，从事既有运营线路运营维护的职工总数 7852 人，司机总数 1172 人。轨道交通 1、2、3、4、6 号线二期及 11 号线为 PPP 线路。

2023 年运送乘客 57136.9 万人次，比上年增长 78.9%，占全市公共交通出行量的比重 55.0%。全年线网日均客运量 156.6 万人次／日，其中线网日均进站量 98 万人次／日，单日最高日客运量达到 223.2 万人次／日（2023 年 12 月 31 日），线网日均客运周转量 1161 万人次公里／日。

2023 年线网实际开行列次 114 万列次，线网运营车公里 19536.4 万车公里，高峰时段最小行车间隔 195 秒，运营总能耗 71339.7 万千瓦时。采用市区段区间计价、9 号线中山门至东海路段里程计价，全年实现运营票款收入 104243 万元，比上年增长 80.5%。（图 8–5–1）

2023 年度主要运营指标完成情况见表 8–5–1、表 8–5–2。

【全自动运行概览】

至 2023 年底，天津市开通运营的城市轨道交通全自动运行线路 1 条，分别为 6 号线二期，总运营里程 13.5 公里，总运营车站 9 座。

6 号线二期 2021 年 12 月 28 日开通全自动运行，列车运行的自动化等级为 GoA4，最高运行速度 80 公里／小时，定员数 1608 人；运营和维护保障采用集中管理模式；信号供应商为交控科技股份有限公司，车辆供应商为中车长春轨道客车股份有限公司。

【有温度的运营服务】

天津轨道交通集团推出爱心预约、无障碍渡板、“雷锋拎包小分队”等一站式服务 30 余项，开展“六进三送”等活动 700 余次，一站一码、随手拍等平台服务乘客 1400 多次，创建“春风岗”“星辰岗”“畅达岗”等特色服务岗 17 个，打造主题车站 24 座，完善各类标识 1800 余处，乘客投诉率同比下降 53%。发行“一三日票”，人脸识别功能试点上线。天津地铁 App 实现与 12 座城市互联互通，注册用户突破 1200 万人次。

（天津轨道交通集团有限公司）

天津市城市轨道交通运营线路年度基础数据统计表

表 8–5–1

序号	运营线路名称	系统制式	车辆制式	列车编组（辆）	运营里程（公里）	地下线（公里）	地面线（公里）	高架线（公里）	运营车站（座）	换乘车站（座）	车辆基地（座）	首班车时间	末班车时间	线路运营时间	运营单位
1	1 号线	地铁	B	6	40.7	31.5		9.2	28	5	2	6:00	23:58	17 小时 58 分钟	天津一号线轨道交通运营有限公司
2	2 号线	地铁	B	6	27.1	26.4	0.7		20	6	2	6:00	23:43	17 小时 43 分钟	神铁二号线（天津）轨道交通运营有限公司
3	3 号线	地铁	B	6	33.6	21.1	0.8	11.7	26	6	2	6:00	23:54	17 小时 54 分钟	天津三号线轨道交通运营有限公司
4	4 号线南段	地铁	B	6	19.4	19.4			14	4	1	6:00	23:33	17 小时 33 分钟	中铁（天津）轨道交通投资建设有限公司
5	5 号线	地铁	B	6	34.8	34.4	0.4		28	10	2	6:00	23:45	17 小时 45 分钟	天津轨道交通运营集团有限公司
6	6 号线	地铁	B	6	43.4	42		1.4	39	9	1	6:00	23:59	17 小时 59 分钟	天津轨道交通运营集团有限公司
7	6 号线二期（渌咸段）	地铁	A	6	13.5	13.5			9	1	1	6:00	23:01	17 小时 1 分钟	中铁建（天津）轨道交通投资发展有限公司
8	9 号线	轻轨	B	4	52.3	6.3	5.4	40.6	21	2	2	6:00	0:13	18 小时 13 分钟	天津轨道交通运营集团有限公司
9	10 号线	地铁	B	6	21.2	21.2			21	5	1	6:00	23:50	17 小时 50 分钟	天津轨道交通运营集团有限公司
10	11 号线东段	地铁	B	6	12.3	12.3			11	1	1	6:00	23:16	17 小时 16 分钟	中交轨道交通运营有限公司
合计					298.3	228.1	7.3	62.9	192	24	14				

图 8-5-1 天津市城市轨道交通运营网络示意图

天津市城市轨道交通运营线路年度运营数据统计表 表 8-5-2

序号	运营线路名称	客运量（万人次）	进站量（万人次）	客运周转量（万人次公里）	最大断面客流量（万人次 / 时）	配属列车数（列）	运营车公里（万车公里）	日均实际开行列次（列次）	最小发车间隔（秒）	旅行速度（公里 / 小时）	牵引能耗（万千瓦时）	运营总能耗（万千瓦时）
1	1 号线	12066.0	8213.5	87602.4	1.8	44	3167.7	387.0	195	32.2	4779.5	10414.9
2	2 号线	8123.9	4845.8	46085.0	0.9	27	1823.5	322.0	240	34.3	3078.2	7048.0
3	3 号线	11308.6	7484.4	74608.3	1.5	31	2509.1	369.0	240	33.4	4733.3	9001.1
4	4 号线南段	2558.0	1575.2	12337.4	0.9	19	1510.7	356.0	270	33.7	1714.0	4808.8
5	5 号线	7536.9	3561.9	45498.8	0.9	31	2488.0	327.0	240	33.5	3386.9	9621.6
6	6 号线	8015.5	4893.7	56980.8	1.2	45	3179.2	349.0	240	33.2	4746.9	13835.4
7	6 号线二期	1026.8	682.1	5863.1	0.2	15	935.3	337.0	300	35.7	1450.4	3465.7
8	9 号线	5117.7	3518.7	87575.9	0.6	38	2490.9	368.0	240	49.0	4217.8	5906.1
9	10 号线	1381.1	884.9	7033.5	0.3	22	1424.9	305.0	300	33.2	2515.3	7199.8
10	11 号线	2.4	1.8	9.7	0.1	23	7.1	242.0	300	32.8	12.0	38.3
	合计	57136.9	35662.0	423594.9		295	19536.4				30634.3	71339.7

6　石家庄市轨道交通集团有限责任公司

【概况】

至 2023 年底，河北省石家庄市城市轨道交通全网运营线路 3 条，总运营里程 74.3 公里，总运营车站 60 座，网络换乘站 3 座。

石家庄市城市轨道交通 3 条运营线路均由石家庄市轨道交通集团有限责任公司管理，从事既有运营线路运营维护的职工总数 4139 人，司机总数 374 人。

2023 年运送乘客 17316.1 万人次，比上年增长 99.3%，占全市公共交通出行量的比重为 44.3%。全年线网日均客运量 47.4 万人次 / 日，其中线网日均进站量 32.9 万人次 / 日，单日最高日客运量达到 295.8 万人次 / 日（2023 年 12 月 31 日），线网日均客运周转量 272.5 万人次公里 / 日。

2023 年线网实际开行列次 33.4 万列次，线网运营车公里 4920.6 万车公里，高峰时段最小行车间隔 300 秒，运营总能耗 22045.8 万千瓦时。采用按里程分段计价，全年实现运营票款收入 18699.4 万元，比上年增长 65.3%。（图 8-6-1）

2023 年度主要运营指标完成情况见表 8-6-1、表 8-6-2。

【“石慧行 App”上线试运行】

搭载人脸识别乘车功能的“石慧行 App”于 2023 年 6 月 16 日在石家庄地铁三条运营线路、60 个站点上线试运行，石家庄地铁进入“刷脸”乘车时代；开通教育园丁卡、尊师交通卡、人才绿卡、老年卡等持卡人群免费乘车功能，并实现与天津地铁、呼和浩特地铁的互联互通，上线电子发票功能。至 2023 年底，“石慧行 App”注册用户总数超 90 万人。

【开展各项服务提升客运量】

石家庄地铁常态化开展 2 元畅享地铁活动的同时，在“妇女节”、马拉松比赛日、中高考期间、数博会公众开放日、“石慧行 App”上线试运行等阶段开展系列免费乘车活动；应对低温雨雪天气，开展为期 17 天的全民免费乘车活动。2023 年客运量 11 次创新高，客运强度不断突破。应对特殊时期客流，在劳动节、中秋节、国庆节及地铁沿线举办各类大型公益活动时，延长运营服务时间，2023 年累计延长运营服务时间 28 天。

【节能降耗措施】

根据不同季节、不同月份，制定通风空调差异化管控措施，降低动力及照明能耗。通过缩短地铁站内大系统通风时间和制冷系统开启时间、客流量小的车站部分关闭空调机组和回排风机、取暖季或寒潮期临时关闭车站大系统通风、当环境温度低于设备房温度标准时及时关闭小系统通风等节能措施，取得节能实效，2023 年节电量约 252.9 万千瓦时。

（石家庄市轨道交通集团有限责任公司　马湘月）

图 8-6-1　石家庄市城市轨道交通运营网络示意图

石家庄市城市轨道交通运营线路年度基础数据统计表

表 8-6-1

序号	运营线路名称	系统制式	车辆制式	列车编组（辆）	运营里程（公里）	地下线（公里）	地面线（公里）	高架线（公里）	运营车站（座）	换乘车站（座）	车辆基地（座）	首班车时间	末班车时间	线路运营时间	运营单位
1	1 号线	地铁	A	6	33.1	33.1			26	1	2	6:25	22:59	16 小时 34 分钟	石家庄市轨道交通集团有限责任公司运营分公司
2	2 号线	地铁	A	6	15.2	15.2			15	2	1	6:19	22:29	16 小时 10 分钟	石家庄市轨道交通集团有限责任公司运营分公司
3	3 号线	地铁	A	6	26.0	26.0			22	2	2	6:12	22:50	16 小时 38 分钟	石家庄市轨道交通集团有限责任公司运营分公司
合计					74.3	74.3			60	3	5				

石家庄市城市轨道交通运营线路年度运营数据统计表

表 8-6-2

序号	运营线路名称	客运量（万人次）	进站量（万人次）	客运周转量（万人次公里）	最大断面客流量（万人次/时）	配属列车数（列）	运营车公里（万车公里）	日均实际开行列次（列次）	最小发车间隔（秒）	旅行速度（公里/小时）	牵引能耗（万千瓦时）	运营总能耗（万千瓦时）
1	1 号线	8997.1	6869.0	55237.8	1.8	36	2397.3	356.8	300	33.6	4444.7	10080.1
2	2 号线	3048.3	1627.8	14329.1	1.1	18	911.9	274.4	390	30.6	1766.9	4827.4
3	3 号线	5270.7	3508.4	29899.4	1.1	27	1611.4	283.8	390	33.2	3212.0	7138.3
	合计	17316.1	12005.2	99466.3		81	4920.6				9423.6	22045.8

7　太原轨道交通集团有限公司

【概况】

至 2023 年底，山西省太原市城市轨道交通全网运营线路 1 条，总运营里程 23.3 公里，总运营车站 22 座，无换乘站。

太原市城市轨道交通 1 条运营线路由太原中铁轨道交通建设运营有限公司管理，从事既有运营线路运营维护的职工总数 1301 人，司机总数 94 人。

2023 年运送乘客 4382.2 万人次，比上年增长 51.8%，占全市公共交通出行量的比重为 17.0%。全年线网日均客运量 12.0 万人次／日，其中线网日均进站量 12.0 万人次／日，单日最高日客运量达到 20.2 万人次／日（2023 年 12 月 31 日），线网日均客运周转量 80.2 万人次公里／日。

2023 年线网实际开行列次 10.0 万列次，线网运营车公里 1420.9 万车公里，高峰时段最小行车间隔 390 秒，运营总能耗 8345.9 万千瓦时。采用按里程计、递远递减的多级票价，全年实现运营票款收入 11615.8 万元，比上年增长 47.0%。（图 8-7-1）

2023 年度主要运营指标完成情况见表 8-7-1、表 8-7-2。

【全自动运行概览】

至 2023 年底，太原市开通运营的城市轨道交通全自动运行线路 1 条，为 2 号线一期，总运营里程 23.3 公里，总运营车站 22 座。2 号线一期 2020 年 12 月 26 日开通全自动运行，列车运行的自动化等级为 GoA4，最高运行速度 80 公里／小时；运营和维护保障采用集中管理模式；信号供应商为上海富欣智能交通控制有限公司，车辆供应商为中车大连机车车辆有限公司。

【全自动运行关键指标优异】

2023 年列车自动唤醒成功率 99.8%，自动休眠成功率 100%，均优于全自动运行的行业标准。

【支付宝刷码乘车】

2023 年 12 月上线支付宝直接刷码乘车，方便广大市民出行，拓宽移动支付方式，进一步满足市民便捷高效出行需求，此举受到广大市民赞誉。

（太原轨道交通集团有限公司　太原中铁轨道交通建设运营有限公司）

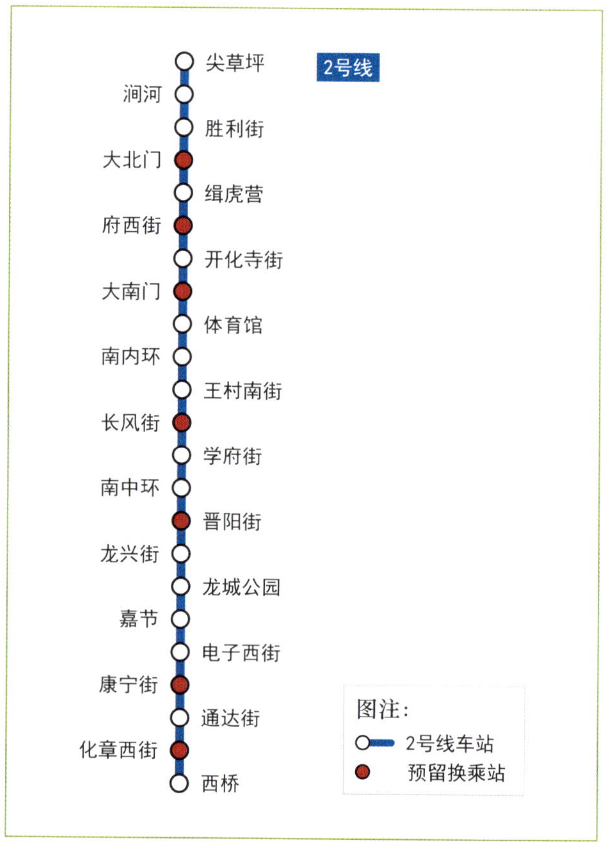

图 8-7-1　太原市城市轨道交通运营网络示意图

太原市城市轨道交通运营线路年度基础数据统计表

表 8-7-1

序号	运营线路名称	系统制式	车辆制式	列车编组（辆）	运营里程（公里）	地下线（公里）	地面线（公里）	高架线（公里）	运营车站（座）	换乘车站（座）	车辆基地（座）	首班车时间	末班车时间	线路运营时间	运营单位
1	2 号线	地铁	A	6	23.3	23.3			22		1	6:00	22:44	16 小时	太原中铁轨道交通建设运营有限公司
合计					23.3	23.3			22		1				

太原市城市轨道交通运营线路年度运营数据统计表

表 8-7-2

序号	运营线路名称	客运量（万人次）	进站量（万人次）	客运周转量（万人次公里）	最大断面客流量（万人次/时）	配属列车数（列）	运营车公里（万车公里）	日均实际开行列次（列次）	最小发车间隔（秒）	旅行速度（公里/小时）	牵引能耗（万千瓦时）	运营总能耗（万千瓦时）
1	2 号线	4382.2	4382.2	29256.2	0.7	24	1420.9	274.0	390	32.0	3401.4	8345.9
合计		4382.2	4382.2	29256.2		24	1420.9				3401.4	8345.9

8 呼和浩特城市交通投资建设集团有限公司

【概况】

至 2023 年底，内蒙古自治区呼和浩特市城市轨道交通全网运营线路 2 条，总运营里程 49.0 公里，总运营车站 43 座，网络换乘站 1 座。

呼和浩特市城市轨道交通 2 条运营线路均由呼和浩特市地铁运营有限公司管理，从事既有运营线路运营维护的职工总数 2486 人，司机总数 229 人。

2023 年运送乘客 6772.9 万人次，比上年增长 104.8%，占全市公共交通出行量的比重为 25.7%。全年线网日均客运量 18.6 万人次／日，其中线网日均进站量 15 万人次／日，单日最高日客运量达到 72.4 万人次／日（2023 年 12 月 31 日），线网日均客运周转量 105 万人次公里／日。

2023 年线网实际开行列次 17.1 万列次，线网运营车公里 2577.0 万车公里，高峰时段最小行车间隔 360 秒，运营总能耗 15026.2 万千瓦时。采用按里程计、递远递减的多级票价，票价最低 2 元，最高 7 元，全年实现运营票款收入 14579.5 万元，比上年增长 122.2%。（图 8-8-1）

2023 年度主要运营指标完成情况见表 8-8-1、表 8-8-2。

【跨年夜通宵运营】

2023 年 12 月 31 日跨年夜，呼和浩特地铁通宵运营，共加开临客 114 列次，客流量 72.4 万人次创历史新高。运营期间，遇客流严重积压时，对新华广场站采取临时越站停车及关闭出入口的措施，确保跨年夜活动中客流快速疏散及乘客安全。

【完成车站更名】

2023 年 11 月 1 日起，呼和浩特地铁三座车站更名，标志标识同步更换。其中，1 号线“呼钢东路”站更名为“呼钢南路”站，2 号线“新城图书馆”站更名为“北山公园”站，“东二环路”站更名为“丝绸之路大道”站。

【开展多种运营服务】

2023 年，升级改造无障碍渡板、开通“爱心预约”通道；升级“经呼飞”空铁联运服务，开通“地铁 + 国铁”夜间接驳专列，开展“公共交通绿色出行”免费乘车活动；在重大活动保障任务、优化客运组织、前置安检点、增设售票点、免费发放雨衣等各方面，地铁运营服务水平的提升，得到市民乘客的称赞，并受到呼和浩特市政府书面通报表扬。在呼和浩特市交通运输局组织第三方评价机构对呼和浩特市 2023 年度城市轨道交通服务质量的评价中，1、2 号线分别得分 968.5 分和 957.3 分，较 2022 年度提升 3.7 分和 1.9 分，服务保障能力整体处于优秀水平。

（呼和浩特城市交通投资建设集团有限公司　袁梦宇）

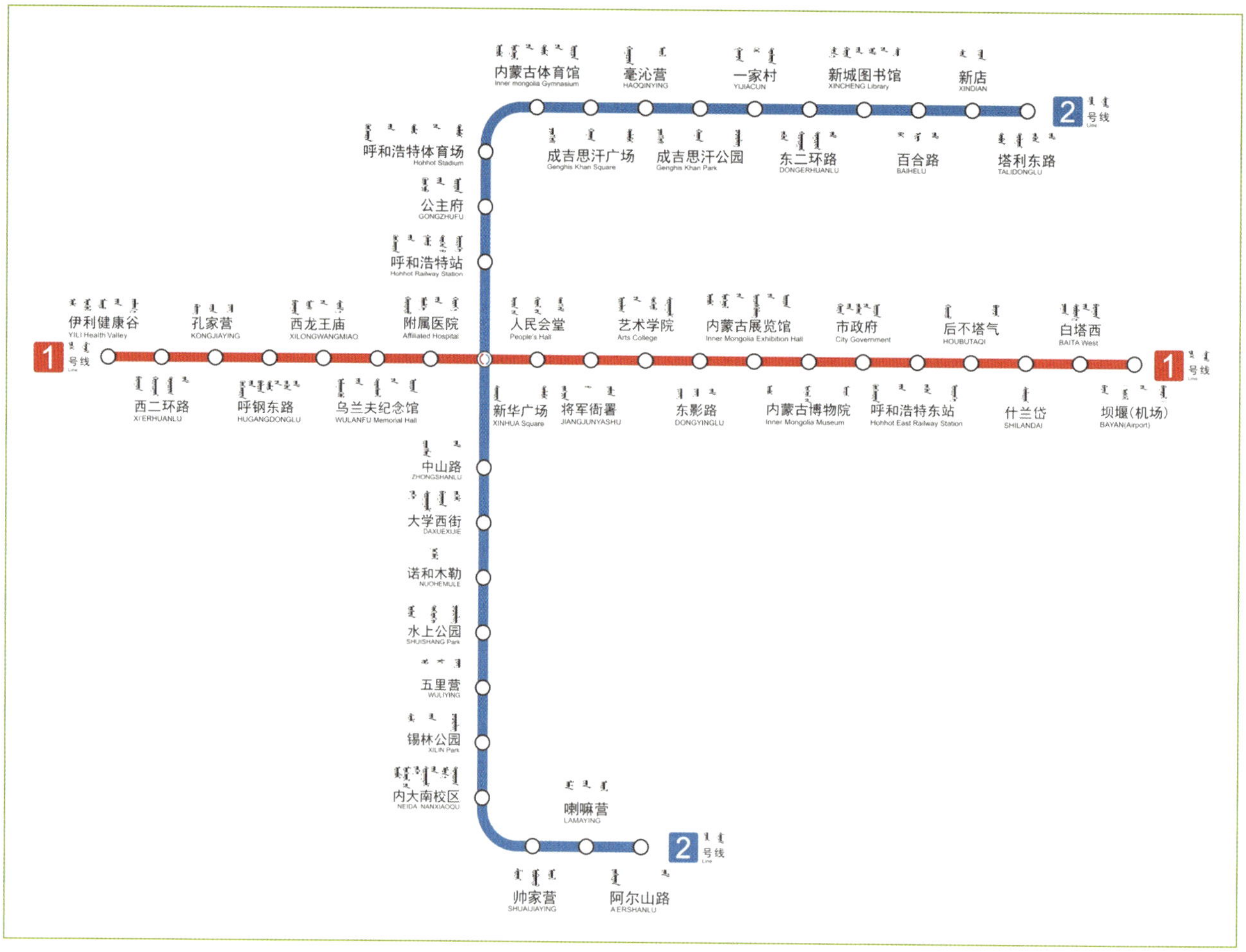

图 8-8-1　呼和浩特市城市轨道交通运营网络示意图

呼和浩特市城市轨道交通运营线路年度基础数据统计表

表 8-8-1

序号	运营线路名称	系统制式	车辆制式	列车编组（辆）	运营里程（公里）	地下线（公里）	地面线（公里）	高架线（公里）	运营车站（座）	换乘车站（座）	车辆基地（座）	首班车时间	末班车时间	线路运营时间	运营单位
1	1 号线	地铁	B2	6	21.7	18.5	0.4	2.8	20	1	2	6:00	22:00	16 小时	地铁运营有限公司
2	2 号线	地铁	B2	6	27.3	27.3			24	1	2	6:00	22:00	16 小时	地铁运营有限公司
合计					49.0	45.8	0.4	2.8	43	1	4				

呼和浩特城市轨道交通运营线路年度运营数据统计表

表 8-8-2

序号	运营线路名称	客运量（万人次）	进站量（万人次）	客运周转量（万人次公里）	最大断面客流量（万人次/时）	配属列车数（列）	运营车公里（万车公里）	日均实际开行列次（列次）	最小发车间隔（秒）	旅行速度（公里/小时）	牵引能耗（万千瓦时）	运营总能耗（万千瓦时）
1	1 号线	3465.1	2818.3	19510.7	0.6	24	1179.2	233.9	360	33.2	1786.2	7406.8
2	2 号线	3307.8	2663.8	18842.8	0.6	28	1397.7	233.4	360	34.1	2061.5	7619.4
合计		6772.9	5482.1	38353.5		52	2576.9				3847.7	15026.2

9 沈阳地铁集团有限公司

【概况】

至 2023 年底，辽宁省沈阳市城市轨道交通全网运营线路 10 条，其中 5 条线路由沈阳地铁集团有限公司管理，总运营里程 159.6 公里，总运营车站 111 座，网络换乘站 11 座，从事既有运营线路运营维护的职工总数 8840 人，司机总数 1123 人。

2023 年运送乘客 50092.4 万人次，比上年增长 73.9%。全年线网日均客运量 137.2 万人次／日，其中线网日均进站量 90.6 万人次／日，单日最高日客运量达到 215.3 万人次／日（2023 年 12 月 15 日），线网日均客运周转量 897.1 万人次公里／日。

2023 年线网实际开行列次 55.1 万列次，线网运营车公里 9483.0 万车公里，高峰时段最小行车间隔 187 秒，运营总能耗 28708.6 万千瓦时。采用按里程分段计价票制，起步价为 2 元 6 公里，每增加 1 元，可继续乘坐 4、4、7、7、10、10 公里。即：0 ～ 6（含，以下类同）公里，票价 2 元；6 ～ 10 公里，票价 3 元；10 ～ 14 公里，票价 4 元；14 ～ 21 公里，票价 5 元；21 ～ 28 公里，票价 6 元；28 公里以上，每增加 10 公里，增加 1 元。线网实行最高票价 7 元封顶优惠，全年实现运营票款收入 84220.8 万元，比上年增长 68.7%。（图 8–9–1）

2023 年度主要运营指标完成情况见表 8–9–1、表 8–9–2。

【客流智能监控平台】

客流智能监控平台是依托视频 AI、数字孪生等技术与车站运营场景相融合，实现实时客流统计、乘客异常行为分析、设备运行情况实时监控和关站辅助等功能的智能工作平台。平台将客流数据、设备状态、运维信息进行综合可视化的显示，为运营人员提供更高效的工作环境和工具，提供一体化、可视化、智能化的管理能力，并辅助运营人员实时掌握各区域客流数据、流向分析、乘客异常行为等情况。平台的运用，使运营更安全、服务更智慧、管理更高效，提升车站客运组织质量和效率，满足多维度应急管理需求。

【ANCC 系统投用】

ANCC 系统是东北地区首个基于云计算平台架构打造的新一代地铁 AFC 线网控制系统，旨在实现网络化的运营和管理，是未来实现轨道交通跨线网收费的关键基础，实现 1 个标准、2 个中心、4 层架构、10 大系统功能。系统采用存储同步数据形式实现双中心业务和应用双活架构的设计方式，具高稳定性、高可靠性、高可用性的特点。

【创新服务举措】

沈阳地铁推出冷暖车厢、纳凉区、电话预约、搬运行李等人性化服务；在 CBA 总决赛期间提供免票服务，全年共保障 28 场大型赛事。持续推出便民、利民、惠民的务实举措，积极关注乘客需求；推动企业高质量发展，构建服务标准化管理体系。

（沈阳地铁集团有限公司）

沈阳市城市轨道交通（沈阳地铁）运营线路年度基础数据统计表

表 8–9–1

序号	运营线路名称	系统制式	车辆制式	列车编组（辆）	运营里程（公里）	地下线（公里）	地面线（公里）	高架线（公里）	运营车站（座）	换乘车站（座）	车辆基地（座）	首班车时间	末班车时间	线路运营时间	运营单位
1	1 号线	地铁	B	6	27.1	27.1			22	4	1	5:30	23:49	18 小时 19 分钟	沈阳地铁集团有限公司运营分公司
2	2 号线	地铁	B	6	45.4	45.4			33	4	2	5:30	0:20	18 小时 50 分钟	沈阳地铁集团有限公司运营分公司
3	4 号线	地铁	B	6	32.0	32.0			23	4	2	5:30	23:59	18 小时 29 分钟	沈阳地铁集团有限公司运营分公司
4	9 号线	地铁	B	6	28.2	28.2			23	5	1	5:30	23:53	18 小时 23 分钟	沈阳地铁集团有限公司运营分公司
5	10 号线	地铁	B	6	26.8	26.8			21	5	2	5:30	23:50	18 小时 20 分钟	沈阳地铁集团有限公司运营分公司
合计					159.6	159.6			111	11	8				

注：运营里程实际为 159.6 公里，因小数进位原因，各线在表格中累计为 159.5 公里。

沈阳市城市轨道交通（沈阳地铁）运营线路年度运营数据统计表

表 8-9-2

序号	运营线路名称	客运量（万人次）	进站量（万人次）	客运周转量（万人次公里）	最大断面客流量（万人次／时）	配属列车数（列）	运营车公里（万车公里）	日均实际开行列次（列次）	最小发车间隔（秒）	旅行速度（公里／小时）	牵引能耗（万千瓦时）	运营总能耗（万千瓦时）
1	1 号线	16136.2	11311.4	98915.0	2.3	33	2290.0	386.6	225	33.6	3714.0	6978.8
2	2 号线	15272.7	10620.0	131040.0	2.3	63	2975.4	411.2	187	34.2	4079.9	7298.1
3	4 号线	1982.1	1088.0	14152.0	1.0	35	560.1	310.8	320	34.0	864.0	1838.7
4	9 号线	8825.8	5426.8	44129.0	0.9	30	1911.1	335.4	326	32.2	2689.9	6080.4
5	10 号线	7875.6	4639.1	39220.5	1.2	27	1746.4	297.2	330	32.1	2539.1	6512.6
合计		50092.4	33085.3	327456.5		188	9483.0				13886.9	28708.6

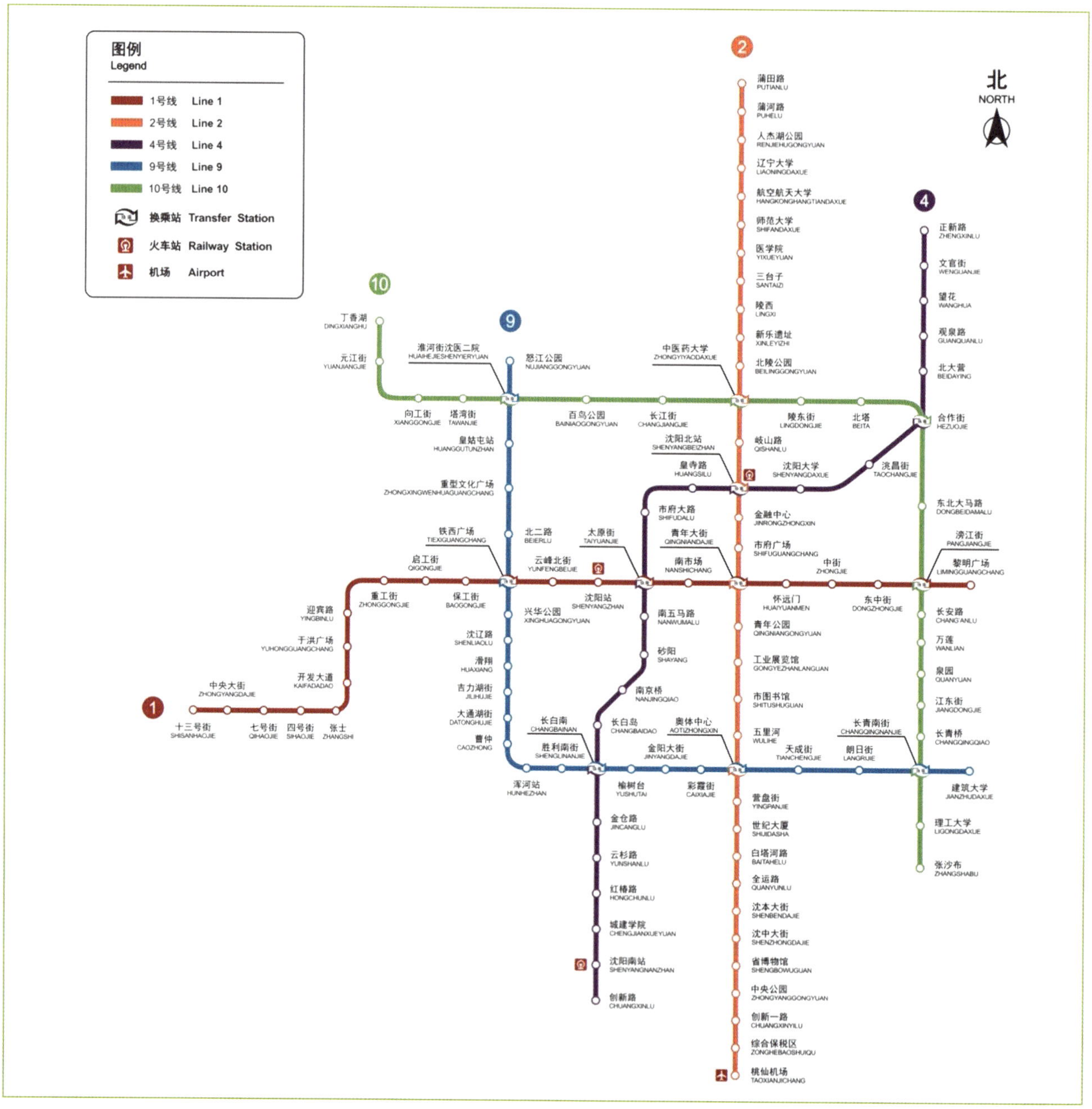

图 8-9-1　沈阳市城市轨道交通（沈阳地铁）运营网络示意图

10 沈阳浑南现代有轨电车运营有限公司

【概况】

至2023年底，辽宁省沈阳市城市轨道交通全网运营线路10条，其中5条由沈阳浑南现代有轨电车运营有限公司管理，总运营里程87.5公里，总运营车站105座，网络换乘站3座，从事既有运营线路运营维护的职工总数851人，司机总数197人。

2023年运送乘客730.8万人次，比上年增长34.6%，占全市公共交通出行量的比重为1.0%。全年线网日均客运量2万人次／日，其中线网日均进站量2万人次／日，单日最高日客运量达到3万人次／日（2023年4月2日），线网日均客运周转量18万人次公里／日。

2023年线网实际开行列次15万列次，线网运营车公里263.3万车公里，高峰时段最小行车间隔480秒，运营总能耗961.4万千瓦时。采用按里程收费、分段计价的多级票价，票价最低2元，最高4元，全年实现运营票款收入1510.2万元，比上年增长36.4%。（图8-10-1）

2023年度主要运营指标完成情况见表8-10-1、表8-10-2。

【多元发展能力】

持续开展沈抚新区有轨电车项目委托运营与维护服务项目，运维服务创收1040万元。盛京大奥莱停车场租赁项目创收310万元。积极参与对外投标，参与黄石现代有轨电车人员培训服务项目、济南有轨电车培训项目的投标工作。洽谈校企合作，与沈阳大学签订实训课合作协议。

【保障车辆安全运行】

提升车辆检修能力，保障运营车辆上线数量。随着车辆使用年限的增加，扣车增多，全力抢修故障车辆，保障上线车辆数量，抢修恢复180列次。2023年完成7列100%车的1000公里／列试运行工作，下一步将根据评估结果开展后续上线工作，争取早日上线载客，缓解运营压力。

【运营服务再上新台阶】

以CBA赛事、奥体中心演唱会等为契机，加开列车与延长服务时间，编制《辽篮及演唱会期间运营调整方案》《五一、端午节期间暨嘉年华活动期间运营保障方案》等9套运营保障方案，安排执勤人员做好重点时段、重点站台客流及乘车秩序的疏导工作，保障乘客的出行安全。委托中车智能公司进行系统升级，提高客运服务质量，应对地铁南延线开通带来的客流冲击，制定新的运营组织方案并，保证乘客出行。

（沈阳浑南现代有轨电车运营有限公司　张鑫）

沈阳市城市轨道交通（沈阳浑南）运营线路年度基础数据统计表　　表8-10-1

序号	运营线路名称	系统制式	车辆制式	列车编组（辆）	运营里程（公里）	地下线（公里）	地面线（公里）	高架线（公里）	运营车站（座）	换乘车站（座）	车辆基地（座）	首班车时间	末班车时间	线路运营时间	运营单位
1	1号线	有轨电车	70%或100%低地板	3	18.7		18.7		26	3	1	6:15	22:35	16小时20分钟	沈阳浑南现代有轨电车运营有限公司
2	2号线	有轨电车	70%或100%低地板	3	14.6		14.6		17	1	1	6:20	22:03	15小时43分钟	沈阳浑南现代有轨电车运营有限公司
3	3号线	有轨电车	70%或100%低地板	3	15.1		15.1		18	2	1	6:20	22:02	15小时42分钟	沈阳浑南现代有轨电车运营有限公司
4	4号线	有轨电车	70%或100%低地板	3	12.9		12.9		15	2	1	7:00	19:37	12小时37分钟	沈阳浑南现代有轨电车运营有限公司
5	5号线	有轨电车	70%或100%低地板	3	26.2		26.2		29		1	5:30	23:09	17小时39分钟	沈阳浑南现代有轨电车运营有限公司
合计					87.5		87.5		105	3	2				

沈阳市城市轨道交通（沈阳浑南）运营线路年度运营数据统计表　　表 8-10-2

序号	运营线路名称	客运量（万人次）	进站量（万人次）	客运周转量（万人次公里）	最大断面客流量（万人次/时）	配属列车数（列）	运营车公里（万车公里）	日均实际开行列次（列次）	最小发车间隔（秒）	旅行速度（公里/小时）	牵引能耗（万千瓦时）	运营总能耗（万千瓦时）
1	1 号线	162.4	162.4	1035.0	0.8	6	55.8	89.1	1260	20.4	143.1	177.3
2	2 号线	111.9	111.9	813.4	0.5	5	43.3	85.6	1260	20.8	196.7	255.9
3	3 号线	94.2	94.2	577.1	0.5	4	38.3	73.8	1440	21.6	64.1	89.0
4	4 号线	9.1	9.1	50.4	0.1	1	6.7	15.7	6060	20.9	4.1	6.2
5	5 号线	353.2	353.2	4049.3	1.3	10	119.2	140.2	480	22.8	375.6	433.0
合计		730.8	730.8	6525.2		26	263.3				783.6	961.4

注：6 号线因线路与其他线重叠，已停运，故 2023 年无相关数据。

图 8-10-1　沈阳市城市轨道交通（沈阳浑南）运营网络示意图

11 大连公共交通建设投资集团有限公司

【概况】

至2023年底，辽宁省大连市城市轨道交通全网运营线路6条，总运营里程237.2公里，总运营车站100座，网络换乘站7座。

大连市城市轨道交通6条运营线路均由大连公共交通建设投资集团有限公司管理，从事既有运营线路运营维护的职工总数6201人，司机总数679人。

2023年运送乘客24215.8万人次，比上年增长77.4%，占全市公共交通出行量的比重为32.2%。全年线网日均客运量68.1万人次／日，其中线网日均进站量50.2万人次／日，单日最高日客运量达到125.8万人次／日（2023年4月30日），线网日均客运周转量694.6万人次公里／日。

2023年线网实际开行列次53.0万列次，线网运营车公里7994.0万车公里，高峰时段最小行车间隔210秒，运营总能耗26667.9万千瓦时。采用按里程分段计价，票价最低2元，最高14元，全年实现运营票款收入46964.1万元，比上年增长54.5%。（图8-11-1）

2023年度主要运营指标完成情况见表8-11-1、表8-11-2。

大连市城市轨道交通运营线路年度基础数据统计表

表8-11-1

序号	运营线路名称	系统制式	车辆制式	列车编组（辆）	运营里程（公里）	地下线（公里）	地面线（公里）	高架线（公里）	运营车站（座）	换乘车站（座）	车辆基地（座）	首班车时间	末班车时间	线路运营时间	运营单位
1	1号线	地铁	B	6	28.3	28.3			22	3	2	5:30	23:20	17小时50分钟	大连地铁运营公司
2	2号线	地铁	B	6	37.3	37.3			29	3	1	5:30	23:37	18小时7分钟	大连地铁运营公司
3	3号线	轻轨	B	2/4	63.5	1.1	31.9	30.5	19	3	2	6:00	22:04	16小时4分钟	大连地铁运营公司
4	5号线	地铁	B	6	24.5	24.5			18	3	1	5:30	23:09	17小时39分钟	大连公共交通建设投资集团有限公司城轨运营分公司
5	12号线	轻轨	B	4	40.4	7.7	2.4	30.3	8	1	1	6:05	21:37	15小时32分钟	大连地铁运营公司
6	13号线	轻轨	B	4	43.2	1.2	18.4	23.6	11	1	1	6:30	20:37	14小时7分钟	大连地铁运营公司
合计					237.2	100.1	52.7	84.4	100	7	8				

大连市城市轨道交通运营线路年度运营数据统计表

表8-11-2

序号	运营线路名称	客运量（万人次）	进站量（万人次）	客运周转量（万人次公里）	最大断面客流量（万人次／时）	配属列车数（列）	运营车公里（万车公里）	日均实际开行列次（列次）	最小发车间隔（秒）	旅行速度（公里／小时）	牵引能耗（万千瓦时）	运营总能耗（万千瓦时）
1	1号线	7961.3	6008.3	67127.4	2.0	34	1661.8	271.9	240	39.2	2970.1	7569.1
2	2号线	7739.2	5767.6	58176.1	2.0	38	2390.6	348.1	210	38.1	3764.5	6823.7
3	3号线	3470.1	2920.3	64090.0	0.9	46	1540.5	308.9	210	59.4	2619.3	3300.5
4	3号线支线	991.4	566.5	7818.1	0.4	10	280.4	147.8	600	44.4	517.4	749.9
5	5号线	2400.3	1630.4	16510.2	0.9	23	973.6	230.6	270	44.3	1775.4	4368.2
6	12号线	1298.7	814.8	27372.6	0.5	12	792.0	133.8	600	56.3	1422.0	1826.4
7	13号线	354.8	193.8	8148.3	0.1	10	355.1	57.5	1200	60.7	771.7	2030.1
合计		24215.8	17901.7	249242.7		173	7994.0				13840.4	26667.9

【客运服务创新高】

2023 年 12 月 30 日，由 6 辆 201 路百年有轨电车改造的“光影电车”上线运营，深受大连市民及游客喜爱。助力大连文旅发展，在国际马拉松赛、徒步大会、中超联赛等文旅活动期间，大连地铁开行专列、缩短车隔、延长运营时间。2023 年 4 月 30 日，大连地铁全日客运量首次突破百万，达 125.8 万人次。

【完善公共交通服务功能】

通过大连地铁 e 出行 App“碳减排中心”，为市民提供“行前智慧决策、行中移动支付、行后绿色激励”一站式出行服务，将市民交通出行产生的减碳行为，以“碳积分”形式核证为可用于交易、兑换商业优惠或获取政策指标的减碳量。2023 年，大连交通集团碳减排中心项目获中国城市公共交通协会“2022—2023 城市交通低碳榜样单位”称号。

【地铁与公交一体化深度融合】

推动地铁公交两网融合，系统性对地铁站周边公交线路进行调整，累计优化公交线路 31 条，迁移站点 64 处，新增站点 76 处，有效缩短乘客换乘步行距离，强化公交地铁线路换乘接驳，减少公交地铁线路运营资源重复，提高整体运营效率。

（大连公共交通建设投资集团有限公司　曲亮鹏）

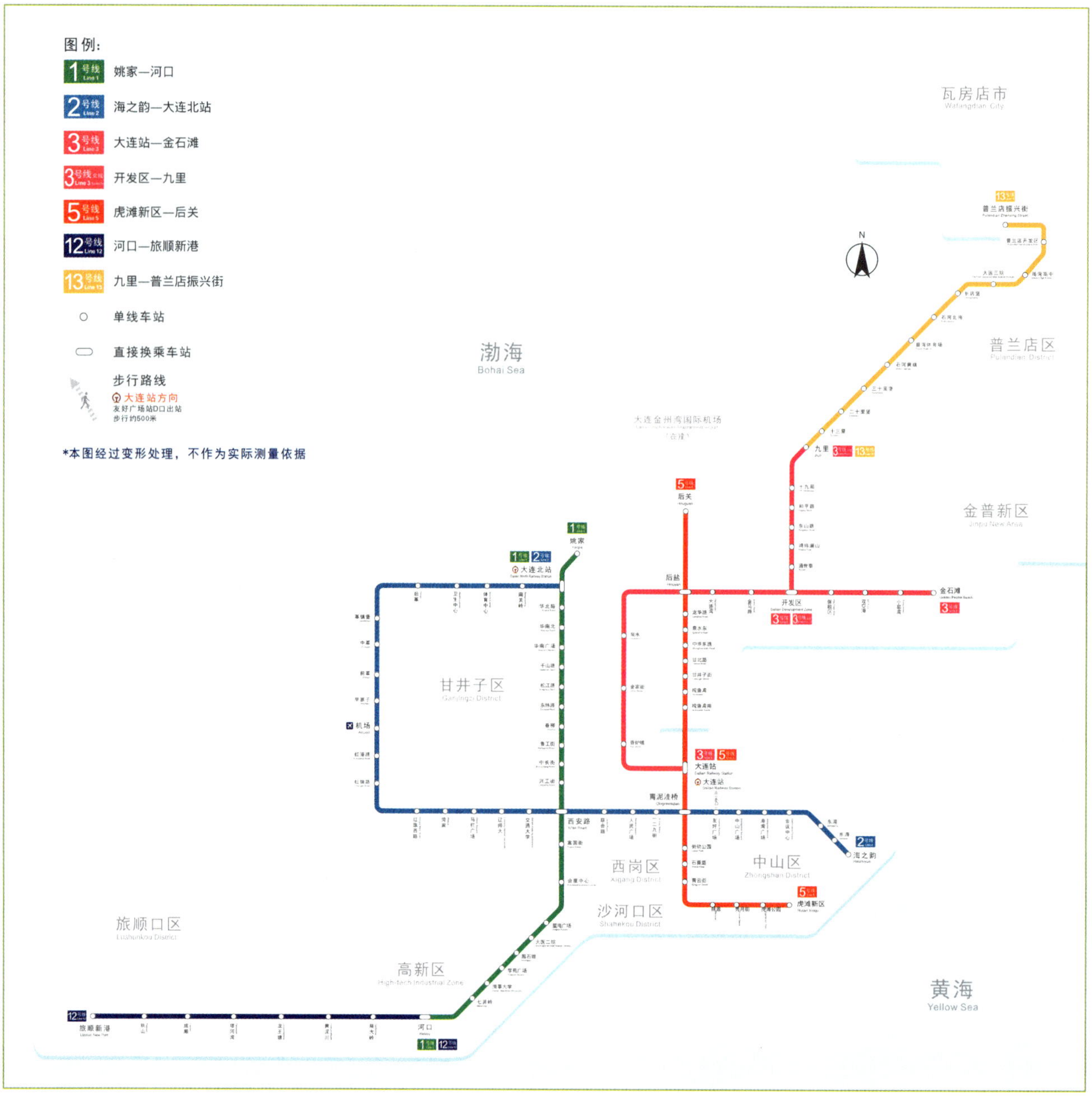

图 8-11-1　大连市城市轨道交通运营网络示意图

12 长春市轨道交通集团有限公司

【概况】

至 2023 年底，吉林省长春市城市轨道交通全网运营线路 5 条，总运营里程 111.2 公里，总运营车站 105 座，网络换乘站 9 座。

长春市城市轨道交通 5 条运营线路均由长春市轨道交通集团有限公司运营事业总部管理，从事既有运营线路运营维护的职工总数 5422 人，司机总数 620 人。

2023 年运送乘客 21908.2 万人次，比上年增长 87%，占全市公共交通出行量的比重为 26.0%。全年线网日均客运量 60.0 万人次／日，其中线网日均进站量 42.5 万人次／日，单日最高日客运量达到 93.0 万人次／日（2023 年 7 月 28 日），线网日均客运周转量 407.5 万人次公里／日。

2023 年线网实际开行列次 55 万列次，线网运营车公里 4247.1 万车公里，高峰时段最小行车间隔 300 秒，运营总能耗 18663.9 万千瓦时。全年实现运营票款收入 38000 万元，比上年增长 92.9%。（图 8-12-1）

2023 年度主要运营指标完成情况见表 8-12-1、表 8-12-2。

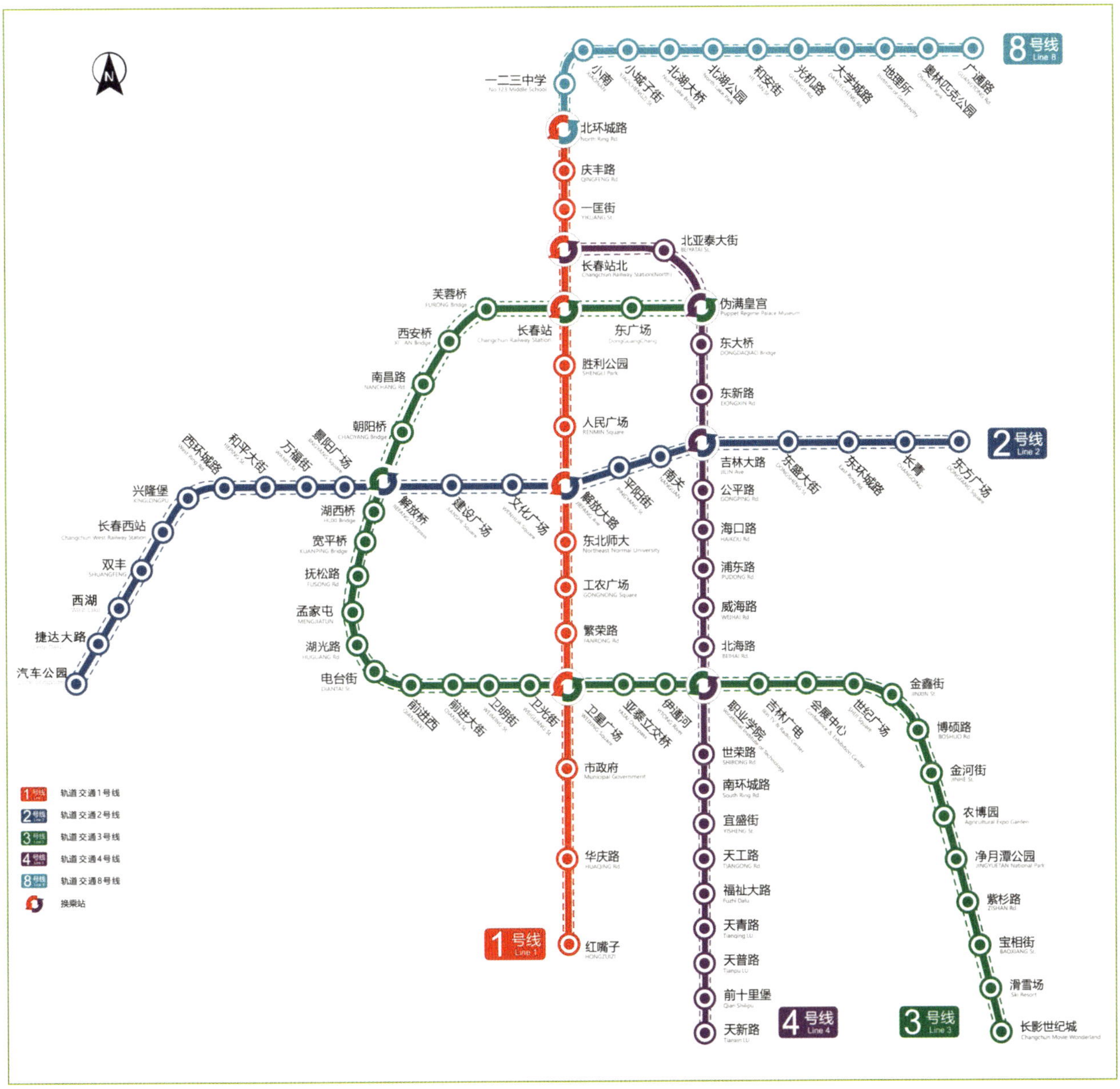

图 8-12-1 长春市城市轨道交通运营网络示意图

【运营管理平台】

运营管理平台进入整体试用阶段，运营生产子系统已同步建设。第二期将完善建设运营生产子系统的九大专业，实现维修专业的全部覆盖。各业务主管部门推进线下业务向线上迁移，并根据实际业务情况进行调整优化。大部分实现在线办公，个别系统需明确编码规则、优化线上业务流程，与集团信息化系统实现进行对接。

【运营专业管理】

2023 年，对现有的运营管理架构进行优化，强化运营专业管理，提高员工专业技能水平。按照长春市轨道交通集团有限公司的《运营架构优化调整方案》，策划组织架构落地的推行、业务界面划分、关键流程设计、职能职责优化等方面工作，并逐步完成与长客合资公司的业务切换、客运与维修区域划分、运营内部各部门职能的优化等工作，确保运营架构调整的平稳、有序实施。通过架构的优化调整，提升专业能力，降低每公里配员数。

【梳理风险数据库工作】

从 2023 年 11 月初起，按检修规程重新梳理风险点，补充风险数据库；在风险管理措施、工程技术措施、培训教育措施、应急处置措施等各方面重新梳理，完善检修规程、技术制度文件、培训计划以及现场处置方案，将岗位隐患排查手册转化为日常生产的检查记录，完成检修规程的初步修订，解决运营检修规程缺失、弱化、失效及日常生产与隐患排查“两张皮”的现象。

（长春市轨道交通集团有限公司　程坤）

长春市城市轨道交通运营线路年度基础数据统计表

表 8-12-1

序号	运营线路名称	系统制式	车辆制式	列车编组（辆）	运营里程（公里）	地下线（公里）	地面线（公里）	高架线（公里）	运营车站（座）	换乘车站（座）	车辆基地（座）	首班车时间	末班车时间	线路运营时间	运营单位
1	1 号线	地铁	B	6	18.1	18.1			15	4	1	5:15	21:30	16 小时 15 分钟	运营事业总部客运一中心
2	2 号线	地铁	B	6	24.9	24.9			21	2	1	5:15	21:30	16 小时 15 分钟	运营事业总部客运二中心
3	3 号线	轻轨	C	6	34.1	3.7	22.4	8.0	36	3	1	6:00	21:00	15 小时	运营事业总部客运二中心
4	4 号线	轻轨	C	6	20.8	2.7		18.1	21	3	1	6:00	21:00	15 小时	运营事业总部客运一中心
5	8 号线	轻轨	C	6	13.3			13.3	12	1	1	6:00	21:00	15 小时	运营事业总部客运一中心
合计					111.2	49.4	22.4	39.4	105	9	5				

长春市城市轨道交通运营线路年度运营数据统计表

表 8-12-2

序号	运营线路名称	客运量（万人次）	进站量（万人次）	客运周转量（万人次公里）	最大断面客流量（万人次／时）	配属列车数（列）	运营车公里（万车公里）	日均实际开行列次（列次）	最小发车间隔（秒）	旅行速度（公里／小时）	牵引能耗（万千瓦时）	运营总能耗（万千瓦时）
1	1 号线	7187.0	5028.9	39847.8	1.0	22	1151.3	299	300	33.8	1921.5	6005.6
2	2 号线	6677.1	4940.9	43328.9	1.0	29	1668.4	328	300	33.9	2639.7	6502.2
3	3 号线	4766.2	3405.1	43263.7	0.8	67	822.6	370	300	30.0	1494.8	2550.8
4	4 号线	2508.0	1620.7	17373.2	0.5	33	395.5	312	300	28.4	924.1	1991.8
5	8 号线	769.9	531.4	4924.8	0.2	17	209.3	219	510	30.1	550.0	1613.5
合计		21908.2	15527.0	148738.4		168	4247.1				7530.1	18663.9

13 哈尔滨地铁集团有限公司

【概况】

至2023年底，黑龙江省哈尔滨市城市轨道交通全网运营线路3条，总运营里程82.2公里，总运营车站70座，网络换乘站4座。

哈尔滨市城市轨道交通3条运营线路均由哈尔滨地铁集团有限公司管理，从事既有运营线路运营维护的职工总数3595人，司机总数415人。

2023年运送乘客28128.3万人次，比上年增长110.6%，占全市公共交通出行量的比重为31.3%。全年线网日均客运量77.1万人次／日，其中线网日均进站量50.8万人次／日，单日最高日客运量达到122.3万人次／日（2023年12月31日），线网日均客运周转量477.9万人次公里／日。

2023年线网实际开行列次41.1万列次，线网运营车公里6224.7万车公里，高峰时段最小行车间隔238秒，运营总能耗19778.4万千瓦时。采用按里程计、递远递减的多级票价，票价最低2元，最高7元，全年实现运营票款收入47517.9万元，比上年增长102.5%。（图8-13-1）

2023年度主要运营指标完成情况见表8-13-1、表8-13-2。

【创新项目实施】

围绕“技术创新、管理创新、节能创新”三大主题，开展62项创新项目实施工作，涌现出“分段绝缘器水平调整模具研发”“检修管理模式优化调整”等一批优秀创新项目，通过创新项目实施，提高发现问题、解决问题的能力，通过抓好技术创新和成果应用，激发员工的内生动力，实现地铁高质量发展。

【绿色城轨建设】

哈尔滨地铁集团结合高寒地区轨道交通实际情况，编制《哈尔滨地铁绿色城轨发展行动方案》，启动绿色升级，因地制宜地提出哈尔滨轨道交通健全绿色体系、提升绿色出行、推广绿色建造、完善绿色运营、推动绿色开发、践行绿智融合、强化绿色示范等目标任务，推进哈尔滨轨道交通绿色化转型、提档升级，促进低碳环保“落地生根”。

【创建运营教育产业基地】

哈尔滨地铁集团同哈尔滨8所院校签订哈尔滨地铁

哈尔滨市城市轨道交通运营线路年度基础数据统计表

表8-13-1

序号	运营线路名称	系统制式	车辆制式	列车编组（辆）	运营里程（公里）	地下线（公里）	地面线（公里）	高架线（公里）	运营车站（座）	换乘车站（座）	车辆基地（座）	首班车时间	末班车时间	线路运营时间	运营单位
1	1号线	地铁	B	6	25.8	25.8			23	3	2	6:00	23:18	17小时18分钟	哈尔滨地铁第一运营分公司
2	2号线	地铁	B	6	28.2	28.2			19	2	1	6:00	23:20	17小时20分钟	哈尔滨地铁第二运营分公司
3	3号线	地铁	B	6	28.2	28.2			28	3	1	6:00	23:25	17小时25分钟	哈尔滨地铁第三运营分公司
合计					82.2	82.2			70	4	4				

哈尔滨市城市轨道交通运营线路年度运营数据统计表

表8-13-2

序号	运营线路名称	客运量（万人次）	进站量（万人次）	客运周转量（万人次公里）	最大断面客流量（万人次／时）	配属列车数（列）	运营车公里（万车公里）	日均实际开行列次（列次）	最小发车间隔（秒）	旅行速度（公里／小时）	牵引能耗（万千瓦时）	运营总能耗（万千瓦时）
1	1号线	10646.3	6818.0	66107.6	1.2	34	2178.0	408.5	238	34.3	3756.9	7306.3
2	2号线	8462.2	5658.0	60635.7	1.2	30	2180.6	380.1	280	34.7	3419.7	6203.8
3	3号线	9019.8	6067.0	47704.0	1.3	35	1866.1	338.5	298	29.6	2876.2	6268.3
合计		28128.3	18543.0	174447.3		99	6224.7				10052.8	19778.4

（运营教育）产业学院联盟，发挥集群优势和组合叠加效应，构建优势互补、资源共享、协同创新、互利共赢的产教融合新组织，促进教育链、人才链与产业链、创新链有机衔接，为城市轨道交通产业高质量发展提供人才支撑和智力保障。

（哈尔滨地铁集团有限公司）

图 8-13-1　哈尔滨市城市轨道交通运营网络示意图

14　上海申通地铁集团有限公司

【概况】

至 2023 年底，上海市城市轨道交通 20 条运营线路由上海申通地铁集团有限公司管理，总运营里程 830.8 公里，总运营车站 508 座，网络换乘站 83 座，从事既有运营线路运营维护的职工总数 29701 人，司机总数 5039 人。

2023 年运送乘客 366108.0 万人次，比上年增长 56.7%，占全市公共交通出行量的比重为 76.2%。全年线网日均客运量 1003.0 万人次／日，其中线网日均进站量 555.8 万人次／日，单日最高日客运量达到 1286.7 万人次／日（2023 年 11 月 17 日），线网日均客运周转量 9229.5 万人次公里／日。

2023 年线网实际开行列次 354 万列次，线网运营车公里 78448.7 万车公里，高峰时段最小行车间隔 110 秒。采用按里程计、递远递减的多级票价，票价最低 3 元，最高 15 元，全年实现运营票款收入 871014.5 万元，比上年增长 63.2%。（图 8-14-1）

2023 年度主要运营指标完成情况见表 8-14-1、表 8-14-2。

上海市城市轨道交通（上海申通）运营线路年度基础数据统计表　　表 8-14-1

序号	运营线路名称	系统制式	车辆制式	列车编组（辆）	运营里程（公里）	地下线（公里）	地面线（公里）	高架线（公里）	运营车站（座）	换乘车站（座）	车辆基地（座）	首班车时间	末班车时间	线路运营时间	运营单位
1	1 号线	地铁	A	8	36.9	19.3	5.6	12.0	28	11	2	4:55	0:55	20 小时	第一运营公司
2	2 号线	地铁	A	8	60.4	53.0	1.5	5.9	30	12	3	5:20	0:02	18 小时 42 分钟	第二运营公司
3	3 号线	地铁	A	6	40.1	0.8	4.3	35.0	29	11	2	5:20	23:52	18 小时 32 分钟	第三运营公司
4	4 号线	地铁	A	6	33.9	22.3	1.1	10.5	17	16	1	5:25	23:39	18 小时 14 分钟	第三运营公司
5	5 号线	地铁	C	4/6	32.5	6.1	0.4	26.0	19	1	3	5:28	23:24	17 小时 56 分钟	第一运营公司
6	6 号线	地铁	C	4	32.6	22.1	0.3	10.2	28	9	2	5:30	23:35	18 小时 5 分钟	第四运营公司
7	7 号线	地铁	A	6	43.9	42.3		1.6	33	12	2	5:30	0:53	19 小时 23 分钟	第三运营公司
8	8 号线	地铁	C	6/7	37.1	34.1		3.0	30	13	2	5:30	0:56	19 小时 26 分钟	第四运营公司
9	9 号线	地铁	A	6	64.0	46.9		17.1	35	11	2	5:30	0:48	19 小时 18 分钟	第一运营公司
10	10 号线	地铁	A	6	45.0	39.1		5.9	37	14	2	5:25	0:57	19 小时 32 分钟	第一运营公司
11	11 号线	地铁	A	6	81.4	42.3	2.4	36.7	39	11	3	5:20	0:01	18 小时 41 分钟	第二运营公司
12	12 号线	地铁	A	6	39.9	39.9			32	16	2	5:30	23:47	18 小时 17 分钟	第四运营公司
13	13 号线	地铁	A	6	38.0	38.0			31	14	2	5:30	0:55	19 小时 25 分钟	第二运营公司
14	14 号线	地铁	A	8	38.2	38.2			30	13	2	5:30	23:37	18 小时 7 分钟	第四运营公司
15	15 号线	地铁	A	6	41.7	41.7			30	8	2	5:30	23:36	18 小时 6 分钟	第三运营公司
16	16 号线	地铁	A	3/6	58.9	12.4		46.5	13	3	2	5:50	23:42	17 小时 52 分钟	磁浮公司
17	17 号线	地铁	A	6	34.8	15.8	0.8	18.2	13	1	2	5:40	23:40	18 小时	第二运营公司
18	18 号线	地铁	A	6	36.1	36.1			26	10	1	5:30	23:27	17 小时 57 分钟	磁浮公司
19	浦江线	自动导向轨道	APM	4	6.3			6.3	6	1	1	5:10	22:42	17 小时 32 分钟	申凯公司
20	磁浮示范线	磁浮交通	磁浮	3/4/5	29.1			29.1	2	0	1	6:45	21:50	15 小时 5 分钟	磁浮公司
合计					830.8	550.4	16.4	264.0	508	83	39				

【全自动运行概览】

至2023年底，上海开通运营的城市轨道交通全自动运行线路5条，分别为浦江线、10、14、15、18号线，总运营里程167.3公里，总运营车站数129座。列车运行的自动化等级为GoA4。

【“上海品牌”认证】

上海地铁自2018年启动“上海品牌”认证工作，以“城市轨道交通客运服务”为服务名称，申请“上海服务”类别的“上海品牌”认证。2023年，1、2、3、4、5、6、7、8、9、10、11、12、13、14、15、16、17、18号线以及磁浮线共计19条线路参与并通过现场评审。上海地铁将以“上海品牌”认证为抓手，持续完善运营管理及服务质量，助力上海地铁成为“上海服务”更响亮的窗口和名片。

【枢纽站点延运服务】

8月1日起，2号线广兰路站往浦东国际机场站方向的末班车由22:30延时至23:00。暑运期间，虹桥枢纽站点在常态延时运营基础上，进一步增加延运服务供应，10、17号线每周五、周日两天加开定点加班车，分别延时运营至0:20、23:30；中秋、国庆期间为疏散虹桥枢纽夜间到达客流，相关线路连续应急加开，2号线最晚加开至次日2:30；国庆节后，逢周五10号线延运至0时，逢周日2号线延运至0时。

【推进纸质二维码单程票试点应用】

6月，5台第一代轻型纸质二维码售票机在人民广场站、吴中路车站试点使用，10月底，优化后的第二代轻型纸质二维码售票机继续在人民广场、吴中路车站继续试点应用，试点期间售票机运行较稳定，纸质二维码单程票使用情况良好，已具备进一步推广条件。

【实现长三角双城异地二维码无感换】

6月，苏州地铁11号线开通，沪苏双11号线在花桥站对接，上海地铁在“Metro大都会”上通过GPS定位、异城跨网双码切换等技术，实现两地地铁乘车二维码“异城跨网无感换乘”应用，使用“Metro大都会”App扫码乘车，可通过站内专用通道“无感换乘”，进一步提升乘客换乘体验。

（上海申通地铁集团有限公司　胡雯洁　朱冰沁　干叶婷　赵宇军）

上海市城市轨道交通（上海申通）运营线路年度运营数据统计表　　表8-14-2

序号	运营线路名称	客运量（万人次）	进站量（万人次）	客运周转量（万人次公里）	最大断面客流量（万人次/时）	配属列车数（列）	运营车公里（万车公里）	日均实际开行列次（列次）	最小发车间隔（秒）	旅行速度（公里/小时）	牵引能耗（万千瓦时）	运营总能耗（万千瓦时）
1	1号线	35430.6	20056.8	304295.9	5.1	77	5881.6	587.8	150	33.6	14532.6	20379.0
2	2号线	39719.1	23471.4	401407.9	4.2	86	8328.1	647.1	150	37.8	18196.5	30154.4
3	3号线	12895.6	7765.8	111375.7	2.1	43	2796.9	377.2	150	33.5	7239.6	10133.8
4	4号线	20761.7	9454.8	116208.8	2.1	38	2360.3	321.9	150	31.3	4053.6	8077.0
5	5号线	5692.5	3749.7	64803.1	1.9	50	2506.1	571.2	150	36.8	4686.2	6919.0
6	6号线	12870.5	6977.8	76833.0	2.5	76	2429.2	657.6	120	30.7	4497.7	8067.1
7	7号线	21751.0	12839.6	182177.8	4.1	79	4373.2	559.5	115	33.8	8849.3	16129.2
8	8号线	30598.6	14805.0	222128.9	3.7	90	4743.2	600.2	120	31.5	8351.8	14534.6
9	9号线	34030.5	20393.7	402596.5	5.6	104	7131.6	634.9	110	39.9	12111.8	20523.9
10	10号线	28098.5	15616.4	231799.9	2.6	67	4647.5	707.4	150	32.8	8981.6	17109.0
11	11号线	28429.5	14701.6	392896.1	5.0	82	7321.3	598.5	120	41.3	14775.9	21698.7
12	12号线	22782.6	11385.0	141935.0	2.5	75	3555.8	429.3	150	31.3	7706.1	15475.4
13	13号线	19421.9	11432.5	128261.0	2.4	62	3673.8	551.5	150	32.9	8046.9	14982.7
14	14号线	13346.7	8047.1	88863.2	2.1	49	3962.3	406.8	180	34.1	7383.2	17393.2
15	15号线	10806.8	6540.3	93880.3	2.0	54	2967.5	401.8	180	37.1	5659.8	14868.0
16	16号线	6813.8	3827.5	188501.7	2.5	61	5287.5	457.5	210	64.4	8328.4	11258.6
17	17号线	6557.8	4232.3	90808.4	2.6	28	2606.2	396.6	210	51.5	5002.8	7305.8
18	18号线	14756.4	6731.0	117778.5	3.2	50	3165.1	446.8	164	37.4	5393.5	13935.0
19	浦江线	1091.7	583.7	4871.8	0.7	11	256.3	279.0	255	32.7	631.2	1080.6
20	磁浮示范线	252.2	252.2	7340.1		4	455.2	78.7	1200	300.0	4656.8	4656.8
合计		366108.0	202864.2	3368763.6		1186	78448.7				159085.4	274681.8

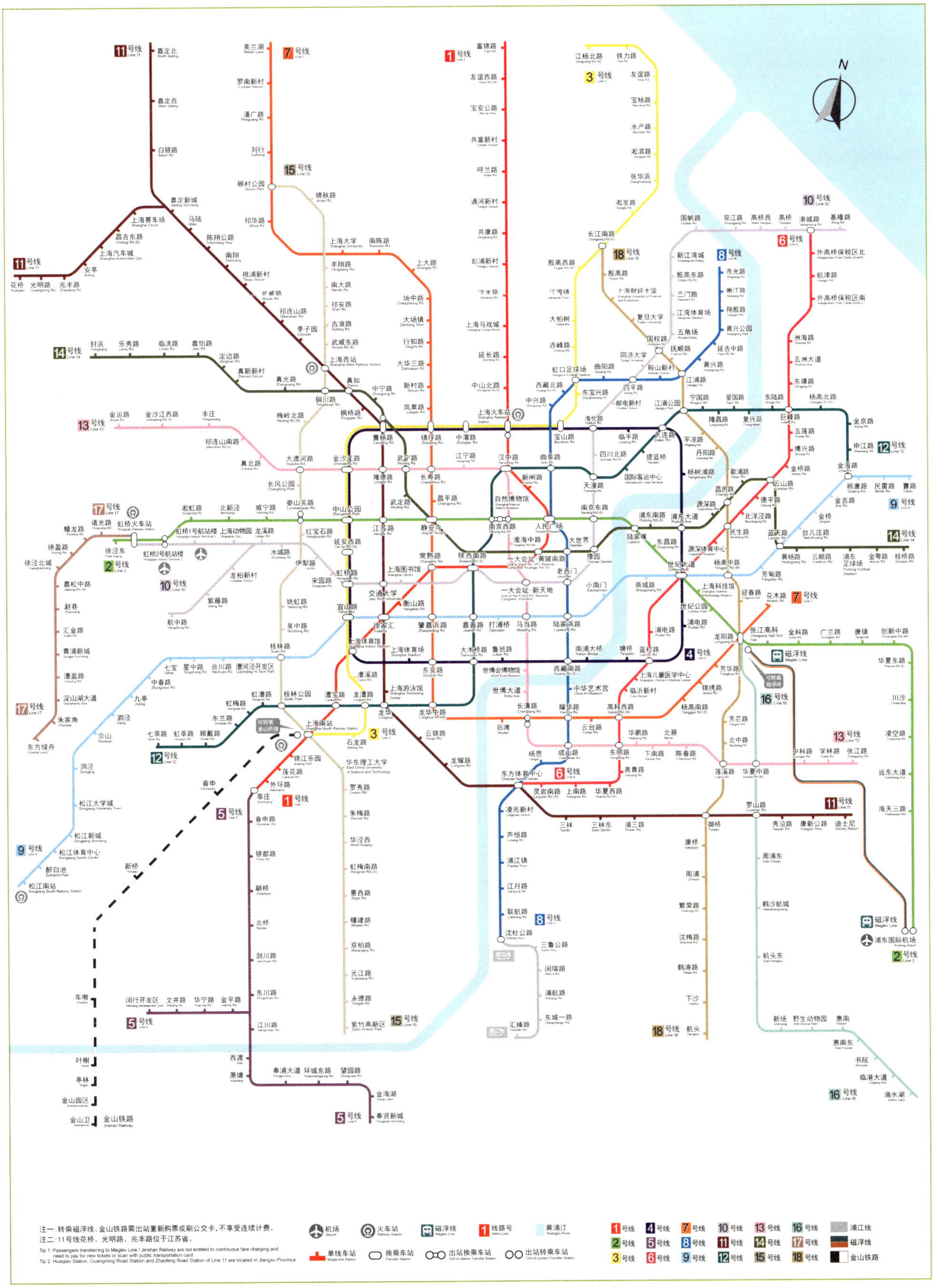

图 8-14-1　上海市城市轨道交通运营网络示意图（不含有轨电车）

15　上海申凯公共交通运营管理有限公司

【概况】

至 2023 年底，上海市城市轨道交通 2 条运营线路由上海申凯公共交通运营管理有限公司管理，总运营里程 46.1 公里，总运营车站 52 座，网络换乘站 3 座，从事既有运营线路运营维护的职工总数 440 人，司机总数 148 人。

2023 年运送乘客 1865.7 万人次。全年线网日均客运量 5.1 万人次／日，其中线网日均进站量 3.7 万人次／日，单日最高日客运量达到 3.9 万人次／日（2023 年 4 月 14 日），线网日均客运周转量 96.3 万人次公里／日。

2023 年线网实际开行列次 21.5 万列次，线网运营车公里 1340.3 万车公里，高峰时段最小行车间隔 255 秒，运营总能耗 2216.2 万千瓦时。采用按里程计，递远递增多级票价，全年实现运营票款收入 1142.8 万元，比上年增长 37.4%。(图 8-15-1)

2023 年度主要运营指标完成情况见表 8-15-1、表 8-15-2。

【全自动运行概览】

浦江线 2018 年 3 月 31 日开通全自动运行，列车运行的自动化等级为 GoA4，最高运行速度 80 公里／小时，定员数 160 人；运营和维护保障采用集中管理模式；信号供应商为富欣智控，车辆供应商为庞巴迪。

（上海申凯公共交通运营管理有限公司）

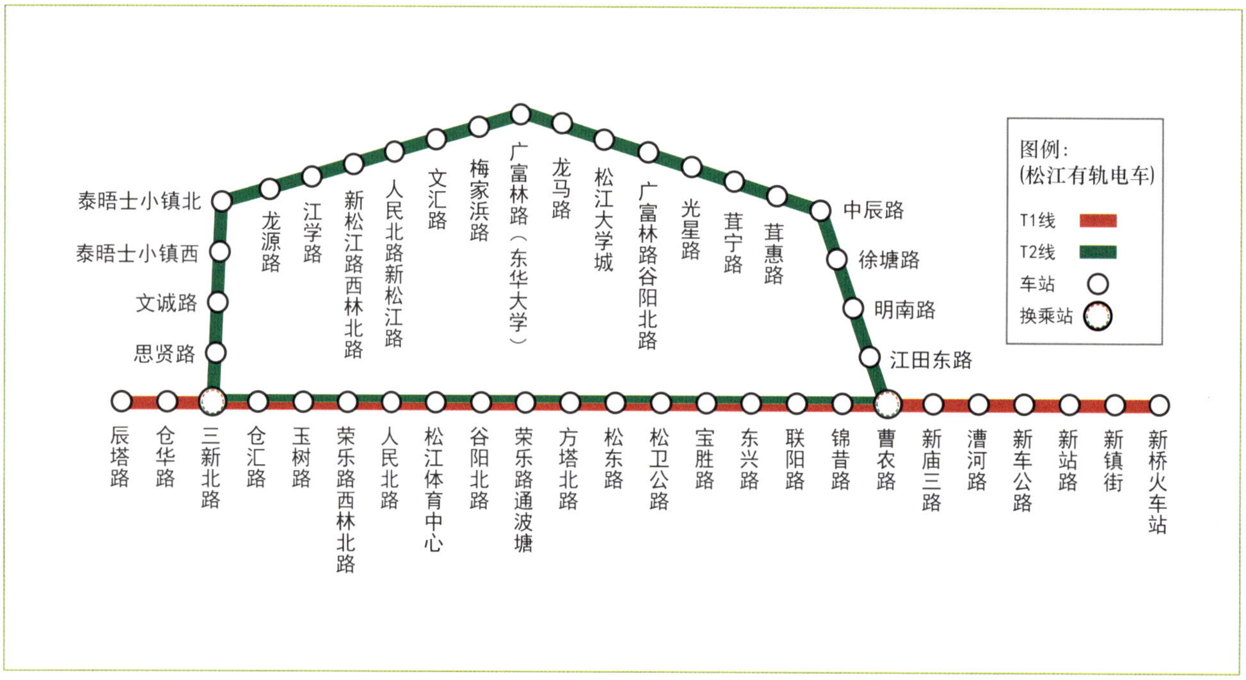

图 8-15-1　上海市城市轨道交通松江有轨电车运营网络示意图

上海市城市轨道交通（上海申凯）运营线路年度基础数据统计表　　表 8-15-1

序号	运营线路名称	系统制式	车辆制式	列车编组（辆）	运营里程（公里）	地下线（公里）	地面线（公里）	高架线（公里）	运营车站（座）	换乘车站（座）	车辆基地（座）	首班车时间	末班车时间	线路运营时间	运营单位
1	浦江线	自动导向轨道系统	APM	4	6.3			6.3	6	1	1	5:10	22:42	17 小时 32 分钟	上海申凯公共交通运营管理有限公司
2	松江有轨电车	有轨电车	C	5	39.8		38.8	1.0	46	2	2	5:58	22:20	16 小时 22 分钟	上海申凯公共交通运营管理有限公司
合计					46.1		38.8	7.3	52	3	3				

上海市城市轨道交通（上海申凯）运营线路年度运营数据统计表

表 8-15-2

序号	运营线路名称	客运量（万人次）	进站量（万人次）	客运周转量（万人次公里）	最大断面客流量（万人次/时）	配属列车数（列）	运营车公里（万车公里）	日均实际开行列次（列次）	最小发车间隔（秒）	旅行速度（公里/小时）	牵引能耗（万千瓦时）	运营总能耗（万千瓦时）
1	浦江线	1091.7	583.7	4871.8	0.7	11	256.3	279.0	255	32.7	631.2	1080.6
2	松江有轨电车 1 号线	412.3	412.3	12245.0	0.2	9	372.5	146.0	840	18.0	485.7	567.8
3	松江有轨电车 2 号线	361.7	361.7	18049.0	0.2	16	716.5	165.0	770	19.0	485.8	567.8
	合计	1865.7	1357.7	35166.8		36	1340.3				1602.7	2216.2

16 南京地铁集团有限公司

【概况】

至 2023 年底，江苏省南京市城市轨道交通全网运营线路 12 条，总运营里程 459.7 公里，总运营车站 217 座，网络换乘站 19 座。

南京市城市轨道交通 12 条运营线路均由南京地铁集团有限公司下属南京地铁运营有限责任公司管理，从事既有运营线路运营维护的职工总数 17270 人，司机总数 2796 人。

2023 年运送乘客 100998.9 万人次，比上年增长 31.7%，占全市公共交通出行量的比重 66.3%。全年线网日均客运量 276.7 万人次 / 日，其中线网日均进站量 167.2 万人次 / 日，单日最高日客运量达到 421.3 万人次 / 日（2023 年 12 月 31 日），线网日均客运周转量 2435.4 万人次公里 / 日。

2023 年线网实际开行列次 150.8 万列次，线网运营车公里 27623.4 万车公里，高峰时段最小行车间隔 120 秒，运营总能耗 83746.8 万千瓦时。采用按里程计价的票制，全年实现运营票款收入 212505.5 万元，比上年增长 43.1%。（图 8-16-1）

2023 年度主要运营指标完成情况见表 8-16-1、表 8-16-2。

【全自动运行概览】

至 2023 年底，南京市开通运营的城市轨道交通全自动运行线路 1 条，为 7 号线（南段、北段），总运营里程 24.5 公里，总运营车站 19 座。7 号线北段 2022 年 12 月 28 日开通全自动运行，7 号线南段 2023 年 12 月 28 日开通，列车运行的自动化等级为 GoA4，最高运行速度 80 公里 / 小时，定员数 1450 人；运营和维护保障采用集中管理模式；信号供应商为南京恩瑞特实业有限公司，车辆供应商为中车南京浦镇车辆有限公司。

【运营规模上新高】

7 号线南段于 12 月 28 日顺利开通，加密主城区线网密度；5 号线江宁段 12 月 19 日起不载客试运行。首条跨省域委托运营线路——宁滁城际（滁州段）于 6 月 28 日开通运营，促进南京、滁州两地协同发展，南京城市轨道交通规模近 460 公里。做好重庆轨道交通 18 号线工程 PPP 项目的运营筹备配合工作，重庆 18 号线 12 月 28 日开通运营。

【运营服务显成效】

国际地铁协会乘客总体满意度得分位列全球第 3，服务质量保持行业领先。公共交通第一主力军地位持续稳固，年度公共交通地铁分担率 66.3%，首超 65%，单月分担率 10 次突破 65%，8 月创历史新高 69.2%。

【人文服务更贴心】

新增 5 个标杆车站，升级改造 3 个试点车站卫生间，完成 1 号线小龙湾站顶棚综合整治和 1526 米声屏障安装。实施退役军人等优抚对象优待乘车，厕纸免费服务、“彩虹便民条”覆盖全线网车站，珠江路站新增儿童扶手，推进儿童友好城市建设。完善爱心助残及适老化服务，新增盲道约 1040 平方米，安装厕位安全扶手 110 处，整改无障碍洗手池 58 处，开展“轮椅外置”工作，“与宁同行”官方 App 上线“爱心预约”乘车服务功能。

（南京地铁集团有限公司）

南京市城市轨道交通运营线路年度基础数据统计表

表 8-16-1

序号	运营线路名称	系统制式	车辆制式	列车编组（辆）	运营里程（公里）	地下线（公里）	地面线（公里）	高架线（公里）	运营车站（座）	换乘车站（座）	车辆基地（座）	首班车时间	末班车时间	线路运营时间	运营单位
1	1 号线	地铁	A	6	45.4	29.0	1.2	15.2	32	6	3	5:30	0:42	19 小时 12 分钟	南京地铁运营有限责任公司
2	2 号线	地铁	A	6	43.0	27.2	1.0	14.8	30	7	3	6:00	0:09	18 小时 9 分钟	南京地铁运营有限责任公司
3	3 号线	地铁	A	6	44.9	42.4	0.4	2.1	29	6	2	5:40	0:22	18 小时 42 分钟	南京地铁运营有限责任公司
4	4 号线	地铁	B	6	33.8	32.3		1.5	18	3	1	6:00	23:45	17 小时 45 分钟	南京地铁运营有限责任公司
5	7 号线	地铁	B	6	24.5	24.5			19	5	2	6:00	23:23	17 小时 23 分钟	南京地铁运营有限责任公司
6	10 号线	地铁	A	6	21.6	19.3	1.3	1.0	14	3	1	5:40	0:14	18 小时 34 分钟	南京地铁运营有限责任公司
7	S1 线	市域快轨	B	6	35.8	18.2	0.9	16.7	9	3	1	5:57	23:18	17 小时 21 分钟	南京地铁运营有限责任公司
8	S3 线	市域快轨	B	6	37.2	15.1	0.7	21.4	19	3	1	6:00	23:40	17 小时 40 分钟	南京地铁运营有限责任公司
9	S6 线	市域快轨	B	4	43.6	15.9	1.9	25.8	13	1	1	6:00	22:30	16 小时 30 分钟	南京地铁运营有限责任公司
10	S7 线	市域快轨	B	4	30.2	11.1	1.4	17.7	9	1	1	6:00	22:30	16 小时 30 分钟	南京地铁运营有限责任公司
11	S8 线	市域快轨	B	4	47.3	13.1	1.5	32.7	19	1	1	5:55	23:22	17 小时 27 分钟	南京地铁运营有限责任公司
12	S9 线	市域快轨	B	3	52.4	3.6	4.6	44.2	6	1	1	6:00	22:40	16 小时 40 分钟	南京地铁运营有限责任公司
合计					459.7	251.7	14.9	193.1	217	19	18				

南京市城市轨道交通运营线路年度运营数据统计表

表 8-16-2

序号	运营线路名称	客运量（万人次）	进站量（万人次）	客运周转量（万人次公里）	最大断面客流量（万人次/时）	配属列车数（列）	运营车公里（万车公里）	日均实际开行列次（列次）	最小发车间隔（秒）	旅行速度（公里/小时）	牵引能耗（万千瓦时）	运营总能耗（万千瓦时）
1	1 号线	28127.5	18095.9	208986.1	3.1	67	5112.9	616.0	140	36.1	9564.2	14859.4
2	2 号线	24418.5	14722.7	170286.4	3.2	59	4457.6	542.0	150	37.7	8070.6	13220.0
3	3 号线	23401.6	12541.2	210565.9	3.6	58	4157.8	447.0	120	36.5	7817.8	13831.2
4	4 号线	5492.9	3506.1	37946.7	0.9	29	2572.1	381.0	262	44.2	4290.9	7430.1
5	7 号线	1878.5	1163.2	8583.4	0.5	53	1050.2	345.0	360	35.2	1834.6	3858.6
6	10 号线	4674.4	2731.5	41851.8	1.4	21	1598.6	337.0	280	37.0	3233.5	5631.6
7	S1 号线	3402.5	1802.2	74983.9	0.8	15	1972.8	252.0	510	57.1	2829.4	4267.2
8	S3 号线	2708.3	1870.3	23642.8	0.6	24	1718.1	289.0	240	43.5	3515.5	5394.6
9	S6 号线	1744.4	1212.0	27854.1	0.5	31	1410.4	223.0	360	50.7	2905.2	4968.4
10	S7 号线	478.4	284.5	7900.4	0.2	11	643.6	169.0	700	57.3	1154.9	2519.3
11	S8 号线	3825.0	2609.9	49165.2	1.0	30	1901.2	350.0	263	50.7	3307.1	5411.7
12	S9 号线	846.9	489.3	27156.5	0.3	12	1028.1	179.0	600	87.4	1563.1	2354.9
合计		100998.9	61028.8	888923.2		410	27623.4				50086.8	83747.0

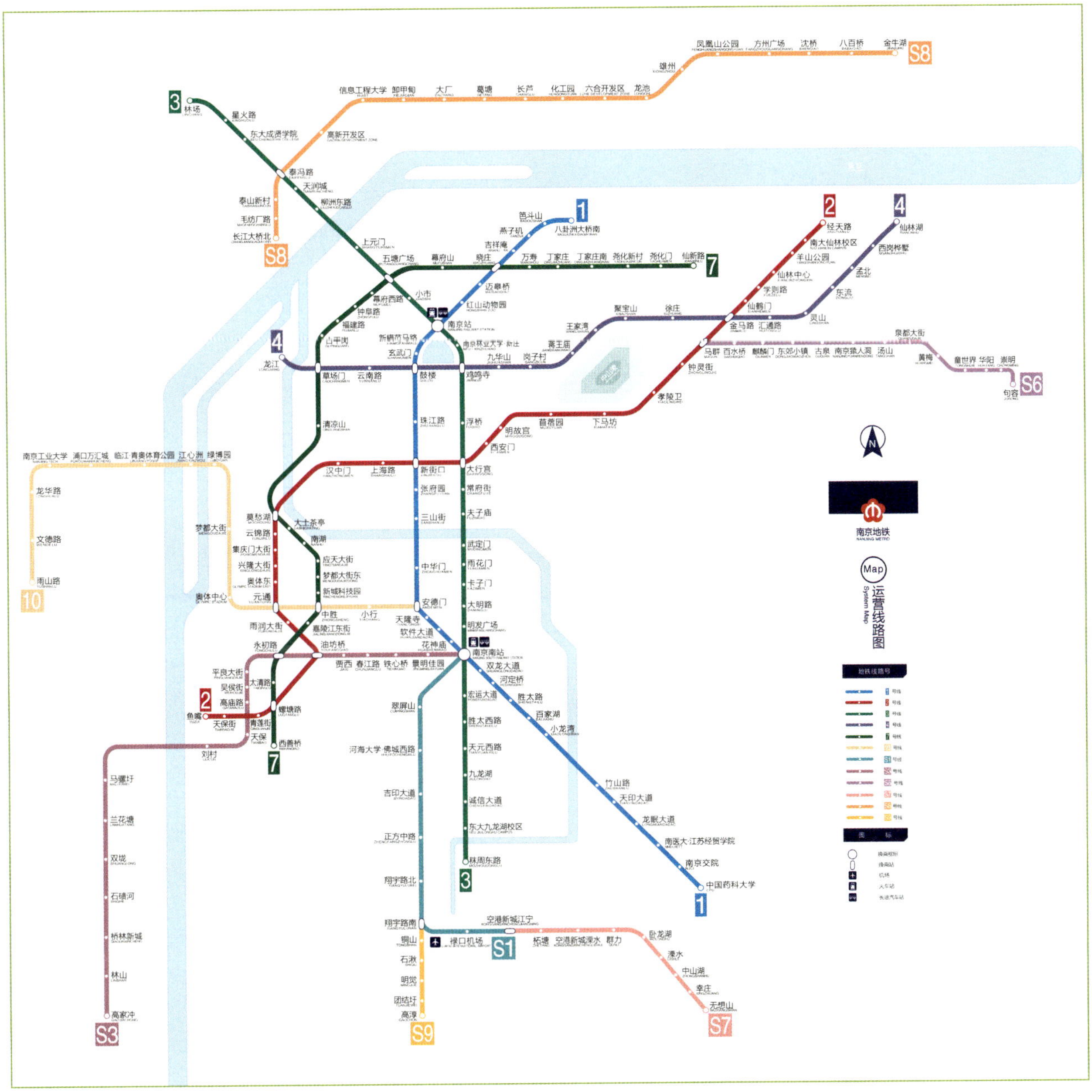

图 8-16-1　南京市城市轨道交通运营网络示意图

17　无锡地铁集团有限公司

【概况】

至 2023 年底，江苏省无锡市城市轨道交通全网运营线路 4 条，总运营里程 110.9 公里，总运营车站 80 座，网络换乘站 7 座。

无锡市城市轨道交通 4 条运营线路均由无锡地铁集团有限公司管理，从事既有运营线路运营维护的职工总数 5298 人，司机总数 440 人。

2023 年运送乘客 18456.0 万人次，比上年增长 54.4%，占全市公共交通出行量的比重 42%。全年线网日均客运量 50.6 万人次 / 日，其中线网日均进站量 34.4 万人次 / 日，单日最高日客运量达到 110.3 万人次 / 日（2023 年 12 月 31 日），线网日均客运周转量 317.7 万人次公里 / 日。

2023 年线网实际开行列次 43.0 万列次，线网运营车公里 6493.3 万车公里，高峰时段最小行车间隔 300 秒，运营总能耗 25039.3 万千瓦时。采用里程分段计价票价方式，全年实现运营票款收入 29617.2 万元，比上年增长 38.0%。（图 8-17-1）

2023 年度主要运营指标完成情况见表 8-17-1、表 8-17-2。

【外拓经营】

完成大连地铁 5 号线一期、二期外拓项目，形成运营管理服务项目成果汇编。承接 S1 线综合联调项目及贯通运营施工配合项目，完成《无锡至江阴城际轨道交通工程 PPP 项目运输及维保业务委托服务合同》（6.9 亿元）签订。

【科研创新】

“城市轨道交通乘客服务规范”等 2 项标准完成市级立项，填补地方标准空白。全省首例弹性车轮、主变电所智能运维等 7 项智改数转成果落地。“研制移动式传动轴拆装架”等 2 项课题获中国智慧轨道交通学术论坛优秀解决方案。

【服务质量提升】

完成 11 项贴心服务项目、20 项特色服务活动及 9 项暖心服务举措，新光路站试点启用便民门通道，提前半年完成市级为民办实事项目 4 座爱心驿站建设，推出长三角首条“空铁轨联运”物流示范线。元旦期间线网最高客运量达 110.3 万人次，刷新纪录。

【运输组织平稳有序】

实现连续安全生产 3820 天。1 号线最小行车间隔缩短至 5 分钟，S1 线提前 38 天实现试运行，提前 70 天进入 1 号线载客。完成 3 号线列控曲线优化项目，噪声工单显著下降。零问题项通过 4 号线一期工程正式运营前安全评估。

（无锡地铁集团有限公司）

无锡市城市轨道交通运营线路年度基础数据统计表

表 8-17-1

序号	运营线路名称	系统制式	车辆制式	列车编组（辆）	运营里程（公里）	地下线（公里）	地面线（公里）	高架线（公里）	运营车站（座）	换乘车站（座）	车辆基地（座）	首班车时间	末班车时间	线路运营时间	运营单位
1	1 号线及南延线	地铁	B	6	33.9	26.6	0.1	7.2	27	1	2	5:52	23:35	17 小时 43 分钟	无锡地铁集团有限公司
2	2 号线	地铁	B	6	25.0	18.1	0.2	6.7	21	1	2	5:55	23:07	17 小时 12 分钟	无锡地铁集团有限公司
3	3 号线	地铁	B	6	28.2	28.2			21	2	2	6:00	23:35	17 小时 35 分钟	无锡地铁集团有限公司
4	4 号线	地铁	B	6	23.8	23.8			18	3	2	6:00	23:12	17 小时 12 分钟	无锡地铁集团有限公司
合计					110.9	96.7	0.3	13.9	80	7	8				

无锡城市轨道交通运营线路年度运营数据统计表

表 8-17-2

序号	运营线路名称	客运量（万人次）	进站量（万人次）	客运周转量（万人次公里）	最大断面客流量（万人次/时）	配属列车数（列）	运营车公里（万车公里）	日均实际开行列次（列次）	最小发车间隔（秒）	旅行速度（公里/小时）	牵引能耗（万千瓦时）	运营总能耗（万千瓦时）
1	1 号线及南延线	6985.0	5268.1	46623.4	0.7	28	2191.2	336.3	300	34.7	3334.1	8933.7
2	2 号线	5159.2	3435.6	31601.6	0.6	23	1563.9	301.6	330	34.2	2362.4	5803.5
3	3 号线	3961.5	2493.0	24095.0	0.6	28	1555.7	285.4	360	35.5	2234.6	5599.9
4	4 号线	2350.3	1355.7	13643.5	0.5	25	1182.5	253.6	480	34.0	1921.5	4702.2
合计		18456.0	12552.4	115963.5		104	6493.3				9852.6	25039.3

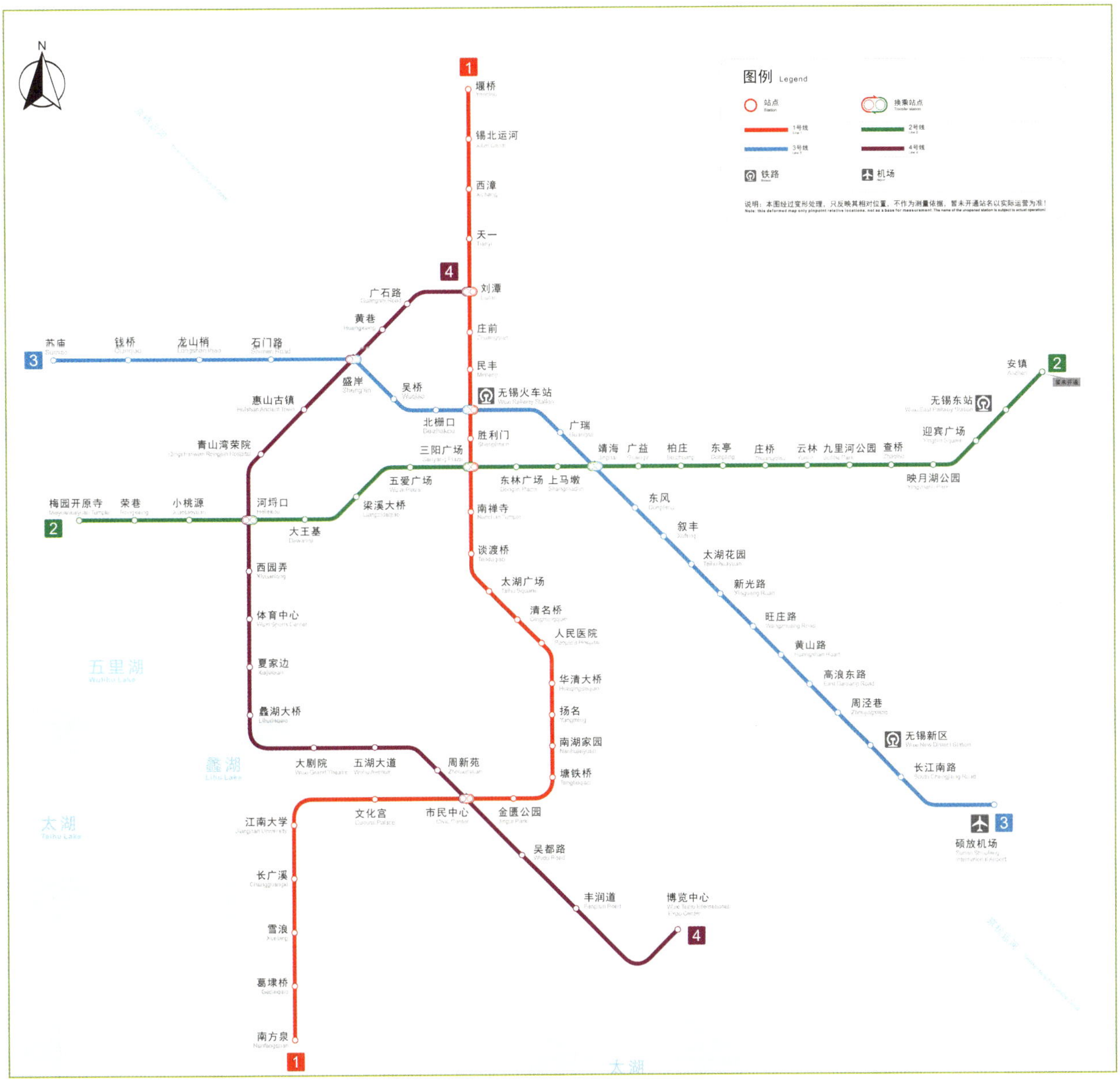

图 8-17-1　无锡市城市轨道交通运营网络示意图

18　徐州地铁集团有限公司

【概况】

至 2023 年底，江苏省徐州市城市轨道交通全网运营线路 3 条，总运营里程 64.1 公里，总运营车站 51 座，网络换乘站 3 座。

徐州市城市轨道交通 3 条运营线路均由徐州地铁运营有限公司管理，从事既有运营线路运营维护的职工总数 3043 人，司机总数 362 人。

2023 年运送乘客 9402.1 万人次，比上年增长 59.6%，占全市公共交通出行量的比重 39.5%。全年线网日均客运量 25.7 万人次 / 日，其中线网日均进站量 18.4 万人次 / 日，单日最高日客运量达到 61.79 万人次 / 日（2023 年 12 月 31 日），线网日均客运周转量 164.1 万人次公里 / 日。

2023 年线网实际开行列次 29.2 万列次，线网运营车公里 3236.8 万车公里，高峰时段最小行车间隔 384 秒，运营总能耗 12171.1 万千瓦时。采用按里程计、递远递减的多级票价，票价最低 2 元，最高 6 元。（图 8-18-1）

2023 年度主要运营指标完成情况见表 8-18-1、表 8-18-2。

【AFC 深度维修工作室】

AFC 深度维修工作室主要以降本增效、技术改造等为目标，开展技能创新、技术攻关、课题攻关等工作，立足机械、电子两个方面深耕自主维修领域。完成 AFC 硬件设备模块升级改造工作、闸机扇门扇叶自主修补翻新工作、AFC 高额易损单一零部件产品平替工作、细小零部件 3D 打印自研等亮点工作。

【打造客运品牌提升服务品质】

以彭城广场站"乐服务 · 畅彭城"品牌车站、大龙湖"乐哉童年"主题车站、徐州火车站"零距离"品牌车站为基点，打造"1+N"矩阵式服务模式。成立"服务创新工作室"，开展"站长接待日"等主题特色活动，推出"快乐服务台"、无障碍轮椅渡板、孕妈妈爱心服务卡、老花镜服务、多功能充电器、"纳凉驿站"、行李寄存等暖心举措，升级完善母婴室功能，上线爱心预约服务，推动服务品质提升和服务管理转型发展。

【站台门系统门控器升级】

对全线站台门门控器（DCU）软件进行升级改造：增加每 100ms 重读电机盘信号的功能，增加开到位 5mm 以内保持指示灯常亮，关到位 5mm 以内保持指示灯熄灭功能。提高门梯员工对软件维护的处理水平，解决部分滑动门门头灯开关到位多闪一下和开门防挤压引起电机盘信号错乱导致的 DCU 死机的问题，降低站台门故障率，提高设备稳定性、可靠性。

（徐州地铁集团有限公司　陆婷）

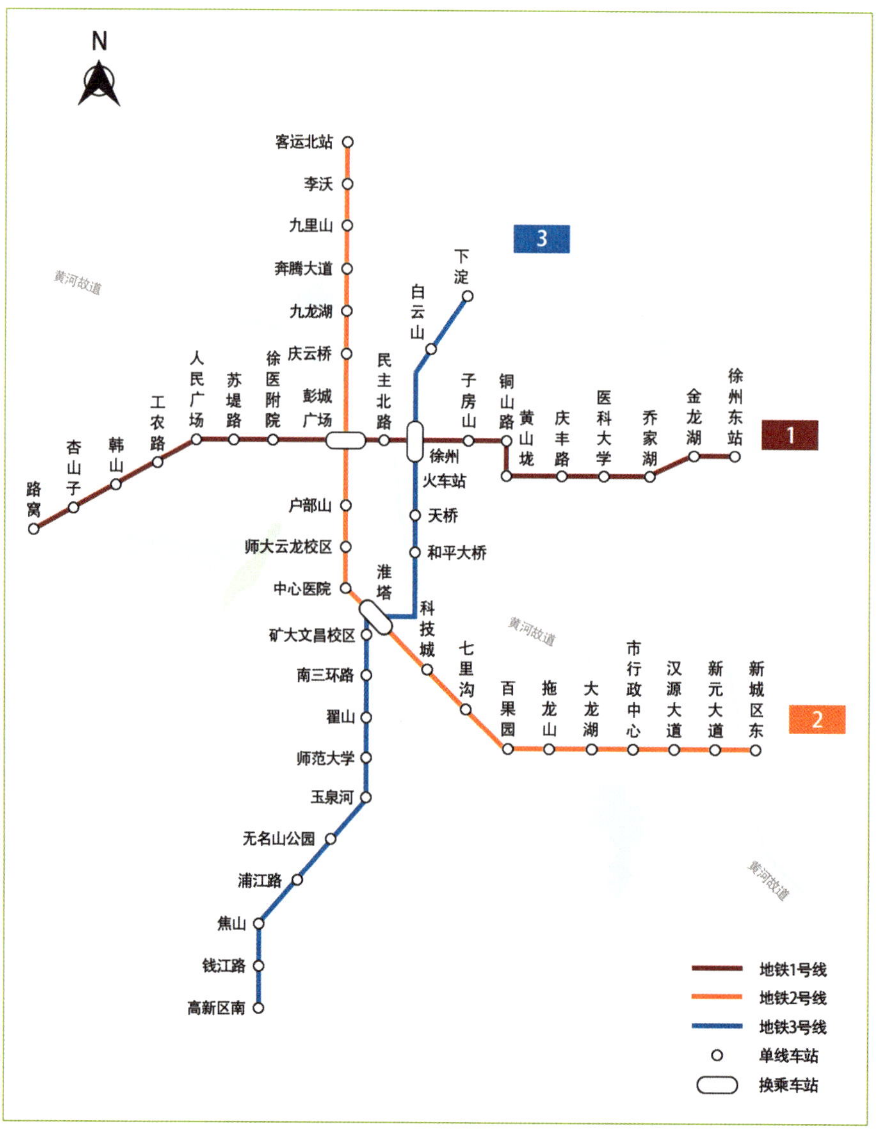

图 8-18-1　徐州市城市轨道交通运营网络示意图

徐州市城市轨道交通运营线路年度基础数据统计表

表 8-18-1

序号	运营线路名称	系统制式	车辆制式	列车编组（辆）	运营里程（公里）	地下线（公里）	地面线（公里）	高架线（公里）	运营车站（座）	换乘车站（座）	车辆基地（座）	首班车时间	末班车时间	线路运营时间	运营单位
1	1 号线	地铁	B	6	21.8	21.2		0.6	18	2	2	6:00	23:09	17 小时 9 分钟	徐州地铁运营有限公司
2	2 号线	地铁	B	6	24.2	24.2			20	2	2	6:00	23:12	17 小时 12 分钟	徐州地铁运营有限公司
3	3 号线	地铁	B	4	18.1	18.1			16	2	1	6:00	23:18	17 小时 28 分钟	徐州地铁运营有限公司
合计					64.1	63.5		0.6	51	3	5				

徐州市城市轨道交通运营线路年度运营数据统计表

表 8-18-2

序号	运营线路名称	客运量（万人次）	进站量（万人次）	客运周转量（万人次公里）	最大断面客流量（万人次／时）	配属列车数（列）	运营车公里（万车公里）	日均实际开行列次（列次）	最小发车间隔（秒）	旅行速度（公里／小时）	牵引能耗（万千瓦时）	运营总能耗（万千瓦时）
1	1 号线	4351.7	3175.1	29182.3	0.8	23	1220.0	281.8	384	33.5	2008.3	4725.9
2	2 号线	2821.2	2115.5	17792.9	0.6	24	1314.5	252.3	390	34.2	1967.4	4335.0
3	3 号线	2229.2	1449.3	12915.9	0.6	20	702.3	266.3	390	31.8	1245.2	3110.2
合计		9402.1	6739.9	59891.1		67	3236.8				5220.9	12171.1

19　常州地铁集团有限公司

【概况】

至 2023 年底，江苏省常州市城市轨道交通全网运营线路 2 条，总运营里程 54.0 公里，总运营车站 44 座，网络换乘站 1 座。

常州市城市轨道交通 2 条运营线路均由常州地铁集团有限公司管理，从事既有运营线路运营维护的职工总数 2260 人，司机总数 242 人。

2023 年运送乘客 7311.5 万人次，比上年增长 62.8%。全年线网日均客运量 20.0 万人次／日，其中线网日均进站量 16.5 万人次／日，单日最高日客运量达到 34.0 万人次／日（2023 年 12 月 31 日），线网日均客运周转量 125.2 万人次公里／日。

2023 年线网实际开行列次 20.3 万列次，线网运营车公里 3078.5 万车公里，高峰时段最小行车间隔 360 秒，运营总能耗 12058.8 万千瓦时。采用按里程计、递远递减的多级票价，全年实现运营票款收入 12984.0 万元，比上年增长 47.4%。（图 8-19-1）

2023 年度主要运营指标完成情况见表 8-19-1、表 8-19-2。

【智能运维提速增效】

常州地铁车、网、轨、电四大系统巡检机器人投入应用。其中，“铁宝”列车智能巡检系统可以对人工设定的 5 类检测项，近 5000 个检测点进行巡检，漏检率 0，检出率高达 98% 以上。1 号线试挂试用接触网巡检机器人，先后经过 6 次跟踪测试，运行稳定，在接触网参数变化跟踪、表面图像识别等方面积累到经验。“铁帅”轨道智能巡检小车项目可以完成对钢轨、扣件等全部轨道基础设施的检测，并能对轨道可视病害进行定性识别和定量测量，实时给出病害的位置、类型等关键信息，为智慧维护决策提供支持。“铁匠”变电所智能巡检机器人可对茶山站变电所 2200 个检测点进行巡检，系统识别率高于 97.99%，可自动生成巡视任务报表、告警报表等，实现对地铁供电设备的实时精准监测。

【节能降耗显成效】

2023 年以茶山站为试点，开展智能高效通风空调系统改造。机房能效 COP 由改造前 3.77 提升到 5.44，制冷机房系统节能率为 28.9%。茶山站 9 号出入口通道搭建一套智慧照明控制系统，使得多而杂的地铁照明灯具被纳入智能有序的管理体系，既满足运营安全和服务需求，又可达到能耗控制的目的。

【运营服务亮点纷呈】

2023 年常州地铁积极响应市委市政府号召，开展“龙城嗨购节”“常享游”“青春留常”“来常游客免费乘坐地铁”等地铁出行优惠活动，并面向市民发售各类型计次票、年票，各类乘车权益惠民。推出“汉服古风”“芒禾音乐节”等一系列引流活动，并通过上线阶梯优惠乘车功能，优化 1、2 号线换乘衔接，开放南大街站商业区东侧通道，调整站点附近公交线路 9 条，新增 2 个共享单车点位等措施，促使客流增长。完成节假日大客流保障 4 次，支援演唱会 7 场、音乐节 3 场，运行通畅有序；10 月 20、21 日客流连创新高，单日最高客流达 33.58 万人次。

（常州地铁集团有限公司）

常州市城市轨道交通运营线路年度基础数据统计表

表 8-19-1

序号	运营线路名称	系统制式	车辆制式	列车编组（辆）	运营里程（公里）	地下线（公里）	地面线（公里）	高架线（公里）	运营车站（座）	换乘车站（座）	车辆基地（座）	首班车时间	末班车时间	线路运营时间	运营单位
1	1 号线	地铁	B	6	34.2	31.6	0.4	2.2	29	1	2	6:00	23:00	17 小时	常州地铁集团有限公司运营分公司
2	2 号线	地铁	B	6	19.8	18.3	0.3	1.2	15	1	1	6:00	22:30	16 小时 30 分钟	常州地铁集团有限公司运营分公司
合计					54.0	49.9	0.7	3.4	44	1	3				

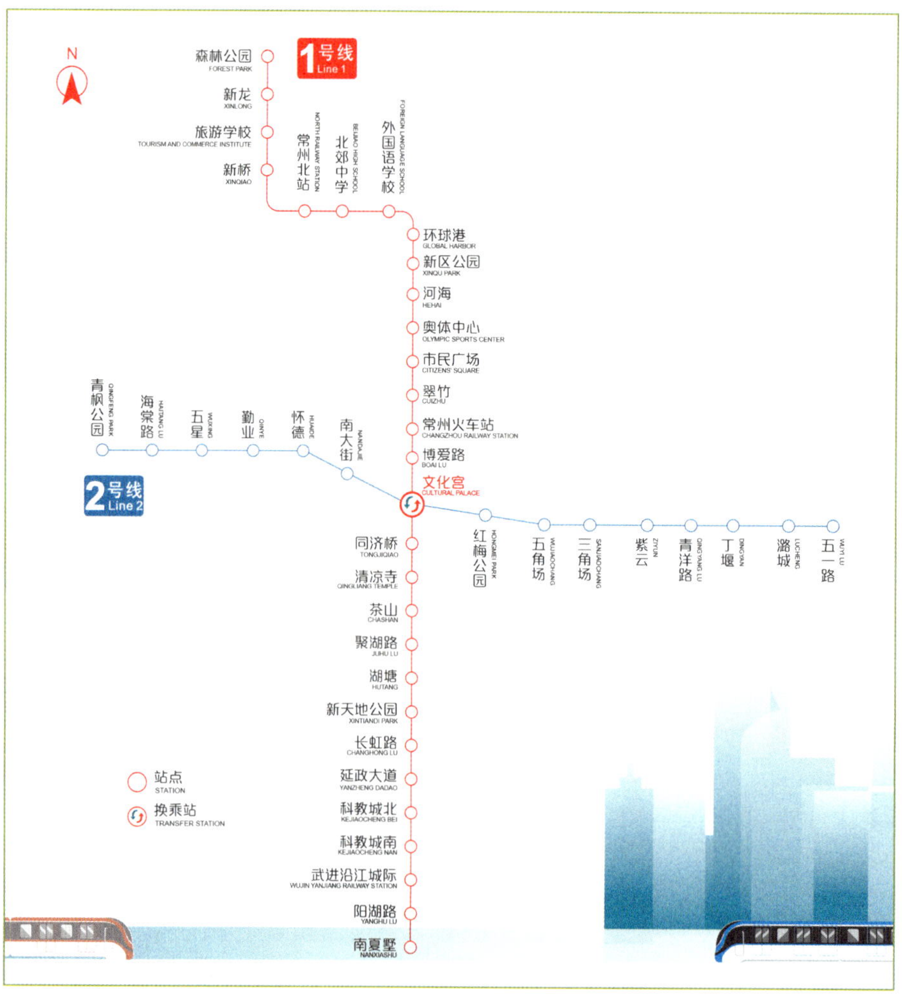

图 8-19-1　常州市城市轨道交通运营网络示意图

常州市城市轨道交通运营线路年度运营数据统计表　　表 8-19-2

序号	运营线路名称	客运量（万人次）	进站量（万人次）	客运周转量（万人次公里）	最大断面客流量（万人次／时）	配属列车数（列）	运营车公里（万车公里）	日均实际开行列次（列次）	最小发车间隔（秒）	旅行速度（公里／小时）	牵引能耗（万千瓦时）	运营总能耗（万千瓦时）
1	1 号线	4957.7	4314.6	37088.9	0.9	34	1954.5	264.2	360	34.7	3606.9	7907.8
2	2 号线	2353.8	1689.8	8609.1	0.3	21	1124.0	291.6	360	37.1	2059.2	4151.0
合计		7311.5	6004.4	45698.0		55	3078.5				5666.1	12058.8

20　苏州市轨道交通集团有限公司

【概况】

至 2023 年底，江苏省苏州市城市轨道交通 6 条运营线路由苏州市轨道交通集团管理，总运营里程 251.3 公里，总运营车站 197 座，网络换乘站 16 座，从事既有运营线路运营维护的职工总数 9630 人，司机总数 1476 人。

2023 年运送乘客 52380.7 万人次，比上年增长 57.1%，占全市公共交通出行量的比重 66.4%。全年线网日均客运量 143.5 万人次／日，其中线网日均进站量 89.3 万人次／日，单日最高日客运量达到 230.3 万人次／日（2023 年 5 月 1 日），线网日均客运周转量 1028.6 万人次公里／日。

2023 年线网实际开行列次 89.8 万列次，线网运营车公里 16421.3 万车公里，高峰时段最小行车间隔 120 秒，运营总能耗 64157.0 万千瓦时。采用里程分段计价的票价政策，全年实现运营票款收入 77681.9 万元，比上年增长 55.3%。（图 8-20-1）

2023 年度主要运营指标完成情况见表 8-20-1、表 8-20-2。

【全自动运行概览】

至 2023 年底，苏州市开通运营的城市轨道交通全自动运行线路 2 条，分别为 5 号线、11 号线，总运营里程 85.4 公里，总运营车站 62 座。其中：

5 号线 2021 年 6 月 29 日开通全自动运行，列车运行

苏州市城市轨道交通（苏州轨道）运营线路年度基础数据统计表　　表 8-20-1

序号	运营线路名称	系统制式	车辆制式	列车编组（辆）	运营里程（公里）	地下线（公里）	地面线（公里）	高架线（公里）	运营车站（座）	换乘车站（座）	车辆基地（座）	首班车时间	末班车时间	线路运营时间	运营单位
1	1 号线	地铁	B	4	25.7	25.7			24	5	1	5:40	0:01	18 小时 21 分钟	苏州轨道交通运营有限公司运营一分公司
2	2 号线	地铁	B	5	42.2	34.3	0.8	7.1	35	5	2	5:15	0:21	19 小时 6 分钟	苏州轨道交通运营有限公司运营一分公司
3	3 号线	地铁	B	6	45.2	45.2			37	8	2	5:40	23:42	18 小时 2 分钟	苏州轨道交通运营有限公司运营二分公司
4	4 号线	地铁	B	6	52.8	52.8			39	6	3	5:40	0:28	18 小时 48 分钟	苏州轨道交通运营有限公司运营一分公司
5	5 号线	地铁	B	6	44.1	43.5	0.6		34	6	2	5:40	23:29	17 小时 49 分钟	苏州轨道交通运营有限公司运营二分公司
6	11 号线	地铁	B	6	41.3	41.3			28	1	2	5:40	23:10	17 小时 30 分钟	苏州轨道交通运营有限公司运营二分公司
合计					251.3	242.8	1.4	7.1	197	16	12				

的自动化等级为 GoA4，最高运行速度 80 公里 / 小时，定员数 1436 人；运营和维护保障采用自主 + 委外管理模式；信号供应商为南京恩瑞特实业有限公司，车辆供应商为中车南京浦镇车辆有限公司。

11 号线 2023 年 6 月 24 日开通全自动运行，列车运行的自动化等级为 GoA4，最高运行速度 100 公里 / 小时，定员数 1476 人；运营和维护保障采用自主 + 委外管理模式；信号供应商为卡斯柯信号有限公司，车辆供应商为中车南京浦镇车辆有限公司。

【优化运输服务水平】

对线网运营优化方案调整 6 次，不断压缩行车间隔，持续提升线网运输服务水平，增加服务品牌效应和客流吸引力。6 月 24 日 11 号线开通初期运营，苏州轨交首次采用首末班大站快车开行模式，提升沪苏通勤效率；12 月 23 日 3、11 号线顺利贯通运营，加速推动长三角一体化发展。

【灾害避险机制】

编发极端气象灾害避险“叫应”工作方案，明确关停出入口、关停车站、停运的要求和时机，针对不同级别气象预警，制定针对性的应急响应措施，进一步完善暴雨、台风恶劣天气预警下的四级响应保障机制，明确标准和各层级保障要求，细化各线人员保障数量、保障位置、巡视

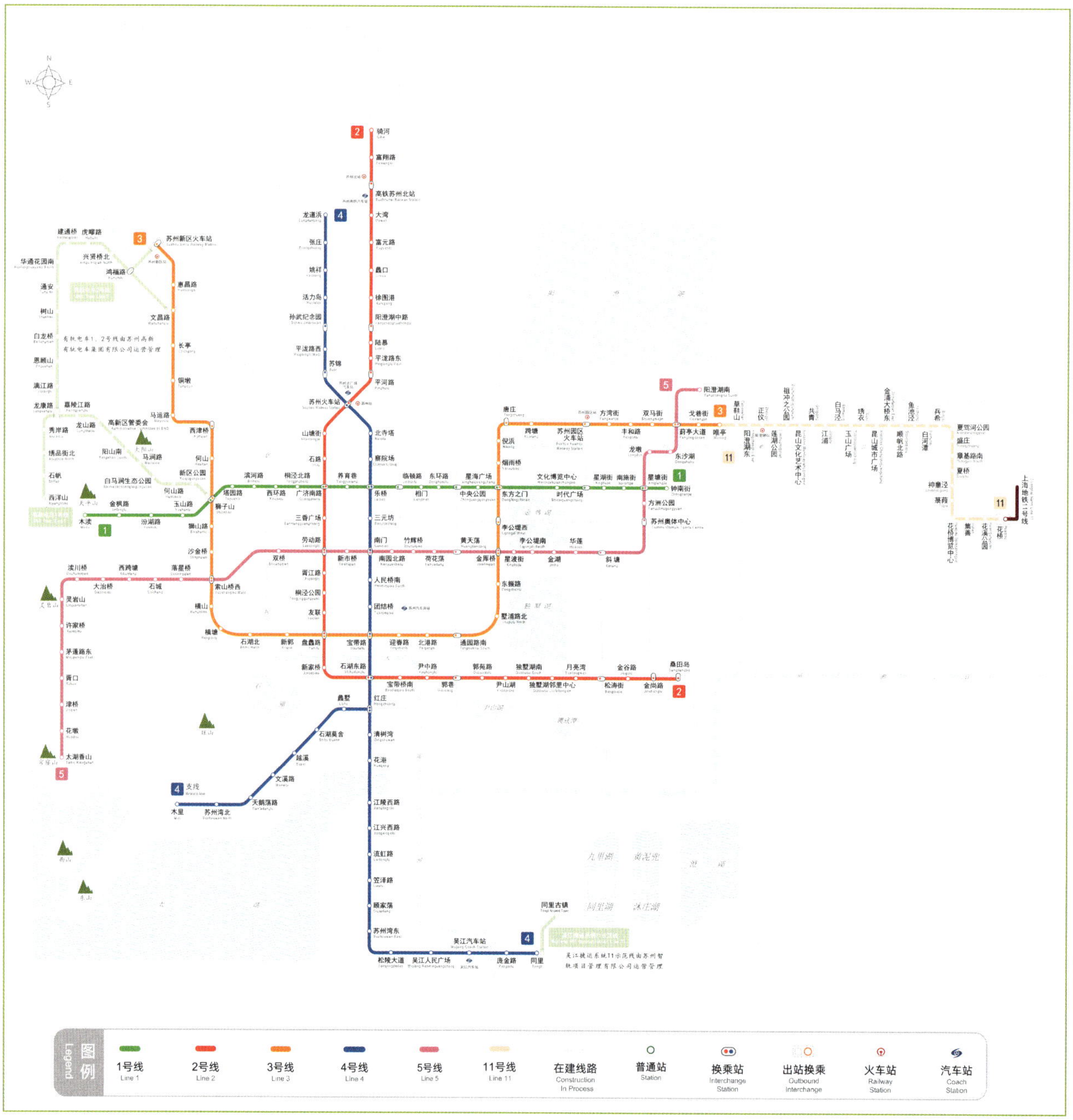

图 8-20-1　苏州市城市轨道交通运营网络示意图

重点、可调配应急抢修物资摆放位置等要求。

【差异化延伸服务】

从“爱心预约”“关爱准妈妈”“安全提醒”三方面升级畅优服务，传递暖心关怀。主动对接公交集团开行赏梅、扫墓等季节性旅游专线20条，增强旅游交通通达性。在苏州火车站专门设置线路指引彩虹贴，与国铁火车站、汽车客运站构建换乘枢纽一体化导向系统，大幅提升路引导向识别性和延续性。协调落地站点周边非机动车泊位、配套公共自行车设施等，解决出行最后一公里问题。

（苏州轨道交通集团有限公司　王莹）

苏州市城市轨道交通（苏州轨道）运营线路年度运营数据统计表　表8-20-2

序号	运营线路名称	客运量（万人次）	进站量（万人次）	客运周转量（万人次公里）	最大断面客流量（万人次/时）	配属列车数（列）	运营车公里（万车公里）	日均实际开行列次（列次）	最小发车间隔（秒）	旅行速度（公里/小时）	牵引能耗（万千瓦时）	运营总能耗（万千瓦时）
1	1号线	11472.4	7230.5	66715.2	1.8	47	1722.0	460.8	120	31.0	2926.0	8313.0
2	2号线	11608.1	7348.0	83766.0	1.6	50	2923.5	421.4	140	34.0	4416.0	10977.0
3	3号线	7876.2	4717.0	57939.4	0.8	40	3310.6	383.0	210	34.0	5170.0	12186.0
4	4号线	14022.9	8414.0	98327.4	1.7	50	3860.2	641.2	180	36.0	6148.0	13278.0
5	5号线	5647.4	3366.2	46785.1	0.6	50	3327.1	403.2	300	38.0	5548.0	13104.0
6	11号线	1753.7	1521.9	21886.8	0.5	34	1277.9	299.2	420	43.0	2392.0	6299.0
合计		52380.7	32597.6	375419.9		271	16421.3				26600.0	64157.0

21　苏州高新有轨电车集团有限公司

【概况】

至2023年底，江苏省苏州市城市轨道交通2条运营线路由苏州高新有轨电车集团有限公司运营分公司管理，总运营里程44.2公里，总运营车站27座，从事既有运营线路运营维护的职工总数353人，司机总数189人。

2023年运送乘客704.1万人次，比上年增长16.2%。全年线网日均客运量1.9万人次/日，单日最高日客运量达到3.1万人次/日（2023年12月31日）。

2023年线网实际开行列次24.2万列次，线网运营车公里2276.3万车公里，高峰时段最小行车间隔342秒，运营总能耗2012.0万千瓦时。采用2元单一票价，全年实现运营票款收入754.6万元，比上年增长37.4%。（图8-21-1）

2023年度主要运营指标完成情况见表8-21-1、表8-21-2。

【推动行业标准化发展】

2023年苏州高新有轨电车集团有限公司牵头组织第二批城市轨道交通（有轨电车）职业标准、培训标准、鉴定标准（通信检修工，土建检修工，行车调度员，车辆段调度员，电力，环控调度员，客运员，车辆段工艺设备维修员）编制工作，负责主编12项人才培养标准和参编9项人才培养标准的编制工作，给出有轨电车职业技能、培训和鉴定的具体规定，明确人才技能和知识的要求，描述有轨电车7个职业工种人才能力评价的方法。参编的《有轨电车工程设计要求》和《导轨式胶轮系统技术规范》发布实施，推进有轨电车行业标准化发展。

【运营管理提质增效】

2023年，苏州高新有轨电车运营分公司积极开展企业科研专利申报工作，共计申报9项国家专利，其中包括1项发明专利。

2023年，苏州高新有轨电车集团有限公司运营分公司运营水准继续保持国内有轨电车行业领先。1号线运营时间为18小时30分钟，最高峰上线18辆车，旅行速度为32.09公里/小时，单程时间为48分10秒，行车间隔为5分48秒；2号线运营时间为17小时41分钟，最高峰上线12辆车，旅行速度为33.31公里/小时，单程时间为30分10秒，共线段行车间隔为5分42秒。

（苏州高新有轨电车集团有限公司运营分公司　钱曦）

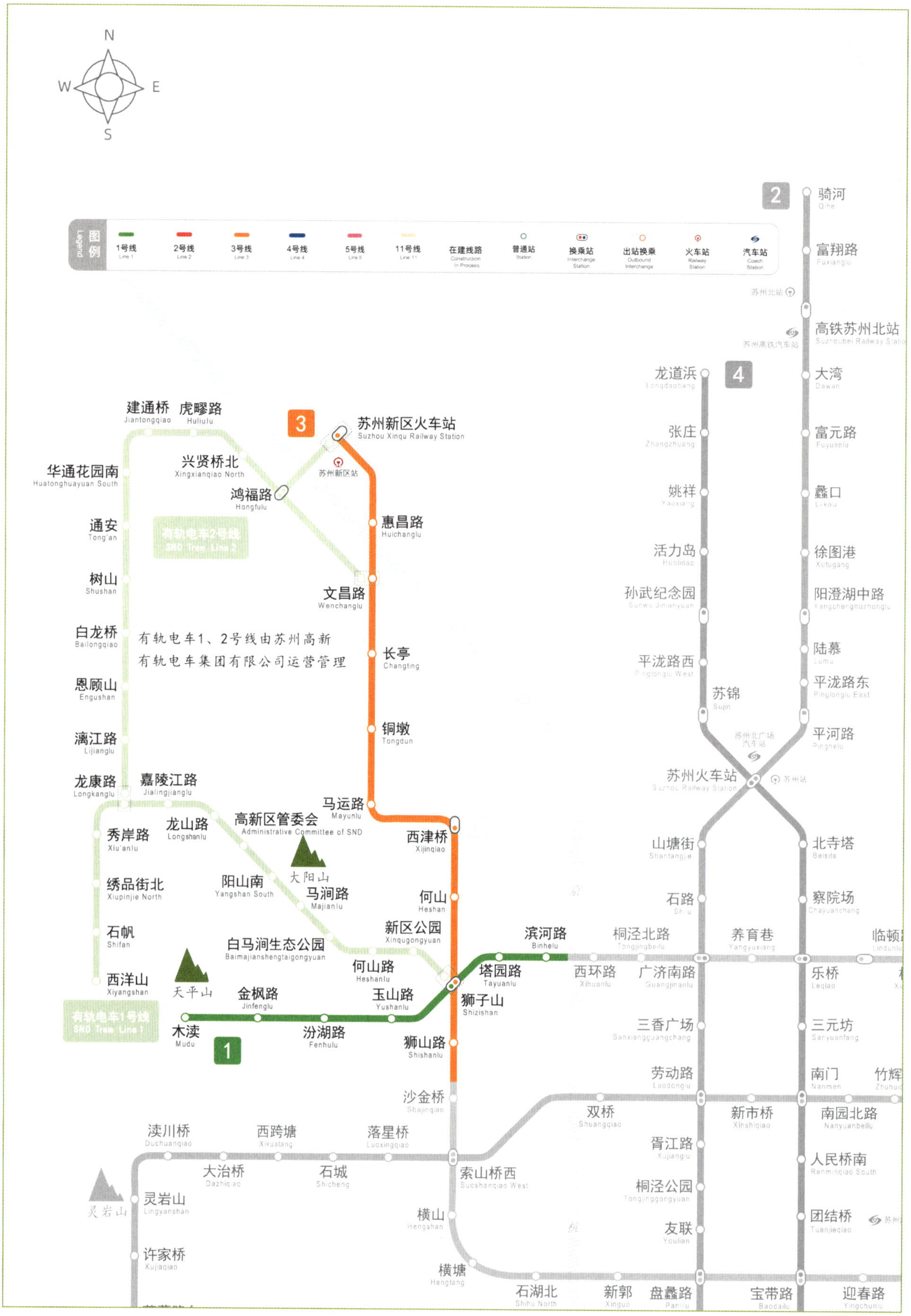

图 8-21-1　苏州市城市轨道交通（苏州高新）运营网络示意图

苏州市城市轨道交通（苏州高新）运营线路年度基础数据统计表

表 8-21-1

序号	运营线路名称	系统制式	车辆制式	列车编组（辆）	运营里程（公里）	地下线（公里）	地面线（公里）	高架线（公里）	运营车站（座）	换乘车站（座）	车辆基地（座）	首班车时间	末班车时间	线路运营时间	运营单位
1	1 号线	有轨电车	100% 低地板	5	25.8	2.0	22.8	1.0	14		1	5:29	23:56	18 小时 27 分	苏州高新有轨电车集团有限公司运营分公司
2	2 号线	有轨电车	100% 低地板	3/5	18.4	1.1	11.5	5.8	13		1	5:27	23:17	17 小时 50 分钟	苏州高新有轨电车集团有限公司运营分公司
合计					44.2	3.1	34.3	6.8	27		2				

苏州市城市轨道交通（苏州高新）运营线路年度运营数据统计表

表 8-21-2

序号	运营线路名称	客运量（万人次）	进站量（万人次）	客运周转量（万人次公里）	最大断面客流量（万人次/时）	配属列车数（列）	运营车公里（万车公里）	日均实际开行列次（列次）	最小发车间隔（秒）	旅行速度（公里/小时）	牵引能耗（万千瓦时）	运营总能耗（万千瓦时）
1	1 号线	414.6				27	1347.4	307.0	348	34.5	769.1	1237.9
2	2 号线	289.5				18	928.9	356.0	342	32.1	480.8	774.1
合计		704.1				45	2276.3				1249.9	2012.0

22　南通轨道交通集团有限公司

【概况】

至 2023 年底，江苏省南通市城市轨道交通全网运营线路 2 条，总运营里程 58.7 公里，总运营车站 45 座，网络换乘站 2 座。

南通市城市轨道交通 2 条运营线路均由南通轨道交通集团有限公司管理，从事既有运营线路运营维护的职工总数 2383 人，司机总数 258 人。

2023 年运送乘客 2115.0 万人次，比上年增长 1298.5%，占全市公共交通出行量的比重 33.8%。全年线网日均客运量 5.8 万人次／日，其中线网日均进站量 5.7 万人次／日，单日最高日客运量达到 24.0 万人次／日（2023 年 12 月 31 日），线网日均客运周转量 64.4 万人次公里／日。

2023 年线网实际开行列次 11.1 万列次，线网运营车公里 1947.6 万车公里，高峰时段最小行车间隔 390 秒，运营总能耗 10744.0 万千瓦时。采用按里程计、递远递减的多级票价，票价最低 2 元，最高 7 元，全年实现运营票款收入 4657.2 万元，比上年增长 1762.3%。（图 8-22-1）

2023 年度主要运营指标完成情况见表 8-22-1、表 8-22-2。

【服务品牌创建】

2023 年，南通轨道交通以“江海臻情”为品牌核心理念，打造“文化长廊”“健康驿站”“通橙驿站”等品牌车站，开展“书香飘轨道”“绿色出行月”“元旦音乐会”等品牌活动，推出“车站代言人”等品牌员工，推出“臻情护学”“臻情助考”“温暖夜行人”“绿途小栈”“爱心接驳车”等多项品牌特色服务，构建“1+5+N”品牌组合矩阵，全方位服务城市建设、产业发展和民生需求。

【南通地铁 App 系列活动】

2023 年 5 月和 9 月，南通地铁 App 分别推出“好通礼”“好通低碳出行”系列活动，乘客使用南通地铁 App 乘车可获得南通轨道交通专属纪念册、地铁周边、免费乘车券、商家折扣券、好通积分等好礼。创新优质的文化传播形式，在提升南通地铁知名度的同时让南通地铁 App 成为商住游综合服务平台。活动开展以来，地铁客流单日提升 10%，轨道交通对城市发展的价值正在持续释放。

（南通轨道交通集团有限公司　王萌萌）

南通市城市轨道交通运营线路年度基础数据统计表

表 8-22-1

序号	运营线路名称	系统制式	车辆制式	列车编组（辆）	运营里程（公里）	地下线（公里）	地面线（公里）	高架线（公里）	运营车站（座）	换乘车站（座）	车辆基地（座）	首班车时间	末班车时间	线路运营时间	运营单位
1	1 号线	地铁	B	6	38.5	38.5			28	2	2	6:00	23:05	17 小时 5 分钟	南通轨道交通集团有限公司运营分公司
2	2 号线	地铁	B	6	20.2	20.2			17	2	1	6:00	22:36	16 小时 36 分钟	南通轨道交通集团有限公司运营分公司
合计					58.7	58.7			45	2	2				

南通市城市轨道交通运营线路年度运营数据统计表

表 8-22-2

序号	运营线路名称	客运量（万人次）	进站量（万人次）	客运周转量（万人次公里）	最大断面客流量（万人次 / 时）	配属列车数（列）	运营车公里（万车公里）	日均实际开行列次（列次）	最小发车间隔（秒）	旅行速度（公里 / 小时）	牵引能耗（万千瓦时）	运营总能耗（万千瓦时）
1	1 号线	2088.2	2075.2	23368.0	0.4	35	1931.6	299.8	390	35.1	3812.1	10669.2
2	2 号线	26.8	21.5	138.4	0.4	16	16.0	283.2	390	35.8	29.0	74.8
合计		2115.0	2096.7	23506.4		51	1947.6				3841.1	10744.0

图 8-22-1　南通市城市轨道交通运营网络示意图

23 淮安市现代公共交通集团有限公司

【概况】

至 2023 年底，江苏省淮安市城市轨道交通全网运营线路 1 条，总运营里程 20.1 公里，总运营车站 23 座。

淮安市城市轨道交通 1 条运营线路由淮安市现代公共交通集团有限公司管理，从事既有运营线路运营维护的职工总数约 340 人，司机总数 70 余人。

2023 年运送乘客 735.0 万人次，比上年增长 29.6%。全年线网日均客运量 2.0 万人次 / 日，其中线网日均进站量 2.0 万人次 / 日，单日最高日客运量达到 5.6 万人次 / 日（2023 年 10 月 1 日）。

2023 年线网实际开行列次 9.5 万列次，线网运营车公里 716.0 万车公里，高峰时段最小行车间隔 420 秒，运营总能耗 1156.0 万千瓦时。采用 2 元一票制，全年实现运营票款收入近 950 万元，比上年增长 11.76%。（图 8-23-1）

2023 年度主要运营指标完成情况见表 8-23-1、表 8-23-2。

【运营服务】

司乘人员亮身份接受群众监督，设立“意见征集平台”，乘客可以通过扫描车厢内“二维码”快速向公司提出意见建议；统一城市公交、有轨电车服务标准，加强服务文化融合；在每列电车上配备免费充电宝，向乘客提供便民雨伞、急救药品，开通“爱心预约”服务。

【高运行图兑现率】

根据客流、天气变化情况，科学编制运行图，提高调度水平，电车全年运行准点率、运行图兑现率均在 99.9% 以上。

（淮安市现代公共交通集团有限公司　陈金叶）

淮安市城市轨道交通运营线路年度基础数据统计表　　表 8-23-1

序号	运营线路名称	系统制式	车辆制式	列车编组（辆）	运营里程（公里）	地下线（公里）	地面线（公里）	高架线（公里）	运营车站（座）	换乘车站（座）	车辆基地（座）	首班车时间	末班车时间	线路运营时间	运营单位
1	1 号线	有轨电车	有轨电车	4	20.1		20.1		23		1	5:29	23:13	17 小时 44 分钟	淮安市现代公共交通集团有限公司
合计					20.1		20.1		23		1				

淮安市城市轨道交通运营线路年度运营数据统计表　　表 8-23-2

序号	运营线路名称	客运量（万人次）	进站量（万人次）	客运周转量（万人次公里）	最大断面客流量（万人次 / 时）	配属列车数（列）	运营车公里（万车公里）	日均实际开行列次（列次）	最小发车间隔（秒）	旅行速度（公里 / 小时）	牵引能耗（万千瓦时）	运营总能耗（万千瓦时）
1	1 号线	735.0	735.0			26	716.0	260.0	360	24.0	680.1	1156.0
合计		735.0	735.0			26	716.0				680.1	1156.0

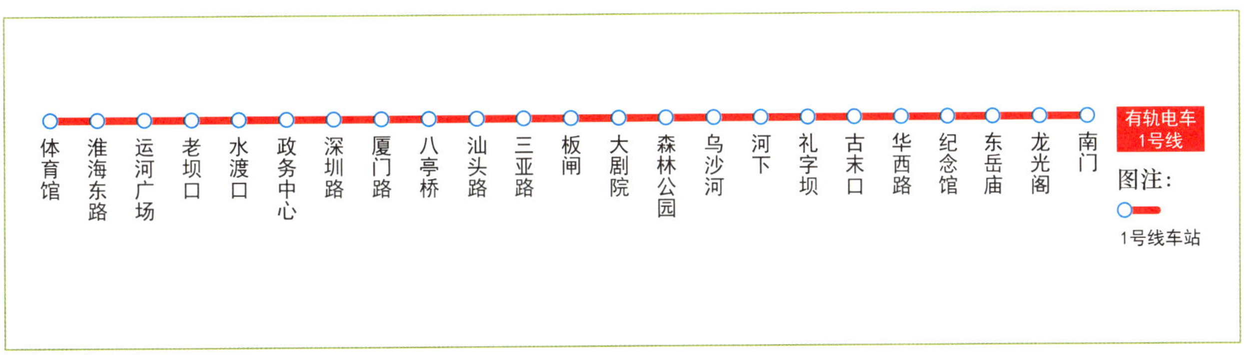

图 8-23-1　淮安市城市轨道交通运营网络示意图

24 杭州市地铁集团有限责任公司

【概况】

至 2023 年底，浙江省杭州市城市轨道交通全网运营线路 12 条，总运营里程 516.0 公里，总运营车站 256 座，网络换乘站 46 座。

杭州市城市轨道交通 12 条运营线路分别为：1 号线由杭州杭港地铁有限公司运营管理，5 号线由杭州杭港地铁五号线有限公司运营管理；2、3、4、6、7、8、9、10、16、19 号线由杭州地铁运营有限公司运营管理，从事既有运营线路运营维护的职工总数 22334 人，司机总数 3015 人。

2023 年运送乘客 138357.2 万人次，比上年增长 43.6%，占全市公共交通出行量的比重 71.5%。全年线网日均客运量 379.1 万人次／日，其中线网日均进站量 227 万人次／日，单日最高日客运量达到 503.2 万人次／日（2023 年 9 月 28 日），线网日均客运周转量 3191.1 万人次公里／日。

2023 年线网实际开行列次 179.7 万列次，线网运营车公里 41594.4 万车公里，高峰时段最小行车间隔 135 秒，运营总能耗 131471.8 万千瓦时。采用按里程计、递远递减的多级票价，票价最低 2 元，最高 16 元，全年实现运营票款收入 318097 万元，比上年增长 32.7%。（图 8-24-1）

2023 年度主要运营指标完成情况见表 8-24-1、表 8-24-2。

【公共票价优惠政策】

2023 年 5 月 1 日，杭州市推出进一步优化后的公共交通票价优惠措施，交通码用户正式实现月度累乘优惠和换乘优惠，并于 2023 年 12 月 1 日扩展至交通卡用户。12 月 20 日起，杭州市正式推出退役军人免费乘车政策，杭州市户籍退役军人和常住杭州市的非杭籍退役军人可以使用“市民码”扫码免费乘坐杭州地铁。政策推出后，降低广大乘客的出行成本，为退役军人群体提供实实在在的优惠，获得全社会赞誉。

【首末班车时间调整安排】

2023 年 6 月 1 日起，地铁 5、19 号线部分站点部分首末班车时间调整，进一步完善铁路杭州西站交通配套及夜间市民出行需要，让杭州市民出行更畅心。

【实现数字人民币购票、乘车】

在 2022 年 12 月 31 日实现数字人民币购票后，2023 年 5 月 31 日乘客可以使用数字人民币 App 上的乘车码直接扫码过闸。杭州地铁实现的数字人民币扫码过闸功能为全国首创，为助力数字人民币支付环境建设做出贡献，为数字人民币在交通出行场景的应用提供先例。

（杭州市地铁集团有限责任公司　鲁铖）

杭州市城市轨道交通运营线路年度基础数据统计表　　表 8-24-1

序号	运营线路名称	系统制式	车辆制式	列车编组（辆）	运营里程（公里）	地下线（公里）	地面线（公里）	高架线（公里）	运营车站（座）	换乘车站（座）	车辆基地（座）	首班车时间	末班车时间	线路运营时间	运营单位
1	1 号线	地铁	B	6	53.0	53.0			33	13	3	5:54	23:00	17 小时 06 分钟	杭州杭港地铁有限公司
2	2 号线	地铁	B	6	43.0	43.0			33	11	2	6:00	23:02	17 小时 02 分钟	杭州地铁运营有限
3	3 号线	地铁	AH	6	57.0	57.0			37	8	2	6:00	23:00	17 小时	杭州地铁运营有限公司
4	4 号线	地铁	B	6	46.0	46.0			32	10	2	6:00	23:00	17 小时	杭州地铁运营有限
5	5 号线	地铁	AH	6	56.0	56.0			39	14	2	6:00	23:11	17 小时 11 分钟	杭州杭港地铁五号线有限公司
6	6 号线	地铁	AH	6	58.0	58.0			36	7	2	6:01	23:00	16 小时 59 分钟	杭州地铁运营有限
7	7 号线	地铁	A	6	48.0	48.0			24	8	2	6:00	23:15	17 小时 15 分钟	杭州地铁运营有限
8	8 号线	地铁	A	6	17.0	17.0			9	2	1	6:05	23:02	16 小时 57 分钟	杭州地铁运营有限公司
9	9 号线	地铁	B	6	30.0	24.0		6.0	21	6	1	6:02	23:16	17 小时 14 分钟	杭州地铁运营有限公司
10	10 号线	地铁	A	6	14.0	14.0			12	5	1	6:01	23:15	17 小时 14 分钟	杭州地铁运营有限公司
11	16 号线	地铁	B	4	35.0	20.0		15.0	12	1	1	6:10	23:00	16 小时 50 分钟	杭州地铁运营有限公司
12	19 号线	地铁	A	6	59.0	46.3		12.7	16	9	2	5:41	23:11	17 小时 49 分钟	杭州地铁运营有限公司
	合计				516.0	482.3		33.7	256	46	21				

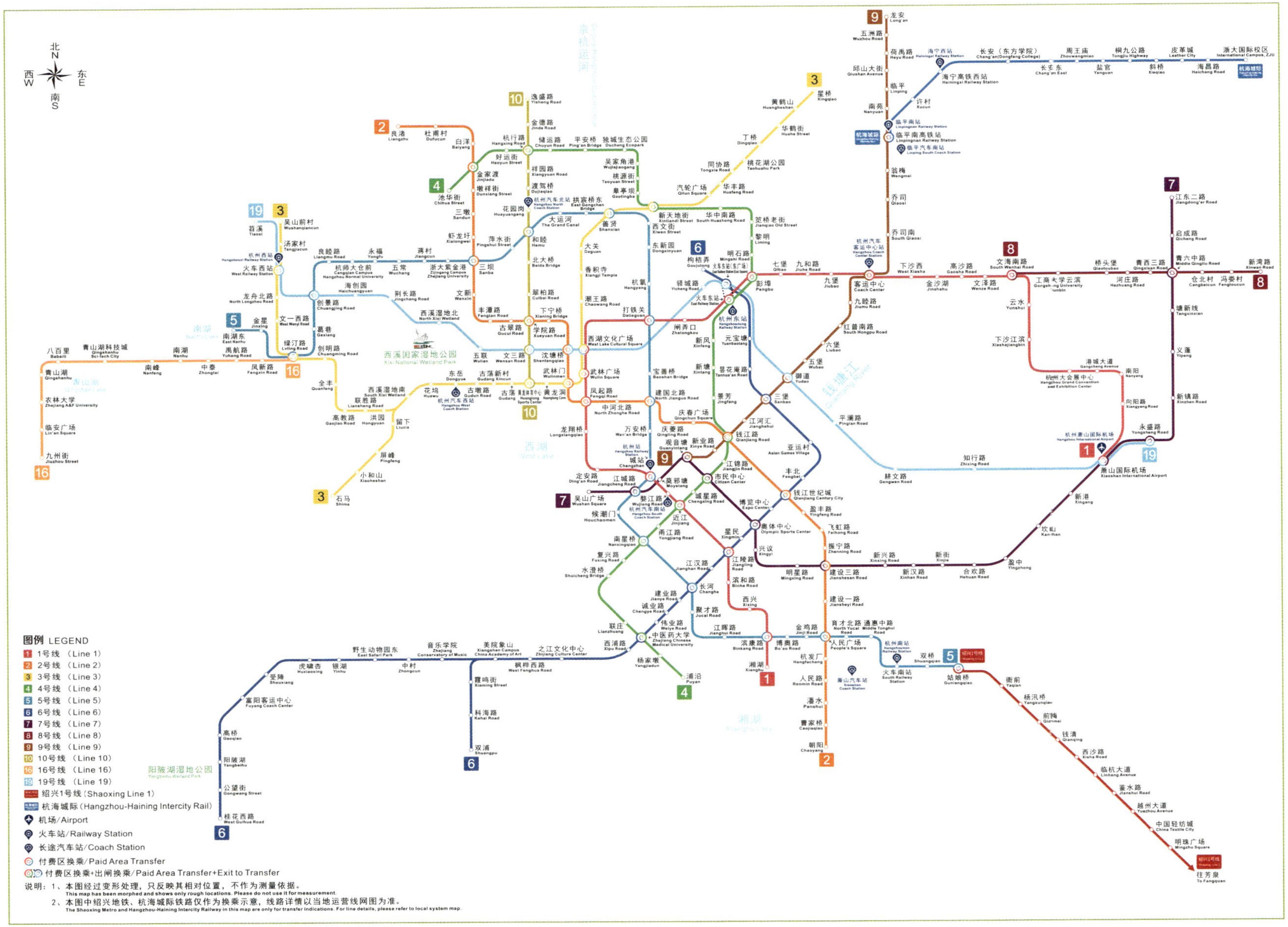

图 8-24-1 杭州市城市轨道交通运营网络示意图

杭州市城市轨道交通运营线路年度运营数据统计表 表 8-24-2

序号	运营线路名称	客运量（万人次）	进站量（万人次）	客运周转量（万人次公里）	最大断面客流量（万人次/时）	配属列车数（列）	运营车公里（万车公里）	日均实际开行列次（列次）	最小发车间隔（秒）	旅行速度（公里/小时）	牵引能耗（万千瓦时）	运营总能耗（万千瓦时）
1	1 号线	29380.2	18422.1	220543.6	2.9	80	5914.2	626	135	34.0	10710.5	21569.4
2	2 号线	21744.2	13718.2	168514.5	2.7	66	4268.7	452	135	35.1	7103.3	12648.8
3	3 号线	12317.3	7376.5	106123.1	1.7	78	4738.4	542	150	33.5	7683.7	13217.1
4	4 号线	13961.3	8393.1	98071.3	2.7	61	4342.2	534	145	35.1	7548.6	11902.9
5	5 号线	22803.7	12350.8	168116.1	2.3	61	5209.9	482	135	32.5	9118.3	19837.1
6	6 号线	10837.0	6922.9	104714.7	1.8	54	4537.0	496	190	34.7	8903.8	14296.6
7	7 号线	5896.5	3549.6	62209.5	1.2	34	3275.5	333	330	44.4	7057.6	10730.3
8	8 号线	1099.8	585.2	8936.5	0.4	11	850.2	231	405	43.8	1894.9	3096.6
9	9 号线	7390.0	3950.5	66059.3	1.9	31	2346.1	367	240	35.8	3786.4	6618.5
10	10 号线	4050.6	2313.6	16797.7	0.8	16	908.2	294	300	32.4	1633.5	3398.6
11	16 号线	2267.7	1336.1	36568.3	0.9	21	1356.8	265	300	58.0	2482.0	4061.2
12	19 号线	6609.0	3938.8	108081.1	1.2	45	3847.3	300	300	57.4	7081.5	10094.7
合计		138357.2	82857.3	1164735.8		558	41594.5	4922	135		75004.1	131471.8

25 宁波市轨道交通集团有限公司

【概况】

至 2023 年底，浙江省宁波市城市轨道交通全网运营线路 6 条，总运营里程 185.2 公里，总运营车站 127 座，网络换乘站 12 座。

宁波市城市轨道交通 6 条运营线路均由宁波市轨道交通集团有限公司管理，从事既有运营线路运营维护的职工总数 8634 人，司机总数 1159 人。

2023 年运送乘客 36735.0 万人次，比上年增长 43.2%，占全市公共交通出行量的比重 57.0%。全年线网日均客运量 100.6 万人次／日，其中线网日均进站量 57.5 万人次／日，单日最高日客运量达到 187.9 万人次／日（2023 年 5 月 1 日），线网日均客运周转量 545.0 万人次公里／日。

2023 年线网实际开行列次 77.8 万列次，线网运营车公里 15110.0 万车公里，高峰时段最小行车间隔 238 秒，运营总能耗 46880.6 万千瓦时。采用里程分段计价的票制方式，全年实现运营票款收入 5.1 亿元，比上年增长 29.5%。（图 8-25-1）

2023 年度主要运营指标完成情况见表 8-25-1、表 8-25-2。

【全自动运行概览】

至 2023 年底，浙江省宁波市开通运营的城市轨道交通全自动运行线路 1 条，为 5 号线，总运营里程 27.9 公里，总运营车站 22 座。该线 2021 年 12 月 28 日开通全自动运行，列车运行的自动化等级为 GoA4，最高运行速度 80 公里／小时，定员数 1460 人；运营和维护保障采用有人值守管理模式；信号供应商为浙江众合科技股份有限公司，车辆供应商为中车株洲电力机车有限公司。

【限时免费乘车活动】

以“绿色出行，助力消费”为主题，编制发布《宁波轨道交通运营 2023 年“绿色出行”活动总体方案》，推进限时免费乘车活动。活动期间，线网日均客运量同比增长 50%；带动夜间经济、假日经济，消费引流效应明显，多站点日均客运量较活动前周末客运量增幅达 100% 以上，20:00 后日均客运量达到 12.1 万人次，同比增长 110%，环比增长 50%，“限免”活动给地铁沿线周边商圈增加了人气，消费增长。活动契合经济复苏，得到宁波市政府的肯定。“限免”话题一度冲上微博热搜榜前五位，阅读量超 1.3 亿人次。

【“地铁＋公交”深度融合】

2023 年，宁波轨道交通通过建设接驳微枢纽、迁改原有公交站位、优化在建地铁线路接驳站点、研究轨道线网末端 B+R（Bus+Rail Transit）接驳方案等措施，新辟地铁接驳线共 22 条，通过将公交行车间隔与轨道进行精准匹配，强化与轨道站点的换乘接驳，缩短市民候车时间。实现“地铁＋公交”无缝衔接，提升公共交通运营效率，共享便捷、绿色、低碳交通，让城市出行的“最后一公里”更加顺畅。

【践行节能降碳理念】

推行低碳运行，编制发布《宁波轨道交通运营 2023 年“低碳运行”活动总体方案》，在倡导低碳理念、引入绿色能源、推进绿智技术应用、打造低碳车站、优化运输组织等各方面开展节能降本举措。车站采用智能照明系统、直流配电技术和智能空调系统等节能技术，根据客流情况及车站结构优化站内通风空调、照明、电扶梯等重点能耗设备启停时间，采取分时、分区域的运行策略，进一步降低电耗，取得较好成效，线网正线生产动照能耗节约电量约 908 万度，节省电费支出约 684 万元，完成年度目标。

（宁波市轨道交通集团有限公司）

图 8-25-1　宁波市城市轨道交通运营网络示意图

宁波市城市轨道交通运营线路年度基础数据统计表

表 8-25-1

序号	运营线路名称	系统制式	车辆制式	列车编组（辆）	运营里程（公里）	地下线（公里）	地面线（公里）	高架线（公里）	运营车站（座）	换乘车站（座）	车辆基地（座）	首班车时间	末班车时间	线路运营时间	运营单位
1	1 号线	地铁	B	6	46.2	17.3		28.9	29	4	3	5:55	23:40	17 小时 45 分钟	宁波市轨道交通集团有限公司运营分公司
2	2 号线	地铁	B	6	36.9	27.0		9.8	27	5	2	5:50	23:20	17 小时 30 分钟	宁波市轨道交通集团有限公司运营分公司
3	3 号线	地铁	B	6	16.7	16.7			15	4	1	6:00	23:34	17 小时 34 分钟	宁波市轨道交通集团有限公司运营分公司
4	3 号线（鄞奉段）	市域快轨	B	6	21.5	0.9		20.6	9	1	1	6:00	23:34	17 小时 34 分钟	宁波市轨道交通集团有限公司运营分公司
5	4 号线	地铁	B	6	36.0	24.5		11.5	25	4	2	5:55	23:08	17 小时 13 分钟	宁波市轨道交通集团有限公司运营分公司
6	5 号线	地铁	B	6	27.9	27.9			22	5	2	6:00	22:48	16 小时 48 分钟	宁波市轨道交通集团有限公司智慧运营分公司
合计					185.2	114.3		70.8	127	12	11				

宁波市城市轨道交通运营线路年度运营数据统计表

表 8-25-2

序号	运营线路名称	客运量（万人次）	进站量（万人次）	客运周转量（万人次公里）	最大断面客流量（万人次／时）	配属列车数（列）	运营车公里（万车公里）	日均实际开行列次（列次）	最小发车间隔（秒）	旅行速度（公里／小时）	牵引能耗（万千瓦时）	运营总能耗（万千瓦时）
1	1 号线	10529.0	6692.9	72586.3	1.4	41	3812.2	453.0	238	40.3	5372.5	12724.1
2	2 号线	7793.5	5317.0	32258.9	0.7	38	3162.1	442.0	238	35.8	4523.6	9929.6
3	3 号线一期	5700.7	2614.5	16021.5	1.0	17	1697.2	454.0	238	40.0	2569.9	5918.8
4	3 号线（鄞奉段）	1216.9	748.2	10686.0	0.4	21	1380.4	387.0	238	40.0	1679.4	2439.0
5	4 号线	6110.6	3509.6	31999.9	0.7	36	2872.4	415.0	255	36.6	4155.6	8675.6
6	5 号线一期	5384.3	2093.4	35388.4	0.9	26	2185.6	367.0	294	33.9	2814.7	7193.5
合计		36735.0	20975.6	198941.0		179	15109.9				21115.7	46880.6

26 温州市铁路与轨道交通投资集团有限公司

【概况】

至 2023 年底，浙江省温州市城市轨道交通全网运营线路 2 条，总运营里程 115.8 公里，总运营车站 36 座，网络换乘站 2 座。

温州市城市轨道交通 S1 线由浙江幸福轨道交通运营管理有限公司管理、S2 线由温州市铁路与轨道交通投资集团管理，从事既有运营线路运营维护的职工总数 1013 人，司机总数 220 人。

2023 年运送乘客 2196.9 万人次，比上年增长 173.5%。全年线网日均客运量 11.0 万人次／日，其中线网日均进站量 9.4 万人次／日，单日最高日客运量达到 38.1 万人次／日（2023 年 9 月 3 日），线网日均客运周转量 184.0

万人次公里／日。

2023 年线网实际开行列次 10.2 万列次，线网运营车公里 2184.0 万车公里，高峰时段最小行车间隔 300 秒，运营总能耗 9111.1 万千瓦时。采用实行里程分段计价票制，票价最低 2 元，最高 15 元，全年实现运营票款收入 9604.5 万元，比上年增长 144.9%。（图 8–26–1）

2023 年度主要运营指标完成情况见表 8–26–1、表 8–26–2。

（温州市铁路与轨道交通投资集团有限公司　徐明贺）

【温州 S2 线“三进”活动】

温州轨道交通 S2 线以“三进”活动为主要抓手，以点带面的方式培育客流，激发轨道沿线发展活力。自 4 月“三进”活动开展以来，共计开设 142 场次，宣传服务人数约 2 万余人次，涵盖共建单位百余家，通过走访、座谈、课堂互动、联建等多样化形式拓宽客流提升路径，持续增强广大市民出行体验感、幸福感、获得感，助力推动温州轨道交通高质量发展。

（温州市铁路与轨道交通投资集团有限公司　戴佳颖）

温州市城市轨道交通运营线路年度基础数据统计表　　表 8–26–1

序号	运营线路名称	系统制式	车辆制式	列车编组（辆）	运营里程（公里）	地下线（公里）	地面线（公里）	高架线（公里）	运营车站（座）	换乘车站（座）	车辆基地（座）	首班车时间	末班车时间	线路运营时间	运营单位
1	S1 线	市域快轨	D	4	52.5	10.1	3.0	39.4	18	2	1	6:25	22:30	16 小时 5 分钟	浙江幸福轨道交通运营管理有限公司
2	S2 线	市域快轨	D	4	63.3	9.6	1.4	52.3	20	2	2	6:24	22:40	16 小时 16 分钟	温州市铁路与轨道交通投资集团有限公司运营分公司
合计					115.8	19.7	4.4	91.7	36	2	3				

图 8–26–1　温州市城市轨道交通运营网络示意图

温州市城市轨道交通运营线路年度运营数据统计表

表 8-26-2

序号	运营线路名称	客运量（万人次）	进站量（万人次）	客运周转量（万人次公里）	最大断面客流量（万人次／时）	配属列车数（列）	运营车公里（万车公里）	日均实际开行列次（列次）	最小发车间隔（秒）	旅行速度（公里／小时）	牵引能耗（万千瓦时）	运营总能耗（万千瓦时）
1	S1 线	1571.6	1467.2	26527.4	0.6	18	1529.6	202.0	300	53.0	3367.1	7013.4
2	S2 线	625.3	519.6	8987.1	0.5	24	654.4	220.1	500	57.9	1348.4	2097.7
	合计	2196.9	1986.8	35514.5		42	2184.0				4715.5	9111.1

27　嘉兴市铁路与轨道交通投资集团有限责任公司

【概况】

至 2023 年底，浙江省嘉兴市城市轨道交通全网运营线路 1 条，总运营里程 13.8 公里，总运营车站 16 座。

嘉兴市城市轨道交通 1 条运营线路由嘉兴市铁路与轨道交通投资集团有限责任公司所属的嘉兴市申嘉有轨电车运营管理有限公司管理，从事既有运营线路运营维护的职工总数 210 人，司机总数 72 人。

2023 年运送乘客 272.3 万人次，比上年增长 152.7%，占全市公共交通出行量的比重 4.7%。全年线网日均客运量 0.8 万人次／日，其中线网日均进站量 0.8 万人次／日，单日最高日客运量达到 2.4 万人次／日（2023 年 5 月 1 日），线网日均客运周转量 5.2 万人次公里／日。

2023 年线网实际开行列次 8.8 万列次，线网运营车公里 111.1 万车公里，高峰时段最小行车间隔 300 秒，运营总能耗 708.9 万千瓦时。采用全程统一票价 2 元，全年实现运营票款收入 337.7 万元，比上年增长 182.2%。(图 8-27-1)

2023 年度主要运营指标完成情况见表 8-27-1、表 8-27-2。

【提升有轨电车社会影响力】

打造“文化、青春、公益及高端商业”四大主题系列专列，创造营收同时致力于成为嘉兴商业文化的一张“金名片”。2023 年，先后上线“五芳斋”“五粮液”“达美乐”“崇军号”等主题专列和主要客流站台自动售货机。与嘉兴图书馆联合开展“文化有约　爱阅同行”书香列车活动；上线城市电车“老兵码”。

（嘉兴市申嘉有轨电车运营管理有限公司）

嘉兴市城市轨道交通运营线路年度基础数据统计表

表 8-27-1

序号	运营线路名称	系统制式	车辆制式	列车编组（辆）	运营里程（公里）	地下线（公里）	地面线（公里）	高架线（公里）	运营车站（座）	换乘车站（座）	车辆基地（座）	首班车时间	末班车时间	线路运营时间	运营单位
1	T1 线	有轨电车	100% 低地板	5	13.8	0.9	12.9		16		1	5:30	23:35	18 小时 5 分钟	嘉兴市申嘉有轨电车运营管理有限公司
	合计				13.8	0.9	12.9		16		1				

嘉兴市城市轨道交通运营线路年度运营数据统计表

表 8-27-2

序号	运营线路名称	客运量（万人次）	进站量（万人次）	客运周转量（万人次公里）	最大断面客流量（万人次／时）	配属列车数（列）	运营车公里（万车公里）	日均实际开行列次（列次）	最小发车间隔（秒）	旅行速度（公里／小时）	牵引能耗（万千瓦时）	运营总能耗（万千瓦时）
1	T1 线	272.3	272.3	1879.2	0.05	17	111.1	241.0	300	21.0	378.4	708.9
	合计	272.3	272.3	1879.2		17	111.1				378.4	708.9

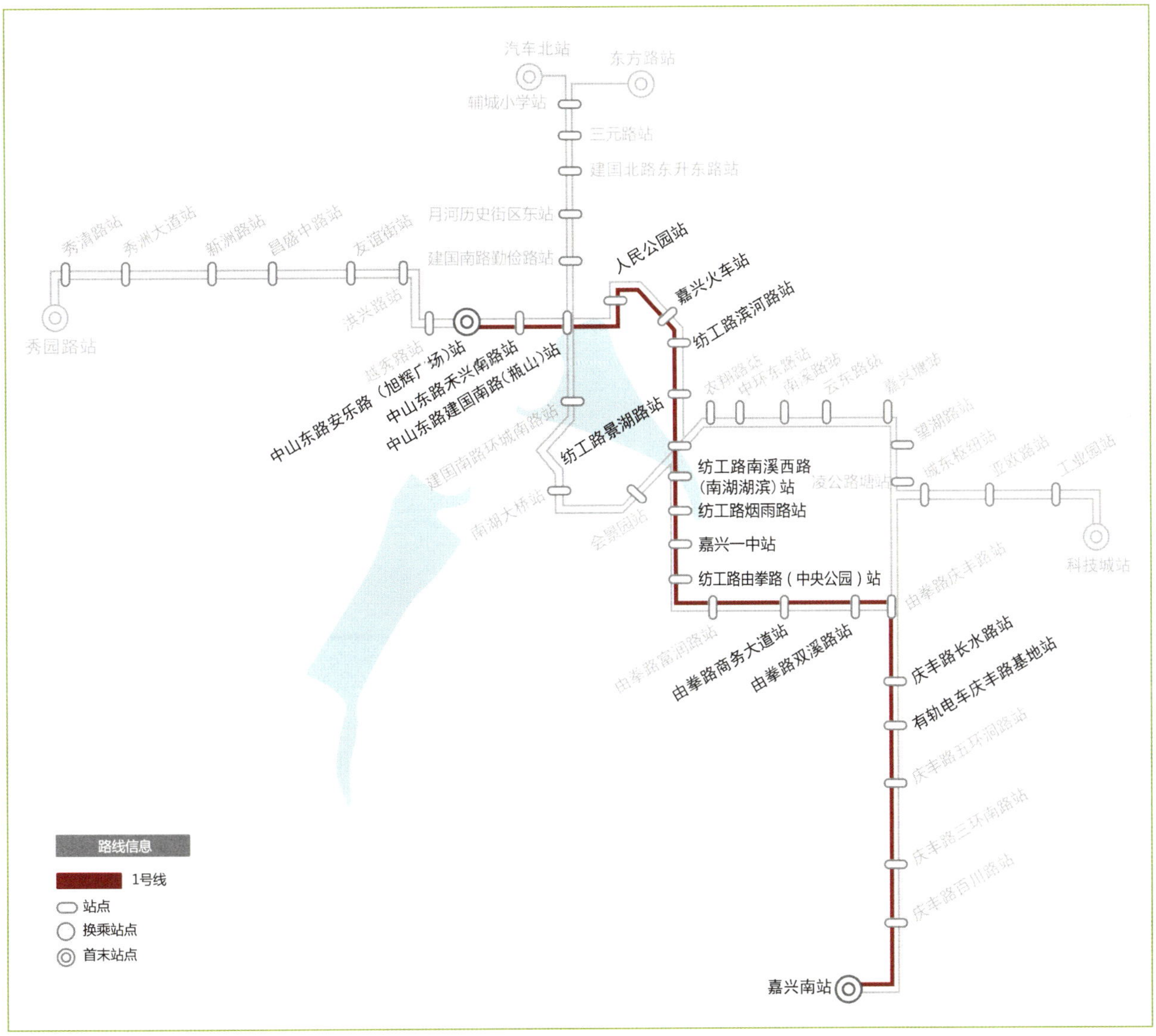

图 8-27-1　嘉兴市城市轨道交通运营网络示意图

28　绍兴市轨道交通集团有限公司

【概况】

至 2023 年底，浙江省绍兴市城市轨道交通全网运营线路 4 条，总运营里程 138.9 公里，总运营车站 40 座，网络换乘站 2 座。

绍兴市城市轨道交通 2 条运营线路由绍兴京越地铁有限公司管理，1 条线路由绍兴市轨道交通集团运营分公司管理，从事既有运营线路运营维护的职工总数 2513 人，司机总数 284 人。

2023 年运送乘客 3841.7 万人次，比上年增长 61.8%。全年线网日均客运量 10.5 万人次 / 日，其中线网日均进站量 5.8 万人次 / 日，单日最高日客运量达到 25.7 万人次 / 日（2023 年 10 月 1 日），线网日均客运周转量 116.6 万人次公里 / 日。

2023 年线网实际开行列次 16.4 万列次，线网运营车公里 3079.5 万车公里，高峰时段最小行车间隔 300 秒，运营总能耗 13214.7 万千瓦时。采用里程计价制，全年实现运营票款收入 4350.9 万元，比上年增长 35.8%。（图 8-28-1）

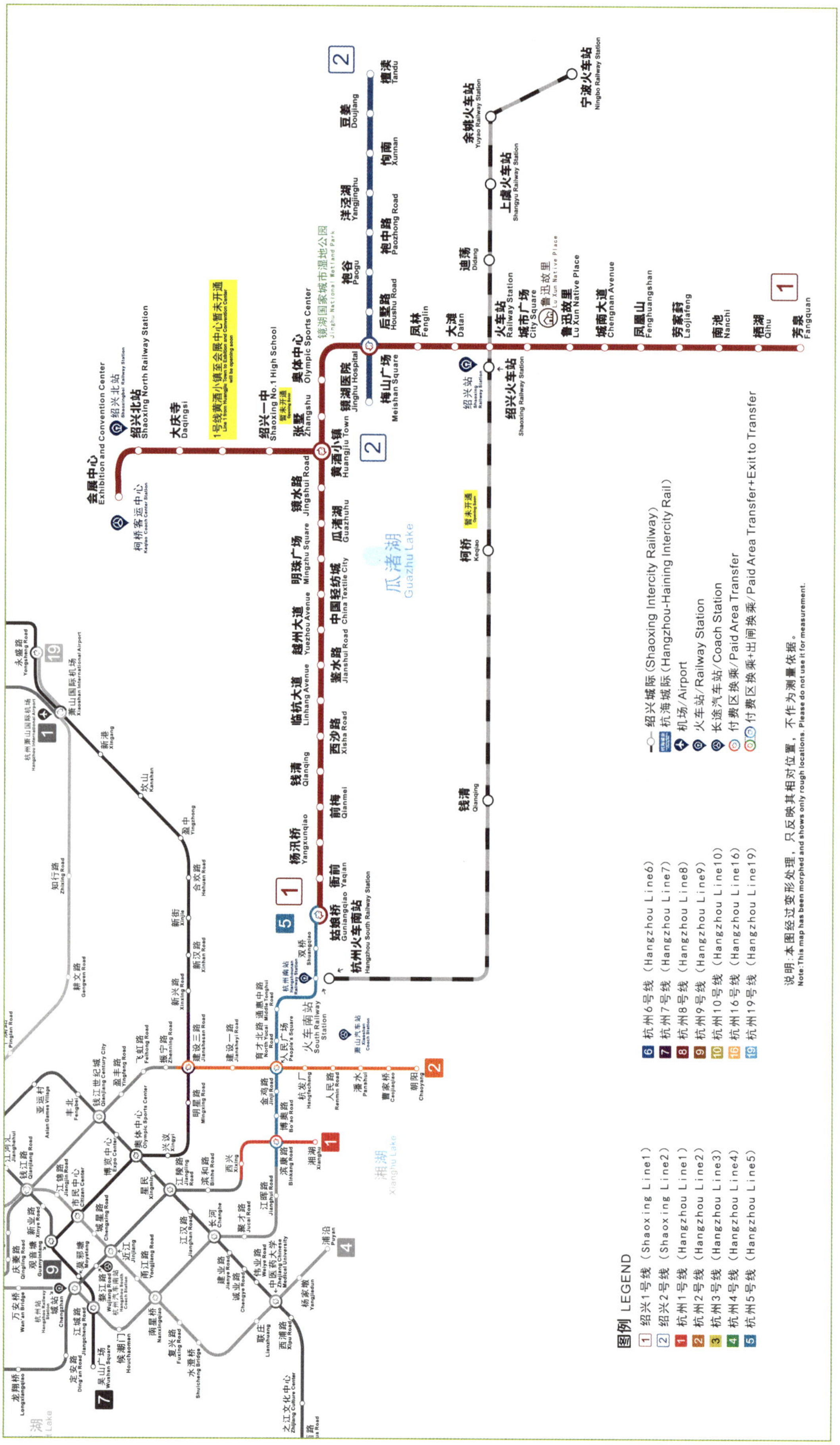

图 8-28-1 绍兴市城市轨道交通运营网络示意图

2023 年度主要运营指标完成情况见表 8-28-1、表 8-28-2。

【全自动运行概览】

至 2023 年底，浙江省绍兴市开通运营的城市轨道交通全自动运行线路 1 条，为 2 号线，总运营里程 10.8 公里，总运营车站 9 座。2 号线 2023 年 7 月 26 日开通全自动运行，列车运行的自动化等级为 GoA4，最高运行速度 100 公里／小时，定员数 732 人；运营和维护保障采用自主维保管理模式；信号供应商为浙江众合科技股份有限公司，车辆供应商为南京中车浦镇城轨车辆有限责任公司。

【浙江省第二条 GoA4 级无人驾驶线路】

作为绍兴市首条全自动运行线路，2 号线一期可实现列车自动运行、自动开关门、自动折返、自动出入库、自我诊断等全自动驾驶功能，确保列车运行更准点、更安全、更可靠。同时，依托数字化技术，构建乘客信息系统、综合监控系统、视频监控系统、自动售检票系统等一体化平台，是国内首批实现“中心云”和车站“边缘云”两级“云管理”的地铁项目，确保线路运维更有序、更高效、更智慧。

（绍兴市轨道交通集团有限公司）

绍兴市城市轨道交通运营线路年度基础数据统计表　　表 8-28-1

序号	运营线路名称	系统制式	车辆制式	列车编组（辆）	运营里程（公里）	地下线（公里）	地面线（公里）	高架线（公里）	运营车站（座）	换乘车站（座）	车辆基地（座）	首班车时间	末班车时间	线路运营时间	运营单位
1	1 号线柯桥段	地铁	B	6	20.3	10.5		9.8	10	1	1	6:00	22:00	16 小时	绍兴京越地铁有限公司
2	绍兴城际线	城际铁路	动车组	4	81.0		81.0		4	2	1	6:45	19:02	12 小时 17 分钟	委托上海铁路局运营
3	1 号线主线	地铁	B	6	26.8	25.7	1.1		17	1	1	6:00	22:30	16 小时 30 分钟	绍兴京越地铁有限公司
4	2 号线	地铁	B	4	10.8	10.8			9	1		6:00	22:30	16 小时 30 分钟	绍兴市轨道交通集团有限公司运营分公司
合计					138.9	47.0	82.1	9.8	40	2	2				

绍兴市城市轨道交通运营线路年度运营数据统计表　　表 8-28-2

序号	运营线路名称	客运量（万人次）	进站量（万人次）	客运周转量（万人次公里）	最大断面客流量（万人次／时）	配属列车数（列）	运营车公里（万车公里）	日均实际开行列次（列次）	最小发车间隔（秒）	旅行速度（公里／小时）	牵引能耗（万千瓦时）	运营总能耗（万千瓦时）
1	1 号线柯桥段	1823.5	722.9	22195.0	0.5	18	1327.0	334.6	300	37.8	2283.2	4936.2
2	1 号线主线	1894.9	1326.0	19900.6	0.5	27	1711.1	334.6	300	37.8	2361.5	6911.3
3	2 号线一期	123.3	74.3	459.8	0.1	11	41.4	265.0	480	35.0	427.1	1367.2
合计		3841.7	2123.2	42555.4		56	3079.5				5071.8	13214.7

注：绍兴城际线委托中国铁路上海局集团有限公司运营管理，无相关运营数据。

29　合肥市轨道交通集团有限公司

【概况】

至2023年底，安徽省合肥市城市轨道交通全网运营线路5条，总运营里程197.0公里，总运营车站154座，网络换乘站10座。

合肥市城市轨道交通5条运营线路均由合肥市轨道交通集团有限公司管理，从事既有运营线路运营维护的职工总数9380人，司机总数1193人。

2023年运送乘客41095.5万人次，比上年增长54.7%，占全市公共交通出行量的比重56.2%。全年线网日均客运量112.6万人次／日，其中线网日均进站量74.1万人次／日，单日最高日客运量达到253.2万人次／日（2023年12月31日），线网日均客运周转量718.4万人次公里／日。

2023年线网实际开行列次60.8万列次，线网运营车公里12680.3万车公里，高峰时段最小行车间隔208秒，运营总能耗47467.0万千瓦时。采用按里程计价、递远递减的多级票价机制，票价最低2元，最高8元，全年实现运营票款收入62525.3万元，比上年增长50%。（图8–29–1）

2023年度主要运营指标完成情况见表8–29–1、表8–29–2。

【安检延伸服务】

合肥轨道通过联合学校、公安、安保公司，将安检前置到学校，提前做好初始安检措施，优化学生群体安检流程，减少候车时间，提高进站效率。与合肥六中、七中、九中等多所院校建立长效联系机制，累计为3万余名学生提供便捷服务，教学点周边车站学生通行压力大大减小，高峰期客流集中时长缩短近30分钟，进站效率提升超50%。

【智慧安检系统】

智慧安检系统围绕智能识别判图、远程巡检、报警管理、组网互联、回放及检索、数据统计分析及历史查询六大功能模块进行建设，配备智能判图分析模块及智能开包复检台等终端设备，实现违禁物品的自动识别和处置信息自动推送，实现对轨道交通车站安检的智能化、信息化管理，有效降低员工劳动强度、提高判图准确性。

（合肥市轨道交通集团有限公司）

合肥市城市轨道交通运营线路年度基础数据统计表　　表8–29–1

序号	运营线路名称	系统制式	车辆制式	列车编组（辆）	运营里程（公里）	地下线（公里）	地面线（公里）	高架线（公里）	运营车站（座）	换乘车站（座）	车辆基地（座）	首班车时间	末班车时间	线路运营时间	运营单位
1	1号线	地铁	B	6	28.8	28.8			25	4	2	6:00	0:24	18小时24分钟	运营分公司
2	2号线	地铁	B	6	41.5	41.5			33	4	2	6:00	0:12	18小时12分钟	运营分公司
3	3号线	地铁	B	6	46.2	42.6		3.6	36	5	2	6:00	23:53	17小时53分钟	运营分公司
4	4号线	地铁	B	6	41.1	41.1			29	4	2	6:00	0:32	18小时32分钟	运营分公司
5	5号线	地铁	B	6	39.5	39.5			31	4	1	6:00	0:34	18小时34分钟	运营分公司
合计					197.0	193.4		3.6	154	10	9				

合肥市城市轨道交通运营线路年度运营数据统计表　　表8–29–2

序号	运营线路名称	客运量（万人次）	进站量（万人次）	客运周转量（万人次公里）	最大断面客流量（万人次／时）	配属列车数（列）	运营车公里（万车公里）	日均实际开行列次（列次）	最小发车间隔（秒）	旅行速度（公里／小时）	牵引能耗（万千瓦时）	运营总能耗（万千瓦时）
1	1号线	9068.8	6556.4	59221.3	1.0	40	2036.6	338.2	260	31.8	3861.4	8684.0
2	2号线	10709.7	7224.5	67908.2	1.6	51	2257.9	361.5	208	33.5	4255.3	8228.5
3	3号线	9899.4	6555.9	65666.7	1.8	52	2885.2	347.5	230	31.6	5549.8	10667.0
4	4号线	6152.5	3543.0	39569.8	1.1	47	2896.2	315.6	260	33.7	4765.2	10276.4
5	5号线	5265.1	3151.1	29832.3	0.9	38	2604.4	303.6	330	35.5	3802.1	9611.1
合计		41095.5	27030.9	262198.3		228	12680.3				22233.8	47467.0

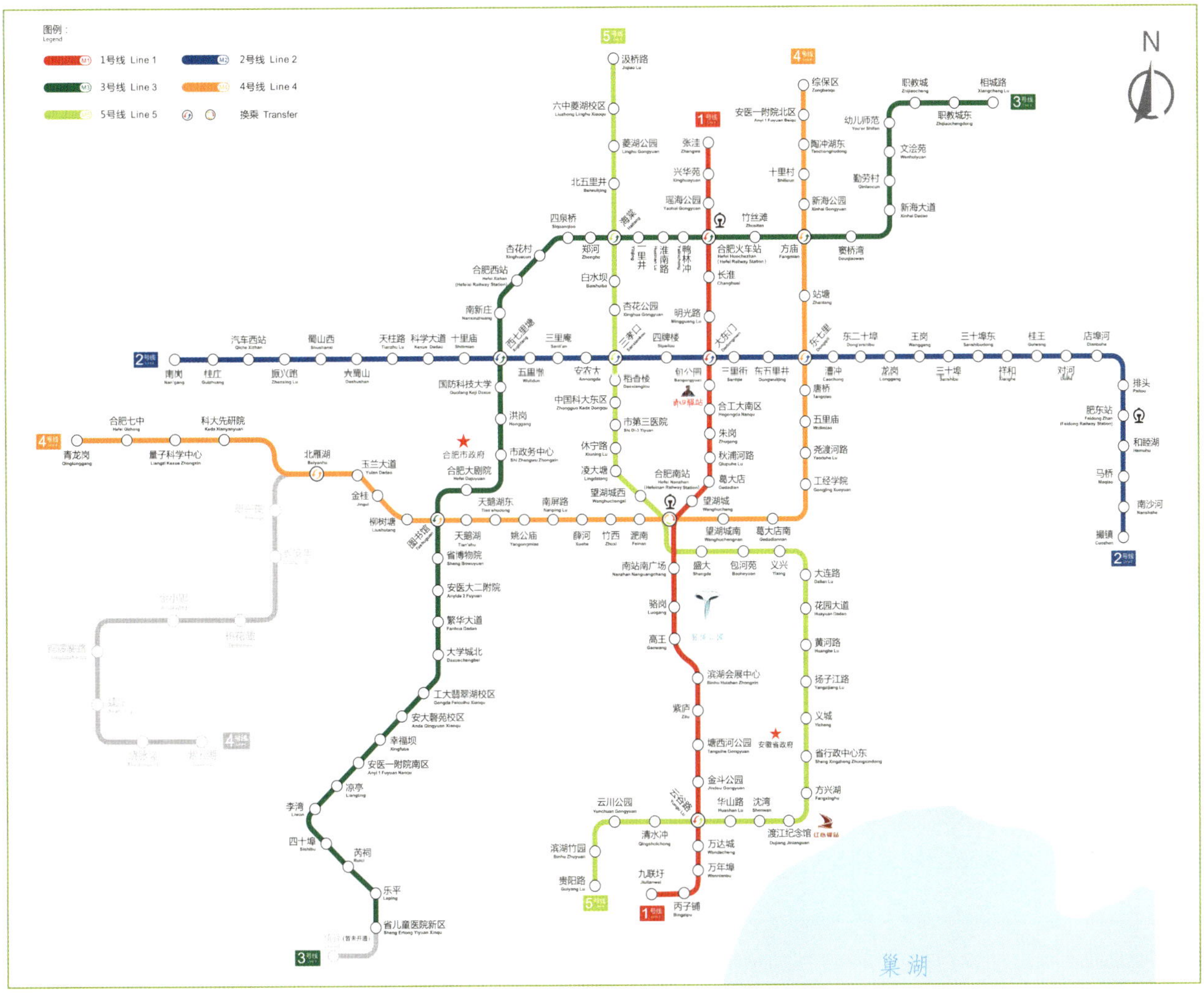

图 8-29-1　合肥市城市轨道交通运营网络示意图

30　芜湖市轨道交通有限公司

【概况】

至 2023 年底，安徽省芜湖市城市轨道交通全网运营线路 2 条，总运营里程 46.2 公里，总运营车站 35 座，网络换乘站 1 座。

芜湖市城市轨道交通 2 条运营线路均由芜湖市运达轨道交通建设运营有限公司管理，从事既有运营线路运营维护的职工总数 1415 人，司机总数 198 人。

2023 年运送乘客 3314.8 万人次，比上年增长 45.5%。全年线网日均客运量 9.1 万人次 / 日，单日最高日客运量达到 21.1 万人次 / 日（2023 年 12 月 31 日），线网日均客运周转量 61.9 万人次公里 / 日。

2023 年线网实际开行列次 19.87 万列次，线网运营车公里 2321.1 万车公里，高峰时段最小行车间隔 334 秒，运营总能耗 5692.3 万千瓦时。采用按里程计、递远递减的多级票价，票价最低 2 元，最高 6 元，全年实现运营票款收入 5733.6 万元，比上年增长 44.6%。（图 8-30-1）

2023 年度主要运营指标完成情况见表 8-30-1、表 8-30-2。

【全自动运行概览】

至 2023 年底，芜湖开通运营的城市轨道交通全自动运行线路 2 条，分别为 1 号线和 2 号线，总运营里程 46.2 公里，总运营车站 35 座。其中：1 号线 2021 年 11 月 3 日开通全自动运行，列车运行的自动化等级为 GoA3，最高运行速度 80 公里 / 小时，采用有人值守方式，定员 856 人 / 列；运营和维护保障采用集中管理模式；信号供应商为新誉庞巴迪，车辆供应商为中车浦镇阿尔斯通运输系统有限公司。2 号线 2021 年 12 月 28 日开通全自动运行，列车运行的自动化等级为 GoA3，最高运行速度 80 公里 / 小时，采用有人值守方式，定员 564 人 / 列；运营和维护保障采用集中管理模式；信号供应商为新誉庞巴迪信号系统有限公司，车辆供应商为中车浦镇阿尔斯通运输系统有限公司。

（芜湖市轨道交通有限公司　芜湖市运达轨道交通建设运营有限公司　方勇）

芜湖市城市轨道交通运营线路年度基础数据统计表

表 8-30-1

序号	运营线路名称	系统制式	车辆制式	列车编组（辆）	运营里程（公里）	地下线（公里）	地面线（公里）	高架线（公里）	运营车站（座）	换乘车站（座）	车辆基地（座）	首班车时间	末班车时间	线路运营时间	运营单位
1	1 号线	跨座式单轨	CMRII	6	30.4			30.4	25	1	2	6:30	23:20	16 小时 50 分钟	芜湖市运达轨道交通建设运营有限公司
2	2 号线一期	跨座式单轨	CMRII	4	15.8	1.4		14.4	11	1	1	6:30	22:50	16 小时 20 分钟	芜湖市运达轨道交通建设运营有限公司
合计					46.2	1.4		44.8	35	1	3				

芜湖市城市轨道交通运营线路年度运营数据统计表

表 8-30-2

序号	运营线路名称	客运量（万人次）	进站量（万人次）	客运周转量（万人次公里）	最大断面客流量（万人次 / 时）	配属列车数（列）	运营车公里（万车公里）	日均实际开行列次（列次）	最小发车间隔（秒）	旅行速度（公里 / 小时）	牵引能耗（万千瓦时）	运营总能耗（万千瓦时）
1	1 号线	1973.3	1728.6	15334.0	0.3	27	1705.5	257.0	349	33.5	2481.4	3508.2
2	2 号线一期	1341.5	1104.8	7265.0	0.3	17	615.6	288.0	334	34.0	927.6	2184.1
合计		3314.8	2833.4	22599.0		44	2321.1				3409.0	5692.3

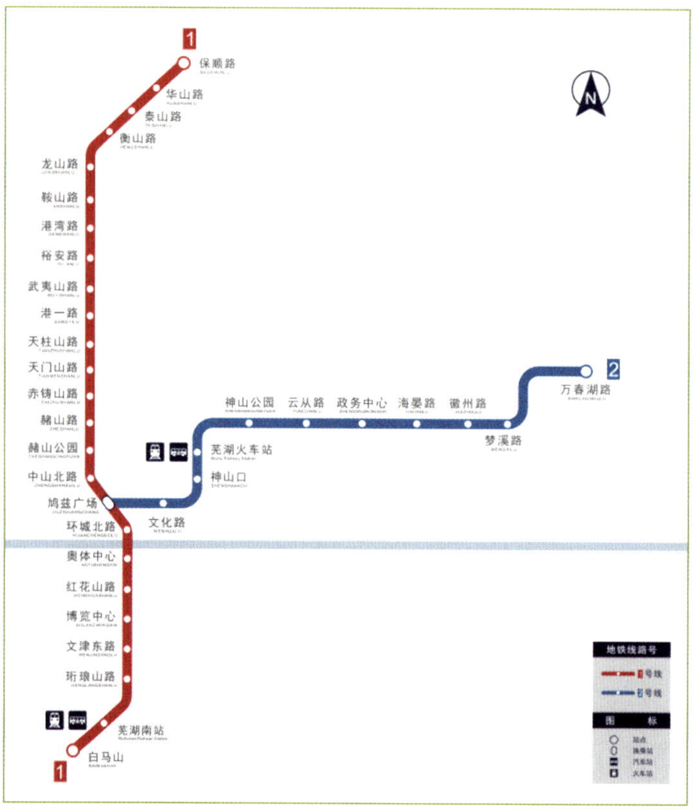

图 8-30-1　芜湖市城市轨道交通运营网络示意图

31　福州地铁集团有限公司

【概况】

至 2023 年底，福建省福州市城市轨道交通全网运营线路 5 条，总运营里程 138.8 公里，总运营车站 90 座，网络换乘站 10 座。

福州市城市轨道交通 5 条运营线路均由福州地铁集团有限公司管理，从事既有运营线路运营维护的职工总数 6306 人，司机总数 703 人。

2023 年运送乘客 22776.6 万人次，比上年增长 88.2%，占全市公共交通出行量的比重 44%。全年线网日均客运量 64.4 万人次 / 日，其中线网日均进站量 46.4 万人次 / 日，单日最高日客运量达到 134.3 万人次 / 日（2023 年 12 月 31 日），线网日均客运周转量 479.0 万人次公里 / 日。

2023 年线网实际开行列次 48.8 万列次，线网运营车公里 7025.9 万车公里，高峰时段最小行车间隔 270 秒，运营总能耗 34475.5 万千瓦时。采用按里程计、递远递减的多级票价，票价最低 2 元，最高 10 元，全年实现运营票款收入 26946.1 万元，比上年增长 20.1%。（图 8-31-1）

2023 年度主要运营指标完成情况见表 8-31-1、表 8-31-2。

【全自动运行概览】

至 2023 年底，福州市开通运营的城市轨道交通全自动运行线路 1 条，为 4 号线一期（首通段），总运营里程 28.4 公里，总运营车站 23 座。该线 2023 年 8 月 27 日开通全自动运行，列车运行的自动化等级为 GoA4，最高运行速度 80 公里 / 小时，定员数 1460 人；运营和维护保障采用自修 + 委外管理模式；信号供应商为西门子交通技术（北京）有限公司与西门子交通技术（中国）有限公司联合体，车辆供应商为中车唐山机车车辆有限公司与株洲中车时代电气股份有限公司。

福州市城市轨道交通运营线路年度基础数据统计表　　表 8-31-1

序号	运营线路名称	系统制式	车辆制式	列车编组（辆）	运营里程（公里）	地下线（公里）	地面线（公里）	高架线（公里）	运营车站（座）	换乘车站（座）	车辆基地（座）	首班车时间	末班车时间	线路运营时间	运营单位
1	1 号线	地铁	B	6	29.1	29.1			25	6	2	6:30	23:53	17 小时 23 分钟	福州地铁集团有限公司运营分公司
2	2 号线	地铁	B	6	29.3	29.3			22	3	2	6:30	23:53	17 小时 23 分钟	福州中电科轨道交通有限公司
3	4 号线一期（首通段）	地铁	B	6	22.6	22.6			19	5	1	6:30	23:40	17 小时 10 分钟	福州地铁集团有限公司
4	5 号线	地铁	B	6	27.1	27.1			20	3	2	6:30	23:55	17 小时 25 分钟	福州地铁集团有限公司
5	6 号线	地铁	B	4	30.7	23.3	0.7	6.7	14	3	2	6:30	22:42	16 小时 12 分钟	福州地铁集团有限公司
合计					138.8	131.4	0.7	6.7	90	10	4				

福州市城市轨道交通运营线路年度运营数据统计表　　表 8-31-2

序号	运营线路名称	客运量（万人次）	进站量（万人次）	客运周转量（万人次公里）	最大断面客流量（万人次 / 时）	配属列车数（列）	运营车公里（万车公里）	日均实际开行列次（列次）	最小发车间隔（秒）	旅行速度（公里 / 小时）	牵引能耗（万千瓦时）	运营总能耗（万千瓦时）
1	1 号线	9273.0	7355.8	67848.1	1.3	28	2062.2	339.0	270	32.7	3765.9	10238.1
2	2 号线	7407.0	5378.0	57135.3	1.3	31	2095.1	381.0	270	32.9	3649.6	8684.7
3	4 号线	1895.0	1277.8	12041.2	0.6	25	545.5	336.0	350	33.2	860.3	2672.7
4	5 号线	2467.9	1716.7	15516.3	0.7	22	1295.6	247.0	450	32.8	2153.0	6488.1
5	6 号线	1733.7	1198.7	22295.6	0.4	17	1027.5	255.0	470	45.0	1925.6	6391.9
合计		22776.3	16926.9	174836.4		123	7025.9				12354.4	34475.5

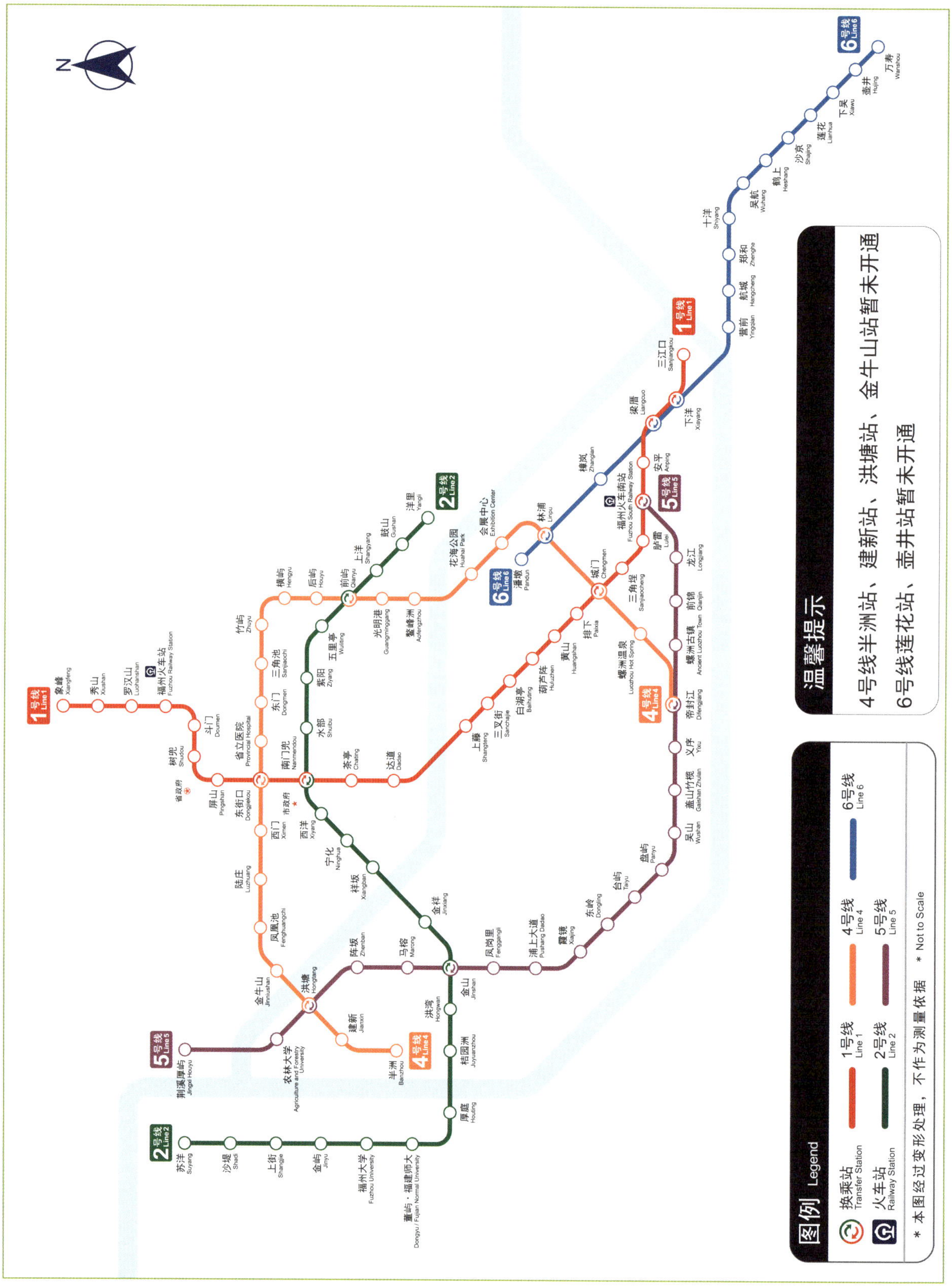

图 8-31-1　福州市城市轨道交通运营网络示意图

【线网库存管理】

深化落实线网物资共享理念，梳理全线网的物资编码和品目编码，实现线网相同专业需求信息与库存信息共享联动，提高物资的共享和利用率，为线网运营的物资共享管理奠定基础。

【深化节能降耗】

采取规范车站及场段办公区域空调系统节能管理，统筹调控用电设备，优化调整车站照明模式，电客车前照灯LED、车厢LED改造等措施，降低能耗成本。

（福州地铁集团有限公司）

32 厦门轨道建设发展集团有限公司

【概况】

至2023年底，福建省厦门市城市轨道交通全网运营线路3条，总运营里程98.4公里，总运营车站70座，网络换乘站5座。

厦门市城市轨道交通3条运营线路均由厦门地铁运营有限公司管理，从事既有运营线路运营维护的职工总数4631人，司机总数611人。

2023年运送乘客24641.6万人次，比上年增长25.0%，占全市公共交通出行量的比重为31.1%。全年线网日均客运量67.5万人次/日，其中线网日均进站量51.8万人次/日，单日最高日客运量达到92.2万人次/日（2023年12月31日），线网日均客运周转量520.4万人次公里/日。

2023年线网实际开行列次42.5万列次，线网运营车公里7496.7万车公里，高峰时段最小行车间隔160秒，运营总能耗32729.2万千瓦时。采用按里程计、递远递减的多级票价，票价最低2元，最高8元，全年实现运营票款收入51618.3万元，比上年增长33.8%。（图8-32-1）

2023年度主要运营指标完成情况见表8-32-1、表8-32-2。

【特色服务提升服务品质】

坚持“原子”班组党建建设，5个班组获评市级质量信得过班组、1个班组获评国家级质量信得过班组。联合支付宝公司推出“地铁/BRT电子敬老卡”，投用AED设备实现线网急救设备、急救技能全覆盖（成功救助心脏骤停乘客1名），推出行李寄存、爱心雨伞等特色服务举措4项、爱心休息区5处，做精特色服务，提升服务品质。

【技术创新】

广泛发动员工参与技术创新，年度累计破解安全生产难题204项、新技术应用项目5项，获2023年交通行业设备管理与技术创新成果二等奖1项、软件著作权2项、实用新型专利4项，有效解决设备可靠度不高、设备可维护性不足等问题。

【节能减排绿色出行】

利用2号线车辆段屋面建设分布式光伏发电站，累计发电500余万度；建立风水联动调节通风空调系统，全年节约用电约800万度，并取得发明专利1项；通过开展“绿色森林”专列、“一码多乘”等工作，传播绿色出行理念、鼓励公众低碳出行，获2023年绿色出行宣传月和公交出行宣传周活动成绩突出集体称号。

（厦门轨道建设发展集团有限公司）

厦门市城市轨道交通运营线路年度基础数据统计表　　表8-32-1

序号	运营线路名称	系统制式	车辆制式	列车编组（辆）	运营里程（公里）	地下线（公里）	地面线（公里）	高架线（公里）	运营车站（座）	换乘车站（座）	车辆基地（座）	首班车时间	末班车时间	线路运营时间	运营单位
1	1号线	地铁	B	6	30.3	25.1	2.4	2.8	24	3	2	6:00	23:51	17小时51分钟	厦门地铁运营有限公司
2	2号线	地铁	B	6	41.6	41.6			30	3	2	6:00	23:54	17小时54分钟	厦门地铁运营有限公司
3	3号线	地铁	B	6	26.5	25.4	0.7	0.4	21	4	2	6:00	23:39	17小时39分钟	厦门地铁运营有限公司
合计					98.4	92.1	3.1	3.2	70	5	6				

注：98.4公里为含折返线的线路长度，不含折返线运营里程为96.76公里。

厦门市城市轨道交通运营线路年度运营数据统计表 表 8-32-2

序号	运营线路名称	客运量（万人次）	进站量（万人次）	客运周转量（万人次公里）	最大断面客流量（万人次/时）	配属列车数（列）	运营车公里（万车公里）	日均实际开行列次（列次）	最小发车间隔（秒）	旅行速度（公里/小时）	牵引能耗（万千瓦时）	运营总能耗（万千瓦时）
1	1 号线	10886.0	8819.6	88178.7	1.7	40	2544.5	393.4	230	35.6	4260.6	11122.3
2	2 号线	8398.5	6521.2	65094.6	2.3	46	2970.4	407.4	160	36.9	4656.5	12468.5
3	3 号线	5357.1	3570.3	36680.7	1.0	35	1981.8	364.6	295	35.8	3283.2	9138.4
	合计	24641.6	18911.1	189954.0		121	7496.7				12200.3	32729.2

图 8-32-1 厦门市城市轨道交通运营网络示意图

33　南昌轨道交通集团有限公司

【概况】

至 2023 年底，江西省南昌市城市轨道交通全网运营线路 4 条，总运营里程 128.4 公里，总运营车站 94 座，网络换乘站 9 座。

南昌市城市轨道交通 1、2、4 号运营线路由南昌轨道交通集团有限公司管理，从事 1、2、4 号线运营维护的职工总数 5171 人，司机总数 504 人。3 号线由南昌中铁穗城轨道交通建设运营有限公司管理，从事 3 号线运营维护的职工总数 601 人，司机总数 137 人。

2023 年运送乘客 38054.7 万人次，比上年增长 59.2%。全年线网日均客运量 104.3 万人次 / 日，其中线网日均进站量 62.5 万人次 / 日，单日最高日客运量达到 268.3 万人次 / 日（2023 年 12 月 31 日），线网日均客运周转量 634.0 万人次公里 / 日。

2023 年线网实际开行列次 52.4 万列次，线网运营车公里 9526.7 万车公里，高峰时段最小行车间隔 236 秒，运营总能耗 35810.9 万千瓦时。采用按里程计、递远递减的多级票价，票价最低 2 元，最高 7 元，全年实现运营票款收入 55109.5 万元，比上年增长 58.8%。（图 8–33–1）

2023 年度主要运营指标完成情况见表 8–33–1、表 8–33–2。

【便民惠民措施】

南昌地铁推出一系列便民、惠民工作：包括对特殊群体免费乘车、夏夜限时免费乘车、重大节假日及活动限时免费乘车；推出“爱心预约、行李免费寄存”等 12 项举措；优化运输组织，包括优化列车运行图、优化加开模式、优化 50 余项大客流组织方案，促进南昌“网红城市”的打造。

【服务示范项目】

运营分公司累计完成 30 余项现场工装制作和电子板卡自主修，其中 4 项获得国家实用新型专利；累计开发近

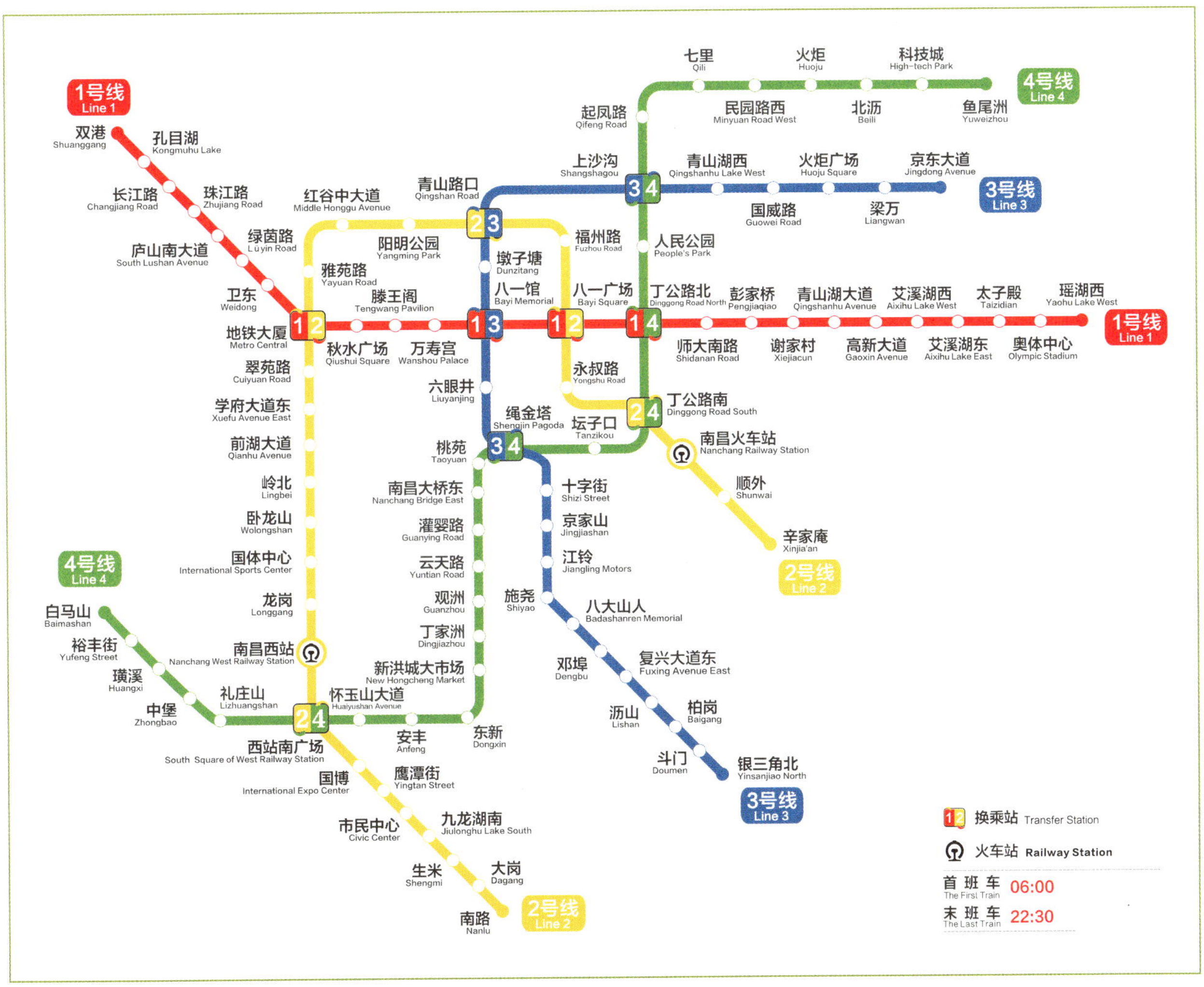

图 8–33–1　南昌市城市轨道交通运营网络示意图

30 门精品课程，举办 10 余次技术沙龙，培养轨道交通行业高级工及技师数十名；创建了一支维修小分队，累计为广大市民提供小型家电维修服务上千小时。

【打造仿真实训平台】

高压运维青年工作室通过自主设计、自主施工、自主调试打造“一种轨道交通变电专业仿真实训平台”，成熟适用于变电专业员工的技能轮训、岗位晋升、技能比武等工作活动。

（南昌轨道交通集团有限公司　何思琪）

南昌市城市轨道交通运营线路年度基础数据统计表

表 8-33-1

序号	运营线路名称	系统制式	车辆制式	列车编组（辆）	运营里程（公里）	地下线（公里）	地面线（公里）	高架线（公里）	运营车站（座）	换乘车站（座）	车辆基地（座）	首班车时间	末班车时间	线路运营时间	运营单位
1	1 号线	地铁	B	6	28.8	28.8			24	4	2	6:00	23:23	17 小时 23 分钟	南昌轨道交通集团有限公司运营分公司
2	2 号线	地铁	B	6	31.5	31.5			28	5	1	6:00	23:29	17 小时 29 分钟	南昌轨道交通集团有限公司运营分公司
3	3 号线	地铁	B	6	28.5	28.5			22	4	2	6:00	23:19	17 小时 19 分钟	南昌中铁穗城轨道交通建设运营有限公司
4	4 号线	地铁	B	6	39.6	33.9	0.2	5.5	29	5	2	6:00	23:40	17 小时 40 分钟	南昌轨道交通集团有限公司运营分公司
合计					128.4	122.7	0.2	5.5	94	9	7				

南昌市城市轨道交通运营线路年度运营数据统计表

表 8-33-2

序号	运营线路名称	客运量（万人次）	进站量（万人次）	客运周转量（万人次公里）	最大断面客流量（万人次／时）	配属列车数（列）	运营车公里（万车公里）	日均实际开行列次（列次）	最小发车间隔（秒）	旅行速度（公里／小时）	牵引能耗（万千瓦时）	运营总能耗（万千瓦时）
1	1 号线	14244.0	9577.0	82709.1	1.9	39	2284.5	383.9	236	32.4	4184.7	9265.9
2	2 号线	9566.6	5460.5	57746.1	1.6	34	2373.7	342.3	318	32.0	3886.8	9344.1
3	3 号线	7177.0	3958.7	45496.5	1.0	32	2164.8	353.0	324	34.7	3726.4	7397.6
4	4 号线	7067.1	3826.4	45458.3	0.7	41	2703.7	357.1	354	35.2	4500.5	9803.3
合计		38054.7	22822.6	231410.0		146	9526.7				16298.4	35810.9

34　济南轨道交通集团有限公司

【概况】

至 2023 年底，山东省济南市城市轨道交通全网运营线路 3 条，总运营里程 84.1 公里，总运营车站 43 座，网络换乘站 2 座。

济南市城市轨道交通 3 条运营线路均由济南轨道集团第一运营有限公司管理，从事既有运营线路运营维护的职工总数 4809 人，司机总数 570 人。

2023 年运送乘客 9621.0 万人次，比上年增长 76.4%，占全市公共交通出行量的比重为 15.2%。全年线网日均客运量 26.4 万人次／日，其中线网日均进站量 18.9 万人次／日，单日最高日客运量达到 45.5 万人次／日（2023 年 9 月 28 日），线网日均客运周转量 301.2 万人次公里／日。

2023 年线网实际开行列次 28.6 万列次，线网运营车公里 4113.7 万车公里，高峰时段最小行车间隔 390 秒，运

营总能耗 16645.8 万千瓦时。采用里程计费的多级票价。(图 8-34-1)

2023 年度主要运营指标完成情况见表 8-34-1、8-34-2。

【全自动运行概览】

至 2023 年底，山东省济南市开通运营的城市轨道交通全自动运行线路 1 条，为 2 号线，总运营里程 36.4 公里，总运营车站 19 座。2 号线 2021 年 3 月 26 日开通全自动运行，列车运行的自动化等级为 GoA4，最高运行速度 100 公里／小时，定员数 1460 人；运营和维护保障采用集中管理模式；信号供应商为交控科技股份有限公司，车辆供应商为中车青岛四方机车车辆股份有限公司。

【全自动运行线路牵引节能】

针对全自动运行线路（2 号线）电客车 FAM 驾驶模式和 AM 驾驶模式下牵引能耗偏高的问题，经列车运行仿真分析和现场列车运行试验，以增加巡航阶段惰行工况、减少牵引次数为优化方向，并对信号系统进行升级，优化 ATO 控车曲线，达到降低列车牵引能耗的目的。经验证，该线路车公里牵引能耗下降约 10%，实现节能降耗效果。

【加装道岔融雪装置】

针对道岔积雪、结冰，导致尖轨与基本轨无法密贴，影响运营效率与安全的问题，在高架段折返站及出入段线加装道岔融雪装置，冰雪天气时融雪装置可及时融化积雪，彻底解决道岔部位积雪后转换失灵的问题，有效保障列车运行安全、减少清雪工作量。

【地铁研学】

济南地铁开展“畅游地铁 · 快乐研学”活动。共推出 5 条研学线路，聚焦乘车安全、红色文化、车站特色，拓宽学生视野、提升文明素养、厚植安全文明出行理念。2023 年累计接待近 60 家地铁研学单位 2800 余人，受到市民乘客好评。

（济南轨道交通集团有限公司　李羽翎）

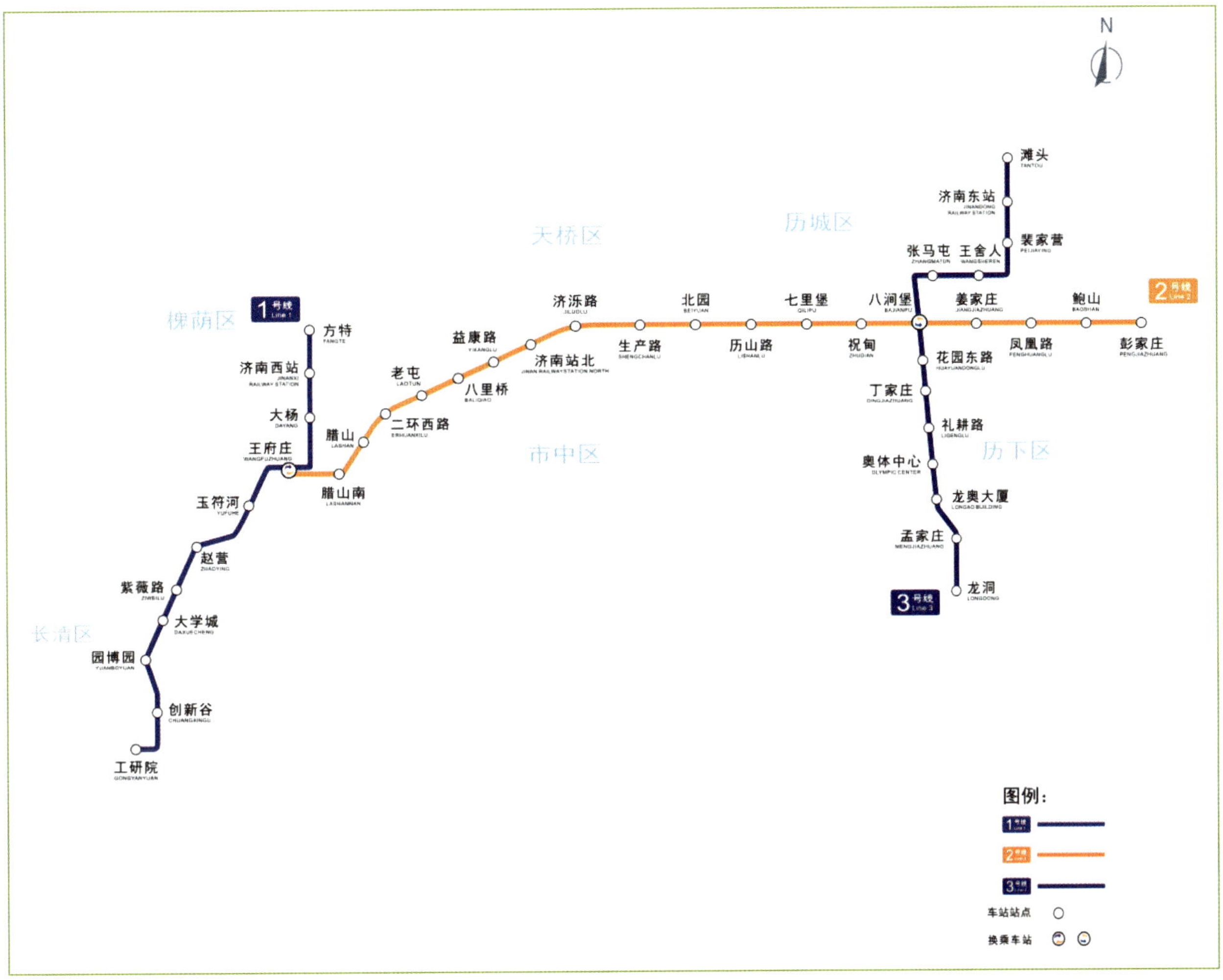

图 8-34-1　济南市城市轨道交通运营网络示意图

济南市城市轨道交通运营线路年度基础数据统计表

表 8-34-1

序号	运营线路名称	系统制式	车辆制式	列车编组（辆）	运营里程（公里）	地下线（公里）	地面线（公里）	高架线（公里）	运营车站（座）	换乘车站（座）	车辆基地（座）	首班车时间	末班车时间	线路运营时间	运营单位
1	1 号线	地铁	B	4	26.1	9.7	0.2	16.2	11	1	1	6:00	22:36	16 小时 36 分钟	济南轨道交通集团第一运营有限公司
2	2 号线	地铁	B	6	36.4	34.8		1.6	19	2	2	6:00	22:33	16 小时 33 分钟	济南轨道交通集团第一运营有限公司
3	3 号线	地铁	B	6	21.6	21.6			13	1	2	6:00	22:51	16 小时 51 分钟	济南轨道交通集团第一运营有限公司
合计					84.1	66.1	0.2	17.8	43	2	5				

济南市城市轨道交通运营线路年度运营数据统计表

表 8-34-2

序号	运营线路名称	客运量（万人次）	进站量（万人次）	客运周转量（万人次公里）	最大断面客流量（万人次 / 时）	配属列车数（列）	运营车公里（万车公里）	日均实际开行列次（列次）	最小发车间隔（秒）	旅行速度（公里 / 小时）	牵引能耗（万千瓦时）	运营总能耗（万千瓦时）
1	1 号线	1728.3	1184.3	16555.6	0.6	24	898.0	254.0	390	45.2	1717.4	3290.2
2	2 号线	5316.5	3949.5	79344.4	1.0	34	2025.7	274.0	405	41.9	4240.0	7938.1
3	3 号线	2576.2	1771.1	14039.0	1.2	18	1190.0	255.0	395	39.0	2469.5	5417.5
合计		9621.0	6904.9	109939.0		76	4113.7				8426.9	16645.8

35　青岛地铁集团有限公司

【概况】

至 2023 年底，山东省青岛市城市轨道交通 7 条运营线路由青岛地铁运营有限公司管理，总运营里程 317.5 公里，总运营车站 150 座，网络换乘站 14 座，从事既有运营线路运营维护的职工总数 14023 人，司机总数 1400 人。

2023 年运送乘客 47041.9 万人次，比上年增长 66.3%，占全市公共交通出行量的比重为 42.7%。全年线网日均客运量 128.9 万人次 / 日，其中线网日均进站量 90.4 万人次 / 日，单日最高日客运量达到 224.4 万人次 / 日（2023 年 5 月 1 日），线网日均客运周转量 1349.6 万人次公里 / 日。

2023 年线网实际开行列次 84.4 万列次，线网运营车公里 15873.8 万车公里，高峰时段最小行车间隔 145 秒，运营总能耗 55199.0 万千瓦时。采用里程分段计价，起步价 2 元，起步里程 5 公里。5 ～ 10 公里（含），票价为 3 元。10 ～ 17 公里（含），票价为 4 元。17 ～ 27 公里（含），票价为 5 元。27 ～ 38 公里（含），票价为 6 元。38 公里以上部分，票价每增加 1 元，可多乘坐 20 公里。全年实现运营票款收入 82795.2 万元，比上年增长 67.8%。（图 8-35-1）

2023 年度主要运营指标完成情况见表 8-35-1、表 8-35-2。

【运输组织更精准】

2023 年优化调整运力 26 次，压缩行车间隔 19 次，线网高峰时间行车间隔缩短至 2 分 25 秒，在客运量比上年增长 66% 的背景下，满载率控制在 80% 以内，运力匹配更加精准，乘车环境较往年进一步提升。为配合足球赛、音乐节、演唱会、啤酒节等特色活动，累计开展 10 次延时服务，延时期间运送约 2.3 万名市民平安返程。旅游季连续 5 年开展季节性延时服务，全年延时期间，累计护航约 120 万乘客早出无忧、晚归无虑，延时后与国铁综合衔接覆盖率达到 99.5%，创历史新高，与机场衔接覆盖率达到 86.1%。

【提升客运服务质量】

服务对位搭飞机、乘国铁乘客群体，联动机场、火车站，开辟“绿波通道”，实现快速换乘；举办暑期研学、主题车站漫游打卡活动，打造地铁音乐艺术空间，将地铁车站打造成青少年教育实践基地、综合性艺术交互空间。2023年服务质量评价比去年高出8.98分。

【地铁 App 赋能智慧出行】

实现与上海、南京、苏州、洛阳、无锡、常州、南昌、哈尔滨、石家庄和沈阳10地互联互通。推出各种便民惠民服务：上线离线码、电子日票等新票种；实现7条地铁线路150座车站、924条公交线1万余辆公交车“一码通城”及“乘车里程=碳减排量”兑换和“低碳出行日”碳普惠；独具青岛特色的“海上巴士”交旅融合产品，建成旅游交通大循环体系；数字人民币无电无网过闸应用。便民服务涵盖交通出行、路径规划、乘客服务、便民缴费、惠民购物五大版块、36项子功能。

（青岛地铁运营有限公司　曹洪新）

青岛市城市轨道交通（青岛地铁）运营线路年度基础数据统计表　　表8-35-1

序号	运营线路名称	系统制式	车辆制式	列车编组（辆）	运营里程（公里）	地下线（公里）	地面线（公里）	高架线（公里）	运营车站（座）	换乘车站（座）	车辆基地（座）	首班车时间	末班车时间	线路运营时间	运营单位
1	1号线	地铁	B	6	60.0	60.0			41	6	3	5:50	23:41	17小时51分钟	青岛地铁运营有限公司
2	2号线	地铁	B	6	25.2	25.2			22	6	1	6:00	23:34	17小时34分钟	青岛地铁运营有限公司
3	3号线	地铁	B	6	24.8	24.8			22	6	1	6:00	23:26	17小时26分钟	青岛地铁运营有限公司
4	4号线	地铁	B	6	30.7	30.7			25	7	1	6:00	23:38	17小时38分钟	青岛地铁运营有限公司
5	8号线北段	市域快轨	B	6	48.3	41.4	0.5	6.4	11	1	2	5:45	23:12	17小时27分钟	青岛地铁运营有限公司
6	蓝谷快线	市域快轨	B	4	58.4	11.2	1.4	45.8	21	2	2	6:05	23:17	17小时12分钟	青岛地铁运营有限公司
7	西海岸快线	市域快轨	B	4	70.1	17.9	0.2	52.0	23	1	3	6:00	23:14	17小时14分钟	青岛地铁运营有限公司
合计					317.5	211.2	2.1	104.2	150	14	12				

注：蓝谷快线为原11号线，西海岸快线为原13号线。

青岛市城市轨道交通（青岛地铁）运营线路年度运营数据统计表　　表8-35-2

序号	运营线路名称	客运量（万人次）	进站量（万人次）	客运周转量（万人次公里）	最大断面客流量（万人次/时）	配属列车数（列）	运营车公里（万车公里）	日均实际开行列次（列次）	最小发车间隔（秒）	旅行速度（公里/小时）	牵引能耗（万千瓦时）	运营总能耗（万千瓦时）
1	1号线	12728.8	9070.6	167142.9	1.7	62	4246.5	416.0	155	36.1	7283.0	14341.0
2	2号线	10893.1	7622.6	69879.8	1.8	44	2057.6	423.0	155	31.7	3288.0	7295.0
3	3号线	11108.3	8047.1	75990.4	2.1	45	1965.2	362.0	145	32.5	3111.0	7995.0
4	4号线	5180.3	3272.7	34967.5	0.9	32	1971.4	348.0	348	33.4	2860.0	6248.0
5	8号线北段	2021.9	1248.9	56418.2	0.7	20	1992.5	191.0	480	65.6	2910.0	7873.0
6	蓝谷快线	2243.8	1409.3	38012.9	0.5	40	1802.5	277.0	240	54.1	2848.0	5460.0
7	西海岸快线	2865.7	2317.4	50199.1	0.6	39	1838.1	297.0	240	56.5	2529.0	5987.0
合计		47041.9	32988.6	492610.8		282	15873.8				24829.0	55199.0

运营服务

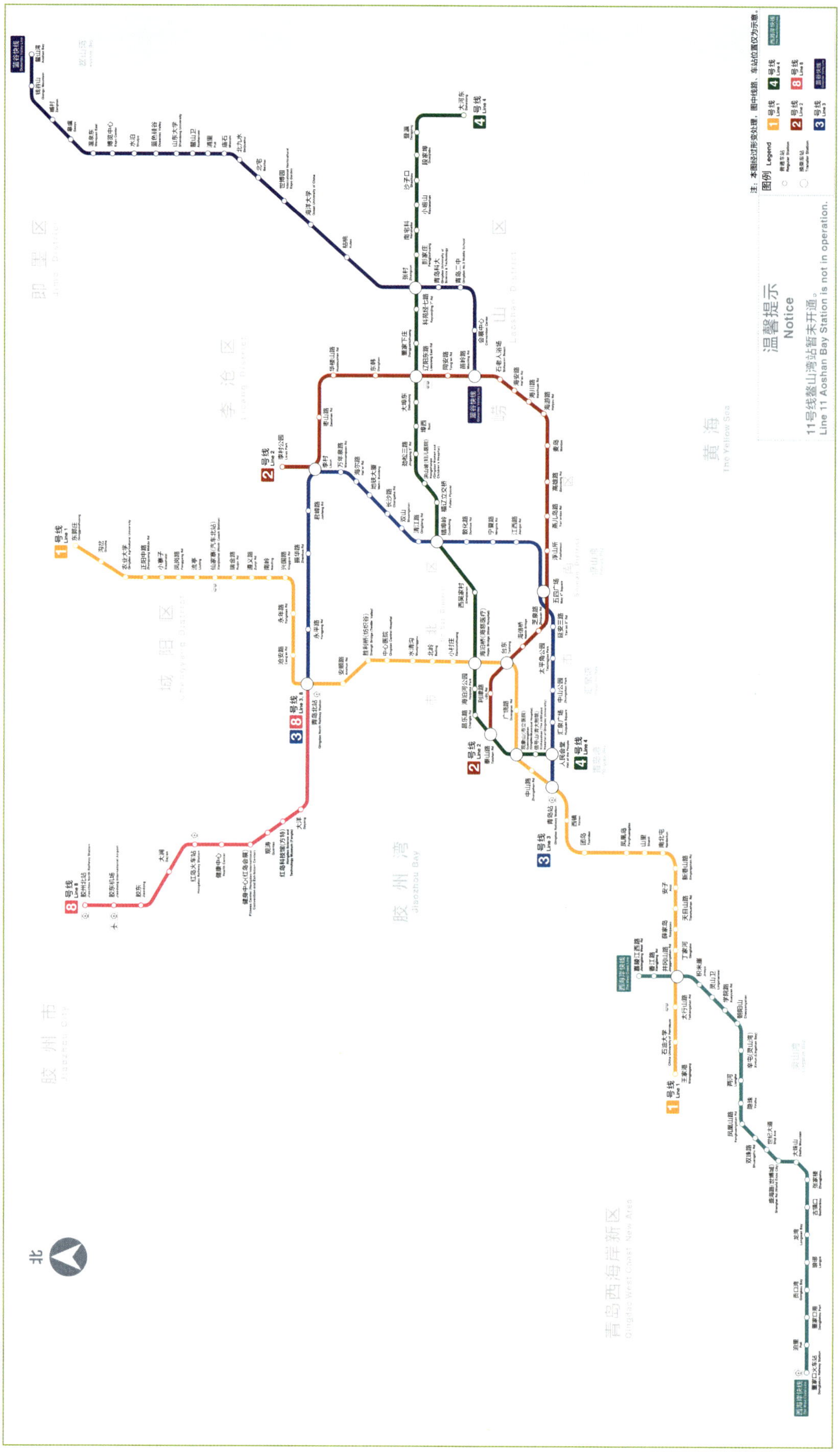

图 8-35-1　青岛市城市轨道交通（青岛地铁）运营网络示意图

36　青岛城运控股集团轨道巴士有限公司

【概况】

至2023年底，山东省青岛市城市轨道交通1条运营线路由青岛城运控股集团轨道巴士有限公司管理，总运营里程8.8公里，总运营车站12座，从事既有运营线路运营维护的职工总数115人，司机总数18人。

2023年运送乘客155.5万人次，比上年增长36.1%。单日最高日客运量达到7722人次/日（2023年8月2日）。

2023年线网运营车公里27.7万车公里，高峰时段最小行车间隔780秒，运营总能耗190.0万千瓦时。采用单票制，全年实现运营票款收入145.5万元，比上年增长127.7%。（图8-36-1）

2023年度主要运营指标完成情况见表8-36-1、8-36-2。

【获得荣誉】

青岛城运控股集团轨道巴士有限公司先后获青岛市“文明单位”“工人先锋号”“青年文明号”“敬老文明号”“环境友好单位”“先进职工之家”、山东省“交通安全示范单位”“女职工建功立业标兵岗”等称号。2017年，获“全国交通质量奖卓越项目奖”。2018年被授予全国“企业文化建设基层示范点”称号。获“全国交通质量奖”和全国首张有轨电车运营服务AAAAA级认证证书，是全国有轨电车运营企业中唯一获得这两项荣誉的单位。2021年，获得城阳区“区长质量奖”、青岛市“市长质量奖”。2022年，获得青岛市“高质量发展创新典型案例”奖。

（青岛城运控股集团轨道巴士有限公司）

青岛市城市轨道交通（青岛城运）运营线路年度基础数据统计表　　表8-36-1

序号	运营线路名称	系统制式	车辆制式	列车编组（辆）	运营里程（公里）	地下线（公里）	地面线（公里）	高架线（公里）	运营车站（座）	换乘车站（座）	车辆基地（座）	首班车时间	末班车时间	线路运营时间	运营单位
1	有轨电车示范线	有轨电车	钢轮钢轨100%低地板	3	8.8		8.8		12		1	6:30	20:30	14小时	青岛城运控股集团轨道巴士有限公司
合计					8.8		8.8		12		1				

青岛市城市轨道交通（青岛城运）运营线路年度运营数据统计表　　表8-36-2

序号	运营线路名称	客运量（万人次）	进站量（万人次）	客运周转量（万人次公里）	最大断面客流量（万人次/时）	配属列车数（列）	运营车公里（万车公里）	日均实际开行列次（列次）	最小发车间隔（秒）	旅行速度（公里/小时）	牵引能耗（万千瓦时）	运营总能耗（万千瓦时）
1	青岛有轨电车示范线	155.5	155.5	644.6		7	27.7	87.0	780	18.0	138.8	190.0
合计		155.5	155.5	644.6		7	27.7				138.8	190.0

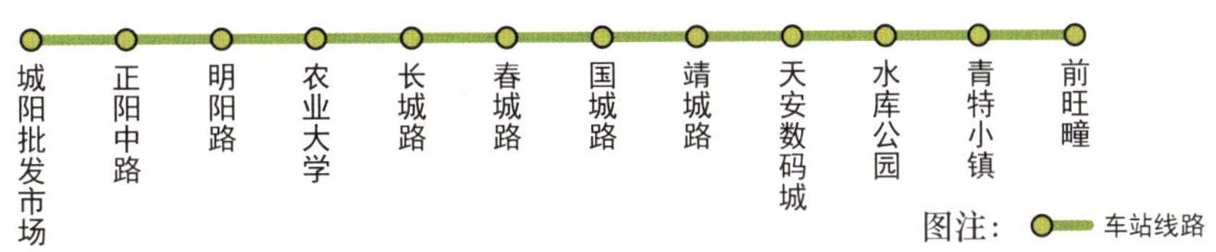

图8-36-1　青岛市城市轨道交通（青岛城运）运营网络示意图

37　郑州地铁集团有限公司

【概况】

至2023年底，河南省郑州市城市轨道交通全网运营线路11条，总运营里程344.8公里，总运营车站220座，网络换乘站17座。

郑州市城市轨道交通9条运营线路由郑州地铁集团运营分公司管理，从事既有运营线路运营维护的职工总数12198人，司机总数1586人。

2023年运送乘客58677.5万人次，比上年增长99.2%，占全市公共交通出行量的比重为46.5%。全年线网日均客运量159.8万人次／日，其中线网日均进站量100.1万人次／日，单日最高日客运量达到357.8万人次／日（2023年12月31日），线网日均客运周转量1258.8万人次公里／日。

2023年线网实际开行列次76.0万列次，线网运营车公里16617.8万车公里，高峰时段最小行车间隔170秒，运营总能耗50640.2万千瓦时。采用按里程计、递远递减的多级票价，全年实现运营票款收入59500万元，比上年增长104.0%。(图8-37-1)

2023年度主要运营指标完成情况见表8-37-1、表8-37-2。

【全自动运行概览】

至2023年底，河南省郑州市开通运营的城市轨道交通全自动运行线路3条，分别为10号线、12号线和郑州机场至许昌市域铁路，总运营里程105.5公里，总运营车站50座。其中：

10号线2023年9月28日开通全自动运行，列车运行的自动化等级为GoA4，最高运行速度100公里／小时，定员数897人；运营和维护保障采用自主＋委外管理模式；信号供应商为卡斯柯信号有限公司，车辆供应商为中车青岛四方机车车辆股份有限公司。

12号线2023年12月20日开通全自动运行，列车运行的自动化等级为GoA4，最高运行速度100公里／小时，定员数1436人；运营和维护保障采用自主维修管理模式；信号供应商为浙江众合科技股份有限公司，车辆供应商为中车青岛四方机车车辆股份有限公司。

郑州市城市轨道交通运营线路年度基础数据统计表　　表8-37-1

序号	运营线路名称	系统制式	车辆制式	列车编组（辆）	运营里程（公里）	地下线（公里）	地面线（公里）	高架线（公里）	运营车站（座）	换乘车站（座）	车辆基地（座）	首班车时间	末班车时间	线路运营时间	运营单位
1	1号线	地铁	B	6	41.2	41.2			30	6	2	5:30	00:16	18小时46分钟	运营分公司
2	2号线	地铁	B	6	30.9	30.9			22	6	1	6:00	23:51	17小时51分钟	运营分公司
3	3号线	地铁	A	6	31.8	31.8			25	7	2	5:18	0:45	19小时27分钟	郑州中建深铁轨道交通有限公司
4	4号线	地铁	B	6	29.2	29.2			27	6	2	6:00	23:55	17小时55分钟	运营分公司
5	5号线	地铁	A	6	40.4	40.4			32	8	2	6:00	0:12	18小时12分钟	运营分公司
6	6号线	地铁	A	6	17.6	14.9	2.7		10	1	1	6:00	22:34	16小时34分钟	运营分公司
7	10号线	地铁	A	6	21.9	21.9			12	4	1	6:00	23:28	17小时28分钟	运营分公司
8	12号线	地铁	B	6	16.5	16.5			11	5	2	6:00	23:53	17小时53分钟	运营分公司
9	14号线	地铁	B	6	7.4	7.4			6	1	1	6:00	22:11	16小时11分钟	运营分公司
10	城郊线	地铁	B	6	40.8	23.5	1.3	16.0	18	2	2	6:00	23:55	17小时55分钟	运营分公司
11	郑州机场至许昌市域铁路	地铁	B	4	67.1	32.4	1.2	33.5	27	1	2	6:00	21:00	15小时	河南郑许轨道交通有限公司
合计					344.8	290.1	5.2	49.5	220	17	10				

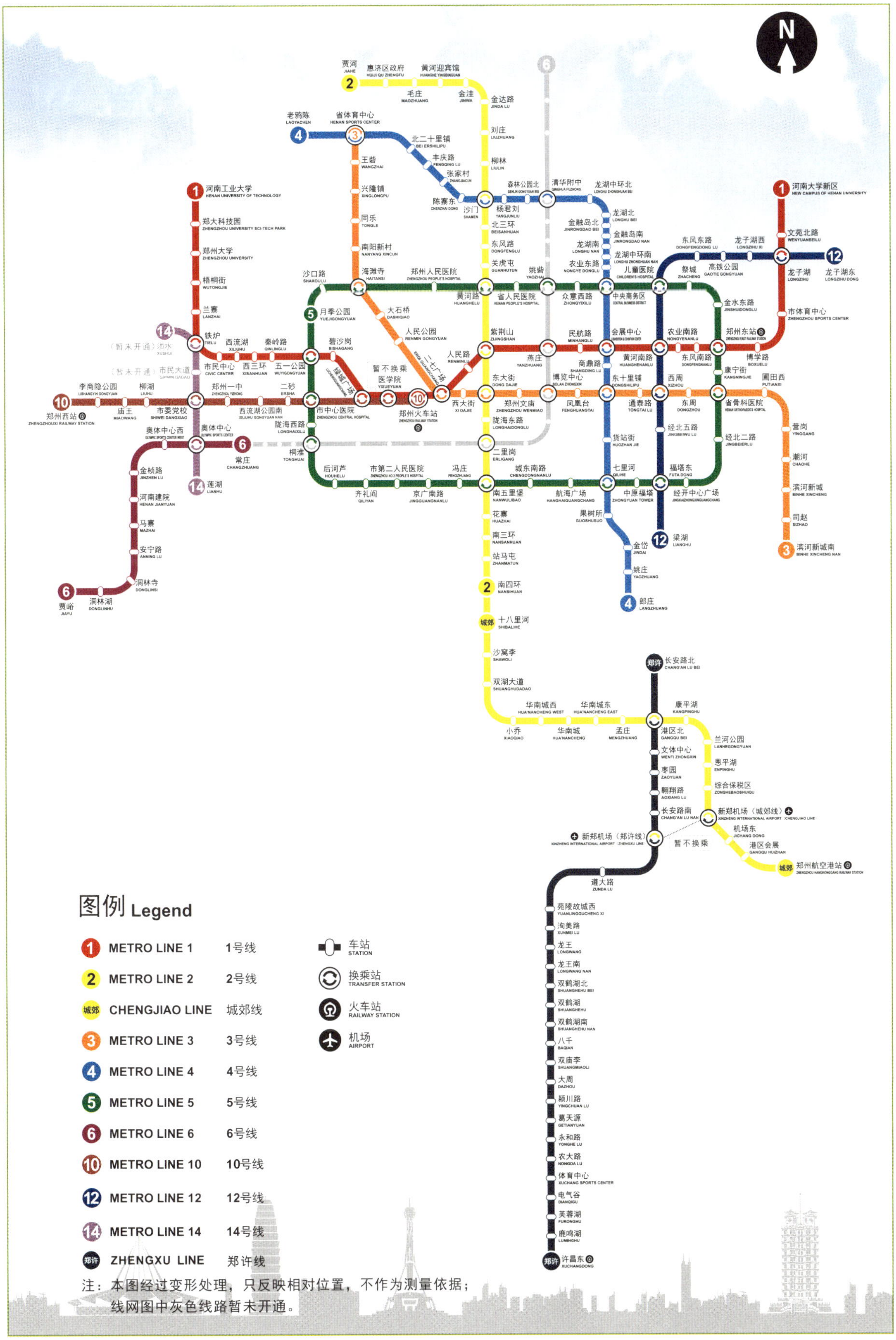

图 8-37-1　郑州市城市轨道交通运营线网示意图

郑州机场至许昌市域铁路 2023 年 12 月 28 日开通全自动运行，列车运行的自动化等级为 GoA4，最高运行速度 120 公里／小时，定员数 960 人；运营和维护保障采用自主＋委外管理模式；信号供应商为卡斯柯信号有限公司，车辆供应商为中车青岛四方机车车辆股份有限公司。

【慈善志愿者工作站】

10 月 27 日，郑州地铁联合郑州慈善总会在郑州火车站成立郑州地铁晶晶服务慈善志愿者工作站，联合医院等 30 余家单位开展“老家河南 · 心的春运”等主题活动，相关文章被中国交通报、学习强国、郑州新闻广播等 15 家媒体转发报道。

【地空联运服务】

11 月 28 日，郑州地铁联合中国南方航空股份有限公司上线地空联运服务项目，在南五里堡站、紫荆山站推出“行李到家”服务，让乘客轻松启程，享受便捷、畅快的出行体验。

【单向免安检】

9 月 28 日，郑州地铁郑州火车站单向免安检随 10 号线开通落地实施，简化乘客出行换乘流程。

（郑州地铁集团有限公司）

郑州市城市轨道交通运营线路年度运营数据统计表 表 8-37-2

<table>
<tr><th>序号</th><th>运营线路名称</th><th>客运量（万人次）</th><th>进站量（万人次）</th><th>客运周转量（万人次公里）</th><th>最大断面客流量（万人次／时）</th><th>配属列车数（列）</th><th>运营车公里（万车公里）</th><th>日均实际开行列次（列次）</th><th>最小发车间隔（秒）</th><th>旅行速度（公里／小时）</th><th>牵引能耗（万千瓦时）</th><th>运营总能耗（万千瓦时）</th></tr>
<tr><td>1</td><td>1 号线</td><td>15070.5</td><td>10849.7</td><td>126108.8</td><td>2.2</td><td>55</td><td>3538.9</td><td>466.0</td><td>170</td><td>33.0</td><td>6083.3</td><td>9792.1</td></tr>
<tr><td>2</td><td>2 号线</td><td>12595.1</td><td>6217.2</td><td>100269.1</td><td>2.6</td><td>41</td><td rowspan="2">5072.0</td><td rowspan="2">501.0</td><td>180</td><td>34.8</td><td rowspan="2">8281.0</td><td rowspan="2">12730.5</td></tr>
<tr><td>3</td><td>城郊线</td><td>3541.3</td><td>2033.0</td><td>47647.1</td><td>1.0</td><td>27</td><td>420</td><td>39.3</td></tr>
<tr><td>4</td><td>3 号线</td><td>6518.3</td><td>3836.3</td><td>37232.1</td><td>1.1</td><td>44</td><td>1839.9</td><td>312.5</td><td>300</td><td>34.3</td><td>2689.1</td><td>6145.5</td></tr>
<tr><td>5</td><td>4 号线</td><td>4037.5</td><td>2640.1</td><td>18720.4</td><td>0.8</td><td>31</td><td>1607.7</td><td>246.0</td><td>360</td><td>34.3</td><td>2531.6</td><td>6456.6</td></tr>
<tr><td>6</td><td>5 号线</td><td>14916.6</td><td>9956.0</td><td>117243.0</td><td>2.3</td><td>49</td><td>3089.5</td><td>396.0</td><td>240</td><td>38.4</td><td>5325.0</td><td>10047.7</td></tr>
<tr><td>7</td><td>6 号线</td><td>526.1</td><td>349.4</td><td>3552.4</td><td>0.3</td><td>10</td><td>761.1</td><td>203.0</td><td>600</td><td>32.4</td><td>1453.5</td><td>2892.8</td></tr>
<tr><td>8</td><td>10 号线</td><td>764.0</td><td>458.8</td><td>6567.1</td><td>0.6</td><td>14</td><td>329.2</td><td>292.0</td><td>360</td><td>40.8</td><td>609.1</td><td>1083.4</td></tr>
<tr><td>9</td><td>12 号线</td><td>56.9</td><td>29.3</td><td>355.6</td><td>0.4</td><td>12</td><td>30.6</td><td>252.0</td><td>375</td><td>44.4</td><td></td><td></td></tr>
<tr><td>10</td><td>14 号线</td><td>651.2</td><td>164.0</td><td>1776.0</td><td>1.6</td><td>6</td><td>348.9</td><td>210.0</td><td>600</td><td>40.4</td><td>759.8</td><td>1491.6</td></tr>
<tr><td colspan="2">合计</td><td>58677.5</td><td>36533.8</td><td>459471.6</td><td></td><td>289</td><td>16617.8</td><td></td><td></td><td></td><td>27732.4</td><td>50640.2</td></tr>
</table>

注：12 号线一期因运营不满一个月，无法统计牵引能耗、运营总能耗。

38 洛阳市轨道交通集团有限责任公司

【概况】

至 2023 年底，河南省洛阳市城市轨道交通全网运营线路 2 条，总运营里程 42.5 公里，总运营车站 34 座，网络换乘站 2 座。

洛阳市城市轨道交通 2 条运营线路均由洛阳市轨道交通集团有限责任公司管理，从事既有运营线路运营维护的职工总数 2431 人，司机总数 219 人。

2023 年运送乘客 5715.9 万人次，比上年增长 96.1%，占全市公共交通出行量的比重为 30.3%。全年线网日均客运量 15.7 万人次／日，其中线网日均进站量 11.8 万人次／日，单日最高日客运量达到 51.5 万人次／日（2023 年 12 月 31 日），线网日均客运周转量 96.2 万人次公里／日。

2023 年线网实际开行列次 18.1 万列次，线网运营车公里 2297.1 万车公里，高峰时段最小行车间隔 360 秒，运营总能耗 10959.0 万千瓦时。采用按里程计、递远递减的多级票价，全年实现运营票款收入 7929.9 万元，比上年增

长 82.2%。(图 8-38-1)

2023 年度主要运营指标完成情况见表 8-38-1、表 8-38-2。

【优惠乘车多元化】

洛阳地铁为进一步拓宽乘客乘车方式，充分落实洛阳市退役军人及其他优抚对象优待政策，实现乘车多元化发展，2023 年成功助力微信小程序、支付宝乘车码正式上线，同时实现退役军人及其他优抚对象、河洛英才、优秀教师优惠乘车功能，进一步提升市民及游客出行效率及体验。

【空调系统高能效】

洛阳地铁磁悬浮直膨式地铁车站智能通风空调系统首创地铁车站水冷磁悬浮直膨空调机组与风冷多联机组组合、全站无冷冻水系统的空调系统冷源方案，自主研发线路级图形模式可编辑的地铁车站档位前馈节能控制系统，并得到应用。2023 年 9 月，该项目获中国城市轨道交通协会专家和学术委员会“项目成果创新性突出、系统性强，总体技术达到国际领先水平”的评价。检测结果显示，2023 年空调季系统能效 6.03、机房能效 7.25。

（洛阳市轨道交通集团有限责任公司　韩雪）

洛阳市城市轨道交通运营线路年度基础数据统计表

表 8-38-1

序号	运营线路名称	系统制式	车辆制式	列车编组（辆）	运营里程（公里）	地下线（公里）	地面线（公里）	高架线（公里）	运营车站（座）	换乘车站（座）	车辆基地（座）	首班车时间	末班车时间	线路运营时间	运营单位
1	1 号线	地铁	B	6	24.9	23.2	0.3	1.4	19	1	2	6:30	23:14	16 小时 44 分钟	洛阳市轨道交通集团有限责任公司运营分公司
2	2 号线	地铁	B	6	17.6	17.6			15	1	1	6:30	23:01	16 小时 31 分钟	洛阳市轨道交通集团有限责任公司运营分公司
合计					42.5	40.8	0.3	1.4	33	1	3				

注：1、2 号线自 2023 年 4 月 1 日起，在节假日和大型活动前最后一个工作日延长运营 1 小时。

洛阳市城市轨道交通运营线路年度运营数据统计表

表 8-38-2

序号	运营线路名称	客运量（万人次）	进站量（万人次）	客运周转量（万人次公里）	最大断面客流量（万人次 / 时）	配属列车数（列）	运营车公里（万车公里）	日均实际开行列次（列次）	最小发车间隔（秒）	旅行速度（公里 / 小时）	牵引能耗（万千瓦时）	运营总能耗（万千瓦时）
1	1 号线	3371.7	2627.7	19901.1	1.1	22	1340.4	246.0	360	33.8	2338.6	5904.0
2	2 号线	2344.2	1685.9	15200.1	1.1	19	956.7	249.0	360	33.5	1703.1	5055.0
合计		5715.9	4313.6	35101.2		41	2297.1				4041.7	10959.0

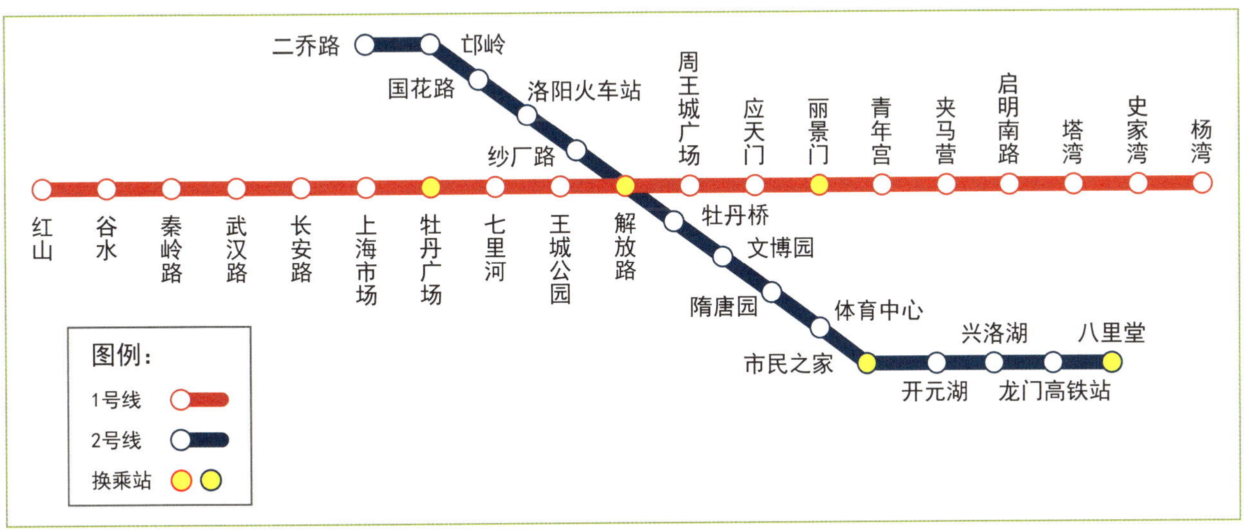

图 8-38-1　洛阳市城市轨道交通运营网络示意图

39　武汉地铁集团有限公司

【概况】

至2023年底，湖北省武汉市城市轨道交通12条运营线路由武汉地铁集团有限公司管理，总运营里程486.7公里，总运营车站300座，网络换乘站35座，从事既有运营线路运营维护的职工总数16898人，司机总数2447人。

2023年运送乘客134288.3万人次，比上年增长51.29%，占全市公共交通出行量的比重65.9%。全年线网日均客运量367.9万人次／日，其中线网日均进站量232.3万人次／日，单日最高日客运量达到521.5万人次／日（2023年9月28日），线网日均客运周转量3001.1万人次公里／日。

2023年线网实际开行列次164.0万列次，线网运营车公里34630.6万车公里，高峰时段最小行车间隔150秒，运营总能耗114165.0万千瓦时。采用按里程计、递远递减的多级票价，票价最低2元，最高12元，全年实现运营票款收入282177.5万元，比上年增长53.95%。（图8–39–1）

2023年度主要运营指标完成情况见表8–39–1、8–39–2。

【全自动运行概览】

至2023年底，湖北省武汉市开通运营的城市轨道交通全自动运行线路在武汉地铁集团有限公司运营下的有1条，为5号线，总运营里程37.7公里，总运营车站27座。5号线于2021年12月26日开通全自动运行，列车运行的自动化等级为GoA4，最高运行速度80公里／小时，定员数1836人；运营和维护保障采用集中管理模式；信号供应商为交控科技股份有限公司，车辆供应商为中车长春轨道客车股份有限公司。

【“爱心预约”乘车服务】

2023年6月，武汉地铁推出线上“爱心预约”乘车服务，在原有车站预约、电话预约的基础上，乘客可以通过关注“武汉地铁运营”微信公众号预约，或可由亲属或朋友代为完成预约流程。“爱心预约”为特殊乘客群体提供更便捷和人性化的服务。

【电子定期票上线】

自2023年8月30日起，武汉地铁电子定期票正式上线。乘客通过“Metro新时代”App，可轻松购买电子定期票，激活后即可使用，无须再到车站窗口或自动售票机排队购票，缩短乘客的购票时间，提高出行效率。

【急救体系保障乘客安全】

2023年5月8日，第76个世界红十字日，国家卫生

武汉市城市轨道交通（武汉地铁）运营线路年度基础数据统计表　　表8–39–1

序号	运营线路名称	系统制式	车辆制式	列车编组（辆）	运营里程（公里）	地下线（公里）	地面线（公里）	高架线（公里）	运营车站（座）	换乘车站（座）	车辆基地（座）	首班车时间	末班车时间	线路运营时间	运营单位
1	1号线	地铁	B	4	37.8			37.8	32	7	3	6:00	0:12	18小时12分钟	武汉地铁运营有限公司
2	2号线	地铁	B	6	60.7	55.3		5.4	38	13	4	6:00	0:45	18小时45分钟	武汉地铁运营有限公司
3	3号线	地铁	B	6	30.1	30.1			24	9	2	6:00	23:55	17小时55分钟	武汉地铁运营有限公司
4	4号线	地铁	B	6	50.4	43.3		7.1	37	7	3	6:00	0:26	18小时26分钟	武汉地铁运营有限公司
5	5号线	地铁	A	6	37.7	27.5		10.2	27	3	2	6:00	23:59	17小时59分钟	武汉地铁运营有限公司
6	6号线	地铁	A	6	43.0	43.0			32	10	2	6:00	0:14	18小时14分钟	武汉地铁运营有限公司
7	7号线	地铁	A	6	68.9	62.5		6.4	33	10	3	6:00	0:10	18小时10分钟	武汉地铁运营有限公司
8	8号线	地铁	A	6	39.1	39.1			26	7	2	6:00	0:08	18小时8分钟	武汉地铁运营有限公司
9	11号线	地铁	A	6	23.4	23.4			14	2	1	6:00	23:32	17小时32分钟	武汉地铁运营有限公司
10	16号线	地铁	A	4	37.3	14.6		22.7	14	2	2	6:00	23:09	17小时9分钟	武汉地铁运营有限公司
11	19号线	地铁	A	6	23.3	23.3			7	1	1	6:00	22:51	16小时51分钟	武汉地铁运营有限公司
12	阳逻线	地铁	A	4	35.0	9.7		25.3	16	2	2	6:00	23:16	17小时16分钟	武汉地铁运营有限公司
	合计				486.7	371.8		114.9	300	35	27				

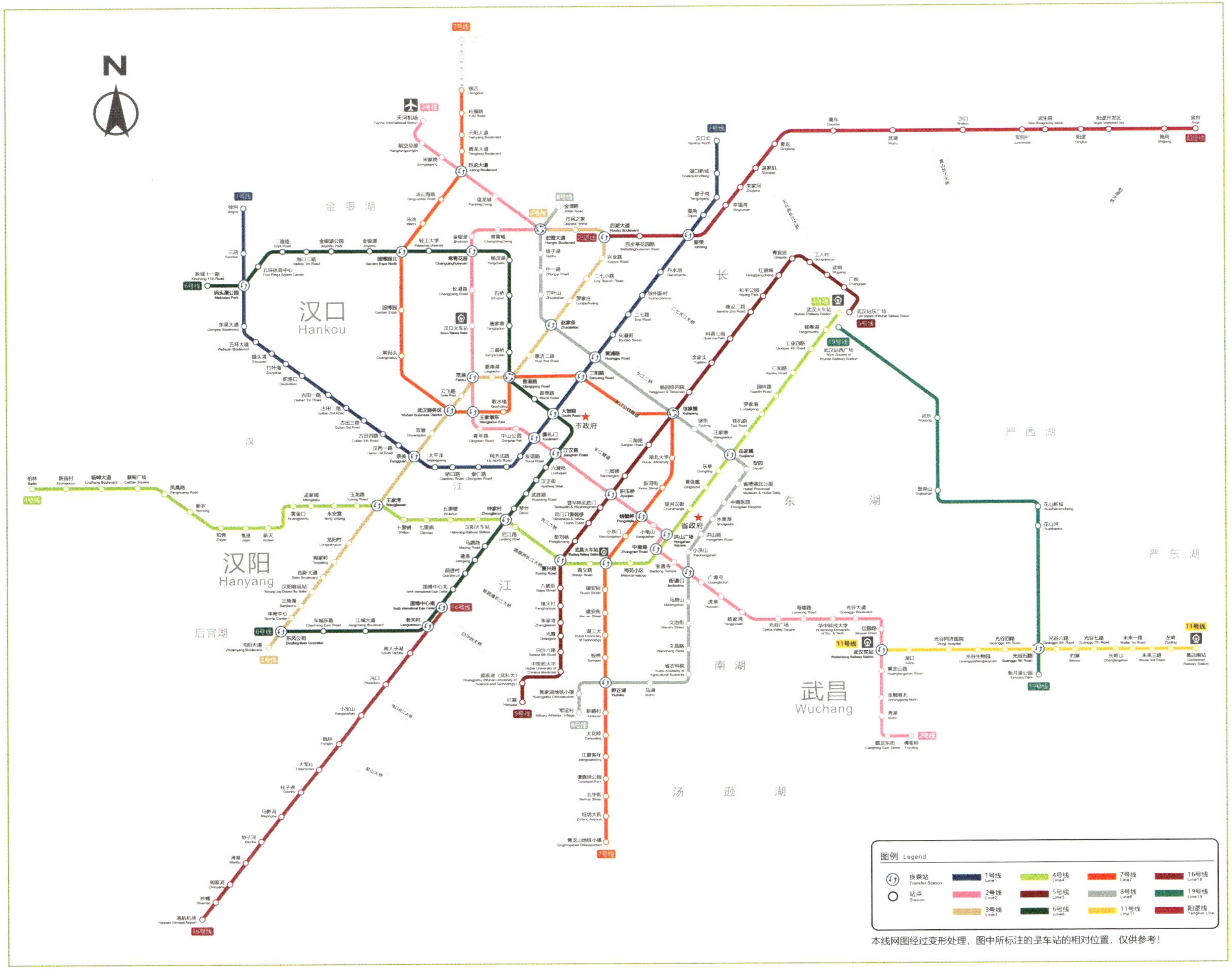

图 8-39-1　武汉市城市轨道交通（武汉地铁）运营网络示意图

健康委员会、国家广播电视总局和中国红十字会联合公布2022年度“十大最美救护员”名单，武汉地铁肖畅、夏阳、徐聪“地铁救护群体”获评“十大最美救护员”称号。武汉地铁线网所有车站配备急救箱、AED、便携急救包，所有救护设备均纳入车站应急物资管理，做到定期检查更新用品，保障急救设备规范使用并发挥作用。武汉地铁建有一套完善的应急处置机制，多岗位人员有着明确分工、接受统一调度，所有值班站长上任前均接受初级救护员培训并取得中国红十字会颁发的红十字救护员证书；基础急救技能培训列入普通员工的日常技能和服务培训之中。通过配备先进的急救设备、建立完善的应急处置机制以及加强员工急救技能培训。武汉地铁打造高效救护体系，确保乘客安全出行。

（武汉地铁集团有限公司　谢丽平）

武汉市城市轨道交通（武汉地铁）运营线路年度运营数据统计表　　表8-39-2

序号	运营线路名称	客运量（万人次）	进站量（万人次）	客运周转量（万人次公里）	最大断面客流量（万人次/时）	配属列车数（列）	运营车公里（万车公里）	日均实际开行列次（列次）	最小发车间隔（秒）	旅行速度（公里/小时）	牵引能耗（万千瓦时）	运营总能耗（万千瓦时）
1	1号线	11851.8	8300.2	84789.5	1.3	72	2618.5	487.5	192	30.4	4804.1	6551.0
2	2号线	33036.0	21896.4	315692.7	3.3	85	6701.0	643.5	150	34.6	10895.2	18142.5
3	3号线	13398.0	7688.0	84498.0	2.0	48	2722.1	431.4	216	32.2	8259.7	10237.0
4	4号线	20097.4	13072.4	162030.9	2.3	70	4708.7	527.4	174	34.3	4981.9	14925.2
5	5号线	10821.8	7070.5	75528.8	1.7	42	2789.1	408.3	288	34.9	5092.1	9069.9
6	6号线	13673.8	8694.0	88845.9	1.6	51	3135.2	379.2	318	34.0	6163.0	11985.8
7	7号线	14503.3	8186.8	137616.2	1.8	55	5030.1	458.5	234	42.6	9655.0	16787.9
8	8号线	10967.3	5949.1	71780.4	1.5	47	3228.3	400.5	288	33.5	5930.4	11488.9
9	11号线	3028.8	2005.4	29537.8	1.0	20	1325.8	269.7	456	42.9	2687.1	5775.4
10	16号线	851.8	530.5	15151.7	0.2	23	1140.4	231.0	540	55.5	2304.4	4556.1
11	19号线	5.2	4.2	59.9	0.1	15	4.9	186.0	588	63.2	10.0	63.1
12	阳逻线	2053.1	1379.7	29878.5	0.4	25	1226.6	256.0	402	44.1	2175.2	4582.2
合计		134288.3	84777.2	1095410.3		553	34630.7				62958.1	114165.0

40　武汉光谷交通建设有限公司

【概况】

至2023年底，武汉市城市轨道交通3条运营线路由武汉光谷现代有轨电车运营有限公司管理，总运营里程42.7公里，总运营车站45座，网络换乘站3座。从事既有运营线路运营维护的职工总数258人，司机总数149人。

2023年运送乘客875.0万人次，比上年增长36.8%。全年线网日均客运量2.4万人次/日，其中线网日均进站量2.4万人次/日，单日最高日客运量达到3.7万人次/日（2023年12月31日）。

2023年线网实际开行列次13.3万列次，线网运营车公里183.7万车公里，高峰时段最小行车间隔465秒，运营总能耗1287.0万千瓦时。采用2元单一票制，全年实现运营票款收入1549.9万元，比上年增长37.0%。（图8-40-1）

2023年度主要运营指标完成情况见表8-40-1、表8-40-2。（表格数据不含光谷空轨旅游线）

【全自动运行概览】

至2023年底，湖北省武汉市开通运营的城市轨道交通全自动运行线路在武汉光谷交通建设有限公司运营下的有1条，为空轨旅游线，总运营里程10.5公里，总运营车站6座。

空轨旅游线 2023 年 9 月 26 日开通全自动运行，列车运行的自动化等级为 GoA3，最高运行速度 60 公里 / 小时，定员数 128 人；运营和维护保障采用合作伙伴管理模式；信号供应商为上海富欣智能交通控制有限公司，车辆供应商为中车青岛四方机车车辆股份有限公司。

【超级电容技术】

光谷有轨电车采用超级电容技术，具有以下特点：采用能量型超级电容供电技术，全线 44 个车站仅 30 个车站设置充电轨，无须站站充电；车辆利用停站时间充电，充满仅需 30 秒；单次充电可不间断行驶 12 公里；行驶过程中能量可循环利用；减少充电桩布置，较好地保护沿线生态景观；减少沿线充电轨数量，减小建设投资又提高系统的可靠性。

（武汉光谷交通建设有限公司　杨清梅）

武汉市城市轨道交通（武汉光谷）运营线路年度基础数据统计表　　表 8-40-1

序号	运营线路名称	系统制式	车辆制式	列车编组（辆）	运营里程（公里）	地下线（公里）	地面线（公里）	高架线（公里）	运营车站（座）	换乘车站（座）	车辆基地（座）	首班车时间	末班车时间	线路运营时间	运营单位
1	T1 线	有轨电车	C	5	13.6		10.9	2.7	17	3	1	6:00	22:12	16 小时 12 分钟	有轨电车运营公司
2	T2 线	有轨电车	C	5	18.7	0.6	16.1	2.0	22	3	1	6:30	22:30	16 小时	有轨电车运营公司
合计					32.2	0.6	26.7	15.4	39	3	2	43.0			

武汉市城市轨道交通（武汉光谷）运营线路年度运营数据统计表　　表 8-40-2

序号	运营线路名称	客运量（万人次）	进站量（万人次）	客运周转量（万人次公里）	最大断面客流量（万人次 / 时）	配属列车数（列）	运营车公里（万车公里）	日均实际开行列次（列次）	最小发车间隔（秒）	旅行速度（公里 / 小时）	牵引能耗（万千瓦时）	运营总能耗（万千瓦时）
1	T1 线	717.7	717.7			26	92.3	218.2	465	20.0	449.6	745.3
2	T2 线	157.3	157.3			17	91.4	131.7	708	21.0	299.7	541.7
合计		875.0	875.0			43	183.7				749.3	1287.0

图 8-40-1　武汉市城市轨道交通（武汉光谷）运营网络示意图

41 长沙市轨道交通集团有限公司

【概况】

至2023年底，湖南省长沙市城市轨道交通7条运营线路由长沙市轨道交通集团有限公司管理，总运营里程207.9公里，总运营车站153座，网络换乘站18座。

长沙市城市轨道交通1—5号线和西环线由长沙市轨道交通运营有限公司管理（以下简称“运营公司”），6号线地铁运营由长沙穗城轨道交通有限公司管理（以下简称“穗城公司”）。1—5号线、西环线从事既有运营线路运营维护的职工总数8853人，司机总数804人；6号线从事既有运营线路运营维护的职工总数1055人，司机总数169人。

2023年运送乘客94199.7万人次，比上年增长49.7%。全年线网日均客运量259.2万人次／日，其中线网日均进站量139.1万人次／日，单日最高日客运量达到374.2万人次／日（2023年4月30日），线网日均客运周转量1495.7万人次公里／日。

2023年线网实际开行列次95.2万列次，线网运营车公里15602.5万车公里，高峰时段最小行车间隔198秒，运营总能耗62408.2万千瓦时。采用按里程计、递远递减的多级票价，全年实现运营票款收入139728.3万元，比上年增长48.1%。（图8-41-1）

2023年度主要运营指标完成情况见表8-41-1、表8-41-2。

长沙市城市轨道交通（长沙轨交）运营线路年度基础数据统计表

表8-41-1

序号	运营线路名称	系统制式	车辆制式	列车编组（辆）	运营里程（公里）	地下线（公里）	地面线（公里）	高架线（公里）	运营车站（座）	换乘车站（座）	车辆基地（座）	首班车时间	末班车时间	线路运营时间	运营单位
1	1号线	地铁	B	6	23.6	22.6		1.0	20	4	1	6:30	23:42	17小时12分钟	长沙市轨道交通运营有限公司
2	2号线	地铁	B	6	26.5	26.5			23	9	1	6:30	23:47	17小时17分钟	长沙市轨道交通运营有限公司
3	3号线	地铁	B	6	36.4	36.4			25	5	2	6:30	0:03	17小时33分钟	长沙市轨道交通运营有限公司
4	4号线	地铁	B	6	33.5	33.5			25	8	2	6:30	0:00	17小时30分钟	长沙市轨道交通运营有限公司
5	5号线	地铁	B	6	22.5	22.5			18	4	1	6:30	23:40	17小时10分钟	长沙市轨道交通运营有限公司
6	6号线	地铁	A	6	48.1	48.1			34	6	2	6:30	0:21	17小时51分钟	长沙穗城轨道交通有限公司
7	西环线	地铁	B	6	17.3	7.6		9.7	8		1	6:30	22:16	15小时46分钟	长沙市轨道交通运营有限公司
合计					207.9	197.2		10.7	153	18	10				

长沙市城市轨道交通（长沙轨交）运营线路年度运营数据统计表

表8-41-2

序号	运营线路名称	客运量（万人次）	进站量（万人次）	客运周转量（万人次公里）	最大断面客流量（万人次／时）	配属列车数（列）	运营车公里（万车公里）	日均实际开行列次（列次）	最小发车间隔（秒）	旅行速度（公里／小时）	牵引能耗（万千瓦时）	运营总能耗（万千瓦时）
1	1号线	16682.5	10624.4	92689.8	1.5	28	1902.2	367.0	232	32.6	3705.6	7734.8
2	2号线	24619.7	11920.6	129531.2	2.1	32	2893.3	504.0	198	32.7	5861.6	11753.5
3	3号线	11669.3	6938.8	72206.8	0.8	34	2580.5	320.0	359	35.6	4247.5	9566.1
4	4号线	15492.6	8135.2	86172.6	1.4	32	2516.1	337.0	240	33.5	4501.4	10343.7
5	5号线	9320.6	4659.9	51275.4	1.1	24	1460.2	300.0	330	32.6	1968.7	6594.1
6	6号线	16199.6	7890.8	111858.4	1.8	41	3694.9	438.0	292	35.0	7091.2	14435.7
7	西环线	215.4	215.4	2190.8	0.2	16	555.3	335.0	359	35.6	878.1	1980.3
合计		94199.7	50385.1	545925.0		207	15602.5				28254.1	62408.2

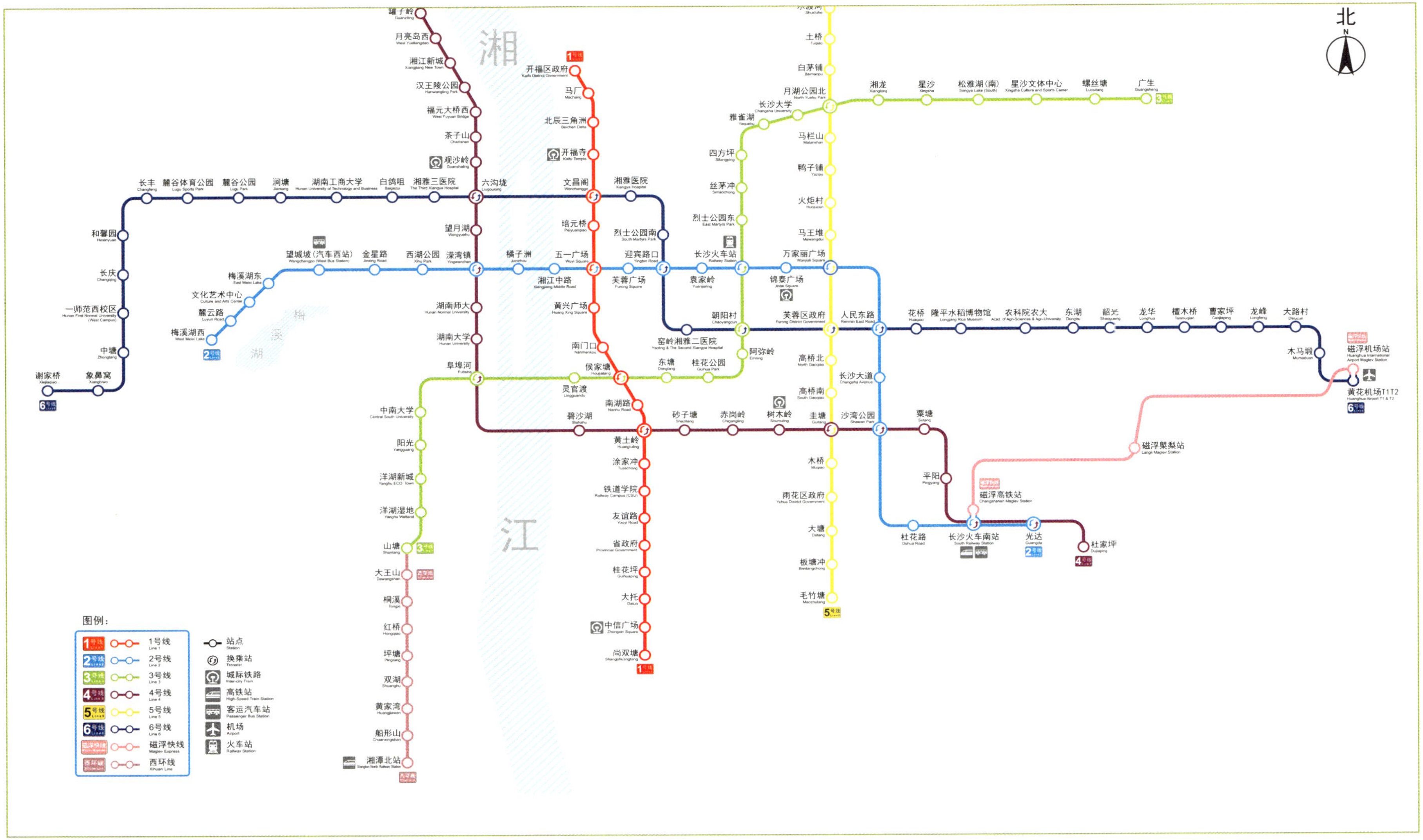

图 8-41-1　长沙市城市轨道交通运营网络示意图

【丰富服务举措】

推出各类服务举措："全员／全龄友好"信息无障碍平台试点车站、主题宣传站及品牌列车；升级长沙地铁 App，增加"爱心预约"功能，实现"一次预约、覆盖全网"；照明亮化改造及车站公共区域卫生间提质改造；三属人员、高层次人才、14 周岁以下儿童免费乘地铁等优惠政策。

【智慧地铁工作】

2023 年，智慧地铁功能完善及应用，实现车站智能安防监测、一键开关站及"智能判图＋集中判图"智慧安检，精准控制风水联动系统。

【提升运营服务质量】

设置"文明休息区""主题专列"，加装"自动除颤仪""手机加油站""无障碍渡板"，"延长节假日运营时间"等；开展"排队候车日""情系五月、温暖同行""助力高考""学子驿站""沟通零距离、服务心连心""美好出圈、所愿皆圆""地铁伴您回家路"等活动；与学校、社区、医院等联建共建。

（长沙市轨道交通集团有限公司　言艾欣）

42　湖南磁浮交通发展股份有限公司

【概况】

至 2023 年底，湖南省长沙市城市轨道交通 1 条运营线路由湖南磁浮交通发展股份有限公司管理，总运营里程 18.6 公里，总运营车站 3 座。从事既有运营线路运营维护的职工总数 390 人，司机总数 47 人。

2023 年运送乘客 191.8 万人次，比上年增长 62.6%。全年线网日均客运量 0.5 万人次／日，其中线网日均进站量 0.5 万人次／日，单日最高日客运量达到 0.8 万人次／日（2023 年 10 月 3 日），线网日均客运周转量 9.7 万人次公里／日。

2023 年线网实际开行列次 6.2 万列次，线网运营车公里 343.9 万车公里，高峰时段最小行车间隔 600 秒，运营总能耗 1567.0 万千瓦时。采用区段计价票制，全年实现运营票款收入 3365.3 万元，比上年增长 73.6%。（图 8-42-1）

2023 年度主要运营指标完成情况见表 8-42-1、表 8-42-2。

【教育实践平台】

开展"追逐梦想　贴地飞行"科技体验活动、秋季学期"开学第一课"活动等；申报长沙磁浮快线中小学生研学实验教育基地，发挥自身教育实践平台作用，扩大磁浮交通的社会影响力。

【行业交流活动】

参加北京-青岛国际城市轨道交通展览会暨高峰论坛、首届中国城市轨道交通高新技术成果交易会、2023 年第三届上海轨道交通技术论坛。

（湖南磁浮交通发展股份有限公司　言艾欣）

长沙市城市轨道交通（湖南磁浮）运营线路年度基础数据统计表　　表 8-42-1

序号	运营线路名称	系统制式	车辆制式	列车编组（辆）	运营里程（公里）	地下线（公里）	地面线（公里）	高架线（公里）	运营车站（座）	换乘车站（座）	车辆基地（座）	首班车时间	末班车时间	线路运营时间	运营单位
1	长沙磁浮快线	磁浮	B	3	18.6		1.1	17.5	3		1	7:00	22:30	15 小时 30 分钟	湖南磁浮交通发展股份有限公司
合计					18.6		1.1	17.5	3		1				

长沙市城市轨道交通（湖南磁浮）运营线路年度运营数据统计表　　表 8-42-2

序号	运营线路名称	客运量（万人次）	进站量（万人次）	客运周转量（万人次公里）	最大断面客流量（万人次／时）	配属列车数（列）	运营车公里（万车公里）	日均实际开行列次（列次）	最小发车间隔（秒）	旅行速度（公里／小时）	牵引能耗（万千瓦时）	运营总能耗（万千瓦时）
1	长沙磁浮快线	191.8	191.8	3525.5	349	11	343.9	170.0	600	66.5	834.7	1567.0
合计		191.8	191.8	3525.5		11	343.9				834.7	1567.0

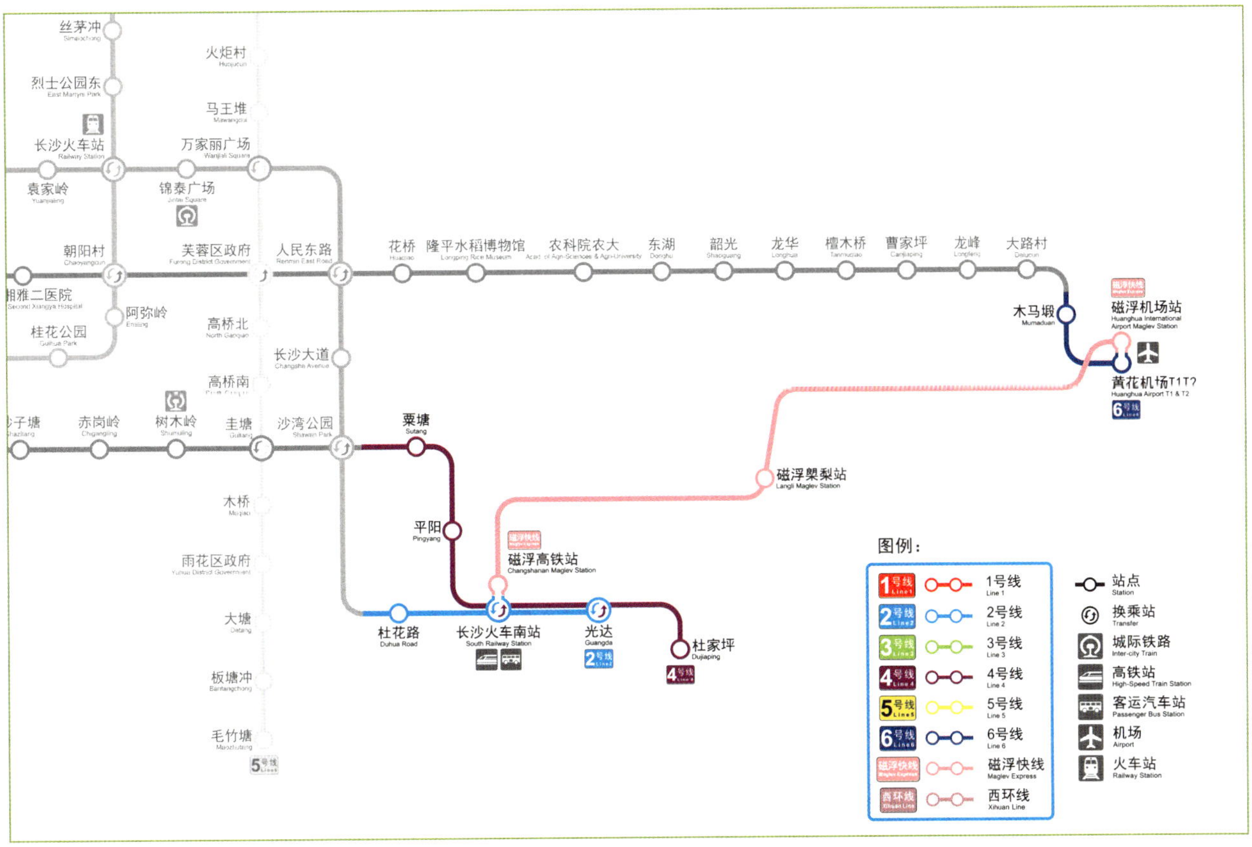

图 8-42-1　长沙市城市轨道交通（湖南磁浮）运营网络示意图

43　广州地铁集团有限公司

【概况】

至 2023 年底，广东省广州市城市轨道交通全网运营线路 16 条，总运营里程 652.7 公里，总运营车站 320 座，网络换乘站 45 座。

广州市城市轨道交通 16 条运营线路均由广州地铁集团管理，从事既有运营线路运营维护的职工总数 22591 人，司机总数 2590 人。

2023 年运送乘客 314556.6 万人次，比上年增长 33%，占全市公共交通出行量的比重为 68%。全年线网日均客运量 857.2 万人次 / 日，其中线网日均进站量 467.2 万人次 / 日，单日最高日客运量达到 1108.6 万人次 / 日（2023 年 9 月 28 日），线网日均客运周转量 7075.6 万人次公里 / 日。

2023 年线网实际开行列次 273 万列次，线网运营车公里 51061.9 万车公里，高峰时段最小行车间隔 120 秒，运营总能耗 195590.1 万千瓦时。采用按里程计、递远递减的多级票价，票价最低 2 元，最高 20 元，全年实现运营票款收入 643608.0 万元，比上年增长 30%。（图 8-43-1）

2023 年度主要运营指标完成情况见表 8-43-1、表 8-43-2。

【全自动运行概览】

至 2023 年底，广东省广州市开通运营的城市轨道交通全自动运行线路 3 条，分别为 APM 线、18 号线及 22 号线，总运营里程 83.4 公里，总运营车站 21 座。其中：

APM 号线 2010 年 11 月 8 日开通全自动运行，列车运行的自动化等级为 GoA3，最高运行速度 60 公里 / 小时；运营和维护保障采用集中管理模式；信号供应商为庞巴迪运输集团（控股）美国有限公司，车辆供应商为庞巴迪运输集团（控股）美国有限公司。

18 号线 2021 年 9 月 28 日开通全自动运行，列车运行的自动化等级为简易全自动，最高运行速度 160 公里 / 小时；运营和维护保障采用全委外管理模式；信号供应商为广州铁科智控有限公司，车辆供应商为中车株洲电力机车有限公司。

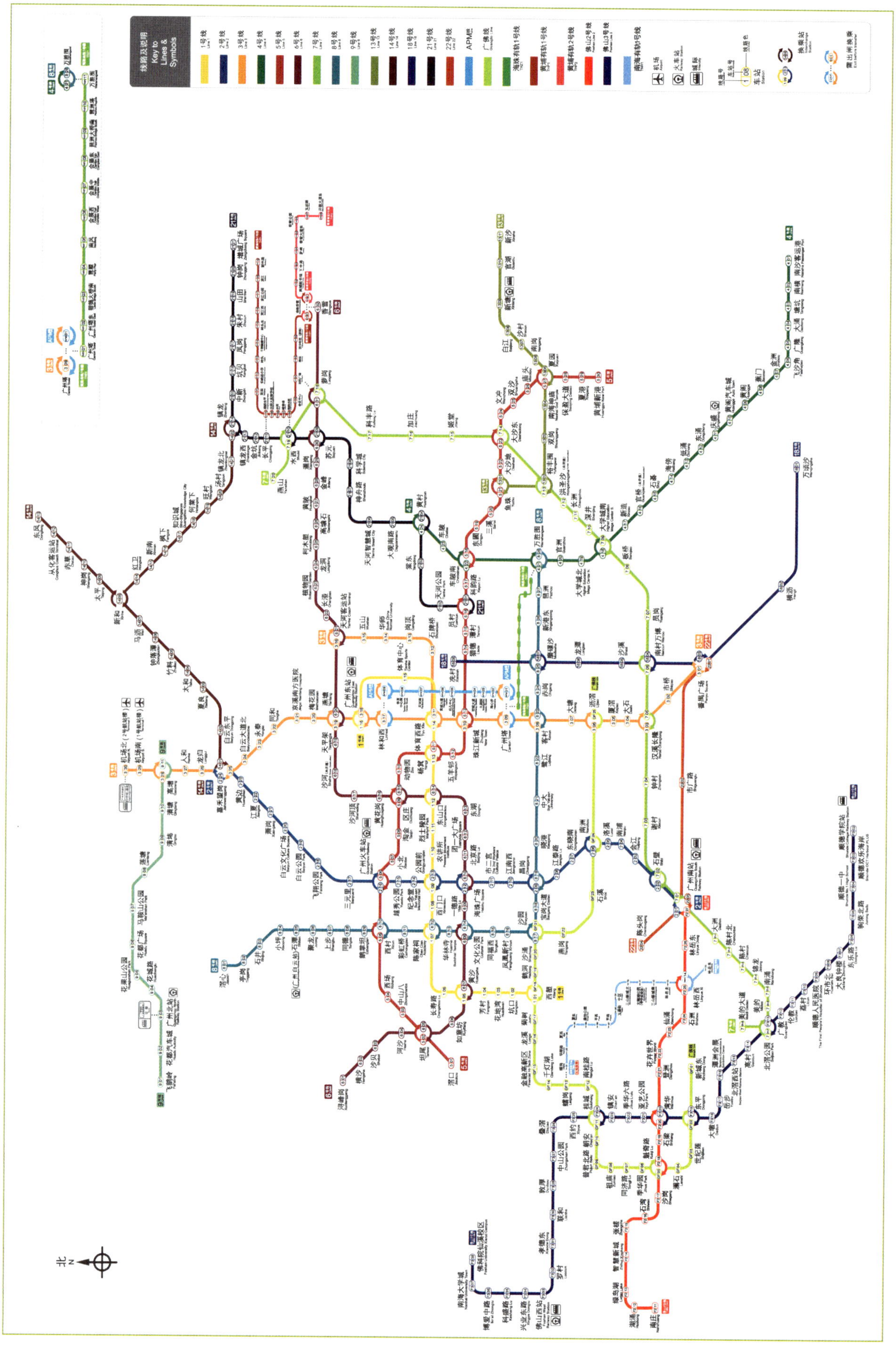

图 8-43-1　广州市城市轨道交通运营网络示意图

22号线2022年3月31日开通全自动运行，列车运行的自动化等级为简易全自动，最高运行速度160公里/小时，定员数1人；运营和维护保障采用全委外管理模式；信号供应商为广州铁科智控有限公司，车辆供应商为中车株洲电力机车有限公司。

【中国标准地铁列车发布】

2023年6月29日，由广州地铁集团与中车长客股份公司共同研制的时速80公里A型中国标准地铁列车在广州发布。列车应用自主化攻关部件，具有智慧先进、绿色节能、安全舒适等特点。列车的成功研制解决关键零部件依赖进口、缺乏统一产品和技术平台等制约我国城市轨道交通发展的问题，标志着我国城市轨道交通装备水平步入新阶段。广州2号线增购车辆为国内首个采用此装备的车辆。

【广州地铁获ISO/TS 22163质量认证证书】

2023年8月10日，广州地铁获ISO/TS 22163体系认证证书，成为通过该认证的轨道交通运营商。广州地铁与世界先进管理标准接轨，导入ISO/TS 22163质量管理体系，提升维修质量管理体系和管理能力现代化。

【多地快速直联】

12月28日，5号线东延段（文冲至黄埔新港）、7号线二期（大学城南至燕山）开通初期运营，广州城市轨道交通线网里程达到653公里，轨道上的大湾区成型。上述两线贯通运营，可贯穿广州中心城区，还可西连佛山、东接东莞，串联起佛穗莞三城；7号线二期与一期贯通运营，衔接4条既有线路和4条规划线路，可实现广州黄埔、佛山顺德快速直联，并通过与城际线路高效换乘，进一步强化黄埔区与中心城区的轨道交通联系。

（广州地铁集团有限公司）

广州市城市轨道交通运营线路年度基础数据统计表　　表8-43-1

序号	运营线路名称	系统制式	车辆制式	列车编组（辆）	运营里程（公里）	地下线（公里）	地面线（公里）	高架线（公里）	运营车站（座）	换乘车站（座）	车辆基地（座）	首班车时间	末班车时间	线路运营时间	运营单位
1	1号线	地铁	A	6	18.5	16.4	2.1		16	8	1	6:10	0:03	17小时53分钟	广州地铁
2	2号线	地铁	A	6	31.8	31.8			24	8	2	6:00	0:40	18小时40分钟	广州地铁
3	3号线及支线	地铁	B	6	67.3	67.3			30	13	1	6:00	0:12	18小时12分钟	广州地铁
4	4号线	地铁	L	4	59.3	29.6	1.4	28.3	23	4	2	6:00	0:25	18小时25分钟	广州地铁
5	5号线	地铁	L	6	41.7	39.5	0.2	2.0	30	11	2	6:15	23:30	17小时15分钟	广州地铁
6	6号线	地铁	L	4	42.1	39.1		3.0	31	10	2	6:00	0:00	18小时	广州地铁
7	7号线	地铁	B	6	53.9	53.9			27	10	3	6:00	23:55	17小时55分钟	广州地铁
8	8号线	地铁	A	6	33.9	33.9			28	8	1	6:00	23:57	17小时57分钟	广州地铁
9	9号线	地铁	B	6	20.1	20.1			11	1	1	6:06	23:42	17小时36分钟	广州地铁
10	13号线	地铁	A	8	27.0	27.0			11	3	1	6:15	23:47	17小时32分钟	广州地铁
11	14号线及支线	地铁	B	6	76.3	42.1		34.2	22	2	2	6:10	23:40	17小时30分钟	广州地铁
12	18号线	市域快轨	D	8	58.3	58.3			8	3	2	6:00	23:57	17小时57分钟	广州地铁
13	21号线	地铁	B	6	61.5	39.9		21.6	21	5	3	6:00	23:58	17小时58分钟	广州地铁
14	22号线	市域快轨	D	8	18.2	18.2			4	2	1	6:00	23:15	17小时15分钟	广州地铁
15	APM	自动导向轨道系统	CX-100	2	3.9	3.9			9	2	1	7:00	23:42	16小时42分钟	广州地铁
16	广佛线	地铁	B	4	38.9	38.9			25	6	1	6:00	0:02	18小时2分钟	广州地铁
合计					652.7	559.9	3.7	89.1	320	45	26				

注：7号线10座换乘站中，含一个同佛山3号线换乘车站（北滘公园）；广佛线6座换乘站中，含一个同佛山2号线换乘车站（魁奇路），一个同佛山3号线换乘车站（东平）。

广州市城市轨道交通运营线路年度运营数据统计表 表 8-43-2

序号	运营线路名称	客运量（万人次）	进站量（万人次）	客运周转量（万人次公里）	最大断面客流量（万人次/时）	配属列车数（列）	运营车公里（万车公里）	日均实际开行列次（列次）	最小发车间隔（秒）	旅行速度（公里/小时）	牵引能耗（万千瓦时）	运营总能耗（万千瓦时）
1	1 号线	29450.0	16830.9	148092.6	3.7	40	1999.2	497.0	130	36.4	5230.6	10850.7
2	2 号线	39369.5	22529.0	312876.7	3.5	54	3897.6	555.0	140	37.0	9103.0	15815.4
3	3 号线及支线	65758.6	33500.2	577616.5	4.4	75	8801.2	1094.0	127	48.3	17942.6	26945.9
4	4 号线	14820.7	7594.2	154816.1	2.2	57	3447.7	598.0	140	46.5	7720.6	12473.5
5	5 号线	37125.8	18520.2	248769.9	4.0	74	4519.4	727.0	120	35.1	13974.9	20547.3
6	6 号线	28234.5	16346.5	190817.6	1.7	89	3051.3	519.0	139	33.6	9665.3	16036.3
7	7 号线	10559.4	5810.9	88404.0	1.0	36	1997.0	299.0	276	38.9	4358.3	9255.4
8	8 号线	33601.1	17117.6	190373.0	3.0	44	3091.6	467.0	155	35.6	7133.0	14498.6
9	9 号线	4089.2	2514.7	39171.6	0.7	16	815.2	194.0	318	41.9	2032.6	4784.0
10	13 号线	4239.7	2565.1	62714.3	1.0	17	1556.4	215.0	455	52.1	3317.6	6449.8
11	14 号线及支线	8227.9	5234.2	158037.4	1.5	30	4257.4	512.0	280	62.6	7165.5	11689.5
12	18 号线	4948.2	2502.2	91145.0	0.9	27	5493.9	329.1	255	106.0	12676.0	17571.0
13	21 号线	10631.4	6565.2	167746.6	2.2	33	3786.4	326.0	227	53.2	6929.5	11846.0
14	22 号线	2170.9	1140.1	20124.0	0.2	13	1497.6	287.6	285	70.0	3823.0	5837.0
15	APM 线	1570.6	1570.6	2685.8		7	88.3	307.0	238	23.3	251.2	943.4
16	广佛线	19759.1	10640.4	155639.4	2.0	51	2761.7	540.0	142	38.2	4558.6	10046.3
合计		314556.6	170982.0	2609030.5		663	51061.9				115882.3	195590.1

44 深圳市地铁集团有限公司

【概况】

至 2023 年底，广东省深圳市城市轨道交通 15 条运营线路由深圳市地铁集团有限公司运营管理，总运营里程 524.6 公里，总运营车站 291 座，网络换乘站 56 座。从事既有运营线路运营维护的职工总数 19658 人，司机总数 2831 人。

2023 年运送乘客 249216.4 万人次，比上年增长 55.7%，占全市公共交通出行量的比重为 65.3%。全年线网日均客运量 682.8 万人次/日，其中线网日均进站量 395.6 万人次/日，单日最高日客运量达到 933.0 万人次/日（2023 年 12 月 31 日），线网日均客运周转量 5725.8 万人次公里/日。

2023 年线网实际开行列次 230.6 万列次，线网运营车公里 51605.1 万车公里，高峰时段最小行车间隔 120 秒，运营总能耗 206058.0 万千瓦时。采用按里程计算、递远递减的多级票价，全年实现运营票款收入 555535.0 万元，比上年增长 50.2%。（图 8-44-1）

2023 年度主要运营指标完成情况见表 8-44-1、表 8-44-2。

【全自动运行概览】

至 2023 年底，广东省深圳市开通运营的城市轨道交通全自动运行线路 5 条，分别为 6 号线支线、12 号线、14 号线、16 号线和 20 号线，总运营里程 134.6 公里，总运营车站 84 座。其中：

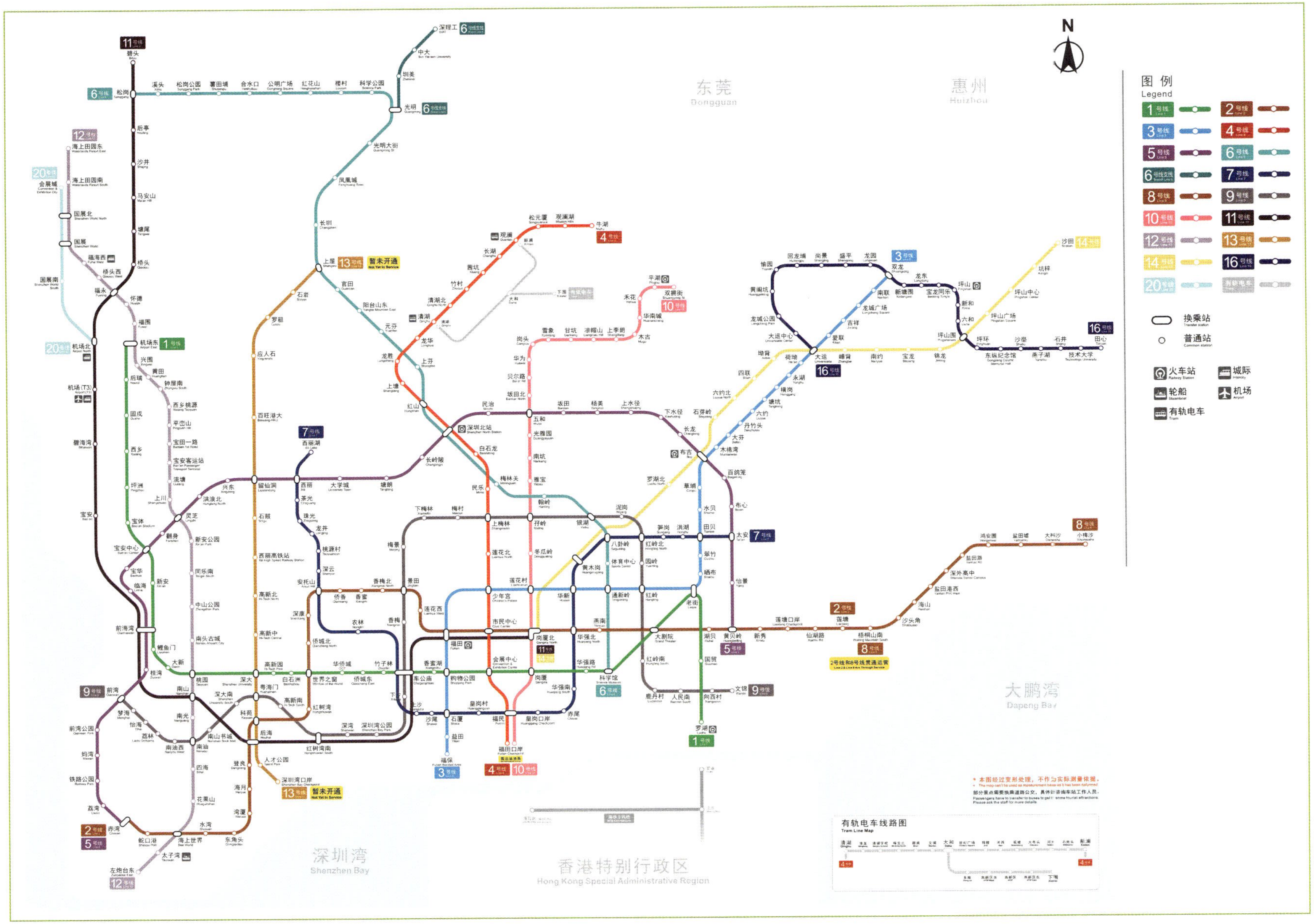

图 8-44-1　深圳市城市轨道交通（深圳地铁）运营网络示意图

6 号线支线 2022 年 11 月 28 日开通全自动运行，列车运行的自动化等级为 GoA4，最高运行速度 120 公里／小时，定员数 1468 人；运营和维护保障采用“按运维业务模块划分专业中心”管理模式；信号供应商为交控科技股份有限公司，车辆供应商为中车南京浦镇车辆有限公司。

12 号线 2022 年 11 月 28 日开通全自动运行，列车运行的自动化等级为 GoA4，最高运行速度 80 公里／小时，定员数 1860 人；运营和维护保障采用“按运维业务模块划分专业中心”管理模式；信号供应商为交控科技股份有限公司，车辆供应商为中车南京浦镇车辆有限公司。

14 号线 2022 年 10 月 28 日开通全自动运行，列车运行的自动化等级为 GoA4，最高运行速度 120 公里／小时，定员数 2480 人；运营和维护保障采用“按运维业务模块划分专业中心”管理模式；信号供应商为交控科技股份有限公司，车辆供应商为中车长春轨道客车股份有限公司。

16 号线 2022 年 12 月 28 日开通全自动运行，列车运行的自动化等级为 GoA4，最高运行速度 80 公里／小时，定员数 1860 人；运营和维护保障采用“按运维业务模块划分专业中心”管理模式；信号供应商为卡斯柯信号公司，车辆供应商为中车株洲电力机车有限公司。

20 号线 2021 年 12 月 28 日开通全自动运行，列车运行的自动化等级为 GoA4，最高运行速度 120 公里／小时，定员数 2480 人；运营和维护保障采用“线路制、运维一体化的检修分离”管理模式；信号供应商为卡斯柯信号公司，车辆供应商为中车长春轨道客车股份有限公司。

【推进节能减排】

落实国家“双碳”战略，推进 19 类 59 项节能管理措施。制定分车站、分场段的低压能耗标准；加强地铁分布式光伏技术应用设备管理，保障“光伏＋地铁站”光伏发电覆盖。坚持绿色发展，全年用电、用水总量实际消耗分别下降 5.5%、15.2%。

【服务提效运量提级】

发布实施引流营销方案，守存量引增量提效益，优化 50 个地铁车站公交接驳方案，试行周五延长运营，打造“一站一特色”，推出“深铁书坊”项目等活动吸引客流。年内七次刷新客流纪录，全市最高日客运量高达 1017.34 万人次，深圳成为内地第四个千万客流量级城市。

【提升运营服务品质】

投入使用 22 个移动母婴室，被评为“百佳市民满意项目”。创建智慧乘客服务体系，提升全自动运行管理模式，提高智慧化服务水平。构建数字化服务新形态，建设自主发码平台，推出虚拟儿童票等票种，加快提高乘客出行效率，试行“大站快车”模式，列车全程运行时间缩短约 10%，全年运能提升 20 次，高峰小时运能提升 11%。

【建立健全创新机制】

实行“揭榜挂帅”技术攻关，激发员工自主钻研技术、解决生产问题的积极性，开展技术创新攻关计划 90 项。连续 7 年在深圳市优秀质量管理小组（QCC）活动成果发表赛获得优异成绩，其中“列车无法动车自主改造项目”破解业内电路整改普遍依赖厂家的困境，解决 13 种车型存在的无法动车难题。

（深圳市地铁集团有限公司）

深圳市城市轨道交通（深圳地铁）运营线路年度基础数据统计表 表 8-44-1

序号	运营线路名称	系统制式	车辆制式	列车编组（辆）	运营里程（公里）	地下线（公里）	地面线（公里）	高架线（公里）	运营车站（座）	换乘车站（座）	车辆基地（座）	首班车时间	末班车时间	线路运营时间	运营单位
1	1 号线	地铁	A	6	40.9	37.1	0.4	3.4	30	12	2	5:45	0:27	18 小时 42 分钟	深圳市地铁运营集团有限公司
2	2 号线	地铁	A	6	39.6	39.6			32	12	2	5:50	0:38	18 小时 48 分钟	深圳市地铁运营集团有限公司
3	3 号线	地铁	B	6	43.1	19.0	2.4	21.7	31	13	2	6:09	0:27	18 小时 18 分钟	深圳市地铁运营集团有限公司
4	5 号线	地铁	A	6	47.7	42.9	1.4	3.4	34	11	1	5:49	0:25	18 小时 36 分钟	深圳市地铁运营集团有限公司
5	6 号线	地铁	A	6	49.4	22.6	1.4	25.4	27	7	2	5:52	0:27	18 小时 35 分钟	深圳市地铁运营集团有限公司
6	6 号线支线	地铁	B	6	6.1	5.3		0.8	4	1	1	6:27	23:37	17 小时 10 分钟	深圳市地铁运营集团有限公司

深圳市城市轨道交通（深圳地铁）运营线路年度基础数据统计表（续前表）

表 8-44-1

序号	运营线路名称	系统制式	车辆制式	列车编组（辆）	运营里程（公里）	地下线（公里）	地面线（公里）	高架线（公里）	运营车站（座）	换乘车站（座）	车辆基地（座）	首班车时间	末班车时间	线路运营时间	运营单位
7	7 号线	地铁	A	6	30.2	30.2			27	11	2	6:01	0:11	18 小时 10 分钟	深圳市地铁运营集团有限公司
8	8 号线	地铁	A	6	20.1	20.1			10		1	5:50	0:38	18 小时 48 分钟	深圳市地铁运营集团有限公司
9	9 号线	地铁	A	6	36.3	36.3			32	10	2	5:59	0:39	18 小时 40 分钟	深圳市地铁运营集团有限公司
10	10 号线	地铁	A	8	29.3	29.3			24	6	2	5:42	0:08	18 小时 26 分钟	深圳市地铁运营集团有限公司
11	11 号线	地铁	A	8	53.5	40.9	1.5	11.1	19	10	2	5:49	1:08	19 小时 19 分钟	深圳市地铁运营集团有限公司
12	12 号线	地铁	A	6	40.5	40.5			33	9	2	5:52	0:40	18 小时 48 分钟	深圳市地铁运营集团有限公司
13	14 号线	地铁	A	8	50.3	50.3			18	5	2	6:00	0:22	18 小时 22 分钟	深圳市地铁运营集团有限公司
14	16 号线	地铁	A	6	29.2	29.2			24	3	2	5:42	23:47	18 小时 5 分钟	深圳市地铁运营集团有限公司
15	20 号线	地铁	A	8	8.4	8.4			5	3	1	7:00	22:08	15 小时 8 分钟	深圳市地铁运营集团有限公司
合计					524.6	451.7	7.1	65.8	291	56	26				

深圳市城市轨道交通（深圳地铁）运营线路年度运营数据统计表

表 8-44-2

序号	运营线路名称	客运量（万人次）	进站量（万人次）	客运周转量（万人次公里）	最大断面客流量（万人次 / 时）	配属列车数（列）	运营车公里（万车公里）	日均实际开行列次（列次）	最小发车间隔（秒）	旅行速度（公里 / 小时）	牵引能耗（万千瓦时）	运营总能耗（万千瓦时）
1	1 号线	34832.9	22633.8	235657.4	5.5	85	5569.7	716.3	120	35.4	13058.9	21402.9
2	2、8 号线	23125.6	12946.9	144927.5	3.0	73	4702.6	460.8	150	35.0	9770.5	19573.6
3	3 号线	28047.8	16771.7	198263.3	3.5	76	5002.5	609.2	135	34.8	9343.5	14976.1
4	5 号线	39768.0	22745.5	327294.7	5.1	66	5527.7	633.4	120	35.0	11881.2	21117.2
5	6 号线	15538.4	9816.7	201586.9	3.4	50	4047.5	457.2	171	40.9	7730.1	13558.6
6	6 号线支线	449.7	246.7	1328.7	0.2	5	331.4	285.9	430	43.9	643.2	1441.2
7	7 号线	19115.2	10561.1	76597.5	1.7	41	2813.6	480.8	215	31.0	6667.8	13474.8
8	9 号线	17972.8	11052.2	89339.9	2.4	51	3324.1	470.9	150	30.6	7489.4	16512.9
9	10 号线	15392.2	9632.0	106164.5	4.0	35	3201.0	423.1	190	31.0	6502.7	14181.8
10	11 号线	23721.6	10539.7	374705.1	4.3	33	6002.6	419.3	165	51.8	11923.0	17773.0
11	12 号线	13210.5	8212.8	78644.8	2.4	56	2944.5	380.0	240	33.1	6515.1	15459.7
12	14 号线	12562.6	5612.1	225150.9	4.4	39	5420.0	371.9	215	54.1	12539.8	24405.4

深圳市城市轨道交通（深圳地铁）运营线路年度运营数据统计表（续前表）

表 8-44-2

序号	运营线路名称	客运量（万人次）	进站量（万人次）	客运周转量（万人次公里）	最大断面客流量（万人次／时）	配属列车数（列）	运营车公里（万车公里）	日均实际开行列次（列次）	最小发车间隔（秒）	旅行速度（公里／小时）	牵引能耗（万千瓦时）	运营总能耗（万千瓦时）
13	16 号线	5038.8	3416.8	27891.1	1.5	29	2126.3	353.5	300	34.8	4534.5	8657.5
14	20 号线	440.3	200.1	2346.8	0.6	9	591.6	255.1	395	41.2	1491.5	3523.3
	合计	249216.4	144388.1	2089899.1		648	51605.1				110091.2	206058.0

45 港铁轨道交通（深圳）有限公司

【概况】

至 2023 年底，广东省深圳市城市轨道交通 4 号线由港铁轨道交通（深圳）管理，总运营里程 31.3 公里，总运营车站 23 座，网络换乘站 8 座，从事既有运营线路运营维护的职工总数 1951 人，司机总数 239 人。

2023 年运送乘客 21315.0 万人次，比上年增长 43.0%，占全市公共交通出行量的比重 5.6%。全年线网日均客运量 58.4 万人次／日，其中线网日均进站量 38.1 万人次／日，单日最高日客运量达到 85.4 万人次／日（2023 年 12 月 31 日），线网日均客运周转量 479.8 万人次公里／日。

2023 年线网实际开行列次 21.2 万列次，线网运营车公里 3219.9 万车公里，高峰时段最小行车间隔 144 秒，运营总能耗 12498.5 万千瓦时。采用按里程分段计价票制，全年实现运营票款收入 55100 万元，比上年增长 41%。（图 8-45-1）

2023 年度主要运营指标完成情况见表 8-45-1、表 8-45-2。

【多措并举提升服务】

为配合福田口岸跨境学童的乘车需求，2 月 13 日起，清湖站往福田口岸方向的首班车将提前至 6:22 分发车，首班车提早 8 分钟；助力城市“夜间经济”发展，3 月 31 日起逢每周星期五，深圳市地铁 1、3、4、5 号线运营服务时间将延长 30 分钟至 23:30。延长服务期间，4 号线加开 10 个班次；11 月 27 日起，工作日晚高峰时段，4 号线福田口岸至牛湖方向行车间隔由 2.9 分压缩至 2.5 分，运能提升 3.9%，每月可多运送乘客约 16 万人次。

（港铁轨道交通〔深圳〕有限公司）

深圳市城市轨道交通（港铁深圳）运营线路年度基础数据统计表

表 8-45-1

序号	运营线路名称	系统制式	车辆制式	列车编组（辆）	运营里程（公里）	地下线（公里）	地面线（公里）	高架线（公里）	运营车站（座）	换乘车站（座）	车辆基地（座）	首班车时间	末班车时间	线路运营时间	运营单位
1	4 号线	地铁	A	6	31.3	18.5	0.7	12.1	23	8	2	6:17	0:15	17 小时 58 分钟	港铁轨道交通（深圳）有限公司
	合计				31.3	18.5	0.7	12.1	23	8	2				

深圳市城市轨道交通（港铁深圳）运营线路年度运营数据统计表

表 8-45-2

序号	运营线路名称	客运量（万人次）	进站量（万人次）	客运周转量（万人次公里）	最大断面客流量（万人次／时）	配属列车数（列）	运营车公里（万车公里）	日均实际开行列次（列次）	最小发车间隔（秒）	旅行速度（公里／小时）	牵引能耗（万千瓦时）	运营总能耗（万千瓦时）
1	4 号线	21315.0	13920.8	175139.0	5.4	52	3219.9	579.8	144	35.7	6918.1	12498.5
	合计	21315.0	13920.8	175139.0		52	3219.9				6918.1	12498.5

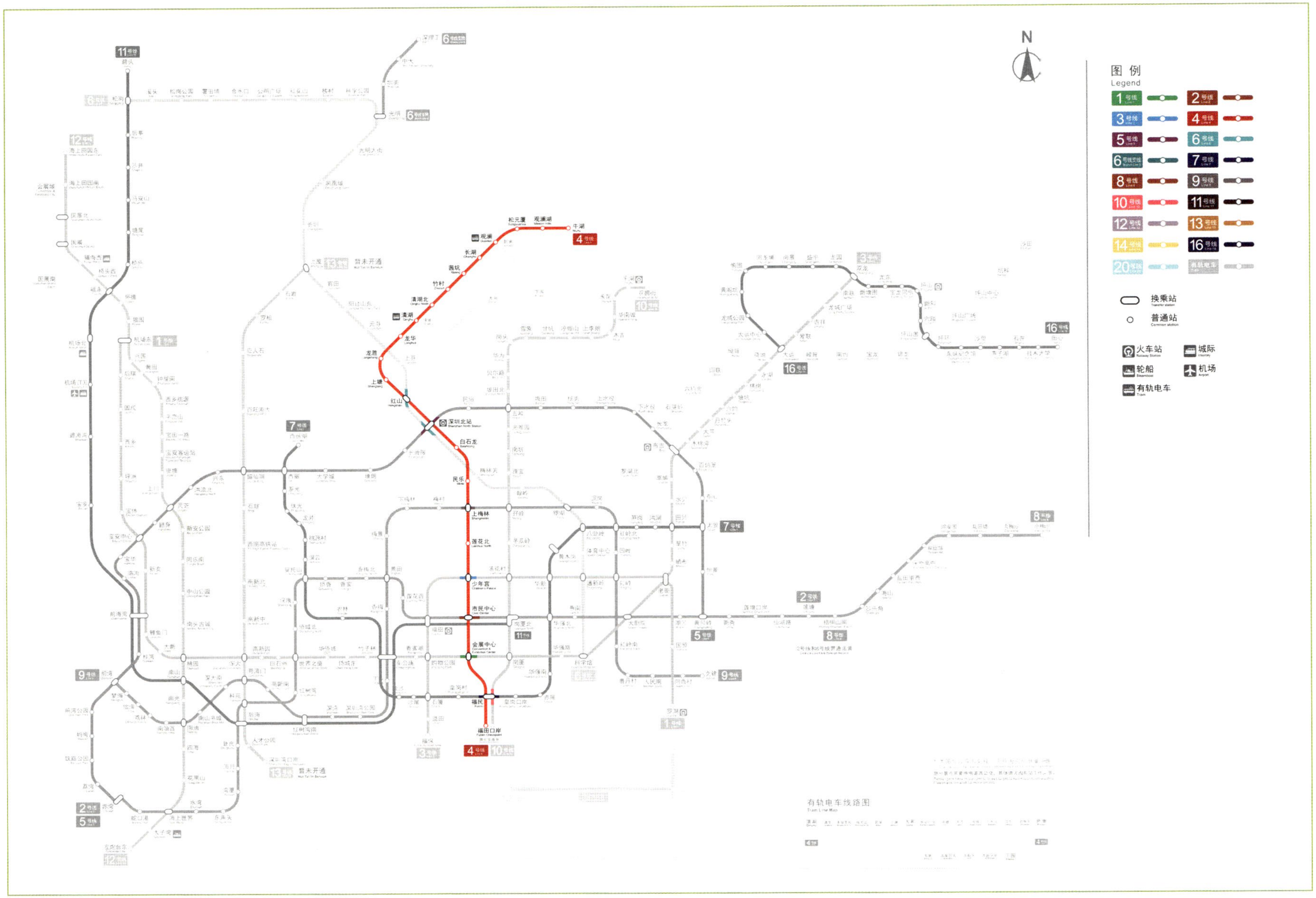

图 8-45-1　深圳市城市轨道交通（港铁深圳）运营网络示意图

46 深圳市现代有轨电车有限公司

【概况】

至2023年底，广东省深圳市有轨电车1条运营线路由深圳市现代有轨电车有限公司管理，总运营里程11.7公里，总运营车站20座，网络换乘站2座，从事既有运营线路运营维护的职工总数144人，司机总数51人。

2023年运送乘客581.3万人次，比上年增长23.2%，占全市公共交通出行量的比重0.2%。全年线网日均客运量1.6万人次／日，其中线网日均进站量1.6万人次／日，单日最高日客运量达到2.2万人次／日（2023年12月14日）。

2023年线网实际开行列次12.7万列次，线网运营车公里370.0万车公里，高峰时段最小行车间隔300秒，运营总能耗653.3万千瓦时。采用一票制，全年实现运营票款收入929.6万元，比上年增长16.4%。（图8-46-1）

2023年度主要运营指标完成情况见表8-46-1、表8-46-2。

【服务质量提高】

至年底，龙华有轨电车示范线实现安全运营2256天，运送乘客581万人次，日均客运量1.6万人次，同比上升23%；运营里程累计370万车公里，同比增长10%；开行列车12.7万列次，发车正点率97.7%，运行图兑现率99.1%；自动售票机可靠度100.0%，自动扶梯可靠度99.7%，垂直电梯可靠度99.9%；乘客投诉回复率100%，“乘客的满意程度”保持着“非常满意”的服务水平。

【运营安全管控】

落实全员安全生产责任制，安全风险分级管控与隐患排查治理较大风险源12项，一般风险源47项，较小风险源82项，全年制定隐患整改措施共39项，完成安全生产标准化换证评价工作。

【运营效率提升】

2023年，开展2次运能提升工作，在高峰时段，运能提升24%；休息日最小行车间隔压缩至5分钟，运能提升8%；每周五下午图外开行学生专列。

【设备故障降低】

完善设备保养管理体系，落实设备检修维护职责；抓好备品备件管控、分析、保障，确保设备稳定运行；计划性开展员工技能培训，增加应急演练盲演频率，全面提升员工业务技能水平。

（深圳市现代有轨电车有限公司 张哲）

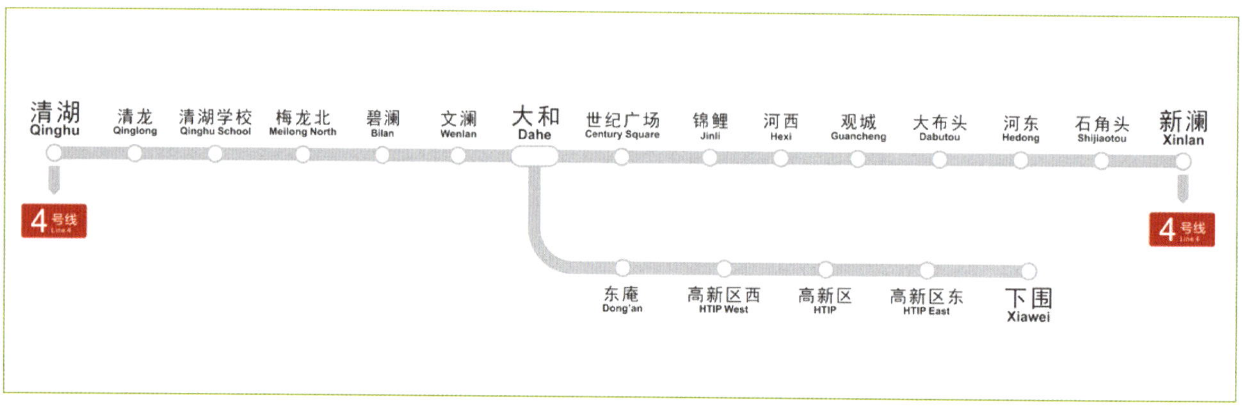

图8-46-1 深圳市城市轨道交通（深圳有轨）运营网络示意图

深圳市城市轨道交通（深圳有轨）运营线路年度基础数据统计表

表8-46-1

序号	运营线路名称	系统制式	车辆制式	列车编组（辆）	运营里程（公里）	地下线（公里）	地面线（公里）	高架线（公里）	运营车站（座）	换乘车站（座）	车辆基地（座）	首班车时间	末班车时间	线路运营时间	运营单位
1	深圳现代有轨电车	有轨电车	100%低地板有轨电车	4	11.7		11.7		20	2	1	6:03	23:00	16小时57分钟	深圳市现代有轨电车有限公司
合计					11.7		11.7		20	2	1				

深圳市城市轨道交通（深圳有轨）运营线路年度运营数据统计表 表 8-46-2

序号	运营线路名称	客运量（万人次）	进站量（万人次）	客运周转量（万人次公里）	最大断面客流量（万人次／时）	配属列车数（列）	运营车公里（万车公里）	日均实际开行列次（列次）	最小发车间隔（秒）	旅行速度（公里／小时）	牵引能耗（万千瓦时）	运营总能耗（万千瓦时）
1	深圳现代有轨电车	581.3	581.3	3407.8		15	370.0	347.4	300	18.6	367.6	653.3
	合计	581.3	581.3	3407.8		15	370.0				367.6	653.3

47　佛山市地铁集团有限公司

【概况】

至 2023 年底，广东省佛山市城市轨道交通全网线路 4 条，总运营里程 93.9 公里，总运营车站 64 座，网络换乘站 5 座（数据均不含广佛线及广州地铁 7 号线广州段）。佛山市城市轨道交通 4 条运营线路由佛山市地铁运营有限公司管理，从事既有运营线路运营维护的职工总数 5996 人，司机总数 522 人。

2023 年运送乘客 7439.0 万人次。全年线网日均客运量 20.4 万人次／日，其中线网日均进站量 14.5 万人次／日，单日最高日客运量达到 78.8 万人次／日（2023 年 12 月 31 日），线网日均客运周转量 210.9 万人次公里／日。

2023 年线网实际开行列次 34.1 万列次，线网运营车公里 5200.0 万车公里，高峰时段最小行车间隔 339 秒，运营总能耗 22710.6 万千瓦时。采用按里程分段计价票制，全年实现运营票款收入 16471.0 万元。（图 8-47-1）

2023 年度主要运营指标完成情况见表 8-47-1、表 8-47-2。

【技术研发赋能企业】

佛山市地铁运营有限公司开设企业“科创杯”，推动提高企业技术研发、产品创新的综合实力、推进技术创新成果转化。2023 年获专利授权 4 项。实用新型专利“地铁用车门自动检测装置”，在提高地铁车门检修作业效率、降低劳动强度、节约生产成本方面提供便利。

【填补氢能源有轨电车标准空白】

我国首条商业运营的氢能源有轨电车线路于 2019 年在佛山市高明区开通，经过两年多的运营和探索，佛山市地铁运营有限公司逐步形成较完善的运营技术及管理体系，主导制定《氢能源有轨电车运营管理规范》《氢能源有轨电车运营技术规范》团体标准，于 2023 年 10 月 31 日通过专家评审，制定氢能源应用在有轨电车中，所及的涉氢场所及作业、列车加氢、涉氢安全及应急管理等一系列标准空白，对氢能轨道交通的建管工作具有重要的指导作用和实践意义。

【提升服务质量】

改善照明不足、盲道缺失问题 450 余项；制定车站客运组织方案，保障乘客高峰期顺畅出行；投用 5 个车站出入口、8 个合建连接通道，重点打造车站卫生间清洁标准，全年处理乘客事务 2 万余件，接受乘客表扬 1724 次，有效投诉回复率达 100%，佛山市地铁运营有限公司获得佛山市公共服务最佳口碑单位称号。

【控本增效，节能降耗】

区域差异化用能管控，线网车站日均动照能耗控制在年度目标 7000 度以下；利用动态无功补偿装置，供电侧减免电费 106 万元；优化设备启停及运行参数，能耗比上年下降 13%；全年节能约 2116.17 万度，节约成本 1735 万元；形成 14 项生产优化成果，提升线网化运作效率；行车组织流程再造，优化车站岗位 11 个，全年节省人力成本约 150 万元；3 号线地线防护改造，投用可视化接地系统，提升作业效率超 15%。

（佛山市地铁集团有限公司　杜子真、何倩、王飞、张纳祺、陈文伊）

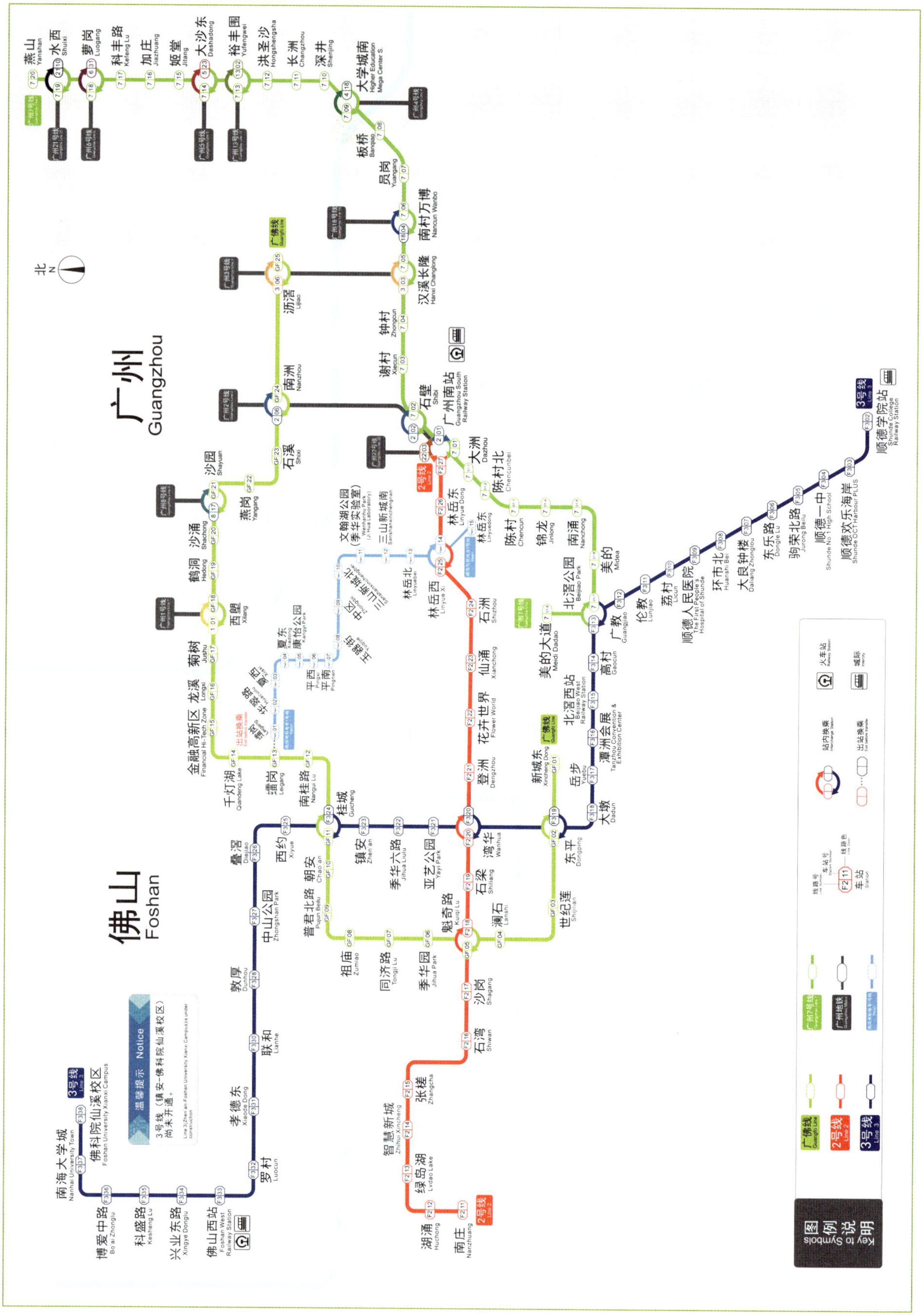

图 8-47-1　佛山市城市轨道交通运营网络示意图

佛山市城市轨道交通（佛山地铁）运营线路年度基础数据统计表　　表 8-47-1

序号	运营线路名称	系统制式	车辆制式	列车编组（辆）	运营里程（公里）	地下线（公里）	地面线（公里）	高架线（公里）	运营车站（座）	换乘车站（座）	车辆基地（座）	首班车时间	末班车时间	线路运营时间	运营单位
1	高明有轨电车示范线	有轨电车	100% 低地板有轨电车	3	6.5		6.5		10		1	7:00	20:00	13 小时	佛山市高明现代轨道交通建设投资有限公司
2	南海有轨电车 1 号线	有轨电车	氢能源有轨电车	3	14.3	3.8	1.9	8.6	15	1	1	6:30	22:45	16 小时 15 分钟	佛山市地铁运营有限公司
3	佛山地铁 2 号线	地铁	B	6	32.4	25.3	0.7	6.4	17	4	2	6:00	23:30	17 小时 30 分钟	佛山市地铁运营有限公司
4	佛山地铁 3 号线首通段	地铁	B	6	40.7	35.1	0.8	4.8	22	3	2	6:00	23:30	17 小时 30 分钟	佛山市地铁运营有限公司
合计					93.9	64.2	9.9	19.8	64	5	2				

佛山市城市轨道交通（佛山地铁）运营线路年度运营数据统计表　　表 8-47-2

序号	运营线路名称	客运量（万人次）	进站量（万人次）	客运周转量（万人次公里）	最大断面客流量（万人次／时）	配属列车数（列）	运营车公里（万车公里）	日均实际开行列次（列次）	最小发车间隔（秒）	旅行速度（公里／小时）	牵引能耗（万千瓦时）	运营总能耗（万千瓦时）
1	南海有轨电车 1 号线	649.3	511.1	3009.0	0.8	16	400.0	278.0	480	23.9	443.4	2005.1
2	佛山地铁 2 号线	3580.0	2592.4	32850.0	0.6	25	2129.0	335.0	339	45.0	3789.7	10303.9
3	佛山地铁 3 号线	3209.7	2172.9	41105.0	0.9	28	2671.0	321.0	339	45.2	4469.5	10401.6
合计		7439.0	5276.4	76964.0		69	5200.0				8702.6	22710.6

注：高明有轨电车示范线因变更运营单位无法提供运营相关数据。

48　佛山市南海区铁路投资有限公司

【概况】

至 2023 年底，广东省佛山市南海区有轨电车 1 条运营线路由佛山市南海区铁路投资有限公司委托佛山轨道交通发展有限公司管理，总运营里程 14.3 公里，总运营车站 15 座，网络换乘站 1 座，从事既有运营线路运营维护的职工总数 448 人，司机总数 60 人。

2023 年运送乘客 649.3 万人次，比上年增长 100.7%。全年线网日均客运量 1.8 万人次／日，其中线网日均进站量 1.4 万人次／日，单日最高日客运量达到 3 万人次／日（2023 年 12 月 31 日），线网日均客运周转量 8.3 万人次公里／日。

2023 年线网实际开行列次 10.2 万列次，线网运营车公里 400.0 万车公里，高峰时段最小行车间隔 480 秒，运营总能耗 2005.1 万千瓦时。采用 3 编组低地板有轨电车，全年实现运营票款收入 1193.4 万元，比上年增长 120.7%。（图 8-48-1）

2023 年度主要运营指标完成情况见表 8-48-1、表 8-48-2。

（佛山市南海区铁路投资有限公司　李咏荷、潘志泓）

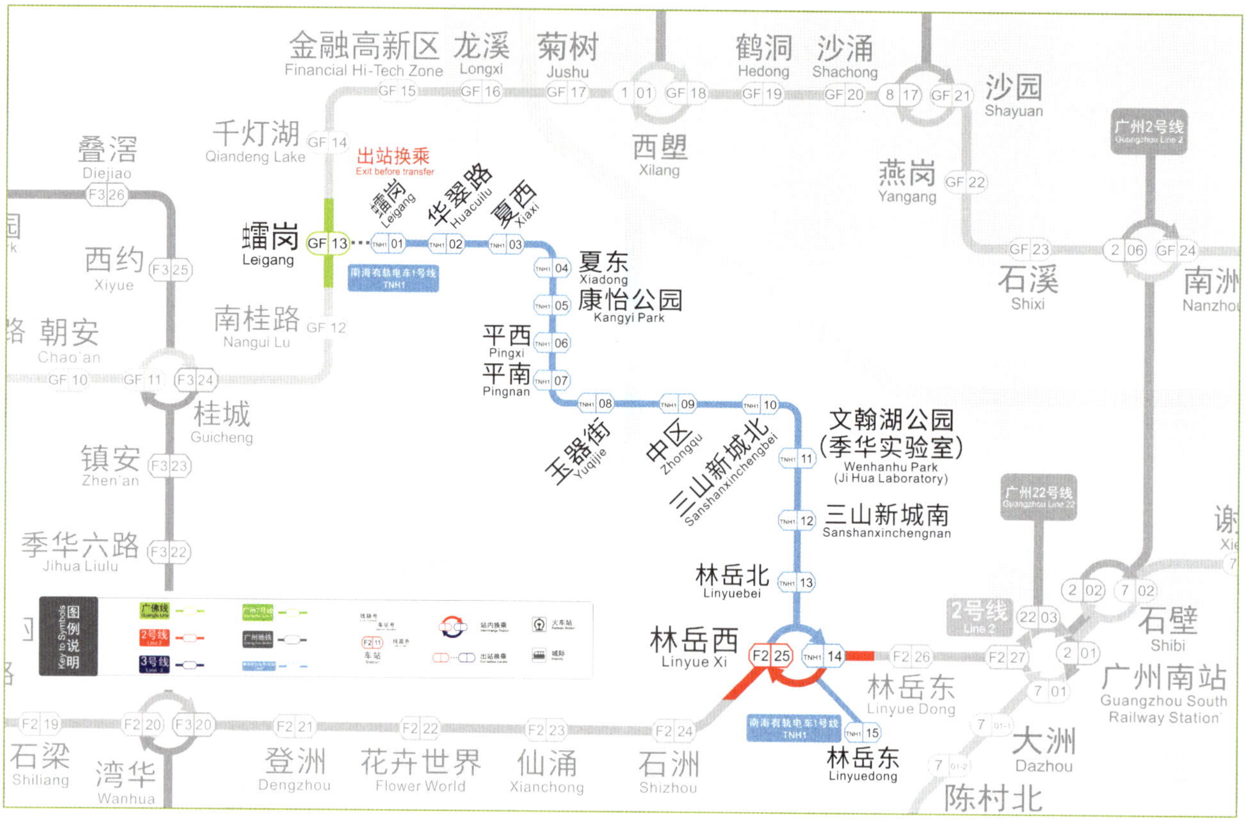

图 8-48-1　佛山市南海区有轨电车 1 号线运营示意图

佛山市城市轨道交通（佛山南海）运营线路年度基础数据统计表

表 8-48-1

序号	运营线路名称	系统制式	车辆制式	列车编组（辆）	运营里程（公里）	地下线（公里）	地面线（公里）	高架线（公里）	运营车站（座）	换乘车站（座）	车辆基地（座）	首班车时间	末班车时间	线路运营时间	运营单位
1	南海有轨电车 1 号线	现代有轨电车	100% 低地板	3	14.3	3.8	1.9	8.6	15	1	1	6:30	22:45	16 小时 15 分钟	佛山轨道交通发展有限公司
合计					14.3	3.8	1.9	8.6	15	1	1				

佛山市城市轨道交通（佛山南海）运营线路年度运营数据统计表

表 8-48-2

序号	运营线路名称	客运量（万人次）	进站量（万人次）	客运周转量（万人次公里）	最大断面客流量（万人次 / 时）	配属列车数（列）	运营车公里（万车公里）	日均实际开行列次（列次）	最小发车间隔（秒）	旅行速度（公里 / 小时）	牵引能耗（万千瓦时）	运营总能耗（万千瓦时）
1	南海有轨电车 1 号线	649.3	511.1	3009.0	0.8	16	400.0	278.0	480	23.9	443.4	2005.1
合计		649.3	511.1	3009.0		16	400.0				443.4	2005.1

49 东莞市轨道交通有限公司

【概况】

至2023年底，广东省东莞市城市轨道交通全网运营线路1条，总运营里程37.8公里，总运营车站15座。

东莞市城市轨道交通1条运营线路由东莞市轨道交通有限公司管理，从事既有运营线路运营维护的职工总数2055人，司机总数172人。

2023年运送乘客4533.9万人次，比上年增长40.0%，占全市公共交通出行量的比重23.4%。全年线网日均客运量12.4万人次／日，其中线网日均进站量12.4万人次／日，单日最高日客运量达到26.4万人次／日（2023年12月31日），线网日均客运周转量157.8万人次公里／日。

2023年线网实际开行列次10.6万列次，线网运营车公里2189.8万车公里，高峰时段最小行车间隔375秒，运营总能耗9254.3万千瓦时。采用按里程计、递远递减，全年实现运营票款收入16666.1万元，比上年增长30.2%。（图8-49-1）

2023年度主要运营指标完成情况见表8-49-1、表8-49-2。

【儿童免费乘车政策】

结合乘客建议及市民普遍诉求，通过分析省市层面票务政策、26地轨道交通单位和20地公交单位学龄前儿童乘车政策、国家计生政策调整后二孩占比、儿童发育水平，东莞市自2023年6月29日起将儿童免费乘车政策"一名成人能带一名1.2米以下的儿童免费乘车"调整为"一名成人能带2名1.3米以下的儿童免费乘车"。

【双重预防机制建设】

准确把握地铁运营安全生产规律，坚持风险预控、关口前移，运营分公司全面推行双重预防机制建设，编制《运营分公司双重预防体系考核管理工作方案》，逐步优化双重预防考核项目，激励各生产部门主动关注安全风险，积极发现安全隐患，实现齐抓共管局面。

（东莞市轨道交通有限公司　金婷）

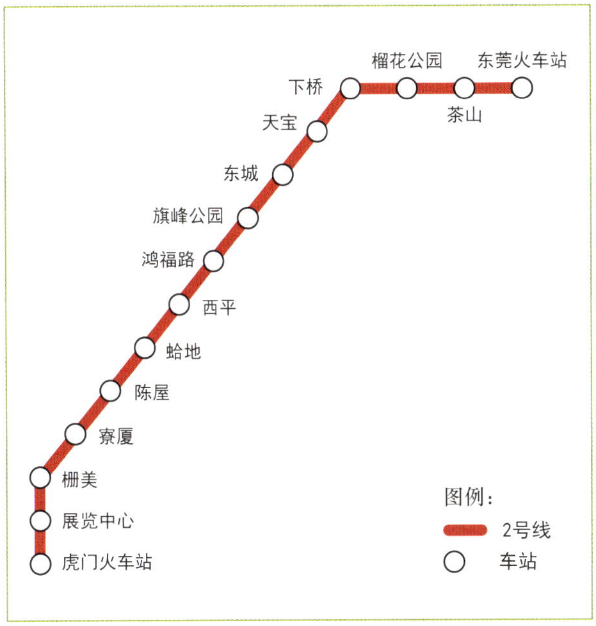

图8-49-1　东莞市城市轨道交通运营网络示意图

东莞市城市轨道交通运营线路年度基础数据统计表　　表8-49-1

序号	运营线路名称	系统制式	车辆制式	列车编组（辆）	运营里程（公里）	地下线（公里）	地面线（公里）	高架线（公里）	运营车站（座）	换乘车站（座）	车辆基地（座）	首班车时间	末班车时间	线路运营时间	运营单位
1	2号线	地铁	B	6	37.8	33.7	0.4	3.6	15		1	6:30	23:05	16小时35分钟	东莞市轨道交通有限公司
合计					37.8	33.7	0.4	3.6	15		1				

东莞市城市轨道交通运营线路年度运营数据统计表　　表8-49-2

序号	运营线路名称	客运量（万人次）	进站量（万人次）	客运周转量（万人次公里）	最大断面客流量（万人次／时）	配属列车数（列）	运营车公里（万车公里）	日均实际开行列次（列次）	最小发车间隔（秒）	旅行速度（公里／小时）	牵引能耗（万千瓦时）	运营总能耗（万千瓦时）
1	2号线	4533.9	4533.9	57613.0	0.9	20	2189.8	290.3	375	53.2	4595.1	9254.3
合计		4533.9	4533.9	57613.0		20	2189.8				4595.1	9254.3

50 南宁轨道交通集团有限责任公司

【概况】

至 2023 年底，广西壮族自治区南宁市城市轨道交通全网运营线路 5 条，总运营里程 128.2 公里，总运营车站 93 座，网络换乘站 11 座。

南宁城市轨道交通 5 条运营线路均由南宁轨道交通运营有限公司管理，从事既有运营线路运营维护的职工总数 7100 人，司机总数 706 人。

2023 年运送乘客 35001.7 万人次，比上年增长 28.2%，占全市公共交通出行量的比重超过 60.0%。全年线网日均客运量 95.9 万人次／日，其中线网日均进站量 57.6 万人次／日，单日最高日客运量达到 176.9 万人次／日（2023 年 12 月 31 日），线网日均客运周转量 578.7 万人次公里／日。

2023 年线网实际开行列次 62.7 万列次，线网运营车公里 9495.5 万车公里，高峰时段最小行车间隔 210 秒，运营总能耗 39995.4 万千瓦时。采用起步价 2 元可乘 6 公里；超过起步里程 6 公里后采取递远递减，里程分段累进计价的多级票价，最低票价为 2 元，最高票价为 7 元，全年实现运营票款收入 53894 万元，比上年增长 25.9%。（图 8-50-1）

2023 年度主要运营指标完成情况见表 8-50-1、表 8-50-2。

【全自动运行概览】

至 2023 年底，南宁市开通运营的城市轨道交通全自动运行线路 1 条，为 5 号线，总运营里程 20.2 公里，总运营车站 17 座。5 号线 2021 年 12 月 16 日开通全自动运行，列车运行的自动化等级为 GoA4，最高运行速度 90 公里／小时，定员数 1476 人；运营和维护保障采用集中管理模式；信号供应商为交控科技股份有限公司，车辆供应商为中车株洲电力机车有限公司。

【信息化提升服务品质】

南宁轨道交通 App 开发上线“电子二维码乘车换乘优惠”“共享骑行”“的巴”，实现地铁与共享电动车及定制公交的接驳衔接；App 上线“爱心预约”功能，为老、弱、病、残、孕等特殊人群提供“购检乘”等一站式无忧服务，持续推进适老化无障碍交通出行，拓宽便民渠道。

（南宁轨道交通集团有限责任公司　朱鸿德）

南宁市城市轨道交通运营线路年度基础数据统计表　　表 8-50-1

序号	运营线路名称	系统制式	车辆制式	列车编组（辆）	运营里程（公里）	地下线（公里）	地面线（公里）	高架线（公里）	运营车站（座）	换乘车站（座）	车辆基地（座）	首班车时间	末班车时间	线路运营时间	运营单位
1	1 号线	地铁	B	6	32.1	32.1			25	4	2	6:30	23:54	17 小时 24 分钟	南宁轨道交通运营有限公司
2	2 号线	地铁	B	6	27.3	27.3			23	6	2	6:30	23:47	17 小时 17 分钟	南宁轨道交通运营有限公司
3	3 号线	地铁	B	6	27.9	27.9			23	5	2	6:30	23:49	17 小时 19 分钟	南宁轨道交通运营有限公司
4	4 号线	地铁	B	6	20.7	20.7			16	3	1	6:30	23:34	17 小时 4 分钟	南宁轨道交通运营有限公司
5	5 号线	地铁	B	6	20.2	20.2			17	4	1	6:30	23:35	17 小时 5 分钟	南宁轨道交通运营有限公司
合计					128.2	128.2			93	11	7				

南宁市城市轨道交通运营线路年度运营数据统计表　　表 8-50-2

序号	运营线路名称	客运量（万人次）	进站量（万人次）	客运周转量（万人次公里）	最大断面客流量（万人次／时）	配属列车数（列）	运营车公里（万车公里）	日均实际开行列次（列次）	最小发车间隔（秒）	旅行速度（公里／小时）	牵引能耗（万千瓦时）	运营总能耗（万千瓦时）
1	1 号线	14386.1	10239.3	96963.7	1.6	41	2707.1	423.0	210	34.5	4242.8	11028.1
2	2 号线	8017.6	4037.2	46946.0	1.1	28	2084.5	379.0	270	33.7	3578.6	8341.1
3	3 号线	5805.6	3234.9	34176.0	1.0	28	2101.1	337.0	270	34.1	3542.3	8753.5
4	4 号线	2712.5	1391.5	15549.8	0.7	25	1361.6	298.0	300	36.7	2332.6	5692.6
5	5 号线	4079.9	2107.3	17607.1	0.4	24	1241.2	280.0	360	33.0	2183.8	6180.1
合计		35001.7	21010.2	211242.6		146	9495.5				15880.1	39995.4

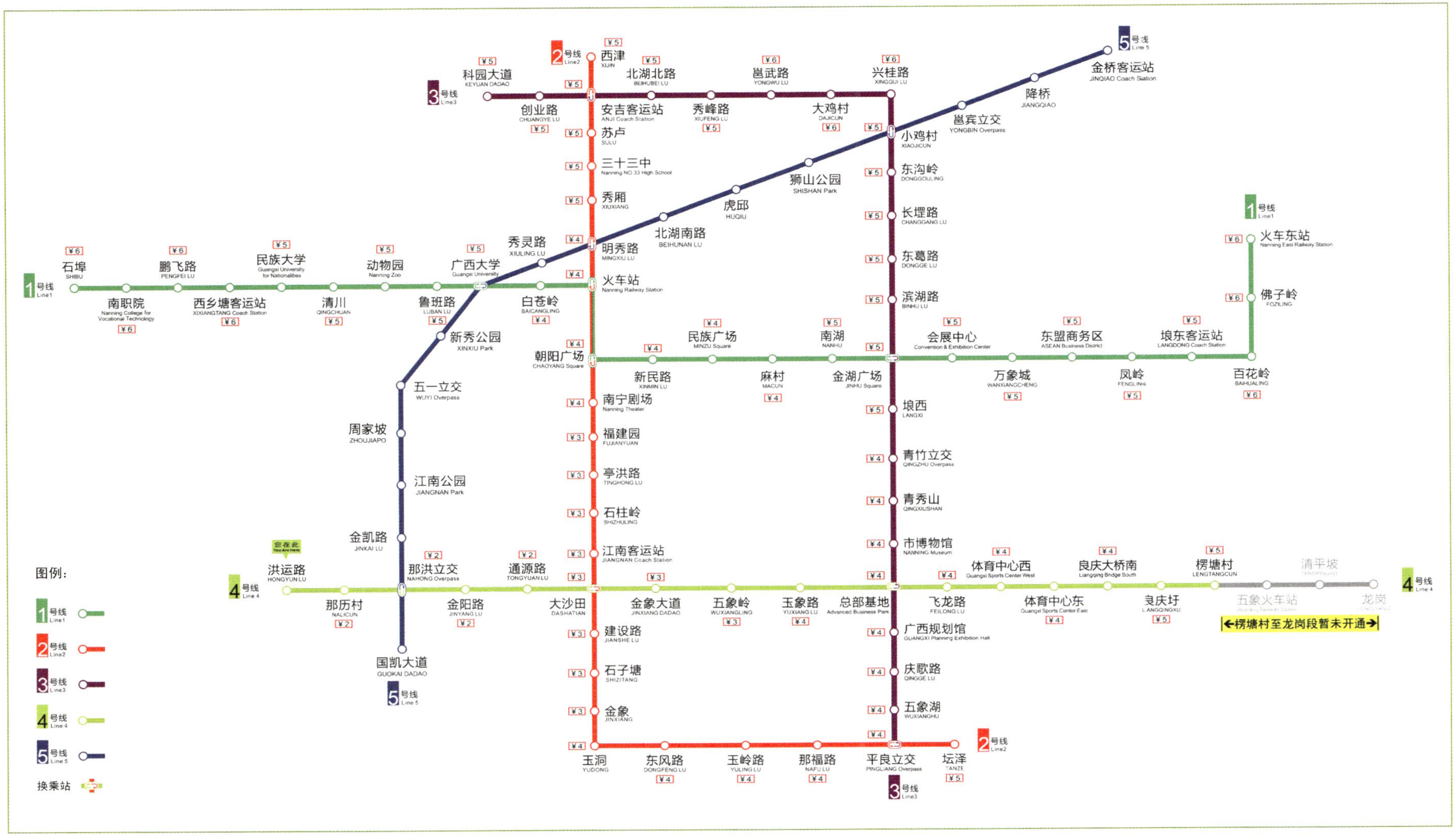

图 8-50-1　南宁市城市轨道交通运营线网示意图

51　三亚市轨道交通有限公司

【概况】

至2023年底，海南省三亚市城市轨道交通全网运营线路1条，总运营里程8.4公里，总运营车站15座。

三亚市城市轨道交通1条运营线路由三亚市轨道交通有限公司管理，从事既有运营线路运营维护的职工总数69人，司机总数22人。

2023年运送乘客131.5万人次，比上年增长22.9%。全年线网日均客运量0.4万人次/日，其中线网日均进站量0.4万人次/日，单日最高日客运量达到0.8万人次/日（2023年12月29日），线网日均客运周转量1.3万人次公里/日。

2023年线网实际开行列次4.9万列次，线网运营车公里39.3万车公里，高峰时段最小行车间隔700秒，运营总能耗291.4万千瓦时。采用一票制3元，全年实现运营票款收入356.4万元，比上年增长20.5%。（图8-51-1）

2023年度主要运营指标完成情况见表8-51-1、表8-51-2。

【“爱心预约”服务】

三亚有轨电车自2023年9月起开办“爱心预约”乘车服务，并在官方网站、公众号、PIS屏等渠道进行宣传，乘客可通过客服热线电话或者官方微信公众号进行预约，有轨电车通过安排工作人员全程为乘客提供帮助，保障乘客便捷安全、无障碍出行。

（三亚市轨道交通有限公司　任启伟）

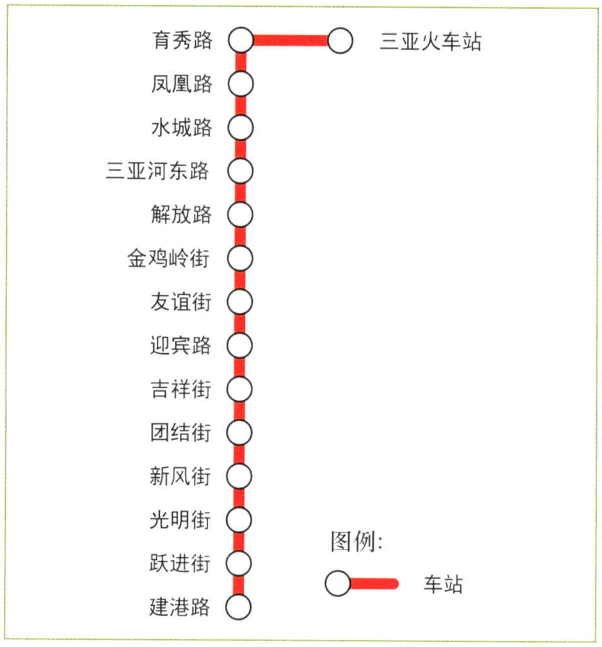

图8-51-1　三亚市城市轨道交通运营网络示意图

三亚市城市轨道交通运营线路年度基础数据统计表

表8-51-1

序号	运营线路名称	系统制式	车辆制式	列车编组（辆）	运营里程（公里）	地下线（公里）	地面线（公里）	高架线（公里）	运营车站（座）	换乘车站（座）	车辆基地（座）	首班车时间	末班车时间	线路运营时间	运营单位
1	有轨电车示范线	有轨电车	储能式有轨电车	5	8.4		8.4		15		1	6:30	23:00	16小时30分钟	三亚市轨道交通有限公司
合计					8.4		8.4		15		1				

三亚市城市轨道交通运营线路年度运营数据统计表

表8-51-2

序号	运营线路名称	客运量（万人次）	进站量（万人次）	客运周转量（万人次公里）	最大断面客流量（万人次/时）	配属列车数（列）	运营车公里（万车公里）	日均实际开行列次（列次）	最小发车间隔（秒）	旅行速度（公里/小时）	牵引能耗（万千瓦时）	运营总能耗（万千瓦时）
1	有轨电车示范线	131.5	131.5	460.0	0.1	15	39.3	133.6	700	15.6	110.6	291.4
合计		131.5	131.5	460.0		15	39.3				110.6	291.4

52　重庆市轨道交通（集团）有限公司

【概况】

至2023年底，重庆市城市轨道交通9条运营线路由重庆市轨道交通（集团）有限公司管理，总运营里程417.0公里，总运营车站216座，网络换乘站37座，从事既有运营线路运营维护的职工总数17978人，司机总数2270人。

2023年运送乘客129924.4万人次，比上年增长44.5%。全年线网日均客运量356.0万人次／日，其中线网日均进站量224.6万人次／日，单日最高日客运量达到483.2万人次／日（2023年12月31日），线网日均客运周转量2983.9万人次公里／日。

2023年线网实际开行列次153.4万列次，线网运营车公里31278.8万车公里，高峰时段最小行车间隔150秒，运营总能耗97579.6万千瓦时。采用里程计价，全年实现运营票款收入231529.4万元，比上年增长40.2%。（图8-52-1）

2023年度主要运营指标完成情况见表8-52-1、表8-52-2。

【提升线网运输组织力】

抓好假日经济、夜间经济，常态化实施差异化延时运营，2023年除夕夜，为满足跨年夜乘客的出行需求，创下次日凌晨4点的最晚收班纪录。强化轨道交通出行引导，升级旅游导览图（2.0版本），发布《清明祭扫，轨道交通出行攻略》《桥梁上的轨道交通助力乘客便捷出行》等出行攻略，促进交旅融合发展。

【提升乘客出行体验感】

科学优化“互联互通”，“4-环-5”直快车越行站点新增中梁山站，10号线快速列车新增上湾路站等6个站点；谢家湾站实现站内换乘和8分钟付费区免费过街功能，配合完成全部60个轨道车站周边步行便捷性提升工程；上线“爱心预约”乘车服务，所有运营车站投用“求助按钮”；实现银联闪付卡进站功能，所有列车车厢全部启用“强冷”“弱冷”功能，高温期间，在车站内设置113个纳凉区供市民休憩。

【推进大修改造项目实施】

1号线增购车辆12列车交付运营，29列车全部完成大修；2号线完成14个车站及两路口控制中心系统设备安装调试，电梯、站台门、单轨道岔专业大修及更新改造，“四改八”项目出厂2列车，CBTC改造出厂2列车，增购56辆车全部7列车移交运营；3号线技术改造工程通过运营安全评估，“六改八”第二批次车辆完成12列车改造；6号线大修完成10列车改造。

（重庆市轨道交通〔集团〕有限公司　侯傲）

重庆城市轨道交通（重庆轨道）运营线路年度基础数据统计表　　表8-52-1

序号	运营线路名称	系统制式	车辆制式	列车编组（辆）	运营里程（公里）	地下线（公里）	地面线（公里）	高架线（公里）	运营车站（座）	换乘车站（座）	车辆基地（座）	首班车时间	末班车时间	线路运营时间	运营单位
1	1号线	地铁	地铁B型车	6	45.3	27.9	0.3	17.1	25	8	3	6:23	0:06	17小时43分钟	运营一公司
2	2号线	跨座式单轨	跨座式单轨列车	4/6/8	31.4	2.9		28.5	25	6	2	6:24	0:05	17小时41分钟	运营二公司
3	3号线	跨座式单轨	跨座式单轨列车	6/8	67.1	14.6		52.5	45	7	3	5:56	0:14	18小时18分钟	运营三公司
4	5号线	地铁	地铁As型车	6	48.4	41.0		7.4	31	7	2	6:21	0:28	18小时7分钟	运营四公司
5	6号线	地铁	地铁B型车	6	63.3	49.7	0.6	13.0	28	9	3	5:57	0:24	18小时27分钟	运营三公司
6	9号线	地铁	地铁As型车	6	40.0	36.6	0.2	3.2	29	11	2	6:22	0:14	17小时52分钟	运营一公司
7	10号线	地铁	地铁As型车	6	44.1	35.8	0.2	8.1	26	13	3	6:21	0:09	17小时48分钟	运营二公司
8	国博线	地铁	地铁B型车	6	26.6	20.8	0.1	5.7	13	3	1	6:20	23:05	16小时45分钟	运营四公司
9	环线	地铁	地铁As型车	6	50.8	41.0	1.3	8.5	33	11	3	6:25	0:04	17小时39分钟	运营四公司
合计					417.0	270.3	2.7	144.0	216	37	22				

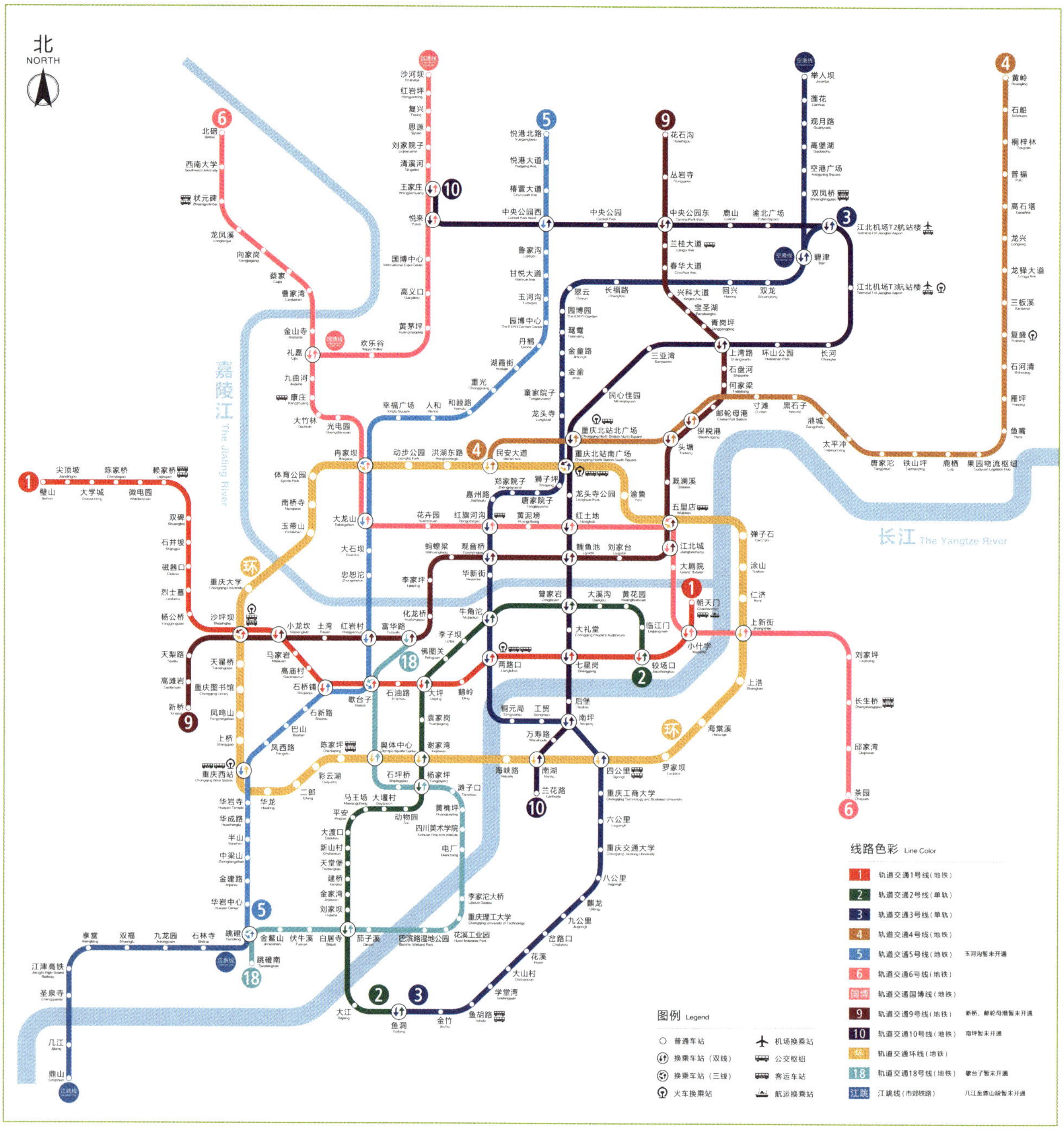

图 8-52-1　重庆市城市轨道交通运营网络示意图

重庆市城市轨道交通（重庆轨道）运营线路年度运营数据统计表　　表 8-52-2

序号	运营线路名称	客运量（万人次）	进站量（万人次）	客运周转量（万人次公里）	最大断面客流量（万人次 / 时）	配属列车数（列）	运营车公里（万车公里）	日均实际开行列次（列次）	最小发车间隔（秒）	旅行速度（公里 / 小时）	牵引能耗（万千瓦时）	运营总能耗（万千瓦时）
1	1 号线	20254.4	12906.2	218855.4	2.2	54	4247.6	517	170	44.7	6186.6	10479.9
2	2 号线	12205.3	8325.5	78604.4	1.8	67	2411.9	445	190	30.6	4346.1	6423.0
3	3 号线	26063.1	18908.7	209821.9	2.6	84	6963.1	872	150	34.8	11662.7	16790.2
4	5 号线	8521.6	4412.2	63315.6	1.4	46	2530.6	605	300	34.4	5728.9	10202.9

重庆市城市轨道交通（重庆轨道）运营线路年度运营数据统计表（续前表）

表 8-52-2

序号	运营线路名称	客运量（万人次）	进站量（万人次）	客运周转量（万人次公里）	最大断面客流量（万人次/时）	配属列车数（列）	运营车公里（万车公里）	日均实际开行列次（列次）	最小发车间隔（秒）	旅行速度（公里/小时）	牵引能耗（万千瓦时）	运营总能耗（万千瓦时）
5	6 号线	24266.3	14829.1	229128.9	2.5	64	5127.3	489	170	48.3	8196.1	13813.3
6	9 号线	8474.0	5688.0	60436.4	0.8	34	2297.2	307	360	32.7	5270.6	10348.1
7	10 号线	9103.2	5040.0	62481.8	1	46	2643.6	343	260	36.1	5288.5	9912.8
8	国博线	1501.7	759.5	15995.5	0.7	12	1006.6	183	260	46.7	1632.9	3484.2
9	环线	19534.8	11105	150476.5	2.1	51	4051.0	439	270	36.2	8774.2	16125.2
合计		129924.4	81974.2	1089116.4		458	31278.9				57086.4	97579.6

53　重庆市铁路（集团）有限公司

【概况】

至 2023 年底，重庆市市郊铁路江跳线由重庆江跳线轨道交通运营管理有限公司管理，总运营里程 26.3 公里，总运营车站 7 座，网络换乘站 1 座。

2023 年运送乘客 937.0 万人次。全年线网日均客运量 2.6 万人次 / 日，其中线网日均进站量 1.5 万人次 / 日，单日最高日客运量达到 5.8 万人次 / 日（2023 年 9 月 28 日），线网日均客运周转量 47.1 万人次公里 / 日。

2023 年线网实际开行列次 4.8 万列次，线网运营车公里 754.1 万车公里，高峰时段最小行车间隔 803 秒，运营总能耗 2517.4 万千瓦时。（图 8-53-1）

2023 年度主要运营指标完成情况见表 8-53-1、表 8-53-2。

【运营安全与服务质量】

至 2023 年 12 月 31 日，江跳线累计实现安全运营 513 天，列车运行图兑现率 100%，列车正点率 100%。2023 年度乘客满意度调查结果达 96.9 分（百分制），百万出行量有效服务投诉率为 0.2 次 / 百万人次，乘客投诉回复率为 100%。

【“双流制”技术】

“双流制”技术由重庆市铁路集团牵头组织科研攻关，获 33 项专利授权，其中发明专利 20 项，发表论文 26 篇，出版专著 2 部。《双流制市域铁路与城市地铁贯通运营成套技术》获批成为中国城市轨道交通协会全国示范工程，2023 年 4 月获中国城市轨道交通协会轨道交通科技进步奖一等奖。由重庆市铁路集团牵头主编的《双流制轨道交通技术标准》系列标准，建立国内首部“双流制”市域铁路工程设计、车辆装备、技术标准、运营维护、防灾救援体系等成套技术标准，使轨道列车在不同供电制式线路上贯通运营成为可能，该标准作为重庆市地方标准正式实施，并申报中国城市轨道交通协会团体标准。

【江跳线与 5 号线贯通运营】

2023 年 11 月 30 日，江跳线实现列车从江跳线圣泉寺站运行至轨道交通 5 号线石桥铺站，换乘方式由“人换乘”

重庆城市轨道交通（铁路集团）运营线路年度基础数据统计表

表 8-53-1

序号	运营线路名称	系统制式	车辆制式	列车编组（辆）	运营里程（公里）	地下线（公里）	地面线（公里）	高架线（公里）	运营车站（座）	换乘车站（座）	车辆基地（座）	首班车时间	末班车时间	线路运营时间	运营单位
1	江跳线	市域快轨	双流制 AS	6	26.3	5.8	2.7	17.8	7	1	1	6:30	20:30	14 小时	重庆江跳线轨道交通运营管理有限公司
合计					26.3	5.8	2.7	17.8	7	1	1				

进阶为“车换线”，为乘客节省换乘时间的同时，逐步满足广大乘客“一车直达”“零换乘”的出行需求。作为全国首创双流制 As 型车辆，江跳线通过双流制技术（牵引供电系统采用直流 1500V 与交流 25KV 双制式转换），完成车体交直流供电系统的相互转换，实现市域（郊）铁路与城市地铁贯通运营。

（重庆市铁路（集团）有限公司　重庆江跳线轨道交通运营管理有限公司）

重庆市城市轨道交通（铁路集团）运营线路年度运营数据统计表

表 8-53-2

序号	运营线路名称	客运量（万人次）	进站量（万人次）	客运周转量（万人次公里）	最大断面客流量（万人次／时）	配属列车数（列）	运营车公里（万车公里）	日均实际开行列次（列次）	最小发车间隔（秒）	旅行速度（公里／小时）	牵引能耗（万千瓦时）	运营总能耗（万千瓦时）
1	江跳线	937.0	529.9	17205.5	0.5	15	754.1	130.5	803	58.0	1800.9	2517.4
	合计	937.0	529.9	17205.5		15	754.1				1800.9	2517.4

图 8-53-1　重庆市城市轨道交通江跳线运营网络示意图

54 成都轨道交通集团有限公司

【概况】

至2023年底，四川省成都市城市轨道交通全网运营线路14条，总运营里程601.7公里，总运营车站330座，网络换乘站53座。

成都市城市轨道交通14条运营线路均由成都轨道交通集团有限公司管理，从事既有线路运营维护的职工总数28148人，司机总数3193人。

2023年运送乘客212190.5万人次，比上年增长35.0%。全年线网日均客运量581.3万人次／日，其中线网日均进站量329.2万人次／日，单日最高日客运量达到783.9万人次／日（2023年9月28日），线网日均客运周转量4929.9万人次公里／日。

2023年线网实际开行列次208.6万列次，线网运营车公里50147.3万车公里，高峰时段最小行车间隔120秒，运营总能耗191420.7万千瓦时。采用地铁采用计程票制，2元起价，可乘坐4公里，之后按照递远递减原则，4至12公里范围内，每递增4公里增加1元；12至24公里范围内，每递增6公里增加1元；24至40公里范围内，每递增8公里增加1元；40至50公里范围内，每递增10公里增加1元；超过50公里之后，每递增20公里增加1元。有轨电车2元一票制。全年实现运营票款收入390921.8（不含PPP线路）万元，比上年增长36.2%。（图8-54-1）

2023年度主要运营指标完成情况见表8-54-1、表8-54-2。

【全自动运行概览】

至2023年底，成都市开通运营的城市轨道交通全自动运行线路1条，为9号线，总运营里程22.2公里，总运营车站13座。

9号线2020年12月18日开通全自动运行，列车运行的自动化等级为GoA4，最高运行速度100公里／小时，定员数2456人；运营和维护保障采用集中管理模式；信号供应商为卡斯柯信号有限公司，车辆供应商为中车长春轨道客车股份有限公司。

2023年9号线列车计划兑现率、列车准点率均达100%，唤醒成功率达100%，未发生退出FAM模式的情况。

【“大运会”服务保障工作】

针对“成都大运会”场馆周边46个重要站点，按照“一站一方案”及“一口一方案”的要求，对不同站点、出入口制定站外接驳、大客流疏导、安全保障、突发事件应急等专项方案，确保运营组织高效顺畅。对接市级单位和属地单位，跟进交通枢纽、商圈景点、文体活动等地铁周边客源信息，结合重点车站客流情况，通过提前组织高峰列车上线、加开备用车等方式提高地铁骨干线路发车频次，缓解现场客流压力，保障乘客出行需求，确保大运会服务保障工作。

【“直达＋普线”运营组织模式】

针对市民乘客往返天府机场行程时间长的问题，成都地铁根据机场航班架次和线路日常客流特点，实行“直达＋普线”的运营组织模式，18号线在火车南站与天府机场之间开行双向直达列车，19号线在双流机场与天府机场之间开行双机场直达列车，实现市区与天府机场以及双机场间的“半小时”快速直达。18、19号线采取“共线运营”模式，为乘客提供多元化的便捷出行选择，出行效率得到大幅提升。

【建立设备安全风险隐患库】

2023年，成都地铁制定设备安全风险隐患管理机制，建立Ⅰ／Ⅱ／Ⅲ三类设备安全风险隐患库，以“宽进严出、应入尽入、分类管控”为原则，把风险当隐患来管控，把隐患当事故来治理，分级分类推进隐患问题整治，有效解决雷击故障、扶梯异响异震、7号线钢簧断裂及构架裂纹等重难点隐患问题。

（成都轨道交通集团有限公司　陈锐）

成都市城市轨道交通运营线路年度基础数据统计表　　表8-54-1

序号	运营线路名称	系统制式	车辆制式	列车编组（辆）	运营里程（公里）	地下线（公里）	地面线（公里）	高架线（公里）	运营车站（座）	换乘车站（座）	车辆基地（座）	首班车时间	末班车时间	线路运营时间	运营单位
1	1号线	地铁	B	6	41.0	41.0			35	11	2	6:10	0:00	17小时50分钟	成都地铁运营一公司
2	2号线	地铁	B	6	42.2	32.2	1.2	8.8	32	8	2	6:10	0:12	18小时2分钟	成都地铁运营二公司
3	3号线	地铁	B	6	49.9	44.4	0.6	4.9	37	9	2	6:00	0:12	18小时12分钟	成都地铁运营四公司
4	4号线	地铁	B	6	43.5	41.3	1.6	0.6	30	9	2	6:10	0:10	18小时	成都地铁运营二公司

成都市城市轨道交通运营线路年度基础数据统计表（续前表）

表 8-54-1

序号	运营线路名称	系统制式	车辆制式	列车编组（辆）	运营里程（公里）	地下线（公里）	地面线（公里）	高架线（公里）	运营车站（座）	换乘车站（座）	车辆基地（座）	首班车时间	末班车时间	线路运营时间	运营单位
5	5 号线	地铁	A	8	49.0	42.3	0.4	6.3	41	8	3	6:10	0:19	18 小时 09 分钟	成都地铁运营一公司
6	6 号线	地铁	A	8	68.9	68.9			56	12	3	6:10	0:29	18 小时 19 分钟	成都地铁运营四公司
7	7 号线	地铁	A	6	38.6	38.6			31	14	2	6:15	0:13	17 小时 58 分钟	成都地铁运营二公司
8	8 号线	地铁	A	6	29.1	29.1			25	8	1	6:10	23:50	17 小时 40 分钟	成都地铁运营一公司
9	9 号线	地铁	A	8	22.2	22.2			13	8	2	6:10	23:27	17 小时 17 分钟	成都地铁运营三公司
10	10 号线	地铁	A	6	38.0	21.2	0.8	16.0	16	3	2	6:00	23:55	17 小时 55 分钟	成都地铁运营二公司
11	17 号线	地铁	A	8	6.7	6.7			3	2	1	6:10	23:31	17 小时 21 分钟	成都地铁运营三公司
12	18 号线	地铁	A	8	70.0	53.4	1.8	14.8	13	6	1	6:00	0:21	18 小时 21 分钟	成都地铁运营三公司
13	19 号线	地铁	A	4	63.3	58.0	0.5	4.8	19	6	2	6:00	0:46	18 小时 46 分钟	成都地铁运营三公司
14	蓉 2 号线	有轨电车		5	39.3		37.5	1.8	35		3	6:10	22:54	16 小时 44 分钟	成都现代有轨电车有限公司
合计					601. 7	499. 3	44. 4	58. 0	330	53	25				

成都市城市轨道交通运营线路年度运营数据统计表

表 8-54-2

序号	运营线路名称	客运量（万人次）	进站量（万人次）	客运周转量（万人次公里）	最大断面客流量（万人次 / 时）	配属列车数（列）	运营车公里（万车公里）	日均实际开行列次（列次）	最小发车间隔（秒）	旅行速度（公里 / 小时）	牵引能耗（万千瓦时）	运营总能耗（万千瓦时）
1	1 号线	28829.9	16795.2	169434.5	5.2	73	4022.8	599.3	120	33.6	7291.6	18677.3
2	2 号线	28065.2	17685.1	219313.2	3.3	70	4380.7	505.7	135	35.0	7098.3	15610.0
3	3 号线	26840.8	16770.7	232229.3	3.1	72	4992.0	499.2	150	35.2	9545.5	17289.8
4	4 号线	23760.7	13138.3	212698.7	3.5	62	4368.3	507.5	135	36.7	7235.5	14433.4
5	5 号线	20238.9	12076.8	164157.3	2.8	62	4881.3	375.8	230	34.1	10169.6	22313.0
6	6 号线	19761.9	11941.0	182721.7	2.2	108	6060.1	353.2	250	34.5	12578.8	28587.7
7	7 号线	26879.7	12678.7	183292.4	2.7	54	3671.8	449.8	190	34.4	6562.3	15229.9
8	8 号线	12105.2	6731.4	72073.6	1.7	43	2268.0	386.9	230	34.6	4609.5	11132.1
9	9 号线	10512.8	3569.6	74170.9	3.1	25	2565.8	420.0	190	47.1	4664.3	9332.3
10	10 号线	3679.4	1997.4	54717.0	0.6	45	2707.5	363.2	285	51.0	4023.2	9107.7
11	17 号线	2151.1	1113.7	20428.9	1.1	14	1809.8	307.0	180	63.5	3067.4	7425.1
12	18 号线	7345.1	3998.1	204003.1	2.1	32	6301.4	410.1	210	98.0	9752.6	18190.2
13	19 号线	747.9	392.6	10159.0	1.1	45	657.0	417.8	180	105.3	1388.5	2336.5
14	有轨电车蓉 2 号线	1271.9	1271.9			36	1460.8	421.3	360	23.5	1136.6	1755.7
	合计	212190. 5	120160. 5	1799399. 6		741	50147. 3	6016. 8			89123. 7	191420. 7

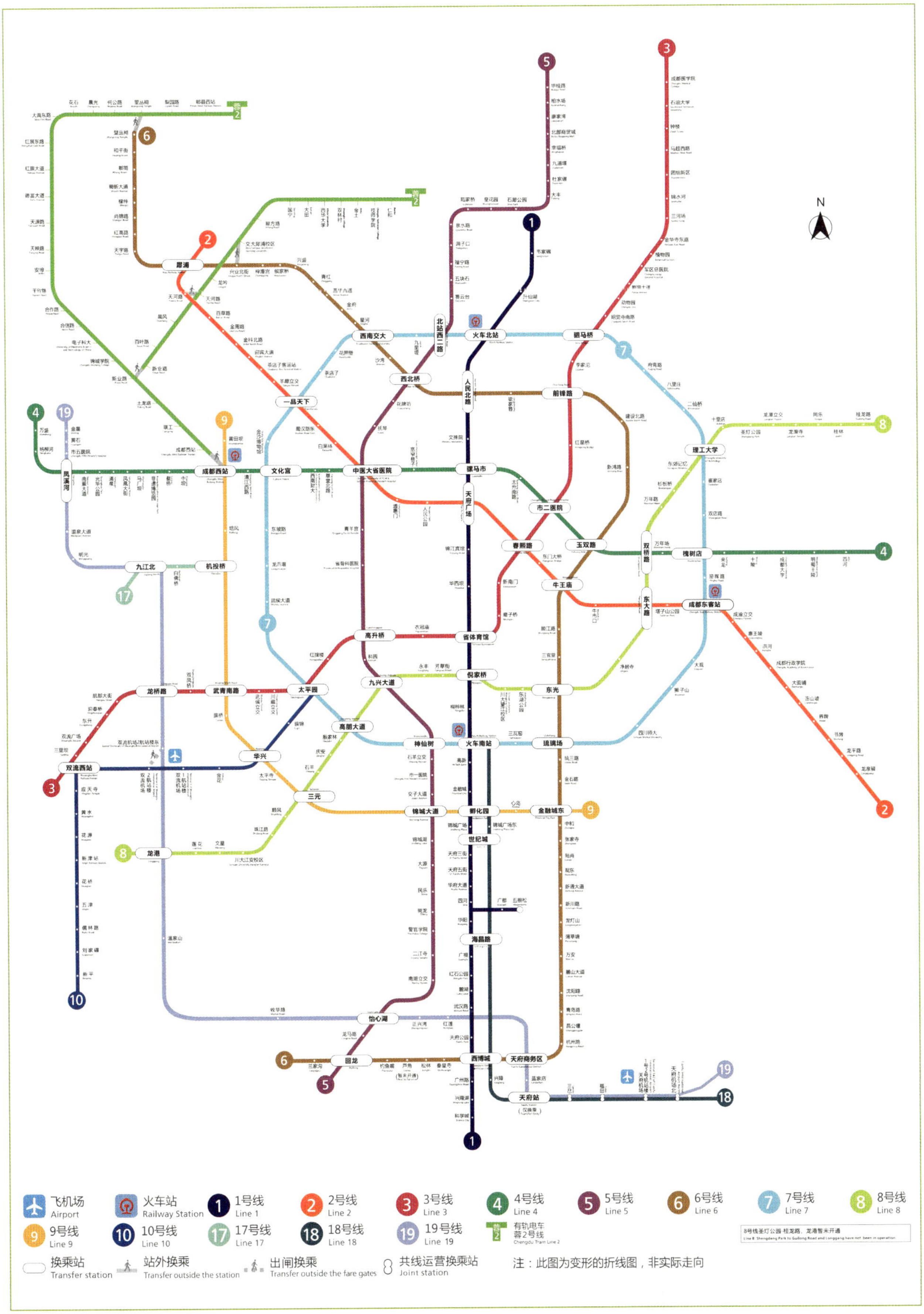

图 8-54-1　成都市城市轨道交通网络运营示意图

55　贵阳市城市轨道交通集团有限公司

【概况】

至2023年底，贵州省贵阳市城市轨道交通全网运营线路3条，总运营里程116.8公里，总运营车站82座，网络换乘站4座。

贵阳市城市轨道交通3条运营线路由贵阳市城市轨道交通运营有限公司（1、2号线）和贵阳轨道交通三号线建设运营有限公司运营分公司（3号线）管理，从事既有运营线路运营维护的职工总数6331人，司机总数566人。

2023年运送乘客13346.6万人次，比上年增长43.5%，占全市公共交通出行量的比重11.0%。全年线网日均客运量36.6万人次/日，其中线网日均进站量28.6万人次/日，单日最高日客运量达到92.5万人次/日（2023年12月31日），线网日均客运周转量304.2万人次公里/日。

2023年线网实际开行列次23.1万列次，线网运营车公里5011.7万车公里，高峰时段最小行车间隔330秒，运营总能耗18974.0万千瓦时。采用里程计价方式，票价计算标准为：起步价2元，起步里程4公里；4至8公里范围内（含8公里），加价1元，票价为3元；8至12公里范围内（含12公里），加价1元，票价为4元；12至18公里范围内（含18公里），加价1元，票价为5元；18至24公里范围内（含24公里），加价1元，票价为6元；超过24公里的，每递增8公里加价1元。全年实现运营票款收入36067.3万元，比上年增长41.9%。（图8-55-1）

2023年度主要运营指标完成情况见表8-55-1、表8-55-2。

【安全管控】

2023年9月，贵阳地铁为方便广大市民乘客临时存放轨道交通禁止携带进站乘车的物品，在56个车站安检点投放114个储物柜，供乘客免费扫码存放禁带物品。

【运输组织】

2023年12月16日3号线开通初期运营，贵阳地铁同步在该线29座车站投放智能客服中心，助力乘客通过语音问询、屏幕点选等方式完成购票、查询信息等多项自助服务。

【客运服务】

2023年12月，贵阳地铁在新开通的3号线所有车站自动售票机配设“召援按钮”，乘客可通过此按钮寻求工作人员的帮助；此外，还在所有车站配备便民充电宝，解决乘客出行途中手机等电子设备电量不足的难题。

（贵阳市城市轨道交通集团有限公司　骆开荣）

贵阳市城市轨道交通运营线路年度基础数据统计表

表8-55-1

序号	运营线路名称	系统制式	车辆制式	列车编组（辆）	运营里程（公里）	地下线（公里）	地面线（公里）	高架线（公里）	运营车站（座）	换乘车站（座）	车辆基地（座）	首班车时间	末班车时间	线路运营时间	运营单位
1	1号线	地铁	B	6	34.8	29.7	1.8	3.3	25	2	2	6:20	23:57	17小时37分钟	贵阳市城市轨道交通运营有限公司
2	2号线	地铁	B	6	39.5	37.0		2.5	32	2	2	6:20	0:09	17小时49分钟	贵阳市城市轨道交通运营有限公司
3	3号线	地铁	B	6	42.5	41.7	0.1	0.7	29	2	2	6:20	0:06	17小时46分钟	贵阳轨道交通三号线建设运营有限公司运营分公司
合计					116.8	108.4	1.9	6.5	82	4	6				

贵阳市城市轨道交通运营线路年度运营数据统计表

表8-55-2

序号	运营线路名称	客运量（万人次）	进站量（万人次）	客运周转量（万人次公里）	最大断面客流量（万人次/时）	配属列车数（列）	运营车公里（万车公里）	日均实际开行列次（列次）	最小发车间隔（秒）	旅行速度（公里/小时）	牵引能耗（万千瓦时）	运营总能耗（万千瓦时）
1	1号线	6257.9	4832.1	52044.0	0.8	34	2293.7	326.0	330	35.4	3828.8	8163.2
2	2号线	6783.6	5367.0	56029.8	1.1	49	2616.0	296.7	330	34.1	4297.1	10305.9
3	3号线	305.1	230.5	2961.3	0.7	44	102.0	246.7	360	38.7	194.0	504.9
合计		13346.6	10429.6	111035.1		127	5011.7				8319.9	18974.0

注：3号线于2023年12月16日开通初期运营，部分数据无法统计。

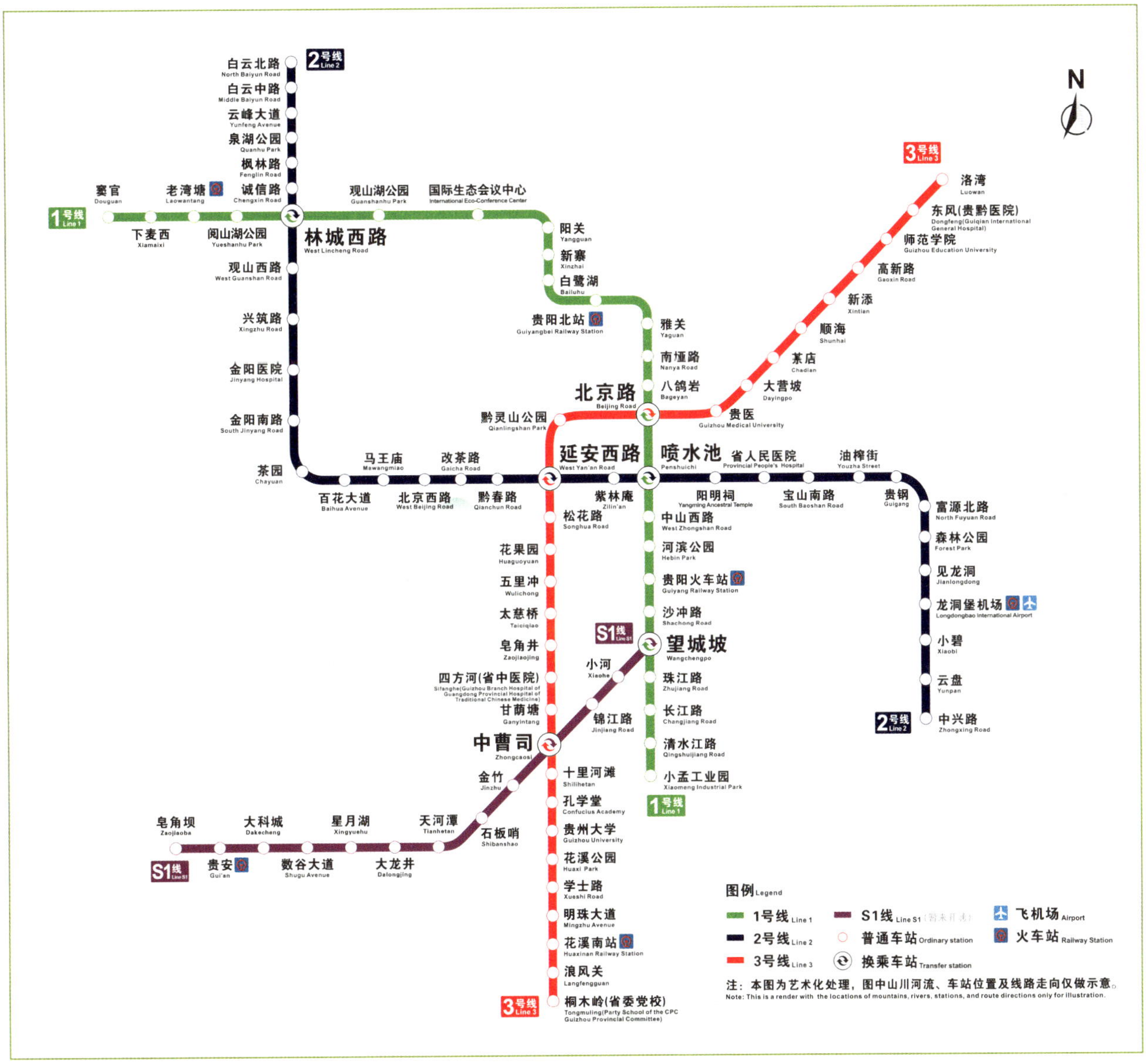

图 8-55-1　贵阳市轨道交通运营网络示意图

56　昆明轨道交通集团有限公司

【概况】

至 2023 年底，云南省昆明市城市轨道交通全网运营线路 6 条，总运营里程 165.9 公里，总运营车站 103 座，网络换乘站 10 座。

昆明市城市轨道交通 1、2 号线首期工程及 1 号线支线、3 号线、6 号线三条运营线路由昆明地铁运营有限公司运营管理，从事既有运营线路运营维护的职工总数 4006 人，司机总数 367 人。4 号线由云南京建轨道交通投资建设有限公司运营管理，5 号线由昆明轨道交通五号线建设运营有限公司运营管理。

2023 年运送乘客 29204.7 万人次，比上年增长 57.3%。全年线网日均客运量 80.0 万人次 / 日，其中线网日均进站量 57.7 万人次 / 日，单日最高日客运量达到 126.0 万人次 / 日（2023 年 12 月 31 日），线网日均客运周转量 747.7 万人次公里 / 日。

2023 年线网实际开行列次 56.0 万列次，线网运营车公里9899.6万车公里，高峰时段最小行车间隔240秒，运营总能耗34563.1万千瓦时。采用按里程计价、“递远递减”跳档计价的多级票价，票价最低2元，最高8元，全年实现运营票款收入67467.9万元，比上年增长55.9%。（图8-56-1）

2023年度主要运营指标完成情况见表8-56-1、表8-56-2。

【免费乘车活动】

2023年1月1日起至3月31日昆明地铁面向广大市民开展30万张免费乘车券发放活动，活动期间共兑换约26.4万张“免费乘车券”，兑换率达88.1%，有效激发地铁客流发展，树立地铁绿色形象，促进昆明地铁服务质量进一步提升。

【无障碍出行“爱心预约”】

2023年6月19日昆明地铁全线网上线“爱心预约”服务，乘客可通过昆明地铁App、昆明地铁微信公众号“爱心预约”界面选择起始线路、起始车站、目的线路、目的车站等信息，点击“立即呼叫”完成预约后，即可享受昆明地铁提供的“进站—安检—乘车／换乘—出站”全路径无障碍出行服务体验，方便老年人等出行不便乘客出行。

【乘车优惠服务】

2023年11月1日起，乘客可在昆明地铁App上的“电子商城”购买电子权益月卡、年卡产品，满足不同乘客的乘车需求，丰富昆明地铁乘车优惠方式。

（昆明轨道交通集团有限公司　黎宣）

昆明市城市轨道交通运营线路年度基础数据统计表　　表8-56-1

序号	运营线路名称	系统制式	车辆制式	列车编组（辆）	运营里程（公里）	地下线（公里）	地面线（公里）	高架线（公里）	运营车站（座）	换乘车站（座）	车辆基地（座）	首班车时间	末班车时间	线路运营时间	运营单位
1	1、2号线首期及1号线支线	地铁	B	6	47.3	34.8	0.8	11.7	35	6	3	6:20	23:58	17小时38分钟	昆明地铁运营有限公司
2	3号线	地铁	B	6	23.4	22.2		1.2	20	4	2	6:20	23:28	17小时8分钟	昆明地铁运营有限公司
3	4号线	地铁	B	6	43.4	43.4			29	6	3	6:20	23:58	17小时38分钟	云南京建轨道交通投资建设有限公司
4	5号线	地铁	B	6	26.5	26.5			22	2	2	6:20	23:49	17小时29分钟	昆明轨道交通五号线建设运营有限公司
5	6号线	地铁	B	6	25.3	14.8	1.4	9.1	8	3	1	6:20	23:29	17小时9分钟	昆明地铁运营有限公司
合计					165.9	141.7	2.2	22.0	103	10	11				

昆明市城市轨道交通运营线路年度运营数据统计表　　表8-56-2

序号	运营线路名称	客运量（万人次）	进站量（万人次）	客运周转量（万人次公里）	最大断面客流量（万人次／时）	配属列车数（列）	运营车公里（万车公里）	日均实际开行列次（列次）	最小发车间隔（秒）	旅行速度（公里／小时）	牵引能耗（万千瓦时）	运营总能耗（万千瓦时）
1	1、2号线首期及1号线支线	12537.3	9809.2	130428.6	1.4	46	2923.0	387.0	240	33.0	5118.4	11335.5
2	3号线	5668.9	3792.4	30388.4	0.8	30	1438.8	325.8	360	31.8	2670.6	5858.7
3	4号线	5762.3	3894.3	60392.9	0.7	36	2762.9	316.4	360	34.0	3482.5	8453.4
4	5号线	3481.9	2449.8	24721.3	0.7	26	1614.2	276.0	360	31.8	2268.3	5670.7
5	6号线	1754.3	1118.2	26983.1	0.3	13	1160.7	228.0	600	51.6	1777.4	3244.8
合计		29204.7	21063.9	272914.3		151	9899.6	1533.2			15317.2	34563.1

图 8-56-1　昆明市城市轨道交通运营网络示意图

57　西安市轨道交通集团有限公司

【概况】

至 2023 年底，陕西省西安市城市轨道交通全网运营线路 9 条，总运营里程 304.7 公里，总运营车站 191 座，网络换乘站 20 座。

西安市城市轨道交通 9 条运营线路由西安市轨道交通集团有限公司运营分公司管理，从事既有运营线路运营维护的职工总数 12806 人，司机总数 1740 人。

2023 年运送乘客 129427.6 万人次，比上年增长 68.3%，占全市公共交通出行量的比重 65.6%。全年线网日均客运量 354.6 万人次 / 日，其中线网日均进站量 230.6

万人次／日，单日最高日客运量达到470.0万人次／日（2023年12月31日），线网日均客运周转量2812.4万人次公里／日。

2023年线网实际开行列次134.8万列次，线网运营车公里25860.4万车公里，高峰时段最小行车间隔94秒，运营总能耗87197.9万千瓦时。采用"里程计价制"，起步价2元6（含）公里，之后每增加"4、4、6、6、8、8"公里加1元，票价最低2元，最高13元。全年实现运营票款收入267000（不含税）万元，比上年增长75.7%。（图8-57-1）

2023年度主要运营指标完成情况见表8-57-1、表8-57-2。

【全自动运行概览】

至2023年底，陕西省西安市开通运营的城市轨道交通全自动运行线路1条，为16号线一期，总运营里程14.2公里，总运营车站9座。

16号线一期2023年6月27日开通全自动运行，列车运行的自动化等级为GoA4，最高运行速度100公里／小时；运营和维护保障采用集中管理模式；信号供应商为卡斯柯信号有限公司，车辆供应商为中车长春轨道客车股份有限公司。

【永磁牵引技术】

西安地铁在1号线三期推行永磁牵引应用。1号线三期共配置永磁牵引系统的车辆3列，全部到段并上线运行，开展节能测试工作。永磁牵引技术所使用的永磁同步电机相比传统异步电机，具有体积小、效率高、结构简单、功率密度大等优点，虽然前期采购成本较传动异步电机有所增加，但后期综合应用成本优势明显，应用后预期节能效果在20%以上。

【中国城市轨道交通智慧运维大会】

2023年3月29—30日，2022（第六届）中国城市轨道交通智慧运维大会在西安举办。大会上西安市轨道交通集团有限公司运营分公司分享的《西安地铁客流监测预警系统》《工程车辆驾驶与维修专业融合模式在轨道交通运维中的实践与应用》《城市轨道交通"乘务应急指挥平台"的构建与实施》获优秀智慧运维解决方案奖项。

【"Ai畅行"服务品牌】

"Ai畅行"服务品牌包括：萌兔迎春、微笑随行、暑

西安市城市轨道交通（西安轨道）运营线路年度基础数据统计表　　表8-57-1

序号	运营线路名称	系统制式	车辆制式	列车编组（辆）	运营里程（公里）	地下线（公里）	地面线（公里）	高架线（公里）	运营车站（座）	换乘车站（座）	车辆基地（座）	首班车时间	末班车时间	线路运营时间	运营单位
1	1号线	地铁	B	6	41.6	41.6			30	5	3	5:59	0:43	18小时44分钟	西安市轨道交通集团有限公司运营分公司
2	2号线	地铁	B	6	33.5	33.5			25	6	2	5:59	0:43	18小时44分钟	西安市轨道交通集团有限公司运营分公司
3	3号线	地铁	B	6	38.0	26.6		11.4	26	7	2	5:59	0:16	18小时17分钟	西安市轨道交通集团有限公司运营分公司
4	4号线	地铁	B	6	34.4	34.4			29	6	2	5:59	0:02	18小时3分钟	西安市轨道交通集团有限公司运营分公司
5	5号线	地铁	B	6	41.3	28.5		12.8	31	4	3	5:59	0:27	18小时28分钟	西安市轨道交通集团有限公司运营分公司
6	6号线	地铁	B	6	35.0	35.0			30	6	2	5:59	0:19	18小时20分钟	西安市轨道交通集团有限公司运营分公司
7	9号线	地铁	B	6	24.4	24.4			15	1	1	5:56	23:12	17小时16分钟	西安中铁轨道交通有限公司
8	14号线	地铁	B	6	13.7	13.7			9	2	1	5:59	23:23	17小时24分钟	西安市轨道交通集团有限公司运营分公司
9	14号线（机场城际）	地铁	B	6	28.6	8.4	2.2	18.0	9	1	1	5:59	23:23	17小时24分钟	陕西城际铁路有限公司
10	16号线	地铁	B	6	14.2	14.2			9	2	2	5:59	22:35	16小时36分钟	西安市轨道交通集团有限公司运营分公司
	合计				304.7	260.3	2.2	42.2	191	20	19				

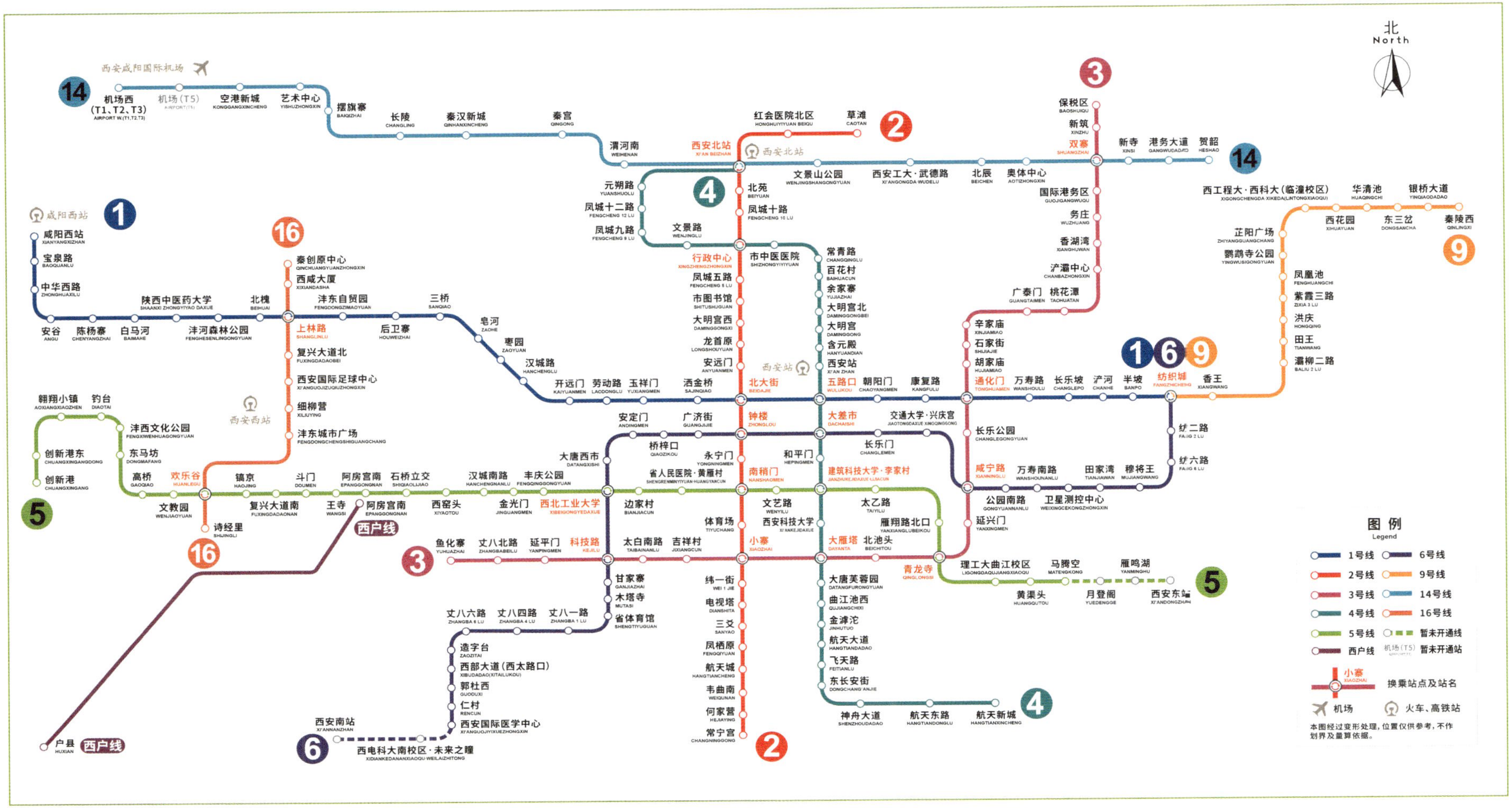

图 8-57-1　西安市城市轨道交通运营网络示意图

期爱旅行、地铁站徽打卡、国庆畅游等，开展系列主题活动共 24 次，另有“彩虹车票”“萌版手绘”“暖阳敬老”“有爱无碍伴您行”等服务；文化主题车站创建，在钟楼和西安站创建“诗韵长安”唐诗主题车站和“乐润长安”音乐主题车站；“Ai”畅行服务品牌推介周年活动，乘客互动答疑。在全国品牌创新大会暨第十一届全国品牌故事大赛全国总决赛中，西安地铁“Ai 畅行”服务品牌获得大赛第三名。

【校企合作，技术服务输出】

西安轨道运营分公司与省内高校合作，以城轨运营多年经验为依托，邀请哥伦比亚波哥大地铁一号线项目 10 名青年外籍员工开展海外人才培养计划。从地铁各专业概论、车站运作模式等基本理论到全自动运行系统、智慧车站等全方位进行技术培训，提供客运、乘务、调度、设备设施维修等 35 类专业的技术、管理经验输出和现场跟岗学习。

（西安市轨道交通集团有限公司）

西安市城市轨道交通（西安轨道）运营线路年度运营数据统计表　　表 8-57-2

序号	运营线路名称	客运量（万人次）	进站量（万人次）	客运周转量（万人次公里）	最大断面客流量（万人次 / 时）	配属列车数（列）	运营车公里（万车公里）	日均实际开行列次（列次）	最小发车间隔（秒）	旅行速度（公里 / 小时）	牵引能耗（万千瓦时）	运营总能耗（万千瓦时）
1	1 号线	19928.0	12679.4	166796.0	2.3	62	4110.4	560.0	168	35.5	6740.0	11471.5
2	2 号线	33055.2	23840.5	231522.0	3.1	63	4563.6	691.0	148	34.6	7701.4	13201.2
3	3 号线	22012.1	14004.9	157776.0	3.4	70	4003.0	526.0	135	37.6	6642.3	11857.8
4	4 号线	19700.3	12275.8	161149.0	2.2	45	3334.0	465.0	209	33.2	5144.1	12078.7
5	5 号线	11433.3	7394.1	74919.0	1.4	66	2766.9	402.0	245	34.3	5134.1	11148.5
6	6 号线	17138.5	10137.8	151923.0	3.5	52	3114.7	406.0	164	32.8	5281.7	11316.5
7	9 号线	3220.0	2083.8	43764.0	0.6	29	1487.4	302.0	360	38.6	2279.6	5802.5
8	14 号线	2551.6	1516.6	36666.0	1.3	32	2123.7	228.0	355	46.8	3621.6	8103.9
9	16 号线	338.7	220.5	2026.0	0.2	13	356.8	112.0	421	41.1	663.4	2217.3
	合计	129427.6	84153.3	1026541.0		432	25860.4				43209.1	87197.9

58　西咸新区轨道交通投资建设有限公司

【概况】

至 2023 年底，陕西省西安市西咸新区智轨示范线 1 号线由西咸新区轨道交通投资建设有限公司管理，总运营里程 4.9 公里，总运营车站 4 座。

2023 年运送乘客 49.8 万人次。全年线网日均客运量 0.2 万人次 / 日，其中线网日均进站量 0.2 万人次 / 日。线网运营车公里 54.6 万车公里，高峰时段最小行车间隔 720 秒，运营总能耗 172.6 万千瓦时。（图 8-58-1）

2023 年度主要运营指标完成情况见表 8-58-1、表 8-58-2。

【运营服务与编制标准】

至 2023 年底，新区智轨示范线安全运营 1559 天，累计运送乘客约 1.4 亿人次。开展地铁线路日常巡查 185 次，完成地铁 16 号线一期保护区划定，加强地铁保护区巡查监管，确保线路运营安全。签订地铁 5 号线二期运营委托协议，完成地铁 5 号线二期实物资产及运维管理权移交，推动运营委托管理规范化。智轨管理方面，坚持立标准、作示范、创品牌，编制的智轨管理规范作为陕西省地方标准发布。

（西咸新区轨道交通投资建设有限公司）

西安市城市轨道交通（西咸新区）运营线路年度基础数据统计表

表 8-58-1

序号	运营线路名称	系统制式	车辆制式	列车编组（辆）	运营里程（公里）	地下线（公里）	地面线（公里）	高架线（公里）	运营车站（座）	换乘车站（座）	车辆基地（座）	首班车时间	末班车时间	线路运营时间	运营单位
1	智轨示范线1号线	电子导向胶轮	C	3	4.9		4.9		4		1	6:30	22:50	15小时30分钟	西咸新区轨道交通投资建设有限公司运营分公司
合计					4.9		4.9		4		1				

西安市城市轨道交通（西咸新区）运营线路年度运营数据统计表

表 8-58-2

序号	运营线路名称	客运量（万人次）	进站量（万人次）	客运周转量（万人次公里）	最大断面客流量（万人次/时）	配属列车数（列）	运营车公里（万车公里）	日均实际开行列次（列次）	最小发车间隔（秒）	旅行速度（公里/小时）	牵引能耗（万千瓦时）	运营总能耗（万千瓦时）
1	智轨示范线1号线	49.8	49.8		0.1	9	54.6	140.9	720	20.6	61.3	172.6
合计		49.8	49.8			9	54.6				61.3	172.6

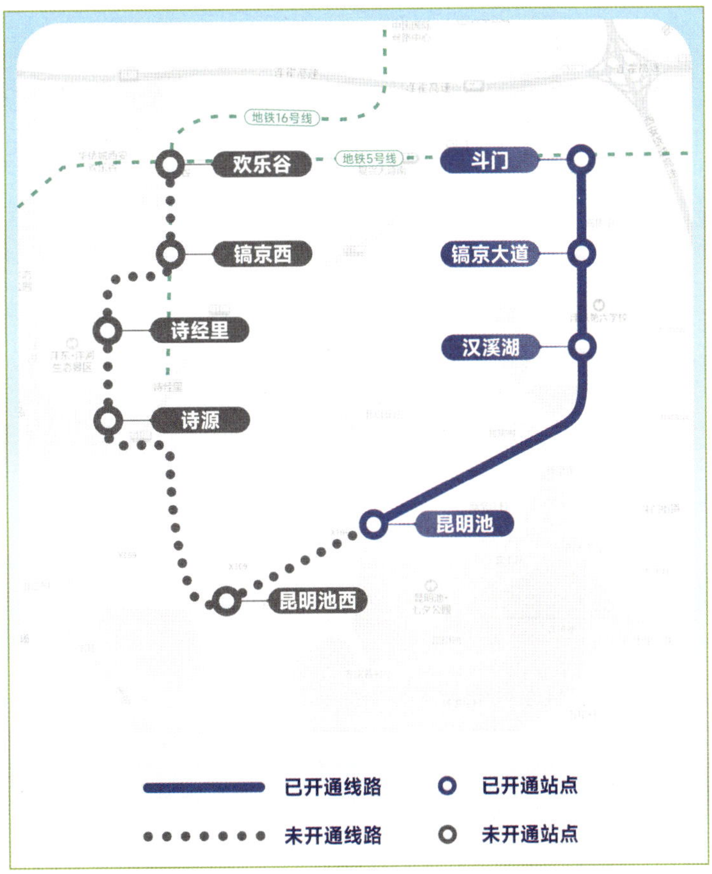

图 8-58-1　西安市城市轨道交通智轨示范线运营网络示意图

59　兰州市轨道交通有限公司

【概况】

至2023年底，甘肃省兰州市城市轨道交通全网运营线路2条，总运营里程33.4公里，总运营车站27座，网络换乘站2座。

兰州市城市轨道交通2条运营线路均由兰州市轨道交通有限公司运营分公司管理，从事既有运营线路运营维护的职工总数2258人，司机总数242人。

2023年运送乘客10563.6万人次，比上年增长196.9%，占全市公共交通出行量的比重9.6%。全年线网日均客运量28.9万人次／日，其中线网日均进站量26.5万人次／日，单日最高日客运量达到64.1万人次／日（2023年12月31日），线网日均客运周转量227.3万人次公里／日。

2023年线网实际开行列次16.3万列次，线网运营车公里1713.9万车公里，高峰时段最小行车间隔290秒，运营总能耗7456.3万千瓦时。采用非对称运行图，全年实现运营票款收入29379.7万元，比上年增长161.3%。（图8-59-1）

2023年度主要运营指标完成情况见表8-59-1、表8-59-2。

【保障设施设备稳定】

2023年，加强设备精检细修，规范标准化检修流程，保障各项设备状态良好、运行平稳。全年1、2号线各类设施设备实际按计划完成检修2.8万次，结合现场生产实际，优化工艺规程，加强设备日常质量管理，提高设备性能和质量。坚持以故障为导向，建立健全故障处理、技术分析和排查整改的技术管理闭环模式，全年处理解决各类故障共计1.1万项。

【提升运营服务质量】

服务孕妇乘客出行，推行“准妈妈徽章”活动，2023年共发放“准妈妈徽章”1400余枚；推行爱心预约接力服务，印制发放“爱心预约卡”，为特殊乘车群体提供“一对一”服务帮助；车站工作人员开展急救培训，全线配置完善应急药箱、药品，配置自动体外除颤仪，最大程度维护乘客生命安全。

【完成各项重点目标】

完成1号线一期工程正式运营前安全评估问题整改复核，于2023年9月28日投入正式运营；2号线一期工程通过初期运营前安全评估，于2023年6月29日开通试运营。全年未发生B类及以上安全事件、事故。全年线网总客运量为1.1亿人次，轨道交通线网客流稳步增长，全年多次刷新单日最高客流纪录，特别是12月31日突破60万人次大关，达到64.1万人次，创历史新高。

（兰州市轨道交通有限公司　胡相龙）

兰州市城市轨道交通运营线路年度基础数据统计表　　表8-59-1

序号	运营线路名称	系统制式	车辆制式	列车编组（辆）	运营里程（公里）	地下线（公里）	地面线（公里）	高架线（公里）	运营车站（座）	换乘车站（座）	车辆基地（座）	首班车时间	末班车时间	线路运营时间	运营单位
1	1号线	地铁	A	6	25.5	25.5			20	2	2	6:30	22:30	16小时	运营分公司
2	2号线	地铁	A	6	7.9	7.9			9	2	2	6:30	23:20	16小时50分钟	运营分公司
合计					33.4	33.4			27	2	2				

兰州市城市轨道交通运营线路年度运营数据统计表　　表8-59-2

序号	运营线路名称	客运量（万人次）	进站量（万人次）	客运周转量（万人次公里）	最大断面客流量（万人次／时）	配属列车数（列）	运营车公里（万车公里）	日均实际开行列次（列次）	最小发车间隔（秒）	旅行速度（公里／小时）	牵引能耗（万千瓦时）	运营总能耗（万千瓦时）
1	1号线	9039.2	8589.3	79529.9	1.8	26	1475.0	300.0	290	33.8	2841.5	6248.5
2	2号线	1524.4	1081.5	3442.5	0.5	10	238.9	285.0	380	28.7	560.7	1207.8
合计		10563.6	9670.8	82972.4		36	1713.9				3402.2	7456.3

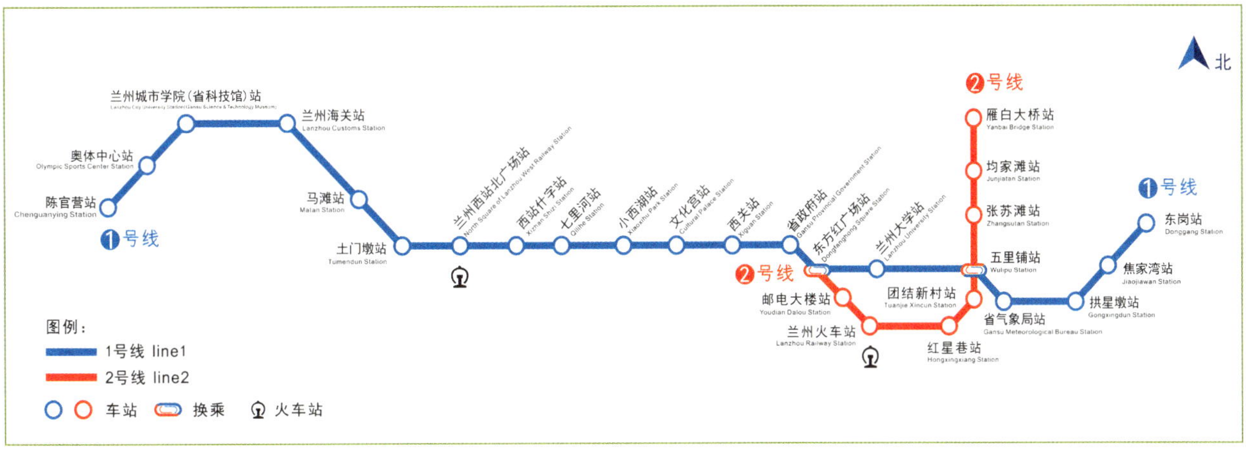

图 8-59-1　兰州市城市轨道交通运营网络示意图

60　天水通号有轨电车有限责任公司

【概况】

至 2023 年底，甘肃省天水市城市轨道交通全网运营线路 1 条，总运营里程 12.9 公里，总运营车站 12 座。

天水市城市轨道交通 1 条运营线路由天水通号有轨电车有限责任公司管理，从事既有运营线路运营维护的职工总数 127 人，司机总数 36 人。

2023 年运送乘客 95.5 万人次，比上年增长 70.3%。全年线网日均客运量 0.3 万人次 / 日，其中线网日均进站量 0.3 万人次 / 日，单日最高日客运量达到 0.7 万人次 / 日（2023 年 5 月 1 日），线网日均客运周转量 2.1 万人次公里 / 日。

2023 年线网实际开行列次 5.8 万列次，线网运营车公里 68.9 万车公里，高峰时段最小行车间隔 540 秒，运营总能耗 488.4 万千瓦时。采用单一票制（2 元），全年实现运营票款收入 182.7 万元，比上年增长 77.3%。（图 8-60-1）

2023 年度主要运营指标完成情况见表 8-60-1、表 8-60-2。

（天水通号有轨电车有限责任公司　尹超）

天水市城市轨道交通运营线路年度基础数据统计表　　表 8-60-1

序号	运营线路名称	系统制式	车辆制式	列车编组（辆）	运营里程（公里）	地下线（公里）	地面线（公里）	高架线（公里）	运营车站（座）	换乘车站（座）	车辆基地（座）	首班车时间	末班车时间	线路运营时间	运营单位
1	有轨电车示范线	有轨电车	100%低地	5 模块	12.9		11.5	1.4	12		2	6:30	22:07	15 小时 37 分钟	天水通号有轨电车有限责任公司
合计					12.9		11.5	1.4	12		2				

天水市城市轨道交通运营线路年度运营数据统计表　　表 8-60-2

序号	运营线路名称	客运量（万人次）	进站量（万人次）	客运周转量（万人次公里）	最大断面客流量（万人次 / 时）	配属列车数（列）	运营车公里（万车公里）	日均实际开行列次（列次）	最小发车间隔（秒）	旅行速度（公里 / 小时）	牵引能耗（万千瓦时）	运营总能耗（万千瓦时）
1	有轨电车示范线	95.5	95.5	754.4		17	68.9	159.9	540	27.7	182.2	488.4
合计		95.5	95.5	754.4		17	68.9				182.2	488.4

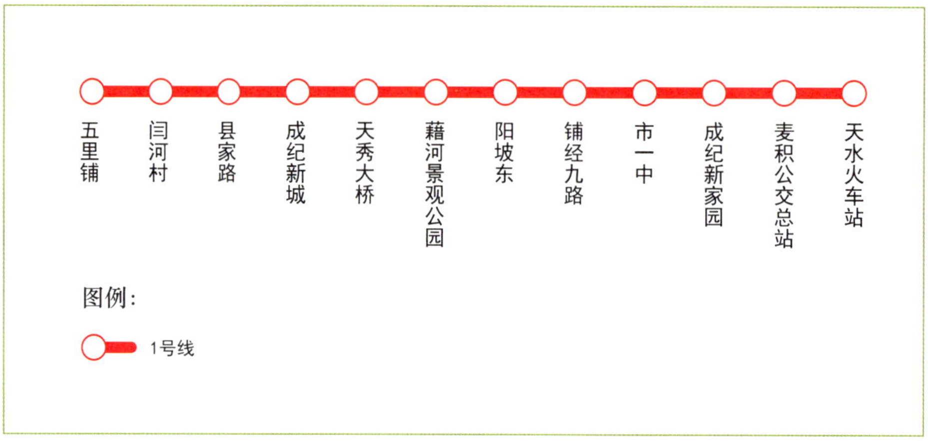

图 8-60-1　天水市城市轨道交通网络运营示意图

61　乌鲁木齐城市轨道集团有限公司

【概况】

至 2023 年底，新疆维吾尔自治区乌鲁木齐城市轨道交通全网运营线路 1 条，总运营里程 26.8 公里，总运营车站 21 座。

乌鲁木齐城市轨道交通 1 条运营线路由乌鲁木齐城市轨道集团有限公司管理，从事既有运营线路运营维护的职工总数 2225 人，司机总数 232 人。

2023 年运送乘客 3928.1 万人次，比上年增长 124.4%。全年线网日均客运量 10.8 万人次 / 日，其中线网日均进站量 10.8 万人次 / 日，单日最高日客运量达到 16.2 万人次 / 日（2023 年 4 月 30 日），线网日均客运周转量 95.6 万人次公里 / 日。

2023 年线网实际开行列次 8.9 万列次，线网运营车公里 1266.5 万车公里，高峰时段最小行车间隔 375 秒，运营总能耗 6882.7 万千瓦时。采用按里程计、递远递减的多级票价，票价最低 2 元，最高 7 元，全年实现运营票款收入 10060.3 万元，比上年增长 98.2%。（图 8-61-1）

2023 年度主要运营指标完成情况见表 8-61-1、表 8-61-2。

【提升服务】

AFC 系统完成升级改造。2023 年 11 月实现支付宝、微信扫码进出站，年内扫码支付使用率提高到 70%，大幅提高乘客过闸能力。车站安装智能座椅 73 个、设置共享充电宝 23 组、便民服务包 21 个，为乘客提供手机充电、应急救助等服务。开通客服热线、公众号等渠道，7 × 24 小时接受预约服务，为出行不便，需要服务的乘客提供车站及出入口的接送服务。

【打造特色】

开展“坐地铁、逛巴扎、游天山”系列活动，与属地政府共同打造二道桥地铁文化主题站点，打造地铁系列特色文化品牌，提升车站候车环境，推进文化润疆工作。

（乌鲁木齐城市轨道集团有限公司　王立婷）

乌鲁木齐城市轨道交通运营线路年度基础数据统计表　　表 8-61-1

序号	运营线路名称	系统制式	车辆制式	列车编组（辆）	运营里程（公里）	地下线（公里）	地面线（公里）	高架线（公里）	运营车站（座）	换乘车站（座）	车辆基地（座）	首班车时间	末班车时间	线路运营时间	运营单位
1	1 号线	地铁	A	6	26.8	26.8			21		2	7:40	0:09	15 小时 50 分钟	乌鲁木齐城市轨道集团有限公司运营分公司
合计					26.8	26.8			21		2				

乌鲁木齐城市轨道交通运营线路年度运营数据统计表

表 8-61-2

序号	运营线路名称	客运量（万人次）	进站量（万人次）	客运周转量（万人次公里）	最大断面客流量（万人次/时）	配属列车数（列）	运营车公里（万车公里）	日均实际开行列次（列次）	最小发车间隔（秒）	旅行速度（公里/小时）	牵引能耗（万千瓦时）	运营总能耗（万千瓦时）
1	1 号线	3928.1	3928.1	34887.9	0.9	27	1266.5	244.9	375	33.3	2800.1	6882.7
	合计	3928. 1	3928. 1	34887. 9		27	1266. 5				2800. 1	6882. 7

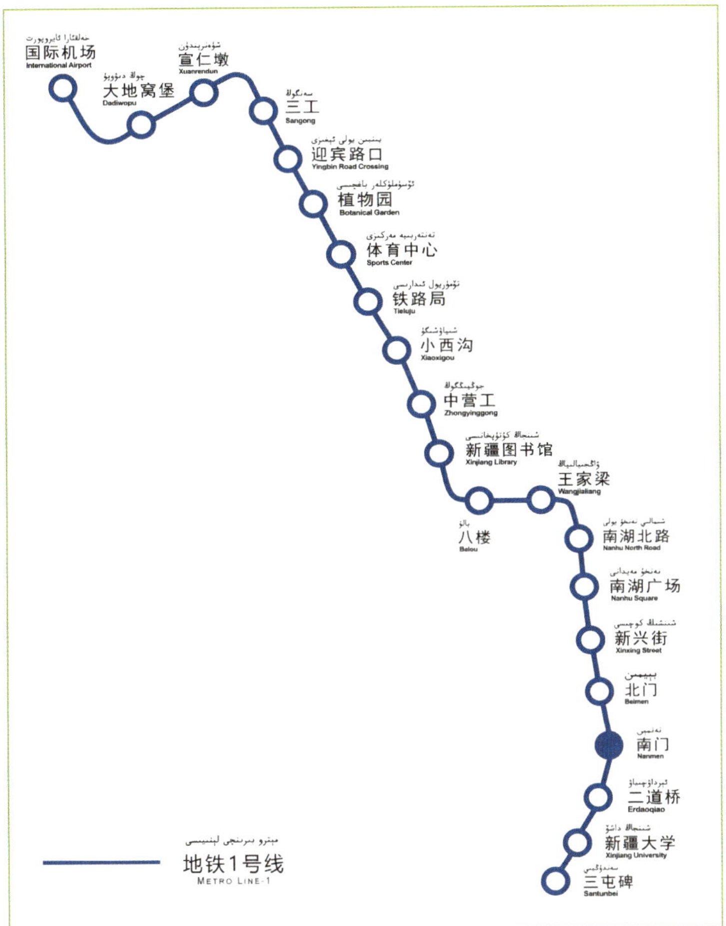

图 8-61-1　乌鲁木齐市城市轨道交通运营网络示意图

九

资源经营

2023 年，全国资源经营总收入 611 亿元，资源经营总收益 119 亿元。其中，物业开发收入 431.3 亿元，占总收入的 71%；广通商经营收入 106.4 亿元，占总收的 17%；其他收入为 73.3 亿元，占总收的 12%。

本篇章主要记录了部分城市及城市轨道运营企业在资源经营领域方面发展的情况。在资源经营领域中，城市轨道交通场站及周边土地综合开发利用（TOD 综合开发）呈现持续强劲的势头，其对资源经营的综合带动作用显著。

上海地铁博物馆

1 北京市基础设施投资有限公司

【概况】

北京市轨道交通资源由北京市基础设施投资有限公司（以下简称：京投公司）及北京市轨道交通运营企业经营，京投公司 2023 年资源经营总收入为 737015.7 万元，剔除土地出让及物业开发销售的经营收入为 54306.8 万元。

2023 年，京投公司践行国企担当，贯彻落实“轨道引领城市”发展战略，在推进场站一体化综合开发利用过程中，高质量地开展北京轨道交通 19 号线新宫车辆段、12 号线和 3 号线东坝共址车辆段、新机场线磁各庄车辆段、16 号线榆树庄车辆段、17 号线歇甲车辆段及次渠南车辆段综合利用项目，3 号线 12 号线东风站微中心项目规划建设工作，副中心站综合交通枢纽、丽泽城市航站楼、霍营综合交通枢纽工程有序推进工程建设。

在推进自持物业经营开发过程中，为高标准打造“京投品牌”，京投公司持续提高物业经营管理效能，不断增强轨道交通自持物业的竞争力与影响力。“京投港”品牌三个综合体出租率稳中有升，其他既有办公、商业项目收入指标同比持平。苏州街站点一体化项目作为北京首例棚户区改造与轨道交通一体化开发融合发展的项目，2023 年取得土地、规划及施工重要前期手续，实现主体结构封顶，为后续销售及交付创造条件，为北京城市更新贡献京投方案和京投智慧。三元桥、景风门、学知园等站点一体化项目开展商业策划，着力打造轨道交通便民服务项目新的标杆。（表 9-1-1）

【物业开发】

2023 年，京投公司旗下京投发展股份有限公司全年实现签约销售额 82.80 亿元，回款额 60.14 亿元。新开工面积 26.73 万平方米，比上年增长 78%；竣工面积 27.67 万平方米，比上年下降 37%。其中，东坝车辆段二级开发项目（北熙区项目）2023 年住宅销售面积、销售金额、销售套数三个指标均为朝阳区第一。北安河车辆段二级开发项目（岚山）作为海淀区远端站点的 TOD 项目，2023 年以优异质量实现住宅全面交付，并按照“智慧工地应用示范工程”标准推进项目后续建设，项目获得“北京市年度结构长城杯”奖，同时完成国内首次咽喉区建筑结构震振双控技术实验，对于支持城市 TOD 开发具有重要意义。

【物业租赁及管理】

至 2023 年底，京投公司自持物业遍布于北京西城、东城、海淀等 10 个区、轨道交通 20 余个站点，可经营面积 31.8 万平方米，实现自持物业收入 3.61 亿元。在市场经济下行背景下，琨御府、东直门等 5 个重点项目整体出租率达 84%，其中西华府项目在投入运行次年即实现办公满租，形成汇集商业、办公、酒店及长租公寓于一体的多元复合综合体，充分发挥 TOD 城市微中心职住平衡示范效应。

2023 年，京投公司物业信息化管理系统全面投入使用，“京投智慧租管”系统等物业管理案例获第三十七届北京市企业管理现代化创新成果一等奖与二等奖。

【传媒广告】

2023 年，整合北京地铁 5 号线、10 号线、13 号线等线路连接通道媒体广告，及京投公司部分自持商务楼宇电梯媒体等经营性资源，采取委托合作单位与自主经营管理相结合的运营模式，服务媒体资源经营与自持物业宣传需要，所管辖的媒体点位共计 120 个，媒体形式包括 LED 显示屏、灯箱、梯牌、墙贴等。

【信息通讯】

至 2023 年底，北京地铁 17 号线北段全网的站厅站台民用通信 4G 传输系统完成建设并随线开通。

【经营亮点】

2023 年，在行业市场持续下行、经济压力加大的背景下，京投公司坚持聚焦 TOD 主业，植根北京，持续构建“TOD 智慧生态圈”，以轨道物业综合体开发运营为代表的开发模式，以智慧城市和轨道科技为加速发展的主要工具，形成人文城市和产业生态共存的价值共同体。

其中，新宫车辆段综合利用项目作为公司深耕丰台区的又一 TOD 项目，践行 TOD（公共交通导向的开发模式）+EOD（生态环境导向的开发模式）发展模式，创建车辆段综合利用新典范。综合利用建设部分南置，和区域建成区形成组团布置，更加靠近轨道站点，利于便捷出行；综合利用北段上盖规划为公共绿地，融入南苑湿地公园，构建南北通达的城市慢行绿带系统，有机连接区域绿地生态系统，营造高品质城市街区环境。新宫车辆段二级开发项目（森与天成）2023 年 6 月获取土地后统筹运营，快速推进，于当年 9 月获取首批次开工证，年内实现全面开工。

京投公司紧抓区域高能板块优势资源地块，以防风险为底线，安全生产形势总体平稳。始终坚持高标准、高品质交付，2023 年计划项目全部实现按期交付，交付套数创历史新高，交付率达到 95%，其中北京项目交付率达到 99.50%。同时，围绕用户中心主义，以客户所需为根本出发点，探索构建创新型商业营造模式，打造活力商业聚落，以原创业态、首店商业、地标商业等形式助力公司品牌传播，提升商业招商管理、运营管理和资源导入能力，持续构建“TOD 智慧生态圈”。

（北京市基础设施投资有限公司）

北京市城市轨道交通（京投公司）资源经营统计表

表 9-1-1

经营类别	收入（万元）	收入构成占比（%）	经营项目	期末累计
物业开发	682708.9	92.6	在建物业开发面积（万平方米）	121.8
物业租赁及管理	36116.8	4.9	持有商业物业可租赁的面积规模（万平方米）	31.8
车站商业			站厅（台）商铺面积（万平方米）	
			地铁配线空间、通道商业面积（万平方米）	
			站厅（台）自助设备（台）	
传媒广告	90.0	0.0	传统广告灯箱（个）	77
			电子显示屏（个）	5
信息通讯	18100.0	2.5	民用通信覆盖车站（座）	245
			民用通信光电缆长度（公里）	560
			无线局域网覆盖线路（条）	
其他经营				
总收入	737015.7	100	占比票务收入比例（%）	
			运营补亏贡献度（%）	

2　北京市地铁运营有限公司

【概况】

北京市地铁运营有限公司管理的北京市轨道交通各线路资源由其子公司经营，2023 年资源经营总收入为 77337.7 万元，剔除土地出让及物业开发销售的经营收入为 77337.7 万元。

出台《增值服务业务管理办法》《增值服务业务管理细则》，完成广告、商业、经营性房产资源配置，提升增值服务整体功能和资源价值，开展增值服务部分资产和业务转移、设备设施用电管理界面划分等工作，持续落实好集团总部、载体企业和运营分公司之间“权责明晰、责权统一”的新体制机制要求。（表 9-2-1）

【车站商业】

提升商业业务能力，扩大经营规模，有序推进释放空间工作。一是在 1 号线西单站、8 号线王府井站开展 2 处地铁小站项目试点。将本地生活服务无缝接入地铁场景，有效推动轨道交通与城市生活的深度融合。二是在 6 号线常营站、10 号线十里河站机具位置设立 2 处鲜花展示柜试点，为年轻乘客群体提供装点美好生活的鲜花售卖服务。三是在 6 号线南锣鼓巷站建设 1 处“地铁城市客厅”，以“展示、文化、体验、互动”的形式打造文化特色主题店。

【传媒广告】

为满足客户精准化投放需求，实现广告数字化转型、智能化升级，推进程序化智能化平台落地。完成几大模块联调并实现系统平台落地。

【信息通讯】

全力配合各电信运营商及铁塔公司开展 5G 建设。开展 5G 施工方案审核、施工人员政审、施工现场监管等工作，完成 96 座车站 4G 扩容、5G 建设，超额完成年初工作计划。有效缓解网络拥塞压力，提升民用通信上网速率，改善乘客上网体验。

【其他经营】

不断丰富商业机具的种类和功能，持续增加多业态便民用房服务供给，推动新型服务投入使用。一是积极引进预制菜售货机、果蔬机、医品机等试点项目，有效扩大商业机具服务品类。二是完成第三批自助机具招商工作，引进 3 家专业经营单位，其中包括 102 台吐司面包售货机和 50 台小黄人潮玩机。三是完成 270 余台智慧购售货机的更换，实现人脸识别、“所见即所得”的服务功能，提升乘客购物便捷性。四是正式启动 4 台麦当劳和 4 台肯德基智能餐车试点服务，持续加强运行监测，为后续扩大经营合作奠定基础。

【经营亮点】

便民服务设施覆盖302座车站，拓展鲜花机柜、共享充电宝等多元化服务，便民餐车扩大至10条线路38座车站，电商平台实现线上下单、到店取货，3座车站为乘客提供快递寄送服务，9号线、房山线开启国内地铁首创非高峰时段快递运输试点，配合政府部门合力推动10条线路50余座车站融入“超级TOD”活力中心建设，助力打造“轨道上的都市生活”。

（北京市地铁运营有限公司）

北京市城市轨道交通（北京地铁）资源经营统计表 表9-2-1

经营类别	收入（万元）	收入构成占比（%）	经营项目	期末累计
物业开发			在建物业开发面积（万平方米）	
物业租赁及管理	5457.5	7.1	持有商业物业可租赁的面积规模（万平方米）	5.5
车站商业	6537.9	8.5	站厅（台）商铺面积（万平方米）	0.4
			地铁配线空间、通道商业面积（万平方米）	
			站厅（台）自助设备（台）	1453
传媒广告	30211.5	39.1	传统广告灯箱（个）	21259
			电子显示屏（个）	
信息通讯	23672.9	30.6	民用通信覆盖车站（座）	259
			民用通信光电缆长度（公里）	404
			无线局域网覆盖线路（条）	
其他经营	11457.9	14.7		
总收入	77337.7	100	占比票务收入比例（%）	
			运营补亏贡献度（%）	

3 北京京港地铁有限公司

【概况】

北京市轨道交通5条地铁线路的资源由北京京港地铁有限公司经营。

2023年，面对市场复苏缓慢以及地铁行业广告经营情况的巨大变化，京港地铁在复杂的市场中完成广告代理机构的更替，配合电信运营商基本实现4号线、大兴线、14号线、16号线和17号线车站站厅站台等公共区域的5G信号覆盖。同时，积极探索新业态，开发站厅层可用富裕空间，引入试点肯德基早餐车。（表9-3-1）

【车站商业】

京港地铁陆续在所属的5条地铁线引入公仔机、售货机、拍照机、礼品机等业态，开设15间便利店，为乘客提供便捷服务。秉承以乘客日益变化的需求出发，在符合政策要求的前提下，在全线开设多种业态的便民商铺，努力打造一站式服务的地铁商业空间，满足乘客多元化的需求。

【传媒广告】

2023年，京港地铁密切关注市场变化，通过对市场的分析、评估及摸底，制定并优化广告招商策略，确定两家新的代理商并完成新旧代理公司的顺利交替及过渡。

【信息通讯】

2023年，随着地铁16号线贯通和17号线北段的开通，完成三家电信运营商所有线路站厅台5G覆盖改造（14号线电信／联通小部分车站除外）。在电信市场增速放缓、运营商成本渐增的市场环境下，通过细化资源、维护、传输业务合作，保持业务稳定持续发展。

【其他经营】

2023年春节期间，京港地铁与青年工笔画艺术家合作发行新一轮生肖系列纪念票的第二套《癸卯兔年纪念票》，市场反馈良好。为继续拓展文创业务市场，以中国国家天文馆主办的星空展览为背景，发行以宣传保护自然，减少光污染，节能减排为理念的《京港地铁星河角落“玫瑰星云”纪念票》，实现展览现场和京港官方淘宝店铺的联合售卖，彰显京港地铁企业文化。

（北京京港地铁有限公司）

北京市城市轨道交通（京港地铁）资源经营统计表　　表 9-3-1

经营类别	收入（万元）	收入构成占比(%)	经营项目	期末累计
物业开发			在建物业开发面积（万平方米）	
物业租赁及管理			持有商业物业可租赁的面积规模（万平方米）	
车站商业			站厅（台）商铺面积（万平方米）	
			地铁配线空间、通道商业面积（万平方米）	
			站厅（台）自助设备（台）	360
传媒广告			传统广告灯箱（个）	5101
			电子显示屏（个）	14767
信息通讯			民用通信覆盖车站（座）	109
			民用通信光电缆长度（公里）	480
			无线局域网覆盖线路（条）	
其他经营				
总收入			占比票务收入比例（%）	
			运营补亏贡献度（%）	

4　北京市轨道交通运营管理有限公司

【概况】

北京市轨道交通 3 条地铁线路的资源由北京市轨道交通运营管理有限公司经营，2023 年资源经营总收入为 2031.3 万元，剔除土地出让及物业开发销售的经营收入为 2031.3 万元。

至 2023 年底，北京轨道运营公司承担运营线路为燕房线、大兴机场线、19 号线一期，开通车站总数 22 座。各线路综合资源开发与经营业务包括：广告媒体、自助商业、文创产品等。（表 9-4-1）

【车站商业】

2023 年，北京轨道运营公司结合政策导向和线路特征，筹划所辖线路包括自助商业设备、便利店等多元、便民商业服务。

【传媒广告】

2023 年，依托数字化经营平台开展运营线路的广告媒体自主经营，共计经营传统广告媒体 1096 块，电子媒体 168 块。

【其他经营】

以地铁文化为载体开发并经营文创产品，2023 年推出甲辰龙年纪念票。全年开发文创产品 2 个品类，4 个 SKU，产品采用“线上 + 线下”组合销售，全年共计收入近百万元。

【经营亮点】

北京轨道运营公司研究制定符合市场环境、行业趋势和多线合作经营特征的广告媒体自主经营策略，包括利用媒体数字化经营平台开展媒体的程序化交易模式，制定既符合单线特征又能融入全网的媒体综合定价体系，布局渠道和直客营销“组合拳”的经营格局等，全面覆盖城市通勤及机场商务客流。

（北京市轨道交通运营管理有限公司　高默）

北京市城市轨道交通（北京运管）资源经营统计表　　表 9-4-1

经营类别	收入（万元）	收入构成占比（%）	经营项目	期末累计
物业开发			在建物业开发面积（万平方米）	
物业租赁及管理			持有商业物业可租赁的面积规模（万平方米）	
车站商业	77.3	3.8	站厅（台）商铺面积（万平方米）	
			地铁配线空间、通道商业面积（万平方米）	
			站厅（台）自助设备（台）	56
传媒广告	313.9	15.5	传统广告灯箱（个）	630
			电子显示屏（个）	59
信息通讯	1543.4	76.0	民用通信覆盖车站（座）	13
			民用通信光电缆长度（公里）	64
			无线局域网覆盖线路（条）	
其他经营	96.7	4.7		
总收入	2031.3	100	占比票务收入比例（%）	
			运营补亏贡献度（%）	

5　天津轨道交通集团有限公司

【概况】

天津市轨道交通资源由天津轨道交通集团有限公司经营，2023 年资源经营总收入为 127114.0 万元，剔除土地出让及物业开发销售的经营收入为 46360.7 万元。

天津轨道交通集团有限公司积极探索“二次创业”转型发展之路，全力推动建设运营和资源开发经营“两大主业”均衡发展。通过优化资源开发经营布局，形成天津轨道交通运营集团有限公司、天津地铁资源投资有限公司、天津津轨商业管理有限公司、天津轨道城市发展有限公司四家专业化经营企业。

天津轨道交通将“三新”“三量”作为推动企业高质量发展的重要抓手，坚持分类施策，确保“一地一策”“一资一策”方案落地见效。讲好“TOD+ 土地出让”故事，通过规划调整优化、引入优质教育资源、完善配套设施等方式，提升地块价值。开展优质房产树品牌、闲置房产强招商、历史遗留问题房产补手续专项活动，实现在手房产“优质变优效、低效变高效、问题变宝贝”。（表 9-5-1）

【物业开发】

2023 年，物业开发销售收入约 8 亿元。其中，津铁镜界项目首开当日一举实现 3.8 亿元销售额，同时该项目获得北美 PI 设计大奖、国际住宅建筑奖、金盘奖等多项荣誉奖项；博岸名邸、北宁公元等项目全部实现交付。

【物业租赁及管理】

天津轨道交通积极构建楼宇经济新生态，推动楼宇向“产业集聚”转变，探索建设航运金融、法律、保险、数据等航运服务全产业链条，着力增强航运聚集效应和服务支持作用，服务区域航运企业发展；推动轨道交通建设、运营、资源开发全产业链聚集区，辅以轨道交通大厦作为产业承载区，加快产业集群式发展，提高产业本地化配套率。精细化多元服务，构建和谐的“伙伴关系”，构建融洽的“邻里关系”，坚持政企协同，打造航运服务、轨道交通产业高质量发展创新平台。

【车站商业】

按照民心工程任务要求，围绕百姓日常生活必需品及年轻人消费需求，在现有业态基础上，引入一批潮品店、特色小店、网红店，引进水机、福利彩票机等车站自助设备。年内超额完成便民服务点位投放任务，形成 1 间福彩主题店、4 间特色零食店和 500 余个自助服务点位的经营形式，有效提升多元化商业服务。

【传媒广告】

整合全线网媒体资源，制定覆盖平面媒体、动感玻屏、天津站枢纽大屏、屏蔽门、PIS 视频等媒体的经营策略，实现福彩中心、职业技能大赛等签约发布。完成 10 号线站外资讯牌安装，实现在手线路站外资讯媒体的全覆盖，打造立体化经营格局，提升天津轨道交通广告媒体市场吸引力。

【信息通讯】

公网包含移动、联通、电信以及铁塔 4 家运营商，公网单位承担着地铁内站厅、站台及隧道内手机语音信号及手机网络的运行，确保在地铁运营实现三家电信企业信号全面覆盖，及时满足地铁全线信号覆盖需求，为乘客提供良好的通信服务保障。至 2023 年底，天津轨道交通线网实现手机 5G 通信信号全面覆盖。

【其他经营】

发挥天津市 50 多年的轨道交通专业技术管理优势，主动走出去，抢占市场，全年实现轨道交通运营及咨询服务外部市场收入超亿元，比上年增长 94%。

【经营亮点】

2023 年，天津轨道交通“TOD+”开发成效突出。TOD 专项规划一次性通过市政府批复。双林地块成功出让；“TOD+ 城市更新”连下三城，先达、津龙湾、井冈山路项目先后开工，上述项目在盘活沉淀资金的同时实现政府收益超 20 亿元。“TOD+ 保租房”凸显轨道优势，开工建设佟楼、尖山路保租房项目，建成后可提供保租房 613 套。年内，天津轨道交通双林车辆段、佟楼站、成林道站等 6 个上盖项目同时在建，另有 6 个站点上盖项目启动前期工作。

瞄准“北方国际航运核心区”城市定位，成功打造国际航运大厦特色楼宇品牌，引入知名航运物流企业 44 家，创造就业岗位 1500 余个，年税收 1.2 亿元以上，获“中国楼宇经济行业特色楼宇 30 强”“天津五星超甲级写字楼”，纳入天津市委市政府“三量”工作典型案例推广。

“地铁 + 经济”新业态初具规模，建成智慧停车场 10 处、便民服务点 220 个，布设地铁 e 站 150 个，开发地铁站周边“幸福里”系列商业街、早市市集、亲子体育乐园，助力打造“一刻钟便民生活圈”。

天津地铁 App 注册用户突破 1200 万人次，实现与 12 座城市互联互通。上线“京津”，与上海、广州、呼和浩特、重庆等 5 座城市实现跨城扫码互通。2023 年，为强化提升通勤效率及便捷性，开展天津地铁 App 跨城扫码互通拓展工作，新增南京、南昌、常州、石家庄、苏州、成都、郑州 7 城，跨城互通城市达到 12 座，覆盖京津冀、长三角、大湾区。

发挥轨道交通产业“链主”带动作用，牵头成立天津市轨道交通协会，举办天津市轨道交通产业发展促进大会，推动央地、校企深化合作，链上企业在津投资。

（天津轨道交通集团有限公司）

天津市城市轨道交通资源经营统计表

表 9-5-1

经营类别	收入（万元）	收入构成占比（%）	经营项目	期末累计
物业开发	80753.3	63.5	在建物业开发面积（万平方米）	5.3
物业租赁及管理	28481.5	22.4	持有商业物业可租赁的面积规模（万平方米）	85.7
车站商业	1017.3	0.8	站厅（台）商铺面积（万平方米）	0.4
			地铁配线空间、通道商业面积（万平方米）	8.7
			站厅（台）自助设备（台）	787
传媒广告	3843.9	3.0	传统广告灯箱（个）	5930
			电子显示屏（个）	6882
信息通讯			民用通信覆盖车站（座）	117
			民用通信光电缆长度（公里）	152
			无线局域网覆盖线路（条）	
其他经营	13018.0	10.3		
总收入	127114.0	100	占比票务收入比例（%）	116.0
			运营补亏贡献度（%）	

6　太原轨道交通集团有限公司

【概况】

太原市轨道交通资源由太原轨道交通集团有限公司和太原中铁轨道交通建设运营有限公司根据分工共同经营，2023年资源经营总收入为1236.2万元，剔除土地出让及物业开发销售的经营收入为1236.2万元。

2号线自2020年12月26日开通运营后，全线资源开发工作按计划逐步开展，站内广告、商业活动策划、自助机具设备等业务逐步上线。（表9-6-1）

【物业开发】

推进轨道交通沿线TOD资源开发工作，与六城区政府签订战略合作协议。太原地铁万科星空（首个TOD项目）2023年7月交付使用，实现年度任务目标。

【物业租赁及管理】

抓好地铁控制中心物业管理工作，完善物业管理制度和管理流程，提高物业餐饮、会议、停车等相关项目服务质量。抓住现有可利用资源，推进控制中心办公楼出租。

【车站商业】

确定以自助设备投放为主，固定商业空间为辅的经营策略。年内投放共享充电宝及自助饮料售卖机设备，为乘客提供多种便民服务。

【传媒广告】

与第三方公司签订非客运业务委托经营合同，转让广告媒体业务经营权。正线投放LCD、LED、冰瀑屏等电子媒体设备。

【信息通讯】

2号线一期民用通信系统由铁塔集团建设运营，完成全线站厅、站台通信信号覆盖。

【其他经营】

太原轨道交通集团有限公司注册“晋物”文创品牌，开展文化衍生品销售业务。

【经营亮点】

2号线一期非客运业务以“人文地铁”为核心理念，将地铁商业与山西丰富的历史人文资源相结合，逐步呈现线路规划设计中文化主题车站的设计理念，投入使用LCD、LED等多媒体广告屏幕设备，电子化程度较高，节约广告业务经营方的经营成本。

（太原轨道交通集团有限公司　师凯　闫晓宇）

太原市城市轨道交通资源经营统计表　　表9-6-1

经营类别	收入（万元）	收入构成占比（%）	经营项目	期末累计
物业开发			在建物业开发面积（万平方米）	
物业租赁及管理	400.8	32.4	持有商业物业可租赁的面积规模（万平方米）	
车站商业	2.9	0.2	站厅（台）商铺面积（万平方米）	0.1
			地铁配线空间、通道商业面积（万平方米）	
			站厅（台）自助设备（台）	85
传媒广告	800.0	64.7	传统广告灯箱（个）	258
			电子显示屏（个）	301
信息通讯			民用通信覆盖车站（座）	23
			民用通信光电缆长度（公里）	41
			无线局域网覆盖线路（条）	
其他经营	32.5	2.7		
总收入	1236.2	100	占比票务收入比例（%）	10.6
			运营补亏贡献度（%）	

7 呼和浩特城市交通投资建设集团有限公司

【概况】

呼和浩特轨道交通资源由集团公司下属机构呼和浩特市地铁实业有限公司经营，2023年资源经营总收入为1365.1万元，剔除土地出让及物业开发销售的经营收入为1365.1万元。

呼和浩特市地铁实业有限公司内设6个部门，1个参股公司。作为呼和浩特市地铁建设、运营、资源开发“三位一体”战略格局中的重要组成部分，该公司承担呼和浩特地铁核心资源收益的协调服务和管理、资源的产业化经营及投资管理、地铁建设的配套工程服务等任务。其中资源管理涉及广告、商铺、视讯等项目；资源的经营业务覆盖房地产开发与经营、房屋销售与租赁、广告业及物业管理。（表9-7-1）

【物业开发】

启航大厦和绥远轩项目的前期手续和工程建设完成，项目交付至承租单位并开始计算装修免租期；新华三集团中央实验室项目建成交付，项目主体工程建设及室外工程全部完成；2号线塔利东路站物业空间建设任务全部完成，物业招商工作展开；新华广场改造及地下空间互联互通项目负二层停车场投入使用，负一层商业正式开业；马鬃山滑雪场二期民宿改造完成，2023—2024年雪季正式启动。

【物业租赁及管理】

道北2、3小区住房278套，租赁268套，空余10套；东统建2、3、4号楼住房租赁165套，收回9套；东统建商铺租赁8间，招商5间。

1号线展览馆二层商业楼、道北2小区二层商业楼、1号线坝堰（机场）站首层物业空间等主要商业楼及铺面全部出租。

在1号线新华广场站打造供销社便利店，引进连锁品牌便利店、自助售水机、自助照相机、雪糕售卖机、乳饮售卖机、便民早餐车等多种业态便民设施。

【车站商业】

2023年，与内蒙古振华置业有限公司签署框架合作协议，约定由双方共同出资成立合资项目公司负责新华广场地下一层商业空间及地下二层停车场的经营管理，合作期限20年。地下二层停车场对外开放，地下一层商业项目——新华MALL购物广场于年底正式营业。

【传媒广告】

呼和浩特轨道交通广告媒体由地铁实业公司与北京地下铁道通成广告股份有限公司合资成立的呼和浩特市地铁通成广告有限公司负责运营。

2023年，涉及传媒广告有：十二封灯箱650块，宝丽布灯箱13块，扶梯侧墙贴商业发布4条，柱贴商业发布4根，玻璃贴商业发布47块，屏蔽门贴商业发布14组，普通墙贴商业发布21块，LED视频48部，PIS视频50部，超级内包车2列，普通内包车4列，商业品牌区1处，包站2座。

【信息通讯】

呼和浩特轨道交通全线网的站厅、站台民用通信已覆盖44座车站，实现5G信号覆盖，民用通信光电缆长度273公里，暂未覆盖无线局域网。

【经营亮点】

充分发挥和利用1、2号线沿线房屋、广告资源，在满足公司无房职工住房需要的同时，盘活已征收的住宅、商业房屋等资源，实现国有资产的保值、增值。进一步提升地铁站内商业空间利用率，为乘客提供更加高效、便捷的惠民服务体验。通过线上线下等多种渠道主动联系对接饮品、食品、连锁品牌便利店等多种业态商家的合作意向。积极助力乡村振兴，联手市供销社相关企业，在1号线新华广场站打造供销社便利店，通过便利店承载，融进市民日常出行场景中，更好发挥助农惠民的作用。

（呼和浩特城市交通投资建设集团有限公司　袁梦宇）

呼和浩特市城市轨道交通资源经营统计表　　表9-7-1

经营类别	收入（万元）	收入构成占比（%）	经营项目	期末累计
物业开发			在建物业开发面积（万平方米）	
物业租赁及管理	292.0	21.4	持有商业物业可租赁的面积规模（万平方米）	5.3
车站商业	127.0	9.3	站厅（台）商铺面积（万平方米）	
			地铁配线空间、通道商业面积（万平方米）	1.9
			站厅（台）自助设备（台）	137
传媒广告	946.1	69.3	传统广告灯箱（个）	2368
			电子显示屏（个）	3164

呼和浩特市城市轨道交通资源经营统计表（续前表）　　表 9-7-1

经营类别	收入（万元）	收入构成占比(%)	经营项目	期末累计
信息通讯			民用通信覆盖车站（座）	44
			民用通信光电缆长度（公里）	273
			无线局域网覆盖线路（条）	
其他经营				
总收入	1365.1	100	占比票务收入比例（%）	0.1
			运营补亏贡献度（%）	

8　大连公共交通建设投资集团有限公司

【概况】

大连市轨道交通资源由大连公共交通建设投资集团有限公司下属大连公共交通资源经营开发有限公司经营，2023 年资源经营总收入为 121503.4 万元，剔除土地出让及物业开发销售的经营收入为 3596.2 万元。

2023 年，大连交通集团东北路大柴公交枢纽上盖项目实现住宅产品交付。保利天禧地下停车场与 2 号线东海站 C 口的连接通道项目开通，为市民提供更为便捷的出行体验。商业品牌连锁化经营取得显著进展，自助售货机、自助充电宝、自助照相机等各类自助设施数量持续增长，进一步提升项目的商业价值。推出兔年地铁纪念票及地铁开通 8 周年纪念票，为公共交通的品牌宣传和文化推广增添新的亮点。

发挥公共交通广告载体作用，开展公益主题宣传 64 次。助力青年发展型城市建设，推出“澎湃春潮”“毕业季”主题车站、“青春逐梦号”主题专列。创新宣传渠道，科技赋能，打造智慧党建墙、“裸眼 3D 数字海洋”“元宇宙赋能大交通”、科技蓝“百年通信发展史”主题展厅等网红打卡地，展示城市文化，助力城市交通。（表 9-8-1）

【物业开发】

2023 年，大连交通集团首个公共交通上盖物业开发项目——东北路大柴公交枢纽上盖项目完成竣工备案并实现产品交付，交付率达到 94%，实现收入 117907.2 万元。

【物业租赁及管理】

2023 年，筹建物业管理服务团队，为承接大型物业服务项目夯实基础。推动司机公寓物业服务项目落地实施，推进北站枢纽、13 号线物业服务项目承接，壮大物业服务板块。

【车站商业】

2023 年，开通保利天禧地下停车场与 2 号线东海站 C 口连接通道，为周边乘客出行提供更加便利的条件。先后引入自助鲜花机、酸奶机、照相机、大头贴机等不同机型的自助设备进入车站经营，为乘客提供更便捷的服务。

【信息通讯】

2023 年，大连轨道交通全线网的站厅、站台 4G 覆盖。1、2 号线 5G 信号覆盖。

【其他经营】

2023 年，大连交通集团整合城市公共交通资源，将公交广告经营业务一并划归资源经营开发公司管理。地铁广告利用车站广告、电视广告解约后的空档期，开展短期自主广告经营工作。公交广告对接支付宝合作策划创意场景巴士，形成稳定的“品牌场景 + 公交媒体”有机结合的合作共赢模式。首次推出“婚礼定制巴士”，引领低碳环保出行的新时尚。

【经营亮点】

为贯彻落实大连市政府“加大轨道交通及 TOD 综合开发，进一步畅达大连”的要求，推动大连市公共交通与城市融合发展，打造最美轨道上的海滨城市，举办“大连 TOD 人站产城融合发展论坛”。邀请日建设计总裁大松敦先生和成都轨道交通集团有限公司副总工程师苟明中先生来大连进行实践案例和具体做法的分享交流。通过借鉴东京和成都经验探索大连 TOD 发展路径，取得良好的社会反响，推动大连市公共交通与城市融合发展。

大连交通集团通过不同的创意媒体组合形式与场景式互动，打造“人文地铁”和“主题巴士”IP。2023 年，打造“青春逐梦号”大连青年地铁专列、“百年国潮”有轨电车、“婚礼定制巴士”等创意活动，在金巴士公交广告营销大奖中获得设计类银奖；五一期间，在大连北站综合交通枢纽大厅内搭建大连首个室内裸眼3D数字平台，营造独特视觉冲击体验。

（大连公共交通建设投资集团有限公司　宋金黎）

大连市城市轨道交通资源经营统计表

表9-8-1

经营类别	收入（万元）	收入构成占比（%）	经营项目	期末累计
物业开发	117907.2	97.0	在建物业开发面积（万平方米）	
物业租赁及管理			持有商业物业可租赁的面积规模（万平方米）	
车站商业	191.5	0.2	站厅（台）商铺面积（万平方米）	0.1
			地铁配线空间、通道商业面积（万平方米）	
			站厅（台）自助设备（台）	117
传媒广告	840.8	0.7	传统广告灯箱（个）	3224
			电子显示屏（个）	3810
信息通讯	623.1	0.5	民用通信覆盖车站（座）	49
			民用通信光电缆长度（公里）	
			无线局域网覆盖线路（条）	
其他经营	1940.8	1.6		
总收入	121503.4	100	占比票务收入比例（%）	13.8
			运营补亏贡献度（%）	

9　长春市轨道交通集团有限公司

【概况】

长春市轨道交通资源由长春市轨道交通集团有限公司经营，2023年资源经营总收入为2012.0万元，剔除土地出让及物业开发销售的经营收入为2012.0万元。（表9-9-1）

（长春市轨道交通集团有限公司　苏晨）

长春市城市轨道交通资源经营统计表

表9-9-1

经营类别	收入（万元）	收入构成占比（%）	经营项目	期末累计
物业开发			在建物业开发面积（万平方米）	
物业租赁及管理	430.0	21.4	持有商业物业可租赁的面积规模（万平方米）	8.8
车站商业	141.0	7.0	站厅（台）商铺面积（万平方米）	
			地铁配线空间、通道商业面积（万平方米）	
			站厅（台）自助设备（台）	165
传媒广告	1286.0	63.9	传统广告灯箱（个）	3367
			电子显示屏（个）	1098

长春市城市轨道交通资源经营统计表（续前表） 表 9-9-1

经营类别	收入（万元）	收入构成占比（%）	经营项目	期末累计
信息通讯	155.0	7.7	民用通信覆盖车站（座）	68
			民用通信光电缆长度（公里）	243
			无线局域网覆盖线路（条）	
其他经营				
总收入	2012.0	100	占比票务收入比例（%）	6.0
			运营补亏贡献度（%）	2.0

10　上海申通地铁集团有限公司

【概况】

上海市轨道交通资源由上海申通地铁集团有限公司下属上海申通地铁资产经营管理有限公司经营，2023 年资源经营总收入为 124785.1 万元，剔除土地出让及物业开发销售的经营收入为 124785.1 万元。（表 9-10-1）

【物业开发】

上海轨道交通土地开发资源由上海地铁资产投资管理有限公司经营，至 2023 年 12 月末，投资公司（含子公司）总资产 83.4 亿元，净资产 46.2 亿元。2023 年主要完成元江路、澄江路、金桥项目开发。

【物业租赁及管理】

2023 年，商用物业板块经营性房屋共 47 套。房屋资源经营总收入为 211 万元。

【车站商业】

2023 年，所有的空置商铺秉持空置资源“应挂尽挂”的原则，在竞价系统平台上进行公开、公正竞争，取得良好的效果。

为便于对客商租金作出科学定价。2023 年开发统一收银数据分析系统（一期）项目，更好地贴近市场，根据市场灵活定价，提高地铁商铺及经营性资源的出租率，提升资源经营收益更好服务地铁乘客。经过 2023 年经营数据的全面收集，完成地铁商业经营与市场分析，根据客商经营数据对市场情况作出及时反映，科学合理指定招商底价，有效提高资源管理效率。

【传媒广告】

2023 年，配合德高申通公司对徐家汇、人民广场等主要站点媒体升级改造，完成主要站点的 LED 大屏改造，优化媒体品质的同时，提升使用效率，加快实现数字化媒体转型战略，为实现程序化、智能化交易及线上线下的融合经营提供硬件支持。

全面梳理整合资源情况，提高管理效益和经营效益。完成地铁电视公司的清算，妥善处置原有资产，遵循合法合规处置国有资产。此外，在户外广告政策调整的背景下，开发有条件经营的风井广告媒体，同时清理拆除对地铁运营存在较大安全隐患的隧视和摩伞等媒体设施，确保轨行区媒体安全。

【信息通讯】

2023 年，在完成全网地下车站 5G 信号覆盖的基础上，完成地面和高架车站的 5G 信号覆盖，同时实施地下区间隧道的 5G 覆盖，完成 1 号线和 12 号线的区间隧道 5G 覆盖并开通相应的信号。协调建设集团落实崇明线、18 号线二期、19 号线、20 号线、21 号线、23 号线、2 号线西延伸段、12 号线西延伸、13 号线东和西延伸段、15 号线南延伸、17 号线西延伸段等新建线路民用通信建设基础资源，配合三家电信运营商和上海铁塔完成相应的前期同步实施工作。

【其他经营】

2023 年，盾构合作施工项目参与上海机场联络线、上海硬 X 射线、上海 2 号线西延伸、上海 21 号线一期、上海 18 号线二期、南京地铁 5 号线、苏州地铁 7 号线、宁波地铁 7 号线等项目，实现上海和外地多点开花，项目建设稳步推进。作为上海轨道交通崇明线隧道工程项目盾构设备的技术支持与服务方，做好项目全过程管理。配合建设集团做好上海轨道交通新线建设管理，成立上海轨道交通盾构管理项目部，为新线建设保驾护航。

【经营亮点】

2023 年，资产公司全面推进资源全上网工作，以实现“三全”，即“资源全上网”“全方位多途径展现管理现状”“全面分析经营指标”为目标，通过动态管理、及时掌握资源经营信息，立足降本增效、管理提质提效、全面推动资源、合同、财务和竞价等系统平台互联互通、信息共享。系统之间联动实现“三无”，即“资源梳理无遗漏、合规校验无死角、边界清晰无扯皮”。通过高效联动、流程再造，全面提升数字化转型，使资源展示一目了然、一键触达，充分挖掘资源经营潜力，助推公司资源经营高质量发展。

（上海申通地铁集团有限公司　马文彦）

上海市城市轨道交通资源经营统计表　　表 9-10-1

经营类别	收入（万元）	收入构成占比（%）	经营项目	期末累计
物业开发			在建物业开发面积（万平方米）	
物业租赁及管理	8492.7	6.8	持有商业物业可租赁的面积规模（万平方米）	2.0
车站商业	18384.4	14.7	站厅（台）商铺面积（万平方米）	3.5
			地铁配线空间、通道商业面积（万平方米）	5.3
			站厅（台）自助设备（台）	1418
传媒广告	53847.9	43.2	传统广告灯箱（个）	12496
			电子显示屏（个）	66000
信息通讯	18742.5	15.0	民用通信覆盖车站（座）	503
			民用通信光电缆长度（公里）	1289
			无线局域网覆盖线路（条）	14
其他经营	25317.6	20.3		
总收入	124785.1	100	占比票务收入比例（%）	
			运营补亏贡献度（%）	

11　南京地铁集团有限公司

【概况】

南京市轨道交通资源由南京地铁集团有限公司下属南京地铁资源开发有限责任公司等公司经营，2023 年资源经营总收入为 100328.9 万元，剔除土地出让及物业开发销售的经营收入为 66069.5 万元。

2023 年，南京地铁完成 3 幅地块出让。曹后村车辆段一体化打造绿色办公基地，小行车辆段导改有序开展，下关地块持续优化设计，朝天宫、云南路项目完成规划许可证办理，龙潭车辆段据实完成项目调整。龙江站商业区改造验收后成功对外招租，新街口站商业区实现平稳交接管，7 号通道升级为全国首个地铁通道传媒艺术空间。整合宁句城际沿线资源，探索“轨道交通 +”多产业融合路径，打造“宁句优选”品牌，开拓地铁研学阵地，促进轨道交通与文旅、农业、体育等资源的多元碰撞。（表 9-11-1）

【物业开发】

2023 年，南京地铁完成青龙 11-03、曹后村车辆段、青龙加油站等 3 幅地块出让，实现出让收入 9.85 亿元。全过程践行客户为本理念，设计端前置研究客群画像，销售端大力铺开全民营销，建设端严控品质加快交付，房产销售总额突破 5 亿元。江北幼儿园项目完成交接工作，为浦口区新增一项优质教育资源。城西路项目提前完成 6 栋楼主体结构封顶。小行项目提前半年完成竣工备案。金马交通枢纽项目被中国城市轨道交通协会评为“城市轨道交通 TOD 示范项目”，年内推进移交及交通功能评估，开展策划方案及收益测算，有序推进工程审计工作。

【物业租赁及管理】

2023 年，南京地铁一方面根据南京市政府关于国有存量资产资源盘活相关要求，开展权证办理、大力招商盘活小行荟上盖物业、龙江地下商业街等项目；另一方面提高自主经营比例，开展新街口地下商业区自营。有效盘活存量资源、提振资源经营收益。

【车站商业】

2023 年，南京地铁围绕新线资源招商及盘活存量资源开展地铁车站商业经营，启动 1 号线北延、7 号线北段与南段新线商业招商，完成 67 间品牌连锁商铺在内的 112 间车站商铺招商，引进品牌商家盘活空置便民点位，提升资源经营收益同时为广大乘客提供更便捷的服务。

【传媒广告】

2023 年，公开拍卖挂牌转让 1 号线、2 号线、7 号线的广告资源经营权；对新街口 7 号通道进行公开挂牌招商，最终溢价 50% 成交。

【信息通讯】

2023 年，完成 7 号线南段（西善桥至应天大街）公网信号覆盖建设，并于 12 月 28 日开通投入运营。

【其他经营】

2023 年，南京地铁加速盾构管片及预制整体道床生产工作，有序保障新线材料供应。下属合资企业南瑞智慧交通公司获高新技术企业认定，经营效益显著提升。同时深入参与国内各地地铁等公共基础设施建设项目招采过程，新签订销售合同 10 份，助力地铁建设的国产化使用率，优化产业布局，注入高质量发展新动力。

（南京地铁集团有限公司）

南京市城市轨道交通资源经营统计表　　表 9-11-1

经营类别	收入（万元）	收入构成占比（%）	经营项目	期末累计
物业开发	34259.4	34.1	在建物业开发面积（万平方米）	39.3
物业租赁及管理	12470.1	12.4	持有商业物业可租赁的面积规模（万平方米）	30.3
车站商业	16325.1	16.3	站厅（台）商铺面积（万平方米）	1.8
			地铁配线空间、通道商业面积（万平方米）	1.7
			站厅（台）自助设备（台）	785
传媒广告	10749.6	10.7	传统广告灯箱（个）	9452
			电子显示屏（个）	34
信息通讯	4397.9	4.4	民用通信覆盖车站（座）	181
			民用通信光电缆长度（公里）	280
			无线局域网覆盖线路（条）	
其他经营	22126.8	22.1		
总收入	100328.9	100	占比票务收入比例（%）	65.1
			运营补亏贡献度（%）	

12　无锡地铁集团有限公司

【概况】

无锡市轨道交通资源由无锡地铁集团有限公司经营，2023 年资源经营总收入为 200098.2 万元，剔除土地出让及物业开发销售的经营收入为 196916.5 万元。（表 9-12-1）

【物业开发】

2023 年，为更好落实以公共交通为导向的城市发展理念，促进土地资源集约利用、城市功能结构优化，落实无锡市政府《关于推进轨道交通场站及周边土地综合开发的实施意见》，促进全市轨道交通沿线土地资源集约利用，打造“站城一体化”现代社区，带动城市更新。推进既有项目开发和销售，全年在建物业开发面积 105.02 万平方米，土地储备规模 11.23 万平方米。

【物业租赁及管理】

2023 年，物业项目大桥中学的辅楼石子街项目、无锡地铁商业园区更新项目，完成重新招商、开业。鼓励特色产业、有机更新、空间蜕变、模式多元。微型产业园区聚焦潮流、装修创意产业方向，通过加强同类型企业的聚集度，提升整体园区的青年主题概念。对该项目建筑实施现状保留微改造手法，加装垂直电梯，实现现有建筑的功能提升，进而为园区补充产业服务等公共功能。改造后租金收入上涨60%。

【车站商业】

开拓招商营运新思路，"漫步城铁"商业街成为二次元文化交流聚集地，引进万代扭蛋机快闪店、茶颜悦色等无锡首店。构建一刻钟便民生活圈，重点车站引入便民早餐、农夫山泉芝麻店等便民项目。启动商户经营红黑榜、流动小红旗的奖惩机制，三阳广场商圈再获江苏省放心消费示范街区。推出城市露营节、"818"地铁购物节、地铁马拉松、城市生活家等地铁商业品牌。

【传媒广告】

主动走出去，与长三角13个城市的轨道交通单位、7家区域交通媒体经营单位成立长三角交通媒体合作联盟，实现文旅项目在长三角媒体资源集中投放，迈出联盟业务的坚实步伐。同时将品牌活动做延伸，2023地铁马拉松首次引入无锡、常州双城联动机制，突破空间、时间的限制，为实现双碳目标贡献力量。

【信息通讯】

2023年，无锡地铁商业通信全面覆盖1、2、3、4号线及1号线南延线，覆盖里程总数达96.5公里，全面满足乘客的通信运用场景需求。与通信运营商深化合作，在地铁线网覆盖的基础上，继续开展南长街、崇宁路、地铁大厦等基站合作，充分发挥地铁商业阵地优势，在新开业的梅园、河埒口、三东区间商业街以及后西溪8号配套停车场实现商用通信信号的覆盖，扩大信号覆盖面。

【其他经营】

做优"818"购物节、地铁"文化客"和双城马拉松等地铁商业品牌，开发公共文化资源板块，举办首届地铁公共文化艺术节。持续加大科技物业外拓力度，住宅、学校、公园景观和办公物业成为增长主力，培育居家养老、社区食堂、幸福锡铁等物业品牌，入选中国物业服务百强企业。持续推进TOD项目的开发、销售，运河汇、公元汇建成运营。积极向外输出地铁教育培训管理经验，承接大连地铁5号线等技术咨询业务，获取一批职业认定和社会化办学资质。积极稳妥推进投资业务，累计业务投放超80亿元，未发生一笔风险业务和不良资产，成为集团新的经济增长极。聚焦信息数字化、系统集成和产品研发三大领域，加快资质获取，承接成都、常州、泰州等信息化项目。

【经营亮点】

围绕我国城轨"客流、引流、增收"三大挑战，启动无锡城市轨道交通多元融合示范项目，打造站城融合TOD+开发模式。承办首届中国城市轨道交通TOD发展大会，共商"站城融合、赋能城市"蓝图，扩大无锡在全国影响力。与梁溪区、锡山区、经开区等携手推动轨道交通沿线土地一二级联动开发，实施天河、宛山湖、广益、望愉和运河汇5个土地开发项目，年度计划完成率111%。

聚力产业转型升级。响应"465"现代产业集群建设，持续补强轨道交通上下游产业链。加强国际合作，与日本能美、新加坡新科达成国际合作；开拓全国市场，累计实施央企股权合作项目9个，发起长三角交通商业联盟，赴大湾区强化与华润置地、华侨城等TOD合作。

（无锡地铁集团有限公司）

无锡市城市轨道交通资源经营统计表 表9-12-1

经营类别	收入（万元）	收入构成占比(%)	经营项目	期末累计
物业开发	3181.7	1.6	在建物业开发面积（万平方米）	105.0
物业租赁及管理	4382.0	2.2	持有商业物业可租赁的面积规模（万平方米）	9.6
车站商业	6173.2	3.1	站厅（台）商铺面积（万平方米）	0.5
			地铁配线空间、通道商业面积（万平方米）	6.4
			站厅（台）自助设备（台）	497
传媒广告	3735.9	1.9	传统广告灯箱（个）	4578
			电子显示屏（个）	6129
信息通讯	1462.9	0.7	民用通信覆盖车站（座）	80
			民用通信光电缆长度（公里）	114
			无线局域网覆盖线路（条）	4
其他经营	181162.5	90.5		
总收入	200098.2	100	占比票务收入比例（%）	674.1
			运营补亏贡献度（%）	

13　徐州地铁集团有限公司

【概况】

徐州市轨道交通资源由徐州地铁集团有限公司下属资源开发分公司经营，2023 年资源经营总收入为 76261.6 万元，剔除土地出让及物业开发销售的经营收入为 13523.1 万元。

2023 年，徐州轨道交通线网控制中心综合开发地块二期项目完成竣工备案，1 号线子房山站东广场项目、2 号线庆云桥地铁商务区项目同时在建，有序推进第二轮建设规划线路沿线四小件整合前期工作。车站自助服务设施设备数量不断增多，彭城广场地铁商务区全面开业，城下城遗址博物馆完成文物布展提档升级，借助城下城遗址博物馆开业一周年，开发销售联名纪念票册、联名异形卡。（表 9-13-1）

【物业开发】

2023 年，实现土地销售收入及物业开发销售收入为 62738.5 万元。1 号线线网控制中心时尚生活广场二期住宅正式交付；1 号线线网控制中心 8# 地铁上盖项目完成竣工备案；1 号线子房山站东广场项目结构封顶。2 号线庆云桥地铁商务区项目 A 地块结构封顶，B 地块商业结构封顶。

【物业租赁及管理】

2023 年，完成 2 号线户部山地铁商务区商业招商工作，完成 1 号线线网控制中心 8# 酒店招租工作，合作华住旗下中高端酒店品牌桔子水晶。加强对办公楼宇信息化数字化管理，落实精细化管理要求。

【车站商业】

2023 年，1 号线彭城广场站配套商业空间（回型）实现开业，吸引奈雪的茶、乐乐茶、瑞幸咖啡等众多首进品牌和网红标杆品牌入驻，形成淮海经济区首个大规模地铁地下商业项目。

【传媒广告】

2023 年，徐州广电地铁传媒有限公司组织开展广电股权回购工作，股权回购后，公司变更为地铁集团全资子公司，名称变更为徐州地铁集团数讯传媒有限公司，为徐州地铁 1、2、3 号线全线全类型广告业务管理单位。同时为 1、2 号线平面广告，全线动态全媒体资源（包括地铁拉手、地铁电视〔PIS〕与地铁 LED 等）以及地铁语音报站、视频制作等广告业务经营主体。

【信息通讯】

与中国铁塔股份有限公司徐州市分公司建立协同，在轨道交通民用通信、智能化信息系统、能源等建设、维护及服务领域开展合作，建立深层次的合作交流机制，构建良好合作平台，共同加快推进轨道交通通信建设、智能化信息建设和能源方面建设维护等。

【其他经营】

2023 年，开通两个资源接口，分别为庆丰路站云龙万达广场商业接口，市政府站招商花园城商业接口。充分利用地铁优势，创造经济效应，深度挖掘可利用资源，打造葡萄串式现代服务业空间载体。

城下城遗址博物馆采取多元化的展陈方式全新升级，定制文物专用展柜 13 台及新增 83 件文物，丰富展馆文化内容。全年接待参观市民 12 万人次，大型团体参观百余次，举办主题活动 20 余场，实现票务收入 65 万元。

【经营亮点】

2023 年，彭城广场站与周边大型商业综合体连接通道陆续开通，彭城广场地铁商务区全面开业，与三城重叠城下城遗址博物馆实现互通，将复古的造景、徐州本土文化品牌与缤纷业态相融合，打造具备汉文化特色的街区，使地铁换乘空间、文物展陈、人行慢行交通系统、商业空间有机结合，实现中心商圈地下慢行交通系统的贯通。徐州地铁彭城广场站城市核心区 TOD 产城融合项目是对彭城广场交通、商业功能的进一步开发，形成地下 + 地面立体“市民乐园”，打造中心商业圈市民出行购物的休闲娱乐中心，进一步放大徐州商圈的辐射带动作用，巩固淮海经济区中心商圈的核心地位。该项目被中国城市轨道交通协会评为“城市轨道交通 TOD 示范案例”。

（徐州地铁集团有限公司　王黛丝）

徐州市城市轨道交通资源经营统计表　　表 9-13-1

经营类别	收入（万元）	收入构成占比（%）	经营项目	期末累计
物业开发	62738.5	82.3	在建物业开发面积（万平方米）	17.1
物业租赁及管理	6152.4	8.1	持有商业物业可租赁的面积规模（万平方米）	13.7
车站商业	1882.0	2.5	站厅（台）商铺面积（万平方米）	53.8
			地铁配线空间、通道商业面积（万平方米）	1.2
			站厅（台）自助设备（台）	391

徐州市城市轨道交通资源经营统计表（续前表）

表 9-13-1

经营类别	收入（万元）	收入构成占比（%）	经营项目	期末累计
传媒广告	1946.7	2.6	传统广告灯箱（个）	2609
			电子显示屏（个）	4136
信息通讯	291.1	0.4	民用通信覆盖车站（座）	51
			民用通信光电缆长度（公里）	64
			无线局域网覆盖线路（条）	3
其他经营	3250.9	4.1		
总收入	76261.6	100	占比票务收入比例（%）	539.4
			运营补亏贡献度（%）	

14　常州地铁集团有限公司

【概况】

常州市轨道交通资源由常州地铁集团有限公司经营，2023 年资源经营总收入为 5087.0 万元。（表 9-14-1）

【物业租赁及管理】

2023 年，完成地铁大厦下沉广场及南夏墅配套服务用房总计约 3 万平方米招商。

【车站商业】

2023 年，车站商业重启招商，完成地铁 1、2 号线车站 512 平方米招商及充电宝、自助售卖机招商。

（常州地铁集团有限公司）

常州市城市轨道交通资源经营统计表

表 9-14-1

经营类别	收入（万元）	收入构成占比（%）	经营项目	期末累计
物业开发			在建物业开发面积（万平方米）	
物业租赁及管理	745.0	14.6	持有商业物业可租赁的面积规模（万平方米）	3.0
车站商业	20.0	0.4	站厅（台）商铺面积（万平方米）	0.1
			地铁配线空间、通道商业面积（万平方米）	
			站厅（台）自助设备（台）	115
传媒广告	1711.0	33.6	传统广告灯箱（个）	1717
			电子显示屏（个）	3657
信息通讯	659.0	13.0	民用通信覆盖车站（座）	44
			民用通信光电缆长度（公里）	190
			无线局域网覆盖线路（条）	
其他经营	1952.0	38.4		
总收入	5087.0	100	占比票务收入比例（%）	39.0
			运营补亏贡献度（%）	11.0

15 苏州市轨道交通集团有限公司

【概况】

苏州市轨道交通资源由苏州市轨道交通集团有限公司下属苏州轨道交通资产经营有限公司和资源开发有限公司经营，2023 年资源经营总收入为 323776.6 万元，剔除土地出让及物业开发销售的经营收入为 24094.2 万元。

苏州市轨道交通集团有限公司紧扣业务市场化目标，深入挖掘地上地下空间潜力，积极探索 TOD 综合开发的实施路径，打造标杆项目，推进 TOD 建设、TOD 开发、资产经营各项业务。（表 9-15-1）

【物业开发】

2023 年，首次与龙湖合资联合开发云河颂项目，6 月开盘年内基本售罄，已收回投资和首期利润分成。参股 6 号线金储街站 B、C、D 地块项目，通过载体基金全资持有的 SPV 公司执行项目拿地、开发建设管理等事宜，年内 B 地块开工建设。参股和月泊庭项目，与中建国际组建项目公司联合竞拍，11 月项目开盘销售。以城市更新路径获取土地，操盘悬桥巷站城市更新 TOD 项目。品汇左岸商务广场项目 10 月工程竣工，招商同步开展中。

【物业租赁及管理】

广济南路、黄天荡大楼两处在营资产实现满租。祖冲之大楼 6 月竣工，11 月首次出租，与江苏银行签约部分办公室的出租合同。

【车站商业】

2023 年，车站商业新增业态品类，站厅商业引入鲜花、早餐、冰淇淋售卖机，行李寄存柜等新型业态，站厅商铺出租率大幅提升。5 号线劳动路站、星波街站、南门站，3 号线东方之门站等配线空间存量资产有效去化，引入档案库房、策展空间等新业态。站厅、地下大空间、上盖物业均经营稳定，星海广场站站前町商业街出租率持续保持在 95% 以上。

【传媒广告】

2023 年，世界 500 强企业广告投放数量达到 24 家，承担公益责任，月均灯箱媒体发布公益画面保持 3000 张以上，视频媒体公益播放时长超 150 小时，公益广告宣传占比保持 30% 以上。为传播江南文化，促进文旅融合，深度开发文旅消费新空间、新场景，携手明美术馆创设李公堤南站艺文空间，亮相中法艺术周，利用苏绣特色 IP 打造索山桥站苏绣非遗主题站等特色文化主题车站。推出花桥站模型等 10 款地铁文创新品。将地铁与文旅相结合，依托地铁列车和车站，打造沉浸式地铁（清风号和迪士尼号），构建沉浸式文交旅体验。

【信息通讯】

民用通信维护工作正常开展，配合通信运营商开展 1—5 号线车站、轨行区 5G 网络优化；积极对接运营商建设部门，确保 6、8、7 新线开线前完成手机信号覆盖；完成民用通信招标准备工作，进一步压降成本，提升维护质量。

【其他经营】

推进全方位、多层次合作，培育集团综合开发运营能力。与华润置地、招商蛇口、龙湖集团、金地商置、建发集团签订战略合作协议，全面提升轨道交通 TOD 开发标准；与相城区城投设立合资公司，开展 7 号线莫阳停车场、元和片区等综合开发研究，探索市区合作路径，未来在各区推广复制；与上海兰宇坤宁成立合资商业咨询公司，引进外部优质资源，快速培育和提升经营能力；与戴德梁行等专业招商咨询单位合作，进一步拓宽招商渠道。年内首开龙湖、金地广场、吴江凯旋生活广场、太湖新城北区和中南区项目等多个接口开通使用。

【经营亮点】

优化空间设计和施工组织，统筹车辆段一体化建设，4 个车辆段及上盖开发项目推进顺利；创新投资开发模式，加快 TOD 项目落地落成；拓宽全面合作思路，推动向城市综合服务商转型，搭建招商经营体系，探索资产保值增值路径，强化安全质量体系建设，筑牢企业发展基石深化国企改革提升行动，保障业务市场化转型。

地下商业资源多元业态引入。新引进鲜花店、智能存储柜、共享充电宝、早餐店、苏州老字号酒坊等新型业态，进一步丰富站厅商业类型。其中“小铁”智能存储柜使用率保持 90% 以上，获得苏州电台、苏州日报等众多官媒和自媒体报道，为省内地铁行业首创。5 号线劳动路站、星波街站、南门站，3 号线东方之门站大空间招商取得突破，星波街站创新开发档案存储功能，为国内地铁行业首创；劳动路等站点已与周边综合体达成地下连通意愿，联合打造立体复合商业空间，实现地铁站功能多元化。

响应“江南文化”品牌号召，打造特色文化主题车站。与明美术馆联合打造李公堤南文旅特色车站，车站艺文空间的画展和文创小铺亮相李公堤中法文化艺术周；索山桥西“苏绣”主题车站获评苏州市“2023 年度最美江南公共文化空间”。“乘着地铁游苏州”主题延伸打造“乘着地铁去结婚”系列产品。

做优做强智慧平台，“苏 e 行”App 注册用户新增 506 万人，总量超 1800 万人，单日活跃用户超 33 万，扫码乘车占比保持 50% 以上，跨城“一码通行”新增天津、芜湖、青岛 3 城。

（苏州市轨道交通集团有限公司　余银　沈晔　谢致清）

苏州市城市轨道交通（苏州轨道）资源经营统计表

表 9-15-1

经营类别	收入（万元）	收入构成占比(%)	经营项目	期末累计
物业开发	299682.4	92.6	在建物业开发面积（万平方米）	76.9
物业租赁及管理	959.3	0.3	持有商业物业可租赁的面积规模（万平方米）	0.9
车站商业	3026.5	0.9	站厅（台）商铺面积（万平方米）	0.5
			地铁配线空间、通道商业面积（万平方米）	6.5
			站厅（台）自助设备（台）	874
传媒广告	6849.3	2.1	传统广告灯箱（个）	11621
			电子显示屏（个）	12914
信息通讯	3420.7	1.1	民用通信覆盖车站（座）	168
			民用通信光电缆长度（公里）	420
			无线局域网覆盖线路（条）	
其他经营	9838.4	3.0		
总收入	323776.6	100	占比票务收入比例（%）	40.0
			运营补亏贡献度（%）	12.4

16　苏州高新有轨电车集团有限公司

【概况】

由苏州高新有轨电车资源开发有限公司经营的苏州市轨道交通资源，2023 年资源经营总收入为 1416.7 万元。（表 9-16-1）

【物业租赁及管理】

电车大厦位于苏州市高新区马涧路 2000 号电车基地，地上地下共 21 层，总建筑面积（不含地下停车场）3.6 万平方米，其中自用面积 1.5 万平方米，对外出租 2.0 万平方米，已对外出租 1.6 万平方米，出租率 77.5%。该大厦为纯商务楼宇，是高新区首批三星级绿色建筑。年内入驻企业共 14 家，租金收入 645.7 万元。

【车站商业】

在有轨电车沿线站台及地下通道引进自动售货机、共享充电宝等设备。

【传媒广告】

2023 年，共发布包括乡村振兴号、反诈列车、苏州太湖马拉松、金融小镇会客厅等 21 列次主题列车，20 片广告灯箱。

【其他经营】

有轨电车旅游资源开发，客运西站公交充电桩运营，纵二路管廊工程管理等。

【经营亮点】

苏州“电车科技体验基地”是省旅游局认定的省级工业旅游点。苏州高新联合线路周边景区点，打造“科技 + 生态”的游线产品，针对学校推广，超过 50 所学校将“游电车基地”列为学生课外实践活动。2023 年全年共接待游客约 9953 人次。12 月，获评 2022—2023 年度江苏培训基地现场教学点。

（苏州高新有轨电车集团有限公司）

苏州市城市轨道交通（苏州高新）资源经营统计表

表 9-16-1

经营类别	收入（万元）	收入构成占比(%)	经营项目	期末累计
物业开发			在建物业开发面积（万平方米）	
物业租赁及管理	645.7	45.6	持有商业物业可租赁的面积规模（万平方米）	1.8

苏州市城市轨道交通（苏州高新）资源经营统计表（续前表） 表 9-16-1

经营类别	收入（万元）	收入构成占比（%）	经营项目	期末累计
车站商业	4.8	0.3	站厅（台）商铺面积（万平方米）	
			地铁配线空间、通道商业面积（万平方米）	
			站厅（台）自助设备（台）	14
传媒广告	160.4	11.3	传统广告灯箱（个）	430
			电子显示屏（个）	
信息通讯			民用通信覆盖车站（座）	
			民用通信光电缆长度（公里）	
			无线局域网覆盖线路（条）	
其他经营	605.8	42.8		
总收入	1416.7	100	占比票务收入比例（%）	
			运营补亏贡献度（%）	

17 南通轨道交通集团有限公司

【概况】

南通市轨道交通资源由南通轨道交通集团有限公司经营，2023 年资源经营总收入为 2466.7 万元，剔除土地出让及物业开发销售的经营收入为 2466.7 万元。

2023 年，城市服务公司实现经营收入 2701 万元。（表 9-17-1）

【物业开发】

南通轨道城市服务有限公司中标轨道置业 CR21032、CR21022 地块销售案场物业服务。

南通轨道城市服务有限公司中标元瑞雅苑项目前期物业服务，成为该公司向住宅物业进军的首个项目。

元瑞雅苑项目总建筑面积约 11.9 万平方米，规划建设住宅楼 9 幢、商业楼 3 幢。2023 年 12 月完成其中 5 幢住宅楼封顶。

上瑞嘉苑项目总建筑面积约 10.7 万平方米，规划建设住宅楼 14 幢，配套用房 1 幢，该项目于 2023 年 9 月 1 日取得桩基施工许可证，11 月 9 日取得总承包施工许可证。

【物业租赁及管理】

提升资产转化效率，做好第三方租赁价值评估，2023 年完成地铁大厦出租面积 6217.6 平方米，出租率 31.7%。

2023 年，国城广场项目资产出租率 87% 并及时更新录入国资委信息化管理平台，加强资产化数字化管理，落实精细化管理要求。

【车站商业】

2023 年，完成 2 号线点式商业一期招商以及 1 号线站厅便民用房补充招商工作，站厅商铺、饮料贩卖机、移动充电宝等项目均完成招商落地。同时，完成 1 号线 1 条商业街开街。

【传媒广告】

2023 年，公开招商转让 2 号线广告媒体经营权。目前 2 号线设置常规 12 封灯箱、超大拉布灯箱、橱窗广告灯箱、LED 媒体、轨行区看板等多种传媒形式。

【信息通讯】

2023 年，2 号线站厅、站台、隧道空间公网信号覆盖已完成施工，实现 5G 信号全覆盖。

【其他经营】

2023 年，共计 5 条连接通道完成施工建设，年内有 3 条通道投入使用，连通周边商业、住宅、医疗等多种建筑。

2023 年，南通轨道城市服务有限公司实现物业管理面积 122.7 万平方米。在保障地铁有序运营、稳定内部服务质量的基础上，坚持走市场化、实体化、资源化之路，开拓外部市场，承接质保维保业务。

【经营亮点】

持续开发南通轨道交通文创产品，在文创新品开发设计方面，更加注重创新和品质，通过不断尝试和改进，成功开发12件文创新品，涵盖纪念邮票、生活用品、玩具模型等多个领域。

（南通轨道交通集团有限公司　曹进）

南通市城市轨道交通资源经营统计表　　表9-17-1

经营类别	收入（万元）	收入构成占比(%)	经营项目	期末累计
物业开发			在建物业开发面积（万平方米）	24.9
物业租赁及管理	656.0	26.6	持有商业物业可租赁的面积规模（万平方米）	3.1
车站商业	102.0	4.1	站厅（台）商铺面积（万平方米）	0.1
			地铁配线空间、通道商业面积（万平方米）	1.9
			站厅（台）自助设备（台）	159
传媒广告	966.4	39.2	传统广告灯箱（个）	2310
			电子显示屏（个）	2910
信息通讯	271.1	11.0	民用通信覆盖车站（座）	45
			民用通信光电缆长度（公里）	256
			无线局域网覆盖线路（条）	
其他经营	471.2	19.1		
总收入	2466.7	100	占比票务收入比例（%）	
			运营补亏贡献度（%）	

18　淮安市现代公共交通集团有限公司

【概况】

淮安市轨道交通资源由淮安市现代公共交通集团有限公司经营，2023年资源经营总收入为585.0万元，剔除土地出让及物业开发销售的经营收入为585.0万元。（表9-18-1）

【经营亮点】

精耕细作，研学活动取得新成效。该公司先后与10余家旅行社、培训机构达成合作；走进淮安市中小学、幼儿园，宣讲有轨电车科技知识，开拓研学游市场。推出樱花季等主题团，吸引近千名中小学生慕“樱”而来。基地先后接待来访学员近5000人次，比上年增长89%。

（淮安市现代公共交通集团有限公司　陈金叶）

淮安市城市轨道交通资源经营统计表　　表9-18-1

经营类别	收入（万元）	收入构成占比(%)	经营项目	期末累计
物业开发			在建物业开发面积（万平方米）	
物业租赁及管理			持有商业物业可租赁的面积规模（万平方米）	
车站商业	5.0	0.9	站厅（台）商铺面积（万平方米）	
			地铁配线空间、通道商业面积（万平方米）	
			站厅（台）自助设备（台）	9

淮安市城市轨道交通资源经营统计表（续前表） 表 9-18-1

经营类别	收入（万元）	收入构成占比(%)	经营项目	期末累计
传媒广告	560.0	95.7	传统广告灯箱（个）	587
			电子显示屏（个）	46
信息通讯			民用通信覆盖车站（座）	23
			民用通信光电缆长度（公里）	
			无线局域网覆盖线路（条）	1
其他经营	20.0	3.4		
总收入	585.0	100	占比票务收入比例（%）	62.8
			运营补亏贡献度（%）	

19 杭州市地铁集团有限责任公司

【概况】

浙江省杭州市轨道交通资源由杭州市地铁集团及其下属子公司经营。杭州市地铁集团有限责任公司，是从事杭州市轨道交通工程的建设、运营、经营、管理、物业开发等业务的大型国有企业，下设7家全资子公司，其中：杭州地铁开发有限公司高质量开发TOD项目；杭州地铁运营有限公司负责杭州地铁的运营维护、安全管理及新线运营筹备等业务；杭州铁安工程有限公司主营勘测咨询、工程建设、物资供应等业务；杭州地铁商业经营管理有限公司负责经营性物业的经营管理，地铁线路范围内的衍生资源开发与经营管理；杭州地铁科技有限公司聚焦于产业投资、产品研发、软件开发、智能维保等核心赛道；杭州地铁建设管理有限公司主营工程管理、工程技术服务等业务；杭州地铁教育科技有限公司主营业务培训等业务；参股杭港地铁五号线有限公司等十几家公司。

【物业开发】

杭州市地铁集团推进TOD开发，持续提升自主开发项目、合作开发项目的开发成效，拓展新项目。杭州地铁开发有限公司位列克而瑞2023年度杭州房企销售榜TOP20。2023年，杭州地铁开发有限公司实现交付项目5个、新拓展项目1个；开发TOD项目13个，计容建筑面积285万平方米，总投资额近700亿元；累计开发TOD项目25个，计容建筑面积486万平方米，总投资额超1000亿元。

【物业租赁及管理】

铁汇发展中心是杭州地铁首个TOD商务写字楼项目，总建筑面积7.6万平方米。项目周边配套设施逐步完善，商业出租率达81.3%，写字楼出租率96.8%，逐渐形成具有规模品质的地铁写字楼商务圈。2023年，觅花街于7月正式开通营业。

地铁东城购物中心总建筑面积约9.1万平方米，定位“全家庭乐享生活场”，为杭州市稀缺地铁上盖商业综合体之一。2023年成功引入梦橙儿、娜娜酱等新品牌，主力店经营持续向好，整体经营持续稳中有进。

沈塘桥 · 坤泽荟金座毗邻杭州武林商圈，地理位置优越。2023年2月开业，总租赁面积4200万平方米。

【车站商业】

深耕地铁商业资源经营开发、持续拓宽多业态布局，2023年杭州地铁立足地铁商业资源，在商业经营板块愈加成熟。精心打造的特色地铁商业街品牌“觅花街”全面铺开，年内累计新开商业街4条，引入餐饮、零售、生活配套等多元业态，以出行链接生活，传递城市烟火，助力市民美好生活。其中于2023年6月28日开业的地铁3号线善贤路觅花街，开业半年出租率实现100%，商业区单日最高客流突破1.9万人次，是商管公司探索商业自营的又一突破。

【传媒广告】

2023年，杭州地铁灯箱累计约2.5万个，PIS电子显示屏达3.2万余块，另有创意广告、包站广告、语音文字导向、展览场地、包车、闸机贴、屏蔽门贴等多种非传统广告媒体形式。通过超级灯箱、超级电子屏的方式，呈现超长动态广告画面，将部分地铁的换乘通道打造成更具沉浸感的品牌专属空间，提升媒体发布的品质，让地铁空间成为品牌的发声之窗。

【信息通讯】

至2023年底，在营线路均实现5G覆盖，民用通信系统覆盖车站数量300余个，覆盖率达98%，满足广大地铁乘客通讯需求。

【经营亮点】

杭州市地铁集团坚持“轨道营城”的理念，发挥“轨道+”的资源整合优势，全力做强做优杭铁开发品牌，推动地铁TOD资源配置最优化、综合开发价值最大化。历经两年的筹备，杭铁开发品牌于2023年9月全新亮相。

物业服务取得新发展。杭州地铁物业服务公司获杭州亚运会、亚残运会浙江省先进集体；杭州地铁运营管理中心项目获评“2023年度杭州市物业管理优秀非住宅项目”，物业公司完成ISO9001/14001/45001三体系复审认证，并成功新增商业物业服务及地铁站保洁服务领域认证，完成物业服务App2.0版本建设开发。2023年新增10个物业服务项目，新增物业服务面积75万平方米，高质量、高标准落实各项服务保障任务。

（杭州市地铁集团有限责任公司　李星云）

20　宁波市轨道交通集团有限公司

【概况】

宁波市轨道交通资源由宁波轨道交通地产开发分公司（和美公司）、宁波市轨道交通物产置业有限公司、宁波市轨道永盈供应链有限公司经营，2023年资源经营总收入为2400383.0万元，剔除土地出让及物业开发销售的经营收入为933613.0万元。

2023年，实施“轨道+物业”开发模式。一级开发方面，全年入库土地20宗，完成土地出让6宗，出让面积23公顷。以优化城市空间格局、提升城市品质能级为导向，深化TOD大区块开发，结合第三期和市域铁路项目建设谋划地块60宗，面积2900公顷。强化市区统筹联动，大力推进下应南、月塘东、云龙冠英、新棉等大区块TOD开发。二级开发方面，摘得地块4宗，新增开发面积约58.5万平方米，完成3个项目开盘销售，7个项目顺利交付。有效推进商业资源招租工作，地铁商铺出租率达98%，新开和已开业公寓出租率维持在90%以上。创新广告经营模式，由委托独家经营模式转变为“自营+多代理轻资产”经营模式。产业拓展方面，坚持走市场化道路，锚定“资源统筹、需求统筹、服务统筹”目标，将采购、供应、金融服务等核心环节有机结合，为客户提供全流程、全周期的供应链管理服务，累计服务上下游企业、供应商200余家，年营收规模已超百亿元。（表9-20-1）

【物业开发】

2023年，推进房地产二级开发，全年完成开发投资约69亿元，摘得4宗地块，摘地投资约46亿元。完成7个项目交付，计提投资收益约3亿元。

【物业租赁及管理】

加强物业、长租公寓等产业链延伸布局，成立悦城生活服务公司，承接两个自操盘项目小区、售楼处前期物业服务工作，通过提供24小时会所大堂、精致茶歇、首席管家等优质服务，助力项目开盘销售，赢得广泛好评。做好假山巷公寓开业、招商工作，首月出租率高达92%；解放南路公寓出租率96%，底商出租率100%。有序推进中山西路、花池巷加固装修施工，启动招租工作。

【车站商业】

推进地铁商业空间出租工作，完成4处便民空间和2处附属空间招商，出租商业空间面积5.5万平方米，出租率98.3%。全年东鼓道客流量约1400万人次，比2022年增长约20%，商铺出租率约85%，获“宁波市地下空间示范项目”称号。甬城惠客厅共举办活动72场，同比增长279%，有效提升惠客厅社会影响力，带动地铁客流增长，创造良好社会效益。

【传媒广告】

面对严峻的行业形势，探索“置业自营+多代理轻资产”经营模式，做好业务、客户平稳过渡，2023年，累计达成广告有效合同375份，签约客户品牌316个。做好新线媒体优化调整，大幅减少价值不高的新线媒体预留以及轨行区灯箱，以缓解地铁媒体资源过剩问题，降低运营维护成本。

【其他经营】

拓展供应链业务覆盖广度和深度，做精轨道业务同时，拓展外部市场。依托轨道交通建设存量和集团公司体系性优势，对接中铁建、中铁工等大型施工企业全品类、全国范围内的物资需求来稳定“百亿营收”基本盘。在此基础上，发展绿色建材、信息化、数字化等新兴业务，并为客户开发更多的银行增值服务，实现优势业务与潜力业务双向发力、齐头并进。

【房产信息化系统一期上线应用】

2023 年，整体规划“1+1+N”的信息化全业务管控平台，完成售楼系统、成本系统的投产试运行及与 NC 系统的联调测试，推动房产信息化系统与财务系统端口有效融合，保障自操盘项目的顺利开盘、目标成本的动态管控。

【自主开发项目上市】

2023 年，轨道交通首个自主开发项目——上河新境府未来社区项目，首开大捷，面对持续下行的市场行情，创造开盘去化 80% 的优秀业绩。项目自 3 月底首开以来，去化一直遥遥领先，蝉联镇海片区成交套数、成交面积和成交金额“三冠王”的优异业绩，成为镇海区的标杆项目，自主开发项目品质初步获得市场认可。

【存量土地利用】

公开招商导入体育运动业态，引入社会资本 1.2 亿元，打造全省首个轨道 TOD 体育公园。第一批五个场馆于 9 月正式开园，推动城市边角空间更新和环境提升。开业至年底累计接待赛事人员、市民 2 万余人次，在亚运期间得到中央电视台、人民日报等央媒报道点赞，带动绿色出行，助力客流提升。

【“链”接互利共赢网络】

深化“服务产业链 + 资金赋能”模式，产业链上与海螺水泥、鞍钢、铁建重工、深信服等数十家生产型、资源型企业建立稳固的购销关系网络；资金端结合流动资金、银行授信等优势，灵活运用银行票据、金融增值业务等，为客户提供稳定的商流、信息流、资金流以及个性化服务，最大限度为客户降本增效，推动多方互利共赢。

（宁波市轨道交通集团有限公司）

宁波市城市轨道交通资源经营统计表 表 9-20-1

经营类别	收入（万元）	收入构成占比（%）	经营项目	期末累计
物业开发	1466770.0	61.1	在建物业开发面积（万平方米）	208.4
物业租赁及管理	960.0		持有商业物业可租赁的面积规模（万平方米）	1.5
车站商业	2765.0	0.1	站厅（台）商铺面积（万平方米）	0.2
			地铁配线空间、通道商业面积（万平方米）	5.4
			站厅（台）自助设备（台）	80
传媒广告	3440.0	0.1	传统广告灯箱（个）	6150
			电子显示屏（个）	9075
信息通讯			民用通信覆盖车站（座）	
			民用通信光电缆长度（公里）	
			无线局域网覆盖线路（条）	
其他经营	926448.0	38.7		
总收入	2400383.0	100	占比票务收入比例（%）	
			运营补亏贡献度（%）	

21 温州市铁路与轨道交通投资集团有限公司

【概况】

温州市轨道交通资源由温州市铁路与轨道交通投资集团有限公司下属温州市轨道交通资产经营管理有限公司经营，2023 年资源经营总收入为 2225.9 万元，剔除土地出让及物业开发销售的经营收入为 2225.9 万元。其中，广告经营收入约 543.9 万元；商铺、人才公寓、深蓝办公楼、火车站等租赁收入约 1516.4 万元；通讯收入约 150.2 万元；文创产品、自助设备等其他经营收入约 15.4 万元。（表 9-21-1）

【物业租赁及管理】

全面完成水心北汇昌、深蓝大厦、人才公寓和沿线商铺等 138 项招租工作，出租率达 99%。

【车站商业】

2023 年，依托轨道交通跨区域辐射能力，引进汽车租赁点、生鲜超市、自助银行、车展、装饰建材和培训等多元业态入住 S1、S2 线，商铺出租率高达 99%，实现商业空间的高效利用。

【传媒广告】

2023 年，S2 线全线 497 块广告灯箱媒体（面积约 3484 平方米）建设完成，广告媒体包含十二封、梯眉、动感灯箱等常规媒体类型，新增连廊广告灯箱，媒体形式更为丰富。同时与上海雅仕维签订 S2 线广告资源租赁费的补充合同，年内完成所有画面上刊，保障线路的开通运营。

【信息通讯】

2023 年，完成 S1、S2 线站点公共移动通信服务机房和配套设施场地租赁相关工作，均已投入使用。

【其他经营】

2023 年，以 S2 线开通运营为契机，与本土咖啡品牌、制笔企业合作推出轨道交通 S2 线文创咖啡杯、纪念笔，并以 S2 线钢轨为原材料创作钢轨纪念品，通过轨道交通 App 线上销售。S2 线成功引进 38 台自助设备，完善站点便民服务设施。

【经营亮点】

S1 线桐岭车辆段东南侧地块，占地面积约 1.8 万平方米，结合地块特点，将该地块功能定位为物流仓储平台，并采用 BOT 模式，引入社会资本参与项目建设、运营管理，打造成为交通物流行业具有代表性的区域性物流集散点，推动存量资产的优化利用，实现效率提升与质量改进，保障国有资产的保值增值。

（温州市铁路与轨道交通投资集团有限公司　柯黄璜）

温州市城市轨道交通资源经营统计表

表 9-21-1

经营类别	收入（万元）	收入构成占比（%）	经营项目	期末累计
物业开发			在建物业开发面积（万平方米）	
物业租赁及管理	1261.5	56.7	持有商业物业可租赁的面积规模（万平方米）	3.7
车站商业	254.9	11.5	站厅（台）商铺面积（万平方米）	0.1
			地铁配线空间、通道商业面积（万平方米）	2.8
			站厅（台）自助设备（台）	93
传媒广告	543.9	24.4	传统广告灯箱（个）	1081
			电子显示屏（个）	2470
信息通讯	150.2	6.7	民用通信覆盖车站（座）	36
			民用通信光电缆长度（公里）	33
			无线局域网覆盖线路（条）	
其他经营	15.4	0.7		
总收入	2225.9	100	占比票务收入比例（%）	23.2
			运营补亏贡献度（%）	

22　嘉兴市铁路与轨道交通投资集团有限责任公司

【概况】

嘉兴市轨道交通资源由嘉兴市铁路与轨道交通投资集团有限责任公司经营，2023 年资源经营总收入为 477.5 万元，剔除土地出让及物业开发销售的经营收入为 477.5 万元。

2023 年，嘉兴轨道交通市域铁路枫南线、西塘线、通苏嘉甬铁路、杭州机场高铁（嘉兴段）及嘉兴首个TOD项目“云上悦府”同时在建，另有沪乍杭铁路及水乡旅游线城际铁路（嘉兴段）启动前期工作。商业设施开展新探索阶段，试点投放3台自动售货机。

嘉兴市轨道交通2023年TOD资源方面更加关注产业经验交流，以“他山之石”为主题，延伸嘉兴轨道交通TOD相关领域，参加产业交流活动若干场，推出以“发扬优良传统，永葆军人本色”为主题的“崇军号”公益主题专列1列；结合本土商业文化，先后推出“五芳斋”“达美乐”等6个主题共7列商业主题专列。（表9-22-1）

【物业开发】

2023年，庆丰路车辆基地综合开发项目进度加快，通过公开挂牌，实现股权转让。与信达地产合作开发，完成前期工作并开工；11月18日“云上悦府”营销展示中心及样板房正式对外开放。

【车站商业】

2023年，在三个日均客流量较大的有轨电车候车站台试点投放共计3台“可口可乐”品牌自动售货机，为乘客提供冰饮便捷购买服务，优化乘客候车体验。

【传媒广告】

坚持高端化定位，兼顾“文化、公益、青春、高端商业”四个目标，全年共上线“五芳斋”“五粮液”“达美乐”等7列主题商业专列。

【经营亮点】

2023年12月22日设立盛嘉供应链公司，做大做强轨道交通全产业链、构建地方物资供应链体系、服务区域经济发展。发挥集团重大项目管理专业团队优势，推动嘉兴首个公铁共建工程，与嘉善县就嘉善大道、创新大道两条地方道路代建事宜达成一致，实现代建业务收入迈上新台阶。有轨电车全年共上线7列主题商业专列，广告营收取得新突破。文旅合作持续走深走实，开发有轨电车特色精品小团研学游路线，将有轨电车打造成为一个寓教于乐的流动课堂，接待人数213人并取得良好的社会效应。

（嘉兴市铁路与轨道交通投资集团有限责任公司）

嘉兴市城市轨道交通资源经营统计表　　表9-22-1

经营类别	收入（万元）	收入构成占比（%）	经营项目	期末累计
物业开发			在建物业开发面积（万平方米）	6.6
物业租赁及管理			持有商业物业可租赁的面积规模（万平方米）	
车站商业	0.8	0.2	站厅（台）商铺面积（万平方米）	
			地铁配线空间、通道商业面积（万平方米）	
			站厅（台）自助设备（台）	3
传媒广告	99.0	20.7	传统广告灯箱（个）	98
			电子显示屏（个）	168
信息通讯			民用通信覆盖车站（座）	
			民用通信光电缆长度（公里）	
			无线局域网覆盖线路（条）	
其他经营	377.7	79.1		
总收入	477.5	100	占比票务收入比例（%）	141.4
			运营补亏贡献度（%）	

23　绍兴市轨道交通集团有限公司

【概况】

绍兴市轨道交通资源由绍兴市地铁物产置业有限公司经营，2023年资源经营总收入为303.0万元，剔除土地出让及物业开发销售的经营收入为303.0万元。

绍兴市地铁物产置业有限公司负责绍兴轨道集团物产开发，至2023年底，在建项目3个，分别是梅山春晓、城北春晓、城南春晓项目。梅山春晓、城北春晓于年底完工，整体招商招租率达70%。梅山广场酒店年底前开业。

可经营资产为梅山广场北公寓3号楼，出租面积为3203平方米。全年实现资产经营收入241万元，连同市场营销部酒店用房收入62.5万元，合计完成303万元。（表9-23-1）

【物业开发】

2023年，完成工程投资约97900万元，完成率108%，同比增加180%，梅山春晓、城北春晓完工交付、越城区，用地面积2.2万平方米，建筑面积8.1万平方米；城南春晓项目位于绍兴市越城区，用地面积1.0万平方米，建筑面积3.2万平方米。

【物业租赁及管理】

梅山春晓北区公寓3号楼开展试点租赁，29套公寓实现满租，出租率超额完成年度既定任务；梅山春晓南区办公用房启动招租，出租率超74.4%，完成年度既定任务；火车站综合楼附房、车站西路底层用房完成出租。

【经营亮点】

2023年完成工程投资约97900万元，完成率108%，比上年增长180%，梅山春晓、城北春晓完工交付、城南春晓平均出地面2层，超额完成集团下发的年度目标。招商招租工作实现新突破。梅山春晓、城北春晓整体招商招租率达70%以上，其中城北春晓项目商业用房出租率达100%，梅山春晓项目租金收缴合计2420.4万元。

资产营收全面提升，2023年，梅山春晓北区公寓3号楼开展试点租赁实现满租；火车站综合楼附房、地铁2号线一期自助售货机位等资源完成出租，全年实现资产经营收入303万元，完成率101%；钢材贸易利润额127万元，完成率106%。

酒店运营提前开业，完成酒店补充协议签订、酒管公司注册、酒店人员引进及物资筹备等工作，整体筹备期较原计划缩减2个月，筹备费用节省100余万元，酒店于12月29日实现开业。

（绍兴市轨道交通集团有限公司　曹书红）

绍兴市城市轨道交通资源经营统计表　　表9-23-1

经营类别	收入（万元）	收入构成占比（%）	经营项目	期末累计
物业开发			在建物业开发面积（万平方米）	
物业租赁及管理	303.0	100	持有商业物业可租赁的面积规模（万平方米）	28.3
			站厅（台）商铺面积（万平方米）	
车站商业			地铁配线空间、通道商业面积（万平方米）	
			站厅（台）自助设备（台）	
传媒广告			传统广告灯箱（个）	
			电子显示屏（个）	
			民用通信覆盖车站（座）	
信息通讯			民用通信光电缆长度（公里）	
			无线局域网覆盖线路（条）	
其他经营				
总收入	303.0	100	占比票务收入比例（%）	
			运营补亏贡献度（%）	

24　合肥市轨道交通集团有限公司

【概况】

合肥市轨道交通资源由合肥市轨道交通集团有限公司下属合肥城市轨道交通资源开发有限公司和合肥市轨道交通投资发展有限公司经营，2023 年资源经营总收入为 13599.1 万元，剔除土地出让及物业开发销售的经营收入为 6864.9 万元。（表 9-24-1）

【物业开发】

2023 年，资源开发公司持续推进剩余住宅及车位销售和已售住宅及车位交付，完成物业开发收入 6734.2 万元，完成交付住宅 3628.7 平方米、车位 238.2 平方米。

至 2023 年底，共获得东至路、甘棠路、深圳路、紫云湖、滨科城商业项目五个轨道沿线上盖项目综合开发权，包含住宅、商业等多种业态，合计用地面积约 862 亩。在建物业开发面积约 19.1 万平方米。东至路 TOD 项目于 2023 年 9 月实现开盘销售，项目 228 套住宅全部售罄。滨科城商业项目 2023 年 12 月实现开工。深圳路、紫云湖、甘棠路项目方案顺利过会。

【物业租赁及管理】

2023 年，为充分提升物业租赁管理，结合商业经营管理进度，资源开发公司完成新交通大厦项目办公区域 97% 租赁。

【车站商业】

2023 年，在运营 1—5 号线所有站点提供共享充电宝服务，解决市民乘客在乘坐地铁时的充电难问题；新增 314 台自助售货设备。

【传媒广告】

2023 年，完成运营车站轨行区广告灯箱 415 台至新线路车站轨行区的转移，降低原有车站灯箱密度，减少新线路广告设备采购成本；对个别具有商业潜力的车站进行广告设备更新换代，传统广告灯箱更换成大尺寸、异形 LED 屏，确保广告发布效果。计划 2024 年调配已运营车站广告设备 500 台至新线路。

【信息通讯】

2023 年，完成 1 号线三期、2 号线东延线及 3 号线南延线的民用通信建设，5G 信号覆盖车站、区间隧道。

【经营亮点】

2023 年，完成已运营车站轨行区广告灯箱 415 台至新线路车站轨行区的转移，降低原有车站灯箱密度，减少新线路广告设备采购成本；对个别具有商业潜力的车站进行广告设备更新换代，传统广告灯箱更换成大尺寸、异形 LED 屏，确保广告发布效果。

在重要节日节点，开展 520 城市告白、端午节游园会、移动城市计划活动。锁定文化衍生品开发，打造杏花公园“合肥记忆”主题站点。结合“区域文化 + 公益广告宣传主题定位”，完成“合肥请您来”、园博会、世界制造业大会等社会主题 PIS 宣传视频，PIS 播放实现社会价值超千万元。

在品牌建设方面，不断强化 TOD 品牌价值输出，塑造良好品牌形象，增强客户信心和认同感，实现轨道资源创收增效。2023 年共开发合肥轨道 TOD 卡通形象设计、TOD 地铁定制票卡等 6 项文创作品，筹办“TOD 品牌媒体行”“TOD 品牌发布会”等品牌活动 4 场，发布 TOD 品牌视频、项目入市视频等宣传视频 20 个，夏日观影、图书漂流、爱心助考等公益活动反响热烈，合肥轨道 TOD 品牌形象日渐深入人心。

（合肥市轨道交通集团有限公司）

合肥市城市轨道交通资源经营统计表　　表 9-24-1

经营类别	收入（万元）	收入构成占比（%）	经营项目	期末累计
物业开发	6734.2	49.5	在建物业开发面积（万平方米）	19.1
物业租赁及管理	1166.9	8.6	持有商业物业可租赁的面积规模（万平方米）	4.2
车站商业	452.1	3.3	站厅（台）商铺面积（万平方米）	0.1
			地铁配线空间、通道商业面积（万平方米）	0.8
			站厅（台）自助设备（台）	615
传媒广告	3864.2	28.4	传统广告灯箱（个）	9018
			电子显示屏（个）	57
信息通讯	1050.0	7.7	民用通信覆盖车站（座）	165
			民用通信光电缆长度（公里）	200
			无线局域网覆盖线路（条）	

合肥市城市轨道交通资源经营统计表（续前表）

表 9-24-1

经营类别	收入（万元）	收入构成占比（%）	经营项目	期末累计
其他经营	331.7	2.4		
总收入	13599.1	100	占比票务收入比例（%）	11.0
			运营补亏贡献度（%）	

25　芜湖市轨道交通有限公司

【概况】

芜湖市轨道交通资源由芜湖市运达轨道交通建设运营有限公司经营，2023 年资源经营总收入为 1213.8 万元，剔除土地出让及物业开发销售的经营收入为 1213.8 万元。资源经营工作在稳定经营管理及稳固非票务业务收入基础上，促进轨道交通非票务资源稳定创收提高保障。（表 9-25-1）

【车站商业】

2023 年，对于车站零星商铺、附属商业资源再次启动公开招商，于国有资产交易平台长江产权交易所公开挂牌，截止公告期结束成交部分商铺，有效消化空置商铺资源，年内对接运营商逐步投入经营。后续对于剩余资源开展价值评估工作，持续开展招商工作。

【传媒广告】

广告资源共有车站广告、视讯广告、语音播报广告、单程票票卡背面广告及移动支付 App 广告等 5 个项目，广告灯箱为 549 个，电子屏为 506 个，成交总额为 2.2 亿元。2023 年受疫情后影响，车站广告项目已解约并重新挂牌招商，单程票票卡广告在 2023 年与华强（方特）文化科技有限公司策划合作，增加 10 万张单程票票卡背面广告；视讯广告、语音播报广告项目及移动支付 App 广告均经营平稳。

【其他经营】

2023 年，通道连通业务与位于 2 号线芜湖火车站周边在建的芜湖数字经济产业园项目进行对接，按照芜湖数字经济产业园项目规划，后续将与轨道交通 2 号线芜湖火车站连接。经专题会审议立项，并报备政府方实施机构，与芜湖数字经济产业园项目公司达成合作协议，通道连通收入 200 万元，促进非票务业务创收。

【经营亮点】

芜湖市轨道交通作为“全国首个无人驾驶的跨座式单轨”“移动观光走廊”等名片深入人心。作为低碳环保创新亮点的太阳能光伏发电示范点，芜湖轨道交通光伏项目完成 1 号线、2 号线一期全线并网发电进入正式运维阶段，光伏项目总装机容量 8.3 兆瓦，年总发电量约 900 万度，占轨道交通年照明用电总量约 20%，就地消纳用于轨道交通的照明、设备系统。2023 年度光伏项目屋顶租赁收入 57.5 万元，光伏发电收入 82.8 万元，持续保障稳定收益。可持续性增加用电供给保障渠道，提高新能源使用占比，为低碳环保创新工作提供宝贵经验。

（芜湖市轨道交通有限公司　芜湖市运达轨道交通建设运营有限公司　刘一）

芜湖市城市轨道交通资源经营统计表

表 9-25-1

经营类别	收入（万元）	收入构成占比（%）	经营项目	期末累计
物业开发			在建物业开发面积（万平方米）	
物业租赁及管理			持有商业物业可租赁的面积规模（万平方米）	
车站商业	121.0	10.0	站厅（台）商铺面积（万平方米）	0.1
			地铁配线空间、通道商业面积（万平方米）	0.2
			站厅（台）自助设备（台）	185
传媒广告	876.2	72.2	传统广告灯箱（个）	549
			电子显示屏（个）	506

芜湖市城市轨道交通资源经营统计表（续前表）　　表 9-25-1

经营类别	收入（万元）	收入构成占比(%)	经营项目	期末累计
信息通讯			民用通信覆盖车站（座）	1
			民用通信光电缆长度（公里）	1
			无线局域网覆盖线路（条）	
其他经营	216.6	17.8		
总收入	**1213.8**	**100**	**占比票务收入比例（%）**	
			运营补亏贡献度（%）	

26　福州地铁集团有限公司

【概况】

福州市轨道交通资源由全资子公司福州地铁实业有限公司、福州地铁维保有限公司、福州地铁传媒有限公司、福州地铁置业有限公司经营，2023 年资源经营总收入为 6420.4 万元，剔除土地出让及物业开发销售的经营收入为 6420.4 万元。(表 9-26-1)

【物业开发】

睿达项目完成产权办理及招租交付，地铁 1 号线南门兜站便民通道开放通行。完成 2 号线祥坂站地下空间控规调整并明确供地机制，完成 5 号线金山站、东岭站商业开发控规调整及供地。完成第三期建设规划线路沿线资源提前谋划，完成 9 个重点场站地块、片区和三条拟建线路站点地下空间 TOD 策划研究并形成初步成果。

【物业租赁及管理】

完成新店冠寓项目保障性租赁住房补贴申请，罗汉山、排下等地块保障性租赁住房补贴申请工作稳步推进。

【车站商业】

前屿站、三角池站、螺洲温泉站等 3 个闲置地块盘活为临时停车场并完成招租。

【传媒广告】

地铁 1、5、6 号线平面广告（含语音导向）1—9 月由乐达传媒集团有限公司经营，10—12 月由传媒公司自营。地铁 4 号线平面广告 9 月由传媒公司自营，10—12 月由福建城轨文化发展有限公司经营。地铁 1、5、6 号线 PIS 广告 1—4 月由传媒公司自营，5—12 月由福建省广播影视集团负责经营。

【经营亮点】

盘活存量资源，开放地铁 1 号线南门兜站便民通道，串联起东街口至南门兜沿线的重要商圈、医院及其他配套设施；推进 2 号线祥坂地下空间，5 号线金山、东岭转商业使用规划调整、供地、建设手续；发挥国企担当，通过协议、公开出让方式，获得罗汉山、排下地块，进一步助力福州落实完成保租房任务目标，切实满足群众住房需求。

采用“站楼合建”TOD 模式，不断加快地铁沿线地块开发整理。打造“地铁 · 睿达”项目，该项目位于福州地铁 1 号线斗门站 B 出入口北侧晋安河畔，年内引入本土知名酒楼——紫阳海鲜楼及知名酒店管理公司——亚朵酒店，打造商务精品酒店，探索多元化经营模式。

智慧产业园竣工，有北京城建智控、株洲中车时代电气等 11 家上市公司、国内 500 强企业在产业园完成子公司注册，累计注册资本超 4 亿元。

（福州地铁集团有限公司）

福州市城市轨道交通资源经营统计表　　表 9-26-1

经营类别	收入（万元）	收入构成占比(%)	经营项目	期末累计
物业开发			在建物业开发面积（万平方米）	32.0
物业租赁及管理	1236.1	19.3	持有商业物业可租赁的面积规模（万平方米）	0.3

福州市城市轨道交通资源经营统计表（续前表）　表 9-26-1

经营类别	收入（万元）	收入构成占比（%）	经营项目	期末累计
车站商业	334.7	5.2	站厅（台）商铺面积（万平方米）	0.3
			地铁配线空间、通道商业面积（万平方米）	5.0
			站厅（台）自助设备（台）	225
传媒广告	3151.7	49.1	传统广告灯箱（个）	8044
			电子显示屏（个）	8186
信息通讯	1697.9	26.4	民用通信覆盖车站（座）	106
			民用通信光电缆长度（公里）	277
			无线局域网覆盖线路（条）	
其他经营				
总收入	6420.4	100	占比票务收入比例（%）	19.6
			运营补亏贡献度（%）	3.7

27　厦门轨道建设发展集团有限公司

【概况】

厦门市轨道交通资源由厦门地铁资产运营管理有限公司、厦门地铁物资有限公司、厦门地铁恒顺物泰有限公司和厦门地铁上盖投资发展有限公司等共同经营，2023 年资源经营总收入为 142348.9 万元，剔除土地出让及物业开发销售的经营收入为 142348.9 万元。

至 2023 年底，累计开工 16 个综合开发项目（完工 10 个，在建 6 个），未开工 1 个，各项目开发工作有序开展。（表 9-27-1）

【物业开发】

2023 年，综合开发效益显著。新摘得的海沧 A 项目，通过规划方案前置，在地块规划图则、出让条件上获得较大突破，实现土地出让的“度身订制”。湿地公园、海沧中心、七星湾、南部新城等 4 个自主开发的 TOD 项目提早谋划、论证，实现交付样板的品质呈现，在市场下行的环境下，年销售签约金额超 70 亿元，同比增长超 140%，其中，湿地公园壹号院领跑板块市场，提振市场信心。参与 4 个合作地产项目，销售良好。

【物业租赁及管理】

2023 年，首个自主经营的地铁商业街“锦悦里”开业；厦门首个混合产业用地的地铁上盖商业部分开业；全省首个 TOD 租住社区开业。承接住宅、商场、产业园区、TOD 项目案场、写字楼、食堂及 BRT 枢纽站，厦门轨道交通 1、2、3 号线车站及场段，BRT 沿线车站的物业管理工作，物业管理面积近 1200 万平方米，服务项目超 80 个；经营文灶社区停车场、塘边社区停车场等十余个停车场项目。

【车站商业】

地铁 1、2、3 号线共计 14 个地下附属空间物业全部招商，211 处便民用房 / 自助设备用房出租率达 80%。地铁 1 号线董任北、火炬园上盖项目开业。

【传媒广告】

2023 年，恒泰公司继续开展线网广告自营工作，与代理公司合作，全年新签广告合同金额超 4000 万元，达疫情前同期水平。其中，尝试对老旧媒体进行改造，包括地铁站炫动灯箱改造 3 处，BRT 地图灯箱改造 8 处，累计创收近 100 万元。

【信息通讯】

通过银联云闪付 App 接入地铁乘车码续约、新增招商银行 App 接入厦门地铁乘车码，实现便捷扫码进站，进一步提升客运服务，全年收入超 1400 万元。

【其他经营】

2023 年，厦门地铁将“地铁”元素和闽南文化融入文创产品，完成开发兔年主题产品、商务类礼品等 20 款文创产品；承接地铁内外关联单位生日会、商场开业及SP活动等策划及执行；累计提供地铁免费出行4万次以上，实现新增注册用户数超15万户，合作商家超400家，合作门店覆盖超1500+，全面助力地铁周边商业繁荣，反哺客流提升。此外，物资公司经营甲供钢材、机电采购服务、钢支撑租赁、混凝土供应等业务，年经营收入超10亿元（抵消后数据）。波特曼七星湾酒店打造CBA全明星周末等出圈营销事件，累计全网2亿+曝光量，获得抖音“2023年度热销酒店”奖项（全省唯一），年经营收入超2.3亿元（抵消后数据）。科学城·环东云谷项目积极推动市域内域外产业招商，年经营收入超4000万元（抵消后数据）。

【拓展综合开发业务】

以董任北项目为试点，探索自主经营模式，成立项目团队，深入实践项目前期策划、工程改造、招商运营等全过程工作；整体出租率90%，签约品牌18个，连锁品牌占比超60%，纳入集美区CAZ活力区，实现项目高品质开业，打造集团首个商业街区“锦悦里”品牌。湖里公园TOD·地铁公寓于2023年12月正式开业，作为集团第一个持有型TOD公寓项目，通过不断提升租住空间、生活配套和安居保障新服务，宣传响应租房保障政策，被提名为“厦门市典型保障性租赁住房项目”，通过《福建日报》重点报道，确立为全省首个TOD租住社区，助力解决市民租房困难问题。至年底，有超1000名租户入住该项目，出租率高达80%。

【通过TOD推动沿线土地增值】

转换发展思路，结合新形势下行业发展趋势及厦门实际，立足主线与客流，通过TOD产品底盘的研究及实践，以TOD为基点，打通站点和城市之间的连接，推动沿线土地增值变现、提升轨道沿线活跃度。通过在TOD项目上做好“地上连廊”“地下归家通道”等一体化设施，实现站点交通一体化与城市的衍生，提升市民对城市轨道交通体验感，持续提升TOD品牌影响力。

【挖掘地铁产业链高价值环节】

完成以“MaaS出行+顺便消费”为核心的“地铁生活圈”平台搭建与运营，创新按效果付费、广告置换合作、超级品牌周等多样化合作方式，全年盘活闲置广告超2000面，合作商家数量突破300家，合作门店超1200家，全网累计粉丝量24.6万人，曝光量达到1.2亿次，交易额超1000万元，累计注册用户超15.8万人，提供免费出行超4万人次，有效带动地铁客流转化为周边消费商流。

（厦门轨道建设发展集团有限公司）

厦门市城市轨道交通资源经营统计表　　表9-27-1

经营类别	收入（万元）	收入构成占比（%）	经营项目	期末累计
物业开发			在建物业开发面积（万平方米）	167.9
物业租赁及管理	1976.0	1.4	持有商业物业可租赁的面积规模（万平方米）	32.1
车站商业	2723.6	1.9	站厅（台）商铺面积（万平方米）	0.4
			地铁配线空间、通道商业面积（万平方米）	1.8
			站厅（台）自助设备（台）	246
传媒广告	4287.5	3.0	传统广告灯箱（个）	16434
			电子显示屏（个）	7621
信息通讯	1408.2	1.0	民用通信覆盖车站（座）	75
			民用通信光电缆长度（公里）	98
			无线局域网覆盖线路（条）	3
其他经营	131953.6	92.7		
总收入	142348.9	100	占比票务收入比例（%）	275.8
			运营补亏贡献度（%）	

28 南昌轨道交通集团有限公司

【概况】

南昌市轨道交通资源由南昌轨道交通资产经营有限公司、南昌地产开发有限公司经营，2023年资源经营总收入为209598.6万元，剔除土地出让及物业开发销售的经营收入为164598.6万元。

2023年，南昌轨道交通集团推进地铁附属资源及衍生资源的开发和综合利用，保证地铁资产的保值增值，为地铁建设和运营提供可持续发展的支撑。全年资源经营总收入为21.0亿元。（表9-28-1）

【物业开发】

抓住政策资源优势，从土地资源集约节约利用入手，发展地铁沿线物业，提高地铁沿线用地土地价值，实现企业利益最大化。在轨道交通建设启动之初，借鉴香港地铁的“轨道+物业”模式，取得一定成效。实现物业开发收入4.5亿元。

【物业租赁及管理】

融合商圈经济、社区生活，充分利用地铁资源，外拓资源渠道，内优营商环境，充分挖掘南昌商圈产业发展的生机与活力，商业物业租赁总面积39.5万平方米，实现物业租赁及管理收入1.3亿元。

【车站商业】

完成对南昌礼物文创店、周真真、周黑鸭、援疆佳缘特产店等多个项目的招商工作。并打通国企合作新渠道，与南昌市供销社强强联合，在5个车站多经点位打造便民服务站，打造车站商业新名片，实现车站商业收入251.9万元。

【传媒广告】

整合行业资源，挖掘行业潜力，现依托LED屏、灯箱、导视牌、文化产品、地铁站厅及车厢屏幕等传媒资源，服务于政府、企业、公益组织等诸多领域。同时，紧跟数字化营销潮流，加大对灯箱、LED屏等传统媒体的转型力度，提升广告展示效果及品质，助力行业信息高效化、便捷化、智能化，彰显城市发展活力，提升城市发展热度，实现传媒广告收入2173.7万元。

【信息通讯】

南昌轨道交通全网的站厅、站台5G建设覆盖全部施工完成。完成1、2、4号线等线路的车站、区间隧道、列车的覆盖建设，进入运营阶段，实现信息通讯64.7万元。

【其他经营】

资产公司下属合资企业房桥公司主营地铁管片、混凝土预制构件、商品砼等业务，实现营收3.2亿元；供应链公司主营供应链贸易和供应链金融业务，实现营收11.6亿元，全年共实现其他经营营收14.9亿元。

【经营亮点】

2023年，南昌轨道交通集团坚持围绕“项目为先，实干奋进，争分夺秒拼经济”的工作主线，坚持市场化转型为方向，大力开展地产开发、贸易经营、商业招商、传媒文创等业务，集约资源，高效决策，在优势领域、可控范围内充分挖掘潜力，聚焦做大营收、提升利润，加大经营业务与市场化的有效融合，保持企业长远稳健发展的良好态势。

（南昌轨道交通集团有限公司 颜瑾）

南昌市城市轨道交通资源经营统计表

表9-28-1

经营类别	收入（万元）	收入构成占比(%)	经营项目	期末累计
物业开发	45000.0	21.5	在建物业开发面积（万平方米）	7.6
物业租赁及管理	12782.0	6.1	持有商业物业可租赁的面积规模（万平方米）	39.5
车站商业	251.9	0.1	站厅（台）商铺面积（万平方米）	
			地铁配线空间、通道商业面积（万平方米）	
			站厅（台）自助设备（台）	489
传媒广告	2173.7	1.0	传统广告灯箱（个）	4434
			电子显示屏（个）	8645
信息通讯	64.7	0.0	民用通信覆盖车站（座）	81
			民用通信光电缆长度（公里）	100
			无线局域网覆盖线路（条）	3
其他经营	149326.3	71.3		
总收入	209598.6	100	占比票务收入比例（%）	84.7
			运营补亏贡献度（%）	

29　济南轨道交通集团有限公司

【概况】

济南市轨道交通资源由济南轨道交通集团资源经营管理有限公司、济南轨道交通产业投资发展集团有限公司等公司参与经营。.

【物业开发】

推动TOD项目建设，市立五院站综合开发项目积极谋划启动，老屯站、清河东站、站前商务区等预留工程开工建设，腊山上盖物业开发项目完成地连墙施工，王府商业完成主体封顶，济东总部商务中心竣工交付。

【物业租赁及管理】

2023年，推进7个租赁住房项目建设，其中彭家庄站租赁住房按期竣工，华山北等5处租赁住房进入装饰装修阶段。

【车站商业】

2023年完成全线增设自助综合机、自助饮料机、口罩机、充电宝、雨伞机等自助设施，实现便民服务配套的全覆盖，提升乘客便捷性。试点引进自助寄存柜、福利彩票销售站，同时，在彭家庄站、济泺路站等服务用房开设便利店，丰富站内服务配套，满足乘客需求。根据空间优势，在奥体中心站D口下沉广场打造"奥体D空间"，引入文化演艺、创意市集等可持续性的活动，为乘客提供有温度、多样化的优质服务和出行体验。

【传媒广告】

济南地铁1、2、3号线的广告媒体资源由济南轨道交通集团权属三级子公司济南地铁文化传媒有限公司专业化经营。除采用传统灯箱、车站包柱等常规媒体形式外，引进超大梯媒灯箱、LED大屏幕、站内超大尺寸墙贴等新型广告媒体形式。2023年，地铁文化传媒公司深耕广告传播主业，积极拓展全案营销、展览展示、会务活动、工程制作安装等业务，企业公信力、美誉度、传播力、影响力和盈利能力进一步提升。2023年，济南地铁文化传媒有限公司成为中国广告协会地铁广告专业委员会常委单位，获金璧奖——地铁媒体企业TOP20，城市交通2023最具竞争力企业，2023年度地铁媒体卓越奖、年度公益营销奖、年度融合营销奖等荣誉。

【信息通讯】

开通运营三条地铁线路实现5G信号全覆盖，地铁运营的服务水平得到提升，给市民乘客带来更佳的乘坐感受。全线PIS系统由济南地铁电视文化传媒有限公司运营，兼顾公益性与商业性，实现经济效益与社会效益双提升。

（济南轨道交通集团有限公司）

30　青岛地铁集团有限公司

【概况】

青岛市轨道交通资源由青岛地铁集团有限公司下属青岛青铁置业发展有限公司、青岛青铁商业发展有限公司、青岛青铁智慧城市服务运营管理有限公司、青岛地铁金融控股有限公司、青岛公共住房建设投资有限公司、青岛城市轨道交通科技有限公司、青岛地铁轨道交通智能维保有限公司、青岛市地铁规划设计院有限公司、青岛青铁产业投资有限公司、青岛青铁环保科技有限公司经营，2023年资源经营总收入为392462.0万元，剔除土地出让及物业开发销售的经营收入为157823.8万元。（表9-30-1）

【物业开发】

2023年，17个项目同时在建，实现2个项目开工，5个项目竣工，获取土地4宗，在建面积达188万平方米。青岛市TOD一号工程首宗用地完成出让，地下空间项目首块主体结构封顶，引进多家实力央企及教育、商业资源，片区影响力进一步提升。青铁公园里、观海地、畅意城等5个项目按期竣工交付。

【物业租赁及管理】

2023年，承接住宅物业项目交付12个，售楼处项目7个，租房保租房项目5个，承接地铁7条轨道交通线路13个场段，2栋地铁综合办公楼，1个地铁公安分局及所属15个派出所的物业服务，总管理面积约300万平方米。积极探索"物业＋养老"服务模式，开展社区养老服务试点项目，建立助老食堂、文化健身活动中心，组织免费义诊、社区文化活动、志愿服务等公益活动。

【车站商业】

2023年，在原有便利店、早餐店、自助饮料机等业态基础上，新引入鲜花无人售卖机、行李寄存柜等自助类业态，新引入库迪咖啡、十三不靠特色点心等餐饮类业态，新引入携程旅游、一嗨租车等旅游服务类业态，为地铁乘客持续提供便捷的服务。

【传媒广告】

2023 年，完成青岛北站“城市之窗”、五四广场站“数智光廊”2 处媒体数字化转型升级，实现全国首例地铁媒体 + 运营信息 + 公共艺术 + 交互式查询的集成互动，打造更智慧、更时尚、更能彰显城市文化底蕴的地铁空间，焕新媒体上刊率提升 200%，经营效益提升 50%。

【经营亮点】

一是创立“青亭”酒店产品线，开业运营青亭民宿酒店、青亭美居酒店两个酒店项目。二是联合市总工会打造“青岛市惠工商城”服务平台成功上线，首年实现为外部政府机关、企事业单位共 40 余家提供双节福利采购工作，获得良好口碑。三是利用地铁站口低效土地，推动形成独具青岛特色、可复制推广的站口小型商业业态，构建“畅享汇”产品线，完成 2 个畅享汇项目的满租运营。四是探索智慧物业转型，获评“中国物业服务企业价值 100 强”，服务满意率、产业园区运营管理水平全面提升。五是青轨科技公司荣获“山东省瞪羚企业”“山东省优秀软件企业”等称号。

（青岛地铁集团有限公司）

青岛市城市轨道交通资源经营统计表　　表 9-30-1

经营类别	收入（万元）	收入构成占比（%）	经营项目	期末累计
物业开发	234638.2	59.8	在建物业开发面积（万平方米）	188.3
物业租赁及管理	23245.6	5.9	持有商业物业可租赁的面积规模（万平方米）	14.7
车站商业	428.0	0.1	站厅（台）商铺面积（万平方米）	0.3
			地铁配线空间、通道商业面积（万平方米）	0.1
			站厅（台）自助设备（台）	734
传媒广告	5800.0	1.5	传统广告灯箱（个）	12261
			电子显示屏（个）	16095
信息通讯			民用通信覆盖车站（座）	147
			民用通信光电缆长度（公里）	549
			无线局域网覆盖线路（条）	
其他经营	128350.2	32.7		
总收入	392462.0	100	占比票务收入比例（%）	190.6
			运营补亏贡献度（%）	

31　郑州地铁集团有限公司

【概况】

郑州市轨道交通资源由资源经营管理部、置业公司经营，2023 年资源经营总收入为 16479.0 万元，剔除土地出让及物业开发销售的经营收入为 11468.0 万元。（表 9-31-1）

【物业开发】

2023 年，置业公司全年完成投资 5.5 亿元；实现销售收入 5712 万元。工程建设稳步推进，全年实现工程总产值 12600 万元。黄河路安置房项目 2024 年 1 月完成土地摘牌。颐嘉经纬商场项目 2023 年 7 月土地摘牌，取得建设用地规划许可证、不动产权证、建设工程规划许可证。颐嘉经纬丽园项目 1# 楼安置房主体结构封顶，2# 楼商品房施工至地面正负零，3# 楼主体结构、砌体二次结构、内外墙抹灰、外保温、屋面工程完工。经纬华悦项目陆续完成报批报建手续并开展招商工作。美好未来苑项目 12 月工程竣工交付。郑轨云庭项目 4 月大区开工，11 月 15、9、13、8 号楼先后开盘预售。

【物业租赁及管理】

荣邦城公租房及车位年度租金收入 499 万元，房屋出租率均达到 100%。郑轨风尚西苑项目商业部分整体交付，公寓部分正式营业，2023 年实现租金收入 81.2 万元。

【车站商业】

2023 年，攻坚商业开发难点，在 4 个车站站厅开启商铺试点经营工作；在41个车站设置64个早餐配送点，解决困扰地铁上班族的早餐难问题，实现消费者与商家的双向奔赴；在全线网部分车站因地制宜，以“市集+”模式，打造商业引流新方式，增加乘客黏性，激发车站商业潜能。

【传媒广告】

改造橱窗灯箱，打造品牌体验区，引入LED直角大屏、柱面联屏及超大落地橱窗；结合热点营销等方式，策划多场主题体验活动，部分话题一度成为城市热搜，活动形式受市民欢迎。

【信息通讯】

在10号线一期首度实现民用通信四根漏缆布设新方案，将隧道信号覆盖强度提升一倍，同期完成2号线一期等既有线光缆换新工作，强化1号线一期等线路5G信号，实现郑州东站新开通区域通信信号全覆盖，为乘客提供更加优质的通信服务。

【其他经营】

文创产业在降低公司成本投入及投资风险基础上，紧跟市场，推陈出新，保持项目的向好态势。多套纪念票卡市场反响强烈，得到乘客及收藏爱好者的一致好评。

【经营亮点】

创新营销策略，推出具有本地特色、地铁风格的精品活动，不断向乘客展示地铁的人文魅力，增强乘客出行的获得感、幸福感，从而进一步带动客流增长。举办多场多种类型音乐会，燃动地铁；书香地铁形成活动品牌，使地铁出行成为有温度、可阅读的文化之旅；联合本地多所高校在部分站点举办多期文化才艺展演活动，展现当代大学生的精神面貌，受到多家媒体的宣传报道；设立健康咨询窗口，提升服务品质，增强乘客满意度、幸福度；针对大学生乘客、日常通勤乘客等群体精准定制特色优惠措施，多维度吸引客流。

（郑州地铁集团有限公司）

郑州市城市轨道交通资源经营统计表　　表9-31-1

经营类别	收入（万元）	收入构成占比（%）	经营项目	期末累计
物业开发	5011.0	30.4	在建物业开发面积（万平方米）	21.4
物业租赁及管理	541.0	3.3	持有商业物业可租赁的面积规模（万平方米）	5.9
车站商业	280.0	1.7	站厅（台）商铺面积（万平方米）	
			地铁配线空间、通道商业面积（万平方米）	
			站厅（台）自助设备（台）	256
传媒广告	5452.0	33.1	传统广告灯箱（个）	8094
			电子显示屏（个）	16593
信息通讯	4795.0	29.1	民用通信覆盖车站（座）	220
			民用通信光电缆长度（公里）	690
			无线局域网覆盖线路（条）	
其他经营	400.0	2.4		
总收入	16479.0	100	占比票务收入比例（%）	0.2
			运营补亏贡献度（%）	

32　洛阳市轨道交通集团有限责任公司

【概况】

洛阳市轨道交通资源由洛阳市轨道交通集团有限责任公司下属洛阳市轨道交通集团开发有限责任公司经营，2023年资源经营总收入为3313.5万元，剔除土地出让及物业开发销售的经营收入为3313.5万元。

洛阳轨道交通集团秉承可持续发展理念，保证地铁安全营运的同时，合理利用车站及车站周边零星空间，借助地铁稳定而强大的人流，形成形式多样的附属商业资源，实现“地铁建设为基础，运营为目的，附属资源开发为地铁附加收益”的目标，体现轨道交通的造血功能。

洛阳市轨道交通结合两线两枢纽工程，开发可出租商业资源面积约 30 万平方米（其中，附属商业 21.9 万平方米，外挂物业 5.8 万平方米，站内物业 0.3 万平方米，办公用房 2.1 万平方米）；广告资源涉及平面广告、PIS 屏广告、语音广告多种类型；营运停车场车位约 5000 个。至 2023 年底，商铺资源出租约 24 万平方米，出租率约 80%；广告资源出租率达 70%（面临解约风险）；停车场建立统一管理系统平台，停车收费数据统一储存，加载可视化监控系统，会员停车优惠系统，提高车位使用率，增加停车场收益，实现 80% 的正常营运。（表 9–32–1）

【物业开发】

至 2023 年底，洛阳轨道集团摘牌地块共计 754.8 亩，完成投资 34.8 亿元，地块在进行开发前期的筹备工作。

【物业租赁及管理】

结合洛阳地铁 2 条线路的建设，在商业氛围较好的地段，建设附属商业面积共计 21.85 万平方米，主要有龙门枢纽附属商业、牡丹广场附属商业、隋唐西市、火车站枢纽、青年宫站地下商业、体育中心地下商业，王解区间地下商业。

完成招商的附属商业有隋唐西市（7.9 万平方米）、牡丹广场（3.5 万平方米）、龙门枢纽（5.7 万平方米），火车站枢纽（0.3 万平方米），共计面积达 17.4 万平方米。

【车站商业】

外挂物业：面积共计 5.8 万平方米，主要有夹马营站、青年站、丽景门站、七里河站、牡丹桥站、武汉路站、八里堂站等。商业体量较小、单栋商业自成体系，年内除七里河站、八里堂站外挂物业外，其余站点外挂物业均完成招商。

站内商业：面积共计 0.3 万平方米，自助设备共计 126 处，主要布局于地铁连通的非付费区公共空间内，年内安德莉亚、丹尼斯、万景祥等知名商家进驻。

【传媒广告】

洛阳轨道 1、2 号线平面广告（门楣灯箱、门楣墙贴、站台包柱、站厅包柱、屏蔽门贴）、PIS 广告、语音广告，龙门枢纽和火车站枢纽广告资源等。

【信息通讯】

洛阳轨道交通全网的站厅、站台 5G 建设覆盖。1 号线 19 个车站（含 1 个地上车站），2 号线 15 个地下车站站台、站厅、区间的所有民用通信设备的安装、调试和运营保障工作，信息通讯满足地铁设计规范要求和行业技术标准。

【其他经营】

结合洛阳轨道交通两线两枢纽工程建成有应天门站停车场、牡丹广场地车场、谷水枢纽停车场、文博园站停车场、隋唐西市停车场、龙门枢纽停车场等共计 14 个停车场，共计约 5000 个停车位，实现轨道站点与其他交通方式的一体化衔接，创造社会效益和经济效益。

【经营亮点】

隋唐西市–熙市奥特莱斯购物公园项目：在“隋唐文化 + 公园 + 地铁 + 商业广场”这个主题上，走“大规模、多功能、现代化”的路线，强调街区商业广场的产品、业态、交易手段、文化的多样化，在城市中心区建设一个标准高、环境美的街区商业广场，打造青年友好型城市中的商业会客厅。形成河南唯一具有洛阳唐风文化的“精神 + 潮流 + 文化”商业新坐标。

推出城市 POD+TOD 商业综合体“洛阳首家城市奥特莱斯购物公园”，打造“交通枢纽 + 文化遗址 + 商业 + 公园”的地铁文旅商业。项目以城市美好生活为核心，融入生态自然、艺术人文和时尚购物三大元素，以前所未有的独特五感体验，打造集奥莱商业、餐饮休憩、特色美食、生活配套及文旅休闲为一体的洛阳大型街区商业综合体。项目整体规划分为三大板块：奥特莱斯零售板块（经营面积约 3.5 万平方米）、易合仓超市板块（经营面积 1 万平方米）、鼎膳常火锅及配套餐饮板块（经营面积 4800 平方米）。全面投用后，可改善洛阳市重点文旅商业的分布格局，带动 170 余家商户在该项目集聚，激活文旅商业活力；同时可增加约 1500 个就业岗位，每年预计可创造政府税收约 5500 万元。

（洛阳市轨道交通集团有限责任公司　孔振兴）

洛阳市城市轨道交通资源经营统计表

表 9–32–1

经营类别	收入（万元）	收入构成占比（%）	经营项目	期末累计
物业开发			在建物业开发面积（万平方米）	
物业租赁及管理	837.6	25.3	持有商业物业可租赁的面积规模（万平方米）	29.7
车站商业	122.9	3.7	站厅（台）商铺面积（万平方米）	0.3
			地铁配线空间、通道商业面积（万平方米）	
			站厅（台）自助设备（台）	126

洛阳市城市轨道交通资源经营统计表（续前表） 表 9-32-1

经营类别	收入（万元）	收入构成占比(%)	经营项目	期末累计
传媒广告	1195.0	36.1	传统广告灯箱（个）	1850
			电子显示屏（个）	2400
信息通讯	498.0	15.0	民用通信覆盖车站（座）	34
			民用通信光电缆长度（公里）	384
			无线局域网覆盖线路（条）	2
其他经营	660.0	19.9		
总收入	3313.5	100	占比票务收入比例（%）	38.3
			运营补亏贡献度（%）	5.7

33　武汉地铁集团有限公司

【概况】

武汉市轨道交通资源由武汉地铁集团公司综合开发事业总部统筹资源开发、资源经营和配套服务经营，2023 年资源经营总收入为 184576.0 万元，剔除土地出让及物业开发销售的经营收入为 68602.2 万元。（表 9-33-1）

【物业开发】

2023 年，多点发力，推进各项目开发建设工作，在建合作开发项目 3 个，全年完成地铁小镇一期高层、叠拼，二期高层按期交付，未发生因质量问题产生的客户投诉事件，为后续销售工作在市场上树立良好的品质信誉。

【物业租赁及管理】

2023 年，深挖存量资源经营潜力，办公楼出租率稳步提升，商业项目入市，京东 MALL、歌笛湖商业体实现满铺开业；创新开拓增量经营资源，拓展自营酒店等经营新业态，推进集团公司首个酒店项目筹建工作，明确酒店品牌、完成装修设计图、启动施工招标等工作；探索零星用地经营新模式，推动零星用地的集装箱市集建设。

【车站商业】

2023 年，专项攻坚地下商业街经营，全面梳理分析现有地下商业街项目。其间，江汉路站“嗨吃街”正式开业，打造武汉首个汇集重庆地道美食及武汉特色小吃于一体的美食畅游打卡地；中山公园站地下商业街“拾光 Park”顺利开街，商业街全长 260 米，涵盖便利店、水果店、咖啡茶饮、快餐速食及医药用品等多种业态。

【传媒广告】

2023 年持续提升广告资源经营能力，面对持续低迷的全国城轨广告市场，完成新一轮广告资源经营权的公开挂牌交易，进一步重塑市场，提升资源价值。完成部分线路核心站点媒体资源焕新升级，实现经营质的提升和量的增长，全线网媒体资源维修维保效率、质量显著提升。

【信息通讯】

统筹推进商务合同谈判及新开线路通讯工程施工，确保新开线路手机信号全覆盖。至年底，武汉轨道交通 11 条地下线路均实现 4G、5G 信号全覆盖。对商用通信机房进行安全隐患整改和环境提升，助力通信业务提质增效。

【其他经营】

2023 年，持续推进多元化经营：一是提升内接物业服务质量，外拓物业服务项目，服务范围逐步扩展到工程管理服务、会议及展览服务、酒店管理、餐饮管理、公路管理与养护、单位后勤管理服务等；在管总项目达到 30 个，业态种类达到 13 种，市场竞争实力进一步提升；二是体育场馆建设加快布局，足球公园、篮球公园、篮球馆等项目开业运营。

【经营亮点】

2023 年地铁时代 · 常青城项目获评中国城市轨道交通协会城市轨道交通 TOD 示范案例，该项目是武汉市首个地铁上盖物业开发项目，与地铁零距离接驳，创新“地铁入户”模式，也是武汉市以轨道交通为向导的 TOD 开发模式的首次尝试；打造多元经营能力，提升资源经营业务质效提质增效，推进新商办项目入市，京东 MALL、歌笛湖印象里盛大开业；物业服务品质收益双提升，推进轨道交通“白手套”品检，全力拓展外部物业服务项目，获评中国物业服务品质领先品牌、武汉市物业管理成长性领先企业。

（武汉地铁集团有限公司　李婧）

武汉市城市轨道交通（武汉地铁）资源经营统计表

表 9-33-1

经营类别	收入（万元）	收入构成占比（%）	经营项目	期末累计
物业开发	115973.8	62.8	在建物业开发面积（万平方米）	131.3
物业租赁及管理	33603.3	18.2	持有商业物业可租赁的面积规模（万平方米）	821.5
车站商业	9266.0	5.0	站厅（台）商铺面积（万平方米）	0.9
			地铁配线空间、通道商业面积（万平方米）	13.1
			站厅（台）自助设备（台）	1754
传媒广告	11542.8	6.3	传统广告灯箱（个）	19137
			电子显示屏（个）	54
信息通讯	3423.9	1.9	民用通信覆盖车站（座）	236
			民用通信光电缆长度（公里）	437
			无线局域网覆盖线路（条）	11
其他经营	10766.2	5.8		
总收入	184576. 0	100	占比票务收入比例（%）	
			运营补亏贡献度（%）	

34　武汉光谷交通建设有限公司

【概况】

武汉市轨道交通资源由有轨电车运营公司、光谷旅投公司经营，2023 年资源经营总收入为 196.1 万元。

打开市场，实现盈利增收。打造光谷新地标，建立光谷交通-旅游新标杆，保障项目运营稳定，做好周边商业配套、驿站及广告等商业体系运营工作，运营状态平稳，未发生运营安全事故。（表 9-34-1）

【物业租赁及管理】

车辆基地综合楼三层办公楼，建筑面积 3106.1 平方米，通过拍卖的形式完成招租。

【车站商业】

利用车站内设置的一楼对外运营商业配套用房进行招租，站内招商引入充电宝、自动贩售机等设备。

【传媒广告】

利用传统广告灯箱、电子显示屏、车外身广告、车内室广告实现营收。

【经营亮点】

利用空轨开通运营的契机，建设空轨 IP 文创产品销售平台、利用空轨开通宣传热点，推广空轨 IP 形象，利用“中秋国庆”双节、周末组织产品线下的文创产品推广营销活动，不断创建光谷旅投品牌形象。开通抖音官方账号、官方旗舰店，提供购票、直播、带货等服务，引入优质媒体单位参与运营，进一步拓宽销售渠道，将品牌形象推广到新媒体领域，将空轨打造成武汉文旅网红打卡地。

（武汉光谷交通建设有限公司　杨清梅）

武汉市城市轨道交通（武汉光谷）资源经营统计表

表 9-34-1

经营类别	收入（万元）	收入构成占比（%）	经营项目	期末累计
物业开发			在建物业开发面积（万平方米）	
物业租赁及管理	100	51.0	持有商业物业可租赁的面积规模（万平方米）	0.3

武汉市城市轨道交通（武汉光谷）资源经营统计表（续前表）　　表 9-34-1

经营类别	收入（万元）	收入构成占比(%)	经营项目	期末累计
车站商业	13.1	6.7	站厅（台）商铺面积（万平方米）	0.1
			地铁配线空间、通道商业面积（万平方米）	
			站厅（台）自助设备（台）	17
传媒广告	43.0	21.9	传统广告灯箱（个）	9
			电子显示屏（个）	40
信息通讯			民用通信覆盖车站（座）	
			民用通信光电缆长度（公里）	
			无线局域网覆盖线路（条）	
其他经营	40.0	20.4		
总收入	196.1	100	占比票务收入比例（%）	0.1
			运营补亏贡献度（%）	

35　长沙市轨道交通集团有限公司

【概况】

长沙市轨道交通资源由物业公司、置业公司和资源管理分公司经营，2023 年资源经营总收入为 16483.7 万元，剔除土地出让及物业开发销售的经营收入为 16483.7 万元。

置业公司主要负责房地产开发、TOD 研究、棚户区改造、土地资源归集、一级土地整理、城市更新；物业公司主要负责集团名下所有物业服务管理；资源管理分公司主要负责集团名下的资源开发和经营管理。（表 9-35-1）

【物业开发】

持续推进 8 个在建房地产项目。2023 年共完成投资额 22.4 亿元，销售签约总额 30.9 亿元。其中天空之境项目、地科中心完成竣工验收备案及初交付，江山玖樾项目、玖樾府项目竣工档案全部移交。

【物业租赁及管理】

物业租赁及管理收入为 4883.8 万元，完成场地租赁费收取工作。

【车站商业】

2023 年，车站商业项目按合同履约，租赁费收入 616.3 万元。

【传媒广告】

利用地铁空间，讲好城市故事，让主流声音汇集于地铁，放大地铁窗口价值。在长沙推出观沙岭“垃圾分类主题站”、四方坪“双拥站”、朝阳村“平安站”等公益主题站。通过技术改造，提升媒体品质。在长沙持续打造数字化创新场景，坚守宣传阵地：陆续打造五一广场站“彩云隧道”“太空驿站”和湖南大学站“元宇宙科技体验馆”等数字媒体创意场景。

2023 年，长沙地铁广告媒体 5618.7 万元，播音广告 29.5 万元，收入共计 5648.2 万元。

【信息通讯】

2023 年，长沙地铁 1—5 号线 111 个车站站厅、站台 5G 建设覆盖基本施工完成，全面实现全线网 5G 通讯的畅通，经营收入 2148.9 万元。

【其他经营】

2023 年，长沙地铁对接连通项目轨道资源使用费收入 2243.1 万元，通道连接费 943.4 万元，共计 3186.5 万元。

【经营亮点】

推出“宁乡喻家坳栀子花香专列”“汇聚磅礴力量 · 全力建设全球研发中心城市”“丝路明珠 · 吐鲁番号”“雷锋号”等四大主题宣传活动。

长沙轨道置业公司获克而瑞 2022 年全年度“湖南本土房企商品房全口径榜”第二名；轨道万科悦府项目获湖南省住房和城乡建设厅颁发的湖南省 2022 年度建筑施工安全生产标准化“年度项目考评优良施工工地”。

长沙市五一广场站与国金中心地下空间开发工程建设项目完成所有报建手续，取得《不动产权证》，为长沙地铁首个获取产权的地下空间项目。

（长沙市轨道交通集团有限公司　言艾欣）

长沙市城市轨道交通资源经营统计表

表 9-35-1

经营类别	收入（万元）	收入构成占比（%）	经营项目	期末累计
物业开发			在建物业开发面积（万平方米）	2.4
物业租赁及管理	4883.8	29.6	持有商业物业可租赁的面积规模（万平方米）	0.4
车站商业	616.3	3.7	站厅（台）商铺面积（万平方米）	0.1
			地铁配线空间、通道商业面积（万平方米）	0.7
			站厅（台）自助设备（台）	224
传媒广告	5648.2	34.3	传统广告灯箱（个）	7675
			电子显示屏（个）	9086
信息通讯	2148.9	13.0	民用通信覆盖车站（座）	111
			民用通信光电缆长度（公里）	141
			无线局域网覆盖线路（条）	
其他经营	3186.5	19.4		
总收入	16483.7	100	占比票务收入比例（%）	15.0
			运营补亏贡献度（%）	6.7

36　广州地铁集团有限公司

【概况】

广州市轨道交通资源由广州地铁集团有限公司经营，2023 年资源经营总收入为 317918.7 万元，剔除土地出让及物业开发销售的经营收入为 82772.3 万元。

广州市轨道交通资源经营主要包括物业开发、土地及物业租赁、广告、文创产品等经营业态，其中物业开发由广州地铁集团房地产事业总部负责，其他经营业态由广州地铁集团资源经营发展有限公司负责。（表 9-36-1）

【物业开发】

房地产开发业务自主与合作开发齐头并进，2023 年广州地铁集团房地产项目销售金额在广州房企排名第三。

2023 年以 22 亿元的新增投资额获得设计之都三期地块的开发权，新增开发量超 8.5 万平方米。该项目实现年内开工。自主开发及联合操盘项目"八盘齐发"，云城上品、云庐、珑璟台、江语上品等项目稳步投入市场抢占席位，创新利用产业链赋能，粤胜广场商办物业销售认购额突破 20 亿元。

【物业租赁及管理】

2023 年，资源业务拥有超过 100 万平方米物业土地资源。商业物业实现签约出租面积达 13 万平方米，实现物业整体出租面积超过 86%；完成白云站商铺站点运营同步开通，中旅商业城 3500 平方米写字楼结束空置恢复经营，万胜广场商场实现 96% 出租率创历史新高。另外，广州地铁不断提升物业策划出租能力，物业自营面积占比由 75% 升至 87%，《湾区 TOD 服务公寓赋能创新方案》获"羊城工匠杯"暨 2023 年度 TOD 综合开发创新大赛三等奖。

【车站商业】

车站商业通过引入潮流玩具品牌盲盒售卖机、扭蛋机、传统手信、便民早餐车等新业态、新品牌，进一步为乘客提供丰富多元的服务，把"便民惠民"服务原则融入招商理念，持续打造有温度、有态度的商业经营。在重点项目突破方面，通过争取政府部门支持、全方位评估与检测、优化招商流程环节等举措重启公园前商业街经营，引进 53 家优质商家，实现 100% 盘活出租。

【传媒广告】

2023 年，多措并举激活广告经营活力。一是拓展汽车、烟酒、饮料行业、开发个人广告业务，开发美心月饼、一汽丰田等优质客户，同时不断优化产品组合，通过开展定制服务、落地创意广告、制定年度销售特攻、短期促销方案拉动媒体销售收入，实现 12 月单月登挂率环比提升 80%；二是推行节能降本，在不影响商业发布前提下，关闭 1905 个 12 封灯箱，节省电费 411 万元 / 年；三是研究广告业务模式优化，实现“一体式运作、一站式服务、一键式投放”广告案例落地，开启数字化转型经营新模式；四是用好存量空间开发车站出入口玻璃飞顶位置广告。

【信息通讯】

支持运营商开展 5G 建设，在全线网的车站站点（站厅站台）配合开展施工。

【其他经营】

在流量经营方面不断创新，在乘车码平台开发试用“商家引流”“个性皮肤”“精准广告”“交通联乘”四大营销功能，日活人数超过 110 万人 / 日。

文创业务上持续深耕，孵化流量 IP，贴合节日需求、创新产品形式、紧跟地铁热点，开发兔韵缤纷礼盒、粽享旅程、月来月好中秋礼盒等 40 余款“出圈”潮品，广受市场热捧。

【经营亮点】

探索“商业 + 广告 + 数字”三业融合模式，以品牌商家店庆策划为试点，三大业务客户互通、线上线下资源联动，达到高效引流到店的宣传效果，实现“1+1+1 > 3”。

建成“悠悠智投”广告智能化平台并落地推广，为行业首个由业主方主导开发并拥有知识产权的广告智能化平台，促成 30 个客户投放，收入近千万元。

拓展“夜经济”，在万胜广场相继引进契合年轻消费群体的文娱业态，实现万胜商场 96% 历史最高出租率。

开创新能源汽车充电桩产品线，首批充电桩落地。

2023 年广州地铁博物馆被授予“全国关心下一代党史国史教育基地”“广东省儿童友好基地”“广州市中小学生研学实践教育基地”称号。

（广州地铁集团有限公司）

广州市城市轨道交通资源经营统计表 表 9-36-1

经营类别	收入（万元）	收入构成占比（%）	经营项目	期末累计
物业开发	235146.4	74.0	在建物业开发面积（万平方米）	472.9
物业租赁及管理	30179.7	9.5	持有商业物业可租赁的面积规模（万平方米）	99.4
车站商业	13511.5	4.2	站厅（台）商铺面积（万平方米）	1.7
			地铁配线空间、通道商业面积（万平方米）	1.3
			站厅（台）自助设备（台）	1400
传媒广告	31105.7	9.8	传统广告灯箱（个）	20393
			电子显示屏（个）	29327
信息通讯	7975.4	2.5	民用通信覆盖车站（座）	313
			民用通信光电缆长度（公里）	1259
			无线局域网覆盖线路（条）	
其他经营				
总收入	317918.7	100	占比票务收入比例（%）	60.3
			运营补亏贡献度（%）	31.2

37　深圳市地铁集团有限公司

【概况】

深圳市轨道交通资源由深圳市地铁集团有限公司的多家直管企业分别负责经营，2023年资源经营总收入为1954632.9万元，剔除土地出让及物业开发销售的经营收入为462871.6万元。

2023年，深铁集团大力推进轨道站点周边空间高效集约复合利用，深圳TOD综合开发指数持续稳居全国之首。前海枢纽、前海时代获评“首届中国城市轨道交通TOD发展大会”综合交通枢纽及场段TOD示范案例。深铁集团获评房地产开发企业一级资质，深铁置业蝉联深圳市房地产开发行业综合实力第一名。积极落实房地产发展新模式，加大保障性住房等房地产“三大工程”建设。

深圳湾超级总部基地首座A级写字楼（深湾睿云中心）建成投用，睿印商业中心、深云文体公园、“天空之境”城市会客厅等一批商业设施开放，场景资源不断丰富，品质不断提升。流动画展、工业展、艺术展、美术馆等文化空间以及工业旅游、CITY WALK等休闲方式进入地铁车站，地铁商圈活力持续升级。盘活深云、侨城东等56片文体场地，全年承接多场国内重大赛事，盘活停车场资源，规范停车场管理，实现增收近千万。深铁物业入选中国物业服务企业综合实力百强。（表9-37-1）

【物业开发】

深圳地铁置业集团有限公司连续九年房地产销售额过百亿元，连续七年位列深圳市房地产开发企业综合实力前三甲，并于2022年及2023年连续两年取得榜首。深铁置业获得品牌价值企业殊荣，并连续六年荣获“深圳房地产社会责任标杆企业”称号。

2023年物业开发销售总额为333.8亿元，前海时代尊府首开售罄，多个合作项目开盘热销。阅山境人才房，佛山天空之城项目，深铁懿府及深铁瑞城等多个项目分期顺利入伙交付。

【物业租赁及管理】

深圳市地铁集团商业管理有限公司通过一系列举措“稳定基本盘、开拓创新盘、谋好规划盘”。2023年9月21日，深铁商业与华润万象生活签署战略合作协议。这也是继2022年5月深铁集团与华润置地达成战略合作以来的又一新动作，对进一步提升深铁商业的经营管理能力，打造标杆商业综合体具有重要战略意义。

2023年，强化经营能力，多策略开展招商活动。深铁汇坊南油项目逆势破局，实现100%出租率；南山书城项目创新引入数字化集中厨房；福田枢纽项目引入深圳规模最大的瑞幸咖啡旗舰店；8号线二期站厅层附属商业资源4车站7间商铺在新线开通当天达到开业迎客的状态，创造首次新线开通商铺同步开业的盛景。

【传媒广告】

2023年，深铁集团科学研判广告招商形势，力保资源经营收益，同时协同推进广告数字化赋能建设，提升经营活力。拓展多种经营模式，组建自主经营团队，推动广告业务从“资产管理”向“资产经营”转型，促进经营收入提升；并把牢安全经营底线，保障生产经营。2023年广告收入目标超额完成，力保基本盘，锚定高质量，促进深铁商业广告板块高质量发展。

【信息通讯】

积极响应极速先锋城市建设行动，持续完善5G覆盖范围，提升乘客的出行体验。2023年提前三个月完成8号线二期4座车站5G信号开通。在既有线路5G通信改造方面，至2023年8月完成深圳地铁1、2、3、5、7、9、11号线共计184座车站的5G信号升级改造工作，实现深圳地铁全部车站5G信号覆盖；同步启动上述线路隧道共计241公里5G信号升级改造工作，2023年1、3、7、9号线进场实施，2、5、11号线按计划2024年进场实施。

【其他经营】

2023年12月29日，深圳南山香格里拉酒店正式启幕。至年底，深铁集团旗下共有5家在营酒店，房间数量1386间，所辖酒店均跑赢大势。在2023年深圳写字楼市场空置率逼近30%，且退租潮汹涌的逆势下，深铁置业大厦聚焦打造“国际风投创投中心”，整体去化率达94%；深铁金融科技大厦聚焦打造“湾区轨道交通产业服务中心”，办公部分和商业部分整体去化率分别达89%、88%。

【经营亮点】

站城一体化焕发活力。深铁前海时代尊府6小时售罄，懿府三期逆市清盘，北站超核润府两次开盘热销；抢抓人才房政策机遇期，熙府人才房首开两房完美售罄；获评房地产开发企业一级资质，深铁置业蝉联深圳市房地产开发行业综合实力第一名，连续六年位列前三甲。

资源经营创新赋能。深超总片区首个投入运营的综合体商业深圳湾睿印项目盛大开业，深铁汇坊（南油）项目实现100%开业；与华润万象生活签署战略合作协议，助力深圳打造国际消费中心城市；南山香格里拉启幕，深铁旗下第五家酒店正式投入运营，深铁皇冠假日酒店高分通过五星级饭店评审；持续做大文体产业规模，多次承接国内重大赛事，初步形成覆盖赛事承接、赛事服务、专业培训、产品售卖等完整经营链条。

战新产业加速集聚。构建深铁“1+2+N”战略性新兴产业布局，全年4个深铁科技园开园，与中国通号公司共同出资成立深铁信号，推动形成产学研创孵市投相融合的科技创新产业生态；深圳首个空铁轨联运物流示范线项目11月顺利进行载货试运行；地铁集团首个超级充电站深圳北站综合交通枢纽超级充电站正式启用，助力深圳打造“新一代世界一流汽车城”；聚焦集采联采、平台服务、产业智造，服务上下游企业采购和供应链管理，至年底，市场化贸易合同额达45.8亿元，实现进口铁矿石供应金额2.22亿元，成功迈出国际业务新步伐。

（深圳市地铁集团有限公司）

深圳市城市轨道交通资源经营统计表

表9-37-1

经营类别	收入（万元）	收入构成占比（%）	经营项目	期末累计
物业开发	1491761.3	76.3	在建物业开发面积（万平方米）	1153.0
物业租赁及管理	197759.0	10.1	持有商业物业可租赁的面积规模（万平方米）	99.8
车站商业	14765.0	0.8	站厅（台）商铺面积（万平方米）	1.0
			地铁配线空间、通道商业面积（万平方米）	20.3
			站厅（台）自助设备（台）	1024
传媒广告	19842.2	1.0	传统广告灯箱（个）	23125
			电子显示屏（个）	41836
信息通讯	6742.2	0.3	民用通信覆盖车站（座）	350
			民用通信光电缆长度（公里）	
			无线局域网覆盖线路（条）	
其他经营	223763.2	11.5		
总收入	1954632.9	100	占比票务收入比例（%）	
			运营补亏贡献度（%）	

38　港铁轨道交通（深圳）有限公司

【概况】

深圳轨道交通4号线资源由港铁轨道交通（深圳）有限公司经营，2023年资源经营总收入为5711.0万元，剔除土地出让及物业开发销售的经营收入为5711.0万元。（表9-38-1）

【信息通讯】

深圳轨道交通4号线全线共有23个车站（8个高架站，17个地下站）。民用通信系统覆盖车站数量为23个车站，2023年底启动4号线一、二期地下段车站及隧道内5G网络覆盖改造工程。2023年底覆盖5G信号的车站数量为17个车站。

（港铁轨道交通〔深圳〕有限公司　辛颖）

深圳市城市轨道交通（港铁深圳）资源经营统计表

表9-38-1

经营类别	收入（万元）	收入构成占比（%）	经营项目	期末累计
物业开发			在建物业开发面积（万平方米）	
物业租赁及管理			持有商业物业可租赁的面积规模（万平方米）	
车站商业	1288.0	22.6	站厅（台）商铺面积（万平方米）	
			地铁配线空间、通道商业面积（万平方米）	
			站厅（台）自助设备（台）	42

深圳市城市轨道交通（港铁深圳）资源经营统计表（续前表） 表 9-38-1

经营类别	收入（万元）	收入构成占比(%)	经营项目	期末累计
传媒广告	3796.0	66.5	传统广告灯箱（个）	1584
			电子显示屏（个）	3159
信息通讯	266.0	4.7	民用通信覆盖车站（座）	23
			民用通信光电缆长度（公里）	18
			无线局域网覆盖线路（条）	
其他经营	361.0	6.2		
总收入	5711.0	100	占比票务收入比例（%）	0.1
			运营补亏贡献度（%）	0.1

39 佛山市地铁集团有限公司

【概况】

佛山市轨道交通资源由佛山市地铁运营有限公司经营，2023 年资源经营总收入为 3198.7 万元，剔除土地出让及物业开发销售的经营收入为 3198.7 万元。

佛山市轨道交通运营线路中的广佛线二期、佛山地铁 2 号线、佛山地铁 3 号线附属资源，以及广州地铁 7 号线西延顺德段的部分附属资源由佛山市地铁运营有限公司经营。2023 年附属资源经营总收入为 3199.4 万元。（表 9-39-1）

【车站商业】

2 号线一期站内商铺出租率约 86%，业态涵盖便利店、西饼店、品牌展示店等。投放商业自助设备 70 台，包括售卡充值机、便民服务自助终端、共享充电设备、自助售货机等。

3 号线首通段站商业招商以创新业态为主，盘活站厅空间引入肯德基快餐品牌移动早餐车项目。完成 12 间商铺出租，出租率约 35%，业态包括西饼店、便利店及懿嘉知煮预制菜门店全新商业业态。投放商业自助设备 71 台，包括便民服务自助终端、共享充电设备、自助售货机及农产品自助售卖设备等。

广佛线二期商铺共 2 间，全年无不规范经营情况。年内商铺出租率已达 100%，投放自助设备共 4 台。

【传媒广告】

克服经济形势持续下行的外部影响，提前规划布局，保持动力，用好公司的各项扶持政策，借助数字化平台优势，激发经营主体活力。紧抓“转思路、优经营、控风险、促发展”的经营理念，加大“精准服”力度，增强防范化解履约风险的能力，不断探索和改变经营模式，切实提高自主经营能力，保障年度经营收入指标的完成。

【信息通讯】

2023 年，佛山地铁民用通信系统 4G/5G 信号覆盖地下正线 79.2 公里，地下车站数量 53 座，地面 / 高架站覆盖建筑面积 66188 平方米，开通运营的线网线路完成民用通信业务招商，招商完成率 100%。

【其他经营】

打造幸福品牌，设计制作 3 号线开通票卡及系列文创产品，文创产品收入共计 10.6 万元；通道口收入 1037.7 万元。

【经营亮点】

打造幸福品牌，设计制作 3 号线开通票卡及系列文创产品、发行“兔”飞猛进生肖纪念票、推出文创 IP“小福”系列纪念票卡及文创产品；共举办 11 场“幸福学苑”研学项目活动（其中公益活动 1 场，员工活动 1 场），超过 553 位学生家长参加，强化企业文化的宣传，履行企业社会责任，促使良好的企业形象深入人心。

（佛山市地铁集团有限公司　杜子真　饶严禾　赵永建　江勋绎　董伟健）

佛山市城市轨道交通资源经营统计表 表 9-39-1

经营类别	收入（万元）	收入构成占比（%）	经营项目	期末累计
物业开发			在建物业开发面积（万平方米）	
物业租赁及管理			持有商业物业可租赁的面积规模（万平方米）	
车站商业	165.1	5.2	站厅（台）商铺面积（万平方米）	0.2
			地铁配线空间、通道商业面积（万平方米）	
			站厅（台）自助设备（台）	141
传媒广告	1329.0	41.5	传统广告灯箱（个）	3013
			电子显示屏（个）	4443
信息通讯	656.9	20.5	民用通信覆盖车站（座）	53
			民用通信光电缆长度（公里）	
			无线局域网覆盖线路（条）	
其他经营	1047.7	32.8		
总收入	3198.7	100	占比票务收入比例（%）	
			运营补亏贡献度（%）	

40 东莞市轨道交通有限公司

【概况】

东莞市轨道交通资源由东莞市轨道交通有限公司经营，2023 年资源经营总收入为 5762.2 万元，剔除土地出让及物业开发销售的经营收入为 5762.2 万元。

2023 年，东莞轨道立足“提供安全、舒适、高效、绿色的轨道交通综合服务”企业愿景，拓展资源开发渠道，稳定资源开发收入，包括轨道交通大厦、安居房、附属物业空间、车辆段预留发展用地土地，以及 2 号线车站商业、通信、广告等资源。轨道大厦客户包括国企、会计师事务所、律师事务所等优质企业；在 2 号线车站提供连锁便利店、自助拍照机、自动售货机等便民措施。（表 9-40-1）

【物业租赁及管理】

面对商办楼租赁市场低迷、同行业竞争激烈的市场环境，东莞轨道全方位挖掘潜在客户资源，维系现有客户关系，开拓资源开发收入。其中，轨道交通大厦整体出租率达 75.0%，鸿福路物业区整体出租率达 100%。

为满足轨道大厦进驻企业更便捷、舒适、绿色办公环境需求，拓宽轨道资源开发收入，设立莞铁智能餐厅，提供物业快递柜、外卖取餐柜等增值服务。

【车站商业】

2023 年，引进餐饮类、便利店零售类等项目，并增加商铺临展区招商项目，为乘客提供更便捷、舒适、个性化的乘车体验。

【传媒广告】

2023 年，引进新创意媒体，安装 12 封 LED 显示屏、展示橱窗等。增购列车新增加广告框，车载电视可播放滚动字幕，为乘客提供丰富的视觉体验。

【信息通讯】

2023 年，对东莞地铁 2 号线全线 15 个车站及隧道进行公网 5G 网络覆盖升级改造，全线 4G、5G 网络畅通。

【其他经营】

按照东莞市财政局、住建局要求，完成 502 套安居房的商品房买卖合同签订，其中完成交付 201 套、完成不动产登记 60 套。同时完成第一个安居房楼盘的首轮配售工作，为后续安居房的销售和资源经营管理提供有力的支持。

【经营亮点】

发挥首个 TID 项目优势，启用轨道大厦自营莞铁智能餐厅，按智能化食堂标准建设、运营，为东莞市轨道交通有限公司员工及轨道大厦客户提供配餐、团体餐、自制商品销售等增值服务。提升轨道大厦外在形象，争创智创办公商业体。

（东莞市轨道交通有限公司　金婷，东莞轨道资源综合开发有限公司　祁月儿）

东莞市城市轨道交通资源经营统计表　　表 9-40-1

经营类别	收入（万元）	收入构成占比（%）	经营项目	期末累计
物业开发			在建物业开发面积（万平方米）	
物业租赁及管理	2100.9	36.5	持有商业物业可租赁的面积规模（万平方米）	15.0
车站商业	1305.6	22.7	站厅（台）商铺面积（万平方米）	0.1
			地铁配线空间、通道商业面积（万平方米）	
			站厅（台）自助设备（台）	35
传媒广告	380.4	6.6	传统广告灯箱（个）	1255
			电子显示屏（个）	1159
信息通讯	684.3	11.9	民用通信覆盖车站（座）	15
			民用通信光电缆长度（公里）	38
			无线局域网覆盖线路（条）	1
其他经营	1291.0	22.3		
总收入	5762.2	100	占比票务收入比例（%）	34.6
			运营补亏贡献度（%）	0.7

41　南宁轨道交通集团有限责任公司

【概况】

广西壮族自治区南宁轨道交通资源由南宁轨道交通集团有限责任公司下属资源公司、地产公司、运营公司经营，2023 年资源经营总收入为 146211.2 万元，剔除土地出让及物业开发销售的经营收入为 26348.2 万元。（表 9-41-1）

【物业开发】

2023 年，轨道交通 3 号线新村停车场（未来方舟）一期项目是广西首个百万平方米超大型地铁停车场上盖 TOD 项目，位处南宁地铁 2 号、3 号线交会处，项目占地面积约 42.5 万平方米（约 637 亩），建筑面积约 106.1 万平方米。是城市重要的交通枢纽，承担辐射全市的交通核心作用，项目体量大、难度高、工期紧，采用 EPC 总承包的方式进行招标。

【物业租赁及管理】

2023 年，持有商业物业可租赁面积 27.1 万平方米，累计出租面积为 14.0 万平方米，出租率约为 51.7%。

【车站商业】

2023 年，完成 2 号线附属空间（福建园站）出租方案审批及评估价核准工作，开展项目公开挂牌招租 3 次；完成 5 号线附属空间评估报告编制，同步完成 5 号线附属空间租赁价格调整及 2 期挂牌招租工作。

【传媒广告】

2023 年，完成 1、4 号线及 2 号线东延线平面与多媒体广告，2 号线平面与多媒体广告，1、4、5 号线 LCD 广告，2 号线（含东延线）LCD 广告，1、4、5 号线平面与多媒体（过渡期）广告共 5 个项目公开招租及租金收取工作；完成 1、2、4、5 号线 LCD 广告资源过渡期间协议出租和租金收取工作；编制 5 号线广告资源自营试营业工作方案，完成 5 号线广告资源自营项目定价，自 9 月份起以“代理销售 + 直销”模式开展广告自营，实现营收 20 万元。

【信息通讯】

2023 年，完成 4 号线及 2 号线东延线项目合同（移动、电信）和安全管理协议签订，完成租赁费、配合费等费用收取。完成 5 号线商用通信租赁方案编制和意见征集，同步开展商用通信项目租赁谈判工作。

【其他经营】

2023 年，资源公司所管租赁商业房屋收入 2570.0 万元，公交集团所属房屋租赁收入 581.89 万元，公交集团所属土地经营收入 1926.3 万元，公交集团所属广告经营收入 1393 万元。

【经营亮点】

多元融合，打造“轨道＋文旅”一站式文旅标杆。南宁国际旅游中心项目依托地处立体交通网络中心的优势，植入智慧旅游、数字文旅、旅游集散服务等业态，实现常态化运营，项目的发展核心是“构建一站式文化旅游集散服务体系、创新文化旅游消费场景及打造广西数字文旅创新示范点，为游客提供一站式文旅公共服务”，为南宁市建设国家旅游枢纽城市提供有力支撑。

（南宁轨道交通集团有限责任公司　朱鸿德）

南宁市城市轨道交通资源经营统计表　　表 9-41-1

经营类别	收入（万元）	收入构成占比(%)	经营项目	期末累计
物业开发	119863.0	82.0	在建物业开发面积（万平方米）	213.4
物业租赁及管理	12142.8	8.3	持有商业物业可租赁的面积规模（万平方米）	27.1
车站商业	2096.6	1.4	站厅（台）商铺面积（万平方米）	0.2
			地铁配线空间、通道商业面积（万平方米）	19.6
			站厅（台）自助设备（台）	
传媒广告	4052.6	2.8	传统广告灯箱（个）	8009
			电子显示屏（个）	18046
信息通讯	1585.0	1.1	民用通信覆盖车站（座）	92
			民用通信光电缆长度（公里）	131
			无线局域网覆盖线路（条）	
其他经营	6471.2	4.4		
总收入	146211.2	100	占比票务收入比例（%）	48.9
			运营补亏贡献度（%）	15.2

42　三亚市轨道交通有限公司

【概况】

海南三亚市轨道交通资源由三亚市轨道交通有限公司经营，2023 年资源经营总收入为 135.7 万元，剔除土地出让及物业开发销售的经营收入为 135.7 万元。

开源节流，拓展收入渠道的同时，盘活存量闲置、低效资产。其中物业租赁及管理方面收入 75 万元，主要包括办公楼出租、闲置场地及车辆出租等。（表 9-42-1）

【经营亮点】

2023 年，与三亚旅游委和三亚旅投对接，打造有轨电车旅游业态，不断开展研学游、特色宣传活动，并打造全主题、互动式特色网红主题站台“新风街站”，对吸引市民、游客打卡乘车体验起到积极作用。

（三亚市轨道交通有限公司　任启伟）

三亚市城市轨道交通资源经营统计表 表 9-42-1

经营类别	收入（万元）	收入构成占比(%)	经营项目	期末累计
物业开发			在建物业开发面积（万平方米）	
物业租赁及管理	75.0	55.3	持有商业物业可租赁的面积规模（万平方米）	
车站商业	2.6	1.9	站厅（台）商铺面积（万平方米）	
			地铁配线空间、通道商业面积（万平方米）	
			站厅（台）自助设备（台）	
传媒广告			传统广告灯箱（个）	
			电子显示屏（个）	
信息通讯			民用通信覆盖车站（座）	
			民用通信光电缆长度（公里）	
			无线局域网覆盖线路（条）	
其他经营	58.1	42.8		
总收入	135.7	100	占比票务收入比例（%）	
			运营补亏贡献度（%）	

43 重庆市轨道交通（集团）有限公司

【概况】

重庆市轨道交通资源由重庆市轨道交通（集团）有限公司经营管理中心经营，2023 年资源经营总收入为 103835.0 万元，剔除土地出让及物业开发销售的经营收入为 85661.4 万元。

2023 年，重庆轨道交通推动轨道 TOD 综合开发，盘活利用轨道存量资产，打造轨道文创品牌，推动轨道经营发展迈上新台阶、实现新突破。完成重庆市最大体量轨道交通 TOD 项目——10 号线王家庄停车场 TOD 出让，实现土地出让收入约 34.0 亿元；完成《山地城市轨道交通车辆基地上盖综合利用工程消防设计技术标准》编制工作，推动“TOD 模式下山地城市轨道车辆基地综合体设计关键技术研究”课题在中国城市轨道交通协会立项批复；设计打造 20 个轨道捷顺购自营品牌便利店，形成轨道自有商业零售品牌，推进“惠民有感”见行见效，提升轨道交通出行分担率。

2023 年，构建“轨道 + 文旅”新发展格局，深化川渝文旅合作交流，联合开发成渝双城文创产品，共同投放运营 6 个站点文创自助售货机；开拓品牌营销新渠道，实现文创产品销售额同比增长超 300%；建设文化输出新阵地，开展抖音“云直播”等系列主题宣传活动，通过线上线下联动助推轨道文创“走出去”。(表 9-43-1)

【物业开发】

2023 年，按照“出让一批、储备一批、研究一批”的总体思路有序推动 23 宗轨道交通设施用地 TOD 综合开发工作，完成最大体量轨道交通 TOD 项目——10 号线王家庄停车场 TOD 出让，实现土地出让收入约 34.0 亿元。完成海峡路项目建设用地规划许可证及不动产权证办理、项目勘查设计招标方案及招标计划公告，推进轨道租赁住房品牌建设。

【物业租赁及管理】

2023 年，推进整体资产确权工作，解决历史遗留问题。完成 54 处建附属设施用房的商业价值和技术改造分析，形成商业利用方案，明确分批开发原则，启动第一批 15 处车站附属设施用房的经营利用研究工作，在推进轨道存量资产盘活利用方面取得成效。

【车站商业】

轨道“捷顺购”自营品牌便利店试营业成功，形成轨道自有商业零售品牌，推进“惠民有感”见行见效，提升轨道交通出行分担率。

完成网络化收银系统市场调研及用户需求书编制，实现基于渝畅行 App 运营的数字化商城试运营，轨道商业数字化平台搭建初见成效。

【传媒广告】

2023 年，完成全息舱、元宇宙主题站、地铁通道数字媒体空间等新型广告媒体设计方案编制和二轮轨道商业便民服务设施投资改造方案可行性论证。完成 2 号线及二轮广告资源语音、导视牌、车身、车内包多项媒体资源招商，同步拓展自营能力，推行子企业全员营销机制，联合沙区打造西南地区首个“双拥”主题轨道站，通过提供优质设计及上刊管理服务，拓展外部广告媒体客户超 150 余名，资源经营水平持续提升。

【信息通讯】

2023 年，推进既有线路 5G 改造工作，完成 1、2、3、5、6、10 号线和环线的车站区域的 5G 改造施工，开通 5G 网络信号；持续推进新线民用通信建设项目，同步完成勘察、设计、施工等建设相关工作，完成 5 号线一期南段、10 号线二期民用通信系统建设，实现信号全覆盖，并与正线同步开通。

【其他经营】

2023 年，重庆轨道交通深化川渝文旅合作交流，联合开发成渝双城文创产品，共同投放运营 6 个站点文创自助售货机；携文创产品亮相 2023 川渝住房城乡建设博览会。建设文化输出新阵地，完成观音桥、牛角沱创意空间打造，开展抖音“云直播”等系列主题宣传活动，开发轨道文创新产品，通过原创设计与深度开发，形成“开往春天的列车”和“李子坝单轨穿楼”DIY 拼装模型等 7 种轨道文创产品、9 种主题票卡，文创产品销售额比上年增长超 300%。2023 年，重庆轨道交通文创产品“开往春天的列车拼装积木”获第二届交通运输文创产品征集活动“十佳文创”荣誉；李子坝“单轨”文旅产业园获 2023 重庆企业“品牌营销创新十大示范案例”。

【经营亮点】

王家庄停车场 TOD 项目位于 6 号线、10 号线以及远期规划 14 号线换乘站王家庄站旁，地处重庆“智慧园”城市功能名片核心区，东临仙桃国际大数据谷，南接悦来重庆国际博览中心，西近嘉陵滨江生态走廊。按照王家庄停车场 TOD 项目城市设计方案，其计容面积约 44.7 万平方米，规划有幼儿园、小学和近 5 万平方米商业体量，建成后将有效改善悦来片区的公服配套短缺的现状，满足周边居民就学及购物、休闲娱乐需求。

（重庆市轨道交通〔集团〕有限公司　冯艳菲）

重庆市城市轨道交通资源经营统计表　　表 9-43-1

经营类别	收入（万元）	收入构成占比（%）	经营项目	期末累计
物业开发	18173.6	17.5	在建物业开发面积（万平方米）	84.8
物业租赁及管理	10894.9	10.5	持有商业物业可租赁的面积规模（万平方米）	6.4
车站商业	601.4	0.6	站厅（台）商铺面积（万平方米）	2009.9
			地铁配线空间、通道商业面积（万平方米）	
			站厅（台）自助设备（台）	280
传媒广告	7812.2	7.5	传统广告灯箱（个）	10959
			电子显示屏（个）	18409
信息通讯	3988.7	3.8	民用通信覆盖车站（座）	146
			民用通信光电缆长度（公里）	
			无线局域网覆盖线路（条）	
其他经营	62364.2	60.1		
总收入	103835.0	100	占比票务收入比例（%）	52.0
			运营补亏贡献度（%）	1.5

资源经营

44　成都轨道交通集团有限公司

【概况】

成都市轨道交通资源由成都轨道交通集团有限公司下属成都轨道资源经营管理有限公司、成都轨道城市投资集团有限公司等子公司经营，2023年资源经营总收入为1044184.3万元，剔除土地出让及物业开发销售的经营收入为45310.5万元。

全面实施24个TOD项目，涉及土地8000余亩，获取土地6896亩，总投资约2500亿元。陆肖、三岔、四川师大等19个TOD项目入市亮相，其中13个TOD示范项目完成首批交付，推动项目完整呈现，筑造未来公园社区新典范，加快形成公园城市TOD项目标杆集群。（表9-44-1）

【物业开发】

2023年，TOD板块新开工建设TOD项目203万平方米，TOD项目累计开工面积达596万平方米，整体开工率达70%，开发体量稳居西南地区前列。提速落位商业项目建设，其中二江寺站TOD社区商业竣备并筹备开业；推进双凤桥站沃尔玛山姆会员商店项目建设及前期筹备，为2024年开业打下坚实基础。

【物业租赁及管理】

研究保障性租赁住房发展模式，推行“投、建、运、退”全链条运作，加快培育“轨道城市 · 寓见”核心竞争优势，落位实施1.9万套保障性租赁住房，其中首批双凤桥站保租房样板间全面呈现，正加紧推进工程收尾、开业筹备。

【车站商业】

打造轨道商业开发“成都模式”，建立新一代地铁商业场景式零售聚合平台——智慧小站，创新优质消费供给，丰富站厅内多元消费场景。引入香港铁路有限公司的“Trademix”招商规划体系，实现精准高效招商，完善业态组合，达成出租率86%，促进国有资产保值增值。

【传媒广告】

挖掘广告存量资源，打造20个创意3D包柱点位和73个出入口梯楣广告，实现广告业务提档升级。与四川广电传媒集团有限公司达成战略合作，构建广告创效新模式。大运会期间，地铁孵化园站建成“爱成都　迎大运”主题车站，举办打卡大运火炬系列活动，营造赛事氛围。20余个品牌主题列车，构建城市文化宣传新阵地。“天府乡村”公益品牌年货大集活动，推动乡村振兴和消费帮扶。

【信息通讯】

2023年完成19号线二期民用通信信号覆盖，实现民用通信系统无盲区（含站厅、站台、隧道区间）5G信号全覆盖。

【其他经营】

盘活利用成都地铁线网建设形成的架大修基地资源，满足城市轨道交通大线网运行的车辆架修需求，加强车辆转向架、齿轮传动系统等核心部件造修能力建设，构建“1+N”轨道交通智能维保体系，形成元华基地轨道装备智慧工厂，具备车辆总装、调试、涂装、转向架检修、牵引外部风机检修、贯通道检修、齿轮箱检修等功能，基本实现元华基地轨道装备智慧工厂“整车 + 转向架 + 大部件”车辆检修能力，布局车门、车钩、牵引等检修生产线，加强智慧检修工厂信息化建设，创建城市轨道交通西部一流维保服务中心。

【经营亮点】

成都轨道城市投资集团有限公司荣膺“2023中国房地产公司品牌价值TOP30”奖项，陆肖站、双凤桥站项目获评全国城市轨道交通TOD示范案例，《中国城轨TOD指数报告（2023）》显示，成都TOD指数攀升至全国第五，TOD重塑城市空间形态、助力城市高质量发展的效应正加快彰显。

（成都轨道交通集团有限公司　李思佳）

成都市城市轨道交通资源经营统计表　　表9-44-1

经营类别	收入（万元）	收入构成占比（%）	经营项目	期末累计
物业开发	998873.8	95.7	在建物业开发面积（万平方米）	596.0
物业租赁及管理	5434.6	0.5	持有商业物业可租赁的面积规模（万平方米）	15.4
车站商业	3349.5	0.3	站厅（台）商铺面积（万平方米）	1.2
			地铁配线空间、通道商业面积（万平方米）	0.3
			站厅（台）自助设备（台）	1011
传媒广告	14108.6	1.4	传统广告灯箱（个）	27491
			电子显示屏（个）	42092

成都市城市轨道交通资源经营统计表（续前表）　　表 9-44-1

经营类别	收入（万元）	收入构成占比（%）	经营项目	期末累计
信息通讯	6999.1	0.7	民用通信覆盖车站（座）	386
			民用通信光电缆长度（公里）	
			无线局域网覆盖线路（条）	
其他经营	15418.7	1.4		
总收入	1044184.3	100	占比票务收入比例（%）	11.6
			运营补亏贡献度（%）	

45　贵阳市公共交通投资运营集团有限公司

【概况】

贵阳市城市轨道交通资源包括 1 号线、2 号线、3 号线沿线及周边资源，其中 1 号线由贵阳市公共交通投资运营集团自主经营，2 号线一期、2 号线二期、3 号线一期由 PPP 项目公司特许经营，鉴于项目公司委托贵阳市交运集团开展轨道交通资源经营管理或招商，将 2 号线一期、二期项目、3 号线一期经营数据合并上报。2023 年，贵阳市公共交通投资运营集团有限公司深化改革，将原资源开发总部整合至下属全资子公司贵阳地铁实业公司，履行集团资源资产经营管理职能。

2023 年贵阳城市轨道交通资源经营总收入为 32077.4 万元，剔除土地出让及物业开发销售的非票务收入为 8533.5 万元，非票务收入比 2022 年 7073.4 万元增长 20.6%。资源经营总收益为 3854.6 万元，非票务收益为 3128.7 万元，非票务收益比 2022 年 3901.4 万元降低 19.8%，减少的主要原因是 2023 年确认 1 号线公益广告超量结算成本 1676.8 万元。（表 9-45-1）

【物业开发】

2023 年，物业开发销售收入 22814.4 万元，收益 704.3 万元。2023 年，聚焦“TOD+”开发，实现湖山郡二期项目竣工交付，在建项目主要为：2 号线改茶路站、诚信路站综合体（迈德国际三期）、湖山郡四期及湖山郡五期项目，其中住宅 29.5 万平方米、商业 5.1 万平方米、写字楼（含公寓）22.3 万平方米、酒店 0.7 万平方米，启动 3 号线中曹司站、S1 线望城坡站、湖山郡三期等轨道交通沿线用地前期研究工作，同时代建贵州轻工职业技术学院科技新城新校区（一期）项目及贵阳市中医药服务体系建设项目。2023 年，贵阳地铁置业公司组建自身资产运营团队，制定“全员营销”激励机制，促进各物业开发项目销售去化。

【物业租赁及管理】

2023 年，物业租赁收入 2210.3 万元，租赁面积 11.3 万平方米，主要为迈德国际写字楼、清水湾购物中心、湖山郡底商等项目。采取自主经营、租售并举等方式盘活利用存量资产，其中清水湾地铁购物中心作为贵阳首个地铁 TOD 商业综合体，实现独立自主招商、运营、管理。

2023 年，物业管理收入 2427.1 万元，服务面积 53.8 万平方米，服务范围基本涵盖物业管理全类型业态，年内形成“物业管理 + 餐饮经营 + 安保业务”三大板块共同发力的业务经营模式，并对外承接政府项目及食堂运营业务，积极探索尝试月饼销售、外卖等新型经营渠道，加快市场化步伐。

【车站商业】

2023 年，车站商业经营收入 1464.7 万元，可经营面积 15.8 万平方米，包括物业空间、站厅台商铺、银行 ATM、自助售货机等，新开发共享充电宝及自助售奶机业务。紫林庵站、紫林庵至喷水池区间地下物业空间“星悦茂”商业步行街获“省级商业步行街”“爽爽贵阳爽游特色示范区”称号，并联合贵阳市摄影家协会举办“讴歌新时代 · 奋进新征程”摄影展，扩大地铁物业空间商区社会影响力，吸引地铁商圈客流。

【传媒广告】

2023 年，广告媒体资源经营收入 2482.4 万元，开发的广告媒体类型较为全面，主要包括平面广告、语音广告、PIS 系统 LCD 屏广告、隧道广告等，其中屏蔽门广告首次在 3 号线投入运营，探索开发户外广告资源。广告媒体资源经营收入有下滑趋势，1、2号线平面广告经营方申请缓缴经营权费，1号线隧道广告经营方提前解约，1号线语音广告资源合约到期后，评估价值比上期合约下滑近50%。

【信息通讯】

常态化推进1号线、2号线、3号线民用通信系统及2号线广电网络传输系统管理工作。

【其他经营】

2023年，一卡通平台业务累计用户803万户，“一应黔行”App手机云卡累计注册用户677万户，提供公交、地铁乘车业务服务超1.26亿人次。2023年，发行交通联合卡约9万张，简化市民公交地铁常客卡充值流程，支持全国327个地级以上城市实现异地刷卡；同步办理爱心卡、老人卡、学生卡等优惠卡约13万张。

【经营亮点】

2023年1月，贵阳市公共交通投资运营集团有限公司下属地铁实业公司获得国家秘密载体印制（涉密档案数字化加工）乙级资质，依托集团国家级企业数字档案馆（室）建设示范单位，地铁实业公司开展轨道交通工程、文书、人事等各类档案整理数字化、档案咨询、档案寄存保管等综合性专业服务业务，并取得为中国中铁、中国铁建、贵州省检察院、贵州省公路开发集团等200余家机关企事业单位提供专业服务的业务。

2023年，地铁物业公司持续六年塑造“以客户需求为导向，以客户满意为目标”的客户价值理念，将客户收益放到最大，实现在管项目年度客户满意度均超95%的管理目标。2023年贵阳地铁物业公司获评贵阳贵安红色物业，所辖迈德国际项目被评为全省唯一四星半商务写字楼，在管项目客户满意度均超过95%。

（贵阳市公共交通投资运营集团有限公司　盛美华　王洪舟　王娟　曾韵颖　王思阳　郭宇）

贵阳市城市轨道交通资源经营统计表　　表9-45-1

经营类别	收入（万元）	收入构成占比（%）	经营项目	期末累计
物业开发	11814.4	71.1	在建物业开发面积（万平方米）	84.7
物业租赁及管理	4637.7	14.4	持有商业物业可租赁的面积规模（万平方米）	11.3
车站商业	1464.7	4.6	站厅（台）商铺面积（万平方米）	0.1
			地铁配线空间、通道商业面积（万平方米）	15.6
			站厅（台）自助设备（台）	185
传媒广告	2482.4	7.7	传统广告灯箱（个）	5750
			电子显示屏（个）	6181
信息通讯	481.8	1.5	民用通信覆盖车站（座）	86
			民用通信光电缆长度（公里）	253.5
			无线局域网覆盖线路（条）	
其他经营	196.5	0.6		
总收入	32077.4	100	占比票务收入比例（%）	95.8
			运营补亏贡献度（%）	3.2

46　昆明轨道交通集团有限公司

【概况】

昆明市轨道交通资源由昆明轨道交通集团有限公司经营，2023年资源经营总收入为17721.4万元，剔除土地出让及物业开发销售的经营收入为4305.9万元。

昆明轨道集团有限公司资源经营以“市场化转型发展”为出发点及落脚点，以创新驱动和转型发展为依归，坚持需求和问题导向，倡导和践行模式创新、收益创新。测算制定合理的、贴合实体及金融两个市场的可行方案，统筹研究资源盘活项目，全力盘活存量资产资源。2023年，全面梳理资产、资源经营项目，形成“经营项目库”并定期更新；充分运用项目工作法、一线工作法，有效压实责任，落实项目跟踪，确保目标任务实现，2023年全年实现资源经营收入17721.4万元。（表9-46-1）

【物业开发】

坚持交通换空间的理念，通过系统谋划、精心组织，制定近、中、远期推进计划。一是搭建央地合作平台，共同竞得福德村城改首批土地，项目以“城市更新+TOD”为契机，开展一体规划、整体打造。二是以项目为抓手，启动世博车辆段上盖综合物业项目预留工程建设，是昆明市首例场段上盖项目。三是依托第三轮轨道线网规划，开展轨道沿线用地、场站综合开发专项及既有线TOD项目研究前期，助推轨道交通与城市发展的高效融合。

【物业租赁及管理】

安置房、公租房建设业务。按照昆明市政府要求承担海源庄、严家山公租房，草海片区37、45、46、安置房的建设任务，累计建设安置房、公租房227.0万平方米，其中住宅149.9万平方米，配套商业9.5万平方米，地下停车场67.7万平方米（车位14827个）。

【车站商业】

通过品牌胶囊店+特色亭棚+主题商铺的便民商业形式，丰富地铁商业业态，多元化盘活地铁资源，满足乘客多样化、个性化需求的同时带动地铁商业资源繁荣，推动昆明地铁商业运营的可持续发展。2023年，在地铁沿线34个车站设置41个便民商业点位，站点商业覆盖率达65%，设置便民自助设备693台，站点商业覆盖率达100%；引入7-ELeven便利店、之佳便利店、周记面点、河潭铺、云朵云茶、彝家黑猪、松下竹破酥包等品牌，为乘客提供便利品售卖、政务办理、早餐售卖、糕点售卖等类型的便民商业服务，商业业态逐步丰富，进一步提升地铁生活圈的便利性、品质性、多样性，让市民和游客直观感受到地铁的便捷、高效。

【传媒广告】

2023年，推进广告资源经营事项，开展市场调研，探索学习多种经营模式，为提高广告资源出租率，将自主运营线路的广告资源分为平面广告资源和PIS语音广告两个标段进行整体招租，并且同步通过自主经营模式开展待招租资源经营工作；针对平面广告，启动通过招募销售代理的方式扩大广告自营收入，完成金融行业及快消零售行业的代理招募工作。持续通过一单一签方式自主经营广告资源，对接广告客户30余家，签订合同近100个。至2023年末，开通线路中，站厅、站台、出入口各类尺寸灯箱共计11933个、列车及车站PIS屏6929块、非PIDS电子显示屏20块。

【信息通讯】

升级保障商业通信畅通，推行租赁+维护的合作模式，与中国铁塔股份有限公司昆明市分公司、中国移动通信集团云南有限公司昆明分公司两家运营商建立良好的合作关系，2023年共签订7份经营合作合同，共同有序推进民用通信资源租赁工作。

【其他经营】

开展地铁沿线房屋及土地租赁、广告、通信、商业开口、安置房及公租房项目的商业及停车场租赁等资源经营项目，拓展地铁建设产业链、供应链项目，加速轨道生态布局，依托地铁建设相关业务，以满足项目建设需求作为出发点和落脚点，在预制构件、市政安装、设计咨询、地铁场段光伏项目、地铁沿线新能源充电桩、文印信息服务等方面着力，逐步做好、做强、做大，向多元化发展转型升级，增加经营收入、提升市场竞争力及可持续发展能力。

【经营亮点】

利用地铁沿线车站内零星闲置场地，举办“高考爱心送考”“城市共享钢琴”“童梦季六一主题”“地铁鲜花摄影展”“敢为人鲜主题活动”“摘镜有好事主题活动”“山海湾现场推广”“邮储银行现场推广”“风花雪月现场推广”“特色集市”“肿瘤防治宣传”“恒丰银行业务宣传”“雪兰牛奶现场推广”“春城惠民保现场推广”等共计14场的特色主题活动，多维度主题展开，利用沿线站点的客流，培育地铁商业氛围。通过“兴集市　趣地铁”周末集市活动，提升活动宣传力度，推出“线上集市直播”，最高观看人数达1758人/次，收获最高音浪325个，粉丝总增加量451人。围绕昆明地铁沿线1公里范围内有趣、好吃、好玩的主题，陆续完成12个宣传短视频拍摄，2023年11月28日起在抖音通过非官方账号定期推出，至年末新增粉丝共计3254人。

（昆明轨道交通集团有限公司　杨雯捷）

昆明市城市轨道交通资源经营统计表

表9-46-1

经营类别	收入（万元）	收入构成占比（%）	经营项目	期末累计
物业开发	13415.5	75.7	在建物业开发面积（万平方米）	78.9
物业租赁及管理	483.4	2.7	持有商业物业可租赁的面积规模（万平方米）	5.6

昆明市城市轨道交通资源经营统计表（续前表）　表 9-46-1

经营类别	收入（万元）	收入构成占比（%）	经营项目	期末累计
车站商业	458.5	2.6	站厅（台）商铺面积（万平方米）	0.1
			地铁配线空间、通道商业面积（万平方米）	0.4
			站厅（台）自助设备（台）	1093
传媒广告	1143.5	6.5	传统广告灯箱（个）	11933
			电子显示屏（个）	6949
信息通讯	255.4	1.4	民用通信覆盖车站（座）	112
			民用通信光电缆长度（公里）	150
			无线局域网覆盖线路（条）	
其他经营	1965.1	11.1		
总收入	17721.4	100	占比票务收入比例（%）	6.0
			运营补亏贡献度（%）	

47　西安市轨道交通集团有限公司

【概况】

西安市轨道交通 1、2、3 号线资源及 4、5、14 号线部分资源由西安市轨道交通集团有限公司下属西安市地铁资源开发有限公司经营；TOD 综合开发，4、6 号线及 PIS 资源类经营资源、参控股公司管理由西安轨道交通投资发展有限责任公司承接实施；西安轨道保租房建设租赁有限公司负责轨道保租房建设运营、供应链及停车场经营等业务。2023 年资源经营总收入为 14576.0 万元，剔除土地出让及物业开发销售的经营收入为 14576.0 万元。（表 9-47-1）

【物业开发】

2023 年，全面推进综合开发项目实施。其中，4 号线草滩停车场综合开发项目（江语云庭）在建物业开发面积约 9.2 万平方米；3 号线鱼化寨停车场综合开发项目（山海境）在建物业开发面积约 38 万平方米；5 号线和平车辆段综合开发项目成功摘地。另有 6 个站点或停车场上盖项目启动前期工作。雁鸣湖站、桃花潭站、渭河车辆段、港务区车辆段、灞河停车场、西咸车辆段等 6 个保租房项目全面开工建设，其中雁鸣湖站保租房项目主体结构封顶。

【物业租赁及管理】

2023 年，配合西安市国资委完成房租减免落实情况“回头看”专项检查工作，减租工作圆满完成。1 月完成凤栖原综合出入口合同签订，与原合同达成无缝衔接，避免物业空置。

【车站商业】

2023 年，完成 1、2、3 号线站内商铺及 2、5 号线自助设备招商；挖掘自助设备场地资源，扩充自助鲜花机场地数量；在位于旅游景区的站点引进汉服妆造新型业态，并拓展出 7 块新的旅游接待场地，方便游客深入体现地铁便民功能的同时，也进一步丰富站内业态，为市民乘客出行提供更多元服务。

完成 4、6 号线站内商铺、自助设备的招商。4、6 号线车站商业全面引进饮料、蛋糕自助售卖机，为乘客提供便捷服务的同时提高乘客出行体验。在旅游景区站点及交通枢纽站点提供旅游导台服务，充分利用地铁交通出行属性，为外来游客提供精确的出行指导及旅行服务。

【传媒广告】

2023 年，在上半年实施空置广告媒体招商过渡期分销代理经营模式，下半年确定广告资源保底 + 分成的经营模式，完成 1、2、3 号线车站和车厢平面及车站场地展示等核心广告资源招商，以及 5 号线西安东站和 8、10、15 号线新媒体规划设置方案。

全线网 PIS 屏幕和 4、6 号线广告媒体采用代理 + 直营的经营模式。根据 4、6 号线广告媒体以往年份经营数据分析结果，将优质媒体资源以媒体买断的形式进行销售，将存量大、市场接受度不高的媒体以权益代理的形式进行销售，对空置媒体进行自营销售，并强化终端市场的营销能力。对全线网PIS屏幕原有上刊时间优化调整，确定每日12个小时为广告代理时长，4个小时为自营时长。在自营时长进行主题联动宣传和公益类展播，并打造运营自营时段节目，提高经营收益。

【信息通讯】

2023年，落实地铁站内网络升级改造工作，协调移动运营商加快推进5G信号的建设工作。至年底，完成1、2、3号线共62个站台站厅5G更新改造，并交付开通。待轨行区部分5G更新改造项目开通交付后，西安地铁基本实现全线路5G信号覆盖。

【其他经营】

2023年，加快“P+R”停车场建设进度，汉城南路站、长乐门站、西北工业大学、卫星测控中心站、红会医院北区站等5处停车场投入运营。不断拓宽资源多元化开发思路，利用部分场地开发建设网球场，既丰富资源经营业态布局，也为市民运动健身提供便利。

在地铁6号线田家湾站P+R停车场经营中，结合市场调研分析，制定以自主经营为主，充电桩合作经营为辅的自主经营策略，实现固定租金+浮动分成的收益模式。

【经营亮点】

2023年，探索开放式商业展台经营模式，尝试“城市风景线，文化新地标”西安地铁文化品牌开发，联合陕西省文物局、西安市文物局及多家博物馆，在行政中心、大雁塔及钟楼站，开展为期一个月的“地铁遇见博物馆”大型主题策展活动，再现“周秦汉唐”历史文化风貌，助力西安“博物馆之城”建设，进一步调动市民参与积极性，扩大地铁文创影响力，增加地铁资源曝光度，实现资源价值提升。

首次尝试“公益+商业”模式，携手广告商开展“通途——敦煌当代艺术巡展”大型主题策展活动，将敦煌壁画搬进地铁，建造主题立体壁画视觉奇观。该活动被中央和省、市35家官方媒体进行报道，并引发其他自媒体账号的热议，充分展示西安地铁“话题+场景”营销传播价值，提高客户满意度，取得了良好的社会效益和经济效益。

努力“向上”挖掘，在地铁沿线首批选取钟楼、南稍门等站点，落地试运营7处“微中心”项目。为能及时掌握项目经营情况，降低经营风险、提高经营收益，通过分成收益变化熟悉市场动态，给其他项目定价、招商及经营提供指导经验，首次突破常规租金模式，对地铁“微中心”项目实施风险共担、市场化运作的合作分成经营模式。

西安地铁6号线首次于站内呈现超级灯箱、超级通道、LED、美陈包柱等创意媒体形式，承载着西安传统文化与现代时尚的魅力，为品牌传播赋予全新可能。通过在4、6号线举办“城市笑脸迎新年”西安地铁4、6号线春节主题公益活动，以广告灯箱为载体，记录不同年龄、不同职业群体迎接新年的喜悦，传递西安这座城市的温暖与和谐，使地铁媒体成为城市情感的表达平台。

（西安市轨道交通集团有限公司）

西安市城市轨道交通资源经营统计表　　表9-47-1

经营类别	收入（万元）	收入构成占比（%）	经营项目	期末累计
物业开发			在建物业开发面积（万平方米）	58.0
物业租赁及管理	1822.5	12.5	持有商业物业可租赁的面积规模（万平方米）	2.1
车站商业	1181.6	8.1	站厅（台）商铺面积（万平方米）	0.5
			地铁配线空间、通道商业面积（万平方米）	6.1
			站厅（台）自助设备（台）	195
传媒广告	7446.5	51.1	传统广告灯箱（个）	8871
			电子显示屏（个）	18139
信息通讯	3014.3	20.7	民用通信覆盖车站（座）	157
			民用通信光电缆长度（公里）	118
			无线局域网覆盖线路（条）	
其他经营	1111.1	7.6		
总收入	14576.0	100	占比票务收入比例（%）	3.5
			运营补亏贡献度（%）	

48　西咸新区轨道交通投资建设有限公司

【概况】

西安市西咸新区轨道交通资源由西咸新区轨道交通投资建设有限公司下属西咸新区轨道交通发展有限公司经营，2023 年资源经营总收入为 1801.0 万元，剔除土地出让及物业开发销售的经营收入为 1801.0 万元。

2023 年，西咸新区轨道交通广告经营项目把握时机，创新经营方式，发展轨道交通 1 号线二期、5 号线二期、16 号线一期广告业务；商业开发挖掘既有线路经营价值，以点带面实现突破，自动售货机全面布设；出入口结合建设项目全面覆盖运营线路与在建线路，进一步完善区域商业功能。借助大西安和西咸新区轨道交通“两线齐发”商机，开发销售主题纪念邮品。（表 9-48-1）

【车站商业】

2023 年，完成地铁 5 号线二期东马坊站、沣西文化公园站商铺的租赁工作，以及地铁 1 号线二期、5 号线二期、16 号线一期站内自助售货设备场地租赁项目的招商。

【传媒广告】

2023 年，完成地铁 1 号线二期平面及语音广告媒体项目、地铁 5 号线二期语音广告媒体项目、地铁 16 号线一期平面及语音广告媒体项目的招商工作。

【信息通讯】

2023 年，完成地铁 16 号线一期民用通信系统 4G、5G 信号的全覆盖工作。

【经营亮点】

2023 年，采取“独家经营权委托代理”“委托代理和自主经营相结合”“联合代销”“收益分成”等模式，确保广告业务不断开展，最大限度争取收入来源。

（西咸新区轨道交通投资建设有限公司）

西安市城市轨道交通（西咸新区）资源经营统计表　　表 9-48-1

经营类别	收入（万元）	收入构成占比（%）	经营项目	期末累计
物业开发			在建物业开发面积（万平方米）	
物业租赁及管理			持有商业物业可租赁的面积规模（万平方米）	
车站商业	26.0	1.4	站厅（台）商铺面积（万平方米）	394.3
			地铁配线空间、通道商业面积（万平方米）	3046.5
			站厅（台）自助设备（台）	36
传媒广告	163.0	9.1	传统广告灯箱（个）	1126
			电子显示屏（个）	3223
信息通讯	236.0	13.1	民用通信覆盖车站（座）	25
			民用通信光电缆长度（公里）	41
			无线局域网覆盖线路（条）	3
其他经营	1376.0	76.4		
总收入	1801.0	100	占比票务收入比例（%）	
			运营补亏贡献度（%）	

49　兰州市轨道交通有限公司

【概况】

兰州市轨道交通资源由兰州市轨道交通有限公司经营，2023 年资源经营总收入为 157302.4 万元，剔除土地出让及物业开发销售的经营收入为 55264.0 万元。（表 9-49-1）

【物业开发】

轨道 · 城市曙光项目住宅累计销售 1192 套，面积

70680 平方米，销售额 15.3 亿元；写字楼出售 1 栋，销售额 3.1 亿元；兰州科技创新园二期保障性住房、住宅楼主体结构已封顶，2 栋公寓及幼儿园主体结构施工完成。

【物业租赁及管理】

租赁及管理的商业包括餐饮、婚纱摄影、办公用房、写字楼办公、酒店、商铺租赁、娱乐业等。其中西关站 D 出入口商铺 410.2 平方米，东方红广场过街通道地下商业 3440.8 平方米，小西湖商业办公楼 7931 平方米，东方红广场枢纽站周边综合整治项目地下商业 11378.6 平方米，名城广场写字楼租赁 32686.9 平方米，西客站北广场商铺及场地租赁约 6092.5 平方米，新区彩虹城商业项目面积 8.2 万平方米。另经营管理兰州科技创新园项目，面积 16.6 万平方米，出租 9.1 万平方米，引进企业有网易（兰州）联合创新中心、长城紫晶西北运营中心、中软国际等。

完成东方红提升改造项目地下商业项目、西关什字人防项目地下商业项目招商工作，其中，上海博芳汇入驻东方红提升改造项目地下商业项目，面积 11378.6 平方米，产业定位体现城市会客厅延伸功能，与现有业态协同互补，打造甘肃特色农产品展厅、西北风味文旅产品窗口、本地商家供应链平台、短视频制作及主播孵化直播基地和进口商品聚集平台；中嘉世贸入驻西关什字人防项目地下商业项目，面积 28429 平方米，产业定位以文化旅游为基础，以金城夜话为主题，以“新消费、新理念、新玩法、新科技”为依托，建设富有新意地下文旅商业标杆产品，打造“悠游广场”地下商业项目，包括美食餐饮、潮流科技、文化体验、零售等。

【车站商业】

经营 5 家兰州轨道便利店，分别是 1 号线陈官营站、省政府站，2 个西站北广场站便利店及东岗车辆段职工服务中心。引进中石化“易捷便利店”品牌，主要经营零售商品，位于东岗站、焦家湾站、拱星墩站、省气象局站、兰州大学站、东方红广场站（A 出口旁）、西关站、文化宫站、小西湖站、七里河站、西站什字站、西站北广场站、土门墩站、马滩站、兰州海关站、城市学院站、深安大桥南站、陈官营站，共有 18 间商铺，均在站厅层设置，为乘坐地铁旅客购物提供便利条件。

【传媒广告】

2023 年度站内传统媒体完成 270 余次商业画面上刊工作，商业主题列车 16 辆。公益广告上刊率达 45% 以上。推出主题列车“国安号”“兰州马拉松”“清风廉政”“铁人精神”等公益广告主题列车。

【其他经营】

以“精致兰州，人文轨道”为发展理念，进一步组织畅通经济发展的“大动脉”和民生出行“微循环”，盘活利用空闲资源，发展包括但不限于停车场的轨道交通路衍经济，建成投运雁白大桥站东岗站 2 座“P+R”停车场，形成“轨道 + 停车场”的立体综合交通体系，提高往来乘客便捷度和车辆的通行效率。

（兰州市轨道交通有限公司　胡相龙）

兰州市城市轨道交通资源经营统计表　　表 9-49-1

经营类别	收入（万元）	收入构成占比（%）	经营项目	期末累计
物业开发	102038.4	64.9	在建物业开发面积（万平方米）	3.0
物业租赁及管理	3148.9	2.0	持有商业物业可租赁的面积规模（万平方米）	6.2
车站商业	230.3	0.15	站厅（台）商铺面积（万平方米）	0.06
			地铁配线空间、通道商业面积（万平方米）	
			站厅（台）自助设备（台）	
传媒广告	954.0	0.61	传统广告灯箱（个）	2025
			电子显示屏（个）	2887
信息通讯	426	0.27	民用通信覆盖车站（座）	27
			民用通信光电缆长度（公里）	85
			无线局域网覆盖线路（条）	2
其他经营	50504.8	32.1		
总收入	157302.4	100	占比票务收入比例（%）	77.5
			运营补亏贡献度（%）	

50　乌鲁木齐城市轨道集团有限公司

【概况】

乌鲁木齐市轨道交通资源由下属全资子公司（乌鲁木齐地铁餐饮管理服务有限公司、乌鲁木齐地铁置业有限公司、乌鲁木齐地铁咨询有限公司、乌鲁木齐地铁广告有限公司、乌鲁木齐地铁物业服务管理有限公司）经营，2023年资源经营总收入为3320.8万元，剔除土地出让及物业开发销售的经营收入为3320.8万元。

2023年，乌鲁木齐城市轨道集团有限公司提升服务，苦练内功谋求发展，通过盘活资产，依托主业挖掘价值等举措，全面推动多元化经营工作回升向好。一是在多元化经营业务板块找准功能定位，挖掘内部可承揽业务，减少委外支出，降低运营业务成本，打好提质增效“精准牌”，通过优化内部管理服务，以内促外锤炼自主经营能力。二是在多元化经营业务板块秉承创新、合作、共赢理念，立足受托经营资产，培养新的效益增长点，有效提升经营水平，促使营业收入稳步增长。三是着眼长远拓展市场，通过持续提升核心竞争力及品牌影响力，加强对外业务培育来积极寻求市场突破。（表9–50–1）

【物业开发】

2023年，乌鲁木齐地铁置业有限公司推进1号线南门站、北门站、八楼站、铁路局站4处地下可利用空间的项目立项备案工作，取得《投资项目登记备案证》，并组织开展大巴扎项目、南郊客运站三屯碑TOD项目接口事宜洽谈，与相关单位共同探讨和研究接口管理改进措施。

【物业租赁及管理】

城轨集团依托主业资源，坚持“过紧日子”，梳理和盘活总部基地存量楼宇资源，动员全体员工加大宣传和招商力度，采用新媒体、站内灯箱、列车广告等方式开展招商引租，并调整经营策略、整合办公楼层，共释放可经营面积31261.0平方米，新增租赁面积9754.6平方米，比上年增长487.7%。持续做好百园路车辆基地、燕儿窝停车场及总部基地物业服务，积累服务管理经验，积极承揽1号线北段车站保洁业务。

【车站商业】

2023年，持续经营1号线站内自助设备及站内商铺资源，积极洽商新增自助咖啡机3台，实现收入49.4万元。

【传媒广告】

2023年，公开拍卖1号线部分广告资源包销权，引进专业销售公司对地铁核心资源进行销售，对其他资源进行梳理，采取自销模式，实现广告资源收入1567.6万元。

【信息通讯】

乌鲁木齐轨道交通1号线全线区间及车站民用通信信号全面覆盖。

【其他经营】

乌鲁木齐地铁咨询有限公司以乌鲁木齐轨道交通建设与运营期技术研究为依托，向市场提供优质的工程项目技术咨询、评估和技术服务，并依法合规开展采购代理业务，承接项目101个，实现收入214.5万元。

（乌鲁木齐城市轨道集团有限公司　王立婷）

乌鲁木齐市城市轨道资源经营统计表　　表9–50–1

经营类别	收入（万元）	收入构成占比（%）	经营项目	期末累计
物业开发	1489.3	44.8	在建物业开发面积（万平方米）	4.6
物业租赁及管理			持有商业物业可租赁的面积规模（万平方米）	9.2
车站商业	49.4	1.5	站厅（台）商铺面积（万平方米）	238.8
			地铁配线空间、通道商业面积（万平方米）	
			站厅（台）自助设备（台）	71
传媒广告	1567.6	47.2	传统广告灯箱（个）	1421
			电子显示屏（个）	1720
信息通讯			民用通信覆盖车站（座）	21
			民用通信光电缆长度（公里）	76
			无线局域网覆盖线路（条）	
其他经营	214.5	6.5		
总收入	3320.8	100	占比票务收入比例（%）	
			运营补亏贡献度（%）	

十 行业文选

本篇章的内容主要包括中国城轨协会创始会长关于“落实国家发展改革委要求创新融合发展思路”和“行业以建设、运营标识发展阶段”的两篇讲话，协会副会长兼秘书长宋敏华“坚实的行动　实施的蓝图”和“在中国城市轨道交通协会低运能系统分会成立大会暨第一届第一次全体会员会议上的致辞”两篇发言，行业协会发布的《2023 中国城市轨道交通工程建设发展报告》《中国城市轨道交通运营发展报告（2022 ~ 2023）》《2023 年城轨企业网络安全攻防演练总结报告》《城市轨道交通行业信息化最佳实践评选——六年对标洞察企业数字化转型报告（2018—2023）》《城市轨道交通低运能系统调研报告》等报告及中国城市轨道交通协会·各地轨道交通城市场站及周边土地综合开发利用（TOD）政策性文件汇编（2023 版），对提升城市轨道交通发展、技术创新等具有指导作用。本篇章在最后特别刊出“中国城市轨道交通协会五年发展规划（2023—2027）”（全文节本）。

上海地铁博物馆

1　包叙定·落实国家发展改革委要求　创新融合发展思路
——在无锡城轨交通多元融合可持续发展示范项目启动会上的讲话

中国城市轨道交通协会　创始会长

（2023 年 6 月 16 日　无锡）

今天召开“无锡城轨交通多元融合可持续发展示范项目启动会”，不仅是协会示范项目的重要进展，也是落实国家发展改革委《城市轨道交通多元融合可持续发展模式和路径研究》课题的重大举措，对于城轨交通行业探索融合发展理念具有重要意义。我不能亲赴无锡共襄盛会，下面通过视频与大家见面并交流几点想法。

第一，认真贯彻落实国家发展改革委要求。

国家发展改革委重庆融合发展会议，提出了轨道交通融合发展新理念并作了相应的工作部署。

我联系城镇化进程学习会议精神，感受到国家发展改革委提出的融合发展理念，是根植于都市圈城市群发展实践中的。国际经验表明，城镇化进程一般经历两个阶段，前期城镇化造就一批核心大城市的兴起，大城市化是前期城镇化的主要特征；后期城镇化催生一批都市圈城市群的崛起，都市圈化城市群化是后期城镇化的主要特征。《“十四五”规划纲要》提出以城市群都市圈为依托促进大中小城市和小城镇协同发展，标志着都市圈城市群时代正式来临，我国城镇化进入了新阶段。

据此，我理解融合发展理念是基于城镇化发展到都市圈城市群形态的新阶段、轨道交通面临建设轨道上的都市圈城市群的新使命、顺应城市轨道交通升华为都市轨道交通的新形势，提出的新理念。同时，也是为城轨交通企业增强财务可持续性防范债务风险和为小网升中网城市优化客源结构破解“成长中困惑”提出的新思路，是国家发展改革委总结轨道交通“四网融合”和推进多项融合工作实践经验提出的新理论。

无锡示范项目作为国家发展改革委课题研究的案例，要以杨荫凯主任会议报告和郑剑司长今天讲话精神为指导，以融合发展为主线、多元统筹联动为着力点、增强可持续发展后劲为目标，吸纳融合发展成果、创新融合发展思路，高标准、高质量开展探索和示范工作，为课题研究和行业发展提供高水平范例。

第二，以创新为灵魂不断提升工作质量。

创新融合发展思路，这是课题研究的亮点所在和价值所在，也是无锡示范项目的重要任务。能否创新，不仅关乎示范项目的质量，也影响课题研究水平，因此必须以创新为灵魂开展示范工作。

无锡处于多元一体化的中心地带，区域特点明显；无锡经济社会、线网规模、发展阶段等都具有典型性，在中小网城市中具有影响力；无锡政府、无锡地铁对多元融合高度重视并已有所探索和成果，管理层、业务层都很有创新精神，有了这几方面的有利条件，我相信无锡示范项目一定可以出新、出彩。

第三，不断丰富多元融合可持续发展理念的内涵。

多元融合发展是一个开放和不断迭代的体系，其内涵和外延会随着实践的发展不断丰富和完善。现在课题组初步提出了 9 种融合模式：就是区域、四网、多交、线路、站城、系统、绿智、文旅、业务等融合。前 6 种是纵横交错的形态类融合，后 3 种是各具特色的功能性融合。希望示范工作中不断研究新情况、发现新问题、提出新思路，围绕多元、融合、可持续的关键词不断丰富完善融合发展理念的理论体系，研究探索融合发展的路径模式，制定形成融合发展的规范标准。

多元融合可持续发展是城轨交通发展中所面临的重大课题，也是城轨交通实现高质量转型发展的重大任务，无锡示范项目肩负着探索的重任，路漫漫其修远兮！让我们在习近平新时代中国特色社会主义思想指引下，踔厉奋发，砥砺前行，不辱使命，把无锡示范项目建设好，为《多元融合可持续发展模式和路径研究》课题奠定坚实基础，为行业实现高质量可持续发展贡献更多智慧和力量。

2　宋敏华·坚实的行动　实施的蓝图
——写在《中国城市轨道交通绿色城轨发展行动方案》发布一周年之际

中国城市轨道交通协会　副会长兼秘书长
（2023 年 8 月　北京）

2022 年 8 月 18 日，是中国城市轨道交通发展史上具有深远意义的日子，《中国城市轨道交通绿色城轨发展行动方案》（简称《行动方案》）在中国城市轨道交通协会第三次会员大会正式发布实施，以此为标志，开启了中国城市轨道交通行业绿色城轨建设的新征程。有感于《行动方案》周岁之际，将历历在目的蓝图绘制的艰辛历程，宣贯解读的热烈场景，企业方案的相继问世，重点领域的初始突破等坚实行动，与业界志士同仁回首共享。

审时度势，运筹帷幄绘蓝图。2020 年 9 月 22 日，国家主席习近平在第七十五届联合国大会，向世界庄严宣告，中国二氧化碳排放力争于 2030 年前达到峰值，努力争取 2060 年前实现碳中和。“双碳”目标，是事关中华民族永续发展和构建人类命运共同体的重大战略，充分彰显中国言必信、行必果的大国担当。2021 年 10 月，中共中央和国务院先后发布《关于完整准确全面贯彻新发展理念做好碳达峰碳中和工作的意见》《2030 年前碳达峰行动方案》，住建部和交通部相继印发了《绿色交通“十四五”发展规划》等，“双碳”战略在我国全面实施。

2021 年 6 月以来，中国城市轨道交通协会着手研究贯彻习近平总书记向世界宣布的“双碳”目标的承诺，落实中共中央、国务院《关于完整准确全面贯彻新发展理念做好碳达峰碳中和工作的意见》、国务院《2030 年前碳达峰行动方案》和中央部委的相关部署。与此同时，宁波轨道集团董事长和协会轮值会长、京投公司董事长先后到协会交流构建“节能环保、绿色低碳”城轨交通的实践和低碳发展的工作思路。经包叙定创始会长提议，决定开展城轨交通行业的双碳工作。随后组建了协会及 10 多个单位专家参加的研究编制组。研编组深入调研现状，统筹顶层设计，谋划发展蓝图，编写行动方案，在广泛听取业界领导、院士、专家以及国家发展改革委生态环境部意见建议，形成了这部集全行业领导和专家集体智慧结晶的《行动方案》。

《行动方案》统筹铺画了以绿色转型为主线，清洁能源为方向，节能降耗为重点，提出了绿色城轨建设的指导思想，阐述了绿色城轨的内涵标志，明确了“三步走”发展战略和 14 个具体目标，描绘了绿色城轨发展的“1-6-6-1-N”发展蓝图，重点实施“六大绿色城轨行动”，详细制定“六项保障措施”，精心打造“一批绿色城轨示范工程”，引导企业编制“N 个企业绿色城轨发展实施方案”。国家发展改革委对《行动方案》给出了高度评价：体系科学、目标明确、任务清晰、操作性强，在我国城市轨道交通发展过程进一步落实绿色发展理念十分必要，可作为指导城轨低碳发展和绿色转型的纲领性文件和行动指南。

广泛宣贯、凝心聚力话共识。《行动方案》以“领导带头宣贯、编委重点解读、专委会专业解读，专家深入解读，媒体实时解读”为主线开展系列宣贯活动。采用重点企业点对点宣贯，专委会论坛、协会论坛、展会广泛多种平台宣传解读，在有代表性的典型领域开办绿色高研班专家解读等深度宣贯，由协会领导、绿智办先后进行了 30 余次的宣贯活动。一是发布会上包叙定创始会长亲自解读《行动方案》，由协会副会长发布会动员后，并在线上作了题为“实施六大行动建设绿色城轨”的解读，直播观看量达 6.7 万人次。二是持续开展宣贯《行动方案》进企业（学校）系列活动，收到良好效果。协会副会长率队并亲自宣讲解读，在城轨企业，赴青岛、天津、重庆、苏州、济南等宣贯解读；在装备制造领域，白云电器、广电运通、青岛中车、比亚迪、施耐德等解读。在宣贯活动的同时，调研企业开展绿色降碳工作情况，研讨《行动方案》落地实施方案，广受相关单位好评。三是充分结合各种年会、论坛、青岛展及专题会等活动广泛宣传，加大行业覆盖面。在中国城市轨道交通业主领导人峰会、青岛展主题论坛，绿智融合暨总工沙龙，在广州信息化专委会年会、工程建设专委会论坛等活动中，通过《行动方案》的精要解读、主旨演讲和交流研讨等形式广泛宣传，增强了《行动方案》的影响力和关注度。尤其是绿智融合暨总工沙龙，现场听众 300 多人，线上参会超过 2 万人，获得了行业普遍的关注。四是创建宣贯栏目，搭建交流平台，协会官方网站设立了“发布宣贯、系统解读、方案分享、重点研究、工程（项目）建设、学习交流、实施动态”等七个栏目，组织录播 20 多次，直播观众达 40 多万人次，为深入宣传、解读、落实《行动方案》创造了条件，发挥了积极作用。五是举办绿色城轨高研班，发挥协会权威解读的优势。第一期协会绿色城轨高研班，来自行业的 50 多位相关领域负责人和专业人士参加，推进了《行动方案》的贯彻落实。

齐抓共干，精心谋划见行动。“N 个企业绿色　城轨发展实施方案”是落实《行动方案》的重要抓手，《行动方案》的发布得到城轨行业企业的积极响应，他们主动承担社会责任，结合各自企业的实际，精心谋划企业的行动方案，以此统筹绿色企业发展，共同完善我国的绿色城轨发展蓝图，形成了遍地开花的良好局面。

2022 年 11 月 22 日，2023 年 1 月 9 日和 3 月 17 日，深圳地铁、南京地铁和重庆轨道集团三家轮值会长单位相继采用“行业知名专家评审 + 绿色行动方案发布会”的方式，发布的《深圳地铁绿色城轨行动方案》《南京地铁绿色城轨行动方案》和《重庆地铁绿色城轨行动方案》，在业界引起热烈反响，获得了广泛的称赞和认同，在行业发挥了良好的示范效应。青岛、广州、北京、哈尔滨、宁波、无锡、上海、天津、成都等地铁公司以及施耐德公司等 12 家企业相继发布绿色行动方案。目前，嘉兴、徐州、武汉、苏州、长春、杭州、南宁、京港等城轨企业也在组织行动方案编制并逐步评审发布实施。企业绿色行动方案的编制、发布和实施，以及协会副会长宋敏华代表协会参加发布仪式，促进全行业绿色城轨建设有序、全面、高质量展开。

协会为全面贯彻落实《行动方案》和《智慧城轨发展纲要》，重组了绿色智慧城轨建设领导小组及其办公室。为统筹协调城轨行业绿色城轨和智慧城轨提供了组织保障。

抓住重点，励精图治寻突破。以聚焦城轨行业高耗能领域，推广应用先进成熟项目，研发新一代节能关键技术为重点，开创以应用技术推进节能的新途径。在协会装备专委会、绿智办和标准部等共同组织下，于浙江宁波召开“城市轨道交通绿色低碳新技术——新一代牵引供电系统发展和标准专题研讨会”，聚焦牵引能耗（占城轨总能耗 50% 左右），总结近年来我国城市轨道交通牵引供电系统绿色低碳新技术成果，并对宁波地铁 5 号线和 4 号线永磁同步牵引技术、双向变流技术和专用轨回流技术应用情况进行了参观调研。来自全国 30 多家城轨业主单位、7 家设计院所、3 所高等院校和 21 个装备制造厂商的 270 多位代表，重点围绕城市轨道交通新一代牵引供电系统前沿技术发展、应用成果、系统设计、技术标准、研究制造、运营维护和综合仿真等内容开展了广泛、深层次的交流和研讨。会议以“推广应用新一代牵引供电系统倡议书”，倡议全行业共同努力、踔厉奋发，全面推广新一代牵引供电系统，开创城轨交通牵引供电创新发展新局面。会议成果在业界引起热烈反响，促进了牵引供电系统的节能降耗工作的开展。

路虽远行则将至，事虽难做则必成。国家“双碳”战略全面实施，绿色城轨建设蓝图绘就，协会将按照《行动方案》中铺划的“1-6-6-1-N”蓝图，持续推动“N”个企业编制绿色城轨发展实施方案，启动绿色标准编制和绿色示范工程等重点工作。同时，面对城轨行业迎来新的历史发展机遇，协会坚持问题导向、目标导向和系统思维，积极应对城轨行业发展中的热点、难点和痛点以及成长中的“困惑”，统筹部署了《智慧城轨发展纲要》《绿色城轨发展行动方案》以及最近开展的“城轨交通多元融合可持续发展模式和路径研究”，旨在按照《纲要》制定“2025、2035 两步走的目标”、《行动方案》“2025、2030、2060 三步走的目标”以及与时俱进的多元融合的研究探索，守正笃实、久久为功，引领城轨行业可持续高质量发展。

3　包叙定 · 关于城轨交通行业以建设、运营标识发展阶段的问题
——在第三届第二次会长常务办公会上的讲话

中国城市轨道交通协会　创始会长

（2023 年 9 月 22 日　无锡）

最近几年来，从协会领导到城轨业主到行业专家，都提及城轨交通正由“建设为主进入运营为主新阶段”。晓勤主持的低运能系统发展报告提出“正由建设为主进入建设运营并重阶段”。敏华主持搞的《既有线改造》中也说“由增量为主、规模扩张的发展阶段逐步转向存量为主持续优化的发展阶段”。于松伟送我他的《可持续发展综合评价》也提到“以建设为主、规模扩张的发展阶段逐步转向存量为主持续优化的发展阶段”。尽管提法不尽相同，但意思是一样的，都认为我国城轨交通正处在发展阶段的转换时期，我也赞同这一认识。虽然每个城市不相同，但行业有规范性的提法比较好。建议请晓勤同志牵头研究统一的提法。

我常说，阐述观点要有依据，有理有据，不外乎数字求证、事例引证、说理论证三种方法。于松伟文章用的是数字求证方法，我觉得挺有道理。他们说：2020 年运营线路 8000 公里（7970 公里），首次超过当年在建规

模7000公里（6800公里），而这个7000公里又是中国城轨发展史上最大的在建规模，2021年起开始就缩小了。所以，2020年和7000公里这两个节点，成为中国城轨发展史上的“运建里程等量点”，表明以建设为主导正逐步走向以运营为主导的新阶段。我向会长们建议，采用这个说法吧。

4 宋敏华·在中国城市轨道交通协会低运能系统分会成立大会暨第一届第一次全体会员会议上的致辞

中国城市轨道交通协会 副会长兼秘书长

（2023年12月12日 北京）

瑞雪兆丰年，神州万象新。值此癸卯岁末，我们在这里召开中国城市轨道交通协会低运能系统分会的成立大会暨2023年年会。有朋自远方来，不亦乐乎！在这里我谨代表中国城市轨道交通协会向莅临本次会议的各位来宾表示热烈的欢迎，很高兴今天跟各位低运能领域的同仁们一起探讨低运能轨道交通的高质量发展。

2023年11月2日，中国城市轨道交通协会三届三次常务理事会审议通过了低运能系统分会重组加强方案。低运能系统作为城市公共交通体系的组成部分，一端与地铁、轻轨等大中运能系统衔接，另一端与公共汽电车融合，形成完整的多层次城市公共交通体系。低运能系统相对大中运能系统具备造价低、建设周期短、绿色环保的优点，是解决“最后一公里”问题的重要抓手，在部分达不到修建大中运能系统条件的城市或具有特色旅游功能的城市有明确的市场需求。

2015年9月，协会依托苏州高新有轨电车集团有限公司成立了现代有轨电车分会，8年多来分会在行业调研、课题研究、技术交流、团体标准编制等方面发挥了重要作用，取得了不少成果。现已发展会员近百家，涵盖了全产业链。在此，我代表协会，对苏州高新有轨电车集团有限公司的工作和一直以来对协会工作的支持表示感谢。

行业快速发展的同时，低运能系统在建设和运营过程中也逐渐暴露出一些问题：一是部分线路规划不合理、客流长期低迷；二是个别项目技术引进不成熟；三是制式多样、技术规格不统一；四是标准不能满足发展需求。部分城市甚至拆有轨电车。在上述形势下，亟须统一思想、科学指导、正确发声。协会通过调查研究，专题讨论，决定重组并加强现代有轨电车分会，更名为低运能分会，分会秘书处暂设在协会本部，以期更加高效统筹指导低运能系统的规划、建设和运营工作，发挥专家作用，在立项审批、规划设计、成本控制、标准制定、评审评价、示范工程、技能大赛等方面予以更多的指导，以期推动低运能系统的高质量发展。

今年下半年我调研了8座城市，其中上周刚调研完昆明、贵阳、重庆、成都。给我感觉，上一轮基于土地开发带动城轨交通大发展可能会告一个段落，房地产发展的调整会持续一段时间。这一轮房地产带动的发展有一个显著特点，就是大量的地下线路敷设，中运量系统的发展受到挤压。一方面，不少城市建成的线路客流严重不足。不少城市业主在这个问题上很焦虑。这里面有2种情况，在线网规划上将中运量系统设计成大运量地铁，建成后大运量的系统实际上在完成中小运量的客流，这个问题如果不在今后的规划建设中解决，是对子孙后代的不负责；另一因素，客流的形成需要一个过程。歇一歇也是好事，经过总结思考，回归科学理性，相信中小运量城轨交通在线网中的作用将会受到更多重视。

低运能系统分会要把握机遇，加强自身建设；坚持以市场导向原则；坚持自主技术的创新，以推动低运能城市轨道交通持续健康发展。为了做好分会工作，我提几点要求：

1. 要提高政治站位。回顾这些年国内低运能系统的发展历程，我们要看到成绩，再接再厉；也要看到问题，总结和反思。新一届的分会领导要把学习贯彻二十大精神转化为加快建设交通强国的强大精神力量，以更加积极的姿态、更加务实的作风，全力推进低运能系统的高质量可持续发展。

2. 正确理解低运能轨道交通与城市公共汽电车的关系。城市轨道交通的基本属性是城市公共交通，发展城市轨道交通的基本目的是提升城市公共交通的出行比例。低运能轨道交通的服务范围与公共电汽车部分重叠，要统筹考虑，规划一次到位，根据实际需求实施。能用公共汽车就不急着建城轨交通，能建中小运量的就不建大运量城轨交通。这样才能更好发挥投资的效益，做到可持续性发展。目前，不少城市公交公司合并到城轨交通公司，从运能的合理整合、布局规划上看，是有积极意义的。有利于推动低运能系统的传统公交的融合发展。

3. 低运能系统要创新，面对新技术的发展，要开放包容。传统意义上的有轨电车，有其明显的不足，尤其是占用本已紧缺的道路资源。这几年涌现的新型低运能系统基本上都是以弥补这个不足发展起来的。像比亚迪的胶轮导轨系统，智轨系统。其实，城轨系统在发展，传统公共电汽车也在发展，新能源大巴越来越多跑在城市的大街小巷。所以，低运能分会要顺应发展趋势，要具顶层思维。

4. 抓紧紧缺标准的制定。通过这些年的发展，我们清醒地发现，标准滞后是中低运量城轨交通造价高居不下的重要原因之一。加强重组后的低运能分会要将相关卡脖子标准的制定纳入重要工作来抓。

5. 坚持务实的工作作风。分会要在现有工作基础上，认真开展调查研究，标准制定、统计对标、政策法规、装备自主化和国产化等工作，通过这些基础工作的加强，解决低运能城市轨道交通系统发展中存在的问题，逐步为低运能城市轨道交通的发展创造良好的条件，为城市人们出行贡献力量。

国家发展和改革委员会基础设施发展司对协会低运能系统分会成立表示祝贺，希望分会成立后能够发挥好智库作用，深入开展行业调研，聚焦低运能系统规划设计、工程建设、装备制造运营维保等全生命周期发展，积极建言献策，促进我国低运量轨道交通系统健康有序发展。

今天是 12 月 12 日，87 年前，西安事变成为抗日战争走向胜利的转折点，我在此也祝愿今天能成为低运能系统高质量发展的起始点，希望大家齐心协力、克难攻坚，收获灿烂辉煌的明天！预祝大会取得圆满成功！

5　中国城市轨道交通协会·《2023 中国城市轨道交通工程建设发展报告》

一、内容简介

近年来，我国城市轨道交通飞速发展，在满足人民群众出行需求、促进经济发展、优化城市布局、缓解交通压力等方面发挥越来越重要的作用。随着国家出台“十四五”规划、交通强国战略等以及中国城市轨道交通协会提出《中国城市轨道交通智慧城轨发展纲要》《中国城市轨道交通绿色城轨发展行动方案》等行业文件，我国城市轨道交通正在向智慧化、绿色化、自主化方向转型。

为适应城市发展需要，针对中国城市轨道交通工程建设领域的实际情况，开展深度调研，通过了解各地轨道交通工程项目推进情况，从轨道交通工程项目的主要建设阶段进行全面的研究。以工程建设不同阶段存在的主要问题作为突破口，深度分析原因并给出意见和建议。

本报告由综述篇、五个工程阶段专题篇和三个特别专题篇组成，包括勘测、规划、设计、施工、竣工验收、标准、新技术和上盖物业开发等篇章。本报告旨在持续关注和记录我国城市轨道交通工程建设领域的发展情况，为我国城市轨道交通工程建设的发展贡献力量。

二、目录

1. 综述篇

1.1　概述

1.2　建设情况

1.3　规划情况

2. 标准篇

2.1　城市轨道交通工程建设国家、行业标准

2.2　城市轨道交通产品国家标准、行业标准

2.3　《城市轨道交通工程项目规范》

3. 新技术篇

3.1　概述

3.2　新技术应用

3.3　导轨式胶轮系统篇

3.4　暖通空调、环境控制及能源管理领域专篇

4. 勘测篇

4.1　概述

4.2　典型案例

4.3　城市轨道交通检测政策剖析

4.4　问题与建议

4.5　城市轨道交通测量行业发展面临的问题及建议

4.6　城市轨道交通测试行业发展面临的问题及建议

5. 规划篇

5.1　概述

5.2　规划统计数据

5.3　年度批复建设规划

5.4　发展与趋势

6. 设计篇
6.1　背景
6.2　轨道交通基本情况
6.3　发展与趋势
6.4　问题与建议
7. 施工篇
7.1　概述
7.2　工法与应用
7.3　问题与建议
8. 竣工验收篇
8.1　验收制度建设
8.2　成功经验
9. 上盖物业开发篇
9.1　概述
9.2　政策与标准
9.3　轨道 + 物业开发模式的典型项目
9.4　上盖综合开发设计指标要求和标准
9.5　轨道 + 物业土地综合利用开发策略

（中国城市轨道交通协会工程建设专业委员会）

6　中国城市轨道交通协会·《中国城市轨道交通运营发展报告（2022 ～ 2023）》

一、内容概要

《中国城市轨道交通运营发展报告》由中国城市轨道交通协会运营管理专业委员会组织，联合交通运输部科学研究院、交通运输部城市轨道交通运营安全管理技术及装备行业研发中心以及城市轨道交通运营企业共同编撰，系统性强，内容详实，是全面、客观论述中国城市轨道交通运营发展状况及趋势的年度系列发展报告。

《中国城市轨道交通运营发展报告（2022 ～ 2023）》共分为五个部分，包括总报告、绿色运营篇、节能应用篇、借鉴篇和专家观点篇。第一部分为总报告，重点对 2022 年城市轨道交通发展情况、运行基本情况、运营服务情况、运营管理制度及标准化建设情况、运营创新情况进行回顾，并对 2023 年轨道交通发展热点进行预测。第二部分为绿色运营篇，系统梳理城市轨道交通绿色运营相关政策与发展要求，分析城市轨道交通运营能耗使用情况。第三部分为节能应用篇，分别对城市轨道交通列车运行、通风空调、照明、车辆基地等绿色节能影响因素进行分析，并介绍城市轨道交通能源管理系统架构和功能。第四部分为借鉴篇，介绍国外城市轨道交通绿色发展背景、目的和政策标准，对车站、线路节能技术现状进行总结，对列车节能技术进行阐述。第五部分为专家观点篇，重点围绕高质量推进城市轨道交通运营绿色发展、地铁车站通风空调系统节能关键问题、城市公共交通碳排放驱动因素及减碳效益、全自动运行线路能耗管理及绿色节能应用研究等内容进行专题讨论。

二、目录

Ⅰ　总报告
B.1　年中国城市轨道交通运营发展 2022 年回顾与 2023 年展望
一　2022 年城市轨道交通运营发展情况
二　城市轨道交通运行基本情况
三　城市轨道交通运营服务情况
四　城市轨道交通运营管理制度及标准化体系建设
五　城市轨道交通运营创新
六　城市轨道交通发展热点预测
Ⅱ　绿色运营篇
B.2　城市轨道交通绿色运营相关政策及发展要求
B.3　中国城市轨道交通运营能耗使用情况分析
Ⅲ　节能应用篇
B.4　城市轨道交通列车运行绿色节能分析
B.5　城市轨道交通通风空调系统绿色节能分析
B.6　城市轨道交通照明绿色节能分析
B.7　城市轨道交通车辆基地绿色节能
B.8　城市轨道交通能源管理系统
Ⅳ　借鉴篇
B.9　国外城市轨道交通绿色运营技术进展
Ⅴ　专家观点篇
B.10　高质量推进南京地铁运营绿色发展
B.11　地铁车站通风空调节能关键问题分析
B.12　城市公共交通碳排放驱动因素及碳效益分析
B.13　西安地铁全自动运行线路能耗管理及绿色节能应用研究

（中国城市轨道交通协会运营管理专业委员会）

7　中国城市轨道交通协会·各地轨道交通城市场站及周边土地综合开发利用（TOD）政策性文件汇编（2023版）

一、内容概要

近年来，我国城轨TOD进入快速发展的新阶段，各轨道交通城市纷纷出台TOD综合开发指导或扶持的政策性措施。2018年，中国城市轨道交通协会资源经营专业委员会编印《部分城市轨道交通场站及沿线土地综合开发利用政策性文件汇编（2018）》；2020年编制《中国城市轨道交通TOD发展概览（2010—2020）》，摘录内地轨道交通城市TOD政策性文件的核心内容。《部分城市轨道交通场站及沿线土地综合开发利用政策性文件汇编（2022）》。

2023年9月22日，中国城市轨道交通协会在无锡市召开中国城市轨道交通TOD发展大会。在认真审视各地城轨交通企业在大力推动城轨交通建设的同时，落实“建城轨就是建设城市”的发展理念，积极推进城轨交通建设与城市发展的结合，谋求有效缓解轨道交通城市的政府投资压力，减少地方财政的运营补贴，提高城市轨道交通运营服务水平和土地资源集约节约利用效率，普遍组织场站及周边土地综合开发利用（TOD）建设实践的实际状况，在当前新一轮经济复苏和产业变革同我国城轨交通高质量可持续发展需求形成历史性交汇的背景时刻下，召开的城轨交通行业国家级的专业性盛会。作为发展大会的重要成果文件之一，资源经营专业委员会在2022版的基础上进行补充和完善，形成《各地轨道交通城市场站及周边土地综合开发利用（TOD）政策性文件汇编（2023版）》。

二、目录

本汇编各章节目录以各城市为单位进行编辑整理，顺序以本年鉴中城市排列顺序为准。(具体略)

（中国城市轨道交通协会资源经营专业委员会）

8　中国城市轨道交通协会·《2023年城轨企业网络安全攻防演练总结报告》

一、内容简介

中国城市轨道交通协会信息化专业委员会（以下简称信息化专委会）于2023年11月6日至11月10日开展为期一周的城轨企业网络安全攻防演练活动，旨在全面检验城轨企业网络安全建设效果和整体防护能力，发现城轨企业存在的网络安全漏洞隐患、推动网络安全事件处置的闭环管理，为城轨企业建立网络安全主动防御体系和形成块网络。宁波、太原、徐州、重庆、南京、兰州、大连等地的17家轨道交通企业参与本次应急演练，在攻防演练期间，攻击队伍成功突破多家城轨企业互联网防护边界，其中发现外网安全漏洞11处，外网站点0-day漏洞1处、内网应用0-day漏洞1处、文件上传漏洞和SQL注入漏洞各1处，可获取个人信息和敏感业务数据。与此同时，在整个攻防演练期间，参与本次攻防演练的靶标防守单位积极组织安全团队对网络攻击流量进行监测预警，并针对发现的异常流量和日志信息及时反馈裁判组和技术支持组，沟通确认后及时对监测、识别到安全攻击行为、远控木马、被控终端进行清理。相较于2022年攻防演练活动，部分城轨企业在网络安全监测预警、应急溯源和整体安全防护能力方面有较大提升，同时也证明城轨企业在网络安全建设和运营方面取得较好的成绩和效果。

二、目录

1. 精心组织、积极筹备

2. 攻守兼备、成果显著

3. 复盘分析、整改优化

3.1　复盘分析

3.2　整改优化

4. 能力提升、以备来年

4.1　分析不足

4.2　优化提升

（中国城市轨道交通协会信息化专委会）

9　中国城市轨道交通协会·《城市轨道交通行业信息化最佳实践评选——六年对标洞察企业数字化转型报告（2018—2023）》

一、内容简介

中国城市轨道交通协会信息化专业委员会（以下简称：“信专委”）自2018年以来，持续开展“城市轨道交通行业信息化最佳实践优秀案例”评选活动，面向委员单位征集信息化解决方案和信息化成果，设立信息化解决方案类、信息化成果类两大细分奖项。评选活动已连续成功举办5届，截止到2023年底，6年间共累计收到328篇参评案例。案例每年均在委员单位和行业内发布，为推动行业信息化和数字化转型起到了重要的推动作用。

统计发现，2018—2023年获奖案例单位共来自全国37个城市，解决方案类的案例内容逐渐由数据治理、数据协同、IT治理等探索性方案向数字化转型顶层设计、整体方案、应用平台等实践性方案转变，成果类的案例内容逐渐由能耗统计、车辆检修、售检票等单点突破性成果向立体感知、综合平台、管控中心等综合一体化成果转变。综观6年评选全貌，案例内容涵盖城轨建设、运营、设备设施运维、资源经营开发、数字基础设施、协同办公、财务、人力资源、资产管理等业务领域，体现城轨行业在云计算、大数据、人工智能、物联网、数字孪生等新技术研究与深度应用，数字化技术在落地的过程中，优化业务流程、不同程度的转变了以往业务模式，体现了城轨数字化与业务转型在发生深刻变革。

二、目录

第一章　研究背景

第二章　案例洞察分析

2.1　参评案例基本分析

2.2　数字化转型理论支撑

2.3　数字化转型洞察分析

第三章　关键核心发现

发现一：数字化转型成为“十四五”高质量发展的关键举措

发现二：规划引领、多领域实践，一把手推动是首要条件

发现三：BIM+GIS数字孪生赋能工程建设，延伸运维全周期

发现四：集约化融合、一体化联动、绿智化创新，提升运营效能

发现五：智能服务、无感通行、一码联乘塑造城轨出行新体验

发现六：运营安全备受重视，数字化技术助力保驾护航

发现七：新技术叠加，数字底座演进为超级智慧大脑

发现八：集成协同赋能业财人一体化，奠定企业转型治理基础

发现九：数字安全迎接挑战，信创形势亟须应对

发现十：城轨数字化转型处于早期阶段，诸多挑战，任重道远

第四章　数字化转型实施建议

一、战略引领层面：全局规划、价值引领、锐点突破、永续进阶

二、业务赋能层面：效益导向、速赢为先、智慧场景、快速迭代

三、技术驱动层面：厚植数字、深耕专业、垂直模型、筑牢安全

四、组织保障层面：高效组织、机制流程、人才培养、内生动力

附录：2018—2023年城市轨道交通行业信息化最佳实践优秀案例入选名单

（中国城市轨道交通协会信息化专委会）

10　中国城市轨道交通协会·《城市轨道交通低运能系统调研报告》

一、内容简介

2022年9月，根据国家发展改革委产业司要求，中国城市轨道交通协会同步开展城轨行业几项重点研究工作，中低运能系统发展是其中一个重要课题。报告要求从城市轨道交通可持续发展的角度对中低运能系统进行一次全面系统的调研，深入分析，总结经验教训，理清发展方向，给出导向性意见，提出发展建议。围绕可持续发展的命题，全面调研和评估中低运能的财务可持续、生态环境

行业文选

可持续、技术产业可持续等方面的情况。

经过多轮调查研究，于 2023 年形成调研报告。报告提供低运能系统城轨交通的发展概况，特别是通过工程案例分析不同功能定位的科学性和从不同层面分析可持续性发展能力，论证低运能系统的发展方向，在指出问题基础上提出发展建议。

二、目录

一、内涵特征

（一）定义

（二）系统类别

（三）技术特征

二、发展概况

（一）运营情况

（二）建设情况

（三）规划情况

三、工程案例分析

（一）功能定位分析

1. Ⅱ型大城市的骨干公共交通系统
2. 超大、特大城市和Ⅰ型大城市的区域骨干公共交通系统
3. 超大、特大城市和Ⅰ型大城市大运能系统的补充
4. 大型园区的公共交通或内部通勤线路
5. 旅游地区的特色公交

（二）可持续发展分析

1. 线路客流可持续
2. 经济可持续
3. 生态环境可持续
4. 技术装备可持续

（三）发展中的主要问题

1. 单线居多，网络化和客流效益不足，运营速度缺乏相对竞争力，线网建设可持续性不足
2. 标准不能满足快速发展需求，借用地铁的标准导致工程投资偏高，从而影响了低运能系统的适用性，部分制式不成熟导致后续问题不断
3. 部分制式装备自主化程度低，车辆设备价格偏高，编组固化不能适应运输需求
4. 缺乏完善的政策引导和规划建设程序规范，审批立项流程不明确，运营补贴政策不清晰，是导致系统建设持续性不足的重要因素

四、发展建议

（一）认真学习贯彻《“十四五”全国城市基础设施建设规划》要求，大力推进多层次轨道交通协同发展的综合交通体系

（二）重视与各种交通方式的统筹协调，提升交通综合换乘体系，发挥综合效益

（三）适度简化低运能系统审批程序，加快项目推进建设

（四）推进低运能系统分级，因地制宜确定规划建设标准，合理控制投资，提高低运能系统的适应性

（五）加强技术装备产业的政策引导和标准引领，推动自主创新和引进消化吸收再创新，加大人才培养力度，提升行业技术水平和工程应用

（六）做好低运能系统技术总结，推动相关示范工程建设，规范规划建设程序

附件 1：低运能系统工程案例

附件 2：低运能系统运营线路统计表

附件 3：低运能系统部分线路客流数据表

附件 4：低运能系统在建线路统计表

附件 5：低运能系统线网规划情况

附件 6：有轨电车车辆合同中标价格统计表（2012 年至今）

附件 7：部分线路运营成本统计

附件 8：车辆架修情况统计表

附件 9：超级电容应用情况

附件 10：低运能系统运营、在建、规划城市（区域）基本数据

（中国城市轨道交通协会低运能系统分会）

11 中国城市轨道交通协会五年发展规划（2023—2027）

为顺应城轨交通快速发展的需要，经国务院批准、民政部登记注册，中国城市轨道交通协会于2011年在北京成立。

一、协会发展回顾

协会成立12年来，始终秉承办会宗旨“遵守法规加强自律，发挥桥梁纽带作用，诚为政府企业服务，推动行业科学发展”，着力开展若干影响面广、基础性强的工作，业务从最初的会员联络到现今的会员服务、行业协调、发展引导等工作，已经成为行业管理不可或缺的重要环节。

（一）以党建促会建，建设高质量协会

1. 党建引领

协会党支部多年来紧盯党建工作的薄弱环节，以强基固本、攻坚克难、提质增效为目标，解决工作中的突出问题，全面提升党建工作质量，努力把党支部建设成为坚强战斗堡垒，为协会持续健康发展提供坚强保证。坚持不懈教育引导党员树牢“四个意识”、坚定“四个自信”，坚决做到“两个维护”，注重发挥党员模范带头作用，形成党建工作扎实有效、业务工作规范高效的良好局面。在制度建设、主题教育、党政宣传、落实党的大政方针方面都有好的经验和特色做法，为党建工作良好发展打下扎实基础。

2. 协会治理

第二届理事会确立了会长负责制和会长轮值制相结合的领导机制，在组织形式和工作方式上充分调动会员单位的积极性，真正实现行业自我管理。组建以施仲衡院士领衔的专家和学术委员会，292名委员均为行业内各专业领军人才，同时建设各专业专家库，在库人数超过1000人。建立9个覆盖行业全产业链的专业委员会（分会）和6个专项工作技术机构；协会秘书处内设部室5个。制订内部管理制度，推动协会工作向制度化、规范化、科学化管理发展。2018年参加民政部组织的社会组织评估工作，成功获评4A级协会。2020年10月按要求完成与政府部门脱钩，脱钩后协会的登记管理机关是民政部，党建工作服从中央和国家机关工作委员会管理。

（二）贯彻国家战略，推动行业高质量发展

1. 发布《智慧城轨发展纲要》

为进一步贯彻落实党中央、国务院“交通强国”和“智慧城市”建设的战略部署，顺应智能化发展趋势，适应城轨发展需要，2020年发布《中国城市轨道交通智慧城轨发展纲要》。

《纲要》深刻把握时代背景，奉行“交通强国、城轨担当”使命感，推进智慧城轨建设。准确把握智慧城轨建设的时代背景，以“推进城轨信息化，发展智能系统，建设智慧城轨”建设为主线，引领城轨交通行业，统一思想、齐心协力，全面启动以智慧城轨建设为抓手的交通强国建设。

2. 发布《绿色城轨发展行动方案》

为进一步贯彻落实中共中央、国务院《关于完整准确全面贯彻新发展理念做好碳达峰碳中和工作的意见》、国务院《2030年前碳达峰行动方案》和中央部委的相关部署，2022年发布《中国城市轨道交通绿色城轨发展行动方案》，开启城市轨道交通行业绿色城轨建设的新征程。

《行动方案》结合城轨行业特点和发展态势，统筹碳达峰碳中和行动和绿色城轨发展，以指导城轨交通行业绿色转型工作，是正在实施中的《智慧城轨发展纲要》的姐妹篇，共同指导构建既智慧化又绿色化的新时代中国特色城市轨道交通。《行动方案》描绘绿色城轨的发展蓝图，明确“三步走”的发展战略，提出了重点实施六大绿色城轨行动，旨在引导城轨企业因地制宜编制实施“企业绿色城轨发展实施方案”，确保如期实现碳达峰碳中和目标，建成绿色城轨。

3. 开展城轨交通装备自主化先导工程

围绕智慧城轨、绿色城轨和产业自主化、高端化、国际化创新发展主题，以增强制造业核心竞争力和装备自主化、有利于城轨装备“走出去”为原则，通过揭榜挂帅等方式，组成先锋力量，结合实际应用场景和创新场景，致力从0到1的突破，自主开发、验证和局部应用优先方向、前沿方向，或新赛道、新领域上的，国际领先乃至首创的技术和产品，设立先导工程项目并开展相关工作。

（三）认真建言献策，助推行业科学发展

1. 政策研究

2013年组织《城轨交通行业发展政策研究》，并依据课题成果，向国务院呈报《城市轨道交通发展政策建议》，得到国务院领导的重视和批示，成为政府有关部门随后出台行业管理政策的重要参考依据。

2. 专题研究

2015年组织开展《城轨交通“走出去”专题研究》，在此基础上形成《城轨高铁比翼双飞闯世界》报告呈报国务院，国务院领导都作出重要批示。随后，国家发展改革委先后召开专题会议，成立部际工作协调小组，将城轨交

通纳入国家铁路“走出去”战略，协会也正式成为协调小组成员单位，城轨交通“走出去”被纳入国家层面的协调推进机制。

3. 规划研究

2021 年编制《城轨交通发展战略与“十四五”发展思路》，提出城轨交通总体发展战略、重点发展方向及政策建议等多维度的发展思路，成为行业及会员企业开展“十四五”相关工作的重要参考依据。

（四）开展基础工作，弥补行业管理短板

1. 行业统计工作

2012 年协会获得国家统计局授权，开展城轨交通行业统计工作，建立行业内唯一的覆盖城轨交通全领域的统计体系。形成以《年度统计分析报告》《运营数据报告》《信息快报》构筑的统计报告矩阵，日益成为行业重要的数据采信依据。自 2017 年开始编纂并出版《中国城市轨道交通年鉴》，是城轨交通行业首部也是唯一的年鉴，弥补行业工作一大空白。

2. 标准工作

按照国家标准化改革精神，2017 年成立标准化技术委员会，开展团体标准制修订工作。协会是国标委团体标准优秀试点和培优计划单位。开展团体标准工作以来共立项 428 项，发布 145 项。

3. 人才培养工作

编制城市轨道交通“十三五”和“十四五”人才培养规划，为行业提供人才培养战略；编制城市轨道交通信号工等 16 个职业（工种）的职业技能标准、培训标准、鉴定标准和《城市轨道交通列车司机心理素质测试规范》《城市轨道交通企业培训师能力标准与评价规范》，并纳入团体标准体系；组织城市轨道交通技能人才岗位统编培训教材，填补城轨行业的空白；举办国家级、行业级职业技能竞赛；开展城轨交通专业职称评审工作；开展行业师资示范性培训和高级研修活动；搭建交流平台，组织一年一度北京国际城市轨道交通人才论坛。

4. 装备认证工作

2016 年，国家发改委、认监委印发《关于开展城市轨道交通装备认证工作的通知》。城轨装备认证制度推行过程中，有效依托协会力量，一是组建技术委员会，负责目录和规则草案编制，协调解决技术问题；二是组织行业进行自律管理，在认证结果采信、认证信息共享、认证宣贯培训、产品标准建设、维护各方利益等方面积极发挥作用。截至 2023 年上半年，共有 65 家企业的 219 个产品获得 CURC 认证证书，特别是牵引、制动和信号系统等关键部件，主流供货企业基本都参与认证，全国 45 家业主签署《城市轨道交通装备产品认证采信公约》，上海、北京、深圳、青岛等业主正式将采信 CURC 认证结果的要求纳入招标文件，上述工作为城轨装备质量认证制度全面实施奠定坚实基础。

（五）助力自主创新，引领行业创新发展

1. 示范工程建设

围绕引领性、自主化、创新性、先进性等要素，注重发挥业主单位需求牵引作用，促进产学研用政融协同创新，推动若干示范工程建设，主推自主创新技术取得重要突破。

2. 装备自主化工作

2019 年成立装备自主化工作委员会，将自主创新作为重要工作方向积极推进，组织自主化攻关，制定自主化评价方法和自主化产品推荐清单，举办自主创新成果展示会。

3. 科技进步奖评选和国家优质工程奖推荐

经国家科学技术奖励工作办公室批准，协会于 2018 年面向全国城轨行业设立城市轨道交通科技进步奖，该奖项于 2019 年 2 月被国家科学技术奖励办公室正式收录于《社会科技奖励目录》中。截至 2023 年 9 月，完成 5 次科技评奖活动，共收到 621 项成果申报材料，评审出 148 项包括工程建设、强弱电与信息化、装备、运营等城轨交通领域具有较高科技含量和代表性的获奖项目。

2019 年与中国施工企业管理协会协商一致，承担“国家优质工程奖”城轨工程项目的推荐工作，圆满完成 2020—2022 年度推荐工作，共推荐 6 个项目参评，其中 4 个项目获“国优金奖”，2 项获国优奖。2023 年推荐 3 个项目参评，目前均进入现场复查环节。

4. 创新网络建设

积极推动国家发改委批复城轨交通国家工程实验室，按要求推动构建创新网络，组建管委会、技术委员会持续推动国家工程实验室建设。

（六）搭建优质平台，构建良好行业生态

1. 举办国际轨道交通展暨高峰论坛

2015 年起开始举办北京国际轨道交通展暨高峰论坛，经过多年建设，成长为城轨交通行业最具权威性的交流展示平台。

2. 举办业主领导人峰会

2017 年开始每年举办“中国城轨交通业主领导人峰会”，全国城轨业主单位主要领导参会，已发展成为城轨业主单位之间交流与合作的高层次优质平台。

3. 搭建多媒体平台

升级改版门户网站，建设统计、标准、年鉴、认证、评奖和会员管理等网上工作平台；《城市轨道交通》杂志实现改版升级；人民城轨 APP 和微信公众号为读者提供方便快捷的信息服务；《都市快轨交通》《城市轨道交通研究》学术刊物保持高水平。

（七）开拓文化建设，凝聚激励行业精神

2017年在深圳举办首届中国城市轨道交通文化博览会，全面展示行业文化成果，搭建城轨文化展示平台；2019年举办中国地铁运营50周年系列活动并推选出“中国地铁50年致敬人物”，在广州市举行中国地铁50年致敬人物颁奖盛典，对获得“中国地铁50年致敬人物”颁发奖章和证书，编印《“中国地铁50年致敬人物”荣誉册》；2020年拍摄《中国城轨口述历史》系列片，凝聚和弘扬行业精神，保存城轨交通发展史。2021年举办城轨交通行业庆祝中国共产党成立100周年主题集会，编纂《传承红色经典 接续百年奋斗——城轨交通城市庆祝中国共产党成立100周年经典红色地标纪念票册》，举办“百年辉煌 引领城轨”全国城轨交通行业职工庆祝中国共产党成立100周年摄影、书法、美术作品征集和展示活动。

（八）推进国际交流，助力城轨走出去

2016年向国务院报送《城轨高铁比翼双飞闯世界》报告，经批转国家发展改革委研究落实后，协会代表城轨交通行业正式纳入国家“走出去”工作机制；与国际公共交通联会（UITP）、德国轨道工业协会、德国中国商会等签署“合作备忘录”，多次联合举办国际技术论坛，沟通交换数据资料等；与业内知名企业联合在柏林轨道展设立“中国馆”并举办“中国馆日”活动，向国际市场推介中国城轨交通。

回顾协会十年发展历程，有若干经验值得认真总结和巩固坚持。一是坚持党的领导，始终保持正确发展方向；二是践行国家战略，紧扣创新发展大局；三是秉持办会宗旨，竭诚服务政府、企业；四是持续完善管理体制和运行机制，保持发展内在动力；五是坚持稳中求进，依法合规办会。这些都是协会进一步发展的宝贵经验和坚实基础。

二、协会未来五年面临的形势

（一）发展机遇

1. 行业发展拓宽协会发展新空间

城轨交通正由高速发展转向高质量发展新阶段，区域一体化战略加快实施，都市圈城市群建设为城轨交通发展拓展新空间，市域快轨、中低运能系统迎来新发展机遇，践行国家“双碳”战略，城轨交通智慧化、绿色化、自主化发展如火如荼。行业的发展和创新将进一步扩大协会业务空间。

2. 社会组织深化改革赋予协会发展新动能

国家社会组织改革鼓励行业组织积极承担公共服务职能，发挥在现代社会治理体系中的作用，将进一步提升协会在行业政策规划、统计分析、标准制定、人才培养、装备认证、评奖评先等行业工作中的的作用和地位。

3. 十年工作奠定协会发展基础

协会10余年发展，形成一批优势业务和品牌活动，积累良好信誉和口碑，建设一支人才队伍，尤其是涵盖城轨交通各领域的会员单位的迫切要求和支持，这些为协会进一步发展奠定基础。

（二）面临的挑战

1. 政府、企业新要求带来新挑战

行业发展日新月异，政府、企业要求不断提高，衔接政府、企业新需求，精准高效对接新业务，提供高质量服务，对协会组织协调能力、业务创新能力、专业技术能力都提出了更大挑战。

2. 工作量增大带来新挑战

随着协会发展，工作量不断增加，既有工作要保障质量，新开业务要培育成长，而经过10余年发展，容易形成路径依赖，业务创新的动力和能力不足，这些都对协会管理能力和工作能力提出新挑战。

3. 协会自身建设面临新挑战

脱钩后社会组织发展规律的认识还有待提高；年龄上两头大、中间小，缺少中坚力量的人员结构需要优化；高水平专业人才短缺，薪酬体制和激励约束机制需要完善；关联社会组织间的竞争加剧等，这些挑战将深刻影响协会未来发展。

三、指导思想、基本原则和发展战略目标

（一）指导思想

以习近平新时代中国特色社会主义思想为指导，全面学习宣传贯彻党的二十大精神，深刻领悟“两个确立”的决定性意义，落实《中华人民共和国国民经济和社会发展第十四个五年规划和2035年远景目标纲要》，切实履行行业协会政治责任、社会责任，践行新发展理念，打造使命清晰、治理完善、服务为本、行为自律、作用明显的品牌协会，在全社会、全行业树立良好品牌形象，行业影响力和凝聚力明显提升，行业自律、服务协调、决策咨询、对外交流等功能明显增强，在服务行业企业、推进科技自强自立、激发市场主体活力、营造公平有序诚信的市场环境等方面发挥更重要作用，为建设社会主义现代化强国和实现中华民族伟大复兴的中国梦做出积极贡献。

（二）基本原则

1. 坚持党的领导

不断增强“四个意识”、坚定“四个自信”、做到“两个维护”，坚定不移贯彻党的基本理论、基本路线、基本方略，服务构建新发展格局，服务交通强国发展战略。以党建工作质量攻坚三年行动为总抓手，全面提高协会党建工作质量，为协会持续健康发展提供坚强保证。

2. 坚持发展方向

坚持公益性、专业性，成为高水平的城轨交通行业服务平台。

3. 坚持服务导向

坚持把服务政府、服务企业作为协会的责任义务，服务城轨交通行业高质量发展。

4. 坚持品牌提升

持续提升社会形象和美誉度，持续提升行业影响力和凝聚力，协会品牌价值稳步成长。

5. 坚持依法合规

严守依法合规底线，倡导行业自律，参与行业信用体系建设。

6. 坚持开放融合

增强创新自信，用好国内国际资源。

（三）宗旨和愿景

1. 宗旨

遵守法规加强自律，发挥桥梁纽带作用，诚为政府企业服务，推动行业科学发展。

2. 愿景

人民城轨，服务人民。

（四）发展战略目标

实施“41431”发展战略：以四大方向为引领，即智慧城轨建设、绿色城轨建设、融合城轨建设、中华城轨建设；高效运行一个平台，即高水平行业服务平台；深入实施四大工程，即实施科技创新引领工程、服务质量提升工程、人才培养工程和品牌创建工程；不断完善三大体系，即标准化体系、会员服务体系和依法治会体系；最终实现一个目标，把协会建设成为社会责任感强、行业影响力大、高质量可持续发展的行业协会。不断贴近精准服务会员，不断夯实行业发展基础，不断引领行业智慧化、绿色化、融合化、自主化发展潮流，在推动城轨交通高质量可持续发展中不断实现协会成长、提升协会价值。社会组织评估争取达 5A 级。

四、主要任务

（一）四大方向引领

1. 智慧城轨建设

不断推动《中国城市轨道交通智慧城轨发展纲要》落地实施，与时俱进，主动创新，持之以恒，建设智慧城轨。推进八大体系建设，夯实智慧城轨建设理论和技术基础，建设智慧城轨标准体系和城轨云与大数据平台。持续促进重点智能化关键核心技术应用和智能化产业发展，推动中国城轨行业的信息化、智能化、智慧化水平进入世界先进行列。

2. 绿色城轨建设

不断推动《中国城市轨道交通绿色城轨行动方案》落地实施，积极创新，善于创新，久久为功建设绿色城轨。以绿色转型为主线、清洁能源为方向、节能降耗为重点，智慧赋能，创新驱动，开展六大绿色城轨行动，即绿色规划先行行动、节能降耗增效行动、出行占比提升行动、绿色能源替代行动、绿色装备制造行动、全面绿色转型行动。推进城轨交通全产业链各环节和全生命周期各阶段绿色转型，构建低碳排、高效能、大客流的新时代中国式绿色化城市轨道交通。

3. 融合城轨建设

因应城镇化发展新阶段，顺应都市圈城市群城轨交通建设新要求，探索和研究城轨交通区域、四网、多交、线路、站城、系统、绿智、文旅、业务等融合发展模式。以融合发展为主线、多元统筹联动为着力点、增强可持续发展后劲为目标，吸纳融合发展成果，创新融合发展思路，探索融合发展理念理论、路径模式和规范标准，持续推动城轨城轨交通转型升级，实现高质量可持续发展。

4. 中华城轨建设

贯彻落实交通强国战略，深入实施城轨交通装备自主化先导工程，促进重点技术攻关，推动关键装备示范应用，鼓励企业打造品牌，推动创建中国标准，加强认证能力和行业创新基础设施建设。大力推进城轨交通自主创新创优，建设好自主技术创新能力，不断研发新技术、新产品；不断推动城轨交通建设好自主品牌创优能力，不断拓展新商品、新品牌。逐步建成“自主可控，安全高效，主导发展”的中华城轨，从而推动城轨交通由高速发展向高质量发展的转变，并最终建成轨道交通强国。

（二）运行高水平行业服务平台

1. 政府工作支撑平台

贯彻落实国家重大战略，开展政策研究、行业调查、专项规划等工作。快速响应政府需求，完成好受托工作任务，为政府提供研究成果、行业数据，推动行业政策落地和实施。针对行业热点、难点，主动为政府宏观管理提出政策建议和专业意见，把协会建设成为政府工作的支撑平台。

2. 会员成长助推平台

立足会员需求有针对性地提供精准服务。一是用好科技进步奖、国家优质工程奖等，助力提升会员企业管理、质量和能力水平。二是以装备认证和自主化为抓手，突破卡脖子和受制于人的技术和项目，提升产业链安全。三是以先进性评价和科技成果登记等工作为抓手，加强对小微企业的分类精准服务，为小微企业技术研发、开拓市场和产品宣传提供支持。四是鼓励、引导会员积极参加质量提升、管理创新、科研专项研究、标准制修订等工作，共同对行业发展的新趋势、新方向和新技术开展联合攻关的活动。五是依托城轨交通创新网络平台，创建充满创新活力、覆盖全行业的创新网络体系。

3. 装备认证平台

推进认证工作覆盖供电系统、通信系统、自动售检票系统和工务产品等，扩大车辆、制动系统、牵引传动系统和信号系统的认证产品范围，同时修订完善既有产品认证规则。推动认证采信要求纳入招标文件范本，夯实市场准入门槛。力争五年内为行业培养产品认证专员达到1000人，其中业主单位不低于总数的20%。推动业主单位采信信息上传工作，逐步在信息平台基础上建立供货商质量信用评价体系。对亟需认证的产品，组织编制团体标准或认证技术规范。推动建立与国际接轨的且适应我国装备产业发展特点的体系认证制度，与CURC产品认证有机结合，保障城轨装备产业高质量发展。

4. 行业信息发布平台

开展行业信息统计分析、拓展统计的范围和深度，提升数据收集和研究水平，拓宽信息发布渠道，扩大统计信息影响力。发布多层次信息快报和统计年报，为行业、企业、社会提供权威、快捷信息服务。编制运营数据对标报告，为企业对标创造条件。编纂出版《中国城市轨道交通年鉴》，为行业发展建档存史。围绕行业热点难点开展专题研究，编制专题报告。

5. 国际交流平台

办好北京国际轨道展暨高峰论坛，立足国内，放眼国际，不断对标柏林轨道展，建设中国第一轨道展，打造国际一流展览展示平台。丰富国际交流形式，通过开展国际化的联合培训和研修活动，不断充实协会国际交流的功能。推动中国标准国际化，增强国际话语权，编制团体标准外文版。服务行业外贸需求，提升国际影响力，树立民族品牌，不断协助和推动中国城轨走出去。

6. 专家学术工作平台

加强协会专家和学术委员会建设，改革组织形式，形成一支政治素质高、业务能力强、能解决行业技术问题、服务行业创新发展、能战斗的专家队伍。调动专家工作积极性，注重在行业重大课题、协会重大研究中发挥专家作用，组织多种形式的专家活动。培育中青年专家，形成可持续的专家梯队。

（三）实施四大工程

1. 科技创新引领工程

一是示范工程牵引

抓好既有示范工程建设，保障质量，不断推进智慧城轨建设深入发展，取得实效。结合《智慧城轨发展纲要》《绿色城轨行动方案》开展新的示范工程，把示范工程作为发掘新技术、提升新技术、推广应用新技术的抓手，形成优秀创新成果，引领行业技术创新向更高水平发展。

二是科技创新评奖

完善提升科技进步奖，争取推荐“国家奖”提名资格，以评奖推动行业创新发展，助力自主创新。以评奖为依托，向前完善科技成果评价、向后推进成果转化，逐步实现科技创新一条龙服务。

三是科研项目和专项研究

进一步扩大城市轨道交通科研专项课题的征集范围和支持力度，强化全过程管理，组织科研攻关，以点带面引领行业科研创新。规范科技成果登记工作。开展社会第三方科技成果评价。组织科技成果转化、推广活动。用好协会专家资源，针对热点难点开展专项研究，提出解决方案。

2. 服务质量提升工程

一是效能评价对标

做好行业效能评价分析平台维护和利用，持续、深入推进效能评价工作，编制年度效能评价报告。从规模、效率、安全、经济、服务等五个方面优化指标，在城市间、企业间进行对标，促进行业转变发展模式，推动城轨交通企业不断提升服务城市经济社会发展、服务人民“安全、快捷、舒适、经济”出行的水平。

二是运营数据对标

编制、发布年度统计和分析报告。针对行业发展共性问题、热点、痛点和难点问题，组织开展数据专题研究、专家深度解读，增加数据挖掘和分析的深度和实效。完善会员制报告内容，增加数据填报单位数量，帮助运营企业开展运营对标分析。

三是双碳数据对标

在《绿色城轨行动方案》指导下，开展城轨交通碳达峰碳中和指标专题研究。组织企业进行单位能耗等相关数据对标，推进清洁低碳能源开发和使用，加强绿色低碳技术创新和应用，助力行业绿色发展。

四是年鉴编纂

夯实年鉴编纂的基础能力，不断提升编纂质量，完善专业篇目内容，提高年鉴品质，扩大年鉴影响力。“掌上年鉴”微信小程序探索数字化转型，拓展在线阅览、热点城市展示、年鉴宣传、年鉴资源库与条目收藏等功能，提高读者体验。

3. 人才培养工程

一是人才培养体系建设

继续研究发布城市轨道交通人才培养五年规划；继续推进城市轨道交通职业分类和职业标准体系建设，开展职业技能标准、培训标准、鉴定标准等团标的编写，统一行业相关技能人才的评价标准；加强已开发标准的宣贯、解读与修订，以标准为龙头，配套开发行业统编培训教材；推动落实《城市轨道交通企业培训师能力标准与评价规范》，按标准规范开展城市轨道交通企业培训师的评价、培训与示范性技能比武。

二是人才培养交流平台建设

继续办好一年一度行业人才培养高峰论坛，开展城市间、企业间、校企间人才培养领域工作者的技术交流；扎实推进城市轨道交通人才培养工作平台建设工作；紧跟前沿知识与先进技术发展，开展城市轨道交通知识更新工程系列研修项目；开展行业人力资源跟踪研究，评估行业人才发展水平；根据行业发展和企业需求发布年度人才培养指南。

三是职业技能竞赛

加强实训资源共享共用，推动校企合作共建实训基地。依托实训基地广泛开展行业职业技能竞赛和岗位练兵活动，加强赛项培育开发和储备，积极争取政府支持，办好职业技能竞赛，提升国家二类技能竞赛水平，组织开展专业全、多层次的赛项，打造行业技能竞赛知名品牌。依托竞赛活动，推动行业和区域性轨道交通实训示范平台和赛事基地建设。

四是专业技术职称评审

进一步畅通职称评审渠道，打通初级、中级、高级职称评审链条，扩大评审规模，保障评审质量。争取人社部支持，不断提高城轨专业技术职称含金量，为城轨行业技术人才提供完善、优质的晋升渠道。

4. 品牌创建工程

一是打造行业文化，凝聚行业力量

宣传“人民城轨 服务人民”理念，讲好行业故事、传播行业声音、培育行业的共同价值观，以文化促服务，提水平。挖掘和树立行业先进典型，建立完善行业荣誉体系。举办行业文化博览会，促进企业文化交流，扩大城轨文化影响力。

二是建设媒体矩阵

围绕“人民城轨”品牌，打造协会媒体矩阵。一方面立足城轨交通紧密围绕行业发展需求，做好服务；一方面坚持人民视角探索与市民大众的连接，做好宣传。打造官网、杂志、APP、微信公众号、视频号、企业微信、线上直播、线下活动等多位一体的媒体矩阵。利用好、保护好协会文字和图形标识，建设“人民城轨”商标，逐步提升其影响力和价值。

三是举办品牌活动

每年由轮值会长单位轮流举办“中国城轨交通业主领导人峰会”，全国开通城轨交通城市的业主单位主要领导参会，最终形成城轨业主之间交流与合作的高层次优质平台。培育“北京国际城轨交通展览会暨高峰论坛”，全面打造优质展览交流平台，建成会员技术展示、文化交流、供需接洽的综合平台和行业最具影响力的交流盛会。

（四）不断完善三大体系

1. 标准化体系建设

一是完善城市轨道交通团体标准体系

按照结构合理、系统协调、衔接配套、覆盖全面的要求，优化改进团体标准体系。结合市场、技术创新及会员等需求合理制修订团体标准，使国家标准、行业标准与团体标准逐步实现有效衔接、协调一致。加强智慧城轨、绿色低碳、人才培养等重点领域的标准体系建设。

二是健全标准制修订管理工作机制

健全标准化工作程序及协调管理工作机制，完善各专业领域的管理协调机构。逐步提高标准的编制质量和效率，有序开展协会团体标准复审工作。积极研究标准实施效果评价方法并逐步探索实施，为建立科学合理的实施效果评价程序打好坚实的基础。优化完善协会标准化制修订管理系统与标准信息平台，实现标准化组织机构管理、标准制修订、标准发布、标准检索查询、标准实施监督、标准宣贯培训等工作的全面信息化。

三是推进标准实施

加强标准化工作的宣传培训，提升协会及会员单位的标准化意识与能力。鼓励会员单位开展标准宣贯培训以及对标达标专项行动。建立标准制定、检验、检测、认证一体化工作机制，推动团体标准在招投标、合同履约等市场活动中的实施应用。推进数字标准化工作，提高工作效率，提升标准实施利用率。充分发挥团体标准培优计划的标杆示范作用，打造协会的团体标准品牌。

四是推动标准走出去

逐步开展团体标准外文翻译工作；依托国际工程项目，鼓励团体标准与外文翻译工作同步立项、同步编制。探索协会团体标准对外交流合作新模式，争取建立与国内外相关协会标准的互认机制，推进协会团体标准“走出去”。鼓励协会专家及会员单位参与国外、国际标准编制工作；支持行业专家和机构担任国际标准化技术机构职务和承担秘书处工作。

2. 会员服务体系建设

一是保障会员权利

畅通会员反映诉求的渠道，做好重大事项报告和信息公开工作，及时主动向会员公开理事会履职尽责情况、年度收支情况和与会员利益密切相关的重大事项等。定期召开理事会、常务理事会、会员大会，保障会员的知情权、参与权、表达权和监督权。

二是提升服务水平

秉承服务宗旨，加强服务意识，提升服务能力。建立完善会员服务工作机制，设立会员服务机构，建设会员服务系统，为会员提供信息查询、业务咨询、资讯推送、标准化工作、培训服务、评优推优、会议活动、展会论坛、国际交流、商务服务、媒体服务等一揽子优质、规范、个性化的服务。加强对中小企业的服务。

三是加强行业自律

发挥协会分支机构作用，积极引导和组织会员单位，如工程设计、工程施工、运营、装备制造、装备认证等，分类别制定实施行规行约等自律规则，参与行业信用体系建设，引导会员遵纪守法、诚信经营、公平竞争，推动提升全行业诚信水平。

3. 依法治会体系建设

一是改革转型

按要求完成与政府部门的脱钩工作，以脱钩为契机，不断推动协会转型发展。一是按照“脱钩不脱管”的原则，发挥主观能动性，持续加强与政府部门的沟通联系，积极建言献策，提供技术支撑，反映行业呼声。二是依托市场化运作机制，发挥轮值会长领导体制优势，在组织形式和工作方式上充分调动会员单位积极性，真正实现行业自我管理，不断推动协会工作更接地气。

二是协会治理

严守依法合规底线，合法合规办会，自觉接受党建工作机构、民政部、北京市等政府有关部门的管理。严格遵照协会章程，持续优化协会治理。加强考核监督，建立监事会工作机制，强化对职能部门、各机构和投资公司的监督、管理。优化重大事项决策机制，健全完善组织机构，进一步优化管理制度，保障协会规范发展。加强协会信息化建设，提高管理效能和水平。

三是重大事项报告和信息公开

按协会章程规定，完善重大事项报告和信息公开制度，建立新闻发言人制度。及时主动向会员公开理事会履职尽责情况、年度收支情况和与会员利益密切相关的重大事项等。向社会公开登记事项、章程、组织机构、接受捐赠、信用承诺、政府委托事项、资产管理办法、资产报告等。

五、保障措施

（一）加强党的领导，依法遵章治会

坚决贯彻落实全面从严治党部署要求，把党的领导贯穿到协会工作的各领域和全过程，确保党中央重大决策部署贯彻落实。遵照协会章程规定，完善协会法人治理结构，健全完善组织机构，为全面完成发展规划目标任务提供坚实保障。

（二）落实主体责任，强化使命担当

协会秘书处各部门、各机构、各投资公司要在本规划的指引下，主要领导亲历亲为，结合各自职能和业务发展需要，研究、部署、落实相关重点任务，层层传导、人人承担发展压力。做好相关工作衔接，发挥各自优势，加强协同配合，统筹协调落实，形成合力，确保规划落地，有序推动协会高质量发展。

（三）开展各种合作，寻求支持支撑

加强与国家有关部委局、有关地方政府部门的汇报协调，加强与相关社会组织、境外机构的联系交流。发挥协会桥梁纽带作用，联合高等院校、科研院所、企业等，提升服务能力。组织调动会员单位积极性，借力骨干会员单位力量提升服务水平。

（四）加强监测评估，动态优化调整

开展对规划的解读和宣传。对规划目标和任务进行分解分工，将规划具体任务相应落实在协会以及各部门、机构、投资公司的年度重点工作任务中。开展规划实施的监督检查，将规划实施情况纳入协会年度工作总结和考核。必要时组织开展规划实施的中期评估，审慎、适时进行调整。组织开展终期总结评估，结果纳入工作绩效、干部员工评价考核。

附：协会五年规划发展主要指标

总体发展指标

- 党建工作：创建合格党支部
- 社会组织评估：保 4A 级争 5A 级
- 品牌协会建设：打造成功的行业协会成长案例，树立良好品牌形象

一、高水平行业服务平台建设指标

- 政府工作支撑：成为政府工作支撑平台，为行业发展建言献策。
- 政府委托项目：保质保量完成。
- 行业规划、报告：城轨交通发展战略和五年发展思路；定期发布行业发展报告；五年人才规划；五年标准规划。
- 会员管理系统：逐步完善，动态管理。
- 装备自主化：完成 80 项自主产品攻关；完成 100 项自主产品推荐。
- 装备认证：完成第二和第三批认证目录和规则草案编制工作，推进认证工作覆盖供电系统、通信系统、车站设备和工务产品等；为行业培养产品认证专员达到 1000 人，其中业主单位不低于总数的 20%。
- 专家管理系统：逐步完善，专家队伍建设常态化、正常化，青年专家入库。
- 标准制修订管理系统：后续升级，实现多维度标准统计分析功能。
- 人才培养远程教育平台：上线运行。

二、科技创新引领工程指标

- 国家级推荐权：争取获得“国家科技进步奖”提名资格。
- “国优奖”的推荐质量和档次：逐步提升。
- 先导工程项目数量：协会级 10 项以上，国家级 2 项以上。
- 示范工程项目数量：现有 16 项，增加 10 项以上。

三、服务质量提升工程指标

- 效能评价：编制年度效能评价报告；效能评价数据填报和对标由目前的地铁、轻轨、跨座式单轨、有轨电车单位为主，扩大到覆盖城轨交通所有制式的业主单位。
- 运营数据对标：由目前的地铁、轻轨、跨座式单轨、有轨电车单位为主，扩大到覆盖城轨交通所有制式的业主单位。
- 双碳数据对标：参加双碳数据填报和对标单位数量逐年增加，规划期末不少于25家（运营里程超过100公里的单位全部参加）。
- 年鉴系统：每年编纂出版年鉴；年鉴内容逐步扩展到行业产业链关键单位全覆盖。

四、人才培养工程指标

- 示范基地建设：由1个增加到5个以上。
- 职称评审：继续控制评审质量，稳步提升申报规模，逐步扩大评审区域覆盖。
- 技能竞赛：举办频次由两年一次，增加到每年一次；竞赛层级扩展到国家、协会和院校三个层级。
- 行业人才供需信息：开展工作，发布人才供需报告。

五、品牌建设工程指标

- 展览会规模面积：由26000平方米增加到30000平方米以上。
- 展览会参展商数量：由200+增加到350+。
- 高层论坛场次：注重质量，控制数量，1场主论坛+10场左右分论坛。
- 人民城轨APP点击量目标：增至5000000。
- 门户网站访问量目标：增至5000000（现在2592752）。
- 微信公众号关注量目标：增至120000（现在88000）。
- 杂志发行量目标：增至10000册／月（现在2400）。

六、标准体系建设指标

- 团体标准发布数量：现有125项，提高到340项以上。
- 标准中团体标准占比：现为28%，提升到50%以上。
- 城轨交通装备认证采标率：现为55%，提升到80%以上。
- 标准数字化：对外出售团体标准电子版；增加国标、行标中部分基础通用标准的术语和定义的检索。
- 标准国际化：提高城市轨道交通国际标准制修订参与程度；与1—2家标准国际化组织建立常态化沟通机制。

七、会员服务体系建设指标

- 会员数量：现有970家，增加到1500家左右（参照第二届理事会期间，每年平均新增120家）。
- 中小微企业服务：开展8项常规服务。包括：（1）免费为其出具企业合格产品在城轨行业市场占有率证明；（2）免费为其出具会员证明；（3）根据产学研用的自主创新，通过专委会的初步审核，协会可为其提供产品的技术评审和评价服务；（4）通过协会举办的展览会、技术论坛和多媒体平台，为其提供宣传和展示活动；（5）根据协会的统一安排，企业可向协会申报团体标准的编制；（6）根据协会的统一安排，企业可向协会申请城轨行业专业技术职称的评审；（7）为其提供行业统计信息服务；（8）为其引导产品认证服务。

八、依法治会体系建设指标

- 社会责任：开展公益活动，倡导会员履行社会责任。
- 持续优化协会治理：优化重大事项决策机制，按期召开会员大会、理事会和常务理事会议，合法合规开展工作；强化分支机构的管理，加强考核监督；打造行业自律和荣誉体系建设。
- 信息公开：按照章程向会员公开理事会履职尽责情况、会费收支情况和与会员利益密切相关的重大事项等，向社会公开登记事项、章程、组织机构、接受捐赠、信用承诺、政府委托事项等，按要求做好收费信息集中公示工作，接受会员和社会监督。

十一

企业概况

本篇章内容由中国城市轨道交通协会 77 家会员单位提供。主要包括参编单位企业基本信息、2023 年度工作要点以及完成主要目标任务情况和企业对行业推动引领重点工作情况。

上海地铁博物馆

中国城市轨道交通协会部分会员单位概况

【北京市基础设施投资有限公司】

北京市基础设施投资有限公司（以下简称“京投公司”）成立于2003年，是由北京市国有资产监督管理委员会出资成立的国有独资公司，承担以轨道交通为主的基础设施投融资与管理职能，主业为轨道交通投融资、建设管理与运营服务，轨道交通沿线土地开发经营，轨道交通装备制造。

【北京市地铁运营有限公司】

北京市地铁运营有限公司成立于1970年4月15日，是北京市市属大型国有独资公司，是国内最早成立的城市轨道交通运营企业，开通运营新中国第一条地铁。定位于“保障城市运行安全，提升城市承载能力，打造成为人民满意、保障有力、国际最先进水平的轨道交通运营商”。主营业务涵盖轨道交通运营服务和轨道交通增值服务。

【北京城建设计发展集团股份有限公司】

北京城建设计发展集团股份有限公司（01599.HK）（以下简称北京城建）创立于1958年，业务涵盖城市轨道交通、综合交通枢纽、地下空间开发、工业与民用建筑、市政工程、城市规划等领域，拥有设计咨询、工程建设、投融资、科技产业化、置业文旅、运营管理为一体的完整产业链。

2023年，北京城建面对行业规模持续下滑，市场竞争日趋激烈，北京城建坚持稳中求进，锚定目标，埋头苦干，推动企业发展迈出了坚实步伐。

轨道交通设计保持引领，中标北京1号线支线、石家庄6号线一期、杭州4号线三期、杭州18号线、杭州至海宁西延、深圳27号线一期等6条设计总体项目。既有线改造市场展现潜力；前期项目持续储备，为后续市场拓展打下了基础。高端咨询承接深圳地铁高质量发展咨询任务。

勘测业务集群效应显现。轨道交通细分领域保持领先，北石家庄、宁波、深圳、广州、长沙等重点城市持续发力，矿山修复、灾害治理、新基建等业务迅速增长。

民建、市政设计业务呈现新气象。住宅设计继续保持北京市场领先。TOD一体化、交通枢纽领域，斩获宁波新棉、深圳四联交通枢纽、无锡地铁6号线控制中心等多项业绩。会展、产业园领域持续发力。能源领域首开纪录，实现零的突破。

工程总承包蓄势发力。中标丽泽城市航站楼综合交通枢纽。北京7号线、14号线及广州10号线获得合同增补。拓展北京地铁、武汉光谷现代有轨电车维保等既有线改造及维保服务市场。

投融资业务加快破局。快速适应投融资政策变化，积极探索特许经营、股权投资+EPC模式，深入研究“轨道+文旅”客货混运铁路等新领域。

科技产业化取得新成效。推动新产品落地，数字产品应用于城市体检、交通治理等领域。安防集成平台成功落地重庆璧铜线，轨道检测车获得首笔订单。成立京杭绿能科技公司，积极布局储能新领域。

2023年，北京城建科技创新注入更强动能。科技产业园正式投用，产业园集合人才、技术、科研平台等创新资源，打造了推动科技创新集群化产业化发展的新平台。承接科技部、北京市国资委等外部科研任务69项，创历史新高。国家工程研究中心通过年度过程评价。北京城建通过北京市科技服务品牌机构验收。

2023年，北京城建创优获奖硕果累累。获全国优秀咨询奖、国家优质工程奖等一批国家级奖项，斩获国际隧协年度唯一技术创新大奖。首次以第一完成单位获得北京市科学技术进步奖一等奖，首次获评“北京市产权优势单位”，取得国内及国际专利授权、计算机软件著作权等239件。主编的4项国家标准、行业标准获批立项。

【北京市轨道交通建设管理有限公司】

北京市轨道交通建设管理有限公司（简称“轨道公司”）成立于2003年，为京投公司全资子公司，主要从事城市轨道交通建设的专业管理，注册资本2.6亿元，是国家高新技术企业。经北京市政府批准于2020年8月与京投公司完成合并重组。重组后，由京投公司对其行使出资人职责，负责各在建地铁线路公司、北京城市快轨建设管理有限公司、新疆乌京基础设施建设管理有限公司业务归口管理。

2023年，轨道公司聚焦主责主业，轨道交通建设实现了新突破。轨道交通建设有序推进，17号线北段、16号线剩余段和11号线西段剩余段、昌平线南延一期等3条线段实现高质量开通，在建11条线段建成后，完善北京轨道交通网络，加强轨道交通对城市副中心、北三县等区域的衔接、覆盖，构建以轨道交通为骨干的城市公共交通体系，提高整体线网运行效率，更好地服务于首都的经济和社会发展；轨道建设管理各环节统筹协调能力持续增强。计划调度、勘察设计、前期协调、合同管理、运营协调等各环节密切配合，工程建设提质增效。轨道公司注重创新发展，加大创新投入力度，企业创新能力持续提升，科技创新潜力进一步释放，多元主体协同创新格局加速构建。重大科研项目成果丰硕，坚持应用导向，推动全生命周期减振降噪管控体系建设，编制碳达峰和工程装备化智能建造行动方案，推进装备化智能建造技术在1号线支线应用落地。全力推进智慧工地建设，在13号线扩能提升工程试点应用，科技成果运用持续深化。轨道公司切实履行轨道交通建设主体责任，牢固树立安全发展理念，强化底线思维和红线意识，加强安全生产教育培训，强化对多源因素综合分析及对风险情况动态预警，确保工程建设又稳又好发展。

【北京京港地铁有限公司】

北京京港地铁有限公司（简称“京港地铁”）于2006年1月16日由北京市基础设施投资有限公司、北京首都创业集团有限公司和香港铁路有限公司共同出资组建而成。

年内，京港地铁以PPP模式参与投资、建设并运营北京的地铁4号线、14号线、16号线，并负责运营管理大兴线，以租赁经营模式运营17号线。线路总里程约200公里，开通运营里程190.4公里，所辖车站109座。

京港地铁秉承“安全第一、优质服务、协作进取、务实高效”的理念，持续借鉴港铁经验，并结合北京本地实际，积极为市民提供更安全、优质的服务。2023年，年客运量6.9亿人次，日均189.0万人次。各线路平均列车兑现率99.9%，平均正点率99.9%，各项重要运营服务表现指标均达到或优于市交通委下达的指标。做好运营安全管理工作，实现17号线北段开通、16号线贯通，助力乘客便捷出行。在运营服务提升方面。一是落实服务规范，根据行业标准，优化完善公司服务标准体系。二是公布顾客服务承诺，通过设定服务指标、推动各项设施改造和便民贴心服务举措，让乘客切身感受地铁服务的温度。三是推进乘客体验项目，全年陆续推出适老化标识改善项目，高质量城市空间出行优化项目以及列车客室电子地图信息显示优化等多项服务改善项目，为乘客创造更友好、更体贴的出行氛围。四是开展乘客满意度调查和服务质量评价，深入分析挖掘乘客需求，努力改进服务质量。

京港地铁借鉴港铁连接地铁与社区的经验，开展地铁公益文化项目，进一步提升乘客安全文明出行意识；关注对老年人、残障人士等群体的服务，通过开展无障碍体验活动及举办公益画展，打造全龄友好无障碍环境；参与完成多个国家标准规范编制，创新探索智能化技术应用，提升公司智慧运营水平；借鉴港铁经验，通过落实推进节能低碳项目、精细化管理等措施，不断推进企业绿色可持续发展。

【北京市轨道交通运营管理有限公司】

北京市轨道交通运营管理有限公司（以下简称“轨道公司”），成立于2016年4月，是京投公司的直管二级公司，是北京市政府批准的北京第三家轨道交通运营商，2020年3月，获得国家级“高新技术企业”称号。公司主营业务涵盖轨道交通客运服务、车辆及设备设施维修服务、技术研发、咨询培训、广告、民用通信等版块。目前，轨道公司负责运营北京市轨道交通燕房线、北京大兴国际机场线、19号线。

2023年，轨道公司将战略规划与“新轨道、心服务、欣体验”的服务理念结合，向“特色鲜明、行业领先，成熟的城市轨道交通综合运营服务商”迈进。

大兴机场线提前首班车发车时间。2023年4月28日首班车起，大兴机场线草桥站至大兴机场站方向首班车时间由6:00提前至5:41，并同步对8编组、4编组列车的上线分布时间进行优化，为旅客提供优质便捷的服务，全力保障大兴国际机场陆侧交通运输。

大兴机场线实现DTO模式全自动运营。2023年6月30日，轨道公司着眼行业发展最新趋势和大兴机场线高品质运营服务需求，结合市域轨道交通和航空服务专线特点，深入研究大兴机场线全自动运行系统场景功能，建立完备的系统运作和应急处置机制，广泛开展测试验证和应急演练工作，在功能实现、规章体系和人员组织均达到了DTO模式全自动运营的标准，具有重大行业示范意义。

19号线两次缩短最小行车间隔。轨道公司深入分析线路特点和客流分布特征，不断优化行车组织方案，于2023年1月30日和8月30日先后两次缩短19号线平日最小行车间隔，将早高峰最小行车间隔由6分钟缩短至3分50秒，晚高峰时段行车间隔由6分缩短至4分50秒。

完成19号线一期全自动功能调试。19号线以CBTC-CM（自动人工驾驶模式）信号运行级别于2021年12月31日开通运营。2023年，通过系统不断优化，开展相关专业现场调试，于2023年5月完成全自动功能调试并获得全自动运行系统安全授权，6月底完成全自动系统预验收及正式验收工作，11月初完成系统功能缺陷整改及运营需求优化工作。

完成燕房线与19号线中心调度区域整合工作。应北京市轨道交通指挥中心的要求，轨道公司配合进行小营控制中心燕房线与19号线调度区域整合工作。2023年9月22日，14个专项作业队协同工作，完成燕房线与19号线中心调度区域整合工作。

大兴机场线120万公里架修顺利完成。本年度完成大兴机场线8编组车120万公里架修工作，这是行业内首次开展的市域车120万公里架修，无经验可借鉴、无成熟案例可参考。该工作的顺利完成，在市域车运用检修方面具有里程碑意义。

【北京城市快轨建设管理有限公司】

北京城市快轨建设管理有限公司成立于2001年7月，注册资本金3500万元。2020年11月12日，业务归属轨道公司管理，主营业务轨道交通建设管理，2022年8月8日，京投公司85.7%股权全部无偿划拨给轨道公司，轨道公司持股 100%。

2023 年，全体职工以“时不我待”的紧迫感，“舍我其谁”的责任感，“功成有我”的使命感，全面完成各项建设管理任务。16 号线剩余段（榆树庄站至宛平城站）、二里沟站、苏州街站，11 号线西段（冬奥支线）模式口站，北辛安站 B2、B3 口顺利开通。22 号线累计 8 座车站主体结构完成，河北段 6 台盾构全部始发。28 号线东大桥站、核心区站、京广桥站 3 座车站实现实质性开工。主题教育成果显著。环保验收、竣工结算、尾工消缺稳步推进；全年未发生安全生产责任事故，为首都轨道交通建设做出新的贡献。

【北京公交有轨电车有限公司】

北京公交有轨电车有限公司（以下简称“有轨公司”）于 2017 年 4 月成立，是北京公共交通控股（集团）有限公司的全资子公司。主要从事城市轨道交通运营、投资与建设管理业务。现有员工 436 人。所辖西郊线分公司、亦庄有轨公司，控股河北城轨公司、公交城轨公司，参股北京百瑞客公司。有轨电车西郊线获得“第 21 届全国青年文明号”称号。有轨公司职工心理赋能“追光”计划获评北京市总工会 2023 年度优秀职工心理服务项目。

有轨公司坚定信心、聚焦发展、提质增效，按照“十四五”发展规划目标，坚持“深化改革、创新服务、依法治企、提质增效、安全稳定、从严治党”的总方针，积极围绕“城市轨道客运出行综合服务”的发展主业，聚焦“降成本、升服务、提效益、保安全”，实现安全稳定和事业发展。

一、提升服务质量，实现线路安全运营。一是聚焦安全生产整治，全力保障安全稳定。召开有轨公司安全生产委员会 12 次，组织联合检查 20 次，出动检查 132 人次，发现隐患 31 项，所有隐患均完成整改。落实安全大排查、大整治专项工作，召开公司级 3 次安全生产工作部署会，组织召开周调度例会 24 次，制定印发 9 个大排查相关文件。二是细化客运服务保障，再创最高客流纪录。红叶观赏季期间，共运送乘客超 143 万，其中 10 月 28 日单日运送乘客达 9.9 万人次，再创单日最高客流纪录，完成大客流保障大考。

二、强化降本增效，实现企业经营水平提高。一是优化人员结构，努力降低人工成本。比 2022 年下降 7.4%。二是提高自维水平，降低委外费用。西郊线陆续实现了车辆专业、通信专业等 9 个子系统的部分自维；通过节能改造、优化环控等措施，年均节约 30 多万度电。开展部分零部件、总成的自修，节约成本 100 余万元。

三、注重合规管理，实现企业管理效率提升。一是进一步强化发展规划的战略导向作用。完成有轨公司“十四五”发展规划中期评估工作，制定出台有轨公司对标世界一流企业价值创造工作方案，以评估推发展、促落实。二是做好合规管理建设。签署《合规承诺书》151 份，编制合规风险识别清单 32 张，岗位合规职责清单 118 张，流程管控清单 28 张。

【北京全路通信信号研究设计院集团有限公司】

北京全路通信信号研究设计院集团有限公司（以下简称“通号设计院”）成立于 1953 年，前身为铁道部电务设计事务所，现为中国铁路通信信号股份有限公司全资子公司。以轨道交通领域为核心，集系统研究、标准制定、应用开发、设计咨询完整业务链。

通号设计院是国家高新技术企业、国家知识产权示范企业、中关村国家自主创新示范区“十百千工程”培育企业。2006 年至 2020 年，连续获企业信用评级 3A 证书，2014 年被认定为北京市高速铁路运行控制系统工程技术研究中心，2015 年被认定为国家级工业设计中心，2018 年被认定为国家技术创新示范企业，2019 年被认定为国家企业技术中心和国家知识产权优势企业。作为铁道行业“通信信号设备制式标准化技术归口单位”，承担国家、铁道行业、铁道／轨道交通协会团体标准等多项标准的制定工作。着力加快科技创新步伐，加快转型升级进程，发挥设计、研发、集成“三位一体”优势。

中国高铁 CTCS-3 级列控系统被誉为高铁的“大脑”和“神经中枢”，是高速铁路三大关键技术之一，是保障列车安全运行和提高运输效率的关键技术装备。由通号设计院自主研制的国内首套自主化 CTCS-3 级列控系统是继标准动车组 420 公里时速交汇试验之后中国高速铁路技术自主化的又一阶段性成果。自主化 CTCS-3 级列车运行控制系统为高铁“走出去”奠定必备基础。

通号设计院是全国轨道交通电气设备与系统标准化技术委员会通信信号分技术委员会（SAC/TC278/SC2）、铁路行业电气设备与系统标准化技术委员会通信信号分技术委员会、中国铁道学会标准化（通信信号）专业技术委员会（TC12）的秘书处单位，铁路卫星应用专委会标准办公室单位，归口国家和行业现行有效标准 198 项。主持国际标准 2 项，累计主编国家和行业标准 171 项。主编的《铁路数字移动通信系统（GSM-R）》系列行业标准 2018 年获中国标准创新贡献二等奖，《ZPW-2000 轨道电路技术条件》行业标准 2022 年获中国标准创新贡献奖三等奖。《高速铁路复杂工况高安全运行控制关键技术研究及应用》获北京市科学技术奖一等奖，《一种轨道电路电缆故障在线检测方法和装置（专利号 Z201810333255.8）》获第二十四届中国专利奖银奖。至 2023 年底，拥有专利 1370 件，其中发明 1041 件，海外专利 235 件，累计计算机软件著作权登记 322 项。获得国家科技进步奖 10 项，省部级奖项 389 项。

至2023年底，共承担国内20座城市98条，海外4条线的工程设计任务。国内轨道交通设计项目包括北京、哈尔滨、长春、沈阳、呼和浩特、大连、济南、南京、上海、武汉、苏州、杭州、宁波、厦门、广州、深圳、乌鲁木齐、南宁、贵阳、雄安等。

【通号城市轨道交通技术有限公司】

通号城市轨道交通技术有限公司（简称"通号城交"）是国务院国资委管理的中国铁路通信信号集团有限公司的全资子公司，专注于城市轨道交通列车运行控制和信息系统研究，是国家高新技术企业、北京市知识产权示范单位。

通号城交作为中国通号实现城市轨道交通装备自主化的核心科技企业，具备从系统研究、科研开发、集成交付到运营维护的全过程实施能力，通过国际铁路行业标准（IRIS）和软件能力成熟度模型集成（CMMI）三级认证，获得信息系统建设和服务能力评估优秀级（CS4）证书。

通号城交始终以发展轨道交通民族产业、实现科技自立自强、守护公众出行安全为己任，研制的以互联互通信号系统和全自动运行系统（FAO）为代表的系列自主知识产权城轨信号系统，成熟应用于十几个城市近50条城轨线路。

通号城交承担中国城市轨道交通协会城轨装备核心技术攻关项目，研制的深度自主化信号系统实现从芯片到操作系统的100%自主化，获独立第三方安全评估机构颁发的安全评估证书，于2023年初通过协会组织的现场试验评审，具备工程应用条件。

通号城交联合长春地铁研制的"面向线网融合的多制式兼容型信号系统"通过中国城市轨道交通协会科技成果评审。该成果实现"一套车载、两种制式、无感贯通"，在长春3号线稳定运行超过2年，2023年再次服务于长春4号线，通过自主化技术，创新信号系统"渐进式"分段大修改造模式，破解不同信号制式线路间的互联互通难题。

通号城交自主研发的新一代网络化城轨智能列控系统（NiTC）完成研制，并获得独立第三方安全评估机构颁发的安全评估证书。NiTC系统的研发以"守正创新"为理念，在操作方式及运营管理模式不变的基础上，实现列车自主运行、基于资源精细化管理的高性能折返、任意点折返等功能。

通号城交一直秉承安全、适用、传承的系统交付理念，依托自主可控的核心技术，能够为客户提供定制化的系统解决方案和全生命周期技术服务，助力中国城市轨道交通快速发展。2023年，开通重庆5号线北延线、长春4号线南延线、西安1号线三期、合肥3号线南延线、合肥2号线东延线、重庆5号线中段贯通等项目，其中重庆5号线北延线、西安1号线三期、合肥2号线东延线、重庆5号线中段贯通项目实现试运行考核期信号系统"零故障"。北京地铁12号线、西安地铁10号线、天津地铁4号线北段、长春地铁7号线等在建线路工程项目里程碑"100%兑现"。

【交控科技股份有限公司】

交控科技股份有限公司（688015.SH）（以下简称"交控科技"）成立于2009年12月，并于2019年7月成为首批科创板上市企业。交控科技持续深耕轨道交通行业，解决信号领域多项"卡脖子"问题，将自主技术提升至国际化水平，并围绕"低空经济"展开探索与战略布局。

2023年，交控科技秉承"客户至上、持续创新、安全为本"的核心价值观，积极推进各项工作及日常经营稳步发展。

市场方面，交控科技坚持"以市场为导向、以客户需求为中心、合理配置资源"的原则，中标4条新线和3条延长线，累计中标金额为20.01亿元，稳中求进，持续推动市场开拓。交控科技在维保维护服务等业务市场开拓方面不断斩获新订单。

技术方面，交控科技继续秉承"应用一代、开发一代、研究一代"的创新发展策略和路径，持续开展核心技术研发与产业化工作。基于感知的车车通信列车运行控制系统（PB-TACS）、自主虚拟编组运行系统（AVCOS）等核心系统实现突破；加快推进重载铁路移动闭塞列车控制系统；面向城轨智慧应用，研发一体化综合承载"天枢"平台。智能调度系统以及AVCOS系统在北京11、19号线示范工程顺利完成专家评审，实现技术新突破。

工程方面，交控科技携手各地建设单位和合作伙伴，共助力北京、沈阳、武汉、郑州、青岛等城市7条线路的高标准高水平开通，实现对客户的高质量交付承诺。特别是2023年9月，北京11号线示范工程完成虚拟编组列控关键技术的现场试验，顺利通过结题验收，核心关键技术获得阶段性突破。

2023年，交控科技被认定为第30批"国家企业技术中心"，多项核心技术获得"城市轨道交通科技进步奖"等专业奖项。

【北京城建智控科技股份有限公司】

北京城建智控科技股份有限公司（简称"城建智控"），成立于2014年，是北京城建集团科技产业化板块的重要组成部分。城建智控致力于成为国内领先的"数字城市"综合解决方案服务商，重点服务国家"数字经济"战略。打造集"设计、研发、制造、集成、运维"为一体的数字技术一站式服务体系。深耕数字交通领域，以"云计算、大数据、物联网、人工智能"等新兴技术为核心，打造“产品＋服务”的交通数字化转型体系，推动中国城市轨道交通行业的数字化转型升级。

城建智控下设2家子公司、8家分公司，拥有员工849人。授权发明专利103项、软件著作权197项。是国家高新技术企业、国务院“科改示范企业”、北京市市级企业技术中心、专精特新“小巨人”企业、北京市“隐形冠军”企业、首都文明单位。服务范围覆盖全国28个省（自治区、直辖市），100个总包业主，60个城市，并为玻利维亚、越南、摩洛哥、老挝、尼日利亚、乌兹别克斯坦等多个海外客户提供技术及产品输出服务。

2023年，城建智控获得北京市科技进步二等奖等6项科技奖项。“公司基于云边端协同架构的城市轨道交通运行管理系统”科技成果，被北京市轨道交通学会评为“国际先进水平”。“城市轨道交通基于云平台的综合自动化系统”“城市轨道交通列车自动监控系统”“城市轨道交通站台门系统（PSD-PD-100）”三项自主化产品上榜《城市轨道交通第二批自主化装备推荐清单》。“基于机器视觉技术的交通大数据综合解决方案——交通治理数字化转型应用场景”荣获2023全国企业数字化应用十佳解决方案。

2023年，城建智控中标项目数量93个，新签合同额近40亿元，城轨云和综合监控细分市场排名第一。

5月，城建智控与中铁电气化局集团有限公司组成的联合体，成功中标重庆“市郊铁路璧山至铜梁线工程PPP项目弱电系统分包工程”，中标金额5.7亿元。5月，城建智控还中标“西安市地铁8号线、10号线一期、15号线一期工程专用通信、公安通信系统集成采购项目3标段”，中标金额1.3亿元。

6月26日，城建智控参建的宜宾智能轨道快运系统T4线正式通车试运行。

7月，城建智控中标华为上海青浦研发生产项目小火车信号系统采购工程，为该项目提供信号系统的集成、软件开发、设备采购、安装调试等全生命周期服务。

8月27日，福建省首条采用最高等级（GoA4）全自动驾驶系统运行的地铁线路——福州地铁4号环线首通段正式开通运营。城建智控作为该项目的弱电集成单位和信号系统的集成单位，提供软件开发、设备采购、安装调试等全生命周期服务。

9月，城建智控成功中标“朔黄铁路铁路数据主动安全管控技术研究”项目。有力地推动了相关项目的信息化、数字化、智能化发展。2023年11月，城建智控以3.5亿元金额中标安康智算中心（一期）项目货物（核心软硬件产品）采购项目，将为该项目提供大量自研产品及自有解决方案。

11月，城建智控以3.49亿元金额中标安康智算中心（一期）项目货物（核心软硬件产品）采购项目，为该项目提供大量自研产品及自有解决方案，并在基础设施建设运维、核心技术研究、产业生态打造、平台产品建设、行业业务拓展、产品解决方案、基础设施产品运营、供应链维护、数据算法开源开放、行业标准制定等智能计算全环节，为安康智算中心提供经验丰富且业界领先的团队支撑，助力其高质量发展。

【天津轨道交通集团有限公司】

天津轨道交通集团有限公司组建于2014年5月，是集轨道交通投融资、建设管理、运营管理、资源开发于一体的综合平台，主要负责天津城市轨道交通和市域（郊）铁路投资建设与经营管理及沿线资源开发工作，代表天津市政府与国铁集团合资建设铁路的股权出资与合作开发。

2023年完成投资232亿元，高质量开通11号线东段，日均客流156.6万人次。盘活7宗、1100亩土地，实现土地出让金37亿元，回款22亿元；新增盘活房产16万平方米，可经营性房产出租率提升20%。营业收入23.8亿元，利润总额7.8亿元。全年无较大及以上安全生产事故。

重点项目快速推进。津静线一期进入试运行阶段。5号线延伸线地下主体结构全部完成。新开通既有线出入口21个。4号线北段、7号线、8号线及延伸线、11号线西段及延伸线等PPP项目进展顺利。全年完成铁路投资26.8亿元，京沪、南环等铁路全年分红5.2亿元，津兴城际开通运营，京滨城际、津潍高铁建设进展顺利。轨道交通产业基金募集资金3亿元，投资市场化项目5400万元。

运营管理水平稳步提升。开展“民呼我为、擦亮窗口”、客流培育提升、服务品质提升三大行动，全年运送乘客5.7亿人次，日均客流较疫情前增长8.7%，公共交通出行分担率提高到60%，轨道交通已成为天津市民公共交通出行首选。津滨轻轨9号线信号系统改造工程开工建设。人脸识别功能试点上线，天津地铁App实现与12座城市互联互通，注册用户突破1200万人次。3项运营管理指标进入全国前三，6项指标全国前五，20项指标全国前八。

资源开发经营成果显著。启动市场化体制机制改革，成立“三量”工作领导小组和专班，制定“三量”工作实施方案。TOD专项规划获得市政府批复。双林地块以19亿元价格出让。先达、津龙湾、井冈山路城市更新项目先后开工。抢救性开工建设佟楼、尖山路保租房项目。打造国际航运大厦楼宇品牌，引入知名航运物流企业44家，年税收1.2亿元以上，获“中国楼宇经济行业特色楼宇30强”“天津五星超甲级写字楼”。6个商品房项目销售回款8亿元。牵头成立天津市轨道交通协会，举办天津市轨道交通产业促进大会。全年实现运营及咨询服务外部市场收入1.1亿元，同比增长94%。企业管理水平持续提升。天津轨道交通集团有限公司落实天津市“十项行动”方案落地实施，“十四五”发展规划中期调整如期完成。集团本部获得合规管理体系 ISO37301 国际标准、国家标准双重认证。新增雏鹰企业 3 家、瞪羚企业 1 家，3 家企业获得高新技术企业认定。2 项科技成果国际先进，3 项国内领先。累计 6 个光伏项目投入使用，规模和发电量位居行业前列。智慧工地安全监控平台建成使用，预制装配式地连墙试应用，累计建成 7 座智慧车站，构建智慧运维体系，运营线路能耗同比下降 1%，综合能耗强度较疫情前下降 11.7%。

【天津滨海新区轨道交通投资发展有限公司】

天津滨海新区轨道交通投资发展有限公司成立于 2010 年 11 月 18 日，为滨海新区专业承接轨道交通投资建设的法人主体。主要承担新区滨铁 1 号线（B1 线）、滨铁 3 号线（Z2 线）的投资建设任务以及未来轨道交通线网实施任务。完成滨海站综合交通枢纽市政配套工程的投资建设任务，并负责滨海站的运营管理工作。

2023 年，天津滨海新区轨道交通投资发展有限公司以习近平新时代中国特色社会主义思想为指导，以落实中央、市、区各项工作部署为宗旨，以集团“1258”战略为纲领，坚持党建引领、聚焦主责主业、探索转型升级、推进提质增效、维护安全稳定，攻坚克难、真抓实干，完成了各项指标任务。

天津滨海新区轨道交通投资发展有限公司在已有项目的基础上，配合相关单位开展多个新项目的前期策划研究，包括 TOD 综合开发、中低运量轨道交通规划、成功申发外滩区域排水改造项目。

【石家庄市轨道交通集团有限责任公司】

石家庄市轨道交通有限责任公司是石家庄市乃至河北省唯一一家从事轨道交通建设及运营管理的公司。成立于 2010 年 4 月 14 日，主要承担石家庄市轨道交通项目建设工作及运营筹划工作。隶属于石家庄交通投资发展集团有限责任公司。

2022 年 12 月 30 日 4、5 号线一期工程开工之后，2023 年 4 月底顺利实现 1 号线三期、6 号线一期工程开工目标，掀开了石家庄市轨道交通“四线同建”的历史新篇；地铁运营服务能力获得市民广泛认可，自 2023 年 12 月以来，单日客流屡创新高，客运强度多次位居全国榜首，12 月 31 日客运量达 295.8 万人次，线网客运强度 4.0 万人次 / 公里，打破内地城市轨道交通行业客运强度最高纪录。

【太原轨道交通集团有限公司】

太原轨道交通集团有限公司于 2012 年 5 月注册成立，性质为“有限责任公司（国有控股）”，注册资金 70.8 亿元，全面履行融资、建设、运营和资源开发“四位一体”职能，隶属于太原市国资委。

2023 年，太原轨道交通集团有限公司围绕承担的 1 号线建设、2 号线运营、3 号线开工筹备、资源开发、企业管理等主责主业，聚焦太原轨道交通高质量发展目标，稳定信心，稳中求进，完成各项任务。2 号线一期工程获山西省建筑业协会“汾水杯”奖，地铁控制中心项目获绿色建筑 LEED（能源与环境设计先锋）金级认证。

狠抓工程建设。1 号线一期工程施工图设计、征地拆迁完成率 100%，机电设备系统排产 90%，24 座车站全部封顶，24 个盾构区间实现“洞通”“轨通”，为 2024 年底开通试运营打下坚实基础。

实现安全运营。2 号线运营满三周年，严格履行安全生产责任，经受住春运、汛期等各类考验，未发生责任事故和事件，整体运营安全平稳。全年运送乘客 4382.2 万人次，比上年增长 51.8%。启动 1 号线运营筹备。

推动资源开发。以“轨道 + 物业”为抓手，加强 TOD 开发建设和资产租赁。太原轨道万科星空 TOD 项目完工并实现交付，控制中心部分办公楼层完成对外租赁；与城六区政府签订资源开发《合作框架协议》。

加强创新驱动。在绿色地铁方面，践行《中国城市轨道交通绿色城轨发展行动方案》，太原地铁控制中心项目历时 5 年，通过 USGBC（美国绿色建筑委员会）LEED 金级认证；太原轨道交通集团有限公司研发的“地铁车站新型环控系统节能技术研究与示范应用”等项目获山西省建设科技优秀成果；开展车辆、牵引、供电、环控等专项节能技术在 1 号线应用。

在人文地铁方面，秉承为百姓办实事精神，12 月 1 日开通上线支付宝扫码乘车功能。在智慧地铁方面，实施 BIM 应用、车车通信、GoA4 全自动运行等，保证 1 号线建成即领先。

特色亮点工作。1 号线朝阳街站管线迁改通过协调优化方案，比原计划提前 6 个月完工；建设北路南站至太原东广场站盾构区间成功安全下穿太原火车站；关键节点的突破，为全线“洞通”奠定基础。2 号线对法定节假日及 9 月份周杰伦演唱会期间延长运营 1 小时，调整早晚高峰行车间隔，满足乘客需求。

【呼和浩特城市交通投资建设集团有限公司】

呼和浩特城市交通投资建设集团有限公司成立于 2014 年 12 月，为呼和浩特市人民政府直属国有独资企业，注册资本金 50 亿元，产业范围涵盖交通基础设施建设与运营管理、TOD 物业开发、光伏新能源产业及工程项目全过程咨询等领域。

重点项目建设提质提速。呼和浩特新机场航站区、飞行区主体工程完工，工作区 31 个单体建筑全部封顶，四项配套工程同步推进。老牛湾通用机场完成土石方工程、绿化、护坡等建设任务，开始沉降监测。G5901 伊利健康谷互通、G6 东二环互通均比合同工期提前 3 个月建成投运。新华广场地面广场和负二层停车场对外开放，负一层新华 MALL 购物广场年底建成营业。马鬃山滑雪场获评国家 AAA 级旅游景区，二期民宿改造工程提前完成，11 月 25 日启动 2023—2024 年雪季运营。启航大厦、绥远轩 TOD 项目、新华三中央实验室项目竣工验收并移交业态经营单位。

集团经营发展多元可持续。一是培育新兴产业，建成首个轨道交通领域的新能源分布式光伏发电项目，年内累计发电 156.4 万度，轨道交通“两段一场”光伏发电项目、新机场综合智慧能源项目和我市新能源指标 60 兆瓦风电、112 兆瓦光伏项目同步开展前期工作。二是拓宽经营范围，累计承揽招标代理、造价咨询、监理、全过程咨询等业务 680 余项，营收超亿元，业务范围基本覆盖自治区全域，并在上海、陕西等区外省市打开市场。三是坚持创新引领，结合集团公司工程实施和业务实际开展课题研究，攻克城市交通建设等难题；与内蒙古科研院成立“未来城市与现代交通综合工程中心”，和同济大学签约建立院士专家工作站，持续开展与浙江大学等院所高校的交流合作。

企业改革与治理有力有效。一是强化内控管理，聚焦工程建设、招投标、财务管理等重点方面和重点部门开展内部审计，深入推进“五定”改革，开展经理层成员任期制和契约化管理。二是赴上海浦东机场等区内外企业调研考察，学习新经验、交流好做法。与济南、重庆等轨道交通企业建立对标机制，完成子企业投融资差异化管控研究，在企业经营管理等方面取得阶段性成效。三是深化合作共赢，与呼和浩特市城投集团、内蒙古自治区土投集团等单位签订《全面战略合作协议》，参加第二届黄河流域轨道交通高质量发展论坛，与东北地区三省四市建立城市轨道交通企业联系机制。

【沈阳地铁集团有限公司】

沈阳地铁集团有限公司（以下简称“沈阳地铁”）为大型公益性国有全资公司，成立于 2004 年 4 月，主要职责为地铁建设和运营服务，此外，还承担着城市常规公交、公租房建设及租赁、会展、盛京通卡、酒店经营等业务。

沈阳地铁确立“以高质量发展为中心，成为创新驱动、民心承载的轨道交通标杆企业”为公司发展愿景，聚焦“站城融合、产业集聚、智慧地铁、四网融合”四大发展战略，着力构建现代化城市轨道交通网络新动脉。

2023 年，沈阳地铁建设、运营及多种经营方面，扎实推进各项工作。在地铁建设方面，实现双线开通、双线开工。2 号线南延线及 4 号线一期工程，于 9 月 29 日开通初期运营；9 号线二期、10 号线工程（张沙布-丁香街）同日开工建设。全力推进 5 条在建线路建设进度，1 号线东延线工程完成全部 10 座车站主体结构施工；3 号线一期工程累计完成 17 座车站主体结构施工；6 号线一期工程累计完成 11 座车站主体结构施工；9 号线二期、10 号线二期工程前期工作顺利开展。在地铁运营方面，完成既有线路安全运营和新线开通运营等重点工作任务，地铁线网进入“空铁联运”时代。为进一步提升地铁运力，对 5 条线路的高峰期最小行车间隔进行压缩调整，同时，沈阳地铁不断完善线网运营保障工作，先后为 CBA 赛事、马拉松、演唱会等大型活动提供运营保障；服务热线“96200”于 6 月揭牌启用，为市民提供 24 小时热线服务；持续关注民生所需，上线“冷暖车厢”服务，设置“纳凉区”；完成 ANCC 系统建设，该系统为东北地区首个基于云计算平台架构打造的新一代地铁 AFC 线网控制系统。在多种经营方面，青光街商业地产项目销售工作有序推进；同盛和悦项目完成整体租赁；拓展站内便民商业新模式，罗森超市、库迪咖啡、肯德基、麦当劳等商家进驻；广告业合作经营、零星自营双管齐下；公租房配套商业，完成 3 套大型商业招租合同签订；国展中心承接展会活动 72 场；持续拓展隧道清洗、钢轨打磨等业务；积极拓展内、外部培训业务；持续拓展盛京通纪念卡、异形卡、手机虚拟卡业务；实现沈阳市公交地铁一码通行。

【沈阳浑南现代有轨电车运营有限公司】

沈阳浑南现代有轨电车运营有限公司（以下简称“沈阳浑南”）为沈阳市浑南区国有企业，成立于 2013 年 7 月 31 日，隶属于沈阳现代交通产业集团有限公司，提供城市有轨电车客运服务，运营管理沈阳浑南及相关有轨电车系统特许经营项目，提供日常运营管理、维护等相关工作。

2023 年，沈阳浑南紧跟新形势、新要求，以“提质增效”为主线，主动作为、迎难而上、持续攻坚，在“保安全、优服务、提素养、强执行”四个方面狠下功夫，持续推动公交事业稳健发展。

构建安全生产新常态，助推安全管理新格局。全面落实安全生产责任，定期分析研判安全形势，组织召开 4 次安委会会议。强化风险辨识管控，完善安全风险数据库及隐患排查台账，共辨识出危险源 303 项。组织开展各类公司级安全检查 17 次，排查出隐患 146 条，整改完成 139 项，其余 7 项问题落实管控措施。组织“安全生产月”“消防宣传月”系列活动，多角度多渠道宣贯安全知识，提升职工安全意识。从实战出发不断完善应急救援队伍，组织各级应急演练 171 次。重点强化反恐及防汛应急管控，保障全年有轨电车运营安全。

推动技术改造与创新，赋能高质量发展。2023 年主要开展雨刷器换型改造、辅助进风口改造、搭建受电弓试验平台、完成 10 个变电所杂散电流传感器安装环境的改造工作、开展 100% 低地板电客车信号系统技术改造。对 1、2 号线 9 处钢轨伤损病害进行补焊，节省委外焊修费用。

深化组织机构变革，激发企业内生动力。沈阳浑南致力于优化人力资源结构配置，建立长效激励机制。优化了薪酬分配制度。顺利完成职工安全及岗位技能培训工作。引入社会第三方人力资源咨询机构，助力公司开展组织架构梳理、优化岗位职责与编制、组织开展中层竞聘等工作，形成“能上能下、能进能出”的激励竞争机制，努力创建有利于优秀人才脱颖而出和发挥其才干的制度环境，吸引、培养和留住优秀人才，充分发挥人才的潜力和价值，推动企业不断发展和进步。

【大连公共交通建设投资集团有限公司】

大连公共交通建设投资集团有限公司于2022年6月挂牌，是由大连地铁集团有限公司和大连公交客运集团有限公司通过战略性重组、专业化整合，成立的公益类产业集团。集团重组整合后，以“建设人民满意的公共交通，助力城市高质量发展”为愿景目标，以城市公共交通运输、运营，城市公共交通投资建设，城市公共交通相关资源开发及经营（含TOD等模式）为三大主业。

2023年，大连公共交通建设投资集团有限公司建立“为民、安全、奋斗、创新、价值、共享”的企业文化，确立了“人民至上、系统观念、一流目标、规划引领、创新驱动、融合发展”的发展理念，按照“高起点、高质量、高科技、高效能”四高要求，推行“标准化、专业化、精益化、信息化、半军事化”五化管理，持续提高“人才、创新、科技、品牌、资源、服务、品牌”企业核心竞争力。

深化国企改革，提高核心竞争力。战略引领高质量发展，制定企业“1356”战略规划。实施国企改革“一企一策”四大路径15项改革措施，降本增效提质化险。深入推进“三项制度”改革，科学量化组织绩效和岗位绩效考核。实施工程项目全生命周期持续优化管理，建设优质安全廉洁工程。组建十大攻坚克难工作专班，推动高质量发展取得实效。

聚焦主责主业，增强核心功能。科学优化公共交通线网，打通地铁主动脉，畅通公交微循环，公交、地铁客流双提升，总客运量同比提升40%；持续擦亮“大连交通，您温馨流动的家”品牌，编制近200项地铁和交通枢纽人性化设计细节，完善近50项人性化服务功能，乘客满意度保持在公共交通行业上游水平。地铁5号线3月17日开通，北站综合交通枢纽4月30日开通运营，首个TOD开发项目实现交付。“创新链、产业链、人才链、资金链”融合发展，物业、城市物流、科技推广、新能源、新材料、汽车服务等新赛道加速拓展，公共交通相关战略新兴产业起势发力。

人才引领，科技赋能，推动高质量发展。高素质专业化的干部人才队伍建设成效凸显；社会招录省优工程奖带头人等紧缺专业人才；培养复合型技能型人才，培训高技能人才，推行“技能交通人人持证”；16项人才培养资质落户集团。成功申报省城市交通绿色智慧专业技术创新中心，组建新型高端专家智库和“四新”技术库，集成推广应用近200项“四新技术”，推动“人事合一”协同办公系统高效运转，建成应用资产管理EAM系统，公交地铁“一码通行、多码并行”加快升级，“一体化低碳出行服务平台”建设初见成效。

【长春市轨道交通集团有限公司】

1998年7月成立长春市轨道交通有限责任公司，2009年5月经市国资委批准，长春市轨道交通有限责任公司更名为长春市轨道交通集团有限公司。2009年5月注册成立长春市地铁有限责任公司，2013年12月，将该公司纳入长春市轨道交通集团有限公司，变更为具有独立法人性质的子公司。

在长春市委、市政府的坚强领导下，集团公司党委、全体干部职工全面贯彻落实党的二十大精神和习近平新时代中国特色社会主义思想，深刻学习领悟习近平总书记重要讲话精神。坚持稳中求进工作总基调，坚决落实“经济回升稳定向好、安全发展基础巩固夯实、民生保障有力有效”的重要要求，以更好更快推进集团公司高质量发展为总目标，围绕年初制定的重点任务，奋发有为、团结协作，2023年实现收入8.5亿元；完成投资142亿元；全年未发生重大安全生产责任事故，以实际行动完成各项任务。

【哈尔滨地铁集团有限公司】

哈尔滨地铁集团有限公司（以下简称“哈尔滨地铁”）成立于2008年9月，主要从事地铁投资、建设、运营、开发、管理活动，负责地铁关联用地整理、开发及经营，负责地铁项目地上地下资源开发使用，下设建设、运营、置业开发、物业管理、城乡发展等5家子分公司。致力于打造深受社会各界满意、具备较强综合实力的轨道交通建设及运营企业，努力为广大市民公共交通出行提供便利服务。

在工程建设领域，哈尔滨地铁通过领导包保、签订责任书、深入现场督查、专题会议研究、考核督促落实等手段，严格推进在建工程高质量实施。一是攻克安全风险难题，结合工程实际，采用叠落区间、C型联络通道等形式，确保施工安全。二是克服工程建设与既有线运营安全和系统衔接等难题，合理调整车辆和信号调试等与既有线运营安排，确保新线安全开通。三是确定“一站一景”装饰方案，通过精心组织设计、反复论证方案等形式，实现城市文化与地铁空间的有机结合。

在运营管理领域，哈尔滨地铁秉承着以人为本的服务理念，在大客流管理、便民服务、安全应急、降本增效等方面下功夫，努力为广大乘客提供更为舒适、安全、便捷的出行环境。一是推行各类票卡政策，以“品质＋优惠”吸引市民绿色低碳出行，客流量和票务收入均有较大突破。二是建立健全统一标准，实施递进式月度考评，提升车站服务水平。三是通过延长运营时间、加大行车密度、制定专项应急预案及保障方案、提前开展实战演练等，切实保障重大活动和节假日等重要敏感时期市民出行安全。四是突出做好防汛、防台风、抗击特大暴雪安全保障，成立工作专班，制定应急预案，做好物资储备，组织开展演练，及时消除隐患，保障乘客安全。五是《哈尔滨市城市轨道交通管理条例》于2023年10月1日起正式实施，地铁安全管理实现提档升级。

在资产经营领域，哈尔滨地铁探索经营开发新机制，实现企业自主经营能力再上新台阶。一是地产资源开发成绩显著，多年来累计开发建成7个地产项目，合计开发面积104.5万平方米。二是站内广告传媒和经营态势良好，通过省内外联合广告经营等形式实现资源业态突围；积极融合“小便利”，实现地铁车站服务功能品质全面升级。三是多种经营局面实现良好开端，下属物业公司在加强物业服务管理的同时，实施地铁P+R停车场等项目，实现辅营业务新突破。下属城发公司分别中标清冰雪市场化作业服务、老旧排水管网改造工程项目现场咨询及后勤服务等项目，带来新的经济增长点。

【上海申通地铁集团有限公司】

2023年，上海申通地铁集团有限公司以上海地铁运营30周年为新的起点，深入贯彻落实党的二十大精神，全面开展主题教育，积极配合上海市委巡视，聚焦“六个高质量”目标，稳步实施基础能力提升，持续深化管理体制改革，在服务品质、数字化转型、绿色发展等方面实现新突破，高质量发展迈出新步伐。

积极响应落实国家战略引领行业发展。站在服务中国主场外交的政治高度，精益求精完成第六届进博会保障任务。全力推进建设连接长三角一体化示范区和上海中心城区的17号线西延伸工程；实现上海地铁11号线与苏州地铁11号线“无感换乘”、启动“双城记·沪苏生活圈”项目；推动召开长三角城市轨道交通企业领导人第十三次圆桌会议，切实发挥上海地铁先行先试、行业技术引领优势，做好行业“标杆”“龙头”。新增四座光伏电站，总装机容量超过50兆瓦，持续打造“地铁+光伏”复合型绿色企业品牌。

深化改革创建世界一流企业稳步开局。制定创建世界一流企业和深化改革专项行动方案，技术体系重建、业财一体化等改革重点任务有序推进，企业治理水平持续提升。线网客流持续平稳回升，占上海公共交通比重达76.2%。18号线一期获评“鲁班奖”，15号线获评詹天佑奖。新一轮“8+1”停车场上盖项目通过政策模式创新突破顺利推进，元江路项目逆势上扬，澄江路项目80%的股权转让完成。法务合规指标在上海市国资委系统评价排名提升8名。举办首届“金钥匙”职工岗位创新大赛、首届集团青年科技创新奖励大会，试点建立集团级创客服务中心等。

继往开来凝心聚力强化使命担当。举办上海地铁运营30周年系列活动，出版《数说述说抒说——上海地铁运营30年》，编撰2023版《企业文化案例集》，颁授30周年纪念徽章，联合上海广播电台推出17位老地铁人的《上海地铁口述历史》系列访谈节目，在人民广场站等推出“三十而立正青春”主题图片系列展。1个集体获评上海市党支部建设示范点，《红色文化进地铁，倾力打造“可阅读、有温度、有情怀”的城市第二空间》入选市国资系统企业文化建设优秀案例。

提升上海地铁公共文化项目品质。地铁音乐角复演超过30场，梳理形成210处公共文化阵地并编印专题地图，开行“国安号”等地铁文化列车。拓展中外交流项目，在龙阳路站推出“马拉加爱上海”西班牙墙绘等项目，举办“奇妙意大利——走近罗西尼歌剧节”等，让展览与音乐带给市民乘客全新的体验。龙华中路站被上海市文旅局认定为首批15个“美术新空间”之一，“上海地铁公共文化艺术空间”入选全国优秀群众文化品牌（共69个）。

【上海申凯公共交通运营管理有限公司】

上海申凯公共交通运营管理有限公司成立于2014年6月，由上海申通地铁集团有限公司与法国公共交通运营商凯奥雷斯（Keolis）集团合资成立。

上海申凯整合了法国凯奥雷斯集团在所有交通制式运营上的国际化经验和上海申通地铁集团在地铁系统全生命周期管理上的丰富经验及其对中国市场独到认识的优势。依托亚洲乃至全球城市及区域网络的强大资源，上海申凯专家团队在运营世界顶级的有轨电车、地铁（包括全自动驾驶地铁）、通勤服务、城际列车及其他交通方式系统方面拥有独一无二的技术和见解。申凯不仅是轨道交通运营商而是包含轨道交通、公交巴士等的综合交通运营商，努力成为多模式综合公共交通的标杆运营商和轨道交通项目整体解决方案的提供者。

【上海市隧道工程轨道交通设计研究院】

上海市隧道工程轨道交通设计研究院（以下简称“上海隧道院”）是专业提供隧道工程、轨道交通、给排水、道路、桥梁、建筑、装饰及智能化等专业领域的设计、咨询、勘察、监理等服务，并具备总承包能力的甲级咨询、勘察和设计单位，隶属于上海申通地铁集团有限公司。

2023年，上海隧道院全面贯彻落实习近平新时代中国特色社会主义思想，聚焦高质量发展，全力保障全国各项重大工程有序推进。

服务全国，稳中有进。上海隧道院持续聚焦轨道交通（含中低运量）、市域线、TOD综合开发、大修更新改造、隧道工程、市政工程、数字信息化、勘察监测、监理监护、EPC总承包等各类项目。承接上海轨道交通15号线南延伸、19号线、21号线东延伸总体总包，以及杭州、绍兴、苏州、常州等地轨道交通工点设计，积极服务长三角一体化建设；中标上海、合肥、香格里拉等地市域线及中低运量项目；EPC项目中标光伏发电工程、综合改造等项目；在上海、成都、大连、深圳等地中标多个综合开发项目，其中首次牵头设计研究对标国内国际地标性的大型综合交通枢纽项目——深圳湾超级总部基地中央绿轴及地下空间项目工可。

保障上海轨道交通。上海隧道院承担上海12条在建线总体设计和系统设计，各线路总计178.4公里、86座车站；积极配合上海轨道交通四期建设规划编制工作和一批快速通道方案研究。全力保障第一轮大修更新改造项目实施和第二轮大修更新改造项目库前期研究，完成28个大项的51本项目建议书编制。

行业智库，数字赋能。全年新立项科研项目51项，完成科研项目验收39项。其中达到国际先进水平2项，国内领先水平3项。新立项规范标准的编制项目38本。新申请专利40项，获得授权专利17项，获评国家知识产权示范企业。搭建城轨云联实验室；以数据管理平台为底座，以设计协同管理平台、建设可视化协同管理平台、车站智慧运维平台、智慧监护平台为应用，建立1+4的平台产品体系。

打造精品，建功立业。参建的绍兴轨道交通2号线一期、南通轨道交通2号线一期、福州轨道交通4号线工程、苏州轨道交通11号线通车运营；大连湾海底隧道、苏州尹山湖隧道建成通车。2023年，上海隧道院获得优秀工程奖12项，优秀勘察设计共17项，优秀咨询成果16项，科学技术奖11项，质量奖4项，其他最美车站、BIM技术应用创新等荣誉22项。其中济南轨道交通3号线获“菲迪克工程项目优秀奖”；“软土地层城市核心区多顶管组合法修建地铁车站”“深圳滨海大道（总部基地段）交通综合改造工程”分别获“ITA”隧道奖超越工程奖和年度工程奖。

【卡斯柯信号有限公司】

卡斯柯信号有限公司（以下简称卡斯柯）成立于1986年，是由中国铁路通信信号股份有限公司控股的高新技术企业，致力于轨道交通列车安全运行控制系统解决方案的创新研制和产业化应用。

卡斯柯始终坚持自主研发和创新，缔造在轨道交通各领域卓越的市场声誉与口碑，被评为“国家企业技术中心”“国家技术创新示范企业”“国家知识产权示范企业”“工业和信息化部制造业单项冠军企业”“创建世界一流专精特新示范企业”，也是国家首批认定的“服务型制造示范企业”“信息系统建设及服务能力优秀等级企业”等，同时还拥有多项行业标准认证等资质，是轨道交通行业的骨干供应商和创新标杆企业。

历经37年的深耕发展，2023年5月份卡斯柯成功中标深圳轨道交通3号线既有线路信号系统更新改造，至此，卡斯柯中标国内CBTC线路突破100条，覆盖全国28座城市，参建总里程约3596公里，成为业内首个获此佳绩的信号企业，市场占有率稳居行业之首，成长为我国轨道交通信号产业多个领域技术的领跑者和推动者。

【上海富欣智能交通控制有限公司】

上海富欣智能交通控制有限公司（以下简称“富欣智控”）成立于2012年，由中铁电气化局集团控股，中国保利旗下的华信邮电科技参股，注册资本3.3亿元。

富欣智控专注于自主化信号系统的研发与创新，拥有众多国际先进的技术和产品，满足地铁、市域快轨、轻轨、中低速磁浮、单轨、自导向轨道、有轨电车等各类制式的定制化需求。

富欣智控先后承建国内首条APM全自动无人驾驶线——上海地铁浦江线，国内首条7*24小时不间断运营的旅客捷运系统——上海浦东机场捷运线，国内首条基于云平台的自主化全自动运行线路——太原地铁2号线，青岛地铁6号线列车自主运行系统（TACS）示范工程，国内首条悬挂式单轨商用线——“光谷光子号”，大连地铁5号线，墨西哥蒙特雷轻轨项目以及上海、苏州、淮安、武汉、武夷山、都江堰等有轨电车项目。其研发成果和项目实践均获得行业广泛认可，荣获多项省部级科技进步奖以及市政金杯奖，为我国城轨交通建设作出卓越贡献。

富欣智控始终秉承自主创新、安全可靠的经营理念，致力于为客户提供城市轨道交通信号及通信系统解决方案以及全生命周期的服务，提升城市轨道交通系统自动化、智能化及便捷化水平，降低系统建设的运营维护成本。

【南京地铁集团有限公司】

南京地铁集团有限公司前身于2000年01月18日登记成立，2012年7月17日更名为南京地铁集团有限公司。经营范围包括轨道交通建设、投资和运营；土地一级开发整理和持有型物业的运营发展；轨道交通沿线相关资源的开发和经营管理。

2023年，南京地铁全面落实中央、省、市决策部署，围绕高质量发展与可持续经营主题，发挥“三位一体”协同优势，统筹推进加快轨道交通建设、提升运营服务品质、挖掘地铁经济效益等重点任务，实现高质量发展迈上新台阶。

工程建设蹄疾步稳。续建11条轨道交通线路，总长度 222 公里，完成建设投资 198.2 亿元。在建 139 座车站中，开工 129 座，完成主体结构 100 座。7 号线南段开通初期运营，5 号线江宁段实现不载客试运行，连续三年实现年年有新线开通，持续提升主城区线网密度。市域郊线路中，宁马线全部车站开展土建施工，宁扬线过江段航评获批，宁滁线一期工程前期工作稳步推进。

运营服务精准有力。科学优化运力配置，提前筹备做好重大节日、重要活动运输保障，妥善应对突发大客流。全年安全运送乘客超 10 亿人次，公共交通分担率突破 66%，8 月达历史最高 69%。设立“客运先锋党员责任区”，“与宁同行”App 实现 15 城票务互联互通，“人文地铁”品牌入选首批“江苏省著名品牌”。

资源开发质效提升。深入分析市场需求，完成青龙 11-03、曹后村车辆段等 3 幅地块出让。抢抓上盖项目重要节点，城西路项目提前 60 余天主体结构封顶，小行项目提前 6 个月竣工备案，雨花门等项目紧抓竣工交付节点。不断加大资源经营力度，全年完成 150 余间商业、4 处通道接口及 3 线广告资源招商，合同总额达 4 亿元。

产业规模不断拓展。产业公司中标 25 个项目，实现智能维保“零”的突破，在智能检测领域实现开创探索，迈出科研成果和集成能力外部市场化的坚实一步。盾构管片、预制轨道板等业务持续做大市场份额，贸易业务挖潜存量的同时，布局新赛道，创收近 3 亿元。

改革创新提档升级。贯彻实施国企改革深化提升、对标一流提升等行动，开展集团内部控制优化工作，企业发展势能迎来质的提升。推动 11 号线 GoA4 升级调整，率先推出一体化智慧列车运行系统，并在 7 号线中段完成试验验证。获批省级和市级工程研究中心等平台载体，揽获省科学技术奖、行业信息化最佳实践优秀案例等多项荣誉，以科技创新推动高质量发展的步伐日益坚实。

【南京地铁运营咨询科技发展有限公司】

南京地铁运营咨询科技发展有限公司成立于 2019 年 3 月，由南京地铁运营公司和华设设计集团股份有限公司共同出资组建。公司主营业务覆盖城市轨道交通运营咨询、培训、标识标牌平面广告制作安装、综合联调、车辆监造与结构监测、消防维保。

南京地铁运营咨询科技发展有限公司以“咨询 + 研发”为战略指引，秉承“伙伴共生，卓越致远”的企业价值观。坚持科学发展、创新发展、跨越发展，在轨道交通咨询服务行业逐步显现市场影响力，致力成为国内具有鲜明发展特色的轨道交通运营与技术咨询服务商。

南京地铁运营咨询科技发展有限公司一直谨记创办初期“走出去”的使命，在轨道交通领域累计为全国三十多个城市提供轨道交通技术咨询服务。至 2023 年底，累计签订合同额近 3 亿元，服务项目达 60 多个，服务客户遍布华东、华北、西南等多个区域。

南京地铁运营咨询科技发展有限公司通过 GB/T 19001-2016/ISO 9001:2015 质量管理体系；GB/T 24001-2016/ISO 14001:2015 环境管理体系；GB/T 45001-2020/ISO 45001:2018 职业健康安全管理体系认证，认证范围覆盖全部主营业务。

先后申报江苏省自然资源厅颁发的测绘乙级资质，中国设备监理协会颁发的车辆、通号、供电系统乙级资质，江苏省市场监督管理局颁发的弓网、轮轨关系 CMA 检验检测资质，消防设施维护保养检测、消防安全评估资质，公司具备开展保护区监测、车辆监造、专项检测和消防维保及评估的资格条件。

持续强化技术创新和科研能力，申请《地铁专用速度传感器非标试验台》等 23 项专利和软著，授权 5 项发明、1 项实用新型、15 项软著。年内有 2 项发明专利进入实质性审查阶段。2023 年入围江苏省科技型中小企业库、江苏省高新技术企业。科研能力获得主管部门认可。

大力建设科研平台，作为成员企业参与“江苏省轨道交通创新工程研究中心”“南京市轨道交通绿色低碳工程技术研究中心”的共建工作，并承担部分研究任务，整体科研能力走向的新高度。

校企合作上，深入落实“人才强企”计划。与中南大学研究生院共建研究生人才培养基地，面向高校招引选配轨道专业、管理战略规划等方面的高素质人才。与西南交通大学牵引与动力实验室签订地铁弓网关系和轮轨关系技术合作协议，助推专业人才的培养，全面引领科技创新新时代。与南京工业职业技术大学签订就业基地协议，专业化培养技术骨干，为服务公司主营业务铺设人才储备道路。

不忘本来、吸收外来、面向未来。南京地铁运营咨询科技发展有限公司将牢记初心，勇于探索“战略同盟、利润共享”的运营模式，聚力服务全国范围的轨道交通技术咨询项目，蓄力书写高质量发展新篇章。

【无锡地铁集团有限公司】

无锡地铁集团有限公司成立于 2008 年 11 月，前身为无锡市轨道交通发展有限公司，是无锡市政府直属大型国有企业，注册资本 174.4 亿元，主要从事城市地铁及其周边资源综合开发利用与附属工程的投资、融资、建设、运营和管理等工作；承担政府下达的其他城市基础设施建设和运营管理等职能。

2023 年，完成固定资产投资 125 亿元，年度目标完成率 111.8%；实现营收 22.9 亿元，比上年增长 5.7%，年度目标完成率 101.5%；实现创利 2.7 亿元，比上年增长 2.4%，年度目标完成率 101.2%。无锡地铁集团有限公司总资产 894.0 亿元，净资产 354.5 亿元。

全面推进重大工程建设。全力以赴推动新线前期手续办理，形成“五线共建”建设局面，在建里程超150公里，为历史之最。地铁6号线和硕放机场配套设施工程启动建设，地铁4号线二期、5号线、S1线、S2线等有序推进，地铁3号线一期工程捧回鲁班奖和詹天佑奖两项国家级荣誉。积极参与民生项目建设，市妇儿中心项目进入正负零以下施工阶段，犊山大坝水利工程建成投用，慧景家园保障房项目完成施工，为城乡建设贡献力量。

全面增强运营服务能力。至2023年底，开通地铁线路4条、运营里程112公里、车站80座、换乘站7座，列车正点率、运行图兑现率等关键指标均在99.9%以上，实现连续安全生产3820天。无锡市首条市域轨道交通线路——无锡至江阴城际轨道交通工程S1线正式启动空载试运行。持续优化运营服务，增设升级4座爱心驿站，开设无包乘客免检通道，落地数字人民币、交通运输部一码通等场景应用，启动长三角首条空铁轨三方物流联运示范线。持续推进公交都市建设，新增定制公交、微循环线路、接驳专线等公交线路17条，地铁出入口150米范围内公交站台覆盖率81%。2023年运送乘客1.9亿人次，同比增长54.4%；单日最高客流首破110万人次；通车以来累计运送乘客10.1亿人次，客流稳步提升。

全面激发经营发展活力。以高质量发展为指引，无锡地铁资源开发、物业服务、教育培训、信息数字化等业务增势良好，全面超额完成各项年度经济指标，营收、创利持续保持“双增长”。顺应经济发展形势，加强与头部央企合作，持续补强轨道交通上下游产业链。发起长三角交通媒体联盟，赴粤港澳大湾区强化TOD合作，赴新日韩三国、京津冀拓展轨道交通运营业务，无锡地铁外拓业务辐射全国各地。承办首届中国城市轨道交通TOD发展大会，向全国推介无锡TOD品牌。做优“818”地铁购物节，入选中国物业服务百强企业，建成运营运河汇、公元汇项目，承接大连地铁5号线等技术咨询业务，向外输出管理经验。

【徐州地铁集团有限公司】

徐州地铁集团有限公司（前身为徐州市城市轨道交通有限责任公司，2020年8月26日更名为徐州地铁集团有限公司）成立于2012年7月30日，为徐州市城市轨道交通项目投资融资、项目建设、运营服务及资源开发主体。

2023年，以习近平新时代中国特色社会主义思想为指导，全面贯彻落实党的二十大精神，深入开展主题教育，紧扣高质量发展时代主题，聚焦“建设产业强市、打造区域中心”战略目标，坚决“扛重任、担重责”，各项任务取得高分“答卷”。

在线路建设方面，3号线二期实现“洞通”“轨通”“电通”，6号线实现“洞通”、外场测试段实现“长轨通”，4号线进入主体结构施工，各节点目标顺利实现。

在客运服务方面，开通支付宝扫码乘车功能，充实完善便民服务设施，全面拓展服务内涵，聚力打造“乐服务·畅彭城”客运品牌。全年安全运送乘客9402万人次，比上年增长59%，12月31日线网客运量61.8万人次，创下单日历史最高客流纪录。打造“零距离”、一站一文化主题车站，建设“快乐服务台”，推出“爱心百宝箱”“爱心母婴室”“行李寄存”“爱心预约”等特色服务，持续提升适老化无障碍交通出行服务水平，运营服务评价得分再创新高。“徐州市城市轨道交通多专业融合“一体化”运营服务标准化试点项目”成功入选省社会管理和公共服务标准化试点项目。

在转型发展方面，上盖开发业务优先将空间资源向功能品质和都市产业配置，着力站（产）城融合发展。城下城博物馆二次考古进一步充实文物展陈，融合数字化技术增强场景效果；彭城广场地下“回”型商业空间2023年全面开业，地铁时代广场全面交付。在稳固传统市场业务基本盘的基础上，拓展文化创意、数字经济、新一代信息技术等新业务，全年实现营收、利润两位数增长。

实施创新驱动发展战略，将创新贯穿线路规划设计、建造安装、设施设备运维全周期。开展多工法融合技术攻关、高性能混凝土、二次砌筑预制构件、BIM技术、数字化工地、专有云平台、全自动运行系统、多专业融合一体化运维以及双向变流、永磁直驱等节能技术的创新和应用，“复杂地质地下工程关键技术联合研究中心”揭牌成立，打造“安全、高效、低耗、智能”的现代化城市轨道交通系统。

【常州地铁集团有限公司】

2012年12月，常州市轨道交通发展有限公司成立，为市管国有企业，主要承担城市轨道交通项目的工程投资、建设、营运，城市轨道项目周边土地及相关资源开发利用。2021年11月，正式更名为常州地铁集团有限公司。

2023年，地铁1、2号线全年安全运行3078.5万列公里，总客运量7311.5万人次，日均客运量20.0万人次，服务质量评价得分938.84分，运营票务收入12984.0万元。总资产419.1亿元，净资产165.5亿元，营业收入7.6亿元，净利润0.3亿元，利润额0.3亿元，利税额0.2亿元。

2023年，完成5号线国优创建策划方案及绿色建造实施方案，发布《常州地铁绿色城轨发展行动方案》。完成《城市轨道交通工程系统施工精细化工艺指南》并通过江苏省专委会专家评审。

2023年，常州地铁智能运维建设提速增效，推动车、网、轨、电四大系统巡检机器人研发工作，“铁宝”“铁帅”“铁匠”等巡检机器人的投入应用有效提高日常生产作业效率与质量。开展车站智能高效通风空调系统改造、打造地铁智慧光廊，充分展示“绿智”融合。开展“汉服古风”“来常游客免费乘坐地铁”等系列引流活动，推出上线阶梯优惠乘车功能及各类型计次票、年票，优化1、2号线换乘衔接，加强与商区融合等，全年客流单日最高达33.6万人次，创历史新高。

2023年，广通商文完成6600万元营业收入；张墅村地块12月完成挂牌公告；TOD实施意见正式出台；完成5号线TOD综合开发专项研究，形成6号线TOD综合开发研究初稿；茶山下沉广场、南夏墅管理用房及车站商业顺利完成招商；常州地铁App注册量超283万，数字人民币支付渠道、“同行码”及“同行脸”正式上线，App商城上架产品331个；发行文创产品6批次，累计销售3500余套。

2023年，深入推进重大事故隐患专项排查整治和消防安全专项行动，制定重点事项检查清单，确保各类安全隐患及时治理。做好地铁保护巡查与执法衔接，及时向执法部门移交违法施工案件，提升地铁保护区联防联控工作水平。3月份地铁1、2号线通过安全评估工作，成为省内首家全部运营线路一次性通过正式运营前安全评估的单位。扎实推进安全文化建设，运营分公司一青年集体被认定为全国青年安全生产示范岗。全年常州地铁安全形势稳定，未发生一般及以上生产安全事故。

2023年，常州地铁完成二期建规报批。积极配合国土空间总体规划编制开展城市轨道交通线网修编工作。完成5号线先行段工可报批，开展6号线一期工程前期方案研究。

【苏州市轨道交通集团有限公司】

苏州市轨道交通集团有限公司成立于2002年，至2023年底注册资本600亿元，主要承担苏州市轨道交通规划、建设、运营、资源开发及物业保障等工作，是市直属大型国有企业。下设13个部室（中心）、25家二级公司、12家三级公司，现有职工超过13000人。

2023年，坚持以习近平新时代中国特色社会主义思想为指导，深入贯彻党的二十大精神，围绕“立体系、树目标、强措施”年度主题，朝着“城市综合运营商”的新目标新定位，接续奋斗、砥砺前行。苏州市轨道交通集团获得江苏省优秀企业等85项荣誉，5号线获国家优质工程奖、2号线及延伸线获第十九届中国土木工程詹天佑奖。

2023年，完成工程投资231.9亿元，超年度计划近7个百分点。运送旅客5.2亿人次，单日最大客流量304.1万人次，资源开发收入1.7亿元。

根据城市发展和市民需要，全年调整线网运营方案6次，2024年跨年夜重启24小时运营，联合公交集团优化新增公交线路35条，与高铁实现早晚班次全覆盖对接，爱心预约功能、无障碍渡板等便民设计逐项推出，地铁客流在公共交通中占比提升至67%，乘客满意度连续11年提升。

苏州市轨道交通集团有限公司始终以高标准高规格开展各项工作，争先创优，致力于成为中国经典轨道交通集团。集团先后获全国“安康杯”竞赛活动优胜单位、全国“工人先锋号”、全国模范职工之家、全国“无偿献血促进奖（特别奖）”、江苏省“文明单位”、江苏省“十一五”劳动竞赛先进集体、江苏省“青年文明号”等荣誉。2号线获评“詹天佑奖”，3号线获“国家优质工程奖”，工程各建设标段多次获得“全国AAA级安全文明标准化工地”、江苏省“扬子杯”优质工程奖、“江苏省建筑施工文明工地”等称号。

苏州市轨道交通集团有限公司将牢记“为苏州加速，让城市精彩”时代使命，围绕“区域一体化先锋，古城新活力引擎”发展定位，推动集团从建设城区地铁网向发展全域轨道网转变，从建设运营轨道向经营城市和产业转变，从传统生产方式向数字化生产方式转变，塑造新型发展模式，转型为经营能力强、兼具社会效益与经济效益的现代化轨道交通企业。

【苏州高新有轨电车集团有限公司】

苏州高新有轨电车集团有限公司（以下简称“苏州高新”）成立于2018年4月，注册资本30亿元，前身是成立于2011年4月的苏州高新有轨电车有限公司。电车集团下设管理中心及4家子分公司，主要负责苏州高新区有轨电车的运营管理、综合培训、检验认证、资源开发和咨询服务。

2023年，苏州高新推动精耕细作，不断提升运营水平。运营方面，有轨电车全年总运营里程455万列公里，累计运输客流704.1万人次；运行图兑现率／正点率均99%以上，1号线平均旅速32.1公里／小时，2号线平均旅速33.3公里／小时，年度服务质量评价得分934.15分。各项运营指标始终保持行业领先水准，全年未发生有责安全事故。

苏州高新持续探索5G应用技术与场景构建，由依靠传统要素驱动向更加注重创新驱动转变，其“5G赋能有轨电车”项目获得第六届“绽放杯”5G应用征集大赛三等奖；智慧5G暨综合提升项目参与2023年“智慧江苏”项目评选，获得“江苏省重点工程”称号。围绕司机驾驶状态综合感知、乘客信息系统智能化升级、有轨电车路口行人通过预警等多个场景，进一步提升乘客出行体验，提高设备设施和企业运营管理能力。

深入贯彻“区域交通发展新格局”战略，着力解决“最后三公里”出行难题，扎实推进共享电单车项目市场开拓及运营管理工作，总注册用户达13万人，骑行订单量约90万单，运营里程178万公里。

培训方面，完成北京、黄石、苏州、吴江等地42名学员驾驶培训，培训合格率100%。持续推进"苏安码"培训项目。认证方面，通过CNAS复评审，取得CMA资质参数扩项，完善检验认证资质能力。有序开展轨道专业检验认证业务，稳步实施钢轨探伤和沉降监测等业务，创新开拓车辆检测相关业务，进一步提高相关市场知名度。资源开发方面，有效利用电车周边资源，发布主题车、广告灯箱及梯顶广告，制作公安"反诈"主题系列活动及樱花主题系列站台装饰布置；完成近10000人次的参观活动，制作电车系列文创周边，提升有轨电车研学活动知名度和影响力。

苏州高新2023年完成科研专利申报15项，包括1项发明专利。对接轨道交通协会，牵头开展有轨电车职业标准、培训标准、鉴定标准编制，推动地方标准编写工作，主、参编团体标准共23项。

苏州高新将始终坚持"创新、融合、敬业、高效"的企业精神，全力打造"品牌卓越、勇于探索"的一流服务团队，推动企业转型升级，持续提升行业影响力。

【南通轨道交通集团有限公司】

南通城市轨道交通有限公司2023年3月8日，更名为南通轨道交通集团有限公司。设有三家子公司（南通轨道资源开发有限公司、南通轨道置业有限公司、南通轨道城市服务有限公司）、三家分公司（运营分公司、建设分公司〔筹〕、信息化分公司）。

2023年，坚持以习近平新时代中国特色社会主义思想为指导，围绕集团化运作改革、内部管理强化、外部服务优化、资开效益显化目标，实现工程建设稳中有进、运营服务持续提升、安全形势稳中向好、资源开发稳步推进的良好局面。

建设规划任务有序推进。6月19日至9月中旬组织为期3个月的空载试运行，11月通过竣工验收、初期运营前安全评估和公共安全评估，12月27日轨道交通2号线一期工程正式通车。规划设计完成海门北站预埋工程设计任务，深化机场快线一期工可研究，形成机场快线沿线综合开发规划成果，持续推进轨交公交慢行"三网融合"。

运营服务持续提升。2023年运送乘客2115.0万人次。持续开展客流提升工作，推出5条接驳线路、优化运行间隔、加强假日活动保障等工作。开展服务品牌创建工作，持续打造"1+5+N"服务品牌组合矩阵。构建"江海臻情·少年行""江海臻情·文化长廊""江海臻情·健康行"子品牌。

安全生产形势平稳。成立集团安委会，构建"1+6+X"管理体制，创新安全管理举措，率先在市属国企中组建完成专（兼）职安全员和消防安全员"两支队伍"。强化应急管理，落实"一站一预案""站点责任人和防范重点公示"机制。安全风险信息化、网格化等管理举措获南通市"四化"工作示范案例（唯一入选市属国企）。

多元业务持续发展。地产项目开发不断推进。目前在手房地产项目8个，自主开发项目2个，与头部及本地优质房企联合开发项目6个。完成孩儿巷站等3个站点上盖物业项目建设。轨道资源持续拓展，围绕地铁广告、商业主营业务，挖掘整合各类轨道资源，开拓文创会展等新兴板块。

党建工作全面过硬。丰富升级"红色引擎""红色纽带""红色磁铁"三个专项行动，开展全领域融合党建。7月3日，正式发布"好通先锋"党建品牌。构建"1+N+X"内部监督网络体系，搭建起一支145人的内部监督员队伍。结合5·10思廉日、"算好廉政账"专题教育月等开展警示教育，建设"清风地铁"廉洁文化品牌。

【淮安市现代公共交通集团有限公司】

淮安市现代公共交通集团有限公司（原名淮安市现代有轨电车经营有限公司）成立于2023年6月，共设综合管理部、有轨电车维保中心、有轨电车运营中心等11个职能部门，主要负责淮安有轨电车1号线、公交的运营、维护和保养等管理工作。

近年来，不断强化党建引领，认真贯彻新发展理念，锚定"服务典范、行业标杆"发展愿景，着力推动企业高质量发展，取得较好成效。电车运行正点率、运行图兑现率、运营效率、乘客满意率等多项指标居行业前列，被誉为"城市现代交通主干线、便民利民连心线、中心城市靓丽风景线和低碳节能环保示范线"。

【昆山市轨道交通投资发展有限公司】

昆山市轨道交通投资发展有限公司成立于2009年9月25日。为苏州轨道交通市域一号线有限公司的下设子企业（属苏州轨道集团三级子企业），投资建设的上海轨道交通11号线北段工程（安亭站–花桥站），项目总投资约18.5亿元。工程全线均为高架线路，全长6公里，设3座高架车站。于2013年10月16日正式通车试运营。

【杭州市地铁集团有限责任公司】

杭州地铁2023年上下凝心聚力，以奋发有为的精神状态，在打赢亚运攻坚、经济翻身"两场硬仗"和国有企业深化改革中履职尽责、实干担当；扎实推进公司组织架构重塑、产业布局优化和治理体系建设。全年累计完成固定资产投资120.6亿元，完成产业投资51.5亿元；实现营收35.7亿元，同比增长8%。集团总资产3328亿元，同比增长4.2%；净资产1301亿元，同比增长3.8%，继续保持平稳发展势头。

杭州地铁坚持将"高水平建设"理念，组建项目报批专班，改串联为并联，全面推进各线路工可及初设报批；

创新采用“分期实施、分批供地”方式，缩短审批周期，2023 年实现地铁四期工程全面开工。

围绕亚运保障主线任务，以精益求精、高效优质的服务，圆满完成护航亚运各项保障任务。公司高标准完成 74 条“迎亚运”道路建设和 52 座重要站点站容站貌提升美化；地铁“亚运号”主题专列精彩亮相；全网 800 多个地铁出入口装点亚运元素。持续优化运营组织方案，创新“专站专列闭环运输”模式，赛事期间共计保障 1.3 亿人次安全出行。公司投入约 8 万人次志愿者下沉支援一线，累计服务时长 58 万小时。亚运期间，累计收到亚（残）组委及市直部门感谢信 20 余封，乘客表扬 1492 件，多次被央媒报道，充分展现杭州地铁的责任担当和良好形象。

公司聚焦主责主业，持续推进改革，增强核心竞争力，为杭州地铁高质量发展增添动能。制定集团发展“三年行动计划”，围绕“1+N”战略布局，重塑集团公司组织架构，厘清集团总部和下属公司管理边界，实现集团总部工作重心逐步向战略管控、资源调配、治理赋能、风险监督调整；分子公司负责各自领域的专业化、市场化运作，企业运作更加高效。持续完善治理体系，健全集团“三重一大”事项决策和董事会授权管理等机制。进一步强化风险防控，构建集团大监督格局，形成多部门监督合力，动态监管企业生产经营活动。

2023 年，集团公司对外积极拓展周边市域铁路和地铁沿线市场化代建业务，注资城盾隧安母公司，成立地铁科技公司，与热联集团合资成立杭州铁联供应链服务公司，不断在地铁产业链投资拓展领域开辟新的赛道。

【宁波市轨道交通集团有限公司】

宁波市轨道交通集团有限公司成立于 2006 年，为宁波市国资委和国开基金共同出资的国有企业，履行轨道交通工程的投资建设、运营和物业投资开发等职能。

2023 年，宁波市轨道交通集团以进促稳、奋楫争先，充分发扬特别能战斗的“铁军”精神，工程建设提速放量，运营服务质效并提，区块开发提能升级，产业经营拓展延伸，改革治理纵深推进，实现全域轨道交通高质量发展的良好开局。具体成效如下:

一是重点投资再攀新高度。全年完成有效投资 347 亿元，为全市经济增长作出有力贡献。二是新线建设再创新突破。全力铺开“八线并进”建设局面，以超常规举措力促第三期建设和市域铁路项目全面开工，关键节点目标顺利兑现。三是运营服务再上新台阶。地铁运营服务提标增质，公交定制化、特色化服务推陈出新。深化轨道、公交“两网融合”，加快构建一体化现代公交体系。四是开发经营再展新作为。创新闲置地块利用模式，打造全省首个 TOD 体育公园。前殷区块获评全国城轨场段 TOD 示范案例。多个产业合作项目落地，供应链营收超百亿。五是国企改革再迈新步伐。顺利完成轨道、公交优化重组，实现改革阶段性目标。深化市场化改革，竞争类子企业活力增强，华展设计院成功申报“创建世界一流专业领军示范企业”。六是多元融资再增新亮点。资源资产化、资产证券化取得突破，鼓东区间完成不动产登记，并成功发行全国首单地下商业保险版 CMBS。七是平安护航再显新担当。统筹发展和安全，有力应对高强度建设、大线网运营等复杂挑战，实现全域安全生产平稳可控。落实“以主办姿态扛起协办责任”要求，圆满完成亚运会等重大节点护航任务。八是绿智城轨再出新成果。完善绿色低碳顶层设计，发布实施《宁波轨道交通绿色城轨发展行动方案》。新一代牵引供电系统“三件套”向全国城轨推广。首个“轨道 + 光伏”示范项目并网发电，获市领导批示肯定。

【温州市铁路与轨道交通投资集团有限公司】

温州市铁投集团成立于 2011 年 4 月，承担温州市铁路与轨道交通项目建设、运营管理、资源开发、产业培育及技术研发“五位一体”职能，是首家获双 AAA 资信等级认证的市属国有企业，资产规模突破 569 亿元。

【嘉兴市铁路与轨道交通投资集团有限责任公司】

嘉兴市铁路与轨道交通投资集团有限责任公司成立于 2020 年 9 月 9 日，内设 10 个部室，下属 6 个子公司。负责嘉兴市域范围内铁路、城际铁路项目投资，市域铁路、城市轨道交通、市区有轨电车项目建设运营。

2023 年，嘉兴市铁投集团坚持强化项目为王，项目建设投资加速推进。市域铁路枫南线，嘉兴南站土方开挖完成 80%，车站主体结构施工完成 50%，项目各标段建设正有序推进。市域铁路西塘线，2 标段已完成大里程明挖段基坑围护结构施工，基坑开挖完成 50%。枫南线、西塘线土地报批均通过国务院审批。通苏嘉甬铁路（嘉兴段），控制性节点跨海大桥于 3 月 10 日施工“首钻”，进展顺利；汾湖隧道 2 号盾构井及其明挖段累计完成地连墙施工 192 幅，进行盾构整体始发段主体结构施工。杭州机场高铁（嘉兴段），年内完成钱塘江隧道始发工作井地连墙及桥梁段便道施工。沪乍杭铁路，列入国家发展改革委储备开工项目，预可研报告上报至国铁集团。水乡旅游线城际铁路（嘉兴段）启动可行性研究招投标工作。

坚持强化综合开发，TOD 项目取得新的突破。加快庆丰路车辆基地综合开发，与信达地产合作开发，完成前期工作并开工；加速推进市域铁路 TOD 综合开发，完成两条市域铁路沿线控规编制及城市设计；与南湖区签订战略合作协议，筹备成立合资公司，共同推进轨道周边产业和综合开发。

坚持强化民生保障，电车客流和服务双提升。客流持续创新高，日均服务客流 7461 人次，比上年增长 143%；

全年票务收益比上年增长182%。服务不断获点赞，全年时刻表兑现率达99.9%，正点率达99.7%。

坚持强化绿色发展，科研创新迈出坚实步伐。顶层谋划市域铁路绿色发展方案，聚焦源头减量、废品减弃、节能减排等“三减”举措，推动市域铁路绿色建设高质量发展。加强科技创新助力智造创新强市建设，打造国字号科创平台，引进“国家建筑工程技术研究中心轨道交通绿色低碳与智慧化研究中心”，全面参与嘉兴市落实省碳普惠交易试点工作。2023年形成22项科研成果。

坚持强化拓展营收，产业布局结出新的硕果。供应链公司应运而生，做大做强轨道交通全产业链；代建业务崭露头角，推动嘉兴首个公铁共建工程；有轨电车拓展车身广告业务新载体，全年共上线7列主题商业专列。

【绍兴市轨道交通集团有限公司】

绍兴市轨道交通集团有限公司于2015年8月成立，注册资本20亿元，经营范围为轨道交通工程投资、建设、运营（凭特许批准）、管理、技术开发、技术咨询、技术服务、技术转让、房地产开发等。2020年8月，完成股权变更工作，由国有控股企业成功转型为国有独资企业。

2023年，绍兴市轨道交通集团按照绍兴市委市政府的决策部署，牢固树立“投资争地位，运营树品牌，开发强实力”的发展理念，扎实推进项目报批、工程建设、运营管理、物产开发以及企业管理等工作取得明显成效，切实为轨道交通高质量和可持续发展奠定了坚实基础，全年完成投资60.5亿元，完成年度目标的117%，较好地完成全年各项工作目标任务。

多元发展抓经营。梅山春晓项目完成幕墙施工、室内装修和机电安装、市政景观等施工作业，于12月顺利建成投运，成为绍兴市首个轨道交通TOD项目；城南春晓项目实现地下主体结构封顶，局部完成地上结构5层。梅山春晓、城北春晓商业和办公用房整体出租率均达到70%以上，成功引入黄油与面包、蜜雪冰城、7-ELEVEn等一批品牌商户。启动梅山春晓北区公寓3号楼试点租赁并实现满租。完成城北春晓火车站综合楼附房、地铁2号线一期自助售货机位等资源出租。酒店建设、开业筹备“两手抓”，先后完成酒店补充协议签订、酒管公司注册、酒店人员引进及物资筹备等工作，梅山春晓开元名都大酒店于12月29日顺利开业。

紧盯要素抓保障。多元筹集项目资金。全年到位资本金2.4亿元，取得银行贷款资金35.5亿元，落实融资租赁资金12亿元；完成中期票据发行工作，成功发行5亿元债券，为绍兴地区2023年以来平台类公司同评级同期限债券利率最低利率。应对银行间交易商协会政策变化，成功取得20亿元中期票据批文；多点夯实用地保障。加快一期建设规划项目征迁扫尾，完成1号线、2号线一期站点出入口无偿用地协议签订和用地手续办理。推进二期项目用地保障，2号线二期项目获得用地预审和选址意见书。多维建强人才队伍。围绕二期建设规划报批、2号线一期开通、PPP项目管理等工作，加强人才要素保障，应用集考官多元化、监督立体化等于一体的人才招聘“五化”工作法，招录专业技术、技能等人才300余人。

夯实基础抓管理。强化党的建设。以党的二十大精神为指引，紧紧围绕轨道交通中心主业抓党建，成功获批我市“五星双强”和“清廉国企”“双标杆”企业。排重点领域和关键岗位廉洁风险点70余条，展限额以下公共资源交易立项督查，对近三年403个限额以下项目进行合规检查。完成国资专项审计、甲控材料制度执行情况专项审计等有关问题闭环整改。提升综治实效。优化完善我市城市轨道交通网络化顶层规划，全时全域网络安全保障及应急处置体系研究项目通过专家评审。全年信访总量1613件，比去年下降53.8%。组织筹建轨道交通产业联合会，加快推进办公入驻、大会筹备等前期工作。

【合肥市轨道交通集团有限公司】

合肥市轨道交通集团有限公司于2009年6月正式成立，国有独资，注册资金53.6亿元，主要承担合肥市轨道交通项目规划、设计、建设、运营及沿线和地下空间相关资源开发的职能。

2023年，合肥市轨道交通集团有限公司坚决贯彻党中央、省市重大决策部署，狠抓高质量发展，全年完成固定资产投资167.4亿元。2023年7月，轨道交通1号线三期实现开通初期运营，2023年12月，轨道交通2号线东延线、3号线南延线实现开通初期运营，在建线路进度进一步加快，1、2、3、4、5号线平稳运营。

轨道建设方面。2023年，合肥轨道八线在建，覆盖各辖区及三县。其中，轨道交通1号线三期、2、3号线延长线按期开通运营；4号延长线实现“轨通”“电通”等关键节点，进行空载试运行；7号线一期、8号线一期陆续实现“洞通”、车站主体结构封顶，铺轨工程全面大干，机电安装及装修等站后专业有序进场开展施工；6号线一期及S1线正线土建工程全面推进；剩余项目招标工作有序推进。

轨道运营方面。合肥市轨道交通集团有限公司始终秉承“畅享城市、承载美好”的企业使命，依托“热心、细心、耐心、虚心、诚心”的服务理念，为广大市民提供更加安全、便捷、优质、高效的绿色出行服务。2023年合肥轨道线网全年客运量4.1亿人次，占全市公共交通客运量的比重56.2%；日均客流量112.6万人次，单日最高客运量达到253.2万人次／日；列车运行图兑现率100%，列车正点率99.9%。全年编发新版列车运行图168版，最小行车间隔3分28秒；最晚运营末班车01:30，单日运营时间最长接近 21 小时，累计提供 59 天延时服务。

轨道资源开发方面。2023 年，全面挖掘线网商业资源经济潜力和商业附加值，广通商收入同比增长 34%；新交通大厦出租率达 97%；繁华大道站及三里庵站地下大空间、伊宁路 P+R 停车场等项目，与相关单位初步达成合作意向；完成“合肥请您来”、园博会、世界制造业大会等社会主题 PIS 宣传视频。2023 年秉承“站场城”融合发展理念，增强自身造血能力，首个 TOD 项目（都会风华项目）围绕“小”地块做“大”文章，较原计划提前 23 天开盘，228 套房源开盘即售罄；滨科城商业项目开工建设；深圳路、紫云湖、甘棠路项目方案顺利过会。

【芜湖市轨道交通有限公司】

芜湖市轨道交通有限公司（以下简称“芜湖轨道”）于 2016 年 6 月注册成立。2017 年 3 月，公司正式组建，注册资金 30 亿元，其中市国资委出资 15 亿元，占股比 50%；市建投公司出资 15 亿元，占股比 50%。芜湖轨道现有人员 31 人，其中经营管理层 5 人（含职业经理人 1 人），普通员工 20 人，技术员工 6 人。经营范围是：城市轨道交通项目的投资及项目策划；轨道交通沿线及相关区域的综合配套开发；物业服务；轨道交通技术服务、技术咨询。

2023 年是全面贯彻党二十大精神的开局之年，是服务加快建设交通强国的关键之年，同时也是公司强根基、提质效的重要一年。一年来，芜湖轨道坚持以习近平新时代中国特色社会主义思想为指导，贯彻落实党的二十大和二十届二中全会精神，在实施机构、行业主管部门、股东方的大力支持、公司党委的正确领导下，团结带领广大干部职工，紧扣目标任务，强化使命担当，锐意拼搏进取，各项工作取得了新成绩。

项目运营稳健有序。2023 年，项目运行总里程累计 438.2 万公里，比上年增长 8.7%，安全运营 365 天，客运总量累计 3314.8 万人次，日均客运量 9.1 万人次，比上年增长 45.5%，全年无运营事故伤亡，列车准点率 99.9%，列车运行图兑现率 99.9%，乘客满意度 93.0%，实现安全平稳运行，较好完成运营指标任务。

经营态势向好。2023 年，项目公司收入 78809.3 万元，其中，票务收入 5733.6 万元、财政补贴收入 71721.2 万元、其他业务收入 32.5 万元、资源开发收入 1322.0 万元，满足项目维持运营所需资金需求，项目公司总体发展态势不断向好。

荣誉奖项硕果累累。轨道交通 2 号线一期北京路站及控制中心综合体工程获评“2023 年度安徽省建设工程黄山杯奖”；跨座式单轨智能运行与协同决策关键技术应用项目获评“中国交通运输协会科学技术进步奖二等奖”“江苏省综合交通运输学会科学技术二等奖”；芜湖轨道获评“芜湖市 2023 年度劳动保障守法诚信 A 级单位”；黄坤林工匠工作室获评“芜湖市劳模（工匠）创新工作室”；官方抖音号“芜湖单轨（运达轨道）”获安徽省总工会“优秀新媒体账号”荣誉称号；芜湖轨道运营党支部获“2023 年度经开区先进基层党组织”称号。

【福州地铁集团有限公司】

福州地铁集团有限公司（原为福州市城市地铁有限责任公司）成立于 2009 年 6 月 20 日，注册资本为人民币 13.9 亿元，是福州市从事城市轨道交通建设、运营和资源开发的国有全资公司。

2023 年，福州地铁集团有限公司以习近平新时代中国特色社会主义思想为指导，深入学习贯彻党的二十大和二十届二中全会精神及习近平总书记来闽考察重要讲话精神，坚持“3820”战略工程思想精髓，围绕福州都市圈、建设现代化国际城市等战略部署，推动地铁建设、运营、资源开发、招商等各项工作取得新成绩，全面完成年度任务目标。

工程建设。2023 年，完成建设投资 158.1 亿元。8 月 27 日，4 号线一期（首通段）、5 号线（后通段）开通运营。滨海快线全线 15 个车站主体结构封顶，进入铺轨作业；4 号线后通段洪金区间盾构掘进累计完成 92.64%；2 号线东延线一期完成 3 个车站主体结构封顶、6 号线东调段全线车站主体结构封顶。

线路规划。第三期建设规划环评通过生态环境部审批。

运营服务。2023 年，福州地铁进入“五线并行”时代，运营总里程 138.8 公里，总客运量 2.3 亿人次。8 月 27 日，4 号线一期（首通段）开通后，全线网日均客运量 64.4 万人次，单日最高客运量 134.3 万人次（2023 年 12 月 31 日），列车正点率 99.9%，运行图兑现率 99.9%。

安全生产。安全管理制度体系不断完善，起草编制《福建省轨道交通工程建设质量安全信息化管理标准》。隐患排查持续深入，防汛备汛能力不断提升，梳理防汛防台工作机制，强化应急物资设备管理，提升地铁应急保障中心与各单位防台防汛联动能力，合力筑牢防汛安全屏障。多举措推动标准化建设，应急救援能力显著增强，开展标准化专项考核和标准化观摩，全年未发生影响地铁正常运营或结构损坏的重大事件，地铁建设、运营安全生产态势稳定可控。

资源开发。2023 年，地铁 · 睿达项目完工并完成招租，地铁 1 号线南门兜站便民通道开放通行；地铁 · 睿通项目取得工程规划许可证。第三期建设规划线路沿线资源提前谋划，完成 9 个重点场站地块、片区和三条拟建线路站点地下空间 TOD 策划研究并形成初步成果。2023 年，福州地铁集团有限公司召开第二届福州轨道交通产业联盟大会，与11家行业优质企业签订合作协议；福州地铁智慧产业园竣工验收，吸引10家企业落地；探索从“引进来”到“走出去”的招商新模式，成功吸引中车唐车、成都唐源、北京声迅等央企、上市公司来榕投资；与昆明地铁签订战略合作协议。此外，集团下属全资子公司福州地铁实业、维保、福轨院、传媒公司、科技公司等积极拓展供业务市场，打造地铁产业生态圈。

【厦门轨道建设发展集团有限公司】

厦门轨道建设发展集团有限公司（以下简称“厦门轨道”）定位为轨道交通投资建设运营和出行服务商，主要布局在交通投资建设、轨道交通运营管理、轨道沿线城市开发运营管理等三个板块，致力打造城市开发招商运营平台以及产业投资平台。

2023年，厦门轨道深入推动以改革创新促转型发展。一是全面推进战略性重组，及时调整集团“十四五”发展战略规划，明确“一核两翼双擎”的战略发展布局，推动业务板块整合。二是加快子企业市场化转型步伐，市场化子企业占比提升至90%以上。深化现代企业治理改革，落实董事会职权，通过权责清单赋予子企业更大的经营自主权，激发经营主体的内生动力。三是优化人力管理机制，围绕“干部能上能下、收入能增能减、员工能进能出”的目标，在确保“思想不乱、工作不断”的前提下，较好完成全集团人员的定岗定编定员、薪酬套改和人员优化等工作。

厦门轨道坚持稳中求进的发展基调，推动建设、运营、综合开发等各项工作稳中向好，生产经营形势平稳有序，全年完成固定资产投资近300亿元。工程建设稳步推进，地铁3号线、6号线等多条线路进度提前，在市重点项目晾晒和建安投资工作评价中均列厦门市属国企第一；2号线二期工程获得“鲁班奖”；R1线建规获国家发展改革委批复，并全面启动前期可研工作。运营服务再提效能，地铁和BRT的客流增长势头明显，安全运送乘客3.3亿人次，日均客运量89.4万人次（其中地铁67.5万人次、BRT21.9万人次），年度地铁线网客运强度提升至0.7万人次/公里·日，再创新高；全市公共交通客运分担率提升至41.2%，比2022年提升近5个百分点，公共交通骨干作用更加凸显。服务质量评价连续三年优秀，服务品牌更加响亮，列车正点率（99.9%）等核心运营指标表现良好。综合开发逆势增长，湿地公园TOD“壹号院”项目成为板块销冠，七星湾TOD项目领跑片区市场，年内新摘得海沧中心A地块，土地出让金超26亿元。多元经营成效突出，灵活运用混合产业用地政策摘得火炬园项目，系福建省首例；首个地铁公寓湖里公园TOD项目年底推出，入住率近9成；自主打造首个商业街区品牌“锦悦里”。

【南昌轨道交通集团有限公司】

南昌轨道交通集团成立于2008年10月，主要承担南昌市轨道交通建设的融资、建设、运营、开发、管理“五位一体”的职能，是一家下辖3个分公司、10个全资子公司、9个参股公司，员工5000余人、总资产超千亿元的特大型国有企业集团。

2009年起，国家发展改革委先后三次批复南昌市城市轨道交通建设规划项目，包含4条地铁干线和四条延长线，总里程160公里，设站122座。建成通车4条地铁线，运营里程128.4公里。

南昌轨道交通集团认真落实全市战略部署，参与大南昌都市圈建设，以“铸造五维地铁　助推城市发展”为企业愿景，全面推动各项工作健康稳定发展。

在地铁建设方面，始终把加快地铁建设作为首要任务，构建畅行通达的轨道交通线网。以项目为牵引，带动建设、规划一体化推进，推动城市更新、品质升级。设立各项目建设指挥部，分级调度、倒排工期，确保按期实现建设目标。

在运营服务方面，始终把满足市民的出行需求作为出发点和落脚点，不断提升服务品质，列车正点率、运行图兑现率、设备设施可靠度远高于国家标准，线网客运强度、移动支付水平、乘客满意度评价得分位居全国前列。

在安全生产方面，恪守安全“生命线”，在全国轨道交通行业率先实行全员安全生产责任制，设置安全专管员。创造性推行基坑盾构两个“三张图表”，可视化、动态化管控地下施工风险隐患，保持较大及以上生产安全事故“零发生”。

在地铁经济方面，依托地铁建设带动产业发展，孕育地铁经济新动能，推动地铁建设运营可持续发展。业务范围拓展至设计咨询、项目建设、地铁运营、地产开发、建筑施工、产业投资、物业管理等多个领域。其中，以智慧轨道交通为引领，轨道交通产业园一期项目已开工建设。以TOD模式整合要素资源，促进地铁沿线发展，反哺地建设和运营。

在企业文化方面，始终通过文化建设增强企业凝聚力和向心力，内强素质、外塑形象，形成具有南昌地铁鲜明特色的企业文化核心价值体系，打造《铁友》杂志、小鲜鹭公益、地铁福利哥、地铁大讲堂等文化品牌，创办了南昌地铁工人业余大学、职工之家，得到业内外人士的一致好评。

【济南轨道交通集团有限公司】

济南轨道交通集团有限公司现有职工超一万人，资产总额超过2500亿元。

2023年，在济南市委市政府坚强领导下，济南轨道交通集团有限公司坚持以习近平新时代中国特色社会主义思想为指导，认真学习贯彻党的二十大和二十届二中全会精神，聚焦“项目突破年”工作部署，按照“1+171”工作思路，全力提速项目建设、提升运营服务、优化产业布局、狠抓风险防控，圆满完成全年各项目标任务。先后获“山东省企业党建品牌示范单位”“山东省全员创新企业”“山东省技术创新示范企业”“山东省优秀城市客运企业”等荣誉称号，“联创共建”党建品牌入选济南市属国企党建工作“十大品牌”，并获评“国企党建品牌建设优秀案例”。

项目建设持续加力提速。全年共投资72个项目，年度投资计划300亿元，实际完成投资483.3亿元，投资完成率161.1%，同比增长81.8%；纳统投资年度计划260亿元，实际完成438.2亿元，完成率168.5%，同比增长104%。轨道交通二期建设规划各线路加快建设，济南低运量轨道交通高新东区环线工程、黄河大道北延等工程相继开工。

地铁运营不断提质增效。推动出台全市首例轨道交通地方性法规，全面推进标准化运营。规范地铁保护区管理，加强运营数智化建设，实现安全平稳运行。开展人员定额管理和设备设施节能降耗改造，降本增效成效初显。常态化推出特色便民服务，持续改善硬件设施设备，以品牌建设提升运营服务品质。

生产经营效能稳步提升。2023年实现营业收入近百亿，“一利五率”各项经营指标明显优于年初目标。全年招引项目数量、市外内资使用和到位外资都实现重大突破，协同引进10余家大型企业落户济南市，招商引资工作在平台企业中排名位居前列。启动实施产业“进退整合”，打造八大“链核”产业板块。推动出台全市首个TOD综合开发政策文件，初步规划TOD示范项目20余个。

【青岛地铁集团有限公司】

2023年，青岛地铁集团有限公司坚持以习近平新时代中国特色社会主义思想为指导，深入贯彻落实习近平总书记对山东、对青岛工作的重要指示精神，锚定“走在前、开新局”，全面匹配城市发展战略，坚持目标导向、问题导向、系统观念，全力提速“五大赛道”，目标体系、班组建设、保障体系“三位一体”系统推进，“双一流”地铁建设迈出坚实步伐。

线路建设加快推进。三期7条线205个工点进场，进场率98%，94座车站进入主体施工，占比93%，13座车站实现主体结构封顶，29台机械掘进设备投入使用。通过缩减车站规模、优化征迁方案、创新施工组织等，累计节省建设资金超20亿元。6号线一期作为国家示范工程和全国首条全自主运行TACS线路，实现试运行。

运营管理实现再提升。持续抓好7条线318公里线网运营，16项关键运营指标13项第一。全年实现节电4700万度、光伏发电400万度、减碳5.1万吨。推行绿波畅达、柔性服务等便民举措，不断提升乘客出行体验。试点落地数字人民币无电无网过闸，上线App电子日票、离线码，实现App“十城互通”一码乘车。

开发经营实现再突破。加快推进17个项目开发建设，5个项目实现竣工。青岛北客站东片区“双主体”协议签约落地，成功引入“超级合生汇”及山东大学基础教育优质资源。

资本运作实现再升级。全年共筹集资金约560亿元。引入竞争机制，高效完成三期7条线路、760亿元银团组建，利率创历史最低，贷款条件为轨交行业最优，年节约资金成本7亿元。牵头全国19家地铁公司组建产业联盟，区域联动、优势互补、错位协同的发展模式初步形成。

作风能力实现再改进。创新“青岛地铁打法”，获全国交通运输行业基层党建优秀案例。以班组建设、部室建设为抓手，坚持党建统领、群众路线、参与式民主管理，破解基层党建业务“两张皮”难题，班组建设成果荣获全国国企管理创新一等奖，得到央企高度认可，并在全国有关工程项目中推广。

【青岛城运控股集团轨道巴士有限公司】

青岛城运控股集团轨道巴士有限公司组建于2015年3月，经营范围包括：公共客运；有轨电车运营管理；汽车租赁；有轨电车各岗位、工种技能培训；汽车、电车修理；电车线网施工及维修；有轨电车站台、护栏职工及维修；机械设备加工；经济信息咨询服务；人力资源服务（不含劳务派遣）；房屋租赁；设计、制作、代理发布国内广告；餐饮服务；销售：汽车配件及材料、五金交电及日用百货。

青岛城运控股集团轨道巴士有限公司坚持“诚信、创新、责任”的企业精神，按照“高质量管理、高标准运营、高品牌创建”的管理理念，做好有轨电车示范线的运营管理。先后获得青岛市“文明单位”“工人先锋号”“青年文明号”“敬老文明号”“环境友好单位”“先进职工之家”、山东省“交通安全示范单位”“女职工建功立业标兵岗”等荣誉称号；获得青岛市城阳区“区长质量奖”、青岛市“市长质量奖”“高质量发展创新典型案例”奖，“全国交通质量奖卓越项目奖”、全国“企业文化建设基层示范点”称号、“全国交通质量奖”，获得全国首张有轨电车运营服务AAAAA级认证证书，是全国有轨电车运营企业中唯一获得这两项殊荣的单位。2023年学习强国线下互动空间被青岛市委宣传部表彰为突出贡献单位；“密密缝”真情缝纫进车厢志愿服务项目获青岛市第四届新时代文明实践志愿服务项目创益大赛“入围奖”。

【中车青岛四方车辆研究所有限公司】

中车四方所始建于1959年，是国内唯一的轨道车辆专业化研究所。2000年，中车四方所由科研事业单位转制为企业。2015年，中国北车和中国南车合并为中国中车股份有限公司，中车四方所成为中国中车全资一级子公司。2022年，中车四方所牵头在青岛组建中车制动系统有限公司，是中车唯一一家专门从事制动、钩缓业务的高科技企业。

2023年，中车四方所（中车制动）市场拓展能力持续增强。城轨制动、牵引、网络、钩缓等产品份额在重点区域不断巩固。制动系统获得墨西哥蒙特雷单轨、墨西哥及澳大利亚DRT样车项目新造订单；钩缓获得上海地铁17号线状态修订单；工艺设备集成业务获得哥伦比亚波哥大、马来西亚南部铁路等项目订单；完成济南地铁3号线智能供电项目产品的测试验证及阶段性产品供货；以“厂所模式”中标上海地铁16号线全寿命周期“精准”维修项目。

2023年，中车四方所（中车制动）科技创新成果次第涌现。在国产替代研究上，完成进口城轨制动系统自主化替代检修样机研制和第三方型式试验验证；完成上海地铁2号线牵引系统自主化检修样机试制和地面型式试验。在新系统集成技术上，TACS系统完成GoA4功能开发，多个子系统获得安全认证证书，完成信号ATO与CCU融合功能开发和室内测试，实现青岛地铁6号线两列车装车，并开展试验线测试验证；完成上海地铁1号线多系统融合项目仿真平台架构设计；智能供电项目完成双向变流装置和能量管控系统设备开发及供货。

2023年，中车四方所（中车制动）通过高新技术企业复核以及通过知识产权规范贯标工作；承担国家发展改革委重大示范工程“系列化中国标准智能市域列车项目”多项子任务；牵头承担的5项中车集团专项课题，按照相关要求完成集团级中期检查，并取得良好成绩。

2023年，中车四方所（中车制动）申请专利225件，其中，发明专利166件，海外专利25件；申请中国中车科技成果评价8项，其中两项成果综合得分超过90分，技术水平获评国际领先；获得各级科技奖励14项，其中“上海轨道交通智能运维系统”获得中国城市轨道交通协会科技进步特等奖，“城轨车辆架控制动系统”获得中国交通运输协会科技成果二等奖，“安全新一代列车网络控制系统研制”获得中国铁道学会科技成果三等奖。

【郑州地铁集团有限公司】

郑州地铁集团有限公司于2008年2月22日经郑州市人民政府批准成立，负责轨道交通项目的工程、建设、运营，轨道交通的广告、通讯、周边土地开发利用及其他特许经营权的经营、投融资业务等。设“三合一层”，依法行使权力、履行职责。

2023年，郑州地铁集团有限公司积极适应、主动应对“由以建设为主向建设、运营、经营并重转型”新阶段、新要求、新挑战，努力拼搏、破难而进，党建引领作用充分彰显、建设取得丰硕成果、运营获得高度认可、经营实现新的突破、治理体系改革有序推进，较好完成了年度目标任务。

实现3号线二期、10号线一期、12号线一期、郑州机场至许昌市域铁路初期运营，全年完成投资171亿元。线网日客运量突破历史高点，12号线一期、郑许线开通后，12月份日均客运量达202.5万人次。

建设工作有序高效。破解6号线一期东北段、7号线一期、8号线一期征地拆迁等难点卡点，建设工程平稳有序推进。参与线网规划优化完善、四期建设规划编制报批，启动并有效推动外环线研究，探索研究郑州都市圈和地铁线网级客货联运模式。有序开展S2、T1、T3等线路前期工作，郑州南站地下空间预留工程项目建议书获批。高效推动围挡“瘦身”专项行动，落实文明施工措施，有效统筹施工进度与市民便捷出行的关系。

运营工作出色出彩。试点建设刷掌纹过闸乘车功能，商易行扫码过闸比例突破70%，居行业前列。优化行车组织，与高铁站、机场等交通枢纽建立联动机制，保障早晚高峰、重大活动及节假日、恶劣天气期间乘客走得了、走得好，相关工作获得市委市政府和广大市民的高度认可和赞扬。挖掘节能潜力，深化智能化、数字化在能源管理中的应用，开展电客车降速节能、车站及段场照明开闭研究及推广应用。

经营工作添能积势。全面谋划布局经营业务板块，首个段场上盖TOD项目开工、开售，4座车站试点商铺开门营业，实现“零”的突破。广告收益冲破疫情影响，逐步企稳。积极探索客货联运模式，完成点对点快递运输项目实地测试，启动设置自助快递柜试点项目前期工作。

【洛阳市轨道交通集团有限责任公司】

洛阳市轨道交通集团有限责任公司是洛阳市政府于2016年9月18日批准设立的市属国有独资公司，洛阳市国资委履行出资人职责，2018年12月20日更名为“洛阳市轨道交通集团责任有限公司”，负责轨道交通项目的工程投资、建设、运营；轨道交通的广告、通讯、周边土地开发利用及其他特许经营权的经营和投融资业务等。

2023年，洛阳市轨道交通集团有限责任公司（以下简称“洛阳轨道”）在洛阳市委市政府正确领导下，在市国资委精心指导下，以习近平新时代中国特色社会主义思想为指引，锐意改革，拼搏进取，企业转型发展取得显著成果。洛阳轨道优化重组初战告捷，AA+信用评级圆满通过验收，抗风险能力显著加强。地铁物业资源经营形成新突破，地铁客流量显著增长，全年收入目标提前完成，实力显著增强。安全正点，优质贴心的服务，受到了广大乘客一致赞扬。

2023年，洛阳轨道突出深化改革，注重转型发展，综合开发收益不断增强。一是结合市场化改革转型思路、重点举措，形成《洛阳市轨道交通集团有限责任公司市场化转型改革方案》；二是于6月2日取得AA+信用评级（中诚信和大公国际双评级机构），拓宽融资渠道、优化融资结构，降低融资成本，为企业重组整合和债务风险化解奠定坚实的基础；三是各子公司深入谋划，主动出击，积极迎战经济下行压力较大和市场投资积极性不足等困难，在资源开发、物业开发、航线开发等方面成绩显著。

2023年，洛阳轨道坚持安全运营，地铁品牌形象持续提升。一是地铁实现客运总量5715.9万人次，比上年增长96.1%；二是开通多个便民服务平台、全线安装AED一体化救助设备、推出一系列优惠活动，实现全市旅游资源、商业资源的双向引流，助力青年友好型城市的建设；三是节能降耗达到国内领先水平，洛阳地铁1、2号线新一代城轨交通环控（空调）系统创新技术经中国城市轨道交通协会专家和学术委员会组织的科技成果评价，获得“项目成果创新性突出、系统性强，总体技术达到国际领先水平”的高度评价。

2023年，洛阳轨道积极谋划对接，重点项目前期进展顺利。一是积极配合各单位完成各项审批工作，焦洛平高速铁路、北郊机场三期改造、G208孟津段改建项目前期工作均顺利推行。二是轨道交通线网规划方案优化后纳入《洛阳市国土空间总体规划（2021—2035年）》，规划方案上报河南省政府等待开展评审工作。

【武汉地铁集团有限公司】

武汉地铁集团有限公司成立于2007年5月，经授权负责武汉轨道交通的建设、运营、融资和资源开发工作，内设13个职能部门、2个事业总部及12家全资子公司，与优秀企业合作成立9家合资公司。

2023年，在武汉市委市政府的坚强领导下，武汉地铁集团有限公司上下坚持聚焦主责主业，坚定信心迎难而上，项目建设破关斩棘、运营管理提质强基、经营业务增收创效，企业运行稳中有进、进中向好，高质量发展取得新成效。

在聚焦城市发展战略中提升品质，工程项目建设取得突破。担当城建投资重任，19号线、5号线二期高质量开通初期运营；高质量实施续建项目，工期节点总体可控；高强度破解智慧城小区阻工、12号线B包等重难点问题；高力度推进新港线西延线航评等前期工作。

在满足乘客出行需求中优化服务，运营管理效能再上台阶。降本增效成果显著，服务管理水平持续提高，客流承压回升、恢复向好，四破500万、最高521.5万乘次，全市公共交通分担率超过65%，公共交通骨干作用充分发挥。

在应对市场发展变局中激发活力，多元经营业务提质增效。土地储备出让竭力推进，完成5个项目出让。项目复合开发优化完善，开发资源用好盘活，商管经营成效卓著，增加出租面积约4.6万平方米，商业资产出租率提升至80%。广告B包完成招商；物业服务加速成长，获评2023中国物业服务品质领先品牌；建设、设计等业务蓄势突破，股份公司取得首年市场化运作实现营收3.2亿元，设计公司获评“湖北省第五批专精特新中小企业”。

在防范化解重大风险中强化能力，发展保障体系不断夯实。坚持底线思维、精准研判，系统防范化解安全生产、资金债务、党风廉政等重大风险。全年未发生较大及以上质量安全责任事故。全市首例完成2.5万亩土地作价出资，净资产增加104.1亿元，资产负债率下降1.5%。

在增强内生发展动力中提升效能，治理能力持续加强。治理更加规范，财务管理持续加强，计划合约管理再上台阶，人力资源管理不断提升，技术管理扎实开展，合规审计管理持续规范，信息管理不断强化，服务战略、深化改革、质量效益等取得明显成效。

在融入企业发展大局中筑强根基，党建引领凝聚奋进合力。坚持两个“一以贯之”，扎实开展主题教育，深化基层领航创优，持续弘扬正能量，大力践行国企担当，彰显群团组织新活力，党的领导和党的建设深度融入公司治理。

【武汉光谷交通建设有限公司】

武汉光谷交通建设有限公司于2014年3月6日成立，作为武汉市高新区党工委、管委会直属国有政府基础设施投资建设主体，主要承担地铁、有轨电车、光谷广场综合体、武汉东站、空轨旅游线、智能网联、公共停车场、充电站、储能站、工业园区、城市更新、四水共治、山体修复、市政道路桥梁等城市基础设施项目的投资建设管理。

“两线一点”三大重点交通项目顺利开通，构建光谷交通新体系。“两线”：即空轨旅游线、有轨电车L3线开通。“一点”：即武黄高速新武东收费站开通。

重点项目全速推进，环豹澥湖流域多版块开建，助力武汉新城建设。一是全力推进豹澥湖公园建设，二是深入开展豹澥湖流域治理，三是加快豹澥湖水上交通建设。

骨干路网提档升级，微循环道路日臻完善。2023年承担7条微循环道路建设任务，累计道路长度5.7公里，总投资3.8亿元，着力打通城市毛细血管，切实缓解区域内交通通行压力。

聚焦民生工程，加快“3所学校、2个公共停车场、

1 个社区卫生服务中心”建设，构建“人城产”发展新格局。

布局新基建，形成新质生产力，构建光谷智慧交通新格局。一是以智慧交通为引领，打造网联汽车新城。加强创新赋能，积极探索智能网联车路协同、智慧停车、充电桩等新基建项目建设。二是聚焦生态环境和水务湖泊监管重点，高质量建设智慧水务。

融资能力全面提升，为企业发展提供资金保障；创新质量安全管理形式，为企业质量安全保驾护航；高度重视技术创新，为高质量发展提供技术保障。

聚焦投资、狠抓项目，做大做强高质量转型发展的硬核力量。运营公司、物业公司、旅投公司、置业公司等原四大子公司全面发力，自身造血能力不断提高；新增智网公司、光芯公司、光交城开公司等 3 家子公司，布局产业链谋求高质量发展新格局；新增控股公司新城建设，做强主业补齐产业链。

党建引领、企管为先，全面激活高质量转型发展的一池春水。积极开展“下基层察民情解民忧暖民心”实践活动；党建创新脱颖而出，组建“光谷城建 DNA+”第五联盟；大力推进放管结合，积极探索与各类市场主体战略合作。

【长沙市轨道交通集团有限公司】

长沙市轨道交通集团有限公司（以下简称长沙轨道）于 2006 年 6 月筹建成立，为国有独资企业，注册资金 50 亿元。2009 年 4 月重组轨道集团，主要承担轨道交通项目的融资、投资、建设、运营、管理。长沙轨道现设 17 个部门、6 个全资 / 控股子公司、1 个分公司及 1 个授权管理的参股公司。

2023 年，长沙轨道全力以赴抓项目、优服务、推改革、防风险，交出一份高质量发展的合格答卷。一是轨道交通规划建设支撑有力。完成长沙市重大项目投资超 143 亿元。西环线一期、1 号线北延一期如期兑现承诺。磁浮东延线实现“洞通”“轨通”；2 号线西延二期、6 号线东延段、7 号线一期，车站和区间施工全面铺开。第三期建设规划调整取得国家发展改革委批复。二是人民地铁为民宗旨践行更好。全年线网累计运送乘客达 9.4 亿人次，日均 257 万人次、同比增长 50%，最高日客流突破 374 万人次，地铁出行首位度持续上升。启动长沙地铁 App 升级改造。打造五一广场地铁站城市值机区。主导长株潭城际铁路“地铁化”运营改造研究。免费乘坐地铁人群范围进一步扩大。三是深化改革全面启动纵深推进。成立深化改革工作领导小组，出台深化国企改革工作方案和实施方案，协同推进 9 项专项改革任务。全面完成集团组织架构体系改革。通过压缩规模、压减层级、转岗交流，总部完成瘦身健体。四是各类风险全面可控底线守牢。健全了“专业部门统筹、行业部门牵头、子（分）公司负责”的安全管控体系，全年建设未发生安全生产责任事故，运营未发生一般 A 类及以上安全责任事件。

【株洲中车时代电气股份有限公司】

株洲中车时代电气股份有限公司（以下简称“时代电气”）成立于 2005 年，实现“A+H”双通道资本布局，其前身及母公司——中车株洲电力机车研究所有限公司，是中国电气化铁路装备事业的开拓者和领先者。时代电气立足交通和能源两大赛道，积极投身国家重大战略，致力于为社会提供安全、智能、绿色、舒适的高端装备，励志成为交通与能源领域电气系统全面解决方案的全球首选供应商。至 2023 年形成从基础器件到装置与系统，再到整机与工程的完整技术链及产业链，业务遍及全球 20 多个国家和地区。

2023 年是全面贯彻党的二十大精神的开局之年，时代电气以习近平新时代中国特色社会主义思想为指引，充分把握新发展阶段，深入贯彻新发展理念，营业收入里程碑式突破 200 亿元大关，行业影响力进一步提升。2023 年新增授权专利 326 件，获中国专利优秀奖 1 项，湖南省专利一等奖 1 项；纽伦堡国际发明展银奖 1 项，获中国标准创新贡献奖项目奖 2 项。获省部级、行业级科技奖 8 项，其中一等奖 3 项。获批湖南省重载列车自动驾驶工程技术研究中心，研发平台能力得到进一步提升。

在产业经营方面，时代电气保持轨道交通牵引网络系统的产品引领，“一核”地位持续稳固，新签订单创历史新高，城轨牵引系统连续十二年行业领跑，多个产品领域齐驱并进。永磁牵引市场推广迈上新台阶，永磁市场占有率超 50%；网络控制系统市场占有率超 42%，市场第一，首次突破济南、西安、徐州、合肥、东莞等市场；智慧大系统在无锡 S1 稳步推进，进入试运行阶段；信号系统取得多个里程碑意义的新突破，成功获取宁波 8 号线 FAO 首单、宁慈线市域信号首单、贵阳 S1 线信号等市场订单；供电系统实现从单品销售到系统集成解决方案的华丽转身，成功获得重庆 15 号线 7 亿元供电系统集成，打造产业规模效应，进一步夯实产业发展根基；在站台门、车辆门、智能运维、检修业务等产业领域，积极探索新路径、新模式，取得市场重大突破。

在技术创新方面，新一代永磁牵引系统平台及三电平高频辅助变流器平台，凭借其高效轻量、安全舒适的特点，已在 8 条线路实现规模化列车装备应用，有效提升了轨道交通运营效率，为乘客带来更为舒适的出行体验。在虚拟连挂技术领域取得了重要突破，于宁波地铁完成该技术的外场验证，为轨道交通的未来发展开拓新的可能性。成功研发自主 SiC 器件的牵引系统，并在深圳、广州实现小批量装车应用，为行业树立了新的标杆。在轨博会上正式发布时代电气绿色城轨装备制造行动方案及中车株所绿智城轨系统解决方案，充分展示时代电气在绿色、智能化发展道路上的坚定决心和坚实步伐。

在成果获奖方面，多个项目获得行业的高度认可。“集成高效的轨道交通新型智能化永磁同步牵引系统研制及应用项目”经过中城协成果评价，总体技术水平达到国际领先。“面向FAO的自主化车载安全控制系统平台研制”项目获中城协科技进步一等奖，“高集成、高效率的地铁永磁牵引传动系统研制”项目获中国交通运输协会一等奖，这些荣誉进一步彰显时代电气在城市轨道交通领域的卓越实力。

【广州地铁集团有限公司】

广州地铁集团有限公司（原名广州市地下铁道总公司）于1992年11月成立，注册资本584.3亿元，是广州市政府全资大型国有企业。公司始终以“建设好、运营好、经营好地铁，服务好城市，带动好产业”为宗旨，近年成立城际运营公司、重组铁投公司、承接珠三角公司，业务实现从地铁新线规划建设到铁路建设投融资，从地铁线网到城际铁路、有轨电车全制式覆盖，从广州一地走向粤港澳大湾区、国内主要城市乃至“一带一路”沿线重要节点。

聚焦投资建设。全年完成市重点项目投资861亿元，实现营业收入141亿元。建成开通5号线东延段、7号线二期，本地运营线路16条，运营里程达652.7公里。推进广州白云站一体化项目工程建设，助力亚洲最大综合交通枢纽投入运营。8号线北延段及支线、南沙至珠海（中山）城际、广河高铁白云机场T3至江村西段等4条线路如期开工。新白广城际南段、白云站和镇龙站交通枢纽基本建成。广佛南环、佛莞城际完成静态验收。同步推进22条566.6公里地铁和城际线路建设，统筹负责32个国铁、综合交通枢纽、市政道路项目投资建设。

统筹线网运营。全年安全运行5.1亿车公里，运送乘客31.4亿人次，日均客运量达857.2万人次（全制式），占全市公交客运总量的68%。打造全龄友好示范站和儿童友好出行空间。建成全国规模最大智慧安检系统，实现“AI识别＋集中判图”。票价优惠调整方案平稳落地。开展既有车站通行能力提升改造研究。成功获得莞惠、佛肇城际铁路运输资质，为接管2条线路奠定基础。

做优经营主业。全年实现多元经营业务收入66亿元，占年度经营总收入的46.8%。获取广州设计之都三期地块，新增土地储备规模8.45万平方米。参与广州城中村改造工作，成为七大做地主体之一。实现8个自主开发项目投入市场，完成销售认购32亿元。成功获得墨西哥城地铁一号线咨询服务合同，与越南胡志明市城铁管理委员会签订合作谅解备忘录。设计业务在磁浮、城际方向实现新突破。澳门轻轨东线设计连建造工程顺利开工。年内推动市轨道交通产业年度总产值突破2500亿元。

点燃创新引擎。加快科研成果转化，推动轻量化制动盘技术、永磁牵引系统等新技术孵化产品在既有线路实验认证与示范应用。发起组建“广州碳达峰碳中和产业联盟”，开展绿色低碳技术创新及推广应用。年内开展在研政府科技项目22个，获省、自治区、直辖市及行业等科技奖励共计30项。整合广州地铁集团有限公司广通商资源，正式运作资源经营公司，提升经营创收能力。组建穗腾公司，立足湾区面向全国开展智慧轨道交通市场拓展，加速带动产业智能化转型升级。

【深圳市地铁集团有限公司】

深圳市地铁集团有限公司（以下简称“深圳地铁”）成立于1998年7月31日，是深圳市国资委直管的国有独资大型企业。深圳地铁秉承“厚德载运，深铁为民”的企业精神和“经营地铁，服务城市”的企业使命，构建国家铁路、城际铁路、城市轨道交通“三铁合一”的产业布局和轨道建设、轨道运营、站城开发、资源经营“四位一体”的核心价值链，着力构筑开放、活力、共融的“轨道＋”生态圈。至2023年底，深圳地铁总资产7160.06亿元。

2023年，深圳地铁共承担深圳市15条地铁线路合计524.6公里的运营任务。深圳地铁持续拓宽品牌辐射面，积极对外输出运营、综合联调、维保、咨询等多样化服务，业务共涉及国内外（不含深圳）线路约525.0公里。

深圳地铁积极践行“以公共交通为导向”的TOD发展模式，以地铁上盖及沿线物业的升值效益反哺轨道交通建设运营，“轨道＋物业”模式日益与城市深度融合，以枢纽为代表的“站城一体化”项目逐步成为核心产品。深圳地铁构建写字楼、商业、酒店、广告传媒等多种产品体系。

深圳地铁积极承担社会责任，2010年至今累计为老年人、残疾人等乘客提供约3.0亿人次的免费客运服务，地铁义工联提供义工服务突破634.7万小时，建成并移交2.3万套保障性住房。

深圳地铁将全面践行“先行示范”理念，坚定扛起“交通先行官”的发展使命，加快构建“轨道上的大湾区”，打造一流设施、一流技术、一流管理、一流服务、一流效益、可持续发展的世界一流轨道交通企业，有力支撑粤港澳大湾区和深圳都市圈建设。

【港铁轨道交通（深圳）有限公司】

港铁轨道交通（深圳）有限公司是香港铁路有限公司全资子公司，成立于2004年3月，负责特许经营深圳市轨道交通4号线（经营期30年）。秉承香港地铁的服务理念，致力于为深圳市民提供高效、安全、可靠的轨道交通服务。

2023 年，4 号线全年平均日均客流 58.4 万人次，最高客流 85.4 万人次，全年总客流量比上年增长 43.0%。2023 年 4 号线列车全年风雨无阻地往返牛湖到福田口岸，运送乘客约 2.1 亿人次，运营里程超过 3219.9 万车公里，全年共开行超过 21.2 万行程。

2023 年，4 号线全线列车运能、设备设施的提升、顾客服务水平、文明出行指数等全力拉满，为市民乘客提供“顶格”服务。打造“心的服务”，秉承“以客为先”的顾客服务理念，从乘客所需的角度出发，提升列车运能、车站服务，关爱长者出行安全，从细节方面着手提升市民的出行体验。

在标识环境方面，4 号线优化车站客服中心标志标识，整体提升美观度和整洁感；在智慧出行方面，4 号线首批试点自助服务车站上线，市民可以通过自助票务处理机（STM）进行充值、查询、票卡异常处理及购买儿童票等。

【深圳市现代有轨电车有限公司】

深圳市现代有轨电车有限公司成立于 2016 年 1 月 28 日，是由中国中铁股份有限公司与深圳市地铁集团有限公司共同投资成立的合资公司。经营范围包括：地铁、轻轨交通项目的建设、运营、开发和综合利用；经营广告业务；自有物业管理；轨道交通相关业务咨询及教育培训；劳务派遣；进出口经营，有轨电车维修。

至 2023 年底，龙华有轨电车示范线实现安全运营 2256 天，运送乘客 581 万人次，日均客运量 1.59 万人次，同比上升 23%；运营里程累计 370 万车公里，比上年增长 10%；开行列车 12.9 万列次；发车正点率 97.7%；运行图兑现率 99.1%；自动售票机可靠度 99.9%；自动扶梯可靠度 99.7%；垂直电梯可靠度 99.9%；乘客投诉回复率 100%，各项运营指标均满足与深圳市轨道办签订的《运营监管协议》要求。

坚持人民至上、生命至上，以安全运营为根本，为安全生产护航。落实全员安全生产责任制。通过全员签订安全生产责任书，明确全体员工岗位安全职责并落实到每位员工，逐级压实安全责任。组织开展安全风险分级管控与隐患排查治理工作。通过三次修订完善安全风险清单，对各项危险源制定有效控制措施，电车公司无重大风险源，较大风险源 12 项，一般风险源 47 项，较小风险源 82 项，安全风险可控。结合安全事件及隐患排查，全年制定隐患整改措施共 39 项，均完成整改。持续开展标准化建设，组织开展安全生产标准化一级达标企业换证评审，通过专家三次咨询及现场评价，以 970 分的成绩完成安全生产标准化换证评价工作。

以运营服务质量为基础，以提升运营效率为目标，不断提升客运服务品质。2023 年，开展 2 次运能提升工作，在高峰时段，运能提升 24%；休息日最小行车间隔压缩至 5 分钟，运能提升 8%。每周五下午图外开行学生专列，方便学生出行。“乘客的满意程度”是深圳现代有轨电车有限公司永远追求的目标。2023 年，妥善处理 35 件民生诉求，24 小时联系率持续保持 100%，在深圳市轨道办的客服满意度评比中保持着“非常满意”的服务水平。

以提升设备质量为根本，以降低设备故障发生率为目标，保障设备安全稳定运行。始终坚持以法规修程为根本，以故障规律为依据，以计划性预防性为思路，一是坚持完善设备保养管理体系，落实设备检修维护职责；二是抓好备品备件管控、分析、保障，确保设备稳定运行；三是计划性开展员工技能培训，同时增加应急演练盲演频率，全面提升员工业务技能水平。

【佛山市地铁集团有限公司】

佛山地铁集团有限公司（简称“佛山地铁”）于 2023 年 8 月变更公司股东，原股东为：佛山市人民政府国有资产监督管理委员会（出资额 112000 万元；占比：80%）、佛山电建集团有限公司（出资额 28000 万元，占比 20%），现变更为：佛山市国资委（出资 10.2 亿元，股比占 72.7%）、佛山电建集团有限公司（出资 2.8 亿元，股比占 20%）、广东财政厅（出资 1.0 亿元，占比 7.3%）。

2023 年，佛山地铁坚持以习近平新时代中国特色社会主义思想为指引，扎实开展学习贯彻习近平新时代中国特色社会主义思想主题教育，围绕省委“1310”部署及市委“515”战略目标，坚持党建引领，狠抓工作落实，实现各项工作稳中求进，质效双升的良好局面。实现资产总额 919.3 亿元；所有者权益 335.4 亿元；实现营业收入 5.4 亿元。

在工程建设方面，地铁 3 号线在建段当年完成投资 30.14 亿元。年底如期实现热滑，迈出试运行关键一步。地铁 4 号线一期当年完成投资 10.54 亿元。国铁城际项目完成出资 44.4 亿元。

在线路运营方面，各线路安全运行 9957.7 万车公里，线网客运量超 1.5 亿人次，票务及附属资源等收入达 3.9 亿元，服务质量达到行业优秀水平。

在资源开发、产业布局方面，一是资源开发抢抓政策红利，三个改造项目纳入国家城中村改造项目库，三大房地产项目稳步推进。二是多元产业稳步发展，佛轨设计院实现营业收入 9125 万元；佛山中车公司实现营业收入 4.2 亿元；云天智能、西门子智信等合资公司共实现营业收入约 1.0 亿元；碳达峰扭亏为盈，实现营业收入 9311 万元；氢能、物业等业务版块实现营业收入合计超 1.7 亿元。

在内控管理提升方面，一是完善法人治理体系，年度共组织董事会10次，调整优化董事会专门委员人员专业结构，启动“两会一层”制度修订。二是积极拓宽融资渠道，共完成融资115亿元，确保经营发展需要。三是完成新OA等三大系统建设、上线，提升信息化效能。四是设立法务风控部，强化法治国企建设。五是调整保密领导工作小组成员，落实保密自查和上级专项检查，未发生失泄密。

在国企改革推进方面，一是推动集团及下属国顺物业股权优化。二是制定《混合所有制企业监督管理办法》，深化全过程监管。三是三项制度改革成果顺利通过市国资委考核评估，精简总部格局，优化2023年度人工成本。四是制定集团与建设公司业务管控界面文件，提高集团化管控效能。

【佛山市南海区铁路投资有限公司】

佛山市南海区铁路投资有限公司（下称“南海铁投公司”）由南海区公有资产管理办公室（现南海区国有资产监督管理局）于2010年6月注资成立，2022年成为区国资系统城建集团属下重点企业。

至2023年底，南海铁投公司运营有轨电车线路1条，运营里程14.3公里；在建有轨电车线路1条，在建里程9.8公里。南海铁投公司承担建设项目共计25个，总投资超300亿元，其中建成项目13个，总投资额约163.9亿元，资产总额242.2亿元，净资产219.0亿元。有员工88人，专业技术人员65人，实行董事会领导下的总经理负责制，并根据工作职能划分设立7个部门，分别是党群综合部、投资经营部、预算财务部、合同法务部、技术管理部、质量安全部、工程管理部。铁投系统在册企业7家，分别为南海铁投公司、佛山市南铁投资发展有限公司、佛山市南海大业佳诚投资有限公司、佛山市南海区新型公共交通运营管理有限公司、佛山市南海恒峰投资有限公司、佛山市南海地下铁道有限公司以及佛山市南海区武广铁路投资有限公司。

南海铁投公司秉承“锻造城市建设铁军服务城市高质量发展”的企业使命和“做南海的城市综合服务运营商”的企业愿景，构建以城市基础设施投建运管＋站城综合开发为主体，以筹融资能力建设为左翼，轨道交通产学研用为右翼的“一体两翼”发展布局，聚焦轨道交通相关基础建设，通过“以点带面”，逐步涉足轨道交通建设全产业链条，力争成为可堪大用能担重任的开路先锋，勇当现代化活力新南海建设的铁军。

【东莞市轨道交通有限公司】

东莞市轨道交通有限公司于2009年7月21日注册成立，注册资本为417470万元；主要负责东莞市城市轨道交通工程建设、运营管理和资源开发等工作。东莞市轨道交通有限公司始终坚持“责任、诚信、创新、共赢”的经营理念，稳步推进线网建设，加快提升运营管理，力争成为东莞市公共交通系统新力量。

至2023年底，东莞地铁2号线实现安全运营2775天，全年运营共计365万列公里，开行列车10.6万列次，正点率达99.9%，运行图兑现率达100%，正点率及兑现率均高于国家标准水平。

东莞市轨道交通有限公司于2023年10月12日成立东莞轨道资源综合开发有限公司，增设TOD开发研究中心，开展全线TOD地块摸查工作，以“轨道＋物业（新城）”理念对新线项目进行资金平衡测算，确保新线建设与城市建设同步、科学发展迈出多元化经营步伐。

全力配合东莞市轨道交通局开展城市轨道交通二期建设规划二次调整工作。成立佛穗莞城际、东莞3号线前期筹备工作组，主动加强与东莞市轨道交通局、广州地铁集团对接，积极探索投资新模式。3号线一期工程方面，协助市轨道交通局确定用地预审与选址编制单位，形成工可及投融资方案研究阶段性成果。

【南宁轨道交通集团有限责任公司】

南宁轨道交通集团有限责任公司成立于2008年12月，经营范围为轨道交通建设、运营、站城开发、资源经营等，是南宁市政府授权南宁市国资委履行出资人职责，具有独立法人资格、自主经营、独立核算的大型国有企业。

2023年地铁运营安全平稳有序，2023年推出“1”元畅游、主题计次票等扩客流举措；全年线网实现客运总量3.5亿人次，线网日均客运量95.9万人次。南宁市轨道交通6号线一期工程实现全线开工建设。

2023年度共有1个项目获得国家优质工程奖，2个项目取得2022年度广西科学技术奖二等奖，3个项目分别评获第十九届交通企业现代化创新成果一、二、三等奖，5个应用案例列入广西壮族自治区交通厅2023年度广西交通运输科技创新典型案例，“轨道交通信号智能运维系统研究与应用”科技成果被中国城市轨道交通协会评定为“总体技术达到国际先进水平”，成为广西首个被行业评定为“国际先进”的轨道交通项。

创新“场景招商＋资本招商＋全民招商”模式，围绕“装备制造”和“智慧交通及数字产业”两大方向开展招商活动；协办2023中国产业转移发展对接活动（广西）轨道交通产业专题对接活动，现场签约项目20个，签约总投资额164亿元。

加快轨道交通产业链补链、强链，以“一园多地”模式推动智慧交通及数字产业集群，将南宁国旅中心C座打造为科创产业园一期，累计盘活各类商业资产面积22.9万平方米，成功吸引一批在数字经济、人工智能及电子信息等领域的一流企业设企入驻，实现南宁科创产业立足南宁、服务西南、面向全国、辐射东盟的目标；科创产业园二期实现开工建设。

整合轨道交通商业资源，走市场化自主经营新路子，打好“产业招商＋资产盘活”组合拳，引进体育品牌361°广西旗舰店，3万平方米的乐汇广场实现100%出租。完成朝阳广场站地下商业空间确权，成为全国首个轨道交通地下商业空间取得不动产权证的案例。

【三亚市轨道交通有限公司】

三亚市轨道交通有限公司（以下简称“三亚轨道”）成立于2015年10月，注册资本金4.6亿元。公司以轨道交通建设及运营管理为核心，以带动城市发展、完善城市功能、提高市民生活质量为目标，着力打造三亚轨道交通新生活。主要负责投资、建设、运营和维护三亚有轨电车示范线PPP项目。

三亚轨道始终坚持以“安全第一、环境舒适、服务至上”的经营理念，致力于每一位乘客提供舒适、快捷旅游观光的乘车体验，服务于国家自由贸易港和国际热带滨海旅游城市的建设。2023年，三亚轨道先后获海南省“五四红旗团支部（总支）”、海南省“青年安全生产示范岗”、中交集团“先进基层党组织”、中交海投“青年文明号”等荣誉称号，彰显团队的创新力、凝聚力、战斗力。

强化技术保障，确保设备安全运行。2023年，一是全面开展维修体系规章文件实操验证及维修施工组织优化提升工作，进一步完善技术维修制度体系；二是完成第二路外电源送电工作，提高线路运营用电可靠性；三是开展路口信号机电源及站台设备防漏电保护技术改造，提高有轨电车信号系统的平稳性及站台用电的安全性。

齐心协力，保障运营服务。2023年底，三亚旅游市场火爆，面对示范线客流激增的情况，三亚轨道各部门齐心协力，通过内部跨岗支援正线，加大运力投入，缩短行车间隔，合理匹配动车站客流，及增加标识指引、增设付费区、更新站名牌等一系列措施提高运营服务水平，2023年累计服务乘客超130万人次，正点率、兑现率均超99.9%，乘客满意率达96%。

【重庆市轨道交通（集团）有限公司】

重庆市轨道交通（集团）有限公司创建于1992年，是重庆市承担城市轨道交通建设、运营和沿线资源开发的大型国有控股企业，总资产约2300亿元，职工共计2万余人。

2023年，重庆市轨道交通（集团）有限公司突出“稳进增效、除险清患、改革求变、惠民有感”的工作导向，主动服务重庆市经济社会发展大局；运营线路里程跨越500公里，更大地方便山城市民出行。

重项目、保开通，集中精力搞建设。开通5段37公里线路，新增南北向过江通道2条，前三期建设规划全面完成；第四期建设规划线路全部开工；首次在重庆轨道交通领域应用无振感微振速爆破技术，实现对周边居民零干扰，解决城市核心区施工进度难题。环线获得“中国土木工程詹天佑奖”。

重细节、保运营，服务至上暖民心。重点围绕“规划引领、建设提速、一体衔接、服务提升、数字赋能、政策保障”六个方面提升轨道交通出行吸引力，全年线网8次实现客运量突破，最大客运强度1.0万人次／公里·日，最高日客运量508.1万人次，轨道交通占公共交通客运分担率达51.7%；网络化运营更具特色，在车站增设“求助按钮”，实现银联闪付卡进站和“爱心预约”乘车服务，提升惠民有感力度，让市民出行有速度更有温度。

重价值、拼效益，经营场景更丰富。完成重庆市最大体量轨道交通TOD项目——10号线王家庄停车场用地出让；自营品牌“捷顺购”20家便利店试营业；线上线下联动助推轨道文创“走出去”，“开往春天的列车拼装积木”获中国交通报社评选的交通运输“十佳文创产品”称号。

重“数智”、促升级，绿智发展添动力。数字化基础设施有序实施，WMS、CMS、RMS、MPS 4个系统实现上线运行；新增10号线二期大礼堂等8座智慧车站，开、关车站由20分钟缩短至7分钟，车站智慧化管理水平和运营效率大幅提升；持续强化科技创新能力，斩获2023年全球卓越工程师大赛揭榜攻坚赛银奖、十佳成果转化奖，3个科研项目获中城轨科技进步奖，获授权专利12项，攻克大修技改中的技术难题28项。

【重庆市铁路（集团）有限公司】

重庆市铁路（集团）有限公司于2013年底经重庆市政府批准成立，为重庆城市交通开发投资（集团）有限公司所属骨干子企业，主要负责重庆城轨快线、市域（郊）铁路投资、建设和运营管理。经过十年来快速发展，确立以构建“城轨快线＋市域（郊）铁路”的都市快轨网络体系为主的发展战略，夯实网络化建设、智能化运营、多元化经营“三位一体”的发展定位。

2023年，在成渝地区双城经济圈、西部陆海新通道、交通强市、数字重庆等战略引领下，重庆市铁路（集团）有限公司因时而动、顺势而为，主动担当、积极作为，紧扣“打造轨道上的都市区”目标，认真落实重庆交通开投集团一体化发展部署，全力推进都市快轨网络建设，立足打造主城都市区“1小时通勤圈”，全面构建形成“一张网、多层次、全覆盖”的都市快轨网络体系，逐步成为重庆城市公共交通建设和运营管理中坚力量和“主力军”。

【重庆市轨道交通设计研究院有限责任公司】

重庆市轨道交通设计研究院有限责任公司成立于2003年10月，主要从事轨道交通设计、咨询、监理等业务，隶属于重庆城市交通开发投资（集团）有限公司。

拥有市政行业（轨道交通工程）专业设计甲级，建筑行业（建筑工程）专业设计甲级，铁路、城市轨道交通工程咨询甲级，市政公用工程监理甲级，设备监理甲级等9项资质。

全面参与重庆市轨道交通前四轮建设规划、咨询、设计和监理工作，合计里程超过500公里。业务涉及兰州、新疆、福建、泰国曼谷、土耳其梅尔辛等20余个国内外城市。先后获菲迪克全球优秀及杰出工程项目奖、国家优质工程奖、全国优秀工程勘察设计奖、全国优秀设备工程监理单位、全国交通运输行业文明单位等100余项荣誉。

作为国家高新技术企业，拥有多项市级科研创新平台，是重庆市城市单轨交通工程技术研究中心依托单位，重庆市博士后工作站设站单位、重庆市新型研发机构。入选重庆市首批“科改示范企业”，有序推进“三项制度改革”，积极落实“改革三年行动和对标专项行动”，系统布局“科改专项行动”等一系列企业改革，建立完善的管理制度体系，形成灵活高效的市场化运营机制，实现公司战略规划和生产经营的深度融合，构建具有竞争力的科研体系。

以单轨交通技术为核心竞争力，现拥有专利60余项，2023年新申请专利30项，授权专利10项，共获得各类科研、工程类奖项12项，2项科技成果达到国际先进水平。

按照新定位、新理念、新要求，聚焦交通规划引领，发挥重庆单轨技术优势，以重庆本地市场为资源支撑，在巩固核心业务的同时积极拓展新市场、新业务，向产业链业务延伸，重点发展运维更新改造设计和技术服务、市域铁路、枢纽场站及上盖物业开发、数字化和智慧化建设领域。不断创新工作机制，发展技术实力，提升服务水平，优化人才梯队，拓展市场领域。

【成都轨道交通集团有限公司】

成都轨道交通集团有限公司（由原成都地铁有限责任公司于2017年2月更名）成立于2004年10月，是负责成都城市轨道交通规划、建设、运营、TOD综合开发和轨道沿线资源经营的大型国有全资企业。注册资本67亿元，总资产4676亿元。2023年完成固定资产投资465亿元。

2023年，成都轨道交通集团有限公司坚定以习近平新时代中国特色社会主义思想为指导，深入贯彻省市决策部署，加压奋进、拼搏实干，全年完成固定资产投资465亿元；以最高标准开通19号线二期，线网运营里程达601公里，稳居全国轨道交通“第四城”；安全运送乘客21.2亿人次、同比增长35%，轨道交通占公共出行分担率超过63%；资产总额达4676亿元，圆满兑现年度目标任务。

超大线网提能提级。创新构建运营、TOD、资源开发、市政配套“四前置”工作机制，高质量推动10线302公里建设，高标准开通19号线二期，实现双流、天府两大国际机场高效衔接。制定实施《提升安全管理能力指导意见》，健全“技术保安全、管理保安全、应急保安全、监督问责保安全”的安全生产管理体系，安全管控水平不断提升。坚持以客为尊、用心服务，推广“直达+普线”“同站过街”等优质服务举措，单日最高客运量达783.92万人次，累计安全运送乘客超116亿人次，跨步迈入“百亿客流时代”，“文明365”获评全国交通运输“榜样品牌”。

轨道经济增质增效。全速推进24个TOD项目建设，陆肖、双凤桥项目入选“全国城市轨道交通TOD示范案例”。加快落位筹建TOD保障性租赁住房2万余套，助推成都市成为全国8个租赁住房贷款支持计划试点城市之一。与重庆轨道集团建立全面战略合作关系，共建共享西部轨道产业发展机遇。轨道学院筹设获四川省教育厅首轮批复，教学质效不断攀升。创新拓展地下空间消费场景，携手港铁推进站点资源“二次开发”，打造轨道商业开发“成都模式”。

科技创新成型成势。制定实施“智慧城轨2.0”“绿色城轨”“数智化发展”顶层规划方案，全面完成首批18个智慧城轨示范项目研究、试点，多项科研成果获评全国设备管理与技术创新成果一等奖、行业碳达峰碳中和创新项目一等奖。制定出台构建成都现代化轨道交通产业体系行动方案，聚焦高端装备制造、科技创新、智能运维等重点领域，联动头部企业共建创新中心，助力成都加快建设国家制造业高质量发展示范区。

【贵阳市公共交通投资运营集团有限公司】

贵阳市公共交通投资运营集团有限公司是按照贵阳市委、市政府统一部署，在贵阳市城市轨道交通集团有限公司和贵阳市公共交通（集团）有限公司的基础上重组成立的市属国有企业，注册资金106.52亿元，信用评级AA+。主要承担城市公共交通基础设施的投资、融资、建设以及城市公共交通运营管理；开展城市公共交通沿线土地一、二级开发和综合资源经营开发；进行改貌铁路口岸建设和运营管理。

至2023年底，贵阳市公共交通投资运营集团有限公司共有员工13444人（原轨道集团5379人，原公交集团8065人），资产总额813.0亿元。建成投入运营的地铁线路3条（1号线34.8公里，2号线一期、二期共39.5公里，3号线42.5公里）。在建地铁线路一条（S1线一期北段30.3公里）；在建的有轨电车线路一条（T2线一期，10.9公里）；建成投入运营的铁路口岸一个（改貌铁路口岸）。

【昆明轨道交通集团有限公司】

昆明轨道交通集团有限公司原为昆明轨道交通有限公司，于2008年12月由昆明市政府批准成立，2009年3月正式组建，2013年10月成立集团公司并正式挂牌运营。注册资本金50亿元，为市属国有控股企业。

2023年，昆明轨道交通集团有限公司坚持稳中求进工作总基调，明确公司“十四五”至2030年的战略发展规划，指明公司未来发展方向和路径。研究制定“2331”战略规划，提升战略规划引领能力，深入开展“当好排头兵”大竞赛活动，营造比学赶超良好氛围，建立健全合规管理体系，强化公司合规审查力度，加强全员绩效考核，进一步完善薪酬管理体系。

强运营、优服务，全面吸引客流并提升运营服务质量。至2023年底，昆明地铁线网运营长度165.9公里，运营车站103座（含换乘站10座），线网累计运送乘客16.2亿人次，历史最高单日客运量为2023年12月31日126.0万人次。2023年线网列车运行图兑现率100%，列车正点率99.9%；全年实现载客2.9亿人次，票款收入6.8亿元（不含税），整体运营平稳有序。地铁运营日益便民、利民。一是推行电子权益月卡、年卡产品上线，为提升昆明地铁服务质量水平，进一步便民惠民，增强地铁吸引力，2023年11月1日电子乘车权益产品营销平台正式上线使用，乘客可在昆明地铁App上的“电子商城”购买电子权益月卡、年卡产品，满足不同乘客的乘车需求，丰富昆明地铁乘车优惠方式。二是昆明地铁线网单日客运量屡创新高，2023年起昆明地铁客流逐步向好发展，“五一节”期间，日均客运量突破110万人次，且线网单日最高客运量多次得到突破，2023年12月31日线网单日客运量达到历史最高为126.0万人次。

【西安市轨道交通集团有限公司】

西安市轨道交通集团有限公司成立于2005年11月，为西安市政府直属国有独资企业，负责西安城市轨道交通系统工程建设、运营管理、资源开发和投融资等工作。集团现有12个部门、1个中心和7个分子公司，现有员工1.5万人。

2023年，西安市轨道交通集团有限公司以“建设全国一流地铁”为总目标，积极顺应轨道交通发展规律，聚焦主责主业，拓展服务领域，加快转型升级，各项目标任务高质高效完成。

工程建设持续发力。坚持“建设地铁就是建设城市”的理念，统筹加快地铁建设，地铁1号线三期、2号线二期、16号线一期如期开通运营，运营里程311公里，位居全国地铁城市第11位。地铁14号线获国家优质工程奖。积极配合西安市级相关部门开展第四期建设规划方案编制研究工作，方案通过市级层面审议。

运营服务优质高效。不断强化“以人民为中心”的发展思想，持续提升运营服务，线网列车正点率、运行图兑现率等关键指标均达到行业先进水平，轨道交通占全市公共出行的分担率达60%。9月26日西户铁路与地铁5号线阿房宫南站的地下换乘通道正式投用，实现市域铁路与地铁网络的无缝衔接。

地铁综合开发初见实效。以“完善城市功能，提升城市品质”为目标，大力实施“轨道+上盖”一体化设计开发，2个项目实现落地并开盘销售。主动承担全市“铁投”职能，统筹加快高铁东站片区综合开发建设，努力打造西安东部核心区和现代城市风貌展示区。

企业创新潜能充分释放。按照国家“智慧城轨”“绿色城轨”发展目标，全力打造轨道交通原创技术策源地和孵化器，与西安交通大学联合成立轨道交通未来技术创新研究院，首批确定的33个“揭榜挂帅”科技创新项目，7个项目取得阶段性成果，促进轨道交通创新链、产业链、资金链、人才链深度融合。

“走出去”战略再添新绩。认真落实习近平总书记在中国-中亚峰会主旨讲话精神，践行峰会共识、放大峰会效应，与乌兹别克斯坦铁路总公司签署合作框架协议，实现由输出管理服务向推广“中国标准”的转变。启动“共谋发展、交通领航”的海外轨道交通专业人才培养计划，为来华学习的10名哥伦比亚波哥大项目学员开展管理及专业培训，为后续开拓海外轨道交通行业咨询业务市场奠定基础。

【西咸新区轨道交通投资建设有限公司】

西咸新区轨道交通投资建设有限公司于2013年11月成立，注册资本金8.5亿元，由陕西省西咸新区开发建设管理委员会和陕西西咸新区发展集团有限公司共同投资，各持股50%，主要负责西咸新区范围内轨道交通项目的投资、建设、运营、管理及相关资源开发经营工作。

2023年，西咸新区轨道交通投资建设有限公司围绕年度目标任务，精心谋划，真抓实干，各项工作进展顺利。投融资任务超额完成，全年建设投资15.2亿元，完成年度计划的101.5%，全年融资到位约15.1亿元，完成年度融资计划的168.1%。重点工程项目建成通车。地铁16号线一期工程于6月27日开通运营，是西北地区首条全自动无人驾驶地铁线路，成为大西安新中心新轴线建设的标志性工程；智轨示范线1号线首通段于3月21日开通运营，是西北地区首条智轨线路，推动新区轨道交通进入多制式发展新阶段。运营管理提质增效。地铁1号线二期、5号线二期及16号线一期全年累计运送乘客4724万人次，日均客运量14万人次，比上年增长75%，有力保障市民便捷出行。建立完整的智轨运营管理体系、运营团队，形成《智能轨道快运系统建设与运营管理规范》，填补西北地区智轨技术标准空白。资源开发扎实推进。坚持抓项目、促招商、稳要素、优环境，深度挖潜既有线路媒体效益，采用“联合招商+零星自营”模式，主动推进地铁5号线一期、二期平面和语音广告媒体开发，提高媒体效益。采用“分业态整租+单铺单租”的模式，完成地铁5号线二期东马坊站、沣西文化公园站等站点商铺及地铁16号线一期场段自助售货设备场地的招商工作，实现新区轨道交通商铺资源开发“零”的突破。

【兰州市轨道交通有限公司】

兰州市轨道交通有限公司注册成立于2011年10月10日，注册资本25.91亿元，为兰州市政府直属国有重点企业，主要负责组织实施轨道交通的建设、运营、管理及与轨道交通相关的资源开发任务。主体信用评级为AA级。2023年有15个内设机构，下设6个全资子公司和1个运营分公司，另有1个国企改革中处理历史遗留问题的临时机构、1个作为项目业主的过渡公司。员工总人数为2539人。

全力提升线网运营能力。2023年，兰州轨道交通1、2号线运营里程33.5公里，开行列车16.3万列次，单日最高客流屡创新高，12月31日客流峰值达到64.1万人次，年输送乘客首超1亿乘次。上半年日均客运量21.2万人次，2号线开通后双线日均客运量达36.5万人次，线网客运强度1.0万乘次／公里，换乘系数1.2，轨道交通网络集聚效应明显。全年列车运行图兑现率100.0%，列车正点率99.9%，其他各项关键指标均高于国家标准。

高效推进剩余工程。西关人防附属工程公交枢纽站与轨道交通西关站连接通道及120个地下停车位投用，地面围挡全部拆除，景观乔木完成种植，广场面全部开放。轨道·城市曙光如期交付，配建小学、幼儿园按期投用。兰州科技创新园一期B楼机电安装接近尾声，装饰装修任务过半；二期完成主体结构施工。

实施项目取得较好收益。多向推进商品房去化，首发住宅轨道·城市曙光累计交付853户，实现住宅销售3.7亿元，办公楼东塔销售3.07亿元，吴家园宗地溢价成交。充分考虑承租方经营困难、效益下滑窘况，灵活运用多种方式加大催收力度，全年收取各类租金和媒体经营权费7877.5万元。

谋划项目取得实质进展。根据兰州市综合交通大会战的安排部署，多个“P+R”停车场建成投用，初步形成“轨道＋公交＋停车场”立体综合交通体系。转变经营思路，按照“保底＋分成”模式促成东方红地下1.14万平方米商业成功签约。创新合作路径和商业模式，西关地下商业沉浸式体验主题商城、科创园一期A座西安交大国家大学科技园兰州分园等项目均取得突破性进展。

集团战略重组实现新布局。按照“同业归并、链式整合”原则，坚持以改革的办法解决问题，用改革的手段推动发展。紧紧依托轨道交通资产和人才资源优势，握指成拳、优势互补，构建起“1+6+2”管理架构，在综合提升经营能力、融资能力和抗风险能力的同时，各板块公司独立运营态势初步完成搭建。

【天水通号有轨电车有限责任公司】

天水通号有轨电车有限责任公司于2018年5月2日经天水市工商局批准注册。组织形式为有限责任公司。经营范围主要有：轨道交通建设工程及安装；有轨电车运营；资产管理、项目投资；设备购置、技术咨询服务、室内外广告等。

2023年全年开行58378列次，运输乘客95.5万人次，实现安全运营365天。各项运营指标：列车正点率99.9%，运行图兑现率99.9%，运营列车完好率为99.1%，列车服务可靠度23.0万列公里／次，站台设施完好率为99.4%，车辆系统故障率为0.01次／万列公里，信号系统故障率为0.3/万列公里，供电系统故障率为0.01次／万列公里，各项指标均高于规范及行业平均水平。

【乌鲁木齐城市轨道集团有限公司】

乌鲁木齐城市轨道集团有限公司成立于2011年8月，是由乌鲁木齐市国资委、国开发展基金有限公司、新疆维吾尔自治区国有资产投资经营有限责任公司共同出资成立。性质为国有控股公司，注册资金9.1亿元。经营范围为乌鲁木齐市轨道交通项目的投资、融资、建设、运营管理和综合资源开发及其相关服务。

2023年，乌鲁木齐城市轨道集团有限公司坚持以习近平新时代中国特色社会主义思想为指导，团结带领全集团干部职工踔厉奋发、攻坚克难，坚定不移找准战略定位、锚定重点任务、谋划发展举措、解决突出问题，全力推进集团迈向高质量发展新格局，各项事业取得新进展，有效提升基础业务与运营服务水平。轨道交通项目建设工地退围还路工程已逐步完成，机场改扩建市政配套工程及机场北区改扩建市政配套工程4个项目累计完成5.7亿元投资，完成计划总投资的109.6%。自动售检票系统升级改造完毕，微信和支付宝乘车码直接扫码过闸功能全面上线。运营期间，更换站内外标识4000余个、更新信息65次；设备设置和作业流程全面改进，全年节约运营成本1675万元，企业运营管理质效同步提升。

依托主业资源，梳理和盘活总部基地存量楼宇资源，动员全体员工加大宣传和招商力度，有效盘活存量资产。总部基地功能设置全面调整，办公区域持续压减，扩大可租赁面积3.1万平方米，累计完成租赁2.8万平方米，其中新增租赁面积1.0万平方米。全面挖掘1号线地下可利用空间，积极与城投集团、大巴扎公司洽谈合作，不断推进资源开发。全年实现多元化经营业务板块收入3702.1万元，同比增长47%，圆满完成各项经营目标，多元化经营水平稳步提升。有形塑造企业文化。在广泛征求意见的基础上，分阶段开展企业文化建设，组织设计企业视觉识别系统，提炼符合集团未来发展的使命、愿景、企业精神等核心理念，实施文化上墙工作，营造良好文化氛围。全年组织慰问一线职工818人，不断提升干部职工的幸福感、获得感。

科技创新工作成果显著。全年成立技术攻关组15个，上报攻关课题35项，通过技术攻关、金点子等“五小”活动，取得发明专利5项、自治区“五小职工群众性优秀创新成果”4项的好成绩；通过科技创新优化各车站牵引及照明供电模式等措施，积极推进节能降耗，2023年累计节省电费267.5万元。科技创新各项成就有力支撑集团高质量发展。乌鲁木齐城市轨道集团有限公司全面深化产学研合作，以“校企合作、产学共赢”为主题，与西南交通大学签署产学研合作协议，以培养应用型人才为切入点，共建校企合作平台，优势互补、资源互用、利益共享，促进技术创新和产业升级。资产信息化平台建设持续推进，产权管理更加规范。制定《组织架构优化调整方案》，部门设置由16个优化调整为12个，主责主业和战略目标更加明确，管理效能不断提升。

附录

1　法律法规目录

国务院文件目录

表　附-1-1

序号	文件名称	发文文号	发文部门	发布日期
1	质量强国建设纲要		中共中央国务院	2023.02.06
2	关于进一步加强隧道工程安全管理的指导意见	安委办〔2023〕2 号	国务院安委会办公室	2023.02.17
3	中华人民共和国无障碍环境建设法		第十四届全国人民代表大会常务委员会第三次会议通过	2023.06.28
4	关于印发《2023 年知识产权强国建设纲要和“十四五”规划实施推进计划》的通知	国知战联办〔2023〕11 号	国务院知识产权战略实施工作部际联席会议办公室	2023.07.21
5	国务院办公厅转发国家发展改革委、财政部《关于规范实施政府和社会资本合作新机制的指导意见》的通知	国办函〔2023〕115 号	国务院办公厅	2023.11.03

部委文件目录

表　附-1-2

序号	文件名称	发文文号	发文部门	发布日期
住房和城乡建设部				
1	关于做好房屋市政工程安全生产治理行动巩固提升工作的通知	建办质函〔2023〕81 号	住房和城乡建设部	2023.03.23
2	关于修改《建设工程消防设计审查验收管理暂行规定》的决定	中华人民共和国住房和城乡建设部令第 58 号	住房和城乡建设部	2023.08.21
3	关于印发城镇燃气经营安全重大隐患判定标准的通知	建城规〔2023〕4 号	住房和城乡建设部	2023.09.21
4	关于全面推进城市综合交通体系建设的指导意见	建城〔2023〕74 号	住房和城乡建设部	2023.11.27
交通运输部				
1	关于加强交通运输安全生产标准化建设的指导意见	交安监规〔2023〕1 号	交通运输部	2023.01.28
2	关于加快推进城乡道路客运与旅游融合发展有关工作的通知	交办运〔2023〕10 号	交通运输部办公厅 文化和旅游部办公厅	2023.03.10
3	关于印发《加快建设交通强国五年行动计划(2023—2027 年)》的通知	交规划发〔2023〕21 号	交通运输部 国家铁路局 中国民用航空局 国家邮政局 中国国家铁路集团有限公司	2023.03.31
4	2023 年交通运输行业发展统计公报		交通运输部	2023.06.18
5	关于培育旅客联程运输服务品牌的通知	交办运〔2023〕44 号	交通运输部办公厅 国家铁路局综合司 中国民用航空局综合司 国家邮政局办公室 中国国家铁路集团有限公司	2023.07.25

部委文件目录（续前表） 表 附-1-2

序号	文件名称	发文文号	发文部门	发布日期
6	铁路设备质量安全监督管理办法	中华人民共和国交通运输部令 2023 年第 7 号	交通运输部	2023.07.26
7	城市轨道交通运营安全评估管理办法	交运规〔2023〕3 号	交通运输部	2023.08.22
8	城市轨道交通初期运营前安全评估规范	交办运〔2023〕56 号	交通运输部办公厅	2023.09.22
9	城市轨道交通正式运营前安全评估规范	交办运〔2023〕57 号	交通运输部办公厅	2023.09.22
10	城市轨道交通运营期间安全评估规范	交办运〔2023〕58 号	交通运输部办公厅	2023.09.22
11	道路运输企业和城市客运企业安全生产重大事故隐患判定标准（试行）	交办运〔2023〕52 号	交通运输部办公厅	2023.09.13
12	关于推进城市公共交通健康可持续发展的若干意见	交运发〔2023〕144 号	交通运输部 国家发展和改革委员会 公安部 财政部 人力资源和社会保障部 自然资源部 国家金融监督管理总局 中国证券监督管理委员会 中华全国总工会	2023.10.08
13	城市轨道交通通信系统运营技术规范（试行）	交办运〔2023〕67 号	交通运输部办公厅	2023.11.23
应急管理部				
1	生产安全事故统计调查制度、安全生产行政执法统计调查制度	应急〔2023〕143 号	应急管理部	2023.12.29
工业和信息化部				
1	关于印发《机械行业稳增长工作方案（2023—2024 年）》的通知	工业和信息化部联通装〔2023〕144 号	工业和信息化部 财政部 农业农村部 商务部 海关总署 金融监管总局 国家药监局	2023.08.17
2	关于印发《安全应急装备重点领域发展行动计划（2023—2025 年）》的通知	工业和信息化部联安全〔2023〕166 号	工业和信息化部 国家发展改革委 科技部 财政部 应急管理部	2023.09.26
自然资源部				
1	关于深化规划用地“多审合一、多证合一”改革的通知	自然资发〔2023〕69 号	自然资源部	2023.05.04
2	关于进一步做好用地用海要素保障的通知	自然资发〔2023〕89 号	自然资源部	2023.06.13
3	关于开展低效用地再开发试点工作的通知	自然资发〔2023〕171 号	自然资源部	2023.09.05
生态环境部				
1	关于印发《“十四五”噪声污染防治行动计划》的通知		生态环境部 中央文明办 发展改革委 教育部 科技部 工业和信息化部 公安部 民政部	2023.01.03

部委文件目录（续前表）　　表 附-1-2

序号	文件名称	发文文号	发文部门	发布日期
			自然资源部 住房城乡建设部 交通运输部 文化和旅游部 市场监管总局 国家铁路局 中国民用航空局 中国国家铁路集团有限公司	
2	温室气体自愿减排交易管理办法（试行）	中华人民共和国生态环境部、国家市场监督管理总局令第 31 号	生态环境部 国家市场监督管理总局	2023.10.09
财政部				
1	关于继续实施对城市公交站场、道路客运站场、城市轨道交通系统减免城镇土地使用税优惠政策的公告	2023 年第 52 号	财政部 税务总局	2023.09.22
教育部				
1	关于支持建设国家轨道交通装备行业产教融合共同体的通知	教职成函〔2023〕8 号	教育部	2023.07.06
2	关于加快推进现代职业教育体系建设改革重点任务的通知	教职成厅函〔2023〕20 号	教育部办公厅	2023.07.07
国家铁路局				
1	2023 年铁道统计公报		国家铁路局	2023.06.18
2	关于印发《铁路建设工程生产安全重大事故隐患判定标准》的通知	国铁工程监规〔2023〕25 号	国家铁路局	2023.09.29
3	关于印发《团体标准和企业标准转化为铁路国家标准和行业标准的暂行规定》的通知	国铁科法〔2023〕29 号	国家铁路局	2023.11.15
国家市场监督管理总局				
1	关于发布《城市轨道交通装备产品认证第二批目录》的公告	2023 年第 44 号	市场监管总局 国家发展改革委	2023.09.20
2	关于全面深化长三角计量一体化发展的意见	国市监计量发〔2023〕84 号	市场监管总局	2023.09.28
3	关于发布第二批城市轨道交通装备产品认证实施规则的公告	2023 年第 22 号	国家认监委	2023.10.31
4	行业标准管理办法	国家市场监督管理总局令第 86 号公布	国家市场监督管理总局	2023.11.28
国家标准化管理委员会				
1	2023 年全国标准化工作要点的通知		国家标准化管理委员会	2023.03.21
2	关于加强全国专业标准化技术委员会工作的指导意见	国标委发〔2023〕16 号	国家标准化管理委员会	2023.04.17
3	关于印发《碳达峰碳中和标准体系建设指南》的通知	国标委联〔2023〕19 号	国家标准委 国家发展改革委 工业和信息化部 自然资源部 生态环境部 住房和城乡建设部 交通运输部 中国人民银行 中国气象局 国家能源局 国家林草局	2023.04.26

部委文件目录（续前表）

表 附-1-2

序号	文件名称	发文文号	发文部门	发布日期
4	关于印发《推荐性国家标准采信团体标准暂行规定》的通知	国标委发〔2023〕39 号	国家标准化管理委员会	2023.08.08
5	关于印发《城市标准化行动方案》的通知		国家标准委 工业和信息化部 民政部 生态环境部 住房城乡建设部 应急管理部	2023.09.14
6	关于印发《标准化人才培养专项行动计划（2023—2025 年）》的通知	国标委联〔2023〕56 号	国家标准委 教育部 科技部 人力资源社会保障部 全国工商联	2023.11.15

中国城市轨道交通协会文件目录

表 附-1-3

序号	文件名称	发文文号	发文部门	发布日期
1	关于发布《城市轨道交通第二批自主化装备推荐清单》的通知	中城轨〔2023〕24 号	中国城市轨道交通协会	2023.04.18
2	2022 年度城市轨道交通科技进步奖获奖项目公告	中城轨〔2023〕26 号	中国城市轨道交通协会	2023.04.24
3	关于发布《系列化中国标准地铁列车标准化率评价办法（试行）》的通知	中城轨〔2023〕28 号	中国城市轨道交通协会	2023.04.30
4	关于印发《中国城市轨道交通协会会员服务实施细则》的通知	中城轨〔2023〕36 号	中国城市轨道交通协会	2023.06.12
5	关于印发城市轨道交通地铁车辆用户需求书（范本）的通知	中城轨〔2023〕42 号	中国城市轨道交通协会	2023.07.06
6	关于印发《中国城市轨道交通协会关于进一步鼓励和发展城市轨道交通场站及周边土地综合开发利用（TOD）的指导意见》的通知	中城轨〔2023〕52 号	中国城市轨道交通协会	2023.09.22
7	中国城市轨道交通协会五年发展规划（2023—2027）	中城轨〔2023〕59 号	中国城市轨道交通协会	2023.10.13

2 标准规范目录

国家标准目录（涉城市轨道交通类）

表 附-2-1

序号	标准编号	标准名称	代替标准	发布（批准）日期	实施日期
1	GB/T 42334.1-2023	城市轨道交通运营安全评估规范　第 1 部分：地铁和轻轨		2023.03.17	2023.03.17
2	GB/T 33521.31-2023	机械振动　轨道系统产生的地面诱导结构噪声和地传振动　第 31 部分：建筑物内人体暴露评价的现场测量指南		2023.03.17	2023.10.01
3	GB/T 42740-2023	轨道交通用电线电缆安全导则		2023.05.23	2023.12.01
4	GB/T 12971.1-2023	电力牵引用接触线　第 1 部分：铜及铜合金接触线	GB/T 12971.1-2008	2023.08.06	2024.03.01

国家标准目录（涉城市轨道交通类）（续前表）

表 附-2-1

序号	标准编号	标准名称	代替标准	发布（批准）日期	实施日期
5	GB/T 12971.2-2023	电力牵引用接触线 第2部分：钢铝复合接触线	GB/T 12971.1-2008	2023.08.06	2024.03.01
6	GB/T 12758-2023	城市轨道交通信号系统通用技术条件	GB/T 12758-2004	2023.09.07	2024.01.01
7	GB/T 43054-2023	轨道交通 轨道车牵引系统用铅酸蓄电池组		2023.09.07	2024.04.01
8	GB/T 25334.1-2023	铁路机车车体 第1部分：内燃机车		2023.09.07	2024.04.01
9	GB/T 25334.2-2023	铁路机车车体 第2部分：电力机车		2023.09.07	2024.04.01
10	GB/T 43246-2023	全断面隧道掘进机制造监理技术要求		2023.09.07	2024.04.01
11	GB/T 43392-2023	地铁防灾系统安全性能测试与评估方法		2023.11.27	2024.06.01
12	GB/T 32182-2023	轨道交通用铝及铝合金板材	GB/T 32182-2015	2023.11.27	2024.06.01
13	GB/T 25120-2023	轨道交通 机车车辆牵引变压器和电抗器	GB/T 25120-2010	2023.11.27	2024.03.01
14	GB/T 24339-2023	轨道交通 通信、信号和处理系统 传输系统中的安全相关通信	GB/T 24339.1-2009 GB/T 24339.2-2009	2023.11.27	2024.03.01
15	GB/T 34575-2023	轨道交通 机车车辆变流设备 机车、动车组辅助变流器	GB/T 34575-2017	2023.11.27	2024.03.01
16	GB/T 43022.2-2023	轨道交通 直流避雷器和电压限制装置 第2部分：电压限制装置	GB/T 25890.5-2010（部分代完） GB/T 25890.5-2010（部分代替）	2023.11.27	2024.03.01
17	GB/T21413.3-2023	轨道交通 机车车辆电气设备 第3部分：电工器件 直流断路器规则	GB/T 21413.3-2008	2023.11.27	2024.03.01
18	GB/T21413.4-2023	轨道交通 机车车辆电气设备 第4部分：电工器件 交流断路器规则	GB/T 21413.4-2008	2023.11.27	2024.03.01
19	GB/T 21413.5-2023	轨道交通 机车车辆电气设备 第5部分：电工器件 高压熔断器规则	GB/T 21413.5-2008	2023.11.27	2024.03.01
20	GB/T 32592-2023	轨道交通 受流系统 受电弓与接触网动态相互作用测量的要求和验证	GB/T 32592-2016	45257	2024-03-01
21	GB/T 25022.3-2023	轨道交通 机车车辆电连接器 第3部分：通信控制连接器		2023.12.28	2024.04.01
22	GB/T 43511-2023	轨道交通 电力牵引架空刚性接触网		2023.12.28	2024.04.01
23	GB/T 26494-2023	轨道交通车辆结构用铝合金挤压型材		2023.12.28	2024.07.01

行业标准目录（涉及城市轨道交通类）

表 附-2-2

序号	标准编号	标准名称	代替标准	发布（批准）日期	实施日期
工业和信息化部					
1	YD/T 4427-2023	交通信息物理系统（T-CPS）框架下的网络建模技术规范		2023.07.28	2023.11.01
交通运输部					
1	JT/T 1453-2023	综合客运枢纽设计规范		2023.01.19	2023.04.19
2	JT/T 1455-2023	交通运输行政执法数据交换规范		2023.01.19	2023-01-19
3	JT/T 1456-2023	城市轨道交通运营安全隐患排查规范		2023.01.19	2023.04.19
4	JT/T 978.2-2023	城市公共交通 IC 卡技术规范 第2部分：卡片	JT/T 978.2-2015	2023.01.19	2023.04.19

行业标准目录（涉及城市轨道交通类）（续前表）　　表 附-2-2

序号	标准编号	标准名称	代替标准	发布（批准）日期	实施日期
5	JT/T 978.3-2023	城市公共交通 IC 卡技术规范　第 3 部分：读写终端	JT/T 978.3-2015	2023.01.19	2023.04.19
6	JT/T 978.4-2023	城市公共交通 IC 卡技术规范　第 4 部分：信息接口	JT/T 978.4-2015	2023.01.19	2023.04.19
7	JT/T 1469-2023	城市轨道交通运力负荷评估规范		2023.06.25	2023.09.25
8	JT/T 904-2023	交通运输行业网络安全等级保护定级指南		2023.06.25	2023.09.25
9	JT/T 907-2023	交通运输行业政府网站建设规范		2023.11.24	2024.03.01
10	JT/T 1486-2023	城市公共交通规划编制技术导则		2023.11.24	2024.03.01
11	JT/T 1480-2023	交通运输数据脱敏指南		2023.11.24	2024.03.01
公安部					
1	GA 1814.1-2023	铁路系统反恐怖防范要求　第 1 部分：客运车站		2023.02.28	2023.07.01
2	GA 1814.2-2023	铁路系统反恐怖防范要求　第 2 部分：旅客列车		2023.02.28	2023.07.01
3	GA 1814.3-2023	铁路系统反恐怖防范要求　第 3 部分：运营线路		2023.02.28	2023.07.01
4	GA 1814.4-2023	铁路系统反恐怖防范要求　第 4 部分：重点场所		2023.02.28	2023.07.01
5	GA 1814.5-2023	铁路系统反恐怖防范要求　第 5 部分：危险货物运输		2023.02.28	2023.07.01
6	GA/T 2014-2023	道路交通信号配时运行管理规范		2023.04.13	2023.06.01
7	GA/T 2099-2023	城市智能交通管理系统可靠性评价指标		2023.08.02	2023.11.01
国家铁路局					
技术标准					
1	TB/T 2989-2023	机车车辆驱动齿轮箱 牵引齿轮	TB/T 2989-2015 TB/T 2254-1991	2023.02.27	2023.09.01
2	TB/T 2963-2023	机车车辆标志 机车	TB/T2963-2013	2023.02.27	2023.09.01
3	TB/T 3393.1-2023	机车车辆高压互感器　第 1 部分：电流互感器	TB/T 3393.1-2015	2023.02.27	2023.09.01
4	TB/T 3393.2-2023	机车车辆高压互感器　第 1 部分：电磁式电压互感器	TB/T 3393.2-2015	2023.02.27	2023.09.01
5	TB/T 3357.3-2023	机车车辆锻钢件无损监测　第 3 部分：涡流检测		2023.02.27	2023.09.01
6	TB/T 3357.4-2023	机车车辆锻钢件无损监测　第 4 部分：超声检测		2023.02.27	2023.09.01
7	TB/T 2629-2023	铁路有砟轨道混凝土弹性轨枕	TB/T 2629-1995	2023.02.27	2023.09.01
8	TB/T 3360.1-2023	铁路隧道防排水材料　第 1 部分：防水板和排水板	TB/T 3360.1-2014 TB/T3354-2014	2023.02.27	2023.09.01
9	TB/T 3360.2-2023	铁路隧道防排水材料　第 2 部分：止水带	TB/T 3360.2-2014	2023.02.27	2023.09.01
10	TB/T 3355-2023	轨道监测 轨道几何状态动态检测	TB/T 3355-2014	2023.02.27	2023.09.01
11	TB/T 1917-2023	铁路信号灯 灯泡	TB/T 1917-2008	2023.02.27	2023.09.01
12	TB/T 2920-2023	电气化铁路接触网硬横跨	TB/T 2920.1-2008 TB/T 2920.2-2008	2023.02.27	2023.09.01

行业标准目录（涉及城市轨道交通类）（续前表） 表 附-2-2

序号	标准编号	标准名称	代替标准	发布（批准）日期	实施日期
13	TB/T 3576-2022	机车车辆车轴专用量具		2023.04.18	2023.11.01
14	TB/T 3575.2-2022	机车车辆锻钢件无损检测 第2部分：渗透检测		2023.04.18	2023.11.01
15	TB/T 3575.1-2022	机车车辆锻钢件无损检测 第1部分：磁粉检测		2023.04.18	2023.11.01
16	TB/T 3094-2022	机车车辆风挡		2023.04.18	2023.11.01
17	TB/T 3582-2023	动车组应急通风系统		2023.05.16	2023.12.01
18	TB/T 2427-2023	机车车辆轴箱 滚动轴承轴箱	TB/T 2427-1993 TB/T 1716-2016 TB/T 3407-2015 部分代替 TB/T 1335-1996	2023.05.16	2023.12.01
19	TB/T 3426-2023	机车车辆轴箱 滚动抱轴箱	TB/T 3426-2015	2023.05.16	2023.12.01
20	TB/T 3517.3-2023	内燃机车滤清器 第3部分：空气滤清器	TB/T 2722-2013	2023.05.16	2023.12.01
21	TB/T 3263.1-2023	动车组座椅 第1部分：一等座椅和二等座椅	TB/T 3263-2011	2023.05.16	2023.12.01
22	TB/T 3338.2-2023	铁路客车及动车组卫生间 第2部分：集便装置	TB/T 3338-2013	2023.05.16	2023.12.01
23	TB/T 1871-2023	铁路信号箱盒	TB/T 1871-1987 TB/T 2674.1-1995	2023.05.16	2023.12.01
24	TB/T 30008-2023	铁路危险货物运输技术要求		2023.07.14	2024.02.01
25	TB/T 30009-2023	铁路货物装卸安全技术要求	TB/T 1938-1987	2023.07.14	2024.02.01
26	TB/T 3583-2023	电力机车 直流传动电力机车		2023.08.29	2021.03.01
27	TB/T 3585-2023	机车车辆车轴 动车组		2023.08.29	2021.03.01
28	TB/T 2708-2023	辗钢整体车轮 客车	TB/T 2708-1996 部分代替 TB/T 2562-1994 部分代替 TB/T 2995-2000	2023.08.29	2021.03.01
29	TB/T 3586-2023	电力机车及电动车组牵引辅助系统试验方法 牵引性能试验	TB/T 2513-1995 TB/T 3345-2014 TB/T 3346-2014 TB/T 3347-2014 TB/T 3348-2014 TB/T 3523.2-2018 部分代替 TB/T 3523.1-2018 部分代替 TB/T 3523.3-2018	2023.08.29	2021.03.01
30	TB/T 3587-2023	电力机车及电动车组牵引辅助系统试验方法 辅助性能试验	TB/T 2520-2014 部分代替 TB/T 3523.3-2018	2023.08.29	2021.03.01
31	TB/T 3588-2023	电力机车及电动车组牵引辅助系统试验方法 阻力、效率及能量消耗试验	TB/T 2509-2014 TB/T 2514-2014 部分代替 TB/T 3523.1-2018	2023.08.29	2021.03.01
32	TB/T 3296-2023	铁路大型施工机械箱梁架桥机	TB/T 3296-2013	2023.08.29	2021.03.01

行业标准目录（涉及城市轨道交通类）（续前表） 表 附-2-2

序号	标准编号	标准名称	代替标准	发布（批准）日期	实施日期
33	TB/T 2782-2023	机车车辆称重台	TB/T 2782-1997	2023.09.14	2024.04.01
34	TB/T 1979-2023	机车车辆特种金属材料耐大气腐蚀钢	TB/T 1979-2014 TB/T 2375-1993	2023.09.14	2024.04.01
35	TB/T 1780-2023	铁路轨距杆	TB/T 1780-1986 TB/T 2492-2004	2023.09.14	2024.04.01
36	TB/T 3383-2023	铁路信号继电器 AX 系列继电器		2023.09.14	2024.04.01
37	TB/T 2024-2023	铁路信号继电器 交流二元继电器	TB/T 2024-2007	2023.09.14	2024.04.01
38	TB/T 3384-2023	铁路信号继电器 试验方法		2023.09.14	2024.04.01
39	TB/T 3096-2023	铁路货车超偏载检测装置	TB/T 3096-2004	2023.09.14	2024.04.01
40	TB/T 3503.5-2023	铁路应用 空气动力学 第 5 部分：大风评估要求和试验方法		2023.09.14	2024.04.01
41	TB/T 3295-2023	铁路大型施工机械 箱梁运梁车	TB/T 3295-2013	2023.10.18	2024.05.01
42	TB/T 3385.1-2023	铁路无线电监测 第 1 部分：总体要求		2023.10.18	2024.05.01
43	TB/T 3386-2023	道岔缺口监测系统设备		2023.10.18	2024.05.01
44	TB/T 1869.7-2023	铁路信号变压器 第 7 部分：BE 系列扼流变压器	TB/T 1869.7-2016	2023.10.18	2024.05.01
45	TB/T 30010-2023	铁路信号显示规范		2023.10.30	2024.05.01
46	TB/T 1961-2023	缓冲装置及组件 缓冲器	TB/T 1961-2016 部分代替 TB/T 3334-2013	2023.12.20	2021.07.01
47	TB/T 3589-2023	机车车辆制动控制装置 机车制动机 空气制动机	TB/T 2056.1-2019 TB/T 2056.3-2019 TB/T 2422-1993 TB/T 2549-1995 TB/T 2550-1995 TB/T 2551-1995 TB/T 2552-1992 TB/T 3146.2-2007 TB/T 3146.3-2008 TB/T 3146.4-2008	2023.12.20	2021.07.01
48	TB/T 2980-2023	机车车辆基础制动装置 盘形制动 制动盘	TB/T 2980-2014	2023.12.20	2021.07.01
49	TB/T 3590-2023	电气化铁路供电安全检测监测系统技术要求		2023.12.20	2021.07.01
50	TB/T 3134-2023	机车车辆驱动齿轮箱 通用要求	TB/T 3134-2013 TB/T 3423-2015	2023.12.22	2021.07.01
51	TB/T 3208-2023	铁路散装颗粒货物运输防冻剂	TB/T 3208-2008	2023.12.22	2021.07.01
工程建设标准					
1	TB 10106-2023	铁路工程地基处理技术规程	TB 10106-2016	2023.01.06	2023.05.01
2	TB 10433-2023	铁路工程混凝土实体质量检测技术规程	TB 10426-2019	2023.04.20	2023.08.01
3	TB 10115-2023	铁路工程岩石试验规程	TB 10115-2014	2023.04.20	2023.08.01
4	TB 10102-2023	铁路工程土工试验规程	TB 10102-2010	2023.04.20	2023.08.01
5	TB/T 10432-2023	铁路通信承载网工程检测规程		2023.05.26	2023.09.01
6	TB 10013-2023	铁路工程物理勘探规范	TB 10013-2010	2023.09.23	2023.12.01

行业标准目录（涉及城市轨道交通类）（续前表）　　表 附-2-2

序号	标准编号	标准名称	代替标准	发布（批准）日期	实施日期
修改单					
1	TB/T 1670-2019	《机车车辆车钩缓冲装置计量器具 15 型车钩量具》第 1 号修改单		2023.02.27	2023.02.27
2	TB/T 3205.1-2016	《扼流变压器钢轨引接线、中点连接线、中点连接板　第 1 部分：钢轨引接线》第 1 号修改单		2023.05.14	2023.05.14
3	TB/T 3205.2-2016	《扼流变压器钢轨引接线、中点连接线、中点连接板　第 2 部分：中点连接线》第 1 号修改单		2023.05.14	2023.05.14
4	TB/T 3477.1-2017	《铁路数字移动通信系统（GSM-R）手持终端　第 1 部分：技术要求》第 1 号修改单		2023.05.14	2023.05.14
5	TB/T 3477.2-2017	《铁路数字移动通信系统（GSM-R）手持终端　第 2 部分：试验方法》第 1 号修改单		2023.05.14	2023.05.14
6	TB/T 3334-2013	《机车车钩缓冲装置》第 1 号修改单		2023.08.29	2023.08.29
7	TB/T456.1-2019	《机车车辆自动车钩缓冲装置　第 1 部分：装车要求》第 1 号修改单		2023.08.29	2023.08.29
8	TB/T456.2-2019	《机车车辆自动车钩缓冲装置　第 2 部分：自动车钩及附件》第 1 号修改单		2023.08.29	2023.08.29
9	TB/T 3081-2017	《铁路救援起重机技术条件》第 1 号修改单		2023.08.29	2023.08.29
10	TB/T 3082-2017	《铁路救援起重机检查与试验方法》第 1 号修改单		2023.08.29	2023.08.29
11	TB/T 3329-2013	《电气化铁路接触网隧道内预埋槽道》第 1 号修改单		2023.08.29	2023.08.29
12	TB/T 2689.4-2018	《铁路货物集装化运输　第 4 部分：一次性集装箱液体集装袋》第 1 号修改单		2023.12.28	2023.12.28
13	TB 10754-2018	《高速铁路轨道工程施工质量验收标准》		2023.03.09	2023.03.09
14	TB 10082-2017	《铁路轨道设计规范》		2023.03.09	2023.03.09
15	TB 10621-2014	《高速铁路设计规范》		2023.03.09	2023.03.09
16	TB 10504-2018	《铁路建设项目预可行性研究、可行性研究和设计文件编制办法》		2023.12.11	2023.12.11
废止标准					
1	TB/T 1335-1996	铁道车辆强度设计及试验鉴定规范	本标准废止	2023.12.01	2023.12.02
2	TB/T 2362-1995	内燃机车用柴油机启动能力试验方法	本标准废止	2023.05.16	2023.05.17
3	TB/T 2562-1995	铁道客车用车轮静平衡、轮对动平衡试验方法	本标准废止	2024.03.01	2024.03.01
4	TB/T 2995-2000	铁道车轮和轮毂超声波检验	本标准废止	2024.03.01	2024.03.01
5	TB/T 3523.1-2018	交流传动电力机车试验方法　第 1 部分：输出特性试验	本标准废止	2024.03.01	2024.03.01
6	TB/T 3523.3-2018	交流传动电力机车试验方法　第 3 部分：温升、电气保护及辅助机组试验	本标准废止	2024.03.01	2024.03.01
7	TB/T 3334-2013	机车车钩缓冲装置	本标准废止	2024.07.01	2024.07.02

地方标准目录（涉及城市轨道交通类） 表 附-2-3

序号	标准编号	标准名称	地区	发布（批准）日期	实施日期
1	DB42/T 1952-2023	城市隧道监控系统技术规范	湖北省	2023.01.06	2023.05.06
2	DB3502/T 105-2023	城市轨道交通工程工程量清单计价规则	厦门市	2023.01.13	2023.01.13
3	DB4201/T 669-2023	武汉市现代有轨电车土建工程质量验收规定	武汉市	2023.02.13	2023.03.13
4	DB43/T 2557-2023	160km/h 短定子磁浮交通设计技术要求	湖南省	2023.02.17	2023.05.17
5	DB34/T 4395-2023	城市轨道交通运营服务规范	安徽省	2023.03.01	2023.04.01
6	DB34/T 4392 2023	跨座式单轨交通系统设备综合联调规范	安徽省	2023.03.01	2023.04.01
7	DB34/T 4389-2023	城市轨道交通结构安全保护技术规程	安徽省	2023.03.01	2023.04.01
8	DB34/T 4397-2023	城市公共交通首末站设置规范	安徽省	2023.03.01	2023.04.01
9	DB61/T 1656.1-2023	智能轨道快运系统建设与运营管理规范　第 1 部分：设计要求	陕西省	2023.03.15	2023.04.15
10	DB61/T 1656.2-2023	智能轨道快运系统建设与运营管理规范　第 2 部分：施工质量验收	陕西省	2023.03.15	2023.04.15
11	DB61/T 1656.3-2023	智能轨道快运系统建设与运营管理规范　第 3 部分：初期运营基本条件	陕西省	2023.03.15	2023.04.15
12	DB61/T 1656.4-2023	智能轨道快运系统建设与运营管理规范　第 4 部分：运营管理	陕西省	2023.03.15	2023.04.15
13	DB61/T 1655-2023	城市轨道交通安检作业规范	陕西省	2023.03.15	2023.04.15
14	DB37/T 4584-2023	地铁车辆调试安全技术操作要求	山东省	2023.03.29	2023.04.29
15	DB37/T 4585-2023	城市轨道交通线网无线统一调度系统建设规范	山东省	2023.03.29	2023.04.29
16	DB11/T 2083-2023	城市轨道交通疏散平台技术规范	北京市	2023.03.30	2023.07.01
17	DB2102/T 0079-2023	地铁乘客导向标识信息系统设计规范	大连市	2023.04.04	2023.05.04
18	DB11/T 2098-2023	城市轨道交通工程施工安全检查与评价规范	北京市	2023.04.04	2023.07.01
19	DB11/T 2097-2023	城市轨道交通工程明挖法施工技术规程	北京市	2023.04.04	2023.07.01
20	DB11/T 2096-2023	城市轨道交通工程盾构法施工技术规程	北京市	2023.04.04	2023.07.01
21	DB22/T 5135-2023	城市轨道交通岩土工程勘察标准	吉林省	2023.04.04	2023.04.04
22	DB11/T 2099-2023	市域（郊）铁路工程施工质量验收标准 土建工程	北京市	2023.04.04	2023.07.01
23	DB12/T 602-2023	城市轨道交通运营安全管理规范	天津市	2023.04.07	2023.05.07
24	DB65/T4625-2022	城市轨道交通（地铁）防雷装置检测技术规范	新疆维吾尔自治区	2023.04.18	2023.06.20
25	DB12/T 1215-2023	轨道交通综合票务服务终端技术要求	天津市	2023.05.09	2023.06.15
26	DB42/T 2015-2023	城市轨道交通站场物业服务规范	湖北省	2023.05.16	2023.07.16
27	DB42/T 2014-2023	导轨式胶轮系统交通工程技术规程	湖北省	2023.05.16	2023.09.16
28	DB42/T 2013-2023	城市道路隧道防排烟设计规程	湖北省	2023.05.16	2023.09.16
29	DB11/T 2103.5-2023	社会单位和重点场所消防安全管理规范　第 5 部分：城市轨道交通工程施工现场	北京市	2023.06.25	2023.10.01
30	DB11/T 2126-2023	城市轨道交通结构工程检测技术标准	北京市	2023.06.27	2023.10.01
31	DB37/T 5000.3-2023	《建设工程优质结构评价标准　第三部分：交通工程》	山东省	2023.07.03	2023.08.01
32	DB22/T 5140-2023	地铁工程混凝土应用技术标准	吉林省	2023.07.12	2023.07.12

地方标准目录（涉及城市轨道交通类）（续前表）

表 附-2-3

序号	标准编号	标准名称	地区	发布（批准）日期	实施日期
33	DB3402/T 40.2-2023	跨座式单轨交通工程施工质量验收规范　第 2 部分：轨道梁桥	芜湖市	2023.07.17	2023.08.01
34	DB3305/T 266-2023	盾构隧道预制构件质量管理规范	湖州市	2023.07.17	2023.07.17
35	DB33/T 1308-2023	城市轨道交通工程三维激光扫描技术规范	浙江省	2023.07.22	2023.08.22
36	DB5201/T 131-2023	城市轨道交通运营安全标志设置规范	贵阳市	2023.07.28	2023.10.01
37	DB5201/T 130-2023	城市轨道交通客运服务标志设置规范	贵阳市	2023.07.28	2023.10.01
38	DB34/T 4252.2-2023	低运量导轨式胶轮系统施工及验收规程　第 2 部分：导向轨式	安徽省	2023.07.31	2024.01.31
39	DB34/T 4251.2-2023	低运量导轨式胶轮系统设计规程　第 2 部分：导向轨式	安徽省	2023.07.31	2024.01.31
40	DB37/T 4632-2023	城市轨道交通公共信息导向系统设计规范	山东省	2023.08.03	2023.09.03
41	DB31/T 1418-2023	城市轨道交通消防安全管理基本要求	上海市	2023.08.21	2023.12.1
42	DB43/T 2662-2023	悬挂式单轨运输系统车辆通用技术条件	湖南省	2023.08.22	2023.11.22
43	DB43/T 2661-2023	跨座式单轨车辆通用技术条件	湖南省	2023.08.22	2023.11.22
44	DB43/T 2660-2023	齿轨列车驱动装置通用技术条件	湖南省	2023.08.22	2023.11.22
45	DB37/T 4642-2023	导轨式胶轮系统设计要求	山东省	2023.08.22	2023.09.22
46	DB37/T 4641-2023	导轨式胶轮系统施工及验收规范	山东省	2023.08.22	2023.09.22
47	DB12/T 1261-2023	地下轨道交通卫生管理规范	天津市	2023.09.06	2023.10.10
48	DB12/T 1260-2023	城市轨道交通全自动运行线路技术规范	天津市	2023.09.06	2023.10.10
49	DB1501/T 0041-2023	轨道交通自动售检票系统规范	呼和浩特市	2023.09.19	2023.10.19
50	DB11/T 1164.6-2023	城市轨道交通自动售检票系统技术规范　第 6 部分：票卡	北京市	2023.09.25	2024.01.01
51	DB11/T 1164.5-2023	城市轨道交通自动售检票系统技术规范　第 5 部分：车票处理单元	北京市	2023.09.25	2024.01.01
52	DB11/T 1164.4-2023	城市轨道交通自动售检票系统技术规范　第 4 部分：操作界面	北京市	2023.09.25	2024.01.01
53	DB11/T 2154-2023	城市轨道交通工程浅埋暗挖法施工技术规程	北京市	2023.09.28	2024.01.01
54	DB21/T 2573-2023	城市轨道交通公共信息标志	辽宁省	2023.09.30	2023.10.30
55	DB34/T 4572-2023	城市轨道交通轨道减振设计与评价标准	安徽省	2023.10.07	2024.04.07
56	DB13/T 5833-2023	城市轨道交通导向标识系统设计规范	河北省	2023.10.25	2023.11.25
57	DB12/T 454-2-2023	公共交通信息导向标志系统设置要求　第 2 部分：城市轨道交通	天津市	2023.11.07	2023.12.08
58	DB4501/T 0020-2023	城市轨道交通通信智能运维系统数据接入规范	南宁市	2023.11.15	2023.12.15
59	DB4101/T 9-2-2023	反恐怖防范管理规范　第 2 部分：地铁	郑州市	2023.11.29	2024.02.29
60	DB3401/T 296-2023	城市轨道交通运营施工检修作业规范	合肥市	2023.12.15	2023.12.15
61	DB41/T 2566-2023	城市轨道交通全自动运行联动功能规范	河南省	2023.12.15	2024.03.12
62	DB32/T 4626-2023	城市轨道交通隧道结构服役性能评定技术规程	江苏省	2023.12.18	2024.06.18
63	DB32/T 4625-2023	城市轨道交通工程施工现场安全检查用语与数据交换标准	江苏省	2023.12.18	2024.06.18
64	DB42/T 2158-2023	地铁信号工程施工质量验收标准	湖北省	2023.12.23	2024.04.23

地方标准目录（涉及城市轨道交通类）（续前表）

表 附-2-3

序号	标准编号	标准名称	地区	发布（批准）日期	实施日期
65	DB11/T 786-2023	城市轨道交通线路客流预测规范	北京市	2023.12.25	2024.04.01
66	DB4101/T 87-2-2023	公共服务领域标识英文译写规范　第 2 部分：轨道交通	郑州市	2023.12.26	2024.03.26
67	DB11/T 2233-2023	绿色城市轨道交通车站评价标准	北京市	2023.12.26	2024.04.01
68	DB11/T 2232-2023	轨道交通车辆基地规划设计标准	北京市	2023.12.26	2024.04.01
69	DB21/T 3901-2023	城市轨道交通地下工程渗漏水治理技术规程	辽宁省	2023.12.30	2024.01.30

团体标准目录（涉及城市轨道交通类）

表 附-2-4

序号	标准编号	标准名称	发布机构	发布（批准）日期	实施日期
1	T/CAMET 00001-2020	Classification of Urban Rail Transit（城市轨道交通分类）	中国城市轨道交通协会	2020.09.29	2020.11.01
2	T/CECS 1231-2023	城市轨道交通结构和环境质量检测评定标准	中国工程建设标准化协会	2023.01.06	2023.06.01
3	T/CECS 1236-2023	绿色低碳轨道交通评价标准	中国工程建设标准化协会	2023.01.12	2023.06.01
4	T/CECS 1249-2023	城市轨道交通工程施工监理标准	中国工程建设标准化协会	2023.01.16	2023.06.01
5	T/JSCTS 24-2023	江苏省地铁智慧消防集中监管系统技术规范	江苏省综合交通运输学会	2023.01.18	2023.03.01
6	T/ZDTX 0001-2023	市域（郊）铁路运营服务规范	中国地方铁路协会	2023.02.10	2023.06.01
7	T/QDSZ 02-2023	城市轨道交通工程智慧工地建设评价标准	青岛市市政工程协会	2023.03.02	2023.03.02
8	T/CECS 1276-2023	城市轨道交通地下车站通风空调制冷系统评价标准	中国工程建设标准化协会	2023.03.06	2023.08.01
9	T/CEA 301-2023	地铁用自动扶梯技术规范	中国电梯协会	2023.03.23	2023.07.01
10	T/CITSA 31-2023	城市轨道交通人脸识别技术应用指南	中国智能交通协会	2023.03.29	2023.04.01
11	T/CI 048-2023	地铁列车外观智能故障诊断与运维管理技术及应用指南	中国国际科技促进会	2023.04.06	2023.04.06
12	T/CAMET 00002-2023	都市快轨（160km/h ～ 200km/h）列车运行控制系统技术规范	中国城市轨道交通协会	2023.04.11	2023.07.01
13	T/CAMET 01008-2023	地铁区间疏散平台设计规范	中国城市轨道交通协会	2023.04.11	2023.07.01
14	T/CAMET 01009-2023	地铁区间疏散平台工程施工及验收规范	中国城市轨道交通协会	2023.04.11	2023.07.01
15	T/CAMET 02005-2023	城市轨道交通　预应力混凝土 U 形梁施工技术与验收规范	中国城市轨道交通协会	2023.04.11	2023.07.01
16	T/CAMET 05005-2023	城市轨道交通单洞双线隧道火灾烟气控制系统技术规范	中国城市轨道交通协会	2023.04.11	2023.07.01
17	T/CAMET 07009-2023	储能式有轨电车地面充电装置通用技术规范	中国城市轨道交通协会	2023.04.11	2023.07.01
18	T/CAMET 07010-2023	导轨式胶轮系统技术规范	中国城市轨道交通协会	2023.04.11	2023.07.01
19	T/CAMET 13001-2023	地铁列车能耗的评估指标与方法	中国城市轨道交通协会	2023.04.11	2023.07.01
20	T/SMA 0033-2023	城市轨道交通站台屏蔽门结构性能及电磁兼容性要求和试验方法	上海市计量协会	2023.04.15	2023.04.30
21	T/YNANT 04-2023	城市轨道交通兼顾人防工程建设管理导则	云南省实用新技术协会	2023.04.22	2023.04.22
22	T/CCTAS 49-2023	城市轨道交通车辆安全评估规范	中国交通运输协会	2023.05.05	2023.06.01

团体标准目录（涉及城市轨道交通类）（续前表）　　表 附-2-4

序号	标准编号	标准名称	发布机构	发布（批准）日期	实施日期
23	T/HNSFB 1-2023	轨道交通装备制造企业绿色供应链金融服务规范	湖南省金融学会	2023.05.09	2023.05.09
24	T/QGCML 819-2023	轨道交通车辆表面保护聚脲涂层试验方法	全国城市工业品贸易中心联合会	2023.05.18	2023.06.02
25	T/QGCML 818-2023	轨道交通车辆表面保护聚脲涂层	全国城市工业品贸易中心联合会	2023.05.18	2023.06.02
26	T/CSPSTC 113-2023	跨座式单轨旅游轨道系统设计规范	中国科技产业化促进会	2023.05.18	2023.06.30
27	T/ZS 0490-2023	城市轨道交通防洪涝专项论证报告编制规程	浙江省产品与工程标准化协会	2023.05.20	2023.05.26
28	T/CSUS 59-2023	城市轨道交通岩土工程信息模型技术标准	中国城市科学研究会	2023.05.22	2023.06.24
29	T/ZS 0491-2023	市域（郊）铁路基桩检测技术规范	浙江省产品与工程标准化协会	2023.05.25	2023.05.28
30	T/ZS 0564-2023	城市轨道交通保护区标志设置规范	浙江省产品与工程标准化协会	2023.06.16	2023.06.23
31	T/JXTX 0005-2023	轨道交通装备用铝青铜挤制管	江西省铜行业协会	2023.06.20	2023.07.20
32	T/JXTX 0004-2023	轨道交通装备用铝青铜挤制棒	江西省铜行业协会	2023.06.20	2023.07.20
33	T/JFPA 0013-2023	城市轨道交通消防安全评估导则	江苏省消防协会	2023.07.17	2023.07.17
34	T/CECS 10320-2023	城市轨道交通隧道结构病害检测车	中国工程建设标准化协会	2023.07.18	2023.12.01
35	T/CECS 1380-2023	城市轨道交通站点一体化开发评估标准	中国工程建设标准化协会	2023.07.18	2023.12.01
36	T/JSTJXH 27-2023	城市轨道交通工程钢筋剥肋滚轧直螺纹连接技术标准	江苏省土木建筑学会	2023.07.25	2023.10.15
37	T/SHJX 055-2023	上海城市轨道交通信号系统更新改造投入运营基本条件	上海市交通运输行业协会	2023.07.31	2023.07.31
38	T/CECS 1398-2023	城市轨道交通工程混凝土结构耐久性技术规程	中国工程建设标准化协会	2023.08.08	2024.01.01
39	T/JSTJXH 28-2023	城市轨道交通工程装配式整体道床技术标准	江苏省土木建筑学会	2023.08.09	2023.10.15
40	T/CAMET 13002-2023	城市轨道交通　专用轨回流供电系统设计规范	中国城市轨道交通协会	2023.08.15	2023.11.01
41	T/CAMET 13003-2023	城市轨道交通　车辆智能信息以太网技术要求	中国城市轨道交通协会	2023.08.15	2023.11.01
42	T/CAMET 13004-2023	城市轨道交通　市域快轨车辆牵引电传动系统　第1部分：通用要求	中国城市轨道交通协会	2023.08.15	2023.11.01
43	T/CAMET 13005-2023	城市轨道交通　电池管理系统　第1部分：锂离子蓄电池	中国城市轨道交通协会	2023.08.15	2023.11.01
44	T/BDAEA 002-2023	城市轨道交通智能客服设备技术要求	北京经济技术开发区企业协会	2023.08.17	2023.09.17
45	T/GAPEC 019-2023	城市轨道交通　环境与设备监控系统监理规范	广东省设备监理协会	2023.08.20	2023.09.01
46	T/ZJREA 0005-2023	城市轨道交通智能站台门系统集成与节能设计技术规范	浙江省可再生能源协会	2023.08.24	2023.09.24
47	T/CSGPC 015-2023	轨道交通工程周边环境调查与评价规程	中国测绘学会	2023.08.29	2023.08.29
48	T/JSTJXH 29-2023	城市轨道交通工程无障碍设施技术标准	江苏省土木建筑学会	2023.10.07	2023.11.15

团体标准目录（涉及城市轨道交通类）（续前表） 表 附-2-4

序号	标准编号	标准名称	发布机构	发布（批准）日期	实施日期
49	T/SDCA 055-2023	泰山品质 轨道交通用水泥基复合材料-活性粉末混凝土疏散平台板	山东认证协会	2023.10.17	2023.11.17
50	T/CECS 1429-2023	导轨式胶轮电车系统技术规程	中国工程建设标准化协会	2023.10.20	2024.03.01
51	T/CAMET 01010-2023	《城市轨道交通 牵引供电系统》	中国城市轨道交通协会	2023.10.27	2024.02.01
52	T/CAMET 13006.1-2023	《城市轨道交通 主动式牵引供电系统 第1部分：通用技术要求》	中国城市轨道交通协会	2023.10.27	2024.02.01
53	T/CAMET 13006.2-2023	《城市轨道交通 主动式牵引供电系统 第2部分：双向变流装置》	中国城市轨道交通协会	2023.10.27	2024.02.01
54	T/CAMET 13006.3-2023	《城市轨道交通 主动式牵引供电系统 第3部分：能量运控装置》	中国城市轨道交通协会	2023.10.27	2024.02.01
55	T/ZS 0531-2023	城市轨道交通综合联调实施与管理规范	浙江省产品与工程标准化协会	2023.11.01	2023.12.01
56	T/CI 173-2023	轨道交通直线感应电机运行特性 计算方法	中国国际科技促进会	2023.11.03	2023.11.03
57	T/ZS 0539-2023	地铁防水工程验收规程	浙江省产品与工程标准化协会	2023.11.10	2023.12.01
58	T/ZS 0538-2023	地铁防水工程技术规程	浙江省产品与工程标准化协会	2023.11.10	2023.12.01
59	T/CCAATB 0049-2023	民用机场胶轮旅客捷运系统车辆维护技术规范	中国民用机场协会	2023.11.17	2023.12.17
60	T/QGCML 2403-2023	地铁盾构隧道加固型材实时监测技术要求	全国城市工业品贸易中心联合会	2023.11.29	2023.12.14
61	T/QGCML 2402-2023	地铁盾构隧道加固型材结构要求	全国城市工业品贸易中心联合会	2023.11.29	2023.12.14
62	T/ACEF 107-2023	公民绿色低碳行为温室气体减排量化指南 行：地铁出行	中华环保联合会	2023.11.30	2023.12.01
63	T/URTA 0013-2023	导轨式胶轮系统应急管理规范	深圳市城市轨道交通协会	2023.11.30	2023.11.30
64	T/URTA 0012-2023	导轨式胶轮系统运营安全管理规范	深圳市城市轨道交通协会	2023.11.30	2023.11.30
65	T/URTA 0011-2023	导轨式胶轮系统运营岗位资格认证规范	深圳市城市轨道交通协会	2023.11.30	2023.11.30
66	T/URTA 0010-2023	导轨式胶轮系统初期运营安全评估技术规范	深圳市城市轨道交通协会	2023.11.30	2023.11.30
67	T/JSCTS 38-2023	城市轨道交通运营单位安全生产管理体系建设指南	江苏省综合交通运输学会	2023.12.04	2024.02.01
68	T/SHJX 057-2023	轻型悬挂式单轨交通技术标准	上海市交通运输行业协会	2023.12.07	2024.02.01
69	T/SDWB 002-2023	城市轨道交通站台屏蔽门清洁服务规范	山东省物业管理协会	2023.12.10	2023.12.15
70	T/CI 226-2023	城市轨道交通智能客服设备技术要求	中国国际科技促进会	2023.12.14	2023.12.14
71	T/CAMET 00003-2023	都市快轨（160km/h～200km/h）设计规范	中国城市轨道交通协会	2023.12.14	2024.03.01
72	T/CAMET 01011-2023	城市轨道交通 无砟轨道用橡胶隔振垫	中国城市轨道交通协会	2023.12.14	2024.03.01
73	T/CAMET 07011-2023	有轨电车工程设计要求	中国城市轨道交通协会	2023.12.14	2024.03.01
74	T/CSTM 00687-2023	无损检测 轨道交通材料 机车车辆车轮残余应力电磁超声检测方法	中关村材料试验技术联盟	2023.12.22	2024.03.22

团体标准目录（涉及城市轨道交通类）（续前表）

表 附-2-4

序号	标准编号	标准名称	发布机构	发布（批准）日期	实施日期
75	T/CSTM 00682-2023	无损检测 轨道交通材料 动车组空心车轴内孔表面超声检测方法	中关村材料试验技术联盟	2023.12.22	2024.03.22
76	T/CSTM 00668-2023	无损检测 轨道交通材料 轮轴材料目视检测	中关村材料试验技术联盟	2023.12.22	2024.03.22
77	T/ZSM 0034-2023	轨道交通巡检用无人机自动机巢选址规范	浙江省计量与标准化学会	2023.12.27	2024.01.27

3 2023年全国城市轨道交通开通初期运营线路一览表

表 附-3-1

开通日期	线路名	系统制式	运营区段	运营里程（公里）	开通车站（座）	开通状态	开工建设时间
1月1日	滇南中心城市群现代有轨电车示范线	有轨电车	蒙自火车北站至蒙自汽车客运站	13.40	15	全线	2015年8月
1月18日	重庆轨道交通9号线	地铁	兴科大道（不含）至花石沟	7.70	5	二期	2018年2月
1月18日	重庆轨道交通10号线	地铁	鲤鱼池（不含）至后堡	4.89	4	二期首通段	2016年10月
2月4日	北京地铁昌平线	地铁	清河站（不含）至西土城	9.70	5	南延一期	2016年12月
2月27日	重庆轨道交通5号线	地铁	园博中心（不含）至悦港北路	8.64	6	北延段	2019年1月
3月17日	大连地铁5号线	地铁	虎滩新区至后关	24.48	18	全线	2017年3月
3月21日	西咸新区智轨示范线1号线	电子导向胶轮系统	斗门至昆明池	6.50	4	首通段	2021年
4月7日	金义东市域轨道交通义东线	市域快轨	体育馆（不含）至明清宫	13.75	1	后通段	2017年7月
5月9日	长沙大王山旅游专线	导轨式胶轮系统	山塘至观音港	8.26	9	全线	2019年
6月6日	长春轨道交通4号线	轻轨	天工路（不含）至天新路	4.50	5	南延段	2020年3月
6月24日	苏州轨道交通11号线	市域快轨	唯亭至花桥	41.25	28	全线	2018年11月
6月27日	西安地铁2号线	地铁	西安北站（不含）至草滩、韦曲南（不含）至常宁宫	7.38	4	二期	2019年10月
6月27日	西安地铁16号线	地铁	秦创原中心至诗经里	14.22	9	一期	2019年12月
6月28日	宁滁城际线滁州段	市域快轨	滁州高铁站至汊河	44.83	10	一、二期	2018年12月
6月28日	长沙长株潭城际西环线	地铁	沪昆高铁湘潭北站至山塘	17.31	8	一期	2019年9月
6月29日	兰州轨道交通2号线	地铁	东方红广场至雁白大桥	7.93	9	一期	2016年5月
7月1日	合肥轨道交通1号线	地铁	合肥火车站（不含）至张洼	4.49	3	三期	2017年12月
7月1日	上海临港中运量3号线	电子导向胶轮系统	草萱路至飞渡路	10.20	5	全线	2021年

（续前表）　　　　表 附-3-1

开通日期	线路名	系统制式	运营区段	运营里程（公里）	开通车站（座）	开通状态	开工建设时间
7 月 26 日	绍兴地铁 2 号线	地铁	人民医院总院至檀渎	10.80	9	一期	2020 年 3 月
8 月 26 日	温州轨道交通 S2 线	市域快轨	清东路至东山	63.63	20	一期	2015 年 12 月
8 月 27 日	福州地铁 4 号线	地铁	帝封江至凤凰池	22.64	19	一期首通段	2018 年 6 月
8 月 27 日	福州地铁 5 号线	地铁	螺洲古镇（不含）至福州火车南站	5.62	3	一期后通段	2018 年 10 月
8 月 28 日	苏州有轨电车 T5 线	有轨电车	航船浜至南京大学东	1.88	3	一期	2022 年 10 月
9 月 8 日	郑州地铁 3 号线	地铁	营岗（不含）至滨河新城南	6.22	4	二期	2020 年 1 月
9 月 21 日	西安地铁 1 号线	地铁	沣河森林公园（不含）至咸阳西站	10.61	7	三期	2020 年 4 月
9 月 26 日	武汉光谷空轨旅游线	悬挂式单轨	九峰山至龙泉山	10.50	6	一期	2021 年 7 月
9 月 28 日	宜宾智轨 T4 线	电子导向胶轮系统	智轨产业园至南溪区政府	46.69	22	全线	2021 年 4 月
9 月 28 日	郑州地铁 10 号线	地铁	郑州西站至郑州火车站	21.86	12	一期	2017 年 12 月
9 月 29 日	哈尔滨地铁 3 号线	地铁	太平桥（不含）至中华巴洛克街区	3.30	3	二期西北环	2016 年 7 月
9 月 29 日	沈阳地铁 2 号线	地铁	全运路（不含）至桃仙机场	13.70	7	南延段	2019 年 8 月
9 月 29 日	沈阳地铁 4 号线	地铁	正新路至创新路	31.97	23	一期	2015 年 11 月
10 月 26 日	青岛 13 号线	市域快轨	井冈山路（不含）至嘉陵江西	2.53	2	二期北段	2016 年 6 月
11 月 28 日	成都地铁 19 号线	地铁	九江北（不含）至天府机场北	43.17	11	二期	2019 年 8 月
11 月 28 日	武汉光谷有轨电车 L3 交路	有轨电车	华中大至城铁汤逊湖	10.00	15	全线	共线运营，不涉及物理线路施工
11 月 30 日	重庆轨道交通 5 号线	地铁	大石坝（不含）至石桥铺（不含）	4.70	3	一期中段	2013 年 12 月
11 月 30 日	重庆轨道交通 10 号线	地铁	后堡（不含）至兰花路	3.80	3	二期南段	2016 年 10 月
12 月 1 日	武汉地铁 5 号线	地铁	红霞至中医药大学（不含）	2.63	2	二期调整工程段	2021 年 12 月
12 月 16 日	贵阳轨道交通 3 号线	地铁	桐木岭至洛湾	43.03	29	一期	2018 年 12 月
12 月 20 日	郑州地铁 12 号线	地铁	梁湖至龙子湖东	16.54	11	一期	2020 年 3 月
12 月 26 日	合肥轨道交通 2 号线	地铁	三十埠（不含）至撮镇	14.50	11	东延段	2020 年 9 月
12 月 26 日	合肥轨道交通 3 号线	地铁	幸福坝（不含）至省儿童医院新区	11.30	7	南延段	2020 年 9 月
12 月 27 日	南通轨道交通 2 号线	地铁	幸福至先锋	20.85	17	一期	2018 年 10 月
12 月 27 日	深圳地铁 8 号线	地铁	盐田路（不含）至小梅沙	8.01	4	二期	2019 年 8 月
12 月 28 日	天津地铁 11 号线	地铁	东江道至东丽六经路	13.68	11	一期东段	2019 年 7 月
12 月 28 日	南京地铁 7 号线	地铁	西善桥至应天大街	10.66	9	南段	2017 年 11 月
12 月 28 日	郑许市域铁路工程（郑州段）	市域快轨	长安路北至八千	33.43	16	全段	2017 年 12 月

（续前表）　　表 附-3-1

开通日期	线路名	系统制式	运营区段	运营里程（公里）	开通车站（座）	开通状态	开工建设时间
12 月 28 日	郑许市域铁路工程（许昌段）	市域快轨	双庙李至许昌东	33.70	11	全段	2017 年 12 月
12 月 28 日	广州地铁 5 号线	地铁	文冲（不含）至黄埔新港	9.80	6	东延段	2018 年 11 月
12 月 28 日	广州地铁 7 号线	地铁	大学城南（不含）至燕山	22.00	10	二期	2018 年 11 月
12 月 28 日	重庆轨道交通 18 号线	地铁	富华路至跳磴南	29.07	18	一期	2019 年 1 月
12 月 30 日	北京地铁 11 号线	地铁	金安桥（不含）至模式口	1.40	1	西段剩余段	2019 年 11 月
12 月 30 日	北京地铁 16 号线	地铁	榆树庄（不含）至宛平城	2.70	2	南段剩余段	2013 年 12 月
12 月 30 日	北京地铁 17 号线	地铁	未来科学城北至工人体育场	24.90	9	北段	2016 年 5 月
12 月 30 日	武汉地铁 19 号线	地铁	武汉站西广场至新月溪公园	23.30	7	一期	2019 年 2 月

4　中国城市轨道交通协会第三届常务理事及以上会员单位名录

中国城市轨道交通协会　　表 附-4-1

序号	编号	单位名称	单位地址	邮编	网址
1		中国城市轨道交通协会	北京市西城区莲花池东路甲 5 号院 1 号楼白云时代大厦 A 座 19 层 /20 层	100038	http://www.camet.org.cn/

轮值会长单位　　表 附-4-2

序号	编号	单位名称	单位地址	邮编	网址
1	FH	南京地铁集团有限公司	江苏省南京市玄武区中山路 228 号地铁大厦	210008	http://www.njmetro.com.cn
2	FH	北京市基础设施投资有限公司	北京市朝阳区小营北路 6 号京投大厦 2 号楼 9 层	100101	http://www.bii.com.cn/
3	FH	上海申通地铁集团有限公司	上海市徐汇区桂林路 909 号	201103	http://www.shmetro.com
4	FH	广州地铁集团有限公司	广东省广州市海珠区新港东路 1238 号万胜广场 A 塔	510335	http://www.gzmtr.com
5	FH	重庆市轨道交通（集团）有限公司	重庆市渝北区金开大道西段 210 号（大竹林轻轨综合基地）	401120	http://www.cqmetro.cn
6	FH	深圳市地铁集团有限公司	广东省深圳市福田区福中一路 1016 号地铁大厦 2905 号	518026	http://www.szmc.net/

副会长单位

表 附-4-3

序号	编号	单位名称	单位地址	邮编	网址
1	FH	北京市地铁运营有限公司	北京市西城区西直门外大街2号地铁大厦	100044	http://www.bjsubway.com
2	FH	天津轨道交通集团有限公司	天津市西青区才智道36号（华苑车辆段内）	300392	http://www.tjgdjt.com/
3	FH	成都轨道交通集团有限公司	四川省成都市高新区天府大道中段396号地铁大厦	610071	https://www.chengdurail.com
4	FH	武汉地铁集团有限公司	湖北省武汉市武昌区欢乐大道77号B座11楼企业管理部	430070	https://www.wuhanrt.com
5	FH	西安市轨道交通集团有限公司	陕西省西安市未央区凤城八路126号	710021	https://www.xianrail.com/
6	FH	杭州市地铁集团有限责任公司	浙江省杭州市江干区九和路516号1001室	310017	http://www.hzmetro.com
7	FH	沈阳地铁集团有限公司	辽宁省沈阳市沈河区东滨河路28-3号	110011	http://www.symtc.com/
8	FH	郑州地铁集团有限公司	河南省郑州市郑东新区站南路与康宁街交叉口轨道交通调度中心	450000	http://www.zzmetro.cn/
9	FH	北京交通大学	北京市西城区西直门外上园村3号	100044	https://www.bjtu.edu.cn/
10	FH	西南交通大学	四川省成都市郫都区二环路北一段111号	610031	http://www.swjtu.edu.cn/
11	FH	中国国际工程咨询有限公司	北京市海淀区车公庄西路32号	100048	https://www.ciecc.com.cn/
12	FH	北京城建设计发展集团股份有限公司	北京市西城区阜成门北大街5号	100037	https://www.bjucd.com/
13	FH	中国铁道科学研究院集团有限公司	北京市海淀区大柳树路2号院开发部（机关楼）	100081	https://www.rails.cn/
14	FH	交通运输部科学研究院	北京市朝阳区惠新里240号	100029	http://www.motcats.com.cn/
15	FH	中国城市规划设计研究院	北京市海淀区三里河九号住建部北配楼	100044	http://www.caupd.com/
16	FH	中国铁建股份有限公司	北京市海淀区复兴路40号	100855	http://www.crcc.cn/
17	FH	中国中铁股份有限公司	北京市海淀区复兴路69号中国中铁大厦	100039	http://www.crecg.com/
18	FH	中国中车股份有限公司	北京市海淀区西四环中路16号院5号楼中车大厦	100036	http://www.crrcgc.cc/
19	FH	湘电集团有限公司	湖南省湘潭市岳塘区电工北路66号	411101	http://www.xemc.com.cn/
20	FH	中国铁路通信信号股份有限公司	北京市丰台区汽车博物馆南路1号院中国通号产业园	100070	http://www.crsc.com.cn/
21	FH	交控科技股份有限公司	北京市丰台区智成北街3号院交控大厦	100070	http://www.bj-tct.com/
22	FH	新誉集团有限公司	江苏省常州市武进高新区凤林南路199号	213166	http://www.newunited.com.cn

常务理事单位

表 附-4-4

序号	编号	单位名称	单位地址	邮编	网址
1	CHW	北京市轨道交通建设管理有限公司	北京市丰台区南四环公益西桥路口向西500米路北侧轨道交通大厦	100068	
2	CHW	香港铁路有限公司	北京市朝阳区光华路1号嘉里中心南楼31层	100020	http://www.mtr.com.hk
3	CHW	长春市轨道交通集团有限公司	吉林省长春市南关区华庆路999号华庆路与南湖中街交汇处	130012	
4	CHW	大连公共交通建设投资集团有限公司	辽宁省大连市甘井子区自由路168号	116021	https://www.dlmetro.com
5	CHW	哈尔滨地铁集团有限公司	黑龙江省哈尔滨市南岗区西大直街357号	150080	http://www.harbinmetro.com
6	CHW	宁波市轨道交通集团有限公司	浙江省宁波市鄞州区宁穿路3399号	315101	http://www.nbmetro.com/
7	CHW	无锡地铁集团有限公司	江苏省无锡市梁溪区清扬路228号地铁大厦主楼	214131	http://www.wxmetro.net
8	CHW	苏州市轨道交通集团有限公司	江苏省苏州市姑苏区干将西路668号苏州轨道交通大厦	215004	http://www.szmtr.com/
9	CHW	合肥市轨道交通集团有限公司	安徽省合肥市庐阳区阜阳路17号	230001	https://www.hfgdjt.com/
10	CHW	南昌轨道交通集团有限公司	江西省南昌市红谷滩新区丰和中大道912号地铁大厦2710室	330038	http://www.ncmtr.com/
11	CHW	长沙市轨道交通集团有限公司	湖南省长沙市雨花区武广火车南站西广场杜花路166号	410014	http://www.hncsmtr.com/
12	CHW	佛山市地铁集团有限公司	广东省佛山市禅城区魁奇二路佛山地铁大厦	528000	http://www.fmetro.net/
13	CHW	重庆市铁路（集团）有限公司	重庆市渝北区泰山大道东段梧桐路6号交通开投大厦20楼	400020	http://www.cqrailway.com/
14	CHW	福州地铁集团有限公司	福建省福州市台江区达道路156号福州市轨道交通指挥中心	350001	http://www.fzmtr.com
15	CHW	昆明轨道交通集团有限公司	云南省昆明市盘龙区北京路915号	650011	http://www.kmgdgs.com/
16	CHW	济南轨道交通集团有限公司	山东省济南市历下区解放东路5号舜通大厦济南轨道交通集团有限公司	250014	http://www.jngdjt.cn/
17	CHW	南宁轨道交通集团有限责任公司	广西壮族自治区南宁市青秀区云景路69号	530023	http://www.nngdjt.com/
18	CHW	苏州高新有轨电车集团有限公司	江苏省苏州市高新区马涧路2000号	215000	
19	CHW	贵阳市公共交通投资运营集团有限公司	贵州省贵阳市观山湖区龙滩坝路腾祥迈德国际A1座	550081	http://www.gyurt.com/
20	CHW	北京京港地铁有限公司	北京市丰台区嘉园路地铁4号线车辆段	100068	http://www.mtr.bj.cn
21	CHW	青岛地铁集团有限公司	山东省青岛市崂山区深圳路99号	266071	http://www.qdmetro.com
22	CHW	东莞市轨道交通有限公司	广东省东莞市南城区东莞大道116号轨道交通控制中心总工程师室	523073	http://www.dggdjt.com/
23	CHW	石家庄市轨道交通集团有限责任公司	河北省石家庄市高新区秦岭大街116号	050000	http://www.sjzmetro.cn/
24	CHW	兰州市轨道交通有限公司	甘肃省兰州市城关区东岗东路55号	730030	https://www.lzgdjt.com/lzgd/

常务理事单位（续前表） 表 附-4-4

序号	编号	单位名称	单位地址	邮编	网址
25	CHW	武汉光谷交通建设有限公司	湖北省武汉市江夏区佛祖岭街道光谷一路222号	430000	http://www.whggjtjs.com
26	CHW	洛阳市轨道交通集团有限责任公司	河南省洛阳市洛龙区通衢路与厚载门街交叉口东南角轨道交通控制中心	471023	http://www.lysubway.com.cn/
27	CHW	芜湖市轨道交通有限公司	安徽省芜湖市镜湖区北京西路16号	241001	
28	CHW	呼和浩特城市交通投资建设集团有限公司	内蒙古自治区呼和浩特市赛罕区机场南辅路104号地铁控制中心	010000	
29	CHW	广西柳州市轨道交通投资发展集团有限公司	广西壮族自治区柳州市城中区东环大道232号	545006	http://www.gxlzgdjt.com/
30	CHW	河北雄安轨道快线有限责任公司	河北省保定市容城县容信路6号	071700	
31	CHW	太原轨道交通集团有限公司	山西省太原市小店区龙城大街95号	030032	https://www.tymetro.ltd/
32	CHW	常州地铁集团有限公司	江苏省常州市天宁区中吴大道1259号	213022	http://www.czmetro.net.cn/
33	CHW	厦门轨道建设发展集团有限公司	福建省厦门市思明区湖滨中路86号、88号	361004	https://www.xmgdjt.com.cn/
34	CHW	乌鲁木齐城市轨道集团有限公司	新疆维吾尔族自治区乌鲁木齐市经济技术开发区鄯阳路336号	830057	https://www.urumqimtr.com/
35	CHW	徐州地铁集团有限公司	江苏省徐州市云龙区和平大道126-9号	221004	https://www.xzdtjt.com/
36	CHW	绍兴市轨道交通集团有限公司	浙江省绍兴市越城区解放大道386号	312000	http://www.sxsmtr.cn/
37	CHW	同济大学	上海市杨浦区四平路1239号土木工程学院	200092	https://www.tongji.edu.cn/
38	CHW	中国电子科技集团公司第十四研究所	江苏省南京市雨花台区国睿路8号十四所所办	210039	http://14.cetc.com.cn/
39	CHW	重庆轨道交通产业投资有限公司	重庆市渝北区梧桐路6号交通开投大厦	400000	
40	CHW	中铁工程设计咨询集团有限公司	北京市丰台区广安路15号	100055	http://www.ceccn.com.cn/
41	CHW	中铁第一勘察设计院集团有限公司	陕西省西安市雁塔区西影路2号	710043	http://www.fsdi.com.cn/
42	CHW	中铁二院工程集团有限责任公司	四川省成都市金牛区通锦路3号	610031	http://www.creegc.com/
43	CHW	中国铁路设计集团有限公司	天津市空港经济区东七道109号	300142	http://www.crdc.com/
44	CHW	中铁第四勘察设计院集团有限公司	湖北省武汉市武昌区杨园和平大道745号	430063	http://www.crfsdi.com.cn/
45	CHW	中铁上海设计院集团有限公司	上海市静安区共和新路1265号	200070	http://www.sty.sh.cn/
46	CHW	广州地铁设计研究院股份有限公司	广东省广州市越秀区环市西路202号桐舍酒店6楼地铁设计院研发中心	510010	https://www.dtsjy.com/
47	CHW	中国城市建设研究院有限公司	北京市西城区德胜门外大街36号德胜凯旋大厦A座802	100120	http://www.cucd.cn/
48	CHW	中铁通信信号勘测设计院有限公司	北京市海淀区万寿路南口金家村1号院13号楼301室	100036	http://www.crcsdi.cn

常务理事单位（续前表）　　表 附-4-4

序号	编号	单位名称	单位地址	邮编	网址
49	CHW	中国电建集团华东勘测设计研究院有限公司	浙江省杭州市余杭区高教路 201 号	311122	https://www.hdec.com/cn/
50	CHW	中化商务有限公司	北京市丰台区丽泽路 24 号院平安幸福中心 B 座 25 层	100071	http://www.sinochemitc.com/
51	CHW	中铁电气化局集团有限公司	北京市丰台区金家村 1 号电气化大厦	100036	http://www.eeb.cn/
52	CHW	中铁隧道局集团有限公司	广东省广州市南沙区工业四路中铁隧道局	511458	http://www.crtg.com/
53	CHW	北京城建集团有限责任公司	北京市海淀区北太平庄路 18 号城建大厦 B 座 2107 室	100088	http://www.bucg.com/
54	CHW	上海市隧道工程轨道交通设计研究院	上海市徐汇区中山西路 1999 号	200235	http://www.stedi.cn/
55	CHW	中国交通建设股份有限公司	北京市顺义区李桥镇国门商务区鑫桥中路 3 号院 1 号楼	101399	http://www.ccccltd.cn/
56	CHW	上海隧道工程股份有限公司	上海市徐汇区宛平南路 1099 号 9 楼	200032	https://www.stec.net/
57	CHW	中铁开发投资集团有限公司	云南省昆明市呈贡区联大街与彩云南路交叉口中铁总部大厦	650200	https://www.zgztktjt.com/
58	CHW	中铁十五局集团有限公司	上海市静安区共和新路 666 号 6 楼	200070	http://www.cr15g.com/
59	CHW	中车长春轨道客车股份有限公司	吉林省长春市绿园区青荫路 435 号	130062	http://www.crrcgc.cc/ckgf
60	CHW	中车大连机车车辆有限公司	辽宁省大连市沙区兴工北一街 23 号	116022	http://www.crrcgc.cc/dl
61	CHW	中车唐山机车车辆有限公司	河北省唐山市丰润区幸福道 93 号	064000	http://www.crrcgc.cc/ts
62	CHW	中车南京浦镇车辆有限公司	江苏省南京市江北新区浦珠中路 208 号中车南京浦镇车辆有限公司新大楼	210031	http://www.crrcgc.cc/pz
63	CHW	北京地铁车辆装备有限公司	北京市丰台区苇子坑 23 号	100079	https://www.bsrse.com/
64	CHW	北京和利时系统工程有限公司	北京市亦庄经济技术开发区地盛中路 2 号院	100176	http://www.hollysys.com
65	CHW	中车株洲电力机车有限公司	湖南省株洲市石峰区田心路 1 号	412001	http://www.crrcgc.cc/zj
66	CHW	株洲中车时代电气股份有限公司	湖南省株洲市石峰区时代路株洲中车时代电气股份有限公司 1300 室	412001	http://www.tec.crrczic.cc/
67	CHW	中车青岛四方机车车辆股份有限公司	山东省青岛市城阳区锦宏东路 88 号	266111	http://www.crrcgc.cc/sfgf
68	CHW	中车青岛四方车辆研究所有限公司	山东省青岛市市北区瑞昌路 226 号环湾大厦 21 楼	266031	http://www.crrcgc.cc/sfs
69	CHW	卡斯柯信号有限公司	上海市静安区江场路 1401 弄 21 号（2 号楼）11 楼	200071	http://www.casco.com.cn/
70	CHW	上海电气泰雷兹交通自动化系统有限公司	上海市浦东新区金海路 1000 号金领之都 28 幢	201206	https://www.thalessec.com.cn/
71	CHW	华为技术有限公司	广东省深圳市龙岗区坂田华为总部办公楼	518129	https://www.huawei.com
72	CHW	上海富欣智能交通控制有限公司	上海市张江高科技园区亮秀路 112 号 2 号楼 4 层	201203	http://www.fitsco.com.cn/

常务理事单位（续前表）　　表 附-4-4

序号	编号	单位名称	单位地址	邮编	网址
73	CHW	上海嘉成轨道交通安全保障系统股份公司	上海市普陀区祁连山南路 2891 弄未来岛科技园 105 号 408 室	200331	http://www.shjiacheng.com/
74	CHW	广州白云电器设备股份有限公司	广东省广州市白云区神山镇大岭南路 18 号	510460	http://www.bydq.com/
75	CHW	比亚迪汽车工业有限公司	广东省深圳市坪山区比亚迪路 3009 号	518118	http://www.bydauto.com.cn/
76	CHW	上海电气集团股份有限公司	上海市黄浦区蒙自路 360 号	200050	http://www.shanghai electric.com
77	CHW	中车株洲电力机车研究所有限公司	湖南省株洲市石峰区时代路 169 号	412001	http://www.crrcgc.cc/zzs
78	CHW	北京轨道交通技术装备集团有限公司	北京市丰台区育仁南路诺德三期 13 号楼	100070	http://www.rtte.cn/Home/nav/39.html
79	CHW	西门子交通设备（中国）有限公司	北京市朝阳区望京中环南路 7 号西门子大厦 27 层	100102	https://www.mobility.siemens.com/cn/zh.html
80	CHW	浙江众合科技股份有限公司	浙江省杭州市滨江区江汉路 1785 号双城国际 4 号楼 10 楼	310051	https://www.unittec.com/
81	CHW	通号城市轨道交通技术有限公司	北京市丰台区科技园区汽车博物馆南路 1 号院中国通号 A 座 13 层	100070	http://thcj.crsc.cn/
82	CHW	京投轨道交通科技控股有限公司	北京市朝阳区惠新东街 4 号富盛大厦 2 座 15 层	100101	https://caymanislands2022411183542022411www.biitt.cn/
83	CHW	今创集团股份有限公司	江苏省常州市武进区遥观镇今创路 88 号	213102	http://www.ktk.com.cn/
84	CHW	北京城建智控科技股份有限公司	北京市东城区永定门外街道琉璃井路 2 号院 4 号楼	100075	https://www.bjuci.com.cn/
85	CHW	阿里云计算有限公司	北京市朝阳区望京东园四区 9 号楼阿里中心望京 A 座	100102	
86	CHW	广州轨道教育科技股份有限公司	广东省广州市海珠区新港东路 1238 号万胜广场 A 座 701	510310	
87	CHW	国信招标集团股份有限公司	北京市海淀区首体南路 22 号国兴大厦 11 层	100044	http://www.gxzb.com.cn/
88	CHW	上海国展展览中心有限公司	上海市长宁区娄山关路 55 号新虹桥大厦 11 楼	200336	http://shanghaiintex.com/
89	CHW	中国船级社质量认证有限公司	北京市东城区东黄城根南街 40 号	100007	http://www.ccsc.com.cn/
90	CHW	富莱斯勒贸易（深圳）有限公司	广东省深圳市福田区福田街道福华三路与益田路交汇处国际商会中心 2203 室	518000	http://www.linkcity.com.cn/
91	CHW	德高广告（上海）有限公司	上海市长宁区仙霞路 333 号东方维京大厦 21 楼	200336	https://www.jcdecaux.com.cn/
92	CHW	佳都科技集团股份有限公司	广东省广州市天河区新岑 4 路佳都智慧大厦 A 座	510665	https://www.pcitech.com/
93	CHW	城轨创新网络中心有限公司	北京市丰台区汽车博物馆西路丰台创新中心 9 号楼东塔 9 层	100070	

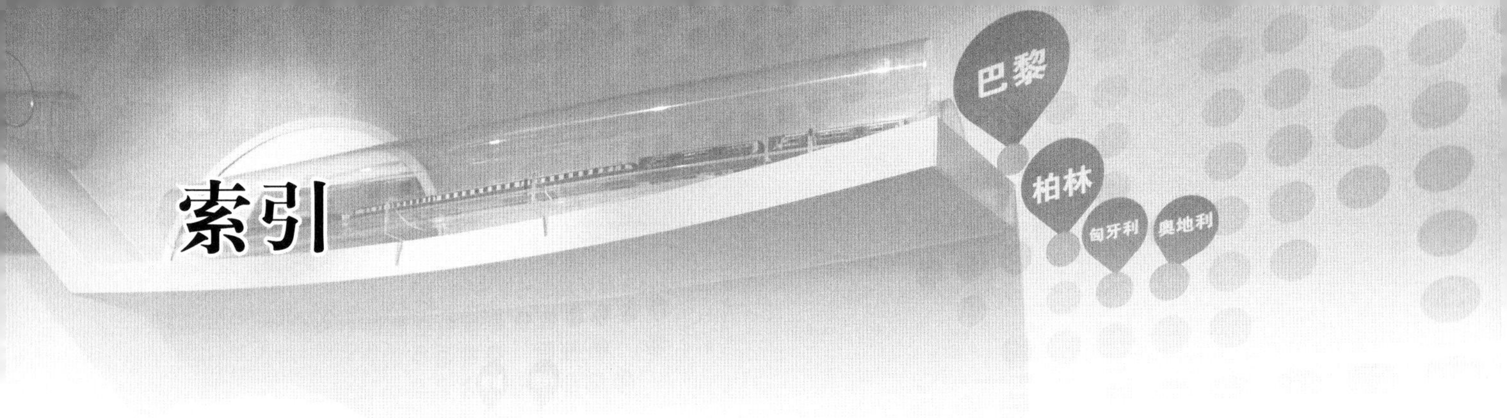

索引

说明：

（1）本索引主体采用主题索引、内容分析法，按主题词首字的汉语拼音字母顺序排列。

（2）栏目标题用黑体标明，表格内容在后加注（表）。

（3）索引词后的数字代表内容所在页码，数字后面的a、b表示栏别。

（4）★为篇章标题，●为通栏标题。

A

AFC深度维修工作室 204a
ANCC系统 185b
ATO+模式 109b
ATO辅助驾驶系统 93b
安徽省合肥市 123★
安检及票务融合技术创新与应用 72b
安全管理 26b
暗挖盾构侧始发及串联三座暗挖车站工法 93b

B

BIM技术 99a
BIM虚拟建造 128b
BIM应用系统 103b
半成岩明暗挖超深地铁车站绿色建造关键技术 56b
包叙定 5, 346, 348
北京城建设计发展集团股份有限公司 364a
北京城建智控科技股份有限公司 367b
北京城市快轨建设管理有限公司 365b
北京大兴机场线工程 73（表）
北京公交有轨电车有限公司 176★, 366a
北京轨道交通11号线西段 91a
北京轨道交通16号线剩余段工程建设项目 92a
北京轨道交通17号线北段工程建成项目 91a
北京京港地铁有限公司 172★, 289★, 365a
北京全路通信信号研究设计院集团有限公司 366b
北京市 91★
北京市城市轨道（北京地铁）资源经营统计 289（表）
北京市城市轨道交通（北京地铁）运营线路年度基础数据统计 169（表）
北京市城市轨道交通（北京地铁）运营线路年度运营数据统计 170（表）
北京市城市轨道交通（北京公交）运营线路年度基础数据统计 177（表）
北京市城市轨道交通（北京公交）运营线路年度运营数据统计 177（表）
北京市城市轨道交通（北京运营）运营线路年度基础数据统计 176（表）
北京市城市轨道交通（北京运营）运营线路年度运营数据统计 176（表）
北京市城市轨道交通（北京运营）资源经营统计 291（表）
北京市城市轨道交通（京港地铁）运营线路年度基础数据统计 172（表）
北京市城市轨道交通（京港地铁）运营线路年度运营数据统计 174（表）
北京市城市轨道交通（京港地铁）资源经营统计 290（表）
北京市城市轨道交通（京投公司）资源经营统计 288（表）
北京市城市轨道交通建设项目汇总 92（表）
北京市地铁运营有限公司 169★, 288★,
北京市地铁运营有限公司 364a
北京市轨道交通建设管理有限公司 91a, 364b
北京市轨道交通运营管理有限公司 174★, 290★,
北京市轨道交通运营管理有限公司 365a
北京市基础设施投资有限公司 287★,
北京市基础设施投资有限公司 364a
北京市科学技术进步奖 52（表）
标准A型地铁列车 68a
标准规范 87★
标准规范目录 397★
标准化工作 88★
标准化行业交流 89a
标准化制度建设 88a
标准目录 88b
标准体系建设 88★
标准制修订管理 88★
滨海暗挖大跨地铁车站穿越断裂带安全建造关键技术 57a
滨海新区轨道交通投资发展有限公司 369a
并行矩形顶管 93b
“步履机+滑块”顶推施工 164b
部委文件目录 394（表）

C

CO_2排放总量 50b
财政部文件目录 396（表）
侧墙混凝土自动化振捣装置 132b
常务理事单位 412（表）
常务理事及以上会员单位名录 410★
常州地铁集团有限公司 205★, 302★,
常州地铁集团有限公司 375b

常州市城市轨道交通运营线路年度基础数据统计 206（表）
常州市城市轨道交通运营线路年度运营数据统计 207（表）
常州市城市轨道交通资源经营统计 302（表）
长春轨道交通4号线南延工程建成项目 103a
长春市 103★
长春市城市轨道交通运营线路年度基础数据统计 192（表）
长春市城市轨道交通运营线路年度运营数据统计 192（表）
长春市城市轨道交通资源经营统计 296（表）
长春市轨道交通集团有限公司 191★，296★
长春市轨道交通集团有限公司 371b
长春市轨道交通在建项目汇总 104（表）
长三角双城异地二维码无感换 196b
长沙市 139★
长沙市城市轨道交通（湖南磁浮）运营线路年度基础数据统计 248（表）
长沙市城市轨道交通（湖南磁浮）运营线路年度运营数据统计 248（表）
长沙市城市轨道交通（长沙轨交）运营线路年度基础数据统计 246（表）
长沙市城市轨道交通（长沙轨交）运营线路年度运营数据统计 246（表）
长沙市城市轨道交通在建项目汇总 140（表）
长沙市城市轨道交通资源经营统计 326（表）
长沙市轨道交通集团有限公司 139a，385a
长沙市轨道交通集团有限公司 246★，325★
长株潭城际轨道交通西环线一期工程建成项目 139b
超大城市交通视觉大数据与运行决策关键技术与应用 56a
超大断面暗挖车站建造关键技术 69a
超大直径盾构隧道预制管片高精度生产成套技术 119a
超级电容技术 245a
超深基坑明挖地铁车站 66b
车辆段轨道无缝化关键技术 70b
车辆购置 24b，47a
车站 40a
成都大运会 271b
成都轨道交通19号线二期工程建成项目 157b
成都轨道交通集团有限公司 271★，336★，
成都轨道交通集团有限公司 390a
成都市 157★
成都市城市轨道交通运营线路年度基础数据统计 271（表）
成都市城市轨道交通运营线路年度运营数据统计 272（表）
成都市城市轨道交通在建项目汇总 158（表）
成都市城市轨道交通资源经营统计 336（表）
城轨交通视频压缩传输与智能分析关键技术研究 65b
城轨交通运营线路 21a
城轨可持续发展 28a
城轨列车机电系统服役性能保障关键技术及应用 55a
城建智控 367b
城市城轨交通运营服务情况统计汇总 48（表）
城市城轨交通运营线路制式规模统计汇总 38（表）
城市城轨交通在建线路规模统计汇总 35（表）
城市大运能系统运营情况统计汇总 44（表）
城市地下工程施工安全控制技术及工程应用 53a
城市低运能系统运营情况统计汇总 46（表）
城市轨道交通TOD示范案例 4b
城市轨道交通安全保护区 68b
城市轨道交通场站及周边土地综合开发利用 1
城市轨道交通地下基础设施运行安全综合监测关键技术及示范应用 62a
《城市轨道交通低运能系统调研报告》 353
城市轨道交通工程动态检测验收技术与应用 63b
城市轨道交通工程数智协同数字设计关键技术研究及应用 67b
城市轨道交通规划情况年度统计资料 30★
城市轨道交通基础减振地段钢轨异常波磨治理与示范工程研究 71b
城市轨道交通科技进步奖 58★
城市轨道交通太赫兹智慧安检系统装备自主化技术研究与应用 67a
城市轨道交通通信系统运营管理智能化提升关键技术及示范应用 66a
城市轨道交通行业年度发展情况概述 30★
《城市轨道交通行业信息化最佳实践评选——六年对标洞察企业数字化转型报告（2018—2023）》 353
城市轨道交通云边缘计算平台关键技术研究与示范应用 70a
城市轨道交通在线灵活编组关键技术研究与应用 60a
城市全制式城轨交通客运情况统计汇总 42（表）
城市群城轨交通 26b
城市中运能系统运营情况统计汇总 45（表）
重庆轨道交通10号线二期工程建成项目 154b
重庆轨道交通17号线一期工程新开工项目 156a
重庆轨道交通4号线二期工程 78a
重庆轨道交通5号线北延伸段工程建成项目 154a
重庆轨道交通5号线一期 153b
重庆轨道交通7号线一期工程新开工项目 155b
重庆轨道交通9号线二期工程建成项目 154a
重庆轨道交通环线工程 74（表）
重庆市 153★
重庆市城市轨道交通（铁路集团）运营线路年度基础数据统计 269（表）
重庆市城市轨道交通（铁路集团）运营线路年度运营数据统计 270（表）
重庆市城市轨道交通（重庆轨道）运营线路年度基础数据统计 267（表）
重庆市城市轨道交通（重庆轨道）运营线路年度运营数据统计 268（表）
重庆市城市轨道交通在建项目汇总 153（表）
重庆市城市轨道交通资源经营统计 335（表）
重庆市轨道交通（集团）有限公司 153a，389a
重庆市轨道交通（集团）有限公司 267★，334★
重庆市轨道交通设计研究院有限责任公司 389b
重庆市科技进步奖 52（表）
重庆市铁路（集团）有限公司 153a，389b
重庆市铁路（集团）有限公司 269★
磁浮交通 21b
磁悬浮直膨式地铁车站智能通风空调系统关键技术自主创新及应用 61b

D

大规模复杂线网安检及票务融合技术创新与应用 72b
大跨桥梁结构状态诊断性能提升关键技术及应用 54a
大连公共交通建设投资集团有限公司 189★，295★，
大连公共交通建设投资集团有限公司 102a，371a
大连轨道交通5号线工程建成项目 102a
大连市 102★
大连市城市轨道交通运营线路年度基础数据统计 189（表）
大连市城市轨道交通运营线路年度运营数据统计 189（表）
大连市城市轨道交通在建项目汇总 102（表）
大连市城市轨道交通资源经营统计 296（表）
大事记 10★
大兴机场线工程 73（表）
大运能系统 22b
单项预紧+检测单位现场配合动态调整 151a
单位运营成本 23b

单位运营收入 23b
单线运营服务时长 23a
导轨式胶轮系统 21b
道岔融雪装置 233a
地面智能操控中心 93b
地铁 21b
“地铁+公交”深度融合 217a
地铁暗挖工程帷幕止水建造关键技术研究与应用 55b
地铁智能环控系统 149b
地下基础设施 62b
地下四层分幅盖挖逆作法车站 103a
低运能系统 22b
低运能系统调研报告 353
第二十届中国土木工程詹天佑奖第二批获奖名单 73（表）
电力调度 65a
电能耗 24a
电子导向胶轮系统 21b
叠落区间C型联络通道施工工法 105b
东莞市 151★
东莞市城市轨道交通运营线路年度基础数据统计 263（表）
东莞市城市轨道交通运营线路年度运营数据统计 263（表）
东莞市城市轨道交通在建项目汇总 151（表）
东莞市城市轨道交通资源经营统计 332（表）
东莞市轨道交通有限公司 263★，331★
东莞市轨道交通有限公司 388a
冬奥支线 91a
动态检测验收 63b
动态客流需求驱动的城市轨道交通能耗精细化管控关键技术与应用 64a
都市圈城市群城轨交通 26b
短套筒始发技术 113b
“盾构通过+扩挖成型”方案 164b

E

2022－2023年全国城轨交通总电能耗与CO2排放量对应 50（表）
2023年北京市城市轨道交通建设项目汇总 92（表）
2023年成都市城市轨道交通在建项目汇总 158（表）
《2023年城轨企业网络安全攻防演练总结报告》 352
2023年大连市城市轨道交通在建项目汇总 102（表）
2023年东莞市城市轨道交通在建项目汇总 151（表）
2023年度“首届中国城市轨道交通高新技术成果交易会——发布签约会”发布项目 83（表）
2023年度“首届中国城市轨道交通高新技术成果交易会——发布签约会”签约项目 83（表）
2023年度城市轨道交通科技进步奖获奖项目 58（表）
2023年度国家级和行业级示范工程 84（表）
2023年度中国城市轨道交通协会科技成果评价项目 85（表）
2023年佛山市城市轨道交通在建项目汇总 150（表）
2023年福州市城市轨道交通在建项目汇总 126（表）
2023年各城市城轨交通规划在实施线路规模统计汇总 31（表）
2023年各城市城轨交通运营服务情况统计汇总 48（表）
2023年各城市城轨交通运营线路制式规模统计汇总 38（表）
2023年各城市城轨交通在建线路规模统计汇总 35（表）
2023年各城市大运能系统运营情况统计汇总 44（表）
2023年各城市低运能系统运营情况统计汇总 46（表）
2023年各城市全制式城轨交通客运情况统计汇总 42（表）
2023年各城市中运能系统运营情况统计 45（表）
2023年广州市城市轨道交通在建项目汇总 142（表）
2023年贵阳市城市轨道交通在建项目汇总 160（表）
2023年哈尔滨市城市轨道交通在建项目汇总 105（表）
2023年合肥市城市轨道交通在建项目汇总 124（表）
2023年济南市城市轨道交通在建项目汇总 130（表）
2023年嘉兴市城市轨道交通在建项目汇总 120（表）
2023年昆明市城市轨道交通在建项目汇总 161（表）
2023年兰州市城市轨道交通在建项目汇总 165（表）
2023年南昌市城市轨道交通在建项目汇总 129（表）
2023年南京市城市轨道交通在建项目汇总 110（表）
2023年南宁城市轨道交通在建项目汇总 152（表）
2023年南通市城市轨道交通在建项目汇总 116（表）
2023年宁波市城市轨道交通在建项目汇总 117（表）
2023年青岛市城市轨道交通在建项目汇总 133（表）
2023年全国城市轨道交通开通初期运营线路一览 408★
2023年厦门市城市轨道交通在建项目汇总 128（表）
2023年上海城市轨道交通在建项目汇总 106（表）
2023年绍兴市城市轨道交通在建项目汇总 122（表）
2023年深圳市城市轨道交通在建项目汇总 148（表）
2023年石家庄市城市轨道交通在建项目汇总 97（表）
2023年苏州市城市轨道交通在建项目汇总 114（表）
2023年太原市城市轨道交通在建项目汇总 99（表）
2023年天水市城市轨道交通在建项目汇总 166（表）
2023年温州市城市轨道交通在建项目汇总 118（表）
2023年乌鲁木齐市城市轨道交通在建项目汇总 167（表）
2023年无锡市城市轨道交通在建项目汇总 111（表）
2023年武汉市城市轨道交通在建项目汇总 137（表）
2023年西安市城市轨道交通在建项目汇总 162（表）
2023年新增全自动运行城轨交通线路 41（表）
2023年徐州市城市轨道交通在建项目汇总 113（表）
2023年长春市轨道交通在建项目汇总 104（表）
2023年长沙市城市轨道交通在建项目汇总 140（表）
2023年郑州市城市轨道交通在建项目汇总 134（表）
2023年重庆市城市轨道交通在建项目汇总 153（表）
2023沈阳市城市轨道交通在建项目汇总 100（表）
《2023中国城市轨道交通工程建设发展报告》 350

F

发车间隔 23a
法律法规目录 394★
仿真实训平台 232a
废止标准 402（表）
扶梯多维感知系统试点项目 146b
佛山市 150★
佛山市城市轨道交通（佛山地铁）运营线路年度基础数据统计 261（表）
佛山市城市轨道交通（佛山地铁）运营线路年度运营数据统计 261（表）
佛山市城市轨道交通（佛山南海）运营线路年度基础数据统计 262（表）
佛山市城市轨道交通（佛山南海）运营线路年度运营数据统计 262（表）
佛山市城市轨道交通在建项目汇总 150（表）
佛山市城市轨道交通资源经营统计 331（表）
佛山市地铁集团有限公司 150a，387b
佛山市地铁集团有限公司 259★，330★
佛山市南海区铁路投资有限公司 150a，388a
佛山市南海区铁路投资有限公司 261★
福建省福州市 125★
福建省厦门市 128★

福州地铁集团有限公司 125a, 380b
福州地铁集团有限公司 227★, 315★
福州轨道交通4号线一期首通段工程建成项目 126a
福州轨道交通5号线一期后通段工程建成项目 126a
福州市 125★
福州市城市轨道交通运营线路年度基础数据统计 227(表)
福州市城市轨道交通运营线路年度运营数据统计 227(表)
福州市城市轨道交通在建项目汇总 126(表)
附录 394★
复杂环境下软土复合地层大直径盾构隧道施工关键技术与工程应用 66a
副会长单位 411(表)
富含沼气软弱地层超大直径越江隧道关键施工技术 119a
富欣智能交通控制有限公司 373b
富水圆砾卵石地层盾构隧道建造灾变防控技术 57a

G

GoA4级无人驾驶线路 223b
甘肃省兰州市 165★
甘肃省天水市 166★
钢轨异常波磨的研究分析 72a
港铁轨道交通(深圳)有限公司 256★, 329★
港铁轨道交通(深圳)有限公司 386b
高等学校科学研究优秀成果奖科学技术进步奖 52(表)
高峰小时最高断面客流量 44b
高峰小时最小发车间隔 23a, 48a
高架三层鱼腹式岛式车站 140a
高速受电弓架空刚性接触网系统技术自主化研发及工程应用 61a
高新技术成果交易会 83(表)
各城市城轨交通运营服务情况统计汇总 48(表)
各城市城轨交通运营线路制式规模统计汇总 38(表)
各城市城轨交通在建线路规模统计汇总 35(表)
各城市大运能系统运营情况统计汇总 44(表)
各城市低运能系统运营情况统计汇总 46(表)
各城市全制式城轨交通客运情况统计汇总 42(表)
各城市中运能系统运营情况统计汇总 45(表)
工程建设标准 401(表)
工业和信息化部文件目录 395(表)
工业和信息化部行业标准目录 398(表)
故障率 23b, 48b
关于城轨交通行业以建设、运营标识发展阶段的问题 348
《关于进一步鼓励和发展城市轨道交通场站及周边土地综合开发利用(TOD)的指导意见》 6
光谷旅游专线一期工程建成项目 138b
广东省东莞市 151★
广东省佛山市 150★
广东省广州市 141★
广东省科技进步奖 52(表)
广东省深圳市 147★
广河高铁白云机场T3至江村西段工程新开工项目 145b
广西科学技术奖 53(表)
广西壮族自治区南宁市 152★
广州地铁集团有限公司 141a
广州地铁集团有限公司 249★, 326★, 386a
广州轨道交通5号线东延段工程建成项目 141b
广州轨道交通7号线二期工程建成项目 141b
广州轨道交通8号线北延段工程新开工项目 144a
广州轨道交通8号线北延段支线工程新开工项目 144a
广州市 141★
广州市城市轨道交通运营线路年度基础数据统计 251(表)
广州市城市轨道交通运营线路年度运营数据统计 252(表)
广州市城市轨道交通在建项目汇总 142(表)
广州市城市轨道交通资源经营统计 327(表)
广州市轨道交通九号线工程 73(表)
规划建设 90★
规划情况 25a
规划情况年度统计资料 30★
规划在实施线路规模统计汇总 31(表)
轨道交通160km/h高速受电弓架空刚性接触网系统技术自主化研发及工程应用 61a
轨道交通TOD示范案例 4b
轨道交通场站及周边土地综合开发利用 1
轨道交通城市场站及周边土地综合开发利用(TOD)政策性文件汇编(2023版) 352
轨道交通综合开发空间协同决策支持关键技术研究及应用 64b
贵阳轨道交通3号线一期工程建成项目 159b
贵阳市 159★
贵阳市城市轨道交通集团有限公司 274★
贵阳市城市轨道交通运营线路年度基础数据统计 274(表)
贵阳市城市轨道交通运营线路年度运营数据统计 274(表)
贵阳市城市轨道交通在建项目汇总 160(表)
贵阳市城市轨道交通资源经营统计 338(表)
贵阳市公共交通投资运营集团有限公司 337★
贵阳市公共交通投资运营集团有限公司 390b
贵州省贵阳市 159★
国家标准化管理委员会文件目录 396(表)
国家标准目录(涉城市轨道交通类) 397(表)
国家及省市科学技术奖 52★
国家级、中国城市轨道交通协会科学技术工作 82★
国家级和行业级示范工程 84(表)
国家市场监督管理总局文件目录 396(表)
国家铁路局文件目录 396(表)
国家铁路局行业标准目录 398(表)
国家优质工程奖 78★
国务院文件目录 394(表)

H

哈尔滨地铁集团有限公司 104a, 371b
哈尔滨地铁集团有限公司 193★
哈尔滨市 104★
哈尔滨市城市轨道交通运营线路年度基础数据统计 193(表)
哈尔滨市城市轨道交通运营线路年度运营数据统计 193(表)
哈尔滨市城市轨道交通在建项目汇总 105(表)
海积淤泥地层地铁穿越运营线安全控制技术及应用 70a
杭州市城市轨道交通运营线路年度基础数据统计 214(表)
杭州市城市轨道交通运营线路年度运营数据统计 216(表)
杭州市地铁集团有限责任公司 214★, 307★
杭州市地铁集团有限责任公司 377b
行业2023年大事记 11
行业安全管理 26b
行业标准工作 27a
行业标准目录(涉及城市轨道交通类) 398(表)
行业发展情况 21a

行业工作情况 25b
行业活动 27b
行业基础工作 27a
行业级示范工程 84（表）
行业年度发展情况概述 30★
行业培训工作 27a
行业统计工作 27a
行业文选 345★
行业协会建设 27a
行业综合情况 21★
合肥轨道交通1号线三期工程建成项目 123b
合肥轨道交通2号线东延线工程建成项目 123b
合肥轨道交通3号线南延线工程建成项目 124b
合肥市 123★
合肥市城市轨道交通运营线路年度基础数据统计 224（表）
合肥市城市轨道交通运营线路年度运营数据统计 224（表）
合肥市城市轨道交通在建项目汇总 124（表）
合肥市城市轨道交通资源经营统计 313（表）
合肥市轨道交通集团有限公司 123a, 379a
合肥市轨道交通集团有限公司 224★, 313★
河北省石家庄市 97★
河湖沉积地层基坑大直径刚性管道原位保护技术 161b
河南省科技进步奖 52（表）
河南省郑州市 133★
黑龙江省哈尔滨市 104★
呼和浩特城市交通投资建设集团有限公司 183★, 294★
呼和浩特城市交通投资建设集团有限公司 369b
呼和浩特市城市轨道交通运营线路年度基础数据统计 184（表）
呼和浩特市城市轨道交通运营线路年度运营数据统计 184（表）
呼和浩特市城市轨道交通资源经营统计 294（表）
湖北省武汉市 136★
湖南磁浮交通发展股份有限公司 248★
湖南省长沙市 139★
淮安市城市轨道交通运营线路年度基础数据统计 213（表）
淮安市城市轨道交通运营线路年度运营数据统计 213（表）
淮安市城市轨道交通资源经营统计 306（表）
淮安市现代公共交通集团有限公司 213★, 306★
淮安市现代公共交通集团有限公司 377b
换乘站 40a
黄河冲积平原地区城市地下工程施工安全控制技术及工程应用 53a
浑南现代有轨电车运营有限公司 370b

J

机械法联络通道装备及设计施工关键技术研究与推广 54b
机械法下沉式泵房 93b
基于大数据应用的城市轨道交通线网智慧电力调度系统 65a
基于空间效应的超大断面暗挖车站建造关键技术研究及应用 69a
基于数字孪生的地铁保护区安全智慧管控技术研发与应用 68b
基于云平台的轨道交通智慧关键技术研发与应用 55b
基于振源控制的车辆段轨道无缝化关键技术研究与应用 70b
吉林省长春市 103★
极端条件地下工程精细化计算与试验平台及灾害防控关键技术 57b
集成高效的轨道交通新型智能化永磁同步牵引系统研制及应用 60b
济南低运量轨道交通高新东区环线工程新开工项目 130a
济南轨道交通7号线一期工程续建项目 131a
济南轨道交通9号线一期工程续建项目 131a
济南轨道交通集团有限公司 129a, 381b
济南轨道交通集团有限公司 232★, 319★
济南市 129★
济南市城市轨道交通运营线路年度基础数据统计 234（表）
济南市城市轨道交通运营线路年度运营数据统计 234（表）
济南市城市轨道交通在建项目汇总 130（表）
济南市轨道交通R3线一期工程 81b
既有线改造 28b
嘉善至西塘市域铁路工程续建项目 120a
嘉兴市 119★
嘉兴市城市轨道交通运营线路年度基础数据统计 220（表）
嘉兴市城市轨道交通运营线路年度运营数据统计 220（表）
嘉兴市城市轨道交通在建项目汇总 120（表）
嘉兴市城市轨道交通资源经营统计 311（表）
嘉兴市铁路与轨道交通投资集团有限责任公司 119a, 378b
嘉兴市铁路与轨道交通投资集团有限责任公司 220★, 310★
架空刚性接触网系统技术自主化研发及工程应用 61a
坚实的行动 实施的蓝图 347
建设规划获批 33a
建设情况 24a
建设投资 24b
建设投资（完成）35b
江苏省科学技术奖 53（表）
江苏省科学技术进步奖 53（表）
江苏省南京市 109★
江苏省南通市 115★
江苏省苏州市 113★
江苏省无锡市 111★
江苏省徐州市 112★
江西省南昌市 129★
交控科技股份有限公司 367b
交通运输部文件目录 394（表）
交通运输部行业标准目录 398（表）
胶结砾岩地层水平钻孔破除预处理 131b
教育部文件目录 396（表）
进站量 22a, 41a
京港地铁有限公司 172★, 289★
精细爆破技术 156b
矩形顶管施工技术 116b

K

卡斯柯信号有限公司 373a
开通初期运营线路一览 408★
科技创新 27b
科技创新 51★
“克泥效”工法 115b
客运服务和安全 22a
客运进站量 22a
客运量 22a, 41a
客运强度 22b, 42b
客运周转量 22b, 41a
跨座式单轨 21b
“框架桩+微型复合桩”新型支护技术 113b
昆明轨道交通集团有限公司 160a, 390b
昆明轨道交通集团有限公司 275★, 338★
昆明市 160★

昆明市城市轨道交通运营线路年度基础数据统计 276（表）
昆明市城市轨道交通运营线路年度运营数据统计 276（表）
昆明市城市轨道交通在建项目汇总 161（表）
昆明市城市轨道交通资源经营统计 339（表）
昆明市轨道交通4号线工程 81a
昆山市轨道交通投资发展有限公司 377b
扩挖站台+组合结构大跨托换体系的明暗挖结合工法 165a

L

兰州轨道交通2号线一期工程建成项目 165a
兰州市 165★
兰州市城市轨道交通运营线路年度基础数据统计 282（表）
兰州市城市轨道交通运营线路年度运营数据统计 282（表）
兰州市城市轨道交通在建项目汇总 165（表）
兰州市城市轨道交通资源经营统计 343（表）
兰州市轨道交通有限公司 165a，392a
兰州市轨道交通有限公司 282★，342★
连续沉井法施工 121b
辽宁省大连市 102★
辽宁省沈阳市 99★
鲁班奖 76★
轮值会长单位 410（表）
洛阳市城市轨道交通资源经营统计 322（表）
洛阳市轨道交通集团有限责任公司 240★，321★
洛阳市轨道交通集团有限责任公司 383b
落实国家发展改革委要求 创新融合发展思路 346
旅行速度 47a
绿色城轨 193b
绿色城轨标准体系结构 88a
绿色城轨建设 25b

M

面向线网融合的多制式兼容型信号系统研制及应用 62a

N

南昌轨道集团有限公司 129a
南昌轨道交通集团有限公司 231★，318★
南昌轨道交通集团有限公司 381b
南昌市 129★
南昌市城市轨道交通运营线路年度基础数据统计 232（表）
南昌市城市轨道交通运营线路年度运营数据统计 232（表）
南昌市城市轨道交通在建项目汇总 129（表）
南昌市城市轨道交通资源经营统计 318（表）
南京地铁集团有限公司 199★，298★
南京地铁集团有限公司 373b
南京地铁建设有限责任公司 109a
南京地铁运营咨询科技发展有限公司 374a
南京轨道交通7号线（南段）工程建成项目 109a
南京市 109★
南京市城市轨道交通运营线路年度基础数据统计 200（表）
南京市城市轨道交通运营线路年度运营数据统计 200（表）
南京市城市轨道交通在建项目汇总 110（表）
南京市城市轨道交通资源经营统计 299（表）
南京至句容城际轨道交通工程 77a
南宁城市轨道交通在建项目汇总 152（表）
南宁轨道交通集团有限责任公司 264★，332★
南宁轨道交通集团有限责任公司 388b
南宁轨道交通有限公司 152a
南宁市 152★
南宁市城市轨道交通运营线路年度基础数据统计 264（表）
南宁市城市轨道交通运营线路年度运营数据统计 264（表）
南宁市城市轨道交通资源经营统计 333（表）
南通轨道交通2号线一期工程建成项目 116a
南通轨道交通集团有限公司 115a，377a
南通轨道交通集团有限公司 211★，305★
南通市 115★
南通市城市轨道交通运营线路年度基础数据统计 212（表）
南通市城市轨道交通运营线路年度运营数据统计 212（表）
南通市城市轨道交通在建项目汇总 116（表）
南通市城市轨道交通资源经营统计 306（表）
内支撑支护条件下的装配式车站新技术研究和应用 104b
能耗情况 24a
能耗情况 50b
拟声子晶体高分子混凝土材料减振特性与应用 56b
宁波市 117★
宁波市城市轨道交通运营线路年度基础数据统计 218（表）
宁波市城市轨道交通运营线路年度运营数据统计 218（表）
宁波市城市轨道交通在建项目汇总 117（表）
宁波市城市轨道交通资源经营统计 309（表）
宁波市轨道交通4号线工程 81a
宁波市轨道交通集团有限公司 117a，378a
宁波市轨道交通集团有限公司 216★，308★
宁波市科学技术进步奖 52（表）

O

耦合的信号系统精准运维体系关键技术研究与应用 62b

P

配属车辆 23b
票款收入 23b
平均旅行速度 23a
平均旅行速度 47a
平均能耗 24a
平均运营服务时长 23a

Q

企业概况 363★
气动式降水系统 96b
牵引能耗 24a
青岛城运控股集团轨道巴士有限公司 237★
青岛城运控股集团轨道巴士有限公司 382b
青岛地铁集团有限公司 132a，382a
青岛地铁集团有限公司 234★，319★
青岛市 132★
青岛市城市轨道交通（青岛城运）运营线路年度基础数据统计 237（表）
青岛市城市轨道交通（青岛城运）运营线路年度运营数据统计 237（表）
青岛市城市轨道交通运营线路年度基础数据统计 235（表）
青岛市城市轨道交通运营线路年度运营数据统计 235（表）
青岛市城市轨道交通在建项目汇总 133（表）
青岛市城市轨道交通资源经营统计 320（表）

青岛市科学技术进步奖 53(表)
轻轨 21b
轻型跨座式单轨车辆基地关键技术研发及应用 69b
全国城轨交通总电能耗与CO2排放量对应 50(表)
全自动运行城轨交通线路(新增) 41(表)
全自动运行线路 22a, 41b

R

日均计划开行列次 23b
日均客运总量 22a
日均实际开行列次 23b
融合城轨发展 26a
软基地区市域现浇箱梁施工技术 119b
软土城市隧道耦合体系性能演化理论与安全控制技术 54a
软土地层机械化暗挖及超深基坑明挖地铁车站建造关键技术及应用 66b
软土复合地层大直径盾构隧道施工 66a

S

三联拱后置中洞法 109b
三亚市城市轨道交通运营线路年度基础数据统计 266(表)
三亚市城市轨道交通运营线路年度运营数据统计 266(表)
三亚市城市轨道交通资源经营统计 334(表)
三亚市轨道交通有限公司 266★, 333★
三亚市轨道交通有限公司 389a
“三重地质风险叠加”难题 115a
砂质复合地层地铁施工变形理论与控制技术 71b
山东省济南市 129★
山东省科学技术进步奖 52(表)
山东省青岛市 132★
山西省太原市 98★
陕西省西安市 161★
上海城市轨道交通在建项目汇总 106(表)
上海富软欣智能交通控制有限公司 373b
上海轨道交通13号线东延伸工程新开工项目 106a
上海轨道交通15号线南延伸工程新开工项目 106b
上海轨道交通18号线一期工程 76a
上海轨道交通19号线工程新开工项目 107a
上海轨道交通21号线一期东延伸工程新开工项目 108a
“上海品牌”认证 196A
上海申凯公共交通运营管理有限公司 198★
上海申凯公共交通运营管理有限公司 372b
上海申通地铁集团有限公司 195★, 297★
上海申通地铁集团有限公司 372a
上海申通地铁建设集团有限公司 105a
上海市 105★
上海市城市轨道交通(上海申凯)运营线路年度基础数据统计 198(表)
上海市城市轨道交通(上海申凯)运营线路年度运营数据统计 199(表)
上海市城市轨道交通(上海申通)运营线路年度基础数据统计 195(表)
上海市城市轨道交通(上海申通)运营线路年度运营数据统计 196(表)
上海市城市轨道交通资源经营统计 298(表)
上海市隧道工程轨道交通设计研究院 372b
“上软下硬”地层超深基坑施工关键技术 119b
绍兴轨道交通2号线一期工程建成项目 122b
绍兴市 122★
绍兴市城市轨道交通1号线主线工程 82a
绍兴市城市轨道交通建设规划(2023—2028年)项目情况 122(表)
绍兴市城市轨道交通运营线路年度基础数据统计 223(表)
绍兴市城市轨道交通运营线路年度运营数据统计 223(表)
绍兴市城市轨道交通在建项目汇总 122(表)
绍兴市城市轨道交通资源经营统计 312(表)
绍兴市轨道交通集团有限公司 221★, 311★
绍兴市轨道交通集团有限公司 379a
申凯公共交通运营管理有限公司 198★
申凯公共交通运营管理有限公司 372b
申通地铁集团有限公司 195★, 297★
申通地铁集团有限公司 372a
申通地铁建设集团有限公司 105a
深圳城市轨道交通15号线工程新开工项目 148b
深圳城市轨道交通8号线二期工程建成项目 148a
深圳市 147★
深圳市城市轨道交通(港铁深圳)运营线路年度基础数据统计 256(表)
深圳市城市轨道交通(港铁深圳)运营线路年度运营数据统计 256(表)
深圳市城市轨道交通(港铁深圳)资源经营统计 329(表)
深圳市城市轨道交通(深圳地铁)运营线路年度基础数据统计 254(表)
深圳市城市轨道交通(深圳地铁)运营线路年度运营数据统计 255(表)
深圳市城市轨道交通(深圳有轨)运营线路年度基础数据统计 258(表)
深圳市城市轨道交通(深圳有轨)运营线路年度运营数据统计 259(表)
深圳市城市轨道交通6号线工程 74(表)
深圳市城市轨道交通在建项目汇总 148(表)
深圳市城市轨道交通资源经营统计 329(表)
深圳市地铁集团有限公司 147b, 386b
深圳市地铁集团有限公司 252★, 328★
深圳市现代有轨电车有限公司 258★
深圳市现代有轨电车有限公司 387a
沈阳地铁集团有限公司 99a, 185★
沈阳地铁集团有限公司 370a
沈阳轨道交通10号线(张沙布—丁香街)工程新开工项目 100a
沈阳轨道交通2号线南延线工程建成项目 99a
沈阳轨道交通4号线一期工程建成项目 99b
沈阳轨道交通9号线二期工程新开工项目 100a
沈阳浑南现代有轨电车运营有限公司 187★, 370b
沈阳市城市轨道交通(沈阳地铁)运营线路年度基础数据统计 185(表)
沈阳市城市轨道交通(沈阳地铁)运营线路年度运营数据统计 186(表)
沈阳市城市轨道交通(沈阳浑南)运营线路年度基础数据统计 187(表)
沈阳市城市轨道交通(沈阳浑南)运营线路年度运营数据统计 188(表)
沈阳市城市轨道交通在建项目汇总 100(表)
生态环境部文件目录 395(表)
省(自治区、直辖市)城轨交通总体情况 33(表)
省市科学技术奖 52★
石慧行App 180A
石家庄轨道交通1号线三期工程新开工项目 97a
石家庄轨道交通4号线一期工程新开工项目 97a
石家庄轨道交通5号线一期工程新开工项目 98a
石家庄轨道交通6号线一期工程新开工项目 98a
石家庄市 97★
石家庄市城市轨道交通运营线路年度基础数据统计 181(表)
石家庄市城市轨道交通运营线路年度运营数据统计 182(表)
石家庄市城市轨道交通在建项目汇总 97(表)
石家庄市轨道交通集团有限责任公司 180★
石家庄市轨道交通集团有限责任公司 97a, 369a

时代电气 385b
示范工程 84a
市郊铁路多元协同理论体系与关键技术研究及应用 63a
市域快轨 21b
视频压缩传输与智能分析关键技术 65b
适用于长大区间隧道的区域耦合式防排烟系统 157b
收支情况 23b
“首届中国城市轨道交通高新技术成果交易会——发布签约会”发布项目 83(表)
“首届中国城市轨道交通高新技术成果交易会——发布签约会”签约项目 83(表)
受电弓 61a
数据速览★
数智协同数字设计关键技术 67b
数字化转型 353
数字人民币购票、乘车 214b
“双流制”技术 269b
双肢墩钢混组合梁 140a
四川省成都市 157★
宋敏华 347, 349
苏州高新有轨电车集团有限公司 209★, 304★
苏州高新有轨电车集团有限公司 376b
苏州轨道交通10号线(苏虞张段)工程新开工项目 115a
苏州轨道交通11号线工程建成项目 114a
苏州市 113★
苏州市城市轨道交通(苏州高新)运营线路年度基础数据统计 211(表)
苏州市城市轨道交通(苏州高新)运营线路年度运营数据统计 211(表)
苏州市城市轨道交通(苏州高新)资源经营统计 304(表)
苏州市城市轨道交通(苏州轨道)运营线路年度基础数据统计 207(表)
苏州市城市轨道交通(苏州轨道)运营线路年度运营数据统计 209(表)
苏州市城市轨道交通(苏州轨道)资源经营统计 304(表)
苏州市城市轨道交通在建项目汇总 114(表)
苏州市轨道交通集团有限公司 113a, 376a
苏州市轨道交通集团有限公司 207★, 303★
速览2023★
隧道建设与运营期灾害智能防控及高效治理关键技术 53a

T

TBM+土压双模盾构 132b
TOD政策性文件汇编(2023)版 352
TOD发展大会 5
TOD示范案例 4b
太赫兹智慧安检系统 67a
太原轨道交通集团有限公司 182★, 293★
太原轨道交通集团有限公司 98a, 361a
太原轨道交通一号线建设运营有限公司 98a
太原市 98★
太原市城市轨道交通运营线路年度基础数据统计 183(表)
太原市城市轨道交通在建项目汇总 99(表)
太原市城市轨道交通资源经营统计 293(表)
天津轨道交通11号线东段工程建成项目 94b
天津轨道交通集团有限公司 178★, 291★
天津轨道交通集团有限公司 368b
天津滨海新区轨道交通投资发展有限公司 361a
天津市 94★
天津市城市轨道交通运营线路年度基础数据统计 178(表)
天津市城市轨道交通运营线路年度运营数据统计 180(表)
天津市城市轨道交通资源经营统计 292(表)
天津市地下铁道集团有限公司 94a
天水市 166★
天水市城市轨道交通运营线路年度基础数据统计 283(表)
天水市城市轨道交通运营线路年度运营数据统计 283(表)
天水市城市轨道交通在建项目汇总 166(表)
天水通号有轨电车有限责任公司 166a, 384a
天水通号有轨电车有限责任公司 283★
天水有轨电车有限责任公司 166a
通风空调系统 61b
通号城市轨道交通技术有限公司 367a
通号设计院 366b
通信系统运营管理智能化 66a
统计期末各省(自治区、直辖市)城轨交通总体情况 33(表)
统计资料 29★
土木工程詹天佑奖 73★
土岩组合地层城轨建造关键技术与应用 65a
团体标准目录(涉及城市轨道交通类) 405(表)
团体标准制修订 88a
团体标准专项标准 88a

W

微扰动加固工艺 151b
围护预制装配式挡墙 132b
温州市 118★
温州市城市轨道交通运营线路年度基础数据统计 219(表)
温州市城市轨道交通运营线路年度运营数据统计 220(表)
温州市城市轨道交通在建项目汇总 118(表)
温州市城市轨道交通资源经营统计 310(表)
温州市铁路与轨道交通投资集团有限公司 118a, 370b
温州市铁路与轨道交通投资集团有限公司 218★, 309★
温州市域铁路S2线一期工程建成项目 118a
乌鲁木齐城市轨道集团有限公司 166a, 392b
乌鲁木齐城市轨道集团有限公司 284★, 344★
乌鲁木齐市 166★
乌鲁木齐市城市轨道交通运营线路年度基础数据统计 284(表)
乌鲁木齐市城市轨道交通运营线路年度运营数据统计 285(表)
乌鲁木齐市城市轨道交通在建项目汇总 167(表)
乌鲁木齐市城市轨道资源经营统计 344(表)
无碍出行 172a
无吊顶裸装 116b
无喂片机式双螺旋盾构机设计方案 132a
无锡城轨交通多元融合可持续发展示范项目启动会上的讲话 346
无锡地铁3号线一期工程 73(表)
无锡地铁集团有限公司 111a, 374b
无锡地铁集团有限公司 201★, 299★
无锡轨道交通6号线工程新开工项目 111a
无锡轨道交通无锡至宜兴城际(S2线)工程新开工项目 111b
无锡市 111★
无锡市城市轨道交通运营线路年度基础数据统计 202(表)
无锡市城市轨道交通运营线路年度运营数据统计 202(表)
无锡市城市轨道交通在建项目汇总 111(表)
无锡市城市轨道交通资源经营统计 300(表)
芜湖市城市轨道交通运营线路年度基础数据统计 226(表)
芜湖市城市轨道交通运营线路年度运营数据统计 226(表)

芜湖市城市轨道交通资源经营统计 314（表）
芜湖市轨道交通有限公司 225★，314★
芜湖市轨道交通有限公司 380a
武汉地铁集团有限公司 136a，384a
武汉地铁集团有限公司 242★，323★
武汉光谷交通建设有限公司 136a，384b
武汉光谷交通建设有限公司 244★，324★
武汉轨道交通19号线工程建成项目 137b
武汉轨道交通5号线调整工程建成项目 136b
武汉轨道交通新港线西延线工程新开工项目 138a
武汉市 136★
武汉市城市轨道交通（武汉地铁）运营线路年度基础数据统计 242（表）
武汉市城市轨道交通（武汉地铁）运营线路年度运营数据统计 244（表）
武汉市城市轨道交通（武汉光谷）运营线路年度基础数据统计 245（表）
武汉市城市轨道交通（武汉光谷）运营线路年度运营数据统计 245（表）
武汉市城市轨道交通（武汉光谷）资源经营统计 324（表）
武汉市城市轨道交通在建项目汇总 137（表）

X

厦门地铁建设有限公司 128a
厦门轨道建设发展集团有限公司 229★，316★
厦门轨道建设发展集团有限公司 381a
《厦门轨道交通工程施工围挡优化总体方案》128a
厦门市 128★
厦门市城市轨道交通运营线路年度基础数据统计 229（表）
厦门市城市轨道交通运营线路年度运营数据统计 230（表）
厦门市城市轨道交通在建项目汇总 128（表）
厦门市城市轨道交通资源经营统计 317（表）
厦门市轨道交通2号线二期工程 78b
西安轨道交通16号线一期工程建成项目 163a
西安轨道交通1号线三期工程建成项目 162a
西安轨道交通2号线二期工程建成项目 162b
西安市 161★
西安市城市轨道交通（西安轨道）运营线路年度基础数据统计 278（表）
西安市城市轨道交通（西安轨道）运营线路年度运营数据统计 280（表）
西安市城市轨道交通（西咸新区）运营线路年度基础数据统计 281（表）
西安市城市轨道交通（西咸新区）运营线路年度运营数据统计 281（表）
西安市城市轨道交通（西咸新区）资源经营统计 342（表）
西安市城市轨道交通在建项目汇总 162（表）
西安市城市轨道交通资源经营统计 341（表）
西安市轨道交通集团有限公司 161a，391a
西安市轨道交通集团有限公司 277★，340★
西咸新区轨道交通投资建设有限公司 161a，391b
西咸新区轨道交通投资建设有限公司 280★，342★
西咸新区智轨示范线1号线工程 163b
限时免费乘车活动 216b
线路（新增）21b
线路概况 21a
线路高峰小时最高断面客流量 44b
线网运营服务时长 48a
线网总规模 21a
项目空心式墩柱和盖梁设计 157b
新疆维吾尔自治区乌鲁木齐市 166★
新型地连墙泥浆添加剂 96b
新增全自动运行城轨交通线路 41（表）
信号电缆成端柜 139a
徐州地铁集团有限公司 112a，375a
徐州地铁集团有限公司 203★，301★
徐州市 112★
徐州市城市轨道交通运营线路年度基础数据统计 205（表）
徐州市城市轨道交通运营线路年度运营数据统计 205（表）
徐州市城市轨道交通在建项目汇总 113（表）
徐州市城市轨道交通资源经营统计 301（表）
悬挂式单轨 21b

Y

延误率 23b，48b
一级阶地钻孔咬合桩围护 125b
应急管理部文件目录 395（表）
永磁牵引技术 278b
永磁同步牵引系统 60b
油气田瓦斯地层盾构法隧道建造关键技术与应用 71a
有轨电车 21b
鱼腹式岛式车站 140a
预留孔+自攻锚栓预留预埋方案 112b
预埋承插式管片 108b
预埋套筒+外挂槽道结合使用方案 152b
预应力混凝土长轨枕式整体道床 139a
预制预应力钢筋混凝土双线筒支梁 96b
预制装配式条板 113a
粤港澳大湾区城际线 144b
云南省昆明市 160★
云平台的轨道交通智慧关键技术研发与应用 55b
云雾山隧道 157b
运营安全 48b
运营车公里 47a
运营成本 23b，50a
运营城市（新增）21b
运营服务 168★
运营服务和安全 47a
运营经济 50a
运营收入 23b，50a
运营收支情况 50a
运营线路制式结构 40a
运营线路总长 21a
运营站场 40a

Z

在建大中运能系统 24a
在建线路 24a
在线灵活编组 60a
詹天佑奖 73★
詹天佑奖第二批获奖名单 73（表）
浙江省嘉兴市 119★
浙江省宁波市 117★
浙江省绍兴市 122★
浙江省温州市 118★
振源控制的车辆段轨道无缝化关键技术研究与应用 70b
郑州地铁集团有限公司 133a，375a
郑州地铁集团有限公司 238★，320★
郑州轨道交通10号线一期工程建成项目 134a

郑州轨道交通12号线一期工程建成项目 135a
郑州轨道交通3号线二期工程建成项目 134a
郑州机场至许昌市域铁路工程（郑州段）建成项目 135a
郑州市 133★
郑州市城市轨道交通运营线路年度基础数据统计 238（表）
郑州市城市轨道交通运营线路年度运营数据统计 240（表）
郑州市城市轨道交通在建项目汇总 134（表）
郑州市城市轨道交通资源经营统计 321（表）
直辖市（省、自治区）城轨交通总体情况 33（表）
纸质二维码单程票试点 196b
制式结构 40a
智慧城轨建设 25b
智慧城轨与全自动运行系统关键技术及应用 68a
智能调度和智能运行系统——“众合智飞”智能调度运行系统 72a
智能盾构自动掘进系统 129a
智能化绿色城市轨道交通移动装备关键技术研究及应用 56a
智能水平运输系统 93b
中车青岛四方车辆研究所有限公司 383a
中国标准A型地铁列车研制项目 68a
中国标准地铁列车 251a
中国城市轨道交通TOD发展大会 5
《中国城市轨道交通绿色城轨发展行动方案》347
中国城市轨道交通协会 350
中国城市轨道交通协会部分会员单位概况 364★
中国城市轨道交通协会低运能系统分会成立大会 349
中国城市轨道交通协会第三届常务理事及以上会员单位名录 410★
中国城市轨道交通协会科技成果评价项目 85（表）
中国城市轨道交通协会科学技术工作 82★
中国城市轨道交通协会文件目录 397（表）
中国城市轨道交通行业2023年大事记 11
中国城市轨道交通行业综合情况 21★
中国城市轨道交通五年发展规划（2023—2027年）355
《中国城市轨道交通运营发展报告（2022～2023）》351
中国城市轨道交通智慧运维大会 278b
中国建设工程鲁班奖 76★
中国土木工程詹天佑奖 73
中建（天津）轨道交通投资发展有限公司 94a
中交（天津）轨道交通投资发展有限公司 94a
中交（天津）轨道交通投资建设有限公司 94a
中铁（天津）轨道交通投资建设有限公司 94a
中铁建（天津）轨道交通投资发展发展 94a
“众合智飞”智能调度运行系统 72a
重点城市 33a
周转量 22b
株洲中车时代电气股份有限公司 385b
住房和城乡建设部文件目录 394（表）
专文 1★
装备认证工作 27b
装备自主创新 26a
装配式轨道技术研发及产业化 53b
资源经营 286★
自导向轨系统 21b
自平衡智能挂篮 157a
自然资源部文件目录 395（表）
自治区（省、直辖市）城轨交通总体情况 33（表）
综合开发空间 64b
综述 20★
总电能耗 50b
总能耗 24a
总运营收支 23b
最小发车间隔 23a

图书在版编目（CIP）数据

中国城市轨道交通年鉴. 2024 / 中国城市轨道交通协会年鉴编纂委员会编. --上海：上海书店出版社，2024.11
ISBN 978-7-5458-2415-5
Ⅰ. U239.5-54
中国国家版本馆CIP数据核字第2024Z1J974号

出品人　包叙定
　　　　俞光耀
主　编　周晓勤

责任编辑　顾　佳
装帧设计　郭建荣

中国城市轨道交通年鉴（2024）

中国城市轨道交通协会年鉴编纂委员会 编

出版	上海书店出版社 （201101 上海市号景路159弄C座）
发行	上海人民出版社发行中心
印刷	上海丽佳®制版印刷有限公司
开本	889mm×1194mm，1/16
印张	28
版次	2024年11月第1版
印次	2024年11月第1次印刷
ISBN	978-7-5458-2415-5/U.15
定价	480.00元

封面“年鉴”两字取自米芾字帖合成